编委会

顾　问　谭辉旭
主　编　杜学元
副主编　郭明蓉　胥继华　焦润丽
编　委　（按姓氏笔画为序）
　　　　马飞月　王　鹏　牛雪梅　付　清　刘子金　肖长云
　　　　肖　静　杜学元　杜俊伟　李　颖　吴永胜　邱　宇
　　　　邱　慧　何春燕　张宏文　张　媛　范玉洁　赵永勤
　　　　胥继华　郭明蓉　贾晨露　钱华莹　黄苗苗　谢艺泉
　　　　梅兰丹　焦润丽　潘　捷　鞠小勤

本书由乐山师范学院资助出版

当代基础教育问题专题研究

杜学元 / 主编

上

巴蜀书社

图书在版编目（CIP）数据

当代基础教育问题专题研究/杜学元主编. —成都：巴蜀书社，2024.11
ISBN 978-7-5531-1916-8

Ⅰ.①当… Ⅱ.①杜… Ⅲ.①基础教育－研究－中国 Ⅳ.①G639.2

中国国家版本馆CIP数据核字（2023）第022931号

当代基础教育问题专题研究
DANGDAI JICHU JIAOYU WENTI ZHUANTI YANJIU

杜学元　主编

出 品 人	王祝英
责任编辑	童际鹏
责任印制	田东洋　谷雨婷
出　　版	巴蜀书社
	成都市锦江区三色路238号新华之星A座36层　邮编610023
	总编室电话：（028）86361843
网　　址	www.bsbook.com
发　　行	巴蜀书社
	发行科电话：（028）86361851
经　　销	新华书店
照　　排	四川胜翔数码印务设计有限公司
印　　刷	广东虎彩云印刷有限公司
	广东省东莞市虎门镇黄村社区厚虎路20号（0769）85252189
版　　次	2024年11月第1版
印　　次	2024年11月第1次印刷
成品尺寸	170mm×245mm
印　　张	71
字　　数	1147千
书　　号	ISBN 978-7-5531-1916-8
定　　价	260.00元（全三册）

本书若有印装质量问题，请与工厂调换

序　言

2021年，国务院政府工作报告提出，要发展更加公平更高质量的教育，让每个孩子都有人生出彩的机会。教育的基本均衡到优质均衡，教育的机会公平到追求有质量公平成为中国基础教育事业发展的新坐标。为了更好地阐释基础教育发展与改革的状况，尤其是对发展和改革中遇到的问题进行学理性审视，我们组织了研究团队对当代基础教育问题以专题形式进行研究，旨在探讨基础教育在发展和改革中出现的一些重点和难点问题，探究问题产生的背景、问题的症结、产生的原因或对教育的可能影响，进而提出我们的对策或建议。

基础教育，顾明远先生主编的《教育大辞典》界定为："基础教育"（Basic Education）亦称"国民基础教育"，是"对国民实施基本的普通文化知识的教育，也是提高公民的基本素质的教育，或者指为继续升学或就业培训打好基础的教育"[①]。一般指中小学教育，关乎千家万户，关乎人才培养，关乎民族发展，具有极其重要的地位！

我国基础教育自中华人民共和国成立以来，尤其是改革开放以来，人民政府采取了一系列举措，如1980年确定基本在全国普及小学教育，1982年提出在全国普及初中教育的任务，1985年明确提出实施九年义务教育制度，次年并将其写入《中华人民共和国义务教育法》，基础教育发展逐渐规范化；1993年布置

---

① 顾明远主编：《教育大辞典》，上海：上海教育出版社1998年版，第627页。

"两基"目标并如期于2000年达成，基本普及了九年制义务教育，基本满足了人民平等受基础教育的需要，使我国基础教育获得了巨大的发展。当然，也出现了各地区间不均衡发展的状况。

进入21世纪以来，我国基础教育从学生"有学上"向"上好学"的方向发展，以质量追赶和要素驱动为主要发展方式，如增加教育投入、落实免费入学、改善办学条件、调整学校布局、实施课程改革等，基础教育发展"是否均衡、充分"的问题日益受到重视，这促使我国基础教育从非均衡向基本均衡发展过渡。党的十八大以来，特别是二十大以来，我国基础教育正在实现从"优质化"向"特色化""高质量化"的跨越，它以结构优化和创新驱动为发展方式，如建设标准化学校、改造薄弱学校、激发学校办学活力、实施教育减负工作、深化课程改革、提高教育教学的信息化和智能化水平等，讨论的是基础教育"好不好"的问题。我国已完成由局部"基本均衡"向整体"基本均衡"的过渡；现正在经历由"基本均衡"向"优质均衡"发展，并不断探索具有中国特色的基础教育现代化，以高质量发展为目标，为人才强国和教育强国建设、为中华民族千秋伟业打下坚实的基础，为中华民族的伟大复兴培养好德智体美劳全面发展的社会主义建设者和接班人。

在基础教育不断发展的过程中，也出现了一些问题，有的问题是涉及基础教育较大范围的，也有的问题只涉及基础教育较小的某方面，这些问题亟待从学理上加以研究。因为这些问题解决不好，可能影响基础教育的发展和进一步改革。为此，我们在众多的问题中选取了"角色冲突理论视域下小学女教师职业倦怠及对策研究——以L市为例""民族地区小学教师信息素养评价指标体系构建研究——以四川省小凉山地区为例""提升县域中小学教师教育科研素养的管理策略研究——以成都市P县为例""乡村初中教师专业成长研究——以四川省Y县为例""乡村初中教师知识共享研究——以四川省R县为例""小学研学旅行的教育价值及其实现路径——以重庆市为例""L市S区小学研学旅行资源管理研究""L市S区小学科技社团管理研究""教育社会学视角下农村小学生课堂问题行为研究""初中校园欺凌行为及对策研究——以四川省南充市为例""女子中学求学经历对女生后续发展的影响研究——以C市女子中学2001级A班毕业生为例""智力落后学生培养目标达成度研究""特殊教育学校义务教育阶段聋生校本教材开发研究——以成都市为例"等十三个专题作为研究重点，分为"中小学教师职业及素养问题专题研究""小学研学旅行与科技社团问题专题研究""中小学生教育问题专题研究""特殊教育问题专题研究"四编，内容涉及当代基础教育问题的诸多方面。尽管远远不能涵盖所有当代基础教育问题，但从这些专题研究中，我们可以窥见当代我国基础教育问题之一斑。我们试图从教育专业视角，对基础教育改革和发展过程中涌现出的重大问题和具有普遍性的问题展开理论剖析、调查研究和实践反思；对一些基础教育政策及政策的实施效果进行比较分析，为决策提供反馈意见和建议；对社会各界关于基础教育热点问题的不同观点做出自己的专业判断，以便回应社会舆论。用专业眼光透视基础教育问题，不能仅停留在对一些表面问题或问题的浅表层次的关注水平上，不能仅停留在对问题或矛盾的综述水平上，不能仅停留在一般性表达情绪的水平上，而是要提倡实事求是的态度，坚持马克思主义、辩证唯物主义和历史唯物主义的理论指导，创造性地发现各种复杂矛盾的内在关联，用专业知识和方法搞清真正的问题及其症结所在，启发大家用心寻找有效的解决途径和方法。我们正是本着这样的目的，对每一个专题展开研究的。我们认为，以专题方式加以研究，更能促成问题研究的聚焦和深化。

虽然我们主观愿望上力图从教育专业的视角对基础教育问题进行深入的研究，但由于水平、精力及其他条件的限制，最终离这一理想境界会有一定距离。比如，还有很多问题我们未能进行研究；即使我们着力研究的问题，也还可以进行更加深入的研究。在本书撰写过程中，为努力提高书稿质量，部分作者在主编的指导下多次修改其文稿，部分作者因事务繁忙未能深入修改，只好由主编修改，这可能会出现思路的不一致性。同时，各专题的性质与研究者的风格各异，故文稿的体例也未能完全一致。因此，呈现在读者面前的仅仅是我们的"草创"之作，书中定有许多不足甚至错谬，恳请广大读者批评指正。

杜学元
2022 年 4 月于乐山师范学院淑勤斋

目 录

第一编 中小学教师职业及素养问题专题研究

专题一 角色冲突理论视域下小学女教师职业倦怠及对策研究
　　　　——以 L 市为例 ……………………………………………（ 3 ）
　第一章　绪论 ……………………………………………………（ 3 ）
　第二章　L 市小学女教师角色冲突和职业倦怠的调查 …………（ 21 ）
　第三章　小学女教师职业倦怠与角色冲突的现状 ………………（ 32 ）
　第四章　小学女教师职业倦怠的质性分析 ………………………（ 51 ）
　第五章　对策建议 ………………………………………………（ 61 ）
　结　语 ……………………………………………………………（ 66 ）
　附　录 ……………………………………………………………（ 69 ）

专题二 民族地区小学教师信息素养评价指标体系构建研究
　　　　——以四川省小凉山地区为例 ………………………（ 74 ）
　第一章　绪论 ……………………………………………………（ 74 ）
　第二章　概念界定及理论基础 …………………………………（ 88 ）
　第三章　民族地区小学教师信息素养评价指标体系的构建 ……（ 94 ）
　第四章　民族地区小学教师信息素养评价指标体系的验证 ……（ 129 ）
　第五章　民族地区小学教师信息素养评价指标体系优化策略 …（ 144 ）
　总结与展望 ………………………………………………………（ 147 ）
　附　录 ……………………………………………………………（ 150 ）

专题三 提升县域中小学教师教育科研素养的管理策略研究
——以成都市 P 县为例 …………………………（ 170 ）
第一章　绪论 ……………………………………………（ 170 ）
第二章　中小学教师教育科研素养的理论探讨 ………（ 184 ）
第三章　对 P 县中小学教师教育科研素养现状的调查与分析 …（ 193 ）
第四章　提升 P 县中小学教师教育科研素养的管理策略 ……（ 226 ）
结　语 ……………………………………………………（ 238 ）
附　录 ……………………………………………………（ 240 ）

专题四　乡村初中教师专业成长研究
——以四川省 Y 县为例 ………………………………（ 246 ）
第一章　绪论 ……………………………………………（ 246 ）
第二章　核心概念与理论基础 …………………………（ 265 ）
第三章　乡村初中教师专业成长现状调查 ……………（ 272 ）
第四章　乡村初中教师专业成长所存问题及原因分析 …（ 287 ）
第五章　促进乡村初中教师专业成长的建议 …………（ 302 ）
结束语 ……………………………………………………（ 317 ）
附　录 ……………………………………………………（ 319 ）

专题五　乡村初中教师知识共享研究
——以四川省 R 县为例 ………………………………（ 322 ）
第一章　导论 ……………………………………………（ 322 ）
第二章　乡村初中教师知识共享的理论分析 …………（ 336 ）
第三章　乡村初中教师知识共享现状调查与分析 ……（ 343 ）
第四章　乡村初中教师知识共享所存问题及原因分析 …（ 358 ）
第五章　完善乡村初中教师知识共享的对策 …………（ 377 ）
结　语 ……………………………………………………（ 386 ）
附　录 ……………………………………………………（ 388 ）

第二编　小学研学旅行与科技社团问题专题研究

专题六　小学研学旅行的教育价值及其实现路径
　　　　——以重庆市为例 …………………………………（395）
　　第一章　绪论 ……………………………………………（395）
　　第二章　研学旅行的发展历程及其理论基础 …………（408）
　　第三章　小学研学旅行蕴含的教育价值 ………………（418）
　　第四章　重庆市小学研学旅行开展的现状 ……………（435）
　　第五章　小学研学旅行所存问题及其原因分析 ………（450）
　　第六章　小学研学旅行教育价值的实现路径 …………（460）
　　结　语 ……………………………………………………（469）
　　附　录 ……………………………………………………（471）

专题七　L市S区小学研学旅行资源管理研究 ………（478）
　　第一章　绪论 ……………………………………………（478）
　　第二章　小学研学旅行资源管理的相关概念界定与理论基础 ………（507）
　　第三章　L市S区小学研学旅行资源管理现状调查与分析 …………（518）
　　第四章　L市S区小学研学旅行资源管理存在的问题与原因分析 …（557）
　　第五章　完善L市S区小学研学旅行资源管理的对策 ………………（570）
　　总结与展望 ………………………………………………（585）
　　附　录 ……………………………………………………（587）

专题八　L市S区小学科技社团管理研究 ……………（598）
　　第一章　绪论 ……………………………………………（598）
　　第二章　小学科技社团管理的内涵分析 ………………（625）
　　第三章　L市S区小学科技社团管理现状调查 ………（645）
　　第四章　小学科技社团管理经验、存在问题及原因分析 …………（691）
　　第五章　L市S区小学科技社团管理改进的建议 ……（701）
　　结　语 ……………………………………………………（710）
　　附　录 ……………………………………………………（712）

第三编　中小学生教育问题专题研究

专题九　教育社会学视角下农村小学生课堂问题行为研究 ……………（721）
- 第一章　导论 ……………………………………………………………（721）
- 第二章　农村小学生课堂问题行为研究的理论基础 …………………（745）
- 第三章　农村小学生课堂问题行为的现状调查及分析 ………………（755）
- 第四章　农村小学生课堂问题行为产生的原因分析 …………………（767）
- 第五章　消除农村小学生课堂问题行为的教育社会学主张 …………（787）
- 结束语 ……………………………………………………………………（798）
- 附　录 ……………………………………………………………………（800）

专题十　初中校园欺凌行为及对策研究
　　　　——以四川省南充市为例 …………………………………（806）
- 第一章　导论 ……………………………………………………………（806）
- 第二章　校园欺凌的理论背景分析 ……………………………………（825）
- 第三章　南充市初中校园欺凌现状、问题及原因分析 ………………（830）
- 第四章　预防初中生校园欺凌的对策 …………………………………（840）
- 结　语 ……………………………………………………………………（842）
- 附　录 ……………………………………………………………………（843）

专题十一　女子中学求学经历对女生后续发展的影响研究
　　　　——以C市女子中学2001级A班毕业生为例 ………………（847）
- 第一章　绪论 ……………………………………………………………（847）
- 第二章　对女子中学毕业生进行调查的结果及分析 …………………（860）
- 第三章　女子中学求学经历对女生后续发展影响的主客观分析 ……（876）
- 第四章　女子中学求学经历对女生后续发展影响的反思与启示 ……（883）
- 结　语 ……………………………………………………………………（900）
- 附　录 ……………………………………………………………………（902）

第四编　特殊教育问题专题研究

专题十二　智力落后学生培养目标达成度研究 …………………（911）
　第一章　导论 ……………………………………………………（911）
　第二章　关于智力落后学生培养的理论 ………………………（934）
　第三章　智力落后学生培养目标达成度的调查 ………………（938）
　第四章　智力落后学生培养目标达成度不高的原因分析 ……（953）
　第五章　提高智力落后学生培养目标达成度的对策 …………（967）
　结　语 ……………………………………………………………（974）
　附　录 ……………………………………………………………（977）

专题十三　特殊教育学校义务教育阶段聋生校本教材开发研究
　　　　　——以成都市为例 ……………………………………（983）
　第一章　绪论 ……………………………………………………（983）
　第二章　聋生校本教材开发的理论阐释 ………………………（1004）
　第三章　成都市特殊教育学校义务教育阶段聋生校本教材开发
　　　　　概况 ……………………………………………………（1012）
　第四章　成都市特殊教育学校义务教育阶段聋生校本教材开发所存
　　　　　问题的原因分析 ………………………………………（1032）
　第五章　对成都市特殊教育学校义务教育阶段聋生校本教材开发的
　　　　　对策 ……………………………………………………（1036）
　结　语 ……………………………………………………………（1044）
　附　录 ……………………………………………………………（1046）

主要参考文献 …………………………………………………………（1051）
后　记 …………………………………………………………………（1117）

第一编 中小学教师职业及素养问题专题研究

专题一

角色冲突理论视域下小学女教师职业倦怠及对策研究
——以 L 市为例[①]

第一章 绪论

一、研究背景及目的

(一) 研究背景

1. 政策背景

教育是国家发展的基础，教师是教育发展的基础。2018 年，我国正式颁布《关于全面深化新时代教师队伍建设改革的意见》，该《意见》提出了强国必先强师的理念[②]，教师承担着向学生传道授业的重大任务。教师是促进教育发展的首要因素，也是培养人才的关键所在，是国家发展、民众福祉的重要基石。深化教师队伍建设是当前我国教育事业的重中之重，加强教师队伍建设除了应从队伍结

[①] 本专题完成于 2022 年 4 月，主编对其做过修改和删节。
[②] 中共中央、国务院：《关于全面深化新时代教师队伍建设改革的意见》，《中华人民共和国教育部公报》，2018 年第 1 期。

构建设、师德师风建设、教师专业素养提升等方面开展以外,教师个人的心理获得感和成就感更是应当关注的焦点问题。其中,教师职业倦怠正是阻碍教师个人获得感和成就感的重要因素,因此研究影响教师职业倦怠的因素、寻找缓解教师职业倦怠的对策是符合时代发展的必行之举。

2021年中共中央、国务院《关于优化生育政策促进人口长期均衡发展的决定》正式出台后,三孩政策全面开放,与此同时,对于女教师而言,在繁杂工作之外的生育等家庭的责任和压力随之而至。另外,义务教育阶段"5+2"创新教学模式的全面实施、暑期托管服务的探索与实施等,在无形中无不增大了小学教师的工作强度与职业压力。工作、家庭和社会各种角色的碰撞,使得小学女教师产生了职业倦怠,笔者对此进行了关注和研究。

2. 社会文化背景

从当前的社会现状来看,教师职业倦怠是中国教育界广泛关注的问题。中国首份"工作倦怠指数"调查显示,我国教师的职业倦怠程度位列第三[1],教师的职业倦怠问题不容忽视。而其中小学教师的倦怠成因又具有其自身的特殊性,与其他教育阶段相比,他们虽升学压力较小,但工作内容却更为繁琐,除教书外需要负担更多的学生生活照顾和认知层面的引导、帮助低年级学生养成良好习惯等等。从2018年教育部统计数据来看,从小学至高中,中国男教师的占比分别为31.25%、43.22%及46.11%[2]。可见,我国中小学教师队伍,特别是小学教师队伍中,女教师占绝大部分,这意味着女教师承担大部分教学任务,并且承担的教学任务更为繁琐;加之我国传统"男主外,女主内"的思想,女教师体验到的来自家庭、工作的多重角色冲突必然十分显著。而家庭、学校和社会对她们有着较高的角色期望,使她们体验到的角色冲突更为突出,容易产生职业倦怠。因此,小学女教师的职业倦怠与角色冲突问题值得关注。

基于上述背景,本研究将小学女教师的职业倦怠作为选题,从角色冲突理论视角分析职业倦怠的成因,并基于此力图提出相关对策与建议,致力于缓解小学

---

[1] 新浪新闻:《2004年中国"工作倦怠指数"调查结果》。见新浪网(http://edu.sina.com.cn/focus/gzjdbg/index.html)。

[2] 教育在线:《基础教育发展调查报告》。见中国教育在线网(https://www.eol.cn/e_html/zxx/report/wz.shtml)。

女教师的职业倦怠，提升其投入更多的教学精力，以便建设更优良的教师队伍，从而提高小学教育质量。

（二）研究目的

小学女教师是小学教育阶段基数最大同时又具独特性的群体。对小学女教师角色进行有效的管理，可以缓解角色冲突，有利于促进其自我角色认同，并提升其从事教育教学的质量。本专题的研究要旨是：

1. 了解小学女教师职业倦怠总体与各个维度的角色冲突现状以及不同的小学女教师群体体现的职业倦怠与角色冲突的差异，分析当前教育体系和文化背景下，我国小学女教师所面临或已出现的职业倦怠、角色冲突原因。

2. 开展问卷调查，在此基础上对数据进行分析，探究小学女教师角色冲突与职业倦怠的内在关系及其影响机制，从而为小学女教师能够有效面对自我角色冲突、缓解其职业倦怠、提高工作投入积极性和提升教育教学质量找到合理的解决途径。

3. 通过对教师的深度访谈来获取真实有效的素材，将其与量化研究所得的结果紧密结合，以剖析小学女教师在工作时所面临的角色冲突及其行为反映，并分析不同角色冲突维度是怎样引起女性教师的工作倦怠的问题。

4. 运用理论深入分析小学女教师职业倦怠的成因，将教师专业素养发展问题作为研究的落脚点，通过消除小学教师的职业倦怠来提高职业素养，为完善小学女教师能力相关条例提供一些参考。

二、研究意义

（一）理论意义

1. 丰富小学女教师职业倦怠的研究理论

作为个体在社会生存系统中的重要谋生手段，职业不只是个体谋求生存与生活的方式，同时也是个体实现自我价值、维系甚至拓宽人际关系的形式。而职业倦怠，可危及个人的心理健康和人际交往。如个人在工作时可能出现负面情绪，严重时可能影响正常的工作效率，对家庭、朋友、组织和自身等都可能产生较大的负面影响。而教师作为一个特殊的职业角色，肩负着引导和形塑学生价值观和人生观的重任，对学生个体的社会化至关重要。教师的职业倦怠不仅危害教师个人的身心健康，还影响着教育质量的提高。目前，学术界针对女教师职业倦怠的研究尚有不足，高校女教师是学界研究的主要对象，而关于小学女教师职业倦怠的相关研究成果尚不多，还需要进一步丰富。因此，本专题选取小学阶段女教师作为研究对象，以期丰富相关研究。

2. 拓宽小学女教师职业倦怠的研究视角

目前，从角色冲突视角分析教师职业倦怠的研究较少。考虑到小学女教师群体的特殊性，其担任的角色众多，多角色之间的冲突势必影响工作质量、满意度及个人成就感，因而，本专题试图从角色冲突视角探析小学女教师职业倦怠的成因，以此拓宽女教师职业倦怠的研究视角。

（二）实践意义

就教师个体层面而言，教师对教育工作的积极情感是教学工作取得成功的关键，也是评价教师个人素质的重要依据。而教师的职业倦怠必将导致教师的教育情感匮乏，这不仅会造成教师缺少工作责任感、对教师工作产生负面情绪，还会影响学生正常情感的发展。

就学校教学与管理层面而言，教师职业倦怠不仅会影响教师队伍整体建设，还会给课堂教学带来诸如降低教学质量、给学生传播消极情感等负面影响。

就国家政策层面而言，加强社会对小学女教师的关注，积极响应中共中央、国务院《关于全面深化新时代教师队伍建设改革的意见》中明确提出的"到2035年，保证广大教师在岗位上有幸福感、事业上有成就感、社会上有荣誉感，教师成为让人羡慕的职业"的号召[1]，切实保证小学女教师的利益，提高女教师的个人获得感和成就感，均有着十分重要的意义。

综上，加强小学女教师职业倦怠问题的研究，对于防止和缓解小学女教师的职业倦怠，具有重要的现实意义。

---

[1] 中共中央、国务院：《关于全面深化新时代教师队伍建设改革的意见》，《中华人民共和国教育部公报》，2018年第1期。

三、文献综述

（一）关于"职业倦怠"相关概念的研究

1. 国外研究现状

关于"职业倦怠"在心理学领域的研究，最早可追溯到 20 世纪 70 年代。心理学家弗洛伊登伯格尔（Freudenberger）将"职业倦怠"定义为：个体对其所从事的职业有较高期待和要求时会无限制地对其所拥有的资源加以过度开发利用，从而出现身心疲惫不堪的状态[1]。随后，各类学术论坛相继开展有关职业倦怠的研究，其中，马斯拉克（Maslach）等人在 1981 年研究后认为：职业倦怠是一种心理问题，即长期在从事需要重复、高压的工作中形成的一种不良行为反应[2]。此观点得到了广泛的认可。马斯拉克等人还创造性地提出了职业倦怠所包含的三大核心：（1）情绪衰竭，即身体、情感、精神上的衰竭；（2）职业成就感降低，即自我对于工作的价值与意义的评价明显降低，找寻不到工作带来的乐趣与价值感；（3）去人格化，即个体对待他人的态度表现为消极和麻木不仁。职业倦怠存在于各个行业之中。

1991 年，法伯尔（Farber）在其研究中指出：教师职业倦怠并不是偶然发生的，而是长期处于压力大的工作环境下所必然导致的结果。他将教师职业倦怠的表现形式分为以下三种：一是精疲力竭型，指教师在高压工作中出现主动的工作懈怠，以应对可能出现的失望结果；二是狂热型，与前者相反，这些教师有着极强的干劲，非常积极的投入工作，但理想与现实结果的落差会极大地打击他们的积极性，因而出现职业倦怠；三是低挑战型，即教师认为目前的工作无法匹配自身的能力，工作中的努力与结果不能满足其心理期望，感觉自己被大材小用

---

[1] Herbert J. Freudenberger, "Staff Burn-Out", *Journal of Social Issues*, 1974, 30 (1), PP. 159—165.
[2] C. Maslach, S. E. Jackson, P. L. Michael, etal, *Burnout Inventory Manual*. California: Consulting Psychologists Press, 1981, PP. 45—53.

了，因而出现职业倦怠。①

2. 国内研究现状

国内的研究虽然开始较晚，但发展很快，也有一些被认可的本土观点。比如早期刘维良指出教师职业倦怠是"由于外界的各方面压力已然超出教师的可接受能力范围，以至于无法应对而出现的一种身心情绪耗竭"②。为了更好地了解教师职业倦怠，王芳和许燕通过对国内中小学教师的访谈提出了一个教师职业倦怠的四维模型，这四维分别是：教师情绪上的疲惫感；教师人际上的疏离感；教师工作上的无意义感；知识上的耗尽感③。不难发现，该模型前三个维度与马斯拉克（Maslach）所提出的相吻合，而知识上的耗尽感则是中国本土化的体现。胡春梅和姜燕华认为教师的职业倦怠是一种非正常的心理，是由于教师长期处在有压力的工作情境下，持续性的疲劳以及人际交往中出现的各种矛盾使得挫折感加剧，最终在情绪、认知和行为等方面出现一些不良状态④。

纵观以上国内外学者的研究，不难看出：教师职业倦怠与主体的工作情况有着密切的联系，即：当教师无法应对职业压力时就会出现态度、情绪以及行为的衰竭状态，典型症状是丧失对工作的热情和兴趣、工作满意度低和情感上出现冷漠与疏离，是一种异常的行为和心理。

（二）关于教师职业倦怠测量量表的研究

针对职业倦怠的测量，不同学者依据相关的理论和自身的研究实际，编制了许多量表及问卷。派尼斯（Pines）1988年编制了BM（Burnout Measure）量表，该量表一共21个项目，由3个分量表组成，每一个分量表有7个项目，对应生理、情绪和精神这三个维度，根据量表总分可以大致判定出个体的职业倦怠程度⑤。在众多量表中，应用最广的还是马斯拉克（Maslach）1981年以三个维

---

① B. A. Farber, "*Tracing a Phenomenon: Teacher Burnout and the Teacher Critics of the 1960*", Annual Meeting of the American Educational Research Association, Chicago, IL. 1991.

② 刘维良、马庆霞：《教师职业倦怠及其与工作满意度关系的研究》，《第九届全国心理学学术会议文摘选集》，2001年印本。

③ 许燕、佘中华、王芳：《心理枯竭：当代中国教师的职业倦怠》，《中国教师》，2003年第3期，第5—6页。

④ 胡春梅、姜燕华：《近三十年来国内外关于教师职业倦怠的研究综述》，《天津市教科院学报》，2006年第3期，第51—54页。

⑤ A. Pines, E. Aronson, *Career Burnout: Causes and Cures*. New York: Free Press, 1988, P. 26.

度理论为基础编制的职业倦怠调查问卷 MBI。该问卷采用 5 点计分法,由 3 个分量表组成,每个分量表单独计分。其中,"去个性化分量表"涵盖 5 个项目,"低成就感分量表"涵盖 8 个项目,"情感耗竭分量表"涵盖 9 个项目①。随着研究的不断深入,MBI 量表又发展出三个修订版:MBI-HSS(服务版)、MBI-ES(教育版)和 MBI-GS(通用版)。而教育版测量表(即 MBI-ES)是专门为教师开发的,在教师职业倦怠领域使用广泛。

将职业倦怠分为"情绪衰竭""去个性化""低成就感",三个维度显然已成为职业倦怠研究领域中居主导地位、影响最大的理论模型。

目前,随着国内职业倦怠研究的需要,部分学者以 MBI 量表为基础,编制了适应于中国本土的教师职业倦怠量表。其中,王国香等人在职业倦怠问卷的基础上编制了适宜中国文化的教师职业倦怠量表(Educator Burnout Inventory,EBI)。EBI 保持了 MBI 的三个核心维度,由 21 道题构成,其中来自 MBI 和 EBI 的题各占一半。采用 7 点 likert 量表评定法,要求被试者按出现每种症状的频次进行评定,从 0 到 6 表示出现症状的频次依次增加②。徐富明等(2004)编制的中小学教师职业倦怠问卷包括情绪衰竭、去个性化、低成就感三个维度,有很好的信效度,可作为测量教师职业倦怠的有效工具③。

(三) 关于教师职业倦怠影响因素的研究

影响教师职业倦怠的因素有很多,大致可以分为个体差异、工作因素和环境因素。其中个体差异主要是指一些诸如性别、年龄、教龄等人口学变量以及人格特征、认知风格等。吕邹沁等人的研究表明,中小学教师职业倦怠程度在性别、教龄、年级上存在差异,教龄较短的教师职业倦怠的程度较高,初中教师比起小学、高中教师倦怠程度更高,而小学和高中教师的职业倦怠程度则无明显差异④。

---

① C. Maslach, S. E. Jackson. "The Measurement of Experienced Burnout", *Journal of Organizational Behavior*, 1981, 2 (2): PP. 99—113.
② 王国香、刘长江、伍新春:《教师职业倦怠量表的修编》,《心理发展与教育》,2003 年第 3 期,第 82—86 页。
③ 徐富明、吉峰、钞秋玲:《中小学教师职业倦怠问卷的编制及信效度检验》,《中国临床心理学杂志》,2004 年第 1 期,第 13—14、95 页。
④ 吕邹沁、凌辉:《中小学教师工作压力、社会支持与职业倦怠的关系》,《中国健康心理学杂志》,2014 年第 9 期,第 1344—1348 页。

工作因素包括工作条件、工作环境、工作压力等。福格蒂（Fogarty）等人研究发现，工作压力、工作时间上的紧迫与职业倦怠存在高相关[1]。刘晓明研究发现，职业压力与教师职业倦怠呈现正相关，工作压力越大，则教师出现情绪衰竭和人格解体的程度也明显增高[2]。李琼等人的研究表明，工作特征、社会因素、专业发展压力对职业倦怠的所有维度具有显著的正向预测作用。[3]

环境因素主要指的是学校组织结构、学校中的领导风格、管理制度等。有研究发现，学校中的领导风格、组织结构、人际关系等因素所引起的教师角色模糊以及角色冲突会促使老师们产生职业倦怠。与此同时，如果教师能在学校拥有更多的话语权、在教学上有更多的自由、学校能制定赏罚分明的制度，就能很好地降低教师的职业倦怠水平[4]。

性别因素常常被作为研究职业倦怠的一个关键性因素。德若格提斯（Derogatis）和萨维茨（Savitz）利用临床开发的测量工具进行的研究一致表明，女性的心理和生理压力程度明显高于男性[5]；另外有大量研究文献表明，各种失业的女性通常在倦怠的三个维度中至少有两个维度得分更高，马斯拉克（Maslach）和施瓦布（Schwab）都认为女性在某些方面更容易受到伤害，从而在测量结果中显示较高的情绪衰竭分[6]，Blix 等人认为这可能是因为她们在工作中兼顾多个角色，在家里耗尽了她们的情绪储备[7]；同时，大量研究显示女性在去人格化水平上得分较低，比尔基（Bilge）认为这是因为社会普遍认为一个冷漠的职业角色与敏感的女性角色相冲突，因此女性会更加努力地保持一种同情的

---

[1] T. J. Fogarty, J. Singh, G. K. Rhoads, R. K. Moore, "Antecedents and Consequences of Burnout in Accounting: Beyond the Role Stress Model", *Behavior Research in Accounting*, 2000 (12), PP. 31—68.

[2] 刘晓明：《职业压力、教学效能感与中小学教师职业倦怠的关系》，《心理发展与教育》，2004 年第 2 期，第 56—61 页。

[3] 李琼、王松丽、张艳：《教师工作压力对职业倦怠的影响：一个路径分析》，《教育学报》，2009 年第 5 期，第 78—82 页。

[4] 高双梅：《教师职业倦怠研究综述》，《学园》，2013 年第 29 期，第 32—33 页。

[5] J. Watts, N. Robertson, "Burnout in University Teaching Staff: A Systematic Literature Review", *Educational Research*, 2011, 5 (07), PP. 33—50.

[6] C. Maslach, S. E. Jackson, M. P. Leiter, etal. *Maslach Burnout Inventory Manual*, Palo Alto, CA: Consulting Psychologists Press, 1996.

[7] A. G. Blix, R. J. Cruise, M. B. McBeth, "Occupational Stress among University Teachers", *Educational Research*, 1994, 1 (36): PP. 157—69.

态度①。普瓦诺娃（Purvanova）通过对包括教师在内的各行业职业倦怠者进行调查研究发现，无论是在以男性为主导的工作还是以女性为主导的工作中，倦怠更多的是女性的体验，即女性比男性更可能报告倦怠②。

（四）关于角色冲突的研究

社会学家们从20世纪40年代开始研究角色冲突，塞缪尔（Samuel）认为角色冲突是"完成不同组织的不相容规则的紧张"，他在对角色义务冲突进行实证研究时隐含的三个假设包括：（1）在任何社会组织中，都存在着规范和适应这些规范的紧张；（2）如果这些规范是清晰的或不含糊的，个体没有其他选择只能是遵守或者在怨恨中承担后果；（3）如果一个人同时在两个或更多组织中承担角色，同时遵守每个组织的不相容规则，那么他只能完成一项活动。后续很多学者以此为理论框架研究角色冲突。20世纪60年代以后，行为心理学家和管理分析学家开始在组织情境中对角色冲突进行实验研究，研究焦点也开始转向探索角色冲突、角色模糊和个体态度和行为的关系③。

在众多研究中，卡恩（Kahn）关于角色冲突的实验研究被广泛认可。卡恩等学者关于角色冲突的内涵主要指个体经常会面临一种情境，要求个体角色承担与自身价值体系相冲突或者是承担了两种或以上相互冲突的角色，这种期望与现实角色之间的不一致，造成了角色冲突，即角色冲突最主要的特征是理想角色与现实角色的不一致①。可以说，卡恩等的研究开创了角色冲突研究的新篇章，指导后续的研究者们不断深入角色冲突的研究领域。

另外一些学者在研究过程中也界定了角色冲突的内涵，但基本与卡恩等对角色冲突的定义类似。例如哈迪（Hardy）和康韦（Conway）把角色期望定义为对角色承担者的需求和期望，包括特定的态度、行为和认知。他们认为当冲突的

---

① F. Bilge, "Examining the Burnout of Academics in Relation to Job Satisfaction and other Factors", *Social Behavior and Personality*, 2006, 34 (9): PP. 1151-1160.
② Radostina K. Purvanova, John P. Muros, "Gender Differences in Burnout: A Meta-analysis", *Journal of Vocational Behavior*, 2010, 77 (2), PP. 168-185.
③ C. E. Lambert, V. A. Lambert, "A Review and Synthesis of the Rescarch on Role Conflict and its Impact on Nurses Involved in Faculty Practice Programs", *The Journal of Nursing Education*, 1988, 27 (2), PP. 54-60.
① D. Katz, R. L. Kahn, *The Social Psychology of Organizations*, John Wiley & Sons, 1978, P. 204.

角色期望或义务出现使角色需求很难或不可能被实现时，就出现了角色压力（role stress），角色压力引起角色紧张（role strain），角色紧张是角色冲突的先兆，角色冲突是一种主观状态，在角色期望相互矛盾或互斥时发生[1]。科勿曼（Coverman）认为通常角色冲突存在于当一个人同时履行多个角色时，例如配偶、父母和职员，容易引起角色超载，即担负较多的角色而只有较少的时间去完成。另有研究者引用科普曼（Kopelman）等的定义，认为角色冲突是指个人在来自一种角色与另一种角色的压力不相容时体验到的压力程度。当个人难以完成承担的多个角色要求时，这种角色超载就会引起角色冲突[2]。

国内学者关于角色冲突的概念也有诸多讨论，主要有以下两类学说：（1）心理说。郑杭生认为角色冲突是个人经常被要求扮演与他们的价值系统不一样的角色，或同时扮演两种（或两种以上）相互矛盾的角色时产生的内心冲突[3]。（2）社会说。由于个人在复杂的社会活动中往往需要扮演若干个角色，当这些角色对个人的期待发生矛盾，难以取得一致时，就会出现角色冲突。董泽芳认为角色不是孤立存在的，总是与其他角色联系在一起，由于个人同时扮演不同的角色，每一个角色都有自己特定的角色集，而该角色集中与之发生互动的角色伙伴对他都有一定的角色期望，当这些期望彼此出现矛盾或个体由于时间、精力及自身价值倾向制约而不能同时满足外在社会不同的角色期望时，就必然会造成角色冲突[4]。

根据上述观点，我们可以得出：角色冲突是在复杂多变的社会环境下，个人扮演的角色与期待中的角色不相符或是由于其他原因无法满足不同的角色期待时产生的内心冲突。

（五）关于教师角色冲突的研究

1. 关于教师角色冲突原因的研究

国外学者普遍认为，教师这一职业是角色冲突的一种典型情境。多位学者从

---

[1] O. V. Robinson, "Telling the Story of Role Conflict among Black Nurses and Black Nursing Students: A Literature Review", *The Journal of Nursing Education*, 2013, 52 (9), PP. 517-524.

[2] S. Coverman, "Role Overload, Role Conflict, and Stress: Addressing Consequences of Multiple Role Demands", *Social Forces*, 1989, 67 (4), PP. 965-982.

[3] 郑杭生主编：《社会学概论新修》，北京：中国人民大学出版社1994年版，第148页。

[4] 董泽芳：《社会转型期的教师角色冲突》，《华中师范大学学报（人文社会科学版）》，1996年第6期，第41页。

不同方面提出了冲突的可能性——角色的弥散性质、教师对地位的关心、他们所面临的各种相互冲突的期望、角色的感情活动和道德定向，以及组织背景的特点等都易产生角色冲突。韦斯特伍德（Westwood）把模型变量（pattern variable）分析运用于教师角色时指出"来自模型变量的困境，在教师角色中比在其他大多数职业角色中更为突出"[1]。

2. 关于教师角色冲突分类的研究

20世纪60年代初，英国学者威尔逊（Wilson）发表了《教师的角色：一种社会学分析》一文，此后，教师的角色冲突便逐渐成为教育社会学的重要研究对象。威尔逊在《教师的角色：一种社会学分析》中提出了教师角色冲突可能具有的六种类型，即：教师角色的弥散性造成的冲突，对教师角色的不同期望造成的冲突，学校机构的特征造成的冲突，教学中角色责任与个人事业方向造成的冲突，不同价值观造成的冲突以及角色的边缘地位造成的冲突[2]。

卡恩（Kahn）研究认为，角色冲突是指与角色相关的期望之间的不一致。具体来说，主要表现在：（1）发出者内部的角色冲突（intra-sender role conflict）：来源于某个角色发出者的期望不一致；（2）发出者之间的角色冲突（inter-sender role conflict）：来源于多个角色发出者之间的期望不一致；（3）个人角色冲突（person-role conflict）：指角色承担者自身的期望与角色发出者对角色的期望不一致；（4）角色间冲突（inter-role conflict）：指来源于某个位置的角色期望与来源于其他位置的角色期望不一致；（5）角色超载（role overload）：期望角色承担者在较短的时间内完成多种相互不一致的角色行为[3]。

日本学者新崛通将教师的角色冲突视为教育社会学的中心课题之一。在他看来，教师的角色冲突可以分为三种：第一种是教师自身的不同角色意识之间的冲突；第二种是教师自身的角色规定与社会对教师的角色期待之间的冲突；第三种

---

[1] 格雷斯著、戴玉芳译：《教师和角色冲突》，瞿葆奎主编《教育学文集》第12卷，北京：人民教育出版社1991年版，第204页。
[2] 韦耀阳、罗四清：《教师角色冲突的社会学分析》，《牡丹江教育学院学报》，2008年第6期，第83—84页。
[3] D. Katz, R. L. Kahn, *The Social Psychology of Organizatiorns*. John Wiley & Sons, 1978, P. 204.

是社会对教师的不同角色期待之间的冲突①。

对于当前教师的角色冲突，我国部分学者从不同角度进行了分类。一般来讲，我国研究者普遍认为角色冲突可分为两大基本类型——角色内冲突和角色间冲突。张人杰②先生从传统角色分类的视角探讨了教师角色冲突的类型，包括角色间冲突和角色内冲突。董泽芳认为，教师的角色冲突可分为两种基本类型：一是角色内冲突，即当角色发出者对角色承担者产生矛盾的角色期望时，角色承担者所体验到的角色冲突。角色内冲突有多种表现形式：因这一角色同时承受着多重期望且难于契合，甚至相互矛盾时所产生的心理困惑；因角色扮演者对理想角色的领悟与实际角色的行为之间存在差距而发生的矛盾；因时代要求角色变迁而产生的新旧角色之间的冲突。二是角色间冲突。角色间冲突是指个体同时承担多种角色而引起的冲突③。他还认为：在教师角色追求的目标上，有表现型角色与功利型角色的冲突；在教师角色规范的程度上，有规定型角色与开放型角色的冲突；在角色行为的态度上，有执着型角色与自由型角色的冲突；在教师角色适应的倾向上，有社会中心型角色与学生中心型角色的冲突；在教师角色功能形态上，有专一型角色与复合型角色的冲突；在教师角色情感反映上，有自尊型角色与自卑型角色的冲突④。

蔡笑岳认为：教师角色冲突包括角色职能与角色期望的冲突、社会角色定势与个体角色行为的冲突、角色活动性质与角色活动成果的冲突、角色的责任要求与个人事业成就的冲突、角色职责与不同价值间的冲突、群体组织特性与教师个人自我形象维护的冲突、职业劳动价值与职业劳动报酬的冲突⑤。

孙海涌认为教师角色冲突包括理想角色与实际角色的冲突、主导角色与辅助

---

① 张苑：《高校思想政治理论课教师的角色冲突研究》，西安科技大学硕士学位论文，2009年。

② 张人杰：《教师角色冲突解决方法的教育社会学研究之批判》，《华东师范大学学报（教育科学版）》2007年第4期，第13页。

③ 董泽芳：《社会转型期的教师角色冲突》，《华中师范大学学报（人文社会科学版）》，1996年第6期，第41页。

④ 董泽芳：《社会转型期的教师角色冲突》，《华中师范大学学报（人文社会科学版）》，1996年第6期，第43页。

⑤ 蔡笑岳：《试析教师角色的心理适应与冲突》，《中国教育学刊》，1994年第5期，第59页。

角色的冲突、职业角色与生活角色的冲突①。

2. 关于教师角色冲突影响的研究

教师角色冲突对心理影响的研究。当角色负荷超过一定的限度时，便会对教师带来一定的心理压力，面对工作产生紧张感，从而力不从心。此种状况持续时间过久便容易导致教师对工作产生消极情绪。扮演着多重角色的教师，面对着众多压力时，心理矛盾和冲突激增，心理负担愈来愈重，身心疲惫，便会对教师职业产生反感和厌倦。

教师角色冲突对职业影响的研究。在众多学者对教师职业倦怠的影响因素中发现，教师角色冲突成为影响教师职业倦怠的重要因素，由此教师的职业枯竭程度不断加深，对教师职业失去兴趣和热情，只将教学工作看成是完成自己任务和养家糊口的工具，不再追求教育价值的实现。

教师角色冲突对教师队伍影响的研究。有研究者认为，当前我国社会的生产方式正在由过去的劳动密集型向现代的知识密集型过渡，以知识为重的观点对教师的角色扮演和角色转换能力提供了更加具有挑战性的大环境。而在这样的改变之下，教师面临着更加多样的选择，不断的取舍造成教师的角色冲突，并导致教师队伍流失速度加快，严重影响了教师队伍的整体结构。

教师角色冲突对学生影响的研究。当学生对教师提出"严师与慈母"特性皆具的要求时，由于各方面原因教师不能达到两者皆具，因而产生角色冲突。教师角色冲突造成的职业倦怠对学生的负面影响是我们不可忽视的问题，值得深入研究。

3. 关于教师角色冲突对职业倦怠影响的研究

在对教师的职业倦怠影响因素的研究中，许多学者达成了共识：教师的角色冲突是影响教师职业倦怠的重要因素。1982年，施瓦布（Schwab）提出，在组织方面，显著影响教师职业倦怠的因素是角色冲突与角色模糊。当个体面对两种冲突情境而又被期望做出角色行为时，角色冲突就会出现。这时，如果个体不能

---

① 孙海涌：《试论教师的角色冲突与道德调节》，《镇江师专学报（社会科学版）》，2000年第2期，第117页。

妥善调和这种不和谐，则倦怠就会随之产生①。

1999 年，利思伍德（Leithwood）在对教师职业倦怠的研究中，将影响教师职业倦怠的因素划分为三大类：个人因素、组织因素与领导因素。其中，在对影响教师职业倦怠的组织因素的描述中，角色冲突也被认为是其重要因素之一②。不仅如此，许多学者通过对教育变革的实证研究发现：教育改革可能恶化教师原有的压力情境，也会引发新的角色紧张与冲突，从而导致教师的倦怠。

我国台湾学者林美玲认为，变革引入与原有角色冲突的新的角色与成就期望，会产生许多可能的压力情境，同时也会使组织目标不确定与模糊。组织中的个体被要求更新角色、知识与技能，为此个人必须努力地赶上变革的科技与成就标准。这些同时会挑战个人的信念、价值、在组织中的资源与意义、认知与情感等，致使个人对环境产生无力感与威胁感。因此，变革由于在有限的时间提出新的需求而使教师感到过度负荷与角色冲突，教师陷于既有的教学势态与创新改革间的两难③。美国加利福尼亚数学课程框架（Mathematics Curriculum Framework）的个案研究显示：角色冲突是教师压力与倦怠的来源，教师自己的教学信念及价值与该框架的目标及取向相矛盾，教师过度负荷、不适当的专业发展活动、缺乏行政与同事的支持已经使得该项课程改革难以实施④。

综上可见，在教师职业倦怠的影响因素方面，教师的角色冲突是产生职业倦怠的一个重要因素。并且，教师的角色冲突对教师倦怠的影响更多地反映在教师的情绪衰竭与人格解体方面。

（七）研究评价

纵观国内外的研究成果，首先，关于教师职业倦怠的研究已经非常成熟，无论是职业倦怠的概念和测量的研究，还是对职业倦怠影响因素的研究，数量都非

---

① 杨秀玉、孙启林：《教师的角色冲突与职业倦怠研究》，《外国教育研究》，2004 年第 9 期，第 12 页。

② K. A. Leithwood, T. Menzies, D. Jantzi, J. Leithwood, "Teacher Burnout: A Critical Challenge for Leaders of Restructuring School," In R. Vandenberghe et al. (Ed.), *Understanding and Preventing Teacher Burnout: A Sourcebook of International Research and Practice*. UK: Cambridge University Press, 1999, PP. 85−114.

③ 林美玲著：《教育改革、教师倦怠与报酬》，中国高雄：复文图书出版社 2001 年版，第 125 页。

④ 林美玲著：《教育改革、教师倦怠与报酬》，中国高雄：复文图书出版社 2001 年版，第 126 页。

常可观。这些相关成果将成为本专题研究的坚实基础，为本研究提供了一个较为完整的分析框架。其次，已有教师角色冲突相关理论的研究，也为本研究提供了重要的参考依据。然而，通过文献综述，可以发现目前国内对于教师职业倦怠的研究仍然存在许多不足之处：

第一，实证研究虽多，但样本代表性不足。以往研究多以某所学校为例，一方面问卷调查抽取样本量普遍较小，样本分布存在偏差，难以从人口学分布角度进行科学分析，得出的分析结果很难具有代表性。

第二，学段分布多集中于中等教育，对于小学教师关注度较低。小学阶段虽处于九年义务教育的初级阶段，升学压力较小，但是小学老师的任务繁重且复杂。从学生个体身心发展角度来看，小学是至关重要的，这个阶段是规则、习惯养成的关键期。所以小学教师不仅要搞好学生的学习成绩，还要负责学生的管理，注意对学生言行的正向引导。在新型家校合作的教育模式下，教师与家长的沟通障碍成为教师职业倦怠的又一个产生点。因此，加强对小学阶段教师职业倦怠的关注至关重要。

第三，针对女教师职业倦怠与角色冲突的研究较少。一是国内对于教师职业倦怠的实证研究较多，主要集中在教师与其他行业职业倦怠的比较研究、教师职业倦怠的人口统计学变量研究、教师职业倦怠与人格因素的关系研究。但针对女教师职业倦怠的研究较少。大多数主要针对教师整个群体的职业倦怠研究，仅有部分研究中包含性别因素对职业倦怠的影响。二是受我国社会传统思想的束缚，女教师承接着来自家庭与工作以及工作内的多重角色，她们体验到的角色冲突更为突出，但是目前对于女教师角色冲突造成的职业倦怠的关注度较低。

本研究试图弥补以往研究的不足，拟以小学女教师为研究对象，样本选自 L 市 6 所小学，其中乡镇小学 3 所、市（区）范围内小学 3 所，以此突破以往研究样本小、代表性不足的局限。

四、核心概念界定

（一）角色冲突

本研究对"角色冲突"概念做如下界定：个体在社会活动过程中扮演多重角色时，由于各种角色内部以及各角色与其互动群体之间的期望不一致、各种角色行为任务间的互相矛盾、各种角色超负荷运载使得个体无法达到角色预期，或外部环境的变更使得个体难以适应而产生的内在冲突的心理状态。

（二）职业倦怠

本研究将"职业倦怠"定义为：从事事业的个体在长时间的工作中，由于各社会角色之间的失衡、超负荷运作以及个人与外界期望的不等，导致个体的态度、情绪和行为明显的衰竭，从而使其对职业产生厌倦、对人际关系淡漠的心理状态。对工作的满意度降低，对事物的兴趣降低，以及自我情绪发生冷漠等是职业倦怠的典型表现。

（三）教师职业倦怠

从 20 世纪 80 年代起，职业倦怠的研究向教育界迈进，而教师自然也成为学者们研究的焦点。到目前为止，我国对教师职业倦怠的认定尚不明确与清晰，不过，几乎所有的教育学学者已经达成了一个共识，认为教师职业倦怠是教师无法有效地去处理工作压力时产生的一种反应状态，也是教师长期面临高压力之下，自我情感处于低迷、个人行为逐渐缓慢的状况。

五、理论基础

（一）角色冲突理论

"角色"这一词语是由拉丁语派生而来，最初只适用于戏剧表演的角色扮演问题，后由乔治·麦德（George Mead）将其范畴延伸至社会学，用以阐明个人在社会中完成期望行为的问题，并解释说明个人的角色定位是在各种期望的相互影响中不断形成和建立的[①]。

默顿（Merton）则提出角色丛与角色冲突的观点，他着重阐明了角色冲突

---

① 乐国安著：《社会心理学》，北京：中国人民大学出版社 2009 年版。

的社会机制，指出个人的角色定位受到除自身以外的其他互动群体的影响，主要是与他们的社会地位相关。而由于角色丛和角色库的存在，即一个人要同时扮演多个不同的角色，就会产生所谓的"角色冲突"的问题①。

顾明远先生所主编的《教育大辞典》，对"角色冲突"一词做了阐释，指出米切尔（Mitchell）将角色冲突划分为两种类型：第一类是在角色扮演者本人的角色系统之内，即"角色内冲突"；第二类是在他的角色和其他行动者的角色间，称之为"角色间冲突"②。而研究者认为个体的角色冲突一般是"角色内冲突"与"角色外冲突"共同作用。

（二）职业倦怠理论

美籍学者弗洛伊登伯格尔（Freudenberger）率先对"职业倦怠"做出定义，他将其运用到了心理学界。起初这一概念主要用于"助人性质"的服务性行业。20世纪90年代，学界对职业倦怠的研究范围已慢慢扩大至科技行业、教育行业，以及人才培训行业，并很快地向欧洲、亚洲等国发散。有学者将职业倦怠视为个人在劳动重压下，产生筋疲力尽、厌弃上班的心理状态，是一种精神疲劳、体力消耗已尽的感觉，所以又叫作心理枯竭③。

目前，我国最常被引入和被普遍接受的是静态式职业倦怠概念，是由马斯拉克（Maslach）和杰克森（Jackson）等人所下的界定。按照他们界定的概念，以及当前的大量理论和实验研究，大多数学者已经普遍地把职业倦怠作为一个综合症候群的心理反应。他们以为，职业倦怠主要是指在工作中个人所面临的长期的情感和人际关系压力源所形成的心理反应，是长期工作压力的结果之一，它主要具有以下三方面的症状：情绪衰竭（emotional exhaustion）、去个性化（depersonalization）和个人成就感降低（diminished personal accomplishment）①。

另外，也有部分学者把职业倦怠视为一种动态的过程。但总而言之，大部分

---

① 周晓虹著：《现代社会心理学多维视野中的社会行为研究》，上海：上海人民出版社1997年版。
② 顾明远主编：《教育大辞典》，上海：上海教育出版社1990年版，第390页。
③ Herbert J. Freudenberger, "Staff Burn-Out". *Journal of Social Issues*, 1974, 30 (1), PP. 159—165.
① C. Maslach, S. E. Jackson, M. P. Leiter, etal. *Mashlash Burnout Inventory Manual*. California: Consulting Psychologists Press, 1981, PP. 45—53.

有关"职业倦怠"的定义都表明职业倦怠初期是以"应激"的形态存在,在相当长的时间内,个体也许会察觉到、也许观察不到这些应激状态。当个人越来越觉得情感疲倦时,对旁人和工作的心态就开始发生变化,最后职业倦怠便产生。

尽管现今学者们对"职业倦怠"的定义尚未一致,但大部分的研究成果都表明职业倦怠一般拥有下面三个表现:(1)个体的情绪和身体处于消耗状态;(2)产生失调行为,对人冷漠;(3)较低的效能感和成就感。因此,笔者认为职业倦怠是在职业压力经长期堆积后产生的一种心理状态。

(三)教师职业生涯发展理论

关于教师职业生涯发展的研究内容颇多,尤其有代表性的是学者富勒(Fuller)的理论。他提出教师教育发展应该从专业知识和专业技能、自身认知、社会关系三方面的提高来进行认知。他所说的教师职业发展不仅包括教师的专业知识和能力发展,也包含教师与同事、上级等组织环境的发展[①]。据此他将教师职业发展分为四个阶段:(1)教育前关注的阶段——这个阶段是教师培训的重要时期,教师尚未接触教学工作,教学缺乏经验,因此关注重心只在自身;(2)早期关注生存的阶段——这个阶段是初次认识课堂教学实践工作,此时教师关注的是课堂教学;(3)教育情境关注的阶段——在这个重要阶段里,由于教师关心自身在课堂上所需要之学识、才能、技艺,所以他们更多关心的是自身课堂的表现,而并非学生的学习状态与能力;(4)注重于学生发展的阶段——此阶段的新手教师已成为真正的教师,在他们的具体实践工作中持续学习如何越过障碍、如何合理分配工作时间后,便能开始注意学生的状态与状况[②]。富勒(Fuller)所提出的这种教师职业生涯理论,强调教师职前的培训时期里准教师们所关心的是怎样成为一名合格的老师。

此外,费斯勒(Fessler)[③]和斯德菲(Steffy)也对教师的职业生涯进行了

---

① 邹春花、黄连杰著:《多元视角下我国高校青年教师发展研究》,北京:北京理工大学出版社 2017 年版,第 51 页。
② 余燕黎:《基于教师职业生涯周期理论的新教师专业发展探索》,《当代教育论坛(上半月刊)》,2009 年第 8 期,第 45 页。
③ 费斯勒(Ralph Fessler)、克里斯坦森(Judith C. Christensen)著,董丽敏、高耀明等译:《教师职业生涯周期——教师专业发展指导》,北京:中国轻工业出版社 2005 年版,第 5 页。

一系列的划分①，虽然具体的阶段表述有所差异，但总体都是从教师由新手到退出职业生涯的整个职业状态进行划分的，且期间都会出现一定的倦怠期，并且教师的职业倦怠通常出现在三个阶段，即职业挫折期、职业稳定期与职业消退期。刚刚迈入教师行业的新教师往往在他们工作后的第五年至第六年内进入到职业挫折期。而这一时期的特点便是教师的自我期待产生幻灭感，自我价值感降低，工作热情消退，同时，这时教师的职业倦怠感最为显著。

第二章　L市小学女教师角色冲突和职业倦怠的调查

一、研究思路与研究方法

（一）研究思路

本专题的研究主题是小学女教师的职业倦怠，核心问题是分析小学女教师职业倦怠的现状及角色冲突对其的影响。研究采用量化分析为主、质性分析为辅助的方法。

首先，通过对文献的整理，初步确立职业倦怠与角色冲突的维度和结构；随后编制问卷进行前期预测，经检验和修改后确定正式问卷；将正式问卷进行发放，收集研究数据，将数据整理后通过SPSS20.0软件对小学女教师职业倦怠与角色冲突的现状进行总体描述、差异分析、回归分析，研究角色冲突对职业倦怠

---

① 杜新秀：《教师专业发展阶段研究综述》，《中国科教创新导刊》，2009年第25期，第84—85页。

的影响情况。

其次，结合定量研究的结果开展进一步的质性研究，以补充和解释定量研究的结果。在对收集到的采访材料进行 Nvivo12 整理和编码后，从角色冲突的角度探讨职业倦怠的原因。

最后，对所有数据结果及文献资料进行分析，针对如何帮助女教师缓解和调试角色冲突带来的职业倦怠，学校、社会层面如何帮助小学女教师建立角色认同、缓解职业倦怠提出对策和建议。本研究的研究思路，如图1—1所示。

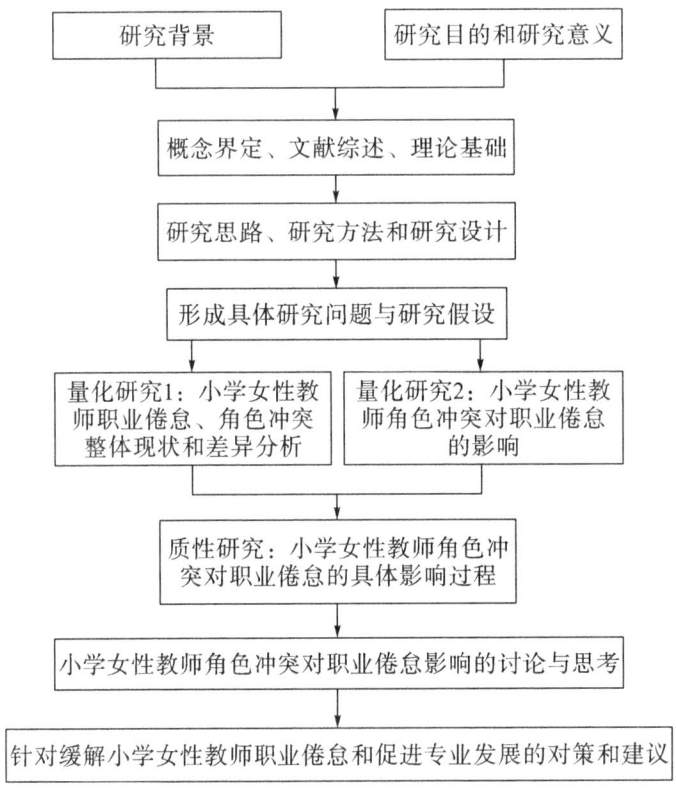

图1—1 研究技术路线图

（二）研究方法

1. 文献研究法

根据专题研究的需要，通过线上线下相结合的方式，对小学女教师角色冲突与职业倦怠的相关文献资料进行收集，并对相关文献资料仔细阅读研究、整理和分类，形成本研究的基础。

2. 调查法

（1）问卷调查法

本研究采用问卷调查法，抽取 L 市 6 所公立小学为本次研究的样本。依据研究需求，在前人基础上修改制定本次调查问卷《小学教师工作情况问卷》（见"附录"的专题三"附录"），对 L 市 6 所公立小学发放问卷。

（2）访谈调查法

结合研究的需要，根据前期量化研究的结果，抽取调查问卷涉及的 6 所公立小学 15 位女教师作为访谈对象进行深度访谈，访谈的问题主要是围绕角色冲突与职业倦怠展开，冲突如何产生、对职业倦怠的具体影响形式，获得有效文本，再将访谈文本通过 Nvivo12 进行原始材料编码分析，以此深度剖析角色冲突对职业倦怠的具体影响。

本专题的研究问题、研究内容、研究方法见表 1-1 所示。

表 1-1 研究问题、研究内容与研究方法对应表

研究问题	研究内容	研究方法
一、小学女教师角色冲突的结构有哪些？	小学女教师角色冲突结构	文献研究法 问卷调查法
二、我国小学女教师职业倦怠、角色冲突现状如何？包括角色冲突、职业倦怠的总体特征和群体差异如何？	1. 小学女教师职业倦怠及角色冲突各维度的总体特征 2. 小学女教师职业倦怠和角色冲突各维度的群体差异	问卷调查法 访谈调查法
三、小学女教师角色冲突对职业倦怠的影响如何？具体是怎样影响的？哪个维度影响最为显著？职业倦怠的形成原因是什么？	1. 小学女教师角色冲突对职业倦怠的影响 2. 角色冲突对职业倦怠各维度的具体影响 3. 角色冲突视角下职业倦怠的成因	文献研究法 问卷调查法 访谈调查法

二、研究设计

研究共分为两个部分：一是量化研究部分，通过发放问卷获得数据，然后经相关软件进行处理，了解小学女教师职业倦怠和角色冲突现状与群体差异，并分析角色冲突对职业倦怠的影响；二是质性研究部分，即在量化研究结果基础之

上，开展针对性的深度访谈，通过对访谈内容的整理、分析，探讨角色冲突视角下小学女教师职业倦怠的成因。据此具体设计如下：

（一）量化研究部分的设计

1. 选择研究方法

因需要了解变量在不同群体之间的差异、变量与自变量之间的具体关系，针对该部分研究内容，主要运用问卷调查研究法。

2. 确定抽样计划

根据本研究需求，选取 L 市 6 所公立小学，其中包括乡镇小学 3 所、市（区）小学 3 所，样本尽量囊括各年龄段、各学科及各个年级教师。

在确定抽样学校后，与各学校的负责人联系，详细描述研究目的与意义，征得负责人的同意和支持，经过与学校方联系确定各个学校问卷填写的形式和时间，而后进行问卷的发放。考虑到教师工作的繁重以及疫情的影响，因此除发放传统纸质问卷以外，多通过微信的方式发放问卷，邀请教师进行线上答卷。纸质问卷当场发放当场收回。

3. 数据分析

问卷全部回收后，筛除废卷，保留有效问卷，同时将纸质问卷内容录入电脑，与线上问卷一同进行整理，导入 SPSS 20.0 进行数据分析。分析方式包括描述性分析、独立样本 t 检验、单因素方差分析等。角色冲突对职业倦怠影响采用分层回归分析，确定小学女教师角色冲突各维度对职业倦怠的具体影响。

（三）质性研究部分的设计

根据量化研究的结果，采用质性研究作为补充，探索小学女教师角色冲突具体表现及其对职业倦怠的影响如何发生、各层面因素具体影响情况等问题。

1. 选择研究方法

根据研究需求、研究内容和研究问题，结合可行性等因素，质性研究决定采用访谈法，在分析量化研究结果后撰写访谈提纲（见"附录"的专题三"附录"）。

2. 资料收集

在与各学校负责人协商和沟通后，决定在每个学校选取 2—3 名女教师进行访谈，访谈对象包含普通一线教师、兼任行政职务或班主任的教师及各教龄教师，访谈主要围绕角色冲突和职业倦怠展开，就量化结果中职业倦怠的具体成因进行深度访谈。

3. 资料分析

访谈全程录音并进行笔录，访谈结束后将录音稿转为文字，导入 Nvivo 12 软件进行分类、编码整理。随后围绕前期量化结果深入分析角色冲突视角下小学女教师的职业倦怠成因。

三、问卷调查预测

(一) 预测调查问卷的形成

角色冲突的测量工具主要参考 Rizzo 的角色知觉量表（RHL）[①]，以及嵇艳编制的《医学院校临床教师角色冲突量表》[②]，在此基础上根据小学女教师角色冲突的特殊性进行一定的修改，最终制定完成本专题需要的小学女教师《角色冲突量表》（见"附录"），量表包含三个维度：

1. 期望型角色冲突

小学女教师在生活、工作中都担任多重角色，而与其互动的外部群体如学校、社会、家人、同事等都会对其相应角色提出期望，教师本人对其行为同样有其期待，而不同群体之间期望必然产生矛盾，教师因难以完成这些期望而产生的角色冲突可称为期望型角色冲突。

2. 超载型角色冲突

小学教师的工作任务复杂，除正常课堂教学外，还兼顾与家长的沟通、学校内的行政职务、社团运行、学生价值观的培养等等，这些都需要教师付出大量的时间和精力。作为小学女教师，在当前的政策环境和文化背景下，除担任学校教师的众多角色外，还必须担任家庭角色，不同角色有不同的任务，这种必然产生角色过载，而不同角色间行为、要求、时间极易发生冲突，这可称为超载型角色冲突。

3. 适应型角色冲突

随着国家各项相关政策的颁布实施，以及社会对基础教育质量和女性责任与义务要求的不断变化，小学女教师根据自己的个人实践和对过去的认识，开展教学和工作。在新时期，小学女教师面临着前所未有的压力，产生了一系列的问题。一方面，社会对小学教师期望的提高和政策法规的变化，增加了小学女教师的责任和负担；另一方面，小学女教师缺乏适应改革和新技术的外界资源的支持

---

① J. R. Rizzo, R. J. House, S. I. Lirtzman, "Role Conflict and Ambiguity in Complex Organizations". *Administrativeocience Quarterly*, 1970, PP. 150—163.

② 嵇艳：《医学院校临床教师角色冲突研究》，南京大学博士论文，2017 年。

和足够的培训等，导致她们难以完成角色责任，从而造成角色冲突。该类型的冲突可称为适应型冲突。

研究职业倦怠部分的测量主要参考徐富明和吉峰等编制的《中小学教师职业倦怠量表》，此量表主要包含三个维度：情绪衰竭、低成就感、去个性化。

综上，结合基础信息的问题，最后编制形成 L 市《小学教师工作情况问卷》，问卷包括以下三个部分：

（1）教师基本信息

此部分包括教师性别、年龄及其学校所处地区等 12 个方面的基础信息，旨在了解小学女教师的职业倦怠和角色冲突具体在哪些方面存在差异，存在差异的特征是如何的，以此为后面的现状分析提供数据支持。

（2）教师倦怠量表

本专题研究沿用徐富明、吉峰等编制的《中小学教师职业倦怠量表》。量表采用 Likert 5 点计分，分数 1—5 分别表示从"完全不符合"到"完全符合"，得分越高说明教师职业倦怠情况越严重。量表共计 3 个维度、15 题项，包括情绪衰竭 7 条（1、2、5、6、9、13、14）、低成就感 5 条（3、7、8、10、15）、去个性化 3 条（4、11、12）。

（3）教师角色冲突量表

自制《小学女教师角色冲突量表》，量表采用 Likert 5 点计分，分数 1—5 分别表示从"完全不符合"到"完全符合"，得分越高表明角色冲突越严重。共分 3 个维度、16 条目，包括期望型角色冲突 5 条（1—5 题）、超载型角色冲突 6 条（6—11 题）、适应型角色冲突 5 条（12—16 题）。

（二）预测调查问卷的信度与效度分析

本研究选取的对象为小学女教师，根据样本需求，预调查选取 S 省 L 市 6 所公立小学，通过问卷星平台链接分享发放，回收问卷共计 85 份，剔除填写时间过短、极值过多的无效问卷 7 份，最终获得有效问卷 78 份，有效回收率 91.8%。

对回收到的有效问卷进行整理后录入 SPSS 20.0 软件进行信度和效度检验。

信度（Reliability）是指测验结果的一致性、稳定性和可靠性，通常用内部一致性来表示。内部一致性系由效度所决定的一种测量属性，其主要概念为：在相同或相似条件下所得之资料之间存在着某种程度上的相关关系，而相关系数则反映这种相关性大小。信度系数越高,试验结果越一致、稳定、可靠。一般采用内部一致性系数及克隆巴赫 Cronbach's alpha 系数来表示,若结果大于 0.7 则视为内部一致性良好。另外本研究因进行探索性分析,因此采用了已删除的 α 系数指标,表示若删除此题项后的 α 系数。结果若小于 0.7,这说明所设题项设置不合理,可以进行删除。

研究制定的角色冲突量表 α 系数如表 1-2 所示,其中维度系数 $α_1$ 对应期望型角色冲突、$α_2$ 对应超载型角色冲突、$α_3$ 对应适应型角色冲突。表中可见,总体 α 系数=0.919,各维度 α 系数均大于 0.7,说明测量工具结构合理、内部一致性较高。除此之外,删除项 α 系数水平较高,说明问题设置合理,无需要修改、删除的问题。

表 1-2　角色冲突量表 α 系数

总体 α 系数	维度 α 系数	项已删除的 α 系数
0.919	$α_1$=0.889	0.844
		0.849
		0.873
		0.879
		0.875
	$α_2$=0.867	0.849
		0.856
		0.835
		0.841
		0.824
		0.825
	$α_3$=0.866	0.833
		0.965
		0.847
		0.824
		0.816

效度(Validity)即有效性,它是指测量工具或手段能够准确测出所需测量的事物的程度。测量结果与要考察的内容越吻合,则效度越高;反之,则效度越低。本研究主要采用因子分析。效度的测量一般参考在 0.05 显著水平下的 KMO 值。

本研究采用探索性因子分析，通过对角色冲突部分量表的分析可得：KMO统计量为0.774，大于0.6，且p<0.05，达到显著，表明数据适合进行因子分析。因子分析结果显示，其中特征值大于1的因子有3个，累计解释变异量达到67.028%，说明预设的3个维度可行。量表因子分析表如表1—3所示。

表1—3 角色冲突量表因子分析表

因素项/测量题项	因子载荷		
1. 学校对教学的要求与实际的教学制度有冲突的情形	0.811		
2. 学校关于教学的政策制度有相互矛盾的情形	0.784		
3. 我对教学的期望与设想和现实情况不同	0.822		
4. 学校对教学的期望与我个人对教学的想法不同	0.729		
5. 我目前所做的教学工作不能实现我的个人志向和抱负	0.600		
6. 因为工作量太大，我不得不忽略我的个人爱好		0.525	
7. 因为家庭事务繁杂，使得我对工作有所忽视		0.710	
8. 因为家庭的需求，我难以全身心投入到工作中		0.802	
9. 因为工作的紧张和压力，在回到家时我也难以放松		0.613	
10. 对于不能平衡家庭和工作，有时候我感到很无奈		0.732	
11. 因为偏重家庭，我很难成为我希望成为的教师		0.823	
12. 我缺乏足够的培训以很好地开展我的教学工作			0.758
13. 我需要更多的训练以不断适应教育改革的要求			0.692
14. 我的教学经验不足以支持我圆满地完成教学任务			0.651
15. 我经常缺乏资源去完成上级指派的任务			0.817
16. 我缺乏外部提供的物质资源来帮助我开展教学改革			0.836
特征值	1.59	1.88	7.25
解释变异量%	9.92	11.78	45.33
累计解释变异量%	9.92	21.40	67.03

本研究职业倦怠部分的测量量表α系数为0.834，此部分量表因已经过前人多次检验使用，属于较成熟的量表，具有很高的信度和效度，因此对此量表信效度检验不再多加赘述。

综上，本研究测量工具结构合理、具有较高的内部一致性，信效度均较好，可以有效测量小学女教师的角色冲突和职业倦怠，后续调研可直接使用。

四、问卷实施

（一）问卷发放与数据收集

正式问卷发放时，根据区域划分，选择 L 市市区 3 所公立小学、乡镇 3 所公立小学，事前与各小学负责人联系沟通，确定问卷发放方式，因调研正值疫情期间，考虑疫情防控等因素，市区小学均采用线上方式发放问卷，即通过微信发布问卷星链接；对乡镇学校教师的调查，经与学校负责人沟通后采取线下发放与线上链接调查问卷相结合的方式，线下问卷当场发放当场回收。

问卷发放于 2021 年 10 月开始，2021 年 11 月结束。最终收集问卷 357 份，其中包含线上问卷星平台 297 份，线下纸质问卷 60 份。经整理剔除无效问卷，其中包括线上填写时间小于 100 秒、线下纸质问卷存在未填题目、问卷结果得分极值较多的情况共 54 份，删除后有效问卷合计 303 份，其中包括女教师问卷 251 份，男教师 52 份，问卷有效回收率为 84.9%。

（二）正式问卷信效度分析

1. 角色冲突量表信效度检验

通过 SPSS 20.0 软件对正式问卷角色冲突量表部分进行信度检验，所得结果如表 1—4 所示。表中可见总量表 α 系数＝0.895，一般认为大于 0.70 认定为信度较好，此量表各维度系数均在 0.7 以上，说明信度达标，较为良好。同时，量表的 KMO 统计量为 0.855，大于 0.6，且 $p<0.05$，达到显著，说明效度达标。

表 1—4 角色冲突量表 Cronbach's Alpha 系数

量表维度	题项数	Cronbach α 系数
期望型角色冲突	5	0.854
超载型角色冲突	6	0.843

续表

量表维度	题项数	Cronbach α 系数
适应型角色冲突	5	0.822
角色冲突总量表	16	0.895

2. 职业倦怠量表信效度检验

对于职业倦怠量表部分，通过分析可知：职业倦怠总量表的 α 系数为 0.787，同时情绪衰竭、低成就感、去个性化三个维度对应的 α 系数分别为 0.881、0.858、0.770，均大于 0.7，说明信度良好。参见表 1—5。

表 1—5 职业倦怠量表 Cronbach's Alpha 系数

量表维度	题项数	Cronbach α 系数
情绪衰竭	7	0.881
低成就感	5	0.858
去个性化	3	0.770
职业倦怠总量表	15	0.787

五、访谈实施

（一）访谈对象的选择和确定

为更好解释数据分析所得结果，从而分析职业倦怠的成因，研究采用非概率抽样的方式来确定访谈的对象，以此尽可能涵盖各种影响因素和变量。最后将需要的样本特征提供给各学校负责人，负责人根据样本特征确定访谈对象，联系教师本人并征得同意后，调查者与各教师联系并进行访谈。本研究访谈的小学女教师具体信息见表 1—6。

表1-6 访谈女教师具体信息

序号	姓名	地区	教龄	婚姻/子女情况		学科	职务	访谈时间
1	L1老师	市区	10	已婚	1子	数学	无	2021年9月
2	S1老师	市区	4	已婚	1子	英语	无	2021年9月
3	J老师	市区	4	未婚	无	科学	无	2021年9月
4	M老师	市区	6	已婚	1子	美术	无	2021年10月
5	L2老师	市区	7	已婚	无	科学	教科室主任	2021年10月
6	L3老师	市区	31	已婚	1女	数学	校长	2021年11月
7	S2老师	市区	22	离异	1女	数学	副校长	2021年11月
8	C老师	市区	8	已婚	1子	音乐	德育处主任	2021年11月
9	Y老师	市区	10	已婚	1子	美术	大队辅导员	2021年11月
10	F老师	市区	12	已婚	1女	语文	班主任	2021年11月
11	W1老师	乡镇	7	未婚	无	数学	班主任	2021年11月
12	W2老师	乡镇	30	已婚	1女	语文	班主任	2021年11月
13	S3老师	乡镇	2	未婚	无	语文	无	2021年11月
14	L4老师	乡镇	4	未婚	无	科学	班主任	2021年12月
15	O老师	乡镇	6	未婚	无	音乐	无	2021年12月

(二) 访谈资料整理

访谈开始前,与每位访谈对象提前沟通预约访谈时间地点,考虑到疫情防控等现实性因素,访谈采用线下直接面谈和线上微信视频访谈相结合的方式,其中包含面谈13位,微信电话访谈2位。最终本研究共访谈15位一线小学女教师,收集到15份录音文件,最长56分钟,最短19分钟。将每份录音稿整理转录为文字稿,共计1.8万字。接着首先对访谈文稿进行标号,注明访谈对象基本信息、访谈时间等。

第三章 小学女教师职业倦怠与角色冲突的现状

一、小学女教师职业倦怠整体现状

(一) 小学女教师职业倦怠的描述性统计

因研究对象为女教师,收集的男教师问卷仅做群体差异性分析用,去除男性问卷后的问卷用作后续量化分析,共计女性问卷251份,将此部分问卷整理后录入SPSS软件,问卷有效样本分布情况如表1-7所示。

表1-7 小学女教师问卷调查有效样本特征统计

特征项目		人数	所占比例(%)
地区	市区	128	51.00
	乡镇	123	49.00
年龄	30岁以下	107	42.63
	31—40岁	64	25.50
	41—50岁	44	17.53
	51岁及以上	36	14.34
婚姻状况	未婚	72	28.69
	已婚	172	68.53
	离异	7	2.79

续表

特征项目		人数	所占比例（%）
子女	无子女	96	38.25
	1个子女	133	52.99
	2个及以上	22	8.76
最高学历	大专以下	57	22.71
	本科以上	194	77.29
教龄	3年以下	36	14.34
	3—10年	99	39.44
	10年以上	116	46.22
职称	三级教师	42	16.73
	二级教师	92	36.65
	一级教师	89	35.46
	高级教师	28	11.16
科目	语文	93	37.05
	数学	85	33.86
	英语	17	6.77
	音乐/美术	23	9.16
	其他	33	13.15
月收入情况	2000元以下	4	1.59
	2001—3000元	74	29.48
	3001—4000元	76	30.28
	4001—5000元	59	23.51
	5001元及以上	38	15.14
兼任班主任		125	49.80
兼任行政职务		39	15.54

续表

特征项目		人数	所占比例（%）
工作满意度	很满意	32	12.75
	较满意	89	35.46
	一般	116	46.22
	不太满意	12	4.78
	很不满意	2	0.80
改行意愿	有改行意愿	21	8.37
	无改行意愿	157	62.55
	视情况而定	73	29.08

根据表1—7可知，本次问卷调查教师年龄、职称、月收入及学校所处地区分布较为平均；婚姻状况主要集中在已婚教师，其次占比是未婚，离异占比较少；子女情况，多集中在无子女和只有一个小孩的教师，拥有2个及以上子女的教师占比较少；学历方面，大部分为本科学历；教授科目方面，集中在语文、数学科目的教师；在兼任职务方面，兼任班主任的教师人数接近一半，兼任行政职务的教师接近六分之一；工作满意度方面，接近一半的教师对于现状较为满意，少部分教师表示不满意；

改行意愿方面，大部分教师无改行意愿，其次少部分表示有改行意愿。

研究首先对职业倦怠量表部分数据进行描述性统计，包括均值、最大值最小值、中位数、上四分位数和下四分位数等，以此了解小学女教师职业倦怠及其各维度的整体现状，所得结果如表1—8所示。

表1—8 职业倦怠描述统计量

	N	极小值	极大值	均值±标准差	中位数	P25	P75
情绪衰竭	251	1.00	5.00	2.34±0.05	2.29	1.71	3.00
去个性化	251	1.00	5.00	1.55±0.04	1.33	1.00	2.00
低成就感	251	1.00	5.00	3.90±0.04	4.00	3.40	4.10
职业倦怠	251	1.00	5.00	2.70±0.28	2.78	2.55	3.10

根据表1—8所示，小学女教师职业倦怠总体得分为2.70，超过2.50，说明存在中等偏高的职业倦怠；分维度来看，"低成就感"得分最高，已达到3.90，且中位数高达4.00，说明样本群体存在高度的低成就感，且一半以上小学女教师成就感极低；"情绪衰竭得"分为2.34，属于中等程度，"去个性化"水平得分只有1.55，说明程度较低，因此后续不做讨论。综上，小学女教师的职业倦怠整体中等偏高，其中"低成就感"分值最高，其次为"情绪衰竭"，"去个性化"水平较低，说明小学女教师对其职业存在较高的"低成就感"、中等程度的"情感衰竭"、轻度的"去个性化"。由此可见小学女教师在个人成就感的获得方面情况不容乐观。

另外，将职业倦怠均值得分2分以下定义为不受职业倦怠困扰，2—3分定义为轻微倦怠，3—4份定义为中等倦怠，4分以上定为重度的职业倦怠；由图1—2可知，仅有7位，即2.8%的被试者没有受到职业倦怠问题的困扰，也就是说有97.2%的小学女教师存在不同程度的职业倦怠，其中占比最大的是轻微的职业倦怠群体，共计178名，占比达到70.9%。由此可知，小学女教师群体中职业倦怠问题普遍存在。

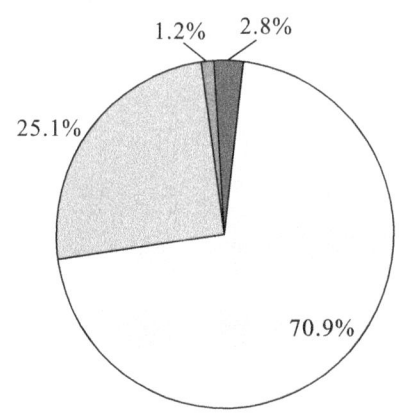

图1—2　小学女教师职业倦怠总体情况

（二）小学女教师职业倦怠的群体差异

考虑到本研究的现实意义——为缓解小学女教师的职业倦怠提供切实可行的对策建议，就存在的差异群体进行具体分析。经过对数据的整理分析，发现小学女教师职业倦怠存在的主要差异如下：

1. 年龄方面

通过单因素方差分析的方法对小学女教师不同年龄阶段在职业倦怠各维度及整体进行分析，得到结果如表1—9所示，在0.05显著性水平下，可见不同年龄段的教师在职业倦怠总得分方面有显著差异。分维度来看，"情绪衰竭""去个性化""低成就感"三个维度都存在显著性差异。

表1—9 不同年龄的小学女教师职业倦怠

	年龄	N	均值	标准差	F值	Sig.	LSD检验
情绪衰竭	30岁以下	107	2.67	0.87	0.12	0.000***	30岁以下>31—40岁 30岁以下>50岁以上
	31—40岁	64	2.13	0.71			
	41—50岁	44	2.15	0.78			
	50岁以上	36	1.98	0.95			
去个性化	30岁以下	107	1.69	0.80	3.18	0.25*	30岁以下>31—40岁 30岁以下>41—50岁 30岁以下>50岁以上
	31—40岁	64	1.44	0.49			
	41—50岁	44	1.52	0.60			
	50岁以上	36	1.35	0.72			
低成就感	30岁以下	107	3.75	0.74	3.54	0.15*	50岁以上>30岁以下 31—40岁>30岁以下
	31—40岁	64	4.00	0.57			
	41—50岁	44	3.89	0.74			
	50岁以上	36	4.14	0.66			
职业倦怠	30岁以下	107	2.84	0.45	6.37	0.000***	30岁以下>31—40岁 30岁以下>41—50岁 30岁以下>50岁以上
	31—40岁	64	2.61	0.32			
	41—50岁	44	2.60	0.40			
	50岁以上	36	2.58	0.49			

n. s. $p>0.05$，$p*<0.05$，$p**<0.01$，$p***<0.001$

为了了解各年龄段的差异特点，再运用LSD检验，结果发现：在"低成就感"维度中，得分最高的是50岁以上女教师，且明显高于30岁以下女教师，31—40岁女教师得分明显高于30岁以下女教师；在"情绪衰竭"维度，得分最高的是30岁以下的小学女教师，得分最低的是50岁以上小学女教师，大致趋势可归纳为年龄越大，个人情绪消耗越低；"去个性化"维度中，30岁以下女教师得分最高，且都明显高于其他所有年龄阶段；对于总的职业倦怠情况来说，得分最高的人群是 30 岁以下女教师，且明显高于其他年龄段女教师。

整体来看，30 岁以下女教师职业倦怠率最高，且主要体现在"情绪衰竭"和"去个性化"方面；而 50 岁以上女教师虽然职业倦怠水平最低，但是其表现的"低成就感"较为显著；31—40 岁以及 41—50 岁女教师在各方面表现较为相似，职业倦怠同样多体现在"低成就感"方面。

小学女教师职业倦怠是否存在周期性变化有待进一步求证，但针对此次分析数据可初步看出：年轻的新教师在初入职场时，因需要适应岗位而承受各类压力较大，其"情绪衰竭"与"去个性化"程度都较高，加之工作能力还在上升期，因而个人成就感较低；随着年龄的增长、教学业务能力的稳定，其情绪逐渐稳定，其"情绪衰竭"有所缓解，职业倦怠也有所减轻，但可能随之对工作的期望值升高而成就感却降低，直至 50 岁以后一切趋于稳定，"情绪衰竭""去个性化"变化都不再明显，接近退休时对职业的期望值也相对降低，因而个人成就感相应增加。

2. 教龄方面

通过单因素方差分析的方法，对不同教龄段的小学女教师职业倦怠程度进行分析，得到结果如表 1—10 所示。表中可以看出：在 0.05 显著性水平下，不同教龄的小学女教师在职业倦怠整体和各维度上得分都存在显著性差异。

从整体来看，职业倦怠程度最高者为教龄在 3—10 年的小学女教师，且其倦怠程度显著高于 10 年教龄以上的小学女教师；"低成就感"维度方面，则情况相反，10 年教龄以上教师得分最高，且显著高于 3 年以下教龄的新入职教师，且整体趋势是教龄越长、个人成就感越低；"情绪衰竭"的维度方面，教龄 3 年以下小学女教师得分最高，显著高于教龄 10 年以上的小学女教师，且整体趋势为教龄越短，情绪衰竭程度越重；"去个性化"维度方面，虽然得分都较低，但仍然呈现教龄与去个性化水平呈反比的趋势。

表 1-10 不同教龄的小学女教师职业倦怠

	教龄	N	均值	标准差	F 值	Sig.	LSD 检验
情绪衰竭	3 年以下	36	2.58	0.87	9.67	0.000***	10 年以上＜3 年以下 10 年以上＜3-10 年
	3-10 年	99	2.55	0.85			
	10 年以上	116	2.09	0.82			
去个性化	3 年以下	36	1.70	0.88	5.05	0.007**	10 年以上＜3 年以下 10 年以上＜3-10 年
	3-10 年	99	1.67	0.69			
	10 年以上	116	1.40	0.60			
低成就感	3 年以下	36	3.62	0.90	4.93	0.008**	10 年以上＞3 年以下
	3-10 年	99	3.85	0.61			
	10 年以上	116	4.02	0.68			
职业倦怠	3 年以下	36	2.75	0.57	6.98	0.001***	10 年以上＜3-10 年
	3-10 年	99	2.81	0.38			
	10 年以上	116	2.60	0.41			

n. s. $p>0.05$，$p^*<0.05$，$p^{**}<0.01$，$p^{***}<0.001$

3. 婚姻及子女情况

不同婚姻状态对应职业倦怠及各维度情况如表 1-11 所示。表中可见，不同婚姻状态女教师职业倦怠均主要体现在"低成就感"方面，其中已婚教师情况最为严重。在"情绪衰竭"维度，未婚女教师最为严重，其职业倦怠总体得分也最高。

表 1-11 小学女教师不同婚姻状态的职业倦怠及各维度情况

	婚姻状态	N	均值±标准差	中位数
情绪衰竭	未婚	72	2.75±0.858	2.86
	已婚	172	2.19±0.796	2.14
	离异	7	1.98±0.967	1.71

续表

	婚姻状态	N	均值±标准差	中位数
去个性化	未婚	72	1.73±0.858	1.33
	已婚	172	1.48±0.610	1.33
	离异	7	1.43±0.535	1.33
低成就感	未婚	72	3.68±0.788	3.60
	已婚	172	3.98±0.650	4.00
	离异	7	3.94±0.499	4.00
职业倦怠	未婚	72	2.85±0.491	2.87
	已婚	172	2.65±0.397	2.67
	离异	7	2.52±0.388	2.40

因离异的小学女教师样本量过少难以具有代表性，故不讨论。故而为更清晰了解具体的差异情况，只对未婚与已婚群体进行独立样本t检验，得到如表1-12所示结果，未婚与已婚的小学女教师在各个维度都呈现显著差异，特别是在"情绪衰竭"维度，未婚女教师明显高于已婚教师，显著性水平达到0.000***，"低成就感"维度差异也较明显，已婚小学女教师"低成就感"水平高于未婚小学女教师。

表1-12 不同婚姻状态的小学女教师职业倦怠

	婚姻状态	N	平均值	标准偏差	T值	Sig.
情绪衰竭	未婚	72	2.746	0.905	4.544	0.000***
	已婚	172	2.189	0.796		
去个性化	未婚	72	1.727	0.858	2.212	0.029*
	已婚	172	1.481	0.610		
低成就感	未婚	72	3.683	0.788	−2.841	0.005**
	已婚	172	3.983	0.650		
职业倦怠	未婚	72	2.855	0.491	3.210	0.002**
	已婚	172	2.645	0.397		

n. s. p>0.05，p*<0.05，p**<0.01，p***<0.001

在拥有子女情况方面，分析得表 1—13 所示结果。从表中可知，在"情绪衰竭"维度，无子女的小学女教师得分最高，呈现中等偏上水平，而有子女的教师"情绪衰竭"得分较为理想，LSD 结果显示无子女女教师在此维度得分普遍显著高于其他二者；在"去个性化"维度中，小学女教师均无明显倦怠情况，但LSD 检验结果显示无子女的女教师仍然普遍高于其余二者；在"低成就感"维度中，三类教师均显示较高的得分，其中拥有孩子的小学女教师均明显高于无小孩的教师；而就整体职业倦怠得分来看，无子女的小学女教师得分最高，拥有 1 个小孩的女教师次之，而拥有 2 个及以上小孩的女教师职业倦怠得分最低。

表 1—13　不同子女情况的小学女教师职业倦怠

	教龄	N	均值	标准差	F 值	Sig.	LSD 检验
情绪衰竭	无子女	96	2.66	0.87	11.06	0.000***	无子女>1 个小孩 无子女>2 个及以上小孩
	1 个小孩	133	2.15	0.80			
	2 个及以上小孩	22	2.12	0.88			
去个性化	无子女	96	1.72	0.81	5.43	0.005**	无子女>1 个小孩 无子女>2 个及以上小孩
	1 个小孩	133	1.47	0.61			
	2 个及以上小孩	22	1.29	0.47			
低成就感	无子女	96	3.73	0.75	4.99	0.007**	无子女<1 个小孩 无子女<2 个及以上小孩
	1 个小孩	133	4.02	0.65			
	2 个及以上小孩	22	3.91	0.65			
职业倦怠	无子女	96	2.83	0.45	7.01	0.001***	无子女>1 个小孩 无子女>2 个及以上小孩
	1 个小孩	133	2.64	0.42			
	2 个及以上小孩	22	2.55	0.35			

n. s. $p>0.05$，$p^*<0.05$，$p^{**}<0.01$，$p^{***}<0.001$

无子女与未婚女教师职业倦怠与情绪衰竭都较为严重，可解释为此类女教师年龄较为年轻，刚刚步入工作岗位，未婚未育因而所有的精力与时间都在工作之上，对于教学期望值较大，情绪衰竭相应较高；而随着结婚生子后，精力和重心逐渐向家庭转移，家庭带来的情绪安抚使得女教师情绪衰竭得到缓解，但随着孩子占据女教师的生活，其工作的成就感却逐渐降低。

4. 职称情况

通过单因素方差分析的方法对不同职称的小学女教师的职业倦怠各维度及整体进行分析，得到结果如表1－14所示，在0.05显著性水平下，可见不同职称的教师在职业倦怠总得分方面有显著差异，在"情绪衰竭""去个性化""低成就感"三个维度也存在显著性差异。

表1－14 不同职称的小学女性教师职业倦怠

	职称	N	均值	标准差	F值	Sig.	LSD检验
情绪衰竭	三级教师	42	2.55	0.95	5.37	0.001**	三级教师＞高级教师 三级教师＞一级教师 二级教师＞高级教师 二级教师＞一级教师
	二级教师	92	2.54	0.74			
	一级教师	89	2.13	0.87			
	高级教师	28	2.08	0.93			
去个性化	三级教师	42	1.72	0.86	3.13	0.026*	三级教师＞高级教师 三级教师＞一级教师 二级教师＞一级教师
	二级教师	92	1.65	0.69			
	一级教师	89	1.41	0.54			
	高级教师	28	1.42	0.80			
低成就感	三级教师	42	3.70	0.85	4.69	0.003**	三级教师＜高级教师 三级教师＜一级教师 二级教师＜高级教师 二级教师＜一级教师
	二级教师	92	3.78	0.54			
	一级教师	89	4.00	0.75			
	高级教师	28	4.21	0.60			
职业倦怠	三级教师	42	2.77	0.58	2.76	0.043*	三级教师＞一级教师 二级教师＞一级教师
	二级教师	92	2.78	0.36			
	一级教师	89	2.61	0.39			
	高级教师	28	2.66	0.51			

n. s. $p>0.05$，$p^*<0.05$，$p^{**}<0.01$，$p^{***}<0.001$

具体而言，在"情绪衰竭"维度，小学三级女教师与二级女教师都呈现中等程度的情绪衰竭，且得分都显著高于小学一级女教师与小学高级女教师；在"去个性化"维度方面，四类女教师（高级女教师、一级女教师、二级女教师和三级女教师）都呈现轻度的去个性化，但三级女教师得分仍然显著高于高级女教师和一级女教师；在"低成就感"维度呈现相反态势，一级职称女教师与高级职称的女教师"低成就感"显著高于三级职称与二级职称的女教师。总体来看，三级女教师与二级女教师呈现中等偏上的职业倦怠，而其余二者呈现轻度的职业倦怠。

教师进入岗位最初职称为三级，三级教师和二级教师会花费大量时间精力在职称评定上，因而此阶段她们的"情绪衰竭"和"去个性化"会相对较高，而此阶段教师职称晋升空间较大，一般通过努力都可实现职称的晋升，因而呈现较低的"低成就感"，而一级教师与高级教师因晋升空间相对较窄，职业发展到了瓶颈期，因而呈现较高的"低成就感"。

二、小学女教师角色冲突整体现状

（一）小学女教师角色冲突的描述性统计

为了初步了解小学女教师角色冲突的现状，对所收集相关数据进行描述性分析，得到表1-15所示结果。

表1-15　角色冲突描述统计量

	N	均值±标准差	中位数	P25	P75
期望型角色冲突	251	2.89±0.95	3.00	2.40	3.60
超载型角色冲突	251	2.49±0.83	2.50	2.00	3.00
适应型角色冲突	251	2.69±0.89	2.75	2.25	3.19

通过表中呈现数据可知，各结构均值±标准差得分均在2.50以上，中位数同样超过2.50，说明小学女教师在各结构的角色冲突中都有不同程度的体现。其中期望型最高，中位数超过3.00，说明有一半以上小学女教师"期望型角色冲突"呈现中度偏高；"适应型角色冲突"中位数达到2.75，说明小学女教师在此类型的

角色冲突同样有较高程度；而"超载型角色冲突"稍微轻微，但也不容忽视。

（二）小学女教师角色冲突的群体差异

1. 性别

通过独立样本 t 检验的方法对不同性别小学教师各类型角色冲突进行比对分析，得到表 1-16 所示结果。

表 1-16　不同性别小学教师角色冲突差异比较

	性别	N	平均值	标准偏差	T 值	Sig.
期望型冲突	女	251	2.89	0.06	-0.158	0.874
	男	52	2.92	0.13		
超载型冲突	女	251	2.90	0.05	-3.160	0.002**
	男	52	2.49	0.13		
适应型冲突	女	251	2.69	0.06	-0.789	0.431
	男	52	2.79	0.12		

n. s. $p>0.05$，$p^*<0.05$，$p^{**}<0.01$，$p^{***}<0.001$

由表 1-16 可知，对于不同性别的小学教师而言，只有在"超载型角色冲突"方面存在显著差异，即小学女教师面对更严重的多重角色压力，这与前期笔者假设一致，相对于男性而言，女性在工作之外面临更多的家庭角色任务，这势必造成严重的角色超载。

2. 地区

通过独立样本 t 检验的方法对不同地区小学女教师各类型角色冲突进行比对分析，得到表 1-17 所示结果，可知不同地区的小学女教师同样仅在"超载型角色冲突"存在显著差异，这似乎与城市地区教师任务过重有关，城市地区教师除正常课堂教学以外常常还承担各种社团活动、学术活动以及各类学校评比等任务。

表 1-17　不同地区小学女教师角色冲突差异比较

	地区	N	平均值	标准偏差	T 值	Sig.
期望型冲突	乡镇	123	2.90	0.08	0.163	0.871
	市区	128	2.88	0.09		

续表

	地区	N	平均值	标准偏差	T 值	Sig.
超载型冲突	乡镇	123	2.63	0.07	−3.055	0.002**
	市区	128	3.22	0.08		
适应型冲突	乡镇	123	2.63	0.08	−1.047	0.296
	市区	128	2.74	0.08		

n. s. p>0.05，p*<0.05，p**<0.01，p***<0.001

3. 年龄

对不同年龄阶段小学女教师各类型角色冲突进行单因素方差分析和LSD检验得到表1—18所示结果。从表中可知，差异主要存在于不同年龄段小学女教师的超载型与适应型角色冲突之间。具体来说，50岁以上小学女教师较之其他年龄段教师而言，其"超载型角色冲"突水平明显更低；在"适应型角色冲突"方面，20岁以下教师的角色冲突显著高于其他年龄段教师，31—40岁年龄段小学女教师水平显著高于40岁以上年龄段教师。

表1—18 不同年龄小学女教师角色冲突差异比较

	年龄	N	均值	F 值	Sig.	LSD 检验
期望型冲突	30岁以下	107	2.97	1.36	0.257	
	31—40岁	64	2.80			
	41—50岁	44	2.70			
	51岁及以上	36	3.06			
超载型冲突	30岁以下	107	3.13	3.96	0.009**	30岁以下>51岁及以上
	31—40岁	64	2.96			31—40岁>51岁及以上
	41—50岁	44	2.75			41—50岁>51岁及以上
	51岁及以上	36	2.33			
适应型冲突	30岁以下	107	3.08	17.5	0.000***	30岁以下>31—40岁
	31—40岁	64	2.62			30岁以下>41—50岁
	41—50岁	44	2.18			30岁以下>51岁及以上
	51岁及以上	36	2.26			31—40岁>41—50岁
						31—40岁>51岁及以上

n. s. p>0.05，p*<0.05，p**<0.01，p***<0.001

4. 教龄

通过单因素方差分析的方法对不同教龄的小学女教师进行分析得到表1—19,由表可知"超载型角色冲突"与"适应型角色冲突"在不同教龄阶段的小学女教师间的差异具有统计学意义,进一步经 LSD 检验可知 3—10 年教龄小学女教师"超载型角色冲突"显著高于 10 年以上教龄教师群体,3 年以下教龄小学女教师"适应型角色冲突"显著高于其他教龄段群体,同时,3—10 年教龄教师"适应型角色冲突"高于 10 年以上教龄教师群体。这与日常生活相符合,新教师在初入教师岗位前几年急需适应新环境与新工作,因此"适应型角色冲突"程度较高,而 3—10 年正处于教师职业晋升黄金期,但恰处于女性结婚生育时期,因此"超载型冲突角色"程度随之升高。

表1—19 不同教龄小学女教师角色冲突差异比较

	教龄	N	均值	F 值	Sig.	LSD 检验
期望型冲突	3 年以下	36	2.96	0.385	0.681	
	3—10 年	99	2.93			
	11 年及以上	116	2.84			
超载型冲突	3 年以下	36	2.98	3.697	0.026*	3—10 年>10 年以上
	3—10 年	99	3.03			
	11 年及以上	116	2.64			
适应型冲突	3 年以下	36	3.26	21.459	0.000***	3 年以下>3—10 年 3 年以下>10 年以上 3—10 年>10 年以上
	3—10 年	99	2.88			
	11 年及以上	116	2.34			

n. s. $p>0.05$,$p^*<0.05$,$p^{**}<0.01$,$p^{***}<0.001$

5. 婚姻及子女

通过单因素方差分析的方法对不同婚姻状态及子女状况的小学女教师的角色冲突进行分析比对后,发现两种因变量都仅在"适应型角色冲突"类别有显著差异,因此进一步分别经独立样本 t 检验与 LSD 检验可得表1—20 与表1—21 所示。其中因离异女教师样本量较少,故仅对未婚与已婚的女教师进行分析对比。由表可知未婚女教师"适应型角色冲突"程度显著高于已婚群体,无子女的女教师"适应型角色冲突"显著高于有子女群体。

表1-20 不同婚姻状态女教师角色冲突差异比较

	婚姻状态	N	平均值	标准偏差	T值	Sig.
期望型冲突	未婚	72	2.98	0.11	0.763	0.442
	已婚	172	2.88	0.07		
超载型冲突	乡镇	72	2.51	0.08	0.121	0.904
	市区	172	2.49	0.07		
适应型冲突	乡镇	72	3.04	0.10	4.025	0.000***
	市区	172	2.55	0.07		

n. s. p>0.05, p*<0.05, p**<0.01, p***<0.001

表1-21 不同子女状况小学女教师适应型角色冲突差异比较

	N	均值	LSD检验	Sig.
无子女	96	3.02	1个小孩	0.000***
			2个小孩及以上	0.024*
1个小孩	133	2.46	无子女	0.000***
			2个小孩及以上	0.610
2个小孩及以上	22	2.56	无子女	0.024*
			1个小孩	0.610

n. s. p>0.05, p*<0.05, p**<0.01, p***<0.001

6. 学历

通过独立样本t检验的方式对不同学历小学女教师角色冲突进行分析得到表1-22所示,发现在"超载型冲突"与"适应型冲突"两类别都存在显著差异(F=0.106,P=0.005;F=2.357,P=0.000)。具体而言,即:本科及以上学历小学女教师"超载型角色冲突"与"适应型角色冲突"程度均显著高于专科及以下学历群体。

表1-22 不同学历小学女教师角色冲突差异比较

	学历	N	平均值	标准偏差	T值	Sig.
期望型冲突	专科以下	57	2.99	0.14	0.849	0.398
	本科以上	194	2.86	0.07		
超载型冲突	专科以下	57	2.62	0.11	-2.907	0.005**
	本科以上	194	3.07	0.06		

续表

	学历	N	平均值	标准偏差	T值	Sig.
适应型冲突	专科以下	57	2.33	0.10	-3.816	0.000***
	本科以上	194	2.79	0.06		

n. s. p>0.05, p*<0.05, p**<0.01, p***<0.001

7. 担任班主任

通过独立样本 t 检验的方式对是否担任班主任的小学女教师角色冲突情况进行分析，发现是否担任班主任，在"期望型角色冲突"与"适应型角色冲突"方面并无显著差异，仅在"超载型角色冲突"呈现差异，整理后得到表1-23，表中所示：担任班主任的教师的"超载型角色冲突"显著高于没有担任班主任的教师。

表1-23 是否担任班主任的小学女教师"超载型角色冲突"差异比较

是否担任班主任	N	平均值	标准偏差	T值	Sig.
是	125	3.11	0.07	1.974	0.02*
否	126	2.79	0.08		

n. s. p>0.05, p*<0.05, p**<0.01, p***<0.001

三、小学女教师角色冲突对职业倦怠的回归分析

通过 Pearson 相关系数对小学女教师职业倦怠、角色冲突进行相关分析，结果表明：期望型角色冲突、超载型角色冲突、适应型角色冲突都与"情绪衰竭""去个性化"两个维度呈显著正相关，而三者都与"低成就感"维度呈显著负相关，对于职业倦怠整体情况而言，结果如表1-24所示。

为进一步探索角色冲突对职业倦怠的预测作用，在相关性分析基础之上再次采取分层回归分析的方法，探究各类型角色冲突与小学女教师职业倦怠及其各维度的关系。

表 1—24　角色冲突与职业倦怠之间的关系

	1	2	3	4	5	6	7
1 期望型冲突	1						
2 超载型冲突	0.434**	1					
3 适应型冲突	0.412**	0.604**	1				
4 情绪衰竭	0.382**	0.631**	0.620**	1			
5 去个性化	0.289**	0.304**	0.353**	0.521**	1		
6 低成就感	−0.173**	−0.285**	−0.230**	−0.446**	−0.352**	1	
7 职业倦怠	0.355**	0.532**	0.567**	0.859**	0.616**	0.008	1

n. s. $p>0.05$，$p^*<0.05$，$p^{**}<0.01$，$p^{***}<0.001$

为能更清晰直观了解角色冲突类型对职业倦怠的影响，且为了排除背景变量的影响，研究采取分层回归的方式，首先将年龄、教龄、婚姻情况、子女情况、学历、职称作为控制变量，第二层开始将"期望型角色冲突""超载型角色冲突""适应型角色冲突"逐层纳入回归方程（强迫进入法），分析各层加入后方程解释率 R 方的变化程度，结果如表 1—25 所示。

分析结果显示，角色冲突各维度对职业倦怠解释度达到 42%，说明角色冲突对职业倦怠存在显著影响，其中，"超载型角色冲突"与"适应型角色冲突"可以正向预测个人情绪衰竭；"期望型角色冲突"与"适应型角色冲突"可正向预测个人"去个性化"程度；"期望型角色冲突"与"超载型角色冲突"可负向预测个人低成就感；而针对职业倦怠总体情况，则可通过"超载型角色冲突"与"适应型角色冲突"正向预测。

表1-25 角色冲突对职业倦怠的回归

步骤	预测变量	情绪衰竭 β	情绪衰竭 t	去个性化 β	去个性化 t	低成就感 β	低成就感 t	职业倦怠 β	职业倦怠 t
1	年龄	-0.01	-0.08	0.11	0.95	-0.07	-0.62	-0.01	-0.11
	教龄	0.19	2.40	0.04	0.41	0.01	0.12	0.2	2.21
	婚姻情况	-0.20	-3.18	0.00	-0.04	0.12	1.36	-0.12	-1.76
	子女情况	-0.12	-1.86	-0.17	-1.91	0.02	0.27	-0.16	-2.09
	学历	0.00	0.07	0.03	0.45	0.07	0.87	0.05	0.79
	职称	-0.07	-1.02	-0.12	-1.38	0.21	2.35	0.01	0.17
2	期望型冲突	0.06	1.10	0.16	2.3*	-0.05	-0.66*	0.08	1.35
3	超载型冲突	0.43	7.44***	0.12	1.56	-0.26	-3.23**	0.3	4.62***
4	适应型冲突	0.31	4.99***	0.19	2.33*	0.03	0.09	0.35	5.00***
R^2		0.12		0.05		0.06		0.08	
		0.25		0.13		0.09		0.20	
		0.50		0.17		0.14		0.36	
		0.54		0.18		0.14		0.42	
F		5.31***		2.20*		2.79*		3.47**	
		11.68***		5.29***		3.41**		8.67***	
		30***		5.99***		4.88***		17.05***	
		32.01***		6.02***		4.32***		19.43***	

n. s. p>0.05, p*<0.05, p**<0.01, p***<0.001

四、研究结果

（一）小学女教师角色冲突结构可分为超载型、期望型和适应型

根据对已往研究文献的回顾和整理，结合小学女教师群体的特殊性，以Rizzo的角色知觉量表（RHL）为基础，参考嵇艳编制的《医学院校临床教师角色冲突量表》，将小学女教师角色冲突分为三个结构——期望型角色冲突、超载型角色冲突、适应型角色冲突。为验证划分结构的合理性和测量工具的可行性，研究首先通过预调研，对量表的信效度都加以验证，结果表明KMO值=0.774，大于0.60，p<0.05，达到显著，同时探索性因素分析显示可提取3个因子，累

计解释变量达到 67.028%，说明划分结构合理，效度良好。另外，克隆巴赫 α 系数达到 0.919，大于 0.7，且各题项的删除 α 系数均大于 0.70，说明信度良好，因此，对小学女教师角色冲突划分的三个结构较为合理，制定的测量工具可用。后续正式调研再次进行信效度检验结果同上，进一步说明小学女教师角色冲突结构可以划分为期望型、超载型和适应型三类。

（二）小学女教师职业倦怠与角色冲突整体水平偏高，各群体差异显著

通过研究，我们发现，小学女教师群体中职业倦怠呈现整体中等偏上水平，其中，"低成就感"得分最高，达到较高水平，其次为"情绪衰竭""去个性化"，而"去个性化水平"得分较低。同时，不同群体的小学女教师职业倦怠程度在年龄、教龄、婚姻情况、子女情况、学历和职称方面存在差异，具体表现为：30 岁以下小学女教师职业倦怠程度总体高于其他年龄段教师，30 岁以下小学女教师"情绪衰竭"维度与"去个性化"维度同样高于其余年龄段教师，31—40 岁小学女教师与 50 岁以上女教师群体"低成就感"维度高于 30 岁以下教师群体；教龄在 3—10 年的小学女教师总体职业倦怠程度高于教龄 10 年以上教师群体，教龄在 3 年以下与 3—10 年的小学女教师情绪衰竭程度大于教龄 10 年以上教师群体，教龄 10 年以上小学女教师"低成就感"高于 3 年以下教师；未婚女教师职业倦怠水平和情绪衰竭程度均高于已婚教师，无子女的教师职业倦怠程度和情绪衰竭程度均高于有子女教师，已婚小学女教师"低成就感"明显高于未婚女教师，有孩子的女教师"低成就感"明显高于无子女的女教师；三级教师、二级教师"职业倦怠"均高于一级教师、"情绪衰竭"均高于一级教师和高级教师，高级教师与一级教师"低成就感"均高于二级、三级教师；本科及以上学历层次小学女教师职业倦怠、情绪衰竭水平均高于专科及以下学历教师群体；本科及以上学历小学女教师"超载型角色冲突"与"适应型角色冲突"程度均显著高于专科及以下学历群体；担任班主任的小学女教师在"超载型角色冲突"水平显著高于没有担任班主任的教师。

小学女教师角色冲突三种类型均处于中等偏上程度，其中最高为"期望型角色冲突"，其次为"适应型角色冲突"，"超载型角色冲突"则程度较轻。不同群体小学女教师的角色冲突水平在地区、年龄、教龄、婚姻情况、子女情况、学历层次、是否担任班主任等方面存在差异，具体表现为：市区小学女教师"超载型

角色冲突"程度显著高于乡镇地区教师；50岁以下年龄小学女教师"超载型角色冲突"显著高于50岁以上小学女教师群体，30岁以下小学女教师"适应型角色冲突"显著高于30岁以上群体，31—40岁小学女教师"适应型角色冲突"显著高于40岁以上群体；3年以下教龄小学女教师"适应型角色冲突"显著高于其他教龄段群体，同时，3—10年教龄教师"适应型角色冲突"高于10年以上教师群体；未婚女教师"适应型角色冲突"水平显著高于已婚与离异群体，无子女女教师"适应型角色冲突"显著高于有子女群体。

（三）小学女教师职业倦怠受角色冲突各结构影响

研究运用分层回归分析的方式，探索角色冲突三个结构对于职业倦怠及其各维度产生的影响作用。结果发现角色冲突各维度对职业倦怠解释度达到42%，说明角色冲突对职业倦怠存在显著影响，其中，"超载型角色冲突"与"适应型角色冲突"对于总的职业倦怠感和个人情绪衰竭维度有正向影响，"期望型角色冲突"与"适应型角色冲突"对"去个性化"维度有正向影响，"期望型角色冲突"与"超载型角色冲突"对个人"低成就感"有负向影响。

第四章　小学女教师职业倦怠的质性分析

影响小学女教师职业倦怠的因素较多，以往研究一般分为个体差异、工作因素和环境因素三方面。本研究在角色冲突理论视角下讨论小学女教师的职业倦怠的成因，首先通过回归分析确定职业倦怠受到角色冲突的影响，再根据量化所得结果进行深度访谈，了解角色冲突各维度对职业倦怠影响的具体表现。

经前文理论分析及量化数据分析后得到初步的结论，为进一步探究角色冲突对于小学女教师职业倦怠的具体影响，本研究通过访谈法获取资料，在此基础上再做深入解释。对于访谈文稿中涉及的角色冲突，将根据量化研究进行分类。

一、超载型角色冲突对职业倦怠的影响

（一）课堂教学外的各类工作压力

在访谈中，多位教师都曾提及工作任务重，"忙"是小学教师的永恒话题，笔者在与多位教师的访谈过程中都被不断响起的电话铃声、学生的敲门声、同事的呼喊所打断。多位教师都曾谈到教学与行政任务、社团工作等其他事务冲突，严重影响教师个人情绪。

L2 老师谈道："工作量大，事情多，除了正常上课以外，我还主管学校科学社团的工作，此外还会有行政上的任务，比如上面教育局让我们填写报表等等的事儿。你知道我上的是科学课，这个课程原本就需要老师花很多时间和精力备课，我们的教具和实验都是需要自己准备的，如果想认真上好一节课是需要很多时间来准备的，但是现在因为教学以外的事情太多了，导致我有时候都没时间去备课，结果到了上课只能讲一些书本知识，孩子听着也累，我的心里对他们也很愧疚。这种时候非常力不从心。"另外，因现今职称评比的规则要求，教师已无法单纯关注平时的课堂教学，L2 老师说："有时候也想做一个普通的任课教师，这样其实挺轻松的，不用想其他事，只需要上好课就行了，但是一方面呢，如果你不去参加赛课什么的，那很难评职称，工资就少。""除了上班，我还在读非全的研究生，而且这种情况不在少数，大家都想努力提升自己嘛。累肯定是累的，你想想节假日还要去上课，现在马上毕业了每天写论文，上班本来压力就大了，但是没办法啊"。

上述问题似乎仅存在于城市学校教师中，而乡镇教师角色超载的情况则有另外的表现形式。W1 老师谈道："我们学校是寄宿制，你知道的，像我们这种乡镇学校的学生很多都是留守儿童，他们平时都住在学校，那我们作为老师，特别是班主任，除了上课以外还要去关注他们的生活，老师轮流值班留宿学校，其实结束一天的工作有时候就想回家好好休息一下，但是不行，所以有时候还是挺累的。"

（二）教学与家庭难以兼顾

女教师，尤其是已婚已育的女教师，在工作之外家庭责任同样重大，尤其是

成为母亲后，无不希望抽出更多的时间陪伴孩子和家人，但有时难以兼顾，年轻的副校长 S2 表示"我现在工作可以说很成功，获奖很多，学校、同事都认可，但是我孩子曾经特别直接地对我说'你是个好老师但不是个好妈妈'。我不避讳地说这些，我和我先生离婚其实就是因为工作，这些年我花了很多精力时间在工作上没有照顾好家庭"。也有其他教师 S2 同样表示，"前几年我在乡镇的学校上课，那时候虽然远，但是工作压力没有现在大，我可以每天下班开车回家陪陪孩子，现在调回来了虽然离家近了，但是反而没有时间了，有时候回到家孩子都睡着了……现在课后服务开始了，学校没有提供晚饭，我老公下班也晚，家里做饭成了问题，现在回家做好饭吃上了都七八点了"。

没有孩子的教师其实也同样存在角色冲突和烦恼，当被问及过载的角色对家庭的影响时，结婚多年一直没有生育的 L2 老师表示"影响可以说非常大了。比如说遇上我赛课或者需要写论文的时候，可能连续几天都得下班以后接着在家工作，而我需要一个很安静的环境，只能关在房里。导致我们夫妻可能连续几天都说不上话，家里人也会有所抱怨，我心里有时也会过意不去。我其实一直打算要宝宝的，我年纪其实也不小了，但是工作导致我们这个计划一直延后。所以我有时候挺后悔当老师的，经常想如果当时考个公务员或者其他工作是不是会比现在心理压力小很多。"

（三）生活与工作时间的交叉

因为教师工作的特殊性，特别是担任班主任、社团负责人的教师，在下班之后仍然需要解决许多非教学性的工作。现今强调家校共育，教师与家长的联系及时便捷，但这加重了教师的工作量，延长了教师的工作时间。班主任 F 表示"好不容易下班了，想好好休息一下，但是家长微信群问题一个接着一个，你要是稍微回复晚了，有些家长还会抱怨。我曾经接到过家长最晚的电话是 11 点，说发现孩子身上的淤青问我怎么回事，其实小孩子磕磕碰碰很正常的，班主任也不可能时时刻刻看着孩子的，遇到这样的家长我也很无奈。"

负责学校艺术社团的 M 老师也表示"我是教美术的，很多人会觉得肯定挺轻松的，其实完全不是。这个暑假为了准备我们学校的艺术社团评比，整个假期几乎没歇着，隔三岔五往学校跑。我在读非全的研究生，暑假也正是需要写论文的时候，放了个假，结果比平时工作还忙。"

透过访谈,能够更加清晰的理解前期量化研究时得出的一些数据,女教师要扮演的角色较多,在家庭中必须扮演一个好妻子、好母亲,在学校必须是一个好教师,与家长交流时还需要是一个好的沟通者,有时甚至还是学生、是下属……多重角色过载的冲突影响小学女教师的教学质量从而降低个人成就感,而在个人情绪方面,因为各种角色的压力,使得教师感觉喘不过气而心力交瘁,从而产生对职业的倦怠感。

二、期望型角色冲突对职业倦怠的影响

(一)社会对"贤妻良母"角色的期待

自古以来,社会对女性的评价都离不开"贤妻良母"这四个字,一个女性能否相夫教子、贤惠持家、做好家务已成为衡量她成功与否的标准。虽然随着时代的变迁,社会思潮更迭,部分男性会选择分担家庭事务,但因女性理应照顾家庭的思想根深蒂固,大部分家庭仍然是妇女在照顾,妇女在家庭中的角色仍然是一个好妻子和好母亲,这就需要女性不仅在工作上而且在家里都要能胜任。其次,在此种文化、思想氛围下成长的我国女性,大多数也接受这样的思想,其本人也希望能成为一个好妻子、好母亲。而如今新人口生育政策的实施更是进一步加重了小学女教师们的家庭负担,意味着女教师在家庭当中的时间和精力上付出更多,来自家庭和社会的期望——生育"二胎""三胎"也加重了教师的角色任务。

当被问及是否担任行政职务时,从教 10 年的 L1 老师表示"没有,我没有担任行政工作。学校一般担任行政职务的大多都是男老师""学校比较偏向于培养男教师担任行政职务吧,可能是因为男老师普遍在家庭方面投入都比女老师少,也不用休产假生孩子。这种现象在各个学校都比较普遍。毕竟这个社会对女性的期待都是觉得应该多照顾家庭,男性应该多打拼事业,如果你连家庭都没有照顾好,别人一定会说你自己家庭都顾不好还怎么教育小朋友"。

刚参加工作 2 年的年轻老师 S3 也表示"我刚工作不久,家里人就催着我相亲,希望我早点结婚生孩子,但其实我自己希望能先将工作上的事稳定下来,熟练起来以后再想这些事情"。当被问及家里人的期待是否会影响工作时,她表示

"其实或多或少会有点吧,别人说久了你心里也会想'要不还是别那么拼命了吧'。特别是工作上遇到烦恼的时候,这种想法更明显"。

已婚的 S1 老师也表示"我其实刚生完孩子没有多久,我孩子都还比较小,但是家里啊,特别是老人,天天都在问什么时候生二胎啊?前段时间刚开放三胎,身边同事也老是打趣问什么时候完成国家任务,哎,我其实自己不是很想生,之前休产假就耽误了很久,好不容易回来适应了,但是大家都在说,就好像如果我不生的话像做错了什么一样。"

来自不同方向的期待潜移默化影响着女教师,对女教师本人的期待产生冲击和矛盾,使得教师自身时常产生角色困惑,甚至角色模糊,而很难单纯专注于学校工作,影响着教师的职业期待和职业成就感。

(二)教师自身的角色期待

教师作为一种特殊的职业,其肩负着育人的责任与信念,选择从事教师行业的个体多数都是极具社会责任感和助人情结的人,因此他们渴望得到社会各界,包括学生、家长、同事、上级领导等的认可。拥有强烈的使命感的教师,对自己的工作也是有很高的要求和期望的,他们希望得到专业发展,不断实现进步和自我完善,希望成长为各方面优秀、负责任的人民教师。这样的期望在无形中加剧了教师的角色冲突,一旦期望难以实现,则可能产生对职业的倦怠。

访谈中许多教师都表示自己拥有职业理想,但是面对现实繁杂的工作和复杂的环境却又力不从心。在负责课堂教学且同时兼任德育处主任的 C 老师表示"其实我一直很想去读个研究生什么的提升一下自己,但是平时工作实在太忙了,我孩子也正是需要陪伴的时候,所以就算自己有想提升的想法,但是想看书复习哪儿来的时间呢?这种时候啊经常都是想着想着就算了。"

放弃城市地区岗位回到乡镇任职的 W1 老师则表示"在城里那几年呢,是真的忙,好像除了工作我没有其他事情了。我其实很热爱我的职业,但是我害怕当不好一个好老师,所以我回到镇上。这里虽然条件没有那么好,但是能让我只专注上课这一件事……我觉得当老师是个良心活,真的需要很强的责任感,我就老是害怕自己教不好学生,有时候不知道该怎么去做一个好的老师。有时候负面的情绪转移到学生身上我也很愧疚。就像今天上午,我刚对学生发了脾气,其实我也希望能成为那种学生知心朋友的教师,和他们保持好的关系,但是有时候他们不听话那个情绪真的很难控制,骂了他们以后吧我也很难受,又会反思,自己怎么能这样呢?但是你就是没有办法时刻保持轻言细语和温柔的。"

另一位担任班主任的 W2 也表示"领导第一次安排我做班主任的时候我其实内心很忐忑,我自己性格是个比较不爱表达的人,但是我觉得班主任需要很严厉才可以管得住孩子,我就害怕自己做不好"。

正如访谈中各位教师所说,教师行业是个需要强大责任感和使命感的职业,这也使得教师们存在有别于其他职业不同的职业期待——既要"把书教好,也要把人教好"。女性作为情感细腻的群体,更容易陷入期待与现实冲突的漩涡中,一旦难以实现自身的预先期待,则容易造成职业成就感的降低。

(三) 学校领导对教师的期待

从学校领导的角度来看,领导希望教师能够一心一意在学校工作,期望她们取得优异的教学成绩,开展各项教学教研活动。而对于女教师而言,家庭责任也是巨大的。这样的角色冲突使得教师难免会对工作产生倦怠情绪。"我们学校科学社团是特色,所以学校领导希望能把这块做好做强,我是我们学校开办以来第一个专职的科学老师,所以领导安排我担任社团负责人,我也确实做得还不错。但是事情真的太多了,我想把更多时间放在家庭上,之前我也说过我打算要孩子嘛,所以我提出过几次想卸任,但领导都没有同意"。

一位做副校长的 L3 也表示"不是说我们歧视女教师,怎么说呢,很多时候男老师确实省心很多,比如学校的培养吧,有时候花了很多时间和工夫想提拔那个女老师,结果,结婚生孩子去了,产假一休小半年,而且她不是生完了就可以全心全意工作了,还得花很多时间去照顾孩子,我们学校大部分都是女老师,你说作为学校领导这个咋整呢?所以安排工作的时候就更多去考虑男老师了。"

(四) 家长和社会对于教师的期待

理想的教育是家庭教育与学校教育形成合力,共同促进学生的发展。但在现实中,家长和社会对学生成长过程中存在一些误区,影响了家庭、学校及社会三者间的协调互动。且现今部分家长教育理念与学校矛盾,对教师提出了新的要求,同时教师权威的逐渐消弭等等,在这样一个社会背景下,教师难免产生倦怠情绪。

从教 30 年的 W2 老师就表示,现今家长对教师的要求和期待与过去已大不一样,"过去的家长和孩子都很尊重老师,老师说什么都是权威,但是现在不一样了,家长认为老师像个服务者,我把孩子交给学校交给你,你就要负好责,成绩不好也怪老师,出了什么问题也怪老师。现在教学工作比过去心累很多"。

年轻教师 S3 也表示"有时候不知道怎么管学生了,稍微说重一点,家长可能就会打电话来责问你,成绩不好了也说是老师的能力问题,家长打电话来你按慢了也是错,哎!我们老师不是 24 小时都精力充沛的啊……很多家长觉得小学老师,特别是低年级的老师,不仅要负责学生成绩好,也要负责娃娃的生活,孩子磕了碰了也是老师的责任,其实说到底,我们只是老师,一个班几十个孩子不可能每时每刻把每一个孩子都看着的,有时候家长不理解,还是很心累的"。

社会、学校和家长的期望与教师自身的期望互相碰撞,产生冲突,使得小学女教师在其中压力倍增,各方对于女教师在职业上的期望影响教师个人对于职业应有的成就感,而家长的过高要求使得教师在人际方面产生疲惫,最终导致女教师对职业产生倦怠。

三、适应型角色冲突对职业倦怠的影响

(一)实现教师的专业化

教师作为一项特殊的职业,必须拥有高的专业性,这就需要其在讲台上磨炼多年,不断熟悉教学内容、改进教学方法,才能慢慢成为一名称职甚至优秀的教师。但现实中,初入岗位的教师并不是都能顺利适应教师角色,这需要多年实践经验的积累,正如富勒所划分的教师职业生涯发展三个阶段所提及的新教师的"关注生存"阶段。在这一阶段,年轻的教师因初次接触教学,他们的时间和精力多用于关注自身如何在学校环境中"生存"下来,如何适应新环境和如何维持良好的人际关系,如何将自身的身份从学生转化为专业教师,因而此阶段的角色冲突多为适应型。

任教 4 年的 L4 教师就表示"刚当老师那会儿我以为只要和学生搞好关系,和他们成为朋友,那一定可以教好他们的。但是后来我才发现不是这样的,和他们成为朋友了学生反倒不怕你了,课堂纪律根本管不住,所以老师还是需要严厉

一点，才能树立威严，才能管好学生，我大概用了一两年才明白这个道理"。

入职不久的 S3 老师也表示"真的成为老师以后和大学实习那会儿上课还是完全不一样的，你有责任了，我特别害怕自己讲不好，所以一有时间就去听老教师的课，去学习他们的教学方法。……有压力的啊，就是一下转换不过来，自己刚毕业嘛，就一直需要适应这个身份的转变。"

任教 7 年的 W1 老师也提到"刚当老师那会儿真的想过放弃的，我的性格确实不适合站在讲台上讲课，也不知道该怎么去和孩子沟通怎么去互动。后来就不断去鼓励自己嘛，下课我还去参加很多心理团辅，尝试各种方法慢慢走出这个困境，现在嘛，不能说讲得多好，但起码不害怕上这个讲台了。但我觉得要成为真的好老师还是需要更长的路要走。"教师专业化的实现不止需要教师自身，同样需要外部，尤其是学校方面的资源支持，而乡镇学校在这方面略显乏力。W1 老师说："我现在其实很多时候做得也不够好，我经常去听那些资历比较老的教师的课，想从他们身上获得一些经验，但是啊，听得多了我有时候更迷惑了，不知道该怎么讲……而且我们乡镇小学嘛，培训机会也不多，不像城市里经常都会有专业的培训、交流，所以如果年轻老师一开始就在乡镇小学的话，想成长起来还是比较难的。"

通过前期的量化分析可以知道适应型的冲突多存在于年龄、教龄偏低的未婚女教师之中，访谈结果更能很好解释这一现象。年轻教师从课堂上的大学生转为老师，身份的转变让他们一时之间很难适应，同时教师极具专业性的要求更需要他们花费时间和精力去不断提升自己，不断适应这种角色的转变，一旦度过这个"关注生存"的阶段，则这种适应型冲突就会减弱，职业的倦怠感也会随之缓解。

（二）对于改革政策的适应

随着义务教育阶段"双减"政策的出台和实施，学校延后放学开展课后服务等等各项改革措施随之而来，这都需要教师不断去调整自身状态从而去适应各项改革。L2 老师表示"以前三四点钟放学，下了课能回家做个饭，等我先生五六点回家正好就可以吃饭了，现在课后服务结束，路上如果遇上堵车回家已经七点过了，等吃上饭就 8 点了。所以没办法只能请爸妈过来帮忙了，爸妈年纪也大了，总这么也不是个办法吧，而且和父母相处久了矛盾也多……这也不是我一个人的难题，学校很多老师都有这样的困难，所以我是觉得学校方面应该去解决老师们的这个困难的"。

而对于低年级教师来说，政策的改变也让她们一时难以适应。任教语文的 F 老师说道："一二年级正是孩子打基础的时候，现在不让布置书面作业其实对老师来讲挑战真的很大，一方面我们真的希望孩子能通过练习掌握知识，另一方面又不能布置作业，所以还是挺头疼的。我们也一直在寻找更好的方式方法。""低年级教师如果不抓好学生的习惯，到了三年级真的像拆盲盒，我们都很担心，现在新闻常报道说一二年级老师让孩子做作业反而被家长举报，虽然我们学校没有这种事情，但是作为老师我们很为难"。

近年来随着基础教育改革的不断推进，一系列配合双减政策的条例也逐步实施，这其实对小学女教师产生极大的冲突和挑战，一方面需要兼顾家庭，另一方面需要腾出更多的时间去应对政策改革，难免使她们身心俱疲，这种对于改革政策不适应所产生的冲突，对教师的情绪衰竭和成就感产生了极大影响，从而导致对职业的倦怠感。

（三）对于新兴技术的适应

现阶段"互联网＋教育""信息＋教育"等新兴理念的提出，不断要求技术对教育的渗透，加之疫情推动线上课堂的普及，对教师又提出诸多新的要求。

在乡镇任教 30 年的 W2 老师就表示"前几年在学校安装电子屏，就组织我们所有老师学习，但是像我们这种，都几十岁了，学个智能手机都搞半天，就培训一两次哪里搞得明白，而且那个屏吧，还要做 ppt，年轻人呢可能还好，就是我们这种老教师，就觉得很难很难适应。而且我们乡镇学校，本来培训机会又少，老师都是半懂不懂，现在经常搞这些，我是搞不明白这些技术的。"

作为管理者的 S2 副校长表示"这个情况确实存在的，很多老师都说学不会……这两年不是疫情，也是麻烦事，之前上网课，很多老师，特别是年纪稍大的老师，不太搞得明白，我们就只有安排年轻老师来负责网课，但是这样呢，也不是很好，以后这个网课应该还会运用，我们就得想办法怎么来培训教师"。

通过访谈可知，对于技术的适应冲突情况，多存在于教龄长、年龄较大的教师，其实这也是整个社会信息发展的一个缩影，这样的问题不止存在于教师群体或是教育领域，社会的发展带来技术的改革和变更，年龄稍大的群体难免适应不了。因此，社会应予以包容，而对于职业工作者而言，进行必要的培训和自身观念的更新更为重要。

四、小学女教师职业倦怠的原因分析

结合前期量化所得数据结果与访谈内容进行深入分析，研究从角色冲突视角探讨了小学女教师职业倦怠的成因，结果如下：

（一）小学女教师职业倦怠主要受超载型角色冲突与适应型角色冲突影响

通过研究发现，总体职业倦怠感主要受到超载型角色冲突与适应型角色冲突的影响。具体来看，即超载型角色冲突和适应型角色冲突程度越高，小学女教师整体职业倦怠也越高。超载型角色冲突主要表现在工作压力过大、工作与家庭难以兼顾两方面，适应型角色冲突主要表现在教师自身实现专业化过程、适应政策改革两方面。

小学女教师必然担负多个角色，每一种角色都有其相应的期望，繁重的工作负担加剧了女教师角色冲突，同时，随着基础教育改革的不断推进，对小学教师提出了更高要求，她们不仅要承担教学任务，还必须具有较强的科研能力及综合素养，同时兼顾家庭与生活。当前，社会背景不容忽视，基础教育改革不断冲击着担任小学教学工作的教师，小学女教师需要花费大量的时间和精力来适应变化，在处理完本职工作和生活后，还要进行调整、提高自我学识和能力，这也加剧了她们的倦怠情绪。

（二）小学女教师成就感受期望型角色冲突与超载型角色冲突影响

成就感对教师职业生涯至关重要，是促使教师坚持教学、努力提升自我、提升教学质量的关键因素，教师若丧失成就感，则可能丧失对工作意义和价值的评估，从而产生离职念头。从研究结果来看，L市小学女教师"低成就感"程度较高，通过量化和质性的分析可知原因主要在于社会对女教师的期望是"贤妻良母"，学校管理者则希望女教师能在工作上取得较高的成绩，而女教师本人对自己的期待总会因各方原因摇摆不定甚至产生模糊，这就导致女教师难以应付各方期待，也无法实现自身期待，即产生所谓"期望型角色冲突"。因无法满足各方期望，女教师难以获得高成就感，因此产生职业倦怠。

另外，繁重的工作负荷产生的超载型冲突也会在一定程度上对教师成就感产生影响。工作压力大、工作—家庭产生时间冲突都会令女教师疲于应付，产生自我能力的怀疑而无法获得成就感。

（三）小学女教师情绪衰竭受适应型角色冲突与超载型角色冲突影响

情绪的衰竭主要表现为对工作的热忱减少、积极性降低，甚至出现焦虑、压抑、苦闷厌倦等消极的情绪。结合前期调研可知 L 市小学女教师情绪衰竭程度为中等偏上，且主要受到适应型角色冲突和超载型角色冲突的影响。通过深度访谈可知，这主要是由于女教师在刚进入教师队伍时，需要花费大量时间和精力去实现新教师到专业教师的转变，即教师专业化的实现，此时便会产生适应型角色冲突，从而影响教师的情绪，产生情绪衰竭；另外，因近年来频繁的教育改革、新技术的引入，都要求教师不断去学习和培训；同时，作为女性，新人口政策的颁布使得已婚教师不得不考虑生育"二胎""三胎"，此时同样产生"适应型角色冲突"，这些不断变化的外部环境和政策都无不影响女教师的内部情绪。

同时，结合问卷与访谈的调查结果显示，当女教师受到过重的工作负荷时，其分配在家庭中的时间就会减少，这种时间上的压力会增加工作—家庭的角色冲突，产生超载型角色冲突，继而消耗个体的能量从而引起心力耗竭，这种类似的冲突引起的耗竭不仅表现在工作与家庭的冲突当中，也包括工作中的不同方向，诸如行政工作与课堂教学的冲突、社团活动与其他工作的冲突等等。且因情绪具有迁移的功能，当女教师在家庭或其他方面受挫时，其情绪的耗竭也会迁移到工作当中，对工作的热忱减少，积极性降低，甚至出现焦虑、压抑、苦闷厌倦等等消极的情绪。

第五章　对策建议

对教师职业倦怠的研究最终落脚点是对职业倦怠问题的缓解和预防。根据本研究结果，笔者对缓解小学女教师职业倦怠提出以下对策建议：

一、形成有效的社会支持氛围

从前文所分析的小学女教师产生职业倦怠的原因来看,显而易见,"期望型角色冲突"中社会期望对女教师成就感影响较大,"适应型角色冲突"涉及的政策改革对女教师的情绪衰竭影响较大;此外,不同年龄、婚姻、子女等情况的小学女教师的职业倦怠呈现明显差别,这与我国当代社会对小学女教师的整体认知和了解不足相关。因此,要缓解与预防小学女教师出现职业倦怠现象,就要在社会中树立基础教育的相关新观念与提高小学女教师的社会地位等方面切入。

(一)进一步弘扬尊师重教的社会氛围

心理学家马斯洛的需要层次理论里,处于第四层次的需要即为"尊重需要"。将尊重需要与教师发展结合来看,尊重需要有两个方面:一个方面是教师要尊重自我,另一方面是社会要尊重教师群体,这种尊重包含着大众对教师的认可与支持。一旦教师的尊重需求在社会中获得满足,那么教师就容易产生荣誉感与成就感,易于从工作中获取动力,面对工作也能够持有积极态度。所以说"尊师重教是教育事业发展的必然要求,更是经济社会发展、社会文明进步以及民族振兴发展的基础保障和客观要求"[①],也是保障教师远离职业倦怠的强有力支撑。我国社会自古以来就倡导尊师重道,然而随着时间的推移,如今现实情况却不容乐观,无论是家长或是学生对教师的尊重态度日益消减。然而,教师工作无疑承担着国家教育发展的希望,也肩负为我国培育人才的艰巨而光荣的责任,小学教师是特殊的群体,他们为小学生开展启蒙教育,有助于小学生从小就形成良好的学习习惯,并建立初步的世界观、人生观、价值思想。因此,小学教师应受到全社会的尊重与爱戴,而不是将教师的付出看作是服务,看作是理所应当。

要想建立良好的尊师重教的氛围离不开大众媒体的积极导向,尤其是我国官方的主流媒体应该对一些优秀教师事迹进行大力正面宣传,以此引起社会对教师

---

① 武华:《"尊师重教":由外向内的主体转向及教师自我认同提升》,《教育发展研究》,2017年第12期,第66—70页。

的尊重，尤其是引导人们多加尊重爱戴小学女教师，使她们的工作责任感与使命感不断加强，工作成就感自信感增强，远离职业倦怠产生的负面情绪。

（二）切实提高教师经济待遇

教师是帮助个体获得知识与能力的职业，承载着育人与传道的重大责任。可是，从当下社会的发展现状来看，教师这一职业并没有为其带来丰厚的劳动所得。经济待遇直接与职业态度相连，较低的劳动所得会让教师产生落差感与不满心理，经济有困难的教师往往为家庭生计而烦心，当心理状态不佳、一直充斥着不安情绪的时候，由付出与回报产生的失衡会直接导致教师产生职业倦怠及离岗心理。教师的离岗会为教育发展带来诸多负面影响，明显的就是教育人才的流失。所以，切实改善教师工资待遇可以让教育行业有更好的发展。

各地人民政府应尽快贯彻国务院办公厅颁布的《关于全面深化新时代教师队伍建设改革的意见》中明确提出的"要进一步健全全国中小学校教职工工资保障机制"的要求，不能让教师既辛苦又清苦，要让他们尝得到甜头，教师才能在工作上有盼头。

（三）培养正确观念，同促家校共育

"师者，所以传道授业解惑也"。意思是说，老师是传播真谛、教授知识、回答问题的人。不少家长认为把孩子送进学校，对于孩子的教育就可以全部依赖老师了，孩子若是学不好也是老师的责任，其实不然。教师与父母，不应该站在彼此对立的营阵里。父母全力支持教师，老师对学生不护短，这样才能使教师发挥功用。学校师长负责任的管教学生，对孩子的一些坏现象绝不姑息，孩子们才能得到更好发展，拥有光明的未来。而教师们对学生的教育其实最需要的并非是家长全方位的监督与指责，背后的全力支持才是根本需要。支持教师实际上就是支持儿童的发展。

所以父母们应该确立起合理的教育理念，和学校教师们一起促进家庭与学校的共同教育，这样才能使家庭教育与学校教育两者的教育目的达到统一，形成教育互补和合力，以此促进儿童的全面发展、健康成长。

二、创造良好组织环境

学校是教师主要的工作场所,如果教师在教学中难以得到任职学校的大力支持与肯定,教师可能会感到自我价值低,并产生一些消耗自我的负面情绪,最终导致职业倦怠出现。根据前文分析可知,学校对教师的期望产生的"期望型角色冲突"、教师为适应新兴技术等产生的"适应型角色冲突"、新教师实现专业化过程中产生的"适应型角色冲突"等都涉及学校组织环境层面的影响,所以,学校需要为教师创造一个良好的工作环境,通过组织决策来提升教师的职业价值感和成就感。

(一)坚持以人为本的管理制度

人文管理模式要求学校将教师纳入学校的管理体系内,让教师充分地参与到学校各级各类事项的民主管理之中。"只有在感到自身对工作环境和工作事件可以进行控制的时候,教师才会感受到对课程变革的工作是可以胜任的"[①],所以学校领导者在制订工作方案时需要尽可能地让老师们积极地参与到其中,以增强老师对校园内所有关于自己工作的掌控感,让老师能够及时预知工作安排,对管理工作的长远与近期目标也更加清楚。

同时,学校也应该加大对女老师的关注力度,培养女老师解决、协调家庭与工作矛盾的能力。首先,学校应该给女教师创造更多本职工作以外的交流、互动的机会,并提供一些提高素质和教学能力的培训机会;同时,学校还要培养女老师管控自身情感的能力,以降低女老师在工作与家庭间负面情感的交叉转化。

(二)提供相应配套服务与设施

调查研究的数据表明,女教师产生角色冲突的一个重要因素是学校缺少应对的措施服务体系,使教师的适应型角色冲突和超载型角色冲突加剧。所以,学校应当大力投入服务设施体系的建设,减少教师因改革措施、家庭、工作带来压力所产生的角色冲突。例如:若出现因课后服务而使教师工作时间延长,学校可以

---

① 靳玉乐、于泽元:《文化——个人视角下教师对新课程改革的适应性探讨》,《西南大学学报(社会科学版)》,2009年第2期,第128—133页。

通过提供晚餐服务来解决教师就餐晚、就餐难的问题。另外，针对老教师对于技术层面的适应问题，应提供培训机会，加大培训力度，定期组织对教师应用必要的新教具、新技术的能力考核等等。

（三）关注教师身心健康

女教师的日常生活也需要引起学校工会组织的注意，特别是对一些正处在特殊年龄层的教师，学校应该尽全力的处理她们一些现实生存问题，并且协助女老师们处理家庭和工作之间的紧张关系，以及在工作中遇到的难以协调的人际关系等等。此外，女老师因自身身体的原因，在某一年龄的心理容易出现问题，例如出现更年期，经常会造成教师的某些不良心态。这时，有能力的学校应该为女老师提供心理干预服务，对不良心理进行疏导，排除可能出现的职业倦怠情绪。

三、自我调试，培养健全的人格

（一）提升自身适应力

小学女教师要在自我发展的过程中提升适应力，主动投向教育教学改革，提升自己的教育与教学能力，持续提高自己，抛弃以前铁饭碗的传统思想观念，积极建立"活到老、学到老"的学习观。同时，女教师需要正确地认识自我，因为较高或较低的自我衡量都有可能会损害自身的发展。除此之外，女教师需要广泛参与一些活动，找到自我的人际定位，努力提升自我素养，用乐观的心态来面对职业中遇到的挫折，以此来减少职业倦怠的产生。

（二）合理调整自我期望

前期调研中发现，部分教师对自身期望过高而产生的"期望型角色冲突"是导致职业倦怠的重要原因之一。刚进入工作岗位的年轻教师往往充满热情，对职业报以较高的期望和理想，希望能尽善尽美，做到各方面兼顾，但久而久之肩负的压力越来越重，当角色不断冲突时，就会使她们感到沮丧、成就感降低、失去信心。

所以说合理调整自我的期待非常重要。对自我的期望不能设置得过高与过低，因为高期待会导致压力在无形中增大，影响信心建立，而低期待会降低人的努力，让人止步不前。只有当教师对自我提出中等偏高的期望时，才会觉得自我获得成功是可望而可及、经过努力可以获得的，从而认真工作，提高自我价值，逐渐远离职业倦怠。

（三）建立健康人格

首先，面对角色冲突时，教师若是拥有一个坚韧的内心、强大的人格，则很难产生职业倦怠，时刻饱含对职业的热情。所以，教师必须不断锻炼自己的心理承受能力，加强心理适应力，同时对现今社会的基础教育发展进行客观合理的解读，找到自己的工作期待值域。有学者指出，教师在正式进入工作后其实更应该注重其心理健康的发展，特别是在工作、家庭上具有明显的双压力的女教师。

其次，面临一些客观压力时，教师应该学会运用积极的解决方案。例如：增强自我效率，减少长期的重复无意义工作；对自我实施积极心理暗示，用积极情绪替代消极情绪；学会有劳有逸的工作，加强体育锻炼，像打球、慢步跑等活动都可以缓解情绪。同时，女教师必须时刻保持精力来应对工作与生活的双重挑战。

最后，真正面对压力之时，教师可以主动向亲人和社会寻求帮助，比如把自身正面临的难以解决的问题向周围的亲朋好友诉说，亲近人的真心理解和支持是化解负面情感最有用的药剂。同时，通过与他人交谈，学习更多疏解压力的方法，积极面对生活，避免脱离现实的错误认识。这样，才有利于教师避免不良心态带来的消极影响及职业倦怠的出现。

结　语

本研究以职业倦怠理论、角色冲突理论与教师生涯发展理论为基础，通过量化为主、质性为辅的研究方法，选取 L 市 6 所公立小学女教师为研究对象，通过了解小学女教师职业倦怠和角色冲突现状，分析角色冲突视角下职业倦怠的成因，从而提出相应缓解与预防职业倦怠的对策与建议。

其中，先以文献法界定"角色冲突"概念及其类型，并参考其他学者开发的角色冲突量表，同时根据小学阶段女性教师的特殊性，形成小学女教师角色冲突量表；职业倦怠量表主要参考徐富明和吉峰等编制的《中小学教师职业倦怠量表》。结合基础信息的问题，最后编制形成《L市小学教师工作情况问卷》，在L市选取6所公立小学进行问卷发放，共收集有效问卷303份，其中251份为女教师调查问卷。继后针对量化结果，选取上述学校中15名一线女教师进行深入访谈，以剖析小学女教师职业倦怠的成因。

一、研究结论

本研究主要确立了小学女教师角色冲突的结构，并探讨了角色冲突视角下职业倦怠的成因，得出结论如下：

（一）小学女老师的角色冲突结构形式可分成三种类型，即期望型、超载型和适应型；

（二）小学女教师职业倦怠和角色冲突程度为中等偏高，职业倦怠主要表现在成就感较低、情绪衰竭严重，角色冲突中"适应型冲突"最为严重，其次为期望型冲突和超载型冲突；

（三）小学女教师职业倦怠和角色冲突呈现群体差异，主要表现在年龄、教龄、家庭婚恋状况、孩子情况、学位与职称方面；

（四）小学女教师职业倦怠受到角色冲突各维度影响：总职业倦怠感水平受超载型角色冲突和适应型角色冲突正向影响；情绪衰竭维度受超载型角色冲突与适应型角色冲突正向影响；低成就感维度受到期望型角色冲突和超载型角色冲突负向影响；

（五）小学女教师职业倦怠成因主要有：低成就感主要源于社会、学校管理者以及女教师本人对个人的期待之间的矛盾所产生的期望型角色冲突，其次也受到工作压力所产生的超载型角色冲突影响；小学女教师情绪衰竭主要源于教师专业化的实现过程与对政策改革的适应所产生的适应型角色冲突，其次也受到超载型角色冲突影响。

二、研究的局限与展望

（一）研究的局限

虽然本研究已试图通过各种方式突破以往研究的局限，但仍存在一定的局限与不足，其中包括：

1. 在针对角色冲突对职业倦怠的具体影响过程的分析方面，还有待继续更深入研究。一方面，因限于研究者谈话方式与技巧所限，难以获得部分教师更深层次的对话；另一方面，对于职业倦怠其他影响因素还可以深度挖掘和研究，以便能更清晰了解角色冲突对职业倦怠的具体影响机制；

2. 研究的样本量和代表性还有待扩大，因疫情原因，原定进校发放问卷与访谈的计划难以实现，故部分改为线上问卷，这导致教师填写率不高，电话访谈也在一定程度上影响谈话深度。另外，本研究选取的均为公立学校，因此研究结果与实际状况之间可能存在一定偏差；

3. 缺乏研究的国际视野，研究没有深入对比国外小学女教师职业倦怠和角色冲突与我国的差异。

（二）后续研究的展望

回顾本研究的整体思路、过程、结论与局限，基于此提出后续研究的设想与展望：

1. 进一步扩大样本量与样本范围，增加对私立学校教师的研究，在全国范围进行地区差异比较，能使研究结论更具有代表性与推广度；

2. 在职业倦怠成因方面还可以进一步挖掘，探讨更多因素的影响，这有赖于增加访谈样本、加深访谈深度；

3. 可在研究基础上扩大国际视野，了解国外小学阶段女教师职业倦怠和角色冲突的现状与成因，以期更有针对性提出适用于我国政策、文化背景的意见建议。

附 录

附录 1 调查问卷

小学教师工作情况问卷

尊敬的老师，您好！

非常感谢您抽出宝贵的时间回答此问卷，本问卷是为了了解小学女教师角色冲突与教师工作体验的关系而做的调查研究，调查为匿名填写，您无需填写姓名等其他个人信息。您的填答结果我们将完全保密，分析结果仅供学术研究使用，请您不要有任何顾虑，真实作答。

（说明：请您根据题目要求，在您认为最符合的选项前面□内打"√"，凡遇到"＿＿＿"时，请您在上面填写具体文字，如您认为提供的选项不够全面，请补充您的见解。衷心感谢您的支持与合作）

一、个人信息

1. 您的学校位于：□A. 农村地区　　□B. 乡镇地区　　□C. 市区
2. 您的性别：□A. 女　　　　　　□B. 男
3. 您的年龄：□A. 30 岁以下　　□B. 31—40 岁　□C. 41—50 岁
　　　　　　　□D. 51 岁及以上
4. 您的婚姻情况：□A. 未婚　　　□B. 已婚　　　　□C. 离异
5. 您的子女情况：□A. 无子女　　□B. 有 1 个小孩
　　　　　　　　　□C. 有 2 个及以上小孩

6. 您的最高学历：☐A. 中专/职高 ☐B. 大专　　　☐C. 本科
　　　　　　　　☐D. 硕士　　　☐E. 博士

7. 您的教龄：☐A. 1年以下　☐B. 1—3年　☐C. 3—5年
　　　　　　☐D. 5—10年　☐E. 10年以上

8. 您的职称：☐A. 三级教师　　☐B. 二级教师　☐C. 一级教师
　　　　　　☐D. 高级教师

9. 您是否担任班主任：☐A. 是　　☐B. 否

10. 您是否担任学校教学以外行政职务：☐A. 是　☐B. 否

11. 您教授的科目：
　　☐A. 语文　　☐B. 数学　　☐C. 英语　　☐D. 道德与法治
　　☐E. 科学　　☐F. 体育　　☐G. 音乐　　☐H. 美术
　　☐I. 心理健康　☐J. 信息技术　☐K. 其他_____（必填）

12. 您的月收入：
　　☐A. 2000元以下　☐B. 2001—3000元　☐C. 3001—4000元
　　☐D. 4001—5000元　☐E. 5001元及以上

13. 您对当前的工作是否满意：
　　☐A. 很满意　☐B. 较满意　☐C. 一般　☐D. 不太满意
　　☐E. 很不满意

14. 您是否有改行或者转专业的意愿：
　　☐A. 有改行意愿　☐B. 无改行意愿　☐C. 视情况而定

二、角色冲突量表

项目	完全不符合	不太符合	不确定	比较符合	完全符合
1. 学校对教学的要求与实际的教学制度有冲突的情形					
2. 学校关于教学的政策制度有相互矛盾的情形					
3. 我对教学的期望与设想和现实情况不同					
4. 学校对教学的期望与我个人对教学的想法不同					

续表

项目	完全不符合	不太符合	不确定	比较符合	完全符合
5. 我目前所做的教学工作不能实现我的个人志向和抱负					
6. 因为工作量太大，我不得不忽略我的个人爱好					
7. 因为家庭事务繁杂，使得我对工作有所忽视					
8. 因为家庭的需求，我难以全身心投入到工作中					
9. 因为工作的紧张和压力，在回到家时我也难以放松					
10. 对于不能平衡家庭和工作，有时候我感到很无奈					
11. 因为偏重家庭，我很难成为我希望成为的教师					
12. 我缺乏足够的培训以很好地开展我的教学工作					
13. 我需要更多的训练以不断适应教育改革的要求					
14. 我的教学经验不足以支持我圆满地完成教学任务					
15. 我经常缺乏资源去完成上级指派的任务					
16. 我缺乏外部提供的物质资源来帮助我开展教学改革					

三、中小学教师职业倦怠量表

项目	完全不符合	不太符合	不确定	比较符合	完全符合
1. 我对我所从事的教育教学工作有挫折感。					
2. 我所从事的工作让我身心疲惫。					
3. 我乐于学习工作上的新知。					
4. 我对我的学生所发生的事漠不关心。					

续表

项目	完全不符合	不太符合	不确定	比较符合	完全符合
5. 我常常感到工作太难而无法胜任。					
6. 工作时我感到心灰意冷。					
7. 我认为我所从事的工作是相当有意义的。					
8. 我在工作时总是感到精力充沛。					
9. 我担心被工作折腾得越来越麻木。					
10. 我能肯定我所从事的工作的价值。					
11. 我把我的学生当成了不具人格的事物。					
12. 我对我所教的学生日渐冷漠。					
13. 我感到自己不被学生和同事理解。					
14. 我担心我所从事的教育教学工作使我逐渐失去耐心。					
15. 我很容易理解学生们的感受。					

附录2 访谈提纲

小学女教师访谈提纲

尊敬的教师,您好!

我是武汉大学教育科学院在读的研究生,感谢您抽空参与我的访谈,这次访谈主要是为了我的毕业论文资料收集。教师职业是神圣的职业,女性不论是在职场还是在生活中都付出了很多的心血,这次访谈的目的也是为了了解女教师在同时面对家庭、工作的时候产生的角色冲突对职业的影响,找到原因,从而寻找解决对策。

同时请您放心我们的谈话内容,只用于我的毕业论文,不会用于其他地方,文章当中您的信息也会被匿名处理,所以请您畅所欲言。以下是供您参考的访谈

问题,请您审阅:

1. 您现在还像刚进校那样对自己的工作充满热情吗?为什么?

2. 您觉得您自己的工作压力大吗?您认为您的工作压力主要来自于哪儿?您是否能很好地缓解这些压力?

3. 您对您目前的工作状态还满意吗?您是否认为您的付出与回报成正比?

4. 您认为您作为教师充当的角色有哪些?这些角色给你带来的感受是什么?

5. 您觉得各方(领导、同事、学生、家长、家人等)对你的期待和要求一致吗?有没有矛盾的地方?这些对你的工作和生活都会产生哪些影响?

6. 您在日常工作和家庭生活的角色转换中,遇到了哪些矛盾和冲突?具体的表现有哪些?您认为工作和家庭之间的关系是怎样的?您会不会把这两方面的消极情绪互相发泄?

7. 您认为作为女性,在各种角色冲突里对您影响和困扰最大的是怎样的?

8. 您从事教师工作到现在,学校和家长对您工作上的要求有没有什么变化?这些变化是如何产生的?对您有什么样的影响?您是如何去适应这些变化的?

9. 您觉得您对学生的态度是否和以前一样?如果不一样,是什么引起了这些变化?

10. 这些各方的冲突对您的工作态度、情绪有什么样的影响呢?可以具体说说吗?

11. 如果再给您一次机会选择,您会继续选择教师职业吗?为什么?

专题二

民族地区小学教师信息素养评价指标体系构建研究
——以四川省小凉山地区为例①

第一章 绪论

一、研究背景与研究意义

(一) 研究背景

1. 从政策来看,教育信息化对教师信息素养要求提高

近年来,伴随着互联网、人工智能等现代技术在教育领域的广泛应用,教育信息化加速发展,极大地改变了教育工作者的生活、工作以及思维方式。在此背景下,国家出台了一系列的政策,如《教育信息化十年发展规划(2011—2020年)》②《教育信息化2.0行动计划》③和《关于实施全国中小学教师信息技术应

---

① 本专题完成于2022年4月,主编对其做过修改和删节。
② 教育部:《关于印发〈教育信息化十年发展规划(2011—2020年)〉的通知》,《云南教育(视界时政版)》,2012年第4期。
③ 教育部:《关于印发〈教育信息化2.0行动计划〉的通知》,《中华人民共和国教育部公报》,2018年第4期。

用能力提升工程 2.0 的意见》①等。这些政策明确提出要大力推动信息技术与教育的深度融合，全面提升师生信息素养，着力构建教师信息素养发展新机制。教育部在 2021 年工作要点中指出要积极推进教育信息化建设，加快推进教育信息化高质量发展，积极发展"互联网＋教育"，全面保障教育系统网络安全，推动形成教育系统数据资源目录和数据溯源图谱，制定教育基础数据标准规范，以实现有序共享②。由此可见，教育信息化及其一系列政策文件对教师信息素养提出了更高的要求，旨在持续提升教师信息技术素养，促进教师在信息技术知识、能力等方面有所发展。信息素养水平已经成为教师专业化发展的重要衡量指标。在信息化教学环境下，教师除了具备传统的教学知识外，还需要具备收集、分析、处理多方面信息资源，并使之有效整合到教育教学之中的能力。这是教育信息化发展对教师素养提出的新要求和新挑战。

2. 从实践来看，教师信息素养是影响民族地区教学质量的重要因素

教育部于 2018 年通过《教师教育行动振兴计划（2018－2022）》，强调应重视培育民族地区教师，持续改进当地的教育教学信息化水平③。这是国家为推动教育信息化发展而提出的重要政策措施，旨在推动民族地区教育信息化和教师专业化的发展。教师所具备的信息素养不仅是衡量其整体素养的重要指标，也是提升民族地区教育质量的重要途径。

综上所述，民族地区教师信息素养水平的高低是影响民族地区教育教学质量的重要因素。从已有相关研究和现实发展状况来看，民族地区教师由于软硬件等各方面因素的影响，自身的信息素养参差不齐且整体水平较低，部分教师还不能熟练地将信息技术有效运用到日常的教学中去，与国家有关的信息化政策对教师信息素养的要求还存在一定差距，这不利于民族地区教育信息化的全面发展，也影响民族地区教育教学质量的提升。因此，提升民族地区教师信息素养水平已成为推动教育教学质量发展的重要工作。

---

① 教育部：《关于实施全国中小学教师信息技术应用能力提升工程 2.0 的意见》，《中华人民共和国教育部公报》，2019 年第 3 期。
② 教育部：《2021 年工作要点发布积极推进教育信息化建设》，见中国教育和科研计算机网（http://www.edu.cn/xxh/focus/zc/202102/t20210204_2074919.shtml）。
③ 教育部等五部门：《关于印发〈教师教育行动振兴计划（2018－2022）〉》，《中华人民共和国教育部公报》，2018 年第 4 期。

3. 从研究来看，民族地区小学教师信息素养评价指标体系有待深入研究

构建科学合理的评估指标体系是开展评估的前提和基础，民族地区小学教师信息素养评价指标体系的构建有利于了解民族地区小学教师信息素养水平状况，是评价教师信息素养水平高低与否的标尺。从已有研究文献来看，有关民族地区教师信息素养评价指标体系的研究较少，是一个值得拓展的研究主题。目前学者们多集中于对民族地区小学教师信息素养现状的调查和如何提升教师信息素养的策略性探讨，缺少对民族地区小学教师信息素养评价指标体系的相关研究。从政策要求来看，2020年2月教育部明确提出要加快研制中小学教师信息素养评价指标标准①。因此，构建民族地区小学教师信息素养评价指标体系是响应国家政策要求的现实需要，也能为今后民族地区小学教师信息素养水平评估、能力培养和拓宽路径提供有益参考。

（二）研究意义

1. 理论意义

本专题研究以深化教育领域内的改革为前提，推进教育信息化和现代化进程，探究民族地区小学教师信息素养内涵、构成和评价标准，有利于充实教师专业发展理论和发展性教师评价理论。

第一，本研究聚焦民族地区小学教师信息素养评价指标体系的构建，并进行应用实践，提出提升民族地区小学教师信息素养的策略，有利于民族地区小学教师更好顺应教育信息化社会的趋势，在一定程度上发展和丰富了教师专业发展理论。

第二，本研究以民族地区小学教师信息素养问题为主要研究方向，结合民族地区小学教师队伍的特殊性，说明民族地区小学教师信息素养各个方面指标间究竟有怎样的权重关系，为教育研究者后续评价民族地区乃至其他地区中小学教师信息素养奠定了基础，进而拓宽发展性教育评价的研究视域。

2. 实践意义

民族地区教育信息化起步相对较晚，进程相对较慢。民族地区信息化的质量

---

① 教育部办公厅：《关于印发〈2020年教育信息化和网络安全工作要点〉通知》，《中华人民共和国教育部公报》，2019年第A1期。

是衡量国家信息化发展水平的重要参考，因此对民族地区小学教师素养的研究是非常必要的，对教师专业发展能力以及对民族地区教育质量都有重要意义。

第一，构建民族地区小学教师信息素养评价指标体系，在一定程度上能较为直接、准确地反映当地教师的信息素养水平，客观地反映教师信息素养现状。目前，我国尚未提出针对中小学教师信息素养的评价指标体系，难以准确地评估和了解民族地区小学教师信息素养的状况。通过构建符合民族地区的教师信息素养指标体系，可以分析出当前民族地区小学教师信息素养的发展情况和存在的问题。

第二，民族地区小学教师信息素养评价指标体系的构建，有助于民族地区小学教师信息素养培训模式的改进和完善，帮助当地政府及其教育相关部门制定有针对性的教师信息素养提升策略。通过对民族地区小学教师信息素养评价指标体系的验证研究，分析现有教师信息素养培训模式的不足之处，提出有针对性的教师信息素养提升策略，以进一步提高民族地区教育质量。

二、文献综述

本研究通过查阅 21 世纪以来中国知网、万方、维普等网络数据库有关信息素养评价指标的研究，结合"信息素养""教师信息素养""教师评价指标体系"等关键词，从信息素养、教师信息素养、教师信息素养的标准和框架，以及信息素养的内涵和外延等方面的研究展开综述。

（一）国内研究现状

1. 关于信息素养的相关研究

国内关于信息素养的研究相比国外起步较晚，学者们主要结合信息素养的构成要素来探讨其内涵。最早对信息素养进行定义的是王吉庆出版的《信息素养论》，他认为信息素养主要是在信息社会中获得、利用及开发信息等方面的修养和能力[①]。桑新民认为信息素养是一种综合性能力，强调对信息的获取、评价、

---

① 王吉庆编著：《信息素养论》，上海：上海教育出版社 1999 年版，第 47—48 页。

表达、创造，通过信息高效学习①等。陈维维和李艺把信息素养定义为个体对信息活动的态度以及对信息的获取、分析、加工、评价、创新、传播等方面的能力②。祝智庭教授在2002年把信息素养界定为"是一种综合素质，包含了对信息的理解认识以及对一系列信息活动的反应"③。钟志贤等教授认为信息素养是运用信息解决问题的能力，主要指基于网络获取、分析、生成、使用和创造信息的综合素质④。张义兵认为信息技术教师应该具备信息处理能力、信息交流能力、信息判断能力、适应性自我学习和终身学习能力六个方面⑤。

综合国内学者对信息素养的观点，基本将信息素养定义为一种综合能力，其中包括对信息的主动获取和利用，注重对信息的认知和解决问题的能力。

2. 关于教师信息素养的相关研究

（1）关于教师信息素养内涵的研究

教师信息素养来源于信息素养研究领域，它秉承了信息素养的核心观点和理念，同时结合教师这一角色特有的理想信念、道德情操、教学研修、终身学习等特点。国内学者对教师信息素养定义基本从信息素养内涵出发，结合教师的职业特性进行阐述。荣曼生提出教师信息素养就是利用信息资源的能力，在教学过程中的开发、设计、利用、评估和管理的综合素养⑥。何克抗等在《教育技术学》一书中提出教师信息素养是指在教育教学过程中应具有发现、检索、评价、处理和存储信息的能力⑦。桑国元等从教师培育学生适应现代化发展的目标出发，认为教师不仅具备基本的公民信息素养，还需要具备从事教育教学工作的相关信息

---

① 桑新民主编：《步入信息时代的学习理论与实践》，北京：中央广播电视大学出版社2000年版，第26—27页。
② 陈维维、李艺：《信息素养的内涵、层次及培养》，《电化教育研究》，2002年第11期，第7—9页。
③ 祝智庭主编：《信息教育展望》，上海：华东师范大学出版社2002年版，第215—216页。
④ 钟志贤、王佑镁、黄琰、施虹冰：《关于中小学教师信息素养状况的调查研究》，《电化教育研究》，2003年第1期，第65—69页。
⑤ 张义兵主编：《信息技术教师素养：结构与形成》，北京：高等教育出版社2003年版，第79—82页。
⑥ 荣曼生：《关于教师信息素养量化评价方案的探索》，《湖南科技大学学报（社会科学版）》，2006年第6期，第118—121页。
⑦ 何克抗、李文光著：《教育技术学》，北京：北京师范大学出版社2009年版，第93—94页。

素养①。林聪认为，教师信息素养就是教师需要掌握信息知识、利用信息工具开展教育的能力，包含信息分析、信息知识、信息技能、信息判断及信息创新等②。李毅、邱兰欢和王钦认为，在教育信息化时代，师范生应具有的信息素养包括师范生能够利用信息技术来获取信息、整合信息、管理信息和评价信息，并能够实现信息创新与知识重构，以促进自身学习与教学专业发展的能力③。可以看到，学者们对于教师信息素养内涵的定义都是将公民应具备的信息素养与教师开展教育教学所需的特质紧密结合的。

（2）关于教师信息素养评估标准的相关研究

在社会发展、教育需求的推动下，我国为教师信息素养的发展制定了一系列政策。2004年，教育部印发的《中小学教师教育技术能力标准（试行）》对中小学教学、管理、技术人员的培训和考核确定了标准，其标准包括四个方面：意识与态度、知识与技能、应用创新与社会责任。2014年教育部继续发布了《中小学教师教育技术应用能力标准（试行）》，根据我国中小学校信息技术环境以及师生信息技术应用的差异，在原有《标准》的基础上，对中小学教师在教育教学与专业发展中信息技术的运用提出了具体要求。两大《标准（试行）》都充分考虑了中国当时的基本国情、不同地区的发展程度，对教师信息素养的评估标准没有整齐划一，没注重教师实际的信息技术应用能力的提高。2016年，《学生六大核心素养》发布，为满足学生核心素养的发展需要，教师信息素养评估标准也随之有所调整，更侧重整体信息素养的提高。2018年，教育部印发《教育信息化2.0行动计划》，指出从注重师生信息技术应用能力的提升向全面提升师生信息素养转变，并强调全面提升中小学教师信息素养①。

国内一些教育信息技术的专家学者针对中小学教师信息素养评价标准也提出了自己的看法。李晓飞和康淑敏从信息需求意识、技术知识与能力、信息获得方

---

① 桑国元、董艳：《论"互联网+"时代教师信息素养内涵演进及其提升策略》，《电化教育研究》，2016年第11期，第108—112页。
② 林聪：《"互联网+"背景下的高校教师信息素养及构成》，《黑龙江高教研究》，2016年第8期，第54—56页。
③ 李毅、邱兰欢、王钦：《教育信息化2.0时代师范生信息素养测评模型的构建与应用——以西部地区为例》，《中国电化教育》，2019年第7期，第91—98页。
① 教育部：《关于印发〈教育信息化2.0行动计划〉的通知》，《中华人民共和国教育部公报》，2018年第4期。

法、信息化教学水平四方面调查教师信息素养,发现教师在信息技术知识与教学应用能力方面依然有所欠缺①。李芳涵在对天津市中学教师进行问卷调查与访谈基础上形成了完整的中学教师信息素养评价指标体系,包括四个维度:信息意识、信息知识、信息能力、信息伦理道德②。杨琰和胡中锋从意识、知识、能力和伦理道德四个方面来衡量高校教师信息素养发展水平,发现教师对信息的接纳度较高、信息知识结构合理、信息伦理自觉性高,但是信息应用能力欠缺③。陈敏、周驰和吴砥构建了中小学教师信息素养评估指标框架,他们从信息意识、信息知识、信息能力、信息伦理与安全、专业发展五个维度对东部几个地区的教师信息素养水平进行了评估④。李俊在体育强国战略背景下,运用比较研究法、数理统计法、逻辑分析法等多种研究方法,从信息意识、信息知识、信息技能、信息社会责任四个维度建立了江苏省初中体育教师信息素养指标体系,旨在促进初中体育教育信息化和体育教师信息素养的可持续发展⑤。

由上可见,不同学者对教师信息素养的评价标准是有所不同的,但整体来说是从信息意识、信息知识、信息能力、信息道德这四个方面来分析教师信息素养的发展情况。

2. 关于民族地区小学教师信息素养现状的相关研究

对于教育信息化较为薄弱的民族地区,国内学者的研究主要集中于对民族地区小学教师信息素养的重要性、研究现状、提升策略等方面。杨改学和古丽娜·玉素甫在研究影响民族教育信息化发展因素基础上提出从教学观念、民族信息资源开发、民族教育信息化环境建设三大方面来提高民族地区小学教师信息素养⑥。唐前军和刘涛运用文献研究法、问卷调查法和数理统计法等研究方法对四

---

① 李晓飞、康淑敏:《中学教师信息素养现状与发展——以山东省为例》,《中国远程教育》,2012年第3期,第85—89页。
② 李芳涵:《中学教师信息素养评价指标体系研究》,天津师范大学硕士学位论文,2013年,第14—15页。
③ 杨琰、胡中锋:《"互联网+"时代高校教师信息素养现状与提升策略》,《中国电化教育》,2019年第4期,第117—122页。
④ 陈敏、周驰、吴砥:《中小学教师信息素养评估指标体系研究》,《中国电化教育》,2020年第8期,第78—85页。
⑤ 李俊:《江苏省初中体育教师信息素养指标体系构建研究》,南京体育学院硕士学位论文,2021年。
⑥ 杨改学、古丽娜·玉素甫:《少数民族基础教育信息化发展的新思路》,《电化教育研究》,2013年第9期,第30—34页。

川省民族地区小学教师信息素养现状开展研究，他认为信息技能是教师对信息检索、分析、应用和评价等方面的技术和能力，提出教师应不断提升信息技能，并运用信息技能对教学过程进行创新与重构[①]。曹传东和向春艳运用问卷调查法对新疆中小学教师信息素养进行调查、分析与研究，他认为当地中小学教师信息素养参差不齐，在信息获取与处理能力方面还有待加强，应当强化学校基础设施、完善培训方式、构建信息素养教育模式以提高教师信息素养整体水平[②]。戴妍和徐佳虹从信息意识、信息知识、信息能力和信息道德四个方面分析了民族地区小学教师信息素养遇到的现实困境，并提出民族地区小学教师信息素养水平的提升应从政府、学校和社会出发，建构和整合成"以汉带民"、以老带新、以生带师和以少带多四种培训模式[③]。

民族地区小学教师信息素养的提升，不仅有利于推动民族地区教育的发展，也能带动民族地区文化的发展。因此，对提升民族地区小学教师信息素养问题进行研究，意义重大。

（二）国外研究现状

1. 关于信息素养研究现状

"信息素养"的概念由美国信息产业协会主席 Paul Zurkowski 于 1974 年首次提出，他强调利用信息解决实际问题的能力。他认为具备信息素养的人是能够把信息资源和信息工具加以利用的人，可以通过培训获得掌握信息工具的使用技巧以及能够利用信息源[④]。随后，美国图书馆协会于 1989 年将信息素养定义为：一个具备信息素养的人，是能够明确信息需求以及具备检索、评价和有效使用所需信息能力的[⑤]。图书情报领域的专家学者们也提出了关于信息素养的定义。

罗伯特·泰罗（Robert Taylor）在相关文章中将信息素养视为一种通过了

---

① 唐前军、刘涛：《民族地区中学物理教师信息素养提升策略——以四川省为例》，《社会科学家》，2012 年第 1 期，第 200—202 页。
② 曹传东、向春艳：《中小学教师信息素养现状及提升策略》，《教学与管理》，2015 年第 33 期，第 65—68 页。
③ 戴妍、徐佳虹：《民族地区教师信息素养提升的现实境遇与模式建构》，《北方民族大学学报（哲学社会科学版）》，2018 年第 3 期，第 92—99 页。
④ P. Zurkowski, *The Information Service Environment Relationships and Priorities*. Washington, DC: National Commission on Libraries and Information Science, 1974.
⑤ American Library Association. "Presidential Committee on Information Literacy: Final Report" [EB/OL]. http://www.ala.org/acrl/publications/whitepapers/presidential/, 1989-01-10.

解和使用各种信息源，懂得信息获得策略，来解决许多问题的能力。由此可见，信息素养的定义并没有形成公认的表述，但是都强调信息素养是一种使用信息的能力，其主要手段在于通过对信息的获取和掌握来解决问题。

随着信息技术的不断发展，信息素养的研究逐渐关注内涵式发展。2003年联合国教科文组织（简称"UNESCO"）重新定义并扩展了信息素养的概念，认为信息素养是指能够确定、搜索、评估和组织信息，并且能够高效且有效地创造、使用和交流信息[①]。2013年UNESCO发布《媒体与信息素养政策和战略指南》，正式提出"媒体与信息素养"的概念，强调在获取、利用、创造和分享信息的同时，需要对媒体内容进行批判的和道德式的评估[②]。2015年ACRL（美国大学与研究图书馆协会）理事会提交了《高等教育信息素养框架》，将信息素养定义为包括信息的反思发现、理解信息如何生产与评价，以及利用信息创造新知识、合理参与学习社区的一组综合能力[③]。从国外关于信息素养的研究可以看出，对信息素养的定义经历了两个发展过程，逐渐由强调信息素养解决问题的能力转变到将其内化为一种素养，促进自身多方面综合发展，深化对信息素养的认识。

2. 关于教师信息素养评估标准的研究现状

国外关于教师信息素养评估标准的研究起步较早，相对来说更加成熟完善。不同的国际组织和国家在结合自身情况基础上，相继研究了教师信息素养的评价标准，主要有以下四种情况：

联合国教科文组织在2008年、2011年和2013年分别发布了一系列关于教师信息素养评估的文件，并不断进行更新完善。

2008年联合国教科文组织颁布的《教师信息和通信技术能力标准》（以下简

---

① UNESCO，NCLIS，"The prague declaration towards an information literacy Society，Information Literacy Meeting of Experts，Prague，The Czech Republic" [EB/OL]. [2016-10-11]. http://portal.unesco.org/ci/en/ev.php-URL_ID=19636&URL_DO=DO_TOPIC&URL_SECTION=201.html.

② UNESCO，"Media and information literacy：policy and strategy guidelines" [DB/OL]. [2017-09-23]. http://www.unesco.org/new/en/communication-and-information/resources/publications-and-communication-materials/publications/full-list/media-and-information-literacy-policy-and-strategy-guidelines/.

③ 韩丽风、王茜、李津等：《高等教育信息素养框架》，《大学图书馆学报》，2015年第6期。

称《能力标准》）对教师使用信息技术所需的信息技能划分为六个维度，包括"理解教育中的 ICT""课程与评估""教学方法""信息通讯技术""组织与管理"和"教师专业学习"，并将其归属为相应的三个阶段：获取技术素养、知识深化途径、知识创造途径[①]；2011 年联合国教科文组织在《能力标准》基础上，颁布了《教师信息与通信技术能力框架》，强调各个国家根据实际情况和需求制定标准，更加具有灵活性，同时要求教师应从观念上真正去理解信息技术对教育教学的作用[②]；2013 年 UNESCO 发布了《联合国教科文组织教师信息与通信技能力框架》的本土化修订指南，旨在指导各成员国制定信息技术在教育领域的应用标准，强调应根据当前的实际需要和未来的发展方向确定信息技术能力标准[③]。从联合国教科文组织制定的一系列教师信息素养标准来看，教师信息素养标准不是一成不变的，既要考虑到信息生态环境的变化，也要考虑到教师发展的阶段性。

美国十分重视对教师信息素养标准的制定。美国教育传播与技术协会（AECT）1982 年、1994 年、2000 年、2005 年和 2012 年颁布了五个版本的《教师信息能力认证标准》，规定了中小学教师信息素养的五个达标要求，强调教师应具备理论和实践知识、教学法能力、创设学习环境的能力、增强学习的探究能力、综合教学研究能力[④]。美国大学与研究图书馆协会（ACRL）在 2011 年出台了《教师教育信息素养标准》，指向的目标对象是职前阶段教师，将职前教师应具备的信息素养划分为六个方面，包括"定义与描述所需信息""对信息进行定位与选择""分析信息需求""以合理的方式处理信息""评价信息与信息获得途

[①] "ICT Competency Standards for Teachers the CST project" [EB/OL]. http://www.unesco.org/new/en/communication-and-communication-material/publications/full-list/ict-competency-standards-for-teachers-policy-framework/. 2018-06-23.

[②] UNESCO. "ICT Competency Framework for Teachers" [EB/OL]. [2016-8-29]. http://www.unesco.org/new/en/communication-and-information/access-to-knowledge/unesco-ict-competency-framework-for-teachers/.

[③] UNESCO. "Media and Information Literacy: Policy and Strategy Guideline". [DB/OL]. [2016-06-25]. http://www.unesco.org/new/en/communication-and-information/resources/publications-and-communication-materials/publications/full-list/media-and-information-literacy-policy-and-strategy-guidelines/.

[④] AECT. "Association for Education Communication & Technology" [EB/OL]. [2016-07-12]. http://aect.site-ym.com/?documents.

径"和"指导合乎伦理道德地使用信息"①。总的来说,美国针对不同的教师群体制定了不同的教师信息素养标准,实操性更强,而且标准对教师信息化教学创新的要求越来越高。

英国《ICT应用于学科教学的教师能力标准》是由英国教育与就业部等机构制定,英国教师培训署负责实施的英国中小学学科教师ICT能力培训标准,其中对教师素养标准有两个方面的要求,包括"有效的教学与评价"与"在学科教学中应用ICT所必须掌握的知识、理解力和技能"②。

日本于2007年颁布中小学教师ICT应用指导标准——《教师ICT使用指导力标准》,认为教师信息素养应包括"教学准备过程中应用ICT的能力""教学实施过程中应用ICT指导的能力""指导学生应用ICT的能力""指导学生遵守信息道德的能力"和"学校事务中应用ICT的能力"6个方面③。2014年,日本制定出《高等教育信息素养标准》,在该标准中对信息素养的概念又赋予了新的内涵,信息素养就是能够认识信息、有计划地检索、评判、处理信息以及利用信息的能力④。

从上可以看出,国际组织、国外相关国家及对教师信息素养的标准制定非常重视,在标准的某些规定上有着较高的一致性,都注重教师在实际教学过程中对信息技术的运用,凸显了信息技术对教师专业发展的重要作用。

(三)国内外文献述评

从国际组织及发达国家颁布的一系列信息素养评价相关的标准和框架来看,他们对于教师信息素养的标准研究起步早,而且标准不是一成不变的,会随着社会环境和需求进行更改,评价标准也从注重教师对信息的获取和分析能力转向强

---

① ACRL. "Information Literacy Standards for Teacher Education EBSS Instruction for Educators Committee" 2006-2007-2010-2011 [DB/OL]. [2016-07-08]. http://www.ala.org/acrl/sites/ala.org.acrl/files/content/standards/ilstandards_te.pdf.
② "The Use Of ICT in Subject Teaching-Expected Outcomes For Teachers in England, NorthernIre laand&Wales" [DB/OL]. [2003-10-21]. http://www.englishschoolsfoundation.edu.hk/ITinset/TTA/Tout.htm.
③ 文部科学省:《教育のICT活用指導力の基準》,见日本文部科学省网(http://www.mext.go.jp/a_menu/shotou/zyouhou/1296901.htm)。
④ 高等教育のための情報リテラシー基準,见日本私立大学图书馆协会网所附《高等教育信息素养标准》PDF版(http://www.jaspul.org/news/asset/docs/20140729_別紙_高等教育のための情報リテラシー基準_d2.3.pdf.)。

调信息技术与教育教学的融合以及对学生能力的提升，整体来说对教师信息素养的相关研究已经相对成熟，细化到对教师的专业能力、教学能力和学习能力等都有一定的要求。

然而，我国对于信息化素养标准的研究相较于欧美及亚洲发达国家而言还是存在差距的。尽管我国对于教师信息素养已经出台了 20 多项政策文件，彰显出对于教师信息素养的重视，但针对中小学教师信息素养的评价指标体系尚未出台；同时，也有相应的专家、学者对中小学教师信息素养评价指标进行了一定的研究，虽然评估标准不尽相同，但是都有大量的实证研究做支撑，具备一定的操作性，民族地区的教师更应该从信息意识、信息知识、信息技能、信息伦理道德全方面入手，不断使用信息知识和信息技术促进自身专业发展和信息素养的提高，培养学生能够运用信息手段独立自主学习信息知识与技能的能力。

总的来说，关于民族地区小学教师信息素养虽有一定的研究，但基本集中于民族地区小学教师信息素养的重要性、现状分析、提升策略等的分析，对构建民族地区小学教师信息素养评价指标体系的研究很少涉及，而教师信息素养评价指标是开展教师信息素养评价的重要基础。基于此，梳理分析与教师信息素养评价相关的框架和标准，结合教育信息化领域专家意见和一线教育工作者的实践经验，构建民族地区小学教师信息素养的评价指标体系非常有必要。

三、研究思路和方法

（一）研究思路

首先，通过对现有的文献进行梳理，分析研究的必要性和可行性，对涉及的重点概念进行解释，并阐述相关理论基础，提高研究的科学性。

其次，将国家出台的关于中小学教师信息素养标准的相关政策作为理论依据，初步梳理民族地区小学教师信息素养评价指标，采用德尔菲法对评价指标体系进行两轮的修订，应用层次分析法确定民族地区小学教师信息素养评价指标体系中各项指标的权重，并检验各层次指标的一致性，最终确立民族地区小学教师信息素养的评价指标体系。

其三，对民族地区小学教师信息素养评价指标体系的实证研究，依据构建的指标体系编制合理的调查问卷与访谈提纲，以四川小凉山地区小学教师为验证对象，进行民族地区小学教师信息素养评价指标体系验证并做结果分析。

最后，基于实际测评结果以及教师专业发展等理论作为支撑，指出当前民族地区小学教师信息素养存在的问题，提出相应改进建议并对评价指标体系进行进一步优化。

（二）研究方法

1. 文献研究法

文献研究法，是依据研究主题，通过利用中国知网、维普、谷歌学术、图书馆等渠道查阅大量关于国内外教师信息素养及评估标准的资料，对国内外关于教师信息素养研究的已有成果进行梳理后，对教师信息素养及评估标准等有更加清晰的把握，进而为初步建构的民族地区小学教师信息素养评价指标体系提供坚实理论基础，保障研究的合理性和可行性。

2. 德尔菲法

德尔菲法即依据系统程序、匿名采集意见的方式，发放多轮问卷收集各方建议，推动专家形成统一意见。在初步拟定民族地区小学教师信息素养评价指标体系后，本研究采用问卷的形式向专家小组成员进行意见征询及调查，拟发放两轮征询问卷，对收回的意见进行筛选、修订，以形成民族地区小学教师信息素养评价指标体系。

3. 层次分析法

层次分析法即将研究主体从不同目标与层级进行分解，借助对各指标的定量分析确定各级权重。为了确定评价指标体系各指标的权重，通过发放问卷收集专家对指标体系的权重分配意见，计算出评价指标体系的一级指标和二、三级指标权重，并进行一致性检验，强化评价指标体系的实践性和操作性。在本研究中应用层次分析法确定民族地区小学教师信息素养各项指标的权重，提高评价指标的科学性与实用性，保障本研究的结果更具有操作性。

4. 调查研究法

调查研究法包括问卷调查法和访谈法。问卷调查法的主要目的是测评四川省小凉山民族地区教师信息素养情况，以验证民族地区小学教师信息素养的评价指标体系的有效性。为进一步了解四川省小凉山地区小学教师信息素养的状况，本研究根据研究的问题及对象分析，编制了对学校管理者和教师的访谈提纲，访谈的内容主要包括教师信息素养的培训状况、学校信息化设备配置情况、教师课堂运用信息技术情况等，并进一步提出所制定评价指标体系的优化策略，增强研究的科学性和规范性。

5. 数理统计法

采用 EXCEL、SPSS22.0 软件针对民族地区小学教师信息素养初拟评价指标，运用德尔菲专家调查法所得的数据进行处理和分析，确定权威与协调系数、不同指标的百分数和权重等各项指标，为确立完整的指标体系提供数据支持。

四、研究重难点和创新点

（一）研究的重难点

本研究的重点主要有以下几个方面：

其一，应用德尔菲法，根据国家政策、中小学教师信息素养标准、已有的文献构建民族地区小学教师信息素养评价指标，采用层次分析法，确定民族地区小学教师信息素养评价指标体系中各项指标的权重；其二，以四川小凉山地区作为测评对象，依据所制定的民族地区小学教师信息素养评价指标体系编制调查问卷和访谈提纲对测评对象进行验证，并进行结果分析；其三，立足测评情况，对民族地区小学教师信息素养评价指标体系进行进一步的优化。

本研究的难点主要有以下几个方面：

其一，在国内外已有研究文献中，民族地区教师信息素养的评价研究不够系统，较为零散，切实可参考的文献并不多；其二，在选择民族地区进行测评的过程中，由于时间、语言等因素限制，数据获取存在一定困难，在访谈对象的选择上也具有一定的复杂性，这使得在样本地区开展调查研究具有一定的难度；其三，在完成测评后，不仅要对问卷数据与访谈记录分析与处理，还要借助相关理论对测评的数据结果进行合理解释。

(二) 研究的创新点

1. 研究视角的创新性

现阶段国内学者对教师信息素养的分析聚焦于信息素养的概念界定、发展情况、策略提升等，专门以民族区域小学教师信息素养为主题开展的实证分析并不太多，且国家也尚未出台关于中小学教师信息素养评价指标体系的标准。本研究基于国内外相关中小学教师信息技术能力标准，结合民族地区特色，构建民族地区小学教师信息素养评价标准体系，将其应用于四川省小凉山地区进行测评研究，分析该民族地区小学教师信息素养的现状，以推动民族地区小学教师信息素养的提高和教师信息素养评价体系的完善。

2. 研究方法的创新性

构建民族地区小学教师信息素养评价体系需要具有一定的科学性、专业性以及权威性。因此，本研究采用德尔菲法筛选评价指标，进行两轮的专家意见、咨询，以确立民族地区小学教师信息素养的评价指标内容。明确具体的评价指标后，再通过层次分析法，依据专家给出的权重评分开展相关统计与分析，确定各级指标对应的权重值，本文用到的工具为 SPSS22.0 等数理统计分析软件。

第二章 概念界定及理论基础

本部分将对"信息素养""教师信息素养""评价指标体系"进行相应的概念界定，明确其内涵，并阐述"教师专业发展理论""建构主义理论""发展性评价理论"对研究民族地区小学教师信息素养的适切性提供科学的理论依据。

一、概念界定

（一）信息素养

美国保罗·泽考斯基（P. Zurkowski）于20世纪70年代最早创设"信息素养"这一名词，认为它是通过各种渠道及关键信息资源实现问题处理的能力与技术[①]。2008年联合国教科文组织从不同视角对信息素养的内涵进行了阐述，在发布的《面向信息素养的指标》中，更明确指出信息素养对于人类生存与发展的重要价值，认为信息素养同样也是一种人权[②]。

我国学者对信息素养的研究也在不断发展。桑新民指出，信息素养应该伴随不断更新的信息环境保持自主学习与终身学习的态度，培养自身的发散性思维与社会责任感等[③]。张义兵指出，信息技术教师需要不断培养提升自身对信息的运用、沟通与判断能力，实现自主学习，将学习视为终生的事业而努力[④]。

综上所述，国内外学者的观点，尽管关于"信息素养"的内涵还没有统一定论，但都强调信息素养是一种综合能力。本研究将信息素养的内涵界定为：人们在基本信息活动中形成的，具备信息意识、拥有信息知识、掌握获取、表达、应用、评价信息的能力，遵守信息活动中的道德规范和法律法规等素养，它是信息意识、信息知识、信息能力和信息社会责任等的总和，是一种基本文化内涵的修养和能力。

（二）教师信息素养

智春山将教师信息素养理解为：结合现实课堂需要，通过教学活动逐步树立

[①] P. Zurkowski, *The Information Service Environment Relationships and Priorities*. Washingt on, DC: National Commission on Libraries and Information Science, 1974.

[②] United Nations Educational, Scientific and Cultural Organization, "*Towards Media and Information Litercy Indicators*" [EB/OL]. https://cn.bing.com/dict/United-Nations-Educational-Scientific-and-Cultural-Organization,2008.

[③] 桑新民：《多媒体和网络环境下大学生学习能力培养的理论与实践研究》，《中国远程教育》，2000年第11期，第23—24页。

[④] 张义兵主编：《信息技术教师素养：结构与形成》，北京：高等教育出版社2003年版，第34页。

起对信息活动的认知,同时能高效处理学生的各种信息问题[①];何克抗把教师信息素养内涵归为教师在教学过程中应具备的获取、分析、加工和利用信息的能力等[②]。

综上学者们对教师信息素养的研究,注重从教师专业发展的角度出发,强调教师在教学过程中应具备多方面信息技术能力,帮助教师实现专业成长。综合当前对教师信息素养的观点,本研究的教师信息素养可以理解为:教师在教育教学过程中拥有的、运用信息和信息技术来发现、分析和解决问题的意识、知识、能力和社会责任,重点强调教师能够恰当运用信息技术,增强自身信息化教学能力,促进自身专业化发展。

(三) 评价指标体系

《教育评价词典》将"评价"理解为:基于特定价值参照,在全面梳理相关信息后,确定评价主体的品质、实力、成效和社会意义的活动[③]。另外,我国学者陈玉琨强调,指标即特定、量化且可实施的评价规范[④];吴钢教授认为,"指标"根据具体情况可分定性和定量,来评价内容集合中的要素[⑤]。国内外学者普遍认同的观点是:各种细化的统计指标是评价指标体系的重要组成元素,它们彼此相互依存和联系,进而可以系统地呈现特定的事物或问题[⑥]。辅助确定评价主体有无满足相关的评价标准、有无实现对应目标的标尺即评价标准[⑦]。

结合本研究及国内外专家学者们的观点,认为评价指标体系包含评价指标和评价指标的权重,评价指标内容的各个要素能构成一个有机的整体,评价指标的权重则反映各个指标的重要程度。评价指标体系下还有各种细化指标,每种指标都是基于量化标准与实用性原则制定的。

---

① 智春山:《教师信息素养与培训模式研究》,《中小学电教》,2007年第6期,第9—11页。
② 何克抗、李文光著:《教育技术学》,北京:北京师范大学出版社2009年版,第114—115页。
③ 陶西平主编:《教育评价辞典》,北京:北京师范大学出版社1998年版,第59—60页。
④ 陈玉琨著:《教育评价学》,北京:人民教育出版社1999年版,第6—8页。
⑤ 吴钢著:《现代教育评价教程》,北京:北京大学出版社2008年版,第13—14页。
⑥ 周概容主编:《应用统计方法辞典》,北京:中国统计出版社1993年版,第4—6页。
⑦ 朱德全、宋乃庆主编:《教育统计与测评技术》,重庆:西南师范大学出版社2013年版,第243—245页。

二、理论基础

为更好构建民族地区小学教师信息素养指标体系,我们将从教师专业发展理论、建构主义理论和发展性评价理论进行阐述。

(一)教师专业发展理论

教师专业发展是指在教学过程中教师的知识、技能、信念等内在的素养的提高,既包括知识的简单积累或者技能提高,也包括在不断的学习、实践、反思中发展和更新自我的教学能力,还包括教师知识、技能、能力、情感、信念、态度、价值观等多方面素养的整体提高。教师专业发展的内涵是处于发展的状态,它伴随着时代的变化不断地更新和完善。当前,信息化社会对人才有了新的需求,进一步推动教师更新自身的专业素养,教师要学会将信息技术融合在教育教学中,提高信息化教学能力,以满足时代发展对教师的新要求。

教师专业发展的话题在国际教师教育研究当中占据重要地位。教师作为教育教学的执行者,其专业能力在反复的实践中不断提高,但教师主体在专业发展上也是存在差异的,因而也分化出不同的教师专业发展阶段论。卡兹认为教师专业发展包括从生存、巩固、优化到成熟的四个时期;伯肯则将教师生涯循环发展细化为生存、优化与成熟在内的三个时期;斯菲特则基于上述学者的观点,将教师专业发展阶段更新为预备期、专家期、衰退期、优化期与退出期[1]。

相对国外进行的相关研究,国内学者对教师专业发展的研究更注重教师个人成长为研究型教师,重点强调教师应该有广阔的知识技能以及持久的职业信念,同时还应具备正向情绪价值以及独特的教育方法。有学者将教师教学年限和对应的发展特征作为基础,提出教师发展阶段可分为三个过程:初

---

[1] 肖丽萍:《国内外教师专业发展研究述评》,《中国教育学刊》,2002年第5期,第61—64页。

任教师、有经验的教师和成熟教师。信息技术快速发展的今天，教师专业发展的具体含义也在持续更新，如余胜泉将教师专业发展细化为学习模仿、尝试、确定与创新运用在内的四个时期，指出当前教师必须尽快掌握学科前沿信息技术，提升自身的教学综合素质①。

基于教师专业发展理论启发，尽管教师专业发展存在不同阶段，但都要求教师具备不断接触新知识、掌握教学理念、努力提高自身教育教学的能力。在信息化时代，教师的信息素养已成为教师专业发展与时俱进的必备素养，也就是说，提升教师信息素养是教师专业发展必由之路。因此，尝试构建民族地区小学教师信息素养指标体系，以期为民族地区教师加强教育教学与信息技术的深度融合、提高民族地区教师信息素养水平提供指导。

（二）建构主义理论

20世纪80年代至今，建构主义理论（Constructivism）一直是国内外学者高度关注的话题②。建构主义的核心理念是主动建构，包括知识观、学习观、教学观三个层面。在知识观层面是指知识是由主体建构的，这种知识具有暂时性、发展性、价值性；在学习观层面，该理论强调学习过程即基于学习者原有经验形成对新知识的理解与掌握；在教学观层面，建构主义理论注重情景性和主体性，由此提出了情境性教学、支架式教学等众多教学方式，强调学习的社会互动性③。

教师信息素养作为当前教师专业发展不可缺少的一项素养，需要借助建构的方式不断完善。首先，教师可以根据自身的需求选择适合自己的信息技术学习方式和内容，主动了解信息技术知识和操作知识。其次，教师信息素养的提升需要教师在自身已有的教学知识和经验上进行主动建构，以促进自身的专业发展，不断增强自我学习的能力。再次，建构主义理论注重社会协商，强调在教学过程中注重情境性教学，以推动学习者认知和发展能力的提高；也就是说，教师在进行

---

① 马宁、余胜泉：《信息时代教师专业素养的新发展》，《中国电化教育》，2008年第5期，第1—7页。
② 张子燕：《社会建构主义理论引领下微课独特价值的回归》，《江苏第二师范学院学报》，2017年第7期，第116—121+123页。
③ 陈琦、刘儒德主编：《当代教育心理学（第2版）》，北京：北京师范大学出版社2007年版，第76—78页。

信息技术培训时需要外部环境的支撑，注重人际沟通的有效互动，为教师进行信息技术学习提供良好的发展环境。据此，可以看到建构主义理论为教师信息素养提升的研究提供了发展的可能，注重教师结合自身的知识背景和能力水平以及社会提供的环境来提升教师个人的信息素养水平。

（三）发展性教师评价理论

发展性教师评价理论建立在建构主义理论基础之上，是以教师的主体发展为目的的评价理论。该理论旨在强调教师个人的纵深发展，不断增强其教育教学的素养与实力，学校则应结合教师现阶段的实际工作情况与职业发展潜力进行全面评价。评价的目的不是为了做出奖惩的决定，而是督促教师主动调整自己的工作方向和目标，帮助教师了解自身的教学情况，总结经验，以利于教师专业能力的进一步发展[1]。

这一评价方式高度强调教师的主体作用，认可教师教育教学活动的意义，有助于提高教师的职业自信，增加教师在教学活动中的积极性，不过该评价方法缺乏足够的鉴别性，难以保障校内管理工作的有序开展。再加上缺乏集中且实用的评价体系，很难真正推行这项针对教师的评价工作。因此，构建民族地区小学教师信息素养评价指标体系显得非常重要，它有助于学校制定教师信息素养评价标准，对教师信息素养水平进行检测和评估，督促教师不断地反思自己的进步。

基于发展性教师评价理论的价值和目的，本研究认为，民族地区小学教师信息素养的评价最终目的是促进民族地区小学教师信息素养的提高，学校评价需要关注不同教师在教学能力、职业发展规划及授课成效等方面的差异，不断充实完善评价指标，致力于提升教师评价的行为自觉与理念自信，同时建构科学可行、兼顾民族特色的教师信息素养评价标准，让民族地区小学教师信息素养评价能真正有标准可依。

---

[1] 杨帆：《基于发展性教师评价理论的高职院校教师实践能力职后培养对策》，《中国成人教育》，2020年，第85—86页。

第三章 民族地区小学教师信息素养评价指标体系的构建

一、民族地区小学教师信息素养评价指标体系构建目的与原则

(一) 构建目的

《国家中长期教育改革和发展规划纲要》将民族教育放在了非常重要的地位,文件明确指出:"重视和支持民族教育事业,加快民族教育事业发展。"[①] 可见,重视民族地区教育的发展、推动民族地区教育信息化发展,是贯彻落实国家民族政策重要措施之一。

本研究构建的民族地区小学教师信息素养评价指标体系主要目的是促进教师信息素养水平的提高,为提升民族地区教育信息化发展奠定基础。与此同时,本指标体系的构建为今后我国中小学教师信息素养评价指标体系相关文件的出台提供一定的理论依据。

(二) 构建原则

在构建民族地区小学教师信息素养指标体系的过程中要遵循科学性、系统性、发展性、动态性原则,以提高指标体系的科学性、有效性和可行性。

---

① 中共中央国务院:《国家中长期教育改革和发展规划纲要》,《中国教育报》,2010年7月30日第2版。

1. 科学性原则

科学性原则即在制定评价体系时，应严格按照相关规范与要求，通过科学的思维模式开展相关活动[①]。民族地区小学教师信息素养评价指标体系的构建必须遵守科学性原则，以教师专业发展为根本出发点，不仅要遵守教学活动的规律，还要符合当前民族地区小学教师的发展和评价需求，评价维度的划分和评价指标的选取都要做到有据可循。

2. 系统性原则

系统性原则强调的是指民族地区小学教师信息素养评价指标体系作为一个统一的整体，不仅能够从信息理念、知识、能力与社会责任等层面对教师信息素养进行系统全面的评价，更要基于各级评价指标，从不同层次、不同方面反映民族地区小学教师信息素养的基本特征，且各级评价指标之间既相互独立，又彼此联系。

3. 可操作性原则

可操作性原则指的是在指标体系构建过程中，要考虑评价指标是否具备可操作性，缺乏操作性的评价指标将无法应用于评价实践。因此，在设计民族地区小学教师信息素养评价指标体系时，要考虑评价指标的可操作性，既要符合教师专业发展特点，又要保证指标的简单化，有利于专家准确、高效地填写问卷以及数据的回收。

4. 动态性原则

随着教育信息化的发展，教师信息素养的概念和内涵在不断地发展与完善，因而教师信息素养的评价内容也需随之不断做出调整和修改。基于此，在构建民族地区小学教师信息素养评价指标体系时，要立足于民族地区小学教师信息素养实际发展水平，把握好当前我国教育信息化对教师信息素养的要求，确保所设计的评价指标和评价内容能够与时俱进，准确反映民族地区小学教师信息素养发展的特点。

---

① 李志勇：《基于 AHP 的数字图书馆绩效评价指标体系研究》，《图书馆工作与研究》，2012 年第 9 期，第 46—48 页。

二、民族地区小学教师信息素养评价指标体系构建依据与内容选择

(一) 构建依据

教师信息素养是教师专业素养的重要组成部分,建构小学教师信息素养评价指标是一项很重要的工程。

1. 政策依据

国家针对教师信息素养的提升颁布的一系列政策文件是本研究制定民族地区小学教师信息素养指标体系的重要依据,通过对国家政策文件的研读整理,了解国家对中小学教师信息方面的要求,以提高构建评价指标体系的客观性、科学性。

通过梳理国内关于中小学教师信息素养的评价标准的政策文件(表2—1),不难看出,构建中小学教师信息素养评价指标体系是必然趋势,政府文件在注重教师信息意识、信息知识基础上,逐渐注重教师社会信息责任以及在教学中对信息技术创新应用能力。本研究将基于国家制定的教师信息素养标准进行民族地区小学教师信息素养评价指标体系的构建。

表2—1 政府颁发的文件中关于"信息素养"的描述(部分)

时间	文件名	主要内容
2020	《2020年教育信息化和网络安全工作要点》	研制中小学教师信息素养评价指标标准
2019	《关于实施全国中小学教师信息技术应用能力提升工程2.0的意见》	构建精准测评的教师信息素养发展新机制
2017	《普通高中信息技术课程标准(2017年版)》	构建学科核心评价指标:信息意识、计算思维、数字化学习与创新、信息社会责任
2014	《中小学教师信息技术应用能力标准(试行)》	增加应用信息技术优化课堂教学的能力
2004	《中小学教师教育技术能力标准(试行)》	关于教师教育技术能力标准四维度:意识态度、知识技能、应用与创新、社会责任

2. 教育实际

教师信息素养是随着社会发展、教育需求变化不断演进的。本研究基于教育信息化社会背景，结合民族地区特色和教师信息素养内涵，构建民族地区小学教师信息素养评价指标体系。

其一，民族地区囿于多方面的因素，在教育教学质量方面相比非民族地区还存在一定的差距，教师整体的信息素养水平也相对不高，在构建民族地区小学教师信息素养评价指标体系时，要多考虑民族地区教师信息素养实际发展状况。

其二，评价民族地区小学教师信息素养的状况，还必须突出民族教育特色，主要体现在实施双语教学、掌握民族语言文字、开展民族特色活动三个方面。

3. 理论研究

建构主义理论、教师专业发展理论和发展性教师评价理论为本研究提供了理论基础，有助于本研究构建科学的教师信息素养评价指标体系，并借助大量的关于教师信息素养的内涵及其评价指标体系的文献研究，认识到民族地区小学教师信息素养评价指标体系大概基于信息意识、信息知识、信息能力、信息道德四个维度进行构建（见表2—2）。

表2—2 部分文献中"信息素养"评价指标选择

序号	部分文献来源	信息意识	信息知识	信息能力	信息道德
1	许琼丹（2021）	√	√	√	√
2	李延旭（2021）	√	√	√	√
3	吴砥、陈敏（2020）	√	√	√	√
4	樊晓敏（2020）	√	√	√	√
5	李毅（2020）	√	√	√	√
6	江群英（2017）	√	√	√	√
7	李芳涵（2013）	√	√	√	√
8	周美芳（2013）	√	√	√	√

二、评价指标体系内容的选择

本研究基于对教师信息素养内涵和民族地区特色的理解,结合国内外对教师评价制定的标准,遵循上述教师信息素养评价指标体系设计的原则,并参考已有的相关指标体系。总的来说,尽管学者们对教师信息素养评价的划分维度并不统一,但是大多数学者通常是从意识、知识、能力与道德四个层面对教师信息素养进行划分。我们认为,信息应用能力还应包括检索和获取、沟通和交流、分析能力,不能仅仅局限于强调教师的应用信息技术的能力,更应强调教师将信息技术全方位应用到教育教学中去的能力;信息道德安全这块还应包括信息法律法规。故本研究将"信息应用能力"表述为"信息能力","信息道德安全"表述为"信息社会责任",因此初步将"信息意识""信息知识""信息能力""信息社会责任"作为民族地区小学教师信息素养评价指标的一级内容,具体见表2-3。

表2-3 民族地区小学教师信息素养一级评价指标

一级指标
信息意识
信息知识
信息能力
信息社会责任

(一)信息意识

信息意识是指教师进行教育教学时头脑中对信息、信息活动能动的反映,表现为教师对信息价值的判断、信息教学应用的认知等方面。

信息价值意识是指教师在进行教育教学活动时能够意识到信息和信息活动对于教育者和受教育者的重要价值,包括了解信息资源、信息平台的重要性,了解信息技术是民族地区小学教师专业发展的重要性，信息技术对民族地区学生信息素养发展的重要性。其中了解信息资源和平台的重要性是指在信息时代新技术、新理念为教育发展带来的机遇和挑战，教师作为教学过程中的中心人物，要充分认识到丰富信息资源的获得、信息平台的运用能够有效提升教学效率和质量；了解信息技术对教师专业发展的重要性是指信息技术的运用能够扩大教师的交流范围、督促其学习新的教学技能，有利于提高教师专业发展水平；了解信息技术对民族地区学生信息素养发展的意义在于培育学生利用信息技术的意识。

信息应用意识是指教师能够看到信息技术在教育教学各方面的作用，特别是在面对信息化教学问题时，具有在教学中应用信息解决问题的意志，包括具有运用信息关注、积极推广民族文化与解决民族双语教学问题、提高自身综合素养的主动性。信息应用意识强调的是对信息技术的感知力，并将其与民族地区的教育教学整合并用，以达到开展具有民族特色教学活动的意识。

（二）信息知识

信息知识是指教师在应用信息技术的过程中所应掌握的知识，包括信息理论和技术知识，也就是教师进行日常教育教学活动中所需的知识。

信息理论知识包括了解信息发展历史及信息文化知识、计算机及计算机网络基础、教育技术知识和原理以及国家、地方政府针对民族地区基础教育者制定的信息素养标准和政策要求等内容。信息理论知识是基础，对于理解、应用信息技术具有十分重要的作用。

相比信息理论知识，信息技术知识侧重的是技术层面，是指教师应用信息和信息技术，掌握办公设备、信息化教学相关硬件设备、网络教学平台技能知识，了解利用地方语言进行信息检索的知识，以及知晓信息源与当地信息服务机构。信息技术知识的掌握有利于教师更合理、恰当的使用信息知识，为信息的有效应用奠定基础。

（三）信息能力

信息能力是指教师在教学过程中应用信息和信息技术的能力，包括信息检索、获取、分析、沟通、分析、利用能力。基本内容包括信息检索能力、信息沟通能力、信息应用分析能力。

信息检索获取能力即教师借助信息科技方法搜索大量信息资源库获取学科教学相关知识的能力。教师能够选择正确的数据库，熟悉和掌握各种数据库的检索技巧和方法，才能获取有效的信息。作为民族地区的教师，能够辨别并使用地方语言进行检索有助于双语教学的开展和设计，方便后续当地教学资源的查询使用；小学教师作为基础教育阶段的重要一环，是教育改革面向的重点对象，学会应用信息技术检索、选择、获取相关学科信息有助于不断更新自身学科知识结构体系。因此，信息检索获取能力是教师有效开展各种信息活动的重要前提。

信息沟通交流能力是指教师选择合适的信息技术与学生、家长及其他人员进行沟通交流，协同学校、家庭开展信息化教学活动。基本内容包括：选择合适的沟通方式与家长进行有效沟通，应用信息技术与其他地区教师在线上开展合作交流以及能够在学校定期组织教师自主开展双语教学设计研讨活动。教师选择合适的信息交流平台，与多方主体开展交流，可以实现对学生多方协同共育的目的。因而，信息沟通交流能力是教师信息化教学活动顺利开展的重要保障。

信息分析应用能力作为信息能力最核心的部分，是指教师应用信息技术手段对相关教学资源进行分析处理、优化教学过程、开展教学创新应用的能力，包括对获取的教学信息资源进行分类、存储、整理、分析筛选，并结合民族地区的特色，利用信息技术进行知识的再加工，构建合适的民族教学体系。

此外，在信息社会下，应将信息技术贯穿于整个教学管理、活动和反馈。教师可以利用信息技术优化民族地区教学管理，合理调控课堂教学行为和进程。如，通过"翻转课堂"真正把学生置于教育教学的主体地位，调动学生的主观能动性，并对教学过程进行监督；再者，应用信息技术对小学教师教学过程、学生学习效果进行综合评价，而不仅仅局限于结果性评价，应实施多元性评价，得到更加客观的教学反馈效果。

结合学生自身民族文化的差异，注重应用信息技术创新性开展具有民族特色的教学活动，教师可以通过制作教学视频等形式对当地民族文化传统进行宣传和发扬，充分激发学生对民族文化的情感，并对民族文化进行传承和保护。

(四) 信息社会责任

信息社会责任是指进行相关的信息活动需要遵循的伦理道德规范、法律法规及网络安全规范等。

信息道德规范即教师在采集、传播与使用信息期间，要秉持对自己与他人负责的原则，主动遵守相关活动规范。信息化社会发展极为迅速，新的信息行为层出不穷，传统的道德规范已不能完全适应网络信息社会的发展。由于传统道德规范对人们在虚拟世界中的行为活动不具有强制约束力，因此还应根据网络特点制定一些适合网络社会的道德规范和规则。民族地区小学教师在进行信息活动时要自觉遵守信息道德观，自觉尊重和保护他人知识产权，自觉尊重民族平等与维护民族团结。

信息法律规范是指教师在进行信息活动时具有很强的法律规范下的自我约束力，能够合理合法地发布、传播和使用信息，不生产和传播危害国家安全等与法律法规相违背的信息。郭秋萍指出，信息法律的设置旨在调控信息行为中的关键问题，上述做法将直接影响到使用或处理信息的所有利益主体[①]。教师应自觉遵守信息活动中的各项法律法规，不浏览传播有害信息，维护自身和他人隐私安全，使用他人信息需遵循一定的原则。

信息安全即教师在使用相关信息资源及技术时，要避免重要信息的泄露。基本内容重点涵盖了信息安全的意识、技术与相关建议。教师要了解信息安全知识，树立信息安全意识，能够自觉掌握常用软件的安全和运用，比如做好计算机病毒预防工作，能够及时对重要数据进行备份，或在教学设备出现安全问题时，有相应的处理办法。

综合以上所述，在教师专业发展理论、建构主义理论和发展性评价理论的指导下，梳理相关政策和文献资料，从构建民族教师信息素养评价内在逻辑出发，结合教师信息素养的具体内涵和当地民族特色，本研究在民族地区小学教师信息素养四个维度下，细分出10个二级指标、33个三级指标，具体指标内容如表2—4所示。

---

① 郭秋萍主编：《信息管理学》，北京：化学工业出版社2011年版，第182—183页。

表 2-4 民族地区小学教师信息素养评价体系指标内容

一级指标	二级指标	三级指标
信息意识	信息价值意识	了解获取信息资源、运用信息平台的重要性
		了解信息技术是民族地区小学教师教育教学的必备技能
		了解信息对民族地区学生素养发展的重大意义
	信息应用意识	具有主动关注、运用信息，积极推广民族文化的意识
		具有运用信息解决民族双语教学问题的意识
		具有运用信息技术提高自身综合素养的意识
信息知识	信息理论知识	了解计算机及计算机网络基础、教育技术知识和原理
		了解信息发展历史及信息文化知识
		了解国家、地方政府针对民族地区基础教育工作者制定的信息素养标准和政策要求
	信息技能知识	基本掌握常见办公设备和软件的基本操作知识
		基本了解民族地区信息服务机构，地方语言检索策略与方法
		基本掌握信息化教学设备、网络教学平台使用的基本知识
信息能力	信息检索获取能力	能够辨别并使用民族地区语言进行信息检索
		能够使用信息技术工具高效检索、选择，获取学科类相关信息
		能够联系相关部门构建民族特色教学资源库
	信息沟通交流能力	能够运用信息技术与非民族地区小学教师在教育教学上开展合作与交流
		能够选择合适的信息交流方式与学生、家长、教师进行沟通
		能够运用信息技术组织教师自主开展双语教学设计研讨活动
	信息分析应用能力	能够对获取的本民族与其他民族小学教学信息源可靠性进行分析和筛选
		能够对获取的本民族和其他民族小学教学知识信息资源进行分类、存储及整理
		能够对获取的本民族与其他民族小学教学知识进行融合再加工，重构具有民族特色的教学体系
		利用信息技术优化民族地区教学管理
		利用信息技术实现多元化教学评价
		利用信息技术创新性开展具有民族特色的教学活动

续表

一级指标	二级指标	三级指标
信息社会责任	信息道德规范	自觉遵守信息道德观念、行为准则与规范
		尊重和保护他人知识产权
		自觉维护民族团结
	信息法律法规	自觉遵守信息活动中的各项法律法规
		不浏览和传播有害信息
		维护自身和他人信息隐私与安全
	信息网络安全	树立信息安全意识，了解信息安全知识
		自觉掌握常用安全软件的安装与使用，预防计算机中毒
		及时备份重要文件数据

三、民族地区小学教师信息素养评价指标体系构建的过程

（一）专家的选择与确认

本研究采用的德尔菲法，采取不记名方式，向10—25名专家学者多次发出调查问卷以获取相关建议，以保证问卷回收的真实性[①]。基于本研究的内容、目标、范围，作者发现目前国内外研究民族地区小学教师评价指标维度的相关专家学者较少，综合考虑决定选取20名从事教育科研、教育行政管理、一线学科教学领域的专家为征询对象，其中15名为相关教育领域的教授或副教授，包括长期在教育行政岗位以及长期工作在一线学科教学的教师，他们兼具理论知识与实践经验，为基于德尔菲法的本研究提供了参考价值，本研究选取20名专家进行指标评价，实际有效专家17位，具体信息如表2—5所示：

---

① 陈静：《基于德尔菲法的全球著名体育城市指标体系的构建与实证研究》，上海体育学院硕士学位论文，2020年，第19页。

表 2-5 专家基本信息表（N=17）

项目	基本情况	人数	构成比例（%）
性别	男	9	52.94
	女	8	47.06
工作年限	1—9 年	1	5.88
	10—19 年	9	52.94
	20—29 年	3	17.65
	30 年及以上	4	23.53
职称	中级	4	23.53
	副高级	6	35.29
	正高级	7	41.18
工作性质	学科教学	3	17.65
	教育行政管理	2	11.76
	教育科研	12	70.59
学历	本科毕业	3	17.65
	硕士毕业	8	47.06
	博士毕业	6	35.29

三、调查问卷编制

专家咨询问卷依据德尔菲法的要求编制，采取李克特的五点量表形式，依据各指标重要程度进行打分，从 1 至 5，重要性依次增加，其中非常重要给 5 分，非常不重要则给 1 分。调查问卷在每项指标后设置专家意见栏，以便专家提出相对应的修改意见，除此之外，被咨询的专家需要对问卷的熟悉程度和判断依据进行填写。所有征询专家完成后，整理归纳专家给出的意见和建议，依据统计分析工具对收集的数据进行整理，以对第一轮德尔菲问卷进行调整和优化的结果为基础，形成第二轮专家咨询问卷。

(一)专家的调查情况

1. 专家积极系数分析

专家积极系数即专家问卷的回收率,回收率高说明专家积极性高。简党生在研究中提到专家积极系数达到70%以上说明专家参与研究非常积极[①]。本次问卷(见"附录"的专题一"附录")采用电子邮件、问卷星进行发放和回收,共两轮。第一轮发20份问卷,回收率100.00%,实际有效率85.00%,经过第一轮分析处理,调整评价指标体系,给第一轮填写有效问卷的专家发放第二轮,第二轮回收率94.12%(见表2—6),从问卷回收结果看,专家积极系数值全部大于80%,意味着本研究的数据结果价值较高。

表2—6 专家积极系数统计表

轮次	问卷发放	问卷回收	问卷有效	有效回收率
第一轮	20	20	17	85.00%
第二轮	17	16	16	94.12%

2. 专家权威程度分析

专家权威程度主要是依据专家对征询问卷的"判断依据"(见表2—7)和专家对问卷的熟悉程度(见表2—8)来确定。通常专家的权威程度是由专家权威系数反映的,专家权威系数一般用Cr表示,Ca表示专家判断依据,Cs表示专家熟悉程度,专家权威系数为专家判断依据与专家熟悉程度和的平均值,即Cr=(Ca+Cs)/2,专家权威系数能够呈现专家在业内的权威性,该指标值越大,意味着专家在业界的影响力越大,所以本研究在修订评价指标体系时也会重点参考该指标,如表2—7和表2—8所示。

表2—7 专家判断依据系数表

判断依据	专家判断影响程度		
	大	中	小
实践经验	0.5	0.4	0.3

[①] 简党生、史建平:《Delphi法在住院医师规范化培训考核指标体系建立中的应用》,《新疆医科大学学报》,2006年第5期,第459—462页。

续表

判断依据	专家判断影响程度		
	大	中	小
理论分析	0.3	0.2	0.1
国内外同行了解	0.1	0.1	0.1
直觉判断	0.1	0.1	0.1

表2—8　专家熟悉程度量化表

熟悉程度	很熟悉	较熟悉	一般	较不熟悉	很不熟悉
Cs	1.0	0.8	0.6	0.4	0.2

已有研究表明：当专家权威系数（Cr）≥0.7时，所选专家才具有效性，通过两轮的专家征询问卷调查，专家们对问卷题目的判断依据和对指标的熟悉程度结果如表2—9所示，两轮计算出专家权威系数为0.844、0.828，远大于0.7，说明两轮的专家咨询问卷质量可信。

表2—9　两轮专家权威程度量化表

轮数	Ca	Cs	Cr
第一轮	0.959	0.729	0.844
第二轮	0.931	0.725	0.828

3. 专家意见协调程度分析

专家协调程度主要采用肯德尔（Kendall）和谐系数（W）和变异系数（CV）来表示，肯德尔和谐系数是计算多个等级变量相关程度的一种相关量，主要用来检验专家意见是否具有一致性与协同性，W的取值一般为0—1；变异系数反映专家对评价结果态度是否一致[1]。只有显著性水平（P）在0.05以内时，问卷结果才有统计价值。

统计两轮各级指标的肯德尔系数和平均变异系数，如表2—10和表2—11所示，其中平均变异系数值均小于0.25，说明各专家对待指标的态度较为一致；

---

[1] 刘伟涛、顾鸿、李春洪：《基于德尔菲法的专家评估方法》，《计算机工程》，2011年增刊第1期，第189—191页。

两轮的肯德尔系数值都在合理范围内，表明专家之间的意见较为统一；且显著性水平均在0.05可控范围内，表明统计结果是有价值的。

表2-10 第一轮专家咨询意见各级指标协调系数

指标	数量	肯德尔（Wa）	卡方	P值	平均变异系数（%）
一级指标	4	0.169	8.625	0.035	0.146
二级指标	10	0.156	23.901	0.004	0.159
三级指标	33	0.197	107.373	0	0.192

表2-11 第二轮专家咨询意见各级指标协调系数

指标	数量	肯德尔（Wa）	卡方	P值	平均变异系数（%）
一级指标	4	0.214	10.268	0.016	0.120
二级指标	12	0.141	24.828	0.01	0.129
三级指标	37	0.094	54.24	0.026	0.142

（四）第一轮德尔菲专家咨询问卷各指标的重要程度评定的结果

经过SPSS22.0和EXCEL统计分析，得出了第一轮专家对各级指标的重要程度的评定，选取的计算值主要有"均值""标准差""变异系数""满分比"。"均值"是用来表示备选指标重要程度系数的平均值，根据德尔菲法判断标准，所选指标的均值大于3，说明该指标重要程度较高，应保留，否则，进行删除。

标准差能够呈现数据的离散水平，该指标值越高，意味着数据之间越分散；"变异系数"能够呈现专家对特定评价指标建议的集中趋势，专家意见越统一，一般来说，变异系数的值小于0.25才达标；满分比是指对所拟定指标给予满分的专家人数与专家总数的比值，经过与相关专家的研讨论证，将本研究的满分比指标的临界值定为15%，满分比少于0.15的指标予以删除。

1. 一级评价指标的统计结果与分析

第一轮的专家咨询问卷中，一级指标中的各指标均值均超过4，满分比大于15%，即符合德尔菲法的判断标准；四个一级指标的标准差均小于1，变异系数（CV）均小于0.25，变异系数较小，说明专家们之间的意见离散程度较低，意见比较集中，对四个一级指标认可度较高，如表2-12所示。

表 2-12 第一轮一级指标专家意见调查结果统计

一级指标名称	均值	标准差	变异系数（%）	满分比（%）
A1 信息意识	4.65	0.493	0.11	64.7
A2 信息知识	4.41	0.618	0.14	47.1
A3 信息能力	4.59	0.618	0.13	64.7
A4 信息社会责任	4.06	0.827	0.20	35.3

2. 二级评价指标的统计结果与分析

第一轮的专家咨询问卷中，二级评价指标有10个，各个指标均值都超过4，满分比均大于15%；8个二级指标的标准差均小于1，变异系数的数值均在0.10—0.25之间，反映出专家们之间对二级指标意见整体较为集中，协调度高。但专家们建议增加二级指标"信息表达能力"，能更加全面评价出教师的信息分析应用能力，具体情况如表2-13所示：

表 2-13 第一轮二级指标专家意见调查结果统计表

二级指标名称	均值	标准差	变异系数（%）	满分比（%）
B1 信息价值意识	4.47	0.624	0.140	52.9
B2 信息应用意识	4.59	0.507	0.110	58.8
B3 信息理论知识	4.65	0.786	0.215	17.6
B4 信息技能知识	4.53	0.624	0.138	58.8
B5 信息检索获取能力	4.71	0.47	0.100	70.6
B6 信息沟通交流能力	4.24	0.663	0.157	35.3
B7 信息分析应用能力	4.41	0.712	0.161	52.9
B8 信息道德规范	4.53	0.717	0.158	64.7
B9 信息法律法规	4.24	0.97	0.229	52.9
B10 信息网络安全	4.41	0.795	0.180	58.8

3. 三级评价指标的统计结果与分析

第一轮的专家咨询问卷中，三级评价指标33个，三级指标除了C8"了解信息发展历史及文化知识"的均值最低为2.88，其他均值均大于3，这表明专家认为其不重要，应根据建议做出相应删减；就标准差而言，C27"自觉维护民族团结"的标准差为1.004，C29"不浏览和传播有害信息"的标准差为1.068，这两项指标的标准差均大于1，剩余的31个三级评价指标的标准差均小于1，这表明专家们在评价"自觉维护民族团结""不浏览和传播有害信息"这两项指标时意见有较大偏差，在评价其他剩余指标是意见相对集中，需要对着这两项进行修改；就变异系数而言，变异系数越小，统计结果越集中。但是，其中"了解信息发展历史及信息文化知识""了解国家、地方政府针对民族地区基础教育工作者制定的信息素养标准和政策要求"的变异系数超过0.25，说明这两个指标结果相对分散，意见并不统一，因此需要把这些指标基于专家建议继续优化，如表2—14所示：

表2—14 第一轮三级指标专家意见调查结果统计

三级指标名称	均值	标准差	变异系数（%）	满分比（%）
C1 了解获取信息资源、运用信息平台的重要性	4.29	0.686	0.160	41.2
C2 了解信息技术是民族地区小学教师教育教学的必备技能	4.41	0.795	0.180	58.8
C3 了解信息对民族地区学生素养发展的重大意义	4.35	0.862	0.198	58.8
C4 具有运用信息主动关注，积极推广民族文化的意识	4.24	0.903	0.213	52.9
C5 具有运用信息解决民族地双语教学问题的意识	4.35	0.786	0.181	52.9
C6 具有运用信息技术提高自身综合素养的意识	4.59	0.618	0.135	64.7
C7 了解计算机及计算机网络基础、教育技术知识和原理	3.65	0.862	0.236	17.6
C8 了解信息发展历史及信息文化知识	2.88	0.781	0.271	23.5
C9 了解国家、地方政府针对民族地区基础教育工作者制定的信息素养标准和政策要求	3.71	0.985	0.265	23.5

续表

三级指标名称	均值	标准差	变异系数（%）	满分比（%）
C10 基本掌握常见办公设备和软件的基本操作知识	4.59	0.507	0.110	58.8
C11 基本了解民族地区信息服务机构，地方语言检索策略与方法	4.06	0.659	0.162	23.5
C12 基本掌握信息化教学设备、网络教学平台使用的基本知识	4.59	0.507	0.110	58.8
C13 能够辨别并使用民族地区语言进行信息检索	3.82	0.809	0.212	23.5
C14 能够使用信息技术工具高效检索、选择，获取学科类相关信息	4.71	0.47	0.100	70.6
C15 能够联系相关部门构建民族特色教学资源库	4.18	0.883	0.211	47.1
C16 能够运用信息技术与非民族地区小学教师在教育教学上开展合作	4.18	0.883	0.211	47.1
C17 能够选择合适的信息交流方式与学生、家长、教师进行沟通	4.47	0.717	0.160	58.8
C18 能够运用信息技术组织教师自主开展双语教学设计研讨活动	4.18	0.809	0.194	41.2
C19 能够对获取的本民族与其他民族基础教育教学知识信息资源进行分类、存储及整理	4.24	0.903	0.213	52.9
C20 能够对获取的本民族与其他民族基础教育教学知识进行融合再加工，重构具有民族特色的基础学科体系	4.29	0.686	0.160	47.1
C21 能够对获取的本民族与其他民族基础教育教学知识及其信息源可靠性进行分析和筛选	4.47	0.8	0.179	64.7
C22 利用信息技术优化民族地区教学管理	4.24	0.831	0.196	47.1
C23 利用信息技术实现多元化教学评价	4.35	0.862	0.198	58.8
C24 利用信息技术创新性开展具有民族特色的教学活动	4.35	0.996	0.229	64.7

续表

三级指标名称	均值	标准差	变异系数（%）	满分比（%）
C25 自觉遵守信息道德观念、行为准则与规范	4.59	0.712	0.115	70.6
C26 尊重和保护他人知识产权	4.41	0.87	0.197	58.8
C27 自觉维护民族团结	4.59	1.004	0.219	82.4
C28 自觉遵守信息活动中的各项法律法规	4.59	0.87	0.190	76.5
C29 不浏览和传播有害信息	4.53	1.068	0.236	76.5
C30 维护自身和他人信息隐私与安全	4.53	0.943	0.208	76.5
C31 树立信息安全意识，了解信息安全知识	4.29	0.92	0.214	52.9
C32 自觉掌握常用安全软件的安装与使用，预防计算机中毒	4.18	0.809	0.194	41.2
C33 及时备份重要文件数据	4.24	0.97	0.229	52.9

4. 第一轮统计与分析专家意见汇总

对专家征询问卷进行回收、整理发现，专家们对评价指标提出的修改建议主要集中在二、三级评价指标，基于专家们的修改意见进行第一时间回访，将专家们修改意见整理为以下几点：一是指标维度划分存在部分逻辑问题，需要进行调适；二是指标设计没有足够突显出民族地区特色以及学段特征；三是指标内容存在交叉，需要进一步区分。

本研究基于首轮专家评分情况、专家提供的评价指标完善方向、专家指标回访结果等，继续优化原有的评价指标体系，具体做法如下：

（1）增加指标：增加二级指标"信息辨别意识"，三级指标相应增加"具备辨别信息时效性意识"、具备辨别信息是否满足民族地区教学水平的意识；增加二级指标"信息表达能力"，三级指标相应增加"能够应用信息及信息技术准确表达民族地区教师的信息需求""能够应用信息及信息技术呈现良好的教学效果"；增加"信息意识"的三级指标"具有运用信息技术开展线上教学的意识"。

（2）删减指标：删除三级指标"了解信息发展历史及信息文化知识"和"联

系相关部门构建民族特色资源库"。

（3）修改指标：将"了解获取信息资源、运用信息平台的重要性"改为"了解信息技术在民族地区教育管理中的重要意义"；将"了解计算机及计算机网络基础、教育技术知识和原理"改为"了解信息技术最新理论在教育领域的运用现状"；将"能够辨别并使用民族地区语言文字进行信息检索"改为"能够使用本民族语言文字进行信息检索"；将"信息能力"下属三级指标中的"能够运用信息技术与非民族地区小学教师在教育教学上开展工作"改为"能够运用信息技术与本民族地区之外的教师在小学教学上开展交流合作"；将"能够对获取的本民族与其他民族基础教育教学知识信息资源进行分类、储存及整理"改为"能够对获取的教学信息资源进行分类、储存及整理"；将"能够对获取的本民族与其他民族基础教学知识及其信息源可靠性进行分析和筛选"改为"能够对获取的教学信息源可用性进行分析和筛选"；将"能够对获取的本民族与其他民族基础教育教学和知识进行融合再加工，重构具有民族特色的基础学科资源"改为"能够对教学知识进行融合加工，重构民族特色教学体系"；将"利用信息技术实现多元化教学评价"改为"利用信息技术实现多元化、过程化、个性化教学评价"；将"自觉维护民族团结与平等"修改为"在信息活动中自觉维护民族团结与平等"。

综上，经过数理统计分析，参考专家关于评价指标的评分情况以及修改意见，本轮保留一级指标，增加2个二级指标，删除三级指标2个，增加三级指标5个，修正三级指标9个，在第一轮问卷设计基础上修订第二轮的德尔菲法专家咨询问卷，由4个一级指标、12个二级指标、37个三级指标构成，重新发放给第一轮填写有效问卷的专家们。

（五）第二轮德尔菲专家咨询问卷各指标的重要程度评定结果

第二轮德尔菲专家咨询问卷依旧对各级指标进行均值、标准差、变异系数、满分比的计算。此次问卷专家们的意见趋向统一，做了部分修改。

1. 一级评价指标的统计结果与分析

第二轮的专家征询问卷中，一级指标中各个指标的均值大于4.2；四个一级指标的标准差均小于1，变异系数均小于0.25，说明专家之间意见比较集中，协调度较高；满分比均在50%及以上，专家们对一级评价指标认可度高，因此一级评价指标均保留，如表2—15所示。

表 2-15 第二轮一级指标专家意见调查结果统计

一级指标名称	均值	标准差	变异系数（%）	满分比（%）
A1 信息意识	4.69	0.479	0.102	68.8
A2 信息知识	4.50	0.73	0.162	62.5
A3 信息能力	4.94	0.25	0.051	93.8
A4 信息社会责任	4.38	0.719	0.164	50

2. 二级评价指标的统计结果与分析

第二轮的专家征询问卷中，二级指标增加至 12 个，各个指标的均值大于 4.5。就标准差而言，数值在 0.25—0.90 的范围内，专家评价意见相对集中；就变异系数而言，数值在 0.05—0.21 之间，专家们的评价协调度比较高；就满分比而言，数值均在 40% 以上，符合要求。故二级指标保留，如表 2-16 所示。

表 2-16 第二轮二级指标专家意见调查结果统计

二级指标名称	均值	标准差	变异系数（%）	满分比（%）
B1 信息价值意识	4.38	0.619	0.141	43.8
B2 信息辨别意识	4.69	0.50	0.108	62.5
B3 信息应用意识	4.63	0.479	0.102	68.8
B4 信息理论知识	4.31	0.873	0.203	56.3
B5 信息技能知识	4.81	0.403	0.084	81.3
B6 信息表达能力	4.69	0.704	0.150	81.3
B7 信息检索获取能力	4.94	0.25	0.051	93.8
B8 信息沟通交流能力	4.44	0.727	0.164	56.3
B9 信息分析应用能力	4.75	0.447	0.094	75
B10 信息道德规范	4.62	0.719	0.156	75
B11 信息网络安全	4.50	0.73	0.162	62.5
B12 信息法律法规	4.63	0.619	0.134	68.8

3. 三级评价指标的统计结果与分析

第二轮的专家征询问卷中，三级指标 37 个，各级指标的均值大于 4。就标准差而言，所有的三级指标均小于 1，表明专家对于上述指标的建议相对聚焦；

就变异系数而言，数值在 0.08－0.21 之间，这表明专家们之间协调度比较高；就满分比而言，数值均在 40% 以上，符合德尔菲法的标准，故保留指标。但有专家对"C1 能够使用信息技术呈现日常教学和研讨"提出建议，认为"教育教学"就包括教学和研讨，将其改为"能够使用信息技术展示民族教育教学成果"，表达也更加贴切；还有专家认为"C34 维护自身和他人信息隐私与安全"应归属"B12 信息安全"而不是"B11 信息法律法规"，如表 2－17 示。

表 2－17　第二轮三级指标专家意见调查结果统计

三级指标名称	均值	标准差	变异系数（%）	满分比（%）
C1 了解信息技术在民族的地区教育管理中的重要意义	4.44	0.629	0.142	50
C2 了解信息技术是民族地区小学教师教育教学的必备技能	4.44	0.727	0.164	56.3
C3 了解信息对民族地区学生信息素养发展的重大意义	4.69	0.479	0.102	68.8
C4 具有辨别信息时效性的意识	4.38	0.719	0.164	50
C5 具有辨别信息是否满足民族地区教学需求的意识	4.75	0.447	0.094	75
C6 具有运用信息主动关注、积极推广民族文化的意识	4.56	0.629	0.138	62.5
C7 具有运用信息解决民族地双语教学问题的意识	4.25	0.775	0.182	43.8
C8 具有运用信息技术提高自身综合素养的意识	4.69	0.49	0.102	68.8
C9 具有运用信息技术进行线上教学的意识	4.69	0.602	0.128	75
C10 了解信息与信息技术的基本概念和原理	4.19	0.75	0.179	35.5
C11 了解信息技术最新理论在教育领域运用的现状	4.38	0.806	0.184	56.3

续表

三级指标名称	均值	标准差	变异系数（%）	满分比（%）
C12 了解国家、地方政府针对民族地区基础教育工作者制定的信息素养标准和政策要求	4.56	0.629	0.138	62.5
C13 基本掌握常见办公设备和软件的基本操作知识	4.63	0.5	0.108	62.5
C14 基本了解民族地区信息服务机构、地方语言检索策略与方法	4.38	0.619	0.141	43.8
C15 基本掌握信息化教学设备、网络教学平台使用的基本知识	4.62	0.5	0.108	62.5
C16 能够使用信息语言准确表达民族地区小学教师信息需求	4.25	0.775	0.182	43.8
C17 能够使用信息技术展示民族地区教育教学效果	4.56	0.629	0.138	62.5
C18 基本了解民族地区信息服务机构、地方语言检索策略与方法	4.5	0.73	0.162	62.5
C19 能够使用信息技术工具高效检索、选择、获取学科类相关信息	4.81	0.403	0.084	81.3
C20 能够运用信息技术与本民族地区之外的教师在教育教学交流合作	4.31	0.873	0.203	56.3
C21 能够选择合适的信息交流方式与学生、家长进行沟通	4.5	0.516	0.115	50
C22 能够运用信息技术组织教师自主开展双语教学设计研讨活动	4.56	0.629	0.138	62.5
C23 能够对获取的教学信息资源进行分类、存储及整理	4.38	0.719	0.164	50
C24 能够对获取的教学知识进行融合再加工，重构具有民族特色的基础学科体系	4.63	0.5	0.108	62.5
C25 能够对获取的教学信息资源可用性进行分析和筛选	4.69	0.479	0.102	68.8

续表

三级指标名称	均值	标准差	变异系数（%）	满分比（%）
C26 利用信息技术优化民族地区教学管理	4.38	0.719	0.164	50
C27 利用信息技术实现多元化教学评价	4.35	0.629	0.138	62.5
C28 利用信息技术创新性开展具有民族特色的教学活动	4.56	0.5	0.108	62.5
C29 自觉遵守信息道德观念、行为准则与规范	4.63	0.814	0.179	75
C30 尊重和保护他人知识产权	4.56	0.727	0.159	68.8
C31 自觉维护民族团结	4.75	0.683	0.144	87.5
C32 自觉遵守信息活动中的各项法律法规	4.56	0.727	0.159	68.8
C33 不浏览和传播有害信息	4.75	0.577	0.121	81.3
C34 维护自身和他人信息隐私与安全	4.63	0.719	0.155	75
C35 树立信息安全意识，了解信息安全知识	4.44	0.814	0.183	62.5
C36 自觉掌握常用安全软件的安装与使用，预防计算机中毒	4.69	0.704	0.150	81.3
C37 及时备份重要文件数据	4.81	0.554	0.113	87.5

4. 第二轮统计与分析专家意见汇总

综上，经过第一轮的指标修改，第二轮问卷所有指标的均值、标准差、变异系数都在合理范围内，调整的二级、三级指标也都得到专家们的认可，因此本轮整体指标修改较少，主要有以下几个：将"具有运用信息解决民族双语教学问题的意识"表述为"具有运用信息技术解决民族双语教学问题的意识"；将"能够使用信息技术呈现日常教学和研讨"表述为"能够使用信息技术展示民族地区教育教学成果"；将"积极推广民族文化意识"表述为"维护民族文化意识"；将"自觉维护民族团结"表述为"在信息活动中尊重民族平等与维护民族团结"；将"维护自身和他人信息隐私与安全"归为"信息安全"。

（六）评价指标体系结果的确定

经过两轮的德尔菲专家征询问卷调查，利用数理统计法分析专家对各个指标重要程度情况，分析结果显示：民族地区小学教师信息素养评价指标体系中的各级指标的数理分析结果符合要求，专家意见趋于一致，无须再进行专家征询问卷，最终确立的民族地区小学教师信息素养评价指标体系由 4 个一级指标、12 个二级指标、37 个三级指标构成，如表 2—18 所示。

表 2—18　民族地区小学教师信息素养评价指标体系

一级指标	二级指标	三级指标
A1 信息意识	B1 信息价值意识	C1 了解信息技术在民族地区教育管理中的重要意义
		C2 认识到信息技术是民族地区小学教师教育教学的必备技能
		C3 了解信息技术对民族地区学生信息素养发展的重要意义
	B2 信息辨别意识	C4 具备辨别信息时效性、真伪性的意识
		C5 具备辨别信息是否满足民族地区教学需求的意识
	B3 信息应用意识	C6 具有运用信息主动关注、维护民族文化的意识
		C7 具有运用信息技术解决民族双语教学问题的意识
		C8 具有运用信息技术提高自身综合素养的意识
		C9 具有运用信息技术开展线上教学的意识
A2 信息知识	B4 信息理论知识	C10 了解信息与信息技术的基本概念和原理
		C11 了解信息技术最新理论在教育领域应用的现状
		C12 国家、地方、学校针对民族地区基础教育工作制定的信息素养标准和政策
	B5 信息技能知识	C13 基本掌握常见办公设备和软件的基本操作知识
		C14 基本了解民族地区信息服务机构，地方语言检索策略与方法
		C15 基本掌握信息化教学设备、网络教学平台使用的基本知识

续表

一级指标	二级指标	三级指标
A3 信息能力	B6 信息表达能力	C16 能够使用信息语言准确表达民族地区小学教师的信息需求
		C17 能够使用信息技术展示民族地区教育教学成果
	B7 信息检索获取能力	C18 能够使用信息技术工具高效检索、选择，获取学科类相关信息
		C19 能够使用本民族语言文字进行信息检索
	B8 信息沟通交流能力	C20 能够运用信息技术与本民族地区之外教师在教育教学上开展交流合作
		C21 能够选择合适的信息交流方式与学生、家长进行沟通
		C22 能够运用信息技术组织教师自主开展双语教学设计研讨活动
	B9 信息分析应用能力	C23 能够对获取的教学信息资源可用性进行分析和筛选
		C24 能够对获取的教学信息资源进行分类、存储及整理
		C25 能够对获取的教学知识进行融合再加工，重构具有民族特色的教学资源
		C26 利用信息技术优化本民族地区教育教学管理
		C27 利用信息技术实现多元化、过程化、个性化教学评价
		C28 利用信息技术创新性开展具有民族特色的教学活动
A4 信息社会责任	B10 信息道德规范	C29 自觉坚守信息道德观念、行为准则与规范
		C30 尊重和保护他人知识产权
		C31 在信息活动中尊重民族平等与维护民族团结
	B11 信息法律法规	C32 树立信息安全意识，了解信息安全知识
		C33 自觉掌握常用安全软件的安装与使用，预防计算机中毒
	B12 信息网络安全	C34 具有及时备份重要文件数据的意识
		C35 自觉遵守基信息法律法规
		C36 不浏览和传播有害信息
		C37 尊重和保护个人及他人隐私

四、民族地区小学教师信息素养评价指标体系权重的赋值

权重也可看作是权威系数,即通过比较特定数量形式,确定目标评价对象各项要素的相对重要性的量值[①]。本研究为进一步明确指标的影响程度,需要计算各级指标的权重系。本研究采用层次分析法进行该指标体系的权重赋值。

(一) 民族地区小学教师信息素养评价指标权重确定的方法

基于学界普遍认可的层次分析法确定不同指标的相对重要性。具体来说,首先需要创建层次递进模型,接着创设不同层次判断矩阵、开展层次单排序与统一性检验,最后进行层次整体排序与统一性检验。

1. 建立递阶层次模型结构

总目标层为民族地区小学教师信息素养评价指标体系,一级指标层由信息意识、信息知识、信息能力和信息社会责任构成,二级指标和三级指标依次对应,形成民族地区小学教师信息素养评价指标的层次结构。为了便于观看,所以使用序号代替文字,具体结构如图2—1所示。

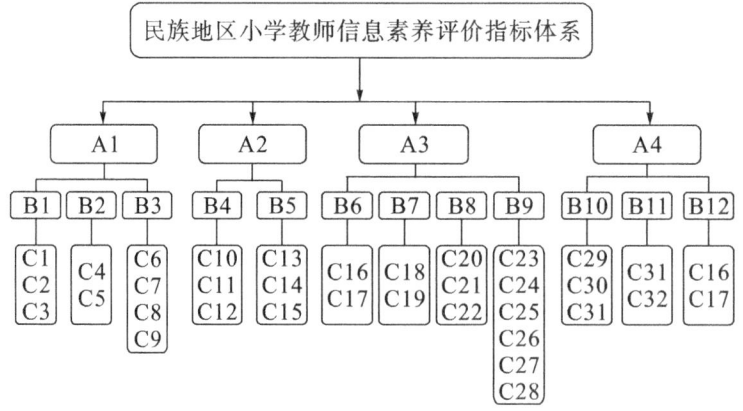

图2—1 层次结构图

---

① 邱均平、王碧云、汤建民主编:《教育评价学:理论·方法·实践》,北京:科学出版社2016年版,第165页。

2. 构建判断矩阵

判断元素的数值表明专家对各元素相对重要程度的判断，主要采用 1—9 价值尺度及其倒数的标度方法（表 2-19），需要专家按照各项指标的重要性，两两进行对比赋值，以此计算每个判断矩阵的权重系数。

表 2-19 层次分析方式价值尺度

标度	含义	内容描述
1	同等重要	两要素相比，具有同等重要性
3	稍微重要	两要素相比，前者比后者重要
5	相当重要	两要素相比，前者明显比后者重要
7	明显重要	两要素相比，前者比后者强烈重要
9	绝对重要	两要素相比，前者比后者绝对重要
2、4、6、8	两相邻程度值	用于上述标准的折中值
上述数值的倒数		A 比 B 相比标度为 3，那么 B 与 A 的标度为 1/3

3. 层次单排序和一致性检验

层次单排序即基于判断矩阵对上层要素来说，这一层次与相关联要素的价值排序，是这一层次全部要素相较上一层的价值排序[①]。

在进行各层次单排序时，需要对构建的每个判断矩阵进行一致性检验，作为指标有效与否的标准。首先就需要计算出一致性指标 CI，其次按照公式计算出 CR=CI/RI（RI 参照值见表 2-20），当 CR<0.1 时，表示层次单排序一致性检验通过，否则需要调整判断矩阵中元素的取值。

表 2-20 平均随机一致性指标 RI 参照值

N	1	2	3	4	5	6	7	8	9
RI	0	0	0.58	0.90	1.12	1.24	1.32	1.41	1.45

---

① 刘小勇、傅渝亮、李晓晓、陈晓、陈健：《河湖长制工作综合评估指标与方法研究》，《人民长江》，2020 年第 10 期，第 42—46+104 页。

4. 层次总排序及其一致性检验

层次总排序是为了获得同一层次元素对于总体目标组合权重的影响，需要利用该层次所有层次单排序的结果，计算出该层次元素的组合权重，总体过程与层次单排序大致相同，若总排序的一致性 CR<0.1，则表示一致性检验通过。

（二）民族地区小学教师信息素养评价指标权重的计算与确定

为确定各评价指标的权重系数，本研究依据民族地区小学教师信息素养评价指标体系编制了指标权重专家咨询问卷（见"附录"的专题一"附录"），进行了第三轮专家咨询问卷的发放，累计发送并回收 8 份问卷，实现回收率 100%。

本研究对指标的阐述以描述性语言为主，由于二级部分指标与三级指标表述过长，在构建与二、三级指标判断矩阵时，统一用代号表示，例如"信息检索获取能力"则表示为"B7"，具体参照表 2－18。

1. 构建判断矩阵并进行层次单排序及其一致性检验

依据专家填写的判断矩阵表，计算各项指标的权重，并进行一致性检验。如表 2－21 至 2－37 表所示，结果发现，各项指标均合格。

表 2－21　一级指标判断矩阵

一级指标	信息意识	信息知识	信息能力	信息社会责任	权重
信息意识	1	4	0.333	0.25	0.1595
信息知识	0.25	1	0.25	0.2	0.0700
信息能力	3	4	1	1	0.3612
信息社会责任	4	5	1	1	0.4093
$\lambda \max = 4.178$		CR＝0.067		一致性检验通过	

表 2－22　一级指标"信息意识"的判断矩阵

一级指标	B1	B2	B3	权重
B1	1	2	0.5	0.2114
B2	0.5	1	0.5	0.1335
B3	4	4	1	0.6551
$\lambda \max = 3.054$		CR＝0.052 一致性检验通过		

表2—23 一级指标"信息知识"的判断矩阵

一级指标	B4	B5	权重
B4	1	0.167	0.1428
B5	6	1	0.8571
$\lambda max = 2$		CR=0 一致性检验通过	

表2—24 一级指标"信息能力"的判断矩阵

一级指标	B6	B7	B8	B9	权重
B6	1	2	1	0.5	0.2272
B7	0.5	1	0.5	0.333	0.1225
B8	1	2	1	0.5	0.2272
B9	2	3	2	1	0.4231
$\lambda max = 4.01$		CR=0.004		一致性检验通过	

表2—25 一级指标"信息社会责任"的判断矩阵

二级指标	B10	B11	B12	权重
B10	1	1	1	0.3278
B11	1	1	2	0.4111
B12	1	0.5	1	0.2611
$\lambda max = 3.054$		CR=0.052 一致性检验通过		

表2—26 二级指标"信息价值意识"的判断矩阵

三级指标	C1	C2	C3	权重
C1	1	3	2	0.5390
C2	0.333	1	0.5	0.1638
C3	0.5	2	1	0.2972
$\lambda max = 3.009$		CR=0.009 一致性检验通过		

表 2—27 二级指标"信息辨别意识"的判断矩阵

三级指标	C4	C5	权重
C4	1	0.167	0.1429
C5	6	1	0.8571
λmax=2		CR=0	一致性检验通过

表 2—28 二级指标"信息应用意识"的判断矩阵

三级指标	C6	C7	C8	C9	权重
C6	1	0.333	0.2	0.25	0.0723
C7	3	1	0.25	0.333	0.1430
C8	5	4	1	2	0.4839
C9	4	3	0.5	1	0.3008
λmax=4.117		CR=0.044		一致性检验通过	

表 2—29 二级指标"信息理论知识"的判断矩阵

三级指标	C11	C12	C13	权重
C10	1	0.5	1	0.2409
C11	2	1	3	0.5485
C12	1	0.333	1	0.2106
λmax=3.018		CR=0.018	一致性检验通过	

表 2—30 二级指标"信息技能知识"的判断矩阵

三级指标	C13	C14	C15	权重
C13	1	2	0.25	0.2014
C14	0.5	1	0.2	0.1180
C15	4	5	1	0.6806
λmax=3.025		CR=0.024	一致性检验通过	

表 2—31　二级指标"信息表达能力"的判断矩阵

三级指标	C16	C17	权重
C16	1	0.2	0.1667
C17	5	1	0.8333
λmax=2		CR=0	一致性检验通过

表 2—32　二级指标"信息检索获取能力"的判断矩阵

三级指标	C18	C19	权重
C18	1	3	0.7500
C19	0.333	1	0.2500
λmax=2	CR=0		一致性检验通过

表 2—33　二级指标"信息沟通交流能力"的判断矩阵

三级指标	C20	C21	C22	权重
C20	1	3	4	0.6232
C21	0.333	1	2	0.2395
C22	0.25	0.5	1	0.1373
λmax=3.018		CR=0.018	一致性检验通过	

表 2—34　二级指标"信息分析应用能力"的判断矩阵

三级指标	C23	C24	C25	C26	C27	C28	权重
C23	1	1	0.5	0.333	0.25	0.2	0.0566
C24	1	1	0.5	0.25	0.333	0.167	0.0566
C25	2	2	1	0.333	0.333	0.5	0.1080
C26	3	4	3	1	0.25	0.2	0.1587
C27	4	3	3	4	1	0.5	0.2546
C28	5	6	2	5	2	1	0.3655
λmax=6.483		CR=0.077		一致性检验通过			

表2-35 二级指标"信息道德规范"的判断矩阵

三级指标	C29	C30	C31	权重
C29	1	3	0.333	0.2721
C30	0.333	1	0.25	0.1199
C31	3	4	1	0.60800
$\lambda max=3.074$		CR=0.071		一致性检验通过

表2-36 二级指标"信息法律法规"的判断矩阵

三级指标	C32	C33	权重
C32	1	0.25	0.2000
C33	4	1	0.8000
$\lambda max=2$	CR=0		一致性检验通过

表2-37 二级指标"信息安全"的判断矩阵

三级指标	C34	C35	C36	C37	权重
C34	1	2	0.333	3	0.2333
C35	0.5	1	0.25	2	0.1397
C36	3	4	1	5	0.5423
C37	0.333	0.5	0.2	1	0.0847
$\lambda max=4.051$		CR=0.019			一致性检验通过

2. 层次总排序及其一致性检验

如表2-38所示,根据第三轮专家咨询问卷的结果,进行数据的分析与处理,以进行二级指标层次总排序及一致性检验。

表 2-38 二级指标层次总排序及其一致性检验结果

	A1	A2	A3	A4	组合权重
	0.1595	0.0700	0.3612	0.4093	
B1	0.2114				0.0337
B2	0.1335				0.0213
B3	0.6551				0.1045
B4		0.1428			0.0100
B5		0.8571			0.0600
B6			0.2272		0.0821
B7			0.1225		0.0442
B8			0.2272		0.0821
B9			0.4231		0.1528
B10				0.3278	0.1342
B11				0.4111	0.1683
B12				0.2611	0.1069

二级指标层次总排序的一致性检验结果为：

$CI = 0.1595 * 0.027 + 0.070 * 0 + 0.3612 * 0.003 + 0.4093 * 0.027 = 0.0164$

$RI = 0.1595 * 0.52 + 0.070 * 0 + 0.3612 * 0.89 + 0.4093 * 52 = 0.6172$

$CR = CI/RI = 0.0164/0.6172 = 0.0266$

$CR < 0.1$，二级指标总排序一致性检验通过。

同理，三级指标层次总排序的一致性检验结果为：

$CI = 0.0978$

$RI = 2.2670$

$CR = CI/RI = 0.0978/2.2670 = 0.0432$

$CR < 0.1$，三级指标总排序一致性检验通过。

五、民族地区小学教师信息素养评价指标体系的确定

本研究应用层次分析法（AHP），进行专家评价指标权重咨询问卷调研，构建判断矩阵，计算各项指标的权重，并通过了层次单排序及其一致性检验，最终确定了各项指标的权重系数，如下表2-39所示：

表2-39 民族地区小学教师信息素养评价指标体系权重分析

一级指标	二级指标	三级指标	权重
A1 信息意识 （0.1595）	B1 信息 价值意识 （0.2114）	C1 了解信息技术在民族地区教育管理中的重要意义	0.5390
		C2 认识到信息技术是民族地区小学教师教育教学的必备技能	0.1638
		C3 了解信息技术对民族地区学生信息素养发展的重要意义	0.2972
	B2 信息 辨别意识 （0.1335）	C4 具备辨别信息时效性、真伪性的意识	0.1429
		C5 具备辨别信息是否满足民族地区教学需求的意识	0.8571
	B3 信息 应用意识 （0.6551）	C6 具有运用信息主动关注、维护民族文化的意识	0.0723
		C7 具有运用信息技术解决民族双语教学问题的意识	0.1430
		C8 具有运用信息技术提高自身综合素养的意识	0.4839
		C9 具有运用信息技术开展线上教学的意识	0.3008
A2 信息知识 （0.0700）	B4 信息 理论知识 （0.1428）	C10 了解信息与信息技术的基本概念和原理	0.2409
		C11 了解信息技术最新理论在教育领域应用的现状	0.5485
		C12 国家、地方、学校针对民族地区基础教育工作制定的信息素养标准和政策	0.2106
	B5 信息 技能知识 （0.8571）	C13 基本掌握常见办公设备和软件的基本操作知识	0.2014
		C14 基本了解民族地区信息服务机构，地方语言检索策略与方法	0.1180
		C15 基本掌握信息化教学设备、网络教学平台使用的基本知识	0.6806

续表

一级指标	二级指标	三级指标	权重
A3 信息能力 (0.3612)	B6 信息表达能力 (0.2272)	C16 能够使用信息语言准确表达民族地区小学教师的信息需求	0.1667
		C17 能够使用信息技术展示民族地区教育教学成果	0.8333
	B7 信息检索获取能力 (0.1225)	C18 能够使用信息技术工具高效检索、选择，获取学科类相关信息	0.7500
		C19 能够使用本民族语言文字进行信息检索	0.2500
	B8 信息沟通交流能力 (0.2272)	C20 能够运用信息技术与本民族地区之外教师在教育教学上开展交流合作	0.6232
		C21 能够选择合适的信息交流方式与学生、家长进行沟通	0.2395
		C22 能够运用信息技术组织教师自主开展双语教学设计研讨活动	0.1373
	B9 信息分析应用能力 (0.4231)	C23 能够对获取的本民族与其他民族教学信息资源进行分类、存储和整理	0.0566
		C24 能够对获取的民族与其他民族教学信息资源可用性进行分析和筛选	0.566
		C25 能够对获取的本民族与其他民族小学教学知识进行融合再加工，重构具有民族特色的教学资源	0.1080
		C26 利用信息技术优化本民族地区教育教学管理	0.1587
		C27 利用信息技术实现多元化、过程化、个性化教学评价	0.2546
		C28 利用信息技术创新性开展具有民族特色的教学活动	0.3655
A4 信息社会责任 (0.4093)	B10 信息道德规范 (0.3278)	C29 自觉坚守信息道德观念、行为准则与规范	0.2721
		C30 尊重和保护他人知识产权	0.1199
		C31 在信息活动中尊重民族平等与维护民族团结	0.6080
	B11 信息法律法规 (0.411)	C32 自觉遵守基本的信息法律法规	0.2000
		C33 不浏览和传播有害信息	0.8000
	B12 信息安全 (0.2611)	C34 树立信息安全意识，了解信息安全知识	0.2333
		C35 自觉掌握常用安全软件的安装与使用，预防计算机中毒	0.1397
		C36 尊重和保护个人及他人隐私	0.5423
		C37 具有及时备份重要文件数据的意识	0.0847

第四章　民族地区小学教师信息素养评价指标体系的验证

本研究所构建的民族地区小学教师信息素养评价指标体系是基于国家出台的相关政策、教师信息素养的内涵和民族地区的特色构建的，具有一定的科学性和合理性，对民族地区小学教师信息素养的状况评估以及相关建设具有一定的指引作用。基于此，本研究选取四川省小凉山地区作为民族地区小学教师信息素养评价指标体系的测评对象，通过 SPSS22.0 统计分析方法了解该地区小学教师信息素养的整体情况，以验证指标体系的可行性和操作性，并针对民族地区小学教师信息素养存在的问题进行分析，以对该评价指标体系修正奠定基础。

一、测评对象和相关情况说明

本研究以四川省小凉山地区民族地区小学教师为测评对象，验证所制定的民族地区小学教师信息素养评价指标体系的可行性和操作性，为优化该评价指标体系奠定基础。

（一）测评对象

小凉山地区位于四川省凉山彝族自治州东部，是一个多民族地区。小凉山地区小学学校分布较为广泛，为了解当地民族地区小学教师信息素养发展的现状，本研究主要选取了小凉山金口河区、沙湾区、马边彝族自治县、凉山彝族自治州美姑县的学校教师为样本对象进行调查研究。

(二)测评内容

根据测评目标,本次的测评内容包括四川省小凉山地区教师的个人基本信息、教师信息素养现状、学校信息化环境建设、教师信息素养培训状况。

(三)测评方法

1. 问卷调查

本研究测评内容依据民族地区小学教师信息素养评价指标体系的三级指标编制而成。本次调查问卷(见"附录"的专题一"附录")主要分为两部分,具体内容如下:首先需要调查教师基本信息;然后通过李克特五级评分法,从意识、知识、能力与社会责任几个层面了解教师信息素养。本次问卷发放渠道重点包括问卷星、电子邮箱等,累计发出381份教师问卷,回收354份,有效回收率达到92.91%。

(1) 教师问卷

教师问卷的题目共计43道,参与问卷调查教师基本信息如表2-40所示。

表2-40 教师基本信息表(N=354)

调查维度	基本情况	人数	百分比(%)
教师性别	男	166	46.89
	女	188	53.11
民族	汉族	192	54.24
	彝族	150	42.37
	其他少数民族	12	3.39
学历	研究生	9	2.54
	本科	169	47.74
	专科	166	46.89
	中专及以下	10	2.82
工作年限	1—10年	168	47.46
	11—20年	55	15.54
	21—30年	44	12.43
	30年以上	87	24.58
工作地点	城区	81	22.88
	城乡接合部	71	20.06
	农村	202	57.06

续表

调查维度	基本情况	人数	百分比（%）
学段	小学高段	103	29.10
	小学中段	127	35.88
	小学低段	124	35.03

（2）问卷数据统计方法

本研究采用数理统计分析法来对问卷调查结果进行分析和处理，首先计算每道题目教师评分的均值，得出各题均值，然后将所得的各题的分值乘以对应三级指标的权重，得出二级指标的评分，最后按照二级指标的计算方法得出一级指标和评价体系的总评分。

2. 访谈调查

访谈调查的目的在于对问卷调查的补充，问卷中没有提到的或者需要进一步深入探究的会在访谈中进行。访谈提纲的内容（见"附录"的专题一"附录"）涉及民族地区小学教师对学校教师信息素养、学校信息化设备配置以及信息素养培训等相关问题，以了解当地民族地区小学教师信息素养的现状和存在的问题。访谈的对象选取了学校管理人员和一线教师，人数共14位，基本信息如下表：

表2—41 被访谈者基本信息（N=14）

访谈维度	基本情况	人数	百分比（%）
性别	男	9	64.29
	女	5	35.71
民族	汉族	6	42.86
	彝族	8	57.14
职位	一线教师	8	57.14
	校长	4	28.57
	教育行政人员	2	14.29
工作年限	1—10年	2	14.29
	11—20年	7	50.00
	20年以上	5	35.71

续表

访谈维度	基本情况	人数	百分比（%）
工作地点	城区	3	21.43
	城乡接合部	4	28.57
	农村	7	50.00

二、测评调查结果

本研究的问卷内容是依据民族地区小学教师信息素养评价指标体系的三级指标编制而成，该指标体系是经过两轮的德尔菲专家咨询问卷修改确定的，并采用层次分析法确定各指标权重。因此，依此编制的问卷具有一定的科学性、合理性，据此计算出该地区小学教师在各个指标上的评分，进而形成对该地区的小学教师的信息意识、信息知识、信息能力、信息社会责任的直观了解。

（一）民族地区小学教师信息素养评价指标体系三级指标测评结果

通过 SPSS22.0 对问卷回收结果开展相关分析，最终整理形成教师信息素养三级指标测评结果，如表 2—42 所示：

表 2—42 教师信息素养三级指标评价结果

三级指标	教师评分（均值）
C1 了解信息技术在民族地区教育管理中的重要意义	3.91
C2 认识到信息技术是民族地区小学教师教育教学的必备技能	4.03
C3 了解信息技术对民族地区学生核心素养发展的重要意义	3.94
C4 具备辨别信息时效性、真伪性的意识	3.51
C5 具备辨别信息是否满足民族地区教学需求的意识	3.56
C6 具有运用信息主动关注、积极推广民族文化的意识	3.53
C7 具有运用信息技术解决民族双语教学问题的意识	3.38
C8 具有运用信息技术提高自身综合素养的意识	3.31

续表

三级指标	教师评分（均值）
C9 具有运用信息技术开展线上教学的意识	3.39
C10 了解信息与信息技术的基本概念和原理	3.25
C11 了解信息技术最新理论在教育领域应用的现状	3.12
C12 国家、地方、学校针对民族地区基础教育工作制定的信息素养标准和政策	3.13
C13 基本掌握常见办公设备和软件的基本操作知识	3.41
C14 基本了解民族地区信息服务机构，地方语言检索策略与方法	3.12
C15 基本掌握信息化教学设备、网络教学平台使用的基本知识	3.16
C16 能够使用信息语言准确表达民族地区小学教师的信息需求	3.21
C17 能够使用信息技术展示民族地区教育教学成果	3.17
C18 能够使用信息技术工具高效检索、选择，获取学科类相关信息	3.40
C19 能够使用本民族语言文字进行信息检索	3.15
C20 能够运用信息技术与本民族地区之外教师在教育教学上开展交流合作	3.12
C21 能够选择合适的信息交流方式与学生、家长进行沟通	3.28
C22 能够运用信息技术组织教师自主开展双语教学设计研讨活动	3.13
C23 能够对获取的教学信息资源进行分类、存储和整理	3.21
C24 能够对获取的教学信息资源可用性进行分析和筛选	3.14
C25 能够对获取的教学知识进行融合再加工，重构具有民族特色的教学资源	2.83
C26 利用信息技术优化本民族地区教育教学管理	3.03
C27 利用信息技术实现多元化、过程化、个性化教学评价	2.71
C28 利用信息技术创新性开展具有民族特色的教学活动	2.63
C29 自觉坚守信息道德观念、行为准则与规范	3.91
C30 尊重和保护他人知识产权	3.55
C31 在信息活动中尊重民族平等与维护民族团结	3.71
C32 自觉遵守基本的信息法律法规	3.71

续表

三级指标	教师评分（均值）
C33 不浏览和传播有害信息	3.50
C34 树立信息安全意识，了解信息安全知识	3.52
C35 自觉掌握常用安全软件的安装与使用，预防计算机中毒	3.48
C36 尊重和保护个人及他人隐私	3.43
C37 具有及时备份重要文件数据的意识	3.36

（二）民族地区小学教师信息素养评价指标体系二级指标测评结果

通过 SPSS22.0 对问卷回收结果开展相关分析，最终整理形成教师信息素养二级指标测评结果，如表 2—43 所示：

表 2—43 教师信息素养二级指标评价结果

二级指标	二级指标评分	三级指标	三级指标评分	权重值
B1 信息价值意识	3.94	C1	3.91	0.5390
		C2	4.03	0.1638
		C3	3.94	0.2972
B2 信息辨别意识	3.53	C4	3.51	0.1429
		C5	3.56	0.8571
B3 信息应用意识	3.36	C6	3.53	0.0723
		C7	3.38	0.1430
		C8	3.31	0.4839
		C9	3.39	0.3008
B4 信息理论知识	3.15	C10	3.25	0.2409
		C11	3.12	0.5485
		C12	3.13	0.2106
B5 信息技能知识	3.20	C13	3.41	0.2014
		C14	3.12	0.1180
		C15	3.16	0.6806

续表

二级指标	二级指标评分	三级指标	三级指标评分	权重值
B6 信息表达能力	3.18	C16	3.21	0.1667
		C17	3.17	0.8333
B7 信息检索获取能力	3.34	C18	3.40	0.7500
		C19	3.15	0.2500
B8 信息沟通交流能力	3.18	C20	3.12	0.6232
		C21	3.28	0.2395
		C22	3.13	0.1373
B9 信息应用分析能力	2.80	C23	3.21	0.0566
		C24	3.14	0.0566
		C25	2.83	0.1080
		C26	3.03	0.1587
		C27	2.71	0.2546
		C28	2.63	0.3655
B10 信息道德规范	3.75	C29	3.91	0.2721
		C30	3.55	0.1199
		C31	3.71	0.6080
B11 信息法律法规	3.54	C32	3.71	0.2000
		C33	3.50	0.8000
B12 信息安全	3.45	C34	3.52	0.2333
		C35	3.48	0.1397
		C36	3.43	0.5423
		C37	3.36	0.0847

（三）民族地区小学教师信息素养评价指标体系一级指标测评结果

通过 SPSS22.0 对问卷回收结果开展相关分析，最终整理形成教师信息素养一级指标测评结果，如表 2—44 所示：

表 2—44　教师信息素养一级指标评价结果

一级指标	一级指标评分	二级指标	二级指标评分	权重值
A1 信息意识	3.51	B1	3.94	0.2114
		B2	3.56	0.1335
		B3	3.36	0.6551
A2 信息知识	3.20	B4	3.16	0.1428
		B5	3.20	0.8571
A3 信息能力	3.04	B6	3.17	0.2272
		B7	3.34	0.1225
		B8	3.19	0.2272
		B9	2.80	0.4231
A4 信息社会责任	3.59	B10	3.75	0.3278
		B11	3.54	0.4111
		B12	3.45	0.2611

（四）民族地区小学教师信息素养评价指标体系测评总体结果

通过 SPSS22.0 对问卷回收结果开展相关分析，最终整理形成教师信息素养各级指标总体测评结果，具体如表 2—45 所示：

表 2—45　教师信息素养一级指标评价结果

总评分	一级指标	一级指标评分	一级指标权重
3.35	A1 信息意识	3.51	0.1595
	A2 信息知识	3.20	0.0700
	A3 信息能力	3.04	0.3612
	A4 信息社会责任	3.59	0.4093

三、测评结果分析

从问卷调查与访谈的结果来看，民族地区小学教师的信息素养发展不平衡，利用民族地区小学教师信息素养评价指标体系进行测量，总评分为 3.35，依据李克特五点量表的统计区间值，可以推出该地区小学教师信息素养总体水平处于较低水平。在教师信息素养的四个维度中，最高的为 A1 "信息意识"、A4 "信息社会责任"，为 "3.51" "3.59"，但 A2 "信息知识" 和 A3 "信息道德" 的评分相比较低，为 "3.20" 和 "3.04"，说明四川省小凉山地区小学教师在信息意识、知识、能力与社会责任等方面依然存在诸多问题。

（一）教师信息应用意识不够

在关于教师信息意识的调查问卷中，设置了 8 道题目，均值为 3.51，整体上看该民族地区小学教师的信息意识水平一般。其中 B1 "信息价值意识" 的评分为 3.94，而 B3 "信息应用意识" 的评分只有 3.36。这说明大部分教师能认识到信息技术对民族地区教育教学管理、教师教学技能、学生素养的重要作用，但在信息应用意识方面较为不足，表明目前该民族地区小学教师在运用信息技术开展线上教学、解决教学问题以及提升自身综合素养方面的意识较低。在访谈中被问到 "平常会主动学习利用信息技术吗？" 教师 A 表示："我自己的话，不怎么会主动去学，基本是通过当地政府组织的培训进行信息技术的学习，偶尔会在需要制作教学 PPT 时在网上查询相关教程练习。" 教师 D 表示："学校年纪偏大的教师对信息技术的学习积极性不高，之前我和另外一位老师在校内组织过一次信息技术教学方面的交流，大部分教师觉得没有必要，觉得枯燥无趣，后面就再也没有组织过了。"

总体看来，四川省小凉山地区教师信息意识发展水平普遍较好，认可信息技术对教育教学方面的积极影响，但主动运用信息技术提升教学能力的意识还比较欠缺，应加强教师的信息应用意识，为实现信息技术与学科教学融合奠定基础。

（二）教师信息知识掌握不足

在关于教师信息知识的调查问卷中，设置了 6 道题目，均值为 3.20，处于较低水平，说明该地区教师对信息及信息技术相关知识掌握的还远远不够。在信息知识评价中，B4 "信息理论知识" 的评分为 3.23，其中 "C11 了解信息与信息技术理论在教育领域中的应用现状" 的评分为 3.15，处于较差水平，说明民族地区的教师们对信息及信息技术相关理论知识不够重视，缺少对新技术在教育领域运用的关注；同时，B5 "信息技能知识" 的评分为 3.20，其中 "C13 基本掌握常见的办公设备和软件的基本操作知识"的评分为 3.41,但在"C14 基本了解民族地区信息服务机构,地方语言检索策略与方法"的评分只有 3.12 分,"C15 基本掌握信息化教学设备、网络教学平台使用的基本知识"的评分为 3.16,这两项指标都低于平均值,说明该民族地区小学教师具备的信息知识只停留在基础层面,尽管大部分掌握了基本办公软件使用的知识,但教师们对于民族地区信息服务机构、地方语言检索方法以及大数据、人工智能等新兴技术在教育领域的了解不多,不利于该民族地区小学教师信息素养的有效提升。

在访谈中也发现同样的问题,校长 A 表示:"我们学校教师现在的信息意识整体是提升了的,上课都会使用 ppt 进行教学辅助,但是对于信息理论以及新兴技术的知识这块是不太了解的,虽然也有组织教师去参加四川省内或者区县的'微课大赛'等比赛,但总体对这些教学手段不太擅长,教师们日常教学也不怎么用。"教师 C 表示:"在线上线下的培训过程,会接触到理论知识的,但对我来是感觉用处不大,日常教学方面感觉 PPT 已经够用了,人工智能、智慧校园也都听说过,但觉得内容复杂,就没怎么了解了。"

总体看来,该民族地区小学教师的信息知识掌握不足,对新兴技术在教育领域应用的现状不怎么关注,这会进一步局限教师在教学中对信息技术使用选择范围,教师更加趋向选择常用的信息技术进行教学,从长远来看,不利于教师学习和运用新的信息技术教学软件。

(三)教师信息化教学能力弱

关于教师信息能力的调查问卷中,设置了 13 道题,均分为 3.04,整个教师信息素养中得分最低的维度,教师信息能力包括信息的表达、检索获取、沟通交流、应用分析能力。

其中 B6"信息表达能力"、B7"信息检索获取能力"的评分为 3.2、3.3,均处于较低水平,但"C18 能够使用信息技术工具检索、选择、获取学科类相关信息"的评分为 3.36,表明教师具备基本的信息能力,能够利用网络资源对所需教学资料进行检索获取,并利用一定的信息设备进行教学展示。

但 B8"信息沟通交流能力"和 B9"信息分析应用能力"的评分为 3.20 和 2.80,其中 B9 得分低于维度平均值,处于较差水平,说明民族地区小学教师在对信息进行处理、分析、运用方面能力十分欠缺。"C20 能够运用信息技术与本民族之外的教师在教育教学上开展交流"评分为 3.12，"C22 能够运用信息技术组织教师自主开展双语教学研讨活动"评分为 3.13，两个指标均分都不高，说明民族地区小学教师在开展校内外教学合作交流时整体信息技术运用能力欠佳；而 B9 "信息分析应用能力"下属的 6 个三级指标评分都很低，尤其利用信息技术对教学进行优化、创新，均分只有 2.63，这说明教师信息化教学能力亟待提高。在访谈中，就有教师表示对教学资源进行加工处理、利用信息技术在教学中进行创新应用很难做到。

教师 E："现在每个教室都配有多媒体设备，日常也是用 PPT 辅助教学，现在都感觉不用 PPT 都不太会上课了，然后这些电子教学资源我一般是直接从网上下载，或者使用购买教材赠送的，使用起来比较方便。"

教师 F："在制作课件的时候也会想着运用 Flash 动画、嵌入视频增加动态效果，但对我们来说操作难度比较大，也太耗费时间了，所以用得比较少，一般来说更习惯去下载一些教学 PPT 进行使用。"

校长 B："我们学校有组织和其他学校教师进行线上的沟通交流，会采用'空中课堂'这种形式进行，能让教师们感受下优秀教师们是怎么进行信息化教学的，但我们地区的教师在这方面能力还是比较弱的。"

总体看来，民族地区小学教师信息能力总体水平较弱。虽然教师具备了基本的信息技术能力，能够检索获取所需的学科教学资源、制作 PPT 辅助课堂教学，但对于所收集的信息资源不能有效地进行处理、分析和加工，整体利用率较低，在实现信息技术与学科教学的深度融合方面很是不足。因此，加强民族地区教师信息技术在教学中的应用能力非常急迫且必要。

（四）教师信息社会责任待加强

有关教师信息社会责任的调查问卷中，设置了 9 道题目，均分为 3.59，是四个维度评分最高的。在社会信息责任中，B10 "信息道德规范"、B11 "社会法律法规"的得分为 3.75、3.54，这说明民族地区小学教师在信息社会责任方面有一定的自我要求，能够自觉遵守道德行为规范和法律法规，但在 B12 "信息网络安全"评分为 3.45，相比前两项较低，其中 C35 "掌握安全软件的安装与使用，预防计算机中毒"为 3.48，"C37 具有及时备份重要文件数据的意识"评分为 3.36，两种指标的评分都不高，反映出民族地区小学教师在信息技术使用过程中较为忽视信息安全方面的问题。

在访谈调研中，校长 C 表示："学校有的教师对于数据备份的意识还是比较淡薄的，更多的就是从学校计算机拷贝要用的教学资料，但不会使用百度网盘这类备份教学资源的软件，他们也还没意识到这个重要性。"教师 G："我个人还是比较注意计算机安全使用的，但有时候同事不当使用 U 盘导致计算机中毒的事情还是会发生的。"

当被问到关于"您一般是如何下载教学资源的呢？"时，教师 H 表示："我一般是通过国家公共教育服务评价下载教学资源的，当然有时候也会直接在网上下载使用，也不知道是不是盗版了，说实话有时候会忽略这个问题。"

总体看来，小凉山地区大部分小学教师具有良好的信息道德规范、遵守法律法规，了解网络安全知识，但从调研中也可以了解到，教师在实际教学过程中可能会忽略对他人知识产权的保护，及时备份数据等相关安全知识，因此该地区教师的社会信息责任仍需要进一步加强。

四、测评结果原因分析

本章通过所构建的民族地区小学教师信息素养评价指标体系，以四川省小凉山地区小学教师信息素养为测评对象，分析得出了影响民族地区小学教师信息素养的原因，主要有政府政策、学校建设、教师培训、教师自身四个方面。

（一）政府信息化政策落实不到位

在推进教育信息化过程中，国家颁布了一系列提升中小学教师信息素养的政策，同时强调民族地区教育信息化的发展更是重中之重。2019 年，教育部推行《关于实施全国中小学教师信息技术应用能力提升工程 2.0 的意见》，四川省政府紧随其后出台相关政策，将国家政策与四川地区的实际相结合，为当地中小学教师信息素养发展提供更为具体的指导。

但通过访谈可以得知，相关的信息化政策尚未真正深入到教师的日常教学和交流中，民族地区的大部分教师对信息素养的理解停留在浅层次、简单的信息技术应用上，无法真正从信息素养的各个维度去厘清教师信息素养所应具备的能力。在对学校管理人员和教师进行访谈中，有的学校管理者认为民族地区情况相对特殊，对教师的信息技术方面要求不要太高，对于信息化政策了解与否并不重要，教师 H 也表示："学校很多关于信息化政策方面的工作大都为了完成上级的检查，对信息化的政策我是有了解的，但基本没有全面、深入去和同事探讨交流过，平常的教学工作也已经够多了。"

可以看到，信息化政策难以落到实处的原因在于民族地区学校管理者没有真正意识到教师信息素养提升的重要性，缺乏长远的发展眼光以及缺少最新教育理念的学习；而教师作为教学人员，常规的教学任务占据了太多时间，忽视了自身信息素养的发展和提升。冯欣妍（2019）的研究强调教师信息素养的提升离不开国家相关政策的保障①。因此，国家和政府在进行教育信息化政策的宣传和推广时，应对学校管理者做出更高的要求，督促其及时向教师传达教育信息化的相关理念和政策。

（二）学校信息化环境建设不充分

学校的信息化环境建设是指为教师信息素养的发展提供的环境，信息化环境建设不充分的话，不利于教师信息素养的提升。

其一，学校信息硬件设备不够完善。近几年民族地区学校的信息化硬件设备配置较好。在访谈中，当被问到"您觉得现在学校的信息化设施怎么样呢？"教师 B 表示："学校的信息化设备配置相比 2017 年以前好很多了，现在学校网络全覆盖，网速也快，也都配有一体机、微机室、多媒体设备，教师们也都配备独立电脑，甚至还有提供个人 u 盘。"教师 E 则表示："学校的信息化硬件设备利用率并不高，有的对于年龄大的教师来说，操作不是很方便，希望学校的信息化硬件设备可以操作更加智能。"由此可见，学校需要继续加强硬件设备的建设，不断满足教师的教学需求，为教师信息素养的提升创造良好的环境基础。

其二，教学资源服务平台建设不充分。该民族地区的学校基本都没有专门的教学资源库，不方便教师进行信息教学资源的提取和利用，在访谈中教师 F 就表示："我一般都是从国家公共资源平台进行教学资源的下载，但学校如果能建立专属的特色教学资源库就好了，会更加方便也具有针对性。"教师 E 表示：

---

① 马欣妍：《中小学教师信息素养研究》，华东师范大学博士学位论文，2019 年，第 127 页。

"每次想使用新的学习软件,总找不到资源,自己网上查找总出现各种广告弹窗,搞了几次就作罢了,希望学校能多引进正版教学软件并及时更新。"教师的专业发展和信息能力的提升离不开教学资源的供给,而学校缺少相应平台的建设,会阻碍教师信息化教学能力的发展和提高。

其三,学校缺乏教师信息交流平台。该民族地区小学教师没有统一的信息教学交流平台,对学校教师整体的信息素养发展都会产生一定的影响。在访谈中教师 D 就表示:"这边的学校都没有这样的平台,老师们都是遇到设备出现故障、下载课件和插入视频出现问题时才会通过微信或者 QQ 交流,比较零散,有时候刚教过,后又不会了,整体交流效率并不高。"校长 D 表示:"学校和市内、省外的中小学以及高校有这种对口帮扶的教学合作,也会进行信息化教学方面的交流探讨,对教师来说总体还是有帮助,有教师反映希望如果能得到优秀信息化教师的指导就很好了。"这可以看出,民族地区小学教师对信息教学交流平台还是有需求的,也希望通过校内外的关于信息化教学的合作交流提高自己的信息素养。

(三) 教师信息素养培训不够完善

目前,政府及教育相关部门在对民族地区小学教师组织信息技术培训活动方面,仍然存在一些问题,培训内容缺乏针对性和实操性,培训形式不够多样化,培训后期缺乏指导,具体如下:

其一,培训内容缺乏针对性和实操性。对教师主体之间的差异和教学实际需求考虑不全。在访谈中也印证了这一点,校长 A 说:"四川省政府组织的两次教师信息技术培训都是全覆盖式的,但是民族地区的教师之间差异挺大的,对于年龄大的教师,培训的内容可能暂时没有能力接受,也很难学会,所以对他来说没啥效果。"教师 G 表示:"我主要参加的信息素养培训大概有 3 到 4 次,每次培训我都很珍惜的,因为自己挺想学的,通过培训确实学到了一些,但还是不够,还有感觉培训内容都太偏理论了,特别多讲座形式的理论讲解,老师们都不太想听这些,更想多一点实操课程吧,这样就可以在课堂上运用了。"这说明教师培训内容对目标对象特点和需求区分度不够,导致培训效果也不佳。

其二,培训形式缺乏多样性。经访谈得知该地区教师所接受到信息技术培训的主要形式是由当地政府组织的集中式培训,一般是安排学习 30 到 50 个课时,为期一周。当被问及"学校有没有定期对教师进行信息素养培训时"时，教师 F 谈道："这边学校都没有专门的信息技术教师，基本都是由其他学科教师兼任，校内的信息技术培训更是没有的，微机室基本没怎么用过。"可以看到，民族地区很多学校没有配备专门的信息技术教师，大部分学校也未安排教师进行信息素养方面的培训，教师所接触到的培训形式比较单一，不利于教师信息素养的提升。

其三，培训效果缺乏后期指导。参加过培训的教师在访谈中提到教师信息技术培训大都是阶段式的短期培训，培训结束后，参加培训的教师会获得相应的结业证书，代表学习结束，但没有任何后续相关指导或者进行信息技术教学应用情况的检验。教师 D 反映道："在培训过程中还是掌握了一些理论知识、技术知识的，但到实际操作的时候发现自己很多还是不会，有的知识也忘了，也没有专业人士可以请教，最后导致新学的技术也没用上。"其他参加过培训的教师也在访谈中提到这个问题。

总的来说，当前的教师信息素养培训在内容和形式上还不够完善，同时缺乏后续指导，没有真正达到教师信息技术培训的预期效果，不利于民族地区小学教师信息素养的提升。

（四）教师信息化学习动力不足

信息素养是现代教师必备的素养，对于促进自身发展具有重要意义。民族地区不同教师信息素养之间个体差异较为明显，对提升信息化教学水平感兴趣，课外积极主动学习信息化技术教师的信息素养水平整体就比较高，相反，被动接受的教师整体信息素养就比较低。在访谈中就能发现教师对信息素养的态度是有区别的。当被问及"您课外会主动学习信息技术方面的知识吗？"教师 B 表示："这个其实有，因为我自己比较感兴趣，也是真的发现使用信息技术工具教学对老师和学生都挺有帮助的，就比如在我的数学课堂上给学生讲解四边形，需要展示各种图形，通过画图工具和视频，学生能直观的看到区别，学生可以学得更快的，我上课的效率也高了，所以想进一步学习，多样化制作课件，展示更好的教学效果。"教师 F 则表示："基本不会主动去学，因为感觉自己也学不会，平常上课已经比较忙了，我一般是直接从网络上直接下载教学课件或者找其他教师帮忙，也挺方便的"。

从访谈可以看到，教师信息化学习的内在动力对教师信息素养水平有一定的影响。建构主义理论的学习观强调学习者的主动建构,也就是说教师应在具备一定信息技术的基础上主动去学习信息化教学技能。因此,激发教师信息化学习的主动性、积极性,引导教师主动学习,能进一步提高民族地区小学教师信息素养水平。

综上所述,通过对样本地区测评结果的分析,可以看出本文所构建的民族地区小学教师信息素养评价指标体系在一定程度上科学地展现了当地小学教师信息素养的状况,可以看到四川小凉山地区小学教师信息素养还存在信息应用意识不足、信息知识掌握不够、信息教学化能力弱、信息社会责任不强的问题,而信息化政策落实不到位、学校信息化环境建设不足、教师信息素养培训不完善、教师信息化学习动力不足是其产生的主要原因,这两方面存在高度的相关性,以此也可反映出所制定的民族地区小学教师信息素养评价指标体系具有一定的合理性和科学性。

第五章 民族地区小学教师信息素养评价指标体系优化策略

根据验证过程和结果,对前文所确立的民族地区小学教师信息素养评价指标体系进行了重新审视,所构建的评价指标体系基本符合科学性、系统性、可操作性、动态性的构建原则,但在验证过程中,仍发现个别指标与民族地区小学教师信息素养的实际情况有所出入,对不符合实际情况的指标进行修改,以进一步优化民族地区小学教师信息素养评价指标体系。

在信息沟通交流能力层面下的指标 C20 "能够运用信息技术与本民族地区之外的教师在教育教学上开展合作交流"在验证过程中发现,与同一层面 C22 "能够运用信息技术组织教师自主开展双语教学设计研讨活动"有一定的重合之处；在信息分析应用能力层面下面的C27"利用信息技术实现多元化、过程化、个性化教学评价"这一项指标在进行问卷调查和访谈过程中发现并不适用，民族地区小学所配置的设备有限，小学教师的知识储备和技术应用能力相对非民族地区较为不足，利用信息技术开展多元化、个性化教学评价的要求还存在一定的难度，说明该指标的实际应用性并不强；在信息安全层面下的指标C37"具有及时备份重要数据意识在数据收集整理"中发现与C34"树立信息安全意识，了解信息安全知识"是所属关系，同时在实证过程中发现民族地区小学教师通常采用学校所统一购买或者收集的数据库，对于及时备份数据的意识要求相对不高。因此，根据实际情况，删除指标C20、C27、C37，形成新的评价指标体系，包括4个一级指标、12个二级指标、34个三级指标。采用前文的计算步骤对优化后的民族地区小学教师信息素养评价指标体系权重重新进行计算，各级指标如表2-46所示。

表2-46 优化后的民族地区小学教师信息素养评价指标体系赋重结果

一级指标	二级指标	三级指标	权重
A1 信息意识 (0.1595)	B1 信息价值意识 (0.2114)	C1 了解信息技术在民族地区教育管理中的重要意义	0.5390
		C2 认识到信息技术是民族地区小学教师教育教学的必备技能	0.1638
		C3 了解信息技术对民族地区学生信息素养发展的重要意义	0.2972
	B2 信息辨别意识 (0.1335)	C4 具备辨别信息时效性、真伪性的意识	0.1429
		C5 具备辨别信息是否满足民族地区教学需求的意识	0.8571
	B3 信息应用意识 (0.6551)	C6 具有运用信息主动关注、维护民族文化的意识	0.0723
		C7 具有运用信息技术解决民族双语教学问题的意识	0.1430
		C8 具有运用信息技术提高自身综合素养的意识	0.4839
		C9 具有运用信息技术开展线上教学的意识	0.3008

续表

一级指标	二级指标	三级指标	权重
A2 信息知识 (0.0700)	B4 信息理论知识 (0.1428)	C10 了解信息与信息技术的基本概念和原理	0.2409
		C11 了解信息技术最新理论在教育领域应用的现状	0.5485
		C12 国家、地方、学校针对民族地区基础教育工作制定的信息素养标准和政策	0.2106
	B5 信息技能知识 (0.8571)	C13 基本掌握常见办公设备和软件的基本操作知识	0.2014
		C14 基本了解民族地区信息服务机构,地方语言检索策略与方法	0.1180
		C15 基本掌握信息化教学设备、网络教学平台使用的基本知识	0.6806
A3 信息能力 (0.3612)	B6 信息表达能力 (0.2272)	C16 能够使用信息语言准确表达民族地区小学教师的信息需求	0.1667
		C17 能够使用信息技术展示民族地区教育教学成果	0.8333
	B7 信息检索获取能力 (0.1225)	C18 能够使用信息技术工具高效检索、选择,获取学科类相关信息	0.7500
		C19 能够使用本民族语言文字进行信息检索	0.2500
	B8 信息沟通交流能力 (0.2272)	C20 能够选择合适的信息交流方式与学生、家长进行沟通	0.7500
		C21 能够运用信息技术组织教师自主开展双语教学设计研讨活动	0.2500
	B9 信息分析应用能力 (0.4231)	C22 能够对获取的本民族与其他民族教学信息资源进行分类、存储和整理	0.0684
		C23 能够对获取的民族与其他民族教学信息资源可用性进行分析和筛选	0.8530
		C24 能够对获取的本民族与其他民族小学教学知识进行融合再加工,重构具有民族特色的教学资源	0.1476
		C25 利用信息技术优化本民族地区教育教学管理	0.2643
		C26 利用信息技术创新性开展具有民族特色的教学活动	0.4342

续表

一级指标	二级指标	三级指标	权重
A4 信息社会责任 (0.4093)	B10 信息道德规范 (0.3278)	C27 自觉坚守信息道德观念、行为准则与规范	0.2721
		C28 尊重和保护他人知识产权	0.1199
		C29 在信息活动中尊重民族平等与维护民族团结	0.6080
	B11 信息法律法规 (0.411)	C30 自觉遵守基本的信息法律法规	0.2000
		C31 不浏览和传播有害信息	0.8000
	B12 信息安全 (0.2611)	C32 树立信息安全意识，了解信息安全知识	0.2394
		C33 自觉掌握常用安全软件的安装与使用，预防计算机中毒	0.1372
		C34 尊重和保护个人及他人隐私	0.6232

总结与展望

随着大数据、人工智能等新兴技术不断渗透到教育领域，教师信息素养已成为信息化时代教师专业发展的必备素养，而教师作为教育信息化的直接体验者，其信息素养水平的高低对教育信息化进程有直接影响，特别是信息化基础较为薄弱的民族地区，教师信息素养的提升更为紧迫，只有教师不断发展与提升自身的信息素养，才能发挥教育信息化的优势，培养适应当前社会发展所需要的信息化人才，为民族地区教育信息化进程添砖加瓦，进而推动社会信息化的高质量发展。通过对民族地区小学教师信息素养评价指标体系的构建和进行实证研究，并根据测评结果，提出了所构建评价指标体系的优化策略。本研究的主要结论、不足和展望如下：

一、本研究的主要结论

本研究以国家出台的《中小学教师信息素养能力标准》为基础,结合现有的关于中小学教师信息素养的评价研究,在建构主义理论、教师专业发展理论与发展性教师评价理论的指导下,明晰了教师信息素养的相关概念和内涵,综合国内外对中小学教师信息素养评价标准,初步拟定民族地区小学教师信息素养评价指标体系,接着采用德尔菲法发放两轮的专家咨询问卷对初拟指标进行筛选和补充,运用数理统计法进行分析,以确定民族地区小学教师信息素养指标体系。

采用层次分析法确定民族地区小学教师信息素养评价指标体系中各项指标的权重。首先,构建民族地区小学教师信息素养评价指标体系层次结构模型,再依据构建的模型构造判断矩阵。其次,通过发放专家咨询问卷,邀请专家对各个评价指标的重要性进行两两比较赋值,由此计算出各级指标的单层次权重,并进行一致性检验。民族地区小学教师信息素养的四个一级指标为信息意识、信息知识、信息能力、信息社会责任,对应的权重分别为 0.1595、0.070、0.3612、0.4093,最终确定民族地区小学教师信息素养评价指标体系及各项指标的权重。

最后,进行民族地区教师信息素养评价指标体系的实证研究。在民族地区小学教师信息素养评价指标体系基础上编制问卷、设计访谈,主要从教师信息意识、信息知识、信息能力、信息社会责任四个方面对四川小凉山民族地区小学教师信息素养进行的测评分析,结果发现该地区小学教师信息应用意识较弱、信息知识掌握不足、信息能力十分欠缺、社会责任仍需进一步加强。

根据测评结果,发现民族地区小学教师信息素养还存在一定的问题,同时通过实证研究发现了所构建评价指标体系的不合理之处,对该指标体系进行了优化和完善。

二、本研究的不足与展望

由于受到调研时间、调研地区环境以及自身研究能力等方面的局限,本研究从结果来看,仍然存在着一些问题和不足。一是研究的范围不够大,发放民族地区小学教师信息素养调查问卷的样本量不够大,覆盖范围不够广,访谈的深度还不够,这在一定程度可能影响对民族地区小学教师信息素养实证研究的结果,在后续的研究中要扩大研究范围,增加样本量;二是提出的民族地区小学教师信息素养存在问题的解决和评价指标体系优化策略还有待进一步的完善。

民族地区的教师信息素养提升是一个长期的过程,是建设教育信息化强国非常重要的部分。因此,如何实现民族地区小学教师信息素养评价指标体系构建的价值和现实意义,如何推动民族地区小学教师信息素养评价体系或机制的建立,这些都是值得深入研究的问题,本研究仅仅做了初步尝试,笔者将在以后的工作中持续不断地加以关注,为民族地区教育事业的发展尽绵薄之力。

附　录

附录 1

民族地区小学教师信息素养评价指标体系专家咨询表（第一轮）

尊敬的专家：

您好！

我是武汉大学教育科学研究院研究生，目前正从事"民族地区小学教师信息素养评价指标体系构建研究"的课题研究，为科学构建小学教师信息素养评价指标体系，特编制此问卷，期待您的指导和帮助。您的意见对本研究至关重要，感谢您百忙之中填写问卷，期盼您的回复，在此致谢。

本问卷内容包括专家基本情况和小学教师信息素养评价指标体系专家咨询意见表，有任何意见或建议请联系××××××××，再次感谢您对本研究的支持。

第一部分　个人基本信息

请您在相应选项括号里打"√"，对您的所有信息严格保密。

1. 您的性别：□男　　　　　　□女
2. 您从事的主要工作内容：
   □教育科研　　□教育行政管理　　□学科教学（基础学科教师）

3. 您的工作年限：
   □1—9 年　　　□10—19 年　　　□20—29 年　　　□30 年及以上
4. 您的职称是：
   □正高级　　　□副高级　　　□中级　　　□初级
5. 您的最高学历是：
   □专科毕业　　　□本科毕业　　　□硕士毕业　　　□博士毕业

第二部分　民族地区小学教师信息素养评价指标专家意见表

填表说明：

本问卷采用德尔菲法按三个级别的指标依次进行调查，表1是4个一级指标，表2是一级指标分解出的10个二级指标；表3是二级指标分解出的33个三级指标。运用李克特五分制的评分方法："5"代表非常重要、"4"代表比较重要、"3"代表一般重要、"2"代表不太重要、"1"代表不重要，数字越大表示重要程度越高，请您评判其重要程度，并在相应数值栏打勾"√"（电脑端操作：插入符号"√"或者直接复制"√"粘贴到相应的表格中）。若您对指标有任何建议、意见或者疑问，请在专家意见修改栏提出修改意见。

表1　一级指标咨询表

一级指标	重要程度					专家修改意见
	5	4	3	2	1	
信息意识						
信息知识						
信息能力						
信息社会责任						
请您补充：						

表2　二级指标咨询表

一级指标	二级指标	重要程度					专家修改意见
		5	4	3	2	1	
信息意识	信息价值意识						
	信息应用意识						

请您补充：

一级指标	二级指标	重要程度					专家修改意见
		5	4	3	2	1	
信息知识	信息理论知识						
	信息技术知识						

请您补充：

一级指标	二级指标	重要程度					专家修改意见
		5	4	3	2	1	
信息能力	信息检索获取能力						
	信息沟通交流能力						
	信息分析应用能力						

请您补充：

一级指标	二级指标	重要程度					专家修改意见
		5	4	3	2	1	
信息社会责任	信息道德规范						
	信息法律法规						
	信息网络安全						

表3 三级指标咨询表

一级指标	二级指标	三级指标	重要程度					专家修改意见
			5	4	3	2	1	
信息意识	信息价值意识	了解获取信息资源、运用信息平台的重要性						
		了解信息技术是民族地区教师教育教学的必备技能						
		了解信息对民族地区学生素养发展的重大意义						
信息意识	信息应用意识	具有运用信息主动关注、积极推广民族文化的意识						
		具有运用信息解决民族双语教学问题的意识						
		具有运用信息技术提高自身综合素养的意识						
请您补充：								
信息知识	信息理论知识	了解计算机及计算机网络基础、教育技术知识和原理						
		了解信息发展历史及信息文化知识						
		了解国家、地方政府针对民族地区基础教育工作者制定的信息素养标准和政策要求						
	信息技术知识	基本掌握常见办公设备和软件的基本操作知识						
		基本了解民族地区信息服务机构，地方语言检索策略与方法						
		基本掌握信息化教学设备、网络教学平台使用的基本知识						
请您补充：								

续表

一级指标	二级指标	三级指标	重要程度					专家修改意见
			5	4	3	2	1	
信息能力	信息检索获取能力	能够辨别并使用民族地区语言进行信息检索						
		能够使用信息技术工具高效检索、选择，获取学科类相关信息						
		了解国家、地方政府针对民族地区基础教育工作者制定的信息素养标准和政策要求						
信息能力	信息沟通交流能力	能够运用信息技术与非民族地区教师在教育教学上开展合作与交流						
		能够选择合适的信息交流方式与民族地区学生、家长、教师进行沟通						
		能够运用信息技术组织教师自主开展双语教学设计研讨活动						
	信息应用分析能力	能够对获取的民族与非民族基础教育教学知识信息资源进行分类、存储及整理						
		能够对获取的民族与非民族基础教育教学知识及其信息源可靠性进行分析和筛选						
		能够对获取的民族与非民族基础教育教学知识进行融合再加工，重构具有民族特色的教学体系						
		利用信息技术优化民族地区教学管理						
		利用信息技术实现多元化教学评价						
		利用信息技术创新性开展具有民族特色的教学活动						

续表

请您补充：							

一级指标	二级指标	三级指标	重要程度					专家修改意见
			5	4	3	2	1	
信息社会责任	信息道德规范	自觉遵守信息道德观念、行为准则与规范						
		尊重和保护他人知识产权						
		自觉维护民族团结						
	信息法律法规	自觉遵守信息活动中的各项法律法规						
		不浏览和传播有害信息						
		维护自身和他人信息隐私与安全						
	信息网络安全意识	树立信息安全意识，了解信息安全知识						
		自觉掌握常用安全软件的安装与使用，预防计算机中毒						
		及时备份重要文件数据						

请您补充：

附：

1. 请您对该研究问题的熟悉程度进行选择：（请单选打"√"）

很熟悉	较熟悉	一般	较不熟悉	很不熟悉

2. 专家对各项指标评判的影响程度分为：3＝大、2＝中、1＝小，请您在相应栏里做出选择。

判断依据	影响程度		
	大	中	小
直觉判断			
理论分析			
实践经验			
文献资料			

附录 2

民族地区小学教师信息素养评价指标权重专家咨询问卷

尊敬的专家：

您好！

本问卷旨在构建民族地区小学教师信息素养评价指标体系，在此基础上对四川民族地区小学教师信息素养行实证研究。本研究的评价指标采用层次分析法来确定各项指标的权重，请您对评价指标进行两两比较，并参照表 1 中的标准对各项指标的重要性进行判定和赋值（为了节省您的时间，每个表只需要填写右上角的部分），由于本研究对于指标的阐述是以描述性语言为主，部分三级指标的表述较长，为了文章表述的清晰和判断矩阵的美观，在构建三级指标的判断矩阵时，均用其代号，例如"了解信息技术在民族地区教育管理中的重要意义"表示为"C1"，具体参照表（表2）。

表1 层次分析法价值尺度

1	同等重要	两个因素具有相同的重要性
3	稍微重要	认为其中一个要素较另外一个要素稍微重要
5	相当重要	根据经验预判断，倾向于某一要素
7	明显重要	实际上非常倾向于某一要素
9	绝对重要	有证据确定，在两个要素比较时，某一要素非常重要，即一个要素明显强于另一个要素的最大可能
2、4、6、8	两相邻程度中间值	用于上述标准之间的折中值
上述数值的倒数		当甲要素与乙要素进行比较时，如果已经给定了一个标度值，则乙要素的权重就应该是这个标度值的倒数

填表说明：

1. 在A与B的比较中，若认为A比B绝对重要，则在表中按照如下填写：

	A	B	C
A	1	9	
B	—	1	
C	—	—	1

2. 在A与C的比较中，若认为C比A重要，但是重要程度处于明显重要与相当重要之间，在B与C的比较中，若认为C比B稍微重要，则在表中按照如下填写：

	A	B	C
A	1	9	1/6
B	—	1	1/3
C	—	—	1

表2 民族地区小学教师信息素养评价指标参照

一级指标	二级指标	三级指标
A1 信息意识	B1 信息价值意识	C1 了解信息技术在民族地区教育管理中的重要意义
		C2 认识到信息技术是民族地区教师教育教学的必备技能
		C3 了解信息技术对民族地区学生核心素养发展的重要意义
	B2 信息辨别意识	C4 具备辨别信息时效性、真伪性的意识
		C5 具备辨别信息是否满足民族地区教学需求的意识
	B3 信息应用意识	C6 具有运用信息主动关注、积极推广民族文化的意识
		C7 具有运用信息技术解决民族双语教学问题的意识
		C8 具有运用信息技术提高自身综合素养的意识
		C9 具有运用信息技术开展线上教学的意识

续表

一级指标	二级指标	三级指标
A2 信息知识	B4 信息理论知识	C10 了解信息与信息技术的基本概念和原理
		C11 了解信息技术最新理论在教育领域应用的现状
		C12 国家、地方、学校针对民族地区基础教育工作制定的信息素养标准和政策
	B5 信息技能知识	C13 基本掌握常见办公设备和软件的基本操作知识
		C14 基本了解民族地区信息服务机构，地方语言检索策略与方法
		C15 基本掌握信息化教学设备、网络教学平台使用的基本知识
A3 信息能力	B6 信息表达能力	C16 能够使用信息语言准确表达民族地区教师的信息需求
		C17 能够使用信息技术展示民族地区教育教学成果
	B7 信息检索获取能力	C18 能够使用信息技术工具高效检索、选择，获取学科类相关信息
		C19 能够使用本民族语言文字进行信息检索
	B8 信息沟通交流能力	C20 能够运用信息技术与本民族地区之外教师在教育教学上开展交流合作
		C21 能够选择合适的信息交流方式与学生、家长进行沟通
		C22 能够运用信息技术组织教师自主开展双语教学设计研讨活动
	B9 信息分析应用能力	C23 能够对获取的本民族与其他民族教学信息资源进行分类、存储和整理
		C24 能够对获取的民族与其他民族教学信息资源可用性进行分析和筛选
		C25 能够对获取的本民族与其他民族教学知识进行融合再加工，重构具有民族特色的教学资源
		C26 利用信息技术优化本民族地区教育教学管理
		C27 利用信息技术实现多元化、过程化、个性化教学评价
		C28 利用信息技术创新性开展具有民族特色的教学活动

续表

一级指标	二级指标	三级指标
A4 信息社会责任	B10 信息道德规范	C29 自觉坚守信息道德观念、行为准则与规范
		C30 尊重和保护他人知识产权
		C31 在信息活动中尊重民族平等与维护民族团结
	B11 信息法律法规	C32 自觉遵守基本的信息法律法规
		C33 不浏览和传播有害信息
	B12 信息网络安全	C34 树立信息安全意识，了解信息安全知识
		C35 自觉掌握常用安全软件的安装与使用，预防计算机中毒
		C36 尊重和保护个人及他人隐私
		C37 具有及时备份重要文件数据的意识

表 3　一级指标的重要性评价表

一级指标	信息意识	信息知识	信息能力	信息社会责任
信息意识	1			
信息知识	—	1		
信息能力	—	—	1	
信息社会责任	—	—	—	1

表 4　信息意识重要性评价表

	信息价值意识	信息辨别意识	信息应用意识
信息价值意识	1		
信息辨别意识	—	1	
信息应用意识	—	—	1

表 5　信息知识重要性评价表

	信息理论知识	信息技能知识	
信息理论知识	1		
信息技能知识	—	1	

表 6　信息能力重要性评价表

	B6	B7	B8	B9
B6	1			
B7	—	1		
B8	—	—	1	
B9	—	—	—	—

表 7　信息社会责任重要性评价表

	B10	B11	B12
B10	1		
B11	—	1	
B12	—	—	1

表 8　信息价值意识重要性评价表

	C1	C2	C3
C1	1		
C2	—	1	
C3	—	—	1

表 9　信息辨别意识重要性评价表

	C4	C5
C4	1	

续表

	C4	C5
C5	—	1

表 10　信息应用意识重要性评价表

	C6	C7	C8	C9
C6	1			
C7	—	1		
C8	—	—	1	
C9	—	—	—	1

表 11　信息理论知识重要性评价表

	C10	C11	C12
C10	1		
C11	—	1	
C12	—	—	1

表 12　信息技能知识重要性评价表

	C13	C14	C15
C13	1		
C14	—	1	
C15	—	—	1

表 13　信息表达能力重要性评价表

	C16	C17
C16		
C17		

表 14　信息检索获取能力重要性评价表

	C18	C19
C18		
C19		1

表 15　信息沟通交流能力

	C20	C21	C22
C20	1		
C21	—	1	
C22	—	—	1

表 16　信息应用分析重要性评价表

	C23	C24	C25	C26	C27	C28
C23	1					
C24	—	1				
C25	—	—	1			
C26	—	—	—	1		
C27	—	—	—	—	1	
C28	—	—	—	—	—	1

表 17　信息道德规范重要性评价表

	C29	C30	C31
C29	1		
C30	—	1	
C31	—	—	1

表 18　信息法律法规重要性评价表

	C32	C33
C32	1	

续表

	C32	C33
C33	—	1

表 19 信息安全重要性评价表

	C34	C35	C36	C37
C34	1			
C35	—	1		
C36	—	—	1	
C37	—	—	—	

附录 3

四川省小凉山地区小学教师信息素养调查问卷

尊敬的老师：

您好！

非常感谢您抽出宝贵的时间填写问卷！我是武汉大学教育科学研究院的一名研究生，本次问卷旨在了解四川省小凉山地区小学教师信息素养的现状，大概花费 5—8 分钟填写，问卷收集的资料仅用于研究者统计分析使用，答案无对错之分，请根据实际情况如实作答，您的参与对研究非常重要，再次感谢您的参与与配合！

第一部分 教师基本信息调查

1. 您的性别：□男　　　　□女
2. 您的年龄：

☐20—30 岁　　　☐31—40 岁　　　☐41—50 岁

☐50 岁以上（不含 50 岁）

3. 您的民族：

　　☐汉族　　　　☐彝族　　　　☐其他少数民族

3. 您在校担任的职位：

　　☐校长　　　　☐班主任　　　☐任课教师

4. 您的最高学历：

　　☐研究生毕业　☐本科毕业　　☐专科毕业

　　☐中专及以下毕业

5. 您的工作年限：

　　☐1—5 年　　　☐6—10 年　　☐11—20 年

　　☐20 年以上

6. 您的所在学校类型：

　　☐城区　　　　☐城乡结合部　☐农村

7. 您所教授的学科为：

　　☐语文　　　　☐数学　　　　☐英语　　　　☐劳动教育

　　☐科学　　　　☐道德与法治　☐心理健康　　☐体育

　　☐音乐　　　　☐美术　　　　☐计算机　　　☐其他

第二部分　教师信息素养调查

一、关于信息意识部分（数字 1—5 表示多大程度与您的情况相符，5 表示非常符合，1 表示很不符合）

序号	题项	1	2	3	4	5
1	我能认识到信息技术在民族地区教育管理中的作用					
2	我能认识到信息技术是民族地区教师教育教学的必备技能					
3	我能认识到信息技术对民族地区学生信息素养发展的重要意义					

续表

序号	题项	1	2	3	4	5
4	我具有辨别信息时效性、真伪性的意识					
5	我具有辨别信息是否满足民族地区教学需求的意识					
6	我具有运用信息技术关注、维护民族文化的意识					
7	我具有运用各种网络平台进行自主学习，提高教学技能的意识					
8	我具有运用信息技术解决民族地区双语教学问题的意识					
9	我具有运用信息技术进行线上教学的意识					

二、关于信息知识部分（数字1—5表示多大程度与您的情况相符，5表示非常了解，1表示很不了解）

序号	题项	1	2	3	4	5
10	我了解信息与信息技术的基本概念和原理					
11	我了解信息技术最新理论在教育领域应用的现状					
12	我了解国家、地方政府制定的有关教师信息素养标准的政策文件					
13	我了解并掌握word、excel、ppt等基础办公软件知识					
14	我了解民族地区信息服务相关部门，地方语言检索策略和方法					
15	我了解并掌握信息网络平台以及教学设备的使用知识					

三、关于信息能力部分（数字1—5表示多大程度与您的情况相符，5表示完全同意，1表示很不同意）

序号	题项	1	2	3	4	5
16	我能够使用信息语言准确表达民族地区教师的信息需求					

续表

序号	题项	1	2	3	4	5
17	我能够使用信息技术展示民族地区教育教学成果					
18	我能够使用信息技术工具高效检索、选择、获取学科类相关信息					
19	我能够使用本民族语言文字进行信息检索					
20	我能够运用信息技术组织教师自主开展双语教学设计研讨活动					
21	我能够使用信息技术与本民族地区之外的教师在教育教学上交流合作					
22	我能够选择合适的信息交流方式与学生、家长进行沟通					
23	我能够对获取的教学信息资源可用性进行分类、存储及整理					
24	我能够对获取的教学信息资源可用性进行分析和筛选					
25	我能够对获取的教学知识进行融合加工，重构具有民族特色的教学活动					
26	我能够利用信息技术优化本民族地区教育教学管理					
27	我能够利用信息技术实现多元化、过程化、个性化教学评价					
28	我能够利用信息技术创新性开展具有民族特色的教学活动					

四、关于信息社会责任部分（数字1－5表示多大程度与你的情况相符，5表示完全同意，1表示很不同意）

序号	题项	1	2	3	4	5
1	我能自觉坚守信息道德观念、行为准则与规范					
2	在查阅资料时，我能自觉尊重和保护他人知识产权					
3	在进行线上线下教学和研讨时，我会自觉尊重民族平等与维护民族团结					
4	我了解信息活动中的各项法律法规					

续表

序号	题项	1	2	3	4	5
5	我能够不浏览和传播有害信息					
6	我能够尊重和保护个人及他人信息隐私					
7	我了解信息活动中网络安全意识					
8	我自觉掌握常用安全软件的安装和使用，预防计算机中毒					
9	我能及时备份重要文件数据					

附录 4

民族地区小学教师信息素养现状访谈提纲（教师）

被访谈者姓名、职称：

所教课程：

访谈人：

老师您好！

我是武汉大学教育科学研究院的一名研究生，在做民族地区小学教师信息素养评价指标体系的研究。感谢您抽出宝贵的时间接受我的访谈，关于民族地区小学教师信息素养的情况我想了解一下您的真实想法。

再次衷心感谢您的配合！

1. 教师信息素养包括信息意识、信息知识、信息能力、信息道德，您觉得自己在哪个方面比较欠缺，原因是什么呢？

2. 您平常会主动学习信息技术吗？

3. 您是如何在课堂上运用信息技术的呢？遇到过什么问题呢？

4. 您在进行信息技术与日常教学融合时，有哪些问题呢？

5. 您认为当地民族地区小学的信息平台建设如何？相比其他地区有什么差别呢？

6. 您对校内外开展的信息素养培训有何意见和想法？

7. 您所在的学校有哪些信息化设备呢？

8. 您期待学校提供哪些信息化教学条件和设备呢？

附录 5

民族地区小学教师信息素养现状访谈提纲（学校领导）

被访谈者姓名、职称：

所教课程：

访谈人：

领导您好！

我是武汉大学教育科学研究院的一名研究生，在做民族地区小学教师信息素养评价指标体系的研究。感谢您抽出宝贵的时间接受我的访谈，关于民族地区小学教师信息素养的情况我想了解一下您的真实想法。

再次衷心感谢您的配合！

1. 您认为学校教师整体信息素养水平如何？

2. 学校的信息化教学环境（信息化设备）如何？

3. 您认为教师信息素养的提升能给学校发展带来哪些影响呢？

4. 您认为影响教师信息素养水平提升的因素有哪些呢？

5. 学校是否会定期组织信息素养方面的培训呢？主要有哪些组织形式？效果怎么样呢？

6. 您认为提升民族地区教师信息素养还需要做哪些努力？

专题三

提升县域中小学教师教育科研素养的管理策略研究
——以成都市 P 县为例[①]

第一章 绪论

一、研究缘起

《国家中长期教育改革发展规划纲要（2010—2020年）》中指出教育须以教师为本，最重要的基础工作是加强教师队伍建设，打造高素质教师队伍[②]。在21世纪，教师具有较好的教育科学研究素养是打造前述高素质队伍的重要支撑条件。"研究来源于自身熟悉的经验"。[③] 因此，本研究选取提升 P 县中小学教师教育科研素养管理策略研究作为选题，原因有以下两点。

（一）主观原因

笔者2011年从师范院校毕业至今一直在 P 县下辖的一所农村九年制义务教

[①] 本专题完成于2021年4月，主编对其做过修改和删节。
[②] 《国家中长期教育改革和发展规划纲要（2010-2020年）》，《中国德育》，2010年第8期。
[③] 费孝通著：《江村经济：中国农民的生活》，北京：商务印书馆2004年版，第11期。

育学校工作,从事小学与初中的英语教学。在工作的过程中,感觉周围同事对于教育科研并不感兴趣。大多数同事是为了应付职称评审,才会做些小研究用以写论文评奖,用作评职称的素材。基于这样一种现状,笔者就想了解整个 P 县中小学教师教育科研情况,所以就展开了调查,确定了该研究选题。

此外,对于教育事业的热爱也促使笔者想了解工作所在地的教育科研情况。教师不仅仅只是传授知识,还应该对在教学过程中遇到的问题与疑惑进行整理研究,以求精益求精,提高教学质量。如今 21 世纪,时代在进步,教学方法与以前相比有很多不同的地方,因此教师更需要与时俱进,善于总结,从平时工作经验中提炼出有利于自己工作效率提高的因素。这就需要教师有研究的意识。

(二) 客观原因

笔者在查找文献过程中并没有发现关于 P 县中小学教师教育科研素养的文献。基于此,笔者想通过对 P 县中小学教师教育科研素养的管理策略作一研究,为 P 县中小学教师教育科研素养有所提升尽绵薄之力。

此外,因笔者硕士研究生阶段所学专业为教育管理,确定 P 县中小学教师的教育科研素养的管理策略研究,切合所学专业。

二、文献综述

(一) 教师科研素养研究

1. 国外关于教师科研素养的研究

国外关于教师科研素养的研究有如下一些:

早在 20 世纪初,教师就已经被认为是发现和解决教学问题的人[①]。早期提倡教师研究的英国教育家白金汉姆(B. Buckingham)在他所著《为了教师的研究》一书中的部分章节专门谈论了教师成为研究人员的路径和方法。他认为:教师的科研机会很多,如果他们能够抓住这些机会并付诸实践,他们就能对教学技

---

① 张筱玮:《教育科研与教师专业发展》,上海:华东师范大学出版社 2005 年版,第 24 页。

术进行改进，提升教学质量，使教师的工作受到尊重①。20世纪60年代，根据英国心理学家斯坦豪斯的研究，教师应该通过课堂发现并解决问题，在教育实践过程中完成研究。他后续发出的"教师即研究者"倡议，提出教师应该有科学研究的素质。学者埃利奥特提出教师应该将研究与行动相结合，用研究来解决行动中遇到各类型实际问题②。后凯米斯又提出教师是持解放心态的行动研究者，他认为研究与教学是有机结合的，也是部分之于整体的关系，而教学过程中较为主要的一个部分是研究，教师应该从教学实践活动中发现问题，并且做出反思，过程中结合相关理论的指导寻求解决策略，而不是完全根据专家的指导和建议直接开展科学研究活动③。

20世纪50年代，美国中学教师在课程和教育改革的过程中已经采用了行动研究法。柯雷和塔巴认为教师应进行教育科研，他们指导中学教师能够准确的界定问题，就每日工作情况建立行动改进假设，以此检验教学程序的优劣，而后通过编写材料的方式使程序的效果得以固化④。自美国于20世纪80年代提出教师专业化的理念后，多国积极提倡，逐渐形成了对教师的多层次要求，力求形成带有自己国情的专业化要求。随后人们在研究的基础上又提出了"研究型""专家型"的教师观，并被大多数国家接受，逐步形成了一种普遍性的观念⑤。卡内基基金会"全美专业标准委员会"（National Board for Professional Teaching Standards）就制定了《教师专业标准大纲》（1989）⑥。如果教师想要成为一名研究者，要有反思的意识，其中在课后进行的反思尤为重要。杜威在《我们如何思维》一书中就"反思"作了详细的解释，他认为反思是对于信念或假设性知识的一种思

---

① 郑金洲：《教师如何做研究》，上海：华东师范大学出版社2012年版，第90页。
② 田颖：《石家庄市4所小学教师教育科研素养现状调查与对策研究》，河北师范大学硕士学位论文，2015年7月，第15页。
③ S. Kemmis. *Becoming Critical: Education, Knowledge and Action Research*, New York: The Falmer Press, 1982, P. 52.
④ 李彩飞：《青海省海东地区中学教师教育科研素质的现状调查和提高策略》，陕西师范大学硕士毕业论文，2010年5月，第15页。
⑤ 浦明磊：《中学政治教师科研素养及其提升策略》，扬州大学硕士学位论文，2017年5月，第16页。
⑥ ［日］佐藤学著、钟启泉译：《课程与教师》，北京：教育科学出版社2003年版，第166页。

考，反思性行为是对教师自身的教学理念及实践进行探索、研究和改进的过程①，其根源于教师在教学实践中碰到的一些困难和疑惑。杜威的研究着重于展示反思对教师教学活动及其研究的养成之重要性。

1966年，瑞士儿童心理学家皮亚杰极力提倡教育科学研究需要教师的充分参与。他在其著作《教育科学与儿童心理学》中认为，正是因为中小学教师脱离了科学研究，所以他们失去了本应获得的荣誉和地位，从而进一步导致他们不像律师、医生一样受人尊敬，他主张中小学教师可以采取参加教育科研获得应有的专业地位的方式，逐步使教育学成为既科学又生动的学问②。

日本有学者在70年代强调教师不仅仅是知识的讲授者，而是要做知识的创造者，教师都要开展教育科学研究③。综上所述，国外的研究多集中于教师应具备科研素质并成为科研人员，这在国外，尤其是发达国家，已成为教育研究领域的共识。

2. 国内关于教师科研素养的研究

（1）教师科研素养内涵的研究

马勇军指出教师科研素养是采用科学的研究方法及手段针对教学实践活动中遇到的问题，结合教育学、心理学等专业知识进行专业探讨与调查的过程中，研究者需要的知识、技能及心理品质④。樊洁在其《科研素质——中学教师急待提高的教育素养》一文中指出，教育科研素质包括知识、技能和心理品质，是针对教学过程中发现的问题，运用科学方法开展的教学实践⑤。

（2）教师科研素养结构的研究

辉进宇、褚远辉认为，中小学教师科研素养主要由研究意识、理论素养、科

---

① [美] 约翰·杜威著、伍中友译：《我们如何做思维》，北京：新华出版社2010年版，第230页。
② 皮亚杰著、傅统先译：《教育科学与儿童心理学》，北京：文化教育出版社1981年版，第11页。
③ 李彩飞：《青海省海东地区中学教师教育科研素质的现状调查和提高策略》，陕西师范大学硕士学位论文，2010年5月，第15页。
④ 马勇军：《教师教育科研素养及其培养》，北京：教育科学出版社2002年版，第30页。
⑤ 樊洁：《科研素质——中学教师亟待提高的教育素养》，《现代教育科学（普教研究）》，2003年第5期。

研知识技能、科研实践经验和科研情感体验等要素构成①。张斌认为，教师科研素养由理论、观念、能力和道德四方面构成②。丁新胜在《论研究型教师的素质及其培养途径》一文中认为，研究型教师的素质结构包括理论、道德、能力素养以及研究意识③。董建春在《中小学教师的教育科研素养与培养》一文中指出，教师科研素养由研究意识、理论基础、研究能力和研究道德构成④。王丽娟在《教师科研素质的自我建构》中认为，教师可以将创新意识、品德、探究精神、把握科研信息能力、团结合作五个要素相结合，以形成自身特有的科学研究素养⑤。陈文娇、俞文认为教师的实际科研工作可以表现其科研素养，基于此方法能提出科研素养的基本架构。教师的教育科研是教师在具有问题意识基础上，通过科研课题的研究，提升自身的科研水平，研究课题的过程也会塑造该教师的科学研究精神⑥。

(3) 提升教师科研素养对策方面的研究

郑金洲、刘耀明指出，教师应该在教育科研的过程中加入课程改革的理念。将新课程改革理念下的教学活动与教育科研相统一，进行教育科研活动并不是让教师不重视教学，而是为了探讨教育教学活动如何更加高质高效地进行⑦。周慧在《高中英语教师教育科研素养的调查研究——以菏泽市牡丹区为例》一文中提出学校应该为教师从事教育科研活动给予大力支持，针对相关教育科研成果，要积极实践并加大推广力度。学校应该意识到教师从事教育科研与提升学生成绩是相辅相成的，远期来看，两者成正向比例关系⑧。

综上所述，国内关于教师教育科研素养的研究还是比较多，大多数集中于教

---

① 辉进宇、褚远辉：《中小学教师教育科研素质的结构及培养》，《教育理论与实践》，2014年第8期。
② 张斌：《中小学教师科研素养提升研究——从教师核心素养谈起》，《教师教育论坛》，2017年第8期。
③ 丁新胜：《论研究型教师的素质及其培养途径》，《教学与管理》，2006年第6期。
④ 董建春：《中小学教师的教育科研素养与培养》，《教育评论》，2008年第1期。
⑤ 王丽娟：《教师科研素质的自我建构》，《中国成人教育》，2004年第9期。
⑥ 陈文娇、俞文：《教师科研素养的结构解析与实证检验——基于武汉市2746名中小学、幼儿园教师的调查》，《教育研究与实验》，2019年第4期。
⑦ 郑金洲、刘耀明：《在研究中成长——新课程背景下的教师研究与专业发展》，《教育发展研究》，2005年第14期。
⑧ 周慧：《高中英语教师教育科研素养的调查研究——以菏泽市牡丹区为例》，华中师范大学硕士学位论文，2018年5月，第17页。

育科研素养内涵、教育科研素养的结构、教育科研素养的提升对策等方面来研究。以上四个方面大概涵盖了国内关于教师教育科研素养的相关研究。但据笔者所知，中小学教师做教育科研的少之又少，因此提高中小学教师的教育科研意识及能力是重中之重。

（二）县域中小学教师研究

随着"两基"任务的完成，我国教育部门提出基础教育尤其要注重素质教育，要让学生全面发展。近来，随着 STEAM 课程的提出，更要求中小学教师把学生培养成综合性人才，这对教师的要求更高，相关教学活动也更有挑战性。为了让县域中小学教师能得到更好的发展，进而能更好地培养出中国特色社会主义事业的接班人，就需要一些有实用价值的理论和具有实践操作性的指导意见来帮助县域中小学教师发展。

在中国知网中以"县域中小学教师研究"为关键词进行搜索，结果显示：关于县域中小学教师的研究多集中于教师流动、教师成长与专业发展、教师编制管理这三大方面，因笔者着重研究的是县域中小学教师的教育科研素养，其中要涉及教师的成长与专业发展方面，因此笔者从县域中小学教师成长与专业发展方面进行文献梳理。

郭冬青在《关于县域教师专业成长的思考》一文中提出"四步序列导向，四级平台支撑"的教师培养体系。"四步序列"是对不同成熟度教师的划分，即人格、熟练、风格和首席，是一个逐级成长的路径。"四级平台"是为教师提供的本校、跨校、联合体、县域四个逐步范围扩大的平台培养体系。郭冬青希望通过这样一种培养体系使教师在专业上有所成长，成为优秀的教育工作者。①

郎贵芹在《区域性助推中小学教师专业化成长方式的研究》一文中提出通过构建县域专业阅读平台、县域专业写作平台、县域专业共同体平台和县域实践平台，以此来助力教师在专业方面成长的速度。②

舒小平在《立足县域教研 引领教师成长》一文中提出区县教研室可以通过

---

① 郭冬青：《关于县域教师专业成长的思考》，《教育理论与实践》，2019 年第 17 期，第 35 页。
② 郎贵芹：《区域性助推中小学教师专业化成长方式的研究》，《学周刊》，2019 年第 3 期，第 116-117 页。

打造"学科专题例会、双教下乡、课题讨论、跟班学习"四项活动,为教师的发展与提升提供平台与整体服务,助力教师成长。①

于维涛在《县域教师发展体系建设研究》一文中提出县域教师需要在学校的现实环境中进行发展,主要注意学校的制度、文化等环境对于教师发展反向或阻碍作用。②

通过梳理县域教师成长与专业发展方面的研究文献,发现大多数是关于其成长过程及培养体系等方面的研究。

(三) 县域中小学教师教育科研素养研究

通过知网以"县域中小学教师教育科研素养"为主题词进行搜索,没有直接检索到关于县域中小学教师教育科研素养的研究文献,相关文献大多数是关于县域教师流动性、专业发展与成长、编制管理,有少量关于县域中学教师教育科研素质的研究文献。对搜索到的有限文献进行梳理,发现有关县域教师教育科研素养的研究有以下一些。

1. 县域中小学教师教育科研素养存在问题方面的研究

王巧玲在《县域中学教师教育科研素质现状调查与对策研究》中指出,当前县域教师在教育科研素养方面存在的问题是:整体教师科研意识较高,但非均匀分布,并且教师没有相匹配的实际行动计划;教师教育科研理论知识的储备不足及欠缺更新;教师整体科研实现能力较弱;科研活动成果数量不足,成果质量不佳,其中农村教师表现得尤为突出。③ 针对以上问题逐一分析其原因并提出自己的建议。

陈钰慧在《农村希望小学教育科研的研究——以会昌县希望小学为例》一文中,通过对会昌县农村希望小学的科学研究现状进行调查,发现会昌县农村希望小学在科研方面的一些问题,主要是管理不规范、教师科研能力不足、参与动力

---

① 舒小平:《立足县域教研 引领教师成长》,《江西教育》,2011年第6期,第30页。
② 于维涛:《县域教师发展体系建设研究》,华东师范大学硕士学位论文,2009年4月,第19页。
③ 王巧玲:《县域中学教师教育科研素质现状调查与对策研究》,河北师范大学硕士学位论文,2006年4月,第15页。

不足、保障和外部支持不足。① 并对其存在的问题进行深入分析后，发现主、客观原因均存在，然后提出了针对性建议。

2. 县域中小学教师教育科研素养结构的研究

于小源认为：在我国，义务教育管理主要以县级单位为主，要实现教育的均衡发展，离不开对于县域内教育科研发展状况的探讨。同时，通过构建科研要素框架，提供理论依据和实践案例以满足中小学教师进行教育科研调查和评价的需求。因此，他尝试构建显性和隐性两个层面用于调研和评价中小学教师教育科研状况。②

3. 提高县域中小学教师教育科研素养对策的研究

杨汇霖在《县域示范性高中教育科研现状及对策研究——以 H 市为例》一文中以 H 市 10 县的示范性高中为研究对象，深入调查和分析学校开展教育科研的情况、教师的教育科学研究素养、学校的教育科研管理、交流与合作等方面的现状，希望为同一类型学校和教师开展教育科学研究活动有些许的帮助。③

综上所述，现今关于县域中小学教师教育科研素养方面研究的文献大多数是以某个特定区域的学校为研究对象，并对其科研方面的现状与成果进行调查与研究，通过对现状的分析找出其存在的不足以及存在不足的原因，再提出有针对性的策略与建议，希望能为所研究区域的教育科研事业提供科学的理论依据。

三、核心概念的界定

（一）县域

本研究中的"县域"是指行政区划中的"县级市"。县级市属于县级行政区，

---

① 陈钰慧：《农村希望小学教育科研的研究——以会昌县希望小学为例》，湖南大学硕士学位论文，2018 年 5 月，第 20 页。
② 于小源：《县域中小学教师教育科研状况研究——以浙江省 C 县为例》，华东师范大学硕士学位论文，2013 年 4 月，第 25 页。
③ 杨汇霖：《县域示范性高中教育科研现状及对策研究——以 H 市为例》，黄冈师范学院硕士学位论文，2016 年 5 月，第 21 页。

一般由所属地级市管理，或者由地区管辖，也有部分县级市由省直接进行管理。① 1985 年《中共中央关于教育体制改革的决定》指出由地方政府承担基础教育发展的责任，而县级市是我国基础教育的重点实施区域。② 1999 年《中共中央国务院关于深化教育改革，全面推进素质教育的决定》指出基础教育的完善主要由地方负责，需进行分级管理。根据实际情况，让县级政府在教育经费、教育人员管理等方面有更大的权限。③ 2006 年《中华人民共和国义务教育法》指出义务教育实行统一规划，统筹实施，县级政府为主要管理单位。④ 2019 年《中共中央、国务院关于深化教育教学改革全面提高义务教育质量的意见》中明确规定各级党委和政府要把办好义务教育作为重中之重，全面加强党的领导，切实履行省级和市级政府统筹实施、县级政府为主管理责任。⑤ 由以上四个关于教育方面的文件可以看出县级市在教育管理中的地位很重要，因此研究 P 县教师教育科研素养是很有必要的。

本研究选取的样本县，是四川省成都市 P 县，位于成都西南方向，主要以农业经济为主，交通较好，区划面积 500 多平方公里，常住人口在 25 万人左右。

（二）县域中小学教师

县域教育主要指在县级行政单位内进行的包括学前阶段、义务阶段、高中阶段和高等阶段教育在内的教育活动。在我国，高等教育阶段前的教育活动是县域教育的主要构成部分，我国县域教育的特点是以农村教育为主导。因此，县域中小学教师主要由在农村和小城镇从事农村教育活动的小学及中学教师构成。

（三）教育科研

毫无疑问，教育科研是一种科研活动。《现代科学技术基础知识（干部选读）》中提出科学研究的英文叫"research"，意思是研究、调查，其中，前两个

---

① 于小源：《县域中小学教师教育科研状况研究——以浙江省 C 县为例》，华东师范大学硕士学位论文，2013 年，第 4 页。
② 《中共中央关于教育体制改革的决定》，《中华人民共和国国务院公报》，1985 年第 15 期。
③ 《中共中央国务院关于深化教育改革，全面推进素质教育的决定》，《中华人民共和国国务院公报》，1999 年第 21 期。
④ 《中华人民共和国义务教育法（修订）》，《中华人民共和国最高人民检察院公报》，2006 年第 5 期。
⑤ 《中共中央 国务院关于深化教育教学改革全面提高义务教育质量的意见》，《人民教育》，2019 年第 15 期。

字母是英文单词"repeat（反复）"的简写，后半部分search意为"探求"。科研有整理、继承旧知识和创新、发展新知识的内在含义。① 潘国青指出中小学学校教育科研是中小学校长及教师将学校教育现象作为研究对象，运用科研方法探索中小学教育规律的认知活动。② 教育科研，是指人们采用科学的方法对教育背后本质进行探求，不断从中总结规律，从而获得相应结论，解决相关实际问题，推动教育活动提升的科研活动过程。③ 本专题涉及的教育科研是指对教学实践活动中遇到的各种问题进行深入研究，以探寻其背后深层次规律的研究活动。

（四）教师科研素养

要成为符合要求的人民教师，其自身应该具有能够成为教师的基本素养，如具有健全的道德规范、崇高的师德师风、扎实的学科基础知识和教育科研素养，而科研素养是教师素养中很重要的一部分，决定了一名教师能否走得更高更远，能否把教学过程中遇到的问题以及现象进行提炼从而找出规律和解决的办法。要做到这点，我们必须首先了解素养和教师科研素养的内涵。

根据《现代汉语词典》，"素质"含义，一为事物本来的性质，二为人类神经系统及感觉器官在心理学意义上的先天特点。④ 由此可知，素质具有原生特点。我国要求进行的素质教育中的"素质"指的是人在某种环境下经过一定的培养而达到的某种程度或能力，主要包括人的道德、智力、身体健康、审美、劳动技能等，简称德智体美劳。根据词典解释，"修养"是指理论、知识、艺术、思想等方面具备一定的水平，又或指养成为人处事的正确态度。⑤ 从前述解释看出，素质倾向于先天的获得，而修养是通过后天努力而养成的。"素质教育"中的"素质"，其含义更偏重于后天的养成。"素养"是指一种平日里通过适量的实践及训练而获得的某种技巧、能力及修养。素养不是先天就有的，而是后天可以养成

---

① 宋健主编：《现代科学技术基础知识（干部选读）》，北京：中共中央党校出版社1999年版，第6页。
② 潘国青：《发达地区中小学学校教育科研持续发展研究》，《上海教育科研》，2007年第5期。
③ 王翔宇著：《插上翅膀 贴地飞行——中小学教育科研与教师成长》，济南：山东教育出版社2016年版，第8页。
④ 中国社会科学院语言研究所词典编辑室编：《现代汉语词典》，北京：商务印书馆2012年版，第1603页。
⑤ 中国社会科学院语言研究所词典编辑室编：《现代汉语词典》，北京：商务印书馆2012年版，第1714页。

的，通过一定的培训和练习，人是可以在素养的某一方面有一定的提升。①

"素养"一词的概念解释清楚之后，教师科研素养的意思就比较明显了。教师的科学研究素养是指从事教育科学研究的教师所需要的素质及修养，具体应包括教师进行教育科学研究活动时必须具备的研究意识、专业学科知识、科研能力、科研品质和科研精神。如果教师具备一定科研素养，必将使其从传统型的"满堂灌"和"填鸭式"教学中脱离出来，最终让学生获益良多。

四、研究的理论意义和实践意义

苏霍姆林斯基曾说，引导教育者进行研究能够给他们的劳动带来想要的乐趣②。研究型教师的培养已逐步成为我国教师教育改革的关键，教育科研能力即是重要的教师专业素质，也是研究型教师的关键能力。③

（一）理论意义

1. 可以丰富县域中小学教师教育科研素养的有关理论

本研究首先对县域和县域中小学教师的概念进行阐述，然后解释了教育科研和教师科研素养的概念。其次，对相关中小学教师科研素养的文献进行概要性梳理，包括教师科研素养研究、县域中小学教师研究和县域中小学教师教育科研素养研究三个方面。在文献梳理过程中，发现关于中小学教师教育素养研究和县域中小学教师教育科研素养方面研究的文献比较多，但是关于县域中小学教师科研素养提升研究方面的文献就很少。为此，笔者希望通过对 P 县的教育科研素养体系研究可以丰富县域中小学教师教育科研素养研究资料，为我国县域中小学教师教育科研素养提升研究提供参考，通过对 P 县中小学教师教育科研素养提升的研究及分析为其他研究者提供参考。

2. 可以拓展县域中小学教师教育科研素养研究的新视角

---

① 姚希：《咸宁市 W 中学教师科研素养调查分析》，华中师范大学硕士学位论文，2013 年 4 月，第 12 页。
② B. A. 苏霍姆林斯基：《给教师的建议》，北京：科学教育出版社 1982 年版，第 507 页。
③ 薛丽慧：《本科英语专业师范生教育科研能力培养研究》，海南师范大学硕士学位论文，2014 年 5 月，第 19 页。

通过对文献的梳理，发现关于教师教育科研素养提升研究的相关理论和文献非常多，视角和观点也各不一样。笔者发现，这些文献大多数是教育专家或者是学者的调查研究成果，从一线教育工作者的角度来谈得非常少，这就会出现理论与实际操作不符合和脱节的现象。所谓"理想是丰满的，现实却是骨感的"，理论再丰富，建议策略再多，不能应用到一线教育工作者身上，对于一线教育工作者来说就没有用处。因此笔者站在一线教育工作者的视角上，调查和研究一线教育工作者的科研现状，通过分析现状来找出存在的问题并针对问题分析其原因，再针对原因提出可行性管理策略，供中小学教师参考及借鉴。

3. 可以构建县域中小学教师教育科研素养提升的新体系

笔者以 P 县中小学教师教育科研素养提升为研究对象，在知网上并没有找到任何关于研究 P 县教育科研素养的文献，却找到有关研究 P 县农业、医疗、公安系统和气候等的文献。因此，本专题通过对 P 县中小学教师教育科研素养提升的研究，可以为之后想要研究 P 县教育科研发展的学者打开新的窗户。同时还通过深入分析 P 县中小学教师的科研素养现状及其存在的问题并探讨原因，在此基础上提出可行性管理策略，希望能对提升县域中小学教师教育科研素养的管理策略研究提供参考价值。

（二）实践意义

随着全新时代的到来，追求创新和教育改革的不断深化，大部分的学校和教育工作者已经认识到了科研的重要性，各地对教育科研的重视程度也有了大幅度提高，相应的科研政策正逐渐完善，科研经费也得到了进一步的落实。教育科研对于教师教学水平、学校办学水平，以及县域教育的改革深度均有重大影响。目前我国教育科研管理体系是一个国家、省/直辖市、地级市、县（区）、学校五级管理体系。学校与县域教育管理部门之间应如何发挥各自应有的作用，尽最大努力对教师教育科研进行支持，从而加快提升教师专业水平、学校办学水平以及推进教育的改革，这些都是需要尽快处理的问题。[①] 基于此，本研究的实践意义有以下四点：

---

① 于小源：《县域中小学教师教育科研状况研究——以浙江省 C 县为例》，华东师范大学硕士学位论文，2013 年 4 月，第 21 页。

1. 可为教师解决实际教育教学问题提供有效指导

教师进行教育科研，有利于提高教学效果，也是新手教师成长为骨干教师的必经之路。

教师研究的对象可以有很多，例如所教授的学生，包括学生学习的习惯、态度、行为、学生的主观能动性、课后怎么培养优生和辅导差生……又例如课程研究，包括课前准备、上课过程中所遇到的问题与难题、课后反思……；再例如作业，包括怎样选取适合层次不同学生的题目、学生做了作业后怎样才能有效地进行批改、学生错题中所反映出的问题等。如果教师能对这些问题逐一做研究，总结经验，相信会对提升教学成效有很大的帮助。学生也会因为拥有这样善于研究的老师而获益良多。

2. 可供政府了解县域教师培养状况和教师队伍建设成效

笔者在查找文献的过程中，并没有发现关于 P 县中小学教师教育科研素养提升研究的任何文献。此外，在知网等资源库中查找 P 县教师所发表的期刊论文数量寥寥无几，总共不到 200 篇，其中一线教师所发表的文章数量包括：小学 31 篇，初中、高中共 39 篇，占总百分比 40% 左右，其余均为党校、幼儿园、教育局等工作人员所发表的。由此可见，P 县中小学教师整体教育科研意识不强。笔者希望通过此研究可以引起政府的重视，使他们了解 P 县中小学教师教育科研成果的现状，并为他们制定有利于教师培养和队伍建设的政策提供理论依据。

3. 可为热心于做教育研究的教师提供参考

据笔者的工作经验，大多数教师是因为评职称需要才迫不得已去做研究的。很大部分教师完全不知道怎么做研究，对题目怎么定、有什么研究方法、切入点在哪里、哪些问题可以作为研究的对象、研究时间需要多久等等很多问题，大部分教师对此十分茫然。没读研究生以前，笔者也是诸多毫无头绪的教育研究者中之一，一说到写论文，完全不知道怎么下手。但是，也有少部分教师是热心于做研究的，只是教育环境、可供其使用的资源有限以及没有得当的方法等阻碍了他们前进的步伐。因此，笔者希望通过此次的研究可以给这些热心于教育研究但是又找不到适合的方法的教师们提供一些中肯的建议，为其从事教育科研指明方向，让他们知道要想搞好教育研究必须具备什么样的教育研究素养，这样有利于热心做研究的教师充分发挥其科研能力。

4. 可以形成更多理论成果，丰富教育科研宝库

笔者通过知网查找关于县域教师教育科研素养研究提升方面的文献，发现并没有很多关于这方面的研究，大多数是关于县域教师流动性、县域教师编制管理和县域教师专业发展与成长方面的研究。基于此，笔者想通过对 P 县教师教育科研素养的研究来丰富关于县域教师教育科研素养研究方面的理论成果，为教师教育科研素养研究宝库的丰富与发展作出积极贡献。

五、研究的思路及方法

（一）研究的思路

本专题首先通过梳理关于教师科研素养研究、县域中小学教师研究、县域中小学教师教育科研素养研究的文献，在已有研究的基础上分析现今县域中小学教师教育科学研究素养研究的方向和体系建构，进而通过获取 P 县教育科研的一手资料来分析 P 县中小学教师教育科研的成果、有关政策和现状，找出其目前存在的问题以及问题存在的原因，在一线教师的角度上提出中肯的管理策略建议，为 P 县教育科研素养提升提供一定的参考。

（二）研究的方法

本研究以历史研究法为方法论，在尽量掌握 P 县历年来关于中小学教师教育科研方面的政策和搜索 P 县中小学教师在知网、万方和维普上发表的文章数量的基础上，对 P 县关于中小学教师教育科研方面的政策和文章进行分析与数据处理，以便探寻 P 县中小学教师教育科研现状及教师整体教育科研素养。具体研究方法主要有：

1. 文献研究法

本文立足于现有研究情况，通过查阅多个数字图书馆，以及西华师范大学、乐山师范学院等学校图书馆的方式等获得电子文献，另外还在广泛查阅电子文献资料的基础上最大限度地收集县域中小学教师教育科研素养等有关的书籍、论文等纸质文献资料，然后对这些文献资料进行分析、筛选、整理、归纳，整理出本研究所需要的相关材料，为本研究的顺利进行奠定基础。

2. 调查法

调查法是研究者为了了解县域教育科研的实际开展情况，藉以发现可能存在的需改善事项，探索教育科研的规律而采取的系统性计划及方法。① 其最重要的研究手段之一就是当面访谈，即通过对调查对象的观察，与调查对象沟通交流来了解事实情况、搜集相关资料的方法。② 对于 P 县教育科研的管理者以及在科研方面有所建树的教师，笔者通过采访的形式收集所需重要资料。其次是问卷调查法，笔者以问卷的形式通过问卷星发放给 P 县的中小学教师，根据问卷所得数据分析县域中小学教师教育科研现状。

第二章　中小学教师教育科研素养的理论探讨

本研究从教育科研素养的内涵、教育科研素养的特征和教育科研素养的理论基础三方面来探讨中小学教师教育科研素养管理理论。

一、教育科研素养的内涵

关于教育科研素养，笔者将从五个方面进行其内涵剖析，包括教育科研意识、教师专业学科知识、教育科研能力、教育科研品质和教育科研精神。

（一）教育科研意识

本专题所涉及的教育科研是指对教育过程中遇到的各种问题及教育规律的研

---

① 李秉德主编：《教育科学研究方法》，人民教育出版社1986年版，第44页。
② 李秉德主编：《教育科学研究方法》，人民教育出版社1986年版，第44页。

究。尤指教师在教书育人时运用科学的研究方法，总结出恰当的、符合学生规律的、能够指导教师教学和育人的实践经验。《现代汉语词典》中对"意识"的解释有两点。其一，做动词时表示觉察到什么；其二，做名词时是指人脑对于客观物质世界的反映，是感觉、思维等各种心理过程的总和，其中的思维是人类特有一种反映现实世界的高级形式。① 综上所述，教育科研意识就是指教育者在做科学研究时，头脑里对于教育中的一系列事件的反映，需要教育者运用其各种感官和思维来处理教育教学中遇到的问题的总和。

（二）教师专业学科知识

《现代汉语词典》对"专业"解释有四点。其一，名词，高等学校的系里或中等专业学校里，把学业分成的各种门类；其二，名词，产业部门中根据产品生产的不同过程而分成的各业务部门；其三，形容词，专门从事某种工作和职业的；其四，形容词，具有专业水平和知识。② 综合这四点解释，"专业"的意思都离不开专业的人和部门做专业的事。笔者作为一名九年制义务学校的英语教师，应拥有的教师专业学科知识是指必须具备的专业水平的英语学科知识以及应掌握的科学的教学方法。以此类推，教语文的中小学教师就必须具备专业水平的语文学科知识并掌握科学的教授语文学科的方法等等。也就是说各个学科的中小学教师，不管你是教哪一门学科，你都必须具备相应学科的专业水平知识并掌握教授这门学科的科学方法，才能达到中小学深度化教学的要求。

（三）教育科研能力

本专题中的教育科研能力是指中小学教师在研究教育过程中发现各种问题并解决各种问题以及形成教育规律的能力。一线教育者在从事教学活动时，往往会遇到各种问题，例如教学上是否有不足之处、学生能否很顺利地接受当堂课的知识、课堂活动是否有效、课堂管理是否到位、培优辅差工作应该怎么进行、课前三分钟应该怎么利用、期末应该怎么进行系统的复习等等问题，这些都需要中小学教师具备较强的教育科研能力。

---

① 中国社会科学院语言研究所词典编辑室编：《现代汉语词典》第 7 版，商务印书馆 2016 年版，第 1556 页。
② 中国社会科学院语言研究所词典编辑室编：《现代汉语词典》第 7 版，北京：商务印书馆 2016 年版，第 1719 页。

(四) 教育科研品质

所谓品质,《现代汉语词典》(第七版)对其解释有两点。其一,名词,行为、作风上所表现出来的思想、认识、品性等的本质;其二,名词,物品的质量。[①] 本文中,品质应取其第一项意思。因此,本研究中的教育科研品质是指中小学教师在研究教育的过程中所表现出来的思想作风、对教育问题的认识、个人的品质和性格等。每个人的见识、知识、认识、品性、处事风格、价值观以及对同一件事的理解及处理方式方法都各不相同。因此,不同的教师拥有不同的教育科研品质,但总的来说,中小学教师应该努力提升自身的教育科研品质,力求做到精益求精。

(五) 教育科研精神

"精神"是指一个人的意识、思维活动和一般心理状态外在的活力。所以,本研究中的教育科研精神是指中小学教师在研究和处理教育过程中遇到的各种问题及对教育规律的研究时所表现出的精神状态、相关的思维以及由此散发的活力状态。积极向上的精神状态会让一个人容光焕发,做什么事都觉得可行,可以尝试,不畏艰难险阻。一个人的精神气是旁人一眼就能感觉到的,可以从你的状态、表情、行为、动作、语气、眼睛里散发的光看出来。作为中小学教师,拥有积极向上的教育科研精神就可以使你在教育科学研究的道路上越挫越勇,让你保持做科学研究的活力,并同时在心理给自己加油打气,相信自己能行,能做好教育科学研究。

综上所述,如果中小学教师在做教育科研时,能拥有基本的教育科研意识、所教学科的专业知识、一定的教育科研能力、必备的教育科研品质、积极向上的教育科研精神,那么未来的中小学教育科研一定会上一个新的台阶。

二、教育科研素养的特征

每件事物会因其属性不同、材料不同、用途不同等拥有不同的特征属性。教

[①] 中国社会科学院语言研究所词典编辑室编:《现代汉语词典》第 7 版,北京:商务印书馆 2016 年版,第 1005 页。

育科研素养也有其特征,包括稳定性、发展性、内容综合性、创造性和价值性。下面笔者将从这五个方面进行一一阐述。

(一)稳定性

所谓"稳定",做形容词讲,意为事物的稳固安定,某种特质一经形成,从始至终不会变动。本研究中的教育科研素养是指中小学教师从事教育科研所需具备的素质和修养。从对"素质"这一词的解释来看,素质具有本来的、先天的特点;从对"修养"这一词的解释来看,修养是可以通过后天培养而获得的,包括理论、知识、艺术、思想等方面的一定水平和后天养成的正确的待人处事的态度。从素质和修养本来的释义来看,两者一经形成都是不容易改变的,并且是会一直很稳固。

如果一位教师拥有了教育科研素养,就说明他具备教育科研意识、专业学科知识、科研能力、科研品质和科研精神,这五个方面的教育科研特质是不会随时间的流逝而改变,促使他在教育科研的道路上越走越远。

(二)发展性

发展性是一种强调动态特征的素养品质。中小学教师的教育科研素材大多数来源于教学实践,而不同的学生会带来不一样的实践体验,学生是变化的,是动态的,会随着时代的不同在身体素质和心理特征上发生改变。如今这一代的学生和我们这一辈当学生时已经完全不一样了。社会的进步、环境的改变、知识体系的更迭、科学技术的发展、各种现代化设备的融入,都使当代教师的教学方式和教学手段发生了相应的变化,教师要想在教育科研上走得更远,就应该适应时代的发展,汲取过去有效的实践经验,再根据学生发展的需要来提升自己的教育科研素养,让自己跟上时代的步伐,和学生一起发展,一起成长。这种发展与成长的过程就是动态的、变化的、会随时代的改变而改变的。因此,教育科研素养是具有发展性的,是动态的,不是一成不变的。历史上的教育科研是现代的教育科研之母,只有立足于历史,开创现在,才能展望未来。

(三)综合性

教育科研素养,从其内涵上来讲,包括科研意识、专业学科知识、科研能力、科研品质和科研精神。这些都是教育科研素养的内容构成,分为不同方面,有先天的,有通过后天自身努力修来的。总的来说,教育科研素养包括多方面的内容，具有综合性，几者缺一不可。

（四）创造性

所谓创造性，《现代汉语词典》（第7版）对其解释有两点。其一，表示努力创新的思想和表现；其二，创造性属于创新的性质。[①] 两个意思都离不开两个字——创新。而本研究中的教育科研素养所具有的"创造性"是指中小学教师在做教育科研时应该具有的创造性，要有革新，不能一成不变，更不能拾人牙慧。

教师的科研素材大多数来源于教学实践，而教学实践主要源于所教授的学生，学生是变化的、动态的、有思想的、活跃的高级动物，能思考，他们还能很快的接受新生事物。作为教师，面对这样一群活跃的、不断成长的、有思想的学生，更应该对新生事物保有敏感度，在原有教学的基础上逐步纳入新的内容，不能落后于学生的改变。要想学生有创造性，教师就首先应拥有启发学生创造力的能力。

（五）价值性

价值是指物品有用性或有其积极作用。教育科研素养所具有的价值性是指中小学教师在教育实践中所具备的素质和修养对其教育科研事业是有积极作用的。

中小学教师的教育科研素材源于平时的教育实践，如果教师本身具备了一定的教育科研素养，把平时教学中遇到的问题与思考转变成可供传承的经验用于指导实践，创新教育教学方法，必将从传统型的"满堂灌"和"填鸭式"教学中脱离出来，让学生对学习感兴趣并获益良多。

三、教育科研素养研究的理论基础

笔者认为最具代表性的"教师专业发展理论""激励理论"和"研究性学习理论"是教育科研素养研究的理论基础。

（一）教师专业发展理论

关于教师的专业发展，不同的研究者有不同的见解和看法。

[①] 中国社会科学院语言研究所词典编辑室编：《现代汉语词典》第7版，北京：商务印书馆2016年版，第206页。

国外的研究中，佩里（P. Perry）认为教师专业的成长就是教师的专业发展，包括信心的增强、技能的提升、不断更新拓展任教学科知识以及对自己在课堂上如何处理问题的强化。① 此理论说明了教师自身专业水平的提升与进步构成了教师专业发展主要内容。利特尔（J. W. Little）则认为专业发展促进教师成长方法有二：其一是对于教学方法或新课程改革的实施给予特定的关注，也针对教师学会教学的机制、获得专业知识和专业成熟等进行研究；其二是着重就影响教师教学动机和学习机会的组织结构和教学条件等开展深入研究②。

国内的研究有如下一些。林崇德等人系统的从认知心理学的角度研究了教师的素质结构。③ 叶澜等人把教育学、伦理学作为新的切入点进行研究，指出了"教师的专业发展即是教师进化内在专业结构的整体过程"④ 的观点，构建了国内教师专业发展理论的框架。20 世纪 90 年代后，国内学者开始逐步转向教师的专业发展阶段的研究。钟祖荣以教师素质及工作业绩作为主要维度，针对不同类型的教师（新手、合格、骨干和专家教师），将教师的专业发展划分为四个完全不同的时期，分别是准备期、适应期、发展期和创造期。⑤ 刘朝忠在详细了解国内中小学教师的现实情况下，提出了"六阶段"理论，六个专业阶段期分别为"专业准备期、专业适应期、专业入门期、专业成熟期、专业巩固与专业高原期、专业退出期和专业创新期"。⑥

（二）激励理论

科学管理大师泰勒的"差别计件工资制"、亚当·斯密的"劳动分工"和"经济人"等理论构成了西方激励理念的开端。接着心理学家马斯洛提出的"需求层次论"使人们逐渐意识到存在多种多样的激励方式，之后激励理论不断得到丰富和创新。大量的各类型管理、心理及社会学者通过结合现代管理实践的方

---

① 叶澜等著：《教师角色与教师发展新探》，北京：教育科学出版社 2001 年版，第 223 页。
② 叶澜等著：《教师角色与教师发展新探》，北京：教育科学出版社 2001 年版，第 224 页。
③ 汤容：《语文名师成长与专业化发展》，陕西理工大学硕士学位论文，2019 年 6 月，第 22 页。
④ 叶澜等著：《教师角色与教师发展新探》，北京：教育科学出版社 2001 年版，第 226 页。
⑤ 汤容：《语文名师成长与专业化发展》，陕西理工大学硕士学位论文，2019 年 6 月，第 22 页。
⑥ 刘朝忠编著：《教师队伍建设与专业发展》，北京：高等教育出版社 2017 年版，第 153 页。

式,提出了许多激励理论。这些激励理论主要分为三大类,分别为:内容型激励理论、过程型激励理论和修正型激励理论。

1. 内容型激励理论

内容型激励理论的主题就是"人追求的到底是什么"。主要包括:马斯洛的"需要层次论"、赫茨伯格的"双因素激励理论"、奥尔德弗的"ERG"理论和麦克利兰"成就激励理论"。

1943年,马斯洛在《人类动机的理论》中提出人的需求可分为五个层次,分别是生理、安全、归属和爱、尊重和自我实现。① 后来马斯洛把该理论由五个层次进一步发展到七个层次,在尊重需求后增加了求知和审美需求。从该理论可以看出,一个人的需求是存在次序的,在低层次需求满足后才会去追求更高层次的需求。

"双因素激励理论"是赫茨伯格提出的。"双因素"分为满意因素和不满意因素,其中满意因素可以使人感到满足和激励,不满意因素使人容易产生意见和消极行为。赫茨伯格认为这是影响员工绩效的主要影响因素。激励因素与工作本身紧密联系,包括成就、赞赏、工作本身的意义及挑战性、责任感、职位晋升、自我发展等。如果这些因素得到满足,可以很大程度上激励人,若得不到满足,也不会产生不满情绪。②

美国耶鲁大学奥尔德弗教授的"ERG"理论是生存需要、相互关系需要、成长三项核心需要理论的简称。它是奥尔德弗在需要层次论的基础上经过实证研究、不断改进后得到的理论。他于1969年指出,在实际的管理活动中可将员工的合理需要分为以下三种类型:第一,生存需要。即提供能满足基本生活要求的物质条件。此需要包含马斯洛需要层次论中的生理需要和安全需要项目。第二,相互关系需要。即人与人之间持续保持互相之间的友善关系。这与马斯洛需要层次论中的"爱和尊重需要"的外部因素相一致的。第三,成长需要。指人们想要得到不断发展的要求。这与马斯洛需要层次论中的"尊重和自我实现需要"的内容相近。③

---

① 郭马兵:《激励理论评述》,《首都经济大学学报》,2002年第6期。
② 林崇德等主编:《心理学大辞典》,上海:上海教育出版社2003年版,第12页。
③ 萧浩辉主编:《决策科学辞典》,北京:人民出版社1995年版,第73—74页。

"成就激励理论"是由哈佛大学戴维麦克利兰教授在研究人的需要和动机后总结而出的。[①] 他将人对于成就感、权力和亲近的需求总结成高层次需求。他对"成就需求"做了特别的研究。他认为：对于有强烈成就需求的人而言，追求完美是首要目标，他们享受解决一个又一个困难的过程，从中能够感受到无穷的乐趣，物质上的获得并不被他们所看重。当然，个体的成就需求与其生活环境中的各个方面息息相关。

2. 过程型激励理论

过程型激励理论研究是对于激励办法的研究，目的是找到最合适的激励办法来激发员工的潜力，为企业创造最大的价值。这类理论表明，如果想让员工按照企业期望去工作，必须搭建员工需要和行为之间的桥梁。这类型理论主要有期望理论、公平理论和目标理论。

期望理论为弗鲁勒姆于1964年提出。期望是指一个人基于过往的经验希望自己在未来某个阶段达到的某个标准的内心活动。[②]

公平理论是亚当斯提出的，主要目的是解决公平合理的工资薪酬对职工工作的影响的问题，其认为职工工作的积极性不仅仅取决于薪水的多少，公平公正的分配也可以让职工感到心情愉悦，工作踏实。[③]

目标理论是研究目标与行为之间的内在关系的一种理论，其认为人的行为是达成目的、满足需求的活动。[④] 目标可以是具体的，如一定的指标，也可以是抽象的对象，如达到一定的文化水平等。目标理论是目标管理的基础理论之一。

3. 修正型激励理论

修正型激励理论主要有斯金纳的强化理论和亚当斯的挫折理论。

强化理论主要研究人的行为和激励刺激之间的内在逻辑关系，由正强化和负强化构成。正强化就是对有利于组织的行为进行正向刺激，负强化就是对不利于组织发展的行为进行惩罚。所以强化理论很好地解决了怎样才能使员工出现良好

---

① Wayne K. Hoy, Cecil G. Miskel, *Educational Administration: Theory, Research, and Practice* (seventh edition), The McGraw-Hill Companies, Inc, 2005, PP. 133-136.
② 李祖超著：《教育激励论》，北京：中国社会科学出版社2008年版，第63页。
③ 毛雁南：《激励理论在初中思想品德课教学中的应用研究》，扬州大学硕士学位论文，2014年5月，第25页。
④ 何盛明主编：《财经大辞典》，北京：中国财政经济出版社1990年版，第253页。

行为的问题。

挫折理论即探讨行为中挫折对主体的影响的理论。它认为，当行为主体的活动受到阻碍导致其目的不能实现时，即表现为挫折。根据主体对挫折处理应对方式不同，产生的效果也不同，挫折可能会增加主体处理问题的经验，增加能力，也有可能使主体非常痛苦，甚至发生各种激烈不良行为。因此，管理者尽量做出不会使职工受到挫折的决策，在职工出现挫折时应该积极引导，给予必要的支持，尽量减轻负面影响。①

（三）研究性学习理论

在研究性学习中，教师组织课程的实施，促进课程顺利进行，同时教师也负责开发课程并进行相应的研究。②

蔡亚平、徐青认为在研究性学习中，当教师的课程职能发生了重大的变化时，教师需要重新审视与定位自身的角色。对于学生，教师应引导其进行自主探究性学习，而非传统的"满堂灌"；对于教材，教师应弄懂、"吃透"教材内容，避免照本宣科，并主动积极的研究与开发教材，教给学生更多的新知识；对于教师自身，教师不能满足于现今拥有的知识体系与教学方法，应该不断加强学习来完善自我，力求成为一名研究型教学者。③

郭雪翔通过对比传统的讲授式学习和研究性学习过程中教师角色定位的差异之处，并因此给教师提出了更高的标准和要求。④

卢杰对研究性学习过程中教师的理想角色与实际角色之间的互相影响进行了研究分析，发现教师角色定位的偏差主要发生在激发者、合作者、学习者、研究者等角色上。⑤

教师陈旧的知识与教育教学方法已经无法满足现代化的教学要求，因此教师应该成为研究性学习者。

---

① 刘军等主编：《公共关系学》，北京：机械工业出版社2006年版，第153页。
② 国家教育部基础教育司：《全日制普通高级中学课程计划》（实验修订稿），《基础教育外语教学研究》，2000年第1期，第6—7页。
③ 蔡亚平、徐青：《从教师的角色转换看教学行为变化》，《杭州师范学院学报》，2002年第3期。
④ 郭雪翔：《研究性学习中教师的角色定位》，《教育实践与研究》，2002年第12期。
⑤ 卢杰：《研究性学习中教师角色认识与转变的调查分析》，《学科教育》，2004年第9期。

综上所述,教师专业发展理论、激励理论和研究性学习理论对于提升县域中小学教师教育科研素养很有助益。如果想整体提升 P 县中小学教师的教育科研素养,教师自身首先应该在专业上有所发展,在专业知识方面不断充实自己,坚持理论与实践相结合,进行教学实践研究,让自己成为一名研究性学习教师。与此同时,各中小学管理人员如果能借助于激励理论,充分激发各中小学教师的主观能动性,使其在教学工作中发挥全部的能力,教师教育科研素养必有所提升,而 P 县的整体教育质量也会相应提高。

第三章 对 P 县中小学教师教育科研素养现状的调查与分析

一、对 P 县中小学教师教育科研素养的调查

(一) 调查问卷和访谈提纲的设计

1. 调查问卷的设计

本专题中使用的问卷调查和访谈提纲借鉴了宁夏师范学院肖雪同学的硕士毕业论文中的问卷调查和访谈提纲,并在其基础上,结合 P 县中小学教师教育科研的具体情况进行了增加、删减、修改和调整,最终编制完成,命名为《县域中小学教师教育科研素养提升研究问卷调查表》。

此问卷一共包括 43 道题,分为三个板块。板块一是个人基本信息,共 14 道题;板块二为单选题,共有 21 道题目;板块三为半封闭式多选题目,共 8 道题目。问卷(见本专题附录)从五个角度展开,分别从"教育科研的认识情况""教育科研品质与精神情况""教育科研能力情况""教育科研的环境情况""教育

科研所存困难与建议情况"五个方面进行编写。单项选择题选项的设定具有水平区分，便于后期数据的统计。问卷修订好后，笔者邀请了 P 县的 4 位不同学科的中小学教研员进行试做，并对他们提出的细节问题进行了再次修改，最后以问卷星的方式进行发布。

2. 访谈提纲的设计

因问卷调查固有的缺陷，笔者设置了针对性的访谈概要，对接受访谈的教师进行教育科研现状的调查。本研究设计的有关教育科研的访谈提纲共有八个问题（见本专题附录）。此访谈提纲分别涉及教育科研成果、教育科研规划、教育科研资源、教育科研认识、教育科研激励形式及教育科研建议等方面，涉及教育科研素养的多个关键点，有利于笔者详细探寻 P 县教育科研的实际情况。

（二）调查的实施及被调查者的基本信息

为了确保此次问卷的填写对象是 P 县中小学教师，2020 年 11 月中旬笔者启动调查工作。首先，通过 P 县小学英语教研员把问卷以问卷星方式发布在 P 县中小学教研群里，请其他教研员发送到各科目建立的微信群和 QQ 群里，请 P 县各中小学教师填写，包括语文、数学、英语、物理、化学、地理、生物、历史、体育、道德与法治、科学、美术和音乐科目教师，每科目平等对待，无一遗漏。其次，笔者以问卷星方式发布在自己工作的学校微信群里，请本校教师填写。其三，笔者通过 P 县中小学教师把问卷以问卷星方式发布在其工作的小学或初中（包括 P 县鹤山初中、天华小学、实验外国语学校、实验中学、成佳九年制学校、朝阳湖学校、成雅小学和北街小学）微信群里。2020 年 11 月 20 日回收问卷。P 县中小学在编在岗教师 1348 人，笔者共收回问卷 505 份，均为有效问卷。

填写问卷调查和接受访谈的对象，其基本信息包括区域、性别、年龄、教龄、职称、学历、任教学科、担任职务、所教科目是否与所学专业相关、每周课时量、是否为代课老师、任教学段和年级。调查对象的基本情况统计如表 3-1 所示。

表 3—1 调查对象的基本情况统计

基本情况	类别	人数分布	百分数
所在区域	县城	286	56.63%
	乡镇	205	40.59%
	村里	14	2.77%
性别	男	125	24.75%
	女	380	75.25%
年龄	30周岁及以下	108	21.39%
	31—40周岁	109	21.58%
	41—50周岁	177	35.05%
	51周岁及以上	111	21.98%
教龄	1—5年	105	20.79%
	6—10年	39	7.72%
	11—15年	52	10.3%
	16—20年	39	7.72%
	21—25年	91	18.02%
	26—30年	78	15.45%
	30—35年	70	13.86%
	36年及以上	31	6.14%
职称	正高级	0	0%
	副高级	82	16.24%
	一级教师	252	49.9%
	二级教师	107	21.19%
	其他	64	12.67%
学历	大专以下	1	0.2%
	大专毕业	120	23.76%
	本科毕业	380	75.25%
	硕士毕业	3	0.59%
	博士毕业	1	0.2%

续表

基本情况	类别	人数分布	百分数
任教科目	语文	169	33.47%
	数学	122	24.16%
	英语	104	20.59%
	物理	10	1.98%
	化学	4	0.79%
	地理	7	1.39%
	生物	8	1.58%
	历史	4	0.79%
	体育	23	4.55%
	道德与法制	21	4.16%
	科学	7	1.39%
	美术	12	2.38%
	音乐	7	1.39%
	信息技术	7	1.39%
职务	无	269	53.27%
	班主任	164	32.48%
	教研组长	30	5.94%
	年级组长	6	1.19%
	科室主任	22	4.36%
	副校级	11	2.18%
	正校级	3	0.59%
任教科目与所学专业	相关	410	81.19%
	不相关	95	18.81%
周课时量	5节及以下	9	1.78%
	6—8节	49	9.7%
	9—15节	280	55.45%
	16节及以上	167	33.07%
代课教师	是	44	8.71%
	否	461	91.29%

续表

基本情况	类别	人数分布	百分数
任教学段	小学	295	58.42%
	初中	210	41.58%
任教年级	一	56	11.09%
	二	52	10.3%
	三	56	11.09%
	四	58	11.49%
	五	71	14.06%
	六	35	6.93%
	七	57	11.29%
	八	58	11.49%
	九	62	12.285%

为了加深对相关问题的理解，笔者还进行了访谈，选取了十所中小学，其中县城4所学校（初中和小学各2所）、乡镇6所（九年制学校和纯小学各3所）。访谈对象包括学校校长、科研部长、普通教师和教育科研骨干，共计20人。

二、数据的处理与统计分析

笔者将回收到的505份有效问卷利用SPSS19.0进行统计与分析，主要用到的方法有：独立样本T检验、方差分析与事后多重比较分析（LSD检验）。其中，二分变量如性别、专业相关度、代课等因素利用独立样本T检验来衡量他们对所研究问题是否有显著性差异；对于多级水平的变量，如年龄、职务等因素首先通过方差分析检验其对所研究问题是否存在差异，若存在显著性差异，继续利用LSD检验来检验具体哪些水平对所研究问题的具有显著性差异。其具体情况如下：

（一）P县中小学教师对教育科研的认识情况

下面笔者将根据收集到的数据，对P县中小学教师教育科研认识现状进行分析，并根据被试的基本情况，从其背景因素入手进行分析。

1. 对教育科研的认识现状

关于 P 县中小学教师对教育科研的认识，笔者主要从教育科研与中小学教师的关系、与中小学教师教学的关系和与中小学教师教育科研的成果形式三个方面展开研究，分别体现在调查问卷的第 17、16 与第 39 个问题中。访谈提纲中有两题涉及教育科研认识方面，即中小学教师个人的教育科研打算及对教育科研素养的认识。

表 3-2　教师教育科研意识调查表

	N	极小值	极大值	均值	标准差
教育科研与教学的关系	505	1	4	1.79	.782
教育科研与教师的关系	505	1	4	1.66	.736

表 3-2 描述了 P 县中小学教师对教育科研的认识。从教育科研与教学关系的均值为 1.79 以及问卷第 16 题显示的调查结果为选择关系"很紧密"的有 197 人，选择关系"较紧密"的有 235 人可知，教师对教育科研与教学关系的看法介于"很紧密"与"较紧密"之间。同理可知，由问卷第 17 题显示的调查结果为：选择"很有必要"参加教育科研的人数为 238 人，选择"较有必要"参加教育科研的人数为 208 人以及表 3-2 显示的教育科研与教师的关系的均值为 1.66。可知 P 县中小学教师对是否有必要参加教育科研的态度介于"很有必要"与"较有必要"之间。

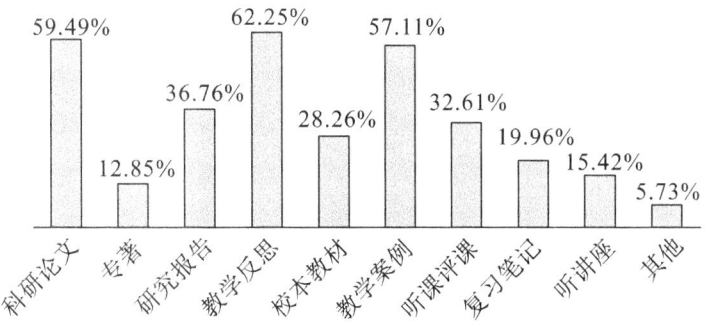

图 3-1　教育科研成果表现形式

从图3—1可以看出，大多数被试者认为"教学反思"成果、"科研论文"和"教学案例"是教育科研成果的表现形式，分别有315人（占62.25%）、301人（占59.49%）和280人（占57.11%）。比例稍微小点的是"研究报告""听课评课"和"校本教材"，分别有186人（占36.76%）、165人（占32.61%）和143人（占28.26%）。所占比例最次之的是"复习笔记""听讲座""专著"和"其他"，分别有101人（占19.96%）、78人（占15.42%）、65人（占12.85%）和29人（占5.73%）。在这些所有的教育科研成果表现形式里，科研论文是体现教师科研能力的主要指标之一，但由图3—1可知，科研论文这种研究成果的表现形式只被59.49%的教师所接受。

2. 背景因素的差异检验

笔者为了更清楚地了解哪些背景因素会直接影响到P县中小学教师对教育科研的认识，选取性别、区域、年龄、教龄、职称、学历、任教学科、担任职务、所教学科与专业相关度、每周课时量、任教学段、代课、婚姻情况和任教年级这十四个指标，研究其对P县中小学教师教育科研的影响。笔者首先利用所选指标对教师科研意愿进行显著性检验，结果发现，只有性别、任教学科与职务三个指标对教师科研意识没有显著性差异。由于篇幅原因，只对部分因素作详细的差异检验分析。

（1）所教科目与所学专业相关度

由问卷第9题的调查结果可知，被试者中所教科目与所学专业相关的有410人，占81.19%，不相关的有95人，占18.81%。单因素方差分析发现，如表3—3所示，专业相关度因素对教育科研与教师关系的认识有显著性差异，对科研与教学的关系没有显著性差异。进行独立样本T检验，得下表且对比均值可知，所教学科与教师本身所学专业相符的教师更愿意参加教育科研。

表3—3 专业相关度对教育科研与教师关系的比较

	N	t	Sig.（双侧）	均值	标准差
教育科研与教师的关系	505	−2.329	.020	−.194	.083

(2) 代课因素

由问卷第 11 题调查结果可知,被试者中代课教师有 44 人,占 8.71%,非代课教师有 461 人,占 91.29%。单因素方差分析发现,代课因素对教师科研与教师关系的认识有显著性差异,对科研与教学的关系没有显著性差异。进行独立样本 T 检验,得下表且对比均值可知,代课教师更愿意参加教育科研。

表 3—4 代课教师与非代课教师对教育科研与教师关系的比较

	N	t	Sig.（双侧）	均值	标准差
教育科研与教师的关系	505	−2.193	.029	−.254	.116

(3) 任教学段因素

由问卷第 13 题调查结果可知,被试者中小学段教师有 295 人,占 58.42%,初中段有 210 人,占 41.58%。单因素方差分析发现,任教学段因素对 P 县中小学教师教育科研与教学关系的认识有显著性差异,对教育科研与教师的关系没有显著性差异。进行独立样本 T 检验,得下表且对比均值可知,小学段教师将教育科研与教学的关系看得更紧密。

表 3—5 不同任教学段教师教育科研意识对比

	N	t	Sig.（双侧）	均值	标准差
教育科研与教师的关系	505	−1.996	.046	−.141	.070

(4) 周课时量因素

由问卷第 10 题的调查结果可知,被试者中课时量在"5 节及以下"的有 9 人,占 1.78%;"6—8 节"的有 49 人,占 9.7%;"9—15 节"之间的有 280 人,占 55.45%;"16 节及以上"的有 167 人,占 33.07%。笔者通过单因素方差分析发现,周课时量因素对 P 县中小学教师的教育科研意愿与教育科研目的均有显著性差异。经事后多重比较分析,得表 3—6 所示。

表 3-6　不同周课时量教师的教育科研意识对比

因变量	(I) 周课时量	(J) 周课时量	均值差 (I-J)	标准误	显著性
教育科研与教学的关系	5 节以下	6-8 节	-.238	.282	.399
		9-15 节	-.463	.263	.079
		16 及以上	-.547*	.266	.040
	6-8 节	5 节以下	.238	.282	.399
		9-15 节	-.225	.120	.062
		16 及以上	-.309*	.126	.015
	9-15 节	5 节以下	.463	.263	.079
		6-8 节	.225	.120	.062
		16 及以上	-.084	.076	.271
教育科研与教师的关系	5 节以下	6-8 节	-.449	.264	.090
		9-15 节	-.671*	.246	.007
		16 及以上	-.749*	.249	.003
	6-8 节	5 节以下	.449	.264	.090
		9-15 节	-.222*	.113	.049
		16 及以上	-.300*	.118	.012
	9-15 节	5 节以下	.671*	.246	.007
		6-8 节	.222*	.113	.049
		16 及以上	-.077	.071	.279

由上表可知："5 节及以下"与"6—8 节""9—15 节"之间没有显著性差异，与"16 节及以上"存在显著性差异。且通过比较均值发现，"5 节以下"的教师认为教育科研与教学的关系更紧密，"6—8 节"次之，然后依次是"9—15 节"和"16 节及以上"；"5 节及以下"与"6—8 节"的教师在"教育科研与教师的关系"认识上不存在显著性差异，"9—15 节"与"16 节以上"之间不存在显著性差异，且通过比较均值发现，"5 节以下"与"6—8 节"的教师与其他课时量的老师相比，认为教师很有必要参加教育科研。

（二）P 县中小学教师教育科研品质与精神情况

1. 基本状况统计

关于 P 县中小学教师的教育科研品质与精神情况，笔者主要从教育科研意愿及科研目的两个方面展开研究，分别对应问卷的第 18 题与第 31 题（多选题）。

问卷第 18 题的调查结果显示,被试者中有 181 人"非常愿意"参加教育科研,占 35.84%;有 223 人"比较愿意",占 44.16%;有 83 人"不太愿意",占 16.44%;有 18 人"很不愿意",占 3.56%。由问卷第 31 题的调查结果可知,被试者中参加教育科研的主要目的为"改进教学"的有 364 人,占 72.08%;因"职称评定需要"的有 131 人,占 25.94%;"学校安排"的有 180 人,占 35.64%;"自我专业素养提升所需"的有 230 人,占 45.54%。因"科研目的"31 题为多选题,按照选项的顺序分别为其赋值 4、3、2、1,按照得分的最大值展开分析。访谈提纲中虽未涉及具体研究课题,但面谈中可以比较容易的觉察到被试教师的科研动机。

表 3—7　教育科研品质与教育科研精神调查统计表

	N	极小值	极大值	均值	标准差
是否愿意参加教育科研	505	1	4	1.88	.807
科研目的	505	1	4	3.49	.891

由表 3—7 可以看出,教师是否愿意参加教育科研的均值为 1.88,说明教师是否愿意参加教育科研的看法介于"非常愿意"和"比较愿意"之间。教师参加教育科研目的的均值为 3.49,说明大多数教师参加教育科研的目的是为了改进教学。对"教师参与教育科研的目的",笔者调查得到了如下结果,有 72.08% 的教师是为了"改进教学"、有 45.54% 的教师是因为"自我素养提升"所需,有 25.94% 的教师认为是为了"职称评定",而 35.64% 的教师是因为所在"学校安排"才勉强而为。

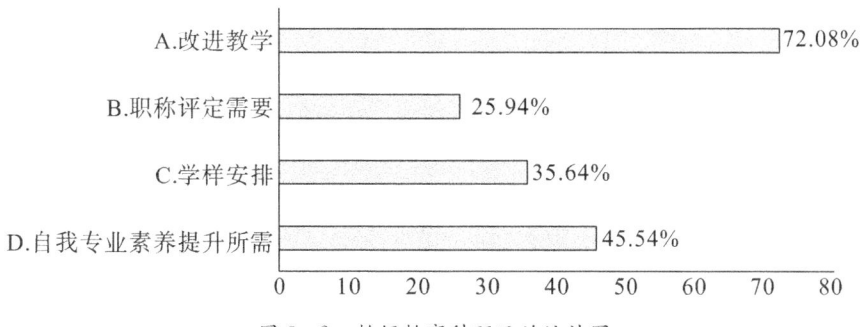

图 3—2　教师教育科研目的统计图

2. 背景因素的差异检验

根据科研意愿与科研目的的显著性检验分析可知，被试者只在年龄、教龄、职称、任教学科和代课五个因素上有显著性差异。

(1) 教龄因素

单因素方差分析发现，教龄因素对 P 县中小学教师的教育科研意愿有显著性差异，而对教育科研目的没有显著性差异。由表 3-8 可知，教龄在 1—5 年（105 人）与 6—10 年（39 人）、11—15 年（52 人）的教师在教育科研意愿上没有显著性差异，而与 16 年（309 人）以上教龄的教师在科研意愿上存在显著性差异。且通过均值比较发现，1—15 年教龄的教师更愿意参加教育科研。

表 3-8 不同教龄教师教育科研意愿的比较

(I) 教龄	(J) 教龄	均值差（I-J）	标准误	显著性
1—5	6—10	-.204	.146	.163
	11—15	-.197	.132	.135
	16—20	-.614*	.146	.000
	21—25	-.530*	.111	.000
	26—30	-.460*	.116	.000
	31—35	-.657*	.120	.000
	36 以上	-.357*	.159	.025
6—10	1—5	.204	.146	.163
	11—15	.006	.165	.969
	16—20	-.410*	.176	.020
	21—25	-.326*	.149	.029
	26—30	-.256	.152	.093
	31—35	-.453*	.155	.004
	36 以上	-.153	.187	.414
11—15	1—5	.197	.132	.135
	6—10	-.006	.165	.969
	16—20	-.417*	.165	.012
	21—25	-.332*	.135	.014
	26—30	-.263	.139	.060
	31—35	-.460*	.142	.001
	36 以上	-.159	.176	.367

续表

(I) 教龄	(J) 教龄	均值差 (I−J)	标准误	显著性
16—20	1—5	.614*	.146	.000
	6—10	.410*	.176	.020
	11—15	.417*	.165	.012
	21—25	.084	.149	.571
	26—30	.154	.152	.313
	31—35	−.043	.155	.781
	36 以上	.257	.187	.170
21—25	1—5	.530*	.111	.000
	6—10	.326*	.149	.029
	11—15	.332*	.135	.014
	21—25	−.084	.149	.571
	26—30	.070	.120	.562
	31—35	−.127	.124	.303
	36 以上	.173	.162	.285
26—30	1—5	.460*	.116	.000
	6—10	.256	.152	.093
	11—15	.263	.139	.060
	21—25	−.154	.152	.313
	26—30	−.070	.120	.562
	31—35	−.197	.128	.124
	36 以上	.103	.165	.531
31—35	1—5	.657*	.120	.000
	6—10	.453*	.155	.004
	11—15	.460*	.142	.001
	21—25	.043	.155	.781
	26—30	.127	.124	.303
	31—35	.197	.128	.124
	36 以上	.300	.168	.074

(2) 年龄因素

单因素方差分析发现，年龄因素对 P 县中小学教师的教育科研意愿与科研目的均有显著性差异。经多重事后比较分析，得表 3-9 所示。

表 3-9 不同年龄教育科研品质的对比

因变量	（I）年龄	（J）年龄	均值差（I-J）	标准误	显著性
是否愿意参加教育科研	30 以下	31—40	-.151	.107	.158
		41—50	-.456*	.096	.000
		51 以上	-.462*	.106	.000
	41—50	30 以下	.456*	.096	.000
		31—40	.306*	.096	.001
		51 以上	-.005	.095	.954
科研目的	30 以下	31—40	.116	.120	.334
		41—50	.303*	.108	.005
		51 以上	.253*	.120	.035
	41—50	30 以下	-.303*	.108	.005
		31—40	-.187	.108	.084
		51 以上	-.051	.107	.638

由上表可知，"30 岁以下"（108 人）与"31—40"（109 人）之间在教育科研意愿和教育科研目的上均没有显著性差异，且通过对比均值发现，30 岁以下的教师更愿意参加教育科研，31—40 岁的教师次之，41—50 岁（177 人）的教师又次之，50 岁以上（111）的教师居最后；与年长的教师相比，年轻教师的科研目的更加偏向于"学校安排"和"自我专业素养提升所需"。

（3）代课因素

单因素方差分析发现，代课因素对教师的科研意愿有显著性差异，对科研目的没有显著性差异。由于代课与否只有两个结果，故不需要进行多重事后比较分析，直接由独立样本 T 检验得下表 3-10 所示。

表 3-10 代课教师与不代课教师教育科研意愿的比较

	N	t	Sig.（双侧）	均值	标准差
是否愿意参加教育科研	505	-3.074	.002	-.388	.126

由上表可知，代课教师与非代课教师在参加教育科研的意愿上有显著性差

异,代课教师比非代课教师更愿意参加教育科研活动。

(4) 职称因素

单因素方差分析发现,职称因素对 P 县中小学教师的教育科研意愿有显著性差异,对教育科研目的没有显著性差异。经多重事后比较分析,得下表 3—11,由此表可知,高级教师(82 人)与一级教师(252 人)之间在科研意愿上没有显著性差异,二级教师(107 人)与其他教师(64 人)之间没有显著性差异,且通过对比均值发现,二级教师与其他教师更愿意参加教育科研。

表 3—11 不同职称教师的教育科研意愿

因变量	(I) 职称	(J) 职称	均值差 (I—J)	标准误	显著性
是否愿意参加教育科研	高级	一级教师	−.044	.099	.660
		二级教师	.393*	.114	.001
		其他	.484*	.130	.000
	一级教师	高级	.044	.099	.660
		二级教师	.436*	.090	.000
		其他	.528*	.109	.000
	二级教师	高级	−.393*	.114	.001
		一级教师	−.436*	.090	.000
		其他	.092	.123	.456
	其他	高级	−.484*	.130	.000
		一级教师	−.528*	.109	.000
		二级教师	−.092	.123	.456

(5) 任教学科因素

单因素方差分析发现,职称因素对 P 县中小学教师的教育科研意愿有显著性差异,对科研目的没有显著性差异。经多重事后比较分析得下表结果,由表 3—12 可知,物理(10 人)、地理(7 人)、生物(8 人)、政治学科(21)的教师在教育科研意愿上没有显著性差异,且通过对比均值发现,这些学科的教师与其他学科教师相比更不愿意参加教育科研。

表 3-12　不同学科科研意愿对比分析

因变量	(I) 任教学科	(J) 任教学科	均值差 (I-J)	标准误	显著性
是否愿意参加教育科研		音乐	.352	.311	.259
		物理	-.220	.311	.481
		语文	.718*	.260	.006
		数学	.756*	.262	.004
		英语	.677*	.264	.011
		化学	1.100*	.472	.020
		地理	.314	.393	.424
		生物	.600	.378	.113
		历史	1.100*	.472	.020
		体育	1.078*	.302	.000
		道德与法治	.457	.306	.136
		科学	1.171*	.393	.003
		美术	1.017*	.342	.003
		音乐	1.029*	.393	.009

（三）P县中小学教师教育科研技能情况

1. 教师教育科研能力状况

针对P县中小学教师教育科研能力的调查与分析，笔者从"教学经验推广""教育科研能力与水平的自我知觉""教学实践研究与遇到问题的做法"三个方面展开研究，问卷上对应的题目分别是19、20、21和35。访谈提纲中虽然没有涉及这方面的提问，但从受访谈教师在其他问题的回答情况中也能略知一二。

表 3-13　教师教育科研能力调查情况

	N	极小值	极大值	均值	标准差
是否发现过值得深思与推广的教学经验	505	1	4	2.15	.809
教育科研能力的自我知觉	505	1	4	2.56	.814
是否了解教学实践研究	505	1	4	2.25	.676
教育教学过程解决问题的方法	505	1	5	1.65	.915

由表 3-13 可以看出，P县中小学教师在教学过程中"是否有值得深思和推

广的经验"的均值为 2.15，说明教师有经常发现值得深思、总结，并有可能推广的教学经验。教师对"教育科研能力与水平"的自我知觉均值为 2.56，说明 P 县中小学教师较为谦虚，认为自己介于可以成为教育科研课题的主研人和可以参与一般的教育科研之间。从教师"是否了解教学实践研究"的均值为 2.25 可以看出教师对教学实践研究比较了解。在处理教育教学过程中碰到问题时的方法的均值为 1.65，可以看出教师对教育教学过程中碰到的问题倾向于当场未能解决的，记录并事后解决；问题解决后将不再回顾。

2. 背景因素的差异分析

根据对教育科研技能的显著性检验分析可知，被试者只有在任教学科、职务与代课方面没有显著性差异。由于篇幅原因，只对部分有显著性差异的因素展开分析。

（1）区域因素

由单因素方差分析可知，区域因素只在教学经验推广和教学实践研究两方面存在显著性差异，在科研自我知觉能力和遇到问题的做法上没有显著性差异。多重事后比较分析得下表 3-14，由此表可以看出县城（286 人）、乡镇（205 人）和村里（14 人）的教师在教学经验推广和实践掌握研究两方面均存在显著性差异，县城的教师更容易发现教学过程中值得深思与推广的教学经验，也更了解教学实践研究。

表 3-14　不同区域教师教育科研技能比较

因变量	（I）任教学校	（J）任教学校	均值差（I-J）	标准误	显著性
是否发现过值得深思与推广的教学经验	县城	乡镇	-.187*	.074	.011
	县城	村里	-.219	.220	.320
	乡镇	县城	.187*	.074	.011
	乡镇	村里	-.032	.222	.885
是否了解教学实践研究	县城	乡镇	-.175*	.061	.005
	县城	村里	-.257	.184	.162
	乡镇	县城	.175*	.061	.005
	乡镇	村里	-.082	.186	.658

（2）性别因素

由表 3-15 发现性别因素在科研技能体现上均有显著性差异。通过比较均值发现,与女性教师(380人)相比,男性教师(125人)在教学过程中经常发现值得深思、总结并有可能推广的教学经验,教育科研自我知觉能力和女性教师相比更加自信,且更加了解教学实践研究。但男教师与女教师在遇到问题时的做法没有显著差别,都倾向于"问题解决掉就行了,过后不再去想它"。

表3-15 不同性别教师教育科研技能比较(重新进行了t检验)

	女(N=380)	男(N=125)	t	Sig.
教学经验推广	1.89±0.76	2.32±0.79	−2.671	0.009**
科研知觉能力	2.26±0.82	2.77±0.66	−3.195	0.002**
行动研究掌握	1.97±0.66	2.46±0.64	−3.609	0.000**
遇到问题的做法	0.31±0.47	0.55±0.50	−2.372	0.020*

* $p<0.05$ ** $p<0.01$

(3) 职称因素

由单因素方差分析发现,职称因素在教学实践研究上存在显著性差异,在其他三个方面没有显著性差异。利用多重事后检验得下表3-16,一级教师与高级教师在教学实践研究上没有显著性差异,与二级教师和其他教师之间有显著性差异。通过比较均值发现,高级教师和一级教师与二级教师及其他教师相比更加了解教学实践研究。

表3-16 不同职称教师教学实践研究的比较

(I) 职称	(J) 职称	均值差(I−J)	标准误	显著性
一级教师	高级	−.065	.085	.447
	二级教师	−.219*	.077	.005
	其他	−.298*	.094	.002
其他	高级	.234*	.112	.037
	一级教师	.298*	.094	.002
	二级教师	.079	.106	.453

(4) 年龄因素

单因素方差分析发现,年龄因素在教育科研自我知觉能力和教学实践研究上存在显著性差异，在其他两方面没有显著性差异。由表 3—17 可知，30 岁以下的教师与其他年龄段教师在教育科研自我知觉能力与教学实践研究上均有显著性差异。对比均值可知，30 岁以下教师的教育科研自我知觉能力比其他年龄段教师的教育科研自我知觉能力低，且比起其他年龄段教师对教学实践研究的了解较少。

表 3—17　不同年龄教师科研知觉能力的比较

因变量	（I）年龄	（J）年龄	均值差（I—J）	标准误	显著性
科研知觉能力	30 以下	31—40	.246*	0.11	0.025
		41—50	.279*	0.099	0.005
		51 以上	.328*	0.109	0.003
	31—40	30 以下	−.246*	0.11	0.025
		41—50	0.033	0.098	0.739
		51 以上	0.082	0.109	0.453
	41—50	30 以下	−.279*	0.099	0.005
		31—40	−0.033	0.098	0.739
		51 以上	0.049	0.098	0.617
行动掌握研究	30 以下	31—40	.271*	0.09	0.003
		41—50	.344*	0.081	0
		51 以上	.284*	0.09	0.002
	31—40	30 以下	−.271*	0.09	0.003
		41—50	0.073	0.081	0.366
		51 以上	0.013	0.09	0.885

（5）专业相关度

由单因素方差分析可知，专业相关度在教学经验推广、教育科研自我知觉能力、教育实践研究与遇到问题的做法四个方面均存在显著性差异，且通过比较表 3—18 中的均值发现，所教专业与自己所学专业相关的教师（410 人）在教学过程中更容易发现值得深思并推广的教学经验，对自己的教育科研能力与水平更加自信，更加了解教学实践研究，在教学过程中遇到问题时的解决方法也更加合理有效。

表 3—18　专业相关度下教育科研技能的对比

因变量	平方和	df	均方	F	显著性
是否发现过值得深思与推广的教学经验	7.400	1	7.400	11.544	.001
教育科研能力的自我知觉	4.383	1	4.383	6.685	.010
是否了解教学实践研究	5.341	1	5.341	11.929	.001
教育教学过程解决问题的方法	6.812	1	6.812	8.245	.004

（6）周课时量

由单因素方差分析可知，周课时量因素在教学经验推广和教育实践研究两个方面存在显著性差异，在遇到问题的做法上不存在显著性差异。经多重事后比较分析可知，任课"5 节以下"（9 人）与"6—8 节"（49 人）、"9—15 节"（280 人）"16 节以上"（167 人）的教师在教学经验推广与教育实践研究两方面存在显著性差异，且通过表 3—19 中比较均值发现，每周 5 节以下课时的教师更容易在教学过程中发现值得深思与推广的教学经验且更容易了解教学实践研究。

表 3—19　不同课时量教师科研技能比较

因变量	(I) 周课时量	(J) 周课时量	均值差（I—J）	标准误	显著性
是否发现过值得深思与推广的教学经验	5 节以下	6—8 节	−.912*	.290	.002
		9—15 节	−.760*	.271	.005
		16 及以上	−.924*	.274	.001
	6—8 节	5 节以下	.912*	.290	.002
		9—15 节	.152	.124	.220
		16 及以上	−.013	.130	.923
是否了解教学实践研究	5 节以下	6—8 节	−.701*	.243	.004
		9—15 节	−.526*	.227	.021
		16 及以上	−.675*	.229	.003
	6—8 节	5 节以下	.701*	.243	.004
		9—15 节	.174	.104	.093
		16 及以上	.026	.109	.811

（四）P县中小学教师教育科研的环境情况

1. 教育科研环境的基本状况

教师教育科研情况包括客观环境的外在支持和课题情况两个方面。其中客观环境的外在支持又细分为科研要求、科研氛围、科研帮助、指导形式、激励政策与科研团队六个部分（参见表3—20），课题情况细分为课题参与、课题来源、科研方式、科研方法、科研成果与论文类型六个方面。其中多选题按照选项的顺序赋予分值，第一个选项分数最高，依次类推。

表3—20 客观环境的外在支持情况调查表

	最小值	最大值	均值	标准差
科研要求	1	4	1.44	0.719
科研氛围	1	4	1.99	0.912
科研帮助	1	4	2.01	0.769
指导形式	1	4	2.57	0.695
激励政策	1	4	2.05	0.710
科研团队	1	4	2.00	0.701

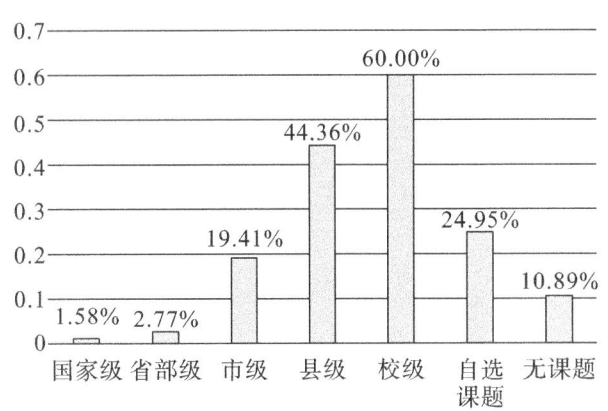

图3—3 教师课题参与分布图

由图3—3可知，P县中小学教师主持或参与的教育科研课题主要是县级课题和校级课题，其中校级课题占60%。而仅有8人参与过国家级教育科研课题，没有参加过教育科研课题的教师仍有55人，占被试者人数的10.89%。

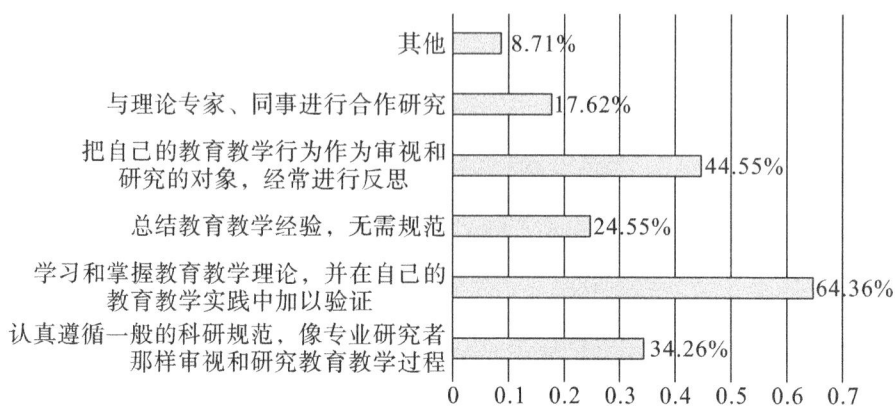

图 3-4 教师教育科研方式分布图

由上图可知，在教育科研方式选择上，P县中小学教师一半以上选择通过在自己的教育教学实践中巩固与学习教育教学研究理念，比例为64.36%，而34.26%的教师选择遵循一般的科研规范，17.62%的教师选了"合作研究"，8%的教师选择了其他，但他们未填写任何内容。众所周知，教育科研是一项复杂的工程，需要教师之间合作完成，但只有很小一部分的教师选择合作研究，在实际的面谈中也发现，基本没有教师能做到合作研究。

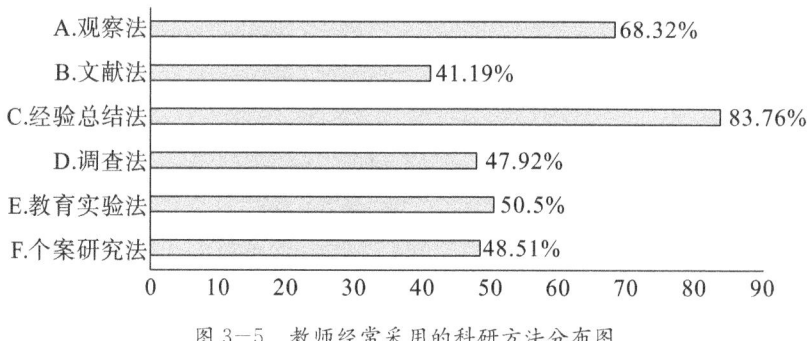

图 3-5 教师经常采用的科研方法分布图

由上图可知，P县中小学教师经常采用的教育研究方法常常是多个并用而不是单一的研究方法，其中经验总结法和观察法，分别占被试总人数的83.76%和68.32%，文献法是教师应用较少的教学研究方法，占教师总人数的41.19%。个案研究法和调查法使用人数基本相等，分别占被试教师总人数的48.51%和47.92%。

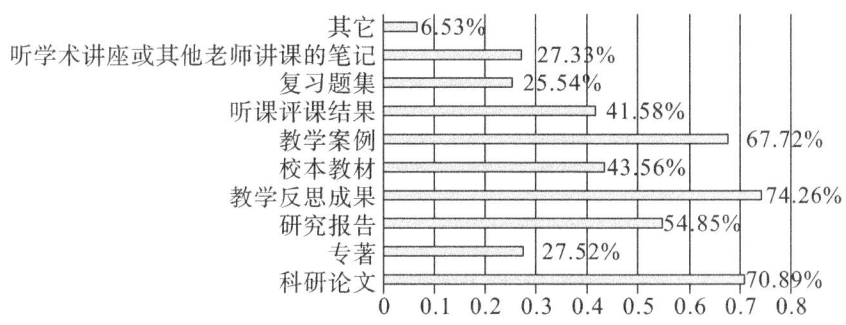

图 3-6　教师科研成果分布图

由上图可知，教师认定的教育科研成果的表现形式也是多种多样的而非单一的。其中大部分被试教师将教学反思成果、科研论文与教学案例看作是教育科研成果的表现形式，分别占被试总人数的 74.26%、70.89% 和 67.72%，选择听学术讲座或其他老师讲课所记笔记、编制复习题集与出版专著的教师较少，分别占 27.33%、25.54% 和 27.52%，选择其他的教师占 6.53%，但未给出科研成果的具体表现形式。

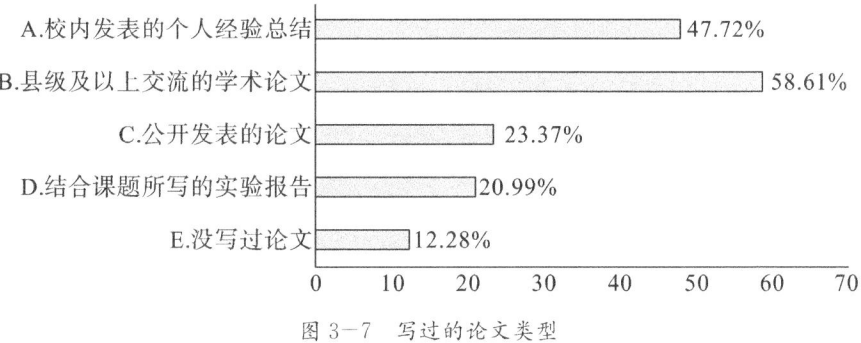

图 3-7　写过的论文类型

由上图可知，有一半以上教师"撰写过县级以上交流的学术论文"，将近一半的教师"撰写过校内发表的个人经验总结"，结合课题所写的"实验报告"与"公开发表的论文"这两个选项分别仅有 20.99% 与 23.37% 的教师选择，仍有 12.28% 的教师从未写过论文。可见，该县教师的教育科研训练及科研工作还是存在一定的不足。

2. 背景因素的差异检验

教师科研情况只在区域、教龄、职称与职务四个因素上存在显著性差异，分析如下。

(1) 区域因素

通过单因素方差分析发现,区域因素在"教育科研要求""科研氛围""激励政策"及"科研团队"4个方面有显著性差异,而在科研指导形式上没有显著性差异。如表3-21所示。

表3-21 不同区域教师教育科研情况的方差分析

	F值	显著性
科研要求	3.390	0.034*
科研氛围	18.036	0**
指导形式	0.395	0.674
激励政策	7.881	0**
科研团队	10.094	0**

$p > 0.05$, $p^* < 0.05$, $p^{**} < 0.01$, $p^{***} < 0.001$

在教育科研氛围和激励政策两方面,"县城"与"乡镇""村里"之间有显著性差异,而"乡镇"与"村里"之间也存在显著性差异,如表3-22所示。通过均值比较发现,县城学校的科研氛围浓厚,学校制定的激励政策也很合理,乡镇学校的科研氛围和激励政策次之,村里学校的科研氛围和激励政策最差。在科研团队和科研要求两方面,"县城"与"乡镇"之间没有显著性差异,但与"村里"有显著性差异,且通过比较均值发现,"县城"学校的科研团队与科研要求环境最优,"乡镇"学校次之,"村里"学校的科研环境最差。

表3-22 不同教师科研情况的多重比较分析

因变量	(I) 任教学校	(J) 任教学校	均值差 (I-J)	标准误	显著性
学校教育科研氛围	县城	乡镇	-.451*	.081	.000
		村里	-.717*	.242	.003
	乡镇	县城	.451*	.081	.000
		村里	-.266	.244	.276
教育科研激励政策是否合理	县城	乡镇	-.217*	.064	.001
		村里	-.485*	.192	.012
	乡镇	县城	.217*	.064	.001
		村里	-.268	.193	.167

续表

因变量	（I）任教学校	（J）任教学校	均值差（I－J）	标准误	显著性
是否有专职的科研教育人员	县城	乡镇	－.283*	.063	.517
	县城	村里	－.122	.189	.000
	乡镇	县城	.283*	.063	.517
	乡镇	村里	.161	.190	.000
学校对教育科研的要求	县城	乡镇	－.155*	.065	.160
	县城	村里	－.276	.196	.018
	乡镇	县城	.155*	.065	.160
	乡镇	村里	－.121	.198	.018

（2）教龄因素

由单因素方差分析发现，P县中小学教师的教龄因素在课题来源上不存在显著性差异，在课题参与上存在显著性差异（其中"科研要求""科研氛围""指导形式""科研帮助"都属于外在环境支持，与教龄关系不大，故不作探讨）。经多重事后比较分析得下表3－23，由此表可知1－5年教龄的教师课题参与情况与31－35年教龄教师的课题参与情况没有显著性差异，与其他教龄教师的课题参与均存在显著性差异，通过比较均值发现，1－5年教龄的教师课题参与情况最差，其次是31－35年教龄的教师。

表3－23 不同教龄课题参与情况

（I）教龄	（J）教龄	均值差（I－J）	标准误	显著性
1－5	6－10	.62564*	.22951	.007
	11－15	.74103*	.20754	.000
	16－20	.52308*	.22951	.023
	21－25	.58168*	.17529	.001
	26－30	.83077*	.18295	.000
	31－35	.30476	.18885	.107
	36以上	.86882*	.25018	.001

(3) 职称因素

通过多重事后检验得下表3-24,由显著性值可知,高级教师与一级教师之间不存在显著性差异,与其他级别的教师之间存在显著性差异,其他教师与高级教师、一级教师、二级教师之间均存在显著性差异,且通过比较均值发现,高级教师的课题参与情况优于一级教师的课题参与情况,一级教师的课题参与情况优于二级教师,其他级别的教师的课题参与情况最差。

表3-24 不同职称教师课题参与情况

(I) 职称	(J) 职称	均值差(I-J)	标准误	显著性
高级	一级教师	-.28426	.15506	.067
	二级教师	-.48108*	.17900	.007
	其他	-1.06402*	.20342	.000
一级教师	高级	.28426	.15506	.067
	二级教师	-.19682	.14073	.163
	其他	-.77976*	.17072	.000
二级教师	高级	.48108*	.17900	.007
	一级教师	.19682	.14073	.163
	其他	-.58294*	.19273	.003
其他	高级	1.06402*	.20342	.000
	一级教师	.77976*	.17072	.000
	二级教师	.58294*	.19273	.003

(4) 周课时量因素

通过单因素方差分析发现,周课时量因素在课题参与上存在显著性差异,而在课题来源上不存在显著性差异。故对周课时量因素在课题参与上的差异进行多重事后比较分析,得下表3-25。由此表中数据可知,"5节以下""6—8节""9—15节"组别之间不存在显著性差异,而与"16节及以上"均存在显著性差异。通过比较均值发现,不同周课时量下的教师科研课题参与情况最优的是"5节以下",其次是"6—8节","16节及以上"教师课题参与情况最差。

表 3—25　不同周课时量教师的课题参与情况

（I）周课时量	（J）周课时量	均值差（I－J）	标准误	显著性
5 节以下	6—8 节	－.45578	.45015	.312
	9—15 节	－.72619	.42035	.085
	16 及以上	－.98603*	.42476	.021
6—8 节	5 节以下	.45578	.45015	.312
	9—15 节	－.27041	.19221	.160
	16 及以上	－.53025*	.20167	.009
9—15 节	5 节以下	.72619	.42035	.085
	6—8 节	.27041	.19221	.160
	16 及以上	－.25984*	.12136	.033

（五）P 县中小学教师教育科研所存困难与建议情况

本研究中的科研困难包括耗费时间环节和教育科研中遇到的主要困难，它与教师在教育科研方面提出的建议共同体现在问卷的第 41—43 题，均为多选题。访谈提纲中也有涉及，即希望得到的科研帮助。

在耗费时间环节上，通过多选题，我们获得了 P 县大部分中小学教师认为教育科研研究过程中耗费时间的状况。认为"研究"环节费时的教师占总被调查人数的 74.06%，认为"收集资料"环节费时的次之，占 66.14%，认为"撰写论文"环节费时的占 41.78%，认为"课题选定"费时的占 30.89%。

在教育科研困难方面，如下图 3—8 所示，选择"缺乏相关人员的指导"的人数最多，占 52.28%，其次是"很忙，没有时间思考"，占 47.33%，选择"缺少理论，难以深入开展"、"没有掌握科研方法"、"难以解决实际中的问题"这三个选项的人数相差不多，分别占被试总人数的 43.17%、41.78% 和 40.59%。

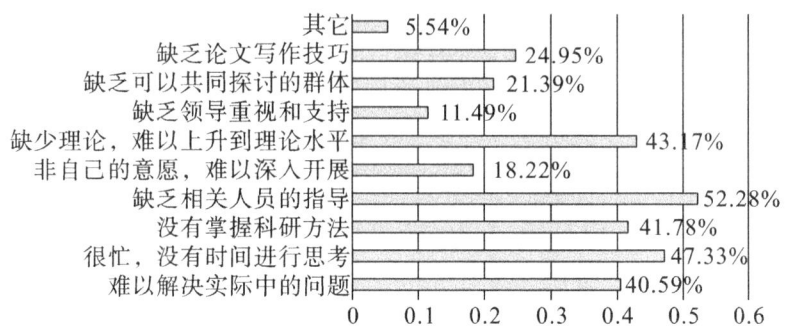

图3-8 开展教育科研的主要困难调查

在科研建议上,如下图3-9所示,大部分教师认为"更新观念""资金支持""专家指导"与"教师培训"较为重要,分别占被试总人数的64.95%、58.22%、68.12%,和64.16%;选择"机构管理"的人数较少,只占30.10%;选择"其它"选项的教师很少,只占11.49%,但并未填写具体形式。

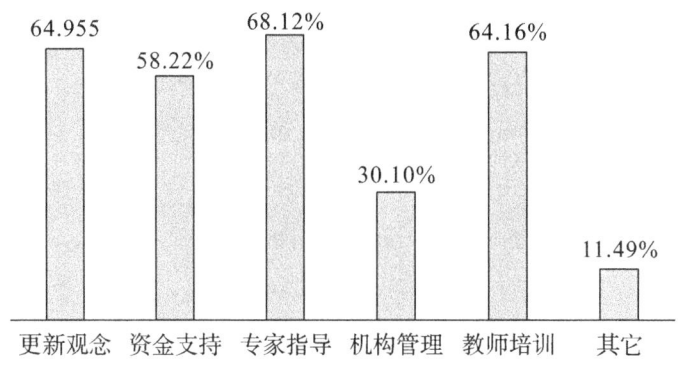

图3-9 教育科研建议统计图

三、P县中小学教师教育科研素养存在的主要问题及其原因分析

基于以上的分析与研究,笔者认为P县中小学教师教育科研素养所存问题及其原因如下。

（一）P县中小学教师教育科研素养存在的主要问题

从以上的研究可见，P县中小学教师教育科研素养存在如下主要问题：

1. 部分教师的教育科研意识不强

从调查问卷分析表3-4中的数据显示可知，代课教师与正式教师相比更愿意参加教育科研。但是代课教师毕竟是少数，而正式编制的教师占绝对多数，应该是教育科研的主力军。由表3-8数据显示可知，教龄越大的教师，越不愿意参加教育科研，科研意识很弱。笔者又对问卷的第四题进行分析，发现41岁以上的教师占总人数的57.03%。从这个数字可以看出，P县中小学教师的老龄化很严重。年龄偏大的教师多，自然而然整个P县中小学教师的教育科研意识就会薄弱。年龄大的老师一来是精力跟不上；二来是觉得自己没有必要进行教育科研了，应该留给年轻人；学校领导对年龄大的教师在教育科研上没有硬性要求，也导致他们越来越不想做教育科研。

2. 部分教师的专业学科知识不精深

由表3-3专业相关度因素对教育科研与教师关系的认识有显著性差异，可知教学科研内容与本身所学专业相符的教师更愿意参加教育科研。由问卷基本信息的第9题可知，18.81%的教师所教科目和所学专业不相关。其次，笔者通过访谈W学校的L老师以及笔者实际的工作经验可知，很多教师自身的专业学科知识不丰富。原因如下：

编制内有些科目教育资源和师资力量匮乏。例如笔者工作的学校，因为老教师居多，55岁以上的教师就有10多个，占总人数的20%，因为年龄因素，在工作量上会相对减少，这就造成其他教师工作量增多。比如音乐专业的教师除了教音乐，还要教数学，美术专业的教师除了教美术还要教语文，而有个别数学专业的教师因身体原因转而教地理、生物等等，这类老师普遍反映自己对所教学科压根儿不懂，都是现学现教。这类教师因为工作强度大，精力有限，不愿意去做教育科研。

3. 部分教师的教育科研能力欠佳

从表3-14中数据显示可知，县城的教师更容易发现教学过程中值得深思与推广的教学经验，也更了解教学实践研究。但据笔者调查所知，县城教师和乡镇教师各占一半。笔者从访谈结果里也了解到，乡镇学校整体科研氛围不浓厚，教师没有进行过系统的教育科研能力提升培训，只靠自己摸索探究，很多教师根本不知道怎么进行教育科研。而且乡镇学校教师基本上一个学科只有 5 到 6 个人，每人任教一个年级，遇到问题讨论的人很少。不像那些大学校，一个课题可以有十几二十个教师一起进行研究，大家一起学习一起进步，教育科研能力提升快。而孤军奋战中的乡镇和村里的老师就很难有机会使自身的教育科研能力得到提升，除了特别对教育科研感兴趣或者目标很明确的教师之外。

4. 部分教师的教育科研品质不强

本研究中的教育科研品质是指中小学教师在研究教育的过程中所表现出来的思想作风、对教育问题的认识、个人的品质性格等。由表 3－8 可以看出，教龄在 1－15 年的教师更愿意参加教育科研。但是由问卷第四题的被试信息和笔者在 P 县工作 10 年的经历可知，P 县教师普遍年龄偏大，教龄在 1－15 年的教师只占整体教师的 38.81%。因此可知，大多数教师是不愿意参加教育科研的。

5. 部分教师的教育科研精神不强

本研究中的教育科研精神是指中小学教师在研究和处理教育过程中遇到各种问题及对教育规律的研究时所表现出来的思维活动、心理状态和整个人所焕发出来的活力气息。由问卷第 31 题的结果显示可知，教师参加教育科研的主要目的中"职称评定需要"比例为 25.94%，"学校安排"比例为 35.64%。由此可知，大多数教师参加教育科研都是因为学校安排或者是为了职称评定需要，并不是自己主动进行的，因此笔者认为 P 县中小学教师自身教育科研精神不强。

（二）P 县中小学教师教育科研素养所存问题的原因

1. 教师方面的原因

（1）部分教师教学工作任务繁重影响其教育科研的精力投入

据调查问卷结果分析，由表 3－25 可以知道，16 节课时以上的教师课题参与度最低，这与教师繁重的工作分不开。这部分教师除了每天的上课之外，还要花大量时间备课、改作业、刷题、应付各种检查、培优辅差、开会等，这些都会耗去教师大量的时间。教育科研是一项需要精力与时间的工作，所以工作量繁重的教师不愿意参与教育科研。

（2）部分教师职业倦怠影响其教育科研主动性的发挥

由表 3－7 中的均值比较可以发现，P 县中小学教师的教龄在 1－15 年间的教师更愿意参加教育科研，而教龄在 16 年以上的教师参加教育科研的意愿明显下降。从问卷第 4 小题里收集到的数据可以看出，教龄在 1—15 年间的教师比例总共加起来是 38.81%，16—25 年间的教师比例是 25.74%，26 年教龄以上的教师比例是 35.45%，这说明 P 县中小学教师的整体年龄偏大。年龄偏大的教师，因为工作了很多年，已经对教书失去了大量的热情，进入职业倦怠期，他们认为教育科研不是他们的分内工作，因而缺乏进行教育科研的主动性。他们自然而然地把教育科研工作归到年轻教师身上。

其次，由表 3—11 职称因素分析可知，二级教师与其他教师更愿意参加教育科研。但是由问卷第 5 小题被试基本信息可知，二级教师和其他教师的比重为 21.19% 和 12.67%。经笔者访谈得知，高级教师和一级教师因为没有更进一步的职称评审需求，所以大多数不愿意进行教育科研。这也是职业倦怠的一种体现。

（3）部分学科受重视程度低影响教师对学科科研的积极性

由表 3—12 学科因素的分析可知，物理、地理、生物、政治学科教师教育科研愿望不强烈。这些科目在小学段是没有的，而在初中段，中考分数比重不多，除了物理学科是 70 分之外，其余三科都只有 20 分，因此重视程度远不如语数外，这部分教师的科研意愿很弱。此外，小学阶段的科目，除了语文数学是主科外，其余都被称为副科，也很不受重视，这些教师也不愿意进行教育科研。通过采访 C 学校的 P 姓教师，她说：“我在学校教授美术，因为此科目不进行升学考试，经常会有学生在美术课上被语文数学教师单独叫去辅导，不上美术课，这很影响我的积极性。时间长了，我自己也会觉得美术课可有可无。”

（4）部分教师对教育科研重要性认识不足，主体意识不强，影响其从事教育科研

从问卷第 19 题结果可知，在教学中偶尔有和从没有发现值得深思、总结，并有可能推广的教学经验的比重为 37.03% 和 1.39%，占了总人数的近 40%，说明有很多教师没有就教学实践中的困难点进行研究。其次，从区域因素来看，由 2—14 显示的结果可知，县城的教师更容易发现教学过程中值得深思与推广的教学经验。最后，从性别因素来看，由表 3—15 结果可知，男性教师在教学过程中经常发现值得深思、总结并有可能推广的教学经验。但是由问卷第二题性别这一题目的结果显示男性教师比例为 24.75%，女性教师为 75.25%。这就说明大部

分教师对教育科研的重要性认识不足,他们觉得教书就简单地教书,搞教育科研浪费时间。

(5) 部分教师自身缺乏收集与处理信息的能力影响其教育科研

由图 3-8 中的认为"收集资料耗时"比重为 66.14%、开展教育科研的主要困难中"难以解决实际中的问题"比重为 40.59% 以及笔者在访谈 C 学校的 L 老师时,他说教师普遍在收集资料与信息处理方面存在问题,一是觉得费时费力,二是觉得不知道哪些资料是有用的,有些时候可能觉得有些资料有用,但是不知道怎么整合。由这三方面,笔者认为 P 县中小学教师自身普遍缺乏收集与处理信息的能力。笔者认为,此种情况出现的原因有以下几点:

第一,很多教师不知道平时的实践经验可以作为论文的素材,没有进行素材收集的意识。第二,很多教师虽然有收集素材的意识,但由于工作的繁忙,并没有进行处理,觉得繁琐。第三,有些教师是很有想法收集平时教育实践的资料的,但由于缺乏处理所收信息的能力,最后也不了了之。

2. 学校方面的原因

(1) 部分学校领导对教育科研重要性认识不足影响教师教育科研素养的提升

基于现今考试制度,应试教育占据重大席位。虽说提倡素质教育,近两年又高举"五育并举"的旗帜,但实质上只是流于形式,学校对于教师的考核仍然侧重在学生考试成绩上,各学校仍然重成绩,轻教育科研。各学校之间的评比也是考试成绩占首位,其他次之。教育科研完全没有成为各学校评比的硬性条件之一。此外,通过笔者去各中小学实地考察所知,W 学校 L 老师说:"我们学校在职在编教师共 55 人,近 5 年内要退休的教师有 13 人,近几年都没有招聘新教师。学校对于老教师没有教育科研方面的要求,一来是因为这些老师自身不想参与教育科研,二来是各学校出于对年纪大的教师的一种照顾。"问卷第 3 题收集到的数据可知,30 周岁及以下的教师有 108 人,31 岁到 40 周岁的教师有 109 人,41-50 周岁的教师有 177 人,51 岁以上的教师有 111 人(问卷总共回收 505 份),由此可知,P 县中小学教师老龄化相当严重,加上各学校对于年龄大的教师无教育科研任务要求,这就使从事教育科研的教师数量更是少之又少。学校领导其实忽略了教龄大的教师反而是教学经验最丰富、最容易发现问题的群体。但是他们对年龄大的教师无教育科研的要求,这也说明了部分学校管理层没有充分认识到教育科研的重要性。

（2）部分学校缺乏教育科研人员素养提升的专门途径

由问卷 24 题结果统计可知，学校制定的教育科研激励政策"比较合理"的占 61.39%，"较不合理"的占 15.64%，"很不合理"的占 3.96%。由此结果可知，激励政策并不能满足大多数中小学教师对于教育科研的成果期望。问卷 26 题统计结果可知，学校对教师进行学术规范和学术道德教育来提升教师的教育科研素养的比例分别为"经常"占 30.89%、"一般"占 48.51%、"偶尔"占 18.42%、"完全没有"占 2.18%。由此可知，在此方面各学校并没有把学术规范和学术道德教育作为提升教育科研素养的必备条件。由问卷 34 题统计结果可知，学校对于教育科研的组织与指导的主要形式中，专家指导只占 6.73%。这些数据都说明部分学校缺乏教育科研人员素养提升的专门途径。

（3）部分学校没有为教师科研素养提升提供良好的条件保障

由问卷 23 题结果可知，学校在教育科研方面投入的科研经费"基本能维持科研工作的进行"的比例为 44.36%，"很少有科研经费投入"的比例为 26.73%，"完全没有科研经费投入"的比例为 5.94%，由此可知，各学校在经费方面的投入很有限。由问卷 28 题统计结果可知，学校组织全校性的科研培训的频率"一般"占 45.94%，"偶尔"占 20.79%，由此可知，对于科研培训各学校也没有很重视。据笔者走访调查可知，各学校在教育科研资源平台建设这一块投入很少，从来没有购买过万方、知网、维普等资源平台供教师使用；也没有科研组织如专门的科研兴趣小组、专职科研室和科研协会来带动全校的教育科研。据笔者访谈记录可知，目前 P 县中小学教师里主动想做教育科研的教师只有两个，一个是 P 县中学初中部的 Z 教师，他一直致力于学生阅读思维与思维品质发展的研究，其所做课题成果，在成都市论文评审中，常获一等奖。还有一个是 S 中学的教师 G，他喜欢分版块研究不同类型的课型，比如听力、单选或者完型等单独版块进行研究，致力于应试教育的题型研究。因此笔者得出结论，大部分学校没有为教师科研素养提升提供良好的条件保障。

3. 政府方面的原因

（1）缺少支持教师提升教育科研素养的经费保障

由问卷 43 题统计结果可知，在对教育科研建议这一块 58.22% 的教师选择

"资金支持",说明大多数教师认为教育科研经费难以保障。据调查,政府、教育部门和相关教育人士缺少支持教师教育科研的经费保障。这主要是因为 P 县财政没有钱,P 县工业少,经济不发达,财政收入少,拨到教育科研这一块的经费就更少了。

(2) 没有定期组织中小学教师进行教育科研素养提升的培训

定期组织中小学教师进行教育科研能力的提升培训很重要。但据笔者访谈记录结果和教龄长达 10 年的一线教师经历可知,P 县政府、教育部门和相关教育人士并没有定期组织中小学教师进行教育科研能力提升培训。J 学校 W 老师这样说道:"我在现在这所学校工作了 15 年,县教育局只在 2017 年派过分管教育科研的 C 老师来我们学校分享过怎样做小课题。虽然现在县上有对中小学教师做小课题研究的要求,但是大多数教师根本不知道应该怎样做研究、怎么确立选题、研究的方向和素材怎么选择等,我们都很迷茫。"由此可知,P 县政府、教育部门基本没有定期组织中小学教师进行教育科研能力提升培训。

(3) 没有组织教育科研现场交流会

据笔者走访调查可知,P 县很多中小学教师缺乏教育科研素养的必要要求,很多人甚至不知道教育科研是什么。传统的思想认为:教师只负责教书,搞科研是研究人员的事情。如果教师们能改变观念,能有机会多参加一些教育科研现场交流会,就一定会增进对教育科研的理解。但是实际上,P 县政府并没有组织有关教育科研的现场交流会。

(4) 没有出台教师学术规范文件,增强教师学术道德意识

据笔者调查走访结果所知,基本上每所学校每学期末都会要求各教师交一篇论文。但是很多教师都是直接在网上搜索一篇来交,有的甚至一篇论文反复交。负责检查的相关人士也不会一一比对,大家都是持交差了事的态度,完全没有学术规范和学术道德意识。归根结底是因为 P 县教育主管部门没有出台教师学术规范文件,以此来增强教师学术道德意识。

第四章　提升 P 县中小学教师教育科研素养的管理策略

通过问卷调查与访谈法，笔者获取了 P 县中小学教师群体成员的教育科学研究素养的基本现实情况及状态，通过深入分析 P 县中小学教师的教育科研素养的基本现实情况及状态找出了现今 P 县中小学教师在教育科学研究素养存在的不足之处并进行原因分析。笔者针对分析出来的问题及原因，提出对于提升 P 县中小学教师教育科学研究素养的可行性管理策略，希望能对县域中小学教师教育科研素养提升研究做出应有的贡献，并为今后想要研究 P 县中小学教育科研发展的学者提供借鉴。

笔者拟从 P 县中小学教师自身应对策略、P 县中小学提升教师教育科研素养策略、P 县政府提升中小学教师教育科研素养管理策略三个方面来阐述全面提升 P 县中小学教师教育科研素养的管理策略。

一、中小学教师个体提升教育科研素养策略

中小学教育科研的主要承担者是广大的基础教育教师，因为教育科研的素材大多数来源于教育实践中的具体问题或教学经验。因此，要想将教育科学研究做好做到位，广大教师的主观能动性是很重要的。只有广大中小学教师有做教育科研并想把教育科研做好的主观愿望，且学会从自身找问题，方能在教育科研这条路上走得更远，也才能通过科研转化教育教学资源，为培养全面发展的社会主义

的建设者和接班人做出更大的贡献。

（一）教师应强化自身的教育科研意识

教育科研意识是教育科研素养中的重要组成部分之一，但是很多中小学教师并不具有教育科研意识。他们认为科研很高大上，是专门搞研究的专家才做的事情，但是事实上，今天的教育科研已经由教师眼中的高不可攀变成了一项很大众化的实践活动。[①]

教育科研的研究素材大多数来源于教育实践，教师在教学中其实会遇到很多各种各样的问题，包括针对不同课型应该使用什么样的教学方法、怎样备课、怎样批改作业、怎样培优辅差、怎样分层次布置作业、怎样处理课堂上发生的一系列突发事件等等，这些都是教师做教育科研的素材。但是很多教师不知道这些可以拿来做科研，他们只是当时解决了问题，之后就不管了。所以教师强化自身的教育科研意识是很有必要的，如果教育者能运用其各种感官和思维来处理教育教学中遇到的各种问题并形成研究成果，这对教学是很有帮助的。

（二）教师应丰富自身的学科素养

根据教师专业发展理论，中小学教师作为教育的先锋，所面对的是小学生和初中生，这两个阶段的教育是为了让学生以后能获取更多学问而打基础，就如同盖房子，先要把地基打好一样，所以中小学教师在学生的成长中的角色很关键。因此，中小学教师本身就应该具有所教专业的丰富学识，成为一名学习型教育者。如今社会变化极大，新知识新技术不断涌现，社会给教师提出了更高的要求。教师必须顺应时代发展，不断加强专业知识学习，并广泛涉猎多学科知识。笔者作为一名九年制义务学校英语学科教师，深刻体会到该学科教学所需知识的广博性，它需要英语教师具备多方面的知识，包括对时事新闻的关注、对古典文学的了解、对中西方优秀传统文化的比较、对科技发明及体育娱乐等的涉猎，这就需要教师多读书看报。

习近平总书记对教育的重要论述中经常提及阅读。阅读对中小学教师是十分有益的，不仅可以增进知识、拓展思维，还可净化思想、丰富理论、培养情感、锻炼意志，让中小学教师在教育科研中不断丰富学科素养。中小学教师除阅读纸

[①] 曾天山著：《新中国教育科研通论》，北京：人民教育出版社2015年版，第122页。

质书刊外，应利用"学习强国"平台、"闻道微课"APP以及有针对性的电子书刊等资源，以不断丰富学科素养。

（三）教师应提升自身的科研能力

具备一定程度的科研能力是中小学教师开展教育科学研究的前提，没有科学的研究方法是不能顺利进行教育科研的。教师可多抽时间阅读有关教育科研的专业书籍，学习怎样做科研、怎么发现问题、哪些问题适合做研究、应该怎样解决问题等。试想，如果中小学教师教育科学研究的基础知识薄弱，缺乏必要的教育科研能力，那么对问题的研究就只能停留在表面上，不能深入地进行。所以，教师应不断地提升自身的教育科研能力，才能在教育科研道路上越走越远，越走越好。而在这些教育科研能力中，作为中小学教师尤其应注意提升收集和处理信息的能力和解决实际问题的能力。

1. 教师应提升收集信息与处理信息的能力

信息是非常宝贵的研究资源，收集信息和处理信息是教育科研很重要的一环，是开拓与创新的基础。所谓收集信息的能力是指采取适当的方式，围绕给定的目标，主动且全面搜集信息的能力。较强的信息收集能力有利于我们认识、理解、明确和解决问题。信息收集之后，我们还需要对其做必要的处理，因为不是所有信息都是关键有用的信息。也就是说我们要从众多的信息中筛选出对自己的教育研究有用的信息，并判断其内容，用于研究。这就叫作处理信息的能力。

从宏观上讲，科学技术的迅速进步，大量的教育科学研究相关信息蜂拥而至，只依靠中小学教师自身的学识去开拓新的教育研究课题是十分困难的，必须基于他人的教育科研经验和成果，寻找出新的教育科研方向。这就需要广大中小学教师具有获得和处理信息的能力，以求找到对自己的教育科研有帮助的信息。从微观上讲，因为中小学教师的教育科研素材来自平时教育教学的具体实践和实际问题，如果教师能有收集这些教育实践经验和实际问题的习惯，在教育教学过程中通过实践来找到处理问题的方法，并记录下来，久而久之，教师的这些教育实践经验和教学反思就会是教育科研很有用的课题素材。教师有了这些信息，就可以在前人的基础上，结合自己的实践经验来获得教育科研的创新素材。很多教师缺乏收集和处理教育教学信息的能力，这也是为什么很多教师觉得教育科研是一项让人望而却步的教育活动。

收集和处理信息的能力需要达到一定水平,才能在信息时代的海量信息中寻找到可以用于教育科研的信息。因此,提升中小学教师收集与处理信息的能力是迫在眉睫的一件事。

2. 教师应增强解决实际问题的能力

人们对于下一代的教育期望是逐渐提高的,而这种期望最直接的辅助主体就是教师。教师是打造中华民族"梦之队"的引路人,作为国家干部之一,更应该响应习近平总书记对于提高解决实际问题的能力的号召。教师是教学活动的主要参与者,所以这些期望要求教师的素质有所提升。现代教师除了要有良好的专业学科知识和较高的道德水平外,还要有创新的思维和解决实际问题的能力等。

怎样增强解决实际问题的能力呢?首先,笔者认为中小学教师应该明确自己所要解决的问题是什么、是在什么情景下产生的问题、自己想要达到什么样的效果,再思考一般惯有的定势思维是否能解决这个问题,如果定势思维不能解决,就应该突破定势,改变自己的老观点,收集前人相关的类似经验,找出突破口。其次,原型启发也是很好的解决问题的方法,当我们尝试很多种方法之后,事情仍然没有得到解决,就可以回到事情本身,联想类似问题的解决办法,因为其实很多教育教学中的问题的解决方法是相通的。再者,教师自身的知识储备也是解决问题的重要手段之一。如果教师学识丰富,就像一部百科全书,什么都会,那么处理问题的能力肯定也不会差到哪里去。所以教师应该多读书,多学习,多充实自己。最后,应该调节自己的心情,好的心情对于解决问题是很重要的。遇到问题时,不要紧张、焦虑、恐慌等,因为不良情绪会影响判断。无论问题多么复杂,都应该保持平常心,抱着积极的态度去处理。

(四)教师应提升自身的教育科研品质和精神

据笔者所调查和采访的结果,发现大多数中小学教师对于教育科研是排斥的,他们觉得平时的工作就已经够累了,根本没有多余的精力来搞教育科研,教育科研应该是教育专家和搞教育科研的专业人士才做的事情。此外,有的教师做教育科研确实是为了提高教育教学质量,想在教育科研上做点事情,但有的教师做教育科研完全是为了评职称或评优加薪争先进,想在领导面前邀功,还有些教师则完全是为了应付学校布置的教育科研任务,在网上乱抄一气,完全没有自己的思考。这些目的都是功利性的,违背了教育的初衷。如果教师自身都很功利,又怎样教育学生呢？

研究性学习理论告诉我们现在做"研究型"教师已经得到了教育界普遍的共识，这就证明这是非常有效的，也是各位教师应该去做到的。因此，教师应该提升自身的教育科研品质和精神，充分认识到只有搞教育科研形成经验传承，才能够切实提高教学质量，创造高效课堂。

综上所述，如果中小学教师想要提升自己的教育科研素养，就可以根据以上四个方面的建议来提升自己，希望笔者浅薄的建议能够帮到 P 县中小学教师，能让 P 县中小学教师的教育科研事业更上一层楼。

二、中小学校提升教师教育科研素养的管理策略

根据对 P 县中小学教师的教育科研素养的调查和现状分析，以及对 P 县中小学教师教育科研素养存在问题的调查，笔者觉得如果要想提升 P 县广大中小学教师的教育科研素养，以下策略是切实可行的。

（一）加强培训与进修，以提升教师教育科研素养

1. 组织全校性科研培训与校本研修

提升中小学教师的教育科研素养的策略之一是组织全校性的科研培训与校本研究。学校是教师存在的基本单位，是教师工作和积累教育实践经验的直接场所，更是广大教师每个工作日都会去的地方。因此在学校组织全校性的科研培训和校本研修，是最便捷、最有效、最直接的方式，在不耽误教师的正常教学时间下让广大中小学教师在教育科研方面受益匪浅，这对整体教学及学生未来的发展也是很有好处的。

（1）全校性科研培训

笔者采访过 W 学校的一名教师，她说 2018 年时，学校请了教育局的课题负责人来她们学校做了一个关于"如何进行小课题研究及怎样确定研究内容"的讲座。经过此次学习，她才知道小课题的素材原来如此广泛，而且科研并不是她想象中的那么高大上，很多平时教育中遇到的问题或者是自己的有效的教育方法都可以成为小课题的研究对象。因此组织全校性的教育科研培训真的很重要，这为

广大中小学教师提供了很好的近距离的学习方式。

(2) 校本培训

校本培训指学校自身组织的针对自身学校教师的培训,培训的中心内容主要是学校必须贯彻的教育方针政策以及与学校教育教学需求紧密相关的内容,其目的是提高教师的教育教学能力、教育科研能力和教育教学管理能力。其特点有四:其一,注重学校和教师遇到的实际问题的解决;其二,学校可以不受教育主管部门以及教师培训机构的限制,具有更强的针对性和一定的灵活性;其三,它可以满足教师自身以及学校进一步发展的需要,使两者达到某种程度的一致;其四,它紧密联系学校内开展的教育教学活动。总的来说,校本培训是从学校本身出发,开展的有利于学校发展和教师提升的培训,最终都是为了提升教育教学质量。

基于校本培训的特点,校本培训完全可以作为提升中小学教师教育科研素养的有效办法之一,因为它与教育教学活动密切相关,而教师的教育科研素材大多数来自教育教学中的具体实践和对实际问题的思考,如果大家把教育教学上的问题和实践经验在校本培训上相互分享相互学习,相信长久下去会对教师的教育科研素养提升有所帮助。如果要使校本培训在目前的大环境下得到全面的铺开,需要学校管理层及负责教育科研的教师多角度、多方面的资源整合能力,通过各种努力创造良好的校本培训环境,让教师通过专家指导、互帮互助、自我反思等方式使自身的教育科学研究能力得到专业化的发展。

2. 为教师定期提供外出进修和学习的机会

终身教育和终身学习理念贯穿于教师专业化发展的整个过程中,就个人而言,接受教育是一个连续学习的过程,终身学习也终将会变为社会普遍接受的理念。而作为教师,在辅助学生成长的同时,也需树立终身学习的理念,在专业知识和教学能力上应该持续提升,不断涉猎所教学科领域的前沿知识,多从别人的成果中吸取精华,使自身的教育科研素养得以提升,使自己能够适应社会发展的节奏。

既然外出学习和进修在教师教育科研生涯中十分重要,那么学校就应该定期为教师提供这样的机会。如果一味地在校内埋头苦干,不知道他人的先进做法,不汲取学术界新的成果,其教育教学和教育科研工作终将止步不前。我们要善于发现他人之长，多加学习，取长补短，就能在教育科研实践中不断进步，不断向优秀教育科研工作者看齐，为教育科研做出更大的贡献。

（二）加强平台建设和资源建设

1. 加强平台建设

笔者认为还可以通过搭建教师分享教育科研经验平台的方式来提升 P 县中小学教师的教育科研素养。具体方式包括以老带新、互相学习和组织科研兴趣小组等。

（1）以老带新

在教育科研上有研究经验的老教师可以与刚进入教育行业的新教师结成师徒，以老师带徒弟的方式培养科研新秀。老教师可以在平时教育教学和科研方面给予新教师指导与帮助，以助其尽快进入教育科研状态。经验的传承是一种很有用的方式，正如牛顿所说，站在巨人之肩方能看得更远。在教育科研方面有所成就的老教师就是"巨人"，在他们的引领下，新教师会很快地成长。

（2）互相学习

所谓"三人行，必有我师焉"。从古至今，时代的进步、科技的发展绝不是个人英雄能完成的，每一项推动时代进步的成就都是人们相互学习、相互合作、共同研究、携手努力的结果。从历史长河来看，互相学习是人类共同体不断发展的基石。古人有云，"他山之石可以攻玉"，意思是可以借鉴他人经验来提升自己。作为教师，在教育教学科研方面，更应该相互学习、互相切磋。只有相互学习才能提高自己的教育科研素养，只有相互学习才能共同进步，使教育科研事业更上一层楼。

（3）组织科研兴趣小组

组织全校性的教育科研兴趣小组也是一种很好的互相学习的方式。有些教师本来是热衷于搞教育科研的，但苦于学校没有浓厚的科研氛围，势单力薄，难以有大的科研产出。如果学校能成立教育科研兴趣小组，把有兴趣搞教育科研的教师集中起来，并给这些教师提供一定的帮助，如给他们提供资源、搭建平台、合理规划教育科研，便会使教师在教育科研方面取得进步。

2. 强化教育科研资源建设

资源是指国家或特定地区内拥有的各种物质条件的总称。教育科研资源是指投入到教育科学研究中的各种物质条件的总称。物力、财力和人力是搞好教育科研的前提。

在科研物力方面,学校应尽量采购科研必需的硬件设备,提供研究用房、研讨室、图书资料和必备的信息资源库,为教师的教育科研提供良好的物质条件。尤其是农村中小学的科研信息相对闭塞,中小学应该加大信息资源的建设力度。

在人力方面,要尽量为教师提供一定从事科学研究的时间和精力,如能确定一定的专职人员更有利于科研工作的推进。

而充足的经费是教师进行教育科研的基础性条件之一。学校应尽量在科研上加大投入,以保证教师在资料收集、数据统计与分析处理、研究方法的学习、研究参考书籍的购置甚至基础科研数据库的访问、实地考察调研、科研成果的发表或科研著作的出版等方面的费用,甚至设立一定的专项资金用于成果奖励,以激励教师从事教育科研。

据笔者的调查所示,P县各学校用于教育科研的经费是很少的,这就让很多教师望而却步,因为教师的工资收入并不多,如果让教师用自己微薄的薪水来补贴做科研,绝大多数教师是不愿意的。因此,如果想让中小学教师积极地从事教育科研,学校就必须保证教育科研经费的投入。

(三)加强教师的学术规范和学术道德教育

杨玉圣指出,学术规范是学术活动主体进行学术活动过程中必须遵守的基本规范[1]。而叶继元等在《学术规范通论》里认为:学术规范是学术界在长期实践过程中长期形成的一种共同认识和基本规范,目的是为了保障学术的健康发展,所有从事学术活动的科研人员都应遵守的行为准则并有义务在发展中不断完善[2]。所谓学术道德,笔者认为是我们在进行学术创作时,应该遵守的基本共识和行为规范。

邓小平同志曾经说过:"实事求是、老老实实的学问就是科学,科学是容不得弄虚作假的。"[3] 这要求中小学教师必须时刻保持探索之心,坚持不懈地与教

---

[1] 杨玉圣:《学术期刊与学术规范》,《清华大学学报(哲学社会科学版)》,2006年第2期,第15页。
[2] 叶继元等编著:《学术规范通论》,上海:华东师范大学出版社2005年版,第5页。
[3] 邓小平著:《邓小平文选》第2卷,北京:人民出版社1994年版,第57页。

育科研道路上的艰难险阻做斗争。教育科研之路，要求教师必须脚踏实地，逐步攀爬。近年来，学术不端事件屡见不鲜，多所知名高校被卷入学术不端事件中。因此，学校作为育人之地，更应该加强教师的学术规范和学术道德教育，定期开展有关学术规范和学术道德教育，让教师遵守学术规范和拥有学术道德，避免抄袭和滥竽充数，让学术界真正成为做学术之人的净土。

（四）制定合理的教育科研激励方案

根据管理学的激励理论，主观能动性的调动必须采用激励的方式，从而达到其潜能的最大化，为学校科研创造最大的价值。这就要求中小学应加强教师教育科研管理，制定好激励与奖励方案，以调动大家的积极性。据笔者调查所知，P县对于教师教育科研成果的奖励很少，拿笔者工作的学校来说，如果一篇论文获得县上或市上一等奖，奖励70元，考核加一分（每分考核价值13元）；获得县上或市上二等奖，奖励60元，考核加一分；获得县上或市上三等奖，奖励50元，考核加一分。市上论文评比需要交每篇50元的参评费，县上评审需要交40元的参评费。所以整体算下来，基本上算是没有奖励。尽管现在取消了参评费，但奖励还是很微薄。在这样一种大环境和激励政策下，如果教师不是为了评职称或者是本人非常热衷于教育科研，基本上没有教师愿意主动做教育科研的。因此，制定合理的教育科研激励政策势在必行。笔者认为可以加大教育科研贡献的奖励，在教学成绩奖和科研奖中可各占一半。只有奖励力度达到了教师的预期，才能促使教师积极从事教育科研，才能使中小学教师的教育科学研究素养在研究中得到快速地提升。

（五）强化教育科研人员和科研管理队伍建设

学校要想使教育科研活动能够有效地开展，得力的教育科研人员和有效的队伍建设是必不可少的。各中小学可以通过组建专门团队、挑选得力人手、对教育科研活动进行定期督查、根据情况进行整改、提供教育科研方法策略等举措来使教育科研活动能够更好地展开。

中小学校可以根据各自的实际情况建立具有自身特色的教育科研团队，挑选优秀的、经验丰富的、热衷于做教育科研且具备一定的团队管理能力的教师担当教育科研主任。此外，挑选一批在教育科研上有贡献的教师组成教育科研团队。如有必要，也可以和县上教育科研机构合作。学校教研组的主要负责人应优先选择具备丰富经验的教师担任，以使教育科研团队的职能得到充分发挥。同时教育科研计划的制定必须实事求是，突出应用性与针对性。选择的教育科研课题尽量与现实的教育教学紧密相关，并根据所挑选的科研人员的特质，将课题分配到具体的科研人员身上，定出时间表和任务图，以此常抓不懈，方能有所成效。

综上所述，各中小学校可以采用组织全校性科研培训，为教师定期提供外出进修和学习的机会，强化校本培训，搭建教师分享教育科研经验的平台，加强教师的学术规范和学术道德教育，给予教师从事教育科研足够的经费保障，制定合理的教育科研激励措施，强化教育科研资源建设，强化学校教育科研人员和科研管理队伍建设等策略来提升教师的教育科研能力。希望笔者的建议能为教育科研的发展有所助益。

三、政府提升中小学教师教育科研素养的管理策略

一个县如果想整体提升中小学教师的教育科研素养，让整体教育科研水平提高，单靠教师自身努力和各学校的努力是远远不够的，还需要县政府的大力支持。政府的介入，可以从宏观上调控教育科研的各种资源，并给予政策和基金的支持，让中小学校和教师的科研活动有法可依、有政策可寻。

下面笔者将从三个方面提出自己的建议，希望有助于中小学教师教育科研素养的提升。

（一）定期组织中小学教师进行教育科研素养的提升培训并保证其经费

《教育法》总则第11条明确提出"国家支持、鼓励和组织教育科学研究、推广教育科学研究成果，促进教育质量提高"。《教育法》第二章第七条也明确提出各教师享有"进行教育教学活动，开展教育教学改革和实验""从事科学研究、学术交流，参加专业的学术团体，在学术活动中充分发表意见"的权利[①]。县级政府是国家法律的执行者，应从中小学教师的切身利益出发，为教师教育科研素

---

① 《中华人民共和国教育法（2015修正）》，《中华人民共和国全国人民代表大会常务委员会公报》2016年第1期。

养的提升提供各种进修、培训、学术交流和参加专业学术团体的机会,为教师尽可能地创造良好的教育科研条件;并应完善教育科研机制、制定教师教育科研奖励政策等,以促进教师教育科研素养的提升。此外,县级政府还可以和其他教育科研氛围浓厚的县(区)的教育科研机构合作,开展县(区)和校际间的互动交流,建立县(区)和校际联合教育科研机制,并利用便捷的网络建立新的沟通与共享平台,促进教育科研资源和成果的共享。最后,所有科研活动的顺利开展都离不开经费的支持。所以,政府还应该给予足够的教育科研经费,以便教师的教育科研能够顺利开展。

(二)组织教育科研现场交流会,提升中小学教师科研素质

县政府或县教育局可以通过组织教育科研现场会以交流教育科研经验。通过这样的交流平台,让中小学教师能有机会在现场交流答疑环节中解决研究时遇到的疑惑或者诸多实际困难。信息反馈的及时性及当面的讨教,有助于中小学教师教育科研素养的提升。现场交流会具体形式大致有四种,包括政府牵头到各中小学实地组织教育科研研讨现场会、组织教育科研课题开题报告会、组织教育科研经验交流会和组织教育科研课题现场结题会。下面笔者将一一进行论述。

1. 到各中小学实地组织教育科研现场研讨会

教育科研现场会的主要目的是为了各学校教育教学质量能得到持续性提高,以教育课程改革为着力点,让教师得到专业化发展、学校管控水平有所提升进而取得良好的教育教学成绩。政府可以到各中小学实地组织教育科研现场会,让从事中小学教育的工作者对于教育科研的地位和作用有准确的认知,最终使教育科研在教育教学实践中发挥更大的作用;也可以通过教育科研现场会,让中小学教师准确把握教育科研的研究方向和研究方法,找准可供研究的课题,以先进的思想武装头脑,从内心接纳教育科研,让教育科研成为中小学教师日常工作的重要组成部分。

2. 组织教育科研课题开题报告会

开题报告是指研究者对主持或承担的科研课题进行书面或口头汇报的一种形式。其内容一般包括:题目的确定过程、选题的目的与意义、文献综述、研究方法、起止时间和研究提纲等。但是根据笔者的调查,大部分中小学教师连开题报告是什么都不知道。

基于此，由县教育局或教科所（室）组织教育科研开题报告会是很有必要的。首先，可以通过开题报告会让中小学教师了解什么是开题报告；其次，通过开题报告会，课题负责人可以在专家学者的指导下进一步分解课题、找准研究的理论指导、厘清研究思路、确定切实可行的研究方法、规划研究成果、计划完成研究的阶段与周期，以使课题研究切实可行，避免盲目行事而导致的浪费。通过教育科研课题开题报告会，可以使中小学教师相互借鉴、取长补短、相互学习，这也为中小学教师提供了现场学习和分享经验的机会。

3. 组织教育科研经验交流会

经验交流会是指有研究经验的教育者将自己的研究经验进行梳理而将经验分享给其他教育工作者的会议。如果县教育局或县教科所（室）能组织教育科研经验交流会，组织一批在教育科研工作中有实践经验并有自己一套非常有用的教育教学方法的教师和在教育科研上颇有心得的优秀教师，让他们到中小学去分享自己的经验，与一线教师进行实地交流与指导，这样的交流活动能够促进中小学教师获得良好的教育科研经验，促进其科研素养的提升。

4. 组织教育科研课题现场结题会

科研课题结题会是对整个课题研究过程、经验、收获与感受的整理与思考，是对课题负责人的一次大检阅，同时是一个可以促进学校自身发展、教师自身成长与教育科研素养提升的良好契机，也是一个交流平台。通过教育科研课题现场结题会，可以让教育科研专家组对课题研究成果作现场的指导性点评，有利于学校开展下一步的教育科研工作，也有利于各教师的专业成长与教育科研素养的提升。可以说，教育科研现场结题会对一个学校的教育科研工作无疑是巨大的推动，教师们只有借鉴他人经验，立足于自身，吸取他人教训才能使自己的教育科研工作有所提升，才能有益于自身教育科研素养的提升。

（三）出台教师学术规范文件，增强教师学术道德意识

如今的学术界各种学术不端问题频频出现，要想杜绝这种现象，教师就应该增强学术道德意识，掌握学术规范法规，避免学术失范陷阱，尊重他人科研成果，努力追求创新，提高学术素养水平。县级教育主管部门应该根据中小学教育科研的实际出台学术规范文件，使学术规范的理念得以贯彻，并根据县内教育的实施特点和辖区内各中小学校实际情况，加强教师对教育科研学术规范的教育。

因此出台教师学术规范文件，对学术行为进行约束，是提高教师科研素养的重要途径。

结　语

21世纪是新旧知识更迭非常快速的时代，新技术媒体的引入、科技的发展、多媒体的使用让传统的课堂教学受到了很大的冲击，也让传统的教学理念不再适用于现今的课堂教学。时代在进步，教育教学方式方法与以前相比有很多不同的地方，因此教师更需要与时俱进，善于总结有利于提高工作效率的经验。而成为一名"研究型"教师正好可以弥补传统教学的不足之处。想要成为一名研究型教师，就必须先明确"为何研究""怎么研究""研究什么"和"以什么方法研究"，一句话，就必须努力提升教育科研素养。教师的职责不仅仅是传授知识，还应对教学过程中遇到的问题与疑惑进行整理与研究，以求获得解答，以此提高教学质量，还应善于探究教育教学的规律。

本专题立足于P县中小学教师教育科研素养的现状，通过问卷和访谈相结合的方式展开调查，获取了P县中小学教师教育科研素养的基本资料，并通过深入分析P县中小学教师的教育科研素养现状，找出了存在的问题并就存在的问题进行了原因分析。笔者针对分析出来的问题及原因，提出了自己对于提升该县中小学教师教育科研素养的管理策略。其策略主要有：首先，中小学教师自身应对策略包括强化教育科研意识、拓展专业学科知识、提升教育科研能力、提升教育科研品质和精神；其次，中小学应组织全校性科研培训、为教师定期提供外出学习和进修的机会、以校本研修提升教师的教育科研素养、搭建教师分享教育科研经验的平台、加强教师的学术规范和学术道德教育、给予教师从事教育科研足够的经费保障、制定合理的教育科研激励方案、强化教育科研资源建设和强化学校教育科研人员和科研管理队伍建设以提升教师的教育科研素养；最后，政府应该定期组织中小学教师进行教育科研能力的提升培训并保证其经费、组织教育科研现场交流会来培训中小学教师、出台教师学术规范文件等，以提升教师教育科研素养。

不过，中小学教师教育科研素养的提升不是一朝一夕就能达成的，需要教师、学校和政府有关部门共同努力，让中小学教师把教育科研当成一种日常习惯，并在教育教学中融进自己最新的科研成果，以提升教育教学质量。

因笔者自身能力和水平的限制，本专题所呈现的对于P县中小学教师教育科研素养所存问题的把握可能不够准确，对其所存问题原因的剖析可能不够深刻，所提出的管理策略可能针对性不足，但是笔者对于教育事业的热爱永不停歇，对于县域中小学教师教育科研素养的研究也不会就此止步。笔者将在未来的工作中继续加以研究，为提升县域中小学教师的教育科研素养尽绵薄之力。

附 录

附录1

县域中小学教师教育科研素养提升研究问卷调查表

尊敬的各位教师:

您好!

感谢您抽空填写问卷,请根据实际情况如实填写,本问卷采用匿名形式,所有数据仅用于了解成都市 P 县中小学教师教育科研的开展情况,不用于其他方面,请放心作答。感谢您的支持!

西华师范大学教育科学院
2020 年 11 月

一、个人基本信息

1. 您任教学校所在区域:①县城　　②乡镇　　③农村
2. 您的性别:①男　　②女
3. 您的年龄:①30 周岁及以下　②31—40 周岁　③41—50 周岁
   ④51 周岁及以上
4. 您的教龄:①1—5 年　② 6—10 年　③11—15 年　④16—20 年
   ⑤21—25 年　⑥26—30 年　⑦31—35 年　⑧36 年及以上
5. 您的职称:①正高级　②副高级　③一级教师　④二级教师　⑤其它
6. 您的学历:①大专以下　②大专毕业　③本科毕业　④硕士毕业　⑤博

士毕业

7. 您的主要任教学科：①语文　②数学　③英语　④物理　⑤化学　⑥地理　⑦生物　⑧历史　⑨体育　⑩道德与法治　⑪科学　⑫美术　⑬音乐

8. 您担任的职务：①无　②班主任　③教研组长　④年级组长　⑤科室主任　⑥副校级　⑦正校级

9. 您所教科目与您所学专业是否相关：①相关　②不相关

10. 您每周课时量（包含早午晚自习）：①5节及以下　②6—8节　③9—15节　④16及以上

11. 您是否为代课教师：①是　②否

12. 您的婚姻情况：①已婚　②未婚　③离异　④丧偶

13. 您任教的学段：①小学　②初中

14. 您任教的年级：①一　②二　③三　④四　⑤五　⑥六　⑦七　⑧八　⑨九

二、单项选择题

15. 您任教学校教育科研的氛围（　　）

A. 全员教师都在从事教育科研，学校教育科研的氛围很浓厚

B. 大部分教师在从事教育科研，学校教育科研的氛围较浓厚

C. 有部分教师在从事教育科研，学校教育科研的氛围较淡薄

D. 很少人或基本上没有人在从事教育科研，学校教育科研的氛围很淡薄

16. 您认为中小学教师教育科研与教学的关系（　　）

A. 很紧密　　B. 较紧密　　C. 较不紧密　　D. 很不紧密

17. 您认为中小学教师是否有必要参加教育科研（　　）

A. 很有必要　　B. 较有必要　　C 较无必要　　D. 很无必要

18. 您是否愿意参加教育科研（　　）

A. 非常愿意　　B. 比较愿意　　C. 不太愿意　　D. 很不愿意

19. 您教学中是否发现过值得深思、总结，并有可能推广的教学经验（　　）

A. 一直有　　B. 经常有　　C. 偶尔有　　D. 从没有

20. 您对教育科研能力与水平的自我知觉（　　）

A. 自认为教育科研能力和水平"很高",可以负责开展各种教育科研

B. 自认为教育科研能力和水平"较高",可以成为教育科研课题的主研人

C. 自认为教育科研能力和水平"较低",可以参与一般的教育科研

D. 自认为教育科研能力和水平"很低",难以胜任教育科研工作

21. 您是否了解教学实践研究(　　)

A. 非常了解　　B. 比较了解　　C. 了解较少　　D. 完全不了解

22. P县教研所/室对您任教学校教育科研的帮助(　　)

A. 很大　　B. 较大　　C. 较小　　D. 没有

23. 您学校在教育科研方面投入的科研经费情况是(　　)

1. 足够教师顺利地开展科研工作　　B. 基本能维持科研工作的进行

C. 很少有科研经费　　D. 完全没有科研经费的投入

24. 您学校制定的教育科研激励政策是否合理(　　)

A. 很合理　　B. 比较合理　　C. 较不合理　　D. 很不合理

25. 您学校是否有专职的教育科研人员和管理队伍建设(　　)

A. 有,是专职　　B. 有,是兼职　　C. 基本没有　　D. 完全没有

26. 您学校是否会对教师进行学术规范和学术道德教育来提升教师的教育科研素养(　　)

A. 一直有　　B. 经常有　　C. 偶尔有　　D. 完全没有

27. 您学校搭建专门的教师分享教育科研经验的平台来提升教师的教育科研素养的情况(　　)

A. 一直有　　B. 经常有　　C. 偶尔有　　D. 完全没有

28. 您学校组织全校性的科研培训来提升教师的教育科研素养的情况(　　)

A. 一直有　　B. 经常有　　C. 偶尔有　　D. 完全没有

29. 您对中小学教师教育科研的看法是(可多选)(　　)

A. 教育科研与教学一样是教师分内的工作

B. 教育科研不是教师的工作,但教师可以借鉴科研成果提升教学质量

C. 教育科研是专家、学者的工作,与教师无关

D. 教育科研是件很深奥的事

30. 您任教学校对教育科研的要求(　　)

A. 有明确要求，并已实施　　　　　B. 有要求，但未付诸实践

C. 无要求，没有教师做　　　　　　D 无要求，但有老师自己在做

31. 您参加教育科研的主要目的是（可多选）（　　）

A. 改进教学　　　　　　　　　　　B. 职称评定需要

C. 学校安排　　　　　　　　　　　D. 自我专业素养提升所需

32. 您主持或参与过何种教育科研课题的研究（可多选）（　　）

A. 国家级　　　B. 省部级　　　C. 市级　　　D. 县级

E. 校级　　　　F. 自选课题　　G. 无课题

33. 您所选课题主要来源（　　）

A. 个人兴趣　　B. 教学实践　　C. 热点探寻　　D. 上级安排

E. 论文评选要求的方向

34. 您任教学校对教育科研的组织与指导的主要形式（可多选）（　　）

A. 专家指导　　B. 县教科室指导　　C. 学校教研组指导　　D. 没有指导

35. 如果在教育教学过程中碰到了一些问题，您通常的做法是（　　）

A. 能解决就解决，解决不了就把它记录下来，过后认真思考并写出心得体会

B. 问题解决掉就行了，过后不再去想它

C. 把它记录下来，但过后事情一多，就把它忘了

D. 问题太多，索性不去考虑

E. 没有碰到过什么问题

三、半封闭多选题（可选一项或几项，"其它"请填写）

36. 如果您从事过教育科研，那么您所运用的科研方式是（　　）

A. 认真遵循一般的科研规范，像专业研究者那样审视和研究教育教学问题

B. 学习和掌握教育教学理论，并在自己的教育教学实践中加以验证

C. 总结教育教学经验，无需规范

D. 把自己的教育教学行为作为审视和研究的对象，经常进行反思

E. 与理论专家、同事进行合作研究

F. 其它＿＿＿＿＿＿

37. 您常用的教育研究方法是（　　）

A. 观察法　　　B. 文献法　　　C. 经验总结法　　D. 调查法

E. 教育实验法　F. 个案研究法

38. 您认为科研成果的形式可以是（　　）

A. 科研论文　　B. 专著　　　C. 研究报告　　　D. 教学反思成果

E. 校本教材　　F. 教学案例　G. 听课评课结果　H. 复习题集

I. 听学术讲座或其他老师讲课的笔记　J. 其它_____

39. 如果您有教育科研成果，那么呈现形式是（　　）

A. 科研论文　　B. 专著　　　C. 研究报告　　　D. 教学反思成果

E. 校本教材　　F. 教学案例　G. 听课评课结果　H. 复习笔记

I. 听学术讲座或其他老师讲课的笔记　J. 其它_____

40. 您撰写过的论文类型（　　）

A. 校内发表的个人经验总结　　　B. 县级及以上交流的学术论文

C. 公开发表的论文　　　　　　　D. 结合课题所写的实验报告

E. 没写过论文

41. 您认为教育科研花费时间的情况是（　　）（未进行过科研的老师可以估计）

A. 课题选定　　B. 收集资料　　C. 研究过程　　　D. 撰写论文

42. 您开展教育科研的主要困难（　　）

A. 难以解决实际中的问题　　　　B. 很忙，没有时间进行思考

C. 没有掌握科研方法　　　　　　D. 缺乏相关人员的指导

E. 非自己的意愿，难以深入开展　F. 缺少理论，难以上升到理论水平

G. 缺乏领导重视和支持　　　　　H. 缺乏可以共同探讨的群体

I. 缺乏论文写作技巧　　　　　　J. 其它_____

43. 您对以后教育科研的建议（　　）

A. 更新观念　　B. 资金支持　　C. 专家指导　　　D. 机构管理

E. 教师培训　　F. 其它_____

附录 2

访谈提纲

1. 您做过哪些课题，贵校有哪些教育科研成果？
2. 您个人对教育科研是否有规划或打算？
3. 贵校现有教育教学资源是否能满足您的日常工作需要？对于目前的工作，您有什么想法？
4. 请您谈谈对教育科研素养的认识？您认为教师教育科研可以从哪些方面进行评价？
5. 您认为哪种形式的激励或奖励能激发您对教育科研的热情？
6. 请就中小学教师怎样做好教育科学研究提出您的建议。
7. 对于提高县域教师教育科研素养，您有哪些宝贵的意见和建议？
8. 您希望在教育科研方面得到来自哪些方面的支持和帮助？

专题四

乡村初中教师专业成长研究
——以四川省Y县为例[①]

第一章 绪论

一、研究缘起

本研究主要是从Y县乡村初中教师专业成长现状出发，探究乡村初中教师专业成长过程中存在的问题，并针对这些问题提出相应的改进举措，以促进整个乡村初中教师队伍的专业成长，提升乡村教育教学的质量。研究缘由主要有以下几点：

（一）乡村初中教师与城镇初中教师相比具有特殊性

乡村初中教师与城镇和城市初中教师相比具有一定的特殊性。

首先，乡村初中教师所处的环境比较特殊。乡村初中教师处于乡村这个特定的环境之中，面临着教育资源匮乏、教学设备不足以及教学环境较差等多方面的

[①] 本专题完成于2022年4月，主编做过修改和删节。

问题。

其次,乡村初中教师这个职业也存在相当的特殊性。由于乡村初中的师资总量不足,一个教师往往担任多个年级多个班级的教学工作,工作压力较大。再加上参与培训和调研的机会较少,具有一定的特殊性。

最后,乡村初中教师面对的家长和学生都具有一定的特殊性。乡村初中教师面对的学生家长多是爷爷奶奶辈的人,这些家长很难协助教师开展教育教学工作,与这些家长沟通也存在较大困难;乡村初中教师面对的学生多是留守儿童,由于在他们身心发展的重要阶段长期缺少父母的陪伴与指导,往往存在一定程度的性格孤僻问题,需要乡村初中教师深入其内心,根据其不同的学习需求开展教育教学工作。

(二) 乡村初中教师专业成长是乡村振兴的重要支撑

乡村初中教师专业成长是实现乡村振兴战略的重要支撑,我们有必要对其进行深入研究。

乡村振兴战略,是为解决中国特色社会主义新时代的农业农村农民问题而制定的战略,是建设现代经济体系的重要基础。这一战略的提出和实施,既可以弘扬优秀的中华传统文化,也可以完善我国社会的治理格局[①]。

乡村振兴能否得以实现在很大程度上取决于乡村教育的发展,而乡村教育发展的关键又在于乡村教师队伍的建设。乡村初中教师作为乡村教师队伍的主要组成部分之一,在乡村教育的发展过程中更是发挥着承上启下的重要作用。

只有促进乡村教师尤其是乡村初中教师专业成长,建设一支高质量、专业化的乡村教师队伍,才能提高乡村教育教学的质量,才能以良好的道德、广博的知识、坚强的能力、良好的情感、正确的态度和价值观等,推动新一代农民和农村孩子成长,才能加快实现乡村振兴战略的步伐。

(三) 乡村初中教师专业成长是教育现代化的重要保障

乡村初中教师专业成长是实现教育现代化的重要保障。

随着知识经济的快速崛起,教育越来越成为我国综合国力竞争的重要影响因

---

① 贾琳琳、张姝玥:《教育服务乡村振兴的逻辑与路径》,《现代教育管理》,2022 年第 4 期,第 12—19 页。

素。中共中央、国务院在《中国教育现代化 2035》中多次强调要夯实教师专业发展体系、推动教师专业自主发展，建设创新型教师队伍①。由该文件及其强调的内容可知，教师的专业成长是我国实现教育现代化的重要保障。

《乡村教师支持计划（2015—2020 年）》中提出实现教育现代化的薄弱环节和短板在乡村②，《加快推进教育现代化实施方案（2018—2022 年）》中提出要加快中西部地区义务教育学校标准化建设③。乡村教师尤其是乡村初中教师发展作为我国教育现代化的发展短板，其专业成长更需要引起人们的高度重视。

党和国家多次强调教师专业成长对于教师队伍建设和教育现代化的重要性，笔者认为只有在真正意义上实现乡村初中教师的专业成长，教育现代化才会指日可待。

二、研究目的与研究意义

（一）研究目的

当前我国的教育事业正处于快速发展时期，要想更好更快地推动我国教育事业的发展，就必须要解决乡村教育在发展过程中面临的诸多问题。一方面，乡村初中教师是乡村教育的重要组成部分，在很大程度上影响着乡村教育的质量；另一方面，乡村初中教师在发展过程中还存在许多困难，尤其是专业成长方面还存在很多问题有待解决。因此本研究选择以乡村初中教师专业成长为主题，试图通过对 Y 县部分乡村初中教师的访谈，了解我国乡村初中教师专业成长的现状以及所存在的问题，并在此基础上分析这些问题的成因，探讨有效的解决策略，最终达到促进乡村初中教师专业成长，提高乡村教育教学质量的目的。

（二）研究意义

本专题主要围绕乡村初中教师专业成长经历中存在的问题展开研究，其研究

---

① 中共中央、国务院：《中国教育现代化 2035》，见教育部官网（http://www.moc.gov.cn/jyb_xwfb/s6052/moe_838/201902/t20190223_370857.html）。
② 国务院办公厅：《乡村教师支持计划（2015—2020 年）》，见教育部官网（http://www.moc.gov.cn/jyb_xwfb/s6319/zb_2015n/2015_zb05/201506/t20150615_190458.html）。
③ 中共中央、国务院：《加快推进教育现代化实施方案（2018—2022 年）》，见教育部官网（http://www.moc.gov.cn/jyb_xwfb/s6052/moe_838/201902/t20190223_370859.html）。

意义主要体现在以下几个方面：

1. 理论意义

通过查阅相关文献，笔者发现对教师专业成长的现有研究多是对城镇甚至城市教师的研究，对乡村教师尤其是乡村初中教师专业成长的研究较少；研究角度也多是旁观者角度，很少有学者会深入这些教师的工作与生活，从教师自身专业成长的经历与感悟入手，研究乡村初中教师的专业成长。与以往从旁观者角度进行的量化研究有所不同，笔者力图深入Y县乡村初中教师的工作与生活，通过扎根理论这一方法，对他们的专业成长进行质性研究。通过乡村初中教师对专业成长认识的演变以及对自己专业成长经历的回顾与反思，归纳总结出他们在专业成长过程中存在的问题，并在此基础上，深入分析这些问题的形成原因，提出相应的改进建议，以进一步完善乡村初中教师专业成长的理论，为乡村初中教师队伍的专业成长提供更有依据的理论支撑。

2. 实践意义

笔者试图通过Y县乡村初中教师对自身专业成长经历的陈述与感悟，发现他们在专业成长过程中存在的问题，并针对这些问题提出相应的改进建议。此次研究从实践中来又到实践中去，从Y县乡村初中教师专业成长的现状与存在的问题出发，以促进整个乡村初中教师队伍的专业成长为目的，在促进Y县乡村初中教师专业成长的同时，也为其他乡村初中教师的专业成长提供指导。通过本研究，其他乡村初中教师可以尽量避免前人专业成长过程中出现过的问题，即使出现了问题也可以在吸收前人经验的基础上进行正确的处理。总的来说，乡村初中教师专业成长的实现，可为建设一支高质量的乡村教师队伍奠定深厚的基础，可满足当前我国大力发展乡村教育的现实需要，提升我国教育事业的总体发展高度。

三、文献综述

为了对乡村初中教师专业成长的已有研究进行了解，笔者在知网上对相关文献进行了检索。以"乡村教师"为主题进行查找，共有6885篇文献，其中中文文献6672篇，外文文献219篇，这就说明乡村教师是当前学术界研究的热点问题。再以"教师专业成长"为主题进行查找,共有文献14918篇。最后以"乡村初中教师"和"专业成长"为主题进行查找,共有文献11篇,说明对乡村初中教师专业成长的研究还有所不足。笔者对乡村初中教师专业成长进行专门的研究,是较具新意也较有研究意义的尝试。"教师专业发展"与"教师专业成长"两者在本质上是意义相同的,只是前者对发展的过程更为重视,后者更强调发展的结果,本专题对这两个概念不做详细区分,特此说明。

(一)国内相关研究综述

教师专业成长是教师教育改革的重要课题之一,主要关注的是教师个人的生成性和双向性发展[①]。在阅读和整理相关文献后发现,国内对教师专业成长的研究主要集中在以下方面:

1. 有关教师专业成长的研究

(1) 教师专业成长的内涵

国内学者从不同研究角度,对教师专业成长的内涵进行了不同的定义。吴康宁等人从社会学的角度,指出教师的专业成长就是指教师的社会化,即通过规定期限的师范教育培训,让带有不同经历的个人获得教师角色、改进与教师角色有关的认识和行为的过程[②]。何菊玲摒弃了人们对教师专业成长的主观预设,从现象学的角度指出,教师专业成长的过程就是"成教师"的过程,并强调注重教师教育智慧的创生、丰富、拓展与深化[③]。

叶澜从教师专业结构角度出发进行研究,认为教师的专业结构具体包括观念、知识、能力、专业态度和动机以及自我成长意识等,并指出教师专业成长就是指教师不断完善自身专业结构[④]。田慧生提出教师专业成长的过程就是教师不断更新教育理念、拓展专业知识、进行专业成长反思的过程[⑤]。勾训等指出教师专业成长主要包括知识结构、工作水平和情感态度等方面的成长[⑥]。

---

① 郭少华:《小学教师专业成长内涵的探究》,《科教导刊》,2021年第7期,第73—74页。
② 吴康宁著:《教育社会学》,人民教育出版社1998年版,第215页。
③ 何菊玲:《教师专业成长的现象学旨趣》,《教育研究》,2010年第31卷第11期,第88—94页。
④ 叶澜等著:《教师角色与教师发展新探》,北京:教育科学出版社2001年版,第222页。
⑤ 田慧生:《教师专业成长的核心内涵》,《中国民族教育》,2009年第3期,第1页。
⑥ 勾训、黄胜主编:《心理学新编》,成都:西南交通大学出版社2018年版,第291页。

总的来说，国内多数研究者都认为教师专业成长就是教师在专业知识、专业技能以及专业情意等方面持续成长的过程。

（2）教师专业成长的阶段

国内研究者从我国教师专业成长的特点出发，对教师专业成长的阶段进行了多种划分。

吴康宁视教师为一种专门的职业，并将教师专业成长划分为"预期专业社会化"与"继续专业社会化"两个阶段[①]。傅道春认为教师专业成长就是指教师从一名普通教师成长为优秀教师，主要包括"积累期""成熟期"与"创造期"三个阶段[②]。邵宝祥等人又将教师的专业成长分为适应阶段、成长阶段、称职阶段以及成熟阶段四个阶段[③]。

根据教师自我更新取向的不同，叶澜等人将教师专业成长阶段分为非关注、虚拟关注、生存关注、任务关注以及自我更新关注五个阶段[④]。陈永明则从教师职业生涯的周期性出发，将教师专业成长划分为适应和发现期、稳定期、试验期或重新评价期、平静期和保守期以及退出教职期五个阶段[⑤]。钟祖荣等人以教师的专业素质、教学能力、教育理念以及从业年限为依据，提出教师专业成长阶段应划分为适应期、熟练期、探索期、成熟期以及专家期五个阶段。

虽然国内学者对教师专业成长阶段的划分在细节处有所分歧，但总的来说，多数学者还是从教师的整个职业生涯出发，对其专业成长的阶段进行划分。

（3）教师专业成长的影响因素

研究者们对教师专业成长的影响因素进行了研究，所得到的结论不尽相同。

潘慧春指出教师专业成长的内部影响因素主要包括专业成长意识、从业目的、职业道德以及能力素质四个因素[⑥]。吴捷对教师专业成长的过程以及影响因

---

① 吴康宁著：《教育社会学》，北京：人民教育出版社1998年版，第215—221页。
② 傅道春主编：《教师的成长与发展》，北京：教育科学出版社2001年版，第356页。
③ 邵宝祥、王金保主编：《中小学教师继续教育基本模式的理论与实践（上）》，北京：北京教育出版社1999年版，第68—128页。
④ 叶澜等著：《教师角色与教师发展新探》，北京：教育科学出版社2001年版，第277—302页。
⑤ 陈永明主编：《现代教师论》，上海：上海教育出版社1999年版，第186—188页。
⑥ 潘慧春：《影响教师成长的内部因素分析》，《湖北第二师范学院学报》，2009年第26期第11卷，第106—107页。

素进行了研究，并指出教师专业成长除了受社会氛围、工作条件以及职后培训等外部因素的影响，还在一定程度上受职业理想、职业精神、自主意识以及反思能力等内部因素的影响①。刘璐则指出社会环境、校园激励机制、相关培训等都是影响教师专业成长的重要外部因素，文化素养、爱岗敬业、勤奋好学等都是影响教师专业成长的重要内部因素②。

学者们还采用不同的研究方法对教师专业成长的影响因素开展了研究。韩淑萍在运用文献法对我国教师专业成长的相关文献进行整理后，指出教师专业成长的主要影响因素包括个人、实践、情景、制度以及课程等，并提出只有实现从宏观到微观、从理论到实践以及从边缘到中心的转变，才能进一步促进教师的专业成长③。童富勇将质性研究和量化研究相结合，探索出教师专业成长受专业成长期待、成就感、个人反思、特殊事件、同事交流以及文化等多种因素的影响④。吴明海则采用问卷法与访谈法对教师专业成长的影响因素进行了研究，并指出教师的专业成长除了受知识储备、教学经验，以及职业认同感等内部因素的影响，在很大程度上还受教育政策与法规、学校学习氛围以及家庭环境等外部因素的影响⑤。

总的来说，国内学者多将教师专业成长的影响因素划分为内在影响因素和外部影响因素，并提出只有实施内外并举，才能充分激发教师的内在专业成长动力，为教师的专业成长创造充足条件，真正实现教师的专业成长。

（4）促进教师专业成长的建议

研究者们从教师专业成长的现状出发，提出了许多促进教师专业成长的建议。

刘健智等人提出探究是教师实现专业成长的重要途径，即教师对自身在教育

---

① 吴捷：《教师专业成长过程及其影响因素研究》，《教育探索》，2004年第10期，第117—119页。
② 刘璐：《浅析影响教师专业成长的因素》，《教育理论与实践》，2009年第29卷第S1期，第25—26页。
③ 韩淑萍：《我国教师专业发展影响因素研究述评》，《现代教育科学》，2009年第9期，第5页。
④ 童富勇：《中小学名师专业成长的影响因素分析——基于浙江省221位名师的调查》，《教育发展研究》，2010年第2期，第64—68页。
⑤ 吴明海、陈建波：《农村小学教师专业成长现状、影响因素与发展策略——基于重庆市黔江区的调查与讨论》，《湖北文理学院学报》，2014年第7期，第72—77页。

教学过程中遇到的各种问题不断进行思考和摸索，主要包括教学反思和教育行动研究两种具体的形式①。吴宝发认为丰富和发展教师的专业情意也是促进教师专业成长的重要方法，并提出通过认知教师职业责任感、认同教师职业使命感以及实行教师职业荣辱观等举措，丰富教师的专业情意，加快教师专业成长的步伐②。除此之外，还有学者指出撰写教育自传也是促进教师专业成长的重要方式，教师可以通过撰写教育自传，重构自我的教育经验，形成自我的个人知识，加快自身的专业成长速度③。

秦磊认为通过增加学习和培训机会、创设交流展示平台、加强信息技术培训、创设以人为本的工作环境以及采用有针对性的评价标准等举措，都可以加快教师专业成长的步伐④。初向伦提出磨课可以转变教师的专业思想与课程思维，促使教师进行教学反思，推动教师在反思中实现专业成长⑤。也有学者提出可以通过加强师德师风建设、振兴教师教育、深化教师管理综合改革以及提高教师的地位与待遇等举措，推动教师的专业成长⑥。

综上所述，国内有关教师专业成长的研究主要集中在专业成长内涵、专业成长阶段、专业成长影响因素以及专业成长路径四个方面。研究者多从教师自身、学校以及社会等多方面入手，提出了许多促进教师专业成长的举措。

2. 有关乡村教师专业成长的研究

（1）乡村教师专业成长的困境

目前，国内专门针对乡村教师专业成长的研究较少，且呈散乱状态。学者们首先是对乡村教师专业成长过程中存在的问题进行了研究，杜亚丽等人提出，乡村教师与城镇教师一样，存在着专业成长方向偏离、专业成长载体缺失以及专业

---

① 刘健智、周婷：《探究式：教师专业成长的有效途径》，《当代教育论坛》，2017年第3期，第20—26页。
② 吴宝发：《乡村中小学教师成长的专业情意及培养途径——基于中西部地区县市中小学教师培训课堂创新的视角》，《教育理论与实践》，2016年第17期，第31—33页。
③ 魏建培：《教师专业成长途径：教育自传》，《教师教育研究》，2009年第21期，第12—16页。
④ 秦磊著：《农村特级教师成长规律研究》，北京：教育科学出版社2016年版，第111页。
⑤ 初向伦：《以磨课助推教师专业成长》，《中国教育学刊》，2019年第7期，第102页。
⑥ 教育部基础教育司编：《普通中小学校长工作手册》，北京：教育科学出版社2018年版，第211—215页。

成长路径单一等问题①。樊香兰对乡村教师专业成长的生态环境进行了探究，指出乡村初中教师专业成长面临着社会生态环境支持服务体系不完善、学校生态环境活力不足以及教师个体心理生态环境不平衡等问题②。刘星则以乡村振兴战略为背景，指出乡村性是乡村教师专业成长的根本属性，乡土性是乡村教师专业成长的特殊属性，并指出乡村教师在专业成长的过程中这两种属性都有所不足③。郑益乐等人认为精神成长是乡村教师专业成长的重要组成部分，并从批判教育学的视角，指出当前乡村初中教师在精神成长的过程中存在着过分追求物质、精神迷茫等问题④。

（2）促进乡村教师专业成长的举措

与此同时，学者们也逐渐认识到乡村教师专业成长对乡村教育乃至我国教育事业发展的重要性，并主张从多方面入手，采取多种措施，来促进乡村教师专业成长。吴宝发从中西部地区县市中小学教师培训课堂创新的视角，认为应该通过提高教师的职业责任感、加强教师的职业认同感以及实行教师职业荣辱观等举措，来丰富乡村教师的专业情意，促进乡村教师的专业成长⑤。刘华锦则提出应该通过树立城乡均衡发展理念、加大乡村教育经费投入、完善乡村教师评价制度等多种措施，尽可能地为乡村教师创造良好的专业成长条件，促进乡村教师专业成长⑥。刘星则从较为宏观的层面，提出可以从制度支持、文化融合、"生命关怀"以及"精神自治"等方面入手，提高乡村教师的专业成长水平⑦。

总的来说，国内对乡村教师专业成长的研究多是从乡村教师专业成长的困境

---

① 杜亚丽、丁娟：《优质均衡发展视域下城乡教师专业成长的三重困境与路径突破》，《中国教育学刊》，2021第2期，第93—97页。
② 樊香兰：《乡村教师专业学习生态环境探析》，《教育理论与实践》，2019年第25期，第36—39页。
③ 刘星：《乡村振兴战略背景下乡村教师的专业成长：根本属性、特殊性及其路径》，《教育理论与实践》，2018年第38卷23期，第37—39页。
④ 郑益乐等人：《乡村教师专业发展中的精神成长——基于批判教育学的视域》，《当代教育科学》，2021年第8期，第35—40页。
⑤ 吴宝发：《乡村中小学教师成长的专业情意及培养途径——基于中西部地区县市中小学教师培训课堂创新的视角》，《教育理论与实践》，2016年第17期，第31—33页。
⑥ 刘华锦：《西部乡村教师专业发展的困境与对策研究》，《黑龙江高教研究》，2017年第8期，第96—99页。
⑦ 刘星：《乡村振兴战略背景下乡村教师的专业成长：根本属性、特殊性及其路径》，《教育理论与实践》，2018年第23期，第37—39页。

以及促进乡村教师专业成长的举措两方面进行的。

（二）国外相关研究综述

国外对教师专业成长的研究在20世纪60年代始于美国，20世纪七八十年代兴盛于欧美国家，直到今天，国外学者对教师专业成长仍比较重视，也开展了许多研究。总的来说，国外对教师专业成长的研究已经实现了从概念到内涵、从理论到实践的提升，研究的焦点也已经从教师专业成长的本质转向了教师专业成长的路径。通过阅读相关文献并对这些文献进行整理和分析，笔者发现国外对教师专业成长的研究主要集中在以下方面：

1. 有关教师专业成长的研究

（1）教师专业成长的内涵

国外学者在很早以前就开始了对教师专业成长内涵的研究，并且呈现出不断完善的趋势。

B. 贝尔（Beverley Bell）和 J. 吉尔伯特（John Gilbert）从教师这一职业入手，把教师专业成长看作是教师个人、社会和专业互动的一个过程[①]。A. 哈格里夫斯（A. Hargreaves）又进一步指出，教师专业成长不仅应该包括知识、技术与能力的成长，还应该涉及道德、情感和政治等多方面的内容[②]。国外学者多数都认为教师专业成长不仅是教师知识与能力的成长，更是教师情感、态度与价值观的成长。

E. 霍伊尔（E. Hoys）从专业实践的视角出发，认为教师专业成长就是指教师在每个教学阶段，都能掌握良好的专业知识与技能，并且能运用这些所学的知识和技能来完成职业生涯每个阶段的专业实践[③]。C. 戴伊（Christopher Day）结合众多学者对教师专业成长的定义，提出一个极具总结性的概念：教师专业成长就是指作为变革主体的教师，不断审视、更新以及加强自身对教学的心理承

---

① Beverley Bell, John Gilbert, "Teacher Development as Professional, Personal, and Social Development", *Pergamon*, 1994, 10 (5), PP. 483−497.
② A. Hargreaves, "Development and Desire: A Postmodern Perspective", *Activism*, 1994, P. 51.
③ Eric Hoyle & Jacquetta Megrry (Eds.), *World Yearbook of Education 1980: Professional Development of Teachers*. London: Kogan Page, 1980, P. 42.

诺，并在职业生涯的每个阶段与学生和同事批判地获取和发展知识与技能的过程①。

总的来说，国外学者普遍认为教师专业成长就是指教师摆脱幼稚走向成熟、不断获得专业知识、专业技能与专业情意的过程，其中既包括教师个人的专业成长，又包括整个教师群体的专业成长。

(2) 教师专业成长的阶段

国外对教师专业成长阶段的研究起步较早，并且已经有了较多的成果，这些成果对于我们研究教师教育具有重要的参考价值。

美国学者 F. 富勒（F. Fuller）在 20 世纪 60 年代编制了"教师关注问卷"，用于研究教师在专业成长过程中的各种变化，并由此开启了国外学者对教师专业成长阶段的研究。他以教师的关注点为依据，将教师专业成长划分：任教前关注、早期生存关注、教学情境关注、关注学生四个阶段②。M. 休伯曼（M. Huberman）从教师职业生命周期论的视角，将教师专业成长的阶段划分为入职期、稳定期、改变期、保守期以及准备退休期五个阶段③。

L. 卡茨（L. Katz）采用访谈和问卷法对学前教师的专业成长进行了研究，并提出了"教师发展时期论"，主张把教师的专业成长分为四个阶段，即求生存时期、巩固时期、更新时期和成熟时期④。也有学者从教师心理发展的视角，对教师专业成长阶段重新进行了划分，提出教师专业成长主要包括求生存阶段、调整阶段、成熟阶段三个阶段。

进入 21 世纪以后，国外对教师专业成长阶段的研究主要倾向于应用性研究，学者们往往是研究教师某一特定的成长阶段，并制定该阶段的教师专业成长计划，开展相应的教师专业成长培训。

---

① Christopher Day, "School Reform and Transitions in Teacher Professionalism and Identity", *International Journal of Educational Research*, 2002, 37 (8), PP. 677–692.
② F. Fuller, "Concerns of Teacher: A Developmental Conceptualization", *American Educational Research Journal*, 1969 (2), PP. 207–226.
③ M. Huberman, "The Professional Life Cycle of Teachers", *Teachers College Record*, 1989 (1), PP. 31–57.
④ L. G. Katz, "Developmental Stages of Preschool Teachers", *Elementary School Journal*, 1972, 73 (1), PP. 50–54.

(3) 教师专业成长的影响因素

国外学者普遍认为教师专业成长除了受学校、社会以及家庭等外部因素的影响外，还受教师个人内部因素的影响。

美国学者费斯勒（Fessler）以社会系统理论为指导，对教师专业成长的影响因素进行了分析，指出教师专业成长主要受环境的影响：第一，个人环境，主要包含家庭成员、积极性特殊事件以及个人取向等因素；第二，组织环境，主要包括学校的规章制度、社会公众的信任、社会的期许以及教师专业成长组织等因素[1]。

L. 舒尔曼（L. Shulman）提出教师专业成长和学习的特征包括愿景、动机、理解、实践和反思，同时提出教师学习应该致力于认知、性向、动机、表现和反思等多方面的成长[2]。艾利森（B. Alison）对撒哈拉以南非洲地区的优质教学进行了研究，并认为教师对自身成长目标的设定是影响其专业成长的决定性因素[3]。

国外学者普遍认为影响教师专业成长的因素是多方面的，其中既包括教师个人内部因素，也包括各种外部因素，既包括主观因素，也包括客观因素，并认为只有从多重影响因素入手，才能帮助教师实现专业成长。

(4) 促进教师专业成长的建议

国外学者提出了许多促进教师专业成长的建议，对于实现教师的专业成长有着重要的借鉴意义。

国外部分学者认为学校在促进教师专业成长方面发挥着重要作用，如 A. 利伯曼（A. Lieberman）和 M. 麦克劳林（M. McLaughlin）提出发展导向策略、校本策略以及标准导向策略等三方面促进教师的专业成长[4]。J. 萨克斯（J. Sachs）进而提出教师专业成长三步走战略：一是利用社会资源优势助力师生平等

---

[1] 费斯勒（Ralph Fessler）、克里斯坦森（Judith C. Christensen）著，董丽敏、高耀明等译：《教师职业生涯周期——教师专业发展指导》，北京：中国轻工业出版社2005年版，第136—189页。

[2] L. Shulman, "Knowledge and Teaching: Foundation of the New Reform", *Harvard Education Review*, 1987 (1), PP. 1—22.

[3] Alison Buckler, "Quality Teaching in Rural Sub-Saharan Africa: Different Perspectives, Values and Capabilities", *International Journal of Educational Development*, 2015 (40), PP. 126-133.

[4] A. Lieberman, M. Mclaughlin, "Professional Development in the United States: Policies and Practices", *Prospects*, 2000 (2), PP. 225-236.

合作，使教师与学生做到教学相长；二是开展校本教研，充分发挥各方面的已有优势；三是建立网络平台，实现信息的沟通与共享，推动教师专业成长的早日实现①。

H. 博尔德（H. Boulder）认为可以从团队和教师个体入手，为教师专业成长提供宝贵的思路和不竭的财富②。美国学者J. 乔伊斯（Bruce Joyce）和B. 肖沃斯（Beverly Showers）同时提出组成小型同伴指导小组也有利于促进教师的专业成长③。

总的来说，国外学者认为教师专业成长应该由群体的、外在的、被动的成长逐渐向个体的、内在的、主动的、终身的成长转变。

2. 有关乡村教师专业成长的研究

（1）乡村教师专业成长的政策

国外各个国家都逐渐认识到了乡村教师专业成长的重要性，并出台了相应的法律法规和政策文本，来推动乡村教师专业成长的早日实现。美国颁布了《不让一个孩子掉队》法案，在一定程度上增加了乡村教师的数量，改善了乡村教师的质量。在这之后，美国又陆续颁布了《农村地区教师弹性达标条款》以及《国家统一评价标准》等多法案，这些法案在为乡村教师专业提供指导的同时，也加快了整个乡村教师队伍专业成长的步伐，为乡村教育质量的提高奠定了深厚基础。日本对乡村教师的关注时间比美国更早，早在1954年，日本政府就颁布了《偏僻地区教育振兴法》这一法案，法案中对乡村教育的重要性进行了强调，并主张大力支持乡村这些偏僻地区教师的发展。

（2）促进乡村教师专业成长的举措

国外有学者对乡村教师与城市教师在专业成长感知方面的差异进行了比较，发现乡村教师在专业成长感知方面处于劣势，甚至部分乡村教师对专业成长这一

---

① C. Day, J. Sachs, "Professionalism, Performativity and Empowerment: Discourses in the Politics", *Policies and Purposes of Continuing Professional Development*, 2004（3），P. 115.

② H. Boulder, "Professional Development and Teacher Leaning: Mapping the Terrain", *Educational Researcher*, 2004（8），PP. 3—15.

③ Beverly Showers, Bruce Joyce. "The Evolution of Peer Coaching", *Educational Leadership*, 1996, 53（6），P. 12.

概念的认识都很模糊，并以此为基础，提出应该提高乡村教师对专业成长的感知[①]。有学者认为外部的学习机会对乡村教师专业成长极其重要，这些学习机会不仅能够使乡村教师保持持续的学习状态，而且也能让乡村教师在持续学习的过程中找到解决教育教学问题的具体方案[②]。还有学者以南非的乡村地区为例，提出应从建立利益相关者团队、创造专业成长共同愿景、优化项目、制定战略计划等方面入手，促进乡村教师的持续专业成长[③]。

总的来说，国外对乡村教师专业成长的研究较国内更早，但由于种种原因，他们所取得的研究成果也极为有限。

（三）对已有研究的评价

国内外学者多是从内涵、成长阶段、影响因素以及改进建议等方面对教师专业成长进行研究。首先，国内外学者对教师专业成长内涵的研究大致有两种取向：一种是将教师看作是独立的个体，着重研究这些教师如何在教育教学实践中提高自身专业素养；另一种则是将教师看作一种职业，在注重教师个人的成长时，更加注重教师群体的专业化。国内外学者普遍强调教师专业成长是一个动态的、可持续发展的过程，这就让我们对教师专业成长内涵的理解更为具体。其次，就教师专业成长的阶段来说，国内外学者普遍是从教师的整个职业生涯出发，对教师在入职前、入职后、在职期间以及离职的整个职业周期内所呈现出的阶段性的特征与规律进行了探究，并形成了较为成熟的教师专业成长阶段理论体系，为今后学者们开展教师专业成长阶段的相关研究奠定了深厚的理论基础。

此外，就教师专业成长的影响因素而言，国内外学者虽然从不同视角进行思考有一定的差异，但大都认为影响教师专业成长的因素主要有教师个人、学校、社会以及家庭等多种因素，这些已有研究也为今后学者研究教师专业成长的影响因素提供了许多可以借鉴的地方。最后，国内外学者多是在分析影响教师专业成

---

① Mohan Parmeshwar Prasad, Lingam Govinda Ishwar, Chand Deepa Dewali, "A Comparative Study of Rural and Urban Teachers' Perceptions of Professional Development", *Waikato Journal of Education*, 2017, 22 (4).
② Nawab Ali, "Perceptions of the Key Stakeholders on Professional Development of Teachers in Rural Pakistan", *SAGE Open*, 2020, 10 (4).
③ C. T. Tsotetsi, S. Mahlomaholo, "Exploring Strategies to Strengthen Continuing Professional Development of Teachers in Rural South Africa", *Journal of Higher Education in Africa / Revue de l'enseignement supèrieur en Afrique*, 2015, 13 (1–2).

长因素的基础上，从教师个人、学校以及社会等层面，提出促进教师专业成长的建议，这些建议对解决教师专业成长过程中存在的问题具有一定的积极意义，在某种程度上加快了教师专业成长的步伐。

总的来说，国内外学者对教师专业成长的研究多是以整个教师队伍为研究对象进行的宏观研究，对乡村教师和乡村初中教师专业成长的专门研究较少，在一定程度上忽视了乡村教师乃至乡村初中教师的特殊性。为了弥补这一不足，本研究试图在已有教师专业成长研究的基础上，以乡村初中教师为专门的研究对象，从乡村初中教师的专业成长经历和反思出发，对乡村初中教师专业成长进行微观研究，并在此基础上提出具有针对性和时效性的改进建议，以进一步促进乡村初中教师的专业成长。

四、研究思路与研究方法

（一）研究思路

在前人已有研究的基础上，本研究采用 J. 萨克斯（J. Sachs）对教师生涯的划分理论，选取四川 Y 县乡村初中 21—28、28—33、33—40、40—50、50—55 岁每一年龄阶段的教师各 3 名。通过这些乡村初中教师对专业成长认识的演变以及对自身专业成长经历的回顾和反思，探究乡村初中教师专业成长的现状，归纳总结乡村初中教师在专业成长过程中存在的问题，并分析形成这些问题的原因，在此基础上提出促进乡村初中教师专业成长的建议，以加快乡村初中教师专业成长的步伐、促进乡村初中教师队伍的建设与发展，并以乡村初中教师队伍的建设与发展推动乡村教育乃至整个教育行业的发展。此外，为了进一步验证访谈所得文本资料的真实性，还选取了 Y 县乡村初中学校的 3 名领导就教师专业成长这一内容进行深度访谈。

（二）研究方法

1. 文献法

文献法是指通过阅读与研究主题相关的文献，并对其进行分析和整理，进而全面地、正确地掌握所要研究问题的一种研究方法①。文献法具有许多优势,首先,它可以突破时空的限制,拓宽研究的对象,让我们研究到那些我们不可能亲自接触到的研究对象;其次,文献法还具有花费少、效率高的优势,可以用较少的时间和精力,获取到比调查方法更多的有用信息;最后,由于文献法没有直接接触研究对象,很少会存在反应性问题,获取到的资料不容易失真②。

通过查阅"读秀""中国知网""万方",以及"SCI—HUB"、"Library Genesis"等学术搜索引擎和数据库,搜集国内外有关乡村初中教师专业成长的专著、期刊以及硕博论文,并对搜集到的这些文献进行分析和整理,笔者对乡村初中教师专业成长的研究现状和发展趋势有了较为全面的了解,这同时也为研究乡村初中教师的专业成长奠定了坚实的基础。

在开展研究的过程中,我们所能接触的乡村初中名师和名校长极为有限,且对其进行访谈有一定的难度,通过文献法,可以了解到更多名师、名校长的专业成长历程,收获到更加丰富的素材。此外,笔者还充分利用文献法花费少、效率高的优势,用较低的成本获取到了较多的参考案例,为研究 Y 县乡村初中教师专业成长减少了研究成本。最后,通过文献法所获取到的文献皆具有一定的权威性和学术性,能够为本研究提供较为可靠的参考和借鉴。综上所述,采用文献法对研究乡村初中教师专业成长具有十分重要的作用。但需要说明的是,本研究在参考借鉴的基础上也有所创新,并未一味抄袭已有学者的观点。

2. 叙事研究法

教育叙事研究就是指作为教育主体的教师,通过叙说有意义的教学事件,描绘各类教育行为,使教育活动获得解释性意义的一种质性研究方法。即:教师通过对有意义的学校生活、教育教学过程中的特定事件以及教学案例的叙述,挖掘这些事件以及案例背后的教育观念、教育理论以及教育思想,从而发现教育的本质和规律③。叙事研究具有叙事与研究结合、针对性和典型性结合、真实性和可

---

① 教育大辞典编纂委员会编:《教育大辞典》第 1 卷,《教育学·课程和各科教学·中小学校》,上海:上海教育出版社 1990 年版,第 94 页。
② 张彦等著:《社会研究方法》,上海:上海财经大学出版社 2019 年版,第 170 页。
③ 张湘洛著:《教育科学研究方法》,北京:国家行政学院出版社 2013 年版,第 217—219 页。

读性结合等特点①。

笔者深入这些乡村初中教师的工作与生活，与这些乡村初中教师建立了较为和谐的关系，通过倾听、笔录、录音等多种方式，搜集到了 Y 县部分乡村初中教师专业成长的材料。根据这些教师的教育叙事，探索了乡村初中教师专业成长的规律，发现乡村初中教师专业成长过程中存在的不足并提出了相应的改进建议，在丰富乡村初中教师专业成长相关研究的同时，也为乡村初中教师专业成长提供了一些可供借鉴的地方。

本研究主要围绕乡村初中教师专业成长过程中存在的问题、这些问题的成因以及改进的举措等几个主要方面展开研究，相关研究结论也大多都是通过乡村初中教师的专业成长叙事所得出的。一方面，这些乡村初中教师有关专业成长的叙事为本研究的开展提供了丰富的材料，在一定程度上支撑着本研究的结论，使研究结论更具真实性；另一方面，通过叙事研究所得出的结论，具有一定的针对性和实效性，可以进一步丰富乡村初中教师专业成长的理论，加快乡村初中教师专业成长的步伐。综上所述，采用叙事研究法是研究乡村初中教师专业成长的必然所需，对笔者研究结论的取得和推广具有一定的支撑性。

3. 调查研究法

教育调查法是指研究者通过问卷、访谈和函询等直接或间接的方式，了解教育现实情况、问题，探寻教育规律的一种研究方法②。它是最常用也是最重要的调查方法之一，具有简便、易操作等优势，能在相对较短的时间内收集到大量研究所需的信息。此次对 Y 县乡村初中教师专业成长的研究主要采用调查研究法中的访谈调查法和扎根理论研究法。

首先，本研究采用访谈调查法，通过与乡村初中教师的面对面交流，了解他们的专业成长历程，搜集研究所需材料。笔者既按照预定的访谈提纲对他们进行正式的访谈，也深入他们的生活与工作进行非正式的访谈，并以此来实现访谈结果之间的相互验证，从最大程度上保证访谈内容的真实性和有效性。调查时间为 2021 年 9—11 月，调查对象为 Y 县 21—28、28—33、33—40、40—50、50—55

---

① 徐世贵等著：《教师在研究中成长 15 种秘法》，天津：天津教育出版社 2018 年版，第 58 页。

② 石佩臣主编：《教育学基础理论》，长春：东北师范大学出版社 1996 年版，第 522 页。

岁各年龄阶段的乡村初中教师3名、乡村初中学校领导3名，访谈的地点多为这些乡村初中教师或领导所在的办公室，调查过程中全程使用录音笔记录访谈过程，笔记本记录访谈记录大纲。通过使用访谈调查法，收集到了Y县乡村初中教师专业成长的原始文本资料，为后续研究的开展提供了材料支撑。

其次，本研究采用扎根理论研究法，对所收集到的原始文本资料进行三级编码，在构建乡村初中教师专业成长影响因素模型的基础上，提出促进乡村初中教师专业成长的种种举措。扎根理论研究法是由哥伦比亚大学的 A. 斯特劳斯（Anselm Strauss）和 B. 格拉斯（Barney Glaser）两位学者探究而来的一种研究方法，它是一种运用固定的程序，遵循自上而下的逻辑，针对某一现象来发展并归纳式地引导出扎根理论的定性研究方法，具有基于资料、有用、言之有物、具有解释力等多种特征。扎根理论分析的主要流程如下：确定研究目的，选择研究主体，收集原始文本资料，对收集到的文本资料做编码分析，归纳各范畴间的关系，构建新理论①。

扎根理论是目前社会学领域中较具影响力的一种研究方法，相比于其他的研究方法，扎根理论的最大优势就是可以将资料收集与资料分析同时进行，直至研究结论达到饱和状态。本研究在通过访谈调查法获得了Y县乡村初中教师专业成长的原始文本资料后，又采用扎根理论研究法对访谈所获取到的原始文本资料进行归纳、编码，在构建乡村初中教师专业成长影响因素模型的同时，也发现了乡村初中教师在专业成长过程中存在的种种问题，并针对这些问题提出相应的改进建议，在一定程度上弥补了乡村初中教师专业成长的研究空白。

五、研究的重难点与创新点

（一）研究的重难点

此次研究的主题为乡村初中教师专业成长，研究的重点在于如何更好、更快

---

① 蒋娜：《基于扎根理论的皖北村庄规划实效评价研究》，合肥：安徽建筑大学硕士学位论文，2021年，第9页。

地提升乡村初中教师的专业成长。一直以来，乡村教育都是我国教育事业的发展短板，乡村教师作为乡村教育的重要组成部分，他们的专业成长尤其引起学者们的重视，有不少学者对其进行了研究。笔者在已有研究的基础上，通过访谈、观察、教师叙事等途径，了解乡村初中教师的专业成长历程，挖掘出这些教育现象背后存在的问题，并就如何促进乡村初中教师的专业成长进行了较具创新性的思考。

此次研究的难点在于如何获得可靠的第一手资料，并在整理分析的过程中保证这些资料的最大真实化。一方面，乡村初中教师在专业成长叙述的过程中可能会带有个人情感，访谈所得的内容容易出现失真的现象，研究者要从多方面对访谈所得内容进行验证，在最大程度上保证这些资料的真实性；另一方面，在开展研究的整个过程中，研究者都要摒弃已有观点的影响，不对研究做预设结论，始终保持客观的态度对所获得的资料进行分析和整理。只有这样，才能获得真正可靠的第一手资料，为开展乡村初中教师专业成长的研究提供强有力的支撑。

（二）研究的创新点

本研究在研究对象、研究方法、研究资料的获取以及研究结论等方面皆与已有研究不同，有着一定的创新性。就研究对象而言，已有研究多是就整个教师队伍而言，笔者选取了具有一定特殊性的乡村初中教师作为研究对象，对他们的专业成长进行深入研究。

就研究方法而言，已有研究多是采用问卷的形式，笔者所采取的研究方法与已有研究不同，在借鉴已有研究方法的基础上，以扎根理论分析法对乡村初中教师专业成长进行质性研究。

就研究资料的获取而言，已有研究多是从旁观者角度获取的资料，本研究则深入乡村初中教师的工作与生活，从乡村初中教师的第一视角，来获取本研究所需的资料。

就研究结论而言，已有研究多从某一方面提出促进乡村初中教师专业成长的措施，本研究则有所不同，从政府、学校、家庭，以及乡村初中教师个人等多方面入手，主张充分发挥各方合力，推动乡村初中教师专业成长的早日实现。

总的来说，本研究在研究对象、研究方法、研究资料以及研究结论等方面都与已有研究有所不同，具有一定的创新性。

第二章　核心概念与理论基础

一、核心概念

此次研究中，乡村初中教师与教师专业成长为主要核心概念，关系着整个研究内容的组织，有必要首先加以明确。

（一）乡村初中教师

《教育大辞典》中对"教师"这一职业的定义是"在各级各类学校里面传递科学文化知识与技能，对受教育者施以一定的品德教育，并把其培养成社会所需人才的专业人员"[①]。在《现代汉语词典》中，"乡村"即指那些远离城镇、以农业为主要的生产方式并且人口分布不集中的地方。在我国颁布的《乡村教师支持计划（2015—2020年）》中，"乡村教师"特指那些贫困边缘地区的教师。

同时，我国学术界有研究者认为乡村教师是乡村教育的实施主体。具体而言，"乡村教师"就是那些在县级以下乡镇中小学和村小任教的教师，这些教师在很大程度上影响着乡村教育教学的质量，在推动乡村学生身心健康成长和促进乡村文化的继承与创新方面发挥着重要作用。"乡村初中教师"即指那些身处县级行政单位及以下地区，在九年义务教育阶段长期从事教育教学一线工作的乡村公办初中教师[②]。

不同的学者对"乡村初中教师"这一概念有着不同的定义，将以上有关乡村

---

① 教育大辞典编纂委员会编：《教育大辞典》第1卷，上海：上海教育出版社1990年版，第230页。
② 刘慧：《乡村初中教师专业发展困境及提升路径研究》，南昌：江西师范大学硕士学位论文，2020年，第2页。

初中教师的概念界定与本课题的研究背景与对象相结合,笔者认为,"乡村初中教师"指在乡村初中学校从事教育教学工作,传递科学文化知识和技能,并把乡村初中学生培养成社会所需人才的专业人员。这些教师是乡村教师队伍乃至整个教师队伍中不可或缺的重要组成部分,对乡村教育的发展乃至乡村文化的传承都发挥着重要作用。

(二)教师专业成长

教师专业成长的研究于 20 世纪 60 年代末起于美国,并于 20 世纪七八十年代在欧美盛兴[1]。国内对教师专业成长的研究在 20 世纪 90 年代才逐渐开始,跟国外研究相比起步较晚。笔者在结合国内外多位学者对教师专业成长不同定义的基础上,明确了教师专业成长的概念。

霍伊尔(Hoyte,E.)认为,"教师专业成长的过程就是教师掌握良好专业实践所必备的知识与技能的过程"。戴伊(Day)则提出一个颇具整合性的概念:"教师专业成长"是指作为教学主体的教师,不断审视、更新以及继续自己对教学的心理承诺,并在教学生涯的每个阶段与学生、同事批判地获取和发展知识与技能的过程[2]。

温恒福提出教师专业成长的过程既是教师知识、技能以及情意等内在品质成长的过程,也是教学实践品质提升的过程[3]。经典的阶段理论则将教师专业成长概念化为一个阶段到下一个更高阶段的进程[4]。叶澜教授认为教师专业成长就是指教师的专业理想、职业道德、专业情意以及社会责任感不断提升和成熟的过程[5]。钟祖荣等人认为已有对教师专业成长的研究存在着一定的局限性,并在此基础上,提出教师专业成长就是指伴随着教龄的增加,教师的教育理念不断更

---

[1] 肖丽萍:《国内外教师专业发展研究评述》,《中国教育学刊》,2002 年第 3 期,第 61—64 页。

[2] Christopher Day, "School Reform and Transitions in Teacher Professionalism and Identity", *International Journal of Educational Research*,2002,37 (8),PP. 677—692.

[3] 温恒福、杨道宇:《教师专业发展的三维实践模式》,《中国教育学刊》,2010 年第 10 期,第 63—65 页。

[4] 谢淑海:《实习支教生教师专业身份建构过程的叙事研究》,长春:东北师范大学博士学位论文,2016 年,第 25 页。

[5] 叶澜等著:《教师角色与教师发展新探》,北京:教育科学出版社 2001 年版,第 222 页。

新,专业素质不断提高,教育教学水平不断提升①。

将以上有关教师专业成长的概念与本研究相结合,笔者认为"教师专业成长"就是指教师摆脱稚嫩,不断学习教育教学相关知识,进行教育教学实践,提高教育教学能力与素质,从一个新手教师逐渐转变为专家型教师的连续成长过程。教师专业成长包括师德、师能等多方面的成长,这些成长既是教师个体自身专业发展的迫切要求,也是国家教育改革与发展的需要。

二、理论基础

任何研究都要有相应的理论做支撑,本研究也不例外。笔者从乡村初中教师专业成长的现状与问题出发,主要运用马斯洛需要层次理论、教师生涯发展理论以及教师专业发展理论这三个理论,来探究如何促进乡村初中教师专业成长。

首先,就马斯洛需要层次理论及其在本研究中的应用而言,乡村初中教师在专业成长的过程中有着多方面的需要,只有满足他们的各种需要,才能为其专业成长提供充足动力,进而调动这些乡村初中教师专业成长的积极性,推动他们早日实现专业成长。

其次,乡村初中教师职业生涯发展的过程实际上也是他们专业成长的过程,本研究以教师生涯发展理论为基础,对乡村初中教师在职业素养、个人能力、教学成果以及心理发展等方面的成长变化进行了研究。

最后,教师专业发展理论贯穿于乡村初中教师专业成长的始终,本研究既从横向角度,对教师专业发展每一阶段的专业知识、专业技能、专业情意等内容进行研究;也从纵向角度,对乡村初中教师的专业发展历程进行研究。纵横结合,以便我们更好地了解Y县乡村初中教师专业成长的情况。

---

① 钟祖荣、张莉娜:《教师专业发展阶段的调查研究及其对职后教师教育的启示》,《教师教育研究》,2012年第6期,第20—25页。

（一）马斯洛的需要层次理论

1. 马斯洛的需要层次理论概要

需要层次理论又称基本需求层次理论，是由美国心理学家马斯洛（Maslow）在《人类激励理论》中提出的。该理论将人的需求分为生理的需要、安全的需要、情感和归属的需要、尊重的需要以及自我实现的需要五个层次，这些需要按照由低到高的等级呈现层层上升状态。上述五种需要还可以具体划分为两类：生理、安全以及情感和归属的需要属于相对低级的需要，通过外部的物质条件就可以得到满足；而尊重以及自我实现的需要则是属于更加高级的需要，这类需要只有通过个人的内部精神力量才能得到满足，而且一个人对尊重和自我实现的需要是无穷的[①]。

1970年前后，马斯洛对他十年前提出的人类的五个需要层次做了补充，提出人类总共有七大类需要，除了之前提出的五种需要外，还有认识和理解以及审美的需要。国内学者一般只对人的前五种需要进行叙说，对马斯洛后面补充的两类需要则较少提到。各层次的需要之间相互依存，等级较低的需要在等级较高需要产生以后依旧还存在，只是其对行为的影响程度减少了[②]。需要引起注意的是，一个人在同一时期可能会有多种需要，但始终只有一种需要对个人的行为起决定性作用。

2. 马斯洛的需要层次理论对本研究的适切性

根据马斯洛的需要层次理论，人有着多方面的需要，乡村初中教师也不例外，他们在专业成长的过程中也有着生理、安全、情感和归属等多方面的需要，只有从低到高逐渐满足这些教师的各类需要，才能让他们有追求专业成长的充足动力，才能推动他们更好、更快地实现专业成长。

对刚入职的年轻乡村初中教师来说，他们更多的是对生理、安全和情感的需要，这类需要通过改善物质条件就可以得到满足。如改善乡村初中教师的工作环境和工作条件、提高乡村初中教师的薪资待遇以及加强乡村初中教师的生活补贴等举措，都能满足乡村初中教师对生理、安全和情感的基本需要。此外，加强乡

---

① 陈春花等编著：《组织行为学》，北京：机械工业出版社2020年版，第85—86页。
② 张慧超、郭俊伟主编：《普通心理学》，北京：航空工业出版社2018年版，第180页。

村初中教师的医疗保障、完善乡村初中教师的购房政策等措施，也可以进一步满足乡村初中教师的低层次需要。

那些任职多年的乡村初中教师除了有上述生理、安全和情感的基本需要外，还有着尊重以及自我实现等更为高级的需要，这些更为高级的需要只有通过教师的内部精神力量才能得到满足。如乡村初中教师会在获得职业认同感和归属感后产生对教师职业的热爱之情，主动长期扎根乡村，为乡村教育事业无私奉献；会在获得学生和家长的尊重与肯定过后不断学习，不断追求专业成长；也会在完成某一阶段的目标，取得一定的成就后，去追求更高层次的目标，不断积极进取。

乡村初中教师专业成长的实现是以其各种需要得到满足为前提和动力的。本研究试图以马斯洛的需要层次理论为指导，探究 Y 县乡村初中教师在专业成长过程中的各种需要，并从这些需要出发，提出多种建议，以进一步改善乡村初中教师专业成长的条件和环境，满足其专业成长的各类需要，为其实现专业成长提供更好的支持。

（二）教师生涯发展理论

1. 教师生涯发展理论原理

教师的专业发展是一个动态的、伴随职业生涯始终的过程，要想研究教师的专业发展，首先要对教师的生涯发展理论有所了解。一方面，教师的专业成长伴随着教师的职业生涯发展，通过探究教师的专业成长历程，可以了解教师的职业生涯状况；另一方面，通过研究教师的生涯发展历程，探索乡村初中教师专业成长的规律，反过来又可以在一定程度上促进教师的专业成长。

教师生涯发展的过程实际上就是教师不断学习专业知识、增长专业能力的过程。具体而言，包括两个方面：一是指伴随着教龄的增加，教师在职业素养、个人能力以及教学成果等方面不断产生变化的过程；二是指随着职位和角色的不断转变，教师在整个职业生涯过程中的心理发展历程。教师生涯发展理论有利于帮助教师对自己的职业生涯做出正确规划，并不断付出努力，最终达到自我实现的目的[①]。

---

① 宋晓焕、王晓静、张亚文：《陕西省民办高校大学英语青年教师专业发展现状调查研究——基于教师职业生涯发展理论的视角》，《教育教学论坛》，2017年第2期，第23—24页。

依据不同的标准，学者们对教师生涯阶段有着不同的划分，有的学者按照教师的年龄划分教师生涯的阶段，也有的学者按照教学年限来划分教师生涯的阶段。但从整体来说，教师生涯发展理论主要是根据教师在每个时间段中表现出来的不同特点，来确定教师的需求并对其做出回应，进而促进教师生涯的不断发展[①]。使用教师生涯发展理论，有利于我们更好地了解乡村初中教师的专业成长历程，是研究乡村初中教师专业成长的必然要求。

2. 教师生涯发展理论对本研究的适切性

我国台湾学者林幸台认为对教师生涯发展的研究，可以从以下两个方面进行探讨：一方面，就教师个体而言，教师教学知识的积累、教学技能的进步、专业精神的丰富、和谐人际关系的建立以及自我实现的达成等都是教师生涯发展的内涵；另一方面，从教师所在的组织来看，学校给教师提供在职培训的机会、提供有利于教师发展的信息以及建立有效的教师人力资源管理系统等均是教师生涯发展的重要课题。笔者主要是通过对乡村初中教师生涯发展的研究，发现他们职业生涯发展过程中的各种需求，并提出各种建议，以尽可能地满足乡村初中教师专业成长的各类需求，为乡村初中教师专业成长创造良好条件[②]。

运用教师生涯发展这一理论，以教师职业生涯的发展为线，对乡村初中教师的专业成长过程进行研究。通过对乡村初中教师的深度访谈以及与乡村初中教师的长期相处，再结合他们的职业发展历程，发现他们在专业成长过程中存在的问题，并针对这些问题提出相应的改进建议，以进一步促进乡村初中教师的专业成长。教师生涯发展理论，与笔者研究乡村初中教师专业成长这一主题相契合，相关研究也为笔者研究乡村初中教师的专业成长提供了许多可供借鉴的地方，是研究乡村初中教师专业成长的必然选择。

（三）**教师专业发展理论**

1. 教师专业发展理论原理

教师专业发展理论是指通过一系列教师专业发展的概念、教师专业发展的判

[①] 李华著：《地方高校青年教师专业发展研究》，成都：西南交通大学出版社2014年版，第61页。

[②] 董辉：《时域：教师生涯发展的视阈》，中国教育学会编：《中国教育学会比较教育分会学术年会暨庆祝王承绪教授百岁华诞国际学术研讨会》，浙江大学，2010年。

断和命题,借助一定的推理形式构成的关于教师专业发展问题的系统性陈述。20世纪60年代,美国学者富勒编制了《教师关注问卷》,开启了学者们对教师专业发展的研究。后来随着经济全球化和教育现代化的发展,教育的重要性越来越得以凸显,教师专业发展也逐渐引起了社会各界的关注和重视,学者们纷纷对教师专业发展进行研究,相关的理论研究成果也不断得以丰富。教师专业发展理论并不是指哪一个理论,而是多种理论的纵横组合,在横向上以教师的专业知识、专业技能以及专业情意为基础,由知识理论、技能理论、交流理论、反思理论以及信仰理论等多种理论组成;在纵向上以教师的职前培养、入职教育和在职培训为脉络,由生涯理论、赋权增能理论、职业倦怠理论、性别理论等理论组成[①]。

富勒提出的四阶段论、柏林纳和司德菲提出的五阶段论是较具代表性和影响力的教师专业发展理论。富勒将教师的专业发展划分为教学前关注、早期生存关注、教学关注以及关注学生四个阶段,并强调应该以学生为关注的核心;柏林纳以教师对教育教学工作的熟练程度为依据,提出教师的专业发展主要包括新手阶段、高级新手阶段、胜任阶段、熟练阶段以及专家阶段等五个阶段;司德菲则以此为基础,较为完整的描述了教师专业发展的五个阶段,即预备生涯阶段、专家生涯阶段、退缩生涯阶段、更新生涯阶段、退出生涯阶段[②]。

2. 教师专业发展理论对本研究的适切性

教师专业发展理论贯穿于乡村初中教师专业成长的整个过程,是开展本研究的前提和基础。

首先,笔者运用教师专业发展理论,以教师专业成长的阶段为线,对乡村初中教师专业成长进行纵向研究。通过对乡村初中教师的深度访谈以及与乡村初中教师的长期相处,结合他们的专业成长历程,发现他们在专业成长过程中存在的问题,并针对这些问题提出相应的改进举措,以进一步促进乡村初中教师的专业成长,更加注重教师专业成长的过程。

其次,为了进一步验证所得结论,笔者也从横向对乡村初中教师的专业成长进行了研究,主要是从专业知识、专业情感、专业技能以及专业态度等方面入手,对教

[①] 史仁民著:《高校辅导员专业发展论》,北京:中央编译出版社2018年版,第42页。
[②] 吴巧慧著:《高校辅导员标准研究》,北京:北京交通大学出版社2017年版,第20页。

师在某一阶段的专业成长内容进行研究，对乡村初中教师专业成长的内容更为看重。

总的来说，采用纵横相结合的办法，对乡村初中教师专业成长这一主题进行研究，可以使研究结论更为正确、更具说服力。教师专业发展理论，在一定程度上支撑着本研究的开展，既是研究乡村初中教师专业成长的重要理论基础，也是研究乡村初中教师专业成长的必然要求。

综上所述，本研究主要采用马斯洛需要层次理论、教师生涯发展理论以及教师专业发展理论等理论，这些理论对我们研究乡村初中教师专业成长具有指导意义，有着一定的必要性，在一定程度上支撑着我们的研究结论，使我们的研究结论更具科学性、说服性。

第三章　乡村初中教师专业成长现状调查

一、访谈的设计及实施

Y县隶属于四川省宜宾市，位于四川南部、宜宾之东，盛产水稻、小麦，以及油菜等多种农作物，拥有多个文化品牌，是四川省文化先进县之一。此外，该县还取得了较多的教育成果，教育的发展前景也较为可观，具有一定的代表性。因此，本研究选取了Y县部分乡村初中教师作为研究对象。

为了了解Y县乡村初中教师专业成长的现状，笔者提前制定了相应的访谈提纲，选取了一些较具代表性的乡村初中教师就"教师专业成长"这一内容进行了深度访谈，同时也深入这些教师的工作与生活，以进一步验证访谈所得内容的真实性。

（一）样本选取

1. 样本选取的原则

本研究立足于"中国知网""读秀""万方""SCI-HUB"以及"Library Genesis"等学术数据库，并遵循以下几个原则开展样本筛选工作。

第一，全面性原则。由于乡村初中教师专业成长具有一定的特殊性，因此在收集相关资料时要尽可能覆盖更多的样本，多种渠道收集多名乡村初中教师专业成长的材料，只有这样，才能使研究更具全面性。

第二，代表性原则。乡村初中教师专业成长有着一定的复杂性，我们需要基于 Y 县的实际发展情况，选取具有代表性的乡村初中教师作为样本，要求所选取的乡村初中教师对当前我国乡村初中教师专业成长的实际情况或研究现状有所了解，只有这样，研究所得到的结论才能进一步推广。

第三，有效性原则。要求所访谈的乡村初中教师要对教师专业成长的相关理论进行过系统的学习或参加过教师专业成长的相关培训与实践，以保证访谈的有效性。

第四，可行性原则。在选择访谈的乡村初中教师之前，研究者需要考虑到乡村初中学校的条件以及受访教师的时间等多种因素，选择切实可行的访谈对象，以保证访谈能够得以顺利实施。

从上述原则出发，明确所要访谈的 Y 县乡村初中教师，确定研究所需的样本。

2. 样本来源

笔者主要运用扎根理论研究法，整理与分析乡村初中教师专业成长的相关资料。扎根理论作为一种质性研究方法，对样本内容的丰富程度更加重视，因此应尽可能地选取为乡村初中教师专业成长这一主题提供更多有用信息的教师。综上所述，本研究最终确定了两类访谈对象：一是工作在教育教学一线的乡村初中教师；二是关注乡村初中教师专业成长的教导主任以及校长等领导层。

通过提前调研，笔者了解到 Y 县教育教学情况发展较好的乡村初中有三所，即 a、b、c 三所学校，这三所学校无论是在师资，还是在教学成果等方面，都具有一定的代表性。按照研究设计，本研究选取了 Y 县这三所乡村初中学校里的 15 名乡村初中教师为主要访谈对象，3 名乡村初中学校领导人为次要访谈对象。所选择的乡村初中教师既包括省级优秀教师，也包括刚任教的新教师；既包括男老师，也包括女老师；既包括年轻的老师，也包括年长的老师。所选取的学校和教师都较有代表性，基本能够说明 Y 县乡村初中教师专业成长的现状。出于研究伦理道德的需要以及对受访乡村初中教师和领导的尊重，本研究对受访的教师、领导及其所在的学校的名称都不做提及。需要注意的是，本研究对乡村初中教师的性别、教龄、所教学科等不做差异分析。

表 4—1　Y 县受访乡村初中教师基本信息一览表

序号	科目和职位	学段	性别	教龄	所在学校
B 教师	历史兼班主任	初二	男	30	a
F 教师	语文、化学	初三	女	28	b
D 教师	物理	初二	男	11	a
E 教师	英语兼教研组长	初三	女	18	b
H 教师	英语	初三	女	9	c
J 教师	语文	初二	女	20	c
G 教师	语文	初一	女	8	a
K 教师	数学兼团委	初三	男	9	b
L 教师	语文、体育	初一	女	25	c
N 教师	英语	初三	女	3	a
M 教师	政治	初三	女	18	b
Q 教师	语文兼班主任	初二	女	27	c
P 教师	物理	初一	男	3	a
R 教师	数学	初二	男	6	b
T 教师	化学	初二	女	13	c

（二）访谈设计

在开始访谈之前，笔者就已经从乡村初中教师专业成长这一主题出发，确定了访谈问题，学习了多种访谈技巧，制定了较为有序的访谈规划。在此次访谈中，访谈的问题是关键，其设计大概遵循"现状—困境—建议"这样一个逻辑，主要有以下几个主要问题（详见本专题附录）：

您认为乡村初中教师总体专业成长现状怎样？有没有哪些需要改进的地方？请结合具体实例谈一谈。

贵校在促进乡村初中教师专业成长方面有没有采取措施？

您认为影响乡村初中教师专业成长的因素主要有哪些？

您认为当前乡村初中教师专业成长存在困境吗？如果有，主要是哪些方面的困境？

您认为乡村初中教师专业成长的理想状态是怎样的？

您在专业成长过程中有印象比较深刻的事情吗？带给您了什么感受？

您对自身专业成长进行过反思吗？有什么突出的体会？

您对促进乡村初中教师的专业成长有什么建议吗？

（三）访谈实施

第一，约定访谈时间。在访谈开始之前，通过电话、邮件等多种方式与受访的乡村初中教师和学校领导取得联系，并约定好开展访谈的时间和地点，如果同意面对面访谈，则明确约定访谈地点，一般是约定为这些乡村初中教师或学校领导所在的办公室。此外，在约定访谈的过程中，要告知受访乡村初中教师和学校领导此次访谈的主题为乡村初中教师专业成长，让对方能够对相关问题有一定的思考和准备。由于种种原因，访谈主要采取当面访谈、电话访谈以及邮件访谈等形式。

第二，了解接受访谈的乡村初中教师和学校领导。在每次访谈开始之前，笔者会充分利用已有资源，通过多种方式对受访者的个人信息进行较为详细的了解，包括其性别、从教年龄、教学成果、专业成长状况以及对待专业成长的态度等，以便能够根据受访者的不同情况，较为灵活的开展访谈。

第三，实施访谈。访谈的时间一般在60—90分钟，访谈的地点一般为受访者所在的办公室。由于研究的需要，我们对访谈进行了全程录音，并由专门人员对受访者的文字表述、面部表情、个人情绪以及肢体语音进行记录。在每次访谈结束后，笔者会多次放听访谈录音，并将其转换为研究所需的文本资料，为后续的编码提供充足的材料支撑。

第四步，资料整合。研究的原始资料主要源于对乡村初中教师和学校领导的深度访谈，然后使用扎根理论分析法，对这些原始资料进行进一步的归纳、概括和总结，避免出现遗漏，在最大程度上保证研究结论的科学性。

（四）伦理道德说明

在与受访乡村初中教师和学校领导初步沟通交流时，应该准确告知他们本研究的主题为乡村初中教师专业成长；在开展访谈的过程中，要以受访的乡村初中教师和学校领导为主体，充分尊重他们的想法，并保证访谈所得资料只用于本专题研究，不会涉及受访者及其所在学校的具体名称；在对获取到的文本资料进行三级编码和撰写论文后，再次听取受访乡村初中教师和学校领导的意见，并根据他们的需求不断完善，然后再公开研究结果。

（五）研究的真实性与有效性

首先从本研究的需要出发，确定了所要访谈的乡村初中教师与学校领导，然后通过多种努力，取得了受访者的认可与支持。受访者皆表示在不泄露个人信息的前提下，可以结合自身专业成长经历，就乡村初中教师专业成长这一研究主题进行沟通交流。此外，为保证研究结果的最大真实性，研究者还对访谈的过程进行了全程录音，并在访谈完成后多次听取录音资料，把握受访者的语气和心理。

本研究主要采用时间三角和空间三角的检验方法来检验研究的有效性。从时间三角来说，本研究在同一时间内收集了多名乡村初中教师和学校领导的信息，获取到了访谈记录、教师专业成长培训记录、以及优秀教师案例等多种资料；就空间三角而言，本研究选取了 Y 县不同乡村初中的教师作为研究对象，既包括教育发展较好的乡村，也包括教育发展落后的乡村，使得资料与资料之间相互补充验证，使研究结论更具说服力。

综上所述，本研究具有一定的可实施性、真实性和有效性。

二、乡村初中教师专业成长的三级编码

通过开展访谈，笔者收集到了本研究所需的原始资料，并严格按照扎根理论的程序对这些资料进行开放性编码、主轴性编码和选择性编码（参见图 4—1）。

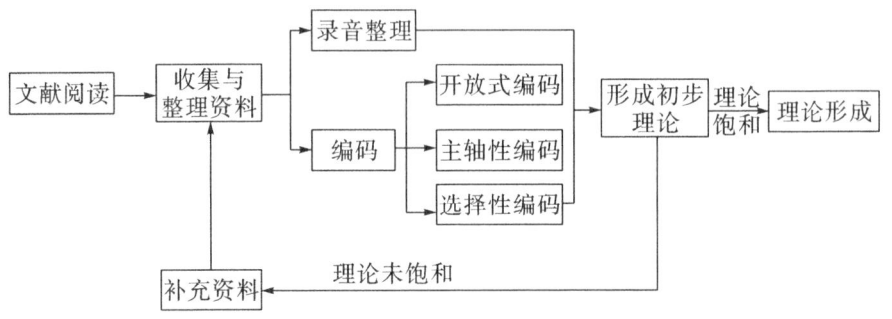

图 4-1 基于扎根理论的访谈资料分析流程图

(一) 开放性编码

开放性编码是指研究者抛开个人的看法与已有的研究结论,将收集到的文本资料打散,并把这些文本资料分析整理成一个又一个的概念,然后对其进行编码的过程。在这一过程中,研究者要始终保持客观的立场,要尽量使用受访乡村初中教师的学校领导的原词、原句。

1. 贴标签①

贴标签即指研究者将收集资料中与乡村初中教师专业成长这一内容有关、并且信息相对独立和完整的语句选择出来,贴上标签,这些标签就是整个分析过程中最小的分析单位。随即定义每个标签所指称的现象。

研究者对所获取到的乡村初中教师专业成长相关的文本资料进行了贴标签,并逐句编码。由于具体的编码分析过程较为繁琐,再加上篇幅的限制,研究者只选取了一份较具代表性的访谈文本片段,进行部分贴标签过程的呈现。选取的受访者为 Y 县一乡村初中的数学教师兼团委书记,具有长期的乡村初中任教经验,也经常参与乡村初中教师专业成长的相关培训,具有较强的代表性(参见表 4-2)。

---

① 梅士伟:《基于扎根理论的高校腐败治理机制研究》,长春:吉林大学博士学位论文,2020年,第40页。

表4-2 贴标签（定义现象）过程部分展示

资料	现象
A老师所在初中共有177名乡村初中教师，在学校的正确领导下，教师专业成长较周边乡村初中发展较好。 A老师是一名省级优秀教师，本科所学专业为汉语言文学，喜爱数学，从事初中数学、地理的教学工作，曾在更偏远乡村任教3年，在本校任教6年，任初二地理教研组组长和团委书记。 ……	aa01 乡村初中教师 aa02 学校的正确领导 aa03 教师专业成长 aa04 较周边乡村初中好 aa05 专业成长方向 aa06 省级优秀教师 aa07 所学专业为汉语言文学 aa08 喜爱数学 aa09 教数学、地理 aa10 曾在偏远乡村任教 aa11 地理教研组组长 aa12 校团委书记 ……
我认为教师专业成长主要受教师自身和相关培训的影响。相关培训主要分为线上培训和线下培训，线上培训主要是以教师专业成长的在线课程学习为主，线下培训主要是以地方对乡村初中教师的集中培训和校本培训为主。 …… 我认为要促进乡村初中教师的专业成长，应该从以下几个方面入手：其一，国家及地方政府应该加强对乡村初中教师专业成长的指导和经费支持。其二，应该加大对乡村初中教师职业规划的培训，培养乡村初中教师追求成长的意识。其三，应该完善乡村初中教师的职称评聘途径。其四，应该增加教师的流动，让教师有更多的机会见习、实习 ……	aa15 教师专业成长 aa16 影响因素 aa17 教师自身 aa18 相关培训 aa19 线上培训 aa20 在线课程 aa21 线下培训 aa22 地方集中培训 aa23 校本培训 …… aa89 促进 aa90 乡村初中教师 aa91 专业成长 aa92 国家及地方政府 aa93 增强指导 aa94 加大经费支持 aa95 职业规划培训 aa96 培养成长意识 aa97 完善职称评聘途径 aa98 促进教育公平 aa99 增加教师流动 aa100 更多机会 aa101 见习、实习 ……

2. 概念界定

在细分了现象之后，我们还需要把这些现象概念化，具体如下表所示：

表4-3 概念界定示例

资料	现象	概念
A老师所在初中共177名乡村初中教师，在学校的正确领导下，教师专业成长较周边乡村初中发展较好。A老师是一名省级优秀教师，本科所学专业为汉语言文学，喜爱数学，从事初中数学、地理的教学工作，任教6年，任初二地理教研组组长和团委书记。……	aa01 乡村初中教师 aa02 学校的正确领导 aa03 教师专业成长 aa04 较周边乡村初中好 aa05 专业成长方向 aa06 省级优秀教师 aa07 学习汉语言文学 aa08 喜爱数学 aa09 教数学、地理 aa10 曾在偏远乡村任教 aa11 地理教研组组长 aa12 校团委书记 ……	a01 乡村初中教师 a02 学校领导 a03 专业成长 a04 工作环境 a05 方向指引 a06 成长标志 a07 学科匹配 a08 教学经验 a09 责任担当 ……
我认为教师专业成长主要受教师自身和相关培训的影响。相关培训主要分为线上培训和线下培训，线上培训主要是以教师专业成长的在线课程学习为主，线下培训主要是以地方对乡村初中教师的集中培训和校本培训为主。…… 我认为要促进乡村初中教师的专业成长，应该从以下几个方面入手：其一，国家及地方政府应该加强对乡村初中教师专业成长的指导和经费支持。其二，应该加大对乡村初中教师职业规划的培训，培养乡村初中教师追求成长的意识。其三，应该完善乡村初中教师的职称评聘途径，乡村初中教师与陈。其四，应该加强教师的流动，让教师有更多的机会见习、实习。……	aa15 教师专业成长 aa16 影响因素 aa17 教师自身 aa18 相关培训 aa19 线上培训 aa20 在线课程 aa21 线下培训 aa22 地方集中培训 aa23 校本培训 …… aa89 促进 aa90 乡村初中教师 aa91 专业成长 aa92 国家及地方政府 aa93 增强指导 aa94 加大经费支持 aa95 职业规划培训 aa96 培养成长意识 aa97 完善职称评聘途径 aa98 促进教育公平 aa99 增加教师流动 aa100 更多机会 aa101 见习、实习 ……	a11 成长决心 a12 相关培训 a13 形式多样 a14 课程丰富 a15 多元主体 …… a67 合作 a68 国家统筹 a69 地方分管 a70 专业指导 a71 经费支持 a72 个人规划 a73 成长意识 a74 职称评聘 a75 流动学习

3. 命名范畴

在完成上述的步骤后，我们还需要对这些概念的内在联系进行进一步的分析与归类，并从相应的概念聚类中归纳、总结出范畴，并对其进行命名。

表 4—4 初始编码范畴化

概念						范畴
福利待遇	经济收入	工作报酬	工资待遇	地区差距	城乡差异	薪资待遇
募捐渠道 研经费	经费支出 成长动力	经费支持	经费投入	教师津补贴	教学科	成长经费
住房保障	医疗保障	参保率				后勤保障
学科均衡 舆论监督 教育公平	应试背景 外界期待	唯分数论 社会要求	城乡均衡 公众视野	时代背景 社会地位	社会舆论 公众轻视	社会环境
物质环境 环境适应 工作任务	硬件设施 地域限制 成长氛围	现代设备 精神氛围 浓厚氛围	工作环境 学生影响	生活条件 快节奏	乡村环境 竞争压力	学校环境
家庭支持	家庭教育	家人影响				家庭支持
传统形式 网络进修 需求匹配 参与主体	顶岗培训 以老带新 对口培训 校内培训	二次培训 形式单一 网络教研	市区观摩 专业书籍 现代培训	结对帮扶 专业课程 在线课程	集体备课 专家讲座 职后培训	培训形式
内容陈旧 学习习惯 培训时长	应试培训 改进方法 时间局限	教学基本功 针对性 具体实施	培训层次 可操作性	内容乏味 成长周期	趣味性 成长阶段	培训内容
问题出发	实用性	长期回报	因人而异	因材施教	培训频率	指导理念
学习机会 理论学习 轮岗	县上学习 知识积累	市区学习 观摩机会	省上比赛 跨区域学习	任务繁杂 学习模仿	国外进修 交流	走出去学习
教材开发 勇于尝试	教师主体 科研机会	教研活动 成长平台	撰写论文 课题研究	反复揣摩	敢于创新	科研参与
课堂实践 实习机会	自学总结 钻研摸索	从做中学 学科匹配	理论实践 专业成长	实践机会	见习机会	专业实践

续表

概念						范畴
政策指引 晋升难度 任务规定	宏观调控 对口缺编 更新速度	重视程度 评价机制	工作安排 成长规律	组织认可 法律法规	职称评定 制度约束	国家调控
一专多能 机制	行政色彩	师德师风	精神荣誉	地方支持	本土成长	本土成长
重视程度 竞争压力 常规检查	领导管理 严格要求	培训指标 期末总结	论文指标 后续监管	津贴考核 督促分析	教学管理 定量听课	学校监管
育人前提 目标	现实出发 终身学习	规划可行度 发展规划	明确规划 长远规划	职称规划 成长节奏	成长	成长规划
交流探讨 跨学科交流	知识交流 跨区域交流	教学交流 交流改进	沟通思想 沟通成长	换位思考	问题交流	团队交流
引进来 经验借鉴	个人钻研 参考方法	个人魅力 学习模仿	专业素养	专业特长	榜样示范	优秀教师影响
情感同化 体 虚心学习	以老带新 团队影响	结对帮扶 取长补短	送教下乡	积累经验	成长共同	专业成长共同体
职业认同 理想信念	学科认同 成长追求	心理认同 职业倦怠	价值认同 职业迷茫	成长意识	成长自信	职业认同
职业热爱 充实感	学科偏见	个人见识	先进理念	度的把握	成就感	职业幸福感
职业道德 师德内化	师德规范 终身学习	明确规范 良心检验	师德遵守 尽力而为	道德支撑	师德伦理	职业道德
责任担当	责任心	个人担当	成长追求			责任担当
教学能力 学生交流 调节情绪	转变学生 判断能力 调节态度	能力提升 家长交流	班级管理 应变能力	领导交流 调节能力	成长指导 端正态度	能力支撑
勤奋肯干 不满现状	积极上进 敢于创新	从教热情	成长追求	努力程度	保留自我	正能量传递

（二）主轴性编码

通过开放性编码，笔者对访谈所获得的原始文本资料进行逐步"缩编"，并使用一系列的概念和范畴来反映这些资料。在完成上述步骤后，还需要进一步分析这些概念和范畴之间的关系，才能够建构乡村初中教师专业成长的影响因素模型。

在对各个范畴属性进行类比的基础上，将这些范畴再重新进行整合。在对不同范畴之间的关系进行归纳分析后，本研究共得出 9 个范畴：资金支撑、环境支持、相关培训、成长机会、监管体系、规划与反思、交流合作、观念指引与个人特质，各范畴及其开放性编码过程如下表所示：

表 4—5　主轴性编码形成的副范畴

开放性编码范畴	范畴	范畴的内涵
薪资待遇 后勤保障 成长经费	资金支撑	乡村初中教师开展专业成长相关活动的重要资金支撑。
学校环境 社会环境 家庭支持	环境支持	对乡村初中教师专业成长带来影响的环境和平台。
指导理念 培训内容 培训形式	相关培训	是指为了实现乡村初中教师的专业成长而开展的系列培训，在一定程度上可以丰富其专业知识，提高其专业技能。
走出去学习 专业实践 科研参与	成长机会	指理论联系实践的机会，将所学知识在实践中巩固的过程，是影响乡村初中教师专业成长的重要因素。
学校监管 国家调控 本土成长	监管体系	国家、地方、学校三位一体的监管体系，促使乡村初中教师专业成长制度化、体系化。
成长规划 教师反思	规划与反思	乡村初中教师对专业成长的规划以及进行专业实践后的反思和改进都是影响其专业成长的重要因素。

续表

开放性编码范畴	范畴	范畴的内涵
团队交流 优秀教师影响 专业成长共同体	交流合作	以专业成长共同体为基础,以自愿为前提,通过分享和协作将乡村初中教师联系在一起,共同致力于实现专业成长。
职业幸福感 职业认同 职业道德	观念指引	乡村初中教师在从事教师职业过程中所产生的感受和观念,在一定程度上满足其自我实现的需要。
责任担当 能力支撑 正能量传递	个人特质	乡村初中教师个体在长时间内对不同环境产生的相对固定的反应,长期影响着乡村初中教师的专业成长。

(三) 选择性编码

选择性编码的主要任务在于通过主范畴挖掘核心范畴,并分析、理清核心范畴与其他范畴之间的关系。主要包括下列几个步骤:从所有范畴中识别出核心范畴,选取能够验证范畴与范畴之间关系的素材,最后形成可描绘整体行为现象的故事线。

根据访谈所得的原始文本资料和各级编码的分析,乡村初中教师专业成长的故事脉络呈现如下：1."乡村初中教师专业成长"为本研究的核心范畴,主要受"内部影响因素"和"外部影响因素"的制约。2. 进一步对主范畴、副范畴进行联系和比较,可以发现"内部影响因素"和"外部影响因素"具备统领地位,与具体范畴之间都存在着意义关联,是乡村初中教师专业成长影响因素的集中体现。3. 对主范畴和其他层次的范畴进行进一步分析,一方面,乡村初中教师基于"资金支撑"和"环境支持",在"相关培训"和"成长机会"中不断促进自身专业成长,"监管体系"也在进一步规范其专业成长的行为,加快其专业成长的步伐;另一方面,乡村初中教师在专业成长的"观念指引"下,通过"交流合作"等形式,充分发挥"个人特质",开展专业成长"规划与反思",不断提升自己专业成长的高度。

表4-6 选择性编码形成的主范畴

范畴	主范畴
资金支撑	外部影响因素
环境支持	
相关培训	
成长机会	
监管体系	
规划与反思	内部影响因素
交流合作	
观念指引	
个人特质	

基于上述分析，笔者建立了包含各个范畴和概念的关联构思体系，并由此得出了乡村初中教师专业成长的影响因素结构模型，具体如下图所示：

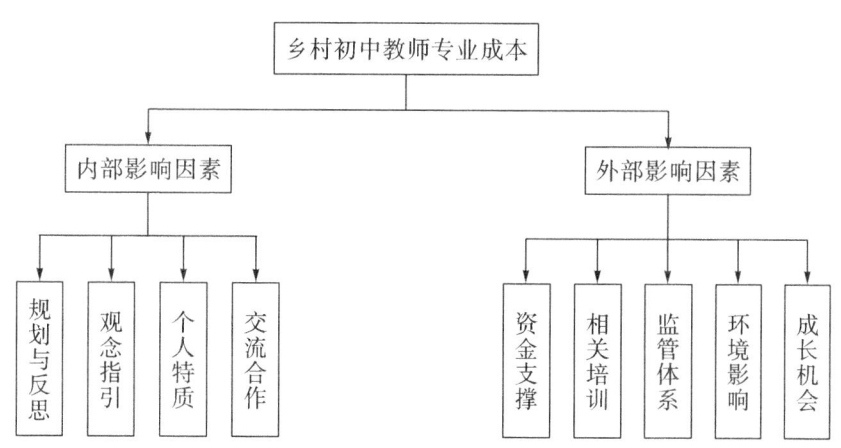

图4-2 乡村初中教师专业成长的影响因素结构模型

三、乡村初中教师专业成长现状

从我们访谈的结果来看，Y 县乡村初中教师专业成长呈现出成长速度缓慢、成长水平较低以及成长行为被动的状态。

（一）乡村初中教师专业成长速度缓慢

乡村初中教师专业成长的实现是一个缓慢而持久的过程。在加快乡村初中教师专业成长速度、促进乡村初中教师专业成长的过程中，还面临着许多难题，这些难题远比我们想象中更多、更难以解决。要快速实现乡村初中教师的专业成长，是不切实际的，我们访谈的结果也进一步验证了这一观点，无论是 Y 县乡村初中教师个人还是群体，其专业成长的速度都比较缓慢。

在访谈的过程中，有教师这样说道："虽然国家和地方为了促进我们这些乡村初中教师的专业成长采取了多种措施，开展了各类培训，但那些培训大多都是从宏观层面进行的，几乎没有关注到我们专业成长过程中存在的具体问题，到最后这些问题也就不了了之。长期这样，就导致了我们乡村初中教师队伍整体的专业成长提升幅度很小。此外，我们乡村初中教师的很多基本权益都没有得到保障，再加上学科和地区的偏见、职称评聘和晋升机会的缺乏等多种原因，我们普遍对教师这一职业的认同感较低，从内心就否认了实现专业成长的可能性。"总的来说，Y 县乡村初中教师专业成长的速度缓慢，要从真正意义上实现教师的专业成长，还有很长的路要走。

（二）乡村初中教师专业成长总体水平较低

近些年来，为了促进我国乡村教师的发展，教育部及有关部门加大了对乡村教师的扶持力度，出台了一系列的乡村教师支持政策，乡村初中教师也从中受益，加快了专业成长的进度。就我们访谈的结果来看，Y 县乡村初中教师专业成长相关工作虽取得一定进展，但教师专业成长总体水平仍然较低，有关部门仍需加强相关工作，进一步提高乡村初中教师的专业成长水平。

在访谈中，Y 县的一名乡村初中校长说道："为了响应号召，提高教师的专业成长水平，我们学校也开展了教师专业成长的相关工作，但取得的成果微乎其微，教师专业成长的整体水平仍然较低。究其原因，主要有两方面：一方面，国家及有关部门没有出台明确的支持乡村初中教师专业成长的法律法规和政策，学校和教师只能依靠自己摸索，开展相关工作，难度较大；另一方面，教师的专业成长情况在很大程度上取决于教师自身，由于种种条件的限制，乡村初中教师的工作和生活条件都比较差，他们大都对自己的职业产生了倦怠感，缺乏追求专业成长的积极性。所以，乡村初中教师专业成长总体水平较低也算是在预料之中的事情了。"总的来说，Y县乡村初中教师专业成长总体水平较低，需要充分发挥多方力量，才能对其加以改善。

（三）乡村初中教师专业成长行为被动

教育现代化以及新课程改革等给乡村初中教师带来了巨大的冲击和挑战，这些冲击和挑战使得乡村初中教师不得不被动提升自己的专业成长水平。在访谈中，C教师就乡村初中教师的专业成长行为说道："我感觉我们乡村初中教师在专业成长方面还是比较被动的，主动追求专业成长的教师很少。为了应对教育现代化和新课程改革等带来的挑战和冲击，学校及有关部门会通过专家讲座、公开课以及教材教法培训等多种形式，单方面地向我们灌输先进知识和理念，我们更多的是担任一个接受者的角色，去被动地接受这些知识和理念。"

此外，乡村初中教师在教学实践和成长反思方面也是处于被动状态。D老师就这一问题说道："我们学校的师资严重不足，一个语文教师往往担任道德与法治、书法以及美术等多门学科的教学工作，平均下来教师每天的上课量可以达到5节，相当于有一大半的时间都在上课，这些教师被动上课的过程实际上也就是被动进行专业成长实践的过程。此外，学校每周还进行学生作业、教案、教学反思、班主任安全管理等常规检查，要求我们必须对所教的每门学科撰写教案并提交，为了完成这些任务、应对这些检查，我们只能被动进行教学反思和总结。"在访谈中，Y县的乡村初中教师们纷纷表示自身的专业成长行为多是被动发生的，由于缺乏主动性，这些行为在促进他们专业成长方面所取得的成果极为有限。

第四章　乡村初中教师专业成长所存问题及原因分析

乡村初中教师专业成长的目的是提升专业素养，所以从某种意义上来说，乡村初中教师专业成长的过程也就是他们提升专业素养的过程，其专业成长过程中存在的问题也就是他们提升专业素养过程中存在的问题。只有对这些问题及其形成的原因进行深入分析，才能及时改进不足之处，更好地促进乡村初中教师专业成长。

一、乡村初中教师专业成长存在的问题

（一）专业知识不足

专业知识为乡村初中教师从事教育教学工作提供了知识保障，是其开展教学工作、提高教学质量的必要条件[①]。只有掌握了丰富的专业知识，乡村初中教师才能更好地开展教育教学工作。但从访谈的结果来看，乡村初中教师对学科知识、教学知识和教育理论知识等专业知识的掌握都有所欠缺。

1. 学科知识不足

充足的学科知识既是乡村初中教师开展课堂教学、提高自身专业知识水平的

---

① 马云鹏、解书、赵冬臣：《教师专业知识发展与教师教育改革》，《教师教育学报》，2014年第1期，第31—45页。

基础，也是他们更好的认识所教学科的概念、原理、思想与方法的必备条件。在接受访谈的15名乡村初中教师中，有11名教师都表示自己所掌握的学科知识有所不足，很难满足新时代教育教学发展的需要。

在访谈中，B教师说道："由于地理位置偏远、生活条件以及工作环境较差等多种原因，许多教师都是比较排斥到乡村初中学校任教的，乡村初中学校普遍存在缺少师资的情况。在这样的情况下，学校会对教师的教学工作进行统一安排，我们这些教师大都担任多个年级多门学科的教学工作。就拿我自己来说，我所学的专业是历史，但是我在担任历史教学的同时，也担任着思想品德和语文教学，所学专业与所教学科目不一致的情况在我们这个群体中都是很常见的。学校往往会在每学期开始之前对我们进行培训，但那些培训大多都是针对教学方法，涉及学科知识的培训很少，除开自己所学的学科，我们对自己所要任教的其他学科的知识几乎没有进行过系统的学习，只能在教学实践的过程中慢慢熟悉这些知识，边学边教。此外，我们所掌握的知识也多局限于我们所教的学科，对其他学科的知识都不太了解。"由上可知，Y县乡村初中教师的学科知识普遍有所不足，有待进行学科知识的深入学习。

2. 教学知识不足

掌握一定的教学知识，能够帮助乡村初中教师形成正确的教师观与教学观，使他们开展更为专业的教学活动，进而获得良好的课堂教学效果，对学生产生更积极的教育影响。在访谈的15名乡村初中教师中，有10名教师表示自己所掌握的教学知识有所不足，即使掌握了一些教学知识，也没能得到及时的更新和完善。

在访谈中，B老师就乡村初中教师所掌握的教学知识现状说道："我们乡村初中教师外出学习的机会极为有限，平均下来可能每位教师一年外出学习一次的机会都没有，并且每次外出学习的教师都是那几名具有代表性的优秀教师，我们这些普通教师的交流与学习大都局限于我们所在的办公室，最多就是我们所在的学校，所能学到的教学与教法知识十分有限。而且即使有外出学习的机会，也学到了先进的教学知识和教学方法，但回到自己所在的学校，由于硬件设施缺乏、传统教学观念难以突破等多种原因，也无法开展相关实践。长期这样，就导致我们的教学知识非常落后，得不到及时的更新和完善。"总体而言，Y县乡村初中教师的教学知识普遍陈旧，所采用的教学方法也较为落后，缺乏一定的创新性，不能够充分调动学生兴趣。

3. 教育理论知识不足

掌握一定的具有确定性的教育理论知识,是乡村初中教师开展教育教学工作、实现专业成长的有力支撑。在我们访谈的15名乡村初中教师中,只有3名教师表示自己会在闲暇时候学习教育理论知识,其他教师均表示已经对这一问题有所忽视。

D教师在访谈中就乡村初中教师所掌握的教育理论知识说道:"在成为乡村初中教师之前,作为师范生,我们大都参与了教育学、教育心理学等课程的学习,对教育理论知识有了一定的积累。在成为乡村初中教师过后,包括我自己在内的大多数教师,往往都沉迷于乡村安稳的工作与生活环境,满足于专业成长的现状,缺乏对教育理论知识的继续学习。但反观现实,仅仅依靠我们师范生阶段所学的教育理论知识,是很难正确处理教育教学过程中出现的种种问题的,我们还需要加强教育理论知识的学习和积累。"从访谈的结果来看,Y县乡村初中教师的教育理论知识还比较不足,需要增加和丰富相关活动,让这些教师能够继续学习教育理论知识。

(二) **专业能力不强**

专业能力是乡村初中教师专业素养的重要组成部分,在访谈的过程中,Y县多数乡村初中教师认为自己面临着沟通交流能力、教学能力以及调节能力等专业能力不强的问题。

1. 沟通交流能力不强

沟通交流能力是教师专业能力的重要组成部分,乡村初中教师只有具备良好的沟通交流能力,才能更顺利地解决专业成长过程中出现的各种问题。教师E指出,自己在遇到专业成长问题或教育教学问题时,往往不能通过有效的沟通交流对这些问题加以改善和解决,访谈中四分之三的教师都表示自己也存在这一问题。

在谈及乡村初中教师的沟通交流能力时,E教师说到:"我相信每一名乡村初中教师都深知沟通交流能力的重要性,不管是与学生和学生家长的沟通,还是与学校领导的沟通,都能在很大程度上促进教师的专业成长。但从实际情况来看,我们整个乡村初中教师群体的沟通交流能力都不太强,与学生、学生家长以及学校领导的有效沟通交流极为有限,甚至缺乏沟通交流。首先,由于工作任务重,我们与学生之间的沟通交流较少,在开展教学工作过后,所获取到的教学反馈极为有限;其次,这些学生大多都是留守儿童,家中都是爷爷奶奶辈的人,与这些学生的家长进行有效的沟通交流有一定的难度,我就曾经因为教育学生,被一个学生的奶奶骂过,当时就被气哭了,后来回过头去反思,可能还是自己的沟通交流工作没有做好;最后,我们这些教师还缺乏与学校领导层的沟通交流,导致学校领导层无法针对我们的实际情况对专业成长相关活动做出调整。"从访谈的结果来看,Y县乡村初中教师的沟通交流能力整体不强,致使沟通交流在促进教师专业成长方面所取得的效果较低。

2. 教学能力不强

教师的教学能力主要是指教师应当具有的运用指定的教材从事教学活动、完成教学任务的能力。乡村初中教师的教学能力主要包括两方面:一是一般能力,即教师在教育教学活动中所表现出来的认识能力,如了解学生个人特质和观察学生学习情况的能力;二是特殊能力,即教师在某一学科的教学过程中所应该具有的专门能力,如把握学科教材、运用多种教学方法以及灵活处理教育突发事件的能力。[①] 在采访的15名乡村初中教师中,有三分之二的教师表示自己的教学能力还有待提高。

Y县某一乡村初中的副校长说:"在我们这些乡村初中学校,教学能力强的教师占少数,多数教师的教学能力都较弱。就一般的教学能力而言,多数教师都对学习成绩好的学生较为关心,在一定程度上忽视了学习成绩差的学生,很少会有教师去细心观察每个学生的学习和生活情况、去了解学生的个性及其个性形成的原因;就特殊的教学能力而言,教师们在面对教育突发事件时往往惊慌失措,不知如何解决;在运用教材方面也显得比较死板,很少会有所创新;在教学方法的采用方面也不能因人而异,导致教学效果达不到理想状态。"总的来说,Y县乡村初中教师们的教学能力还普遍有待提高。

---

① 喻红著:《卓越培养:卓越教师人才培养理论与实践研究》,长春:吉林人民出版社2019年版,第72页。

3. 调节能力不强

乡村初中教师在专业成长的过程中，必然会遇到心理上、生理上和社会上的各种问题，这些教师只有具备较强的调节能力，才能保障专业成长的顺利进行。在我们访谈的 15 名乡村初中教师中，只有 2 名教师对自己的调节能力较为满意，多数教师觉得自己各方面的调节能力不强。

A 教师就乡村初中教师的调节能力这一问题说到："我认为调节能力是任何乡村初中教师在专业成长的过程中都必须具备的一种能力，但实际情况却是很多教师的调节能力都不强。我刚入职时的调节能力就较弱，经常在课堂上被学生气哭，每次被气哭就想着要辞职，后来在校长的劝说和指引之下，我开始学会调整自己。在长期的教育教学过程中，我的调节能力已经有了很大的提高，到现在我已经可以理性、客观的看待和处理很多问题了。调节能力不仅对教师专业成长很重要，对教师的整个职业生涯都非常重要。一方面，在教育教学过程中，会有不听话的学生、不理解人的家长，会有很多委屈的时候，很多教师的情绪调节能力都较弱，在这种时候不会调整自己的情绪，不能始终保持追求专业成长的积极性；另一方面，多数乡村初中教师的自我调节能力较弱，他们不能根据实际情况，对教育教学及专业成长相关工作做出及时调整。但是我们都清楚地知道，无论是情绪调节能力还是与人相处的调节能力，都是乡村初中教师必备的专业能力，对乡村初中教师实现专业成长至关重要。我认为提高乡村初中教师的调节能力在很大程度上可以促进他们的专业成长。"由上可知，Y 县乡村初中教师的调节能力普遍不太强，在一定程度上拖慢了其专业成长的步伐。

（三）**专业情意不佳**

专业情意是教师整个职业生涯都必须具备的专业素养之一，是教师素质结构的重要组成部分[①]，贯穿于乡村初中教师专业成长的始终，是乡村初中教师实现专业成长的关键和根本动力。从访谈的结果来看，Y 县乡村初中教师的专业情意总体呈现不佳状态。

1. 专业理想不远大

教师的专业理想是指其对成为一名成熟教育教学工作者的追求，是教师专业

---

① 王淑芬：《论教师专业情意及其培养》，《江苏教育研究》，2010 年第 46 期，第 46—50 页。

素质的核心和灵魂，也是支撑教师的精神动力[①]。乡村初中教师要实现专业成长，必须要有专业理想作为强烈而持久的动力支撑。

F教师说道："我们这些乡村初中教师的专业理想普遍不远大，我自己就是一个很典型的例子。在成为乡村初中教师之前，我有着远大的专业理想和教育抱负，立志无论遇到多大的困难，都要为教育事业奋斗终身。但真正在乡村初中任教后，琐碎的工作让我忘记了理想，极少的学习机会让我无从开展抱负，稳定的乡村生活使我安于现状，而且我深知就算积极进取，也很难走出乡村这个大环境。长期这样，专业理想自然也就逐渐被磨灭，我们每天就像完成任务一样开展教育教学工作，对自己职业毫无热爱可言。"15名乡村初中教师中有三分之二的教师都表示自己经历了专业理想从有到无的这样一个历程，只有极少数教师拥有着以热爱学生、育人为前提的专业理想。总体而言，Y县乡村初中教师普遍缺乏专业理想，就算有专业理想，也都不远大。

2. 专业情操不高尚

教师的专业情操就是教师在对教育教学工作进行理智评价时的情感体验，是专业情意发展成熟的标志，也是成为优秀教师必备的因素之一。乡村初中教师的专业情操主要包含理智和道德方面的情操，理智的情操指的是教师在对教育内容有了正确认识后而产生的荣誉感与使命感；道德的情操指的是教师由于对职业道德规范的正确认识而产生的责任感和使命感[②]。

有教师在访谈的过程中就这一问题说到："我之所以会选择这个职业，一是因为离家近，不用背井离乡，还可以照顾家人和孩子，二是因为这个职业相对稳定，并且每个月有固定的收入。虽然我对这个职业也有很多的抱怨，但权衡利弊之下，这个职业还是比较好的选择。在我们学校，多数教师的专业情操都不高尚，他们大都对自己的工作不满意，选择这个职业的初衷也不是因为热爱，只有极少数教师能够正确认识教师职业的重要作用，同时也只有这部分教师才会对自己的工作有着强烈的责任感和使命感，能做到对教育教学工作始终满怀热情。"

[①] 白秀杰、杜剑华主编：《教育学》，北京：首都师范大学出版社2017年版，第119—120页。

[②] 中国高等教育学会组编：《中国教师手册·高等教育卷》，北京：首都师范大学出版社2004年版，第60页。

总的来说，Y 县乡村初中教师的专业情操总体呈现不高尚状态。

3. 专业自我觉醒度不高

有学者早在 20 世纪 60 年代就已经提出，一名优秀的教师首先是一个有独特人格的人，是一个会运用"自我"开展教学的人。在对访谈材料进行编码分析的过程中，我们发现乡村初中教师的"专业自我"主要包括自我品性和自我反思意识。自我品性是指乡村初中教师在从事教学过程中所必备的个性特征与品格特质，譬如积极进取、仔细认真以及无私奉献等个人特质；自我反思意识则是指乡村初中教师在专业成长的过程中对自身的心理和行为自觉进行调整的意识[1]。

在访谈中，G 老师说到："我们学校教师的专业自我觉醒度普遍不高。刚进入教师这个职业时的那股冲劲已经被琐碎的教育教学工作所抹灭，我们已经逐渐习惯并满足于安稳的乡村初中教学现状，每天的教学工作按时按量完成，对我们来说，就已经很欣慰了，根本没有指望自己要在专业成长方面要有多大成就。此外，由于潜意识里缺少反思意识，我们很少会主动对自己的行为进行反思，即使进行反思，也多是为了完成学校规定的任务[2]。"从访谈的结果来看，Y 县乡村初中教师大都缺乏积极进取等优秀的个人特质，自我反思意识也较弱，整体的专业自我觉醒度不高。

二、乡村初中教师专业成长所存问题的原因分析

（一）政府方面的原因

1. 乡村初中教师专业成长经费不足

从编码的结果来看，资金是影响乡村初中教师专业成长的重要外部影响因素。虽然近些年来，政府出台并实施了一系列的乡村教师支持政策，乡村初中教师的专业成长经费有所增加，但这些经费还远远不能满足乡村初中教师专业成长

---

[1] 孙纪磊、何爱霞：《乡村青年教师专业情意的结构模型与提升路径——基于扎根理论的研究》，《终身教育研究》，2020 年第 5 期，第 44—51 页。
[2] 石烨：《民族地区农村中小学数学教师专业成长现状及支持体系研究》，兰州：西北师范大学硕士学位论文，2020 年，第 21 页。

的实际需求，乡村初中教师专业成长面临的最大问题仍是经费不足的问题。一方面，乡村教育的经费以财政部的拨款为主要来源，渠道筹集单一，拨款经费也十分有限，能够分摊到每个乡村初中学校的经费很少。另一方面，平摊到乡村初中学校的经费本就十分有限，各方面的支出也都要从这里面扣除，能够用于教师追求专业成长的经费就更少。由于欠缺经费，教师专业成长相关活动落不到实处，在一定程度上制约着乡村初中教师的专业成长。

在访谈中，H教师说："经费不足的问题贯穿于乡村初中教师专业成长的始终，一方面，由于经费欠缺，我们这些教师的社保参保率很低，住房以及医疗等基本的生活条件也得不到满足，有时候就连工资都不能按时发放，长期这样，就会导致我们严重缺乏专业成长的动力；另一方面，用于教师专业成长的专项资金很少，我们的工资本来就低，还要用自己仅有的工资承担参加专业成长活动产生的交通费、伙食费和住宿费，我们对此都不愿意。"政府及教育行政部门拨给乡村初中学校的经费本就有限，能够用于乡村初中教师追求专业成长的经费就更少，经费的欠缺，致使乡村初中教师专业成长动力严重不足。

2. 乡村初中教师专业成长政策不明确

从编码的结果来看，国家宏观的政策调控也是影响乡村初中教师专业成长的重要因素之一。近些年来，为了促进教育事业的均衡发展，国家出台了《乡村教师支持计划（2015—2020年）》《教师教育振兴行动计划（2018—2022年）》（以下简称《计划》）等多个计划，取得了一定的成效，在一定程度上缓解了乡村教师的工作与生活压力。但就针对的对象而言，这些《计划》多是针对整个乡村教师队伍，没有专门提及乡村初中教师，对乡村初中教师的特殊性有所忽视；就内容而言，这些《计划》的内容包括乡村教师的多个方面，对教师专业成长及其相关内容没有进行详细的说明和规定。总的来说，政府专门针对乡村初中教师专业成长的计划还很少，也缺乏明确的乡村初中教师专业成长政策。

有教师在访谈中说到："其实有时候谈及专业成长，我们都是很迷茫的。一方面，国家没有出台明确的乡村初中教师专业成长政策，我们也因为缺少政策文本的指引，对自己的专业成长总是感觉无从下手；另一方面，教师专业成长的衡量标准也不具体，我们这些教师根本不知道自身专业成长处于什么水平，自身专业成长行为是否正确。就拿我自己来说，我觉得外出培训、参与竞赛等行为是追求专业成长的正确行为，但这些行为有时候会被学校领导和学生家长说是不务正业。"在访谈的 15 名乡村初中教师中，有 12 名教师对这一观点表示赞同，并期待国家出台明确的法律法规和政策。综上所述，国家对于乡村初中教师专业成长相关的法律法规及政策比较欠缺，有待进一步明确和完善。

3. 对社会舆论的引导不够

由编码的结果可知，社会环境尤其是社会舆论在很大程度上影响着乡村初中教师的专业成长。人是社会的人，舆论伴随社会而产生，是人类社会所特有的一种现象，影响着人们的认知和行为，具有和法律、道德一样巨大的精神力量，积极的社会舆论可以对乡村初中教师专业成长起一定的促进作用，反之，消极的社会舆论则会阻碍乡村初中教师的专业成长步伐。就访谈的结果而言，Y 县政府对相关社会舆论的引导远远不够，社会大众对乡村初中教师还有着较大的偏见，消极的社会舆论也在一定程度上降低了乡村初中教师的执教热情，影响着他们的专业成长态度。

Y 县一乡村初中的教导主任说到："都说教师这个职业是高尚的，是无私的，是值得人们歌颂的。但在我们当地，人们对教师都是有偏见的，他们常常将我们这些教师与贫穷、抠门等词语挂钩，比如我们去菜市场买菜，卖菜的商家都会说你们这些教师就是又抠门讲究又多。为了躲避这样的偏见，我们对外都不愿意承认自己是教师。政府及有关部门对这样的社会舆论也置之不管，没有进行正确的引导。此外，人们还常常按照边远乡村学校、乡镇中心校、城市学校这样由低到高的等级排列，这会让我们这些乡村初中教师不仅感觉社会地位低，就连在教师这一职业内的地位也较低。如果政府及有关部门不采取正确的引导措施，任由这样消极的社会舆论继续发展，不仅人们会对我们这个职业偏见更大，就连我们自己也会开始怀疑我们自己的选择。"由上可知，政府缺乏对社会舆论的正确引导，消极的社会舆论孕育了 Y 县乡村初中教师消极的专业成长态度。

（二）乡村初中学校方面的原因

1. 乡村初中教师专业成长的学校环境不佳

从编码的结果来看，学校环境也是影响乡村初中教师专业成长的重要外部因素。教师是在与周围环境相互作用的过程中获得专业成长的，环境对乡村初中教师专业成长的影响很大①，无论是物质环境，还是精神环境，乡村初中教师所处的学校环境总体都欠佳。就物质环境而言，乡村初中学校的硬件设施普遍存在数量不足且质量不高的问题，学校的投影仪、电脑等现代化的教学设备很少，且较为陈旧，教师在学习先进的教学观念和教学方法过后，缺少相应的物质条件开展相关教学实践；就精神环境而言，乡村初中教师大多时间紧，任务重，精力较为分散，他们用于追求专业成长的时间很少，整个学校的教师专业成长氛围不浓，教师整体的成长节奏缓慢。总的来说，Y县乡村初中教师专业成长的学校环境不佳。

2. 学校对乡村初中教师专业成长的监管不完善

从编码的结果来看，学校的监管也会在一定程度上影响乡村初中教师专业成长。在访谈中，F教师就这一问题说到："虽然近些年来，学校采取了许多措施，来促进我们这些乡村初中教师的专业成长，但就其对乡村初中教师专业成长的监管而言，仍然存在着许多不完善的地方。比如说学校安排我们这些教师担任多个年级多门学科的教学工作，由于我们所学的专业与所教的学科不匹配，既不能取得良好的教育教学效果，也不能充分发挥我们大学所学的专业特长，我们在任教过程中也收获不了成就感和荣誉感，长期这样，我们自我实现的需要就会得不到满足，就会导致我们的专业成长严重缺乏动力。"

此外，F教师还说到："学校的领导层在很大程度上决定了一个学校的工作方向，我们学校的领导对教师专业成长及其相关工作并没有足够重视，也未能充分发挥学校领导的引领带头作用，缺乏及时更新教师专业成长的相关政策和理念。并且，学校多用学生的学习成绩作为衡量教师专业成长水平的标准，更多的是关注学生，没有关注我们这些教师，这样是不利于我们的专业成长的。"综上所述，学校在对乡村初中教师专业成长的监管方面还存在一定的不合理之处，有待进一步的完善。

3. 学校对乡村初中教师专业成长开展的培训效果低

就访谈和编码的结果来看，培训效果低也是影响乡村初中教师专业成长的重

---

① 周红：《农村教师专业发展存在的问题与对策分析》，《开封教育学院学报》，2010年第3期，第72—75页。

要因素。而影响乡村初中学校对教师专业成长开展的培训效果低的原因有三个。首先，对访谈中所涉及的培训形式进行汇总，发现乡村初中学校对教师专业成长开展的培训主要是专家教学、在线培训、校本教研、同行交流、教学观摩以及案例教学等传统培训①，这些培训大多存在已久且形式单一，不能充分激发乡村初中教师的学习兴趣。

其次，我们获取到了部分乡村初中教师的专业成长培训记录，从这些记录的内容来看，学校对乡村初中教师专业成长的培训大多都是学科知识、教学能力、教育心理以及教师专业理念和师德等宏观层面的内容，很少有贴近乡村初中教师实际教学的微观培训。教师们普遍认为这些培训枯燥乏味，花费时间较多且收获太少，不愿意参与其中。最后，笔者还亲自参与了一段时间的乡村初中教师专业成长培训，发现学校对乡村初中教师专业成长的培训频率常常与教师的日常教育教学工作有所冲突，既耗费了人力、物力和财力，也没有契合教师的空闲时间，达不到缓解教师专业成长压力的目的。综上所述，传统的培训内容和培训形式已经不能满足乡村初中教师日益增长的专业成长需要，应该采取相应措施，丰富培训形式，增强培训效果。

4. 给乡村初中教师提供的成长机会不多

高素质的教师队伍是支撑乡村初中学校有质量、有魅力、有生机发展的根本保证。从编码的结果来看，科研、学习以及实践等都是提高乡村初中教师专业素质和促进乡村初中教师专业成长的重要途径，科研机会、学习机会以及实践机会等都是乡村初中教师专业成长的重要机会。但从访谈的结果来看，Y 县乡村初中学校给教师提供的这类机会很少，导致这些教师无法进一步在学习、实践和科研中提高自身专业成长的速度。

在访谈中，J 教师说："首先，学校提供的科研机会极为有限，能够参与其中的都是那些专业水平相对较高的教师，像我这样的普通教师，由于初始学历较低、研究意识欠缺、文字功底不好以及对相关素材的积累不够等多种原因，很少能够参与到科研项目和课题中去，而且就算偶尔参与其中，也会深感自己能力不

---

① 王颖、胡国华：《新时代河北省乡村初中教师培训模式现状与发展需求调查分析》，《教育理论与实践》，2021 年第 2 期，第 34—39 页。

够;其次,学校给我们这些教师提供的外出学习机会很少,就连去市上优秀学校学习都是一件比较困难的事情,更别提去省上和其他地方学习了。我从入职以来,参与最多的就是本校年级教研组和学科教研组的学习,外出学习的机会屈指可数;最后,由于各方面的限制,我们开展教育教学实践的机会也很有限。"综上所述,Y县乡村初中学校没有充分整合各类资源,给教师提供更多的科研、学习和实践的机会,导致教师专业成长速度缓慢。

(三)家庭的原因

1. 乡村初中教师自身的家庭压力过大

从访谈和编码的结果来看,来自教师自身家庭的压力会在一定程度上加重乡村初中教师的专业成长负担,影响其专业成长。首先,由于乡村地区环境艰苦、交通不便以及基础设施缺乏等多种原因,许多教师的家人都表示不支持自己的孩子成为一名乡村初中教师,更别提支持其专业成长了;其次,乡村初中教师是一个比较清贫的职业,工资待遇较低,不能帮助家庭缓解经济压力,甚至可能会加重家庭的经济负担,这对那些家庭条件不太好的教师来说压力很大;最后,家人的不支持在无形中也给乡村初中教师增加了心理压力,让这些教师在遇到困难时怀疑自己的选择,甚至是放弃自己的职业。

B教师就是一个比较典型的例子,他就这一问题说到:"我自己是重点名校毕业的,我大可以有更好的机会去更好的学校任教,但是我没有,我在大学时期就有着远大的专业理想,立志毕业要为乡村教育事业奉献。在毕业的时候,我选择来到Y县,成为一名乡村初中教师,我的家人对此极力反对,并轮流给我灌输这个职业的缺点,这让我在后来的很长一段时间内都在怀疑自己的选择是否正确。但在后来的教学过程中,我感受到了这个职业带来的成就感,我更加坚定了自己的选择。只是一直以来都对家人有所愧疚,因为长期不能陪在家人的身边,经济上也不能帮他们分担,有时候甚至他们还要在经济方面扶持我。我的家庭还算中等偏上,如果家庭条件差一点的话,我可能早就迫于现实,放弃这个职业了。"由此可知,来自乡村初中教师自己家庭的压力会在一定程度上降低其职业认同,影响其专业成长行为。

2. 乡村初中学生家庭的不理解

乡村初中学生家庭的不理解也会在某些方面影响乡村初中教师的专业成长。首先,很多乡村初中学生的家长都秉持不正确的教育观念,认为只要把孩子送到学校,孩子生活与学习的各个方面都是教师的事情,这就加大了乡村初中教师的工作量,让他们没有时间和精力去追求专业成长;其次,许多乡村初中学生的家长对乡村初中教师一点都不体谅和理解,对其工作更是过于严格,不允许他们犯任何错误,甚至有时将他们的小错误扩大化,引起一定的舆论风波;最后,部分乡村初中学生家长对乡村初中教师专业成长还有着一定偏见,他们认为教师不应该花费过多时间在追求专业成长方面,应该把全部精力放在学生身上。

在访谈中,有教师这样说到:"都说医生是高危职业,我觉得教师也称得上是高危职业。乡村初中学生多是留守儿童,家长们大都是爷爷奶奶辈的人,他们文化水平较低,在遇到问题的时候胡搅蛮缠,根本不讲道理。他们还特别会挑错,一件事情放在普通人身上是正确的,放在我们这些乡村初中教师的身上就是大错特错,甚至有时候将这些错误扩大化,引起不必要的误会。此外,他们的观念是有问题的,他们认为我们追求专业成长只是为了自己发展得更好,与学生关系不大,因此不但不配合我们完成工作,还盲目的对我们进行批评和指责。并且在我们学校,这样的学生家长不在少数,与他们几乎不能进行有效的沟通交流,更别说获取专业成长的支持和理解了。"由上可知,Y县乡村初中学生的家庭普遍缺乏对乡村初中教师专业成长工作的理解和支持,这就在某种程度上加大了乡村初中教师专业成长的难度。

(四)乡村初中教师个人的原因

1. 乡村初中教师专业成长的规划与反思不足

从编码的结果来看,成长规划是影响乡村初中教师专业成长的重要因素,发展性的专业成长规划能在一定程度上发挥积极作用,促进乡村初中教师的专业成长,反之,不明确的专业成长规划则会阻碍乡村初中教师专业成长的步伐。从访谈的结果来看,Y县乡村初中教师大都缺乏具体的、发展性的专业成长规划。教师D是我们采访的乡村初中教师中专业成长规划较好的一名教师,在谈及个人规划时说到:"一个教师如果没有专业成长规划,自然也就没有目标和动力。我在入职前就对我的专业成长有了一个粗略的规划，即三年站稳讲台，五年成为学校优秀教师，十年成为区域优秀教师。在入职后，我在专业知识、技能以及情意等方面都有了一定的成长，也制定了相应的短期和长期规划。我经常劝那些新来的乡村初中教师要制定明确的专业成长规划。"合理的规划是乡村初中教师实现专业成长的前提和基础，在访谈中，像 D 教师这样有明确专业成长规划的教师很少，Y 县大多数乡村初中教师都持走一步看一步的态度，没有制定明确的专业成长规划，未能充分发挥教师在专业成长过程中的主体作用。

从编码的结果来看，反思是影响乡村初中教师专业成长的重要内部因素，通过反思，乡村初中教师可以不断改善自身专业成长的不足，完善自己的教育教学。美国学者波斯纳提出"成长＝经验＋反思"，即教师的专业成长离不开教师在教育教学过程中经验的积累以及不断的反思，乡村初中教师对专业成长反思的态度以及反思后的改进行为都是影响其专业成长的重要因素。从访谈的结果来看，Y 县乡村初中教师很少会对自身专业成长行为进行反思，即使被迫进行反思，反思的深度和广度也很有限，且缺乏反思后的改进行为。部分乡村初中教师不仅自己不进行专业成长反思，还对那些有专业成长反思行为的教师冷嘲热讽，打击那些教师追求专业成长的积极性。总的来说，专业成长规划和反思的不足，在一定程度上导致了 Y 县乡村初中教师专业成长水平停滞不前。

2. 乡村初中教师专业成长的个人努力不够

教师专业成长的高度与其努力程度是成正比的，付出的努力越多，其收获的专业成长成果就越多，专业成长水平就越高。在访谈中，Y 县多数乡村初中教师认为自身专业成长水平不高，与自己的努力程度不够有着很大关系，这也进一步印证了上述观点。

Q 教师是 Y 县的一名乡村初中语文教师，多次取得优秀教师和优秀班主任荣誉，也经常作为优秀教师代表向大家分享经验，在访谈中她这样说到："当前乡村初中教师专业成长的个人努力其实是呈两极分化状态的，一方面，优秀教师在付出努力后会收获到相应的成就感和荣誉感，进而产生专业成长的充足动力，付出更多的专业成长努力，取得更多的专业成长成果；另一方面，普通教师则由于多种原因，长期安于现状，付出的专业成长努力极为有限，取得的成果也很少,他们自我实现的需要得不到满足,专业成长缺乏动力,后续付出的专业成长努力就会更少。我所得的荣誉与我所付出的努力是密不可分的,我付出了比其他教师更多的努力。为了满足学生对新知识的学习需求、掌握学科知识的最新动态,我每天下班后都会利用业余时间去了解和学习最新的学科动态和教学理论知识。就现状而言,乡村初中教师为了实现专业成长所付出的个人努力还远远不够。"由上可知,Y县乡村初中教师在专业成长方面所付出的个人努力还远远不能满足其专业成长的实际需要。

3. 乡村初中教师专业成长的交流不足

从编码的结果来看,教师与教师间的交流也是影响乡村初中教师专业成长的重要因素之一。乡村教师的专业成长交流主要有两种形式:一种是双向的交流,即乡村教师与乡村教师、城镇教师之间互相交流讨论、观摩学习;另一种则是单向的交流,即专家学者通过讲座等方式,向教师传播先进的教育理念和教学方法。专业成长的交流有利于乡村初中教师互相借鉴成长经验,更好地实现专业成长。但就我们访谈的结果来看,Y县乡村初中教师与其他优秀教师交流的机会较少,交流的广度和深度也都还不够,未能发挥优秀教师的榜样示范作用,教师在专业成长过程中存在的问题也未能在有效的交流探讨中得以解决。

教师F说到:"我们这些普通教师几乎是没有外出交流的平台和机会的,参加最多的交流就是学科教研组和年级教研组的小组交流,交流的对象多是同办公室的老师,最多就是同校的老师,所接触到的优秀教师很少,很难充分发挥优秀教师的榜样示范作用;交流的内容也多是教材、教法以及学生问题等常规内容,涉及教师专业成长的交流很少,我们能从中获取到的专业成长信息很少,这在一定程度上加大了我们与其他优秀教师之间的差距。"总的来说,Y县乡村初中教师与其他优秀教师的交流较少,不能在有效的交流中改进自身的专业成长行为。

第五章　促进乡村初中教师专业成长的建议

一、建立乡村初中教师专业成长的政府支持体系

（一）提供充足的资金支撑，助力乡村初中教师专业成长

政府及有关部门要通过构建合理的薪资待遇、建立住房和医疗保障体系以及落实充足的成长经费等举措，为乡村初中教师专业成长提供充足动力。

1. 构建合理的薪资待遇

合理的薪资待遇既是促进乡村初中教师专业成长的重要途径，也是加强乡村社会建设和城乡一体化建设的必然要求。世界上许多教育发达的国家都采用了倾斜性待遇政策来提高乡村初中教师的经济待遇，进而达到促进教师专业成长、稳定教师队伍的目的。《中华人民共和国教师法》《中华人民共和国教育法》以及《教育部等六部门关于加强新时代乡村教师队伍建设的意见》等法律法规及政策文件，也都强调要完善乡村教师的工资制度，提高乡村教师的工资待遇。基于教育发达国家的经验，再结合我国相关的法律和政策文件，我们更应该从实际情况出发，提高乡村初中教师的薪资待遇，深化教师绩效工资制度改革，建立合理的乡村初中教师工资体系，为其追求专业成长提供充足的动力。

首先，政府应该加大对中西部地区乡村初中教师工资的倾斜力度，提高中西部地区乡村初中教师的薪资待遇，在为乡村初中教师专业成长提供充足动力的同时，也加快东西部地区教育的均衡发展。其次，乡村地区往往经费有限，乡村初中教师的薪资待遇得不到保证，甚至出现拖延工资的情况，政府及有关部门要就教师工资这一问题制定合理的财政投入保障与分担机制，保证按时按量的将乡村初中教师工资发放到位。最后，除了基本的工资，政府还应该按照公务员标准给

乡村初中教师发放绩效和年终奖,使乡村初中教师的薪资待遇与当地公务员保持一致。总的来说,就是要构建合理的薪资待遇,为乡村初中教师专业成长提供充足动力。

2. 落实专业成长经费

充足的经费是乡村初中教师实现专业成长的前提和基础,政府及教育行政部门尤其应该将教师专业成长经费落实到位,为乡村初中教师追求专业成长提供重要支撑。首先,除国家有限的财政拨款外,政府及教育行政部门还应该建立多种经费筹集渠道,为乡村初中教师专业成长筹集充足的经费,如通过乡镇企业家、新乡贤等助教的方式筹措资金,建立乡村初中教师专业成长专项基金,让乡村初中教师有充足的财力开展在职培训、教研、科研等专业成长活动。

其次,要完善乡村初中教师的专业成长补贴制度,让乡村初中教师的付出与收获成正比。政府及教育行政部门要明确具体的交通补贴、住宿补贴以及就餐补贴标准,提高乡村初中教师外出学习的报销比例,将乡村初中教师的各类补贴落实到位[1]。最后,通过发放在职学习基金、奖学金、学习补助等方式,激发乡村初中教师对专业成长的积极性,让他们在不断学习的过程中促进自身专业成长。总的来说,政府及教育行政部门应将乡村初中教师专业成长经费落实到位,为其实现专业成长提供重要的资金支撑。

3. 建立完善的后勤保障体系

政府及有关部门要构建相对完善的后勤保障体系,为乡村初中教师专业成长提供可靠的后勤保障。首先,由于工作环境较差、工作压力较大等原因,乡村初中教师很容易身体出现不适或者生病的情况,只有建立较为完善的医疗保障体系,解决他们面临的各种健康问题,才能让其在专业成长的过程中没有后顾之忧。一方面,乡村初中教师这一职业有一定的特殊性与奉献性,他们应该享有提高医疗保险基数、降低报销额度门槛等医疗优待;另一方面,对乡村初中教师的医疗问题应该按更高的比例报销,重大和特殊疾病医疗用药也应该包含在报销范围之内。只有这样,才能降低乡村初中教师对医疗问题的顾虑,为他们有一个健

---

[1] 陈波涌、李婷:《如何稳定乡村教师队伍——基于对 H 省 39470 名乡村教师的调研》,《湖南师范大学教育科学学报》,2021年第4期,第75—82页。

康的身体奋斗在教育前线提供充足的保障。

除了医疗，住房问题也是乡村初中教师面临的一个重大难题，大部分乡村初中教师都不是当地人，加强住房保障对留住他们尤为重要。一方面，要完善教师住房公积金制度，加大对教师购房补贴的扶持力度，让身处异地的乡村初中教师有权购买经济适用房或承租公租房；另一方面，在人口较为集中的乡镇，通过改建和新建等多种方法，加大周转房建设力度，为乡村初中教师提供住房和安全保障。总的来说，政府及有关部门应该建立相对完善的医疗和住房保障制度，在一定程度上缓解乡村初中教师的经济压力，为他们的专业成长提供充足的后勤保障。

（二）制定明确的政策法规，规范乡村初中教师的专业成长行为

政府和有关部门要制定明确的政策法规，来规范乡村初中教师的专业成长行为。

1. 制定明确的政策法规

为了加强乡村教师队伍的建设，提高乡村教育的质量，政府及有关部门出台了许多政策法规，但从总体来看，这些政策法规针对的多是整个乡村教师队伍，内容也是广泛地涉及乡村教师的各个方面，而专门针对乡村初中教师专业成长的政策法规还很少。政府和有关部门应该根据乡村初中教师专业成长的现状，明确制定乡村初中教师专业成长的相关法律法规，在为乡村初中教师专业成长提供方向指引的同时，也在一定程度上规范乡村初中教师的专业成长行为。

2. 构建相对完善的衡量标准

政府及有关部门要构建相对完善的衡量标准，对乡村初中教师的专业成长行为和水平进行评价。虽然乡村初中教师专业成长工作开展已久，但一直都缺乏一个具体的衡量标准，对乡村初中教师的专业成长行为和水平如何进行判定这个问题一直没有得到解决。政府及有关部门应该基于乡村初中教师专业成长的整体水平，制定发展性的衡量标准，对乡村初中教师的专业成长行为和水平进行较为客观的评价。但由于乡村初中教师与教师之间存在着一定的差异性，这个衡量标准又不能一概而论，要在具体的衡量过程中因人而异。

（三）落实各项权利，提供乡村初中教师专业成长充足动力

只有将乡村初中教师的各项权利落实到位，再施以适当的激励机制，切实提高这些教师的职业幸福感，才能为其专业成长增添动力。

1. 落实各项权利

政府及有关部门要保证乡村初中教师平等地享有各项专业成长的权利，并将这些权利落实到位，切实提高乡村初中教师的职业幸福感，为他们追求专业成长增添动力。《中华人民共和国教师法》中规定，每一位教师都应该平等地享有教育教学权、科学研究权以及民主管理权等多种权利。在乡村初中教师专业成长的过程中，政府及有关部门也应该将他们的各项权利落实到位，让他们在履行义务的同时也能平等的享受到应有的权利，进而提高乡村初中教师的职业幸福感，使其对教育教学工作充满热情，并积极主动地投入到专业成长过程之中，找寻到工作的意义所在[①]。

2. 适当的激励支持

对那些符合标准的乡村初中教师给予一定的物质激励和精神荣誉奖励，这样既可以加强他们的职业认同，同时也可以充分发挥榜样示范作用，激发他们对专业成长的兴趣。一方面，在条件允许的前提下，通过优秀班主任津贴、优秀教师津贴等方式，对专业成长表现较为突出的乡村初中教师采取适当的物质奖励，这样既可以在一定程度上改善乡村初中教师的经济现状，也可以以此激励其他乡村初中教师产生对专业成长的向往与追求；另一方面，对乡村初中教师进行精神荣誉奖励，借助报刊、新闻等媒介加大对优秀教师专业成长精神的宣传，激励乡村初中教师个人及群体早日实现专业成长。

（四）构建良好的社会环境，引领正确的社会舆论

政府及有关部门要构建良好的社会环境，提高乡村初中教师的社会地位，引领正确的社会舆论，在最大程度上发挥积极社会舆论对乡村初中教师专业成长的促进作用。

1. 构建良好的社会环境

"人与人是相互依赖的关系，个体要想获得满意的生活，就必须要在社会大环境中依靠他人、依靠社会系统。个人与其所处的环境在多重互动中共同构成了一个社会系统。"乡村初中教师个人和群体的专业成长，都离不开良好的社会环

---

① 熊少严：《教师如何在专业成长中实现职业幸福——基于对广州市教师的调查》，《上海教育科研》，2013年第11期，第40—43页。

境。一方面，政府及有关部门要肯定乡村初中教师为乡村教育事业所做的贡献，扭转乡村初中教师在传统观念中的"弱势"地位，让社会大众对乡村初中教师的认知发生根本性的改变；另一方面，政府及有关部门还要切实提高乡村初中教师的社会地位，在乡村地区构建良好的学习生态环境，为乡村初中教师专业成长提供外部学习驱动力。总之，政府及有关部门要提高乡村初中教师的社会地位，在乡村建立良好的学习生态环境，充分发挥乡村社会环境的学习功能，使得社会环境在最大程度上促进乡村初中教师的专业成长。

2. 引领正确的社会舆论

政府及有关部门首先应该引领社会大众建立正确的社会舆论，进而以积极的社会舆论助推乡村初中教师专业成长的早日实现。首先，乡村初中教师专业成长与乡村教育事业的发展息息相关，政府及有关部门要发挥好带头作用，引领社会大众对乡村初中教师的专业成长的足够重视；其次，政府及有关部门要加大宣传力度，让人们看到乡村初中教师为乡村教育事业所做出的贡献；最后，政府及有关部门要对相关社会舆论进行正确的引导，并营造积极向上的社会舆论，为乡村初中教师实现自身专业成长增添信心。

二、完善乡村初中教师专业成长的学校支持体系

（一）创设良好的学校环境，营造积极的专业成长氛围

学校是教师专业成长的主阵地，学校环境是影响乡村初中教师专业成长的重要因素，良好的学校环境可以帮助乡村初中教师更好、更快地实现专业成长。

1. 加强物质环境建设

乡村初中学校要加强基础设施建设，尽可能为乡村初中教师专业成长提供一个良好的物质环境。首先，每个乡村初中学校都应该至少修建一个图书馆，并及时更新教育相关文献资料，丰富图书的种类，让乡村初中教师能够有更加丰富的渠道获取到更多的专业成长资源；其次，劳逸结合，才能更好地实现专业成长。乡村初中学校应加强操场、篮球场以及羽毛球场等运动场地的建设，让乡村初中教师有可以进行放松的场地；此外，乡村初中学校还应该加强电脑、多媒体、投

影仪以及白板等现代化教学硬件设施的建设，为教师追求专业成长提供较为完备的硬件支撑①。只有这样，乡村初中学校才能为教师追求专业成长提供强有力的物质支撑。

2. 改善精神文化建设

除了要加强物质建设，精神文化也会对教师专业成长产生较大影响。乡村初中学校还应加强精神文化建设，为乡村初中教师专业成长营造开放、和谐、互助的精神文化环境。一方面，乡村初中学校应充分利用自身已有的资源优势，将学校办学目标、学生成长特点和自身区位发展优势有机结合起来，加强本校的精神文化建设，营造开放、和谐、互助的精神文化环境；另一方面，乡村初中学校要加强教师与教师、学校领导与教师之间的交流与沟通，进而弥补乡村初中教师个体能力与信息素养的不足，并以教师个人的专业成长提升乡村初中教师队伍的专业成长水平。

3. 营造专业成长氛围

除了要创设良好的物质环境和精神环境，乡村初中学校还应该采取多种措施，营造浓厚的专业成长氛围。一方面，可以通过结对帮扶、老教师带新教师等多种形式，营造平等互助的专业成长氛围，解决乡村初中教师个人在专业成长过程中遇到的各类问题；另一方面，可以通过开展知识竞赛、教学技能比赛以及说课比赛等多种方式，营造合理的竞争氛围，促使乡村初中教师在合理的竞争中产生对专业成长的向往与追求。长期身处浓厚的专业成长氛围之中，乡村初中教师自然也会产生对专业成长的追求。

（二）对教师专业成长引起足够的重视，构建合理的管理评价机制

乡村初中学校领导要对教师专业成长及其相关工作引起足够的重视，并在此基础上构建合理的教师管理与评价机制。

1. 学校领导的足够重视

乡村初中学校的领导要对教师专业成长及其相关内容引起足够的重视，并身体力行，将专业成长付诸实践，起到模范带头作用。一方面，学校领导在很大程

---

① 陶夏、段文静：《乡村教师缘何"留不住"——基于一位农村小学教师的叙事研究》，《教育学术月刊》，2021年第8期，第65—71页。

度上决定了学校的工作安排,只有乡村初中学校的领导对教师专业成长引起了足够重视,才会花费人力、物力以及财力,组织开展教师专业成长相关活动;另一方面,教师是学生的榜样,学校领导又是教师的榜样,乡村初中学校的领导必须要以身作则,积极、主动地追求专业成长,充分发挥榜样示范作用,为乡村初中教师专业成长和为乡村初中学生积极进取带好头。

2. 合理的管理评价机制

构建合理的管理与评价机制在一定程度上也能促进乡村初中教师的专业成长。一方面,乡村初中学校通过常规检查、定量听课、定期培训、科研任务规定以及期末总结等方式,对教师专业成长的相关工作进行监督与管理,促使乡村初中教师对教育教学工作进行总结和分析,提高乡村初中教师在专业知识、专业技能等方面的成长高度;另一方面,乡村初中学校不能仅仅只用学生的成绩来判定教师的专业成长状况,应该建立多元化的教师评价机制,将教师专业成长也纳入考核教师的标准之一。需要注意的是,乡村初中学校要充分结合当地乡村初中教师的实际情况,对教师专业成长进行合理的监管,不能过于苛刻。

(三)完善相关培训,激发乡村初中教师专业成长的积极性

创新的培训形式、丰富的培训内容以及先进的培训理念,都能在一定程度上激发乡村初中教师对专业成长的兴趣,促使其积极主动的追求专业成长。

1. 创新培训形式

乡村初中学校应从教师专业成长的现状和实际需求出发,创新多种培训形式,充分激发乡村初中教师的学习兴趣。第一,乡村初中学校要从当地经济发展情况和文化环境出发,重视教师的职业认同,开展教师专业成长相关培训,培养这些教师扎根乡村、无私奉献的教育情怀;第二,打造多样化的培训形式,既开展送课到校、定期培训以及名师工作室等传统的线下培训,也开展多元化、智能化和信息化的线上培训,打造以开放、共享、合作、共赢为特点的教师培训新形式[①]。第三,构建由地方政府组织、师范院校引领、乡村初中学校配合、参与教师主动的四位一体的协同培训模式。只有这样,才能使培训在最大程度上促进乡

[①] 王颖、胡国华:《新时代河北省乡村初中教师培训模式现状与发展需求调查分析》,《教育理论与实践》,2021年第2期,第34—39页。

村初中教师的专业成长。

2. 丰富培训内容

乡村初中学校还要不断丰富教师专业成长培训的内容，增强培训的针对性和有效性。首先，在开展培训之前，乡村初中学校要对教师的专业成长需求进行调研，并根据乡村初中教师群体与教师个人在专业成长方面的"主体诉求"，在留守儿童教育、全科教学以及复式教学等方面，提供有针对性的培训，切实满足教师的专业成长诉求。其次，要丰富乡村初中教师专业成长的培训内容。除了开展教学方法运用、学科教学、学生心理教育、教学组织技能、课程组织、常规教学等内容的培训外，还应该开展乡村文化、现代远程教学、复式教学、课堂教学模式改革、多媒体教学及校本课程开发等方面的培训，以切实可行的培训内容真正解决乡村初中教师在专业成长过程中遇到的问题。

3. 更新培训观念

乡村初中学校要及时更新培训理念，开展与时俱进的培训。观念是行动的先导，树立正确的培训理念是开展乡村初中教师专业成长培训的重要前提。2018年教育部等五部门印发《教师教育振兴行动计划（2018—2022年）》（以下简称《计划》），其中提出要"建设高水平教师教育基地、提高乡村教师素质、加强在职教师培训信息化管理"，对新时代教师培训提出了更高的要求[①]。一方面，乡村初中学校要积极响应这一号召，树立符合时代特征的、正确的教师培训理念；另一方面，乡村初中学校还必须及时更新培训观念，深入贯彻落实立德树人、以教师发展为本、分层分类与强化能力、教育扶贫攻坚、强化规范管理等培训理念[②]，并且在这些理念的正确指导之下开展乡村初中教师专业成长培训的相关工作。

（四）整合多方面的资源，增加乡村初中教师专业成长的机会

乡村初中学校要为教师创造更多的学习机会、科研机会以及教育教学实践机会，让教师在不断的学习与实践中提升专业成长高度。

[①] 《教师教育振兴行动计划（2018—2022年）》，见教育部官网（http://www.moe.gov.cn/srcsite/A10/s7034/201803/t20180323_331063.html）。

[②] 李建麟：《打造新时代教师培训品牌的实践探索——以闽南师范大学为例》，《闽南师范大学学报（哲学社会科学版）》，2020年第2期，第111—114页。

1. 增加学习机会

乡村初中学校要充分利用已有资源，整合多方面的潜在资源，增加教师的学习机会。第一，乡村初中学校的教育教学资源相对较少，教师的学习资源和学习机会都很有限，知识的同构化和环境的单调性在一定程度上也降低了教师的学习兴趣。乡村初中学校要突破地域的限制，为乡村初中教师创造更多外出学习的机会，让更多的乡村初中教师可以去县上、市上、省上乃至国外进修学习。第二，乡村初中学校要充分利用现有资源，整合校内外资源和各种社会资源，开设多元化的学习渠道，为乡村初中教师专业成长创造更多的学习机会。第三，通过给每一位乡村初中教师订阅教育刊物、教育论著以及教育相关政策文本，让乡村初中教师明确教师专业成长的概念和具体要求，及时更新理念和相关知识。

2. 增加科研机会

除了学习机会，乡村初中学校还要尽可能地增加乡村初中教师的教研和科研机会。第一，乡村初中学校要建立校本教研机制，广泛开展教学技能竞赛、专家讲座、案例探讨等多种校本研修活动，将课题与教研相结合，推动乡村初中教师全体教研。第二，要采取以教师为主体、以专业成长为主题的校本研修模式，科学的制定主题诊断、制订方案、实施监督、提炼总结等校本研修流程，使乡村初中教师专业成长得以有序实现。第三，从校本教研这一主线出发，创建各类教师交流、科研平台，筹划开展各种相关活动，采用定期培训、课题任务以及自学研修等多种方式，提高乡村初中教师的科研能力，并以科研带动乡村初中教师的专业知识和技能的成长[①]。总的来说，乡村初中学校要创建健康向上、积极进取的新型研修文化，增加乡村初中教师的教研和科研机会，满足乡村初中教师多样化和个性化的专业成长需要[②]。

3. 提供实践机会

乡村初中学校要尽可能地给教师提供更多的实践机会，让乡村初中教师从做

[①] 王长丽：《主题式校本研修助推乡村教师专业成长》，《河南教育（教师教育）》，2021年第8期，第24页。

[②] 郭静：《乡村教师区域研修共同体的构建》，济南：山东师范大学硕士学位论文，2019年，第27页。

中学、从做中成长①。第一，乡村初中学校要为教师提供专业理论的实践机会，教师从著作、政策等方面学来的专业理论，只有在实践中才能真正内化为自己的知识，只有在实践中才能得到升华。第二，要尽可能的创造条件，给乡村初中教师提供更多的教育教学实践机会，只有在教育教学实践中，教师才能检验自己学到的先进教学理念和教学方法是否真正适用。第三，在乡村初中教师开展专业成长相关实践后，学校要对这些实践进行总结，有必要的话还可以组织开展二次实践，以进一步促进乡村初中教师的专业成长。总的来说，乡村初中学校要给教师提供更多的实践机会，让他们真正实现专业成长理论与实践的统一。

三、加大家庭对乡村初中教师专业成长的支持力度

（一）构建良好的家庭氛围，大力支持乡村初中教师专业成长

乡村初中教师的家庭要构建良好的家庭氛围，大力支持乡村初中教师追求专业成长，只有这样，他们才会有追求专业成长的足够勇气。

1. 构建良好的教师家庭氛围

家庭氛围的影响具有长期性和广泛性，良好的家庭氛围对乡村初中教师的专业成长有着一定的促进作用，家庭成员良好的处事方式、优秀的思想品质都会在无形中对乡村初中教师产生积极影响。乡村初中教师的家庭要就乡村初中教师职业及其专业成长这一问题在观念上达成一致，并在此基础上努力构建和谐、美好的家庭氛围。一方面，良好的家庭氛围可以让乡村初中教师在结束一天忙碌的教学工作后感到放松，进而调整自己的精神状态，重新找回专业成长的信心；另一方面，家庭成员良好的为人处事以及积极进取、无私奉献的优良品质也会对乡村初中教师产生潜移默化的影响，使其积极主动的追求专业成长，献身于乡村教育事业。

2. 支持乡村初中教师专业成长

家庭成员的支持是乡村初中教师实现专业成长强有力的支撑，只有拥有了来

---

① 周刘波：《乡村教师培训应突出"做中学"理念》，《中国教育学刊》，2016 年第 11 期，第 108 页。

自家庭成员的多方面的支持，乡村初中教师才会拥有追求专业成长的足够底气。家庭成员对乡村初中教师的支持主要体现在两个方面：一方面，乡村初中教师的工资待遇较低，甚至有时候不能满足日常生活的需要，其家庭成员要在物质方面为其提供充足的支持，解决他们在工资待遇方面的忧虑，让他们更好的专注于自己的专业成长；另一方面，家庭成员要正确认识到乡村初中教师这一职业在促进乡村初中学生成长和提高乡村教育质量的重要性，并为乡村初中教师专业成长提供精神支持，使他们更加坚定自己的选择，即使在面对困难，也能勇往直前。总之，只有乡村初中教师的家庭为其提供充足的物质支持和精神支持，他们才会有追求专业成长的足够勇气和底气。

（二）学生家长应树立正确的教育理念，包容与理解乡村初中教师

1. 树立正确的教育理念

乡村初中学生家长要转变传统的教育理念，明确教育是学校、家长以及学生共同的事情，不能把所有的责任都丢给老师，自己也应该参与到孩子的教育过程中去。作为学生家长，必须随时关注学生的身体和心理发展状况，并及时向教师反馈学生在家的学习情况，配合教师完成教育教学相关工作，进而减轻乡村初中教师的教学负担，让他们有更多的时间和精力追求专业成长。此外，年轻的学生家长就算外出务工，也应该通过电话、视频等多种形式，关注学生的身心发展状况，同时也向家中老人传达正确的教育理念，使家中老人支持乡村初中教师专业成长的相关工作，避免出现老年家长胡搅蛮缠、不讲道理的现象。

2. 包容和理解乡村初中教师

一直以来，乡村初中学生的家长对教师的要求都比较苛刻，要求这些乡村初中教师各方面都要做得很好，在一定程度上缺乏对乡村初中教师的包容和理解。为促进教师的专业成长，一方面，乡村初中的学生家长要认识到乡村初中教师也是普通人，他们的专业成长过程也是一个不断摸索的过程，在这个过程中难免会犯一些细小的错误，不能揪住这些错误不放，要对他们有更多的理解和包容；另一方面，学生家长也要正确认识到教师追求专业成长是为了取得更好的教育教学效果，不是单纯地为了教师个人，要大力支持乡村初中教师专业成长的相关工作，进而才能以良好的教育教学效果促进学生的多方面发展。

四、充分发挥乡村初中教师的专业成长能动性

(一) 准确定位,合理规划专业成长未来

乡村初中教师要从时代发展的要求出发,对自己的专业成长进行准确的定位,并在此基础上制定发展性的、可实施的专业成长规划。

1. 明确专业成长方向

乡村初中教师要在真正意义上实现专业成长,首先要从时代发展的要求出发,明确自身专业成长方向。第一,"五育并举""学科育人""教师评价制度改革""新课程改革"等为乡村初中教师专业成长提供了新的生长点,乡村初中教师对教育发展的大方向有一个整体把握,并在此基础上明确自己的专业成长方向;第二,乡村初中教师专业成长的方向要符合国家、社会、学校,以及学生对教师的要求;第三,虽说教师专业成长是个性化的,但乡村初中教师的专业成长仍应该与教育高度关联,专业成长方向的确定也应该体现专业知识的更新与完善、专业素质的提高以及专业能力结构的升级等多方面的内容[①]。

2. 制定专业成长规划

乡村初中教师要在教育政策的方向引领之下,从自身专业成长的实际情况出发,制定发展性的专业成长规划,并按照"设计规划—执行规划—评价规划—完善规划"的步骤实施。第一,乡村初中教师必须对自身专业成长有一个准确的定位,并制定分阶段的专业成长规划,这样既能在一定程度上减少职业倦怠,也满足了终身教育发展的需要;第二,教师专业成长只有融入到学校的发展才会有更好的发展平台,乡村初中教师的专业成长规划要与学校的科研项目、课程建设以及课题研究等相融合,才会有更好的发展;第三,乡村初中教师要对规划的实施情况进行评价,并在此基础上不断完善自己的专业成长规划。只有这样,才能以合理的规划引领乡村初中教师向更高层次发展。

---

① 叶映峰、蒋文远:《专业发展规划:教师专业成长的有效路径》,《江苏教育》,2021 年 Z2 期,第 95—97 页。

（二）加强反思力度，及时改进不足之处

乡村初中教师应该加大对专业成长的反思力度，拓宽反思的深度和广度，并及时改进不足之处。

1. 加大反思力度

在正确理解专业成长反思的基础之上，乡村初中教师还应该加大反思力度。第一，在进行专业成长反思之前，乡村初中教师必须理解和认可反思，弄清楚什么是专业成长反思、专业成长反思的对象是什么、专业成长反思的途径有哪些等问题。第二，乡村初中教师应该积极主动的进行专业成长反思，并在实践中不断总结经验和教训，对自身的优势与不足进行客观分析，进而寻找到适合自己的正确成长方法和路径，不断提高自我、完善自我。第三，乡村初中教师还应该加大专业成长的反思力度，不仅要对某一年、某一阶段的专业成长状况进行总结和反思，还应该对每个周、每一天的教育教学情况和个体专业成长情况进行总结和反思。

2. 拓宽反思广度和深度

乡村初中教师还应该拓宽专业成长反思的广度和深度，提高反思的质量。学者 L. 瓦利（L. Valli）指出反思有两个维度，一是社会学维度，也就是指反思的内容；二是心理学维度，即指反思的质量[①]。只有从这两个维度入手，才能培养教师的反思能力。一方面，要拓宽乡村初中教师反思的内容或范围，不仅仅是对教学进行反思，还要对专业成长过程中的其他方面进行反思；另一方面，除了对自己的专业成长行为进行反思，乡村初中教师还可以参照比较好的反思案例，借鉴他们做得好的地方，并用相关知识指导自己的反思行为，再将反思所得付诸教育教学工作之中，使反思与教育教学实践相互促进，形成一个良性循环[②]。

3. 及时改进不足之处

在通过反思发现专业成长过程中的问题与不足之后，乡村初中教师要及时改进这些问题与不足。反思并不是形式主义，乡村初中教师要真正认识到反思对其

[①] 王春光、张贵新：《反思的价值取向与反思型教师的培养》，《比较教育研究》，2006 年第 5 期，第 82—87 页。

[②] 刘健智、周婷：《探究式：教师专业成长的有效途径》，《当代教育论坛》，2017 年第 3 期，第 20—26 页。

专业成长的重要性，并根据自己的知识积累、教育教学经验和智慧，迅速有效的调整自己的行为①。需要注意的是，反思可能不止一次，乡村初中教师要在实践过程中不断进行专业成长反思，从反思中发现问题与不足，并对这些问题和不足及时加以改进。乡村初中教师对专业成长进行评价和反思，对自身的优势与不足进行客观的分析，有助于他们寻找到适合自己的专业成长方法和路径，提高自身的专业成长水平，从而为建设一支优秀的乡村教师队伍提供充足的优秀后备师资。

（三）树立终身学习观念，养成专业成长意识

要提高乡村教育的质量，乡村教师尤其是乡村初中教师更应该树立终身学习的理念，养成专业成长的意识。

1. 树立终身学习观念

学习是实现成长的重要方式，乡村初中教师要实现专业成长，尤其要树立终身学习的观念。一方面，《中共中央关于完善社会主义市场经济体制若干问题的决议》中提出要"深化教育体制改革，构建现代教育体系和终身教育体系，建设学习型社会"，乡村初中教师作为乡村教育重要的人力资源，更应当主动为人师表，树立终身学习理念；另一方面，乡村初中教师作为育人之人，要想在新时代的教育改革中生存发展，就必须主动学习、虚心请教，不断完善、更新自身的专业知识。活到老，学到老，乡村初中教师在专业成长的过程中要始终以学习者的身份自居，遇到不懂的问题及时向老教师或优秀教师请教。只有这样，乡村初中教师专业成长才有可能得以实现。

2. 养成专业成长意识

乡村初中教师还应该养成专业成长的意识，积极主动地追求专业成长。第一，乡村初中教师必须具备教育理想，只有具备了卓越、高尚的教育理想，他们才能产生专业成长的足够动力，进而以积极进取、勤奋认真的工作态度取得较为可观的专业成长成果；第二，乡村初中教师要树立学习意识，向书本学习，向业内的成功人士学习，向学生学习，多听取成功教师的忠告和建议；第三，乡村初

---

① 曾莉、古秀蓉、康丹：《专家型幼儿教师成长路径研究》，《中国教育学刊》，2017年12期，第87—92页。

中教师还应该要树立研究意识，把实践和研究相结合，使研究成为专业成长的一部分，在研究中解决实践中的诸多问题。此外，自我意识、反思意识以及协作意识等多种意识，都是乡村初中教师应该养成的专业成长意识。

（四）拓宽学习面，丰富专业知识

"要给学生一滴水，教师自己必须要有一桶水"。一名合格的乡村初中教师，既应该掌握一定的理论知识和实践性知识，也应该要掌握一定的创生知识。

1. 学习教育理论知识

掌握一些必备的教育理论知识，是乡村初中教师开展教育教学实践、实现专业成长的基础和前提。一方面，师范生在大学时期应该加大对教育学、教育心理学等课程的学习力度，积累更多的教育理论知识，为日后开展教育教学实践、提升专业成长水平奠定理论基础；另一方面，在成为乡村初中教师过后，也应该深入贯彻落实终身学习理念，继续学习教育相关理论知识和政策文本，不断丰富自身的专业知识，为开展专业成长相关实践提供强有力的理论支撑。

2. 积累教育实践知识

除了理论性的知识，乡村初中教师还应该在教育教学的过程中，积累一定的实践性知识。身处一线的乡村初中教师在进行教育教学的实践后，会对自己的教育教学经验进行反思和总结，形成一定的教育习惯，并反过来指导自己的教育教学实践，这就是教师的实践性知识[1]。实践性知识的积累主要是通过乡村初中教师对自己的教育教学实践进行反思、总结与提炼或问题驱动下的课题研究等多种形式得以实现。乡村初中教师在进行教育教学的实践过程中要注重对教育理想信念、人际关系知识、情境性知识以及批判反思知识等实践性知识的学习和积累[2]。

3. 注重创生知识

乡村初中教师在对所学知识进行知识创生的同时也要注重积累这些创生知识。在信息化时代，知识过于繁杂，人们往往关注那些具有创新性的知识，如果

---

[1] 夏正江：《不宜过分夸大实践性知识在教师专业发展中的作用》，《中国教育学刊》，2020年第2期，第54—59页。
[2] 陈向明：《对教师实践性知识构成要素的探讨》，《教育研究》，2009年第30期，第66—73页。

乡村初中教师仅仅局限于一个知识的使用者与传递者的角色，必将被信息化时代所淘汰。一方面，乡村初中教师不能仅仅只停留在搬运知识的层面，要培养深度加工和创生知识的自觉；另一方面，乡村初中教师要以一定的知识存量为基础，秉持对待知识的全新态度，在对知识的运用过程中注重对知识的创生，并将这些创生知识积累下来①。综上所述，乡村初中教师只有不断积累教育理论知识、实践性知识以及创生知识等多种知识，知识面才能扩宽，专业知识才能得以丰富②。

结束语

立足于前人的研究，本专题可能的创新之处主要在于以扎根理论为主要的研究方法，以乡村初中教师为专门的研究对象，以乡村初中教师专业成长为专门的研究内容。

本专题按照探究 Y 县乡村初中教师专业成长的现状、分析其在专业成长过程中存在的问题和问题的成因、提出促进乡村初中教师专业成长的建议这一整体思路展开。首先，对 Y 县部分乡村初中教师以及学校领导进行深度访谈，了解 Y 县乡村初中教师专业成长的现状，其现状主要表现为专业成长意识有所增强，职业道德有所提高，但也存在着专业成长行为被动、专业成长水平较低以及专业成长速度缓慢等问题；其次，运用扎根理论这一研究方法，构建乡村初中教师专业成长的影响因素模型，发现 Y 县乡村初中教师在专业成长过程中存在着专业

---

① 刘天平、王林发：《创生知识：技术时代教师专业成长的内在要求》，《课程·教材·教法》，2019 年第 4 期，第 126—131 页。
② 马昌伟：《教师专业成长的教学模仿行为探索》，《教育理论与实践》，2020 年第 32 期，第 30—32 页。

知识不足、专业能力不强以及专业情意不佳等问题,并从政府、家庭以及学校等多方面入手,分析上述问题形成的原因;最后,从上述问题和问题形成的原因入手,就如何充分发挥政府、学校、家庭以及教师合力,增加乡村初中教师的专业知识、提高乡村初中教师的专业技能、丰富乡村初中教师的专业情意提出了相应的改进建议。

本研究存在一定的不足之处,还需要在以后的研究中不断完善。首先,本研究所涉及的调查对象有限。由于资源、时间和条件等多方面的限制,本研究只选取了13名乡村初中教师、3名乡村初中学校领导为访谈对象。其次,本研究所涉及的调查内容有限。本研究主要对乡村初中教师专业成长及其相关问题进行调研,调研所涉及的面不够广,资料间的相互认证有待加强。最后,本研究提出的改进建议能否进行大力推广还有待进一步考察。研究时间、研究对象和研究内容的有限,使得研究结论也受到了一定的限制,再加上地域差异、经济发展情况差异等多种因素,不能确定本研究得出的建议对所有乡村初中教师专业成长都有促进作用。

但总的来说,本研究为乡村初中教师的专业成长提供了借鉴和参考意义,能在一定程度上促进乡村初中教师的专业成长,有利于建设一支优秀的乡村教师队伍,促进乡村教育的发展,进而以乡村教育的发展加快乡村振兴等战略实现的步伐。

附　录

附录 1

与乡村初中教师的访谈提纲

访谈时间：　　　访谈地点：　　　访谈对象：　　　访谈者：

（一）基本情况了解

（二）乡村初中教师专业成长的现状

1. 您觉得乡村初中教师的专业成长包括哪些方面的内容？

2. 您在入职前是否接受过相关的专业培训？如果有，培训的内容和收获是什么？

3. 您在入职后学校有没有接受教师专业成长相关培训？

4. 您认为您现在的专业成长状况怎样？哪些方面做得好？哪些方面还有待改进？请结合实例详细谈谈。

5. 您和您身边的教师具备哪些方面的专业知识？哪些方面的知识还有所欠缺？

6. 您和您身边教师的专业技能怎样？可以从哪些方面进行提高？

7. 您认为乡村初中教师的专业情意主要包括哪些方面？这些方面的发展现状怎样？

8. 您觉得乡村初中教师专业成长总体状况怎样？有哪些做得好的地方？又有哪些地方需要改进？请结合具体实例谈一谈。

（三）乡村初中教师专业成长的外部困境

1. 您认为乡村初中教师在专业成长的过程中面临着哪些外部困境？
2. 您认为乡村初中教师专业成长现有的资金支持足够吗？
3. 您身边的教师专业成长环境怎样？除了学校环境，社会环境和家庭环境对您的专业成长有没有影响？
4. 您认为对乡村初中教师专业成长的现有监管完善吗？主要从国家、地方以及学校几个方面进行分析。
5. 您身边有没有开展教师专业成长的相关培训？如果有，培训的成效怎样？培训是否存在问题？如果有，请详细谈谈是哪些方面的问题。
6. 在您专业成长的过程中有人对您进行指导吗？
7. 您觉得乡村初中教师有哪些学习机会？这些机会多不多？
8. 您在平时会参与到科研中去吗？如果有，参与科研的内容主要是哪些方面？

（四）乡村初中教师专业成长的内部困境

1. 您觉得您自身在专业成长的过程中有没有什么问题？如果有，主要是存在哪些问题？
2. 您对自己的专业成长会有规划吗？如果有，规划的具体内容是什么？
3. 您会对自己或者身边教师的专业成长进行反思吗？在反思过后是否会采取相应的改进行为？
4. 您对教师专业成长最初的认识是怎样的？现在的认识又是怎样的？经历了一个怎样的变化过程？
5. 您和您身边的教师对专业成长的态度是怎样的？
6. 您跟同事之间就专业成长进行过交流吗？如果有，主要是进行哪些交流？
7. 就您自身而言，您对专业成长以及教育教学工作有责任担当吗？

（五）对乡村初中教师专业成长的建议

1. 您在专业成长过程中有印象特别深刻的事情吗？您在这件事中收获到了什么？
2. 您认为从哪些方面可以促进乡村初中教师的专业成长？
3. 您的专业成长经历对其他教师有可以借鉴的地方吗？

4. 对乡村初中教师的专业成长您有什么建议吗?

附录2

与乡村初中学校领导的访谈提纲

访谈时间：　　　访谈地点：　　　访谈对象：　　　访谈者：

（一）基本情况了解

（二）访谈提纲

1. 您能评价A老师给您的印象吗?
2. 您认为从刚工作到现在，A老师的专业成长状况怎么样?
3. 在教师专业成长的过程中，A老师有哪些值得借鉴的地方？还有哪些需要改进和完善的地方？
4. 贵校在促进这些教师的专业成长方面都做了哪些努力?
5. 在您的心目中教师专业成长包括哪些内容？应该从哪些方面实施?
6. 根据您的工作阅历和经验，您认为乡村初中教师需要增强哪些知识与能力更有助于其专业成长?

专题五

乡村初中教师知识共享研究
——以四川省 R 县为例①

第一章 导论

一、研究缘起

(一) 知识经济时代,助力知识共享兴起

21世纪我们已经迈入"知识经济"的时代,人们开始从传统的生产要素资源竞争向知识资源的竞争转变。随着知识经济的进一步发展乃至知识社会的逐渐形成,知识管理作为一种新兴的管理理论不断成为当代企业管理研究中的重要概念和理论取向。换句话说,知识经济催生着知识管理的革命②。此外,当前社会处于一个"知识大爆炸"的时代,大量冗杂、零碎的知识迫切需要我们改变传统的吸收和处理知识的方式,对知识进行管理以提高选择和利用知识的效益。

---

① 本专题完成于2022年4月,主编对其做过修改和删节。
② 石艳著:《教师知识共享的混合研究》,北京:中国社会科学出版社2020年版,第8页。

由此，知识管理便逐渐成为人们研究的热点。"知识就是力量"变成了"知识＋管理就是力量"，"知识＋共享就是力量"①。研究者发现其价值并未局限在知识管理的领域内，知识共享自身具有很强的延展性，可以立足自身构建理论体系。于是知识管理的研究重点也逐渐从知识创新走向知识共享。

同样，教育领域的知识共享也逐渐开始受到人们的重视。学校是传递和生成新知识的地方，汇集了大量需要被管理、被共享的知识资源，这些资源之间相互影响，时而和谐时而矛盾。

（二）知识共享是乡村教师队伍建设的现实需要

《乡村振兴战略规划（2018—2022年）》指出："优先发展农村教育事业，落实好教师支持计划，建好建强乡村教师队伍。"② 2018年，《中共中央国务院关于全面深化新时代教师队伍建设的意见》强调"兴国必先强师，深化教师管理综合改革，不断提高教师地位待遇，让教师成为令人羡慕的职业"③。在乡村教师队伍建设的过程中，教师自身的知识是立师之本，没有知识的教师就像没有武器的士兵，不仅在教学中无法传授学生精深的专业知识，难以让学生信服，在教师群体中也难以具有话语权，更别说融入到其中了。

当前，我国乡村教师队伍建设在教师知识的发展方面还存在许多问题，如乡村教师普遍存在知识结构老化、知识观念封闭、教师专业知识素质较低等问题，导致学校的教学质量也提不上去。因此，教师知识共享无疑为乡村教师知识的发展提供了一条新的途径，也为乡村教师队伍的建设增添了新的发展力量。

（三）知识共享是拓展乡村教师个人专业发展空间的必然选择

乡村教师是乡村教育的主体，给学生传递新知是教师义不容辞的责任，"教师的职责就是站在教育的立场上选择知识、组织知识、呈现知识和传授知识，同时在一定情境下创造条件，促使和帮助学生掌握知识、理解知识、运用知识和探

---

① 岳丹桂：《教师知识共享影响因素的研究》，东北师范大学硕士学位论文，2015年，第2页。
② 中共中央 国务院印发《乡村振兴战略规划（2018—2022年）》，《中华人民共和国国务院公报》，2018年第29期，第40页。
③ 中共中央 国务院《关于全面升华新时代教师队伍建设改革的意见》，《中华人民共和国教育部公报》，2018年Z1版，第2—9页。

究知识。"① 也就是说，教师扮演着为学生提供知识的角色，自身拥有的知识是"传道授业解惑"的前提，也是教师开展教学、保证教育质量的必备条件。

近年来，随着城乡发展的失衡，城乡差距过大，乡村教师由于学校知识资源较少以及队伍相对薄弱等原因导致个人专业发展的空间被限制，个人的专业成长环境不佳。但教师知识共享的出现为教师在有限时间内快速提升知识流动和创新提供了一条有效途径，知识共享让知识成为教师专业发展中的活跃资源，加速了高素质教师的诞生和培养，拓展了乡村教师个人专业成长的空间，有利于教师在专业发展的过程中实现自我、成就自我，使更多的乡村教师愿意留在乡村，乐意留在乡村。

二、研究的目的和意义

（一）研究的目的

知识经济时代，人相对于机器的优势主要在于知识，知识管理将对人们的学习和生活产生深远的影响。本研究以乡村初中教师为研究主体，以知识共享为主要研究内容，旨在了解乡村初中教师知识共享的实际情况，剖析其目前面临的问题以及背后的原因，进而提出相关策略。

（二）研究的意义

1. 理论意义

从目前知识共享的研究现状来看，其研究对象集中于城市教师的知识共享或宏观的教师知识共享，乡村地区的教师少有提及。因此，本研究最大的理论意义就在于总结乡村初中教师知识共享的经验，丰富其理论，从而指导其实践。

2. 实践意义

从现实来看，近年来，乡村学校的生源也在逐渐减少，乡村初中教师发展的关注度也在下降。本研究的实践意义在于引导更多的人关注乡村教师的知识发展的困境，关注乡村初中教师的发展诉求。研究中的调查结果可以帮助乡村教师寻

---

① 石中英：《当代知识的状况与教师角色的转换》，《高等师范教育研究》，1998年第6期。

找增长知识的办法,拓展获取知识的空间,挣脱乡村环境的桎梏实现发展,促进乡村初中教师团队的专业发展和乡村初中学生个人的智慧成长,提高乡村初中学校的整体竞争力。

三、文献综述

(一)国内研究

1. 有关教师知识共享的研究

最早从教育学角度研究知识管理的学者是刘毓,她率先提出了学校知识管理的含义、特征、价值以及实施策略,虽然研究处于初探阶段,但为我国知识管理理论研究开辟了新的视角。

目前国内以"教师知识共享"为书名的著作仅有两部,一部是滕平、杨向谊等著的《在共享中求发展:知识管理视野下教师知识共享机制的校本建构》,另一部是2020年7月出版,由石艳编写的《教师知识共享的混合研究》。通过收集文献发现,多数学者主要从内涵与特征、影响因素、策略机制方面来进行研究。

(1) 有关教师知识共享内涵的研究

就其内涵而言,"国内尚未达成统一的认识,人们对教师共享含义存在交换论、沟通互动论、权力论等不同的研究思路"[1]。

一是经验层面的认识。学者们认为:"教师知识共享是教师通过分享的方式,丰富和扩充自己的知识体系,使得自身的知识存量增长,从而提升自己的教学能力的过程。"[2] 二是专业发展层面。从这个层面来说,大家普遍认为:"教师知识共享是知识拥有者与知识接受者通过面对面或者借助载体的方式实现知识的流通和转换,从而不断促进教师的专业发展水平。"[3] 三是学校组织层面。王健提出:

---

[1] 石艳:《教师知识共享过程中的信任和社会互动》,《教育研究》,2016年第8期。
[2] 周成海、孙海林:《教师知识分享意愿低落的原因与应对》,《教育发展研究》,2006年第19期。
[3] 邓志伟:《知识分享与教师专业发展》,《教育科学》,2006年第4期。

"教师的知识共享能使个人的知识经验扩散到学校组织的层面。"①

(2) 有关教师知识共享影响因素的研究

通过整理国内相关研究文献，将教师知识共享的影响因素分为以下三个方面：

第一，教师个人层面。一是"教师的个人特质对教师的知识共享行为产生影响"②。如教师是否有坚持学习的习惯、善良诚实的品质、性格倾向都会影响到共享行为的发生和共享的效果；二是"教师知识共享的意愿影响知共享的行为"③。共享的意愿属于教师的意识层面，大多数研究者通过访谈的方法获取知识共享意愿的真实有效的、深层次的信息，发现知识共享的意愿与行为之间存在一定的联系。三是"教师对知识共享的能力"④影响着其共享行为的发生。知识共享的能力是建立在教师自身的能力素质之上的，自身能力素质会直接影响着知识的内化力及接受力等，进一步影响知识共享的行为。

第二，组织环境方面。组织环境主要指学校为教师知识共享所营造的环境，即学校采取的相应激励措施。一是"学校的制度影响着共享知识的时间安排、共享态度与共享机制"⑤，这是激励教师进行知识共享的硬性措施，换句话说，学校在制度上有无激励共享的安排，是否将知识共享纳入绩效考核、纳入到奖惩范围；二是学校组织结构模式也影响着教师知识共享行为的发生，比如说"学校的运作效率、知识网络都会对教师的知识共享产生影响"⑥，学校组织结构往往容易产生负向的隐性功能，在消息传达和运作过程中以相对隐蔽的形式影响知识共享的多个方面；三是学校的生态文化环境也影响着教师知识共享的发生⑦。具体而言，在学校这个文化环境中，教师团结一致、互相信任、共同奋进是影响知识

---

① 王建：《促进教师个人知识共享的学校知识管理策略》，《教育理论与实践》，2005年第5期。
② 周成海、孙启林：《教师知识分享意愿低落的成因与应对》，《教育发展研究》，2006年19期。
③ 邓志伟：《知识分享与教师专业发展》，《教育科学》，2006年第4期。
④ 张飞、杨炎轩：《教研组教师间知识共享：基于意愿、能力和方式的视角》，《教育理论与实践》，2012年12月。
⑤ 周成海：《教师知识分享：困境与出路》，《中国教育学刊》，2006年第11期。
⑥ 王建：《促进教师个人知识共享的学校知识管理策略》，《教育理论与实践》，2005年第25期。
⑦ 李伟：《教师共同体中的知识共享：困境与突破》，《教育发展研究》，2017年第20期。

共享的重要因素之一。

第三,知识本身的特性方面。"教师的个人知识往往是无意识的、内隐的、非格式化的,因而不易传递"①。其稀缺性在很大的程度上是由自身不易传递、内隐的特性决定的,尤其是隐性知识的传递和转化。对于知识共享而言,越是有价值的知识越是不容易共享,这不仅是因为提供者要克服主观意愿上的矛盾思想将自身知识贡献出来,更是因为接受者也要经受是否能够在沟通的基础上内化被共享的知识考验。

(3) 有关教师知识共享改进策略与机制的研究

有学者提出要重建学校文化、建立扁平化的学校组织结构、完善的补偿制度以及完善沟通制度来建立教师知识共享的信任机制②。李春玲主要从五个方面来构建知识共享机制:培育知识共享的理念和文化、创建知识共享的平台和环境、完善知识共享的组织设计、建立知识共享的激励机制。③ 姜健红、郝丽萍从宏观角度出发,认为群体的知识共享应该从完善激励机制、创建知识共享平台、培育知识共享文化三方面来构建④。

2. 有关中学教师知识共享的研究

国内最早以"中学教师知识共享"为主题的研究是刘永新在 2008 年发表的《中学教师知识共享的策略研究》学位论文,接着学者林春波在 2010 年从教师知识共享的信任机制开展了研究。另外,中学教师知识共享的探索也纳入到了 2017 年《教师教学能力发展研究》的科研成果中,来自芮城县四所学校的一线教师们做了相关研究工作。

(1) 有关中学教师知识共享内涵的研究

刘永新勾勒了中学教师知识共享内涵的轮廓⑤。林春波则认为中学教师知识

---

① 王建:《促进教师个人知识共享的学校知识管理策略》,《教育理论与实践》,2005 年第 25 期。
② 林春波:《中学教师知识共享的信任机制研究》,西南大学硕士学位论文,2010 年第 31—33 页。
③ 李春玲:《构建教师群体的知识共享机制》,《教师教育研究》,2006 年第 2 期。
④ 姜建红、郝丽萍:《高校教师群体知识共享机制探讨》,《中国石油大学学报(社会科学版)》,2007 年第 4 版。
⑤ 刘永新:《中学教师知识共享的策略研究》,南京师范大学硕士学位论文,2008 年,第 17—20 页。

共享是互利互惠的行为①。陶卉将中学教师知识共享的概念划分为四个层面，丰富了中学教师知识共享的内涵②。

（2）有关中学教师知识共享影响因素的研究

有学者认为："影响中学教师知识共享信任机制原因主要包括主体信任主体价值观的差异、传统人际关系的影响、'金字塔'式组织结构以及制度不完善"③。张海军进行了中学体育教学实践性教育知识共享的研究，他认为："影响中学体育教学实践性教学知识共享形成的主要因素包括中学体育教师的自我认识、教育理念和教学策略的运用以及反思。"④

（3）有关中学教师知识共享改进策略与机制的研究

吴秀标在其发表的《初中教师知识共享策略探讨》中提出要从教师个体和制度层面两个大方向上实现初中教师的知识共享⑤。陶卉提出促进中学教师知识共享途径有效实施建议包括理清共享内容、明确共享途径、深化共享效果、加强共享管理、明了途径差异⑥。朱胜基于虚拟学习社区建立的角度认为中学教师知识共享的策略为加速发展优秀成员与增强成员的活跃度、提高社区成员的愿望和知识共享的能力、加强社区文化建设与管理⑦。刘永新则在论文中详细论述了中学教师知识共享的方法，包括教师个人层面、教师群体化层面、教师知识共享SECI过程、信息技术应用方面的策略⑧。另外，还有学者认为可以从重建学校文化、建立"扁平化"的学校组织机构、建立完善的补偿制度、完善沟通机制来

---

① 林春波：《中学教师知识共享的信任机制研究》，西南大学硕士学位论文，2010年，第14页。
② 陶卉：《中学教师知识共享途径有效实施的研究》，渤海大学硕士学位论文，2018年，第9页。
③ 林春波：《中学教师知识共享的信任机制研究》，西南大学硕士学位论文，2010年，第27页。
④ 张海军：《中学体育教学实践性教育知识共享研究》，《当代体育科技》，2016年，第6期。
⑤ 吴秀标：《初中教师知识共享策略探讨》，《辅导员》，2012年第15期。
⑥ 陶卉：《中学教师知识共享途径有效实施的研究》，渤海大学硕士学位论文，2018年，第37—53页。
⑦ 朱胜基：《中学教师专业发展虚拟学习社区知识共享研究》，湖南科技大学硕士学位论文，2015年，第37—38页。
⑧ 刘永新：《中学教师知识共享的策略研究》，南京师范大学硕士学位论文，2008年，第49页。

完善中学教师知识共享信任机制①。

3. 有关乡村初中教师知识共享的研究

通过调查发现,国内有关乡村初中知识共享的研究相对较少,所以本小节的文献综述将乡村初中知识共享的研究延伸到乡村初中教学团队建设等主题。还有学者对农村初中教师个人知识管理的影响因素进行了探索,并提出了相应的改进策略②。此外,王丽君对乡村初中教师教学团队进行了研究,为农村初中教师的知识共享平台的建设提供了新的思路③。

(1) 有关乡村初中教师知识共享内涵的研究

在乡村初中知识共享的研究文献中,有学者提出:"知识共享是一种互惠行为,这种行为有利于信息与技能的传递,而这种过程是通过知识共享和知识收集双向完成的。"④

(2) 有关乡村初中教师知识共享影响因素的研究

影响乡村初中教师知识共享的因素是多面的,比如教师个人知识管理的意识、教师个人的动机,学校的设施条件、学校的政策制度、学校领导的重视程度等,"大致可以从客观和主观两个方面进行划分,即外部环境因素和个人主观因素"⑤。

(3) 有关乡村初中教师知识改进策略的研究

王德霞从影响乡村初中教师知识共享的客观和主观因素方面提出了改进知识共享的策略,包括客观环境方面的策略(学校领导的重视和支持、营造文化氛围、筹集资金、建立激励机制、将校本培训和专家引进相结合)和主观方面的策略(增强意识、激发动机、培养能力、合理利用时间、明确目标)⑥。

---

① 林春波:《中学教师知识共享的信任机制研究》,西南大学硕士学位论文,2010年,第31—33页。
② 王德霞:《农村初中教师个人知识管理影响因素及策略研究》,陕西师范大学硕士学位论文,2011年,第41—51页。
③ 王丽君:《农村初中教学团队建设研究》,山西师范大学硕士学位论文,2014年,第11页。
④ 苏琳:《农村初中教师关系网络与课程能力关系研究》,渤海大学硕士学位论文,2016年,第14页。
⑤ 王德霞:《农村初中教师个人知识管理影响因素及策略研究》,陕西师范大学硕士学位论文,2011年,第41—42页。
⑥ 王德霞:《农村初中教师个人知识管理影响因素及策略研究》,陕西师范大学硕士学位论文,2011年,第46—51页。

(二) 国外研究

1. 有关教师知识共享的研究

(1) 有关教师知识共享概念的研究

国外关于教师知识共享的研究起步较早且成果丰富,但由于学者们研究角度的不同、关注的侧重点不一样,所下定义也有所不同。主要归纳为以下几类:

沟通视角的研究者认为知识共享是人与人之间的联系和沟通的过程,强调组织成员分享他人的知识,需要他们之间顺畅、有效的沟通①;学习视角也关注个人知识上升为组织知识的过程②;市场视角是由 Davenport & Prusak 提出来的,他们认为知识共享存在一个类似于知识交易的市场③;信息技术角度是从知识共享的媒介出发去研究知识共享的有效性。此外,还有学者从系统角度研究知识共享,并认为知识共享是一个整体活动④。

(2) 有关教师知识共享影响因素的研究

国外关于教师知识共享影响因素的研究,有学者专门从组织因素、主体因素、客体因素、平台因素以及人际层面进行了综上分析。"还有学者从个体层面、组织层面、社会资本和人力资本等角度加以分析"⑤。

(3) 有关教师知识共享改进策略及机制的研究

Allan & WillW. k. M. a 依据教师的学习能力和接受能力,为教师进行知识共享研发了一种网络学习平台。CarrollJM,Rosson MB,Dunlap D,Isenhour P 认为学校的知识管理应为教师提供合作共享的机会⑥。从组织层面来看,学者 Jeff De Cagna 知识分享文化至关重要⑦。

---

① P. Hendriks,"Why Share Knowledge? The Influence of ICT on the Motivation for Knowledge Sharing", *Knowledge and Process Management*,1999,6 (2).
② M. D. Nancy,*Common knowledge*:*How Companies Thrive on Sharing What They Know* [M]. Harvard University Press,2000.
③ T. H. Davenport & L. Prusak,*Working Knowledge*:*How Organizations Manage What They Know*. Boston:Harvard Business School Press,1998.
④ H. Hue,"A knowledge Flow Model for Peer-to-peer Team Knowledge Sharing and Management",*Expert Systems with Applications*,2002,23 (1).
⑤ 李佳宾、朱秀梅、汤淑琴:《知识共享研究述评与未来展望》,《情报科学》,2019 年第 5 期。
⑥ J. M. Carroll,M. B. Rosson,D. Dunlap,P. Lsenhour,"Frameworks for Sharing Teaching practices",*Educational Technology & Society*,2005,8 (3).
⑦ Jeff De Cagna,"The Power of Knowledge Sharing Organization",*Information Outlook*,2001 (5).

2. 有关中学教师知识共享的研究

国外专门研究中学教师知识共享的较少，Song ji Hoon 等学者在其论文《创新学校氛围对韩国学校教师知识创造活动的影响：教师知识分享和工作参与的中介作用》中，研究考察了韩国高中教师创新校风、知识共享与和知识创造活动之间的结构关系[①]。

（1）有关中学教师知识共享内涵的研究

Michele Storti 从教师培训和教育技术资源共享的网络社区来定义中学教师的知识共享，他认为 Weturtle. org 社区的建立为教师培训和验证提供了机会，不仅作为社区的积极用户，而且作为培训自己的场地[②]。

（2）有关中学教师知识共享影响因素的研究

Song ji Hoon 通过对韩国 38 所高中获得 1125 调查结果，采用结构方程模型和 Sobel 检验对提出的模型和假设进行了实证检验。结果表明，创新的学校氛围会影响教师的知识共享和工作投入，并影响教师的知识创造实践[③]。YanHui Tian 的研究表明，家长式领导与教师的情感承诺和知识共享行为呈正相关。[④]

（3）有关教师知识共享改进策略及机制的研究

有学者从通过实证研究发现教师的知识共享和工作参与起中介作用，促进教师知识创造实践，要将学校的创新氛围与教师的知识创造联系起来[⑤]。还有学者

---

① Song Ji Hoon, Kim Woocheol, Chai Dae Seok, Bae Sang Hoon, "The Impact of an Innovative School Climate on Teachers' Knowledge Creation Activities in Korean Schools: The Mediating Role of Teachers' Knowledge Sharing and Work Engagement", *KEDI Journal of Educational Policy*, 2014.

② M. Storti, E. Mazzieri, L. Cesaretti, "A Web Community for Teacher Training and Sharing Resources in Educational Technologies", *Lecture Notes in Networks and Systems*, 2021 (240).

③ Song Ji Hoon, Kim Woocheol, Chai Dae Seok, Bae Sang Hoon, "The Impact of an Innovative School Climate on Teachers' Knowledge Creation Activities in Korean Schools: The Mediating Role of Teachers' Knowledge Sharing and Work Engagement", *KEDI Journal of Educational Policy*, 2014.

④ Yanhui Tian, Shengjun Bai, keke Du, "The Influence of Paternalistic Leadership and Ethical Leadership on High School Teachers'Knowledge Sharing Behavior—An Empirical Study Based on Comparative Advantage Analysis", 2021 5th International Seminar on Education, Management and Social Sciences (ISEMSS 2021), 2021.

⑤ Song Ji Hoon, Kim Woocheol, Chai Dae Seok, Bae Sang Hoon, "The Impact of an Innovative School Climate on Teachers' Knowledge Creation Activities in Korean Schools: The Mediating Role of Teachers' Knowledge Sharing and Work Engagement", *KEDI Journal of Educational Policy*, 2014, (11) 2.

认为道德领导和教师的情感承诺有利于促进高中教师知识共享行为的发生[1]。

3. 有关乡村初中教师知识共享的研究

J. X. Wang 等结合动机理论和行为预测理论的综合模型考察了农村教师数字教育资源共享，探讨了解释乡村教师在学校内外数字教育资源共享行为的影响因素，为更好地理解如何支持教师在不同情境下的共享行为提供了新思路[2]。Hannah Slay 等研究者的研究提倡使用交互式白板支持南非学校创建、获取和共享知识[3]。

（1）有关乡村初中教师知识共享内涵的研究

对于乡村初中学校而言，学校教师的发展主要从信息技术方向上寻找解决办法。因此，"乡村初中教师知识共享的内涵更多的是强调利用信息技术共享优质的教师资源实现城乡知识的共享，促进城乡教育资源的均衡"[4]。

（2）有关乡村初中教师知识共享影响因素的研究

有学者通过实证研究，发现乡村教师不同的动机因素与学校内和学校外的共享行为有关。在两种情境下，内部动机是积极的，外部动机与共享行为呈负相关。此外，在校外，共享的意图和共享氛围显著地影响着教师的共享行为。同时还发现内部动机对学校内共享意图的影响是通过自我效能感和态度调节的，而外部动机对学校外共享意图的影响仅是通过态度来调节的[5]。

（3）有关乡村初中教师知识共享改进策略及机制的研究

通过检索文献发现，国外大多数研究者认为最有效的乡村初中教师知识共享的

---

[1] Yanhui Tian, Shengjun Bai, keke Du, "The Influence of Paternalistic Leadership and Ethical Leadership on High School Teachers'Knowledge Sharing Behavior—An Empirical Study Based on Comparative Advantage Analysis"，2021 5th International Seminar on Education, Management and Social Sciences (ISEMSS 2021)，2021.

[2] B. Jwa, A. Dcht, A. Wa, "Rural Teachers' Sharing of Digital Educational Resources: From Motivation to Behavior"，*Computers & Education*，161.

[3] H. Slay, I. Sieborger, C. Hodgkinson-Williams, "The Use of Interactive Whiteboards to Support the Creation, Capture and Sharing of Knowledge in South African Schools"，In M. Kendall, B. Samways (eds) *Learning to Live in the Knowledge Society*. IFIP WCC TC3, 2008.

[4] M. Zuo, W. Wang, Y. Yang, "Promoting High-Quality Teachers Resource Sharing and Rural Small Schools Development in the Support of Informational Technology"，In S. Cheung, L. K. Lee, I. Simonova, T. Kozel, L. F. Kwok (eds), *Blended Learning: Educational Innovation for Personalized Learning*，ICBL 2019.

[5] B. Jwa, A. Dcht, A. Wa, "Rural Teachers' Sharing of Digital Educational Resources: From Motivation to Behavior"，*Computers & Education*，161.

实现的策略是建设乡村知识共享的网络平台，Thierry Condamines 的研究旨在开发一个网络平台，让教师能够共享专业知识和实践，并利用它们终身学习[①]。另外 Hannah Slay 等研究者说明了使用交互式白板（IMWS）被用于支持南非小学和中学的知识的动态创建、捕获和共享。该项研究还表明，通过为教师和学习者提供一种使他们创造、获取和共享知识的新媒介，很有可能在南非学校的课堂上受益[②]。

（三）对已有研究的评价

通过以上文献的分析，我们可以看出关于教师知识共享的研究已经逐渐摆脱了企业领域的束缚，逐渐在教育领域形成了相对成熟的研究体系，并且成果颇丰。研究的对象涉及各个学段的教师，但主要集中在城市的教师的知识共享，职业学校教师、农村地区的教师少有涉及。从研究方法上来看，绝大多数的研究均是实证研究，但主要集中于教师知识手段和平台的技术开发，实证研究中的量表都是改自企业量表，缺乏公认的权威量表，较少纯思辨的理论研究与探讨。从研究内容上来看，教师知识共享的定义和结构的相关说法仍未达成统一的共识。综上，本文拟以乡村初中教师知识共享为主题，探寻乡村初中教师知识共享的现状，并提出相应的改善策略。

四、核心概念的界定

（一）乡村初中教师

在确定"乡村教师"这一概念之前，首先要明确"乡村"这一概念。在《现代汉语词典》中，"乡村"主要指"从事农业、人口分布较城镇分散的地方。"[③]

[①] Condamines T. A Problem-Centered Collaborative Tutoring System for Teachers Lifelong Learning: Knowledge Sharing to Solve Practical Professional Problems. In: Zavoral F., Yaghob J., Pichappan P., El-Qawasmeh E. (eds) Networked Digital Technologies [Z]. NDT 2010.

[②] H. Slay, I. Sieborger, C. Hodgkinson-Williams, "The Use of Interactive Whiteboards to Support the Creation, Capture and Sharing of Knowledge in South African Schools", In M. Kendall, B. Samways (eds) Learning to Live in the Knowledge Society, IFIP WCC TC3 2008 (281).

[③] 中国社会科学院语言研究所词典编辑室编：《现代汉语词典》，北京：商务印书馆 2006 年版，第 1482 页。

事实上，有学者将二者等同①，即乡村与农村的区别不大，"农村社会就是乡村社区，主要指乡镇"。在人们的日常生活中，"农村"一词用得相对普遍一些、更加口语化，"乡村"一词的应用更加书面。

《辞海》中将"教师"定义为："在学校中担任教学工作的人员。"《教育词典》对"教师"的定义是："指各级各类学校的教育、教学人员，是学校中根据社会的要求，以教学工作为主要任务，对学生身心施加影响的专业人员。"由此可知，"教师"就是承担教学工作的专业人员。

综上所述，本文认为"乡村初中教师"就是指在乡镇或者乡镇之下（不包括县级）的学校，承担初中教育阶段义务教育工作的专业人员。

（二）教师知识共享的内涵

舒尔曼认为："教师知识由七类组成，包括学科内容知识，一般教学知识，课程知识，学科教学法知识，与学生及其特点相关的知识，教育情景知识，关于教育结果、教育目标、教育价值的知识及其哲学的历史基础。"② 陈向明将教师的知识分为理论性知识和实践性知识，认为"实践性知识主要包含六个方面：教师的教育信念、教师的自我知识、教师的人际知识、教师的情景知识、教师的策略性知识和教师的批判反思知识。"③ 本研究中的"教师知识"是指教师具备的、能够突显教师职业特征的专业知识，包括理论性知识和实践性知识。教师的理论性知识是教师对教学实践中的反思总结，对教育、教学规律的发掘出来的理论知识；教师的实践性知识是指教师面对实际的教学情境，能够解决实际教学问题的、具有实际效用的体现教育机智和教育智慧的知识。

综上，本研究将"教师知识共享"界定为：教师在不损害自身利益的基础上，为获取某种精神利益或者物质利益、短期利益或者长期利益，通过有关技术和手段，将自己的知识与他人或者组织交换，从而达到促进教师个人和群体专业发展的目的过程。

---

① 温仓金：《教育人类学视野下民族地区乡村学校变革的个案研究》，云南师范大学硕士学位论文，2021年，第24页。
② L. S. Shulman, "Those Who Understand: Knowledge Growth in Teaching", *Educational Researcher*, 1986 (15).
③ 陈向明：《实践性知识：教师专业发展的知识基础》，《北京大学教育评论》，2003年第1期。

五、研究思路和方法

（一）研究思路

首先本研究在理论分析和实践思考的基础上，确定了乡村初中教师知识共享的研究内容；其次，以知识共享的要素为框架，结合乡村初中教师知识共享的现状，编制了问卷和访谈提纲，进而确定了分析工具；再次，借用"计划行为理论"对乡村初中教师知识共享的现状进行分析，了解其问题，并进一步探寻问题的原因；最后，提出促进乡村初中教师知识共享的策略。

（二）研究方法

1. 文献研究法

文献研究法伴随着写作的整个过程。具体而言，首先，本研究的选题是在查阅"知网"学位论文、著作、期刊论文的数量和热度的基础上产生的。其次，乡村初中教师知识共享所存问题的原因分析和提升策略部分，也引用了部分相关文献作为分析原因的依据和提升策略的依据。其他章节或多或少都有涉及知识共享的相关研究文献。

2. 调查研究法

（1）问卷调查法

本研究的问卷主要以知识共享的四个要素为框架，参考已有文献的基础上，结合乡村初中教师知识共享的现实情况编制而成。通过随机抽样的方式选取四川省R县五所乡村初中教师知识共享的现状进行调查。在运用SPSS21.0对收集到的数据信息进行分析总结之后，发现了其中存在的不足及亟待解决的问题，并提出改进的策略和方法。

（2）访谈调查法

随机选取了不同乡村初中学校的教师、教研组组长以及教研员作为访谈对象，以深入了解乡村初中教师共享的现状、知识共享所存问题及原因等信息，从而弥补问卷在质化分析上的不足，进一步促进研究的开展。

第二章 乡村初中教师知识共享的理论分析

一、乡村初中教师知识共享的理论基础

（一）计划行为理论

计划行为理论起源于 19 世纪 70 年代，理性行为理论是其前身。1991 年 Ajzende 的《计划行为理论》是该理论成熟的标志，此理论认为个人的决策、意愿和行为之间存在一定的关系，也就是说个体的意愿、态度以及外部的环境会在很大程度上影响个体行为的发生和行为发生的效果。在研究者不断修订和完善后，该理论的核心观点被确定为：一个行为的产生受到多方面因素的影响，包括个体自己的意向，也包括外在因素的影响。具体而言，个体的行为、规范、控制信念分别决定个体的态度、主观规范、行为控制，而个体的行为态度、行为的主观规范、知觉行为控制决定个体的行为意向，个体的行为意向和实际行为控制决定个体最终的行为。（如图 5-1 所示）

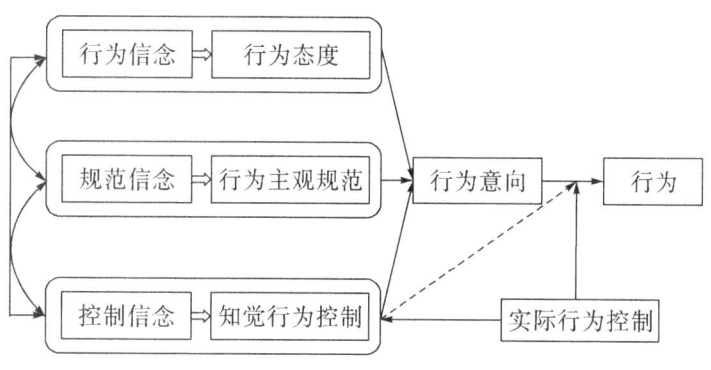

图 5-1 计划行为理论模型（Ajzen）

使用计划行为理论解读乡村初中教师知识共享，主要围绕该理论的基本要素和核心观点，在本研究中该理论主要用于分析乡村初中教师知识共享所存问题的原因，为促进其发展而提出的相关对策作支撑。

1. 知识共享行为的意向

一方面，知识共享的行为是在其对知识共享行为的主观判断概率的基础上形成的。换言之，乡村初中教师知识共享的行为表现多数取决于个体执行该行为的意愿大小，即"有多想做"在很大程度上决定了"做不做"和"做得怎么样"。另一方面，意愿属于教师的思想意识层面，再加上其本身是一个敏感的问题，他们会因在意他人的看法而掩饰自己共享的意愿。因此，乡村初中教师知识共享的意愿通常表现为在其日常的生活中是否自觉、自主的参与到教研活动或其他知识共享的活动中。

2. 知识共享行为的态度

首先，教师个体对知识共享的态度是对知识共享行为本身持有的肯定或否定的评价，而不是对知识共享本身的态度。具体而言，如果一个乡村初中教师十分认可知识共享的行为，认为此行为是自身寻求发展的必经之路，甚至将其转化为一种信念，那么他就会持高度积极正向的知识共享态度。其次，在产生知识共享活动这个行为之前，教师会事先在心里对此行为所产生的结果进行一个预设，比如该行为是否会促进自己的教育教学水平的提高，为此需要耽误多少时间和精力，共享的内容是否是目前所需要的？在预想了、比较了成本和收益之后评估知识共享的活动值不值得参加。最后，教师的态度也会影响到教师参与到活动中的意愿，甚至是最终教师参与活动的积极性和主动性。

3. 知识共享的主观规范

主观规范是指教师实施知识共享这一行为前所感受到的社会压力。乡村初中教师面临的社会压力越大，共享的行为意向就越高；相反，教师面临的社会压力越小，共享行为的意向就会越低。具体而言，一名乡村初中教师的外部社会压力主要来源于自己身边的重要他人，包括家人、朋友或领导等处于自己社会关系网络中的成员。因此，自己的家人、朋友如果十分赞同或支持乡村教师实施知识共享这一行为，那么其行为产生的概率将会大大的增加。同时，学校的领导和同事对此行为十分重视和鼓励或者对学校教师提出了相关要求，那么相应的教师个体也会有很强的共享意愿。

4. 知识共享的知觉行为控制

知识共享的知觉行为控制是指此行为的外部环境的支持,即个体实施知识共享这一行为的难易程度。主要涉及个体空余的时间、精力,所拥有的资源以及自身素质和能力等多个方面。如果乡村学校能够减轻教师的工作压力,让教师将精力与时间集中在自身的教育教学水平的提升上,那么他们将有更多的时间和精力进行知识共享,此行为的难度也会下降。此外,与城市学校相比,乡村学校的资源是相对匮乏的。那么对学校里的教师而言,他们需要更多的知识资源,需要更多的指导,这便十分需要学校领导在此行为中帮助教师寻找更多的资源。

(二)知识螺旋理论

"知识螺旋"理论是野中郁次郎于1991年提出的。"他特别强调组织和调动个人的隐性知识,将其应用于组织内部并经过社会化、外化、整合和内化四个阶段,使隐性知识和显性知识相互转化,即使个人的隐性知识得以传播,然后使其外化到显性知识层面,进而将个人知识吸收到组织内部加以显性化,最终内化成为组织隐性知识的过程"。[①] 如今,该理论已经成为知识管理的关键理论之一。

1. 社会化:从隐性知识到隐性知识

这类知识转化十分常见,如教师间教育机智知识的共享,如教师课堂幽默、教学风格、教学时的语调、面部表情等。首先,知识共享的主体双方在知识共享前需要在一个共有的心智模式中,并持续到知识共享的完成。一般情况下影响这种共同的心理态势的因素主要包括教师的知识结构、教师认知方式、教师经历、教师的价值观念,甚至是教师知识储备量等。其次,教师在职培训、"以老带新"、优秀教师示范课观摩等都是教师"隐性知识-隐性知识"共享的主要方式,也是乡村初中教师知识共享的主要方式。

[①] 李鹤飞、李宏坤、袁素娟、刘晨光:《高校图书情报与档案信息管理》,北京:经济日报出版社2017年版,第48页。

2. 显性化：从隐性知识到显性知识

首先，"隐性知识－显性知识"的转化主要是知识共享主体内部的知识加工编码过程，通常没有涉及知识共享接收者如何将知识内化的问题。其次，隐性知识显性化的主要方式是比喻、类比、概念、假设或者模型等，而语言和书写是其最主要的转化媒介。这种类型知识转化在乡村初中教师日常的知识共享过程中也十分常见，如教师通过总结自己的教学经验，发表一篇关于教学过程中贯彻培养学生核心素养政策的论文；在教师大会上，教师们通过发言的方式分享自己的教学经验；教师观摩其他优秀教师课程时，做了相关笔记等。

3. 组合化：从显性知识到显性知识

这类知识的转化过程主要表现为教师科研论文的写作过程与学校数据库的建立过程。一篇科研论文的生成需要教师在浏览大量的相关文献和材料后，对零乱的知识进行系统化的整理和分析，并由自己加工处理后进行创新，在这时联结化模式也就实现了。同样，学校数据库建立是将零散的数据进行系统化的整理后获得的系统化的知识体系，当需要知识的乡村教师进入数据库，将搜索到的知识具体用于自己的教学实践过程中的时候，知识创造中的联结模式也发生了。此外，与其他三种转化过程不同的是，促进"显性知识－显性知识"组合化的发生更多依赖于学校为知识共享提供的平台、信息技术支持及教师的团队合作与支持，因为知识的组合化是将零碎的知识综合成知识体系的过程。

4. 内在化：从显性知识到隐性知识

首先，内在化是乡村教师将自己所认同的以文件、手册或者故事表现出来的显性知识和自己原有的观点、信念结合在一起，构成一个统一的态度体系。其次，实现乡村初中教师显性知识到隐性知识内在化可以通过"做中学"进行，当知识共享的组织管理主体要求推行某一方针或贯彻某一理念时，由教师在教学岗位实践并运用自己积累的理论经验不断反思教学实践活动，逐渐形成对理念和方针的内在化。学校举办优秀教师先进事迹报告会，阅读或倾听教师成功的故事，可以使教师群体中的某些成员感受到故事所反映的现实和本质，这种经历可以成为一种隐性知识的心智方式。

（三）交换理论

这里的交换理论主要包括经济交换理论和社会交换理论。经济交换理论奠定了所有交换理论的基础,具体到知识管理领域,就在此基础上产生了"知识市场理论",就连社会交换理论也是在此基础上衍生出来描述个体行为和个体动机的。所以三者相互联系,共同构成了乡村初中教师知识共享的理论基础之一。

"经济交换理论起源于英国的古典政治经济学和马克思的经济思想。亚当·斯密曾在其著作《国富论》中提出:自古至今的一切社会、一切民族都普遍存在商品交换这一经济现象。人类的本性,且为人类特有的这一现象如此普及,是因为人们想通过参与到交换活动中获得自己想要的报酬和利益"[①]。该理论是以"经济人"为人性假设前提,认为人们都在市场中不断追逐自身的最大利益,交换的知识就被当作了商品,知识的交换物仍然是物质的、金钱的。

1. 经济交换理论下的乡村初中教师知识共享

基于经济交换理论的乡村初中教师知识共享主要假定教师进行知识共享的主要原因是为满足经济利益。在经济交换理论看来,乡村教师的共享行为受到经济利益的驱使,知识共享行为是在教师们权衡自己付出知识共享成本小于通过知识共享获取的利益后发生的。"在现实生活中,懒惰是人的天性,教师们会尽一切可能逃避知识共享这一行为,尽管有经验的教师拥有丰富的教育教学知识,如果没有外在经济利益的诱使,无论是对知识共享的提供者来说,还是对知识共享的需求方来说,都难以调动知识共享的积极性、实现知识共享这一行为[②]"。再加上,乡村教师普遍是农村出身,比起城市里的教师,家庭经济收入都相对较低,对经济利益的需求也更大。因此,知识共享作为一种经济行为,需要以货币作为奖励物,才能促使乡村初中教师知识共享这一行为的发生。

2. 知识市场理论下的乡村初中教师知识共享

"知识市场理论提出了三个重要的因素——互惠、声誉和利他主义。信任则是对知识市场能否有效运作的至关重要的因素[③]"。首先,知识共享必须要在秉持双方都能获得收益的原则下进行,因为在知识市场理论下的知识共享在

---

① 杨忠等著:《激励与文化视角下的知识共享研究》,北京:商务印书馆2015年版,第41页。
② 樊平军著:《高校协同创新的知识管理》,沈阳:东北大学出版社2006年版,第109页。
③ 樊平军著:《高校协同创新的知识管理》,沈阳:东北大学出版社2016年版,第109页。

本质上是一种平等交换的行为，没有收益的知识共享行为也不会发生；其次，交换活动本身就是一种具有风险的行为，买卖双方需要在交易前建立信任关系，打消彼此心中的顾虑，其中教师的个人声誉就是影响其建立信任关系的重要因素之一，即一个拥有良好声誉的乡村初中教师往往更容易在知识市场中与他人建立良好的信任关系。最后，虽然知识市场理论下的知识共享实质是一种买卖行为，但是教师知识作为一种稀缺资源，具有一定的特殊性，要让教师非常乐意分享自己的教育教学知识，知识交易的双方就必须具备利他主义的心理品质。

3. 社会交换理论下的乡村初中教师知识共享

对于乡村初中教师来说，知识交换的报酬与成本并不仅仅局限于物质财富，为实现知识共享而付出的成本也有可能是体力上或者时间上的消耗，放弃享受、忍受精神压力等，教师获得利益也可能是心理财富与社会财富。与经济交换理论下的乡村初中教师知识共享不同的是，社会交换理论下的乡村初中教师知识共享具有以下特点：一是"知识共享的'一般等价物'不一定就是物质的、金钱的，还有可能是某种公认的价值观或制度文化[①]。"二是教师知识交换可能以地位、声望或者感激等精神产品为目标。三是基于社会交换理论的乡村初中教师知识共享不要求立即兑换回报，对于教师个人来说是一种长期投资，毕竟乡村学校基本上都属公立性质，乡村教师基本上都有编制，其流动性同其他职业或者私立学校的教师而言并不是很强，同一个学校教师之间的交往短则持续几年，多则持续到退休。

二、教师知识共享的要素

本研究认为知识共享包含有主体、本体、载体以及组织环境四个要素。同时，知识共享要素的确立也勾勒了乡村初中教师知识共享调查问卷的基本轮廓。

---

① ［美］乔纳森·特纳著、邱泽奇译：《社会学理论的结构（上）》，北京：华夏出版社2001年版，第276页。

(一)知识共享的主体

知识共享的主体包括知识提供者和接收者。知识共享的实现需要知识的提供者将知识转移给知识接收者,让知识的接收者吸收、内化并加以利用、再创造。主体的知识共享认知、意愿、能力是知识共享活动中最活跃的成分。不同个体在知识上存在较大的差异,乡村初中教师可以扮演提供者和接收者的双重角色。值得注意的是,一般而言,在与城市教师进行知识共享时,乡村初中教师由于自身知识相对匮乏,往往扮演着知识接收者的角色。

(二)知识共享的本体

知识共享的本体是知识的内容。本研究中知识共享的内容主要从两个方面解释:一是 2012 年教育部颁布的《中学教师专业标准》确立了"教师知识""学科知识""学科教学知识""通识性知识"国内外学界达成共识的教师知识构成的四个领域[①];二是以实践为导向,符合乡村初中教师的教学实践需要。教师知识来源于实践并服务于实践,所以知识共享的内容也必须要以实践为导向,满足乡村教师知识的实际所需。

(三)知识共享的载体

知识共享的载体即共享的途径和方式,包括正式的方式和非正式的方式。知识共享的途径分为正式途径和非正式途径,前者主要为学校或者有关部门组织的知识共享活动;后者主要指教师私下交流。

(四)知识共享的组织环境

知识共享的组织环境是知识共享活动赖以生存的环境,如果没有良好的环境,再好的设想也只能是纸上谈兵,成为空想。组织环境涉及面广泛,但乡村初中教师知识共享组织环境主要指学校能提供的外在支持条件,包括教师是否有足够的时间进行知识共享、学校教师之间关系是否融洽、学校是否有激励知识共享的制度、是否为教师搭建知识共享平台等。

---

① 申健强、李雄、胡贵勇主编:《实用教育学》,成都:西南交通大学出版社 2017 年,第 196 页。

第三章 乡村初中教师知识共享现状调查与分析

一、调查的设计与实施

(一) 调查的设计

1. 调查目的

调查的目的主要有三点:一是为了解乡村初中学校教师的基本信息,了解乡村初中教师的生活背景和文化背景,为正式调查乡村初中教师知识共享的现状做准备;二是为了解乡村初中教师知识共享的现状,包括教师对知识共享的认知、知识共享的意愿、能力、组织环境和内容等;三是为了解乡村初中教师知识共享在各个维度上存在的问题,以及探寻这些问题背后的原因,并在此基础上提出解决问题的策略。

2. 调查地点

本研究的样本选择在位于中国西部地区的 R 县,主要原因有三:一是该县位于 6 市的交接处,面积广阔,地理位置十分优越;二是该县人口众多,且为欠发达地区,是四川省常住人口百万大县之一,农村人口占据全县的大多数;三是该县教育资源欠缺,农村初中学校较多。截至 2022 年,R 县共有学校(园)306 所,其中,公办学校(园)150 所,即普通高中 9 所、职业中学 2 所、单设初中 33 所、单设小学 46 所、九年制学校 46 所、幼儿园 13 所、特殊学校 1 所,在职教职工 9735 人,全县共有学生 20.6 万人,其中寄宿制学生 30837 人。学校占地面积 3172549 平方米,生活用房 616418 平方米,其他用房 23396 平方米。

3. 调查对象

（1）问卷调查对象

本研究选取了R县5所乡村初中学校，并向这5所学校的教师发放问卷，对部分教师和学校领导进行访谈。线上和线下共计问卷232份，回收了有效问卷212份，有效率为91.38%。问卷调查对象的基本信息如下表5-1所示：

表5-1 农村初中教师的基本信息表

人口统计变量	类别	频率	百分比
性别	男	101	47.64%
	女	111	52.36%
教龄	0-5年	23	10.85%
	5-10年	31	14.62%
	11-15年	24	11.32%
	16-20年	25	11.79%
	20年以上	109	51.42%
目前最高学历	硕博研究生	2	0.94%
	本科	150	70.75%
	专科	60	28.3%
职称	一级	68	32.08%
	二级	36	16.98%
	三级	9	4.25%
	高级	98	46.23%
	正高级	1	0.47%
任教科目	语文	57	26.89%
	数学	45	21.23%
	英语	30	14.15%
	物理化学生物	38	17.92%
	历史文化政治	36	16.98%
	其他	26	12.26%

(2) 访谈对象

采用线上和线下访谈结合的方式，联系到了 2 名乡村初中校长，2 名乡村初中学校教研组组长，4 位乡村初中教师作为访谈对象，并对他们进行了深度访谈（访谈提纲详见附录专题五附录），访谈情况概要如表 5—2 所示：

表 5—2 访谈情况概要

编号	访谈时间	访谈对象	访谈形式	访谈时长
01	2021 年 6 月 20—25 日	S 学校 L 校长	实地访谈、结构性访谈	约 45 分钟
02	2021 年 11 月 10 日	B 学校 W 校长	微信访谈、结构性访谈	约 30 分钟
03	2021 年 6 月 20—25 日	S 学校 Z 教研组组长	电话访谈、半结构化访谈	约 60 分钟
04	2021 年 6 月 20—25 日	B 学校 W 教研组组长	实地访谈、半结构化访谈	约 60 分钟
05	2021 年 6 月 20—25 日	B 学校 S 老师	实地访谈、半结构化访谈	约 30 分钟
06	2021 年 11 月 10—13 日	W 学校 Q 老师	微信访谈、半结构化访谈	约 30 分钟
07	2021 年 11 月 10—13 日	S 学校 Y 老师	实地访谈、半结构化访谈	约 180 分钟
08	2021 年 6 月 20—25 日	S 学校 Z 老师	实地访谈、半结构化访谈	约 30 分钟

4. 调查工具

(1)《乡村初中教师知识共享现状调查问卷》

为了解乡村初中教师知识共享的现状，笔者参考知识共享的要素，结合《中学教师专业标准》，并在导师的指导、同学的建议下，根据 R 县初中学校教师的实际情况，编制设计了《乡村初中教师知识共享现状调查问卷》。测试问卷主要分为两个部分：一是教师的基本信息部分，主要为乡村初中教师的个人背景信息，包括性别、年龄、最高学历、职称、教授科目，共 5 个题项；二是乡村初中教师知识共享现状调查部分，涉及乡村初中教师知识共享现状 6 个维度情况的题项，主要包括乡村初中教师对知识共享的认知、知识共享的意愿、知识共享的能力、知识共享的组织环境、知识共享的途径和方式、知识共享的内容，30 道题，这主要是在其四要素的基础上划分的。这一部分的量表主要采用李克特 5 点量表来测量，通过 5 点计分法，将答案选项按程度划分为"完全不符合""不太符合"

"不确定""基本符合""完全符合",分别对应计1分、2分、3分、4分、5分,题项上的得分越高说明教师在这方面获得支持越多。

本研究采用 SPSS21.0 对问卷的信效度展开分析,分析的具体结果如下所示:

一是信度分析。信度分析是指量表工具测得的同一维度下观察指标结果的一致性和稳定性。通常采用克隆巴赫内部一致性系数为衡量标准,对问卷进行信度测验,其结果如下表5—3所示:

表5—3 问卷信度整体信度系数

可靠性统计量		
Cronbach's Alpha	基于标准化项的 Cronbachs Alpha	项数
0.782	0.785	30

由上表可知,本问卷30道题整体信度系数为0.782,大于0.7,这说明研究数据信度质量较好。

二是效度分析。问卷是在通过梳理国内外相关文献的基础上,根据知识共享的四个要素划分维度编制而成的。另外,还通过在线发放了预测问卷共55份,对预测结果进行分析,进而修订形成最终版问卷,这说明本问卷的内容效度良好。回收数据后,在 SPSS21.0 分析中对问卷数据进行效度检验,结果如表5—4所示。

表5—4 问卷效度分析

KMO 和 Bartlett 的检验		
取样足够度的 Kaiser—Meyer—Olkin 度量。		0.804
Bartlett 的球形度检验	近似卡方	1829.368
	df	435
	Sig.	.000

首先,根据测验,本问卷的效度为0.804,大于0.8,说明问卷的结构效度达标,且问卷是依据知识共享的要素和计划行为理论的基础上设计和划分维度,确定好因子的。因此,可直接对问卷进行验证性因子分析。

其次，将每个维度的题目对应的数据导入 AMOS26.0 软件，根据调查问卷的不同内容和维度，建立其结构方程模型，然后用 AMOS26.0 软件来验证假设模型，分析指标包括 χ^2/自由度比值（χ^2/DF）、比较拟合指数（CFI）、拟合优度指数（GFI）、调整拟合优度指数（AGFI）、近似误差均方根（RMSEA）、函数返回运行的进程的终止状态（PCLOSE）。其标准为：χ^2/自由度比度（CMIN/DF）＜3、CFI＞0.9、GFI＞0.85、AGFI＞0.8、RMSEA＜0.05、PCLOSE＞0.5。

经验证性因子分析，得出结果如表 5—5：

表 5—5 验证性因子分析

Measure	Threshold
CMIN/DF	1.32
CFI	0.92
GFI	0.87
AGFI	0.83
RMSEA	0.04
PCLOSE	0.98

由上表，模型拟合结果较理想，最终量表模型各拟合指标：χ^2/自由度比值（χ^2/df）＝1.32，拟合指数（CFI）＝0.92，拟合优度指数（GFI）＝0.87，调整拟合优度指数（AGFI）＝0.83、近似误差均方根（RMSEA）＝0.04、函数返回运行的进程的终止状态（PCLOSE）＝0.98，问卷具有良好的结构效度。

(2)《乡村初中教师知识共享访谈提纲》

《访谈提纲》是在问卷的基础上为进一步了解乡村初中教师知识共享面临的具体问题及其背后的原因，从而全面了解乡村初中教师知识共享，为促进其发展寻求更加有效的策略而设计的。在具体的访谈中，主要围绕"教师知识共享的困难与制约因素、学校为其提供的外在支持条件以及教师所期望的知识共享活动发展路径"等问题与乡村初中学校的校长、教师展开交流。

(二) 调查的实施

在选取 R 县的 5 所乡镇学校后，2021 年 5 月陆续与学校的老师和领导取得联系,并了解当地学校的基本情况,观察教师的日常教学、教研会的开展等,接着便在参考了相关文献的基础上确定好了预问卷的维度和题项,在预测问卷后开始修正问卷,删减了部分题目。在2021年6月开始进入学校开始调研,在此期间共收集有效问卷212份,教师的访谈录音以及相关的电话微信聊天记录等。此外,在写作的过程中发现部分不太清楚的问题,在2021年年底对部分教师进行了第二次采访。最后将数据录入SPSS21.0以及WPS EXCEL2021进行分析处理,访谈录音、观察记录等均转化为电子版的文字资料再进行分类处理。

二、乡村初中教师知识共享调查的结果分析

(一) 乡村初中教师知识共享现状的问卷调查分析

1. 乡村初中教师知识共享现状的总体情况

数据分析表明,乡村初中教师在维度A—知识共享的认知、B—知识共享的意愿、C—知识共享的能力、D—知识共享的组织环境、E—知识共享的途径和方式以及F—知识共享的内容五个维度上的均值分别为3.6、3.8、3.3、3.1、3.1、3.2,均大于3,根据频率等级,说明乡村初中教师知识共享的水平整体较高。进一步观察发现乡村初中教师意愿的均值达到了3.8,而乡村初中教师知识共享的途径和方式以及组织环境的均值仅为3。所以从以上数据可以看出大部分教师对知识共享的认知都相对熟悉,愿意共享知识并且也具备共享知识的能力,但是知识共享的途径和方式、知识共享的组织环境、知识共享的内容三个维度的得分较低,这也与乡村环境相对闭塞、交通不变、信息化设备的建设不完善等现实状况有关,详见表5—6。

表5—6 乡村初中教师知识共享现状的描述性统计分析

	N	极小值	极大值	均值	标准差	中位数
对知识共享的认知	212	1.25	4.75	3.6498	0.47225	3.7500
知识共享的意愿	212	2.14	5.00	3.8255	0.37637	3.8571

续表

	N	极小值	极大值	均值	标准差	中位数
知识共享的能力	212	2.00	5.00	3.3302	0.57337	3.4000
知识共享的组织环境	212	1.75	4.50	3.0566	0.48347	3.0000
知识共享的途径和方式	212	1.67	4.50	3.0613	0.65142	3.0000
知识共享的内容	212	1.75	5.00	3.2017	0.60485	3.2500
有效的 N（列表状态）	212					

2. 乡村教师知识共享现状各维度的具体分析

（1）乡村初中教师对知识共享的认知

乡村初中教师对知识共享的认知是乡村初中教师进行知识共享活动的起点。这里面既包含了乡村初中教师对知识共享概念的认识，也包括了其对知识共享的重要性的认识尤其是其对自身专业发展的认识。为了解 R 县乡村初中教师对知识共享认知的现状，在问卷中设置了 A1、A2、A3、A4 总共 4 个题项。

表 5—7　对知识共享认识维度的题项的统计量情况

名称	N	极小值	极大值	均值	标准差	中位数
A1	212	1	5	3.36	0.737	3
A2	212	1	5	4.11	0.565	4
A3	212	1	5	3.42	0.880	4
A4	212	1	5	3.71	0.700	4

通过表 5—7 可知，农村初中教师在对知识共享认知的维度上均分都超过了 3 分，其中 A2 的得分最高，A4 的得分也较高，而 A1 的得分最低。这说明大部分农村初中教师认为自身的知识经验非常重要，但并不明白可以通过共享的方式提升自己的知识经验，从而促进自身的专业发展。

（2）乡村初中教师知识共享的意愿

乡村初中教师作为知识共享的主体，其意愿也是考察乡村初中教师知识共享现状的一个重要方面。知识共享的意愿既包括知识提供者的知识共享意愿，也包括知识接收者的知识共享意愿,此外,教师的知识共享的主动性也属于教师知识共享意愿中的内容。为了解乡村初中教师知识共享意愿的现状,在问卷中设置了B1、B2、B3、B4、B5、B6、B7总共7个题项。具体调查结果如下表所示:

表5-8 知识共意愿维度的题项得分情况

名称	N	极小值	极大值	均值	标准差	中位数
B1	212	1	5	4.16	0.594	4
B2	212	1	5	2.99	0.949	3
B3	212	2	5	4.15	0.526	4
B4	212	1	5	4.01	0.709	4
B5	212	1	5	3.76	0.949	4
B6	212	1	5	3.57	0.849	4
B7	212	2	5	4.14	0.650	4

通过表5-8可知,在乡村初中教师的知识共享意愿的维度上的均分较高。具体而言,B1、B3、B4、B7选项的均分都超过了4分,其中B1的得分均值最高,为4.16。B2的均值最低,仅为2.99。这说明乡村初中教师知识共享的意愿整体上较强,大部分教师也愿意进行知识共享的活动,尤其是愿意与自己关系好的老师进行知识共享,但是乡村初中教师知识共享的主动性并不强,并且在知识共享的过程中还存在一定的信任问题。

(3)乡村初中教师知识共享的能力

教师是知识共享的践行者,教师知识共享的能力反映了教师个体在某一工作中完成知识共享活动的可能性,是顺利完成知识共享活动所必需的主观条件,直接影响知识共享活动效率的重要因素,是使知识共享活动顺利完成的个性心理特征,知识共享行为发生的第一步——知识拥有方将内在的知识清晰明白地表达出来和最后一步——知识需求方将知识通过自主建构整合内化为自己的知识,都需要教师的共享能力作为支撑。为了解乡村初中教师知识共享能力的现状,在问卷中设置了C1、C2、C3、C4、C5总共5个题项。具体调查结果如下:

表 5-9 知识共享能力维度的题项得分情况

名称	N	极小值	极大值	均值	标准差	中位数
C1	212	2	5	4.16	0.489	4
C2	212	1	5	3.29	1.020	4
C3	212	1	5	2.92	1.020	2
C4	212	1	5	3.44	0.989	4
C5	212	1	5	2.84	1.075	2

通过表 5-9 可知，乡村初中教师在知识共享的能力维度上，C1 均分最高，为 4.16，均分较低的为 C3 和 C5 题项，均值分别为 2.92 和 2.84。这说明大多数乡村初中教师都会进行教学反思，提升自身的教学水平，但是乡村初中教师在知识共享过程中内化和学习的能力较差，并且对知识共享的渠道了解较少。这背后的原因可能是农村地区的学校，老教师观念陈旧、知识固化，信息封闭，不少老教师的学习能力较差，而且乡村教师自身的信息化素养较差，对网上知识共享渠道的了解也相对较少。

（4）乡村初中教师知识共享的组织环境

乡村初中教师知识共享的组织环境主要指乡村初中学校为教师知识共享提供的外在性支持条件，包括学校氛围、学校制度、学校领导以及教师的空余时间等等。为了解乡村初中教师知识共享组织环境的现状，在问卷中设置了 D1、D2、D3、D4 总共 4 个题项，具体调查结果如下表：

表 5-10 知识共享组织环境的题项得分情况

名称	N	极小值	极大值	均值	标准差	中位数
D1	212	1	5	3.58	1.187	4
D2	212	1	5	1.90	0.951	2
D3	212	1	5	4.00	0.823	4
D4	212	1	5	2.74	1.019	2

通过上表5-10可以得出，乡村初中教师知识共享的组织环境维度在各题项的均分相差较大，D1和D3题项的均分较高，分别为3.58和4.00，D2和D4题项的均分较低，均值分别为1.90和2.74。这说明乡村初中学校教师的空余时间和精力都比较充足，同事之间的氛围都比较和谐融洽，但是大部分学校都还没有建立鼓励教师知识共享的制度乃至激励措施，学校对教师知识共享搭建平台的重视程度还不够。

（5）乡村初中教师知识共享的途径和方式

"知识共享的途径作为一种知识转换的媒介，是在教师共同愿景下，有目的、有计划、有组织地通过师徒结对、观摩课、集体备课和网络等途径，来帮助乡村初中教师有意识或无意识地进行正式或非正式地聊天、交流和共享活动"[1]。为了解乡村初中教师知识共享途径和方式的现状，在问卷中设置了E1、E2、E4、E5、E6总共6个题项，具体调查结果如下表5-11：

表5-11　知识共享行为的得分情况

名称	N	极小值	极大值	均值	标准差	中位数
E1	212	1	5	3.84	0.584	4
E2	212	1	5	2.91	1.024	2
E3	212	1	5	3.38	0.924	4
E4	212	1	5	2.81	1.046	2
E5	212	1	5	3.12	1.144	4
E6	212	1	5	2.31	0.947	2

由上表5-11可知，乡村初中教师知识共享途径和方式维度上的各题项的均分在2-4分之间，E1、E3、E5题项的均分较高，都大于3，其中E1题项的均分最高，为3.84，E2、E4、E6题项的均分较低，都小于3，其中E6最低，为2.31。这说明乡村教师知识共享主要是通过学校组织的听课、集体备课等培训活动，以及私下通过与同事共享教案和教学心得的非正式途径实现，并且乡村初中

---

[1] 陶卉：《中学教师知识共享途径有效实施的研究》，渤海大学硕士学位论文，2018年，第11页。

教师也更偏好网络教研，而校内教学网站和其他网站在知识共享方面存在利用率不高的问题，并且教师们参与学校组织的专家讲座和教研会议的积极性也不高。

(6) 乡村初中教师知识共享的内容

乡村初中教师知识共享的内容是知识共享的客体，是知识共享和传播的对象。根据《中学教师专业标准》中对中学教师专业知识的规定，将乡村初中教师知识共享的维度划分为教育知识的共享、学科教学知识的共享、通识性知识的共享、学科知识的共享，分别对应F1、F2、F3、F4这四个题项。具体调查结果如下表5—12。

表5—12 知识共享实效的题项的得分情况

名称	N	极小值	极大值	均值	标准差	中位数
F1	212	2	5	3.50	0.776	4
F2	212	1	5	3.48	0.782	4
F3	212	2	5	3.54	0.769	4
F4	212	1	5	2.28	0.906	2

由上表5—12可知，乡村初中教师知识共享内容的各维度上的均分较高，总体上大于3，其中F1、F2、F3题项的均分均大于3，但F4题项的均分仅为2.28。这说明在教师知识共享的内容维度上，大部分教师共享的内容为教育知识、学科教学知识、通识性知识，但是对学科基本原理方面的知识共享较少，从侧面反映出教师知识共享的内容不够全面，共享水平偏低。

(二) 不同乡村初中教师群体在各维度上的差异性

将乡村初中教师性别、教龄、职称、最终学历进行分类，并将其作为自变量做方差分析，得到如下结果：

1. 不同性别教师群体在各维度上的差异性

由于性别是二分类名义变量，考察不同性别的乡村初中教师的知识共享现状均值是否存在显著性差异，因此本研究采用独立样本T检验方法，分析结果如表5—13所示。

表 5—13　不同性别教师群体在知识共享各维度上的差异性

组统计量	性别	N	均值±标准差	均值的标准误	T	P
A	女	101	3.67±0.43	0.04235	0.618	0.538
	男	111	3.63±0.51	0.04861		
B	女	101	3.80±0.42	0.04191	−0.709	0.479
	男	111	3.84±0.33	0.03145		
C	女	101	3.31±0.60	0.05926	−0.419	0.676
	男	111	3.35±0.55	0.05264		
D	女	101	3.06±0.44	0.04417	0.222	0.824
	男	111	3.05±0.52	0.04924		
E	女	101	2.84±0.62	0.06173	−4.896	0.000
	男	111	3.26±0.62	0.05856		
F	女	101	3.11±0.61	0.06037	−2.089	0.038
	男	111	3.28±0.59	0.05638		
总体情况	女	101	3.32±0.34	0.03385	−2.584	0.010
	男	111	3.43±0.30	0.02817		

采用独立样本 T 检验的方法对不同性别的乡村初中教师知识共享现状是否存在显著统计差异进行分析。由表 5—13 可知，不同性别对于知识共享的总体情况呈现出 0.01 水平的显著性（T=−2.584，P=0.001）有着较为明显的差异结果，并表现为男性＞女性。再具体到不同性别乡村初中教师对知识共享 6 个维度的差异性，得出不同性别对于知识共享的认知、知识共享的意愿、知识共享的能力以及知识共享的组织环境共 4 项没有表现出显著差异性（P＞0.05）。而不同性别对于乡村初中教师知识共享的途径和方式呈现出 0.000 水平的显著性（F=−4.896，P＜0.005），有着较为明显差异的组别结果并表现为"男＞女"。不同性别对于乡村初中教师的知识共享内容呈现出 0.038 水平显著性（F=−2.089，P＜0.005），有着较为明显差异的组别结果并表现为男＞女。

2. 不同教龄教师群体在各维度上的差异性

由于"教龄"为多值变量，为考察不同教龄乡村初中教师的知识共享现状均值是否存在显著性差异，本研究采用单因素方差分析方法，分析结果如表 5—14 所示。

表 5—14　不同教龄教师在知识共享各维度上的差异性

变量	0—5 年 (N=23)	5—10 年 (N=31)	11—15 年 (N=24)	16—20 年 (N=25)	20 年以上 (N=109)	F	P
A	3.68±0.68	3.70±0.40	3.65±0.38	3.54±0.41	3.65±0.47	0.49	0.743
B	3.73±0.45	3.92±0.30	3.83±0.25	3.67±0.31	3.85±0.41	2.098	0.082
C	3.52±0.60	3.51±0.57	3.37±0.64	3.22±0.44	3.26±0.57	2.154	0.075
D	2.76±0.56	2.90±0.53	2.85±0.45	3.22±0.37	3.17±0.43	6.879	0.000
E	3.67±0.45	3.63±0.53	3.37±0.53	3.37±0.49	2.63±0.35	29.966	0.000
F	3.47±0.51	3.51±0.45	3.28±0.74	2.84±0.63	3.12±0.57	6.502	0.000
总体情况	3.51±0.34	3.57±0.24	3.43±0.26	3.20±0.18	3.33±0.34	7.426	0.000

基于单因素方差分析的结果，不同教龄教师知识共享的总体情况上存在显著统计差异，F 值为 1.986，$P<0.05$，有着较为明显差异的组别结果表现为"5—10 年＞0—5 年＞11—15 年＞20 年以上＞16—20 年"。具体到不同教龄对于知识共享认知（A）等共 6 个维度的差异性，得出不同教龄对于知识共享认知（A）、知识共享的意愿（B）以及知识共享的能力（C）共 3 项没有表现出显著差异性（$P>0.005$）。而不同教龄的乡村初中教师对于知识共享的组织环境（D）呈现出 0.01 水平显著性（$F=6.879$，$P=0.000$），有着较为明显差异的组别结果表现为"16—20 年＞20 年以上＞5—10 年＞11—15 年＞0—5 年"。不同教龄的乡村初中教师对于知识共享的途径和方式呈（E）现出 0.01 水平显著性（$F=29.966$，$P=0.000$），有着较为明显差异的组别结果表现为"0—5 年＞5—10 年＞11—15 年；11—15 年＝16—20 年＞20 年以上"。不同教龄的乡村初中教师对于知识共享的内容（F）呈现出 0.01 水平显著性（$F=6.502$，$P=0.000$），有着较为明显差异的组别结果表现为 5—10 年＞0—5 年＞11—15 年＞20 年以上＞16—20 年。

3. 不同职称教师群体在各维度上的差异性

由于"职称"为多值变量，为考察不同职称乡村初中教师的知识共享现状均值是否存在显著性差异，采用单因素方差分析方法，分析结果如表 5—15 所示。

表 5—15　不同职称教师群体在知识共享各维度上的差异性

变量	一级 （N=68）	二级 （N=36）	三级 （N=9）	高级 （N=98）	正高级 （N=1）	F	P
A	3.60±0.51	3.74±0.46	3.56±0.33	3.66±0.45	4.25±0.00	1.11	0.353
B	3.84±0.36	3.85±0.31	3.67±0.26	3.82±0.42	4±0.00	0.505	0.732
C	3.28±0.60	3.49±0.54	3.18±0.51	3.31±0.57	3.4±0.00	1.035	0.39
D	2.92±0.47	2.82±0.49	3.19±0.24	3.21±0.44	4±0.00	8.191	0.000
E	3.23±0.64	3.43±0.64	3.07±0.55	2.81±0.58	3.17±0.00	8.934	0.000
F	3.27±0.56	3.38±0.57	3.00±0.68	3.10±0.63	3.5±1	2.045	0.089
总体情况	3.39±0.30	3.49±0.31	3.30±0.25	3.34±0.34	3.70±0.00	1.986	0.098

基于单因素方差分析的结果，不同职称教师对于知识共享的总体情况上不存在显著统计差异，F 值为 1.986，P>0.005。具体到不同职称教师对于知识共享认知（A）等共 6 个维度的差异性，得出不同职称对于知识的认知（A）、知识共享的意愿（B）、知识共享的能力（C）以及知识共享的内容（F）共 4 项没有表现出显著性差异（P>0.05）。而不同职称对于乡村初中教师知识共享的组织环境（D）呈现出 0.01 水平的显著性（F=8.191，P=0.000），有着较为明显差异的组别结果表现为"正高级>高级>三级>一级>二级。不同职称对于乡村初中教师知识共享的途径和方式（E）呈现出 0.01 水平的显著性（F=2.045，P=0.000），有着较为明显差异的组别结果表现为"正高级>二级>一级>高级>三级"。

4. 不同学历教师群体在各维度上的差异性

由于"学历"是多值变量，为考察不同学历乡村初中教师的知识共享现状均值是否存在显著性差异，采用单因素方差分析方法，分析结果如表 5—16 示。

表 5—16　不同学历教师群体在知识共享各维度上的差异性

变量	专科 （N=60）	本科 （N=150）	硕博研究生 （N=2）	F	P
A	3.67±0.53	3.63±0.44	4.38±0.18	2.524	0.083
B	3.20±0.36	3.25±0.34	3.29±0.20	0.492	0.612

续表

变量	专科 (N=60)	本科 (N=150)	硕博研究生 (N=2)	F	P
C	3.26±0.56	3.34±0.56	4.6±0.00	5.618	0.040
D	3.2±0.45	3.00±0.49	3.13±0.53	3.85	0.023
E	2.80±0.57	3.16±0.65	3.25±0.82	7.307	0.001
F	3.09±0.52	3.23±0.62	4.25±1.06	4.312	0.015
总体情况	3.31±0.34	3.40±0.31	3.87±0.33	4.067	0.019

据上表 5-16 可知，不同学历的乡村初中教师在知识共享总体情况上存在显著统计差异，F 值为 4.067，P<0.019，有着较为明显的组别结果差异并表现为"硕博研究生>本科>专科"。具体到不同学历教师对于知识共享认知（A）等共 6 个维度的差异性，得出不同职称对于知识的认知（B）、知识共享的意愿（B）共 2 项没有表现出显著性差异（P>0.05）。而不同学历对于乡村初中教师知识共享的能力（C）呈现出 0.05 水平显著性（F=5.618，P=0.040），有着较为明显差异的组别结果并表现为"硕博研究生>本科>专科"。不同学历对于乡村初中教师知识共享的组织环境（D）呈现出 0.05 水平显著性（F=3.85，P=0.023），有着较为明显差异的组别结果表现为专科>本科。不同学历对于乡村初中教师知识共享的途径和方式（E）呈现出 0.05 水平的显著性（F=7.307，P=0.001），着较为明显差异的组别结果并表现为"硕博研究生>本科>专科"。不同学历对于乡村初中教师知识共享的内容（F）呈现出 0.05 水平的显著性（F=4.312，P=0.015），着较为明显差异的组别结果并表现为"硕博研究生>本科>专科"。

第四章 乡村初中教师知识共享所存问题及原因分析

乡村初中教师是乡村教师队伍的一个重要组成部分，乡村初中教师的知识水平直接影响到教师队伍的整体知识水平。随着信息化社会的发展，整个社会的知识更新变快，教师需要快速更新自身的知识。通过调查发现农村初中教师知识共享的整体情况不理想，且在各个维度上均存在问题。因此对已存问题追踪溯源，找到症结所在，分析问题背后的原因，为提出有效的乡村初中教师知识共享提升策略奠定基础。

一、乡村初中教师知识共享所存问题

（一）乡村初中教师对知识共享的认知存在误区

1. 对知识共享概念的认知不清晰，局限于学校教研组的活动

了解知识共享是开展知识共享活动的第一步，只有了解知识共享是什么，包括哪些活动，才能开展更广泛的知识共享活动。然而在乡村初中学校，教师对此概念的认知并不清晰，一方面是对知识共享的概念不了解，这不仅反映了乡村初中教师在日常生活中对知识共享此类研究的关注不够，也反映出乡村初中教师理论总结和教学反思能力不足，科学研究能力不强的局限性；另一方面是对知识共享概念的理解十分狭窄，将知识共享局限于学校开展的教研活动，缩小了知识共享概念的外延，忽视了知识共享还包括学校教学团队的建设、教师培训、学校以

老带新等围绕教师教育教学经验共享的活动。根据下表5—17调查显示,有12.8%的乡村初中教师对知识共享的概念完全不了解或不太了解,只有47.2%的教师了解知识共享的概念。后面的访谈中的Q老师作为W学校的一线年轻教师,她提到:"知识共享这个概念对我来说有些许陌生,如果按照我的想法来理解的话,我觉得知识共享可能就是指我们年级的教研组开展的一些教研活动吧,主要指教研会议这些。此外,可能也包括我们教师日常的教学经验的一些交流吧。"

表5—17 对知识共享概念了解情况的统计

项目	选项	人数	百分比%
A1. 我了解知识共享的概念	完全不符合	1	0.5
	不太符合	26	12.3
	不确定	85	40.1
	基本符合	96	45.3
	完全符合	4	1.9

2. 对知识共享重要性的认知欠缺,忽视知识共享与教师专业发展的关系

随着社会的发展,教师的专业成长不再是传统的封闭自学和单打独斗,在全球化的今天,更多的是通过协作和合作提升个人的知识素养。教师尤其是乡村教师想要获得好的知识资源,提升自己的专业发展水平,就必须学会在知识开放、网络开放的时代,通过分享合作,利用多种信息技术手段,累积知识资源,实现自身专业的快速成长,从而成为一名优秀教师。"在教师知识共享网络中,教师作为网络中的行动者,通过知识互动将个体知识共享为网络资源,进而通过其他知识资源的获得完成专业发展"[1]。此外,知识共享对教师专业成长具有重要的意义,"一是能够增加教师个体的知识数量;二是能够实现教师个体知识的创新;三是能够有效地提升教师的反思意识和能力"[2]。对于多数乡村初中教师而言,身处偏僻的地区和信息闭塞的乡村,更应该意识到知识共享的重要性,只有这

---

[1] 石艳:《在知识共享网络中促进教师专业发展》,《教育发展研究》,2013年第20期。
[2] 张菁燕:《共享实践性知识:促进教师专业发展的有效路径》,《江苏高教》,2011年第3期。

样，才能利用团队的作用，使专业知识向纵深发展。

在调查中发现，乡村教师既没有认识到知识共享的重要性，也没有知识共享的意识，年轻教师认为自己的专业成长主要依靠自身在教学实践中的摸索，老教师的建议对自己的教学实践帮助不大。事实上，"大部分的在职乡村教师都属于非专业从业者，教师专业化水平整体偏低，无法通过与同伴深入交流解决教学专业问题[①]"。如下表5—18所示，乡村初中教师在与其他教师对探讨和分享自己教学知识和经验的重要性的认识不足。其中不太符合或完全不符合的教师占比15.1%，而能做到完全符合的乡村初中教师所占比例仅为6.6%。这表明部分乡村初中教师认为知识共享并不是太重要，在采访中，Z教师谈道："我刚进学校的时候基本上都是自学，我觉得知识的积累还是要靠自己在教学实践中摸索，说实在的，我觉得教师之间的交流作用不大。"Y教师坦言："我基本上都是自学，刚进学校的时候，带我的'师父'叫我帮他干活，到最后我也不想听他的了，也不帮他干活了。"

表5—18　与其他教师探讨和分享自己教学知识和经验的重要性认识情况统计

项目	选项	人数	百分比%
A3. 我认为与其他老师探讨和分享自己的教学知识和经验十分重要	完全不符合	5	2.4
	不太符合	27	12.7
	不确定	69	32.5
	基本符合	97	45.8
	完全符合	14	6.6

（二）乡村初中教师知识共享的意愿不强

1. 共享的主动性不强，知识提供者的参与度不够

教师知识共享的意愿不仅包括教师是否愿意，还包括双方是否愿意。乡村初中教师在知识共享过程中的主动性、参与度，既体现了教师是否成为真正意义上知识共享主体，也反映了对知识共享的态度。所以，只有教师在知识共享上主动、积极，才能实现高效率的知识共享。

---

① 李小红、郭琪琪、杨苏梦：《乡村教师专业发展的困境与纾解》，《当代教育科学》，2022年第1期。

然而,"乡村教师这一群体普遍存在不想发展、不愿发展、不知如何发展的问题"[1]。教师没有了发展的欲望,也就没有了知识共享的需求,所以教师在实际的工作中也不会积极主动地进行知识共享活动了。在问卷调查中(如表5—19所示),关于"我愿意与其他老师分享我的教学知识和经验"、"当同时需要的时候,我乐于提供意见、分享教学心得"、"当我去请教同事们教育教学方面的问题时,同事们都很乐意帮忙"、"我喜欢与关系好的同事分享和交流自己的教育教学知识和经验"这类问题的均分较高,然而乡村初中教师在"我愿意主动将自己的教学知识和心得与其他教师共享"的题项上的均分最低,仅为2.99,远远低于知识共享意愿的平均分3.8255,持否定观点的乡村教师占到了38.2%,仅有31.6%的乡村教师愿意主动分享自己的教育知识和心得。

表5—19　主动进行知识共享情况的统计

项目	选项	人数	百分比%
B2. 我愿意主动将自己的教学知识和心得与其他教师共享	完全不符合	1	0.5
	不太符合	80	37.7
	不确定	64	30.2
	基本符合	54	25.5
	完全符合	13	6.1

2. 教师更倾向于与同辈交流,知识共享的代沟凸显

近年来,随着国家对乡村教育的重视,乡村教师待遇的提高,乡村学校涌入了不少年轻的教师,但学校内新老教师之间的沟通和学习却成为乡村教师队伍建设需要解决的一个重要问题。一是年轻教师刚踏上教学岗位,理论知识的储备无须质疑,但教学实践和经验却相当缺乏,除了学校和当地安排的岗前培训,新教师身边最需要的就是老教师在教学实践方面的指导。二是对于身处偏远、信息封闭的老教师而言,他们大多数面临知识老化、观念固化、专业技能薄弱、教学方法单一和教学能力不强等困境[2],迫切需要与新教师进行知识共享,注入新鲜血

---

[1] 侯志中:《乡村教师专业发展动力缺失与回归》,《教书育人》,2019年第8期。
[2] 李小红、郭琪琪、杨苏梦:《乡村教师专业发展的困境与纾解》,《当代教育科学》,2022年第1期。

液，以更新自己的教学观念。三是对乡村学校而言，优化学校的教师队伍，必须要促进教师整体的发展，只有新老教师之间的沟通无障碍，才能实现校内教师知识资源的整合。

然而，在实际的调查中发现，乡村初中学校的新老教师之间的沟通存在很多障碍，老师们更倾向于与同辈之间交流教育教学经验，再加上学校领导层面也未真正的实行集体备课、以老带新等知识共享活动，使得新老教师之间的交流更加欠缺。如下表5-20所示，乡村初中教师在"我愿意与经验丰富优秀的教师交流学习"的题项上所得均分较低，为3.76，在后期的访谈中，S学校Z教研组组长谈到："学校的老教师知识结构固化，很多都不是科班出身，要想他用专业的语言进行指导那是不可能的。城里优秀教师的课程的确讲得好，但是并不符合我们乡镇这些学校的实际情况，所以对我们的教学帮助也不大，大家学习和交流的意愿也就不是那么强了。"

表5-20 愿意与经验丰富的老教师交流的学习的情况统计

项目	选项	人数	百分比%
B5. 我愿意与经验丰富、优秀的教师交流学习	完全不符合	3	1.4
	不太符合	30	14.2
	不确定	18	8.5
	基本符合	124	58.5
	完全符合	37	17.5

（三）乡村初中教师知识共享的能力不足

教师的知识共享能力是考察知识共享的重要方面之一。具体而言，教师知识共享的能力主要包括知识的内化能力、获取共享渠道的能力、教学反思的能力、表达能力等。在实际的调查中发现，乡村初中教师知识共享的能力主要存在内化能力差和获取知识共享渠道能力差两个问题。

1. 知识共享的内化能力较差，并在学历上存在显著差异

知识共享的内容是教师的知识，而"教师的知识包括理论性的知识和实践性

的知识"[①]。其中,"实践性的知识(隐性知识)具有实践性、情境性、隐蔽性、个人性等性质,这些性质决定了教师知识共享能力的高要求"[②]。

在实际的调查中我们发现,虽然大部分教师的知识表达能力相对较高,但是他们的知识内化能力却参差不齐。一方面,乡村初中教师的知识内化能力较差。乡村初中教师在"当有教师向我讲述他的教学知识和经验时,我能很快地接受这些知识并应用于教学实践"题项上的均分较低,仅为 2.92,从下表 5—21 可知,仅有 37.2% 的乡村初中教师能将知识和经验很快地应用到自己的教学实践上,这说明教师在内化知识、共享内容方面还存在一定问题。另一方面,知识共享的能力在教师的学历上存在显著差异。从表 5—16 可以看出,低学历的教师在这个题项的所得均分明显低于高学历教师。这说明教师将共享的知识转化为自己知识的过程中存在一定问题,从侧面反映出知识共享的效果不佳,低学历的教师的知识结构和认知方式的固化,更是加剧了这种情况的发生。

表 5—21　教师知识共享内化能力的情况统计

项目	选项	人数	百分比%
C3. 当有同事向我讲述他的教学知识和经验时,我能很快的接受这些知识并应用于自己的教学实践	完全不符合	3	1.4
	不太符合	100	47.2
	不确定	30	14.2
	基本符合	69	32.5
	完全符合	10	4.7

2. 获取知识共享渠道的能力差,共享的范围局限在县内

共享渠道是乡村初中教师知识共享的载体,掌握的渠道多少就意味着拥有的知识资源的多少。对于身处乡村地区的教师而言,由于乡村初中学校自身的限制,能够为其发展提供的平台较少,学校所能提供的知识共享渠道相对较少。当教师在教学事件中遇到难题时,需要自主寻找办法以解决教育难题。因此教师自主获取知识共享渠道的能力也是知识共享能力的一方面。

---

① 陈向明:《实践性知识:教师专业发展的知识基础》,《北京大学教育评论》,2003 年第 1 期。
② 邹斌、陈向明:《教师知识概念的溯源》,《课程·教材·教法》,2005 年第 6 期。

如表 5—22 所示,"我了解许多共享知识的渠道,并通过这些渠道共享知识"这类题项上的均分最低,仅为 2.84,远低于知识共享能力的均值 3.3302。在访谈中 B 学校 W 教研组组长提道:"平时除了跟同事交流之外,就是外出开会培训,偶尔会跟做朋友的教师分享一下资料,除此之外就是县的教研群获得课件和资料了。"这说明乡村初中教师所了解的知识共享渠道并不多,主要是学校组织安排的正式渠道和私下校内同事的共享。从地域来看,知识共享范围虽然突破了校内,但还局限在县城内。此外,乡村初中教师获取知识共享渠道能力还表现在教师的信息素养上面,因为教师信息素养的情况直接决定了获取线上知识共享渠道的能力,而获取线上知识共享渠道的能力才是获取共享渠道的根本能力。但乡村"教师存在信息淡薄,缺乏自主学习和创新意识、教师信息知识欠缺,对新型教育、管理知识了解甚少、教师信息整合能力较弱等问题"[①],这也是乡村初中教师获取线上知识共享渠道能力较差的重要原因之一。

表 5—22 教师了解知识共享渠道的情况统计

项目	选项	人数	百分比%
C5. 我了解许多共享知识的渠道,并通过这些渠道共享知识	完全不符合	13	6.1
	不太符合	94	44.3
	不确定	26	12.3
	基本符合	71	33.5
	完全符合	8	3.8

(四)乡村初中教师知识共享的组织环境不佳

在实际的调查中发现,比起城市里的教师,乡村初中教师的工作量相对较少,知识共享的时间比较充足并且知识共享的氛围也比较和谐。但实质上乡村初中教师知识共享的组织环境不佳,乡村学校采取的激励措施和搭建的平台远落后于城市学校。

1. 学校尚未建立知识共享的激励机制,缺少制度支持和物质支持

---

① 张珏:《长株潭地区乡村初中教师信息素养发展困境及对策研究》,湖南科技大学硕士学位论文,2019 年,第 29—30 页。

乡村初中学校对知识共享的支持不仅包括精神上的支持、鼓励，还包括物质上、制度上的支持。如果学校对教师知识共享的支持只是停留在精神层面，而没有在教师考核制度有所体现，这对于教师而言，学校的支持也只是说说而已，教师感受不到学校的支持。通过对 B 学校的 W 校长进行访谈，他提道："学校对于教师的培训还是很支持的，这有利于教师的发展，有利于提高学校的教学质量，但目前学校并没有相关的制度，没有单独设置一个制度出来鼓励教师之间进行知识共享，只有通过鼓励教师去参加县上乃至市上的说课比赛夺得奖励表彰这样的方式去促进教师之间的知识共享，或者将教师所获得成绩纳入到期末考核的工作量中，但是目前学校在制度方面还需要进一步落实。"另外，据下表 5—23 所示，认为学校并没有建立相关制度的教师占比达到了 86.3%。这说明乡村初中学校对知识共享的支持力度不够，尤其在制度支持和物质支持上的欠缺，换句话说，学校管理者虽然鼓励教师之间进行知识共享，但并没有落到实处。

表 5—23　学校建立知识共享相关制度的情况统计

项目	选项	人数	百分比%
D2. 学校为鼓励教师之间共享教育教学知识和经验建立了一些物质奖励和表彰制度	完全不符合	75	35.4
	不太符合	110	51.9
	不确定	5	2.4
	基本符合	17	8
	完全符合	5	2.4

2. 学校忽视知识共享平台的搭建，限制了校内教师知识共享活动的拓展

乡村初中教师知识共享所依赖的组织就是其所在学校，学校所搭建平台的情况是知识共享的载体。从表 5—10 可以看出，D4 题项"学校十分重视教师之间知识的交流和共享，并搭建知识共享的平台，定期开展知识共享的活动（如专家讲座，教研会）"这类题的均值也比较低，仅为 2.74。据下表 5—24 可以得出，只有 13.7%的乡村教师认为学校十分重视教师之间知识的交流和共享，并搭建知识共享的平台，定期开展知识共享的活动。在后续的访谈中，S 学校的教研组组长谈道："学校目前的知识共享平台可能就是教研会，包括学校和市教研会的教师交流群，没有自己的知识库、校内刊物以及另外的一些知识共享平台。在遇

到教学问题时,学校构建的这些平台根本不能满足我们知识共享的实际需求,还是要依靠县上或市里的教研会帮我们解决这些问题。但我们一学期大概只能去县上或者区里开两到三次会议,出差一般都是学校安排。"这说明学校对于知识共享的平台建设尚未引起重视,校内的知识共享平台尚未满足教师的需求。

表5—24 学校重视知识共享的情况统计

项目	选项	人数	百分比%
D4. 学校十分重视教师之间知识的交流和共享,并搭建知识共享平台,定期开展知识共享活动(如专家讲座,教研会等)	完全不符合	13	6.2
	不太符合	103	48.6
	不确定	26	12.2
	基本符合	67	31.6
	完全符合	3	1.4

(五)乡村初中教师知识共享的途径和方式单一

在实际的调查中,我们发现乡村初中教师在知识共享途径和方式存在以下两个问题:

1. 校内知识共享途径实施效果差,并且主要通过非正式途径进行

随着城镇化的快速推进,我国农村人口和学龄儿童不断流失,农村学校的规模、班级规模也越来越小,乡村初中学校的教师数量也在减少。由于人数较少,同年级同学科的教师难以形成组织,正式的知识共享活动也难以开展。调查中也发现(如表5—25所示),"我经常观摩其他优秀教师的课堂教学,以便学习和借鉴"的均值仅为2.91,只有41.6%的教师经常观摩其他优秀教师的课堂教学。如表5—26所示,"我经常参加学校组织的专家讲座、教研会议"这个题项上的均分最小,仅为2.31,有72.6%的教师选择了完全不符合或不太符合。B学校的S教师也谈道:"学校的教研会一般都是一学期一两次,而且大家大多都不愿意参加,学校里的教研组组长职位也形同虚设,教研组的功能也在慢慢弱化。"Y老师谈道:"学校里同年级的教师只有2—3个人,互相听课、集体备课、观摩优质课程的活动很少,并且一般是学校领导考核的时候老师才会上公开课。平时同事之间相互观摩课程的行为很少,有些老师也不愿意把真本领交给你。所以大多数时候都是关系比较好的教师私下沟通交流。"这说明校内正式知识共享活动

的途径并没有合适的成长土壤,教师的知识共享活动主要通过非正式途径进行。

表 5-25　教师观摩其他教师课堂教学的情况

项目	选项	人数	百分比%
E2. 我经常观摩其他优秀教师的课堂教学,以便学习和借鉴	完全不符合	4	1.9
	不太符合	104	49.1
	不确定	16	7.5
	基本符合	83	39.2
	完全符合	5	2.4

表 5-26　教师参加学校专家讲座、教研会议的情况

项目	选项	人数	百分比%
E6. 我经常参加学校组织的专家讲座、教研会议	完全不符合	31	14.6
	不太符合	123	58.0
	不确定	23	10.8
	基本符合	32	15.1
	完全符合	3	1.4

2. 校外知识共享途径不便捷,网络沟通方式利用率不高

线下的校外知识共享途径一般是当地政府组织的县教研会、市教研会等,能够整合县内、市内优质的教师知识资源,是知识提供者展示优质课程、共享教育经验的平台,也是知识接收者走出本校,学习、内化知识的宝贵机会。事实上,由于乡村初中学校的现实情况,校外的知识共享途径并不便捷。采访中,B 学校 Z 教研组组长谈到:"学校在乡镇上,出差去城里培训不仅要考虑交通上的不便,还要考虑调课的事情,回来还把之前耽误的课补上,很多老师因为嫌太麻烦都不愿意去培训了。"此外,乡村初中教师通过网络沟通进行知识共享的方式的利用率并不高。在问卷调查中,"我经常通过学校的教学网络以及网络平台和同事们共享知识和经验"的题项的平均分很低,仅为 2.81。进一步了解发现,乡村初中学校一般都有自己学校的教研群,在访谈中发现学校教研群的利用率并不高,利用率较高的是以区县为主的教研群,这些教研群通常会有县教研室的研究员管

理,平时会上传一些教辅资料、优质的教案等,总的来说,网络沟通方式的开发还不够,利用率并没有达到理想的水平。

(六) 乡村初中教师知识共享的内容不够全面

对乡村初中教师知识共享的内容进行考察,发现其存在以下问题:

1. 以通识性知识共享为主,知识共享水平低

通识性知识并不属于教师所需的核心知识,即具有竞争优势的、有利于提高教师教学水平、促进教师专业发展的知识。然而在知识共享内容维度的调查中,"在知识共享的过程中,我们主要共享除学科知识以外的通识性知识"的题项上的平均分最高,为3.54。如下表5-27所示,在该题项中,持否定观点或不确定观点的教师占比高达38.2%。这说明虽然从表面上看,教师们之间的氛围比较融洽,大家都很愿意与同事交流,不会回避知识的共享,但事实上,乡村初中教师只是实现了外围层的知识共享,目前的知识共享的内容水平较低,共享的知识对教师的专业发展并没有太大的帮助。

表5-27 教师共享通识性知识的情况

项目	选项	人数	百分比%
F3. 在知识共享的过程中,我们主要共享除学科知识以外的通识性知识	完全不符合	0	0
	不太符合	26	12.3
	不确定	55	25.9
	基本符合	121	57.1
	完全符合	10	4.7

2. 共享内容脱离教师实践,知识共享的实效不佳

就正式的共享活动而言,乡村初中教师的知识共享主要通过培训实现。在培训的过程中,高校学科专家们的指导存在与中学教育教学的联系不紧密、针对性不强、实效性不够、理论与实践脱节、不接地气等弊端。中学一线名师的讲课存在忽视城乡差距、生源质量和办学条件不同的现实情况。"乡村初中教师培训过

程中表现明显的供需矛盾"①。正如B学校的S教师所说:"教研会上的示范课对我们的帮助不大,上一节示范课的材料会很多,乡镇学校根本用不上,学生基础跟不上,我们花了很多心思组织的一节示范课,学生没有共鸣,教师上着上着就没劲了。"这说明乡村初中教师的知识共享在内容方面也要考虑乡村具体的教育实际情况,考虑城乡教育的异质性,不能将城乡教育一概而论。

二、乡村初中教师知识共享所存问题的原因分析

乡村初中教师知识共享的主体、客体、本体和载体四个要素伴随着乡村初中教师知识共享的整个过程,通过现实的调查发现,这四个要素都存在一定的问题,并且影响着乡村初中教师知识共享的水平,因此我们需要理清乡村初中教师知识共享所存问题背后的原因。通过调查和访谈乡村初中教师发现,这些问题产生的原因主要包括乡村初中教师、乡村初中学校、教育行政部门三个方面。

(一) 乡村初中教师自身的原因

乡村初中教师是知识共享的主体,直接关系到知识共享活动的开展。经过研究发现部分乡村初中教师思想观念被制约、专业知识和能力不足以及缺乏内在发展动力是乡村初中教师知识共享所存问题的重要原因。

1. 思想观念制约,习惯于单打独斗

乡村初中教师逐渐养成了封闭保守的心态,习惯于单打独斗的发展,不愿意知识共享。这种封闭的心态主要表现为乡村初中教师缺乏合作共享的意识和缺乏知识更新的意识。

一方面,乡村初中教师缺乏合作共享的意识。在访谈的过程中很多老师都认为个人奋斗是自己发展的主要方式,单打独斗是常态,即他们认为自己的专业发展可以通过自学的方式完成,而知识共享对自身的专业发展并没有太大的帮助。如在调查中关于教师知识共享是否有利于教师专业成长的题项中,有31.6%的

---

① 赵怡、陈亚平、张四方、闫元红:《农村初中教师培训需求与供给侧矛盾及其化解——以山西省农村教师培训为例》,《教学与管理》,2019年第21期。

教师持否定的观点或不确定的态度。这种过度独立的发展观，让这些乡村初中教师习惯于依靠个人的智慧和力量解决教育教学中所遇到的问题，他们既不喜欢其他老师来听自己的课，也羞于走出去请教其他教师。

另一方面，乡村初中教师缺乏知识更新的意识。这主要表现在乡村初中教师在教学上墨守成规，日复一日、年复一年地使用同一套教学方法，难以开放心态接受新生事物，从而成为知识共享的绊脚石。在实际的调查中发现，乡村初中教师尤其是老教师养成了一种只求稳定不图革新的惯性，他们怕自己多年累积的经验受到挑战，所以不愿进行知识共享，所教授的知识也十分陈旧。S学校的Z老师在采访中提到："我们上课还是挺简单的，就拿我们英语学科来讲，一般都是'记单词—背课文—做练习'的程序将考试的知识传授给学生就行了，考试考什么我就讲什么，基本上带一届学生就有自己固有的教学方法和模式了，很多老教师十几年上课的方式和内容都是一样的。"这种落后教学观念和自我发展理念，不仅阻碍了学生的发展同时也不利于教师自身的专业化发展，最重要的是如果教师没有了知识更新的意识，教师之间的知识共享更加无从谈起。

2. 专业知识不足，能力水平较低

乡村初中教师作为知识共享的主体，其自身的知识尤其是专业知识和自身的能力是影响知识共享内容、知识共享能力的重要因素之一，同时也直接影响到知识共享的效果。乡村初中教师的水平十分有限，专业知识不足，自身能力缺乏并不足以支撑知识共享活动的开展，自身素养有待提高。

一方面，乡村初中教师的专业知识不足，知识存量不够，会直接导致教师知识共享的内容水平偏低，也会间接地影响教师知识共享的意愿。乡村老教师的数量几乎占到乡村初中学校教师的半数，并且这些老教师大多数都"非科班"出身，很多教师所教学科与自己所学专业并不对口，专业知识十分欠缺。此外，不少乡村初中教师往往会担任一门以上学科的教学，除去自己担任的主要学科的教学以外，还会担任另外一门副科的教学，但对教师而言，其自身的专业知识是不够的。访谈中S学校的Z教师谈到："学校的许多英语教师（年轻英语教师除外）都不是英语专业毕业的，专业知识有限，并不能为年轻教师提供专业的指导，他们只是在多年的教学实践中积累了一些经验，要说上课的话，可能年轻教师还要讲得好一些。"

另一方面，乡村初中教师自身的能力水平较低，会直接导致教师知识共享的能力不足。因为教师知识共享的能力需要教师自身的能力素质作为支撑，教师自身具备的基本能力素质不仅会影响知识共享双方的沟通效率、成本，还会影响知识共享行为的效果。然而乡村地区的这些初中教师尤其是老教师的能力水平较低，知识老化、观念固化、专业技能薄弱、教学能力不强、自学能力较弱。这使得乡村初中教师无法将获取的知识进行有效的理解和吸收。此外，在实际的调查中我们也发现很多乡村初中学校虽然教室内有多媒体设备，但是教师尤其是老教师还是习惯用粉笔书写板书，多媒体设备的利用率并不高，教师的信息技术能力较差，这就意味着乡村初中教师通过网络技术手段和平台获取知识渠道变得更加困难，知识共享的途径和方式由于无法挣脱地域的局限而变得十分单一。

3. 职业理想薄弱，缺乏内在发展动力

教师的工作是一种专门的职业。在实际调查中发现乡村初中教师的职业理想相对薄弱，职业认同感也相对低下，这主要表现在以下两点：

一是乡村初中教师在乡村地区缺乏归属感。与城镇相比，乡镇地区经济落后、环境相对封闭、交通不便、社会基础设施差、文化氛围不高，跟不上现代社会发展的步伐，乡村教育也与社会发展脱节，虽然在薪资待遇上与城市教师差不多，但其自身专业发展的机会和潜力却远不如城里教师，再加上"社会功利思想以及传统教师伦理地位发生动摇，使得教师的社会地位下降，越来越多的乡村教师逐渐丧失工作热情，很多乡村学校也留不住年轻优秀的教师，这些教师对'乡村教师'这一职业并没有坚定的职业理想信念，缺乏扎根农村的归属感"①。

二是乡村初中教师效能感和职业幸福感不佳。随着城镇化的发展，越来越多的学生向城镇集中，留在乡镇上的学生有数量少、基础差的特点，大多数学生都是留守儿童或者家庭条件不太好的孩子，家长对孩子的学习成绩也不够重视，再加上乡村学校的资源十分有限，教师要培养一名优秀学生的难度也越来越大，导致教师效能感和职业幸福感不佳。所以很多初中教师便以完成课时安排、达成教学任务为教学目标，认为目前自己的教学水平已经完全能够满足学校学生的学习需求了，自己没有进行知识共享的必要，教学上也是得过且过。

---

① 张西方：《论教师的职业理想》，《中国教育科学》，2015年第2期。

（二）乡村初中学校的原因

1. 教育资源相对匮乏，师资队伍水平较低

乡村初中学校校内资源与城市相比，教育资源相对匮乏，教师队伍的水平也远不如城里学校，这是乡村初中学校不能为教师知识共享提供良好的组织环境的重要原因之一。总的来说，乡村学校的资源主要包括软资源——教师资源和硬资源——物质设施资源，当然，乡村初中学校供给的资源不足也主要体现在如下两方面。

一是乡村初中学校缺乏专业的"优师"和"名师"等资源。所调查了五所乡村初中学校，其教师数量从 30 至 70 不等，师资力量极为薄弱。这主要是因为乡村学校环境差、交通不便、平台低等因素，导致了新教师们不愿来，来了留不住，最终造成乡村初中学校的优秀师资匮乏；农村学校的教师多数学历不高，学历参差不齐，虽然本科学历的教师占到了 70.75%，但是专科学历的教师仍占到了 28.3%，研究生学历的教师更是凤毛麟角，虽然学历不能说明一切，但在其他条件一致的情况下，学历越高，教师的综合素质也会越高。以上足以说明：乡村学校校内教师整体水平并不高，在乡村教师和城市教师群体里，乡村教师处于知识共享的需求方，而能作为知识共享的知识提供者却很少，急需专业的"老教师"作为"引路人"。同事之间的知识共享已经遇到瓶颈，学校能孵化优秀教师甚至名师的可能性比城里小很多，所以校内教师把希望都放在了校外"优师"和"名师"的身上，但由于学校资金不充裕，交通不便，教师接触校外"优师"和"名师"的机会也就更少了。在访谈中了解到，一个教师平均每学期会外出培训一到两次，主要是到县上或者市里开会，开会的内容也主要是观摩优秀教师的课程，了解中考形式，乡村教师并没有被"优师"或"名师"亲自指导教学的机会，并且城乡教师之间也存在鄙视链，城乡教师的交流也并没有一个平等的共享前提，这些也极大地阻碍了乡村教师知识共享的机会。

二是乡村学校所能提供给乡村初中教师知识共享提供的物质资源，包括经费、相关活动场所以及各种相关设备有限。然而，经过实地调查发现，学校在提供促进知识共享的设备实施资源方面参差不齐，虽然大部分乡镇学校都已经有了会议室、图书馆以及阅览室，但是利用率较低，基本形同虚设，相关的网络设备也没有，除了QQ群和微信群知识共享的平台，其他相关的技术平台并没有利用

起来，比如说教师资源库等。事实上，知识共享仅靠教师个人的努力是远远不够的，学校应当积极地为乡村初中教师的知识共享提供高水准的硬件设施，以保障高水平知识共享活动的完成。

2. 管理结构老化，激励制度尚未确立

就学校管理方面而言，乡村初中学校的管理结构和制度是影响乡村初中教师知识共享的重要因素。学校管理结构是否科学合理、学校制度是否鼓励支持直接影响着乡村初中教师知识共享效率、知识共享的意愿、知识共享的效果。然而，乡村初中学校大多还盛行着传统的科层制，大部分学校并未建立其激励教师知识共享的制度。

一是学校的科层管理结构，容易导致知识共享的形式主义，知识共享的效率低下。乡村初中学校在科层制的管理有着严格的上下等级界限，决策权高度集中，组织行为保守，难有创意，缺少纵向的互动交流和沟通，对于知识共享这种双向互动的行为而言，容易造成知识流向单一的问题。科层管理组织在乡村学校基本占主导地位，学校领导将教师发展包括培训学习的安排传达给教务处主任，主任再下达给教研组组长，组长传达给教师们，这样的组织管理结构使得教师们知识共享的自主性和意愿被限制，教师们知识共享的效果也不能及时地向上级反馈。

二是乡村初中教师知识共享的激励制度尚未确立。对于知识拥有者而言，他们进行知识共享本身就是一种有可能会让自己失去竞争优势的行为、将稀缺的知识资源奉献出来的行为，如果学校对知识的共享者没有表彰和奖励，教师知识共享的积极性也无法调动。就目前农村初中学校的现状来看，学校对教师间的知识共享并不十分重视，相关制度并未确立。S学校的Y老师提到："学校当然是鼓励教师之间相关沟通的，但只是说了几句空口白话，什么奖励都没有，只是说教师去县上或市里获得赛课比赛的奖项会纳入绩效考核的范围。"事实上，学校在物质激励、目标激励、制度激励、情感激励以及榜样激励、信息激励等方面都有待提高，其根本原因是乡村初中学校对乡村初中教师知识共享的不重视。

3. 校内文化贫瘠，缺少共享氛围

学校教师的知识共享受到所在学校的文化环境潜移默化的影响。我们将学校的文化分为物质文化和精神文化。

一方面，学校物质文化建设尤其是有利于知识共享的物质文化，对知识共享的作用主要表现在学校内教师非正式共享活动的发生。但经过调查发现，五所乡镇学校虽然已经建立了会议室、阅览室、图书馆等，会议室里大多张贴着学科前沿知识，但多数学校门口并没有悬挂促进知识共享的标语。

另一方面，奋发向上的学校文化实现高水平知识共享的可能性更大，相反，萎靡不振的学校文化往往只能实现低水平的知识共享。就目前乡村初中学校的现实状况来看，乡村教师也很少能够主动地聚拢讨论教学、组织学习交流的活动，并且学校的教研会议一般没有固定召开的硬性规定，老师们召开教研会多流于形式，会议内容也主要是教研组长或教务处主任传达市上或者县上教研会的精神，或者分析一下当前中考形势，并未对教师上课质量或者教学增长有什么实际上的关注。教师生活交往很是融洽，但是工作的文化氛围却不是积极向上、积极追求进步的，互相学习、促进彼此能力提升的文化氛围尚未形成，这极大地限制了校内教师知识共享的开展。

（三）教育行政部门的原因

1. 财政经费投入不够，缺乏知识共享的物质保障

财政支持是乡村初中教师进行知识共享的物质基础，乡村教师们出差培训的交通费用、住宿等方面都需要依靠财政支撑。

虽然官方给出的答复是："县教育体育局每年配备不低于300万元专项培训经费用于全县统一的教师培训；要求学校每年实用不低于5%的总生均公用费用用于校内教师培训。"① 但是根据在R县最新公布的2021教育财政投入的公开信息来看，城区4所初中学校拨款平均约为1773万，乡镇初级中学（除去九年制学校）的22所学校政府财政拨款为801万，城市初中的平均拨款几乎是乡镇初中学校的两倍，并且乡镇学校拨款也十分不均衡，拨款数目从320万—1547万不等。这不仅表明城乡初中学校的发展不均衡，同时也表明乡镇学校之间的发展也十分不均衡，当地政府在财政支持上对乡镇初中并没有过多的倾斜，近年来也没有乡镇初中学校纳入教育专项经费的使用，比如教育扶贫专项经费的使用。乡

---

① 仁寿县人民政府：《仁寿县教育局对十八届人大八次会议第72号建议答复函》，见仁寿县人民政府网（http://www.rs.gov.cn/info/3524/117035.htm.）。

村初中学校的各项开支中并没有教师外出参加培训的单独一项[①]，教师外出培训的费用还存在不够明细、公开化的问题。

通过以上数据我们可以看出城乡间的差距仍然很大，尤其是像 R 县这样的县级农村地区，由于教育经费的不足，教学环境不佳，教师待遇普遍不高，对于斗志昂扬的年轻教师来说不免心生失落之感。如果农村教师的生存和生活资料不能得到很好的保障，不仅会影响乡村初中教师的积极性，导致乡村初中教师缺乏知识共享的动力，更会引起乡村初中教师职业认同低下，引发教师流动，使得乡村教师队伍更加薄弱，从而进一步造成乡村初中教师知识共享现状的恶化。

2. 组织共享内容与乡村教学现实不符，知识共享效果不佳

首先，在调查中发现，教育行政部门和县教研室的工作人员很少到乡村初中学校开展调研活动，对乡村初中学校的教师教学等实际情况的了解颇少。少部分教研人员会进行调研，但也是"走马观花"的调研，走走过场。因此，市县教研会前期的准备阶段缺少对乡村初中教师知识共享的针对性分析，教研会内容及形式等方面的选择通常只是臆断，这种臆想的教研会并不能帮助乡村初中教师在一线教育教学过程中解决难点与痛点。培训存在"一刀切"的现象，城乡教师的培训内容并无差别，这种脱离了乡村学校的实际的教师培训活动，使得培训的效果微乎其微。S 学校的 Z 老师在访谈中提到："上一节示范课准备的材料会很多，乡镇学校根本就用不上，学生也没法跟老师产生共鸣，学生的基础也跟不上。教师花了很多心思组织了一节示范课，学生没有共鸣，教师上着上着就没劲了。"

其次，乡村初中教师校外培训获得知识的途径主要是观看城里优秀教师的示范课来实现的，说明这些示范课对乡村教师的知识共享活动十分重要，可以这么说，示范课的质量直接决定了乡村教师知识共享的效果。然而，城里教师的示范课具有一定的局限性，它并不适合乡村的实际情况。主要体现在城乡学生基础差异大，乡村初中学生总体上学习基础差；城乡学生身处环境不一样，城乡学生的认知特点存在差异，乡镇上的学生和教师的认知具有"乡土化"。因此，乡村初中教师参与的校外知识共享活动缺乏针对性，乡村初中教师的知识需求并没有得

---

① 仁寿县人民政府：《2021年财政经费预算》，见仁寿县人民政府网（http://www.rs.gov.cn/info/4481/110772.htm.）。

到当地政府部门的重视，乡村初中学校正在被边缘化也是不争的事实。

最后，乡村初中教师参与教师培训类的知识共享活动后缺少对信息的调查、整合以及反馈，S学校的Z老师提到："一般不会有县教研室的人下来指导工作，一般会在开县教研会的时候宣讲一下市教研会的精神，老师是不会下来指导工作的，一般是一层一层下来给我们宣讲，不会直接下来指导工作。"

3. 政策有待落实，外出共享的保障措施不到位

首先，支持乡村教师知识共享的政策保障未落实。2021年，教育部出台了《关于中小学幼儿园教师国家级培训计划（2021—2025）》，在"十四五"期间将进一步支持农村义务教育学校教师深度培训。2018年，教育部、财政部联合出台了《银龄讲学计划实施方案》。国家教育行政部门虽颁布了一系列关于外出进行知识共享，但在具体的执行上缺乏有效管理与保障，存在培训标准落实落地困难，教育行政部门责任难下达等问题，"责任到人、责任到位、责任到岗"的要求还有待贯彻执行。

其次，乡村初中教师外出参加知识共享活动的保障机制不完善。一方面，教师的负担重，参加知识共享的时间较少，尤其是刚入职的新教师，在适应工作的同时，还要参加各种校内的活动。W学校的Q老师提到："刚开始入职的时候，其实工作量已经挺大了，所以根本就没有时间去听其他教师的课程。没有精力去听取其他教师的课程。"在关于"教师们有充足的时间和精力共享教育教学的知识和经验"的题项中有26.89%的教师持否定观点，这说明教师参加校外知识共享活动的时间并没有得到，采访中W学校的Q老师提到："每学期会有两三次到县上培训学习，但是大家都不愿意主动去，因为交通、换课安排都比较麻烦，而且去讲课一般要准备很多资料，要求都比较严格，要做教案、学案，这些存档很麻烦。"我们可以看出教师外出培训时间在一定程度上是没有得到保障的。另一方面，乡村初中教师外出参加培训往往会耽误正常的教学进度，这无疑在无形中又增加了乡村教师的知识共享成本，在访谈中有老师提到："除了交通不便、耽误时间，最主要的是出差后班上学生的课程计划就被打乱了，回来还要麻烦其他老师调课，所以很多老师都不愿出去培训了。"这足以说明教师外出进行知识共享活动的教学保障体系不完善，需要教育行政部门做出合理的安排，以此来解决教师的后顾之忧，可以考虑通过给予教师外出培训的补贴等形式，来提高他们

参与校外知识共享活动的积极性。

第五章　完善乡村初中教师知识共享的对策

一、教师知识共享的个体支持，激发共享的内在动力

（一）转变传统观念，增强知识共享的意识

从某种程度上来说，观念是行为的先导，只有突破了落后观念的束缚，改变思维模式，才能获得发展，取得进步。乡村初中教师要脱离封闭保守心态的制约，转变传统观念需要做到两点：转变封闭的观念、树立合作共享的观念；革新知识，墨守成规转向不断更新。

1. 转变封闭观念，树立合作共享的观念

对于资源相对匮乏、师资力量整体水平低下的乡村初中学校而言，转变教师封闭的观念，开放教师的心态，树立合作共享的观念都显得尤为重要。乡村初中教师转变封闭观念首先要开放乡村初中教师的心态；其次要树立正确的合作共享的观念。

一是养成开放的心态。乡村初中教师普遍存在着封闭的心态，这种封闭的心态会使得教师的教育教学观念不能与时俱进，所掌握的知识陈旧，最终会极大地阻碍乡村初中教师个体的专业发展道路。要培养教师之间的情感信任，抛弃原有的知识保护心智，转变为合作共享的心智和行为，通过增加教师间的接触，为乡村初中教师的知识共享奠定情感基础。

二是树立正确的合作共享观念。首先，乡村初中教师要明确知识共享的理念。知识共享的目标是在促进自身发展的同时也有益于学校整体的发展，知识共享并不意味着消除教师之间的竞争，相反，知识共享是调动乡村初中教师积极

性，实现乡村初中教师之间良性竞争的依托。知识共享的目的是在教育资源相对匮乏、教师队伍水平相对低下的乡村初中学校，乡村初中教师能够通过知识共享开放自己的心态，开阔自己的眼界，将个人的教育智慧变为群体的教育智慧，在双赢的基础上实现专业上的动态发展。乡村初中教师在教育教学实践过程中遇到的问题和困惑时，一定要与同事就教育教学实践中的问题进行交流和对话，尝试与他人交流并尝试新的教与学的方式。作为学校而言，要经常开展教学研究活动。

2. 转变保守观念，增强不断更新知识的意识

乡村初中教师的保守观念主要指坚持传统的落后的教育教学观念，不愿、不敢顺应时代发展实现自身知识的变革。对于教师而言，这种需求的变化需要教师有不断革新自己知识的勇气，在不断挑战自己的过程中超越自我，跟上教育变革的步伐。如果教师一直认为自己的知识就是权威，不更新自己的知识，不更新自己的教育教学观念，只图稳定，害怕革新，将自己禁锢在自己的世界中，那么教师的专业水平将会得不到提升，无法成长为一名优秀的教师。

首先，乡村初中教师要改变自己落后的教育观念。很多乡村初中教师认为乡村学校的学生基础差，只需要传授他们基本的知识和技能就算完成自己的教学目标了，在遇到学生课下请假问题时也通常以敷衍的态度对待学生，自己作为教师没有提升知识、提高能力的必要。很明显乡村初中教师应该改变这种落后的教育观念，建立顺应时代发展的新的教育观念，了解学习的需求，关注学生的整体发展和全面发展，关注学生的现实问题，在完成教学任务时也要完成育人的任务。

其次，乡村初中教师应该增强不断更新知识的意识。以前教师是知识和信息的垄断者，在学生面前是"绝对的权威"。"然而今天，当学生通过网络掌握丰富知识的时候，教师和学生就站在了同一起跑线上，教师不仅要面临在知识储备上的挑战，还要面临知识正确性的检验"①。因此，乡村初中教师们必须与时俱进，不断学习，不断革新自己的知识体系，树立终身学习的理念，改变年复一年、日复一日的重复相同的教学模式甚至是教学内容的现状，不断提高自己的教学质

---

① 祁明、江鸿波著：《高校内涵建设背景下的学生思想政治教育发展》，上海：同济大学出版社2019年版，第41页。

量,否则将被这个时代淘汰。

(二)加强专业知识学习,锻炼教师的基本能力

高水平知识共享的实现离不开教师自身素质的支撑,针对乡村初中教师专业知识不足,能力水平较低导致知识共享能力不佳、知识共享实效不强、内容水平偏低的状况。为改善乡村初中教师知识共享的现状,本文提出以下两点建议:

1. 加强专业知识的学习,提高储备知识的数量和质量

第一,对于知识的接受者而言,知识共享的过程就是其学习知识的过程,无论是将显性知识内化为自身的知识,还是接受别人的知识,都必须要通过学习才能完成。第二,通过学习改变知识结构,提高自身储备知识的数量和质量。乡村初中教师就可以通过学习改变共享双方知识结构的巨大差异,使双方的知识结构无限的接近并克服认知上的差异,从而促进其被共享知识的理解和吸收,提高知识共享的效率。

第二,加强各种有利于知识共享的知识。一是要学习知识共享和个人知识管理的知识。为了树立知识共享的意识,乡村初中的教师们有必要加强对知识管理概念、原理、意义的了解和认知。二是学习专业知识。教师专业知识不足是知识共享水平偏低的主要原因,即教师对专业知识掌握的广度和深度直接影响着知识共享内容的广度和深度。乡村初中教师应该积极地参与到专业知识的共享中来,树立专业追求,把握好教师的根基,实现高水平的知识共享。

2. 锻炼教师的基本能力,提高综合素养

第一,锻炼表达能力。知识的提供者需要良好的表达能力以实现知识的传递,知识的接收者需要良好的表达能力表达对知识的需求以及共享的意愿。第二,锻炼知识的洞察能力。教师要在日常生活和工作中对可被共享的知识保持高度敏感,细心觉察那些不被人注意的教师知识,既包括了自身拥有的可被共享的知识,也包括需要向他人求助的可被共享的知识。第三,锻炼知识的整合能力。乡村初中教师可以借助反思日记、教育叙事、课堂观察、录像反思、自我提问等方法提高自己在知识方面的整合能力。第四,锻炼现代技术手段。乡村初中教师应当学习相关网络软件的操作,利用网络共享资源进行学习,扩宽知识共享的渠道,提高知识共享的效率。

（三）构建职业理想，提高职业认同感

职业理想具有导向、调节和激励作用。乡村初中教师的职业认同主要从职业认同和职业规划两个方面来促进乡村初中教师的职业理想构建，从而激发乡村初中教师知识共享的内在动力。构建乡村初中教师职业理想主要从以下两方面入手：

一是培养乡土情怀，提高职业认同感。乡土情怀是乡村教师坚守和奉献于乡村教育事业的内在动力之源，也是乡村初中教师知识共享的内在动力。一个拥有深厚乡村情结的乡村教师，会真正的关注乡村人民，体会乡土人情，热爱乡村教育事业，将自我价值的实现与乡村教育事业紧紧地联系在一起。然而，目前城乡教育发展不均衡，城乡教育资源也十分不均，乡村地区的发展常常与社会的发展脱节，很多优秀的、年轻的教师不愿留在乡村，很多乡村教师都有往城里学校的趋向。为培养乡村初中教师的乡土情怀，首先，乡村初中教师要树立乡土意识，积极了解当地的风土人情、自然风物、历史地理和社会人物等，与村民互动熟悉乡村，产生理解和共情。其次，提高乡村教师对乡土的认同，认同当地的文化、认同自己教书育人的角色、认同自己的教师身份，将乡村教育的未来命运、内在价值与情感联系紧紧地联系在一起。再次，乡村教师要不断适应乡土，适应当地的居住环境和教育环境，适应乡村的人际关系，成为"本地人"。

二是制定职业规划，实现自我价值。乡村初中的教育是我国基础教育的薄弱环节，大部分乡村教师缺乏职业知识和自觉行为，缺乏职业规划的内在动机。一方面，乡村初中教师要形成职业规划的主体意识，形成对职业规划意义的正确认知，形成正确的自我概念和自我发展的反思调控意识。另一方面，学校和教育行政部门要为教师提供良好的发展氛围、路径和载体。让乡村初中教师制定科学完善的职业规划，实现自身的科学发展。

二、教师知识共享的学校支持，优化共享的校内环境

（一）构建城乡教师共同体，弥补校内稀缺的知识资源

如果乡村学校有条件利用校内资源，通过以老带新、相互听课、集体备课等

校内教研活动的方式进行知识共享活动，那么老教师、优秀教师、城区教师在教学方面的话语霸权问题就会得到克服，乡村初中学校就能在知识共享的过程中把握主动权，开展适合自己学校实际教学情况的知识共享活动，所以构建城乡教师共同体是十分有必要的。

第一，城乡教师共同体是开放平等的，以促进教师的多元化发展为目标。在这里，每位教师都有权提出自己的教学见解，教师之间的知识共享不再是新老师、普通教师、乡村教师向优秀教师、老教师、城市教师模仿的过程，而是相互学习、共同进步的过程。在这种开放性的教师共同体中，新教师、乡村教师、普通教师都可以是知识的提供者，他们在平等的基础上沟通交流，共同取得进步。

第二，城乡教师共同体的建立不是一蹴而就的，需要按照科学完善的程序和步骤进行，才能最大地发挥其自身的功能，为乡村学校造就丰富的知识资源。首先，要建立共同的的发展目标，目标的建立对知识共享的内容、过程具有导向作用，对城乡教师共同体知识共享具有引领作用。城乡教师共同体的目标应该以教师的专业发展为导向，为城乡教师的共同发展做出努力。其次，就城乡教师知识共享的内容而言，主要包括一些关键性的教育教学事件或者信息所蕴含的教育教学知识和个别教师在教育教学过程中所遇到的困惑或难以解决的问题。前者需要教师之间对事件进行研磨，对信息进行识别和修正；后者需要教师之间要相互指导，共同寻求难题的症结所在，共同寻找解决问题的方法。最后，教师之间要保持高频率的联系和沟通，在加强感情联系的基础上，增加彼此的信任度，从而提高知识共享的广度和深度。

（二）优化管理结构，完善学校制度建设

知识共享需要教师和领导层的平等对话，需要信息及时、顺畅的上传下达。因此，优化学校管理结构、完善学校制度建设是为乡村初中教师知识共享提供良好的管理环境和制度环境的必然选择。

一是优化管理结构，建立扁平化的组织结构。目前，我国乡村初中学校大多采用金字塔式的管理模式，即以科层制管理为主要特征。管理层级繁多，存在管理效率降低和效能低下等问题，在这种管理模式下，乡村初中教师通常处于被动接受的地位，形成了教师—中层部门—校长负责的状态，信息流通严重受窒，教师参与知识共享的积极性严重受阻。为改变这一现状，一是以一个年级组为核

心，对各个年级组进行领导和组织。像乡镇初中这样比较小规模的学校不仅要发挥年级组贯彻学校决策意见的作用，同时也要建立自己的行政地位，行使行政权力，从而整合教育教学，提高知识共享活动中内容的针对性和有效性。二是强化教研组的教务活动功能。教研组是一个学校最基层的教师专业组织，他的目标是完成教学开发，促进教师知识的共享，以实现教师的专业成长，构建高水平的教师队伍，它不仅承担着开展教学研究活动的任务，同时也承担着开展教育教研活动以及促进教师专业发展等教务活动。因此，我们要改变教研组功能逐渐被削弱的现状，利用教研组积极开展教学研究和教研活动，提高乡村初中教师知识共享的质量和水平。

二是建立知识共享的奖励制度，提高乡村初中教师的积极性。知识共享的实质就是教师主动追求专业发展的行为，除了内部条件的支持外，还需要外部的条件的支持，而外部条件的激励主要依靠学校建立物质激励措施和精神激励措施。一方面，物质激励主要包括绩效考核和奖金等形式，学校可以将教师参加知识共享活动的频率以及在知识共享活动中获得成绩纳入到工资的绩效考核当中去，也可以设置知识共享的相关奖项，以奖金形式发放到教师手中，或者是纳入到职称考核的参考指标中。此外，也可以设置团队整体绩效奖励，不仅可以激励教师个人的发展，也可以直接地促进教师团体的知识共享，实现乡村教师整体的专业发展。另一方面，学校可以通过精神激励的手段，提高乡村初中教师知识共享的积极性。对教师知识共享的行为给予精神上的肯定，会让乡村初中教师获得极大的心理满足感和荣誉感。学校层面应该鼓励教师积极共享知识、积极学习知识，提高乡村初中教师知识共享的热情和积极性。此外，在实际操作的过程中，学校要注意根据教师的不同需求给予不同的奖励，这样才能实现有效地调动知识共享积极性的目的。

（三）创设利于共享的组织文化，营造知识共享的氛围

乡村初中学校的优质教育资源相对匮乏，教师整体水平不高，教师群体老龄化等问题让乡村初中教师专业发展、知识共享陷入困境。因此在这种情况下，只有营造积极的知识共享文化，凝聚更多力量发挥群体的智慧，才能促进乡村初中教师个体和群体知识共享的意愿行为和效果。

一是学校应该创设有利于教师知识共享行为发生的物质文化和精神文化。就

物质文化而言，学生的教室以及教师办公室要宽敞明亮，教研室的设计要能营造学术氛围，教室和走廊的墙壁上要有张贴利于知识共享的标语，提高非正式知识共享活动发生的概率；就精神文化而言，教研组以及年级组除了要积极传达市上、县上的教育精神以外，还要以学校为中心，建设本校的教师精神文化。在加强国家层面关于乡村教育精神的宣传的同时，要帮助本校教师了解本校历史文化，建立乡村初中教师的学校归属感和责任感，以校领导牵头，在全校上下形成一种奋发向上的精神风貌，激发教师知识共享的动力，同事之间积极开展以老带新、同伴互助活动，积极开展实践探索和理论学习，从而实现高水平的教师知识共享。

二是学校要创设有利于知识共享的信任文化。信任是教师知识共享的润滑剂，有利于减少交流的成本和障碍。知识提供者为了规避失去竞争优势的风险，不愿将自己的知识拿出来与他人共享。因此，学校应该采取积极的干预措施，创设有利于知识共享的信任文化。第一，要通过档案调查、单独谈话等正式或非正式的方式积极地与教师沟通，了解教师的需求，帮助教师解决困难，感受到学校带来的温暖；第二，要规范知识共享活动的过程，设置相关制度，为教师的知识保护兜底；第三，通过开展形式多样的知识共享活动增加教师之间的接触，让学校教师之间相互熟悉，建立信任的情感，培育共享文化；第四，学校建立良性的竞争制度，防止因为过度竞争造成教师知识共享风险过大、成本过高而互不信任、关系疏远、互不交流合作的情况。

三、教师知识共享的政府支持，做好共享的统筹设计

（一）建立省级统筹专项经费保障机制，奠定共享的物质基础

从教师个人的角度来就看，乡村初中学校基本上都是公立性质的学校，教师们基本上都是事业单位性质的人员，工作稳定，但尚未达到生活富裕的水准，再加上大多数的教师都居住在城里，为此的交通费用、日常生活等开支的负担也比较重，特别是偏远山区的教师，国家虽然也出台了相关政策要给予教师一定的补助，但很多地区的政府因为常年财政经费不足，经常拖欠教师的工资的现象屡见

不鲜，这让乡村教师本不富裕的生活雪上加霜。因此，在物质上给予教师支持是迫切的，给予教师知识共享活动的物质支持也是"对症下药"之举。

从学校或者相关部门的角度来看，无论是校内的知识共享活动还是校外的活动都是一种群体性活动，需要组织和协调人员，关涉人财物的分配和管理。一方面，参加知识共享活动的教师、组织者、行政人员的食住和交通费用需要得到基本保障；另一方面，知识共享的场地、信息设备方面的建设也需要投入经费加以保障。一般而言，校内知识共享除了给予教师个人的激励和补偿之外，还包括校领导联系校外知名专家，优秀教师以获取知识资源所需的费用，而校外知识共享因为牵涉的范围较大、涉及的区域更广所需的经费也就更多了。

教育部门加大对知识共享活动的投入要注意两点。一是要设立乡村初中教师相关知识共享活动的专项经费，实行专款专用，保障校内磨课、赛课，校外培训等知识共享活动的有效开展。二是要加强教师知识共享经费向乡村学校倾斜，缩小城乡学校在物质资源上的差距，发展乡村初中教师知识共享，促进城乡教师的均衡发展。

（二）重视乡村教师校外培训活动，实现共享个性化定制

由于乡村初中学校自身教师队伍薄弱，优秀的师资稀缺等原因，校外培训成为乡村初中教师知识共享最重要的途径，但校外知识共享活动的主角是城市教师，在一定程度上忽视了乡村初中教师的所需所求。为改变校外知识共享活动与乡村教师知识共享需求不符的现状，笔者认为教育行政部门应该从校外知识共享活动的以下三个方面做出相应的调整：

首先，在知识共享活动之前，比如大型的教研会、教学竞赛等，需要教育行政人员做好前期调查，深入到乡村初中学校中去，去倾听乡村教师的真实诉求，调研乡村初中学校的实际教学情况，收集相关信息，确定具有针对性的培训内容，以解决乡村初中教师的教育现实难题。此外，还应考虑不同阶段教师的认知特点，将知识共享的内容设计模块化，以模块的方式将知识共享进行的方式进行分类，以适应不同阶段教师的需求。

其次，在人员分配上，教育行政部门中的教研员一定要有来自乡村学校的教师，并且这个比例应该不少于三分之一；在教研会上的赛课、教学大赛等知识共享活动中，一定要有乡村教师做主角，不能让乡村初中教师一直做观众，要让他们在讲台上做分享，给予乡村初中教师更多的平台和发展的机会，发挥他们的主观能动性以培养乡村名师、优师，从根本上改变乡村教师不如城里教师的刻板印象。

最后，要注意知识共享活动开展后的实效反馈。很多地方开展的校外知识共享活动之丰富、声势之浩大、名家汇集，但是当教师参加完培训回到乡村学校的课堂上来时，发现共享的内容根本不具有可操作性，对自己现实的教学的帮助性并不大，并且由于没有反馈评价，所以下一次组织的活动又是与上次一样的模式，这导致越来越多的教师不愿继续参加知识共享，开始走上封闭的发展道路。

（三）落实相关政策，坚实外出培训的保障

国家出台了很多在乡村教师的知识共享活动方面政策文件，都提出了诸多应然的要求，但许多政策文件的内容并未落实。为了解决这一问题，国家层面应该进一步做好科学引导和顶层设计。根据乡村初中教师教育教学实际开展正式的或者非正式的知识共享活动，并对校外的知识共享活动包括教师培训的内容、形式、时间、师资等做出具体的细致的规定与要求。为乡村初中教师的知识共享提供政策支持，并落实和实践这些政策。夯实和支持保障政策体系，让乡村教师在知识共享的过程中"愿共享、能共享"。

一方面，要落实《国培》计划，贯彻西部乡村骨干教师的培训，完善当地的教师培训体系，加大对乡村地区教师培训的力度，为知识共享活动的开展造势；落实《银龄》计划，由当地政府牵头，邀请退休校长、特级教师、高级教师等到乡村初中学校讲学，丰富学校知识资源，以改善乡村初中学校知识资源供给不足的情况。

另一方面，要完善乡村初中教师外出参加知识共享的保障措施，主要包括经费保障、时间保障、机会保障。具体而言，当地政府应该给予外出参加培训的教师一定的补贴，抵消教师付出的机会成本和时间成本；要为乡村初中教师减负，保证教师参加知识共享的时间和精力；要多引导各部门和各乡村学校开展知识共享活动，为乡村初中教师提供知识共享的平台。

结　语

2020年我国初中阶段的专业教师超385万，其中乡村初中教师240多万人，也就是说，全国三分之二初中阶段的专业教师就在乡村①。乡村教育是整个教育中最薄弱的环节，加强乡村教师队伍建设不仅是促进教育均衡发展的重要抓手，更是推进乡村振兴的重要力量。本研究发现乡村初中教师知识共享的总体水平一般，在各维度上都存在一些问题，不同年龄阶段的教师群体在知识共享的各个维度上也呈现出差异性。在乡村初中教师知识共享所存问题进行分析的基础上，对导致所存问题的原因进行分析并结合相关理论提出了促进乡村初中教师知识共享的策略。通过分析，本研究得出以下结论：

1. 依据为构成教师知识共享的四个基本要素：知识共享的主体、知识共享的客体、知识共享的载体、组织环境对乡村初中教师知识共享的认知、意愿、能力、组织环境、途径和方式、内容六个方面进行了全方位的考察，发现乡村初中教师知识共享存在的问题有：在认知方面不清晰，局限于学校教研组的活动，忽视共享与专业发展的关系；在意愿方面主动性不强，倾向于同辈交流，代际鸿沟凸显；在能力方面知识的内化能力和获取渠道的能力欠缺，共享的范围局限在校内；在组织环境方面学校尚未建立激励机制，忽视了平台搭建，限制了校内知识共享活动的拓展；在途径和方式方面单一，主要通过非正式途径进行，网络沟通方式的利用率不高；在内容方面不够全面，知识共享的水平较低，内容脱离了实践，导致实效不佳。

---

① 教育部：《2020年教育统计数》，中华人民共和国教育部官网（http://www.moe.gov.cn/jyb_sjzl/moe_560/2020/quanguo/202108/t20210831_556365.html.）。

2. 乡村初中教师知识共享所存问题的原因主要包括三点：一是乡村初中教师封闭观念、专业知识和能力不足、职业理想薄弱，这是导致知识共享认知、意愿、能力、内容水平不佳的主要内部原因；二是乡村学校教育资源匮乏、管理结构老化、文化贫瘠，这是导致初中教师知识共享认知、意愿、能力、途径和方式、内容水平的主要外部原因；三是政府部门投入的经费不足、组织培训内容与乡村教学现实不符、政策有待落实，这也是导致乡村初中教师知识共享意愿、能力、途径和方式、内容的主要外部原因之一。

3. 提出促进乡村初中教师知识共享的对策，包括：个体支持，激发个体的内在动力；学校支持，优化共享的校内环境；政府支持，做好共享的统筹设计。

本研究中也存在很多不足。第一，由于资源有限，问卷的数据支撑不够充分，主要表现在由于问卷是线上和线下结合的方式进行，所以对于线上问卷的填写缺乏相应的监督。第二，访谈的深度不够，更多隐蔽和深层次的信息还未被挖掘出来，这主要体现在乡村初中教师知识共享意愿方面的相关信息的挖掘。第三，文章的论述的深度需要进一步提升，主要体现在知识共享中关于知识转化的过程还没进行深入研究，希望有机会在日后的学习中能再做完善。

目前乡村教师的发展状况不容乐观。一方面，义务教育阶段城乡发展不均衡，乡村初中教师资源配置不均衡，不少的乡村初中学校因为生源少、生源差、地方偏逐渐被边缘化。另一方面，乡村初中教师知识共享的组织环境也开始恶化，教师发展空间越来越狭窄。但初中阶段的乡村教育作为乡村教育的重要组成部分，在小学教育和高中教育（包括中职教育）中起到承上启下的作用，笔者希望未来能有更多的研究者参与到有关乡村教育、乡村教师、乡村学生以及乡村学校的研究中来，助力国家乡村教育振兴。

附　录

附录 1

乡村初中教师知识共享现状调查问卷

尊敬的老师：

　　您好！

　　感谢您从百忙中帮助我们完成问卷调查。这是一份关于知识共享的调查问卷。调查的结果主要用于本人的硕士毕业论文，答题信息不做公开处理，诚请你根据自己的情况放心作答，在相应的栏目上打"√"。谢谢你的支持与合作！

第一部分　基本信息

1. 你的性别：A. 男　　　　　　　B. 女
2. 你的教龄：

A：0—5 年　　B：6—10 年　　C：11—15 年　　D：16—20 年

E：20 年以上

3. 你的任教学科（多选）：

A 语文　　　　B 数学　　　　　C 英语　　　　D 物理化学生物

E 历史文化政治　F 其他

4. 你的职称：

A：一级　　　　B：二级　　　　C：三级　　　　D：高级

E：正高级

5. 你目前的最高学历：

A：硕、博研究生　B：本科　　　　C：专科　　　　　D：中专

第二部分　知识共享的现状

	完全不符合	不太符合	不确定	基本符合	非常符合
A1. 我了解知识共享的概念					
A2. 我觉得自己的教学知识和平时的教学经验对我来说非常重要					
A3. 我认为与其他老师探讨和分享自己的教学知识和经验十分重要					
A4. 我认为知识共享有利于教师的专业成长					
B1. 我愿意与其他老师分享我的教学知识和经验					
B2. 我愿意主动将自己的教学经验和心得与其他教师共享					
B3. 当同事需要的时候，我乐于提供意见、分享教学心得					
B4. 当我去请教同事教育教学方面的问题时，同事们都很乐意帮忙					
B5. 我愿意与经验丰富、优秀的教师交流学习					
B6. 我把自己的教学知识和经验拿出来分享，相信同事也会把自己的教学知识和经验拿出来和我分享					
B7. 我喜欢与关系较好的同事分享和交流自己的教学知识和经验					
C1. 在日常的教学实践中，我经常进行教学反思并积累自己的知识和经验					
C2. 我拥有良好的沟通能力和逻辑思维能力，能将知识和经验准确清晰的表达出来，转化成别人容易理解的方式					
C3. 当有同事向我讲述他的教学知识与经验时，我能很快的接受这些知识并应用于自己的教学实践					

续表

	完全不符合	不太符合	不确定	基本符合	非常符合
C4. 在日常的教学实践中，我会有意识地将自己零碎的教学知识和经验进行系统化归纳总结，并且能用专业的语言表述出来					
C5. 我了解许多共享知识的渠道，并能通过这些渠道共享知识					
D1. 教师们有充足的时间和精力共享教育教学的知识和经验					
D2. 学校为鼓励教师之间共享教育教学知识和经验建立了一些物质奖励和表彰制度					
D3. 我校教师之间的知识分享、交流的氛围和谐、融洽，教师之间可以畅所欲言的表达自己的观点和想法					
D4. 学校十分重视教师之间知识的交流与共享，并搭建知识共享平台，定期开展知识共享活动（如专家讲座，教研会等）					
E1. 与传统的共享方式（如教研会、评课）相比，我认为网络教研更加快捷、高效					
E2. 我经常观摩其他优秀教师的课堂教学，以便学习和借鉴"					
E3. 我经常积极的与其他同事分享教案和教学心得					
E4. 我经常通过学校的教学网站和其他网络平台和同事交流知识和经验					
E5. 我经常参加学校组织的听课、集体备课等培训活动					
E6. 我经常参加学校组织的专家讲座，教研会议					
F1. 在知识共享的过程中，我们主要共享学生管理和学生身心发展规律等知识					

续表

	完全不符合	不太符合	不确定	基本符合	非常符合
F2. 在知识共享的过程中，我们主要共享自己所教学科的教学知识，解决教学中产生的困惑					
F3. 在知识共享的过程中，我们主要共享除学科知识以外的通识性知识					
F4. 在知识共享的过程中，我们主要共享自己所教学科内容的基本知识、基本原理与技能					

附录 2

乡村初中教师知识共享访谈提纲

1. 谈谈你对教师的知识共享的理解和认识。
2. 凭你的直觉，你认为教师需要专业知识共享吗？为什么？
3. 如果你有可以共享的专业知识或者说是经验，你愿意共享吗？为什么？
4. 你会遇到只能意会不能言传的情况吗？你通常怎么办？
5. 在会议或交谈中，你能准确地把握说话者所要表达的意思，或准确捕捉到你想要的信息吗？
6. 你们最常用的知识共享方式是？
7. 假如你获得了一种可以让自己专业突飞猛进的知识，你愿意和什么人共享？
8. 你认为目前学校在知识共享方面还存在什么样的问题，需要怎样改善？
9. 在对未来教师知识共享的期望是什么？

第二编 小学研学旅行与科技社团问题专题研究

专题六

小学研学旅行的教育价值及其实现路径
——以重庆市为例①

第一章 绪论

一、研究缘起

（一）我国研学旅行起步较晚

在韩国、日本、英国等研学旅行早已并入学校教育系统很多年。随着2016年《关于推进中小学生研学旅行的意见》的出台，我国研学旅行才正式被纳入到学校课程之中，此后各地区中小学开始了如火如荼的具体模式探索。我国学者对研学旅行的关注也越来越多，但是大多数的研究关注在研学旅行中的课程设计、组织模式和主题开发上，对于研学旅行的价值挖掘尚不足。目前，研学旅行尚处于一个逐步探索的阶段，人们缺少对研学旅行教育价值的深入挖掘。因此，对小学生研学旅行教育价值的探索研究很有意义，一方面可以为研学旅行的研究提供

---

① 本专题完成于2020年4月，主编对其做过修改和删节。

理论支撑和新的研究视角，另一方面可以为研学旅行的实践提供更加丰富的理论指导。

(二) 我国研学旅行政策推进力度大

当前，我国教育改革进行得如火如荼，小学教育作为基础教育的重要分支，也已经摒弃了传统教育只重书本知识和考试结果的观念。为了培养学生的综合素质，打造全面和谐发展的新时代创新性人才，国家出台了一系列的政策来保障研学旅行的开展。研学旅行的概念最早出现在2013年《国民旅游休闲纲要（2013—2020年）》中，同时纲要中也包含了我国逐步实施中小学研学旅行的设想。仅仅过了一年，在国务院出台的《关于促进旅游业改革发展的若干意见》中提到各地区要积极进行研学旅行尝试，全国各地教育部门结合自己地域特色和实际情况纷纷制定相应政策推动研学旅行发展。紧接着，2016年旅游局也结合各地区开展的实际状况，推出了中国研学旅游第一批目的地和全国各地优秀的研学旅行基地，以此来鼓励各地区加快研学旅行实施步伐。同年，在《关于推进中小学生研学旅行的意见》中，研学旅行正式和学校课程融合，加入到学生的学分管理系统和综合素质考核系统之中。随着国家不断出台各种政策加大社会各界对研学旅行的关注，我国研学旅行实际开展过程中必然会凸显许多问题，对于小学研学旅行的研究有利于解决我国研学旅行初期发展阶段的相关问题，最终使研学旅行成为素质教育的有力帮手。

(三) 我国研学旅行教育价值的重要性认识程度不够

研学旅行本身就蕴含着丰富的教育价值，可以密切学生和生活之间的联系，强壮学生体魄、开发学生心智、增长学生道德，促进学生对自我、社会和自然内在联系的深刻认识和体验。在中国古代，文人向来有游学之风，既要"读万卷书，又要行万里路"，游与学一直紧密结合。春秋战国时期，老子"骑青牛出函谷关"，游历四方①；庄子沉迷自然山水，"独与天地精神往来"②；孔子周游列国，在《论语》中有"仁者乐山，智者乐水"③的感叹；西汉史学家司马迁在游

---

① 郑好：《试论老子的道法自然观》，《知与行》，2018年第3期。
② 李晓文：《游心任性畅游天地——庄子〈逍遥游〉浅析》，《开封教育学院学报》，2016年第5期。
③ (清) 阮元校刻：《十三经注疏》，中华书局1980版，第2479页。

历中收集口耳相传的第一手资料,加深了对历史人物和各地风俗民情的认识,为写《史记》奠定了坚实基础;徐霞客(1587—1641)把 30 年的游历见闻编撰成了 60 余万字的鸿篇巨著《徐霞客游记》①。研学旅行在国外同样受到关注,亚里士多德就谈到教育要按自然顺序发展,要以儿童的身心发展规律为前提,"第一是要关注儿童身体的发展,随后要注重儿童的情欲培养,最后才教育他们的灵魂②"。对儿童的身心健康发展给予充分重视,有助于改变传统教育重知识轻素质的状况。西方教育家夸美纽斯,是自然主义教育体系的构建者,他认为教育应该符合一种"自然适应性"原则,儿童的成长就像自然界的植物、动物一样,应当顺其自然,符合自然的规律。他提到,旅游与体验相结合的教育方式在人的各个阶段都是十分重要的③。研学旅行中所蕴含的受教育者走向大自然、顺其自然本性而教育的理念对我们今天新时期的素质教育有重要意义,但是多数学校却对研学旅行教育价值的认识程度不够。

(四)我国研学旅行教育价值的现实路径需要明确

世界上有很多国家把研学旅行视为中小学课程中的一门常态课程,比如日本教育部门早在 1968 年就发布了《关于小学、初中、高中远足、修学旅行的通知》,对学生组织宣传、目的地选择、食宿标准、带队教师任务、费用开销和评价反思等都做了详细的指导④;韩国的学生均有机会参与种类繁多的研学旅行,当地教育部门还把学生的毕业旅行纳入到学分管理系统中,规定必须完成毕业旅行这门必修课拿到学分才能毕业⑤。这些国家的研学旅行发展都已非常成熟,而我国的研学旅行才处于规范化的早期阶段,仍然面临着多方面的问题。比如很多教师和家长缺乏对研学旅行价值的清晰认识、研学旅行的权责主体不清晰、学生的安全得不到保障等,这使得研学旅行在实际开展过程中常常无法很好地实现教育价值。解决好这些问题对推动我国研学旅行教育改革、促进中小学生综合素质

---

① (明)徐弘祖:《徐霞客游记》,上海古籍出版社 2010 年版,第 2 页。
② 亚里士多德著、吴寿彭译:《政治学》,商务印书馆 1983 版,第 253 页。
③ 夸美纽斯著、傅任敢译:《大教学论》,人民教育出版社 1984 年版,第 162 页。
④ 日本文部科学省:《小学校、中学校、高等学校等の遠足・修学旅行について》,2017 年 3 月,见日本文部科学省网站(http://www.mext.go.jp/b_menu/hakusho/nc/t19681002001/t19681002001.html)。
⑤ 姜英敏、闫旭:《研学旅行制度建设的国际经验》,《人民教育》,2019 年第 24 期。

的提升、促进教育与旅游产业跨界融合发展都具有现实意义。

二、研究综述

（一）国内研究现状

1. 有关研学旅行定义的研究

国内学者虽然对于研学旅行的研究起步较晚，但是研学旅行在中国渊源却可以追溯到孔子周游列国时期，并且针对研学旅行也给出了自己的定义。2014 教育部司长王定华将"研学旅行"定义为：学生通过集体形式参加的有组织、有计划、有目的的校外参观和亲身实践活动[①]。杨永双等人提到研学旅行是一般由教育部门和学校一起组织，需要学生集体吃住行一起，将旅游体验和探究学习两者结合的综合课程，通常有三个特点：集体为主、德育为先、体验为本[②]。朱立新认为狭义的"研学旅行"是由学校组织、学生参与，以了解社会、学习知识、培养人格为主的校外考察活动，强调了研学旅行的目的性、主体性、时间的短暂性和空间上的不注重距离性[③]。国内对于研学旅行的定义都注重"学"和"游"两个部分，同时也强调课程的体验性。

2. 有关研学旅行意义的研究

近几年对于研学旅行意义的研究也在逐步增多。宋晔等人站在教育学的视角上，分析了研学旅行实行的必要性，认为研学旅行在有效促进个人综合素质上均有重要意义[④]。马希良认为研学旅行作为学校将社会道德与个人品德相结合的有效途径之一，它可以有效解决学生的个人品德培育问题，重视外部因素而忽视内在成长的问题，帮助学生更好地与自然、与社会相处，促进个人品德修养的内化生成[⑤]。除了注重研学旅行的德育价值外，学者王润则认为，开展研学旅行可以弥补

[①] 王定华：《我国基础教育新形势与蒲公英行动计划》，2014 年 04 月 25 日，见中国教育新闻网（http://www.jyb.cn/china/gnxw/201404/t20140425_579535.html）。

[②] 杨永双、邵瑞静：《中小学生研学旅行的发展思路与运行机制研究——以重庆市为例》，《现代中小学教育》，2018 年第 3 期。

[③] 杨艳利：《研学旅行：撬动素质教育的杠杆——访上海师范大学旅游学系主任朱立新教授》，《中国德育》，2014 年第 17 期。

[④] 宋晔、刘清东：《研学旅行活动的教育学审视》，《教育发展研究》，2018 年第 10 期。

[⑤] 马希良：《研学旅行：社会道德与个人品德的对话》，《教育科学论坛》，2018 年第 1 期。

学校分科教学的局限性，也能推动学校实现动静教学模式发展①。吴支奎提出研学旅行对学生的综合素质培养具有积极意义，同时还能丰富学生的理论知识，促进学生自我教育，增强学生的社会责任感②。王晓燕提出在立德树人中进行研学旅行，有利于学生践行社会主义核心价值观；有利于发展素质教育，引导学生主动适应社会；有利于提高人民生活质量，满足学生日益增长的旅游需求③。

3. 有关研学旅行课程的研究

研学旅行课程开发不同于传统的课程，有学者把研究视野放在了研学旅行课程开发上。殷世东提出研学旅行纳入学校课程可以有效改变其混乱的状态，并逐渐形成一套科学的研学旅行效果评价体系，从而不断提高研学旅行的自觉性、有效性、规范化④。也有人从图书馆和学校合作的视角研究课程开发，王牧华等提出各类型的场馆和学校共同合作，为研究性学习提供丰富研究资源和环境支撑，将场馆课程资源纳入到学校课程体系规划中，建立馆校合作的协同机制⑤。张帝以重庆市巴蜀小学为例，认为校本研学课程体系应紧扣育人目标，找准研学旅行在学校课程架构中的定位；要模块化、序列化，整体规划研学课程⑥。

4. 有关研学旅行导师的研究

研学旅行的有序开展离不开研学导师的帮助。研学旅行对教师提出了更高的要求，不光要为学生传道解惑，还要做好学生的安全、食宿与心理健康等方面的工作，因而也有部分学者把视线放在了研学导师的研究上。陆庆祥博士就提出："学校要增加对教师的研学旅行相关知识培训，特别是对教师教学方法和对学生考核方法的指导"⑦。赵晶等人认为教师在研学旅行中担任的角色包括设计者、

---

① 王润、张增田：《研学旅行纳入学校教学的可为与难为》，《教育科学研究》，2018年第10期。
② 吴支奎、杨洁：《研学旅行：培育学生核心素养的重要路径》，《课程·教材·教法》，2018年第4期。
③ 王晓燕：《充分发挥研学旅行在立德树人中的重要作用》，《人民教育》，2017年第12期。
④ 殷世东、程静：《中小学研学旅行课程化的价值意蕴与实践路径》，《课程·教材·教法》，2018年第4期。
⑤ 王牧华、付积：《论基于馆校合作的场馆课程资源开发策略》，《全球教育展望》，2018年第4期。
⑥ 张帝、陈怡、罗军：《最好的学习方式是去经历：研学旅行课程的校本设计与实施——以重庆市巴蜀小学为例》，《人民教育》，2017年第12期。
⑦ 陆庆祥、程迟：《研学旅行的理论基础与实施策略研究》，《湖北理工学院学报（人文社会科学版）》，2007年第2期。

组织者和评价者。教师在研学过程中的指导水平高低，决定了最终研学质量的高低；教师在研学旅行中的组织和管理水平，决定了研学活动的安全开展；教师与家长的沟通能力，决定了研学活动能否得到家长的支持认可①。可以看出，教师是保障研学旅行中每一项活动落实的关键。

5. 有关研学旅行困境及解决方案的研究

许多学者从我国研学旅行的实际开展状况出发，研究了当前所遇到的问题，给出了一些切实可行的方法。于书娟等人认为我国研学旅行存在几点困境：一是重游轻学，主题模糊；二是规划随意，教师缺位；三是一味包办，主体缺失；四是评价片面，模式单一②。钟林凤和谭净把重心放在了师生安全上，强调研学旅行必须构筑相应的安全保障体系③。在研学旅行具体实施过程中，李臣之认为存在着课程教学目标虚化、专业引领与指导不力及教学现场规划缺失问题；必须要学会整合区域内各方面有利研学旅行的资源，同时要把控好开展过程中的具体实施细则才能突破研学旅行的当前困境④。还有很多学者的研究结合了当地的实际情况。钟晓鹏以安徽省为例，调研了当前研学旅行市场的三种运行模式，即：以研学主题为核心的模式、基地＋研学点的研学模式、实践基地为载体的模式。针对研学旅行的可持续发展，提出要凝练研学目的地特色，建设各类型的研学基地，跨区域整合研学资源⑤。刘芳提出了研学基地和政府管理机构需要共同打造研学旅行云平台，通过云平台进行清晰明了的智慧管理，并给出具体细则⑥。田晓伟则从社会资源整合方面提出了公私合作共同治理的新思路，有利于淡化产品的界限属性，以灵活的机制整合各种社会资源，促使研学旅行健康发展⑦。

国内研学旅行教育研究近六年虽然取得了一些成果，但还是存在着以下不完

---

① 赵晶、胡荣：《研学旅行中教师的组织与管理——以"走进徽州"研学旅行活动为例》，《教育科学论坛》，2018年第3期。
② 于书娟、王媛、毋慧君：《我国研学旅行问题的成因及对策》，《教育与管理》，2017年第7期。
③ 钟林凤、谭净：《中小学研学旅行安全保障体系的构建》，《教育与管理》，2018年第6期。
④ 李臣之、纪海吉：《研学旅行的实施困境与出路选择》，《教育科学研究》，2018年第9期。
⑤ 钟晓鹏：《研学旅行市场运行模式探析——以安徽省为例》，《湖北理工学院学报（人文社会科学版）》，2018年第7期。
⑥ 刘芳：《研学旅行云平台建设》，《电脑知识与技术》，2015年第11版。
⑦ 田晓伟、张凌洋：《研学旅行服务发展中的公私合作治理探析》，《中国教育学刊》，2018年第5期。

善之处：多领域的合作研究较少，研究视角单一。从整理的文献来看，已有的大多数研究文献是站在旅游业的视角来看研学旅行，实际上研学旅行是一个涉及旅游学、教育学和经济学等多学科的教育活动。多领域的合作研究非常缺乏，往往一个旅游专业的学者没有掌握教育学的知识，而一个教育专业的学者又对旅游学的知识知之甚少，因此多领域的合作研究就显得尤为重要。研学旅行是一座没有围墙的学校，除了导师和学生的参与之外，还需要与各个景点和部门一起展开合作，公私合作可以成为研学旅行服务发展的治理路向。公私合作是一种广义的模式，泛指政府与社会资本合作向社会提供公共设施和公共服务产品。

（二）国外研究现状

1. 关于研学旅行定义的研究

国外的研究早于我国很多年，根据国际惯例通常把 educational tourism 或者 study tour 翻译为教育旅游。世界旅游组织于 2012 年提出，教育游客是"在通常环境以外的地方旅行和停留超过 24 小时且不超过一年的个人或团体"[①]。2013 年 A. A. Samah 认为受教育者为了获得新知识，而采用旅游的方式去到其它地方学习的行为被称为教育旅游[②]。2015 年 Gunay Aliyeva 等学者认为：受教育者为了学习实践，和其他人一起集体出行到异地的旅游活动是教育旅游[③]。研学旅游在不同的国家可能称呼上有一些细微的差别，美国称为"营地教育"，日本称为"修学旅行"，但是国外的研学旅行都突出了其寓学于游的本质特征。特别是英国、美国和日本等一些发达国家，其研学旅行教育相对比较成熟。

2. 关于研学旅行意义的研究

国外有关研学旅行的研究中，1994 年 Godbey 认为青少年通过游学活动，可以发展自我的身心、自由地锻炼其体魄，强化认知从而摆脱对父母的依赖行为[④]。Wineaster 等人 2019 年提出坦桑尼亚教育旅游业存在语言障碍、培训设施

---

① 李映辉、罗淑梅：《城郊休闲旅游与乡村旅游的异同研究》，《长沙大学学报》，2008 年第 4 期。
② A. A. Samah, M. Ahmadian, "Educational Tourism in Malaysia: Implications for Community Development Practice", *Asian Social Science*, 2013 (11), PP. 17—23.
③ Gunay Aliyeva, "Impacts of Educational Tourismon Local Community: The Case of Gazimagusa", *North Cyprus*. North Cyprus: Eastern Mediterra－nean University, 2015, P. 15.
④ G. Godbey, *Leisure in Your Life*, State College, PA: Venture, University of Pennsylvania State College, 1985, P. 16.

不足、合格的教育工作者短缺、国家课程执行不力以及实习和安置机会有限等挑战，探讨了旅游业和教育机构在研学旅行方面建立伙伴关系的途径，并且评估了这种合作关系对于促进坦桑尼亚经济的发展；提出最佳战略之一是旅游教育工作者和旅游企业之间的有效合作[1]。

3. 关于研学旅行实证的研究

2014年Abubakar等人通过对留学生出国的目的研究，得出鼓励他们出国留学的主要因素包括教育质量和教育设施，当地的文化、公共秩序和生活水平，学费和奖学金等[2]。1997年Stephen J Forth认为国际商务研学旅游课程做到了理论和实践的结合，认为教育旅游应该对其课程设计更加关注，以便更好帮助学生获得进步[3]。2017年Mahachi从国际教育旅游的角度出发，对国际教育旅游奖学金的主要提供者和支持者进行了深入探讨，认为大多数发达国家特别是在国际高等教育中占主导地位的欧洲国家接收那些亚洲、拉丁美洲中等收入国家以及发展中其他较贫穷的国家学生入学，为当地的经济提供了巨大的增长收益[4]。2015年Gilley在其博士论文中通过对弗吉尼亚西南部的传统音乐"弯曲之路"的个案研究，提出文化遗产教育旅游可以与高等教育机构之间进行合作来为乡村提供就业岗位，改善当地的就业环境并且促进经济增长[5]。

4. 关于研学旅行发展趋势的研究

在经济、社会和技术环境不断变化的背景下，2007年Sherri M. Lange在其博士论文中和四川大学联合探究了中美大学生摒弃以往需要跨越地理距离进行研

---

[1] Wincaster Anderson, John J. Sanga, "Academia-Industry Partnerships for Hospitality and Tourism Education in Tanzania", *Journal of Hospitality & Tourism Education*, 2019, PP. 34—38.

[2] Abubakar Mohammed Abubakar, Belal Hamed Taher Shneikat, Akile Oday, "Motivational Factors for Educational Tourism: A Case Study in Northern Cyprus", *Tourism Management Perspectives*, 2014, P. 11.

[3] S. J. Porth, "Management Education Goes International: A Model for Designing and Teaching a Study Tour Course", *Journal of Management Education*, 1997, 21 (2), PP. 190—199.

[4] D. Mahachi-Chatibura, A. Nare, "A Regional Analysis of Tourism Education Scholarships", *Tourism Management Perspectives*, 2017, PP. 155—165.

[5] Gilley, Terence Michael. *Institutions of Higher Education and Cultural Heritage Tourism: A Case Study of the Crooked Road, Virginia's Heritage Music Trail*. Old Dominion University, 2015, PP. 8—15.

学交流的方式，而展开线上文化课程交流的可行性[①]。2018 年 Cathy H. C. Hsu 提出未来的教育旅游研究新视野应当放在危机管理、数据分析、教育学、虚拟现实工具运用、跨国合作学生培养、新的学习环境改善等方面[②]。同年，Ourania 等人分析了传统的教育旅游因为对资源的不合理开发对环境造成了巨大压力和破坏，影响了当地社会、经济和文化的发展，提出要有绿色发展意识，认为体育旅游可以作为替代的方式之一[③]。

国外主要把研学旅行的研究放在了实地考察方面，而且涉及了多个领域的相关研究，结合实地的案例分析，从文化、旅游、经济、教育等方面来进行考察，特别关注研学旅行课程的创新型发展。美国有的大学还开设了课程来专门培养户外研学旅行导师。总的来说研学旅行在国外发展已经比较成熟，但是大多数商旅化气息比较明显。

三、研究目的与意义

（一）研究目的

本文的研究目的主要是从研学旅行教育价值的角度出发，以重庆市六所区县小学开展的实际研学旅行情况为例，梳理在实现研学旅行教育价值时所存在的问题，并对问题的成因进行分类整理，对于研学旅行所面临的问题提出了行之有效的解决方案，从而帮助研学旅行更好地实现其教育价值，也为他人研究提供一些可资借鉴的经验。

---

① S. M. Lange, *Online Study Tour: China and United States. The Feasible Future for all Institutions*. Capella University, 2007, PP. 17.

② Cathy H. C. Hsu, "Tourism Education on and beyond the Horizon", *Tourism Management Perspectives*, 2018, PP. 181-183.

③ Ourania Vrondou, Panagiotis Dimitropoulos, Yiannis Douvis, Vasiliki Avgerinou, "Sustainability in Sport Tourism Education—Theoretical Impact and the Tourism Sector Reality", *Innovative Approaches to Tourism and Leisure*, 2018, PP. 289-299.

(二) 研究意义

1. 理论意义

（1）有利于我国中小学研学旅行理论的完善。笔者从研学旅行的教育价值这一角度出发，通过研究我国小学研学旅行的开展状况，进一步丰富当前小学生研学旅行研究的理论，希望在构建更加完善的研学旅行理论这一过程中能提供一定的帮助。

（2）通过分析我国小学研学旅行在德智体美劳五个方面的教育价值，发现当前小学研学旅行所存在的困境和不足之处，分析其成因，进而提出适宜的改进策略。

2. 实践意义

通过对重庆市区县小学研学旅行的研究，可以为其研学旅行教育价值的实现提出有针对性和改进性的策略，有助于我国研学旅行朝着高质量健康发展，更充分发挥其教育价值；同时也可为其它地区的研学旅行提供重要的参考，从而更好地实现其教育价值。

四、核心概念界定

（一）研学旅行

2016年，教育部等11部门《关于推进中小学生研学旅行的意见》中提出，研学旅行的开展必须有学校、教育部门和第三方机构共同协作，采用旅游体验的方式，在校外集中食宿，以此实现旅游和教育的深度融合，拓展学校教育的范围来培养适应社会发展的综合型人才[1]。此后在2017年国家旅游局发布的《研学旅行服务规范》（LB/T 054—2016）中对"研学旅行"（study travel）给出了确切定义，即"研学旅行的对象主要是中小学学生，采用集体食宿的方式，结合当地旅游资源和社会资源，实现深度探究和学习体验的一种教育旅行活动"[2]。

---

[1] 教育部等11部门：《关于推进中小学生研学旅行的意见》，《山西教育（管理）》，2017年第2期。

[2] 国家旅游局：《研学旅行服务规范（LB/T 054—2016）》，见2016年12月19日文化和旅游部政府信息公开目录（http://zwgk.mct.gov.cn/auto255/201701/t20170110_832384.html.）。

（二）研学旅行导师

研学旅行导师是在开展过程中，负责整个活动的主题研发、课程设计、评价标准等有关事项，同时引导学生进行研学旅行探究的教师。研学旅行让学生学习的场地不再局限于学校课堂之中，因此对教师的要求也和传统教师有所区别。研学旅行导师既要掌握丰富旅游学知识，同时也要精通教育学的知识以及其他相关知识，在研学旅行线路设计环节、研学旅行实际操作中和研学旅行接待过程中起主导作用。研学旅行导师除了拥有传统教师的知识水平外，在突发事件处理、团队组织管理、基地项目讲解和户外体育授课等方面还应精通。

（三）研学旅行基地

研学旅行基地指的是学生在参与研学旅行时学习和生活的场所。

学生在研学旅行过程中所涉及的旅游景点、实训基地、科研院校等一切学习和生活的场地大部分是由政府出资兴建，有些由企业和社会团体修建，通常依托当地现有的自然资源，对不同学龄段的学生提供有关科学、艺术、体育等多种主题的课程活动场所。

（四）教育价值

"价值"本来是归属于经济学领域的概念，它的内涵比较宽泛。在现代汉语中，"价值"通常是指其具体的作用或含有的积极意义[1]。在哲学中，马克思提到价值概念是从那些满足我们需求的东西中产生的，价值是指对我们有用或者使我们快乐的某种物的特征[2]。心理学中 Kluckhohn 给出了最经典的定义，价值是一种内隐或外显的，有关什么是"值得的"（the desirable）的解释[3]。

教育价值有多种解释，《教育大辞典》里关于"教育价值"的理解是教育对人和社会的意义或作用[4]。教育价值在哲学上是指教育现象与人的需求之间的某种特殊的关系，不同的人对这种关系不同的看法即构成了不同的教育价值[5]。从

---

[1] 周中之主编：《伦理学》，北京：人民出版社 2004 年版，第 261 页。
[2] 马克思、恩格斯著，中共中央马克思恩格斯列宁斯大林著作编译局译：《马克思恩格斯全集》，北京：人民出版社 1974 年版，第 406 页。
[3] C. Kluckhohn "Value and Value Orientation in the Theory of Action: An Exploration in Defanition and Classification", New York: Harper and Row Publishers, 1951, P. 36.
[4] 顾明远主编：《教育大辞典（增订合编本）》，上海：上海教育出版社 1998 年版，第 756 页。
[5] 王坤庆著：《现代教育哲学》，武汉：华中师范大学出版社 1999 年版，第 122 页。

社会角度考虑，教育的价值是要满足社会发展或者使其对社会其它方面有益的价值，通常包括两种含义：即教育中的价值和教育的价值①。

笔者认为教育价值主要是结合其当时社会需要，能够满足受教育者适应社会所需的一切特质。2018年的全国教育大会上，习近平总书记强调要培养德、智、体、美、劳全面发展的人。所以，本专题所指的"教育价值"着重表现在研学旅行所蕴含的教育价值能否满足现代学生发展的"德、智、体、美、劳"需要。

五、研究思路与方法

（一）研究思路

在对研学机构进行实地参观考察的基础上，通过查阅相关书籍，以及知网、读秀、国研网、万方等一些学术网站，收集、整理、分析了相关文献资料，从而了解当前关于研学旅行研究的成果与不足，结合相关教育理论，归纳研学旅行在德智体美劳五个方面的教育价值；为更进一步了解研学旅行教育价值的实现情况，对重庆市的研学旅行做问卷调查和访谈，以此来充分了解研学旅行教育价值的发挥现状，并对当前小学开展研学旅行所存在的困境和原因进行分析，为更好地促进小学研学旅行教育价值的实现提供合理建议。

（二）研究方法

1. 文献研究法

文献法是指对已有文献进行查阅、分析和整理并通过对文献的研究力图寻找事物本质属性的一种研究方法。结合本专题需要，通过搜集、分析、整理和比较关于研学旅行的已有研究资料，包括国内外的专著、期刊论文、硕博论文等，理清研学旅行教育价值研究的理论基础，并在此基础上对重庆市小学研学旅行的实际开展情况进行调查和分析，为进一步促进其研学旅行的教育价值实现提供理论指导。

2. 问卷调查法

笔者在暑期参与研学旅行中对重庆市的小学研学旅行进行了基本调查，再结合

---

① 傅统先、张文郁著：《教育哲学》，济南：山东教育出版社1986年版，第107页。

研学旅行的开展，以重庆市主城区、渝东南片区、渝东北片区和渝西片区随机选取六所小学的四至六年级学生为问卷调查对象，在确定问卷调查维度的基础上，设计了封闭式问题、多项选择问题和开放式问题，形成自编《小学研学旅行现状调查问卷》（学生卷）。为了确保问卷的科学性，笔者采用主观评价法对自编问卷进行了检测，将编制好的问卷送给导师、科学研究方法领域的专家以及重庆市学校的教师等修改，同时还采用客观检测，先抽取了一小部分的样本发放问卷，以此来检测问卷的真实性和科学性，并最终对调查问卷进行修改和完善。

3. 访谈法

为了对重庆市小学的研学旅行现状做进一步的了解，笔者还制定了关于教师、学生、家长和研学机构从业人员的访谈提纲，在被采访人员允许的情况下，对谈话进行录音和书面记录，从而更进一步了解重庆市小学研学旅行开展的现实状况，对分析研学旅行开展的困境提供现实依据，以提高研究的深度。

六、研究重点、难点和创新点

（一）研究重点

本专题研究的重点在于从教育学的视角出发，从德、智、体、美、劳五个方面分析小学研学旅行的教育价值。其研究的重点在于找到研学旅行的教育价值是什么，只有依据充分的理论基础和现实状况才有说服力，才能充分挖掘出研学旅行的教育价值意蕴。

（二）研究难点

本专题研究的难点是：小学研学旅行的教育价值和依据实例找到教育价值实现的路径。原因主要在以下几个方面：一是相关文献资料的不足，很少有专门研究研学旅行的著作或者理论，因此只能从教育学中相似的理论借鉴分析。二是当代社会的中小学研学旅行独特的社会背景，造成案例的代表性有所偏差。三是受本人知识储备的不足和研学旅行问题本身的复杂性影响，对其全面系统的分析和深入的研究总结有较大的困难。

(三)创新点

一是总结了研学旅行在德智体美劳五个方面的教育价值,构建了研学旅行五育并举的教育价值体系,以往的学者虽然也对研学旅行教育价值进行过研究,不过研究的维度往往是从某个方面做切入,没有系统整合;二是以重庆市区小学为例进行实地调查研究,获得了研学旅行开展的第一手数据资料;三是对小学研学旅行开展过程中的问题进行了原因分析;四是提出了实现研学旅行教育价值的实践路径,具有较大的创新性。

第二章 研学旅行的发展历程及其理论基础

研学旅行在日本、韩国、和美国等地都已发展较为成熟,并且与学校教育系统融合在一起,中国虽然很早就有研学旅行的历史,但是2016年才被纳入到学校教育系统。近些年来随着国内研学旅行市场的逐步火爆和国家政策的大力推进,研学旅行开始向规范化的方向发展。笔者梳理了我国研学旅行发展的历程,以便更好地把握当前我国的实际发展情况,透彻了解其发展轨迹,研学旅行的发展大致可以分为三个阶段:第一阶段是研学旅行的自由发展阶段,第二阶段是研学旅行的试点探索阶段,第三阶段是研学旅行的规范化发展阶段。

一、研学旅行的发展历程

(一)研学旅行的自由发展阶段

中国研学旅行有非常久的历史,最早可以追溯到孔子周游列国时期。"游学"

一词首先出现在《史记·春申君列传》中的"游学博闻"①。战国时期兴起的游学风气，后来逐渐演变为"读万卷书，行万里路"，比如西汉司马迁二十岁就游历天下，"二十而南游江淮，上会稽，探禹穴"②，为《史记》的创作提供了丰富的素材。南宋时期把游学当作有益学习的方式，"学者只守一乡，则滞与一曲，隘吝卑陋。必游四方，尽见人情物态，南北风俗，山川气象，以广其闻见，则为有益于学者矣"③。在元代的时候，游学也是一种十分流行的学习方式，那个时候的游学方式包括到各个儒学游学、到国子学游学、民间拜师游学以及到地方书院、义塾游学等④。研学旅行作为一种增长见闻、丰富学识的学习方式在古代有非常深厚的土壤，古人崇尚"游""学"相长，一方面可以在游历过程中习得知识文化同时向博学的智者请教，另一方面也能在游学的过程中了解时事民生为以后的仕途发展奠定基础。

到了洋务运动时期，为了谋求变法拯救风雨飘摇中的旧中国，清政府在1872—1875年先后外派了一百二十多名留学生到美国深造，以此期望留学生带回先进的科学技术。到了20世纪30年代，在校长汪达之的组织下，江苏省淮安县新安小学的14名学生组成了闻名中外的第一个少年儿童抗日团体——新安旅行团，他们践行陶行知的"生活即教育，社会即学校"教育主旨，以修学旅行的方式开始走向全国，唤醒群众，治国救亡，宣传抗日救国的道理⑤。

中华人民共和国成立以后，我国研学旅行主要是借鉴邻国日本的做法，称作"修学旅行"。学生主要是参加国家与国家之间的共同举办的修学旅行。北京市从1985年开始正式接待日本修学旅行团，在1993年专门为来我国参加修学旅行的日本青少年设立了修学委员会，与此同时在上海也成立有关修学旅行的专门指导委员会；随后到2001年，我国旅行总社联合澳大利亚、新西兰的旅游社等一起组织了有关修学旅行的研讨会；2003年在上海，相关机构整理出版了《修学旅

---

① 涂春容、粟斌：《游学教育发展脉络探究》，《遵义师范学院学报》，2012年第2期。
② 于龙：《语文世界的精神游历：从学界对话开始——读〈语文新课程名家访谈〉》，《语文建设》，2012年第5期。
③ （宋）王铚：《默记》，北京中华书局1981版，第51页。
④ 申万里：《元代游学初探》，《中国史研究》，2006年第2期。
⑤ 李燕：《国难背景下的修学旅行——新安旅行团研究（1935—1945）》，江西师范大学硕士学位论文，2014年，第2页。

游手册》。此时的修学旅行目的地还主要是集中在海外地区；目的也是为了拓展国际视野、培养学生的跨文化交际能力、提升学生外语能力或者是为了学生出国做准备；参与的费用也比较昂贵，学生主要集中在北京、上海、广东等地区。此时的研学旅行还处于自由发展阶段，主要由市场上的旅行社组织开展，参与全凭学生自愿，费用高昂，目的地以国外为主。

（二）研学旅行的试点探索阶段

随着教育改革的逐步推进，为了适应新时代发展的需要，新课程改革强调要培养学生的综合素质，研学旅行作为综合育人的途径开始受到青睐。在《中国研学旅行论坛》上，林崇德教授指出"研学旅行受到教育部高度重视的原因，是因为它不仅契合教育发展的需要，同时它也是打通中国教育与国际教育的桥梁，参与国际竞争，努力将我国从教育大国提升为教育强国的必由之路"[①]。2012年，教育部公布全国8个省（区、市）首批研学旅行相关的前期实验地区，如在安徽、上海、重庆等，并确立了天津滨海新区、湖北省武汉市等12个地区为全国中小学生研学旅行实验区。

在研学旅行第一批试点之后，各个试验区均积累了丰富的经验，并取得一些不错的教育成效。2013年，国务院办公厅就在《国民旅游休闲纲要（2013—2020年）》里提到要将研学旅行在中小学教育中逐步推行开来，鼓励学校组织学生进行课外实践活动并充分结合寓教于游的教育理念，同时与相关机构一起，共同健全学校旅游责任保险制度[②]。2014年举办的全国第十二届基础教育学校论坛上，教育部王定华司长在会上作了《我国基础教育新形势与蒲公英行动计划》报告，对研学旅行的定义进行了阐释。同年8月，《关于促进旅游业改革发展的若干意见》中提到我国中小学要切实开展研学旅行，把研学旅行与夏令营、冬令营一起作为促进学生德智体美劳全面发展的有力帮手，拉近学生和大自然大社会的距离，充分发挥锻炼学生的探究实践能力等[③]。安徽省合肥市中小学将研学旅行

---

① 人民日报：《聚焦核心素养 第三届中国研学旅行论坛在京举行》，见2018年8月23日百家号官网（https://baijiahao.baidu.com/s?id=1609556993044862793&wfr=spider&for=pc）。
② 国务院办公厅：《国民旅游休闲纲要（2013—2020年）》，《中国乡镇企业》，2013年第3期。
③ 国务院：《国务院关于促进旅游业改革发展的若干意见》，《中华人民共和国国务院公报》，2014年第25期。

的成绩纳入学分统计,全国许多地方举办了专门的研学旅行研讨会议,有些地方联合景区打造了研学旅行基地,有些学校把研学旅行纳入到综合素质考察表中。总的来说,在研学旅行的试点探索阶段,充分地调动社会各界力量,努力探寻了中国研学旅行的发展之路,各地区学校都在寻找适合自己的研学旅行之路。

(三)研学旅行的规范化发展阶段

第一是出台了研学旅行相关的各种政策。比如,2016 年国家出台了《教育部等 11 部门关于推进中小学生研学旅行的意见》,在里面专门提出不同的地区要结合实际情况,制定相关的研学旅行指南,把研学旅行以文件形式纳入学校教育,从而加快研学旅行课程和学校教育课程的充分融合,遵从教育性原则、实践性原则、安全性原则和公益性原则,促进研学旅行健康发展[①]。这一年,从国家层面正式将研学旅行纳入到中小学课程之中,为研学旅行规范化发展开辟了道路。在此背景下,除了学校之外还有很多专家学者、民间公益组织和研学机构等也积极利用自己优势,探索研究研学旅行在理论和实践等方面的路径。2017 年,教育部出台了《中小学生综合实践活动课程指导纲要》,在研学旅行中课程设计这一问题上提供了指导;由原国家旅游局发布的《研学旅行服务规范》也从2017 年起正式实行。这些政策和指导纲要的出台为学校开发相关研学旅行课程提供了重要指导,并保障了开发的有关课程的具体实施。各地区都积极响应国家号召,根据自己的实际情况,充分挖掘自身潜力和优势,制定并推出了相应的研学旅行政策,极大地促进了研学旅行和学校教育体系深度融合,比如安徽省、陕西省和重庆市等,政策的出台推动研学旅行走上了规范化的发展道路。

第二是社会上出现了许多研学旅行相关的联盟组织。比如,2017 年成立的中国研学旅游推广联盟,这个联盟是目前第一个由国家旅游局主导、各省市的旅游局共同组织发起的官方联盟,北京、安徽、广东、上海等多个省市都已加入其中。除此之外,还有知名联盟比如中国研学旅行联盟、中国研学旅行目的地联盟、中国研学旅行教育旅游联盟等(有些联盟早在 2017 年以前存在,其后进行了整改)。在这些联盟的组织下,官方政府机构、高校专家学者、知名研学机构、

---

① 教育部等 11 部门:《关于推进中小学生研学旅行的意见》,《山西教育(管理)》,2017 年第 2 期。

传统旅游企业等多方力量共同加入其中，帮助研学旅行走上规范化发展和高质量发展道路。

第三是各地区结合自身资源，打造了一批具有区域特色的研学旅行基地。2018 年教育部公示了首批"全国中小学生研学实践教育基地"。比如全国知名红色旅游景区和爱国主义教育基地，拥有着以"红岩精神"为核心内涵的重庆红岩革命历史博物馆；和许多科研院校共同建立研学旅行基地，促进自然科学教育和社会生态环境教育的安徽黄山风景区；拥有详细的图文资料、丰富的馆藏展品和现代化的交互设备，再现我国航天光辉事业的中华航天博物馆等。

二、研学旅行的理论基础

（一）自然主义教育理论

在自然主义教育理论中，人们为了使教育逐步科学化做出了努力，对教育的本质进行了积极的探索，对于现在的教育仍有积极作用，其中研学旅行就是自然主义教育的衍生。自然主义教育理论在柏拉图的《理想国》中就有萌芽的种子，接着夸美纽斯受当时科学技术发展的影响首先提出自然主义教育，随后卢梭在《爱弥儿》中对自然主义教育进行更加丰富的延伸。中国自然主义教育思想，源自以老庄为代表的先秦道家"无为""行不言之教"等理念[①]。随后儒家提出的"求其放心"，到嵇康的"越名教而任自然"，再到柳宗元的"顺木之天以致其性"，最后到蔡元培的"尚自然""展个性"[②]，都有中国自然主义教育的身影。

1. 研学旅行要使人按自然规律发展

自然主义教育推崇的"顺应自然"中有两个十分重要的观点：第一是遵循自然界本身固有的规律，把人当作自然的一部分，人的发展和教育当然也要遵守自然的规则；第二是对学生的教育不可以违背其身心发展规律和本性[③]。亚里士多

---

① 陈晓康：《中国自然主义教育的历史渊源及其现代启示》，《内蒙古社会科学（汉文版）》，2006 年第 6 期。

② 黄立志：《论中国自然主义教育思想》，《长春工程学院学报（社会科学版）》，2001 年第 4 期。

③ 夸美纽斯著、傅任敢译：《大教学论》，北京：人民教育出版社 1957 年版，第 101 页。

德认为教育应该遵循一种自然的秩序,"首先要注意儿童的身体,其次留心他们的情欲培养,然后才及于他们的灵魂"①。自然主义教育中把儿童身心发展放在首位的教育理论正是研学旅行的理论根据,和我们现代所提倡的素质教育相一致。卢梭提出教育的自然适应性原则认为教育应该符合人成长的自然发展进程,根据不同的年龄特征,采用符合其本性的方法施教,要结合儿童的本性与天性的自然发展,按照其自然发展的不同要求、顺序进行发展②。学校里传统的灌输式教育,违背了人的身心发展规律,使学生活泼好动的天然本性受到抑制,研学旅行可以通过设计和实施适合不同阶段学生的研学活动,使学生的成长按自然顺序发展。自然主义教育理论包含着深刻的教育哲理:儿童的身心发展有其自然规律,教育应当顺应儿童的天性,遵循和尊重这些规律而不能与其对抗③,教育的场所可以从有限的学校扩展到广阔的大自然和开放的社会,而研学旅行正好做到了教育空间的延伸,让学生去触摸、感知和体验真实的世间万物,构建和社会的深刻联系。

2. 研学旅行用旅游的方式给人以教育

卢梭认为实践行为在对学生的教育过程中十分重要,教育者的口头训示即"灌输式"的教育效果是非常不理想的,受教育者只是被动接受书本知识,而如果想要达到真正的教育目的,只有让学生身临其境。通过旅游可以让学生做到"没有一处海洋、河流和泉水里的鱼类你不知道。天空中的飞鸟,森林里或果园里的一切灌木和乔木,生长在地面的各种矿产以及世界东方和南方可以见到的各种各样的宝石,所有这一切你都应该知道。"④ 通过旅游这种方式,让学生置身于广袤的大自然大世界中,让他们在旅游体验和实践中探索自然的奥秘和万事万物的真谛。

(二)建构主义理论

建构主义理论十分重视学习者的自觉能动性,它将学习看作是学习者在已经拥有的知识经验的基础上生成新的意义和构建新的理解的过程,这一过程通常是

---

① 亚里士多德、吴寿彭译:《政治学》,北京:商务印书馆1983版,第395页。
② 杨汉麟、周采:《外国幼儿教育史》,南宁:广西教育出版社1993年版,第105页。
③ 胡碧霞:《自然主义与幼儿教育》,合肥:安徽少年儿童出版社2010年版,第125页。
④ 华东师范大学教育系、浙江大学教育系编:《西方古代教育论著选》,人民教育出版社2001年版,第344页。

在不同的社会文化交流互动中完成的。建构主义的最早提出者皮亚杰指出儿童对外部世界的认知，是通过与儿童所在的环境一起帮助建立的，随着时间的推移，然后不断和外界环境交流，从而影响儿童自我的内在认知，丰富其内心世界达到教育意义。学校的讲授虽然也能向学生传递知识，但是教师不能从学生卷面分数判断其是否真正能运用知识，需要学生从个人的实际经验中逐步领悟、构建自己对知识的理解，从而真正内化为自我的知识[①]。构建主义理论还十分重视社会文化、历史背景在学习者的认识过程中所起的作用，将"活动"和"社会交往"这两个因素在个人的心理机能发展中给予较高的地位。

1. 研学旅行要创设知识运用的情境

建构主义的知识观强调知识运用的情境性，当学生在面临实际问题时，不是简单的对已有知识的提取就能解决问题的，而是需要在具体的情境中对已有知识的改组甚至创造来解决实际问题。研学旅行能够创设知识运用的情境性，带学生走出校门，脱离教条式的分数考核，拥抱大自然的山川风月，重温历史遗迹，触摸科技前沿，体验竞技项目等，在具体的情境中把握知识的复杂变化，有助于学生在实际情境中运用原有知识和拓展新知识。

2. 研学旅行要注重学生对知识的主动构建

建构主义的学习观认为学生不是被动地从老师那里接受信息，知识的学习汲取过程并不是简单通过老师的讲授传递到学生耳朵，而是在老师的引导协助下，学生在自己已经获得的知识、经验的基础上，对其进行主动构建。每次研学旅行都可以为学生积累新的实际经验，通过一次次的旅行，学生对小到对身边的人际交往，大到对宇宙天体的运转都有了自己独特的见解，这些经验都有可能在学生心中产生兴趣的萌芽，让学生学习更加主动。

3. 研学旅行要提倡教师的引导作用

在对待师生的关系定位上，建构主义认为教师不应是单纯给学生讲解知识的人，而是在学生学习过程中，提供引导、激励和帮助的鉴定支持者[②]。在其研学

[①] 杜学元主编、洪显利编著：《教育心理学的经典理论及其运用》，北京大学出版社 2011 年版，第 98 页。

[②] 刘景颖：《建构主义学习理论及其对教学的影响》，《福建师专学报（社会科学版）》，2001 年第 6 期。

旅行中，教师可以利用大自然大社会的真实情境，为学生构建相应的问题环境，激励学生对问题的处理方式给出多种答案，将学生已经获得的知识经验差异看作一种宝贵的资源，通过引导学生相互交流、探究合作、质疑考证，帮助学生在实际情况中运用所学知识解决问题，构建起知识的意义。在学生解决问题的过程中，教师主要是提供相关线索，从而有意识地培养学生的自主学习能力。研学旅行将学生置身于一种开放真实的教学环境中，发挥教师的引导作用，能让学生积极合作，把书本知识和现实社会进行构建连接。

（三）多元智能理论

加德纳提出了多元智能理论并从新的维度来审视个体发展，他认为我们每个人都拥有八种主要智能：语言智能、逻辑—数理智能、空间智能、运动智能、音乐智能、人际交往智能、内省智能、自然观察智能。他扩展了评估学生素养的范围，主张"情景化"的评估，这种评估的方法对于研学旅行有很高的借鉴意义。

1. 研学旅行要强调学生的个性化发展

在传统教学中，教师关注的重心通常在培养学生的逻辑—数理智能和语言智能上，忽视了学生其它方面的智能发展，而多元智能理论为学生的个性化发展提供了最为恰当的理论支撑。多元智能理论给予每种智能相同的权重，在解决实际问题中强调多种智能统筹协作，共同发挥作用。学生的智能发展具有差异性特征，这种特征正是由于不同学生所处环境和所受教育的不同而产生的不同表现，学生所擅长的智力强项不同，所接受的学习方法也要有所差异，教师的教学方法要因材施教，要考虑到学生的个体差异性；学校要尽可能地给学生提供其智能开发机会，激发和挖掘学生的潜能，发现每一个学生的优势和特长，打破以学习成绩为中心的考量标准，注重学生在未来社会中解决问题走向成功的能力。学生在研学旅行中即能习得新知识和增长解决实际问题的能力。

2. 研学旅行要注重评价的多元化

多元智能理论在评价方面为研学旅行提供了适合的理论基础。我们了解到不同学生的认知过程和智能结构都存在着明显的不同，光凭学业成绩不能发现学生认知结构上的差异。因此，不能只是单方面注重研学旅行结束后的评价，还应该加强研学旅行中的评价，而且不同基础水平的学生应给予不同的标准和要求。同时，要把家长、研学导师、基地人员、带队教师等都纳入评价学生表现的队伍中来，把多方的评价结果结合起来，尽可能对学生研学旅行表现做到公平、全面和真实的评价。

（四）生活教育理论

生活教育理论中提到学生的现实生活决定学生最终所受的教育。在陶行知看来，教育的最终意义是引起生活的变化，然后我们生活随时随地都在变化之中，所以生活本身随时也都有了教育的含义①。研学旅行按规定要在小学至大学阶段中开展，囊括了学生的全部学习阶段。陶行知所提到的生活是指人类以自身的长远生存发展为目的而进行的行为，我们教育的出发点就是要对人类的生活带来积极的变化，因此生活和教育是不可分割的一个整体，生活中充满了许多教育的意义，是补充学校教育的重要渠道；同时，学校的教育总是为了学生实际的生活而进行，被生活本身所左右。一个人所受到的教育取决于他渡过了什么样的生活，"过劳动的生活便是受劳动的教育，过艺术的生活便是受艺术的教育"②。国家把研学旅行纳入到中小学教育计划之中，就是希望教育回归到学生的生活，引起学生实际生活的积极变化。

1. 研学旅行要让生活教育伴随人始终

陶行知倡导将教育最终落脚到学生的生活，不可使教育脱离了学生的实际生活而进行。"生活教育理论"完美地诠释了教育源自生活的哲理，体现了"教育源于生活，教育需要生活，教育为了生活"的理念。"生活与生活一摩擦便立刻起教育的作用"③，生活与生活的摩擦促使生活发生了改变，而正是这种改变带给了我们新的经验和教训，就产生了教育。其实生活能够起主导作用的原因在于"生活与生活摩擦，便包含了行动的主导地位"④，恰恰是这种摩擦对我们的行动产生了影响，在实践中指导着我们的生活，由此产生了深刻的教育意义。只要我们需要生活，那便处处充满教育意义，这含有终身教育的理念。研学旅行主动加强了学生和社会的紧密联系，教育部等11部门《关于推进中小学生研学旅行的

---

① 华中师范学院教育科学研究所编：《陶行知全集》第2卷，长沙：湖南教育出版社1984年版，第633页。
② 华中师范学院教育科学研究所编：《陶行知全集》第2卷，长沙：湖南教育出版社1984年版，第288页。
③ 陶行知著：《陶行知文集》，南京：江苏人民出版社1981年版，第528页。
④ 陶行知著：《陶行知文集》，南京：江苏人民出版社1981年版，第529页。

意见》中建议把研学旅行的时间安排在小学四到六年级、初中一到二年级、高中一到二年级,加强在校学生与社会的接触,增加他们对生活的了解,有助于学生在不同的年龄阶段对生活产生新的认识,并且贯穿于其一生。

2. 研学旅行要促使人的自我觉醒

教育来源于生活,并且对生活具有反作用以此来改造更美好的未来。"前进的生活来引领人们脱离落后的生活,促使大家一起走向前进的生活中,这样才能促使真正的教育发生"①。生活当中充满着好的教育引领人,改造人的最终结果就是让我们在以前的生活基础上,最终通过社会实际生活的锻炼引导新生活的产生。教育来源于生活,最终的落脚点也是要回归到学生的生活中。研学旅行中学生有机会接触到现实情境的生活,促使学生从中获得感化进而改造原来的旧生活,培养学生适应未来生活的各种能力,最终过上美满生活。同时,通过学生的改造进而能改造社会,更新社会中的现有科学技术文化知识,促使整个社会的更新。

3. 研学旅行要让学生提前适应变化的世界

"生活教育理论"突破了传统教育以书本和课堂为中心的桎梏,以追求"活的生活"为中心,以"生活的、行动的、大众的、前进的、世界的、有历史联系的特质"② 指导教育教学活动全过程。当今社会飞速发展,互联网带给世界翻天覆地的变化,许多新的知识、新的技能、新的观点不断出现,以往在校园中所诞生的"人才"很难完全适应社会的需求。因此研学旅行正好可以与"生活即教育"理念相契合,把校园之外的生活有目的和选择地带入到校园之中,让学生提前适应这个变化多端的世界。

研学旅行在我国和西方都有其丰富的理论根基,所提到的自然主义教育理论、建构主义理论、多元智能理论和生活教育理论所蕴含的教育思想有助于挖掘研学旅行的教育价值,同时也为小学研学旅行的教育价值实践提供了不同的启发。本研究在对小学研学旅行价值的研究正是非常注重挖掘研学旅行这些特质,吸收其理论具有现实意义的思想。

---

① 陶行知著:《陶行知文集》,南京:江苏人民出版社1981年版,第530页。
② 董宝良主编:《陶行知教育论著选》,北京:人民教育出版社1991年版,第462页。

第三章 小学研学旅行蕴含的教育价值

研学旅行在我国历史中源远流长,一直有着举足轻重的地位,从 2016 年我国把研学旅行纳入到中小学教育体系之中后,研学旅行开始了蓬勃的规范化发展。在 2018 年的全国教育大会上,习近平总书记强调要构建德智体美劳全面发展的教育体系,笔者据此主要从德智体美劳五个方面来挖掘研学旅行的教育价值,从而更好地指导我国研学旅行的实践,提升研学旅行的质量。研学旅行具体教育价值结构如表 6-1 所示。

表 6-1 研学旅行教育价值结构表

体系		目的	意义
研学旅行	德育价值	研学旅行帮助学生实现道德品质教育目标	1. 拓宽道德知识的学习 2. 增强道德行为的训练 3. 实现道德情感的体验
		研学旅行帮助学生实现政治教育	1. 通过"乡土乡情",引导学生热爱家乡 2. 通过领略祖国风光,根植爱国主义情怀 3. 通过传承红色文化,坚定共产主义信念
		研学旅行帮助学生实现思想教育	1. 形成正确的世界观 2. 形成正确的人生观 3. 形成正确的价值观
	智育价值	研学旅行能拓展学生的知识面	1. 摒弃书本知识为主的弊端 2. 提供生成性教育资源 3. 实现跨学科融合教育
		研学旅行能发展学生智力	1. 发展学生思维力 2. 发展学生观察力和注意力 3. 提高学生记忆力和想象力
		研学旅行能培养学生能力	1. 增强学生交往能力 2. 培养学生创新能力

续表

体系		目的	意义
研学旅行	体育价值	激发学生体育兴趣，促进身体健康	1. 激发学生体育兴趣 2. 培养学生良好锻炼习惯 3. 教给学生正确锻炼方法
		增长学生体育技能，发掘运动潜力	1. 增长学生体育技能 2. 增强学生体质 3. 发掘学生运动潜力
		促进学生心理健康，提高社会适应能力	1. 磨炼学生意志 2. 培养学生的竞争意识 3. 促进学生心理健康发展
	美育价值	研学旅行构建了美育的现实渠道	1. 拓展了美育的维度 2. 成为学生健康成长的调节剂
		研学旅行增加了独特的审美途径	1. 用旅游给人以美育 2. 以实际情感增强美育
		有利于爱美教育向审美教育、创美教育的升华	1. 爱美教育向审美教育转变 2. 爱美教育向创美教育的升华
	劳育价值	研学旅行能改变劳动观念，培养劳动习惯	1. 改变劳动观念 2. 培养劳动习惯
		研学旅行能转变劳动态度，增进劳动情感	1. 转变劳动态度 2. 加深劳动热爱
		研学旅行培养善于创造、勇于创造的品质	1. 劳动教育融合时代特征 2. 劳动中培养学生的创新品质

一、小学研学旅行的德育价值

（一）研学旅行帮助小学生实现道德品质教育目标

1. 拓宽道德知识的学习

小学是学生道德品质培养的奠基阶段，抓住小学道德培养的关键期对以后学生终身的道德品质养成具有重要意义。但是在以往的学校教育中，我们不难发现德育课程是渗透在语文、数学、外语等科目中的隐性课程，缺乏了生活的气息。学者高德胜提到真实有效的德育必须从生活出发、在生活中进行并回到生活，且道德同生活一体，生活是道德生长的土壤，没有生活的道德，将是一种不可实施的"无土栽培"①。因此，学生道德的发展必须要有生活做根基，离开了现实生活情境的道德教育是空洞抽象的。

单纯的思想品德课程对于小学阶段的儿童来说枯燥无趣，学生由于缺乏对实际社会的了解，书本的文字说明难免晦涩难懂，渗透在其他学科中的道德内涵往往又教育效果甚微。而研学旅行的出现丰富了小学的德育课程，是一种德育培养的新途径。让学生通过旅游的方式，去触碰现实，感知社会，将学生在学校中习得的"知、情、意、行"有针对性地放大，在真实的研学旅行中积累起丰富的社会体验和人生感悟，形成强烈的社会责任感，铸就良好的个人道德品质。

2. 增强道德行为的训练

小学生不论哪一种良好道德品质的形成，都要经历反复的练习，最终才能内化成学生稳定的道德品质。传统的小学德育课程对于学生的道德评价相对单一，主要是依托于思想政治品德课的考卷来检验学生的道德水平。而这种对道德认知的检测远远不够，学生道德水平的高低主要是落实在学生最终的道德行为上。研学旅行作为一门校外的综合课程，与学校的其它课程相比，非常强调课程的体验性和实践性。研学旅行可以督促学生在自身体验中加深道德认知，同时在与人交往和与社会互动中对自己的道德行为进行检测。研学旅行是学生道德行为检验的试金石，把德育的课堂搬到了大自然大社会的环境中。学生在研学过程中，不光要与熟悉的同学和教师交往，还要和社会上的陌生人接触，同时也面临着是非判断、价值观的抉择，让学生身临其境的去体验真实的道德环境，是学校道德课程学习的一次真实性考卷。小学阶段的研学旅行每次都在不同程度加深学生的道德认知，并促使学生把道德认知最终落实到道德行为上来。

3. 实现道德情感的体验

陶行知在生活主义理论中提到，学生从自我发展为社会化的个体，主要是通过集体生活来实现的。要想让学生习得社会人的优秀道德品质，只有让学生去过集体的生活，在集体生活促使学生从"自然人"到"社会人"的转变。研学旅行通常是一个班集体或者年级出行，在研学导师或带队教师的帮助下，课程的实施坚持集体"食、宿、学"的方式，这样给学生更多的机会去与人交往，在集体生活中

---

① 高德胜：《生活德育简论》，《教育研究与实验》，2002年第3期。

实现道德情感的体验。卢梭在自然理论中曾提到要让学生15岁以前,暂时离开城市去到乡村,把他与没有道德的、堕落的城市相隔离,使他生活于自然的环境中接受自然的教育①。研学旅行给予学生机会在自然环境中做到道德的有效内化吸收,最终把道德条文转变为自己的道德涵养。德育存在于学生的实际生活中,存在于人际交往中,是一种体验内化的过程,脱离了现实社会就不可能滋养德行②。生活充满了酸甜苦辣,只有让学生自己去真正体验才能丰富学生的精神世界。

我国学校德育工作常常浮于道德条文表面,学生接触的是堆砌的文字,能在德育课上考高分并不意味达到了真正的德育效果,说与做形成了两张皮。通过研学旅行,教师对学生的道德教育能回到生活状态中,让学生在生活中完成德育知识的内化,当代很多小学生在家庭中没有办法去过真正集体的生活,他们大多数被家人宠溺,很多家长把学生的学习成绩放在了首位,难以培养学生全面的道德品质。在研学旅行中,学生在集体中习得优秀的道德品质,在集体中懂得规范个人的不良行为。在研学导师的带领下,通过集体合作探讨的方式,学习中华民族传统的文明礼仪和道德品质,培养良好的生活和学习习惯,做有理想、有担当的社会主义接班人。

(二)研学旅行帮助学生实现政治教育

1. 通过"乡土乡情",引导学生热爱家乡

《关于推进中小学生研学旅行的意见》中提出,各地区在设计研学旅行课程时,要充分考虑学生的年龄特点和本土现有资源,建立起以乡土乡情为主的研学旅行课程体系③。可以看出小学阶段的研学旅行课程开发把乡土乡情放在了重要位置。杜威认为,"存在两种学习的自然划分,一种是学校里的书本学习,另一种是更为直接和有生气的校外生活的学习"④。乡土乡情的研学旅行活动让学生和校外现实生活融为一体,带领学生感知家乡厚重的历史文化,让学生在亲身实践

---

① 相力:《卢梭自然主义道德教育思想简论》,《太原师范学院学报(社会科学版)》,2011年第4期。
② 韩晶著:《教育价值通论》上册,沈阳:万卷出版社2007年版,第166页。
③ 教育部等11部门:《关于推进中小学生研学旅行的意见》,《山西教育(管理)》,2017年第2期。
④ 约翰·杜威著、吴志宏译:《学校与社会.明日之学校》,北京:人民教育出版社2005版,第251页。

中了解乡土乡情对社会发展所做的贡献。回归乡土乡情的研学旅行，能勾起学生对于家乡的认知，通过实地考察，了解当地本土特色、本土文化，追忆本土传统，将自我和家乡紧密结合，让自己的成长生活扎根在乡土情怀之中，进而热爱家乡。

2. 通过领略祖国风光，根植爱国主义情怀

小学生在参与以自然资源为主的研学旅行时，看到、听到、摸到、感受到祖国的壮美，陶醉于祖国美丽的自然风光和广袤的土地，再加上研学旅行导师的辅助讲解，让学生在自然环境中品味鉴赏祖国的美丽，从而激发起爱国情感，张开富于想象的翅膀，赞颂祖国河山之美，抒发爱国之情。研学旅行中要善于捕捉小学生的这种淳朴、自然、真挚的爱国情怀，并给予正确教育和引导，让孩子从小就萌发爱国主义种子。研学旅行不同于单纯的普通旅行，不是游而不学，而是让学生在真切的大自然中饱览祖国风光，熟悉和了解祖国的山川风月，从小根植爱国主义情怀。

3. 通过传承红色文化，坚定共产主义信念

红色资源作为一种承载了党的革命史、奋斗史、英雄史的重要资源，体现了我们共产党人的崇高理想、坚定信念和爱国情怀，展现了革命先辈的高尚品德、革命精神和伟大情操，是社会主义核心价值观的重要思想源泉及构成之基。陶行知提出"社会即学校"，要动用社会的力量来使学校的人进步，学校的资源有限，而丰富的红色旅游资源成为了学生培养爱国主义情怀的有力助手。这些红色文化蕴含十分丰富的历史内涵，承载着中国几代人崇高的理想，展现出极强的教育意义，也是中国社会主义核心价值观的重要体现。正如习近平同志所说的青少年时期价值观的形成和确立，"就如同穿衣服扣扣子一样，人生的扣子从一开始就要扣好。如果第一粒扣子扣错了，剩余的扣子都会扣错"[①]。研学旅行组织小学生去参观红色革命景点、聆听革命前辈事迹、观看历史文物等，能培养学生从小形成正确的政治态度和立场，继承共产党人的初心，坚定共产主义信念。

（三）研学旅行帮助学生实现思想教育

1. 形成正确的世界观

世界观是一个人对整个世界的根本看法，世界观建立于一个人对自然、人

---

① 《人生的扣子从一开始就要扣好》，见 2017 年 5 月 4 号人民网（http://theory.people.com.cn/n1/2017/0504/c40531-29252722.html）。

生、社会和精神的科学的、系统的、丰富的认识基础上，它不仅仅是认识问题，而且还包括坚定的信念和积极的行动。小学阶段正是学生认识世界、了解世界的初期阶段，要想培养学生正确的世界观，就要让他们去认知、去感受、去了解当代社会的真实状况，从而更好地认识世界，提高主观能动性，适应未来的生活。研学旅行为小学生提供了认识客观世界的渠道，能够让学生从学校的围墙中去到现实社会中与客观世界互动，从而形成学生正确的世界观。

2. 形成正确的人生观

人生观是由学生的生活环境和实践生活左右的，不同的人由于从小所受的教育、生活环境和实践的不同造成了人生观的不同。正确的人生观会指引学生开辟正确的人生道路，错误的人生观会让学生最终的发展和正道背道而驰，还有可能成为破坏社会秩序的人。研学旅行中，导师可以结合旅游体验有针对性地采用不同的方法积极引导学生形成正确的人生观，让学生对事物的善恶、美丑、是非进行甄别。同时，一方面教育引导学生学习榜样的英雄行为和先进事迹，另一方面让学生通过接受榜样精神的感染、熏陶和激励，思想境界得到净化和提升，树立正确的人生观，激发和强化良好的道德行为。

在研学旅行中，学生参观一些特色的红色革命圣地和名人故居等，直接面对面的接触榜样人物、聆听榜样故事，这些对于小学生都具有榜样教育作用。榜样对学生有一种向心力、凝聚力，卢梭曾大声疾呼："榜样，榜样，没有榜样你不可能教会学生任何东西。"所以，在研学旅行过程中参观榜样人物故居和学习那些榜样人物精神，可以帮助学生建立正确的人生观。

3. 形成正确的价值观

小学是人生发展的奠基阶段，小学阶段培养的正确价值观能帮助学生成为一个有理想、有道德、有高尚情操同时有利于社会发展的人。学生要在当今社会发展背景下，思考如何将个体命运和社会发展联系起来。这就要求他们每个人必须从现在做起，牢固树立正确的人生价值观。研学旅行课程的动态性让学生在研学旅行中不断淬炼其价值判断，更多的机会与生活产生"摩擦"从而锻炼其价值判断能力，帮助学生形成正确的价值观念。

二、小学研学旅行的智育价值

(一) 研学旅行能拓展学生知识面

1. 摒弃以书本知识为主的弊端

智育不能理解为单纯地传授课本知识。认知心理学把知识划分为陈述性知识、程序性知识和策略性知识。陈述性知识是关于"是什么"事实性的知识，程序性知识是关于"怎么办"的知识，是运用知识解决问题的思路，策略性知识是指导"怎么办"的知识，是自我管理、自我调节、控制的方法，是对自己认知、学习过程调节和控制的内部知识。然而在学校课堂教育中强调的是以书本知识为主，教师传授知识也强调整齐划一，学生缺少了主动权，压抑了学生的个性、想象力和创造力。对大多数学生来讲，课堂学习的知识有些抽象，他们需要看得见、能触摸和闻得到的内容，从而实现科学世界与教育生活世界的统一。研学旅行为学生提供了更多的体验机会，学习的知识不再局限于课本之中，而是来自广袤无垠的社会，让学生在实际的情境探索中参与学习，把学科知识和实际生活结合在一起，让枯燥的书本理论知识活灵活现地展现在学生眼前，让学生更容易习得。

2. 提供生成性教育资源

研学旅行脱离了一成不变的教室，活动主题也丰富多样，为学生成长提供了生成性的教育资源。生成性的教育资源不是始终如一而是学生在学习过程中随着周围环境介质变化而变化。教育的发生具有偶然性，创设更多的情境可以帮助教育从偶然走向必然。在校园内、教室内和课堂内，学生学习的内容都掌握在他人的手中，学生被排斥在"知识"之外，接受现成的知识学习，导致学生片面发展，失去生机与活力。建构主义理论认为学习者要在原有知识经验的基础上，结合现实社会文化来重构新的理解。研学旅行提供生成性的教育资源，让学生有机会接受周遭的信息从而发生知识的主动构建，弥补学校课堂教育动态性不足的问题。

3. 实现跨学科融合教育

真实的世界不是单一、静态的，而是动态复杂的。单一学科学习也导致了不同知识间的割裂、某些关键素质的偏废、所学与所用之间的脱节、被动学习对主动学习的取代,这样就导致学生只会解答书本上的问题,却不会解决实际生活中的问题。研学旅行具备跨学科学习的特点,在研学中学生会接触到各个学科的知识,学生通过去体验和探究等方式获得这些各学科知识,从而提升自身的综合素质。研学旅行对学科知识的高度整合使不同学科之间能形成系统的关联,不再割裂开知识本身的整体性,有利于学生对知识的深度理解渗透,将知识转化成最终解决实际问题的能力;还有利于学生辩证思维和综合能力的提高。

(二) 研学旅行能发展学生智力

1. 发展学生思维力

学生的智力发展关系到未来学生学习能力的高低,而小学阶段正是培养智力的大好时期,研学旅行和学校课程一起为学生的智力发展提供助力。林崇德教授认为智力的组成核心是思维,而在个体发展的早期,直观行动思维占主导地位[①]。小学生处于个体发展的早期阶段,一方面思维带有很大的具体形象性,另一方面思维结构正在初步形成和完善。研学旅行突破了传统教学中所采用的讲授法,结合实际情境直观教学,促进学生思维发展。研学过程中学生所接触的知识和道理都是形象直观地呈现在学生面前,符合小学阶段的学习特点。学生在研学旅行中所接触的人、物和经验等都能通过思维进行概括分类,长期规律地研学旅行活动能让学生思维力得到提升。

2. 发展学生观察力和注意力

学生观察力的提高主要在于日常生活中的引导,研学旅行中需要学生观察大自然大社会,并且给学生提出了观察的目的、任务和方法。任何主题的研学旅行都需要运用到学生的观察力,研学旅行导师要引导儿童对所接触的事物进行仔细观察,获得完整的印象,并与课堂上学得的知识联系起来,从而使学生对所学知识掌握得更牢固、更深刻。

俄罗斯教育家乌申斯基曾提出:"注意是我们心灵的惟一门户,意识中的一切,必然都要经过它才能进来。"只有让学生学习时注意力集中,才能得到智力

---

① 李庆安、吴国宏:《聚焦思维结构的智力理论——林崇德的智力理论述评》,《心理科学》,2006年第1期。

发展。小学生的注意力容易为自己感兴趣的、具体生动、直观形象的事物所引起，具有明显的感官性。兴趣能让学生对知识的渴求、对事物本源的探索迸发出持久的学习动力。因此，要组织小学生感兴趣的研学旅行主题，激发学生的学习兴趣。研学旅行中不仅重视学生学习的注意力，最重要的是重视学生的经验和感受，增强学生注意力，保障学生智力发展。

3. 提高学生记忆力和想象力

研学旅行能够提高学生的记忆力，特别是学生的有意记忆、意义记忆和形象记忆等方面需要学生运用多种感官共同配合学习，同时，研学旅行所需时间一般较长，结束后研学导师通常会组织学生回忆研学旅行中发生的点点滴滴，在回顾中检查学生对所学知识的记忆效果。

研学旅行能够提高学生的想象力。想象力的基础是表象，想象的水平和表象的质量与数量紧密联系。在研学旅行中，一是学生可以通过大自然大社会积累丰富的表象，这些表象比学校课本教具更加生动直观；二是导师可以利用现实教育资源对学生进行联想训练，培养学生的想象力；三是研学旅行活动也能有效拓展学生的想象力。

（三）研学旅行能培养学生能力

1. 增强学生交往能力

学生在研学旅行中的交往不同于学校课堂上的人员交往，研学旅行的各个环节常常需要学生之间分工合作、取长补短、合作完成，在团队中激发出学生的个人潜力，同时也能让学生学会相互信任、尊重、欣赏和沟通等。学生在研学旅行中没有了学校残酷的分数竞争压力，同学之间更能够敞开心扉把最真实的自己展现在别人面前；研学旅行有的时候还需要一起住宿，同学之间相处的时间也更长，这些都加深了学生之间的有效沟通，使学生人际交往更加和谐。同时，在研学旅行中，学生有更多的时间去和其他人交往，不再局限于自己本班的同学，扩大了学生人际交往的人群；并且在与他人交往过程中，发现自己的缺点和不足、肯定别人的闪光点，有助于学生各方面发展。

2. 培养学生创新能力

开展研学旅行有利于青少年学生素质教育的全面推进；有利于丰富学生的社会生活经验，达到知行合一；有利于培养青少年学生的探索精神、激发创新意识，为创新型人才的培养增添动力。21世纪的竞争要落脚到创新能力的竞争上，传统的学校教育过分重视学业成绩，在一定程度上磨灭了学生的创新意识，而作为学校教育有力补充的研学旅行可以结合学生的年龄特征和现有资源创设出适宜学生的问题情境，让学生对问题情境自主探究，有激发其创新能力。在研学旅行中，教师和学生是合作关系，学生处于一种开放包容的环境中，没有教室里面座位的束缚，学生能自由平等的观察学习；同时，大自然当中的活教材没有按照传统的课程内容编排，学生可以根据自己的理解对活教材进行二次加工，创造自己需要的事物。

知识掌握了多少、智力发展到多高，最终都要落脚到学生能力上。研学旅行就是培养学生能力的有效途径。在学校围墙之内，想要检验学生的能力，通常只能采取考试的办法，但是我们都清楚地知道考卷的分数高低并不代表着学生能力的高低，只有在实践中才能检验。学生在研学旅中可以把学到的书本知识在真实情境中进行加深和检测，在不断质疑、求证和反复中发展各方面能力。

三、小学研学旅行的体育价值

（一）激发学生体育兴趣，促进身体发育

1. 激发学生体育兴趣

研学旅行中所包含的体育锻炼项目能激发学生的体育兴趣，可使学生精神专注、兴致勃勃地投入到富有乐趣的课外体育活动中。一些军营类的研学旅行里面就包含了学生平时没有参与过的项目，比如踢正步、射击、爬铁丝网、真人CS等，这些项目让学生产生强烈的新鲜感和浓厚的学习兴趣，在轻松愉悦中完成了体育锻炼。同时，研学旅行进一步加强了学生的体育锻炼，促进其身体发育。

2. 培养学生良好锻炼习惯

体育类研学旅行课程通过科学合理的行程计划，让学生在整个研学过程中做到"饮食有节，起居有常"，培养学生良好的锻炼习惯，帮助学生形成健康的生活节奏。研学导师在整个行程中穿插讲解诸如中小学生健康知识，规范学生健康行为并及时发现、纠正学生不健康行为习惯，帮助学生树立健康行为意识。同

时，体育类研学旅行课程中浓厚的体育运动氛围、优秀运动员的榜样示范、内容详实的实例讲解等都有形无形地对学生产生强烈的心理暗示与情感带动，启发学生的运动意识，形成终身体育锻炼的习惯。

3. 教给学生正确锻炼方法

小学生正处于生长发育的重要阶段，骨骼增长、身体的发育等都还未成形。如果不遵循他们的身体特点，贸然地无规律锻炼，会对小学生的身体造成严重伤害。因此在体育活动中，对小学生的身体锻炼必须科学、合理，讲究科学的锻炼原则和方法。学校的体育课程对于学生身体各项机能的锻炼有限，并且学校的体育教学资源有限，研学旅行整合了区域内优质的体育教学资源，并且竞技类的研学旅行中还有专项体育教师，能教给学生许多正确的锻炼方法。

（二）增长学生体育技能，发掘运动潜力

1. 增长学生体育技能

在体育类研学旅行中，能带领学生走进丰富多彩的体育世界，使学生在感受体育文化与运动魅力的同时，学习到相关体育技能。加德纳的多元智能论提出运动智能和其它智能同样重要，能和其它智能一起促进学生的全面发展。因此在研学旅行这个广袤空间里，学生有更多的机会接触到学校所不能接触的体育技能学习，有效利用学校以外的体育资源，促进学生运动智能发展。同时丰富多彩的校外体育活动摆脱了学校体育课堂的枯燥和重复训练，提升学生的运动积极性，让他们充分享受体育运动的别样魅力。

2. 增强学生体质

通过体育锻炼可以促使学生的身体机能发生改变，并且规律性的持续锻炼能让学生身体素质逐渐提高。在锻炼方面，需要达到一定的活动量才能引起质变，小学的体育课堂实践太短，远远不能满足其成长需求。研学旅行对于培养学生的体育核心素养具有天然的优势，能够增强学生体质。小学研学课程一般以一天为时间单位，在游览学习的过程中需要充沛的体力作为支撑，并且研学旅行是学校有规律的课外实践活动，可以从小学一直持续到高中阶段，能逐步增强学生体质。在体育类的研学旅行课程上，学生全程徒步完成课程地点间的行进与转移，并且基于运动训练的原则，使学生通过运动体验课程与竞技课程的训练，能有效促进学生体能发展，增强学生体质。

3. 发掘学生运动潜力

研学旅行中的体育项目大多数充满挑战性，这会激发学生的拼搏精神，无形中会激发学生的运动潜力。种类繁多的体育类研学旅行活动还能筛选出班级中那些具有某项体育天赋的儿童，引导学生的个性化发展。

（三）促进学生心理健康，提高社会适应能力

1. 磨炼学生意志

体育类研学旅行能够磨炼学生意志。学生在参加研学旅行时，总是需要有强烈的意志努力来支撑活动的开展，并且还要有积极的情感体验作为后盾。研学旅行中小学生从家庭和学校中脱离出来，不再是事事有人安排帮助的小皇帝，需要独立负责自己的生活，同时还要和同伴一起进行体育活动，达到预想的目的。因此，在研学旅行中能够通过体育锻炼培养学生吃苦耐劳、勇于拼搏、不放弃的精神，磨炼其意志。

2. 培养人的竞争意识

竞争是体育运动固有的属性，体育的本质特征蕴含强烈的竞争性，要求参与者具有极强的竞争意识①。在体育场所的每一次拼搏和呐喊都是为了战胜对手，无数人为了第一名拼尽全力，这种竞争氛围具有极强的感染力和吸引力，使得参与者和观看者都要为之震撼。研学旅行活动中时常出现体育竞争的身影，而且不单是个人的竞争还包含了团体，通过小组之间的互相良性竞争，让每个学生参与到竞争中来，在团队中实现自我的超越。

3. 促进学生心理健康发展

研学旅行对小学生来说，内容和形式都不同于学校体育课堂，增添了更多竞技类体育项目，需要学生之间互相配合，并要有坚毅勇敢、团结协作、勇于拼搏的意志品质，同时还要经受成功、失败、激动、兴奋等强烈的情感体验。研学旅行也有利于学生负面情绪的宣泄，甚至消除不良情绪，从而促进身心健康。

---

① 黄诚胤、李国泰：《体育价值研究》，重庆：重庆大学出版社2013年版，第57页。

四、小学研学旅行的美育价值

（一）研学旅行构建了美育的现实渠道

1. 拓展了美育的维度

就像席勒在《美育书简》一书中指出的那样，教育最重要的任务就是让人在自然的情境中也受内心情感的支配，让他在有关美的国度中成为审美的人[①]。美育的价值目标一方面在于提升和促进人在现实生活中自觉持守的高远生命理想，另一方面又能够不断发展出一种把知识转化为实现抱负的能力、实现远大生命理想的能力。研学旅行恰好弥补了学校美育的短板，建构了美育的现实渠道。研学旅行体验的现实审美拓展了美育的维度，深度应和了当前学校教育从学科化、知识化向生活化、审美化转向的理念和要求。研学旅行给学生创造了接触自然、社会的机会，在现实情境中，旅游体验作为一种审美体验呈现出浓烈的原发性、实践性、融合性和生成性，其激发审美教育的原始动力在研学主题的丰富性与新颖性、人与环境的深度交融中可以充分释放出来。

2. 成为学生健康成长的调节剂

我国教育家蔡元培认为，美育能够激发出人类心底中最柔软、最美好的一面，把一个人的内在本质调动出来，并让其进一步深华、生长，最终和世界产生和谐[②]。如果教育缺乏了美育的引导，就不会有其高尚、美好的浸润，其它的教育价值就缺少了生动的内涵指引和坚实的依靠。研学旅行中学生接触到丰富的美育资源，在实际生活中给人以情动人的熏陶，通过美育促进学生精神世界发生裂变，成为学生健康成长路上的调节剂。学生在学校中难免会有烦闷枯燥的情绪，研学旅行中学生能短暂的逃离固定不变的学校环境，在斑斓的大自然中大社会中感受到美的熏陶，改善不良心理状态。

---

① 席勒著、徐恒醇译：《美育书简》，北京：中国文联出版社1984年版，第65页。
② 韩晶著：《教育价值通论》上册，沈阳：万卷出版社2007年版，第202页。

(二) 研学旅行增加了独特的审美途径

1. 用旅游给人以美育

小学的美育往往是艺术审美，而研学旅行是一种让学生通过旅游在不同现实情境中进行审美体验、丰富小学生的审美途径，采用旅游这种具有很强体验性和欣赏性的方式，既可以整体拓展学生在科学、艺术、哲理、自然等多方面的知识面，又能扩展学生的审美对象，增进审美情趣。同时，旅游体验通常具有直接性、真实性、愉悦性、自由性和超越性。学生可以在研学旅行中完成多元化和个性化的审美体验。同时，旅游将审美悄然融入到了学生的学习过程中，对学生具有浓厚的吸引力，把看似远离学生生活的审美教育和实际生活联系到了一起。促成了研学旅行和美育的深度融合，拓宽了学校美育的维度和深度，让学生在丰富的自然、人文情境中获得真切体验，受到美的教育。

2. 以实际情感增强美育

对美的情感体验及感情体验力的培养是美育一切方法的基点，"以感情激发为核心"，限定了美育必须是感情教育，它"应使受教育者处于情感感染之中，以情动情，引起受教育者情感的共鸣"①。这要求美育信息带有感情因素而且教师必须是富有感情且能调动学生情感的人，在研学旅行中让学生触摸到具有美感的真实事物，而不是教室中空洞的讲解；同时，研学导师又是富有旅游知识和教学技能的人，更能结合现实情境激发学生美育。

(三) 有利于爱美教育向审美教育、创美教育升华

1. 爱美教育向审美教育转变

凡符合审美价值观的事物都是能够引起人的美感的事物，而美感是人类情感中最有活力、最具增力性、也最值得人们追求的美的感受，是人生的巨大推动力②。审美教育能够培养人的良好审美心理素质，也能从人生目的、人生方式以及人生态度、手段等方面促使人向积极健康、美好而富有创造力的方向发展，促进其价值观的正确形成。研学旅行中要培养学生的审美观，引导小学生从单纯的爱美向审美转变，学会欣赏真正的美。人们尤其是青年一代对生活审美价值的重

---

① 杨恩寰主编：《审美教育学》，沈阳：辽宁大学出版社1987年版，第93页。
② 赵伶俐著：《人生价值的弘扬——当代美育新论》，成都：四川教育出版社1991年版，第63页。

视，对美感的追求与他们所选择的实际生活之间，却形成了突出的矛盾[①]。研学旅行可以通过校内外互动的方式指导学生把习得的审美观用来指导其生活。

2. 爱美教育向创美教育的升华

爱美是人的一种天性，研学旅行有利于学生在途中欣赏美、发现美和创造美。教师通过旅行这种饱含美的活动载体引导学生养成健康向上的审美观。审美教育可使人因知美丑而辨善恶、明是非而养成审美能力。引导学生进行美的创造与实践的教育，不但要使教育者深入理解美的创造过程，同时也要让受教育者借助自身的思想、情感、知识和技能来实践整个过程，促使学生形成创造美的能力并进行锻炼[②]。研学旅行拓宽了学生美育的渠道，不但让学生可以在大自然大社会中养成健康的审美观，还能在学生的实践活动中，深化创造美的能力。

五、小学研学旅行的劳育价值

（一）研学旅行能改变学生劳动观念，培养劳动习惯

1. 改变劳动观念

受旧社会的影响，人们通常认为劳动者是"困苦、愚昧、卑贱"的，这种轻视劳动人民的思想在学校和社会中广泛的散播，进而影响到了人们的思想意念[③]。另外，"万般皆下品，唯有读书高"的思想也造成了我们现代社会中对劳动者的蔑视。习总书记在2018年全国教育大会提出："要在学生中弘扬劳动精神，教育引导学生崇尚劳动、尊重劳动，懂得劳动最光荣、劳动最崇高、劳动最伟大、劳动最美丽的道理，长大后能够辛勤劳动、诚实劳动、创造性劳动。"[④]在陶行知看来，教育与劳动的分离让教育与群众之间的联系变得松散，不但学校

[①] 赵伶俐著：《人生价值的弘扬——当代美育新论》，成都：四川教育出版社1991年版，第84页。
[②] 张伟、孙哲著：《体育教学功能解析与实现途径研究》，北京：中国商业出版社2018年版，第99页。
[③] 姚惜鸣编著：《劳动教育讲话》，郑州：河南人民出版社1956年版，第6页。
[④] 周洪宇、程光旭、宋乃庆等：《学习贯彻全国教育大会精神 加快推进教育现代化》，《陕西师范大学学报（哲学社会科学版）》，2018年第6期。

与劳动人民之间产生了距离，知识分子与工农分子之间也产生了相互轻视、互不团结的情况。在研学旅行中，教师通过树立学生正确的劳动观念，培养学生对广大劳动人民的尊重之情。特别是一些体验考察型的研学旅行，让小学生去到田间山野体验农耕文化和农民的辛苦，更能加强学生对劳动人民的真情实感。

2. 培养劳动习惯

卢梭十分重视劳动教育，他认为：一个人要在社会中生存，必然要在许多方面依赖于别人的劳动，因此无论你是富人还是穷人，都必须为社会劳动，否则与流氓和偷盗一样。在研学旅行之中，小学生需要做好劳动，特别是有留宿需求的研学旅行更需要学生管理好自己的方方面面，比如学生需要自行保管好随行物品、收拾床单被罩、自己动手煮饭等，同时一些劳动类的研学旅行项目更能培养学生的劳动习惯，让他们学会珍惜劳动成果，感恩现在的幸福生活。总的说来，要在研学旅行中使学生形成以劳动为荣、以懒惰为耻的品质，抵制好逸恶劳、贪图享受、不劳而获、奢侈浪费等恶习的影响。

（二）研学旅行能促进劳动态度转变，增进劳动情感

1. 促进劳动态度转变

人类改造世界是从劳动开始的，五育并举之中，劳动教育可能是学校教育中最弱化的环节，而把劳动教育融入到研学旅行之中，正好可以补齐学校劳动教育的短板。小学生对待劳动的态度主要取决于周围人的引导，引导得当会大大提高学生的劳动积极性。当代社会学校教育和家庭教育中，往往没有做好劳动的引导工作，而是把学生的学习成绩当成第一要素，让他们只为一个不错的分数而努力。一些农耕文化类和职业体验类的研学旅行项目能让学生在劳动中充分展现自我，体会到不同职业对社会所做的贡献，克服影响工作的一切障碍，勇敢地和困难做斗争。研学旅行能给予学生一个锻炼自己的机会，培养其独立生活的技能和劳动基本素养，使他们认识到劳动是生活必不可少的一种需要，劳动最光荣、劳动没有贵贱之分。同时，通过劳育，可以提升学生的抗挫折能力，达到在劳力上劳心的效果，最终实现道德的提升、智慧的增长、体质的强健、美感的涵养，从而更加彰显研学旅行的综合育人价值。

2. 加深劳动热情

研学旅行可以增进学生对劳动的热情。一些职业体验类的研学旅行活动非常

受小学阶段的学生欢迎，学生可以从各种职业劳动体验中获得对职业生活的真切理解，发现自己的专长，培养职业兴趣，形成正确的劳动观念和人生志向，识别自己未来的职业方向，提升职业生涯规划能力[①]；学生通过观看劳动人民的实际劳动，可以加深他们对劳动人民的认同感，拉近学生和广大普通劳动人民的距离，长大之后继承中华民族优秀的"劳模"精神，在实际生活中艰苦奋斗。

（三）研学旅行培养善于创造、勇于创造的品质

1. 劳动教育要融合时代特征

劳动不仅可以满足人们的生存需要，更为重要的是，我们也可通过创新劳动来满足自我实现的内在需求，实现自己的人生价值。恩格斯指出："每一个时代的理论思维，都是一种历史的产物，它在不同的时代具有完全不同的形式，同时具有完全不同的内容。"[②] 今天的科学技术发展达到了空前繁荣的地步，互联网技术遍布各行各业，对学生的劳动教育也应该具有时代特征，普通的体力劳动虽然也能锻炼学生的能力，但是要想更好地适应社会的发展还必须掌握具有时代特征的劳动技术。在研学旅行中，学生从单纯的家庭环境和学校环境中脱离，学习富有时代特征的劳动技术，为适应高速发展的社会做好准备。

2. 劳动中培养创新的品质

今天小学生所处的时代是一个以创新为核心竞争力的时代，新时代一切具有真正创造价值的活动都是以身体力行为基本特征的劳动[③]。只有通过在劳动实践中培养创新的品质，才能锻造出符合时代要求的人才。平常，学生都把注意力集中在课本知识学习上，常常忙于应对升学考试而忽视了劳动，更谈不上在劳动中创新。研学旅行提供了学生劳动创新的绝佳机会，让他们参与劳动，在劳动中放飞想象力和创造力，为成为新时代未来的创新人才打下坚实基础。

研学旅行的开展切实加强了学生德智体美劳五育价值的深度融合，加强了学校教育和社会的紧密联系，能培养出 21 世纪我国社会所需的全面发展型人才。研学旅行是实现我国素质教育的有效手段。

---

① 夏小刚：《融合劳动教育的初中综合实践活动课程设计与实践》，《中国信息技术教育》，2019 年第 19 期。
② 马克思、恩格斯著，中共中央马克思恩格斯列宁斯大林著作编译局编：《马克思恩格斯选集》第 4 卷，北京：人民出版社 1995 年版，第 284 页。
③ 司图南：《劳动教育的定位及意义》，《教育科学研究》，2018 第 9 期。

第四章　重庆市小学研学旅行开展的现状

一、调查概述

（一）问卷调查设计

为了研究重庆市小学生研学旅行的实施情况，笔者通过查阅文献资料，在导师和心理学专业学者的帮助下，设计了小学生研学旅行现状调查问卷，主要是封闭式问题，包括单项选择题、多项选择题和排序题。

1. 确定调查目的

问卷调查旨在了解重庆市小学生研学旅行的实施现状，具体目的为：

（1）了解小学生对研学旅行的认知情况。

（2）了解小学生对研学旅行的参与情况。

（3）了解小学阶段研学旅行的具体实施情况。

（4）了解小学生参与研学旅行的收获。

（5）了解小学生对研学旅行开展的改进意见。

2. 确定调查问卷的维度

本调查问卷的维度主要包含以下几个方面：

（1）学生对研学旅行的认知程度

学生对研学旅行的认知程度主要是从下面三个方面了解：一是学生对研学旅行的了解程度，二是学生对研学旅行的性质定位，三是学生对研学旅行的价值认可度。

（2）学生的参与情况

研学旅行的参与情况分为四个方面：一是学生参与研学旅行目的地，二是学生参与研学旅行的频率，三是家庭对于学生参与研学旅行的支持情况，四是学生参与研学旅行的类型。

（3）研学旅行前

研学旅行前的准备工作考量，一方面是教师所做的准备工作，另一方面是学生所做的准备工作。

（4）研学旅行中

研学旅行中主要分为教师的讲解情况、学生的学习状况和师资配备情况三个方面来考察。

（5）研学旅行后

研学旅行后主要是从参与评价的人员、开展评价的方式、学生研学旅行的收获和对研学旅行的改进意见四个方面来考量。

表 6-2 小学研学旅行调查问卷设计维度

一级维度	二级维度	涉及问题
学生认知情况	主体认知	1. 你对研学旅行的了解程度是？
		2. 你认为研学旅行是什么样的活动
		3. 你认为学校开展的研学旅行对你有帮助吗
	参与目的	4. 你参加研学旅行的目的是什么
学生参与情况	参与频率	5. 近两年内你参加研学旅行的次数一共是
	参与支持	6. 你的家长支持你参加研学旅行吗
	参与类型	7. 你参加过哪些类型的研学活动
研学旅行前	准备工作	8. 研学旅行活动开始前，老师会询问你们什么
		9. 在研学旅行开始前，老师会为你们做的准备工作有
		10. 在研学旅行开始前，你为自己的研学旅行做的准备有
研学旅行中	讲解情况	11. 旅行中，你的研学和游玩的时间分配一般是
	学习状况	12. 研学旅行中，当你遇到自己感兴趣的问题时，你通常会
	师资配备	13. 当你在旅行过程中遇到不懂的知识时，老师会及时指导吗
	评价人员	14. 研学旅行结束后，谁会评价你们的表现

续表

一级维度	二级维度	涉及问题
研学旅行后	评价方式	15. 每次旅行结束后，老师评价你们表现的方法有
	研学收获	16. 参加研学旅行，你的收获是
	改进意见	17. 你认为怎样才能更好地开展研学旅行

3. 编写调查问卷

笔者在查阅过大量相关研学旅行文献之后，结合研学旅行价值相关的理论基础和划分的维度拟成了《小学生研学旅行现状调查问卷》的初稿。之后根据导师给予的修改意见，同时也参考了在研学旅行机构的两位从业人员意见，对问卷进行了进一步的修改，尽量排除个人主观因素对问卷的影响。之后给小部分的小学生发放问卷，根据他们的填写具体情况再做出细致的修改和完善，经过多次的整改和优化最终制定了合理的问卷。问卷完成后，聘请相关专家对问卷进行评估，他们认为该问卷能对小学生研学旅行开展的现状进行较好的评估。

（二）访谈提纲设计

1. 确定访谈目的

为了进一步了解小学生研学旅行现状，对研学旅行相关的教师、家长、研学机构从业人员进行了访谈。访谈目的为：

（1）对研学旅行的了解程度。

（2）重庆市研学旅行的组织实施情况。

（3）对当前研学旅行实施情况的评价。

（4）对研学旅行教育价值的理解。

（5）对以后开展研学旅行的建议。

2. 确定访谈维度

访谈维度主要是针对为访谈目的设计的，访谈的提纲主要包含以下几个方面：一是对研学旅行的了解程度，二是对当前研学旅行实施情况的评价，三是对研学旅行的教育价值的理解，四是对以后开展研学旅行的建议。

3. 编制访谈提纲

在访谈维度的基础上，针对不同的访谈对象设计了《小学研学旅行教师访谈提纲》《小学研学旅行家长访谈提纲》《重庆市研学旅行机构从业人员访谈提纲》（均见本专题"附录"),以此对重庆市小学生研学旅行的实施现状做更细致的了解。

二、对象选择

(一)问卷对象

为了研究重庆市小学研学旅行开展的现状,为小学研学旅行价值研究提供实际参考,根据教育部门对小学阶段 4—6 年级开展研学旅行的建议,再考虑到重庆市主城区和周边区县研学旅行的初步排查状况,本研究选取了 4—6 年级的小学生作为调查对象,抽取了在重庆市的主城片区、渝西片区、渝东北片区、渝东南片区随机 6 所区县小学,分别是距离重庆市核心区(以重庆市渝中区人民解放纪念碑为中心点)14 公里的沙坪坝区 S 小学、5.6 公里的南岸区 N 小学、6.6 公里的江北区 J 小学、125 公里的永川区 Y 小学、195 公里的梁平区 L 小学和 192 公里的石柱县 Z 小学,六所学校的基本情况如下表 6—3 所示。同时笔者对所调查学生的性别、年级和所在区域做了统计,下面表 6—4、表 6—5、表 6—6 是参与此次调查问卷学生的基本情况。

表 6—3 被调查学校基本情况统计

学校概况	沙坪坝区 S 小学	南岸区 N 小学	江北区 J 小学	永川区 Y 小学	梁平区 L 小学	石柱县 Z 小学
性质(公办/民办)	公办	公办	公办	公办	公办	公办
建校时间(年)	1935	1917	1964	2014	1906	1775
现有教学班(个)	48	118	33	32	41	49
现有学生(人)	2300	5514	1500	1861	2800	2856
现有教职工(人)	130	258	92	85	103	168
研学旅行试点学校(是/否)	是	是	否	是	是	是

表 6—4　学生性别情况

性别		男	女
年级	四年级	205	171
	五年级	188	182
	六年级	190	179
	总计	583	531

表 6—5　学生所在年级情况

所在年级	四年级	五年级	六年级
人数	376	370	369
比例	33.72%	33.18%	33.09%

表 6—6　学生学校所在区域情况

所在区域	沙坪坝区	南岸区	江北区	永川区	梁平区	石柱县
人数	190	191	177	189	191	177
比例	17.04%	17.13%	15.87%	16.95%	17.18%	15.87%

（二）访谈对象

访谈对象是随机选取调查学校的18名教育工作者，他们的具体情况如下表6—7所示。

表 6—7　教师的基本情况

所在学校	教师基本情况	性别	所教科目	是否有研学经历	任教年级	职务
沙坪坝区S小学	W老师	女	语文	有	四年级	班主任
	G老师	男	语文	有	五年级	班主任
	Z老师	女	英语	有	五年级	无
南岸区N小学	L老师	女	数学	有	六年级	班主任
	W老师	女	语文	有	四年级	班主任
	X老师	男	数学	有	四年级	教务处主任

续表

所在学校	教师基本情况	性别	所教科目	是否有研学经历	任教年级	职务
江北区 J小学	Z老师	女	语文	有	四年级	班主任
	X老师	女	英语	有	五年级	班主任
	W老师	女	数学	有	六年级	班主任
永川区 Y小学	C老师	男	数学	有	五年级	班主任
	G老师	女	语文	有	六年级	班主任
	D老师	女	英语	有	五年级	班主任
梁平区 L小学	X老师	女	语文	有	四年级	班主任
	Z老师	男	数学	否	四年级	班主任
	H老师	女	美术	否	五年级	无
石柱县 Z小学	X老师	女	语文	有	五年级	班主任
	Y老师	女	语文	有	六年级	班主任
	L老师	女	数学	否	五年级	班主任

为了对重庆市的研学旅行做进一步的了解，还访谈了重庆市研学旅行机构的6位相关从业人员，下面表6-8是对他们的从业时间、学历和所持证书基本情况的总结。

表6-8 研学旅行从业人员基本信息

研学旅行从业人员	本行业从业时间	学历	所持证书
A员工	2年	专科	无
B员工	1年	专科	导游证
C员工	3年	本科	教师资格证
D员工	1年	本科	导游证
E员工	3年	本科	导游证
F员工	5年	专科	无

为了弥补问卷调查的不足，主要从家长对学生研学旅行的支持度和家长对研学旅行价值认识两方面来进行补充。还另外访谈了15位家长，其中4位家长的孩子就读四年级，6位家长的孩子就读五年级，5位家长的孩子就读六年级。

三、调查实施

（一）调查问卷发放

笔者在调查重庆市的研学旅行的现状时，考虑到整个重庆市经济发展不均衡，分别在重庆市的主城区、渝西片区、渝东北片区、渝东南片区随机抽取了6所区县里面的普通公立小学，分别是主城区的沙坪坝区S小学、南岸区N小学和江北区J小学、永川区Y小学、梁平区L小学和石柱县Z小学的4－6年级的小学生。在沙坪坝S小学发放190份问卷，南岸区N小学发放191份问卷，江北区J小学发放177份问卷，永川区Y小学发放189份问卷，梁平区L小学发放191份问卷和石柱县Z小学177份问卷。由于受新型冠状肺炎病毒疫情的影响，在2019年12至2020年3月期间通过"问卷星"进行问卷发放。在整个调查中总发放问卷1115份，发放问卷之后委托隔离在家的学生认真阅读卷首语，并且按照实际情况填写问卷，收回有效问卷1079份，问卷回收率为96.77%。最后利用软件对数据进行处理。

（二）访谈实施

笔者在2019年12月至3月期间对教师、部分家长和研学机构从业者进行了访谈，前期部分访谈是采用面对面的方式，后期由于疫情影响，笔者被隔离不得不采取网络访谈的方式，访谈的对象选取了上述6所学校4－6年级的教师、家长和重庆市研学机构从业人员。笔者对访谈内容进行了录音和文字记录，随后对访谈内容进行了整理分析。

四、调查结果

(一) 研学旅行认知情况

1. 小学生对研学旅行了解的程度

研学旅行的顺利开展离不开学生对于研学旅行的正确态度。分析回收的问卷得知,有 41.89% 的学生对于研学旅行是比较了解的,21.78% 的学生对研学旅行非常了解,但是仍然有三分之一的学生对研学旅行的了解程度不够。(如图 6—1)

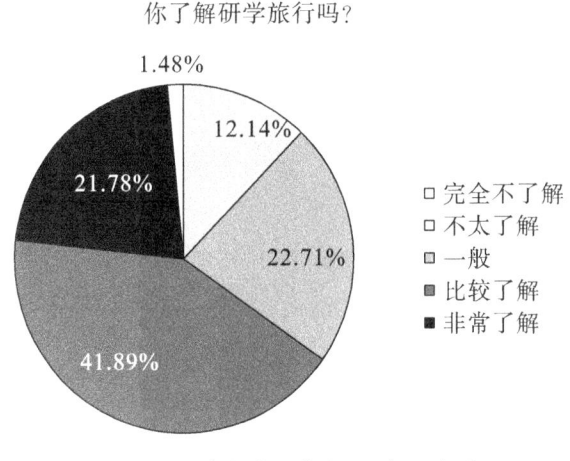

图 6—1 学生对研学旅行了解程度图

2. 学生对研学旅行的理解情况

对于"你认为研学旅行是什么样的活动"时,有 55.98% 的学生都能正确回答出研学旅行是亲自参与的综合实践活动,有 17.52% 的学生认为研学旅行是像语文课一样的学习,还有 13.25% 的学生把研学旅行当作了校外体育锻炼的活动;另有 8.99% 的学生对研学旅行理解不透彻,把研学旅行当做了游山玩水放松的旅游活动。总的来看,重庆市小学生对研学旅行的理解不够准确,理解差异大(如图 6—2 所示)。

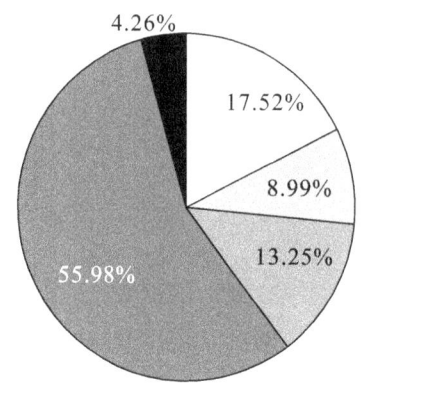

图 6-2 学生对研学旅行的理解情况

3. 研学旅行的作用

调查得知,有 40.32% 的学生认为研学旅行对于他们的成长非常有帮助,34.38% 的学生认为研学旅行对于他们的成长比较有帮助,但是仍然发现有 9.27% 左右的学生认为研学旅行对他们的成长帮助不大,2.41% 的学生认为完全没帮助。由于选取的是重庆市不同区域的学校,可以明显看到主城区的学生对于研学旅行的作用更加认可,与访谈中学校对研学旅行的重视情况相吻合(如表 6-9 所示)。

表 6-9 研学旅行对学生成长的帮助

帮助程度	完全没帮助	帮助不大	一般	比较有帮助	非常有帮助
人数	26	100	146	372	435
比例(%)	2.41	9.27	13.53	34.38	40.32

(二)研学旅行参与情况

1. 学生参加研学旅行的目的和频率

学生参加研学旅行目的排名前三的分别是"增长见闻","丰富课外知识、休闲娱乐","放松心情和规划未来的职业生涯"。在实际走访调研中发现,重庆市小学生很多都把研学旅行看成了一个一年两次的春秋游活动,认为研学旅行可以增长见闻,同时也能够放松身心,参与研学旅行的次数也主要是和重庆市学校要求的一年两次相符合。但是也有少部分学生会自费参与到寒暑假长途的研学旅行中来，这样的长途旅行的主要目的则是为了规划未来的职业生涯，为将来的择校做准备，提前进入到一些名校去接受相关特色专业的熏陶，从小培养起相关学习兴趣。（如图6－3和表6－10）

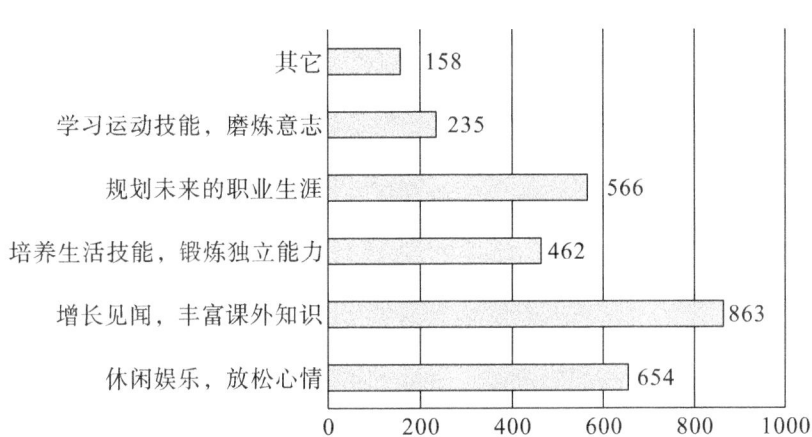

图6－3 学生参加研学旅行的目的（此题为多项选择题）

表6－10 学生近两年内参加研学旅行的次数

参加次数	0次	1次	2次	3次	4次	5次及以上
人数	24	38	42	331	486	158
比例	2.22%	3.52%	3.89%	30.68%	45.04%	14.64%

2. 家长对研学旅行的参与态度

通过对家长的态度进行调查，发现37.81%的家长支持组织研学旅行，29.39%的家长比较支持学校开展研学旅行，但是也有10.57%的家长对研学旅行持无所谓的态度（如下表6－11所示）。总体说明家长对于研学旅行的认可度较高，大部分家长都是持支持态度，对于小部分不理解的家长，学校还要持续的对家长加大宣传力度，让家长看到研学旅行的价值。

表6—11 家长对研学旅行的态度

统计	人数	百分比（%）
无所谓	114	10.57
根本不支持	27	2.50
有一些支持	310	3.52
比较支持	220	29.39
非常支持	408	37.81

3. 学生参加研学旅行的类型

通过调查，我们可以看到参加励志拓展型的研学旅行人数排名第一，而参加体验考察型和知识科普型的研学旅行也不在少数。重庆市内有丰富的红色文化资源，被采访的教师也提到由于2019年是新中国成立70周年，因此学校的研学主题大多围绕着此主题展开。重庆市的渣滓洞、白公馆、三峡博物馆和红岩抗战博物馆等都深受学校欢迎，他们结合小学生的学龄特征和发展需求，开展红色研学旅行活动。据对重庆研学机构从业人员的调查，绝大部分从业人员表示研学旅行活动能够锻炼学生生活自理能力、培养学生的独立精神和珍惜劳动成果的习惯，因而比较受家长和学校青睐，参见图6—4。

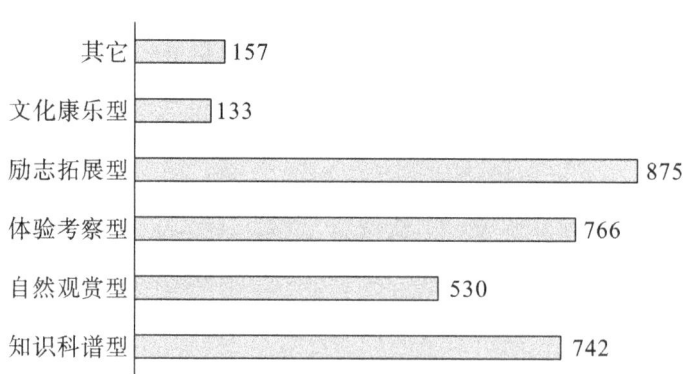

图6—4 学生参加研学旅行的类型统计（此题为多项选择题）

(三) 研学旅行前准备情况

1. 教师的准备工作

据调查得知，研学旅行开始前，有 52.46% 的学生都表示教师没有询问他们关于研学旅行开展的情况，有 19.46% 的学生表示教师会询问他们的身体健康状况，也有 13.44% 的学生表示教师会对这次研学旅行的知识储备进行调查（参见下表 6-12）。但是后续调查我们得知，重庆市的学校研学旅行活动通常是外包给研学机构或者在当地教委的带领下由研学基地组织人员带队，从下图 6-5 也可知，几乎所有的学生都表示研学旅行出发前，都会进行安全教育，讲解注意事项，同时也有发放手册或书籍。

表 6-12 研学旅行开始前教师的问询情况

询问工作	身体健康	感兴趣的内容	对本次研学内容的知识储备	没有询问	其它
人数	210	88	145	566	70
比例 (%)	19.46	8.16	13.44	52.46	6.49

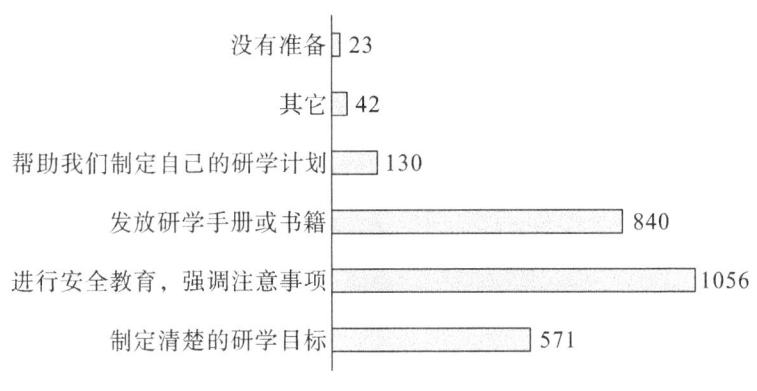

图 6-5 研学导师或带队教师所做的准备工作

2. 学生自己的准备工作

在问到学生为研学旅行所做的准备时，有 32.07% 的学生会阅读研学手册，同时有 21.78% 的学生根本没有提前为研学旅行做准备（参见图 6-6）。调查得知，有些学校本来也不重视研学旅行这门课程，而是把研学旅行当作是春秋游，部分学生把研学旅行当成了休闲娱乐的好机会，再加上小学阶段的学生自觉性不够好,如果教师不提前布置研学旅行的准备作业,学生很难自觉地去提前做准备。

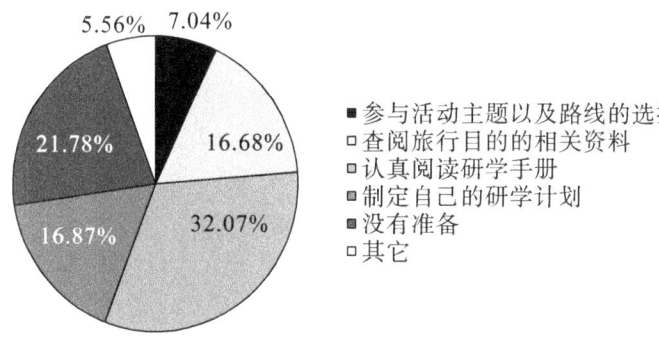

图 6-6 学生为研学旅行所做的准备

3. 研学机构的准备工作

研学机构在组织学生开展研学旅行时的准备工作尤为重要,研学机构的从业人员告知情况如下:

研学旅行开始前一天,我们通常会去到报名学校做前期准备工作,一般是把一个年级或者几个年级的学生召集在大教室里面,由我们机构的老师讲解关于此次研学旅行的主题内容、安全注意事项和食宿安排等,时间一般是40分钟。根据学校此次研学旅行的单人费用,还会发送电子版或者纸质版的研学手册供学生参考。

可以看出,研学机构准备工作做得比较好,会专门花一堂课的时间讲解行前准备工作。所以学校应该筛选资质优良的研学机构,更有利研学旅行的顺利开展。不过我们也应该看到,研学机构的服务始终是和利益挂钩,其配套的服务对应相应的价格,把研学旅行全权委托给第三方机构会加重学生家长的负担。

(四)研学旅行中实施情况

1. 研学旅行中学习时间的分配

通过表6-13可见,有55.89%的学生在研学旅行中游玩的时间比学习的时间多,还有11.03%的学生只游玩不学习,可以看出研学旅行的课程性质不强。根据调研得知,学校研学旅行的出行通常都是以一个年级为单位,这样大批量的学生每个班也只配备了一到两名随行教师,有些教师到达目的地后就找地方自己休闲娱乐,把学生交给研学机构或者研学基地的导游人员。小学生在这样的情况下，缺少了教师的指导和帮助，常把整个研学旅行活动变成了游玩活动，影响了教育价值。

表 6—13 研学旅行中学习情况

学习时间	人数	比例
只游玩不学习	119	11.03%
游玩比学习时间多	603	55.89%
两者时间一样多	66	6.12%
学习比游玩时间多	138	12.79%
只学习不游玩	153	14.18%

2. 研学旅行中教师的指导

在研学旅行之中，学生总会遇到这样或那样的问题，当学生遇到问题，老师能否及时指导他们时，从图 6—7 得知，42.63%的学生都表示教师不指导，学生要自己解决，34.57%的学生表示要等很久才能得到教师的指导，而仅仅只有6.67%的学生表示教师可以及时指导他们。可见，在研学旅行之中教师的指导严重缺位，多数学生很难在必要的时候得到教师的帮助。

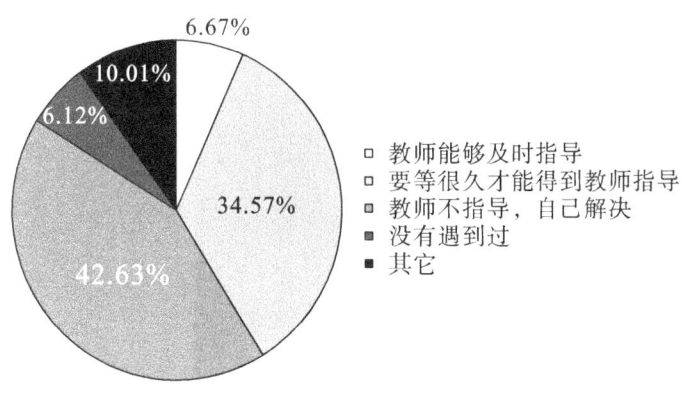

图 6—7 研学旅行中教师指导情况

(五) 研学旅行后评价情况

1. 评价主体及方式

在被问到"谁会评价学生研学旅行之后的表现"时，排名前三的依次是学生自己、学生班主任和带队研学导师。评价的方法也以书面作业评价为主，研学旅行日记或作文是学生公认为最多的。同时，在访谈中也得知，由于每次研学旅行的学生数量庞大、教师配备数量不够，再加上小学生活泼好动的天性，要想有专人全程记录学生的表现几乎不太可能，往往会在回程的大巴上由研学导师带领一起回顾今天所学的内容，让学生回答相关的问题，以此来评比出最优小学员和最佳班集体等。由此可知，在研学旅行的评价方面还存在一定的薄弱环节，如图6-8所示。

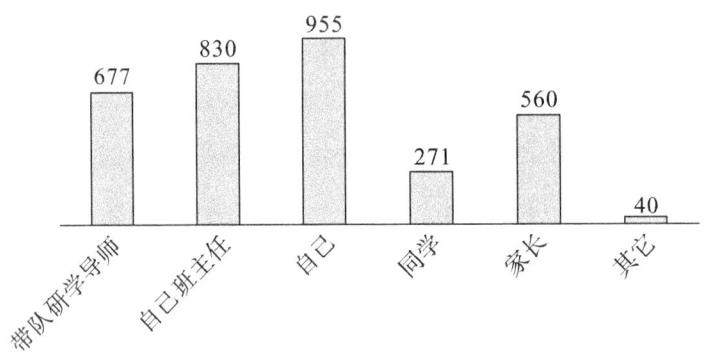

图6-8 研学旅行之后评价学生的主体（此题为多选题）

2. 研学旅行的收获

研学旅行之后，学生的收获状况是研学旅行教育价值是否真正发挥的重要体现。通过调查得知，重庆市小学生研学旅行的收获主要体现在见识、爱国情怀和实践能力三个方面。结合对教师的访谈得知，重庆市作为抗战时期的陪都，拥有丰富的红色文化旅游资源，有渣滓洞、白公馆和红岩革命纪念馆等一大批优秀红色旅游资源，同时2019年又是新中国成立70周年，学校的研学主题多围绕着爱国情怀来展开，所以研学旅行之后，学生在培养爱国情怀方面收获颇丰。增长见闻依然是学生研学旅行最主要的收获，同时，学生自理能力和实践能力也明显增强，如下图6-9所示。这和学生参加一些劳动类的研学旅行相关。小学阶段正是学生行为习惯和自理能力养成的最佳时期，所以许多家长愿意在寒暑假送学生参加 3—7 天的劳动类研学旅行。

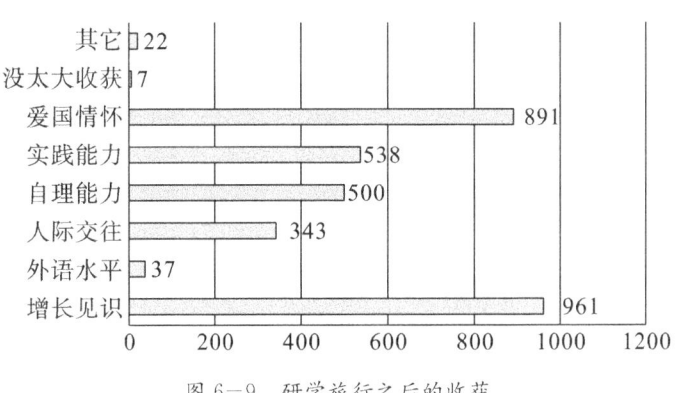

图 6—9 研学旅行之后的收获

由调查得知,重庆市的研学旅行发展总体趋势向好,不管是主城区的学校还是区县的学校都在探索把研学旅行融入到小学教育体系之中,结合当地资源组织了丰富多彩的研学旅行活动,取得了显著的效果。2017 年 4 月,重庆市确定了万州第二高级中学等 172 所学校为重庆市研学旅行试点学校。而同年 11 月,重庆红岩革命历史博物馆等四个试点单位入选中国教育委员会公布第一批"全国中小学生研学实践教育营地",重庆研学旅行市场活力被进一步释放,研学旅行进入高速发展阶段。重庆各个区域正积极开拓资源,打造充分利用区域内的教育资源、旅游资源为一体的合适的研学旅行基地。但是我们也应当看到重庆研学旅行的实际开展过程中还存在许多问题,只有解决好这些问题,才能助力研学旅行高质量发展。

第五章　小学研学旅行所存问题及其原因分析

虽然研学旅行在我国走上了逐渐规范化发展的道路,但在具体实践的过程中依然有很多问题未能得到解决,为了促进我国研学旅行朝着健康高质量的方向发展，笔者以先期试点城市重庆市为例，结合实地调研的情况，归纳出目前小学研学旅行在发展过程中未得到解决的问题，并针对这些问题进行了深层原因剖析。

一、小学研学旅行开展过程中存在的主要问题

（一）学生、家长和教师对研学旅行的认知度不够高

1. 学生方面

学生是研学旅行的主体。通过调查发现，只有21.78%的学生对研学旅行非常了解，在被问到研学旅行是什么样的活动时，其中也仅有55.98%学生能准确地说出研学旅行是需要学生亲自参与其中的一种综合性实践活动。一部分学生误以为研学旅行是校外体育锻炼或者是游玩性质的活动，但是，研学旅行重点是在研学而不是旅行，许多学生还是把研学旅行当作一次放松娱乐的旅行，而不是一门真正的综合实践课程。

2. 教师方面

作为研学旅行引导者的教师，也有一部分未能正确认识研学旅行对学生的教育价值，他们认为研学旅行只是增加学生见闻、丰富学生经历和释放学生压力的活动。在对南岸区N小学的W老师访谈时，她谈到"每次学校举办研学旅行的时候，很多老师不愿意参加，本来学校教学任务就重，把学生带出去虽然可以让学生放松身心，但是老师太累了，要时时刻刻注意班上学生的安全，害怕班上哪个小朋友出点事担待不起，一直到家长把娃儿接走我的神经才没那么紧绷"。在实际研学旅行中，教师主要负责了本班级学生的组织管理上，很难有精力进行研学旅行活动的互动，在被问到当学生遇到问题老师能否及时指导他们时，42.63%的学生都表示教师不指导，学生要自己解决。

调查得知，重庆市现阶段的学校研学活动主要有两种开展方式，一是学校把研学活动委托给有相关资质的第三方研学机构，由研学机构带领和组织学生进行研学活动；二是当地教委指定研学基地，学校带领学生去指定的研学基地开展活动。这两种方式都造成了教师的认知偏差，认为研学旅行是研学机构或者研学基地的事情，教师可以放任不管。本来教师才是最熟悉本班学生情况的人，如果研

学旅行没有了教师的参与与指导，最终的教育价值难以充分发挥，其效果将大打折扣。

3. 家长方面

研学旅行的顺利开展离不开家长的支持。但是调查发现，还是有部分家长对研学旅行的支持力度不够，这部分家长大多是错误地认为研学旅行就等于是平时学校组织的"春游""秋游"等让学生放松游玩的旅行。以下是部分家长对"您是否支持学生参加研学旅行"的回答：

A 家长：支持，小学生阶段正是习惯养成的好阶段，我娃儿参加了那种拓展型锻炼，日常生活的习惯就很好，回来变得懂事多了。

B 家长：支持，但是要分时候，我娃儿现在上六年级了，没给他报名了，空余时间都要拿来学习冲刺好的初中，但是以前小的时候还是积极参加。

C 家长：支持，主要是娃儿自己喜欢，再说别个娃儿都在参加，不让她参加显得也很不合群。

D 家长：不支持，我感觉娃儿收获不是很大，我们寒暑假都有带她出去旅游，这种学校带出去的我还是不放心娃儿安全。

E 家长：不支持，费用对我们这种家庭来说太高了，娃儿父母在外打工又挣不到好多钱。

特别是从小学第六年级参与研学旅行的情况来看，参与研学旅行的次数明显下降，很多家长担心研学旅行会影响到学生的成绩，认为大多数的时间要用来冲刺学习为升入初中做准备。同时由于现阶段的研学旅行是完全自费的项目，且短途一两天研学的费用在 200 元以上，长途五天以上的研学旅行费用不低于 3000 元，参加研学旅行需要支付的费用在一定程度上降低了家长对学生参加研学旅行的支持度。

（二）研学旅行的主题内容不够丰富，课程开发不完善

1. 研学旅行的主题内容不够丰富

在问到学生参加过哪些研学旅行类型时，我们通过以上调查得知参加励志拓展型的研学旅行总数排名第一，参加体验考察型研学旅行的数量排在第二位。在问教师"贵校的研学旅行涉及哪些主题时"，部分教师回答如下：

沙坪坝区 S 小学 W 老师：我们学校主要就是走红色抗战路线，去年新中成立 70 周年，学校的研学旅行主题一直就是围绕这个展开。

梁平区 L 小学 H 老师：我们一般都是围绕着爱国主义教育，重庆本来红色资源就多，特别是红岩沿线那一块，基本上是必走路线。

永川区 Y 小学 G 老师：我们学校一般都是以自然观赏型和知识科普型为主，比如去公园或者博物馆之类的。

总体来看，重庆市学校的研学旅行主要集中在红色抗战纪念馆、博物馆和自然景观三大类，对于其它类型研学旅行涉及比较少，单一的研学旅行只能为学生提供比较单一和片面的学习内容，很难充分发挥研学旅行的教育价值。同时，研学旅行的内容也以知识科普和自然观赏为主，主要是对研学手册上的问题做解答，缺乏对学生的实际操作技能的培养。研学旅行的主题内容应该多元化，这样才有助于提高学生的综合素质。

2. 研学旅行课程开发不完善

研学旅行的课程开发不够完善，无法发挥真正的育人功能。研学旅行是"一路行程，一路学程"，其课程的设计和开发应该将"游中研、行中悟"的性质和特点充分体现出来。但从调查结果得知，有 55.89% 的学生在研学旅行中游玩的时间比学习的时间多，还有 11.03% 的学生只游玩不学习，大多数学校把研学旅行当作娱乐性质的放松，没有合理地对研学旅行进行开发从而体现其教育价值。学校缺乏对研学课程的合理开发和顶层设计，没能构成具备主题序列性和主题模块的研学旅行课程体系；学校也缺乏研学前置课程设计，没有行前的探究方法研讨、知识储备和技能训练。在研学旅行之中，只有 6.67% 的学生表示遇到问题教师可以及时指导他们，现场课程中的实践活动、探究活动被走马观花、浮光掠影的观光、游览、听讲解取代，旅行结束后也没有相匹配的拓展课程。

有一部分学校认为研学旅行单纯地只是研学机构的事情，甚至全权交给研学机构，完全不过问研学旅行课程的开发是否合理。江北区 J 小学 Z 教师讲到"我们学校都是把研学旅行外包给研学机构来组织，研学旅行手册或者课程这些都是我们领导给主题，研学机构来设置，这样教师的担子轻松很多，有些机构还会专门为教师配备休闲娱乐的地方，到了研学目的地，学生都交给他们管。"由于研学机构的从业人员没有丰富的教学经验和学科背景，同时对于学生的状况了解也不够深入，这就造成制定的研学课程最终没能实现与校本课程之间的有效整合，缺乏与国家课程及综合实践课程之间的良性互动，因此没能形成模块化课程体系。

（三）研学旅行前的准备工作不够充分

1. 没有配备足够的研学导师

研学旅行的顺利开展离不开专业的研学导师，研学导师需要掌握导游那样的丰富旅游知识，同时也要掌握专职教师的教学内容。因此，参与研学旅行的研学导师不仅要像导游帮助学生了解旅行知识，还要在研学旅行的过程中掌握相应的教学方法，将研学内容、旅行知识、人生哲理等多种元素融合在一起。研学导师是一个综合性、全能型的职业，对综合素质要求较高，需要经过专业学习和系统培训。在调研中笔者询问有关导师配备的情况时，学校教师和研学机构从业人员回答道：

石柱县 Z 小学 L 老师：我们通常都是一个班配备 2 名教师，一般是班主任和任课教师。

江北区 J 小学 Z 老师：我们班研学旅行一般就是班主任和一名副班主任带队。

研学机构从业人员 C 员工：我们机构通常就是一个研学导师带一个班或者好几个班，人手确实有时候不够，就会招一些大学生兼职周末加入进来负责这块工作。

由上可以看出，研学旅行导师的配备严重不足。学校的普通教师往往难以兼顾研学导师的责任，他们面临着学校内巨大的教学压力，很难有多余精力准备研学旅行。其实各个班的任课教师和班主任才是最熟悉班级群体的人，只有他们和研学机构从业人员一起合作，才能实现最佳的育人效果。

同时有部分学校选择把研学旅行委托给研学机构，随行的带队教师会把责任推脱给研学机构，研学机构的研学导师极为匮乏，且现在国家还没有出台统一的标准，对于研学旅行导师还没有资格证书要求，这就造成很多机构的研学导师良莠不齐。调研发现，重庆市内品质好一点的机构会要求研学导师具有教师资格证或者导游证，但是大多数的研学机构只是对研学导师做一些简单的岗前培训就匆忙上岗，甚至有些机构的研学导师还是兼职的大学生，并没有具备组织或开展学生们进行研学旅行的能力和资质。一次出行少则几十人多则上百人的研学旅行活动,如果没有专业成熟的研学导师,对学生的指导就会不到位或不科学,最终影响研学旅行的育人效果。

研学旅行的顺利开展需要出发前做好充足的准备工作。但是调查得知,重庆市的小学研学旅行还是有部分学校没有发放研学手册,研学手册作为研学途中的课本指南,既能帮助学生熟悉旅行线路和注意安全事项,同时也包含了丰富的研学课程内容,涉及了整个研学旅行的主题和知识点。没有研学手册阻碍了研学旅行的顺利开展。

2. 前期活动准备工作不够

研学旅行中,教师的准备工作也稍显不足。据调查,有 52.46% 的学生都表示研学旅行前教师没有询问他们关于研学旅行开展的情况,有 19.46% 的学生表示教师会询问他们的身体健康状况,也有 13.44% 的学生表示教师会对本次研学旅行的知识储备进行询问,主要集中在讲解安全要点和研学线路,而对于研学旅行要达成的课程目标和关键知识点几乎没有讲解。在研学旅行的准备上,仅仅有 32.07% 的学生会阅读研学手册,同时有 21.78% 的学生根本没有提前为研学旅行做任何准备,反映出的是大多数的小学生并没有充分认识什么是研学旅行,更别提将研学旅行当作是学校综合课程的一部分。学生对于研学旅行的准备工作主要是阅读研学手册,但实际上,有些学生根本没有阅读研学手册,只有小部分学生会提前去收集关于研学主题的资料。由于研学前准备不充分,最后造成研学旅行效果不佳。

(四)研学旅行,政府监管不到位,缺乏行业标准

1. 政府监管不到位

重庆市政府对于研学旅行市场的监管不够到位。从调研的信息得知,目前重庆市内学校研学旅行的组织方式主要有两种,一是学校所在区县教委指派的研学基地,学校和研学基地共同组织学生开展研学旅行;二是由校方和研学机构进行合作,在校方指定研学主题后,由研学机构制定符合学校研学主题的研学手册,并组织开展整个研学旅行,学校只需指派每个班级的带队老师和整个学校的负责人随行。访谈中,南岸区 N 小学教务处主任 X 老师谈到:"学校开展这个研学旅行很有压力,哪一个环节学生出了问题都会给学校带来很多麻烦,现在我们通常都外包给第三方机构来做,但是机构的资质水平、导师素质、课程开发能力、学

生用车餐饮、定价收费等一系列的环节都没有固定的标准,没有政府在里面帮我们监管,万一出了问题我们也很头疼,通常我们选那些有央企或者国企背景的机构来规避风险。"从 X 老师的谈话可以看出:在具体执行阶段,研学旅行涉及了教育部、旅游部、交通部、财政部等多个政府部门,没有谁在其中主动进行研学旅行的市场监管,一场研学活动的成功与否没有政府部门对其界定,研学机构的质量也没有政府部门提前把关,因此一旦出现问题或纠纷,学生很难找到具体的、可以解决问题的政府部门来维护自身的权益。

2. 缺乏行业标准

研学旅行巨大的市场需求促使许多研学旅行机构和从业者涌入到这个朝阳产业中来,由于我国研学旅行才刚刚兴起,还处于起步阶段,缺乏行业标准,因此也造成了一些行业乱象。在调查中笔者发现很多家长都对研学导师的水平有所质疑:

F 家长:我孩子研学回来后告诉我,研学过程中就是他们一个班走马观花的看一看,人又多也没得人讲解,娃儿一般都和要得好的同学一起玩耍,那个研学导师基本上就是个带路的,这样还不如我自己带娃儿出去旅游学到东西多。

G 家长:我们娃儿讲那个研学导师普通话一点都不标准,讲解的时候一点都没得她们自己老师讲得好。

从调查可以看出,研学旅行的导师没有一个行业标准,是否需要教师资格证、导游证或者是专业的研学旅行导师证等没有细化说明,水平良莠不齐的研学导师导致研学旅行的质量得不到保证,进而影响研学旅行体现出真正的教育价值。

同时,还有研学机构的受访者 F 员工表示"整个研学旅行行业应该要有具体的行业操作规程,对研学旅行的每个环节都要有一个统一的标准,要细致到每天的用餐标准和用车规格,市面上很多公司噱头做得很足但是孩子报名了却发现不是那么回事,只有出台标准才能淘汰掉那些不合格的企业和基地,促使整个行业健康发展"。由此可以看出,整个研学旅行市场缺乏统一的行业操作标准,什么样资质的公司可以承接学校研学旅行项目?什么样的目的地才有资格成为挂牌的研学基地?如果一旦该基地出现问题,是否需要重新整改或取消研学基地资格?整个研学旅行过程关于用车、住宿、餐饮是否有统一规格等等,都急待解决。总的来说，目前重庆市还没有出台统一的行业标准来规范与服务于研学旅行。

（五）研学旅行评价不合理

1. 评价的主体比较单一

在问到"谁会评价你们研学旅行之后的表现"时，其中88.51%的学生会进行自我评价，76.92%的学生提到他们的教师会评价他们的表现，只有62.74%的学生说研学导师会评价他们的表现，还有51.90%的学生提到家长会评价他们的表现。我们可以看到，研学旅行的评价还是主要以学生的自评和教师的评价为主，没有把家长或者研学基地的从业人员纳入到评价主体中来，造成了评价的片面性。因为每次研学旅行出行人数众多，通常是以一个年级或者几个年级一起出行，这样就造成了评价的工作量巨大，各方研学旅行相关人员无法一一为学生评价，而常常采用学生自评的方式。

2. 评价的方式比较单一

决定研学旅行质量的重要环节之一就是对研学旅行的合理评价。在问到教师、家长和研学机构从业者如何评价学生表现时，被调查者有不同的回答。

永川区Y小学D老师回答："研学旅行中，我们一般就一两个教师带一个班，全程要负责监督学生安全，没有时间像在教室一样评价学生，所以都是研学旅行结束，让学生写研学日记或者是写与研学主题相关的作文。"

研学机构C员工回答："我们机构一般就是把评价放在最后，由于每次研学旅行的学生数量庞大、我们人手又比较少，而且小学生大多天生活泼好动，派专门的人员对学生的表现进行全程记录几乎是一个不可能完成的任务，我们通常安排研学导师在回程的大巴上带领学生一起回顾今天所学的内容，让学生回答相关的问题，来评比出最优小学员和最佳班集体等，然后发给学生一些小礼品什么的。"

家长I回答："娃娃出去一趟有老师负责，我们家长又不全程跟着一起，怎么评价嘛，最多问一下娃儿耍得开心不。"

教师的人手有限并不能注意到每个学生的表现，并且每次研学旅行的时间较长，不再是学校一堂课四十分钟的时间，只在研学旅行结束后对学生进行评价，会造成对研学旅行过程中学生表现的评价的忽视，难免会与实际表现情况有偏差，对于那些不能量化的成果就无法记录下来。现在研学旅行的评价方式大多数是学生自主评价，通过填写研学旅行结业表或者完成研学日记、作文等，评价的方式比较单一。

二、小学研学旅行开展所遇困境的原因

（一）研学旅行自身的复杂性

研学旅行的开展不同于传统学校课程，需要统筹运营各方面的资源。在开展过程中，第一具有很大的不确定性，随时都有可能打乱原有教学安排，在研学旅行的整体把握上具有很大的不确定性。这就要求在研学旅行出发之前，做好充分的准备，并不是像教师准备传统预习课程时那么简单。第二研学目标的修订、地点的选择、突发事件的处理等，都对学生、带队教师、研学旅行相关从业人员造成了巨大的考验。第三由于小学生活泼好动的天性，学生在学习过程的状态没有在教室里面好控制，加上研学导师数量的严重不足，这就增加了评价的难度。

（二）传统观念的制约

在我国现阶段的教育中，许多家长还是抱着让学生考出高分的教育观念，思考的是学生如何升入更好的重点学校，不太注重学生综合素质的培养。这就造成了许多家长不赞成学生参加研学旅行的原因，家长多是将研学旅行视为一次学生进行放松娱乐的机会，而不是因为认识到了研学旅行的教育价值。由于研学旅行的教育价值短时间很难凸显出来，对于学生综合素质的提高也很难量化考量，许多学校和教师也不重视其特定价值，而是为了完成当地教育部门检查敷衍了事，最终造成研学旅行效果不佳，教育价值无法凸显。

（三）研学旅行监管部门的缺失

重庆研学旅行目前处于一个规范化发展的初期阶段，短期内还没有建立起一个统一的市场规范和标准。目前重庆市研学旅行的行政管理权限模糊，对于研学机构没有部门来规范管理，对于机构的保证金缴纳数额、研学从业人员资质等都无法一一监管和审查。一场研学旅行的开展看不见政府监管的影子，因此也就造成了研学服务不达标、研学费用不合理、研学用餐标准不统一、研学手册无人审

核等问题。理论来说，研学旅行作为一种教育资源和旅游资源整合的活动，教育部门和旅游部门都有一定对研学旅行的规范和管理权限，可恰恰是因为研学旅行的多行业整合性，造成了政府部门之间推诿。笔者在调查中发现，由于没有明确的政府主管机构，家长们又把学生的安全当作重中之重，因此很多家长出于安全考虑，除了学校组织以外，不愿意让孩子报名参加其他机构组织的研学旅行。

重庆市内没有监管部门牵头制定行业标准，造成了一定的行业乱象。研学旅行需要学生走出校门，一旦在餐饮、住宿、交通或者活动中出现意外，势必会影响到学生的积极性和家长的支持度，研学机构的任何一环相关责任方都会遭受巨大的压力。要想解决这个问题，使研学旅行朝着健康高质量发展，就离不开研学旅行行业操作标准的建设。研学旅行行业应该对研学旅行过程中的餐饮、交通、住宿等各方面都有明确且统一的规范和标准，同时对于研学旅行手册使用也应该有明确规定，用研学旅行操作标准来规范整个研学旅行开展环节，自然而然地会淘汰不达标的研学机构。研学旅行操作标准还应对挂牌的研学基地实行年检制度，让不合格的研学基地进行整改，经过整改依然达不到标准的研学基地，应该取消其研学基地挂牌资格。

（四）研学旅行专业人才匮乏

研学旅行顺利开展的一个重要条件就是要有专业的研学人才，而专业研学导师数量很难满足目前的市场需求。所谓的研学导师，并不是单纯的学校专职教师，也不是讲解旅游知识的普通景点导游，而是同时担负着研学旅行的计划研发、活动开展实施、具体内容讲解、指引学生进行体验式学习和探究式学习等多重任务的专业人员。然而，这样全能型的研学导师目前在我国非常少，既要懂得旅游学知识同时也要掌握教育学相关课程开发、学生评价等专业知识的人十分匮乏，造成了我国研学旅行开展过程中力度不强、效果不佳的现状。

调查发现，重庆市的研学旅行开展里面缺失了教师主体，一个班最多就是班主任和副班主任带队，并没有起到研学导师的作用。由于面对较为繁重的教学任务，教师没有足够时间去接受系统的培训，仅仅是简单地通过网络学习或者突击式的培训获得少量相关知识，因此在研学旅行过程中只能扮演一个被动的接受者，无法起到主动参与的作用。带队教师的非专业性导致他们对研学旅行的专业认识模糊，影响研学旅行的实际育人效果。

第六章　小学研学旅行教育价值的实现路径

一、改变观念，加强研学旅行宣传工作

（一）学校方面

1. 引导家长对研学旅行的支持

研学的顺利开展离不开家长的大力支持，但是当前我国大部分家长还是持有传统的教育观念，由于优质的教育资源供给跟不上日益增长的需求，所以家长们总是把学生的成绩放在第一位，如何让学生考取高分进入一所更好的学校仍然是广大家长最关心的事情。对此，首先，学校可以举办专门的研学旅行宣传活动，通过讲座的形式向家长宣传研学旅行的重要作用和国家的政策方针，多让家长关注学生的德、智、体、美、劳和谐统一发展，引导家长不要将所有的注意力集中到学生的考试成绩上。其次，可以利用好学校家长会的契机，向家长和学生讲解研学旅行的教育价值，把本地一些成功的研学旅行经典路线和学生参与过的研学旅行活动做成视频或者图文资源的形式在班上宣传，引导家长认识研学旅行并了解其重要意义，从实际行动上鼓励和支持学生积极参加丰富多样的研学旅行活动。

2. 从学校制度层面保障师生的配合

学校是决定研学旅行发展质量的关键一环，调研中发现，梁平区 L 小学忽视研学旅行的教育价值，由于学校不重视造成该校的教师和学生都轻视研学旅行，开展效果明显不如其它几所学校。因此，要做好研学活动，学校必须在制度层面提出行之有效的方法保障师生的配合。学校教师一方面不断受到来自学校的教学压力，另一方面毫无研学旅行的课程经验和基础，在研学旅行上的精力投入

并不多。有条件的学校可以配备专门的教师负责学校研学旅行的开展，甚至可以成立研学旅行教研组，选定优秀的研学教师担任小组长，定期带领教师共同探讨优质研学旅行课程；同时，学校也要把对研学旅行课程的掌握纳入到对教师的绩效考核标准之中，定期聘请校外研学旅行专家和优秀研学导师到学校讲课，让教师不但能注重研学旅行的教育价值，同时也能上好研学旅行课程；还可以组织本校教师去到其它学校观摩学习优秀的研学旅行课程，增强教师对研学旅行的重视程度。

只有确保了教师对研学旅行的重视才能引导学生积极参与研学旅行，利用好班级的每周班会课，教师组织学生一起探讨分享自己研学过程中的收获和成长，以此来加深学生对研学旅行的认可度。同时学校可以依据本校实际情况制定研学旅行方案，确定固定的研学旅行宣传月，对于不同学龄段的学生进行分类宣传，并且制定适宜其兴趣的研学旅行主题活动，鼓励学生走出校门，在研学活动中加深与自然、社会的接触，真正做到寓学于游。

（二）社会方面

1. 政府引导研学基地做好宣传

研学旅行要想做到人人支持、人人参与离不开政府的引导，各地区政府部门要联合本地区的研学基地一起做好宣传工作，比如在各个研学旅行基地播放研学旅行的教育价值宣传片，结合当地优势推出"乡土乡情"研学旅行线路；同时还要利用好旅游景点旅游者的宣传作用，在景点的宣传手册上推介当地优质研学旅行线路，让社会了解研学旅行。

2. 研学机构利用自身优势做好配合

由于学生的成长不是一蹴而就的，他们一般都会多次参加研学活动，研学机构可以利用自身优势打好研学旅行的宣传配合战，到学校向庞大的学生消费群体宣传推送自己的优质的研学旅行活动，促成学生研学旅行活动的开展。同时，各个研学机构之间还可以成立研学联盟，在寒暑假高峰期推出研学旅行展览会，向消费者宣传研学旅行活动，让家长和学生在展馆一次性对比市面上所有的研学旅行产品。

二、寓游于学，做好研学旅行课程开发

（一）合理设计，制定研学旅行课程

1. 做好研学旅行课程的上层开发

在制定研学旅行课程开发之前，要思考如何把研学旅行课程融入到学校课程和国家课程之中，实现三者的无缝对接。研学旅行的主题制定要站在高位，结合所在地的现有资源、不同学龄段的学生兴趣、学校自身的优势等方面因素进行设计，同时又要体现学生的德智体美劳五育的价值，制定完善的主题研学旅行计划，不能随意更改，要设计出学校一整年的研学旅行课程，实现多个方面价值的和谐统一发展。如果后期因为客观因素导致研学旅行课程不能如期实行，要及时结合已有条件进行课程二次开发，尽量保持课程的连续性。

2. 建立以学生为主体的课程学习模式

研学旅行课程应有别于传统学校课程，要建立以学生为主体的课程学习模式。在研学旅行开始之前，学生要参与到研学旅行课程中，对学校现有的各种研学旅行主题有自主选题的权利。研学旅行对小学生来说，是一种难得的锻炼机会，要把学习的主动权交还给学生，让学生在研学旅行中有自我构建、自我内化、自我调控的时间；同时加上研学导师的支持和引导，让学生设计研学旅行课程自检表，在长时间的研学活动中自我记录学习情况，能充分落实研学旅行的教育价值，同时提升学生的自我学习能力。

（二）科学组织、规范研学旅行课程

1. 扩展研学旅行种类

研学旅行的健康发展与其丰富多彩的研学旅行主题联系紧密。丰富的研学旅行主题能提升学生多方面的综合素质，同时也能丰富学生的选择范围，确保每个学生都能实现其个性化发展。学校在设计主题时要依据学生的年龄段和兴趣需要展开，不能仅仅只是为了完成当地教育部门的研学旅行任务，不断重复相同种类的研学旅行，这样不利于学生的全面发展。调查中，重庆市的研学旅行主题主要集中在红岩文化、农耕文化和自然景观这几类，有些学生连续参加好几次的红岩

文化研学旅行，产生了抗拒情绪。研学旅行的设计也要区分出不同的价位，考虑不同家庭的经济承受水平能力。当地学校还可以利用好本地区的免费教育资源，如和当地动物园、博物馆、科研院校等合作，开展一些免费的研学旅行活动；同时争取相关政府部门的扶持和社会团体的捐赠，为贫困儿童减免相关费用，减轻他们家庭的负担。

2. 挖掘研学旅行校本特色

要充分挖掘研学旅行的校本特色，研学旅行手册的制定要一校一本，不能多个学校都是使用同一手册，这样不利于研学旅行课程的校本开发。学校管理者要依据本校的实际情况，组织教师切实考察学生的需求并制作相应的研学手册，筛选符合本校学生实际需要的、有教育价值的课程内容，再结合实际开展情况不断改进。

3. 打造研学旅行精品

教育部门、学校和研学基地要联手打造当地特色的研学旅行精品线路。结合当地旅游资源，实现区域内优质旅游资源的联合，打造不同主题的精品线路。同时，要加强对研学旅行基地的审查工作，制定优质研学基地的标准，定期派专人抽检研学基地的设备状况等，每年考核研学基地的研学旅行组织能力；还要对研学基地的资质一年一审，督促标准降低的研学基地整改，取消不达标的研学旅行基地挂牌资格，全面助推研学旅行精品线路发展。

三、合理规划、制定研学旅行的各项标准

（一）研学导师标准

1. 制定统一的研学导师培训标准

我国研学导师缺口数额巨大，未经培训的普通教师难以承担复杂的研学旅行活动，对研学旅行动态性的教学过程难以把握，因此要充分做好普通教师的培训工作使研学旅行的开展更加专业化。各地区教育部门要根据自己当地实际情况出台学校教师的研学培训计划和具体规定，对研学旅行课程的开发、安全知识、组织管理、结果评价等多个方面进行必要的培训，只有经过全方位培训的学校教师

才能更好地在研学旅行过程发挥重要作用，让研学旅行实现德智体美劳全方位的教育价值。同时，要充分发挥高等院校的引领作用，引导、鼓励高校从事中小学的研学旅行专业培训工作，解决好研学导师的巨大缺口问题，制定统一的研学导师培训标准。对于小学任课教师，在研学旅行前要对他们进行统一标准的培训，让他们掌握相关技能才能带班出行，每次出行回来的教师，也必须开展总结活动，和其它学科一样上交教学日志和教学反思；对专业的研学旅行导师，也要有统一的培训标准，使研学旅行主题研讨、课程设计、线路规划等方方面面都有相关培训，不断提高研学导师的水平，推进研学旅行的高质量发展。

2. 设立专门的研学旅行导师资格证书

要想使我国研学旅行最终走上高质量发展道路，设立专门的研学旅行导师资格证书是必不可少的一环。这方面，国家教育部要联合人力资源和社会保障部制定相关的研学导师从业资格证标准，让研学导师的水平通过其资格证书来考量。比如，对从业人员的学历、普通话、旅游学知识、教育学知识等方面进行综合要求，制定其细致的评分原则，以保障研学导师的专业性。对于研学旅行导师从业资格证，要依据不同的学段来划分，设置小学、初中和高中三个档次的资格证书，满足不同年龄段学生对于研学导师的需求。同时，要鼓励旅游从业者和学校教师积极参加培训，获得研学导师资格证书，促进研学旅行的高质量开展，弥补我国专业研学旅行导师的巨大缺口。

（二）安全标准

通过调研发现，研学旅行的安全问题依然是家长和老师最担心的问题，只有制定出研学旅行相关的安全标准，并在研学旅行中严格执行，才能切实提高学生的参与度，促使我国研学旅行走上快速发展道路。因此对于研学旅行中设计的各项安全参数需要由政府各部门制定统一标准，保障研学旅行安全实施。

1. 用车标准

教育部门要联合交通管理部门制定小学研学旅行的统一用车标准，让学生出行不再是无秩序的状态，用车人数和规格都要有细致的参数，以便学校做好安排工作，统一规格；同时，当地交管部门要对提供用车的单位做好资质审查和安检工作，不定期的抽检企业的车辆情况，确保学生平安出行；最后，车辆必须提供强制乘车险，让每一位出行的师生都无后顾之忧，预防未知的风险。

2. 食宿标准

工商行政部门要出台小学研学旅行的食宿标准，对不同价位的食宿要有不同的规定，要细致到学生每一餐的用餐数额和住宿酒店的价格分配，同时制定最低标准的食宿标准，以防学生出行的基本食宿得不到保障，影响学生的健康成长。

3. 医疗标准

要制定研学旅行的出行医疗标准，减少安全隐患。在研学旅行出行前要向家长了解学生的身体健康状况，对某些有特殊疾病不方便研学旅行的学生提早发现，以防旅行中发生危险情况，同时要和学生家长签订安全责任告知书，并联合保险公司为学生研学旅行购买相应的意外保险。在研学旅行出行阶段，还必须配备相应资质的医生随行，处理研学旅行中意外发生的安全事故。

4. 应急预案标准

学校还应该制定研学旅行应急预案标准，使每次出行都无后顾之忧。应急预案要针对可能突发的紧急情况做出相应的对策，并且要组织师生定期学习研学旅行安全讲座，规避校外研学旅行不可预知的风险，把师生的生命安全放在第一位置。

四、加强监管，厘清政府职责

（一）加强政府的监管职责

1. 厘清政府的监管权限

要想研学旅行高质量高水准发展，政府的监管起着不容忽视的作用。首先是政府各部门要划分好权责，研学旅行是一个涉及多部门统筹协作开展的活动，教育部门、旅游部门、交通部门等许多部门都会参与其中，各部门要互相配合，不能互相推诿，要让研学旅行的各个环节都有相应的部门负责。

研学旅行应由教育部门负主要监管职责，协同其它部门制定完善的责任细节。比如，对研学旅行的手册编制、旅行费用定价、食宿标准、用车标准、研学基地资质审查、研学机构监管等一揽子相关事项进行业务划分，让研学旅行相关的每一项监管职责都能落实到位，使研学旅行能无后顾之忧地顺利开展。

2. 督促学校做好研学旅行

研学旅行的实施状况如何和学校密不可分，有些学校的负责人为了好看的卷面分数把研学旅行当作学生高分路上的拦路虎；而有些学校则能充分利用好研学旅行的综合育人价值帮助学生全面发展，提升学生综合素质。教育部门要把学校作为重点监管的对象。首先，要督促学校着眼于学生的全面发展，积极开展研学旅行活动。因为研学旅行在提高学生德、智、体、美、劳全面发展方面具有丰富的教育价值，学校要利用好研学旅行的契机，设计主题繁多的研学旅行种类；其次，要注重研学旅行朝着规范化发展和常态化发展，使其真正融入到学校教育之中。对于那些不认真落实研学旅行政策，把所有环节都甩手给第三方研学机构的学校要重点督促，帮助学校研学旅行活动开展得又快又好。

（二）完善经费筹措机制

1. 政府扶持

通过调查显示，很多家长除了担心学生安全外，费用也是他们考虑的因素之一。重庆主城区学生的研学旅行参与度明显要比周边区县高。由于我国各地区经济发展的不均衡，研学旅行费用对有些家庭来说是一笔不菲的费用，从而影响了学生的参与度，因此积极完善经费筹措机制，帮助更多学生参与研学旅行。各地区政府在经费筹措这一问题上，要根据自身条件，采取多形式、多渠道的方式，形成以政府为主导、学校配合、社会捐赠的研学旅行费用筹措机制，切实减轻中小学贫困家庭的负担。政府各部门可以相互配合，减免或补贴研学场地的相关门票、出行交通、学生食宿等方面的费用，切实减轻学生出行的负担。

2. 社会配合

研学旅行需要社会相关部门大力配合。保险、监督、管理机构可以共同推动增加中小学保险中研学旅行项目，保险公司还可以研发专门适合研学旅行时间段、费用少、保障高的保险产品。同时，对于研学旅行各个环节当中乱收费和高收费的行为，政府要出台相关的制度进行惩戒，保证其收费的合理性。最后，针对社会上的公益群体或者公司，可以用减免税收或相应荣誉表彰的方式，鼓励他们的公益行为，切实推动我国研学旅行向好发展。

五、持续发展、制定研学旅行合理评价

（一）建立多层次评价体系

1. 建立学生综合素质评价体系

研学旅行评价要以学生为中心，构建德智体美劳全面发展的素质教育。将评价重心放到学生的综合素质上，而不只是关心分数的高低，增强学生和社会的联系，为他们将来步入社会做准备。学校可以依据德、智、体、美、劳等五个维度制作相应细化的学生综合素质评定表格，加强研学旅行过程中的评价，以防学生在长时间的研学旅行过程中的表现在研学结束时被遗忘。这种学生的综合素质评价表可以长期跟踪学生相应的表现，因此应把纸质版的学生综合素质评价表做成电子档，用于追踪小学生六年的成长轨迹，清楚记录学生成长变化。

2. 建立多维度的带队教师评价体系

重视对带队教师研学指导水平的评价是研学旅行活动开展的重要一环，高水准的研学旅行带队教师可以使学生获益良多。因此我们要重视对教师的考核和评价，着重要对教师的责任心、角色定位等基本素质进行考量，同时还要加强对教师在研学旅行中的管理能力、突发事件处理能力、风险管控能力等多方面的评价。每次参加研学旅行，教师的水平也会得到锻炼，建立多维度的带队教师评价体系，有利于提高我国教师研学能力，对学校研学旅行高质量发展有积极意义。

3. 多方面设定具体评价内容以丰富评价指标

要注重对学生的横向评价和纵向评价，横向评价可从学生的知识掌握、人际交往、自理能力、意志品质等多方面考察，纵向评价要注重结合学生参与研学旅行前后的表现对照；同时可以建立起小学阶段的研学旅行跟踪评价表，以此来拓展学生评价的维度。评价要兼顾学生多方面能力的考察，以德智体美劳五育为基本方向，强调学生的思维拓展、人生观、价值观、劳动观等方面的构建，把研学旅行中的评价结果纳入到小学生的学分管理中。

（二）注重评价主体的多元化

1. 教师与研学导师总体评价

教师作为最熟悉本班学生的人，在研学旅行中全程参与管理并监督，对本班学生的表现状况是十分熟悉的，同时教师作为学生日常在校学习的见证者，熟知班级每个学生原有的基础水平，最终给出的评价能够看到学生发展的差异性。而研学导师是研学旅行的专业设计者和组织实施者，除了要对学生评价外，还要对每次研学旅行的课程设计、管理方式、整体完成度等进行评价，特别是要注意研学活动缺陷和不足的地方，促进下一次的优化和改进；研学旅行导师还要对不同学校或班集体之间的表现作出评价，这样有助于区域内学校研学水平的整体提升。

2. 学生自评互评

学生要学会对自己的表现评价，研学旅行之中的自评有利于学生认识自己，发现自己的优点和不足之处，与此同时，学生还要在现有的基础水平上，对别人进行公开客观的评价，学生之间接触密切，沟通交往之中能发现教师看不见的闪光点，同时也能引导学生欣赏他人。

3. 其他人员补充评价

研学旅行中家长、导游及研学基地的相关工作人员等对学生的评价具有重要意义。家长整体且长期和学生密切生活，对学生十分熟悉，学生参与研学旅行前后的细微变化都能第一时间捕捉，因此家长的评价也尤为重要；导游主要承担着研学基地的讲解任务，对学生研学过程中的表现能够做出很好的评价；研学基地其他参与人员的评价也必不可少，他们可以对不同组别学生的素质进行感知，给出最真实的反馈。

结　语

本研究已接近尾声，可是笔者对于小学研学旅行教育价值的关注并没有停止。从 2016 年研学旅行被国家纳入到教育系统中到现在不过才短短四年的时间，对于小学研学旅行的研究还有很多需要关注的方向。小学研学旅行作为学校教育的补充，能够让校园里的小学生有机会走出学校，走到真实的自然和社会中去，在实践中促进德智体美劳的全面发展。研学旅行作为一种创新的育人方式，弥补了当前学校教育的不足，是推进素质教育、培养学生核心素养的重大举措。

本研究对研学旅行的相关定义进行了阐释，梳理了研学旅行的发展历程和相关理论，从德智体美劳五个方面归纳了当代小学研学旅行的教育价值。从帮助学生实现道德品质教育、政治教育、思想教育三个方面进行了研学旅行德育价值归类；从拓展学生的知识面、发展学生智力、培养学生能力三个方面进行了研学旅行智育价值归类；从激发学生体育兴趣，促进学生身体健康、增长学生体育技能，发掘运动潜力、促进学生心理健康，提高社会适应能力三个方面对研学旅行的体育价值进行了归类；从构建美育的现实渠道、增加独特的审美途径、有利于爱美教育向审美教育、创美教育的升华三个方面对研学旅行的美育价值进行了归纳；从改变学生劳动观念，培养学生劳动习惯、转变劳动态度，增进劳动情感、培养善于创造、用于创造的品质三个方面对研学旅行的劳育价值进行了归类，整理了研学旅行教育价值结构表。

在此基础上，以重庆市的六所区县小学的为例，调查发现影响小学研学旅行教育价值实现的主要问题：一是学生、家长和教师对研学旅行的认知不足，二是研学旅行的主题内容不够丰富，课程开发不完善；三是研学旅行前的准备工作不够充分;四是对研学旅行政府监管不到位,缺乏行业标准;五是研学旅行评价不合理。针对研学旅行所存在的问题,从研学旅行的自身复杂性、传统观念的制约、研学旅行监管部门的缺失、研学旅行专业人才匮乏等方面分析了所存问题的原因。

最后提出了小学研学旅行教育价值的实现路径:一是从学校和社会层面改变观念,加强研学旅行宣传工作;二是做好研学旅行课程的上层开发、建立以学生为主体的课程学习模式,同时扩展研学旅行种类、挖掘研学旅行校本特色、打造研学旅行精品,寓学于游,做好研学旅行课程开发;三是从导师标准和安全标准两个方面制定研学旅行的标准;四是加强监管,厘清政府职责;五是持续发展、制定研学旅行合理评价,促进我国小学研学旅行朝着高质量高水准方向发展,提升小学生综合素质。

虽然笔者在研究中查阅了非常多的文献资料,暑期的时候还跟随研学旅行机构的从业人员全程参与了一次研学旅行,对重庆市的研学旅行状况进行了大致的了解,获得了一些访谈数据,但是在后期数据调查时受到了新冠肺炎疫情影响,不得不隔离在家从网上问卷调查获得信息,没有走访调查数据那么完善;同时受笔者个人知识水平和研究能力的限制,对研学旅行所存问题的分析可能不够完善,研学旅行教育价值的实践路径的考量不够全面。在未来,笔者将继续关注小学研学旅行的发展态势,提升自己的研究水平,展开更加深入的研究。

附 录

附录 1

小学生研学旅行现状调查问卷

亲爱的同学：

你好！非常感谢你在学习之余帮助填写问卷。这份问卷的目的是为了了解小学研学旅行的发展现状，以便今后更好地开展研学旅行并实现其教育价值。请根据你自己的理解和实际情况认真填写。本次问卷不记姓名，你的回答无对错之分，答案我们会完全保密，希望你不要有任何顾虑和担心。感谢你的支持与合作！

基本信息

你的性别：A. 男　　　B. 女

你的年级：A. 四年级　　B. 五年级　　C. 六年级

你学校所在区域：

A. 沙坪坝区　B. 南岸区　　C. 江北区　　D. 永川区

E. 梁平区　　F. 石柱县

问卷题目

1. 你对研学旅行的了解程度是（　　）

A. 完全不了解　B. 不太了解　　C. 一般　　　　D. 比较了解

E. 非常了解

2. 你认为研学旅行是什么样的活动（　　）

A. 像语文课一样的学习

B. 去学校外游玩的活动

C. 校外体育锻炼的活动

D. 亲自参与的综合实践活动

E. 其它

3. 你认为学校开展的研学旅行对你有帮助吗（　　）

A. 完全没帮助　B. 没太大帮助　C. 一般　　　　D. 比较有帮助

E. 非常有帮助

4. 你参加研学旅行的目的是什么（　　）（多选）

A. 休闲娱乐，放松心情

B. 增长见闻，丰富课外知识

C. 培养生活技能，锻炼独立能力

D. 规划未来的职业生涯

E. 学习运动技能，磨炼意志

G. 其它

5. 近两年内你参加研学旅行的次数一共是（　　）

A. 0 次　　　　B. 1 次　　　　C. 2 次　　　　D. 3 次

E. 4 次　　　　F. 5 次及以上

6. 你的家长支持你参加研学旅行吗（　　）

A. 根本不支持　B. 比较支持　　C. 无所谓　　　D. 非常支持

E. 有一些支持

7. 你参加过哪些类型研学旅行（　　）（多选）

A. 知识科普型（主要包括参观博物馆、科技馆、动植物园、历史文化遗产、工业项目、科研场所等）

B. 自然观赏型（主要包括观赏山川、湖泊、海洋、草原、沙漠等自然景观）

C. 体验考察型（主要包括体验农庄、实践基地、夏令营营地、团队拓展基地等）

D. 励志拓展型（主要包括参观红色教育基地、大学校园、国防教育基地、军营等）

E. 文化康乐型（主要包括游览主题公园、演艺影视城等）

F. 其他

8. 研学旅行活动开始前，老师会询问你们的（　　）

A. 身体素质

B. 感兴趣的内容

C. 对本次研学内容的知识储备

D. 没有询问

E. 其他

9. 在研学旅行开始前，研学导师或带队教师会为你们做的准备工作有（　）（多选）

A. 制定清楚的研学目标

B. 进行安全教育，强调注意事项

C. 发放研学手册或书籍

D. 帮助我们制定自己的研学计划

E. 其他

F. 没有准备

10. 在研学旅行开始前，你为自己的研学旅行做的准备有（　　）（多选）

A. 参与活动主题以及路线的选择

B. 查阅旅行目的地的相关资料

C. 认真阅读研学手册

D. 制定自己的研学计划

E. 没有准备

F. 其他

11. 旅行中，你的研学和游玩的时间分配一般是（　　）

A. 只游玩不学习　　　　　　　B. 游玩比学习时间多

C. 两者时间一样多　　　　　　　　D. 学习比游玩时间多

E. 只学习不游玩

12. 研学旅行中，当你遇到自己感兴趣的问题时，你通常会（　　）

A. 自己思考　　　　　B. 主动向老师请教　　　C. 和同学交流

D. 主动询问导游　　　E. 先忽略不去管　　　　 F. 其他

13. 当你在旅行过程中遇到不懂的知识时，老师会及时指导吗（　　）

A. 教师能够及时指导

B. 要等很久才能得到教师指导

C. 教师不指导，自己解决

D. 没有遇到过

E. 其他

14. 研学旅行结束后，谁会评价你们的表现（　　）（多选）

A. 带队研学导师　B. 自己班主任　C. 自己　　　　D. 同学

E. 家长　　　　　F. 其他

15. 每次研学旅行结束后，评价你们表现的方法有（　　）（多选）

A. 口头评价

B. 书面作业评价（如研学日记或作文等）

C. 书面考试评价

D. 评选优秀活动分子

E. 学生互相评价

F. 不评价

G. 其他

16. 参加研学旅行，你在哪些方面有所收获（　　）（多选）

A. 增长见识　B. 外语水平　　C. 人际交往　　D. 自理能力

E. 实践能力　F. 爱国情怀　　G. 没太大收获　H. 其他

17. 对于研学旅行，你还有什么想法和意见

附录 2

《小学研学旅行教师访谈提纲》

访谈时间：　　　　　　　　　访谈地点：

受访者基本情况：

姓名：　　　　　　　　　　　职务：

所教年级：　　　　　　　　　所教科目：

1. 您对研学旅行了解吗？您认为研学旅行是怎样的活动？

2. 学校有没有专门的研学旅行课程？涉及哪些主题和内容？

3. 学校开展研学旅行的特色或优势是什么？

4. 贵校关于研学旅行有无专门的手册？教师会参与到研学手册的开发中来吗？

5. 您觉得开设研学旅行课程对教师有哪些要求？

6. 您接受过有关开展研学旅行的专业培训吗？如果有，效果如何？如果没有，您觉得有开展的必要吗？

7. 每次开展研学旅行都有明确的目标吗？确立目标的依据有哪些？

8. 贵校一般会给一个班配备多少教师，会给予学生哪些方面的指导？

9. 每次研学之后，您都会引导学生总结反思吗？您觉得研学带给您和学生的最大收获分别是什么？

10. 学校一般如何评价研学旅行开展的效果？您认为怎样评价更科学？

11. 您觉得学校目前开展的研学旅行存在哪些问题？造成这些问题的原因是什么？您有什么改进建议？

非常感谢您抽时间接受我的访谈，祝您工作顺利、生活愉快！

附录 3

《小学研学旅行家长访谈提纲》

访谈时间：   访谈地点：

受访者基本情况：

您孩子学校所在区域

您孩子就读年级

1. 您是否了解研学旅行，一般是通过什么途径了解研学旅行的信息？
2. 您的孩子参加研学旅行了吗？如果参加了，参加的次数是多少？
3. 您的孩子参加过哪些研学旅行活动？有什么收获？如果没参加过，原因是什么？
4. 您认为研学旅行对您的孩子成长是否有帮助？主要在哪些方面？
5. 您支持孩子参加吗？每年会为孩子在这方面投入多少资金？
6. 对于研学旅行，您最担心的问题是什么？得到解决了吗？
7. 您最想孩子多参加什么类型的研学旅行活动？并希望孩子收获什么？
8. 您对学校开展的研学旅行有哪些不满意的地方以及您的改进建议？

非常感谢您抽时间接受我的访谈，祝您工作顺利、生活愉快！

附录 4

《重庆市研学旅行机构从业人员访谈提纲》

访谈时间： 访谈地点：

受访者基本情况：

所从事研学旅行的工作年限

1. 您对重庆市研学旅行的组织方式了解吗？
2. 目前重庆市的小学研学旅行有哪些主题比较受欢迎？
3. 在学校委托给机构的小学研学旅行活动中，学校是如何和机构合作的？
4. 每次研学旅行是否都配有研学手册？如果有，研学手册主要是由谁负责开发的呢？
5. 研学机构配备的研学导师是否有相关的资质证明和岗前培训？
6. 您认为目前研学旅行的困境在哪些方面？
7. 您觉得未来应该在哪些方面改进才能促进研学旅行的更好发展？

非常感谢您抽时间接受我的访谈，祝您工作顺利、生活愉快！

专题七

L市S区小学研学旅行资源管理研究①

第一章　绪论

在我国基础教育阶段，一直非常重视旅行中蕴含的教育意义，但将旅行正式引入中小学课程体系，则是21世纪才出现的。2013年，国务院办公厅发布了《国民旅游休闲纲要（2013—2020年）》（以下简称《纲要》）②，研学旅行以全新的面貌进入了我国教育系统，在中国基础教育改革的舞台上开始扮演起推动综合素质教育发展的重要角色。对研学旅行进行规范管理是贯彻研学旅行政策的关键，是落实研学旅行活动的基本要求，是推动研学旅行发展的重要举措。

---

① 本专题完成于2022年4月，主编对其做过修改和删节。
② 国务院办公厅：《国民旅游休闲纲要（2013—2020）》，《中国乡镇企业》，2013年第3期。

一、问题提出与研究意义

对小学研学旅行资源管理问题进行系统研究，旨在促进小学研学旅行各方面的管理工作，将研学旅行各种资源进行管理，转变管理理念，优化管理手段，促进研学旅行活动可持续发展，进而落实学校的素质教育与规范管理。

（一）问题提出

对我国研学旅行资源管理进行系统研究，主要出于四个方面的考虑：第一，研学旅行是实施素质教育的重要途径。通过多种类型的活动，实现动态生成性、多领域融合性等优势，促进中小学生德育体验、实践锻炼的有机融合；第二，研学旅行资源管理是落实国家研学旅行政策的关键。研学旅行从政策理论到实践的落地，离不开统筹规划、有效管理，从资源的角度解决研学旅行管理中的现实困境，有助于贯彻并落实政策要求；第三，研学旅行资源管理是研学旅行顺利开展的重要保障。资源管理，是保障活动顺利开展的关键，任何一项活动都离不开资源，对资源进行有效管理，有利于促进活动顺利实施；第四，研学旅行资源管理中存在诸多需要解决的问题。就目前研学旅行实践状况可以看出，研学旅行中存在着诸如时间规划不科学、经费来源单一、人员参与积极性不高、缺乏专业的研学旅行课程、活动宣传不到位、信息获取不及时等问题。

1. 研学旅行是实施素质教育的重要途径

2017年，教育部的《中小学德育工作指南》（以下简称《指南》）强调增强研学旅行在学校教育中的衔接[①]。研学旅行的动态生成性、多领域融合性，使其具有推动教育变革、提升育人质量的多重功效[②]，作为"实施素质教育的新途径"[③]；同年，教育部在《中小学综合实践活动课程指导纲要》（以下简称《课程

---

① 教育部：《关于印发〈中小学德育工作指南〉的通知》，《中华人民共和国国务院公报》，2018年第1期。
② 吴支奎：《研学旅行：培育学生核心素养的重要路径》，《课程教材教法》，2018年第4期，第126—130页。
③ 杨艳利：《研学旅行：撬动素质教育的杠杆》，《中国德育》，2014年第17期，第21—25页。

纲要》)中也明确指出:"可采取野外考察、社会调查、研学旅行等。"[1] 可见,研学旅行在推动素质教育上的重要性不言而喻。研学旅行在国外同样受到关注,亚里士多德曾谈到教育要按自然顺序发展,"第一是要关注儿童身体的发展,随后要注重儿童的情欲培养,最后才教育他们的灵魂"[2]。对儿童的身心健康发展给予充分重视,有助于改变传统教育重知识轻素质的状况。西方教育家夸美纽斯认为儿童的成长就像自然界的植物、动物一样,应当顺其自然,符合自然的规律。他提到,旅游与体验相结合的教育方式在人的各个阶段都是十分重要的学习方式[3]。研学旅行超出课堂教学范畴,通过真实体验体现着缔造、统整、生活、真实取向[4]。由此可见,研学旅行对儿童的综合素质培养的意义受到全球教育学者的普遍认可。

2. 研学旅行资源管理是落实国家研学旅行政策的关键

2013年《国民旅游休闲纲要(2013—2020年)》[5] 出台,研学旅行开始进入我国中小学教育系统;国务院在2014年8月[6]与2015年8月[7]分别出台了意见;2016年12月教育部等11部门联合下发了《关于推进中小学研学旅行的意见》(下文简称《意见》)[8],研学旅行的内涵与意义也进一步得到阐明。到《中国研学旅行发展报告2017》[9],各地纷纷制定了研学旅行政策,研学旅行惠及到更多地区,积累了有益经验。同时,也暴露出了实践中的诸多问题。从2021年公布的《中国研学旅行发展报告2021》[10],可以看出各地中小学积极开展研学旅行,

---

[1] 教育部:《中小学综合实践活动课程指导纲要》,《云南教育(视界时政版)》,2017年第11期。
[2] 亚里士多德著、吴寿彭译:《政治学》,北京:商务印书馆1983年版,第253页。
[3] 夸美纽斯著、傅任敢译:《大教学论》,北京:人民教育出版社1984年版,第162页。
[4] 王润、张增田:《研学旅行:价值取向与问题透视》,《河北师范大学学报教育科学版》,2017年第6期,第90—95页。
[5] 国务院办公厅:《国民旅游休闲纲要(2013—2020)》,《中国乡镇企业》,2013年第3期。
[6] 国务院办公厅:《关于促进旅游业改革发展的若干意见》,《中华人民共和国国务院公报》,2014年第25期。
[7] 国务院办公厅:《关于进一步促进旅游投资和消费的若干意见》,《中华人民共和国国务院公报》,2015年第24期。
[8] 教育部等11部门:《关于推进中小学生研学旅行的意见》,《山西教育(管理)》,2017年第2期。
[9] 中国旅游研究院编著:《中国研学旅行发展报告2017》,北京:旅游教育出版社2018年版。
[10] 中国旅游研究院编:《中国研学旅行发展报告2021》,见中国旅游研究院网(http://www.ctaweb.org.cn/cta/gzdt/202111/758ec08f9b8264c73ae1cd9abb6300d1c.shtml.)。

但研学旅行作为校外教育活动，对于这样一种新兴事物，学校在进行研学旅行资源管理方面经验比较不足，因此在活动的筹备和实施上也暴露出了一些问题，与国家和地方对研学旅行出台的政策理念存在一些出入，因此有必要对研学旅行资源管理进行优化，从而有效落实研学旅行的方针政策。

3. 研学旅行资源管理是研学旅行顺利开展的重要保障

研学旅行的管理工作效果的好坏直接影响整个活动的效果，而在诸多的管理工作中，都离不开对各种资源的管理，活动的各种要素都是资源，从这个意义上说，资源管理是研学旅行活动管理中的关键工作。当前，尽管各地中小学在落实国家与地方研学旅行政策上十分积极，都相继开展了研学旅行活动，但是取得的效果却不尽如人意，当然这与学校所处的地区有着密切的关系，但即使是同一地区拥有着相似的条件下的学校间也存在着显著的区别。在研学旅行的资源条件相似的情况下，学校间的研学旅行活动为什么会存在明显的区别？这就不得不让人去审视学校在已有的研学旅行资源管理上所存在的问题。

资源是有限的，活动资源更是有限的，有效的管理就是最大化的运用好已有的资源，从而促进活动顺利开展，较好地完成既定目标。所以，在研学旅行资源有限的情况下，对已有的资源进行有效管理，有益于提升研学旅行活动的整体效果，推动研学旅行的持续性发展，激励学生踊跃地参与到研学旅行活动中去，发挥研学旅行的育人作用。

4. 研学旅行资源管理中存在诸多需要解决的问题

任何活动的开展都离不开资源，资源的种类繁多，有不同的划分标准。就研学旅行而言，从活动的属性划分，可以分为教育资源与旅游资源；单看教育资源，按照来源划分，又可分为校内资源与校外资源；从完成一项活动必备的资源来看，又包括时间、经费、人员、课程与信息等资源。任何活动所拥有的资源都是有限的，并受到各种客观条件的影响，同时各种资源之间也存在相互制约的关系。经费资源不足，势必会影响到活动的时间安排、课程开发、人员配备等，同样，时间资源的有限性，也会影响活动的丰富性，进而影响活动的效果。学校在开展研学旅行活动的过程中，资源管理存在着各种各样的困难与问题，需要全面地调研现状，并借助科学的管理理论，对各种问题进行分析，以化解各种资源管理困境，提升研学旅行整体效果。

（二）研究意义

有效的管理是活动得以顺利开展的必要条件，研学旅行在各地如火如荼地开展，就需要对活动进行有效管理，尤其是活动中的各种资源的管理。因此，对研学旅行管理中的资源管理问题进行系统研究，具有重要的理论意义和实践意义。

1. 理论意义

研学旅行是一种融合学校教育和社会教育的新教育形态，是从政策层面搭建的学校教育和社会教育的桥梁。对于研学旅行的研究，目前运用管理理论来分析活动管理问题并提出相关建议的研究还比较欠缺。第一，本研究从资源的角度，对小学研学旅行资源进行研究，明确研学旅行资源管理的内涵，对研学旅行资源管理进行分别论述与分析，补充了研学旅行资源的具体内涵；第二，本研究运用项目管理理论与校本管理理论，将学校作为管理主体，扩展了管理理论在教育领域的应用，丰富了小学研学旅行管理理论基础；第三，基于实践调查，分析小学研学旅行资源管理中存在的问题，并对问题进行分析，提出中小学研学旅行的资源管理的对策，优化小学研学旅行资源管理，对于提升小学研学旅行对小学生的教育价值具有积极意义。

2. 实践意义

近年来，我国小学研学旅行在开展过程中面临着诸多难题，从资源管理的角度上来看，存在着时间资源不足、经费资源缺乏、课程资源不专业、人力资源不协调等多种资源管理上的问题。研学旅行资源管理水平的高低直接影响到各类资源的运用效率，从而决定了研学旅行活动是否能顺利开展，影响活动的整体效益。各地中小学作为研学旅行活动的组织者与管理者，理应进行研学旅行资源管理。因此，本研究将从资源管理的角度，理论与实践相结合，基于一定的理论基础，结合现实中的调研材料，对小学研学旅行资源管理现状进行分析，为进一步提升小学研学旅行资源管理水平、提高小学研学旅行资源利用率提供改进策略，并对优化研学旅行管理工作、促进小学研学旅行在实践中的发展、解决研学旅行资源管理问题、提升研学旅行开展效果具有现实意义。

二、国内外研究现状

为了全面把握当前国内外相关主题的研究现状，本研究选择"小学研学旅行"为主题词，分别在 Web of Science 数据库和中国知网数据库进行文献检索。根据研究主题的需要对检索结果进行筛选，剔除与主题无关的文献后利用知识图谱分析工具 VOSviewer 进行数据分析。

在 Web of Science 数据库中选择"Web of Science 核心合集"，进行高级检索，并将检索式设置为（TS＝"study travel＊"OR TS＝"study tour＊"OR TS＝"summer camp＊"OR TS＝"educational tourism＊"OR TS＝"outdoor teaching＊"OR TS＝"out－of－school educational activities＊"OR TS＝"field trip＊"）AND 语种（language）＝英语（English）AND 文献类型＝（Article），并将时间跨度设置为 2000 年至 2021 年，剔除无关文献后，共得到 639 篇外文文献，作为研究的样本。

国内的文献数据，在 CNKI 数据库中设置检索式为：主题＝"中小学研学旅行"OR 主题＝"中小学研学旅游"OR 主题＝"中小学游学"OR 主题＝"中小学修学旅行"，时间跨度选择为 2000 年至 2021 年，共检索到文献 648 篇，其中"北大核心"与"CSSCI"共计 307 篇，硕士论文 269 篇，无博士论文，剔除无关论文 8 篇，共得到 640 篇中文文献，作为研究的样本。

（一）发文量趋势分析

外文文献 2000—2004 年数量较少，发文数量呈现波动态势，最高一年发文 7 篇；2005—2014 年文献数量较之前有着明显的增加，总体呈现上升趋势；2015—2020 年文献数量增加较多，并在 2020 年达到了峰值，为 91 篇；近年来，文献数量有所下降，幅度较大。

国内关于研学旅行的研究从 2000 年开始，2000—2012 年间，文献数量极少；2013—2016 年发文数量开始缓慢增加，但是数量仍然不多；2017—2020 年，文献数量呈现上升趋势，在 2020 年达到了峰值，为 167 篇，数量较之前有着明显的增加；2021 年检索到的文献数量呈现下降趋势，主要原因是笔者检索时间为 2021 年年中，故而对于 2021 年文献数量统计不够全面。

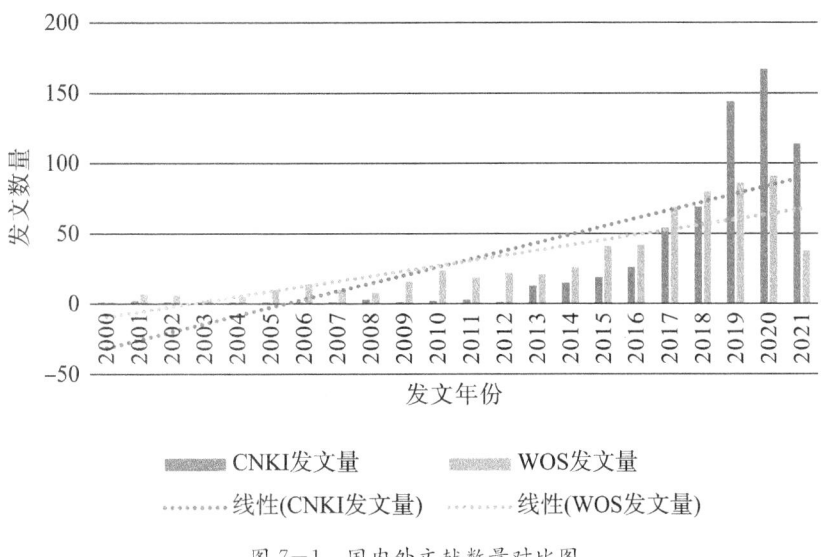

图 7-1 国内外文献数量对比图

总体而言，国内关于中小学研学旅行的研究明显晚于国外，但国内发文量增长速度快于国外。国内外关于中小学研学旅行的相关研究总体呈现的都是上升趋势，且都在 2020 年达到了峰值。

（二）研究热点分析

在研究热点中，国内以 CNKI 数据库为主，国外以 WOS 核心期刊为主，以"研学旅行"为主题进行文献搜索与整理，分别进行高频关键词和关键词共现分析。从图 7-2 可以看出，CNKI 中出现的高频关键词主要有"研学旅行""地理实践""课程设计""核心素养""综合实践活动""研学导师"等。国外以 WOS 为主，如图 7-3 所示，出现的高频关键词主要有"夏令营"（summer camp）、"态度"（attitudes）、"孩子"（children）、"经验教育"（experiential education）、"表现力"（performance）、"生理活动"（physical activity）、"社区活动"（community programs）、"小学"（primary school）、"动机"（motivation）、"科学"（science）等。从 VOSviewer 提取的高频关键词来看，国内关于研学旅行的研究主要是围绕地理学科研学旅行的活动进行课程的开发与核心素养的培养，同时研学旅行研究的年龄范围广泛，从小学到高中均有相关的文献研究；国外关于研学旅行的研究更加聚焦于学生本身的发展，比如学生的表现力、态度、动机等。

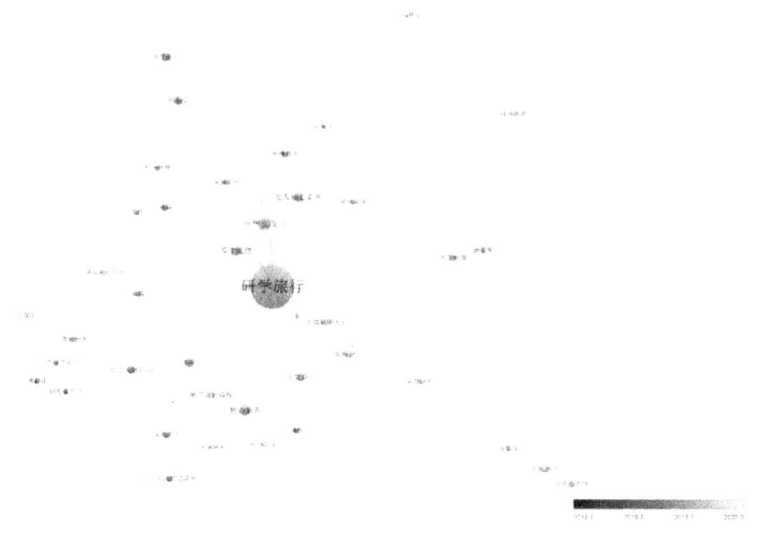

图7-2 CNKI关键词共现分析图

图7-3 WOS关键词共现分析图

总体来看,国内外关于研学旅行研究热点的共同点是分布比较广泛、角度多样、主体丰富,能够侧面反映出研学旅行活动对不同学科、不同主体的多元价值;不同点在于国内关于研学旅行本身的研究较多,以此为核心进行全方位扩散,而国外在各种热点上的分布较为均衡。

（三）国内关于研学旅行的研究

笔者主要从国内学者关于研学旅行的理论研究、政策文本研究、课程研究、实践研究、满意度研究以及关于国外发展现状的研究这六个方面对国内关于研学旅行的文献进行梳理。

1. 关于研学旅行理论的研究

（1）关于研学旅行历史渊源的研究

陈晓霞指出，孔子是我国研学旅行的创始人。她在文中介绍了孔子在游历过程中给予弟子的教育方式和相处之道，进而给了当代的研学旅行一些启迪。① 李哲对春秋时期的孔子、汉代的司马迁、清代的魏源和近现代的毛泽东在成长过程中的游历经历、思想成果和经典作品做了总结和回顾，在此基础上对当代的研学旅行提出了一些建议和期待②。而在实践上，20世纪30年代的新安旅行团践行陶行知的"生活即教育，社会即学校"③ 教育主旨，以修学旅行的方式开始走向全国，唤醒群众，治国救亡，宣传抗日救国的道理①。因此，我国的研学旅行发展有着悠久的历史，并非是由国外引进的一种新兴事物，只是由于近代国家动荡不安，因此与社会发展密切相关的教育事业的发展也受到严重影响。从新中国成立的百废待兴到改革开放后的蓬勃发展，我国综合实力迅速增强，人民的受教育水平与生活水平得到显著提升，从应试教育到现在的素质教育已全面发展，旅游行业与文化相结合成为"文旅"，国外修学旅行、夏令营等活动如火如荼地开展，这些都为我国研学旅行的再次发展带来了机遇。

（2）关于研学旅行内涵的研究

关于研学旅行的内涵研究，学者们研究的时间比较早，相关文献也较为丰富，从不同的视角提出了不同的看法，包括对研学旅行概念进行界定、对其特点进行总结。第一，关于概念界定。有学者从研学旅行的目的来界定研学旅行，也

---

① 陈晓霞：《孔子游学思想对研学旅行的启示》，《中国政协报》，2017年6月28日第10版。
② 李哲：《浅谈研学旅行的思想渊源与当代启示》，《教师教育论坛》，2017年第6期，第90—91页。
③ 华中师范学院教育科学研究所编：《陶行知全集》第2卷，长沙：湖南教育出版社1984年版，第633页。
④ 李燕：《国难背景下的修学旅行——新安旅行团研究（1935—1945）》，江西师范大学硕士学位论文，2014年6月，第2页。

有学者从研学旅行的方式、对象进行界定。第二，关于研学旅行的本质与特点，主要包含三大特点：本质性、综合性与课程性。因此，笔者通过对不同学者文献的阅读，根据一定的分类标准进行了整理，具体情况如表7-1所示：

表7-1 研学旅行概念

研究角度	时间	作者	研学旅行概念界定
教育活动	2014	丁运超	研究旅行作为一门新的综合实践活动课程，它是撬动素质教育的杠杆和实施新课程改革的突破口。①
	2017	陈光春	研学旅行是借助自然事物，通过学生亲身体验，从而激发好奇心与求知欲的一门必修课程。②
	2018	吴支奎	课程化研学旅行是一种新的综合实践活动课程。③
旅游活动	2009	胡亚琴	研究旅行是以学生为主体，以教师等为补充，以增进技艺、增长知识为目的的专项旅游活动。④
	2017	张岱楠等人	旅游者以开阔视野、增长知识、丰富阅历为目的而形成的旅游活动。⑤
	2018	任唤麟等人	研学活动是指以研究性、探究性学习为目的的专项旅游活动。⑥
	2018	潘兰芳等人	研学旅行是以旅游、观光和学习为目的开展的专项旅游活动。⑦

---

① 丁运超：《研学旅行：一门新的综合实践活动课程》，《中国德育》，2014年第9期，第12—14页。
② 陈光春：《论研学旅行》，《河北师范大学学报（教育科学版）》，2017年第3期。
③ 吴支奎：《研学旅行：培育学生核心素养的重要路径》，《课程教材教法》，2018年第4期，第126—130页。
④ 胡亚琴：《广东省发展修学旅游的优势及策略》，《全国商情（经济理论研究）》，2009年第9期，第88—89页。
⑤ 张岱楠、罗瑞琦、马志鹏：《大学生研学旅行市场需求研究——以重庆市为例》，《经济研究导刊》，2017年第1期，第165—169页。
⑥ 任唤麟、马小桐：《培根旅游观及其对研学旅游的启示》，《旅游学刊》，2018年第9期，第145—150页。
⑦ 潘兰芳、徐标：《学生春季研学旅行的认知及组织策略》，《教学与管理》，2018年第11期，第13—15页。

续表

研究角度	时间	作者	研学旅行概念界定
广义与狭义层面	2017	白长虹等人	任何旅游者出于文化求知的需要,在人生任何阶段以独立出游、结伴或团队开展的文化考察活动。①
	2014	朱立新	广义:以研究性、探究性学习为目的的专项旅行;狭义:由学校组织、学生参与的,以学习知识、了解社会、培养人格为主要目的的校外考察活动。②
	2017	李军	广义:任何旅游者出于文化求知需要,在人生任何阶段开展的文化考察活动。狭义:同教育部。③

我国关于研学旅行本质与特点方面的研究也较为丰富,多数学者都基于不同的研究角度做出了相应的解读,具体如下表所示:

表7—2 研学旅行的本质与特点

研究角度	时间	作者	研学旅行的本质与特点
本质属性	2017	陆庆祥等人	研学旅行本质上是休闲教育,是运用自然主义教育、生活教育理念,通过旅行休闲的形式达成研学的目的。④
	2020	沈和江等人	研学旅行是立足实践、体验与互动相结合的教育活动,其本质是一种校外素质教育活动,通过旅行游览的认知、体验、感悟过程,获取有益知识。⑤
综合性	2014	郭探微	具有普及性、课程性、教育性、体验性和公益性等特点。除此之外,实践性和群体性不可忽视。⑥
课程性	2017	陈光春	研学旅行活动具有自然性、体验性与课程性的教育特点。
	2017	朱洪秋	研学旅行的两个核心特征是"研究性"和"体验性"。而且,还应具有"计划性""团体性""社会性""生活性"等特点。⑦

---

① 白长虹、王红玉:《以优势行动价值看待研学旅游》,《南开学报》,2017年第1期,第151—159页。
② 杨艳利:《研学旅行:撬动素质教育的杠杆——访上海师范大学旅游学系主任朱立新教授》,《中国德育》,2014年第17期,第21—24页。
③ 李军:《近五年来国内研学旅行研究述评》,《北京教育学院学报》,2017年第6期,第13—20页。
④ 陆庆祥、程迟:《研学旅行的理论基础与实施策略研究》,《湖北理工学院学报(人文社会科学版)》,2017年第2期,第34页。
⑤ 沈和江、高海生、李志勇:《研学旅行:本质属性、构成要素与效果考评》,《旅游学刊》,2020年第9期,第10—11页。
⑥ 郭探微:《发展研学旅行教育、旅游一个都不能少》,《中国旅游报》,2014年6月23日。
⑦ 朱洪秋:《"三阶段四环节"研学旅行课程模型》,《中国德育》,2017年第12期,第16—20页。

由上可知，我国学者在研学旅行的内涵方面做了较为详细的研究探索，旨在对研学旅行进行定性，在概念上突出研学旅行的双面性，即"教育性"与"旅游性"；在研学旅行本质特点上都指出了研学旅行的"公益性""课程性""综合性"等特征，为后续关于研学旅行的实践研究提供了一定的理论指导意义。

（3）关于研学旅行教育意义的研究

对研学旅行的内涵进行研究后，学者们还不断探索研学旅行的教育意义，旨在明确研学旅行的重要性与必要性，笔者按照研究角度的宏观与微观两个层面对以往学者关于研学旅行意义的研究进行了相应的汇总，具体如下表所示：

表 7-3 研学旅行教育意义

研究角度	时间	作者	主要内容
宏观层面	2017	班振等人	总结三方面的教育意义，包括对近现代相关教育理论在实践上的落实；打破学科限制的过程；促进培养全面发展的人的教育目标。①
微观层面	2014	丁运超	促进学生对自我、社会和自然三者的认识与体验，促进学生主体性的发展和健全人格的塑造。②
	2018	吴支奎等人	是达成学生知识转化和情感升华的基本途径，契合学生核心素养培育的主题要义。③
	2020	周建东	有益于学生"动商"的培养，动商包括三方面含义：身体意识层面、身体素质层面和身体操作层面。④
	2021	黎启龙	研学旅行的德育价值主要在促进知性德育与生活德育融通和增加德育丰富性两方面。⑤

根据上表可知，无论是宏观还是微观视角的研学旅行意义研究，作者都强调研学旅行对于学生综合性的教育意义，与我国的综合素质教育和学生核心素养的

---

① 班振、朱成科、刘晨：《农村学校开展研学旅行的困境与对策》，《教学与管理》，2017年第16期，第15—17页。
② 丁运超：《研学旅行：一门新的综合实践活动课程》，《中国德育》，2014年第9期。
③ 吴支奎：《研学旅行：培育学生核心素养的重要路径》，《课程教材教法》，2018年第4期，第126—130页。
④ 周建东、王玉华：《研学旅行切莫忽视青少年的"动商"培养》，《中国教育学刊》，2020年第12期，第101页。
⑤ 黎启龙：《研学旅行的德育特征、价值与实施》，《中学政治教学参考》，2021年第3期，第41—44页。

培养都是一脉相承的，突出了研学旅行在中小学开展的实际意义。

2. 关于研学旅行政策文本的研究

随着有关研学旅行政策的不断出台，各地对研学旅行重视程度不断提高，但政策的要求与实施中却存在着理念的脱节。政策的执行离不开对其现实影响的评估与研究，但相关的政策研究文献较少。王立龙对《意见》进行分析，指出该政策明确了研学旅行概念，以及工作原则与实施要求，包括具体任务和组织保障[1]。钟志平等人解读了与示范基地相关的文件，提出了政府的规范管理和研学旅行示范基地规范化的建议[2]。万芳在对政策文本分析的基础上，提出中小学生研学旅行政策包括实然价值、发展价值与应然价值三个部分，但在实践方面却存在着学校角色、评价体系以及社会性主体等问题[3]。吴紫娟等将政策文本预构的课程样态与现实进行比对，构建了一个课程实施框架[4]。综上可以看出，关于研学旅行政策的研究整体上较少。从研学旅行政策出台到各地执行、评估与完善，需要不断改进与优化。如今研学旅行政策方面的研究更多还处于起步阶段，对实践有一定的影响，许多实践中的问题来源于政策上的认识不清、导向不明，因此必须加强对研学旅行政策的解读研究，通过理论指导实践，不断具化政策的内涵，促进实践的运用与执行。

3. 关于研学旅行课程的研究

关于研学旅行课程的研究一直是比较热门的研究领域，学者们基于不同的研究视角进行了探讨与分析。

第一，关于课程目标的研究。董艳等人基于情景感知视角，通过案例法对研学旅行课程设计中的课程目标、课程内容、实施路径以及学习效果评价进行了探究，并依据学生的不同学段尝试构建分学段的课程目标[5]。胡航舟将学生、社会

---

[1] 王立龙:《开展研学旅行 提升安徽青少年科学素养》,《安徽科技》,2017年第2期,第46—47页。
[2] 钟志平、刘大晴:《研学旅行示范基地政策评价与需求方强相关性因素研究》,《湖南社会科学》,2018年第6期。
[3] 万芳:《中小学生研学旅行政策的价值分析》,《乐山师范学院学报》,2019年第10期,第104—108页。
[4] 吴紫娟、程雯、谢翌:《基于政策规约的研学旅行课程实施重建》,《河北师范大学学报（教育科学版）》,2019年第6期,第115—120页。
[5] 董艳、高雅茹、赵亮、王晶:《情境感知视域下研学旅行课程设计探究——以"乔家大院民俗博物馆研学基地"为例》,《现代教育技术》,2021年第4期,第119—125页。

与学科发展的需求作为课程目标制定的依据，从宏观到微观将目标制定环节分解为：研学旅行教育目标—研学旅行课程目标—主题单元目标①。吴颖惠等人强调研学旅行课程目标指向核心素养目标，基于此分析并明确了研学旅行活动中的素养目标。② 三维课程目标由知识与技能、过程与方法、情感态度价值观三个维度构成，有学者运用三维课程目标对地理研学旅行课程目标进行设计。③

第二，关于课程内容的研究。学者们针对研学旅行与学科融合路径进行了探索，设计出了相应的研学旅行课程方案。关于历史类与地理类研学旅行活动课程设计研究成果丰富，有学者基于地理学科核心素养设计研学旅行课程内容。首先从教材中选取合适主题，然后结合当地地理资源确定研学主题，最后就是路线设计、安全教育、行前准备、推广宣传等事宜安排。④

第三，关于课程实施的研究。文智强等人基于施瓦布实践课程理论提出了研学旅行课程实施中教师、学生、教材与环节四大要素，构建研学旅行课程的实践框架，并从启动期、执行期与总结期三个时期构建了研学旅行课程实施范式。⑤ 吴颖惠指出研学旅行课程与学校教育教学融合的实施路径包括：研学旅行课程与学科课程、校本课程、地方课程、其他综合实践方式、团队活动以及与国际友好交流相结合的策略。⑥ 当前，研学旅行开展存在正式学习与非正式学习的脱节现象，急需采取措施整合正式学习与非正式学习。亓玉慧等人根据无缝学习的概念，提出建立研学旅行课程管理平台的研学旅行实施范式⑦。

第四，关于课程评价的研究。研学旅行课程评价包含两方面内容，一是对课程方案本身进行的评价，二是对课程主体进行的评价。由于当前没有统一的课程

---

① 胡航舟：《研学旅行课程设计研究》，华东师范大学硕士学位论文，2019年。
② 吴颖惠、宋世云、刘晓宇：《中小学研学旅行课程设计与实施策略》，《上海教育科研》，2021年第3期，第67—71页。
③ 周小燕：《南京地理研学旅行课程方案设计研究》，南京师范大学硕士学位论文，2018年4月。
④ 雒文华：《基于地理核心素养的高中研学旅行研究与设计》，西南大学硕士学位论文，2020年4月。
⑤ 文智强、唐雷、张华、袁爱清：《研学旅行的实践框架与实施范式——基于施瓦布实践课程思想的讨论》，《地理教学》，2020年第21期，第58—64页。
⑥ 吴颖惠、宋世云、刘晓宇：《中小学研学旅行课程设计与实施策略》，《上海教育科研》，2021年第3期，第67—71页。
⑦ 亓玉慧、段胜峰：《基于无缝学习的研学旅行模式探究》，《现代大学教育》，2020年第5期，第102—109页。

评价标准，因此学者们积极在课程评价指标体系的构建方面开展研究。曲小毅以定性与定量相结合的方法设计出研学旅行课程方案的评价量表①，杨广祥提出研学旅行的评价要坚持育人为本，通过科学运用评测工具、融合多种评价方式发挥评价作用②。关于评价原则，周维国等人提出全方位、多主体、重实效、顾全面四条原则。同时指出评价内容应丰富多样，包括背景评价、过程评估、成效评价等七个方面③。

第五，关于课程开发的研究。研学旅行课程在开发的过程中存在着与学校课程的脱节问题，未能真正纳入到学校课程体系，主要原因是与学校课程的衔接度不够，也就是研学旅行未能充分整合学校课程资源。因此，邓纯考等人提出研学旅行基地与中小学、课程类型、课程环节等方面的衔接以及研学旅行导师之间衔接的课程开发策略，以改进研学旅行课程与学校课程脱节的问题④。除了与学校课程的衔接，学校还可以进行研学旅行校本课程开发以推动研学旅行纳入到学校教育教学体系的进程，庄雪丽对研学旅行校本课程的开发进行研究并提出了四位一体的研学旅行校本课程开发模式⑤。关于研学旅行外部课程资源的利用与开发，有学者提出可以采取全面梳理基地资源，在资源转化策略上"把握核心，择点而用"，具体操作流程包括："全面梳理基地（场景）素材性资源，多角度分析资源的特点和文化价值；从学生年段的适宜性、资源的价值性、融合学科的匹配性等角度，确定地域资源的筛选原则和资源盘整维度；择点而用，确定研学点和研学专题。"⑥通过以上步骤转化资源。关于课程资源如何开发方面，袁长林提出导向性、独创性、实用性、开放性与趣味性"五位一体"课程资源建构原则，利用课程资源从横向与纵向两个维度对课程内容进行设计，对研学旅行课程资源

---

① 曲小毅：《研学旅行课程方案评价体系的构建》，《教学与管理》，2021年第12期，第122—124期。
② 杨广祥：《磨主题·控过程·重评价：做好研学旅行活动的整体设计》，《中小学管理》，2018年第3期，第46—48页。
③ 周维国、段玉山、郭锋涛、袁书琪：《研学旅行课程标准（四）——课程实施、课程评价》，《地理教学》，2019年第8期。
④ 邓纯考、李子涵、孙芙蓉：《衔接学校课程的研学旅行课程开发策略》，《教育科学研究》，2020年第12期，第58—64页。
⑤ 庄雪丽：《"四位一体"小学研学旅行校本课程的开发》，《教学与管理》，2020年第29期，第22—24页。
⑥ 马东贤：《走向学科融合的研学旅行课程开发策略》，《中小学管理》，2021年第2期，第48页。

设计的路径进行探索①。

4. 关于研学旅行实践困境与对策的研究

第一，整体角度上对研学旅行实践困境与对策的研究。荣雷引入经济学家常使用的"路径依赖"的概念去分析研学旅行开展中产生种种问题的原因，并从教育行政部门、学校、教师三个角色维度提出了破除路径依赖的对策②。关于农村开展研学旅行的困境与对策，有学者指出，经费匮乏、意识淡薄、支持较少是农村研学旅行实践的主要困难。因此要想解决农村中小学开展研学旅行的困境需要从经费保障、宣传推广、因地制宜利用本地资源三个方面同步推进。③ 陈光春从安全出行关、资源协调关以及效果评价关三个维度提出了推进研学旅行政策有效落实的建议。④ 陆庆祥等人基于研学旅行教育学理论基础，提出了包括理念转变、政策落实等六条策略⑤。钟慧笑等人基于对研学旅行实际开展状况的思考，总结出中小学校作为组织者和管理者，在现实中面临着"组织管理难度大、安全保障压力大"等难题⑥。

第二，局部分析研学旅行开展困境与对策的研究。除了整体上分析研学旅行开展中各方面的问题外，还有学者专门对研学旅行某一主体或者对象进行分析，比如有学者指出研学导师的各方面能力直接影响研学旅行课程质量，因此强调构建研学导师标准的重要性并提出了相应的对策⑦。另有学者从研学旅行具有的教育功能角度出发，为了实现这些功能分析研学导师所需要具备的能力，并基于胜任力理论构建研学旅行导师胜任力模型⑧。除了关注教师角色在研学旅行中的问

---

① 袁长林：《研学旅行课程资源设计：原则、向度与路径》，《课程·教材·教法》，2021年第2期，第32—36页。
② 荣雷：《论研学旅行推进过程中的路径依赖》，《教育科学研究》，2021年第4期，第61—65页。
③ 班振、朱成科、刘晨：《农村学校开展研学旅行的困境与对策》，《教学与管理》，2017年第16期，第15—17页。
④ 陈光春：《论研学旅行》，《河北师范大学学报（教育科学版）》，2017年第3期。
⑤ 陆庆祥、程迟：《研学旅行的理论基础与实施策略研究》，《湖北理工学院学报（人文社会科学版）》，2017年第2期。
⑥ 钟慧笑、马志平、吴鸿丽等：《研学旅行难在哪里》，《中国民族教育》，2017年第3期，第44—47页。
⑦ 吴筱恬、钟业喜：《研学导师建设标准的调查研究》，《地理教学》，2021年第6期，第54—56，44页。
⑧ 桑琳洁：《研学旅行导师胜任力模型建构与应用研究》，华南师范大学硕士学位论文，2020年6月。

题外，很多学者都强调学生在研学旅行实施中的主体地位，学生主体地位的缺失是研学旅行效果不佳的重要原因之一，并基于定量与定性两种研究方法分别提出落实学生主体地位①的对策。研学旅行开展的困境之一就是安全大关，研学旅行作为集体参加的大规模校外教育活动，存在诸多不可控的因素，因此关于如何保障学生的安全成了诸多学者关心与研究的问题之一。其中，有学者从学校与学生两个方面对研学中的安全事故进行了归因，并从学生安全教育、学校监督管理与应急防范方面构建了研学旅行安全保障体系②。学者刘芳认为可以通过建立研学旅行云平台，利用互联网技术实现智慧旅游大数据收集，并在此基础上提出了研学旅行云平台初步建设方案。③陈慧婷则更加关注研学旅行活动中信息传输与加工过程的优化，对研学旅行解说系统的概念进行辨析，指出当前应该构建适用于国内研学旅行的解说系统。④

5. 关于研学旅行满意度的研究

李东和等人通过模型验证发现研学旅行认知、满意度和行为意向三者之间的关联性，指出旅途耗时与研学旅行满意度之间呈反比关系，即旅途中耗费的时间越多，学生对研学旅行的满意度就会越低，作者认为研学旅行若要可持续发展，那么就必须提升学生研学旅行满意度。⑤刘珂等人通过对西安中小学生调查分析，发现研学旅行的满意度与学习效率呈现正比例关系，研学旅行作为一种户外教育活动，具有明确的教育性，活动是带着目标出发，学习效率高，活动的满意度也就相应提高。⑥有学者采取问卷调查教师、家长与学生三大群体的方式对研学旅行课程的满意度进行调查，结果显示研学旅行课程的科学性与规范性有待提高。⑦

---

① 陈浩然、杨静：《学生为本视角下的研学旅游方法论》，《地理教学》，2021年第6期，第51—53、20页。
② 钟林凤、谭净：《研学旅行的价值与体系建构》，《教学与管理》，2017年第11期，第30—33页。
③ 刘芳：《研学旅行云平台建设》，《电脑知识与技术》，2015年第11期，第162—163页。
④ 陈慧婷：《研学旅行解说系统构建研究》，《江苏商论》，2017年第1期，第54—56页。
⑤ 李东和、王丹丹、朱玲玲：《学生群体对研学旅行的认知、满意度及行为意向关系研究——以合肥市部分中学为例》，《皖西学院学报》，2016年第5期，第103—110页。
⑥ 刘珂、张原诚：《我国中学生研学旅行学习满意度及学习成效探讨——以陕西省西安市为例》，《中国市场》，2017年第9期，第113—114页。
⑦ 杨德军、王禹苏、佘发碧：《满意与期待：北京中小学研学旅行课程实施状况调研》，《中小学管理》，2021年第2期。

6. 关于国外研学旅行发展现状的研究

我国研学旅行的发展历程久远，但也是直到 2016 年才得以正式文件进行规范，研学旅行若要达到常态化实施还需要一定的时间。研学旅行发展的过程也是曲折前进的，面对现实中的种种问题，学者们积极的进行各方面的探索，其中就包括对国外研学旅行经验的研究与思考。学者们对国外研学旅行的研究范围广泛，从国家的顶层设计、研学旅行的实施模式、到安全保障机制等方面都有涉及。李子涵等人对新加坡研学旅行进行了研究，认为新加坡研学旅行立足于新加坡核心素养的全人教育理念，指向教育教学与学生个体。从国家顶层设计出台若干研学旅行政策、完善相应法律并协同多部门共同管理，到实践中纳入到国家课程体系并开展多形式研学旅行，再到建立标准化的研学旅行实践流程，最后是全方位的保障体系，这一套完整的研学旅行实施方案，从前期规划到中期实施到后期评估以及全过程保障的体系构成一个集中且连贯的新加坡研学旅行教育体系。[①] 刘璐等人对国外研学旅行实施的模式进行研究，总结归纳国外开展研学旅行包括自然教育、生活体验、文化考察与交换学习四种实施模式和一些可借鉴的经验。[②] 国外在研学旅行安全管理方面有着比较成熟的经验，首先国家提供相关的制度性保障，学校与家庭、教育旅行机构和教育旅行基地形成常态化合作关系，从而形成各主体间的安全预防协同机制。[③] 日本的修学旅行发展已久，各方面经验丰富，因此有学者通过分析日本研学旅行繁荣发展的内在原因，从而得出相关值得国内参考的经验。[④] 李虹通过对日本研学旅行系统的介绍与梳理，总结其中值得我国参考与借鉴的经验，包括正确的价值观、完善的实施方案、主动适应社会变化[⑤]等三个方面。

---

① 李子涵、孙芙蓉、邓纯考：《新加坡中小学研学旅行：价值意蕴、实践路径及保障体系》，《外国教育研究》，2020 年第 11 期，第 60—72 页。
② 刘璐、曾素林：《国外中小学研学旅行课程实施的模式、特点及启示》，《课程·教材·教法》，2018 年第 4 期。
③ 欧阳勇强、周伟、化夏：《国外中小学教育旅行安全预防制度建设与主体协同》，《教育科学》，2019 年第 4 期。
④ 曹晶晶：《日本修学旅游发展及其对中国的启示》，《经济研究导刊》，2011 年第 4 期，第 134—136 页。
⑤ 李虹：《日本中小学修学旅行的实践经验及其对中国的启示》，华中科技大学硕士学位论文，2019 年 5 月。

(四) 国外关于研学旅行的研究

在欧美国家中,旅行一直都为骑士教育与绅士教育所关注。《教育漫话》的作者洛克写道:"教育的最后一部分通常是旅行"①,国外关于研学旅行的研究一直以来都比较丰富。

2017年5月1日,我国将"研学旅行"正式翻译成 study tour,但其在国外有多种称呼,在检索外文文献的过程中,笔者也是使用了多种关键词,比如:study travel, summer camp, outdoor teaching, outdoor education, outdoor learning environment (OLE), Education outside the classroom (EOTC), field trip 等,下文关于外文文献的综述部分,笔者皆用"研学旅行"进行统称。

1. 关于研学旅行意义的研究

国外关于研学旅行意义的研究成果比较丰富,笔者从宏观层面与微观层面两种角度对国外文献中关于研学旅行意义的研究进行梳理,宏观层面包括研学旅行对经济、文化、社会发展的意义,微观层面具体到对研学旅行主体比如教师与学生的教育意义,具体如下表:

表7—4 国外关于研学旅行意义的研究

研究角度	时间	作者	主要内容
宏观层面	2009	Martin Peter 等人	户外教育更能反映出教育与社会的关系。②
	2016	Lintje Sie	教育旅游对解决老龄化社会问题有促进作用。③
	2017	Matahir, H 等人	教育旅游是马来西亚经济短期和长期增长的重要来源。④

---

① 洛克:《教育漫话》,北京:人民教育出版社2006年版,第199页。
② Martin Peter, Ho Susanna, "Seeking Resilience and Sustainability: Outdoor Education in Singapore", *Journal of Adventure Education&Outdoor Learning*, 2009, Vol. 9, No. 1, PP. 79—92.
③ Lintje Sie, Ian Patterson, Shane Pegg, "Towards an understanding of Older Adult Educational Tourism through the Development of a Three-phase Integrated Framework", *Current Issues in Tourism*, 2016, Vol. 19, No. 2, PP. 100—136.
④ Hylmee Matahir, Chor Foon Tang, "Educational Tourism and its Implications on Economic Growth in Malay", *Asia Pacific Journal of Tourism Research*, 2017, Vol. 22, No. 11.

续表

研究角度	时间	作者	主要内容
微观层面	1982	Philip L. Pearce	提到休闲旅行中的经历不仅会改变对所访问国家的看法，还会改变他们对自己国家的看法。①
	2005	Shin Yu Miao	能够提升语言能力，加强文化间的理解，有助于学生社会性和情感的发展。②
	2006	Jenny Johnson	给学生提供新的视角，增加韧性，感受自身并非孤立的存在。③
	2009	Emily Skop	可以作为培养学生和教师之间非正式互动的一种有效方式。④
	2010	Bhuiyan 等人	对学生终身教育很重要，具有促进国家和个人发展等重要意义。⑤
	2011	Sue Waite	户外环境下学生多感官参与包括积极情感与多元智能，有助于培养创造性。⑥
	2011	Pitman，T 等人	对教育旅游与道德行为进行研究，提出大学教育旅游可以对学生的道德行为进行教学。⑦
	2016	Cornelia Petroman	探究了乡村研学旅行活动对旅游者的教育意义，同时给出了建立乡村教育产品的路径。⑧

由上表总结的部分国外学者观点可以看出：从宏观层面，研学旅行对国家与

---

① Philip L. Pearce, *The Social Psychology of Tourist Behaviour*, Oxford: Pergamon Press, 1982.

② Shin Yu Miao, "Exploring Learning during Study Tours: Participant Perspectives", *International journal of learning*, 2005/2006, No. 11, PP. 55—63.

③ Jenny Johnson. "Incursions and Excursions", www.brainstormproductions.com.

④ Emily Skop, "Creating Field Trip-Based Learning Communities", *Journal of Geography*, 2009, Vol. 107, No. 6, PP. 230—235.

⑤ Md. Anowar Hossain Bhuiyan, Rabiul Islam, Chamhuri Siwar, Shaharuddin Mohamad Ismaila, "Educational Tourism and Forest Conservation: Diversification for Child Education", *Procedia-Social and Behavioral Sciences*, 2010.

⑥ Sue Waite, "Teaching and Learning Outside the Classroom: Personal Values, Alternative Pedagogies and Standards", *Education*, 2011, Vol. 39, No. 1, PP. 65—82.

⑦ Tim Pitman, Susan Broomhall, Elzbieta Majocha, "Teaching Ethics beyond the Academy: Educational Tourism, Lifelong Learning and Phronesis", *Studies in the Education of Adults*, 2011, Vol. 43, No. 1, PP. 4—17.

⑧ Cornelia Petroman, Amelia Mirea, Ana Lozici, Elena Claudia Constantin, Diana Marin, Iuliana Merce, "The Rural Educational Tourism at the Farm", *Procedia Economics and Finance*, 2016, No. 39, PP. 88—93.

公民有着综合性影响；从微观层面，则具体研究了研学旅行对于教师和学生有多种的意义，将对研学旅行的探讨与多学科的研究结合起来，多角度剖析其价值。

2. 关于研学旅行课程的研究

Edwin Chew 以地理学科为例，指出户外教育可以调动学生参与，能够实现学习速度快与知识长久性记忆。尽管户外学习的优势突出，但它的地位在课程中并不是必要的，更何况现场学习无法使用分数来衡量，因此中学地理教学中的户外学习地位较低。[①] 澳大利亚学者 Merryn Dawborn—Gundlach 以科学课程为案例对研学旅行课程进行研究，从课程实施前、实施中到实施后的方式进行叙述。[②] Golob Nika 以一所小学学生的户外学习经验为基础的研究发现，当学生把课堂学习与户外学习进行有机融入时，这是一种有意义学习，有益于学生习得适应未来可持续发展所需要的技能[③]，因此，作者指出应该将科学教育采取户外的方式进行教学。Caldeira A 等人介绍了他们在四年里参与的一个项目，这个项目旨在促进数学课程的学习和现实应用紧密联系。作者强调进行数学学习不能仅局限于课堂上，还应该在更广阔的现实生活中。[④]

3. 关于研学旅行影响因素的研究

研学旅行活动受到方方面面的影响与制约。第一，关于研学旅行主体的影响。研学旅行是一个涉及多主体共同参与的活动，其中各主体对活动的开展都会产生不同程度的影响。包括学生的参与动机、教师的户外教育能力、主管部门的支持等都会对研学旅行产生重要的影响。第二，关于研学旅行活动地点的影响。活动地点的选择受到各因素的影响，同时活动地点对活动本身也会产生显著的影响，根据不同的活动目标，需要有针对性的选择不同的活动地点。关于研学旅行影响因素的研究国外学者成果比较丰富，因此，笔者将相关的文献进行分类与归纳，具体如下表：

---

① Edwin Chew, "Views, Values and Perceptions in Geographical Fieldwork in Singapore Schools", *International Research in Geographical and Environmental Education*, 2008, No. 4.
② Merryn Dawborn Gundlach, "Enhancing Student Learning through Science Related Excursions", *LabTalk*, 2017.
③ Golob Nika, "Learning Science through Outdoor Learning", *New Educational Review*, 2011.
④ Amélia Caldeira, Ana Moura, Christian Mercat, "Big Events in Mathematics Using Math Trail", 10*th International Technology, Education and Development Conference*, 2016.

表 7—5　研学旅行影响因素

研究角度	时间	作者	主要内容
学生参与动机	2003	Brent W. Ritchie	提出了学生参与的两种动机：自我实现的需要和社交与学习深造的需要。①
	2014	Abubakar 等人	指出学生修学旅游的动机受未来的就业前景、学费和奖学金、签证获取性、东道国的教育质量、等因素的影响。②
	2014	Tashlai，I 等人	包括教育质量、未来预期收益、生活转变、社交活动、签证便利性和奖学金等方面。③
教师专业能力	2009	Tali Tal 等人	当前教师培训中缺少针对户外教育相关内容。因此，要通过教师培训计划和专业发展让教师的户外教育能力得到提升。④
	2009	Alan Wong	总结教师开展研学旅行的 14 个有效经验。⑤
	2014	Long Morris S. Y	研究教学策略对研学旅行效果的影响，发现以学生为中心的教学方式最佳。⑥
	2015	Matthew Atencio 等	强调教师在户外教育中的重要作用，户外教育需要建立适当的教师专业发展框架。⑦
	2017	Sahrakhiz Sarah	研究户外教育中的不确定性对教学的影响，户外有助于教师和学生之间更直接交往。⑧

---

① Brent W. Ritchie, *Managing Educational Tourism*, Channel View Publications, 2003.

② Abubakar Mohammed Abubakar, Belal Hamed Taher Shneikat, Akile Oday, "Motivational Factors for Educational Tourism: A Case Study in Northern Cyprus", *Tourism Management Perspectives*, 2014.

③ Iana Tashlai, Stanislav Ivanov, "Educational Tourism——the Case of Eastern European Students: Driving Forces, Consequences, and Effects on the Tourism Industry", *Social Science Electronic Publishing*, 2014.

④ Tali Tal, Orly Morag, "Reflective Practice as a Means for Preparing to Teach Outdoors in an Ecological Garden", *Journal of Science Teacher Education*, 2009, Vol. 20, No. 3, PP. 245－262.

⑤ Alan Wong, Simon Wong, "Useful Practices for Organizing a Field Trip that Enhances Learning", *Journal of Teaching in Travel & Tourism*, 2009.

⑥ Morris S. Y. Jong, Eric T. H. Luk, *Adopting Eagle Eye in Outdoor Exploratory Learning from the Teacher Perspective*, 14th IEEE International Conference on Advanced Learning Technology, 2014.

⑦ Matthew Atencio, Yuen Sze Michelle Tan, Susanna Ho, Chew Ting Ching, "The Place and Approach of Outdoor Learning within a Holistic Curricular Agenda: Development of Singaporean Outdoor Education Practice", *Journal of Adventure Education and Outdoor Learning*, 2015, Vol. 15, No. 3, PP. 181-192.

⑧ Sarah Sahrakhiz, *Immediacy and Distance in Teacher Talk——A Comparative Case Study in German Elementaryand Outdoor School－Teaching*, Cognet Education, 2017.

续表

研究角度	时间	作者	主要内容
活动地点	2010	Anderson, D. 等人	基于博物馆对于教育旅游基地的研究,强调教育旅游特点以及研学线路等因素。①
	2016	Heidi Jane M. Smith	强调目的地自身属性会对目的地选择产生重要影响,因此要充分考虑目的地本身特点。②
	2017	Jung J 等人	探讨文化因素和人口因素对活动地点选择的影响,并提出了五个影响因素。③
	2017	Cornelia Petroman	探究了乡村作为研学旅行活动地点对活动主体的影响,提出了乡村研学旅行发展路径。④

综上可知,国外学者对研学旅行影响因素的研究,宏观层面主要从国家的经济、文化、政治的角度研究其中的关联性;微观层面主要从研学旅行中某一主体产生的影响,比如教师的户外教育的能力、活动地点的选择等。角度比较综合,为我国研究研学旅行影响因素提供了有价值的参考。

4. 关于研学旅行保障机制的研究

研学旅行的开展前提是要保障学生在户外活动中的安全,国外学者关于研学旅行的安全保障问题做了研究并总结了一些经验,比如 Megan Chang, Alan Sielaff 等人,首先介绍了美国和加拿大在学生营地方面的安全保障经验,紧接着在实际中展开实验并在营地进行调查,提出策略以保障这些营地可以进行一系列的灾难应对⑤。North Chris, Brookes Andrew 则是通过研究在户外教育中以意外事故为案例进行教学的方法,将户外活动中的一些案例以教学的形式进行呈

---

① D. Anderson, J. Kisiel, M. Storksdieck, "Unders tanding Teachers' Perspectives on Field Trips: Discovering Common Ground in Three Countries", *Curator the Museum Journal*, 2010, Vol. 49, No. 3, PP. 365—386.

② Heidi Jane M. Smith, Keith D. Revell, "Micro-Incentives and Municipal Behavior: Political Decentralization and Fiscal Federalism in Argentina and Mexico", *World Development*, 2016.

③ Jishim Jung Author Vitae, Heesup HanAuthor Vitae, Mihae Oh Author Vitae, "Travelers' Switching Behavior in the Airline Industry from the Perspective of the Push-Pull-Mooring Framework", *Tourism Management*, 2017, No. 59, PP. 139—153.

④ Cornelia Petroman, Amelia Mirea, Ana Lozici, Elena Claudia Constantin, Diana Marin, Iuliana Merce, "The Rural Educational Tourism at the Farm", *Procedia Economics and Finance*, 2016, No. 39, PP. 88—93.

⑤ Megan Chang, Alan Sielaff, Stuart Bradin, Kevin Walker, Michael Ambrose, Andrew, "Hashikawa Assessing Disaster Preparedness Among Select Children's Summer Camps in the United States and Canada", *Southern Medical Journal*, 2017.

现，要求学生们不是简单地分析事后情况，而是要从当事人的角度来看待这些问题，以案例为基础的学习可以对安全教育提供独特价值，但同时也要对课程和教学内容进行反思[1]。

5. 关于研学旅行满意度的研究

通过研究调查研学旅行参与者的满意度有助于改进研学旅行活动中的不足并总结活动中的经验。国外文献表明活动满意度与活动的行程安排、学习内容和评估方法等因素相关。比如，Susan Orpett Long 等人通过对比的方法，分析两组学生的研学旅行，发现活动前的准备程度与旅行满意度具有显著的关系[2]。Do Young Pyun 等人通过问卷的方式研究认知学习结果、支持资源的质量和参与度等因素与夏令营的满意度之间的关系，在此基础上提出了新加坡户外教育认知学习结果模型，满意度作为认知学习的结果，该结果通过为户外教育课程的设计、实施和评估提供了参考信息以提高学生教师对课程的满意度[3]。Evans 等人通过研究发现学生的偏好对研学旅行满意度有一定影响，依据学生偏好来选择出国研学旅行的国家或地区可以提升学生旅行的满意度。[4] Howard 和 Gulawani 以印度研学旅行为例，对比分析学生和教师对研学旅行成果的评估，证实了在参与研学旅行后能够完成相关的研学旅行成果的学生对研学旅行的满意度要高于不能按时完成的学生，因此作者提出应该在活动前精心设计的研学旅行计划，并在活动后及时进行学习成果评估，将这两者相结合可以提高学生对研学旅行的满意度[5]。

---

[1] North Chris, Brookes Andrew, "Case-Based Teaching of Fatal Incidents in Outdoor Education Teacher Preparation Courses", *Journal of Adventure Educational and Outdoor Learning*, 2017.

[2] Susan Orpett Long, Yemi Susan Akande, R. W. Purdy, Keiko Nakano, "Deepening Learning and Inspiring Rigor: Bridging Academic and Experiential Learning Using a Host Country Approach to a Study Tour", *Journal of Studies in International Education*, 2010.

[3] Do Young Pyun, Chee Keng John Wang, Koon Teck Koh, "Testing a Proposed Model of Perceived Cognitive Learning Outcomes in Outdoor Education", *Journal of Adventure Education and Outdoor Learning*, 2019, Vol. 20, No. 3.

[4] Joel Evans, Mark F. Toncar, Jane S. Reid, "Student Perceptions of and Preferences for a Short Overseas Study Tour", *Contemporary Issues in Education Research*, 2011.

[5] K. Howard, Makarand Gulawani, "Student Perceptions of Study Tour Learning: A Case Study", *Aweshkar Research Journal*, 2014.

（五）对已有研究的评价

1. 已有研究的趋势与特点

当前，研学旅行在国内外的中小学都处于比较繁荣的阶段，在美国等发达国家中小学里，广泛开展研学旅行是学校教育的重要环节。在我国，自从研学旅行相关政策陆续出台之后，对研学旅行的研究方兴未艾，国内外关于研学旅行研究也处于逐年增长的趋势，并开展将研学旅行对不同学科学习促进的跨学科研究以及对学生全面发展影响的研究。

从国内外文献可以看出，国外对于研学旅行研究较早，成果多，主题丰富且涉及领域广，将研学旅行作为教学要求，让学生直接体验社会，学习自然研学旅行文化知识，提高跨文化理解能力，他们普遍认为教育旅游是一项以团队形式外出学习实践的旅游项目。国内学者针对"研学旅行"这个教育热点展开了大量的研究，其中包括对其内涵的探讨、历史沿革发展及价值功能的研究、存在的问题以及完善建议研究与探讨等，研究的角度包含理论探讨与实践调查，研究的方法涉及质性研究与量化分析，研究的对象包含教师、学生、家长、研学导师等。

2. 已有研究的主要贡献与所存不足

首先，国内外关于研学旅行的研究，主要是对研学旅行的重要性与必要性进行阐述，将研学旅行从教育与旅行两个视角进行研究的文献丰富，指出研学旅行具有教育、经济等多元价值；其次，关于研学旅行的理论研究比较丰富，国外主要从研学旅行意义、影响因素、满意度、动机的视角进行分析，国内研究主要包括研学旅行的内涵、课程等，近几年对研学旅行的实践研究增多，原因是各地中小学在积极开展研学旅行活动；最后，近两年关于研学旅行实际开展效果的研究也比较丰富，尤其是关于研学旅行实践基地的打造、课程的建设、与学校的衔接度等方面的研究成果如雨后春笋般出现，不同省市也立足本省市特点出台了相关的政策，学校也在实践中如火如荼地开展着相关的活动，这些条件都给学者提供了宝贵的实践研究材料。

已有研究成果对于中小学研学旅行的理论研究与实践发展具有重大的影响，为指导研学旅行后期的改进与完善提供了重要的参考价值。但是，综合已有的成果来看，关于研学旅行管理方面的研究相对较少，国外很少有关于研学旅行的系统研究，国内关于研学旅行的研究起步较晚，主要集中在研学旅行理论研究上，但是对于实践中问题的分析还不够深入，缺乏理论的支撑，尤其是关于研学旅行管理问题的研究较少，研学旅行各类资源管理的研究就更少见。因此，在后续研究中，除了要注重研学旅行活动的学理性研究外，还应重视对研学旅行各类资源管理的研究。

3. 本研究的拟突破点

基于对已有研究的梳理，本研究将运用专门的管理理论，立足于实践调查，对研学旅行资源管理进行深入研究。第一，本研究主要是从宏观与微观相结合的角度出发，对政府部门、学校、研学旅行基地、研学旅行机构、学生家庭等多元主体展开调研，发现问题、分析问题从而解决问题，并从学校角度进行深入的分析与研究；第二，研究的范围聚焦于研学旅行的资源及资源管理，比如研学旅行课程资源的开发、经费资源的运用、时间资源的安排，统筹考虑各资源的管理，因为各资源之间存在着不可分割的、相互影响的关系，所以需要把各要素之间联系起来进行分析研究。我们认为，只有系统地研究研学旅行资源管理的状况，各主体互相配合，才能使有限的资源发挥出最大的效益，促进研学旅行活动的顺利开展，助力学生的全面发展。第三，为了更好地进行研学旅行实践的研究，本研究进行实地调研多所小学，将研学旅行理论与研学旅行实践相结合进行，为小学研学旅行的顺利开展提供更具操作性的意见。

三、研究思路与研究方法

（一）研究思路

通过国内外相关文献的梳理，把握研学旅行研究的重点与难点，以我国L市小学为研究对象，以在实际开展中的情况与问题，从教育管理的视角，借助问卷调查、访谈研究法、比较分析法了解我国小学研学旅行资源管理的实际情况。基于调研所获得的信息，结合访谈进一步深入挖掘小学研学旅行资源管理问题及其原因，提出相应的改进策略，改变小学研学旅行的资源管理现状，整合资源，实现资源的充分利用。如图所示。

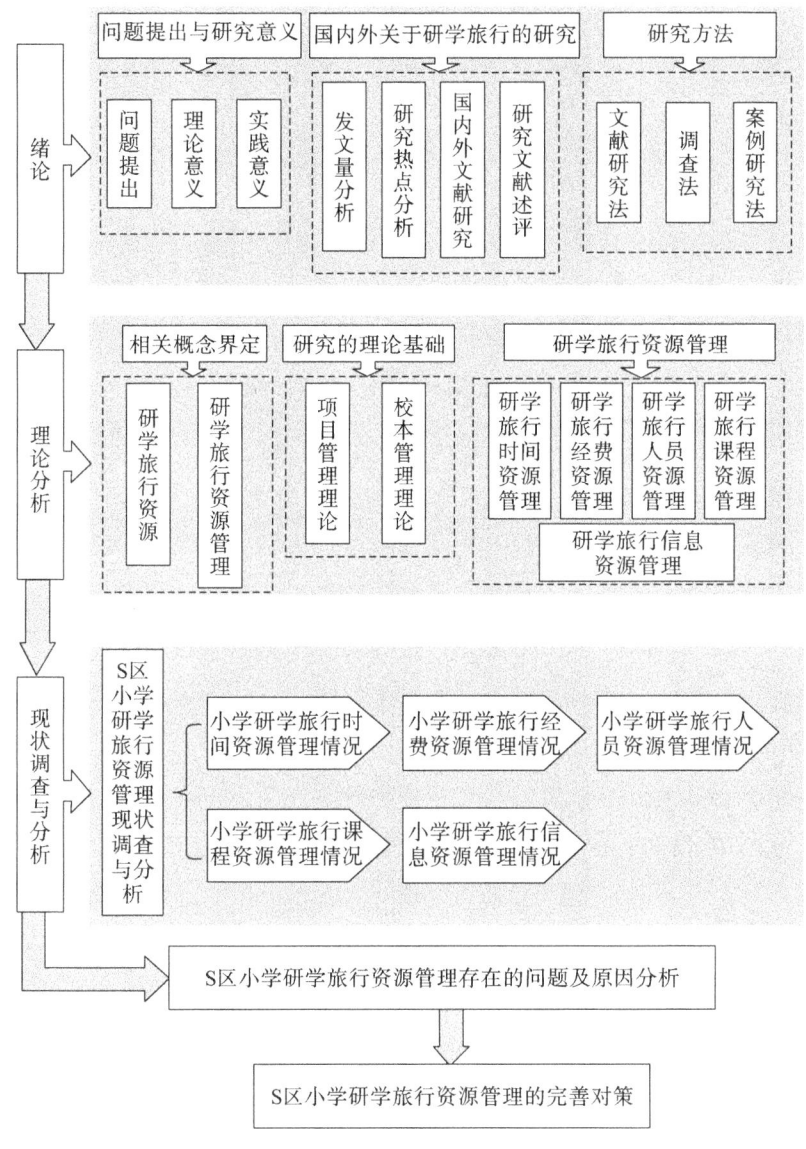

图7-4 研究的技术路线图

（二）研究方法

1. 文献研究法

通过对国内外文献的阅读和梳理，明确有关研学旅行主题相关的研究现状，基于已有的研究及探索，把握研学旅行的整体研究现状。在对以往研究进行分析的过程中逐步了解研学旅行资源管理方面的研究现状，并阅读与资源管理相关的文献，从其他领域资源管理的研究中寻找可借鉴的经验以及理论基础，为进一步调查研究做好理论上的准备。

2. 调查研究法

（1）问卷调查法

通过对学生、家长与教师进行问卷调查，了解 L 市小学研学旅行资源管理的整体情况，对学校在资源管理方面存在的问题进行分析，并在此基础上对调查结果开展比较分析，比较城乡小学在研学旅行资源管理方面的异同点，通过问卷调查可以直观地发现研学旅行资源管理方面的主要问题，有助于分析下一步的问题并提出对策。

（2）访谈调查法

通过访谈学校（校长，学校研学旅行的负责人）、政府相关部门、旅游机构，更深入地了解研学旅行各主体对研学旅行的看法，对研学旅行资源管理中存在的主要问题进行分析。同时，从访谈中，可以更直接获得与研学旅行资源管理现状相关的信息，为后面的研究提供可靠的现实材料。

3. 案例研究法

案例研究法要求以一个或者几个案例为研究对象，进行实地调研，系统地收集研究对象的相关资料和数据，并对其进行处理分析，以获取研究对象的真实情况。本研究将选择 L 市 S 区 2 所具有代表性的小学作为案例进行研究，以了解 S 区小学研学旅行资源管理现状，探究当前 S 区小学研学旅行资源管理存在的问题，并提供相应的解决策略。

四、研究的重难点与创新点

（一）研究的重难点

本研究的重点包括：

第一，根据已有的文献研究与官方政策文件明确本研究关于小学研学旅行资源管理的概念，找寻小学研学旅行资源管理的理论基础并对其加以运用。

第二，通过问卷、访谈、案例分析等研究方法探究 L 市 S 区小学研学旅行资源管理现状与存在的问题。

第三，对问题进行剖析，从而提出优化小学研学旅行资源管理的对策。

本研究的难点主要有：

第一，我国目前没有关于小学研学旅行资源管理内涵的定论，所以，理清小学研学旅行资源管理应包含的要素以及分析管理的效果就是本研究的难点之一。

第二，数据的整理和分析方面。由于本研究的调查对象包括校长、教师、学生和家长等多个主体，再加上要调查多个学校，并且要采取问卷调查、访谈等多种形式，因此收集到的数据必定繁杂，要整理分析这些数据且要在相关理论的基础上对调查结果做出合理分析，尤其还要对不同类型的样本学校研学旅行总结其共性，除了细心和耐心，还需要足够的数据统计能力和理论分析能力。

第三，对小学研学旅行资源管理存在问题进行原因分析，以及思考解决问题的合理化对策方面。小学研学旅行资源管理是一个涉及多主体、多要素的复杂问题，如何在考虑全面、思考成熟的基础上，提出针对性强、可行性高的对策建议是一个巨大的难点和挑战。

（二）研究的创新点

本研究的创新点有三：

一是研究理论视角的创新，弥补小学研学旅行资源管理领域实践层面研究的不足。我国小学研学旅行的研究起步晚，发展时间不长，取得了一定的成果，但是该领域关于实践层面研究不足，并缺乏科学的管理理论基础，本研究以项目管理理论与校本管理理论为理论基础，从管理的角度对小学研学旅行开展过程中的资源管理现状进行调查，并对存在的问题进行分析，基于此提出相应的改进建议，扩展了小学研学旅行研究的理论视角，为管理理论在教育领域中的运用添砖加瓦。

二是研究数据的创新，弥补 L 市小学研学旅行领域研究的不足。目前我国小学研学旅行研究领域的一些实践研究多是以上海、江苏等东部沿海地区的中小学为例，诸多期刊文献、硕博论文中缺乏对 L 市小学研学旅行的研究，本研究对 L 市 S 区多所小学开展问卷调查，又以 6 所小学为案例进行具体的走访调查，样本量相对较大，并在此基础上对其中 2 所小学的研学旅行资源管理进行案例分享，因此本研究可以为 L 市小学研学旅行的发展略尽绵薄之力。

三是研究思想和观点的创新，对研学旅行资源管理构成要素的创新性阐释。

目前学术界对于研学旅行资源管理的构成要素众说纷纭，更多的是聚焦于基地自然资源方面，从学校开展研学旅行和政策解读方面来思考活动资源的很少，因此本研究的角度具有一定的新意。

第二章　小学研学旅行资源管理的相关概念界定与理论基础

一、核心概念界定

在对研学旅行资源管理进行深入研究之前，首先要对本研究所涉及的核心概念进行界定，这是后面围绕着研学旅行展开具体研究的基础和前提。

（一）资源与研学旅行资源

对研学旅行资源进行概念界定前，必须要先明白"资源"的具体含义，在此基础上对研学旅行资源的内涵进行明确界定。

1. "资源"的含义

古往今来，对"资源"的含义都有着不同的理解。《辞海》的解释是："资财的来源，一般指天然的财源。"[①] 马克思和恩格斯对"资源"的理解是："劳动和土地，是财富两个原始的形成要素。其实，劳动和自然界在一起它才是一切财富的源泉，自然界为劳动提供材料，劳动把材料转变为财富。"[②] 因此，"资源"的内涵丰富，除了自然资源外，社会中的资源，比如人、与人有关的信息、知识等

---

① 辞海编辑委员会编：《辞海》中册，上海：上海辞书出版社 1979 年版，第 3286 页。
② 马克思恩格斯列宁斯大林著作编译局编：《马克思恩格斯选集》第 4 卷，北京：人民出版社 1995 年第 2 版，第 373 页。

资源也包含在其中。经济学把可以投入到生产中去创造财富的生产条件统称为资源①。人们日常生活中比较常见的理解是:"资源"即一国或一定地区内拥有的物力、财力、人力等各种物质要素的总称,分为自然资源和社会资源两大类。尽管以上的定义各不相同,但提取其共性,可以看出:凡是能够被人类开发利用并在自然界和人类社会中广泛存在的即是资源,是人类可以通过活动创造物质和精神财富的前提。

2."研学旅行资源"的含义

研学旅行的展开,离不开对相关资源的运用。"研学旅行资源"是指在组织实施研学旅行以实现活动目标的过程中可以被运用的一切客观存在。学校在组织活动时,除了要利用好拥有的资源,还要充分挖掘潜在的资源,充分运用外界力量与资源。

为进一步明确小学研学旅行资源的内涵,本研究系统地梳理了当前国家与地方关于中小学研学旅行的相关政策和相关学者的研究文献。2016 年,教育部等 11 部门《关于推进中小学生研学旅行的意见》中对研学旅行的管理主体、时间安排、经费筹措、课程设计与信息整合等诸多方面做了详细的规定。例如,提出:"由教育部门和学校有计划地组织安排……促进研学旅行和学校课程有机融合……灵活安排研学旅行时间,逐步建立研学旅行活动课程体系……教育部将建设研学旅行网站……健全多元化经费筹措机制。"② 2017 年《课程纲要》的通知里,把研学旅行列入中小学综合实践活动课程的方式之一,并对实施机构与人员做了明确的说明。例如,提出:"学校结合实际情况设置专门的课程中心或教研组,或由教科室、教务处等职能部门,建立专兼职相结合、相对稳定的指导教师队伍。学校教职工要全员参与,分工合作。"③ 2017 年四川省在政策文件中要求加强研学旅行队伍建设,规定有关组织者的劳动要算入教育教学中。④

---

① 许红华主编:《人力资源管理》,徐州:中国矿业大学出版社 2008 年版,第 8 页。
② 教育部等 11 部门:《关于推进中小学生研学旅行的意见》,《山西教育(管理)》,2017 年第 2 期。
③ 教育部:《中小学综合实践活动课程指导纲要》,《云南教育(视界时政版)》,2017 年第 11 期。
④ 四川省教育厅等 11 部门:《关于推进中小学生研学旅行的实施意见》(川教〔2017〕114 号),《资源生态环境网络研究动态》,2019 年第 3 期。

基于对政策文本的梳理，研学旅行活动资源主要是指在活动规划、实施与结束后需要管理者及时加以计划、组织、指挥、协调与控制的资源，包括研学旅行的时间资源、经费资源、人员资源、课程资源与信息资源，囿于篇幅，本专题关于研学基地资源的研究更多的是关注研学基地课程资源管理情况，不包括场地资源的开发与利用情况，因此将研学基地资源放在课程资源中进行论述。结合上述的分析，本专题将重点研究以下五种：

（1）时间资源。时间资源是研学旅行活动的重要资源之一，学生参加活动、教师规划活动都需要时间。前期时间资源的充分有助于活动的整体规划与准备；实施过程中时间资源的不足会造成活动安排的困难、活动效果难以充分发挥；活动结束后是否有预留的研学旅行时间将决定活动评价与经验总结的效果。因此，研学旅行时间资源的管理是对研学旅行进行资源管理的前提条件，在有限的时间里保障活动顺利完成，这在一定程度上反映了学校在活动管理中的统筹协调能力。

（2）经费资源。研学旅行经费资源是活动的基础保障。经费充足，学校在组织研学旅行活动时，就可以有较多的选择权，这样也展现出对活动本身的重视程度。如果缺乏经费资源，对活动的规划有着极大的限制，对活动效果也会造成比较大的影响。因此，经费资源是研学旅行资源管理的重点，研学旅行不仅要合理运用经费资源，更重要的是要拓宽经费渠道，增加经费来源。

（3）人员资源。人员都是活动中必不可少的资源。研学旅行在校外进行，人员资源不仅包括学校的管理者、教师与家长代表，还包含合作的机构成员，人员资源不仅要全面，更重要的是合理，安排合适的人做合适的事情，不仅可以提高活动的效率，同时还可以提高成员的积极性和创造性，两者相辅相成，促进人员资源效益优化，提升研学旅行活动质量。因此，对研学旅行活动而言，加强活动中的人员资源管理从而为研学旅行活动提供必要的支持与保障。

（4）课程资源。研学旅行本身是综合实践活动课程的重要组成部分，就是将课程付诸实践的过程。首先，从开发者来看，不仅需要学校教师的参与还需要基地人员的加入，只有最了解学生、学校课程的学校教师与最了解基地资源的基地人员共同合作开发课程，才能保证研学课程对于学生的适切性。其次，从课程资源的要素来看，研学旅行应该主题丰富、活动目标明确、活动路线精细、活动内容充实、学生能够研有所获。最后，从课程资源的运行程序来看，研学旅行课程应该有课前的准备，课程实施过程中要善于引导学生，加深对研学课程的理解，课后要加强总结，巩固研学所得。综上可知，课程资源管理的好坏关系到研学旅行开展成败。

（5）信息资源。信息是保持与时俱进的关键性资源。信息资源的传递过程包括信息的收集、筛选与运用过程。一方面，研学旅行规划阶段需要收集研学旅行信息资源，这是科学设计研学旅行的前提；另一方面，对收集到的信息资源加以筛选并选择最适合本校的资源运用，从而保障活动的合理性。此外，信息资源的时效性是研学旅行活动与时俱进的直观体现，包括信息的及时性、准确性和有效性。第一，及时关注到研学旅行最新动态的学校，意味着对研学旅行的重视，保证研学旅行活动不偏离方向；第二，对于信息的准确性要进行确认，信息的筛选识别能力十分重要；第三，信息的有效性主要强调信息对于本校的适切性。由此可见，新时代善用信息资源并有效管理，是研学旅行活动迈进现代化社会的体现。

（二）研学旅行资源管理

管理，是指主管某项工作，使工作顺利开展和正常进行。资源管理，通常指项目资源管理。项目资源管理是指为了降低项目成本，而对项目所需的人力、材料、机械、技术、资金等资源所进行的计划、组织、指挥、协调和控制等活动[①]。基于此，研学旅行资源管理就是对研学旅行资源进行合理的计划、安排、组织、协调与控制。加强研学旅行资源管理，就必须对研学旅行的各项要素进行认真的分析研究，按照研学旅行资源的形态可以分为研学旅行时间资源、经费资源、人员资源、课程资源、信息资源，对研学旅行资源进行研究，从而达到对研学旅行资源管理的优化。具体而言：

第一，时间资源管理在研学旅行资源管理十分重要。研学旅行按照阶段划分为研学旅行前期、中期与后期。研学旅行时间资源管理不仅包括研学旅行活动中的时间资源管理，还包含研学旅行前期准备工作所消耗的时间，这部分时间是研学旅行活动的规划部署时间，前期规划越充足准备越充分，活动目标实现的概率

---

① 周文敏主编：《公司项目总监工作细化执行与模块》，北京：北京工业大学出版社2014年版，第233页。

就越大，因此前期准备时间资源管理是时间资源管理的关键内容；研学旅行中期主要是指研学旅行活动的实施阶段，该阶段的时间安排主要是指根据确定的时间来合理分配各项活动，研学旅行中间会根据路线完成各种活动，涉及不同地点，这就需要合理配置活动时间资源，保证每项活动都能顺利完成；研学旅行后期通常指研学旅行活动结束后的活动成果展示与经验总结阶段，该阶段的时间资源管理格外重要。因此，笔者主要按照研学旅行阶段对其中的时间资源管理进行研究。

第二，经费资源是资源管理的关键性部分，研学旅行经费资源管理主要包含活动经费资源筹措、使用以及与经费相关政策的执行情况的管理。经费资源筹措方式关系到本次活动经费的数额，有效的筹措手段可以帮助学校尽可能多地在有限的范围里筹集到足够的资金来完成本次活动；活动经费资源使用的目标是提高活动经费的利用率；经费政策的执行情况是指研学旅行活动的公益性，学校在经费资源管理上，要合理运用政策中的优惠条件，尽可能保证学生参与研学旅行的公平性。据此，笔者主要从以上经费资源管理内容对研学旅行经费资源管理情况进行分析。

第三，人员资源管理，是对研学旅行进行资源管理的基础。所谓研学旅行人员资源管理即根据研学旅行要求，确定研学旅行主要负责人，以其为核心组建高效的研学团队并分配相应的角色，激励成员对活动的积极性，保证活动团队成员的能力得到最有效的发挥，通过对人员资源的管理进而高效、高质量地对活动全过程进行有效的管理。研学旅行人力资源配置是指如何把学校与社会中现有的人力资源分配到研学旅行活动中，让合适的人做适合的事，发挥每个人的能力推动活动的顺利开展。人员分配的不合理不仅是一种资源的浪费，同时也不利于成员的发展。关于小学研学旅行的人员资源管理，涉及学校负责部门、学校教师、家委会人员、学生家长、第三方机构人员以及学生自身。因此，通过对不同人员的调查了解从而反映研学旅行人员资源管理效果。

第四，课程资源管理是研学旅行资源管理的关键。首先，研学旅行课程资源管理的主体是本地教育主管部门、学校以及研学旅行基地，研学旅行课程设计由研学负责人和学校教师结合学校特色、教育规律和学生身心发展规律来规划，统筹合作机构与家委会意见，依据当地独特的资源来确定本次研学旅行课程。其次，课程的构成要素，包括课程目标、内容、实施与评价管理。最后，研学旅行课程资源管理要因地制宜，研学旅行本身是教育性综合实践活动，在实际生活中，充满了未知性与探索性，对其进行管理需要结合学校自身与当地特色，充分开发与运用课程资源，从而实现有效的资源管理。

第五，信息资源管理与活动影响力息息相关。从信息资源管理主体来看，在研学旅行活动中，学校既是信息资源的接收方，同时也是信息的传递方，学校作为研学旅行信息资源管理主体毋庸置疑。从内容来看，研学旅行信息资源管理包括对信息资源的收集与宣传管理。一方面，信息资源收集需要通过信息平台来整合各方资源，通过信息平台的运用，各主体可以达到一个彼此了解有效沟通的效果，以达到资源的有效利用；另一方面，将收集到的信息资源运用到实际中去，并促进活动各方对活动本身的了解，通过宣传推广，获得多方的支持，提升研学旅行活动的服务能力与影响力，促进研学旅行可持续发展。

二、研究的理论基础

理论基础是学术研究的支撑。研究的创新性与规范性离不开规范的研究范式和科学的理论框架。同时，研究的完成需要完善的研究设计，以此保证研究的系统性。因此，本节内容将详细地介绍本研究的理论基础和研究设计。

（一）项目管理理论

1. 项目管理的定义

项目管理，顾名思义即对项目进行管理，这句话包含了两层意思：一是项目管理属于管理的范畴，二是项目管理的对象是项目。项目管理即运用系统的理论和方法，通过一个临时性的专门组织，对项目进行计划、组织、指挥、协调和控制，实现项目预期目标的动态活动过程。在项目全过程都体现着项目管理的思想，促进项目在时间、费用和质量效果上达到预期目标。项目管理的重点就是项目的时间、经费、人员、物资与效果[①]。

---

① 参见［美］Jason Charvat 著，段永华译：《项目管理如何游刃有余：项目管理方法体系》，北京：清华大学出版社 2004 年版。

2. 项目管理理论的发展历史

项目管理理论的发展总的来讲可以划分为三个阶段：产生阶段、形成和发展阶段、现代项目管理阶段①。首先是产生阶段。这一阶段又称为古代的经验项目管理阶段。比如长城与都江堰。但在这个阶段，项目的管理还只是凭借个人的经验，缺乏科学性。接着是形成和发展阶段。这一阶段又称为近代科学项目管理阶段，特征是强调计划的协调与管理，并产生了用甘特图（Gantt chart）制定计划的方法②。再到现代项目管理阶段。在此阶段，项目管理逐渐发展成为一门比较完整的独立学科。现代项目管理阶段是项目管理发展的成熟阶段。这一阶段，包含了柔性管理和人本管理的思想，依据项目管理知识体系，向全方位发展，旨在得到各利益主体的满意③。

3. 项目管理的主要思想与特点

项目管理包含了系统工程的思想，项目是有完整生命周期的，强调部分对整体的价值，任何一个部分都有着重要的不可替代的作用，主要包含六个方面的特征：

第一，项目管理的对象是项目。项目管理过程随着项目的启动而开始，随着项目的收尾而结束。第二，项目管理的全过程都体现系统管理的思想。第三，项目管理组织是一个临时性的团队组织。第四，项目管理强调的是专业化的目标管理。第五，项目管理需要一个良好的组织环境。项目管理需要构建一种和谐且充满活力的环境，使参与其中的人们能够共同努力来完成自身的使命和实现预定的目标。第六，项目管理需要借助先进的管理工具、手段和方法。如采用网络图，借助计算机编制项目进度计划，采用目标管理和价值工程等方法来控制项目总目标，采用项目管理软件进行项目信息处理等④。

4. 项目管理理论在本研究中的适切性

研学旅行的项目化特征是指研学旅行具有项目的诸多特点。其项目具有独特性、一次性、多目标性、系统性、风险性与生命周期性的特征。

从项目化特征来分析项目管理理论对于研学旅行资源管理的适切性，主要包

---

① 丁荣贵、赵树宽主编：《项目管理》，上海：上海财经大学出版社2017年版，第5页。
② 郑人杰编著：《软件工程概论》，北京：机械工业出版社2020年版，第332页。
③ 丁荣贵、赵树宽主编：《项目管理》，上海：上海财经大学出版社2017年版，第6页。
④ 丁荣贵、赵树宽主编：《项目管理》，上海：上海财经大学出版社2017年版，第4—5页。

含六个方面：

第一，独特性。每个项目都具有自身的特点，都有自己独特的要求、内容、方法和工具。项目的独特性决定了所有的项目都是独一无二的。① 不同的项目具有独特的活动过程。不同的研学旅行活动都具有自己的特征。从主题来看，研学旅行共包括六大类主题；从内容来看，内容是活动的核心部分，活动主题的不同所依托的内容也不同；从线路来看，同样的活动内容采取不同的线路组合；从目标来看，同样的研学目标可以依托不同的内容、主题、路线。正是因为研学旅行活动具有广泛的内容与资源，因此每次的活动都有其独特性与不可替代性。

第二，一次性。项目的一次性体现为任何一个项目具备临时性特征，即任何一个项目有明确的开始和结束。② 研学旅行是一次性的教育活动，每次的研学旅行都是不同的，无论从活动的内容、目标还是活动的地点、路线都具有其特殊性。

第三，多目标性。研学旅行活动的综合性价值决定了活动的多目标性，可以从教育、经济角度来分析，也可以从主要目标与次要目标来看。在活动实施中，有利于培养学生的综合能力，包括智力技能与操作技能的提高。因此，活动前需要针对本次研学旅行活动综合设计活动目标，发挥活动的多重价值。

第四，系统性。研学旅行活动中包含了多个子活动，活动与活动之间既相互独立也相互联系。相互独立体现在不同的活动有着本活动的教育目标与教育内容；相互联系体现在不同的活动间的安排需要具有关联性与渐进性，要符合学生的身心发展规律。

第五，风险性。每个项目都具有独特性，或多或少都包含一些新的此前未曾遇到的部分，因此项目本身包含若干不确定性因素而产生大量风险。研学旅行的风险性包含两个层面的意义，其一是学生安全出行的风险；其二是教育目标实现上的风险性。因此必须要对研学旅行的风险进行准确识别并加以防范。

第六，生命周期性。研学旅行的项目周期一般包括：研学旅行前的规划阶段，研学旅行中的实施阶段以及研学旅行后的评价阶段。每个阶段都有其工作任

---

① 古丽鲜·沙吾提编著：《项目管理基本知识》，北京：民族出版社2019年版，第16页。
② 龙羽、章平主编：《项目管理与项目经理人》上册，延吉：延边人民出版社2002年版，第5—6页。

务与要求，阶段之间紧密相连，一个阶段的任务完成好坏也会对下一阶段的工作产生直接的影响。

综上可知，研学旅行活动符合项目的特点，且研学旅行资源管理与项目管理的重点相同，都是关乎项目的时间、经费、人员等资源。因此对研学旅行活动资源进行管理可以运用项目管理理论。第一，一项活动的开展要对活动时间资源进行合理的规划。在项目管理中，就时间管理列举了很多安排和规划活动时间资源的方法，这对于研学旅行活动时间资源管理具有重要的意义。第二，研学旅行活动的成本是活动的主要限制因素，而在有限的资金内最大化的完成活动，提高活动的效益就需要对活动的成本进行控制，因此，可以将项目管理中的成本管理的内容运用于研学旅行的成本管理中。第三，研学旅行作为一项活动，离不开人的组织与参与，对人的管理最难也最重要。项目管理中的人员管理有很多可借鉴的经验。第四，研学旅行活动具有时效性与独特性，学习项目管理理论中的信息管理思想有利于研学旅行信息资源管理。

（二）校本管理理论

1. 校本管理理论的定义

校本管理，是西方国家20世纪后期学校改革运动中出现的一种全新的教育管理模式[①]。校本管理即以学校为主体的管理：一是学校为办学的主体。有关学校办学的权力下放给学校。二是学校有自己的办学理念。学校依据学校自身的特点设立管理目标和任务，这体现的是学校的自主权，而非来自外部因素。三是学校实施参与管理。如果要有效实现学校目标，那么学校成员就要参与决策和管理。建立由校长、教师、学生家长和学生、社区成员组成的参与管理和决策组织。四是学校决策者对自己的决策及其执行负有责任[②]。

2. 校本管理理论的历史发展

20世纪60年代以来，由于普遍存在的学校教育质量不佳现象，欧美等国家开展了持续多年的基础教育改革，在这场改革中，人们逐渐开始审视传统的学校管理模式，在此基础上，校本管理运动开始在各地区开展了起来。这场改革历经

---

① 朱为鸿：《如何解读西方校本管理理论》，《辽宁教育研究》，2006年第10期，第52—54页。
② 赵敏主编：《学校管理学》，广州：广东高等教育出版社2017年版，第59页。

30多年的时间，这期间许多国家都进行了相应的探索，首先由澳大利亚开始在本地学校运用，与此同时美国尤其重视校本管理这一模式，甚至将其上升为重要的学校管理改革的模式。随着改革的不断推进，校本管理理念开始在全球范围内产生影响，流行起来，对世界诸多国家的教育管理产生了深远的影响。随着了解的人越来越多，关于校本管理的争论也逐渐增多，同时对于校本管理理论也一直未能形成比较一致的看法[①]。即使如此，能在这么短的时间产生如此大的影响，可见校本管理理论对传统的管理方法的挑战。由于各国国情不同，因此不同国家在具体实践上有着独特的特点。比如，加拿大强调校本预算，美国则是校本决策，还有诸如社会参与、学校领导方式的变革、校本培训、信息共享等不一而足。

3. 校本管理理论的主要思想与特点

校本管理实践发轫于西方国家，随着实践历程的推进，人们对校本管理的认识也不断深入。校本管理理论的内涵主要包括两层：第一，决策权从传统上级教育行政部门转移到学校，学校作为独立的办学主体，可以自主决策和发展，范围包含课程设置、资源分配、人事安排、财政预算与投入等不同方面；第二，学校内部的校长、教师、管理者以及学校外部的社区、家长、社会团体等与学校利益相关者都有权参与学校日常管理决策。[②]

校本管理的运行模式主要包含以下四种[③]：第一，行政控制模式。这种模式下，校长拥有最后决策权；第二，专业控制模式。教师拥有最后的决策权；第三，社区控制模式。社区和家长拥有决策权；第四，平衡控制型。该模式认为在家长参与学校管理的时候，教师愿意对家长和社区的需要做出反应。因此，平衡控制型校本管理模式试图达到专业控制和社区控制两种模式所欲达到的目的，即在决策中不仅运用教师能力，同时也整合好家长与社区的资源。在这一模式中，教师和学生家长都有权在预算、课程和人事等方面做决策。而地方学校董事会的构成中，教师、家长及社区代表的比例基本平衡。这不仅充分发挥了各主体的优势，同时也有效的平衡各主体的责任。

4. 校本管理理论在本研究中的适切性

---

① 胡惠闵著：《校本管理》，成都：四川教育出版社2005年版，第24页。
② 夏新斌：《校本管理理论述评》，《外国教育研究》，2003年第7期。
③ 朱为鸿：《如何解读西方校本管理理论》，《辽宁教育研究》，2006年第10期，第52—54页。

近几年来，我国越来越重视校本管理，体现在各种教育政策中，从综合性的一些政策性文件到针对研学旅行的相关指导意见均有提及学校在管理中的主体地位。如倡导的"教育家办学"①，《指南》中强调的"协同育人"②，再到强调"校本教研"③，以及《意见》中提出的要保障学校在研学旅行活动组织、课程设计等方面的管理权④……这些都凸显出校本管理的重要性。各中小学作为组织者与管理者，不同的学校办学理念、活动资源，实际情况不同，活动资源管理更需要学校掌握与负责。

从校本管理的两大内涵可以看出该理论与研学旅行管理的适切性，一方面，学校是独立的办学主体，有权决定学校的课程设置、资源分配、人事安排、财政预算与投入等。因此，当学校组织学生集体性活动时，学校拥有自主权与管理权，并且学校是最重要的管理主体，是活动的发起者、组织者、管理者与协调者。学校通过运用校本管理理论对研学旅行中的各项资源统筹调配，不仅增强了学校在管理中的合法性，同时也给学校提供了可供借鉴的思路。另一方面，校本管理明确校长、教师、管理者以及学校外部的社区、家长、社会团体等与学校利益相关者都有权参与学校日常管理决策，这一项权力的赋予与明确的要求为研学旅行活动实现多元主体共同参与治理提供了理论支撑，研学旅行作为涉及多方主体的综合性教育性活动，仅依靠学校一方，难以实现多方资源的协调运用，学校的职责在于统筹多方主体，发挥不同主体与利益相关者的优势，而这就需要不同主体间的主动配合与支持，帮助学校走出单打独斗的困境。

综上可知，学校研学旅行管理，必须交由学校自主决策与自主发展，并积极调动与学校联系紧密的家长、社区等各主体共同推动。具体而言，活动的整体规划和课程设计离不开教师的参与，活动的经费需要家长和社区的大力支持。因此，校本管理理论就为学校研学旅行资源管理提供了合适的理论支撑。

---

① 国务院办公厅：《国家中长期教育改革和发展规划纲要（2010－2020年）》，《中国教育报》，2010年7月30日第2版。
② 教育部：《关于印发〈中小学德育工作指南〉的通知》，《中华人民共和国国务院公报》，2018年第1期。
③ 中华人民共和国教育部：《关于加强和改进新时代基础教育教研工作的意见》，《中华人民共和国国务院公报》，2020年第8期。
④ 教育部等11部门：《关于推进中小学生研学旅行的意见》，《山西教育（管理）》，2017年第2期。

第三章　L市S区小学研学旅行资源管理现状调查与分析

本研究通过问卷调查以及访谈，对L市S区小学研学旅行资源管理情况开展实际调研。首先，通过问卷调查，可以大体上了解S区小学教师、家长、学生的基本信息及对研学旅行资源管理的认知情况。接着，通过访谈S区教育局与文旅局研学旅行相关负责人、学校校长及研学旅行管理人员、教师、学生和家长等，可以多视角相互印证所收集的小学研学旅行资源管理情况有关资料。最后，根据问题借助理论基础分析小学研学旅行资源在管理过程中困境，进一步提出优化小学研学旅行资源管理的建议。

一、调研对象的基本概况

L市位于四川省中部紧挨着四川省会城市成都，共辖4区6县，代管1个县级市，总面积12720.03平方公里。作为国家历史文化名城，L市有世界级遗产三处——世界自然与文化遗产峨眉山和L大佛、国家4A级景区以上景区15处，国家A级景区35处，且L市是大渡河、青衣江与岷江三江汇合之地。因此，L市不仅旅游资源丰富，其生态环境也良好。

（一）L市S区教育整体情况

S区是L市政治、经济、文化和信息中心。全区面积837平方公里，辖10个乡15个镇、7个街道办事处、252个行政村、71个社区，常住人口67.75万人，其中城镇人口 46.03 万人。①

近年来，S 区成功创建国家全域旅游示范区。S 区未来五年将着力打造"一城一极两地两区"。"一城"即建设巴蜀山水文旅城。依托 S 区"半城山水半城绿"的特质和历史文化底蕴，全面提升城市承载能力，将中心城区建成巴蜀文旅走廊上的以文旅为特质的公园城市。"一极"即建设乐山首位增长极。优化形成"1+1+6+N"区域经济总体布局，构建以主城区为发展核心、以县域副中心建设为次级重要着力点，以茅桥镇、平兴镇、白马镇等为重要支撑的，以一二三产集聚区为节点的现代产业承载体系，促进 S 区稳步发展。②

截至 2016 年 7 月，区境内普通中小学、幼儿园共 171 所。其中，幼儿园 107 所（公办 21 所），义务教育学校 57 所（公办 50 所），普通高中 7 所（公办 5 所）。

区属学校、幼儿园共 145 所，其中，幼儿园 94 所（公办 18 所），义务教育学校 44 所（公办 42 所），普通高中 2 所（公办），中等职业学校 2 所（民办）。区属在校学生 50551 人（幼儿园 15557 人，小学 22276 人，初中 9266 人，高中 2512 人，中等职业学校 940 人）。区属义务教育学校学生共 31542 人，其中城区学生 18645 人，占 59%。区属在编教职工 2632 人。退休教职工 2244 人。③

（二）S 区小学研学旅行活动开展总体情况

四川省根据中央文件精神出台了《关于推进中小学生研学旅行的实施意见》④，文件中要求建立一套研学旅行工作机制，探索形成健康向上的研学旅行发展体系。为了贯彻落实教育厅的目标任务，L 市根据实际出台了有针对性的实施意见⑤，要求各县（市、区）部门（组织）要加强合作交流，要有针对性地对学校、家长、旅游点进行实地调研，了解需求，在具备相关条件的地区开展先期

---

① 乐山市教育局：《机构设置，区（县）教育局》，见乐山市教育局网（https://www.lssjyj.leshan.gov.cn/sjyj/ajyj/201807/6f0f71d3830a42aa89c5c4a09804cb12.shtml.）。
② 乐山市市中区人民政府：《嘉州印象，文化教育》，见乐山市市中区人民政府网（http://www.lsszq.gov.cn/szq/whjy/list_jzyx.shtml.）。
③ 乐山市教育局：《机构设置，区（县）教育局》，见乐山市教育局网（https://www.lssjyj.leshan.gov.cn/sjyj/ajyj/201807/6f0f71d3830a42aa89c5c4a09804cb12.shtml.）。
④ 四川省教育厅等 11 部门：《关于推进中小学生研学旅行的实施意见》（川教〔2017〕114 号），《资源生态环境网络研究动态》，2019 年第 3 期。
⑤ 乐山市教育局：《乐山中小学生研学旅行实施意见出台》，见乐山市教育局网（https://www.lssjyj.leshan.gov.cn/sjyj/jyyw/201808/5e6cbf6f0c54ba38aad9b1d3771592d.shtml.）。

试点。从2018年起，先将S区、峨眉山市、犍为县、各直属（管）中小学校作为第一批试点县（市、区）和学校，同时鼓励其他地区主动尝试在本校进行研学旅行活动。2019年，在全市各级各类学校全面铺开，实现其健康快速发展。

二、调查设计与实施

由于我国目前没有关于研学旅行资源管理的统一评估标准，因此，本研究将官方政策文件中的关于小学研学旅行活动的具体要求作为重要参考，对各标准以及评估要求进行整理归纳，结合小学研学旅行资源管理的特性、构成要素制定调查问卷和访谈提纲。调查的样本为S区部分小学，一共6所学校，其中城市小学5所，农村小学1所。调查的样本学校基本信息：第一，所调研的学校都是L市S区的公办小学且都开展过研学旅行等类似校外教育活动；第二，所调研的学校基本可以划分为三个层次，隶属S区教学质量中上等的学校、教学质量中等的学校与教育质量中等偏下的学校；第三，调研的学校按照地理区域可分为城市小学与农村小学。

（一）问卷设计与实施

此次问卷调查的目的是了解L市S区小学研学旅行资源管理的现状以及问题，问卷包括六个方面内容：研学旅行时间资源、经费资源、人员资源、课程资源、信息资源的管理情况以及活动的开展效果。在问卷调查结果的基础上，分析研学旅行资源管理的影响因素，为本研究提供现实依据。本次问卷分为教师问卷、家长问卷和学生问卷，家长问卷和教师问卷采取问卷星的形式线上收集，学生问卷采取纸质问卷收集，并将收集到的纸质版学生问卷信息上传到问卷星，统一格式以便后期分析处理。

1. 问卷调查对象及回收情况

本次的调查对象包括6所小学的在职教师、3—6年级的在校学生以及学生家长。问卷以电子和纸质问卷相结合的形式发放。由于笔者在S区XJ小学实习实践，因此通过学校校长与教师的转发，使得本次问卷覆盖面比较广泛。问卷发放的时间是2021年9月至2021年12月，问卷回收后笔者对其进行筛选，统计结果是:收回教师有效问卷共 265 份,有效率为 98.15%;学生有效问卷共 894 份,有效率 91.22%;家长有效问卷共 878 份,有效率为 97.56%。

2. 问卷信效度检验

(1) 问卷信度检验

为了了解问卷结果的可信度,本研究主要采用 SPSS 23.0 版本进行分析。信度(Reliability)即可靠性和稳定性,对同样的事物进行反复多次的测量,结果应该保持不变。通常用克隆巴赫信度系数(Cronbach α 系数值,下同)对信度进行分析,如果在 0.8 以上,则该测验或量表的信度非常好;信度系数在 0.7 以上都是可以接受;如果在 0.6 以上,则该量表应进行修订,但仍不失其价值;如果低于 0.6,量表就需要重新设计题项。

如表 7-6 所示,关于小学研学旅行资源管理的教师、学生、家长问卷,信度系数分别为 0.970、0.808、0.956,信度系数均在 0.8 以上,说明教师、学生与家长问卷信度均非常好,具有较高的可靠性,可开展调查研究。

表 7-6 问卷信度检验结果统计

问卷类别	Cronbach's Alpha	基于标准化项的 Cronbach's Alpha	项数
教师问卷	0.970	0.973	27
学生问卷	0.808	0.813	14
家长问卷	0.956	0.958	16

(2) 问卷效度检验

效度(Validity)即问卷结果的有效性,效度越高则越能展示所测项目的特征。本研究同样利用 SPSS 23.0,通过选择降维中的因子分析,对数据进行 KMO 和 Bartlett's 检验,当 KMO 检验系数>0.7 时,效果较好,Bartlett's 检验中的 P 值<0.05 时,问卷才会具有结构效度,才能进一步进行因子分析。

检验结果如下表 7-7 所示,在问卷效度的检测上,教师、学生、家长问卷的整体 KMO 值分别为 0.916、0.843、0.955,均大于 0.7;其次 Bartlett 的球形检验显著性均为 0.000,说明问卷的结构效度很好,并且数据服从多元正态分布,能够进一步进行因子分析。

表 7-7　问卷效度检验结果

问卷类型	检验项目		数值
教师问卷	取样足够度的 Kaiser—Meyer—Olkin 度量		0.916
	Bartlett 的球形度检验	近似卡方分布	3287.750
		自由度（df）	351
		显著性（Sig.）	0.000
学生问卷	取样足够度的 Kaiser—Meyer—Olkin 度量		0.843
	Bartlett 的球形度检验	近似卡方分布	2413.413
		自由度（df）	91
		显著性（Sig.）	0.000
家长问卷	取样足够度的 Kaiser—Meyer—Olkin 度量		0.955
	Bartlett 的球形度检验	近似卡方分布	12193.348
		自由度（df）	120
		显著性（Sig.）	0.000

3. 问卷数据统计

本次共发放教师问卷、学生问卷与家长问卷三种问卷类型，其中教师卷发出 280 份，回收问卷数 270 份，剔除无效问卷 5 份，有效问卷数为 265 份，问卷有效率 98.15%；学生卷发出 1000 份，回收问卷数 980 份，剔除无效问卷 86 份，有效问卷数为 894 份，问卷有效率 91.22%；家长卷发出 920 份，回收问卷数 900 份，剔除无效问卷 22 份，有效问卷数为 878 份，问卷有效率 97.56%。具体统计如下表 7-8 所示。

表 7-8　问卷数据统计

问卷类型	发出问卷数（份）	回收问卷数（份）	有效问卷数（份）	问卷回收率（%）
教师问卷	280	270	265	98.15
学生问卷	1000	980	894	91.22
家长问卷	920	900	878	97.56

4. 问卷基本信息

此次教师问卷共回收 265 份问卷，基本信息包含了四个问题，分别是性别、学历层次、任教年级与任教科目。

如表 7-9 可知,在性别方面,男女教师比例约为 2∶8,男性教师的占比较低;教师的任教年级从一年级到六年级均有涉足且分布较为均衡;学历层次中有超过一半的教师是本科学历,占比为 52.08%,其次是大专学历,占比为 47.55%,二者之和达到 99.63%;教学科目以语文、数学、道德与法治为主,其他科目类别的教师数量较为平均。

表 7-9 教师问卷基本信息

题项	变量	频率(人)	百分比(%)
性别	男	53	20.00
	女	212	80.00
任教年级	一年级	46	17.36
	二年级	41	15.47
	三年级	39	14.72
	四年级	39	14.72
	五年级	50	18.87
	六年级	50	18.87
学历	高中(含中师、中专)毕业	1	0.38
	大专毕业	126	47.55
	本科毕业	138	52.08
	硕士毕业	0	0.00
	博士毕业	0	0.00
任教科目	语文	151	56.98
	数学	108	40.75
	英语	34	12.83
	道德与法治	109	41.13
	美术	60	22.64
	音乐	42	15.85
	科学	59	22.26
	体育	59	22.26
	劳动	65	24.53
	其他	16	6.04

此次学生问卷共回收894份问卷，基本信息包含了两个问题，分别是性别和就读年级。

由表7－10可知，男女比例约为1∶1，其中男生比女生略多一些；就读年级在三年级到六年级之间，其中五、六年级学生数量最多，占比65.74%，超过学生总数的6成。

表7－10　学生问卷基本信息

题项	变量	频率（人）	百分比（%）
性别	男	484	54.14
	女	410	45.86
年级	三年级	134	14.99
	四年级	153	17.11
	五年级	248	28.86
	六年级	359	40.16

此次家长问卷共回收878份问卷，基本信息包含了五个问题，分别是性别、年龄、学历层次、家庭年收入、子女所在年级。

由表7－11可知，男女比例约为3∶7，女性家长填写的占比较高；年龄以30－45岁为主，占比88.84%，其中30－35岁家长人数最多，占比37.81%；家长的学历层次以初中及以上为主，占比95.68%，超过九成的家长学历在初中及以上，其中家长学历为本科的占比20.05%；家庭年收入设置区间包含6个梯度，其中选择10万元以上的家长最多，占比29.38%，样本中超过6成的家庭年收入在6万元以上；家长子女就读年级从一年级到六年级均有涉足，其中子女在小学五年级就读的最多，占比32%，其次是三年级、六年级、四年级、二年级。

表7－11　家长问卷基本信息

题项	变量	频率（人）	百分比（%）
性别	男	238	27.11
	女	640	72.89

续表

题项	变量	频率（人）	百分比（％）
年龄	30 岁以内	34	3.87
	30—35 岁	332	37.81
	36—40 岁	302	34.40
	41—45 岁	146	16.63
	46—50 岁	43	4.90
	51 岁及以上	21	2.39
学历	小学毕业	33	3.76
	初中毕业	197	22.44
	高中（含中专、中师）毕业	259	29.50
	大专毕业	208	23.69
	本科毕业	176	20.05
	硕士毕业	2	0.23
	博士毕业	1	0.11
	其他	2	0.23
家庭年收入	2 万以内	74	8.43
	2—4 万	116	13.21
	5—6 万	132	15.03
	7—8 万	148	16.86
	9—10 万	150	17.08
	10 万以上（不含 10 万）	258	29.38
子女就读年级	一年级	1	0.11
	二年级	103	11.73
	三年级	186	21.18
	四年级	135	15.38
	五年级	281	32.00
	六年级	172	19.59

（二）访谈设计与实施

为了更详细、准确地了解 S 区小学研学旅行资源管理的现状，本研究针对研学问卷难以反映的问题以及对数据处理的过程中发现的问题这两方面，对 S 区教育局与文旅局相关负责人、学校校长、副校长、德育主任、班主任、任课教师以及研学旅行机构负责人、家长、学生等进行半结构化访谈,为丰富和深化研究并提升结论的可靠性进行补充研究。

1. 访谈背景

根据访谈调查的结果,大体上反映了S区小学研学旅行资源管理的总体情况,包括时间、经费、人员、课程与信息资源情况,研学旅行各资源要素的管理现状不尽如人意,并且学校之间也存在一定的相似性,对研学旅行的内涵把握不够,不了解其概念的家长、学生颇多,甚至部分教师也不够了解。作为由学校主要负责的活动,为何各资源管理现状不佳,各主体对其满意度不高。因此,要继续推进小学研学旅行资源管理不断优化,需要深入挖掘学校在资源管理过程中所存在的问题。

在设计问卷调查时,询问了学校在研学旅行资源管理过程中的困难,但是问卷调查对于深入了解研学旅行资源管理中的问题存在着不足,具体而言:第一,问卷调查对象有限。本研究的问卷调查对象是学校教师、家长与学生,缺少教育局与文旅局及学校管理者等主体的调查。第二,问卷为客观表述,许多问题主观性较强,内容无法简明扼要的通过问卷来表达,问题的选择也比较广泛,因此问卷设计难度大,采用访谈更为合适。基于以上两点的考虑,本研究在实地调研的时候设置了专门的访谈,一方面可以作为对问卷调查的补充,另一方面也可对问卷调查结果进行印证。

2. 访谈内容

基于对问卷调查内容的梳理,访谈一方面补充问卷调查无法了解的信息,对问卷调查结果进行整理,另一方面针对问卷调查结果设计问题。本研究根据以上两个方面的考虑设计了半结构化访谈提纲,从不同学校、不同其他主体中挑选了27名对象进行访谈,更全面、更深入地展现小学研学旅行资源管理现状,并对问题及其背后的原因进行探究。

针对不同主体,访谈的重点也有区别,具体而言:对教育局、文旅局相关人员的访谈,主要了解S区政府对本地区的研学旅行期待、针对小学研学旅行所制定的政策、采取的措施、未来规划以及S区小学研学旅行开展的整体情况。对学校管理者的访谈,主要了解其对研学旅行的认知情况、对本校、本地区研学旅行资源管理的看法，以及关于研学旅行的时间、经费、人员、课程与信息等具体资源的管理情况。对学校教师的访谈，主要了解教师在本校研学旅行资源管理中的角色，包括研学旅行在前期规划、中期实施以及后期评价中的参与度、教师能否进行研学旅行主题选择、路线规划、课程设计等工作，以及教师对研学旅行的态度等；根据教师对本校研学旅行资源管理情况的调查，可以从教师的视角了解当前研学旅行资源管理中存在的问题与困境，有助于后期对管理中存在的问题进行分析并解决；对学生的访谈，主要了解学生对研学旅行的知晓情况，其中包括学生是否了解研学旅行概念、本校研学旅行资源管理的情况、学生的参与度以及满意程度，其中包括学生是否期待学校的研学旅行活动，进而从学生视角了解学校在资源管理的过程中存在哪些问题。对家长的访谈，主要了解家长对研学旅行活动的知晓度与满意度，包括家长知情权、参与权与监督权是否能得到有效使用，比如家长对研学旅行费用是否了解，如何看待孩子参与研学旅行活动，对活动效果是否满意等问题。

访谈时间为 2021 年 7 月至 2021 年 11 月，在访谈形式上运用多种途径相结合的形式，具体包含电话询问、网络沟通（如微信）、面对面等形式；在访谈的模式上采用半结构的模式，笔者事先准备好访谈提纲，再根据访谈的具体情况与访谈者的表现，有针对性地对访谈提纲内容进行适当地动态调整。

3. 访谈对象及访谈资料处理

笔者对 L 市 S 区教育局、文旅局办公室的相关负责人、当地师范学院旅游学院院长、旅游管理专业教师、研学基地经理、研学机构负责人、S 区 6 所小学的校长或者德育处副校长、办公室主任、教师、学生、家长进行了访谈。其中，教育局、文旅局相关负责人共 2 人、当地师范学院旅游学院院长及教师 2 人、研学基地与机构负责人 2 人、学校校长共 7 人、德育处主任 2 人、教师共 5 人、家长共 3 人、学生共 4 人（其中六年级学生 1 人，五年级 2 人，四年级 1 人），共计 27 人。

根据对访谈后的信息进行整理，在访谈内容上选择受访信息较为可靠与全面者，在访谈客体上尽量包含多元主体。笔者从 27 位受访者中筛选了 18 位，并将其作为样本加以编号。基本情况如下表 7－12 所示。

表 7-12 访谈人员基本信息

受访者编号	职务	性别	概况描述	访谈时间	访谈方式
A	市教育局科长	女	L 市教育局任职，学校研学旅行相关工作的主要负责人之一，有丰富管理工作经验	2021年11月16日	电话访谈
B	区文旅局科长	男	S 区文旅局任职，旅行社、研学机构相关管理工作的主要负责人之一	2021年9月28日	面谈
C	S 研学机构负责人	男	S 区 S 研学机构负责人，主要负责西南地区研学旅行相关活动	2021年7月14日	面谈
D	W 研学基地负责人	女	负责 L 市研学基地建设与管理工作	2021年11月17日	网络线上访谈
E	高校旅游院长	女	负责研学旅行人才培养工作，有丰富旅游管理知识与工作经验	2021年7月12日	面谈
F	XJ 小学校长	男	任职校长数十年，学校共有学生 1300 余名，有丰富的小学教学和管理工作经验	2021年7月22日	面谈
G	XJ 小学副校长	女	小学数学学科带头人，省级名师，长期担任教学副校长职务	2021年8月28日	面谈
H	XJ 德育主任	男	担任语文教师和德育主任工作	2021年9月7日	面谈
I	XJ 小学教师	女	担任英语教师和班主任工作	2021年11月10日	面谈
J	XB 小学副校长	男	小学体育教师，担任副校长职务	2021年11月5日	面谈
K	TJ 小学副校长	女	小学音乐教师，担任德育副校长职务	2021年11月9日	面谈
L	TJ 小学班主任	女	小学语文教师，承担学校部分行政工作	2021年11月15日	面谈
M	JF 小学教师	女	SZ 区农村小学任教，语文教师	2021年10月21日	网络线上访谈

续表

受访者编号	职务	性别	概况描述	访谈时间	访谈方式
N	YG 小学副校长	男	SZ 区私立小学任职,有丰富的教学和管理工作经验	2021年11月17日	面谈
O	LS 小学副校长	男	SZ 区教育局直属小学任职,担任小学数学教师,有丰富的小学教学和管理工作经验	2021年9月27日	面谈
P	LS 小学家委会代表	男	LS 小学学生家长,班级家委会代表之一	2021年10月27日	面谈
Q	XJ 小学家长	女	XJ 小学四年级家长	2021年10月17日	面谈
R	XB 小学五年级学生	女	XB 小学班级学生	2021年9月22日	面谈

三、调查结果分析

本部分将对教师问卷、家长及学生问卷的调查结果进行描述性统计与统计推断,对访谈内容进行梳理并与问卷结果相结合进行分析,以探求 S 区小学研学旅行资源管理的基本情况和实施效果。

(一)小学研学旅行时间资源管理情况

小学研学旅行时间资源管理情况的问卷调查部分,包含对研学旅行时间资源管理的整体情况的调查,即研学旅行前期准备、中期实施与后期总结评价的时间资源情况。

1. 研学旅行时间资源管理的整体情况

从问卷的分析结果来看(参见表7-13),关于研学旅行各阶段时间分配情况,其中认为活动中期的实施阶段时间不足的教师占比最高,有 40.00% 的教师同时认为研学旅行活动实施阶段时间不足,29.81% 的教师认为研学旅行后期的总结评价时间不够,16.60% 的教师认为研学旅行的前期准备时间不足,仅有 39.62% 的教师认为研学旅行各阶段的准备时间都充足。问卷中关于"您认为贵校当前研学旅行活动中主要的影响因素是什么","研学旅行的活动时间"得分最高,教师普遍认为研学旅行活动时间是对活动的最大影响因素。

表7—13 研学旅行时间资源管理的整体情况

问卷类型	题项	选项	人数	百分比
教师问卷	研学旅行活动各阶段时间资源分配情况	前期活动准备时间不足	44	16.60
		中期活动实施时间不足	106	40.00
		后期活动评价时间不足	79	29.81
		各阶段时间都充足	105	39.62
		其他	1	0.38

结合访谈,关于学校组织研学旅行时间上,负责 XJ 小学研学旅行等综合实践活动的德育主任 H 说:"准备阶段一般是一周,活动一般是一天,当天来回,分年级进行,一周内能让六个年级都走完,回来之后会让学生填写研学报告,整个周期一般是两周。"笔者访谈多所 SZ 区小学,包括公办、私立小学,城市、农村小学,其中关于研学旅行活动时间上如同 H 所说无甚差别,学校在组织研学旅行活动上的周期一般就是两周,但是涉及到省外的活动,一般周期会比较长一些。

2. 研学旅行前期准备时间情况

研学旅行作为大规模学生集体性校外教育活动,需要考虑的因素颇多。因此,研学旅行前期准备时间越充分,活动的实施就越顺利,活动效果也能得到保障。通过教师问卷"学校开展一次研学旅行通常需要花费多长时间准备"了解到,43.02%学校从决定研学旅行活动开展到活动实施的间隔往往在1周以内,超过88%的教师选择2周以内前期准备时间。由此可见,大多数学校对研学旅行活动准备的时间在1—2周的时间范围内。

表 7—14　活动前期准备时间情况

问卷类型	题项	选项	频率（人）	百分比（%）
教师问卷	前期准备时间	1 周以内	114	43.02
		1—2 周（不包含 2 周）	120	45.28
		2—4 周（不包含 4 周）	19	7.17
		4 周以上	12	4.53

访谈 XJ 小学研学旅行负责人德育处的主任 H 表示："研学活动准备时间不算充裕，通常本周开会讨论确定，下周便举行研学旅行。准备的内容也多数是沿用以往活动模式，不需要花费太多的时间与精力。"同时，XB 小学副校长 J 也说到："研学旅行活动整体规划时间不长，大概一周左右的时间，主要原因是我们学校已经有了较为成熟的路线，所以每次活动也不用做太多的改变和工作，因此就节省了很多准备的时间。"访谈 YG 小学副校长 N 表示："我们学校的研学旅行活动分为两种，一种是基于本地区的研学旅行活动，另一种是去其他城市，比如北京、上海、广州之类的一线城市。第一种的活动是几乎全校都参加的，时间也比较短，通常就是一天来回，第二种活动是部分学生参加，学校会把相关宣传资料发到群里告知家长，学生和家长自愿选择参加，费用也会比较高，但是效果会比较好。"笔者追问到："贵校第一种类型的研学活动准备时间大概是多久呢？"N 表示："一般就一周以内吧，因为就是本市，所以比较简单，我们不会委托旅行社，管理层一些领导自己就可以把整个活动规划好，比如我们上次去 L 大佛，这本身也是研学基地，所以也没有收门票费，直接去交管部门租个车就可以了，但我们还是会提前去踩点，因为毕竟是学生们都熟悉的景点，我们就要去挖掘一些平时会忽略注意不到的教育价值，让老景点有新意义，而且本地的导游也很专业，所以活动的规划就比较容易，不会耽误太多的时间。"通过问卷结合访谈情况可以看出，L 市 S 区小学研学旅行前期准备时间较短，其中有两方面的缘由，一方面是学校活动形式与内容安排的较为简单，沿袭以往的传统；另一方面，部分学校组织研学旅行经验较为丰富，因此在准备上有一套系统的流程，整体耗时相对较短。然而，多数学校在活动筹划上存在着简化取向，重点是统计活动人数与安排活动中的小学生队伍，从而保证在短时间内完成活动行程的安排。

3. 研学旅行中期活动时间资源情况

研学旅行中期活动时间，是研学旅行的核心部分，这是学生活动的关键，丰富的活动内容可以让学生在活动中成长，获得与学校中的课堂教育不一样的体验，但这一切都基于有效的户外活动的基础上。根据教师问卷关于"贵校的研学旅行时间一般是几天？"，得到如下表7—15的结果，超过85%的教师选择1天，选择活动时间超过3天的教师仅为10.19%。由此可见，S区的小学研学旅行活动整体上是倾向于把活动控制在1天内完成，在1天内完成外出研学，需要完善的活动安排才能让有限的时间发挥出尽量大的效益。

表7—15 活动开展天数情况

问卷类型	题项	选项	频率（人）	百分比（%）
教师问卷	贵校研学旅行天数	1天	228	86.04
		2天	10	3.77
		3天	11	4.15
		3天以上	16	6.04

访谈中负责研学旅行活动总体规划的德育处F校长表示："我们S区学校开展的研学旅行活动都是1天，学校不会组织超过1天的活动，一是不能留宿，不安全，难管理；二是时间长意味着费用高，家长这边也不太好协调，学校操作起来比较麻烦。"在访谈到家长Q时，她提到："研学旅行时间久了，学生住哪里呢？在外面住的话，这么多学生学校怎么安排，会不会不够安全，我不是很放心。"研学旅行中期的时间会影响到活动中各项目的时间安排与分配，因此在教师问卷中笔者还设置了关于研学旅行各种活动时间安排的问题，Z老师表示："活动的时间还是比较短的，早上七点要坐大巴前往地点，3小时左右的路程，到了地点活动一会就到中午了，下午再活动一会，3点左右就要开始返程，活动的时间比较少，比较赶。"

关于研学旅行的具体时间安排，其实就是把活动整体时间均分到每个活动上，这种方式把不同的活动进行简单等同，尤其是对于一些活动完成不了也需要终止的情况，难以达到活动育人的目的，削弱了活动的价值，忽略学生在这个过程中的一些表现和成长的机会，教育效果大打折扣。因此，研学旅行时间有限的情况下，合理分配活动时间就格外重要。

4. 研学旅行后期的总结评价时间资源情况

研学旅行后期评价总结时间是对活动的一种回顾与复盘，对活动本身进行评价，对学生与教师等主体进行评价，让学生有分享的时间与机会，这都是活动所具有的价值。学生问卷中关于"研学旅行后学校会及时开展活动的总结评价工作"，该项的均值为3.84，35.4%的学生选择"一般""完全不符合""比较不符合"，因此有超过三分之一的学生认为学校并不会及时开展研学旅行结束后的评价工作；而学生问卷中关于"研学旅行结束后学校会给你提供分享与交流机会"，该项均值3.9。两项均值均不超过4。如表7—16所示，有13.5%的教师认为研学旅行活动的后期评价时间不足，该项均值4.33，高于学生问卷中该项的均值。可见，学校在总结评价上预留给学生的时间存在不足。

表7—16 小学研学旅行活动后期总结工作情况

问卷类型	题项	完全不符合	比较不符合	一般	比较符合	完全符合	均值
教师问卷	贵校在研学旅行后及时开展研学评价与总结工作	0%	0.90%	12.61%	38.74%	47.75%	4.33
学生问卷		8.39%	5.86%	21.15%	22.73%	41.87%	3.59
学生问卷	研学旅行结束后学校会给你提供分享与交流机会	7.08%	4.90%	11.63%	21.94%	54.46%	3.90

访谈中，在问到关于活动结束后是否及时进行总结评价以及采取何种形式总结评价等问题，XJ德育主任H表示："会要求学生进行活动成果展示的分享，可以通过手抄报、画图、写作文等形式呈现。"LS小学副校长O提到："学校有专门的校级期刊，里面有一栏专门介绍研学等实践活动，我们很重视活动结束后的总结评价工作，这个期刊不仅登载本校教师的一些心得体会，还有专门的栏目可以让家长和学生分享自己的感受。第一，教师可以把活动的详细内容、活动效果、活动的收获等写成文章发表在期刊上，有利于对活动进行改进与总结，提升学校的研学水平；同时将活动成果可视化，激励教师参与，调动教师的积极性。第二，学校的学生乃至学生家长都可以在上面展示自己的感想体悟，学生可以将自己参加活动的收获提交学校发表在期刊上，达到活动后的育人效果。第三，L小学积极邀请家长参与研学活动，家长及时将学生参与活动的成长变化发表在期

刊上，有助于宣传推广研学活动，鼓励更多的家长了解支持研学活动，推动研学活动的顺利开展。"由此可见，研学旅行后的总结与分享时间很重要也很有必要，它不仅仅能够反映本次活动的真实效果，还可以达到以评促学，以评促教的目的，对未来举办类似活动提供参考，为发现问题进而改进活动提供依据。然而，现实情况却是，许多学校认为活动完成了就结束了，忽略了总结的重要意义；或者象征性做一些成果展示之类的，但是对于这些展示的成果学校也并没有有效的进行利用，因此没有发挥应有的价值。

（二）小学研学旅行经费资源管理情况

关于小学研学旅行经费资源管理情况的问卷调查部分，包含研学旅行经费的来源情况、经费的优惠政策运用情况、家长对经费的明细了解情况以及满意度。其中，研学旅行的优惠政策决定了研学旅行公益性的本质，包括景区、交通部门等各部门的优惠政策和对贫困学生减免费用的优惠政策。

1. 小学研学旅行经费来源情况

研学旅行是一项公益性教育活动，不能带有任何的营利色彩，但研学旅行仍然是需要耗费一定成本的，并且成本的充足与否是直接影响研学旅行活动地点、内容设计等的重要因素。从问卷的分析结果来看，教师问卷中关于"研学旅行经费的来源有哪些？"有79.28%的教师都选择"家长缴费"这一项，还有29.73%的教师选择学校公用经费。在家长问卷中，关于"每一次研学旅行的费用都由您的家庭承担"，该项均值4.38，有85%的家长选择"比较符合""完全符合"，说明S区大部分学校的研学旅行经费来源以学生家长为主，只有少数学校有专门的研学旅行经费，可以负担部分研学旅行活动费用。

表7-17 研学旅行经费来源情况

问卷类型	题项	变量	频率（人）	百分比（%）
教师问卷	研学旅行经费的来源	家长缴费	210	79.28%
		学校公用经费	79	29.73%
		企业赞助	12	4.50%
		社会捐赠	14	5.41%
		不清楚	31	11.71%

表7—18 研学旅行经费来源情况

问卷类型	题项	完全不符合	比较不符合	一般	比较符合	完全符合	均值
家长问卷	研学旅行的费用由您的家庭承担	0.80%	1.14%	13.10%	29.50%	55.47%	4.06

访谈中关于地方教育部门对研学旅行活动的经费支持情况，教育部门相关负责人A表示："暂时没有，我们前期重点工作是对研学旅行基地的建设，像著名的景点有成熟的基地以及相应的优惠政策，学校只要去这些基地组织研学活动，就可以有相应的门票减免优惠，这也是我们政府的投入，教育部门最关注的就是研学旅行活动的教育性与公益性原则。"XB小学副校长J说到："我们S区研学旅行的整体报价并不高，学生均价在200元以内，对于家庭困难的学生会进行费用的减免，一般都是能够覆盖到学校学生的。机构本身不是公益性组织，所以即使费用不高，也是需要营利的，旅行社有他们的优势，他们能拿到团购价，但是学校自己做的话，就没有这么优惠。"XJ小学的校长F说到："目前，研学旅行的费用是家长在承担，学校没有专门的研学旅行活动经费，上级主管部门也并没有专门的经费划拨，学校没有经费可以承担每次的活动费用。"由上可见，当前研学旅行经费资源方面主要的现状：一是教育部门对研学旅行并没有直接的专项经费支持；二是学校本身缺乏研学旅行专项经费；三是研学旅行费用主要是从家长方获得，同时由于各种原因，家长对于研学旅行缺乏清晰的认知，因此对于活动收费上还存在着不理解，在活动支持力度上还比较欠缺，这也直接影响到活动的整体规划以及丰富程度。

2. 小学研学旅行费用明细情况

当前，L市小学研学旅行多数采取委托第三方机构的形式开展，机构往往会出具活动各项支出的明细账目，而家长对研学旅行费用明细的了解情况会影响到其对研学旅行费用的满意度。通过问卷结果分析可以看出，家长问卷中关于"您了解研学旅行的费用明细"，该项均值为3.56，相对而言较低，51.9%的家长选择"完全符合""比较符合"，有接近一半的家长表示自己不清楚研学旅行的费用明细、不了解研学旅行费用具体包含的活动项目。

表 7-19 研学旅行费用明细情况

问卷类型	题项	完全不符合	比较不符合	一般	比较符合	完全符合	均值
家长问卷	您了解研学旅行的费用明细	10.82%	6.95%	30.30%	19.70%	32.23%	3.56

访谈中涉及研学旅行费用明细时，XB 小学副校长 J 表示："关于研学旅行费用问题，是学校负责人、旅行社代表、家委会代表三方一起共同商讨决定的，学校会让家委会成员了解具体细节，家委会代表会在家长群里告知本次活动总体费用，考虑到家长众多，如果一旦讨论起来就比较麻烦，所以直接告知价格，然后收费就会避免一些不必要的麻烦，但是没有考虑到家长对这些信息的获取还是很在意的，还是沟通不畅导致学校与家长之间的脱节。"访谈家长时，部分家长表示对具体的明细不在意，反正整体的费用也不高，但也有一些家长表示比较在意，想知道详细的内容，但是又没有获取的渠道。综上可知，在学校和家长两方面存在着沟通脱节的问题，一方面，家长因为不了解具体的费用情况，所以会存在不满情绪，甚至怀疑学校和第三方机构均存在盈利目的，造成一定程度上的误会；另一方面，学校有所顾虑，对研学旅行费用比较敏感，本以为不参与其中就不会有问题，却忽略了与家长的及时沟通。

3. 小学研学旅行优惠政策运用情况

在现有的政策中，关于研学旅行的公益性原则是无可争议的，也有具体的优惠说明，比如对于景区门票、交通费等需要给出的优惠。然而，这些优惠政策必须要善加运用，才能发挥研学旅行公益性的内涵。从调查分析结果来看，教师问卷中，超过 70% 的教师认为学校充分运用了研学旅行优惠政策，该项均值为 4.02，整体上来看，L 市小学在研学旅行费用政策的执行情况良好。

表 7-20 研学旅行优惠政策运用情况

问卷类型	题项	完全不符合	比较不符合	一般	比较符合	完全符合	均值
教师问卷	贵校充分运用研学旅行优惠政策	6.31%	2.70%	16.22%	32.43%	42.34%	4.02

通过访谈不同的学校了解到，在问到关于困难学生的费用问题时，Y校长说："每次研学旅行活动，与我们合作的旅行社都会有一定比例的免费名额，这些名额是预留给家庭困难的学生，只要学生家庭困难程度符合减免标准要求，就可以减免。"关于研学旅行的相关优惠政策，学校有效运用的并不多，Y校长与L校长都表示："当前实施这些优惠政策针对的地点还是当地比较著名的景点，但是这些景点学生们都去过了，没有太多新意，而去一些游乐场、动物园一般没有太多优惠政策，而且价格这一块主要是由旅行社在沟通，我们最终是与旅行社协商，他们有资源，我们自己去谈，并没有这些优惠的。"

由此可见，学校对于研学旅行优惠政策的运用方面还不是很重视，对政策的运用还比较片面。一是学校并不了解研学旅行优惠政策具体包含内容，没有针对这方面进行本地区的调研了解，往往是直接委托第三方机构；二是学校往往采取降低研学旅行出行费用，压缩活动内容的形式来减少活动经费，从而减少不必要的麻烦。由于对政策缺乏系统的运用，未能发挥政策优惠的最大化，造成了资源的浪费。

4. 小学研学旅行经费满意度情况

通过上文的分析可以看出，家庭支出是研学旅行经费的主要来源，家长的满意度直接会影响其对于研学旅行经费的支持程度。如下表7—21所示，关于"您认为研学旅行费用合理"与"您对研学旅行费用满意"的调查中，两项均值分别为3.86与3.75，均不超过4，认为研学旅行费用合理与对研学旅行费用满意的家长分为占有65.14%与55.8%，可见，有接近一半的家长对研学旅行费用并不满意。

表7—21 小学研学旅行经费满意度情况

问卷类型	题项	完全不符合	比较不符合	一般	比较符合	完全符合	均值
家长问卷	您认为研学旅行费用合理	6.72%	4.56%	23.58%	26.42%	38.72%	3.86
	您对研学旅行费用满意	3.99%	4.56%	35.65%	23.80%	32%	3.75

访谈中，笔者了解到：学校在委托第三方开展研学旅行时，学校负责人、第三方机构代表与学校家委会代表都会参与到活动的商讨中去，共同确定研学旅行

费用,在收费方面也做到公开透明,由家委会或者第三方机构收取款项。但家长表示:"研学旅行费用是不高,但是去的地方有的就是在 L 市周边,有些地方我们自己都去过了,自己开车就可以去,还不用这么多的钱,这些钱包括哪些内容我们也不晓得,而且这是学校的活动,为什么都是让家长出钱呢?"可见,对于研学旅行费用的具体明细不清楚、对研学旅行活动内涵不清晰等原因,影响了家长满意度。

(三)小学研学旅行人员资源管理情况

关于小学研学旅行人员资源管理情况的问卷调查部分,包含研学旅行队伍建设情况、人员配置情况、教师参与管理情况,以及研学旅行激励措施情况。其中研学旅行激励措施包含学校是否采取相应的激励措施鼓励教师的参与和教师群体所希望的激励措施。

1. 小学研学旅行管理队伍建设情况

小学研学旅行活动应包含完善的研学旅行团队,由各司其职的学校与校外参与者构成,在教师问卷结果分析中,关于"贵校组织研学旅行活动的领导小组成员有哪些?"从图 7-5 可以看出,学校在组织研学旅行的活动中几乎所有的行政领导与任课教师都参与了,队伍成员职务比较全面,既有校长、副校长领队,也有德育主任、年级主任、教导主任、分管安全的主任参与,保障活动在各领域均有相关专业负责人。

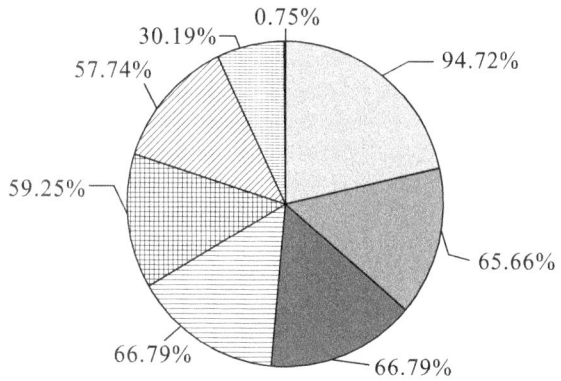

图 7-5 研学旅行管理队伍成员构成情况

结合访谈，关于研学旅行管理队伍的问题上，G 称："我们每次组织研学旅行，必须要有校长亲自带队，最少一至两个副校长，最少三个校级干部，中层管理团队、年级主任、班主任、任课老师都要参与进来，保证学生的出行安全。"由图 7-5 可见，缺乏专门的机构与人员是当前小学在开展研学旅行时存在的普遍现象，笔者所调研的学校研学旅行活动几乎都是由德育处统筹安排，其他教师一起参与，教师在其中的角色也仅仅作为一个看护者，并且教师的普遍意愿也不高，活动的真正管理者往往还是负责活动与审批活动的几个人，在研学旅行管理需要时，无法充分调动各主体的积极性，造成管理责任分配不均等局面。

2. 小学研学旅行人员配置情况

人员配置是人力资源管理的重点之一，研学旅行人员配置是研学旅行人员管理的重点，在人力资源有限的情况下，最大化的发挥人力资本是配置效率高的表现。根据问卷调查结果，关于"负责研学旅行管理队伍存在的主要问题"，有 47.92% 的教师选择"人力资源发挥不充分"，还有 32.08% 与 30.57% 的教师都认为管理队伍存在着"成员间交流少，缺乏合作"与"成员间权责不明确"的问题。

表 7-22 研学旅行人员配置情况

问卷类型	题项	选项	频率（人）	百分比（%）
教师问卷	负责研学旅行管理队伍存在的主要问题	人力资源发挥不充分	127	47.92%
		成员间交流少，缺乏合作	85	32.08%
		缺乏教师参与	56	21.13%
		成员间权责不明确	81	30.57%
		其他	8	3.02%

访谈中笔者问到研学旅行管理队伍的问题，K 认为："看上去学校的教师几乎都参与进来了，真正参与管理的人还是不足的，多数教师的责任就是在活动当天负责管理好自己的队伍，但是在活动前期的筹划过程中，是不参与的，这一块一直是由德育处负责，真正在活动的规划安排上只有德育处在做，因此在核心的管理队伍上还是不足的。"由此可见，研学旅行管理队伍虽然看似人数充足，但实际上真正参与管理的成员还是比较缺乏的，小学研学旅行队伍建设虽然由不同主体构成，然而多数主体并非承担与其专业相匹配的职责，多数人员在其中还是

起看护学生的作用,人员配置效率低,人力资源未能得到有效的运用。

3. 学校教师参与研学旅行管理情况

研学旅行活动离不开教师的参与,教师参与研学旅行管理是保障研学旅行效果的关键因素。一方面,教师可以发挥专业技能提升研学旅行课程质量,可以在活动中体察到学生的成长变化;另一方面,教师参与管理也是对教师能力的锻炼,助力教师的专业发展。通过对教师问卷调查的结果分析,关于"贵校要求教师参加研学旅行活动的管理工作"与"您愿意参与研学旅行管理活动",均值分别为 4.54 与 4.34,可以看出,教师在研学旅行管理中的参与率较高。

表 7-23 学校教师参与研学旅行管理情况

问卷类型	题项	完全不符合	比较不符合	一般	比较符合	完全符合	均值
教师问卷	贵校要求教师参加研学旅行活动的管理工作	0.00%	0.90%	9.91%	23.42%	65.77%	4.54
	您愿意参与研学旅行管理活动	1.80%	2.70%	9.01%	32.43%	54.05%	4.34

结合访谈,教师 M 表示:"我很乐意参加研学旅行,虽然有些辛苦,但是对学生还是很有帮助的,关于活动管理方面都是由领导决定的,我跟上面还隔了好几层呢,一般都是学校决定了去哪里,我们就带学生去,看管学生安全就好了,不需要我们教师参与课程设计的。"这正如前文 H 主任所言,学校没有要求教师参与研学旅行设计,教师本身也没有合适的机会参与进去。

由此可见,研学旅行管理队伍中也存在着层级之间沟通脱节的现象,一方面,学校无法要求教师参与研学旅行课程设计与管理中去;另一方面,部分教师渴望参与却没有途径。这造成教师在研学旅行中无法发挥自己的专业特长,仅仅是参与者,而非组织者与管理者,对于教师而言本身就失去了宝贵的锻炼与成长的机会,于学校,导致其活动设计困难、资源浪费。

4. 研学旅行人员激励措施情况

适当的激励是调动人员积极性的有效手段,教师问卷中关于"贵校有采取相应激励措施鼓励教师参与到研学旅行中"的调查结果显示,74.77% 的教师认为学校都有采取相关激励措施;超过一半的教师希望学校能给予适当补贴或者计入日常教学工作量。可见，一定的激励是可以激发教师参与研学旅行管理的积极性，同时也反映出，当前学校在激励手段上无法满足教师需求。

表7-24 教师参与研学旅行管理的需求倾向情况

问卷类型	题项	选项	频率（人）	百分比（%）
教师问卷	您认为在职教师参加研学旅行管理，学校应该如何做	计入日常教学工作量	149	56.23%
		与评级评优挂钩	26	9.81%
		适当补贴	181	68.30%
		义务工作不获取益处	30	11.32%

表7-25 学校采取激励措施情况

问卷类型	题项	完全不符合	比较不符合	一般	比较符合	完全符合	均值
教师问卷	贵校有采取相应激励措施鼓励教师参与到研学旅行中	1.80%	5.41%	18.02%	30.63%	44.14%	4.10

基于此，笔者通过访谈了解到，有部分学校是按照出差的方式适当补贴教师，大部分学校教师的参与还是一种义务劳动的形式；教师也表示，并不是很希望参与到研学旅行活动中，虽然该活动对学生是很有益处的，但是教师本身平常的工作量就不小，外出照看这么多学生很累。TJ小学班主任L表示："我很支持研学旅行活动，也很乐于参与进去，我自己的女儿也在念小学，她每次参加完都很兴奋地跟我分享她的感受，我也能感到孩子的成长变化，作为班主任，学生的进步是我最开心的事情，我认为这种活动就应该常态化开展，虽然会增加教师们的工作量，但是毕竟时间也不是很久，其实也是可以克服的，参与这种活动对教师也是有成长的，教师的平台不应该局限于三尺讲台，户外的教育环境更是对教师的挑战与机遇。"XJ小学教师I说到："参加这个活动还是很辛苦的，活动中要时时刻刻盯住学生，他们在外面很容易发生意外，一不小心就会受伤。"

通过以上两位教师的比较可以看出，对于学校里的在职教师而言都面对着这种两难的局面，一方面考虑到研学旅行对孩子的确有很多的好处，作为教师很乐意看到孩子的成长变化；但另一方面，教师本身教学任务与行政事务繁杂，况且多数教师有自己的家庭，因此在活动参与方面又存在一定困境。

(四) 小学研学旅行课程资源管理情况

关于小学研学旅行课程资源管理情况的问卷调查部分,包含教师在课程开发中的参与情况、学生课程开发设计的情况、课程设计具体情况,以及研学旅行手册运用情况四个部分。

1. 学校教师参与研学旅行课程开发情况

教师是课程的开发者与管理者、是课程开发的专业人员,他们了解学生的身心发展,懂得教育规律,有着专业的课程开发经验,研学旅行的课程开发离不开教师的参与。教师问卷中关于"您是否参与过研学旅行课程设计",仅有27.17%的教师参与过,大部分教师都未参与过研学旅行的课程设计工作,他们在研学旅行中更多的是处于看管学生的管理者,而非教育者;关于"贵校组织教师参加研学旅行的相关培训",该项均值3.88,有三分之二的教师认为自己参加过学校组织的研学旅行培训;关于"您愿意参与研学旅行课程设计",该项均值为4,有七成的教师选择愿意参与到研学旅行的课程设计中去。

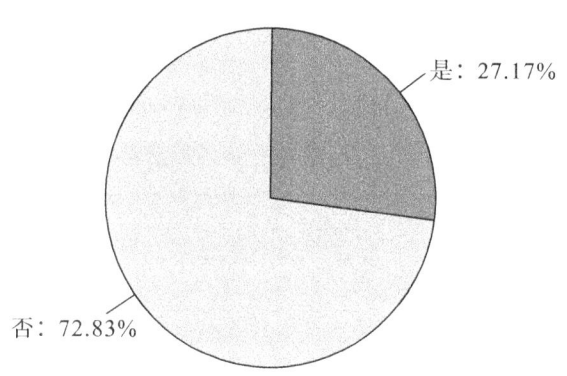

图7-6 教师参与研学旅行课程开发情况

表7-26 教师参与研学旅行课程开发的情况

问卷类型	题项	完全不符合	比较不符合	一般	比较符合	完全符合	均值
教师问卷	贵校组织教师参加研学旅行的相关培训	4.50%	19.01%	18.92%	28.83%	28.74%	3.72
	您愿意参与研学旅行课程设计	2.70%	5.41%	21.62%	29.73%	40.54%	4.00

关于教师在研学旅行中的角色定位,笔者在访谈教育局研学旅行活动负责人A时,她也表示:"支持中小学老师去做本土课程校本课程,做课程设计还是教师最专业,他们在一线教书,最了解学生,设计的课程也会比较能结合学生实际、能够遵循学生的发展规律与教育规律。但教师精力也有限,他不可能全身心地去研究某一个景区点。因此中小学老师应该怎么参与研学旅行这个问题很值得探讨。"

由上述教育局相关负责人的看法可以看出,由于现实中的一系列客观因素与主观原因,当前教师如何参与到研学旅行活动中、以何种身份、扮演何种角色、如何发挥自身优势等一系列问题还难以回答,要充分发挥教师的资源、优化研学旅行管理则必须要解决这些问题。

2. 学生参与研学旅行课程管理情况

学生是研学旅行的主体,学生在活动中有正当的话语权,学生问卷中关于"参与活动主题与路线的选择",仅有43.62%的学生选择"比较符合"与"完全符合",超过一半的学生认为自己并没有机会参与到活动前的策划中去,该项均值为3.06。

表7—27 活动开展天数情况

问卷类型	题项	完全不符合	比较不符合	一般	比较符合	完全符合	均值
学生问卷	你有机会参与活动主题以及路线选择	18.57%	19.80%	22.82%	25.28%	13.53%	2.95

访谈中XJ小学德育处主任H说到:"全校这么多学生,让孩子参与到活动的选择不太实际,而且最后也不好统一想法。所以关于活动主题与路线这些事情的决定,我们会提交方案,最后由校长来决定。"在访谈学生的过程中,学生普遍有自己的观点与看法,但是没有表达的渠道,笔者在与一群学生进行聊天时,R就说到:"这个地方,我们大部分同学都去过了,而且我们去的时候那个解说员说了好久,我们都没有时间玩了。"但也有学校会在活动前做一个预调查,了解学生的意愿,YG小学副校长N表示:"我们每次活动前都会花费一定的时间在家长间和学生间做宣传,发放问卷征集他们的意见,然后根据问卷的结果,进

行本次活动的路线和地点的调整,并且活动结束后,我们也会做一次问卷调查,了解本次活动的效果,如果本次效果好,我们就会把这次的活动内容与策划保留下来,下一批学生可以继续去。"由上可知,少部分学校在课程设计方面较为重视学生的意见,但大多数学校还是将学生摆在一个参与者、被管理者的位置上,没有调动学生参与课程内容选择上的积极性。从目前来看,多数学生对于活动设计有自己的想法,学生之间也有一些非正式组织,学校可以充分利用学生的这些有利因素,充分了解学生的意见这不仅有助于更好地达到活动效果,同时也有利于学生能力的培养。

3. 研学旅行课程要素构成情况

研学旅行课程化必须考虑全面的课程要素。教师问卷中关于"研学旅行课程是如何确定的?"超过一半的教师选择"学校与研学机构联合选择,学校为主",这一结果符合S区小学研学旅行的实际情况。但也有13%左右的学校选择的是以研学机构为主,或者完全是由研学机构提供课程。研学旅行手册不仅是研学旅行内容的物质形式,更是学生活动期间的记录和总结评价的依据之一,教师问卷中关于"是否每次研学旅行活动前贵校都会设计配套的研学旅行手册",有七成左右的教师选择"比较符合"和"完全符合",该项均值为4.00;学生问卷中关于"每次研学旅行活动前学校会发给你一本手册介绍本次活动",有71.58%的学生选择"比较符合"和"完全符合",该项均值与教师问卷的结果接近。

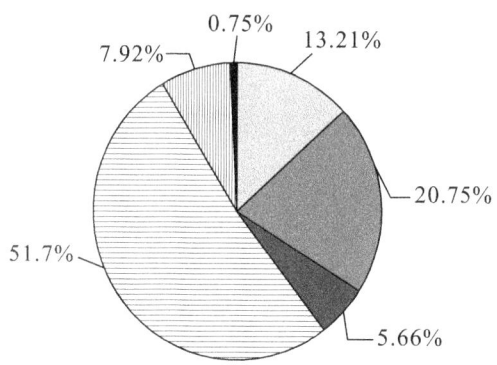

图7-7 研学旅行课程设计情况

表 7—28　研学旅行课程配套手册运用情况

问卷类型	题项	完全不符合	比较不符合	一般	比较符合	完全符合	均值
教师问卷	研学旅行前贵校会设计配套研学旅行手册	5.41%	5.41%	19.82%	22.52%	46.85%	4.00
学生问卷	研学旅行前学校会给你一本手册介绍活动	11.86%	6.15%	10.40%	26.73%	44.85%	3.87

在访谈中，N 表示："根据我们确定的本次研学旅行的目标与主题，旅行社会筛选一些方案供我们参考，如果旅行社提供的内容我们都不满意，那我们也会把我们的要求提出来，然后让他们再提供一些新的方案。"当然，也有完全由学校来确定研学旅行课程内容的，其中以 LS 小学与 XB 小学为代表，LS 小学有专门的活动基地，基地也有学校的专职科学老师，科学老师长期驻扎在研学旅行基地，设计与开发研学旅行课程，并为 LS 小学的各年级与班级的学生提供直接的研学旅行课程教学服务。除了课程内容，笔者问到课程目标与课程评价等内容时，N 表示："活动前我们会有本次活动的目标，比如上一次研学旅行我们去了宜宾长廊，途中对中国共产党建党 100 周年的历史进行了讲解，在结束之后，让学生撰写受教育的体会，并分析自己的作品。"I 认为："学校会在活动前给学生一张《研学报》，这其实是以前的《春游报》改过来的，如果每次活动都需要改内容，需要投入不少的时间与精力。"

由上可见，研学旅行课程设计方面，存在着诸多课程要素缺乏的情况，多数学校在本质上并没有将研学旅行视作一门课程，往往还是将其当作一个游玩活动来对待，因此，在研学旅行课程资源的利用上也存在着一些不足。

4. 研学旅行课程化发展的情况

教师问卷中关于"是否纳入学校教育教学"，有 65.66% 的教师选择"是"，但也有 26.42% 的教师选择"不清楚"，可以看出，在研学旅行实施过程上，还存在一定的差距。问卷调查中"贵校的研学旅行课程较好的衔接了学校教育"，该项均值 4.25，超过一半的教师选择完全符合，说明学校在设计研学旅行课程时有比较充分的结合学校的课程教学。

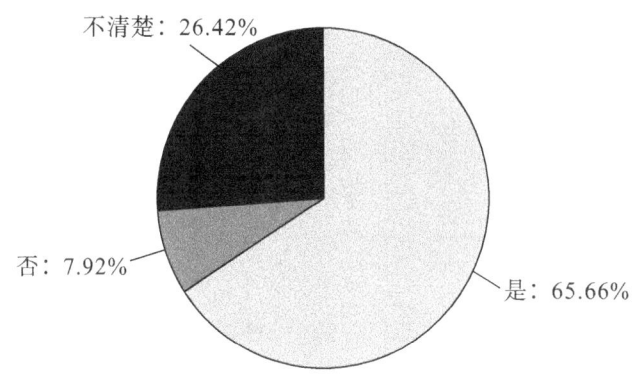

图 7-8　研学旅行纳入学校教育教学情况

表 7-29　研学旅行课程与学校课程的衔接度

问卷类型	题项	完全不符合	比较不符合	一般	比较符合	完全符合	均值
教师问卷	贵校研学旅行课程较好衔接学校教育	0.90%	2.70%	18.02%	27.03%	51.35%	4.25

访谈中笔者也了解到，学校在研学旅行课程设计时，会注重结合当下的教育热点、学校的办学理念与校园文化。比如 XJ 小学的校园文化是贤文化与瓦楞纸艺术，在最新一次的研学旅行活动时，XJ 小学就将瓦楞纸融入到了活动中，让孩子们在活动中用瓦楞纸做手工，同时在活动中融入了贤文化的精神，从而让孩子们可以在活动中更深刻的体会校园文化精神。由此可以看出，部分学校在规划研学旅行课程时会有意识地融入学校课程与理念，运用学校资源，开展具有校本特色的研学旅行。

（五）小学研学旅行信息资源管理情况

关于小学研学旅行信息资源管理情况的问卷调查部分，包含研学旅行信息宣传情况、研学旅行信息了解情况、研学旅行经验学习以及研学旅行平台运用的情况。研学旅行信息平台的运用是展现研学旅行信息公开程度的重要参考指标。

1. 学校对研学旅行信息宣传情况

任何活动都离不开适当的宣传，研学旅行活动的宣传不仅有助于扩大活动的影响力，更能提高家长、学生及教师对研学旅行内涵的把握，增强家长与学生的重视。问卷调查中关于学校对研学旅行的宣传情况，教师、学生、家长问卷均值分别为4.12、3.52与3.68,后两者的均值均小于4,在教师看来,学校在活动宣传方面相对而言比较充分,但是在学生与家长的视角下,学校对研学旅行的宣传还存在不足,有待进一步加强。

表7—30 研学旅行信息资源宣传情况

问卷类型	题项	完全不符合	比较不符合	一般	比较符合	完全符合	均值
教师问卷	您认为学校对研学旅行活动宣传充分	0.00%	0.90%	13.51%	32.43%	53.15%	4.12
学生问卷	学校积极向你(您)宣传研学旅行活动的意义	16.00%	9.40%	17.11%	21.92%	35.57%	3.52
家长问卷		7.52%	6.26%	27.79%	27.11%	31.32%	3.68

但结合访谈,学生家长R说到:"我们在孩子参加活动前一个月就知道活动内容了,班主任会对活动细则在群里宣传,告诉我们在家里可以提前让孩子学习相关的技能与知识,我们也会格外留意,都很期待这次的活动。"访谈的结果与问卷得到的结果相符合,许多学生表示没有听过研学旅行,还有些学生在访谈中表示研学旅行就等同于春游活动,这当然与学校的宣传有关,学校在开展研学旅行活动时,还存在使用"春游""游学"等字眼,再加上活动前的宣传不充分,使得研学旅行在学生眼里与传统的"春游"无异。此外,家长访谈中,也有不少家长表示,学校研学旅行活动前并不会进行宣传活动,家长只需要缴费与签"家长知情同意书"就可以了,活动期间,老师会在群里发照片。由此可见,目前小学研学旅行活动的宣传力度还有待提高。

2. 关于研学旅行信息资源了解情况

及时关注研学旅行的发展动态,了解研学旅行的热点内容,有助于活动的创新,激发活动的活力。问卷调查中关于教师与家长对研学旅行的信息掌握情况,如下表所示,三个"题项"均值分别为3.72、3.56和3.62,均低于4,可见教师和家长对研学旅行信息掌握情况均存在不足,在主动获取研学旅行相关信息上存在欠缺,对研学旅行的实际开展情况与最新的政策也并不十分了解。

表 7－31　研学旅行信息资源了解情况

问卷类型	题项	完全不符合	比较不符合	一般	比较符合	完全符合	均值
教师问卷	您通过网络关注本地区乃至全国研学旅行情况	4.05%	17.21%	18.02%	32.43%	27.84%	3.72
教师问卷	您了解本地区颁布的研学旅行最新政策	4.50%	15.41%	33.42%	23.33%	23.33%	3.56
家长问卷	您主动在网络上了解研学旅行有关内容	8.31%	8.43%	25.97%	27.45%	29.84%	3.62

访谈中，M教师说到："研学旅行已经很久没开展了，所以我自己平时不太关注研学旅行信息，但是也能通过别的学校的公众号了解到相关的内容。"家长R也说到："我自己没有留意过，我们娃的学校也不叫研学旅行，叫劳动实践活动，学校也没有跟我们说过，我们也不知道去哪了解这些。"由此可见，一方面，学校在研学旅行活动信息的宣传、发布上还比较欠缺；另一方面，公开的研学旅行信息发布平台尚待构建，师生、家长等各方主体了解研学旅行信息的渠道还不畅通。

3. 学校对研学旅行经验学习的情况

学校之间互相学习与借鉴，是一种资源共享。教师问卷中，"关注本地区研学旅行发展情况"，均值为4.38，在学习其他学校研学旅行经验方面的均值为4.41，教师主体也十分重视研学旅行经验的交流。三项调查结果均值均高于4，可见学校在与他校交流方面比较充分，学校重视借鉴其他学校研学旅行活动的经验。

表 7－32　学校对研学旅行经验学习情况

问卷类型	题项	完全不符合	比较不符合	一般	比较符合	完全符合	均值
教师问卷	贵校积极关注本地区研学旅行的发展	0.00%	0.90%	13.51%	32.43%	53.15%	4.38
教师问卷	贵校学习其他学校研学旅行的经验	0.00%	0.90%	14.41%	27.93%	56.76%	4.41
教师问卷	您认为与其他学校交流经验是重要的	0.00%	0.90%	12.61%	37.84%	48.65%	4.34

结合访谈，在访谈 XB 小学时，副校长 J 说到："我认为 LS 小学研学旅行办得还是比较好的，他有自己的基地，活动开展的灵活性就很高，而且他们还有专门的科学教师就在基地，研究基地的教育资源比较丰富。"笔者追问到："贵校很关注其他学校研学旅行活动的开展吗？"J 表示："这是肯定的，学校之间会经常交流，分享经验，我们会及时了解别的学校此前去了哪些活动地点，效果如何，好的话我们会及时的借鉴，同时也要了解别的学校在研学旅行活动方面的收费情况，只有这样多方面了解信息，才能保证活动的科学性。"综上可知，学校间的研学旅行信息交流对于地区研学旅行整体发展十分重要，学校之间相互借鉴，一方面，有助于获得更多的间接经验，另一方面有利于形成一套针对本地区资源的研学旅行管理模式，展示研学旅行信息资源管理的价值。

4. 学校运用研学旅行专业平台的情况

访谈时笔者问到："您知道 L 市教育局和 S 区文旅局发布的研学旅行课程方案吗？"校长 G 表示："没有听说过，也没有收到过这些资料。"因此，笔者又再次联系市教育局和文旅局相关负责人，市教育局科长 A 表示："研学旅行课程方案在基地，基地有不同主题不同类型的研学旅行课程，L 市教育局关于研学旅行前期做了大量的准备工作，包括认定基地、开发课程、组织培训等，第一阶段是试点探索阶段，接下来就是要进入规范管理阶段，我们知道现在有些学校在开展研学旅行的过程中存在着为了活动而活动的现象，也存在着对基地选择的盲目性，针对这些问题，我们接下来会建立一个研学旅行信息平台，将前期已经建立的比较完善规范的基地信息在这一平台向全市的中小学校进行公开，所有的中小学校都可以通过这个平台了解到 L 市基地建设情况，可以在有需要的时候及时了解到基地信息并进行选择，通过这一平台打通基地与学校之间的信息壁垒，增加选择上的自由度与开放性，从而减少学校在选择上的盲目性。"区文旅局科长 B 表示："这些课程都是公开的，但是也只有去基地看，目前政府并没有统一发过这些信息。"

由此可知，关于基地开发的研学旅行课程等信息，学校了解得比较少，一是由于可以获得相关信息的渠道有限，二是基地对于这些信息的宣传也不是很充分，造成大量的课程资源浪费的现象，学校在获取外界关于研学旅行的相关信息还存在一定的困难。

四、L 市 S 区小学研学旅行案例分析

笔者在调研 L 市 S 区不同小学的研学旅行管理现状时，了解到 S 区在开展研学旅行活动时的一些惯常做法与宝贵经验，为了进一步深度剖析与分享 S 区小学研学旅行管理经验，先就 S 区 LS 小学与 XB 小学的研学旅行开展情况进行详细介绍，尤其两所学校在研学旅行资源管理方面一些可借鉴的管理经验。

LS 小学多次获得省级"德育先进集体"等荣誉称号，具有广泛的社会赞誉，学校有教职工 115 人，40 个教学班，学生近 2150 人；XB 小学 2018 年获"全国青少年校园足球特色学校"称号，教师群体中以年轻教师居多，目前在校学生人数有 3241 人，配套教师人数有 156 名。

（一）LS 与 XB 小学研学旅行校本模式

1. LS 小学"引进来＋走出去"的研学旅行校本模式

LS 小学的研学旅行有两个层面的含义：一是引进来，二是走出去。具体来说，"引进来"是指 LS 小学会灵活运用家长资源，让家长走进校园，讲述与他们自身职业有关的科普知识，扩展学生的视野，这种科普不仅仅是耳朵听眼睛看，还有动手做，在部队的家长可以给孩子一次军训的体验，在公安系统工作的家长，进行安全教育并以生活中的真实案例为范本，进行专业科学的知识普及，让孩子虽在校园里在课堂上却可以有不一样的学习体验，同时这种引进来的形式，充分调动了家委会以及家长的积极性，不仅有利于家校合作，发挥自身的教育职责，更有利于激发各教育主体的资源为学生服务；第二是"走出去"，这是指学生走出校园开展研学旅行活动。LS 小学有用自身的研学旅行基地，并有专业的研学旅行教师在基地为来此研学旅行的班级与学生服务，因此学校在开展研学旅行活动时，有较大的自主性，并且这种走出去的形式与劳动教育进行结合，不是一次性的活动，而是一种连续性的、具有成长意义的研学旅行。学生从三年级开始就可以以班级为单位去该基地进行研学旅行，时间持续到六年级小学毕业，在这三年的时间里，学校会根据学生的年级、一年四季的变换，设计不同主题的研学旅行活动，带着不同的任务，学习丰富的农业知识，有利于培养学生的

团队精神，形成坚持不懈的品质。

2. LS 小学"三层面＋三阶段"的研学旅行校本模式

XB 小学的研学旅行体系分为三个层面与三个阶段。三个层面：一是学校必修，二是家庭自修，三是学生选修。首先，学校必修是指以学校为研学旅行活动组织主体，在春秋季举行全校性的研学旅行活动，从一年级到六年级，一学年两次，一共十二次，学校关于这十二次的研学活动，有着成熟的活动设计与规划。其次是家庭自修，是以家庭为活动主体开展的"行走嘉乡"研学旅行活动，也就是家庭亲子研学，让家长带领孩子在周末行走在嘉州，感受家乡的发展建设与历史文化。为了更好地发挥家庭自修研学旅行活动的效果，XB 小学的教师们自发地组织起来，共同设计了一套完整的研学旅行课程体系，并命名为"行走嘉乡"。最后是学生选修，这是以班级为单位的研学旅行活动，班级可以联络家委会，根据班级学生的兴趣、所学课程与知识的需要，自行组织开展研学旅行活动，学生与教师都有较强的选择权与决定权，活动的主题丰富，形式多样。

三个阶段分别指的是研学旅行前期、中期与后期三阶段的部署，也就是活动前的课程设计、活动中的思考以及活动后的成果展示。首先，学校在开学之初就制定了各年级研学旅行主题方案，配套设计研学旅行活动手册，并对本次活动课程进行集体备课与分班备课，让学生带着问题去研学；其次，活动中期的思考过程、实施过程与享受过程，按照预先完备的计划开展活动；最后是后期阶段即反思总结的阶段，反思活动中出现的问题并对经验加以总结，展示学生的研学成果。XB 小学以三个阶段把研学旅行的全过程进行系统安排，以三个层面丰富活动形式，赋予活动强大的活力，从而为研学旅行活动保驾护航。

（二）LS 与 XB 小学研学旅行成功经验

1. LS 与 XB 小学研学旅行时间资源灵活充足

正如上文所说，LS 与 XB 小学研学旅行均开发了校本模式，模式上的创新为研学旅行时间安排增添了较多的灵活空间。比如，LS 小学研学旅行活动细分到每个班级，各班可根据具体课程需要在学期中选择恰当的时间开展活动。一方面，因为 LS 学校具有成熟的后勤服务与交通出行经验，因此在活动方案规划上节省了较多的时间;另一方面,活动场所距离学校路程比较近,因此在交通上耗费的时间就比较短,笔者参加过一次该校的研学旅行活动,往往一小时左右就可以到活动地点,一个班级的学生加上班主任与教师刚好坐一辆车,家长可自行组织成小组出行参加,活动分为上午和下午,给予学生足够的活动时间。XB 小学研学旅行时间的灵活充足也体现在两个方面。第一,XB 小学研学旅行活动包括三个层面,学校必修、班级选修与家庭自修。三种研学旅行模式给予活动较大的灵活度,班级与学生可以根据自己的需要选择相应的模式参加;第二,XB 小学三层面的活动模式也保证了充足的活动时间,在整体上让学生的研学旅行时间保持在一个较高水平,同时三阶段中,研学旅行前的充分准备,赋予了研学旅行较充分的活动时间资源,保证了研学活动中期的有效实施。

2. LS 与 XB 小学研学旅行课程资源完备

(1) LS 小学研学旅行课程体系

LS 小学的研学旅行课程有一个独特之处就是将研学旅行与劳动实践课程相结合,并且是一个具有系统性与连续性的完备的课程体系,这也是 LS 小学得天独厚的优势,学校自身拥有用于学生劳动实践的基地,名为"星空田园",从三年级开始,每个班级都拥有一块土地,供学生进行劳动实践,并有专门的科学课教师长期驻留在田园,为研学课设计了从前景导入、正式授课、作指导到课后作业一整套完备的课程体系。首先,教师为每个来此实践的班级学生进行农业知识授课,让学生了解到活动的内容与任务,接下来就是学生的动手实践,班级里的学生一起合作完成任务,最后是回到教室由教师对学生在劳动实践中的表现进行点评,讨论实践中的困难与问题,并布置家庭作业,让学生在家里继续扩展实践活动所学习到的科学知识,按照农作物生长规律进行课程的推进。通过研学旅行让学生在动手实践的过程中感受劳动的价值,体会大自然的美好,培养独立自主和与他人合作的品质。

图 7-9 LS 小学星空田园劳动实践活动

(2) XB 小学研学旅行课程体系

XB 小学秉承"生命自觉 幸福人生"的办学理念，对研学旅行的课程设计开展了一系列的探索，取得了良好的成果。首先，课程目标校本化，以育人价值为基础，明确研学旅行在学校课程的地位。其次，课程内容多样化，通过实践，探索了一套"学校—必修""家庭—自修""学生—选修"三维一体的研学旅行课程，并研发了课程手册。该手册基于 XB 小学"家"文化，延伸至"嘉州"文化，旨在实现"读家乡、享嘉美、品人文、铸家魂"的目标。全册共 24 个篇章，分为三个年段，低段、中段与高段，依据学生的年龄心理特点，合理划分研学任务。从自然风光到人文历史，细致详细地为学生研学作出指导。每一主题下简明地列出该研学地点、推荐时间，介绍与活动有关的知识，并提供与此相关的其他活动供孩子在研学旅行后去完成，此外还有简单的展示栏，让孩子可以将此次研学的一些成果或者心得体会进行展示，每一主题都是有详细的课程规划，并且图片丰富，可观性较强，为亲子研学提供了良好的参照范本，有利于家长利用休息日带孩子了解家乡文化、丰富亲子生活、增强孩子的归属感与认同感、扩展孩子的视野。再次，课程实施精细化，建立有效组织架构，确保每次出行都有校级领导带队。最后，课程评价综合化。在评价内容方面包括完成作业、展示成果、分享体会、认定成绩等。评价对象上从评价主体来看，有学校、教师、同伴、家长、校外机构等。

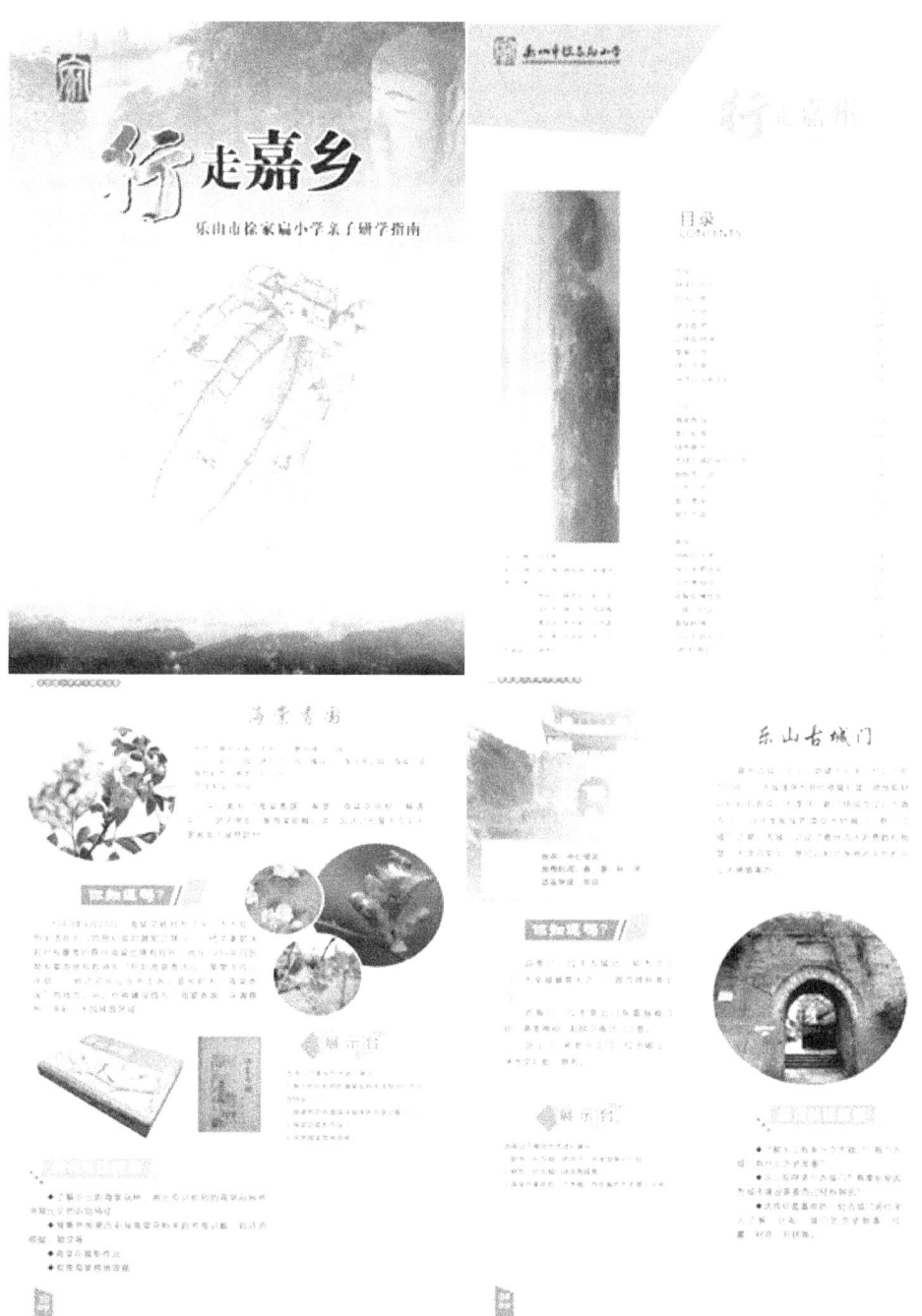

图 7-10 XB 小学 "行走嘉乡" 亲子研学指南

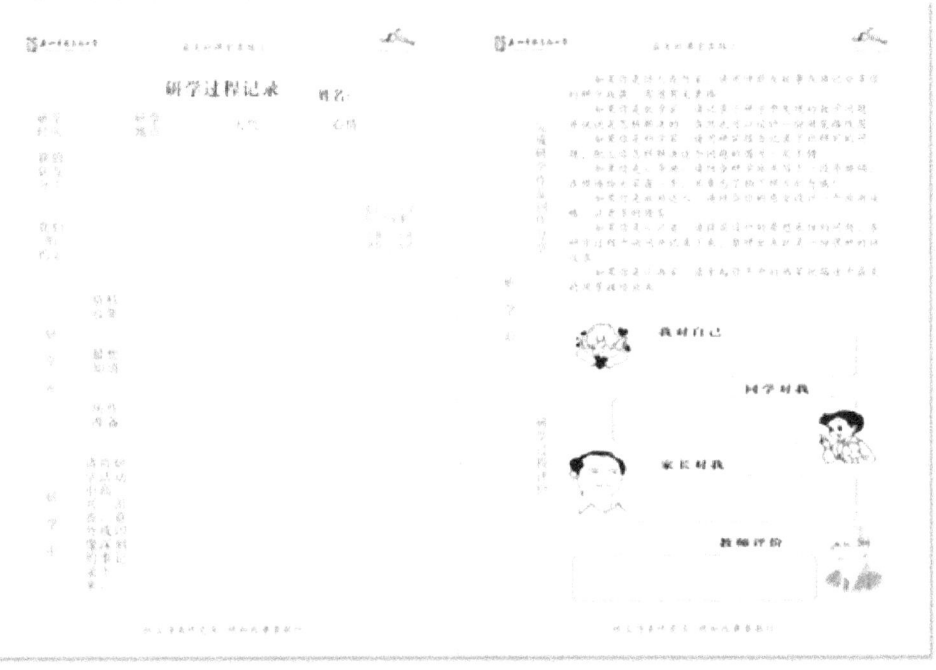

图 7-11 XB 小学研学旅行手册

3. LS 与 XB 小学研学旅行人员资源丰富

(1) 充分运用家长资源

无论是 LS 小学还是 XB 小学,在运用家长资源助力研学旅行方面都有着成熟的经验与共识,正如上文提到的 LS 在研学旅行模式上有一种称为"引进来"模式,让家长走进校园为学生进行知识技能的科普,调动家长的积极性,除此之外,在"星空田园"实践活动中,学校也会积极邀请家长与学生一起参与,融入亲子活动部分,让家长与学生一起体会动手劳作,做午餐、拔草、松土的乐趣,既有利于发挥家校合作共同培育孩子的双向作用,又有利于发挥家庭监督的效果。而 XB 小学在运用家长资源方面的能力也毫不逊色,不仅提出"家庭自修"研学旅行模式,更为家庭亲子研学活动设计活动指南。发挥家长资源的优势为研学旅行活动增加动力,促进学校与家庭在教育上的衔接。

(2) 多途径调动学生积极性

学生是研学旅行活动主体,学生的积极参与是实现活动目标的前提,因此调动积极性就格外地重要。LS 小学重在让学生亲身体验、动手劳作、收获成果,尤其重视孩子们成果的分享，让孩子们收获满满的成就感。比如在今年秋季开学典礼上，向孩子们发放春天播种下的水稻所收获的新米，每一名孩子都能收到一袋来自其他高年级学生辛苦耕作的成果，一方面激发低年级孩子的热情，为接下来开展活动做准备；另一方面增强高年级孩子的成就感，鼓励他们继续努力。因此，这是一种有利于全校学生共同进步与成长的途径。XB 小学则致力于调动孩子们积极学习的热情，在活动前发放研学手册，在研学手册的指导下，多种方式搜索相关材料，进行研究，旨在实现探究式学习的目标。

（3）发挥教师专业特长

教师作为研学旅行活动不可或缺的主体之一，在研学旅行活动中，角色定位是目前困扰众多人的难题之一，LS 小学的一名专职科学教师长期在学校劳动实践基地为学生提供活动的培训服务，发挥教师特长。而 XB 小学的亲子研学指南全部是由学校教师完成的，笔者了解到，首先 XB 小学的教师构成方面以年轻教师居多，教师们自发对本市的诸多地点进行实地考察，挖掘其中的教育价值；其次，教书育人是教师的本职也是教师的专长，教师开发课程不仅可以保证课程的质量，而且有助于保证课程的适切性，教师是一直与学生密切接触的人，了解学生的成长变化，因此由教师来设计研学旅行课程更科学。

4. LS 与 XB 小学研学旅行信息资源广泛

研学旅行活动前期与后期都要进行必要的宣传活动。关于研学旅行前的宣传，一方面，可以突出活动的重要性，引起活动主体的重视；另一方面，有助于活动的充分准备，保证活动的顺利开展。关于研学旅行后期的宣传，一方面可以推广研学旅行的活动效果，另一方面增加各主体的关注度与活动的影响力。LS 小学的信息传播渠道比较丰富，在活动前期通过班主任提前一个月左右告知家长，让家长与学生都可以做充足的准备工作，在活动结束后通过官网及公众号发表与活动相关的纪实，展示活动成效，推广活动经验，XB 小学也是采取此种方式。此外，LS 附小还会在名为"L 教育"的期刊上发表教师、学生、家长的一些关于研学活动的文章或感想，一方面，这种形式有利于锻炼教师的科研能力，有利于学生与家长对活动进行全面评价，发挥多元评价的效果；另一方面，以学校为单位在期刊上进行宣传，也有助于宣传学校的活动成果，发挥示范引领作用。

第四章 L 市 S 区小学研学旅行资源管理存在的问题与原因分析

在分析 L 市 S 区小学研学旅行资源管理现状的基础上,本部分将对其中存在的问题进行整理归类,并在此基础上探讨引起问题的深层次原因,从而优化小学研学旅行资源管理,为研学旅行进一步发展提供保障。

一、L 市 S 区小学研学旅行资源管理中的问题

根据问卷和访谈调查,L 市 S 区小学研学旅行资源管理中主要存在以下五个方面的问题:时间资源管理意识不强,影响研学旅行行程的科学性;经费资源管理能力欠缺,制约研学旅行整体规划;人员资源配置效率低,导致研学旅行管理人员不足;课程资源管理错位,影响研学旅行课程化水平;信息资源共享渠道缺失,阻碍研学旅行各主体间的交流与合作。

(一) 时间资源管理意识不强,影响研学旅行行程的科学性

L 市研学旅行活动大体上可以分为本省研学旅行和省外研学旅行,省外研学旅行又包含国内和国外的研学旅行,学校统一组织的研学旅行活动通常是省内一天游,名义上全校师生都参加,人数多、费用少、时间短;省外的研学旅行通常不是全校学生都参与的,而是部分学生自愿参加,人数少、费用高、时间长。通过前期的问卷和访谈调查结果可以看出,省内一日游的研学旅行时间较短,无论是前期的活动策划时间还是实施与后期评价时间都存在一定的不足。

1. 研学旅行各阶段时间资源不足

关于活动前期时间资源是否充足的问题，大部分教师都表示存在时间资源不足的现象，往往从计划到活动开展当天的时间跨度为一周，最多不会超过两周的时间。研学旅行主要负责人与管理者的普遍看法是一天行程的活动规划比较简单，通常准备三个方面：第一，选择本次活动的地点与内容，具体而言就是根据时代背景与学校的特色确定活动的主题，然后根据活动主题确定活动目标与活动路线，最后项目负责人带领一些教师提前踩点，优化确定活动场所；第二，对教师和学生按照年级班级进行分组，细分到车辆座位的安排；第三，告知家长，购买保险和做好安全预案。这些工作完成之后基本上就可以开展活动了。而访谈教师的时候，教师普遍认为，活动的时间短，因此整体策划上面就不够细致，仅仅是把研学旅行活动当作一项外出游玩活动，那么活动策划就不难，但是研学旅行是具有育人价值的教育活动，里面有很多需要思考与规划的地方，就像设计校本课程一样，不可能几天几个人就能很快完成的。访谈学生的时候，笔者了解到，很多学生对研学旅行的目的地与本次活动的目标等都不清楚，甚至还有学生困惑什么是活动目标？在他们看来只要可以出去玩就好了，对于研学旅行活动的理解也仅仅是游玩。

正因为研学旅行活动的前期筹备时间资源不足，活动策划者难以对研学旅行教育价值进行深入挖掘，间接导致活动中只游不学的问题，以及研学旅行就是春秋游等新瓶装旧酒的现象，多数研学旅行活动仅停留在表面。

2. 研学旅行时间资源存在浪费现象

通过对L市S区研学旅行开展的调查，可以了解到本区内小学并没有普遍开展研学旅行活动，开展了的学校基本上也就是一天的活动时间，如果活动地点在本市范围内，来回的车程时间一般在两个小时以内，但如果要去邻市或者更远的地方，路程就会耗费太多的时间，导致本就一天的活动时间更加紧张，来回的路程也让教师和学生感到身体疲惫，进而影响活动的效果。

在学生的问卷调查中，就有很多学生反映参加活动本来是很开心的，但是活动坐车时间太久，没玩一会就要去下一个地点，一直坐在车上也很不舒服，很影响活动体验。相反有些学生表示虽然活动地去过很多次了，但是之前没有过这么大规模的集体出行，和同学们一起的体验很开心，并且活动地在学校附近，不用坐车很舒服，有很多的时间可以在活动中。可见，活动的路程耗时过多，不仅会影响学生参与活动的热情，同时也会一定程度上压缩活动中的时间进而影响学生对活动的整体满意度。研学旅行活动中的时间资源不够充足，难以发挥研学旅行的价值。

3. 研学旅行时间资源分配科学性有所欠缺

笔者在调研中了解到，研学旅行时间分配不够科学体现在两个方面，一是各个阶段时间资源的不合理。往往体现在缺乏总结评价时间很少。有学校重视研学旅行后期的总结工作，往往是把它当作一项任务走个形式，让每个班级提交五份左右的研学旅行作品，可以是与语文、数学或者科学相关的主题内容，然后学校对这些作品进行展示或者评选。然而，这只是一种研学旅行的成果展示，并不能将其等同于研学旅行评价，学校并不会特意开展正式的全体性质的评价活动，一起讨论本次活动的成效如何、活动中的不足以及可保留的活动经验等。当然有些学校还是会进行活动的后期总结，XB小学每次活动后都会对本次活动进行研讨，一方面，将效果较好的活动保留，列入学校研学旅行活动方案里，下次可以继续使用，如果效果不好，就去分析原因。另一方面，经常向家长和学生发放简易的调查问卷，了解满意度与需求。二是阶段内的时间资源分配问题。主要表现在活动实施过程中，不同活动项目之间时间缺乏合理的规划，造成部分活动难以按照预定的行程完成。

总之，从第一点可以看出，活动的后期总结环节越充分，越有利于下次活动的开展，但是对学生评价的环节缺失似乎是每所学校都普遍存在的一个问题。学生数量多、评价指标的缺少都是难以对学生活动表现客观评价的原因。研学旅行后期评价时间资源的缺失，不仅无法得知活动的真实效果，难以推动本校活动的发展，同时，也难以充分展示活动对学生的影响力。从第二点可以看出，活动资源的合理分配是保障活动实施有效性的前提。

（二）经费资源管理能力欠缺，制约研学旅行整体规划

研学旅行活动经费资源管理作为研学旅行资源管理的重要一环，采取合理手段对研学旅行经费进行恰当管理从而达到经费使用效率最大化，增加活动在有限的经费资源里有更多的选择性，但在管理过程中，存在着经费资源管理意识的淡薄、经费资源管理程序的缺失、经费资源使用效率低下等问题，降低经费的利用

率，使得经费成为制约活动开展的主要因素。

1. 研学旅行经费来源渠道单一

目前，研学旅行活动经费主要是由家庭承担。因此许多活动不能开展、不敢开展，只能在有限的活动经费里去安排相应的活动。经费不足，许多活动开展不了，只能退而求其次，降低活动要求。研学旅行对于学生更多的是潜在的影响，学校也不会夸大宣传强调一次活动能给学生带来多大的变化，而宣传不到位、思想观念传递不准确就会造成家长有较少意愿支持学生参加研学旅行活动，实施起来就更加困难。

现实情况下，研学的外部经费支持系统还没有形成，学校不懂得如何去挖掘社会资源，企业也不会主动找上门来投资学校，学校和企业间是处于一种脱节现象，缺乏资源的整合，使得经费资源得不到有效的保障。

2. 研学旅行费用明细不清晰

笔者在访谈中了解到，当前多数学校开展研学旅行活动并没有将活动经费列入学校代收费中，往往是采取家长直接将研学旅行费用交由第三方机构的形式，经费的收取与开销学校不参与，学校往往是组织第三方机构与家长代表共同商讨研学经费数量，确定一个三方都能接受的费用，然后交由第三方机构。第三方机构以营利为主，定价往往是总体定价，没有具体的活动费用明细，家长便会对研学旅行的收费方面存在不满的情绪，家长问卷中关于经费问题的均值普遍不高，与学校的经费管理问题有一定的关联性。

学校在研学经费资源管理上的主体性缺失，造成费用支出含糊不清，研学经费资源的有效管理难以实现，因此学校应把握经费资源管理权限，无论是否列入代收费用，都应该与第三方机构对经费收取与使用进行细分，参与经费使用的每个环节，了解经费资源使用情况，从而让家长了解研学费用的具体细节，增加家长对学校的信任与参与研学活动的热情，同时也能起到对第三方机构的监督管理作用，规范第三方机构的收费标准。

3. 研学旅行经费政策解读不够

研学旅行政策明确规定研学旅行的性质是公益性，包含了一系列优惠政策，概括起来主要有两点内容：一是对贫困生减免费用；二是各部门配合好减免一定的交通、门票费用。针对第一点，对贫困学生适当减免费用，能够保障每个学生都可以公平地参与到研学活动中。现实中，部分由于家庭贫困无法参与研学活动的学生也没有得到费用的减免，因为学校组织研学旅行活动以委托的第三方为主，而第三方的营利性质不会给予贫困生免费用的待遇。关于第二点，当地的门票优惠多是针对成熟的研学旅行基地，这些研学基地每年都会针对学校推出各种优惠政策乃至免费的优惠信息，然而笔者发现多数学校并没有充分运用这些政策，主要是由于研学旅行多是针对没有去过的地方，对于本地的研学基地整体利用率较低。

总体上看，目前多数学校在利用研学旅行优惠政策上还存在着不足，使研学旅行缺乏足够的经费保障。我们认为，只有充分利用优惠政策，降低研学旅行费用所带来的活动开展压力，才能使得研学旅行的发展得到充足的动力。

（三）人员资源配置效率低，导致研学旅行管理人员不足

研学旅行人员资源管理是指研学旅行人员构成各要素的管理。一项活动若要有序开展，活动成员至少要包含活动发起者、组织者、参与者、管理者、合作者等角色，而研学旅行作为一次性活动，每次活动的人员配置往往是不同的，因此对人员的管理就格外重要，否则将影响整个活动的推进。

1. 缺乏稳定的研学旅行组织和人员

学校在开展研学旅行时很容易陷入传统郊游的怪圈，研学的特点不明显。学校管理者对研学旅行的参与度存在着"表层化"现象，往往只要求德育处负责，但是通常是德育处主任一人负责全部工作，分身乏术的德育主任只能采取简化活动内容的方式快速完成活动组织任务，学校教师在活动中仅处于看管学生的角色，而旅行社并不会与学校深入合作，参与内部的活动策划。

综上，学校没有一个稳定的研学旅行组织来部署每次研学旅行，缺乏必要的成员参与。学校不同主体也缺乏一致的态度，比如教师认为其职责范围是学科教学，而研学旅行并不是其工作内容与考虑事项。因此，学校的研学旅行需要形成一个稳定的组织，每次活动得到各成员的支持与参与，这样才能整合学校的人员资源，促进活动的顺利实施。

2. 研学旅行管理人员配置效率低

在目前研学旅行活动管理中，无论学校采用什么类型的组织结构，往往研学旅行都是由一个负责人具体负责，所有的重担也几乎落在他的身上，人员配置效

率低下。其次，由于研学旅行活动设计仅由德育处主任决定，学校多次进行研学旅行活动的思路也将受到限制，终将影响活动的整体质量。对研学旅行活动而言，德育处与教导处就是项目团队的主体，按照年级划分，每个年级有两位行政，下面是年级主任，然后是各班的班主任与教师；按照层次递进，教师与班主任的问题首先反映给年级主任，其不能解决再反映到上一级，但在实际操作中，由于多数事最后都需负责人决定，教师与班主任很多时候，往往会跳过年级主任而直接向行政领导请示，造成人员资源的浪费。

最后，学校与其他研学旅行相关方的脱节也是造成活动沟通不畅、后期出现各种问题的主要原因之一，如第三方的人员变动影响活动的开展。如果学校能及时了解合作机构人员变动信息，那么发生任何问题也可以及时调整，而不至于处于被动局面。因此，这从资源角度上来说，也是一种资源的浪费。

3. 研学旅行人员参与积极性不高

首先，教师作为研学活动的重要主体，他们的密切交流与合作，能最大限度发挥研学旅行的教育价值，提高活动效率。然而，教师的压力大负担重，造成他们参与的意愿并不强。多数学校研学旅行活动内容选择与调整等安排是由德育处主任来完成的。德育处主任要管的事情繁杂，在突出研学旅行教育价值上，还远远不够。但也有少部分学校在人员沟通这一方面做得就比较好，各个学科，语文、数学、科学、道德、体育、音乐等教师发挥集体的力量设计了校本研学旅行活动方案供家长选择，教师逐一踩点周边景点，挖掘可用的教育资源，思考活动路径，为家长在休闲时间带孩子进行亲子活动提供有益的参考，还按照孩子的年龄对研学活动进行不同年龄不同阶段的划分，既遵循了教育规律也满足了孩子身心发展规律，这些是没有一线教学经验、不了解孩子的门外汉设计不出来的，后来笔者还了解到学校因为这本课程方案、参与课题还获得了奖。

其次，各部门间缺乏有效的沟通，比如德育处与教导部门，原本两部门在教育职能应该是具有互补性的，但实际上研学活动是德育处全权操办，其他部门参加的程度低，因一个人的智慧终究还是有限的，从而造成研学活动的教育价值发挥受限。

（四）课程资源管理错位，影响研学旅行课程化水平

研学旅行的课程是研学旅行活动实施的主要依据，活动的开展过程就是将课程由虚拟转变为现实的过程，关系到研学旅行育人目标能否达到。研学旅行课程资源管理上的不足主要体现在以下三个方面：一是研学旅行课程化尚未落实；二是课程要素欠缺；三是教师与学生在课程中的角色定位问题。

1. 研学旅行课程化尚未落实

在调研中，笔者了解到，学校对研学旅行活动各种主题都进行了探索尝试，效果都不错，但唯独像博物馆之类的红色主题爱国教育类的研学旅行效果欠佳。多数管理者表示：活动过程中，讲解员的讲解不够专业、趣味性不足造成此类研学旅行效果不佳。然而多数教师认为没有一个系统的课程体系是难以发挥此类主题教育价值的主要原因。当前学校多数委托旅行社办理研学旅行，而专门的研学旅行导师也并不充足，多数还是由导游来充当，研学旅行课程也仅仅是披着"课程的外衣"，缺乏对课程的挖掘，以及课程所必须具备的规范性。与学校的关联性不足，往往内容就是介绍"玩"，课程"有名无实"。如果仅仅将研学旅行作为集体出游，没有精心设计课程，那么课程资源就没有得到充分的挖掘，造成资源浪费。因此，研学旅行的课程化不足，从而造成研学旅行课程资源的浪费，课程价值没有得到有效发挥。

2. 课程要素欠缺使得研学育人效果难评价

课程要素欠缺问题普遍存在于 L 市小学开展研学旅行活动中，行前缺乏明确的课程目标，活动结束后缺少对课程的客观评价等问题，多数学校的研学旅行尚未将研学旅行课程化，将研学活动按照春秋游等游玩活动加以实施，不少受访者直言，第一，时间不充足，活动准备起来无法考虑这些细节；第二，缺乏专业性，不懂得如何将研学旅行课程化；第三，重视度不够，对研学旅行活动的认识还是没有摆脱传统应试教育的枷锁，虽然活动本身对孩子有意义，开阔眼界，但研学旅行的教育意义并未得到认可，因此，在活动课程的设计上仅聚焦于开阔孩子的视野，其他要素有所缺失。

加德纳提出了多元智能理论并从新的维度来审视个体发展，他认为我们每个人都拥有八种主要智能。他的理论丰富了研学旅行活动评价的内涵，这种评估的方法对于研学旅行有很大的借鉴意义。① 然而在活动的实际开展中，缺乏对学生成长的评价，往往是活动结束后的个别学生进行成果展示就算完成了评价工作。

3. 教师与学生在课程开发中的角色定位难

研学旅行包含了多学科知识，需要多种专业学科老师共同参与挖掘活动的教育价值。然而，通过调研可以了解到，参加研学旅行课程开发的教师比较少，大部分教师都没有参加过，学校也并不要求教师要参与研学旅行的课程开发，教师并没有受到过相关的课程培训。在实际中，教师在研学旅行中多数还是一种代班看顾学生的作用。可见，学校教师在研学旅行课程开发中的参与度是不足的。

在学生问卷调查与访谈中，当问到研学旅行活动前学校是否会征询学生的意见时，几乎所有学生都表示没有，学校在明确研学旅行课程主题、内容之前并不会先了解学生们的看法，往往是行政部门确定后直接通过班主任告知学生与家长。当然，学校的考虑有一定的道理，学生年龄小，有些事的确会考虑得有所欠缺，但这也不是不考虑学生意愿的理由，学校完全可以拿出几套类似方案，供学生选择，或者选择几名学生代表，让学生参与到研学旅行的活动规划中去，不仅更有助于调动学生的积极性，而且也能发挥多主体的客观性，只靠学校的德育处与管理层以及旅行社的一些成年人来确定活动内容，无法真正了解学生的需要与想法。

（五）信息资源共享渠道缺失，阻碍研学旅行的交流与合作

结合问卷与访谈，关于小学研学旅行信息资源管理上的问题，主要从以下三个方面进行分析：一是对研学旅行前信息资源宣传得不够；二是研学旅行信息资源的公开度受到限制；三是对研学旅行信息资源了解得不够深入。

1. 研学旅行前信息资源宣传工作不深入

教师普遍认为在信息资源管理方面存在有以下一些问题：一是活动缺乏必要的宣传工作；二是出发前的知识储备欠缺，未曾预留足够的学习时间；三是对家长主体的告知内容不够充分，造成家长对活动的误解。笔者也发现其实很多家长可能并不知道研学旅行的真正内涵，不了解集体性的教育活动与亲子游的本质不

---

① （美）霍华德·加德纳（Howard Gardner）著：《多元智能新视野纪念版》，杭州：浙江人民出版社2017年版。

同，这也可以反映出学校在开展研学旅行前并没有做充足的活动宣传工作，没有突出活动的特殊性与价值。学生如果在活动前没有带着目的去研学旅行，不了解本次活动的价值，那么在家长眼里与他们带孩子出去游玩没有区别也就不奇怪了。相反，有些学校通过借助微信公众号、家长群做了充分的宣传准备工作，让家长更深刻地领会活动的价值，提高了家长的支持度。

由此可见，学校的宣传不仅可以让家长更加了解活动，更能反映出学校的重视程度，增加活动的影响力，更重要的是，发挥了信息资源的价值，防止信息不对称所引发的一系列问题。

2. 研学旅行信息资源公开度受限

L 市关于研学旅行的规划，前期的重点是基地的建设工作，即试点探索，完善基地与课程，后期的重点则是规范管理。但就当前而言，多数学校在选择基地的时候存在着盲目性，学校难以直接与基地联系，缺乏有效途径，反映出教育开放性不足，缺乏交流共享的信息平台，学校难以有针对性有方向的选择需求信息。多数情况下，学校只能机械的沿用传统模式，依赖旅行社，在活动的选择上比较被动；而基地也存在着优质的资源被闲置、被浪费的局面，正是由于信息资源的公开性不足，难以实时共享，造成研学旅行资源浪费。

综上，当前研学旅行的信息公开还是有限制的，学校作为需求方往往并不了解研学旅行的发展现状，尤其是本地的发展情况，只能通过与其他学校之间的比较交流才能有一个横向的参照，但是关于一些可用的宝贵资源就浪费了，往往了解这些信息的是旅行社，所以学校在开展研学旅行的时候更愿意去委托旅行社代为办理，与基地难以直接对接。

3. 对研学旅行信息资源了解不充分、不及时

在调研中，笔者发现对研学旅行信息资源的获取存在两方面的问题：一是了解得不充分；二是了解得不及时。一方面，实际知晓本地区研学旅行政策的教师并不多，教师并不会主动去关注这些信息，教师作为研学旅行重要主体对研学旅行信息的了解仅仅停留在其概念上，笔者在问到研学旅行的一些具体内容时，能说出来的教师也不是很多，知道内容的往往是直接负责研学旅行活动的策划人。从教师到学生再到家长，对研学旅行了解得都不足，有些甚至不明白其内涵，认为研学旅行就是春秋游，在访谈中包括笔者收集到的相关资料，有部分都是把研学旅行命名为春

秋游、游学活动等，这些都印证着学校在活动前的准备工作是不充分的。学生不了解研学旅行，把它当作玩的活动；教师不关注研学旅行，活动没有形成良性循环；家长不关心研学旅行，对活动的满意度不足。另一方面，对研学旅行信息资源了解得不及时，即对研学旅行信息传递存在着一定的滞后性，许多学生往往在活动结束后才获得一些讯息，而家长更是在活动之后才了解到活动的内容。

因此，只有加强活动主体对研学旅行信息资源的及时且全面的了解、对研学旅行内涵的深刻认识，才能在实际研学旅行活动的组织中，发挥多方主体的力量推动活动的进步。

二、L 市 S 区小学研学旅行资源管理存在问题的原因分析

小学研学旅行资源管理对于研学旅行活动的开展与发展有着重要的作用，但在实际情况中，由于学校开展研学旅行动力不足、科层制管理体制的弊端、各主体间的协调性不足等因素，导致学校研学旅行资源管理存在着不同的问题。

（一）学校缺乏管理研学旅行的内在动力

学校对研学旅行的态度是比较复杂的。一方面，学校清楚地认识到研学旅行对于学生成长的意义以及上级部门的强制要求；另一方面，学校也在一定程度上排斥着研学旅行，带学生外出活动是一项风险极高的事情，虽然学校研学旅行都比较安全，几乎没有安全事故，这也是因为在事前进行了大量的准备。对于活动组织者与负责人的学校而言，如果要达到高标准的资源管理，是一件十分耗费精力的事情，而学校没有与之相应的动力。

第一，学校在研学旅行管理中的困难难以得到有效的解决。有些学校是十分乐意开展研学旅行活动的，并在每年适宜的时间主动商讨活动方案，但是，学校在活动管理中所面临的困境缺乏有效的解决渠道、信息获取不及时、信息资源难管理，会对活动的整体规划都产生重要的影响。而这也是当地的研学没有形成规模效应、资源信息掌握在不同机构的主要原因，因此急需建设一个资源共享的

系统。

第二，学校在活动的组织管理得不到必要的支持与鼓励。一方面，学校开展研学旅行的出发点是为了学生的综合发展，然而，学校在活动前需要向教育部门申请获得审批，而相关部门看重的主要是安全预案方面的内容，要求学校保障学生的安全，虽然对这一点的突出本身无可厚非，但却让学校在管理中束手束脚，瞻前顾后；另一方面，研学旅行活动涉及多方主体，然而在实际开展中，学校往往难以获得外界的支持与帮助，使得学校要应对各种难题，从而影响学校开展研学活动的信心。

(二) 学校科层制管理导致研学旅行协调配合难

科层制是一种基于法理的、以实现高效率和合理化为目标的、理想化的组织管理模式。[①] 当前学校管理具有科层制的很多特征。一方面，科层制可以提高效率，另一方面，不利于学校变革。在多数学校，教学工作和德育工作逐渐演化为"互不打扰"的两类工作，一方面，德育和学生管理仅是班主任的工作，不属于普通科任教师工作内容，因此，管理责任属于班主任；另一方面，教学副校长和教务主任管理学科教学工作，德育管理者通常不过问，两者之间存在着管理上的"壁垒"。

这种管理存在着消极的影响，研学旅行本身存在着双重性，对学校有着多重的好处，它是进行德育的重要途径，同时又属于课程范畴，是两者的结合体，但在学校的科层制管理中，却常处于"没人管"的尴尬局面。从理论上来说，研学旅行课程开发必须要多学科教师的参与，体现多学科理念融合的综合性。然而，实际的调查中，在科层制管理背景下难以整合多种教师的优势，教师各自为政、各行其是的现象比较普遍。研学旅行活动往往是由学校德育主任负责提交方案，其他教师几乎不参与方案设计，最终决定权是校长。在这种情况下教师难以畅所欲言，也难以直接与校长等管理者沟通交流，因此对研学旅行等创新活动不会过于关注。

(三) 研学旅行代收费问题难解决

2020年教育部印发《意见》，提到研学旅行的收费问题："完善学校服务性

---

① 张新平：《对学校科层制的批判与反思》，《教育探索》，2003年第8期，第29—31页。

收费和代收费等政策。学校组织开展研学旅行等活动,对应由学生或学生家长承担的部分,可根据自愿和非营利原则收取服务性费用。相关服务由学校之外的机构或个人提供的,学校可代收代付相关费用。"[①] 然而,长期以来对教育乱收费现象的整治,使得许多家长已经习惯义务教育,任何学校收费项目都会引起家长的质疑,甚至投诉,从而给学校带来麻烦。而学校在研学旅行经费资源管理时所面临的现实难题是:政策文件都表明研学旅行是公益性的,但要探索多元经费筹措渠道,没说不能收费,但收费又怕家长投诉,所以学校可以用于学生活动的经费资源十分有限,一般都没有研学这类活动的专项经费,因此要想学校依靠自身力量保障研学旅行经费资源的充足几乎不可能,这就造成学校在对研学旅行进行统筹规划的时候要把费用这一问题放在主要位置考虑,有些很好的活动由于费用的问题,考虑到家长可能接受不了,就只能放弃,退而求其次选择"性价比"较高的活动。

代收费问题难解决的背景下,学校在研学旅行管理上存在着诸多的限制,难以放开手脚,虽说校本管理在我国运行也总结出了一些经验、一些成果,但是在具体的活动收费上还存在难以有效解决的方式与路径。因此,在这种情形下,学校依赖旅行社开展研学旅行活动也是无可奈何的举措,这也体现出学校在研学旅行经费资源管理中的困难之处。

(四)压力大、负担重,教师缺乏管理研学的积极性

教师,对于研学旅行的重要作用无需赘言,然而现实中却存在着需要教师参与和教师参与积极性不高之间的矛盾。第一,中小学教师负担重是不争的事实,关于教师工作负担重的报道也屡见不鲜。国家十分重视,于2019年出台了政策文件应对这一问题。教师工作负担重,对学校和教师自身都有着严重的影响。精力有限的教师很难真正参与此类活动的管理,造成研学旅行课程的主体缺位。第二,学校教师缺乏开发研学旅行课程的能力。教师是开发者,然而现实情况下,教师习惯于开发与本学科相关的校本课程,对于校外学习内容的设计缺乏必要的经验。第三,教师缺乏参与研学旅行资源管理的动力。研学旅行资源管理内涵丰

---

① 范先佐:《教育乱收费的类型及其治理——以基础教育为中心》,《华中师范大学学报(人文社会科学版)》,2007年第2期,第115—119页。

富，不仅要求教师要有开发户外教育课程的能力，更要具备户外教育管理的能力，这些对于教师都是一种考验，然而教师参与这其中，耗费了的心血与精力，几乎得不到与付出相对等的回报，许多学校没有条件也没有意识对教师进行物质奖励，甚至连精神激励都较少使用，教师的劳动得不到认可与支持，因而缺乏行动的动力。

综上可知，教师参与研学旅行资源管理存在着诸多现实的困境，需要学校有清晰的认知，同时采取有效的措施加以解决；而教师自身，也应充分认识研学旅行的重要性：一方面研学旅行可以扩大自身的视野；另一方面，通过参与研学旅行资源管理提高自身专业发展的能力。

（五）家长对研学旅行的支持度不够

随着社会的发展进步，家庭的生活条件逐渐变好，家长对子女的要求已经不再是简简单单的长大成人，多数家长都希望自己的子女可以获得高质量的教育，成为有用人才。在日常生活中，很多家长开始重视培养孩子的综合能力，使得其在未来的社会竞争中获得核心竞争力。中国旅游研究院报告显示，在研学学生家长中，超过一半的家长支持并愿意在研学旅行方面开销，其中年收入超过二十万的家庭，十分支持孩子参与研学旅行，即使是收入较少的家庭，也乐意为了促进孩子的发展投入时间与金钱。可见，当家长意识到一项活动对学生有好处时，家长也会十分乐于投资支持该活动，作为研学旅行的重要参与主体，对研学旅行的经费资源有着重要的影响。但在现实中，家长对研学旅行的资源供给存在不稳定性，由于升学压力与竞争，家长的思想也被迫发生了扭转，尤其随着升学压力的加大，许多家长唯恐自己的孩子无法顺利升级，往往压缩甚至剥夺孩子的休闲时间，若把"研学旅行"等同于"玩"，对研学旅行类似活动难以抱有热情与期待。

上文已论述过，学校自身缺乏满足研学旅行经费资源的能力，因此，经费支持主要是来源于家长。家长对研学旅行支持不够，直接影响到研学旅行活动是否能够开展，家长不支持，就难以获得研学旅行必要的经费支持；同时，学校在组织活动时，由于家长的态度也会束手束脚，考虑到家长本身情绪不高，在活动设计上以维稳不出错为首要考虑因素，造成活动创新性不足，直接影响活动效果。

（六）地方发展对研学旅行的制约

教育与政治、经济、文化等的发展密切相关，地方经济水平影响着教育的投入，进而对学校开展研学旅行活动也带来了不可避免的影响。笔者在调研时，有一位校长的话令我印象深刻，K对于我调研本地的研学旅行感到不解，曾说道："如果要研究研学旅行，调查C市的小学比较合适，C市许多小学的研学旅行都办得很好，他们形成了具有学校特色的校本研学旅行课程，已经有比较成熟的活动体系，我们与之相比还有着不小的差距。没有经费也没有专业人员的支持，上面（指上级主管部门）没有要求我们办，我们当然是多一事不如少一事。"可见，地区间经济发展水平在一定程度上影响着研学旅行的开展。

有些较为发达的城市或者被列为试点的城市在研学旅行上面的投入的确要高于一般的地级市，L市没有多余的经费能够下拨给学校用于开展研学旅行活动，学校自身经费也并非十分充裕。因此，这一限制对于研学的发展影响较大。但是，即使L市的经济发展与东部沿海城市存在一定差距，与邻市的省会城市也存在不小的距离，对研学旅行需要的资金支持不大，但是作为教育性的活动，并非资金条件高于一切。L市作为旅游文明城市，拥有着得天独厚的旅游资源，丰富的自然资源是其他城市难以与之媲美的，充分利用研学旅行自然资源，加强对研学旅行自然资源的管理与运用，依然可以实施有地方特色的研学旅行活动。

第五章　完善L市S区小学研学旅行资源管理的对策

小学研学旅行是对学生发展起重要作用的教育性活动，在学校教育中扮演着独特的角色，小学研学旅行资源管理研究，是从资源角度对研学旅行的管理进行剖析，只有不断优化小学研学旅行资源管理，才能促进研学旅行在小学的真正落地。本部分将依据项目管理理论与校本管理理论，对小学研学旅行资源管理提出相应的完善对策。

一、统筹规划研学旅行行程，保障时间资源充裕

研学旅行的时间因素影响到活动的进度，时间长或者短都不合适，重要的是活动的前中后期是否时间充足，以及活动时间是否有效，保障活动时间的充足有效就是保障活动的质量，根据项目管理理论，可以运用多种项目进度管理工具对活动的时间进行控制，虽然研学旅行活动并非普通的项目要严格把控工期，但需要对活动的时间进行控制的本质是一致的，运用项目管理理论的思想，对研学旅行活动的设计具备时间意识格外重要。

（一）重视活动的三阶段，保障各环节时间资源充分

研学旅行三阶段包括研学旅行的前期、中期与后期，各阶段的目标与任务不同，但重要性却是一样的。然而实践中，学校往往只关注活动前期与中期的安排，有的学校甚至只在意活动中的具体过程，对于活动后期普遍是一种忽略的态度，但活动结束后的评价总结工作直接关系到对本次活动的整体效果的把握，以及影响接下来的活动规划。

研学旅行前期通常是活动的计划准备阶段，对活动各方面进行统筹规划。这一阶段解决的任务是确定本次活动目标、设计活动内容、确定出行人员，安排交通出行、安全保障，宣传活动、行前培训等，前期的规划环节尤其重要，关乎活动是否能够顺利开展。因此，研学旅行首先要进行充分的宣传和必要的培训，并对活动内容设计进行合理的设计等。

研学旅行中期即活动的实施阶段。笔者在调研中了解到本地小学在规划研学旅行时，出于安全考虑以及本地的基地容纳性等因素，就会把时间限制在一天以内，如果这一天，各种活动内容安排恰当，依然可以很好地实现研学旅行的教育价值。然而，笔者通过访谈了解到：学校对于单项活动时间在行前并没有进行预估规划，对于不同活动与不同地点的活动仅列明当天完成，或者在研学过程中主观决定每项活动时间，这就造成在活动过程中缺乏时间观念、有些学生活动中不重视参与。因此，依据项目管理理论，需要对单项活动的时间进行安排，对活动

持续时间进行估算，安排相关人员在行前踩点，预估每项活动地点的耗时，计算活动的最长耗时与最短耗时，保证每个活动都能够在规定时间内完成，只有在预计时间内顺利完成每项活动，才能在最大程度上保证研学旅行活动质量。

研学旅行后期即活动的总结评价时间。研学旅行活动的持续开展离不开科学合理的评价，评价主体与评价对象都需要多元化以保证评价的客观性，对活动本身的评价不容忽视，通过对活动开展的过程与效果进行评价，分析不足与经验，不断提到研学旅行的开展能力。除了评价之外，学校还应该用一定的时间来对研学旅行进行总结，学生的总结通常可以采取口头表述、呈现作品等形式，不应该局限于文字表达，应该给学生充分表述自己感受的时间与机会，通过分享心得，学生与其他人都能感受到活动的魅力与个人的成长，发挥评价的效果。

综上可知，保障活动三个阶段的时间资源充足，才能确保活动的完整性，从而最大化地实现研学旅行的价值。

（二）统筹规划研学旅行行程，避免时间资源浪费

依据项目管理理论可知，项目规划是对项目整体实施工作的预判和安排，其核心问题是考虑目标如何实现和其实现的具体过程。通过规划，项目领导者和团队可以对项目有一个总体的把握，方便对项目进行管理和控制，这对于项目的成功非常重要。统筹规划研学旅行行程重点在于对活动中的具体事项进行安排，理论结合实践，除运用系统知识思考外还需要调研判断，从而设计出科学合理的方案。

多地出台关于研学旅行的政策都表明小学研学旅行原则上不出市，L市自然资源丰富，是一座生态宜居的旅游城市，有充足的资源供小学生研学旅行，让学生在研学过程中感受家乡的文化与传统。然而，在调研中了解到，学校在开展研学旅行中多倾向于到邻近城市去，学校管理者表示周边景区学生们都去过，没有吸引力，这在一定程度上将研学旅行等同于旅行，实际上将景点配上完善的课程体系，比如自然与科学课程，让学生了解某一景点的植物生长与物种多样性，依然可以让学生在熟悉的景点上学习到很多新知识。这些都依赖于活动前的统筹规划，统筹规划不仅可以让活动更为丰富，更可以避免资源浪费。

立足于本地研学旅行资源开展研学活动，一方面是对周边资源的整合与运用，为校本研学旅行课程设计提供机会，另一方面也是对时间资源的节约。正如

笔者访谈一位校长时，他认为在本市举办研学旅行不仅费用低，操作起来也很容易，因为本地景区有些建设成为了研学基地，因此门票便宜，路程近，可以一学期多次开展，每个班级都可以根据课程需要单独实施。但是，如果是去其他城市开展活动，研学旅行路程上就需要花费一半的时间。笔者在录入问卷时，也收到不少学生的意见，其中大多是关于路程长、讲解无趣方面，有的来回坐车花费至少 5 小时，而研学旅行时间上都是一天，因此留给学生活动的时间很短，况且来回路程上消耗精力，到了活动地点也会影响活动效果。所以，学校要充分挖掘本地研学旅行资源，统筹规划、设计活动内容，减少时间资源浪费，将更多的时间用于活动本身，提高活动质量。

（三）善于运用项目管理工具，优化研学旅行时间资源分配

在时间资源不十分充足的条件下，科学安排研学旅行活动时间格外重要。活动时间的安排应该依据活动的内容量与活动的复杂程度，对于一个活动点具体的活动量与复杂程度是行前的方案设计决定的，拟订方案只能对活动耗时做一个简单预估，而要进行细化安排则需要依据实际情况而定，即行前的预演与踩点。笔者在调研中了解到，多数学校在活动开展前，出于安全考虑会组织学校管理人员提前去活动地点了解情况，但重点关注的只是活动场所是否存在安全隐患以及活动前需要做的具体情况告知，比如让班主任告知学生活动地点接近湖泊，不能离湖太近，管理人员需要注意学生的安全，防止发生溺水事件等。当然，活动的安全永远是第一位的，但除了安全，活动的教育价值也不能忽略，而对于活动中的时间如何安排、教育性如何体现，却并没有一个系统的规划。多数负责人表示，导游会安排行程，活动时间差不多了就会通知我们去下一个地点，虽然最终活动行程会顺利完成，但是学生行前并不了解活动详情，比如在该景点的时间范围是上午 10 点到 12 点，那么学生就会形成相应的时间观念，有利于在时间范围内完成相应的活动任务，反之活动效果却无法得到保障，有些学生的权益就无法得到保障。因此，行前系统规划活动不仅是重要的，也是必要的。

综上，依据项目管理理论，可以运用工作分解结构（Work Breakdown Structure，简称 WBS）对研学旅行具体任务进行分解，明确职责，不仅有利于提高活动规划的完成效率，而且也可以保障活动各项工作的充分落实。WBS 是一个系统结构，它使得原来看起来非常笼统和模糊的工作变得清晰，有效防止管

理混乱、工作模糊不清。运用 WBS 对任务进行分解，所分解的任务与职责贯穿于活动全过程，有助于充分利用人力资源，落实各方主体职责，从而保障活动时间效率[①]。WBS 通常运用于活动前期的工作分配正好解决了研学旅行前期工作缺乏分配或分配不均的难题，通过合理的工作分配不仅可以更好地发挥各管理人员的优势，也有助于提高效率，达到双赢的效果。

二、完善研学旅行经费管理机制，提高经费资源利用率

整体上看，通过对研学旅行经费管理机制的优化，能够提升经费资源的利用率。

具体而言，一是探索多元化的经费保障机制，解决经费来源单一问题，释放研学旅行各方主体活力，整合社会资源；二是充分运用研学旅行政策的优惠条件，从而缓解研学旅行资金压力；三是学校方面还应完善研学旅行费用管理，拟出具体费用清单，增加费用的透明度与公开度，提高家长对研学旅行费用的满意度，以此获得家长的认可与支持。

（一）增加经费筹措渠道，保障经费资源充分

经费资源明显受到地方经济发展水平和收费政策制约，根据笔者的实际调研，学校难以提供研学旅行所需的经费，当地政府也缺乏对研学旅行的专项经费支持。学校开展研学旅行的费用都是由家长承担，由于家长的承受力不同，有些贫困家庭无力承担研学旅行费用，这势必对活动的整体规划都会产生重要的影响。而笔者所调研的这些学校，缺乏多渠道筹措经费的意识与能力，关于研学旅行费用，更多的是通过简化活动的方式，把活动费用控制在每人 200 元以内，关于借助社会资源筹措资金，既没有思考过，也不知如何操作。

这种情况下，探索更加多元化经费分担和保障机制就显得十分必要。目前来看，有些地区与学校的经验值得借鉴，比如西南大学附属中学采取学校和社会募捐、学生公益筹款等形式筹措经费；合肥市根据教育收费政策，制定相关的收费

---

① 杨坤编著：《项目时间管理》，天津：南开大学出版社 2006 年版，第 2 页。

项目和标准，汲取经验加上广泛号召社会募捐两条路径同步进行，获得多元的研学旅行经费资源。笔者在调研中了解到许多学校并没有采取过社会募捐的形式，也没有关注过研学旅行基地优惠政策。未来，学校要多研究和利用国家关于研学旅行的优惠政策；并常与本地区研学基地取得联系，了解他们的工作计划和相关优惠活动情况，调整研学旅行方案，多利用研学基地优惠活动期间开展研学旅行；同时，借助各方力量筹措研学活动经费。

（二）提高费用透明度，获得家长对经费资源的支持

研学旅行经费管理不仅要思考如何增加经费来源，也要做好经费保障工作，维护家庭利益，获得家长支持，保障家庭经费供给。费用清单是指关于活动费用的明细，在问卷调查中关于家长是否了解研学旅行费用明细的情况，仅有一半的家长认为自己了解，结合访谈，笔者了解到，许多家长在活动前只知道活动去的地点，家长群里会发收款码，但对谁来收费、费用交到何处、费用具体构成这些问题不了解，因此有些家长就会产生不满情绪，对学校收费问题进行举报，家长举报的真正原因是对学校收费不了解，一是不了解为什么是这个数额，二是不了解交给谁，三是不了解学校的活动为什么要收费。关于这三个问题，实质上就是学校与家委会的宣传工作没有做到位，家长不了解研学旅行的政策规定，其次就是学校没有明确研学旅行费用的细则。为此，我们建议：

第一，鼓励家委会做好与家长的对接工作。家委会衔接学校与家庭，代表了家长的利益与诉求。学校在商讨研学旅行相关事宜时都会邀请家委会代表参与进来，表达他们的见解，在确定方案后，家委会应将相关信息及时告知家长。笔者在调研中了解到，有些学校的家委会在组织学生活动方面做得很好，不仅起到沟通与监督的作用，同时还会作为活动组织方，组织家庭研学旅行活动，由家委会与学生家庭根据需要自行开展。因此，在研学活动费用方面，家委会应将研学旅行与学校无任何利益关系的观点及时准确传达给学生家长，取得家长的信任与支持。

第二，学校与家委会共同出具研学旅行费用清单，告知家长活动费用明细。一般来说，研学旅行承办者的旅行社在活动前都会有详细的活动单，包括活动路线、景点门票费用、食宿费用信息等都有详细的记录，这是三方主体共同商讨的结果。因此，学校可以据此出具一份家长缴费清单，或者由学校家委会代表告知

班级家委会代表，在家长群里公示明细，让家长了解到研学旅行费用对应的活动包括哪些，列明具体的费用明细，提高费用的透明度，从而增加家长的信任感和满意度。

（三）深入解读运用研学旅行政策，避免经费资源浪费

研学旅行具有公益性这一点毋庸置疑，无论是国家还是地方出台的政策都明确了这一点，关于研学旅行文件中都指出中小学研学旅行经费筹措机制，然而实践中教育部门并没有研学旅行专项经费补贴，而学校经费也并不充足，因此也没有多余的经费可用于学生开展研学旅行活动，唯一可能的就是研学旅行地的优惠政策，但是在实际操作中却存在着认识上的偏差。笔者在调研中了解到多数学校并不了解研学旅行政策优惠的具体含义，也不懂得如何在实际中去运用这些条件。L市的研学旅行优惠政策更多体现在当地教育局牵头建设的规范性研学旅行基地方面，但是多数学校与研学旅行基地在联系上存在着脱钩的现象。

完善多元化的经费分担方式，搭建各主体间的沟通平台与渠道，在此基础上才能有效保障研学旅行优惠政策的充分运用。笔者在调研中了解到，本地区研学旅行的资源丰富，各种优惠政策也是一应俱全，但学校开展研学旅行多数是委托第三方办理，具体是否运用到研学旅行优惠政策也不得而知，因此活动费用往往全部由家长承担。未来，还需要政府部门加大对研学旅行经费政策的宣传，让学校在实际开展研学旅行活动中有更多落实的空间。

三、激发学校组织活力，优化研学旅行人员资源配置

小学研学旅行人力资源管理重点包括三方面内涵：一是保证有一个稳定高效的组织；二是激发组织活力，运用矩阵式组织结构克服传统科层制管理的弊端，增加组织灵活性；三是强化研学旅行队伍建设工作，主要是指健全教师激励机制，提高教师参与管理的意愿，改变教师不愿参加、不能参加的困境，其中激励机制不仅是精神激励，也要重视物质激励，多种激励手段相结合。

（一）加强研学旅行队伍建设，整合人员资源

加强研学旅行队伍建设是为了保障有一个稳定的研学旅行管理队伍，研学旅

行活动通常一学期一次，一学年2次，对于学校而言为此单独任命一位研学旅行教师负责，一是资源浪费，二是不切合实际，因此多数学校采取了"兼职"模式，将研学旅行组织策划的职责交由德育处、教科室、教务处等统一规划，但是在实际中却往往是一头独担的局面，独木难支的部门往往将活动设计做简单化处理，这样的问题是：一方面，学校的人员资源优势没有充分发挥，零散的、缺乏统一管理的研学旅行团队在目标上缺乏一致性，效率低、配合度不强则是常有的事情。

因此，有一个稳定的组织是活动规划与实施的前提，这需要学校根据活动涉及的部门统筹规划，明确活动具体模块，合理安排每个模块的具体人员。比如活动的安全问题由后勤保障部门负责，研学旅行课程设计由学校各科教师共同参与，研学旅行主题选择由德育处负责……依据项目管理理论，明确项目经理是项目开始的首要事件，学校可以根据自身特点明确每次活动的负责人即"项目经理"角色，在此基础上，根据每次的活动主旨，灵活的选择相关模块的人员，每次相应模块的人员可以不同，这样可以发挥多重优势，一方面，既可以有效地降低管理人员的压力，又可以盘活整个学校的人员资源；另一方面，也防止每次活动设计者相同而造成的刻板与固化，活动缺乏创新与发展。

（二）构建矩阵式组织结构，增加管理组织灵活性

矩阵式组织就是在同一组织结构中将按职能划分部门和按项目划分部门相结合而产生的一种组织形式。职能组织形式常见于自发性的学生活动[①]，职能组织形式是一种传统的划分方式，在这种结构中每一职能部门对应一种专业分工。各部门管理者跨部门协作与配合，但由于缺乏专门的管理负责人且活动成员来自各部门，因此存在交流困难的问题；项目组织形式常见于招标类活动。在该形式下，活动分工明确，每一个活动都有专门的管理负责人，活动成员从职能部门中分离出来，有利于沟通合作，但也存在着机构重复设置，资源利用率低等问题。任何一项活动都不是某一个部门能独立完成的，需要多方面的协调与合作，上述两种组织形式各有利弊，而矩阵式组织是上述两者优势的结合体并在一定的程度

---

① 李炎清：《基于项目管理的大学生活动管理研究》，华中科技大学博士学位论文，2011年。

上避免了两者的弊端①。因此，采取矩阵式的组织，可以有效地实现由德育部门主导，而其他部门配合的理想形式。具体而言，德育处主要是德育主任担任研学主要负责人，各部门提供研学旅行过程中的人员资源，比如教科室提供优秀的各科教师设计研学旅行课程方案，安全办公室提供安全员以及对学生进行安全知识培训。虽然管理人员属于不同的部门，但是通过密切的交流及高效的配合，信息资源得以及时准确传递、活动的任务进行更加合理的划分，有助于活动高效率、高质量的完成，从而解决某一部门、某一人的单打独斗的困境及人力资源的浪费。

研学旅行活动本身具有创新性。因此，不能因为传统管理模式的缺陷影响研学旅行真正价值的实现，通过项目管理理论中对于矩阵式组织的论述，可以为我们在现实中的运用提供理论上的指导。

（三）健全激励机制，激发教师的积极性

按照项目管理理论，项目人力资源激励是指"以相关动机理论为基础，以项目目标为方向，通过对项目团队成员采取恰当的激励手段和措施来激发成员的潜能，引导组织成员的行为，使其在项目工作范围内发挥主观能动性和创造力，以有效促进项目目标的达成"②。其应具有以下特征：一是清晰而明确的激励目标；二是重视发挥物质激励的价值；三是降低负激励的副作用。教师的积极参与对于活动的顺利开展十分的重要，有效地调动教师资源，可以在一定程度上减少对于旅行社的依赖，从而减少研学旅行的费用支出。

第一，学校应加强对研学旅行教育价值的宣传，以精神奖励激发教师的教育热情。教师群体有着崇高的价值观与职业道德，充满着人文关怀与热情，在学校的号召下，必定会有教师承担育人的使命与责任，贡献自己的智慧，少数带动多数，从而调动多数教师的积极性。当前，许多高层次人才加入小学教师行列，他们有着育人情怀与远大抱负，学校的积极引导能有效地调动这些教师的积极性；同时，参加活动管理对教师能力的培养以及专业发展都是大有裨益的，如果学校从整体上统筹规划，可以实现互利共赢的局面。

---

① 池仁勇主编：《项目管理》，北京：清华大学出版社2009年版，第38页。
② 丁荣贵著：《项目管理》，上海：上海财经大学出版社2017年版，第274页。

第二，适当的物质奖励可以给予教师一定的参与动力。L市出台的实施意见中明确指出组织研学旅行活动要计入教育教学工作量。然而就目前实施情况来看，对教师参与研学旅行活动进行奖励的学校较少，除了私立小学YG外，XB小学也会对教师进行适当的奖励，将教师的参与活动时长计入出差补助，从学校的公费中划拨，虽然补助较少，但是也是对教师劳动的一种肯定和鼓励，教师本不是高收入的职业，教师有着高尚的理想信念，但教师同时也有着巨大的工作压力，职业倦怠似乎不可避免地出现在每一位长期在岗位上兢兢业业的教师身上，面临现如今的双减政策，学校的课后服务，教师的工作负担难以消减，因此教师对于研学旅行活动的参与热情不高也在所难免，适当的补助并不是多少的问题，而是对教师工作的一种肯定与赞扬，实质上是一种精神报偿。

第三，为教师提供专业支持，让教师具备管理研学的能力。在调研中，关于教师是否参与过研学旅行课程开发的问题，大部分教师都表示没有参加过，学校和教育主管部门也并没有开展过相关的培训，有些教师即使想参加活动设计，可能也缺乏相应的能力，只有学校提供相关的支持，教师获得相应的技能，在需要教师的时候，他才会挺身而出，担负起相应的责任；同时，学校为教师提供培训的机会，不仅能提高教师的能力，更能激发教师的教育热情，从长久来看，是一件十分有益之事。

四、落实研学旅行课程化，发挥课程资源多元价值

L市有着丰富的研学旅行课程资源，然而在调研中了解到，大多数资源存在被浪费的现象，研学旅行课程形同虚设，"课程性"难以凸显。首先，以往的研学旅行活动往往只有课程内容与实施，缺乏课程目标与评价等要素，课程效果难以体现；其次，研学旅行课程应该是多元主体参与建设，而非由少数人决定，多元主体的参与能最大程度保证课程质量；最后，学校在开发研学旅行课程时应注重与学校课程、办学理念及校园文化的衔接度。

（一）加强对研学旅行内涵的认识，明确并深化课程属性

研学旅行是中小学课程结构不可或缺的组成部分，可以有效地融合各学科课

程知识的内涵，并结合地方课程，促进课程体系的完善与发展。明确研学旅行课程属性，有利于推动研学旅行常态化开展，调动各方的积极性，提高对研学旅行的重视，扩大研学旅行的影响力，同时促进校本课程的开发。

笔者在调研中发现：一方面，学校的研学旅行负责人对研学旅行的课程认识不清，认为确定了活动地点与活动内容就意味着完整的研学旅行课程内容，然而课程内容缺乏完整的知识体系，研学旅行手册缺少专业的设计，课程目标与课程评价就更加无从谈起，因此往往在活动结束后让学生提交活动展示就算活动的结束，研学旅行课程缺乏实质的课程内涵，课程流于形式。思想上认识的不深刻，造成了行为上的不重视，学校如果将研学旅行仅仅视为一种兴趣活动，那么其在学校的定位就是可有可无的"附属位置"，摆脱这一困境最有效的方式就是将其列为学校必修课程，将其作为每学期每学年都不可或缺的课程，真正从实际中把其地位合理化。另一方面，学校对研学旅行课程挖掘不足。多数学校对于研学旅行课程最关注的点就是活动地点的新颖性与趣味性，但对于课程的本质"教育性"却关注不够，反映出学校未能将研学旅行课程属性落实。因此，学校要在实践中明确并落实研学旅行课程的教育性，才能保证研学旅行的价值得到落实，发挥研学旅行课程的重要作用。

（二）明确课程要素，呈现课程资源多元价值

研学旅行课程应包含目标、内容、实施与评价各要素。落实研学旅行课程内涵，首先要确定具体的课程目标，包括价值认同、实践内化、身心健康与责任担当[①]，学校在进行研学旅行前应确立的具体活动主题，确定本次活动在四个维度上应达到的具体目标，让学生在实践中培养思维品质和良好的行为习惯，使研学旅行具有教育价值。

其次，设计具体而丰富的课程内容[②]。课程内容应该有物质展现形式，研学手册的运用可以让教师与学生在活动前了解到本次活动的内容，不仅有助于提前预习相关知识，同时有利于学生带着问题出发，加深对活动的体会。

[①] 段玉山、袁书琪、郭锋涛、周维国：《研学旅行课程标准（一）——前言、课程性质与定位、课程基本理念、课程目标》，《地理教学》，2019年第5期，第6页。
[②] 参见郭锋涛、段玉山、周维国、袁书琪：《研学旅行课程标准（二）——课程结构、课程内容》，《地理教学》，2019年第6期，第4—7页。

再次，课程实施应该有专业的教学方式。由于当前专业研学导师的缺乏，造成课程内容无法完美地展现给学生，很多学生表示不喜欢参加博物馆、历史纪念馆之类的研学，这与当地的讲解员有着密切的关系，学校开展研学旅行人数众多，一些场馆人员不足就会临时招兼职人员，然而对小学生的讲解其实并非易事，既要表述得通俗易懂生动有趣从而引起学生的好奇心以及让学生听得懂，又要把控全场保证学生能专注听讲不分心从而保证讲解有效，而许多兼职人员对场馆并不熟悉，讲解的语言也不是专门针对儿童的，这就会造成学生不愿听不想听，影响活动质量。

最后，课程评价是对课程效果的一种检验。课程评价不能简单等同于成果展示，成果展示仅是活动评价中的一种，对活动评价更多的应该是对于活动教育价值实现情况的检验，以此改进活动课程。

从背景、投入、过程、影响、成效、可持续性和可应用性等方面设计课程评价内容，从而为研学旅行未来的发展提供经验[①]。

（三）鼓励多元主体参与，优化课程建设

研学旅行课程建设包含研学旅行基地选择、线路设计、教材使用等诸多方面的内容。研学旅行是一个多元主体共同参与的实践课程，虽然主要参与者是学生，但没有教师和其他管理人员的参与，学生本身是无法开展研学旅行的，而学生是主要参与者，在课程建设中应积极参与进来，教师作为课程开发者，也应该参与。然而，笔者在调研中了解到，学生和教师参与研学旅行课程建设的少之又少，课程建设几乎完全依赖于学校管理者与旅行社决定，学生与教师的角色缺位，是研学旅行课程不深入人心的主要原因，因此就将课程简单等同于春秋游活动。笔者在调研中了解到，学校表示研学旅行是一场大规模学生出游活动，学生年龄比较小也不成熟，所以活动选择方面不能让学生参与进来，而教师日常教学任务繁重也没有精力参与课程建设。

第一，加强学生的参与度。诚然，学校方有学校的考虑，然而落实民主选择也并非把决定权交到学生的手里，学校可以在活动前做一个简单的调查以便了解学生对本次活动意愿偏好，据此决定本次活动主题类型。其次在方案上也可以就

---

① 周维国、段玉山、郭锋涛、袁书琪：《研学旅行课程标准（四）——课程实施、课程评价》，《地理教学》，2019 年第 8 期，第 7 页。

相近的方案征询学生意见，虽然需要花费一定的人力物力，却可以让活动深入人心，增强学生的参与感和主人翁意识。

第二，增强研学旅行课程与学校的关联性，突出课程的校本化特征。比如，XJ小学在最近一次的研学旅行中，就融入了学校的贤文化、24品格以及学校特色瓦楞纸。在活动中不仅锻炼孩子动手能力，还进一步强化了小学文化，加深学生的感受。因此，学校可以在研学旅行课程设计中思考如何在活动中加入与学校有关的文化理念，或者学生所学习的课程知识，这都需要学校在活动前思考研究，尤其需要教师的参与。首先，教师的参与可以最大程度保证教育性。其次，教师对学生成长最为了解，保证课程符合学生的身心发展规律。最后，教师参与课程，不仅增加教师的参与从而保证课程质量，更有利于教师专业能力发展。因此，学校研学旅行课程建设时应该积极征询教师的建议，鼓励多学科教师的参加，提高研学旅行课程与学校课程的衔接度。

五、重视信息资源运用，提高研学旅行综合影响力

小学研学旅行信息资源管理效果对活动方方面面都会产生重要的影响，如果信息公开工作做得好，引起社会各界的关注，不仅有助于提高研学旅行的活动影响力，同时还会得到社会捐赠与帮助，极大地增加经费来源。因此，学校应该加强对活动的宣传，凸显活动的教育意义，鼓励社会力量的支持与帮助，同时还要立足本地研学旅行发展，及时关注最新动态，更新活动内容，运用可用的资源，提高研学旅行资源管理能力。

（一）加强研学旅行宣传推广，充分发挥信息资源价值

研学旅行活动需要宣传，适当的宣传对于活动的开展必不可少。第一，宣传可以让家长、学生、教师及时了解活动的目的和其中蕴含的教育意义，认识研学旅行，从而重视研学旅行。第二，宣传可以增加活动影响力，起到提前预热的效果，正如现在活动前往往有一个开营仪式，就是对活动的一种有效宣传。第三，宣传可以让活动深入人心，调动学生的积极性。活动前的宣传，告知学生本次活动的相关内容，有助于学生提前了解相关讯息，增加学生兴趣，鼓励学生主动查

找相关知识内容，起到良好的预习与准备；此外，宣传可以让家长更加关注本次活动，通过学校的积极宣传从而增加家长的满意度。综上可知，良好的宣传可以发挥多方面的优势，为活动的开展迎来一个良好的开端。

笔者了解到，从校长、德育主任，再到学生与家长，了解研学旅行政策的少之又少，有些教师听到我说研学旅行甚至感到陌生，有些还称之为"春游""秋游""研学游"等，而家长和学生知道研学旅行的就更少了，教师在给他们介绍的时候多使用"春秋游"，家长只知道"校外活动"。由此可见，于研学旅行的内涵，教师、家长等都不了解，更不必说研学旅行活动的教育价值了。家长不了解研学旅行的特殊价值，把它简单化为户外活动，必然会对需要花钱的研学活动支持度不高；学生不了解研学旅行的意义，就更谈不上活动前的用心准备了；教师不了解研学旅行的教育价值，也就不会认为活动内容的设计与自己有关，活动的教育效果就难以发挥；校长不了解研学旅行的内涵，研学活动的整体规划就不可能是教育性的，而是旅游性的活动。因此，有效的宣传，不仅可以让各主体掌握活动信息、了解自身的职责，更重要的是发挥活动的真正价值。

关于活动的宣传，渠道很多，就笔者了解到的，目前很多学校都会在活动结束后撰写相关的文章发在学校的公众号上，有的学校甚至有专门的期刊，里面也会发布学校研学旅行的相关信息；但是关于活动前的宣传却少之又少，实际上前期的宣传十分重要，它有助于活动准备工作的落实。一般来说，在研学活动前学校可以通过家长微信群、召开学生动员大会等形式进行宣传。如，通过微信群向家长和学生发布活动准备清单，在公众号上说明本次活动的意义、目的、地点、时间安排等内容，这样不仅将活动规范化，还有利于各主体及时掌握研学旅行活动信息，展现学校的统筹规划能力，提高满意度。

（二）加快构建研学旅行信息平台，助力信息资源的共享

笔者在调研中了解到，L市S区多数学校对本地研学旅行信息资源的运用存在着严重的不足，研学旅行信息资源的传递不及时造成大量研学旅行资源的闲置与浪费。信息时代，信息的获取多来源于网络，通过网络公开渠道，打通研学旅行信息资源共享通道，解决研学旅行各主体间的信息不对称问题，从而助力主体间的选择与连接。在访谈时，教育局科长A表示：教育局下一步的规划是建立研学旅行信息平台系统，解决学校信息获取的局限性与活动选择的盲目性等问题，当前学校的信息获取还局限于学校之间的经验交流。通过信息平台，不仅使学校，包括教师、学生与家长都能了解到本市、本省乃至全国的研学旅行发展情况，开阔视野，增长经验，而且还能扩大各校活动的知名度，促进各校研学活动的有效开展。

信息平台的运用可以有效地实现主体间的信息共享，疫情时代，在线教育的价值得到有效的发挥。因此，利用信息系统可以有效地解决学校与基地间的信息不对称问题，研学旅行信息共享平台的建立可以帮助学校及时掌握本地研学旅行发展动态，并充分地运用这些资源，实现互利共赢。信息平台包含多种功能，一是学校可以通过平台了解本地研学旅行基地信息，增加基地知名度；二是学生、家长、教师等多方主体可以借助平台对研学旅行有更深入的了解；三是研学旅行信息平台的建立本身就是对研学旅行的宣传，展示对活动的重视。因此，未来需加快对研学旅行信息平台的建设与运用，以便更好地发挥信息资源的重要价值。

（三）重视信息资源的更新，掌握本地研学旅行发展动态

宣传与关注是信息的传输与接收的两个过程，不重视活动宣传就不利于扩大活动的影响力，影响其他人对活动的了解；不关注信息的更新，将影响活动的整体规划、活动的创新与发展。四川在 2021 年举行了研学旅行大会，召开地点在 L 市，大会上提出了《可爱的四川》研学旅行课程指南，而关于这本官方课程手册，学校了解得不多。可见，对于本地区研学旅行的发展，学校知之甚少。在访谈中，笔者问到关于本地区研学旅行基地建设、课程设计与研学旅行机构等内容，访谈的学校管理者能回答上来的很少，多数都表示并不了解，也不知道如何了解。教育局希望学校可以直接与基地对接，因为前期教育部门的投入多在基地的建设，但是学校并不了解研学旅行基地有哪些，也不了解如何与基地进行联系。因此，在联系上的脱节是当前学校难以及时有效获取本地研学旅行发展讯息、并及时运用这些资源的主要原因。基地也并不会主动到学校进行宣传，致使基地的价值没有得到充分的发挥。

学校应重视对研学旅行信息资源的更新，了解本地乃至全国的研学旅行发展动态，学习与借鉴其中的宝贵经验，推动本校研学旅行管理更加的规范化、效果更加显著、活动价值更加的凸显。真正负责研学旅行组织的人员，通常存在惯性思维，即使了解本校研学旅行的改进方式，但往往因为瞻前顾后而将止步不前，造成活动的僵化，这就需要学校管理者加强自身对活动信息的及时获取，由上而下的传达活动革新的重要性，展现对研学旅行信息资源的运用。

总结与展望

当前，研学旅行的大幕已经在中国基础教育改革的舞台上正式拉开。尽管我国自古就有在教育中融入旅行的悠久传统，政府也发布了研学旅行的相关政策，但由于研学旅行资源没有得到有效利用，影响研学旅行的实际开展；在学校管理中受到诸多现实条件的限制和制约，影响到研学旅行教育价值的发挥。"重游轻学、只游不学"等问题突出。研学旅行资源管理是指学校为了研学旅行活动顺利开展对活动时间、经费、人员、课程与信息资源进行有效计划、组织、领导、协调、控制等行为。只有更高效地运用好研学旅行资源，对活动中的各种资源的管理进行优化，发挥资源效益，摆脱资源束缚，才能帮助学校走出资源管理困境，实现研学旅行的健康有序开展。

L市是著名的旅游城市，有着丰富的旅游文化资源。S区作为L市的中心城区与教育大区，其小学研学旅行资源管理的状况良好。总体上来看，在模式上，已经初步形成不同类型的校本特色研学旅行模式；在具体研学旅行资源管理方面表现为：时间资源安排灵活充分，保证研学旅行时间资源足次数多；在课程体系方面资源完备丰富，保证了活动的趣味性与教育性；在队伍建设上形成多元主体共同参与的局面，充分发挥人员资源效益；在信息管理方面，多渠道的信息资源宣传途径扩大研学旅行的影响力。然而，S区小学研学旅行资源管理仍然存在一些问题，在时间资源管理方面，表现出各阶段时间资源不足、时间资源浪费、时间资源分配不合理的现象；在经费资源管理方面，存在着经费来源单一、费用明细不清晰、政策解读不够的情况；在人员资源管理方面，面临着缺乏专门机构与人员、人员配置效率低、参与的积极性不高的难题；在课程资源管理方面，存在着研学旅行课程化尚未落实、课程要素缺失、教师与学生在课程开发中角色定位难的问题；在信息资源管理方面，体现在活动前的宣传工作不深入、信息资源公开受限、研学资源了解程度不够三方面。针对这些问题运用项目管理理论与校本管理理论的思想，提出：统筹规划研学旅行行程，保证时间资源充裕；完善经费管理机制，提高经费资源利用率；激发学校组织活力，优化研学旅行人员资源配置；落实研学旅行课程化，发挥课程资源多元价值；重视信息资源运用，提高研学旅行综合影响力等改进建议。

尽管本研究经过调查问卷与走访调研后，对于S区小学研学旅行资源管理的现状进行了一定的呈现，但是由于时间和精力有限，实地走访调研的学校还是比较有限，不能如实反映S区小学研学旅行资源管理的全貌，并且调查问卷经S区各学校校长发布，各主体在填写问卷时难免有所顾虑，问卷分析的结果也偏向积极化，与笔者实地走访时的实际感受也略有出入，考虑以上因素之后再结合本研究的调查结果就能对S区小学研学旅行资源管理的现状有较为中肯的把握。在今后的学习和生活中，笔者会继续关注和深入研究小学研学旅行领域，扎实理论基础，扩大调研范围，排除影响因素，提出更具可行性的对策建议，弥补本研究的不足，继续为小学研学旅行领域的研究添砖加瓦。

附　录

附录 1

小学研学旅行资源管理调查问卷（教师卷）

亲爱的老师：

　　您好！

　　我是武汉大学教育科学研究院研究生，该问卷是对小学研学旅行资源管理现状的调查。该调查仅供学术使用，匿名填写，对您提供的答案绝对保密，请您放心填写！感谢您百忙之中抽出时间支持此次问卷调查，再次对您表示感谢！

　　注：研学旅行资源管理是指对研学旅行资源（研学旅行的时间、经费、人员、课程与信息）加以计划、组织、指挥、协调与控制。

一、基本信息（单选题）

1. 您的性别是（　　）　　A. 男　　　　B. 女

2. 您所任教的年级是（　　）

A. 一年级　　B. 二年级　　C. 三年级　　D. 四年级

E. 五年级　　F. 六年级

3. 您的学历是（　　）

A. 高中（含中师、中专）毕业　　B. 大专毕业　　C. 大学本科毕业

D. 硕士毕业　　E. 博士毕业

4. 您任教过的科目有（　　）［多选题］*

A. 语文　　　　B. 数学　　　　C. 英语　　　　D. 道德与法治
E. 美术　　　　F. 音乐　　　　G. 科学　　　　H. 体育
I. 劳动　　　　J. 其他（请补充）＿＿＿＿＿＿＿＿＿＿＿＿＿＿＿*

5. 在贵校，您除了担任任课教师，还在以下哪些行政部门任职？（　　）
A. 无，只担任任课教师　　　B. 校级领导　　　C. 副校级领导
D. 总务主任　　E. 教科室主任　　F. 教导主任　　G. 德育主任
H. 年级主任　　I. 校外人员（合作机构成员）
J. 安全办公室主任　　K. 班主任　　L. 其他（请补充）＿＿＿＿＿＿*

二、学校研学旅行资源管理现状

6. 贵校为开展研学旅行活动，在学校层面采取了以下哪些工作举措？
（　　）[多选题]*
A. 纳入教学计划　　　B. 划拨专项经费　　　C. 成立专门部门
D. 设置专业岗位　　　E. 配备专门师资　　　F. 组织教师培训
G. 开发课程资源　　　H. 寻求外界支持
I. 其他（请补充）＿＿＿＿＿＿＿＿＿＿＿＿＿＿＿*

7. 贵校的研学旅行时间一般是几天（　　）
A. 1天　　　　　　　　　　B. 2天
C. 3天　　　　　　　　　　D. 3天以上（不包括3天）

8. 学校开展一次研学旅行通常需要花费多长时间准备（　　）
A. 1周以内（不包括1周）　　B. 1—2周（不包含2周）
C. 3—4周（不包含4周）　　　D. 4周以上

9. 您认为研学旅行活动前期、中期与后期哪一阶段时间不太充裕（　　）
[多选题]*
A. 研学前期活动准备　　　B. 研学中期活动实施
C. 研学后期成果评价　　　D. 每个阶段时间都充裕
E. 其他（请补充）＿＿＿＿＿＿＿＿＿＿＿＿＿＿＿*

10. 请填写贵校开展研学旅行活动的经费来源有哪些（　　）[多选题]*
A. 政府专项支持　　B. 学校公用经费承担　　C. 社会捐赠
D. 企业赞助　　　　E. 家长缴费　　　　　　F. 不清楚

G. 其他（可补充）_____*

11. 您认为负责研学旅行的管理队伍存在的主要问题是（　　）[多选题]*

A. 人力资源发挥不充分　　　　B. 管理成员间交流少，缺乏合作

C. 缺乏教师的参与　　　　　　D. 成员之间的权责不明确

E. 其他（请补充）_____*

12. 贵校开展研学旅行活动的课程来源于（　　）

A. 教育主管部门提供　　　　　B. 学校自行决定

C. 研学机构直接提供　　　　　D. 学校与研学机构联合开发，以学校为主

E. 学校与研学机构联合开发，以研学机构为主

F. 其他（请补充）_____*

13. 贵校开展过哪些类型的研学旅行活动（　　）[多选题]*

A. 历史文化类　　B. 生态保护类　　C. 国情教育类　　D. 科技创新类

E. 社会实践类　　F. 其他（可补充）_____*

14. 贵校研学旅行活动学习成果的呈现方式有（　　）[多选题]*

A. 口头汇报　　　　　　　　　B. 集体班会、报告会

C. 学生撰写体会、心得　　　　D. 学生调查研究报告

E. 教师总结分析报告　　　　　F. 其他（可补充）_____*

15. 您认为在职教师参加研学旅行管理，学校应该（　　）

A. 计入日常教学工作量　　　　B. 与评级评优挂钩

C. 适当补贴　　　　　　　　　D. 义务工作不获取益处

16. 您是否参与过研学旅行课程设计（　　）　　A. 是　　B. 否

填写说明：请依照描述，选择最符合您的感受程度，分为五个等级：1 表示完全不符合，2 表示比较不符合，3 表示一般，4 表示比较符合，5 表示完全符合。请在合适的数字下打"√"。

	项目	1完全不符合→5完全符合				
17	您认为学校在研学旅行活动前期的准备时间充分	1	2	3	4	5
18	您认为研学旅行中，各项活动的时间分配合理	1	2	3	4	5

续表

	项目	1完全不符合→5完全符合				
19	贵校在研学旅行后及时开展研学评价与总结工作	1	2	3	4	5
20	贵校开展的研学旅行活动经费充足	1	2	3	4	5
21	贵校要求教师参加研学旅行活动	1	2	3	4	5
22	您愿意参与研学旅行管理活动	1	2	3	4	5
23	贵校有采取相应激励措施鼓励教师参与到研学旅行中	1	2	3	4	5
24	贵校组织教师参加研学旅行课程开发的培训	1	2	3	4	5
25	您愿意参与研学旅行课程设计	1	2	3	4	5
26	贵校在研学旅行活动前会设计配套的研学旅行手册	1	2	3	4	5
27	贵校研学旅行课程较好衔接学校教育	1	2	3	4	5
28	您通过网络关注本地区乃至全国的研学旅行情况	1	2	3	4	5
29	您认为学校对研学旅行活动宣传充分	1	2	3	4	5
30	您认为与其他学校交流研学旅行经验是重要的	1	2	3	4	5
31	贵校会主动学习其他学校研学旅行的经验	1	2	3	4	5
32	您了解本地区颁布的研学旅行最新政策	1	2	3	4	5
33	贵校积极关注本地区研学旅行的发展	1	2	3	4	

34. 您认为贵校当前研学旅行活动中存在的问题有？（可多选并按照重要程度进行选择，从1开始重要程度递增）[排序题，请在中括号内依次填入数字]

［　］研学时间不充足，存在走过场情况

［　］缺乏专业的研学旅行导师或人员

［　］研学旅行活动课程安排不专业，只游不学

［　］研学旅行经费不充裕

［　］研学旅行活动场地少

［　］研学信息宣传不足，准备不够

［　］其他（请补充）_____

35. 您认为贵校当前研学旅行活动中主要影响因素是？（可多选并按照重要程度进行选择，从1开始重要程度递增）[排序题，请在中括号内依次填入数字]*

［　］研学旅行的活动时间（如，总共时间与各项活动的时间分配等）

［　］学校内部组织管理（如，是否设置相关管理制度、管理部门与管理人员等）

［　］教学计划安排（如，是否纳入教学计划）

［　］经费保障机制

［　］研学旅行活动课程资源（包括校内资源与基地资源）

［　］家长意愿

［　］学校教师的参与程度与积极性

［　］专业化的研学旅行活动导师或人员

［　］对研学旅行相关信息的了解程度

［　］安全保障

［　］其他（请补充）_____

附录 2

小学研学旅行资源管理调查问卷（学生卷）

亲爱的同学：

你好！

我是武汉大学教育科学研究院研究生，该问卷是对小学研学旅行资源管理现状的研究。该调查仅供学术使用，匿名填写，对你提供的答案绝对保密，请放心填写！感谢你百忙之中抽出时间支持此次问卷调查，再次对你表示感谢！

注：研学旅行资源管理是指对研学旅行资源（研学旅行的时间、经费、人员、课程与信息）加以计划、组织、指挥、协调与控制。

一、基本信息

1. 你的性别是（   ）   A. 男   B. 女
2. 你的年级是（   ）
   A. 三年级   B. 四年级   C. 五年级   D. 六年级
3. 你参加过以下哪些主题的研学旅行？（可多选）［多选题］*
   A. 历史文化类   B. 生态保护类   C. 国情教育类   D. 科技创新类
   E. 社会实践类   F. 其他（请补充）_____*

二、学校研学旅行资源管理现状

填写说明：请依照描述，选择最符合你的感受程度，分为五个等级：1 表示完全不符合，2 表示比较不符合，3 表示一般，4 表示比较符合，5 表示完全符合。请在合适的数字下打"√"。

	项目	1完全不符合→5完全符合				
4	你了解研学旅行的含义	1	2	3	4	5
5	在旅行开始前，你有机会参与旅行活动主题以及路线的选择	1	2	3	4	5
6	研学旅行活动前，学校会发给你们每个人一本手册（手册里面有旅行的内容活动介绍）	1	2	3	4	5
7	你感到自己在参观景点的过程中加强了对课堂内容的理解，丰富了知识	1	2	3	4	5
8	你对研学旅行活动讲解员的讲解过程感兴趣	1	2	3	4	5
9	研学旅行活动中，你能够按时完成研学旅行活动中的各项任务	1	2	3	4	5
10	你在研学旅行活动中的提问能得到及时解答	1	2	3	4	5
11	参加研学旅行活动你能获得与课堂不一样的体验	1	2	3	4	5
12	研学旅行后学校会及时开展活动的总结评价工作	1	2	3	4	5
13	研学旅行结束后学校会给你提供分享与交流机会	1	2	3	4	5
14	学校积极向你宣传研学旅行的内涵与意义	1	2	3	4	5
15	你喜欢并期待下一次的研学旅行	1	2	3	4	5

附录 3

小学研学旅行资源管理调查问卷(家长卷)

亲爱的家长:

您好!

我是武汉大学教育科学研究院研究生,该问卷是关于小学研学旅行资源管理现状的调查。该调查仅供学术使用,匿名填写,对您提供的答案绝对保密,请您放心填写!感谢您百忙之中抽出时间支持此次问卷调查,再次对您表示感谢!

注:研学旅行资源管理是指对研学旅行资源(研学旅行的时间、经费、人员、课程与信息)加以计划、组织、指挥、协调与控制。

一、基本信息

1. 您的性别是(　　)　　A. 男　　B. 女

2. 您的年龄是(　　)

A. 30 岁以内(不包括 30)　B. 30—35 岁　　C. 36—40 岁

D. 41—45 岁　　E. 46—50 岁　　F. 51 岁及以上

3. 您的学历是(　　)

A. 从未上过学　　B. 小学毕业　　C. 初中毕业

D. 高中(含中师、中专)毕业　　E. 大专毕业

F. 大学本科毕业　　G. 硕士毕业　　H. 博士毕业

4. 您家庭的年收入大体是(　　)

A. 2 万以内(不包括 2 万)　B. 2~4 万　　C. 5~6 万

D. 7~8 万　　E. 9~10 万

F. 10 万以上(不含 10 万)

5. 您的孩子所在的年级是(　　)

A. 小学一年级　　B. 小学二年级　　C. 小学三年级

D. 小学四年级　　E. 小学五年级　　F. 小学六年级

二、学校研学旅行资源管理现状

填写说明：请依照描述，选择最符合您的感受程度，分为五个等级：1 表示完全不符合，2 表示比较不符合，3 表示不确定，4 表示比较符合，5 表示完全符合。请在合适的数字下打"√"。

	项目	1完全不符合→5完全符合				
6	您了解研学旅行的含义	1	2	3	4	5
7	您认为研学旅行活动对孩子的成长有价值	1	2	3	4	5
8	您支持您的孩子参与学校组织的研学旅行活动	1	2	3	4	5
9	您认为学校开展的研学旅行活动时间合适	1	2	3	4	5
10	研学旅行费用由您的家庭承担	1	2	3	4	5
11	支付研学旅行费用不会对您的家庭造成经济负担	1	2	3	4	5
12	您了解研学旅行的费用明细	1	2	3	4	5
13	您认为研学旅行费用合理	1	2	3	4	5
14	学校为您提供参与研学旅行的机会	1	2	3	4	5
15	您认为学校开展的研学旅行主题丰富	1	2	3	4	5
16	您觉得孩子参与研学旅行后是有收获的	1	2	3	4	5
17	您主动在网络上了解研学旅行有关内容	1	2	3	4	5
18	学校积极向您宣传研学旅行活动的意义	1	2	3	4	5
19	学校会征集您对研学旅行活动的满意度（比如：问卷调查）	1	2	3	4	5
20	您对学校开展的研学旅行活动感到满意	1	2	3	4	5

附录 4

L 市 S 区小学研学旅行资源管理研究教育局与文旅局领导访谈提纲

1. 请您介绍一下 S 区小学研学旅行管理的基本情况。
2. 您如何看待小学研学旅行？
3. L 市小学研学旅行活动开展的整体情况。
4. S 区小学研学旅行的发展经历了哪几个阶段？
5. S 区小学研学旅行目前还存在哪些问题？未来如何发展？
6. S 区教育局为鼓励学校开展研学旅行做了哪些努力？
7. S 区是否将研学旅行纳入教育教学计划？
8. S 区有建设规范的研学旅行基地吗？使用率如何？

附录 5

L 市 S 区小学研学旅行资源管理研究学校管理者访谈提纲

1. 您认为研学旅行是必修课程吗？
2. 您觉得研学旅行和春游、秋游不同吗？
3. 您们学校是否开展过研学旅行？
4. 学校组织开展的研学旅行受学生欢迎吗？
5. 在贵校谁承担研学旅行的主要管理责任？
6. 学校会组织提前策划研学旅行吗？策划的内容有哪些？
7. 在研学旅行过程中，您的主要工作是？

8. 学校的研学旅行活动时间资源如何分配？
9. 研学旅行的课程是如何设计的？行前是否有明确的课程目标？
10. 研学旅行结束后会开展活动评价吗？
11. 贵校的研学旅行管理人员包括哪些？
12. 学校开展研学旅行活动的经费来源有哪些？
13. 贵校在研学旅行前会对活动进行宣传吗？宣传方式有哪些？
14. 贵校的研学旅行是自行开展还是委托第三方？
15. 您是否了解研学旅行的最新政策？

附录 6

L 市 S 区小学研学旅行资源管理研究学校教师访谈提纲

1. 您了解"研学旅行"吗？
2. 您觉得研学旅行和春游、秋游不同吗？
3. 您们学校是否开展过研学旅行活动？
4. 学校组织开展的研学旅行受学生欢迎吗？
5. 在贵校谁承担研学旅行的主要管理责任？
6. 学校会组织提前策划研学旅行吗？策划的内容有哪些？
7. 老师们平时会围绕研学旅行事务进行交流吗？
8. 您觉得研学旅行和您所教的学科有关系吗？
9. 在研学旅行过程中，您是否承担一些工作（如带队出行）？
10. 在承担研学旅行工作时，您主要关注的是什么问题？
11. 您愿意参与研学旅行管理吗？
12. 您认为贵校研学旅行管理中有哪些不足呢？
13. 您参与过贵校的研学旅行课程设计吗？

附录 7

L 市 S 区小学研学旅行资源管理研究家长访谈提纲

1. 您支持您的孩子参与研学旅行吗?
2. 您对学校开展的研学旅行满意吗?
3. 您认为研学旅行的收费合理吗?
4. 您认为学校在开展研学旅行中有盈利行为吗?
5. 您了解研学旅行的费用明细吗?
6. 学校会征询你对研学旅行的看法或者建议吗?
7. 您认为您的孩子参加完研学旅行活动有收获吗?
8. 您认为学校在开展研学旅行中有哪些需要改进的地方?

附录 8

L 市 S 区小学研学旅行资源管理研究学生访谈提纲

1. 你知道研学旅行吗?你认为研学旅行与春游、秋游有区别吗?
2. 你参与过研学旅行吗?你喜欢研学旅行吗?
3. 研学旅行活动前你会做哪些准备呢?
4. 你的父母支持你参加研学旅行活动吗?
5. 你参加过研学旅行的设计吗?比如活动地点的选择?
6. 你认为参加研学旅行活动能得到收获与成长吗?
7. 研学旅行结束后学校会要求你们对活动进行总结与反思吗?
8. 你对学校组织的研学旅行满意吗?
9. 你期待下一次的研学旅行吗?

专题八

L 市 S 区小学科技社团管理研究[①]

第一章 绪论

一、研究缘起

(一)国家日益重视学生科学素养和科技创新能力的培养问题

2021年国务院发布《全民科学素质行动纲要》(2021—2035)明确指出:国民的科学素养关系到社会文明进步,关系到民族复兴的基础性工程。科学素质的内涵包括科学精神、科学思想、基本的科学方法三个核心要素。提升国民的科学素质的重要性在于,科学素养是一个人分析问题和解决问题的关键。同时,科学素质还是帮助学生树立科学世界观和科学方法论的关键,对提高国家创新能力、建设社会主义现代化强国具有重要的战略意义[②]。因此,提升国民素养从娃娃抓

[①] 本专题完成于2022年4月,主编对其做过修改和删节。
[②] 国务院《关于印发全民科学素质行动规划纲要(2021—2035年)的通知》,《中华人民共和国国务院公报》,2021年第19期。

起，必须重视培养小学生的科学兴趣和创新意识。培养具有科学家潜力的学生群体，巩固吸纳人才的基础，推动科技强国现代化建设进程。科学素养的培养是贯穿于整个教育过程中的，要重视将科学精神融入课堂教学和课外实践活动，鼓励青少年树立崇高人生理想，培养其社会责任感、创新精神和实践能力。

小学科学课程的三维目标观：开设科学课程是为了帮助学生掌握科学基础知识和技能，培养科学兴趣与科学思维，掌握科学探究的基本过程和方法。让学生初步感受科学研究的一般步骤和方法；学习研究问题的态度与方式；形成一定的科学素养。在探究科学的过程中感悟科学与生活的联系，了解科学精神的深层含义[①]。

科技社团作为科学课程的第二课堂，可以对科学知识拓展深度和广度，并且通过开展丰富的科技活动，例如开展科技节、科普报告进校园、参观科普基地等活动，满足学生多方面的发展需求，弥补课堂上对学生实践能力培养、与实际生活脱节的不足，满足我国对小学生科学素养和科技创新精神两方面的要求。此外，与国外发达国家相比，我国小学生的科技素养与理想目标还存在较大差距，急需以规范的科技社团来加以提升。

（二）小学科技社团内部状况和外部环境呼吁科学管理

小学科技社团是新课改背景下科学课程的有效实践方式，它是培养学生创新精神、科学素养和实践能力的重要途径。当前，我国小学科技社团已经逐渐普及，也取得了一些经验，但小学科技社团活动的效果并不理想。我国小学科技社团普遍存在的问题有以下两个方面，从内外部管理的角度来看，内部管理中，大多数科技社团缺乏规范且有效的管理条例、规章制度。即使制定了制度，最后也由于各方面不重视而流于形式；其次，科技社团缺乏专业指导老师，这就导致社团活动内容单一，学生参与度不足。从外部环境来看，社团活动在渠道、资金、环境上得不到足够的支持，导致社团可持续发展性不够。这样的科技社团环境要求科学管理，无论是科技社团内部还是外部都要注重建立科学有效的管理体系，并在实践中不断总结和完善，使科技社团活动发挥第二课堂的积极作用。

---

① 义务教育小学科学课程标准编委会编：《义务教育小学科学课程标准》，北京师范大学出版社2017年版。

（三）个人研究兴趣

笔者在本科期间所学的课程与科技教育有很大关联，因此一直非常关注小学生的科技教育问题。在前期调研准备工作中，笔者发现绝大多数学校领导者认为科技社团在学校教育中是一个不起眼的小分支，相较于主科教育、艺体教育来说不足挂齿，说明目前绝大多数学校领导者对于小学科技社团的认知是严重不足的。

小学科技社团看似是一个小问题，但是目前它确实是作为最能弥补科学课堂不足的最有效且最普遍的方式，同时，小学科技社团作为科学教育的桥梁纽带，将校内科技活动与校外科技活动联系起来，是一种可以进行全方位青少年科技教育的全新途径。但恰恰因为其目前不受重视，在管理上存在许多问题，如科技社团的主体权责不明、科技社团活动内容形式单一、经费资源不足、制度建设不健全、缺乏评价标准等。上述问题如果不解决，将难以实现科技社团建设的本来目的。因此，笔者将小学科技社团管理的研究作为毕业论文的研究主题，以便在现有研究的基础上做进一步思考。

二、研究意义

（一）有助于补充小学科技社团管理的理论缺口

我国部分地区已经开展小学科技社团活动，但在文献梳理的过程中，笔者发现学术界并未对小学科技社团管理有过多的研究，高水平的理论成果更是少之又少。缺乏完善的理论指导，不利于科技社团活动的规范发展。从已有的研究文献来看，有关科技社团的主要研究集中在如下三个问题：科技社团的内涵、性质，科技社团的重要意义，总结和论述如何深化科技社团的教育功能与作用，以及如何加强科技社团的建设与管理三个方面。关于小学学段的科技社团建设与管理的理论研究较少。

本研究将聚焦于小学阶段科技社团的现状与困境，结合当前社团教育和科技教育的相关政策和要求，界定小学科技社团和小学科技社团管理的概念，对科技社团主体权责、内容形式、制度建设、评价标准等理论问题进行思考，从主体与对象、内容与形式、资金与时间、制度建设和质量这五个方面进行分析，发现问题并提炼实践经验，提出针对小学科技社团管理的对策建议，丰富小学科技社团管理理论，从而推动小学科技社团管理理论的发展。

（二）有助于解决小学科技社团管理中的实际问题

我国小学科技社团尚处于探索阶段，各地学校对于科技社团的教育价值还不够重视，尚未对学生科技社团有深入研究。因此，本研究通过梳理我国部分地区科技教育和小学社团活动建设的总体要求与基本原则，掌握当前科技教育和社团教育的工作情况；梳理有关科技教育和小学社团建设涉及的重点内容与形式，全面了解科技教育与社团建设的工作动向与方式；梳理有关科技教育和小学社团活动的经费管理要求，明确小学科技社团的经费来源同时掌握拓宽经费来源渠道的方法；梳理有关科技教育与小学社团的管理组织结构，了解小学科技社团的管理主体；梳理有关科技教育与小学社团的保障措施，充分掌握小学科技社团质量保障的措施。力争在梳理上述政策文本的基础上，通过实证研究全面了解L市S区小学科技社团管理现状，深入到各小学科技社团活动开展过程中，对比政策要求与建议，发现小学科技社团在管理活动中存在的问题与差距，究其原因，进一步思考L市S区小学科技社团管理的改进建议。

（三）有助于积累小学科技社团管理的实践经验

由于目前国内缺少有关小学科技社团管理的实证数据与资料，因此各地开展科技社团活动的实际效果不得而知，即使是发达地区的具有丰富的经验的实践形式也未必能广泛推广。因此本研究通过对L市S区小学进行访谈和问卷调查了解各学校管理现状，深入探究每所学校在开展科技社团活动中的活动思路与具体做法，具体从五个方面探索经验做法：小学科技社团在主体与对象管理方面存在的经验做法；小学科技社团在活动管理方面的经验做法；小学科技社团在经费与时间管理方面的经验做法；小学科技社团在制度建设方面的经验做法；小学科技社团在质量管理中的经验做法等。然后在结合学校实际情况的基础上，归纳总结在科技社团管理过程中值得推广和借鉴的经验。

三、文献综述

（一）国内研究综述

以"学生社团""学生科学社团""学生科技社团""课外科技活动"等关键词在中国知网、万方、百度学术等中文数据库中检索，检索到科技社团相关文献共 361 篇，筛选出符合主题要求的文献共 176 篇。

从学生科技社团文献的数量和时间分布来看，我国关于学生科技社团的研究较少且起步较晚。随着国外 STEM 教育和创客教育概念的引入，越来越多相关文献成果出现。2017 年 2 月，教育部办法《关于做好中小学生课后服务工作的指导意见》，鼓励号召各地切实做好中小学生课后服务。社团活动作为课后服务的一种活动形式迅速受到研究者们的广泛关注，因此在 2017 年对于学生科技社团的研究达到了一个高峰。

从学生科技社团的文献类型分布来看，科技社团文献类型主要包括期刊论文、学位论文、报告等。其中期刊论文 152 篇，占比 86.36%，其中 CSSCI（中文社会科学引文索引）只有 11 篇。博士论文 21 篇，占比 11.93%，报告 3 篇，占比 1.70%。说明学生科技社团的研究文献以期刊为主，但高水平的研究成果较少，研究层次需进一步提高。报告占了一定的比例说明学生科技社团不仅是学术界关注的热点，同时也是社会大众关心的焦点问题。另外学位论文较少，没有关于学生科技社团的学术专著，缺乏对学生科技社团较系统的研究成果。

从学生科技社团文献的内容分布来看，报告类主要是对学生科技社团开展情况的总结；期刊类论文的研究内容集中在学生科技社团的内涵、性质及作用，学生科技社团的现状、问题及对策，国外学生科技社团介绍及国内外科技活动的比较研究。

1. 关于学生科技社团的内涵、性质及作用的研究

（1）关于小学生社团的历史研究

通过文献综述、寻根溯源、比对等途径探寻小学社团发展的进程。当前小学生社团是由"少年先锋队""雏鹰假日小队""兴趣小组""第二课堂"在新课程

改革及学校教育变革中发展而来。但是，小学生社团的发展雏形不只是少先队等，还有很大一部分发展于课外活动或第"第二课堂"（兴趣小组）[1]。因此，研究课外活动和第二课堂（兴趣小组）有助于我们对小学生科技社团活动的深入了解。

(2) 关于科技社团的内涵的研究

我国学者认为科技社团是建立在学生自愿的基础上，以学生为主体，教师参与指导，基于学生的科技兴趣而开展的探究型活动，活动的时间主要是在课后，分为课后服务、寒暑假或是周末三类时间段。活动的目标是培养学生的创新能力和提升其科学素养。俞惊鸿认为："学生科技社团是一种由学校或学生自发组织的，以共同的科技兴趣爱好为前提，以拓展自身科技知识、锻炼科技能力、提升科学素养为目标、学生为主体的探究型共同体。"[2] 颜志明认为："学生科学社团是同学们围绕相关感兴趣的科学活动或科学问题，打破年级界限，在教师的指导下，自愿组建并利用课余时间进行研究的团体组织。"[3] 丁媛媛从构建社团的理念去阐释科技社团的目的在于"提倡科学、传播知识、培养素养"，目标是增长学生课外科技知识，锻炼学生的动手能力和创造能力，促进科技教育活动的普及与发展[4]。徐盟认为开展科技社团活动的相关原则主要有自主性、实践性、开放性、综合性、层次性五大原则[5]。学者认为学生科技社团是课程改革和推进素质教育的产物，是科学课堂的有效补充，对于培养学生科学创新精神和实践探究能力有积极的促进作用。如俞惊鸿认为科技社团是一种组织形式、是发现和培育区域科技后备创新人才的重要载体、更是繁荣校园创新文化和学校科技品牌特色的有效手段[6]。马世平认为，科技创新社团活动是素质教育的重要组成部分，是培

---

[1] 李茜：《小学社团现状调查》，《科技信息》，2012年第15期，第226—227页。
[2] 俞惊鸿：《中小学科技社团建设的现状与后续发展的思考——以宝山地区为例》，《海峡科学》，2012年第3期，第44—46页。
[3] 颜志明：《农村小学开展学生科学社团活动的实践研究报告》，《科学大众（科学教育）》，2017年第6期，第37、22页。
[4] 丁媛媛：《利用本土资源有效创建留守儿童课外科学社团》，《新课程》，2020年第26期，第103页。
[5] 徐盟：《小学科技社团活动中发展学生核心素养策略探究》，《爱情婚姻家庭》，2020年第32期。
[6] 俞惊鸿：《中小学科技社团建设的现状与后续发展的思考——以宝山地区为例》，《海峡科学》，2012年第3期，第44—46页。

养学生的创新精神,开发学生创造力的主要途径①。李法瑞认为:"科技创新社团不仅是中小学科技创新教育的重要组成部分,更是中小学综合实践活动的重要载体,也是学生知识创新、技术创新和能力训练的重要训练。"②吕晓莉认为,学校开展科技创新社团活动是课堂创新教学的有效补充,同时也是培养创新人才的重要载体③。赵久晨将科技社团活动的开展形式分为两类,分别是:参观访问、动手操作。说明科技社团活动开展的地点分为校内活动和校外活动两种。

(3) 关于学生科技社团的性质的研究

基于学生科技社团的内涵阐释,目前国内学者对于学生科技社团研究领域主要涉及校内校外、营利和非营利性的、正式教育和非正式教育六个方面。如康龙、郑敏认为以青少年科技实践活动为基本内容组织形式形成的科技社团、校园里的科技兴趣小组、科学课外班、第二课堂、xx科学(科技)竞赛队等都属于科技社团④。冉源懋、孙庆松认为我国社团组织及其开展的各种课后活动和服务,作为课后服务体系中的重要组成部分⑤。吴开俊从公共产品理论着手,认为小学生课后服务理论上具有效用的可分割性和消费的排他性,但因为服务对象是"小学生",具有特殊性,因此小学生课后服务属于准公共产品,政府必须介入⑥;吴劲松等从法理角度分析,认为学校课后服务是一种委托监护的有偿服务,应纳入政府管理范畴⑦。王宏鹏在探究青少年高校科学营活动成效时认为科学营是以普及科学知识、培养学生参与科学研究兴趣的公益活动,属于课外非正规教育,同性质的还有科技馆的科普教育活动、研究院所开放实验活动、科技竞

---

① 马世平:《农村中小学科技创新社团活动有效性策略研究》,《考试周刊》,2018年第39期,第24页。
② 李法瑞:《基于跨学科协同实践的科学社团构建——以上海市延安中学"科学技术联盟"为例》,《现代中小学教育》,2020年第7期,第55—57页。
③ 吕晓莉:《我县学校科技创新社团活动开展现状分析》,《考试周刊》,2018年第39期,第23页。
④ 康龙、郑敏:《如何在中小学组织开展科技社团活动》,《中国科技教育》,2021年第2期,第18—21页。
⑤ 冉源懋、孙庆松:《社团教育:义务教育学校课后服务的新途径》,《教育理论与实践》,2020年第17期,第7—10页。
⑥ 吴开俊、孟卫青:《治理视角下小学生课后托管的制度设计》,《教育研究》,2015年第6期,第55—63页。
⑦ 胡劲松、吴会会:《义务教育学校托管的法律属性》,《教育发展研究》,2016年第2期,第42—48页。

赛等①。徐纯赤基于项目管理理论探究校外学生社团活动时对校外中小学社团下定义：指经有关部门批准，由校外教育机构管理的，根据个人兴趣、爱好特长、以自愿方式组成的中小学生业余性群体组织，在培训和活动中接受专业老师的指导②。齐炘在研究我国青少年活动开展情况中阐述，青少年宫是校外教育的重要文化阵地。主管部门分别有共青团、教育部门、妇联等几类。开展的活动包括群众性活动和兴趣小组活动，其中科技类活动占重要比例。收费较社会培训机构较低，具有公益性和非营利性③。综上所述，区分学生科技社团活动是校内教育还是校外教育主要考察活动开展的地点；区分学生科技社团是营利性还是非营利性组织主要考察其主管部门是政府机构还是社会机构；区分学生科技社团活动是否是正规教育，主要考察活动管理是否制度化和常规化。

（4）关于科技社团作用的研究

冯柳青以科技社团的创新功能作为研究重点，从个人、学校和国家三个层面分别论述科技社团的作用。冯柳青认为，对于学生个人而言，科技社团活动可以促进小学生的科技创新能力；对于学校而言，校园中的各种正式群体已不能满足学生的多元化需求，而学生社团正好可以弥补传统课程的缺陷，满足学生个体个性化发展的需要；对于国家而言，学生科技社团对于推动国家的科技创新起着关键性作用，不断为国家培养科技后备人才是社会进步的动力源④。康龙、郑敏认为科技社团文化可以促进学校品牌化发展，形成学校科技教育特色，同时也可以成为社团教师的名片，促进教师专业发展⑤。刘兆喜等人在研究山东优秀大学生科技社团时总结到科技社团的五大功能。一是通过开展社团活动有效连接第一课堂，将理论转化为实践，更能强化课堂上所学知识；二是训练大学生科研思维，培养学生双创能力和意识；三是培养学生团队合作能力；四是培养学生专业兴

---

① 王宏鹏：《浅谈青少年高校科学营活动及活动效果——以天津为例》，《天津科技》，2017年第4期，第57—59页。
② 徐纯赤：《项目管理在校外学生社团活动中的应用》，《上海教育科研》，2008年第8期，第35—36页。
③ 齐炘、刘胡权：《我国青少年宫活动开展情况的调查与思考》，《教育科学研究》，2011年第12期，第50—55页。
④ 冯柳清：《学生科技社团活动与学生科技创新能力培养研究》，《新作文（教育教学研究）》，2018年第6期。
⑤ 康龙、郑敏：《如何在中小学组织开展科技社团活动》，《中国科技教育》，2021年第2期，第18—21页。

趣；五是利于提升大学生综合素质①。

2. 关于学生科技社团活动开展的现状、问题及对策的研究

我国学生科技社团活动开展的现状、问题和对策是国内科技社团的研究重点。国内学者重点集中于对高等院校的科技社团的研究，梳理有关文献对于小学科技社团的研究有借鉴意义。

部分学者从宏观着眼，在整体上分析我国高校科技社团的现状、问题，并提出相应的对策。胡振坤等人认为高校学术科技社团成员是小众性的，数量相对较少，如何建立有效的管理机制和运行机制是当前高校亟待解决的问题。他们就此给出了相应的对策建议，学校应从顶层设计上为科技社团的活动提供政策支持和经费保障，如建立相应的管理细则与章程；拓展经费来源渠道；抓好社团队伍建设；加强校企地合作，提升社会服务能力等②。高腾等人认为目前大学生科技社团的发展还存在诸多阻碍，例如社团规模较小，影响力较弱；缺乏不同专业领域之间的交流，思维封闭；缺乏成员合理分工，效率低下；缺乏专业教师的有效指导。针对上述问题，他指出学校必须要重视支持科技社团的发展，在政策上向科技社团倾斜，鼓励教师参与学生的创新创业活动，或在考核中增加指导创新创业活动的比重；同时建议学校推进将实践和创新创业活动纳入到考核体系的工作进度，提高学生创新创业的积极性③。周倩认为大学生科技社团管理体制不完善，并且缺乏相应的评价和奖励机制。针对上述管理问题，她建议学校应该设立专门的社团管理专员，并聘请专业人士对科技社团重新定位和规划。同时，她提出建立由学校制定相关政策、相关部处牵头、由学院具体实施、教研组具体负责的"四位一体"的联动管理机制①。

基础教育层面更多的是从微观着眼，聚焦区域学校科技社团活动实践，考察区域科技社团活动开展的现状和问题，总结区域科技社团活动开展的经验和教

---

① 刘兆玺、胡睿、张岳等：《基于第二课堂成绩单制度视野下大学生科技社团建设研究——以山东省优秀大学生科技社团为例》，《教育现代化》，2020年第70期。
② 胡振坤、姜海翔、曹治平等：《关于高校学术科技社团工作的几点思考》，《教育现代化》，2020年第22期，第92—94页。
③ 高腾、魏鸿磊、李明颖等：《大学生科技社团对创新能力培养的探索和思考》，《文化创新比较研究》，2018年第31期。
① 周倩、张文平、李庆：《大学生科技类社团建设中的问题及对策研究》，《教育教学论坛》，2018年第25期，第244—245页。

训。广东省和上海市是科技社团活动开展的现行省市，而甘肃省则重点关注农村中小学科技社团的建设与发展，因此选取上海市、广东省和甘肃省的部分地区为例分析我国小学科技社团活动开展的现状的研究较多。

上海市杨浦区政府教育局于 2007 年发布《推进青少年科技教育加强科技后备人才培养的实施意见》（杨府办发〔2007〕56 号）。强调学生科技社团和科技兴趣小组是学校在科技后备人才培养方面的主渠道、主阵地[1]。杨浦区青少年科技站基于构建全区"基础教育创新试验区"的总目标提出"站校"结合式的科技活动的创新模式。针对基层学校科技社团组织零散、活动不规范、缺乏师资、缺乏特色科技项目等问题，总结提出建立全区中小学科技社团评审制度、规范社团建制、签订"站校共建"协议，实现优势资源互补和共建学生科技社团的模式的探索等具体措施[2]。

俞惊鸿基于上海宝山区 123 所中小学的科技社团活动开展状况的现实考察，认为学校学科分数"指挥棒"的高压阻碍了学校科技社团的可持续有效发展，造成社团活动管理乏力，活动流于形式，内部制度形同虚设；同时，优质教师资源跟不上，社团活动单一化。改进学生科技社团管理工作，应从区域＋学校两头齐抓共管。创建区域联合体，整合优质的科普资源和教师资源，整体性推进科技社团的发展；其次，引入科技社团制度及评估督导机制，规范社团建设，以生为本系统地开发社团的整体架构[3]。

深圳市教育科学研究院就深圳市教育局 2014 年之后相继出台的《关于进一步提升中小学综合素养的指导意见》《关于全面深化中小学课程改革的指导意见》等顶层设计文件，以及《深圳市中小学"优秀科技社团"创建工作管理办法》《深圳市中小学"优秀科技社团"创建工作评价办法》等文件进行深入分析研究，总结了目前深圳市中小学科技社团建设的一些值得借鉴的经验：首先是科技社团建设的目标导向明确，评价机制健全；其次，社团建设在规划上突出多元与均衡

---

[1] 上海市杨浦区人民政府：《推进青少年科技教育加强科技后备人才培养的实施意见》，见汇法网（https://www.lawxp.com/statute/s1268313.html）。
[2] 沈洁：《校内外结合，共建学校学生科技社团的探索》，见上海市青少年科普促进会编：《科学教育与科技创新后备人才培养》，上海市青少年科普促进会印本，2013 年第 4 页。
[3] 俞惊鸿：《中小学科技社团建设的现状与后续发展的思考——以宝山地区为例》，《海峡科学》，2012 年第 3 期，第 44—46 页。

的协调发展的特点,表现为区域分布均匀,门类分布多元;再次,政府助力学校与社会资源结合,促进社团特色发展;最后,加强教师辅导、课程建设、学校特色建设工作与社团建设工作融合,增强社团建设参与者的获得感[①]。

广州市教育局根据国务院《全民科学素质行动计划纲要(2011—2015年)》《全民科学素质行动计划纲要实施方案(2011—2015年)》颁布了《广州市中长期教育改革和发展规划纲要(2010—2020年)》(穗字〔2011〕25号)和《广州市科学技术普及条例》(广州市人民代表大会常务委员会公告第29号)等文件精神,鼓励中小学积极开展科学实践活动。冯柳青立足广州市某小学提出来一系列通过学生科技社团活动促进小学生科技创新能力培养的优化策略,包括完善学生科技社团的各项规则、全面展开社团活动和比赛,以及通过科技社团之间的校际联动、社际联动增进交流、拓展社团资源[②]。

甘肃省成立《农村中小学科技创新社团活动有效性策略研究》课题,重点关注农村中小学科技社团的发展。吕晓莉对某县各中心学校的科技社团开展情况进行了调查研究,认为该县存在参与结构失衡、投入经费不足、辅导教师专业化程度低、忽视学生发展需求等问题,需要加大宣传和引导,充分认识学生科技社团的意义和作用,加大对科技社团的投资力度、加强对科技辅导员的培训,多措并举,整体提升科技社团活动的质量[③]。马世平以定西市陇西县渭州学校、城关一小等学校为依托,经过调研发现科技社团活动内容简单、评价方式单一、各校活动闭塞,校际缺乏交流,基于上述诸多问题提出了相应的优化策略[①]。

部分学者着眼于科技社团中的两类典型社团重点研究,分别是创客社团和STEM社团。周延滨基于核心素养的视角开展对小学创客社团的实践研究,在其研究中总结了小学创客社团面临的三个主要问题:小学生缺乏自主学习能力、难以实现全员普及、专业的创客教材和师资不足。针对上述问题,学者也提出了

---

① 童海云:《百花齐放夯基础融合创新促实效——中小学"优秀科技社团"建设的深圳实践》,《教育家》,2018年第40期,第17—18页。
② 冯柳清:《学生科技社团活动与学生科技创新能力培养研究》,《新作文(教育教学研究)》,2018年第6期。
③ 吕晓莉:《我县学校科技创新社团活动开展现状分析》,《考试周刊》,2018年第39期,第23页。
① 马世平:《农村中小学科技创新社团活动有效性策略研究》,《考试周刊》,2018年第39期,第24页。

结合小组合作学习，采用项目驱动的教学方法，建立微信公众号，面向全体普及科技知识，创建创客工作坊、邀请名师专家指导等优化策略[①]。

部分文献从课外科技活动的角度来研究课外科技学习活动的主要方式，拓展了笔者对于科技社团活动中的主要形式的研究思路。分别有小发明、小创造、小制作、小论文等"四小"活动和科技竞赛活动。但是调查发现当前小学生科技活动形式主要以参观为主，动手实操的机会很少，学生体验感不强，未能发挥科技学习活动应有的作用，因此需要开展多种形式的科技活动项目，满足不同兴趣爱好的学生的需要和促进科技活动有效开展[②]。

另有少量文献专门就校外科技社团活动方式进行了研究。徐纯赤针对校外团学活动上管理的宽松性、计划的多变性、成员的流动性等特点，提出将企业管理中的"项目管理制度"引入学生社团活动，提高管理的有效性和推进活动顺利开展[③]。齐炘等人针对青少年宫活动开展的随意性以及活动内容的不适应、前后内容不衔接等问题，提出青少年宫在活动设计要在科学化的基础上，构建系统的青少年宫活动体系，推动活动向制度化、常态化发展[④]。针对青少年高校科学营的发展现状，张娟瑾分析目前科学营存在经费紧张、优质资源不足、营际发展不平衡等问题，分别提出主办方、承办方和各地中学形成合力，积极寻求资金渠道，动员新高校、科研机构和企业加入，充实科学营资源等对策[⑤]。王宏鹏从具体的角度针对目前科学营缺少对营员的有效评估、课程内容设计不合理、营员缺乏动手实操的机会等问题，进一步提出入营前为每一位营员建立跟踪评估档案，后期加强联系、科学研究者授课内容及语言风格要通俗易懂、符合中学生的认知规律，增加科技课题环节，提高营员动手操作的能力等措施[⑥]。

[①] 周延滨：《核心素养视角下开展小学创客社团实践探究》，《中国教育技术装备》，2019年第13期，第68—69、72页。
[②] 陈传锋、陆晶晶：《小学生课外科技学习活动的实证调查与分析》，《教育探索》，2015年第11期，第40—44页。
[③] 徐纯赤：《项目管理在校外学生社团活动中的应用》，《上海教育科研》，2008年第8期，第35—36页。
[④] 齐炘、刘胡权：《我国青少年宫活动开展情况的调查与思考》，《教育科学研究》，2011年第12期，第50—55页。
[⑤] 张娟瑾：《青少年高校科学营发展现状与未来展望》，《沈阳师范大学学报（社会科学版）》，2018年第5期，第135—139页。
[⑥] 王宏鹏：《浅谈青少年高校科学营活动及活动效果——以天津为例》，《天津科技》，2017年第4期，第57—59页。

3. 关于国外学生科技社团介绍及国内外科技活动的比较研究

我国关于国外学生科技社团的研究主要集中在美国、日本和欧洲等发达国家，其中课外科技活动的开展在各国掀起的科技创新教育之风中应运而生，从此科技活动受到国家、社会和家庭各方面越来越多的关注，青少年科技活动也有了发展的平台，其在长期的探索发展过程中形成了一套完善的活动体系。

（1）有关国外学生科技社团起源的研究

关于国外学生社团的历史研究。"学生社团"英文可译为"student club"、"student association"。其起源研究主要有：

第一，关于欧洲学生社团的发端，可追溯至课外活动。最初，学生社团作为课外活动的一个重要组成部门而出现的。最早的课外活动可追溯至古希腊时期希腊和斯巴达学校开展的各种体育活动。中世纪的欧洲以及18世纪晚期英国的大学和学校里，课外活动的开展形式进一步发展，以"学生治校"为特点的意大利博洛尼亚大学为中世纪欧洲学生社团的诞生开了先河，此后，学生社团成为课堂之外进行活动及学习的重要组织形式。

第二，关于美国学生社团的发端，可追溯至殖民地时期。杨芳芳总结美国最早的学生社团以联谊会形式出现在18世纪末19世纪初，至20世纪二三十年代起，受杜威教育哲学思想影响，学生社团作为课外活动有效载体蓬勃发展，逐渐成为校园文化的重要组成部分。20世纪四五十年代，美国统一将班级或"学生组织"纳入"课外活动"或"学生活动"的范畴[①]。由此可见，要研究美国科技社团活动还要从课外科技社团活动着手。

第三，关于日本学生社团的研究。白芸认为日本的学生社团即日本学校学生的"俱乐部"，自明治时期起，俱乐部就已经存在，具有较长的发展历史。学校的俱乐部活动是课外自发的、自主的活动，由具有共同兴趣、共同要求的感情相投的人结合在一起，通过活动结交知心朋友，培育个人兴趣和情操。约20世纪70年代中后期，为与全体学生都必须参加的"必修俱乐部"相区别，课外俱乐部改为"部活动"[②]。

---

① 杨芳芳：《国外学生社团研究综述》，《新丝路（下旬）》，2020年第6期，第210—211页。
② 白芸：《国外中小学社团研究及对我国的启示》，《福建教育（中学版）》，2009年第10期，第12页。

(2) 关于国外课外科技活动的实施现状的研究

综上可知,国外的学生社团被认为是以学生为主题开展的学生活动,对学生科技社团的研究可追溯到对学生课外科技活动的研究和探讨上,两者并无本质差别。

早在 18 世纪工业大革命时期,科技教育在西方各国就已经处于独立地位,科技活动受到家庭、社会乃至国家的重点关注,青少年课外科技活动从此有了发展的舞台。本文就此以美、日为例,介绍国外的课外科技活动的研究现状。

戴耘和蔡金法教授主编的《英才教育在美国》[①] 中介绍道,美国的青少年科技活动开展模式是由政府、民间推动和家庭支持三方面有效结合模式,其中民间力量是中坚力量,从基层的家长组织到地方的非政府组织,一直到全国性的协会(如"资优儿童全国协会",National Association for Gifted Children),形成了一支强大的民间推动力量;在法制建设方面,美国科技教育已经纳入到完善的法治化轨道,1905 年美国国会通过《国家科学基金会法》,该法案规定对科学领域内的研究包括青少年的科技活动提供资金支持;克林顿政府大力推行 21 世纪社区学习中心项目(The 21st Century Community Learning Centers):"课后计划",有近来提出了"延伸服务学校"的计划(Extended Service Schools,ESS),"最佳利用课外时间"的计划(Making the Most of Out－of－School Time,MOST),"校外活动组织"的计划,(The After－School Coporation),以及芝加哥 1988 年实施《学校改革法案》,在美国率先建立地方学校理事会制度,促进学校和社区走向全面合作,使科技教育不断走向协助与共享的道路,为课外科技活动提供了有效的载体。例如大学院校的丰富拓展项目、高科技型公司或企业如通用电气研究中心(GE Global Research)为中小学生见习项目和科学展览会提供"新视野",还有由公司冠名的基于州或者社区倡导的团体组织的科技竞赛。同时吴尊民提到隶属美国能源部,美国最大的高能物理实验室将提升学生的科普能力作为自身的教育任务之一,其针对幼儿园、小学、中学及高校等层次的学生和教师所研发的科技教育项目活动多达 40 种[②]。

---

① 戴耘、蔡金法主编:《英才教育在美国》,杭州:浙江教育出版社 2013 年版,第 16 页。
② 吴遵民、钱江、任翠英等著:《现代校外教育论》,上海:上海社会科学院出版社 2014 年版,第 45 页。

江辉和李志永在《日本教育战略研究》①中描述了日本青少年科技活动开展的情况。从科技活动开展的形式上，20世纪80年代日本政府批准开展"科学技术周"活动，规定每年一次；从科技活动内容上，成立科学教室、发明教室、动手实验教室和参观博物馆以及科技展览馆等；从政策文本上，1997年日本文部省教育课程审议会提出审议报告，报告内容包括从小学三年级开始增设"综合学习实践"课，课程内容注重在相关专家指导下培养学生"问题解决式学习"和"探究式学习的创新思维和实践能力"。在2001年进一步提出"彩虹计划"，该计划旨在为实施"爱好科技、立刻行动计划"提供96亿日元的资金支持。

（3）关于国内外开展课外科技活动的比较及启示的研究

白芸从开展社团活动本身出发，探讨社团发展的经费来源、社团指导教师的角色定位以及社团的考核评价指标方面的问题及启示②。邱明从教育理念、政策保障、资金支持、资源整合等方面探讨了我国小学课后科技活动的启示③。黄芳等从宏观的课外教育层面分析，美国的课外教育已经形成了政策护航、信息引导、制度规范、以评促改、科研支撑等全方位、多手段的质量保障体系；启示我国应"完善课外教育拨款制度及探索多元资助模式、增强政府服务职能、完善课外教育评估制度、加强课外教育研究"④。杜永红等也从源起、课程、师资、管理、成效、面临的挑战诸方面对中美中小学课外教育进行了比较分析，从理念更新、课程设置、师资队伍建设、有效管理、信息与科研支持等方面探讨了我国中小学课外教育的启示。

（二）国外研究综述

在日本和我国台湾地区，倾向于使用"student club"一词来表达"学生社团"。如日本认为学生社团（或称俱乐部）一般是指："根据共同兴趣而结合的团体，进行互相协同的定期聚会。"美国也倾向于使用"student club"一词，但在

---

① 徐辉总主编，汪辉、李志永著：《日本教育战略研究》，杭州：浙江教育出版社2013年版，第5—34页。

② 白芸：《国外中小学社团研究及对我国的启示》，《福建教育（中学版）》，2009年第10期，第12页。

③ 邱明：《小学课外科技活动现状调查与对策研究》，辽宁师范大学硕士学位论文，2016年8月。

④ 黄芳、李太平：《美国中小学课外教育质量保障机制与启示》，《比较教育研究》，2013年第4期，第43—48页。

他们看来，诸如管乐队、合唱团、戏剧社、辩论社都不属于 club 的范围，而属于"学生活动"。可见，国外"student club"所涵盖范围却明显小于我国的界定。有关学生社团的研究，根据关键词"学生社团（student societies or student clubs）"文献检索结果，国外研究明显少于国内的研究且研究成果寥寥无几，发表时间较早且集中于 20 世纪 60 年代，且主要集中于对高校学生社团的研究。对国外学生社团研究内容大致分为以下几类。

1. 国外关于学生社团的研究

（1）关于学生社团历史发展的研究

早在古希腊时期，雅典、斯巴达学校就出现了各类体育活动，并且设置了学生自治机关组织，这种由学生自治管理的活动可以看作是西方学生社团活动的起源[1]。12 世纪的欧洲，出现了旨在保护教师和学生利益的早期组织，即教师行会和学生同乡会，也就是早期的社团。而美国，最早的学生社团是 18 世纪耶鲁大学的文学社团，其中以骷髅会（Skull and Bones）和兄弟会（Brothers）最为出名。之后相继出现了许多学生社团[2]。到 19 世纪 60 年代，学生社团种类开始多样化，涉及体育、竞技、音乐、表演等。20 世纪二三十年代，美国高等教育领域开始重视社团对学生的服务功能，因而提出了"学生人事服务"的理念。20 世纪 90 年代，美国大学人事协会正式提出对学生事务进行管理，规范学生活动的开展，促进学生全面发展[3]。从此，学生社团进一步发展，且在组织和管理上更加规范化。

（2）关于学生社团管理策略的研究

西方大多数学者重视法律在学生组织管理中的地位，强调学生社团管理法规化。学者 William A. Kaplin 在对学生社团的研究中强调以法律手段规范学生组织的管理，从法律方面对学生社团做出明确的要求，例如要通过有效的组织认证使其正规化、合法化，对社团成员权利进行明确的划分、在社团活动开展过程中

---

[1] E. Drizzle, "Evolution of Student Activities in the Secondary School", *Educational Outlook*, 1926 (1): 19–31.

[2] LLC, Yale University, *Elihu Yale, Vinland Map, Skull and Bones, Residential Colleges of Yale University*, Pi Lambda Phi, General Books, 2011, P. 168.

[3] Margaret J. Barr, Mary Deshler, and Associates, *The Handbook of Student Affairs Administration*. Jossey-Bass Publishers, 2006, PP. 624–625.

严格遵守义务等，以规定的形式对学生社团做出明确而具体的要求①。Olivier Bégin-Caouette 和 Glen A. Jones 主张在进行社团活动管理时，充分利用网络资源的优势，使学生社团的管理现代化、灵活化，保持与时俱进，例如在网络上实现社团活动的申请、注册工作，既有利于提高工作效率，又增加了管理工作的便捷性②。Morill 提出了对学生社团发展进行全面干预的维度模型，通过对组织环境的干预来引起学生社团的变化，具体包括对社团环境、同伴关系、居住环境等方面的影响作用，以组织训练、心理辅导等方式，实现学生思想和行为上的转变。③

（3）关于学生社团重要价值的研究

学生社团组织通过开展各式各样的社团活动，对学生个体发展具有重要的教育价值。G. D. Kuh 认为学生通过参与社团活动可以培养自身积极向上的态度以及乐观开朗的性格，增强与他人交往的能力，使个体更易于融入群体生活等④。J. D. Foubert 等学者在研究中发现，经常参与社团活动的学生比很少参与社团活动的学生在很多方面都表现出优势，例如经常参与社团活动的学生在学习生活中更易获得明确的目标和规划，在个人生活管理上更有规划性等⑤。William G. Camp 等人发现参与学生社团活动对于培养学生的人际交往能力和领导力也有帮助。

2. 国外关于科技教育的研究

目前，国外的中小学科技教育通常以 STEAM 教育的形式进行。从早期的科学教育逐渐向融合技术的科学教育发展，国外教育在实践中将科学理论的学习推进到实践应用与创新开发的科技教育，从教育内容上看，国外的科技教育侧重于对学生实践能力的培养，强调学生能够通过调动自己的感知觉，倾听、观察、

---

① William A. Kaplin. *The Law of Higher Education*, Wiley, 2007, P. 79.
② Olivier Bégin-Caouette, Glen A. Jones, "Student Organizations in Canada and Quebec's 'Maple Spring'", *Studies in Higher Education*, 2014, P. 393.
③ Morll Hurst. "Dimensions of intervention for student", *Learning for Living*, 1980, No. 7, PP. 81–90.
④ G. D. Kuh, "In Their Own Words: What Students Learn Outside the Classroom?", *American Educational Research Journal*, 1993, Vol. 30, No. 2, P. 277.
⑤ J. D. Foubert, L. U. Grainger, "Effects of Involvement in Clubs and Organizations on the Psychosocial Development of First-year and Senior College Students", *NASPA Journal*, 2006.

合作、探究、思考、质疑、讨论，在实践中学习探究[①]。

(1) 关于美国科技教育的研究

从 1986 年到 2018 年，美国陆续发布了一系列加强 STEM 教育的政策和举措，笔者收集相关政策和举措如表 8-1 和表 8-2 所示：

表 8-1 美国加强 STEM 教育的政策和举措

年份	政策名称	主要内容
1986	本科的科学数学和工程教育	美国教育学科集成战略的里程碑
2006	美国竞争力计划：在创新中领导世界	为了发展科学技术与教育能力，加大投资力度，数额为 1360 亿美元，目的提高美国的竞争力。
2007	美国竞争法	第一部与 STEM 教育有关的正式法案。主要是强调培养 K-12 阶段教师的能力，以及制定更完整的研究计划，继续加大投入力度。
2007	国家行动计划	针对 STEM 教育对 K-12 阶段及本科阶段的影响，提出计划对教师的培养和投入的增加
2009	美国创新战略	培养创新性人才，采取创新教育运动，目的在于提高学生各方面素养及各方面水平
2010	为了美国未来实施 K-12 年级 STEM 教育	在 K-12 阶段对工程课堂进行评判，培养出具备 STEM 素养的教师队伍，探究适合的教育要求
2013	联邦五年 STEM 教育战略规划	对 STEM 教育进行规划和要求，介绍了战略重点和协调策略，将工程教育引入科学教育，深化研究
2016	2026 年 STEM：STEM 教育创新愿景	计划了 STEM 教育的六个愿望，以及实现这六大愿景
2018	美国的 STEM 教育战略	美国战略的五年计划：计划更广泛的开展实施 STEM 教育。又称之为北极星计划

---

① K. Chrisman, "The nuts and bolts of discovery centers", *Seience & Children*, 2005, No. 43, PP. 21-22.

表 8—2　美国 STEM 教育的理论及实践

理论及实践	相关内容
STEM 教育的理论研究	美国国家科学基金会认为 STEM 教育是一门将科学、技术、工程和数学进行结合的科学，具有引导性意义①
	代表人物 Morison 认为②：STEM 教育不是传统的阅读、写作等课程，而是综合了四门学科内容的课程。
	代表人物 Merrill 认为③：STEM 教育基于原始课程标准的原型，各学科之间没有界限，相互融合的，是一种动态和滚动的学习方式。
STEM 教育的教学模式	美国生物学课程研究组成员 R. Bybee，提出的 5E 教学模式，注重培养学生的实验操作能力和知识建构能力
	美国康涅狄格州的科学中心开发的课程《电梯》，采用了 6E 教学模式④，增加了工程设计环节，依据工程流程图逐步解决问题，最后构建电梯模型。
	PIRPOSAL 模型则是分为了八个部分：提出问题、阐述想法、实施调查、设计解决方案、优化实践方案、评估教学过程、修改方案、展示成果。
STEM 教育的案例实践	芬兰大学和美国北伊利诺伊大学联合开展的 Finnish — US 项目，以游戏为基础，面向 K—16 教育阶段的学生实施。
	美国 STEM 教学案例中的"色觉辅助眼镜"，是学生需要动手制作眼镜，要求学生学会使用"在线色觉测试软件"，锻炼学生的综合能力。
	Hannah 是对学校的跟踪调查⑤，通过将四门学科进行结合，利用与现实生活相关的应用程序，提高 STEM 教育下学生的综合成绩。

(2) 关于其他国家科技教育的研究

英国在科学教育方面一直处于领先地位，为了继续保持其科技教育的优越

---

① J. M. Breiner, S. S. Harkness, C. C. Johnson, et al. "What Is STEM? A Discussion about Conceptions of STEM andPartnerships", *School Science and Mathematics*, 2012, Vol. 112, No. 1, PP. 3—11.

② J. Morrison & R. Bartlett, "STEM as a Curriculum: An Experiential Approach", 2009 [EB/OL]. http://www.mheonline.com/assets/pdf/STEM/articles/stem_as_curriculum.Pdf, 2009—03—04.

③ C. Merrill, J. Daugherty, *The Future of TE Masters Degrees*: *STEM*, Meeting of the International Technology Education Association, 2009.

④ B. N. Burke, "The ITEEA 6E Learning By Design Model: Maximizing Informed Design and Inquiry in the Integrative STEM classroom", *Technology and Engineering Teacher*, 2014, vol. 73, No. 6, PP. 14—19.

⑤ H. Gourgey, B. Asiabanpour, C. Fenimore, "Case Study Of Manor New Tech High School: Promising Practices In STEM Education For Comprehensive High Schools", *American Journal of Engineering Education*, 2010, Vol. 1, No. 1, PP. 47—64.

性，政府提出了一系列 STEM 教育的相关计划及政策①。如"Your Life"计划：旨在提高英国年轻人在数学和科学学科的参与度，使其更好地获取数学和科学学科方面的知识。"STEMNET"计划：旨在提高青少年学习 STEM 课程的兴趣及能力。"国家科学与工程竞赛"：是英国 11—18 岁的学生均可参与的 STEM 竞赛，目的是选拔在 STEM 学科有突出能力的优等生。

德国一直以其完善的职业教育体系而闻名。德国通过开展的 MINT 作为实现 STEM 的载体，主要是为了培养 MMNT 劳动力。通过设置特殊课程、特殊学校或特殊项目，举办 MINT 比赛等具体措施来鼓励和保障 MINT 教育的顺利开展②。在人才培养方面，侧重于通过建立课外活动来促进 MINT 教育，并对其实施效果进行跟踪评估和分析，不但促进了学生的发展，对 STEM 教育的发展也产生了深远影响。

澳大利亚的中小学生在 PISA 试题、TIMSS 等测试中的成绩不是很好，同时美国教育的迅速发展，基于这样的背景下政府着重思考 STEM 教育的有效性。在 2012 年澳大利亚首席科学家办公室颁布了《国家利益层面上的数学、工程与科学》，从教学方式、教师能力和公民科学素养等方面③分析了教育的现状和存在的问题。2015 年 12 月，发布的《STEM 学校教育国家战 2016—2026》，提出所有学生在完成学校教育的同时还要学习更具挑战性的 STEM 学科，获得较强的 STEM 能力。

3. 国外关于科技活动的研究

西方各国早期开始重视青少年科学教育，随着科学教育逐渐独立起来，科技活动也受到了国家、政府、社会等各方面的关注，青少年科技活动也得到了相应的发展。现以美国、日本为例，简述国外对青少年科技活动的研究现状。

（1）关于美国的青少年科技活动的研究

---

① Colin McCaig, Terence Hogarth, Lynn Gambin & Lucy Clague, *Research into the Need for and Capacity to Deliver STEM Related Apprenticeship Provision in England* [R]. Department for Business Innovation and Skills, 2014, P. 56.

② Y. Yaping, "Comparative Study on STEM education of primary and secondary schools in America, Germany and Japan", *Primary & Secondary Schooling Abroad*, 2015.

③ L. Haynes, "Studying STEM: What are the barriers", *A Instruction of Engineering*, 2008, No. 5, PP. 1—17.

早在杜威提出"做中学"理论及布鲁纳倡导"发现学习"时,活动类课程就被纳入了美国学校课程。美国 G. W. 布什总统于 2001 年提交的《不让一个孩子掉队》[①]教育改革提案及 2002 年政府颁布的《美国教育部 2002—2007 年战略规划》[②]中都强调了要重视青少年对科学活动的参与度。除了基础的学校教育系统,美国的各类社会机构一直在积极地为青少年科技活动的开展与推广提供平台与资源。如成立于 1848 年的美国科学促进会(American Association for the Advancement of Science,简称 AAAS,科促会)是世界上最大的科学和工程学协会的联合体及最大的非营利性国际科技组织,同时也是《科学》杂志的主办者、出版者。科促会制定并实施了很多激励青少年积极参加科技活动的措施。

(2) 关于日本的青少年科技活动的研究

日本非常重视科技的早期教育,日本政府在 1960 年批准在全国范围内开展"科学技术周"活动,规定活动每年开展一次,活动时间在 4 月 18 日"发明日"开始的一周。在科学技术周期间,安排形式多样、丰富多彩的科技活动,如发明教室、天文教室、动手实验教室、科技电影展、科学报告会、参观科技馆和博物馆等。同时还特地新建了一批专为青少年提供科技活动的场所与设施,同时还通过多样的宣传方式对青少年进行科学教育。截至 2008 年 10 月,日本全国可供青少年开展科技活动的博物馆有 1248 个,图书馆有 3165 个,公民馆有 16566 个等。这些活动的开展,激发了青少年对科学的爱好,进而学习科学,既提高了青少年对科技的热情,也加强了公众对科技的理解和关注。

(三) 国内外研究述评

综合分析以上国内外科技社团的研究成果发现,由于开展科技社团活动的起始时间不同,国内外关于学生科技社团的研究在研究内容侧重点和研究深度上存在显著差异。

国内学生科技社团研究起步晚,发展快,侧重于有关科技社团的理论探索。在国家大力倡导科技教育以及 2017 年 2 月教育部颁布《关于做好中小学课后服

---

① TEA. "No Child Left Behind and Elementary and Secondary Education Act" [R/OL]. (2016-06-26) [2017-01-22]. http://www.tea.state.tx.us/index4.aspx?id=4261&menu_id=214748374

② U. S. Department of Education. "U. S. DE Strategic Plan 2002—2007" [EB/OL]. http://www.ed.gov/pubs/straplan2002-07index.html,2002-05-14/2002-05-30.

务工作指导意见》之后，科技社团作为实施科技教育的重要载体和课后服务的一种形式，逐渐引起学术界和社会的关注。

总结分析学生科技社团研究的现状，呈现出以下特点：

第一，理论分析多，实证研究少

已有对学生科技社团，尤其是科技社团的性质、内涵和功能的研究，更多的是一些理性思辨，实证研究很少。由于这些研究结论没有建立在实证和实验的基础上，仅仅是一些概括性的描述，缺乏足够的说服力。

第二，现实问题研究多，历史问题研究少

对科技社团的研究基本集中在对现状的研究，对于科技社团历史问题的研究比较少。

第三，高校科技社团研究多，小学科技社团研究少

已有的研究基本都集中在高校中，而小学阶段的科技社团研究很少。一方面是由于高校大学生科技社团数量多，规模大，影响广，相关资料容易收集；另一方面也说明研究者对小学科技社团的研究重视不够。

第四，研究视野狭窄

科技社团某些功能、特点以及类型会随着时代背景、社会环境的不同而不同，然而已有的研究大多是就事论事，未能很好地结合社会、政治、经济文化以及教育等因素思考科技社团的功能、类型和特点。

第五，理性思辨语言多，细节描述语言少

已有的研究更多的是理论分析，研究更多的是学生科技社团的组织、机构，而不是科技社团所开展的具体、生动的活动。因此，在科技社团研究的成果表述方式上，必然就呈现出理论性语言表述多，描述性语言表述少，即使是叙述话语也多采用宏大叙事的方式，较少采用日常生活叙事的方式进行研究和表述。

综上所述，国内学生科技社团研究的未来趋向可以从以下几个方面着手：

一是增多实证研究。对于科技社团学校该如何管理，如何组织开展活动才能将科技社团的功能发挥出来，都需要通过大量、具体的实证研究、实践研究；

二是加强历史问题研究，通过对科技社团的"过去"的研究，发现问题，从中总结经验、教训，达到"以史为鉴"的目的。

三是小学科技社团的研究逐步得到重视。小学科技社团由于自身数量有限，

品质不高，影响有限，因而有关研究不多。但是，随着素质教育和科技教育的进一步深入贯彻与落实，小学科技社团在提高小学教育质量中所能发挥的作用势必会越来越得到重视，小学科技社团发育程度的逐步提高成为必然。

四是研究视野需要拓宽。作为以在校学生为主体组成的学生组织，表面看起来它仅仅与学校有关，其实并非如此。从长期来看，学生科技社团会受到社会经济、政治、文化、科技等社会背景的影响。因此，必须把学生科技社团放在更广阔的视野中进行研究，方能探索出学生科技社团的发展规律。

五是科技社团活动研究还需丰富。为了获得科技社团的一手资料，必须对学生科技社团活动形成大量丰富感性认识，在此基础上形成的理性认识才更有说服力。

国外对于社团的研究起步较早，成果多，对于社团的历史发展、管理策略、管理价值都有较为深入的研究。但国外没有像国内的"科技社团"这种明确的概念，对于中小学的科技社团的研究重点集中在青少年科技教育与青少年科技活动的开展方面。以美国为例，国家已经将青少年科技教育纳入法治化轨道；而日本在顶层设计上也较为完善，以政府为主导颁布一系列支持开展青少年科技活动的政策。其次，由于国外的科技教育顶层设计较为完善，贯彻执行力度强，因此国外学者将研究重点都聚焦在政策文本的分析上，主要有"分析文本的内容""分析政策的传播"和"分析政策的执行力度"。值得注意的是，在美国此类政策中"科技教育"的含义是针对所有年龄段人群的科技教育，即不仅包含针对中小学生、本科生、研究生的正规学校科技教育，还包含面向成年人的非正规的科技教育。最后，关于国外的青少年科技活动的研究，重点集中在对国家层面开展的科技活动的研究，而较少关注校内开展的活动研究。

国外科技社团的理论研究和成果以及实践经验是我们学习与借鉴的宝贵财富，今后我国在小学科技社团的研究中，需要从理论探索和实践考察两方面着手，一方面加快有关小学科技社团的理论研究，为小学科技社团管理夯实理论基础，另一方面也要重视对小学科技社团开展的实际效果研究，加强对小学科技社团的管理，确保小学科技社团教育工作落实到位，发挥出应有的价值和作用。

四、研究思路与研究方法

(一) 研究思路

本文从理论研究和现状调查两个方面进行研究。回顾了国内外科技社团管理的研究现状，界定了"科技社团"和"科技社团管理"的核心概念，探究了小学科技社团管理的意义和价值，并以协同治理理论为支撑，分析梳理了我国部分地区小学科技教育和社团活动建设的相关政策。另一方面，选取 L 市 S 区的六所小学作为研究对象，通过访谈和问卷调查，深入了解 L 市 S 区小学科技协会的管理现状，总结其积累的经验和存在的问题，根据调查结果，深挖所存问题的根源。最后，在借鉴国内外优秀经验的基础上，从主体与客体管理、内容与形式管理、资金与时间管理、制度建设和质量管理五个方面提出了改进 L 市 S 区小学科技社团管理的对策建议。

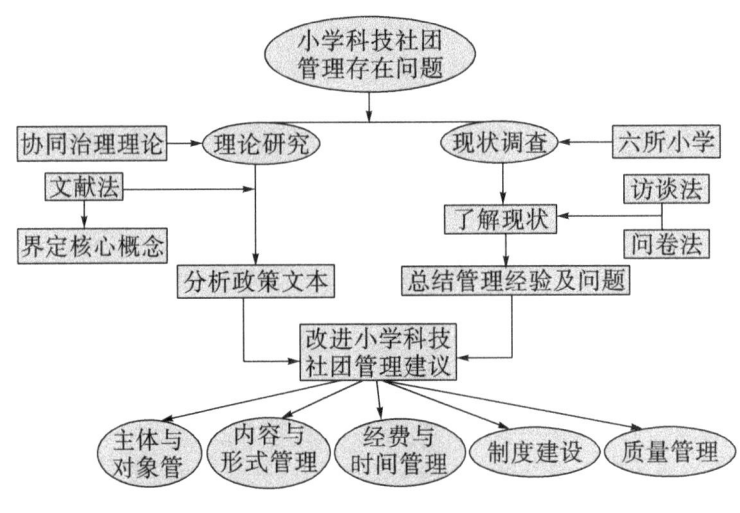

图 8-1 研究思路框架

(二) 研究方法

1. 文献研究法

"文献"一词的内涵随着社会经济的发展不断向外延伸。朱熹先生曾指出：

"文，典籍也；献，贤也。"① 其中的"文"指典籍文章，"献"指的是古代先贤的所见所闻和他们的人生经历。到了后来，《文献著录总则》将"文献"一词的内涵加以了扩充，它包括记录知识的所有载体，如书籍、报纸、论文、档案和可行性报告等书面和印刷材料，以及文物、电影、音频和录像带、幻灯片等各种实物材料②。

本研究从方法论的角度按照文献研究的步骤，首先确定研究问题：

1. 小学科技社团是什么？2. 小学科技社团开展的作用有哪些？3. 小学科技社团目前开展现状怎样？4. 小学科技社团管理当前存在什么问题以及对策建议？

其次，文献的收集与分析。借助中国知网、万方、百度学术等和 Google scholar、Web of Science 等数据库，收集本研究密切相关的文献资料，同时在收集过程中注意其有效性，对于年代久远的，不适宜当下社会背景的文献予以剔除。

最后对所收集文献进行总结归纳，清晰了解国内外科技社团的研究现状与发展趋势。

2. 调查研究法

（1）访谈调查法

"访谈"是指研究人员"发现"和"访问"受访者，并与他们"交谈"和"提问"的活动。面谈是一种对话研究，研究人员通过口头对话从受访者那里收集（或"构建"）第一手数据③。访谈具有可操作性强、成本低、强调语言背后的意义、尊重被访谈者的个人感受等优点，成为社会科学研究中常用的数据收集方法之一。根据研究者对访谈结构的控制，访谈可分为三种类型：封闭式、开放式和半开放式。这三种类型被称为"结构化""非结构化"和"半结构化"①。结构化类型为访谈问卷，非结构化类型只有主题，没有具体的面试问题，而半结构

---

① 朱熹撰：《四书章句集注·论语集注》，见《朱子全书》第 6 册，上海：上海古籍出版社 2001 年版。

② 袁振国主编：《教育研究方法》，北京：高等教育出版社 2000 年版。

③ 陈向明著：《质的研究方法与社会科学研究》，北京：教育科学出版社 2000 年版，第 172 页。

① 陈向明著：《质的研究方法与社会科学研究》，北京：教育科学出版社 2000 年版，第 171 页。

化类型需要提前准备好"粗略的面谈大纲",并随着面谈的过程进行灵活的扩展。本研究主要采用半结构式访谈。

本研究结合实际情况与研究需要,将访谈的主要对象选定为 L 市 S 区小学校长、主任、老师等。笔者根据研究需要,选取了六所 S 区六所代表性小学——L 小学、S 小学、X 小学、T 小学、B 小学和 Y 小学,其中 Y 小学为私立小学。并在六所学校中随机选取 13 位受访者。在抽样方式上,采用目的性抽样方式,在尊重被抽查研究对象意愿的前提下,对每所学校的访谈对象进行随机抽样,访谈提纲主要围绕:小学科技社团主体与对象管理、小学科技社团活动管理、小学科技社团经费与时间管理、小学科技社团制度建设、小学科技社团质量管理五个维度设计问题,以深入了解小学科技社团和科技社团管理的具体情况,有效获取对 L 市 S 区小学科技社团管理更全面的认识。

(2) 问卷调查法

问卷调查法是采用实证主义的调查方法论,以标准化问卷方式对选定的调查对象进行调查,并在问卷收集整理后对调查结果进行统计分析,得出研究结果的调查方法[①]。

本研究中所用的问卷是在借鉴已有文献所用的问卷的基础上,结合笔者所要研究的实际问题进行修改与扩展,在预调研后形成最终的正式问卷,并向学生、家长发放,收集关于学生、家长参与小学科技社团的有关数据资料,问题均为封闭式问题。之所以采用封闭自填式问卷调查方法进行,因为题量略多,可以使得被调查者迅速地回答问题,且问卷调查具有很好的匿名性,便于学生和家长如实填写并为统计分析做充分的准备。

第一,调查对象

本次调查选取填写问卷的对象是在 L 市 S 区 6 所小学中的学生和家长,包括两所市属小学,3 所区属小学,1 所私立小学。本次研究采取随机抽样原则,将 300 份纸质问卷发放给学生,家长问卷则是通过问卷星链接发放。

第二,问卷设计

本次调查所采用的调查问卷为非量表问卷,结合相关政策文本的分析以及前

---

① 郑晶晶:《问卷调查法研究综述》,《新疆(理论观察)》,2014 年第 10 期,第 102—103 页。

期文献法总结的小学科技社团管理的相关要素和实际情况，问卷的定稿包括两个部分，第一部分是个人基本信息，家长卷第二部分主要包含小学科技社团管理主体与对象、小学科技社团管理制度及了解度、小学科技社团活动内容与形式、小学科技社团经费与时间、小学科技社团活动质量等五个维度。学生卷第二部分主要包含小学科技社团管理制度及了解度、科技社团活动内容和形式、活动时间、活动质量四个维度。本问卷题型为选择题和主观题。通过SPSS20.0软件对问卷进行统计分析，对L市S区小学科技社团管理的基本情况做补充说明。

五、研究的重点、难点及创新点

（一）研究的重点

通过访谈和问卷调查的方式，了解L市S区小学科技社团管理的情况，总结L市S区小学科技社团管理的经验、问题及原因，并提出有针对性的改进建议。

（二）研究的难点

本研究主要面临两个难点。一是整理和分析数据，面对庞杂的数据，需要筛选出有效信息，理清信息与笔者关注的小学科技社团的五大要素之间的逻辑关系，通过借助协同治理理论和相关政策，对数据进行合理的解释，最后构建本文的理论分析框架。这要求笔者具有一定的数据处理和理论分析能力。二是对加强小学科技社团管理的思考。小学科技社团管理涉及多个管理主体和多个要素的管理，如何在综合考虑影响科技社团管理的所有因素的前提下，提出有针对性的、适用的策略来提高小学科技社团的管理水平，还需要不断的思考和研究。

（三）研究的创新点

第一，研究视角的创新。本研究拟从协同治理的视角出发研究小学科技社团管理问题。传统的研究单一地集中在学校内部管理问题，而常常忽略家长以及社会等外部因素。因此，本研究将更多关注在科技社团中家长、校外机构、企业等外部因素的参与度。

第二，理论基础的创新。当前研究视野狭窄。学生科技社团某些功能、特点以及类型会随着时代背景、社会环境的不同而不同，然而已有的研究大多是就事论事，未能很好地结合社会、政治、经济文化以及教育等因素思考科技社团的功能、类型和特点。因此，本研究将在大量参考科技教育以及小学社团活动建设的政策文本的基础上来确定理论研究框架，分别从主体与对象管理、活动管理、经费与时间管理、制度建设、质量管理五个维度展开研究，紧密结合社会要求和时代发展。

第三，研究方法的创新。对学生科技社团的研究已有更多的是一些理性思辨，实证研究很少。本研究将深入到各小学之中，通过访谈和问卷调查收集数据，并使用 SPSS 和 NVIVO 软件进行分析，得出最终结论。

第四，研究领域的创新。当前我国对于学生科技社团的研究主要集中在高校，关于小学阶段的科技社团研究成果较少，本文对 L 市 S 小学科技社团管理进行了广泛的现状调查，总结了 L 市 S 区小学科技社团管理的经验，分析了 L 市 S 区小学科技社团管理存在的问题及原因，并对 L 市 S 小学科技社团管理的完善进行了思考，以获取对我国城区小学科技社团管理的新认知。

第二章　小学科技社团管理的内涵分析

一、核心概念界定

（一）小学科技社团

我国学者认为小学科技社团是以培养学生的创新能力和提升其科技素养为目标，以青少年科技实践活动为基本内容形成的组织。如康龙、郑敏认为：科技兴趣小组、科学课外班、第二课堂、xx科学（科技）竞赛队等都属于科技社团[①]。组织主体可以是教育行政部门、学校，也可以是校外营利性组织；组织活动的时间可以在课后、周末或是寒暑假；组织性质是营利性或是非营利性的；教育性质是正式教育或非正式教育的。西方国家认为学生科技社团作为课外科技活动的一个重要组成部门而出现的。其关注的重点不在于社团这个组织，而在于其开展的科技活动。美国青少年科技活动开展模式为政府、民间推动和家庭支持三方面有效结合模式，其中民间力量是中坚力量，小到家长组织，大到地方非政府组织，甚至到全国性的协会，其影响范围较广，整合的资源较为丰富。

根据我国学者和西方国家对于科技社团的界定可见，广义上开展科技社团类型包括科技兴趣小组、科学课外班、第二课堂、××科学（科技）竞赛队等，社团活动时间包括课后、周末和寒暑假；社团管理主体包括政府、学校、民间组织；社团性质包括营利和非营利的；社团的教育性质包括正式教育和非正式教育的。本研究以小学科技社团为研究对象，取狭义的科技社团之意，专指在课后、周末或寒暑假，以培养学生的创新能力和提升其科技素养为目标，由政府提供补贴、学校酌情收费、以学校为主体、以小学生为对象开展多样化的科技活动，包括正式教育和非正式教育的非营利性组织。

（二）小学科技社团管理

管理的含义：相关人员在特定环境中计划、组织和协调各种资源以实现既定目标的过程性活动。管理的意义在于改进工作，提高效率，实现目标。同样，小学科技社团的管理也是一种过程性活动。通过制定相关制度，组织协调相关团体，充分调动学校和社会的教育资源，确保小学科技社团的顺利发展，从而达到小学科技社团的预期目标。

管理活动包括以下五个要素，分别是管理主体、管理对象、管理内容、管理制度、管理质量。具体到小学科技社团的管理工作，主要包括对科技社团管理主体、社团辅导对象、科技社团管理制度、科技社团活动内容与形式、科技社团经费与时间、科技社团的质量等方面的管理。结合当前小学科技社团管理的实际状

[①] 康龙、郑敏：《如何在中小学组织开展科技社团活动》，《中国科技教育》，2021年第2期，第18—21页。

况，本研究特从科技社团管理主体与对象、科技社团管理制度、科技社团活动内容与形式、科技社团经费和时间、科技社团质量五个方面来探究小学科技社团管理。具体如下：

小学科技社团主体与对象管理是开展科技社团活动首先要解决的问题。科技社团管理主体包括组织主体管理和人员主体管理，主要明确科技社团管理主体权力与责任，合理建构管理层级，提升人员主体管理能力。小学科技社团对象管理主要是确定参与科技社团活动的对象，主要是小学生，也同时涉及对于家长的管理。

小学科技社团管理制度建设是社团活动有序开展的前提，其包含开展科技社团活动涉及的全部事务和流程的管理。

小学科技社团通过其活动的内容与形式来实现他的教育价值和目标。小学科技社团活动内容与形式的管理主要是对活动实践学生学什么、怎么学等问题的回答，科技社团活动形式主要包括"在功能室上课、参加竞赛、科普讲座、参观科普基地、对外交流活动等"，活动内容由其具体形式而定。

小学科技社团经费与时间是规范社团活动开展的重要方面。科技社团经费包括经费筹措与使用等，需要保证经费充足、社团所需仪器设备充足，且能给予科技辅导员一定的补偿。科技社团活动时间管理则需要合理确定社团活动时间，包括校内活动时间和校外活动时间，保证学生有充足的时间参与科技社团活动并学到知识。

质量管理是科技社团优质持续发展的保证。理想的质量管理应在学校自查和外部组织核查的双重管理模式下，建立科技社团动态调整与退出机制。并且在管理过程中，也要严格执行"三步走"策略：第一，确定小学科技社团管理工作的评价标准；第二，对科技社团管理工作进行过程性检测；第三，对科技社团管理工作的阶段性总结。

二、小学科技社团活动开展意义与小学科技社团管理价值

（一）小学科技社团活动开展的意义

小学科技社团是实施科技教育与社团教育的载体，规范有效地开展科技社团活动能同时推动科技教育与社团教育的目标的实现。

规范有序地开展科技社团是培养中小学生的创新意识、学习能力和实践能力重要途径，是帮助小学生形成科学的人生观、价值观的重要阵地，是树立科学态度和精神，掌握基本科学技术和方法的关键举措。

规范有序地开展科技社团活动，是创新和深化未成年人教育的重要途径，是传承和涵养校园文化的崭新模式，是深化基础教育课程改革、创新教学理念的迫切需要。

规范有序地开展科技社团活动，也是关系国家发展的基础工程，是培养为社会主义现代化强国建设服务、引领未来科技发展的创新人才、培养社会主义建设者和接班人的重要举措。

（二）小学科技社团管理的价值

小学科技社团管理的价值在于通过协调科技社团管理的各个要素，促进活动目标的实现和科技社团功能的发挥。它具体体现在事前规范的价值、过程有序的价值和事后优化的价值。

小学科技社团管理通过完善制度建设，体现事前规范价值。在科技社团开展之前，制定切实可行的社团规划，健全科技社团管理规章制度，明确科技社团管理主体权责、参与社团的对象、社团活动内容与形式、社团活动经费和时间安排等，可以为科技社团的工作开展做好充分的准备。

小学科技社团管理通过对科技社团活动开展过程监控，体现事中秩序价值。科技社团是为培养小学生科技创新能力和科技创新精神提供的过程性活动，有关管理主体依据科技社团相关规定细化各项管理标准，督促各管理人员依章办事，整合调动有利资源，使科技社团活动有序进行。

小学科技社团管理通过对社团的质量监控与反馈,体现事后优化价值。科技社团开展的效果如何,与预期目标偏差距离如何,相关人员的满意度情况是评价科技社团的重要指标,社团活动所取得的成绩也是衡量社团质量的重要指标。

三、我国地方小学科技社团相关政策文本梳理

学者涂端午认为,教育政策在教育中扮演核心角色,理解教育政策的内涵与价值,才能真正理解教育所关注的重点和发现教育中存在的问题[①]。科技社团作为社团教育和科技教育发展而来的新兴社团,至今还没有关于科技社团建设完善的理论体系,但我们可以通过研究青少年科技教育政策和学生社团建设相关政策来探究小学科技社团的重要内涵,对小学科技社团管理有着重要的实践价值。

研究小学科技社团,首先要建立在理解全国的科技教育政策的基础上。因此,笔者梳理了山东、广东、江苏、辽宁、福建、广西等十几个省(市、自治区)的科技教育政策,涵盖地区较广,基本能反映我国科技教育政策的总体情况,详见表8—3。

表8—3 我国部分地区有关科技教育政策一览表

地区	发文单位	政策名称	发文时间
中央	国务院	《全民科学素质行动计划纲要实施方案(2021—2035年)》	2016—06—03
	科技部、教育部、中共中央宣传部、中国科学技术协会、共青团中央	《2001—2005年中国青少年科学技术普及活动指导纲要》	2000—11—16

---

① 涂端午:《高等教育政策的价值结构——基于政策文本的实证分析》,《清华大学教育研究》,2010年第5期。

续表

地区	发文单位	政策名称	发文时间
山东省	青岛市教育局 青岛市科学技术协会	《关于进一步加强中小学科技教育工作的意见》	2018－03－22
	淄博市教育局、淄博市科技局、共青团淄博市委、淄博市科学技术协会	《关于进一步加强中小学科技教育工作的意见》	2016－05－31
	淄博市周村区教育局	《关于进一步加强青少年科技创新教育工作的意见（试行）》	2010－03－10
辽宁省	辽宁省教育厅、省科学技术厅、省科学技术协会	《关于进一步加强中小学科技教育工作的意见》	2003－10－29
	沈阳市教育局	《关于进一步加强中小学科技教育工作的意见》	2011－11－24
福建省	福建省教育厅、福建省科技厅、福建省科学技术协会	《关于加强中小学科技教育工作的意见》	2009－01－22
	厦门市教育局	《关于进一步加强中小学科技教育工作的通知》	2017－11－07
广东省	广东省科学技术协会、广东省教育厅、广东省科学技术厅	《关于进一步加强青少年科技教育工作的意见》	2008－07－30
	广州市教育局	《关于统筹推进广州市青少年科技教育工作的实施意见》	2020－12－28
广西省	教育厅、科技厅、自治区文明办、团区委、自治区科协	《关于进一步加强青少年科技教育工作的意见》	2015－03－30
甘肃省	兰州市人民政府	《关于实施中小学科技创新教育"飞天计划"的指导意见》	2012－11－08
浙江省	宁波市奉化区教育局	《关于进一步加强青少年科技教育工作的意见》	2021－11－09

为全面研究我国小学科技社团的管理政策，本研究梳理了山东、江西、江苏、河南、河北等几个省（市、自治区）的中小学学生社团建设政策，一定程度上可以代表我国中小学生社团政策的总体情况，详见表8—4。

表 8-4　我国部分地区有中小学学生社团建设政策一览表

地区	发文单位	政策名称	发文时间
上海市	上海市教育委员会	《关于组织开展市级学生科技创新社团申报与评定工作的通知》	2015-04-20
山东省	淄博市教育局	《关于加强全市中小学生社团建设的意见》	2011-06-30
山东省	威海市教育局	《关于推进中小学学生社团建设的指导意见》	2014-03-21
江西省	南昌市教育局	《关于加强全市中学生社团建设和管理的实施意见》	2015-04-08
江苏省	苏州市教育局	《关于开展2017年苏州市中小学生优秀社团、优秀社长、优秀辅导员、社团建设先进学校评选活动的通知》	2017-09-18
江苏省	扬中市教育局	《关于推进中小学学生社团建设的指导意见》	2013-10-31
河南省	焦作市教育局	《关于推进中小学学生社团建设的指导意见》	2018-09-11
河南省	温县教育局	《关于加强中小学学生社团建设的意见》	2019-03-01
河北省	邢台市教育局	《关于加强中小学学生社团建设丰富校园文化生活的通知》	2015-04-23

同时，为了解小学科技社团的收费情况以及相关规定，本研究梳理了我国部分地区小学课后服务费用政策，主要包括中央、北京市、浙江省、四川省等省（市）区。浙江省和北京市是较早开展课后服务的地区，目前也有较完善的配套政策与措施，可供其他区域参考和学习，具体如表 8-5 所示。

表 8-5　我国部分地区有小学课后服务费用政策一览表

地区	发文单位	政策名称	发文时间
中央	国家发展改革委、教育部	《关于规范中小学服务性收费和代收管理有关问题的通知》	2010-07-23
中央	教育部、国家发改委、财政部、审计署、国家新闻出版广电总局	《关于2015年规范教育收费治理教育乱改费用工作的实施意见》	2015-06-05
中央	中共中央办公厅、国务院办公厅	《关于深化教育体制机制改革意见》	2017-09-24
北京市	教育委员会	《关于政府购买公共教育服务的实施方案（试行）》	2016-09

地区	发文单位	政策名称	发文时间
浙江省	治理教育乱收费厅际联席会议办公厅	转发教育部等五部门《关于2015年规范教育收费治理教育乱收费工作的实施意见》的通知	2015-08-25
四川省	成都市教育局、市发改委、市财政局	《关于成都市公办中小学收费项目和收费标准有关事宜的通知》	2017-06-16

从文本内容看，各地青少年科技教育政策主要包括有关科技教育的总体要求，有关科技教育的重点内容与形式，有关科技教育的经费管理，有关科技教育的领导与制度建设，有关科技教育的保障措施的规定等。从文本内容看，各地中小学社团建设政策主要包括有关小学社团建设的总体要求与基本原则，有关小学社团的内容与形式，有关小学社团的经费管理，有关小学社团的管理组织结构与管理内容，有关小学社团的保障措施等。具体如下：

（一）有关科技教育的相关政策文本梳理

1. 有关科技教育的总体要求与基本原则

科技教育的总体要求体现了科技教育的性质定位。教育部联合中宣部、共青团中央等重要部门，将科技教育的重要性提升到战略高度："加强中小学校的科普工作，提高中小学生的科技素质，已经成为不断提高我国创新能力和竞争力的一项基础性工程。"[1] 同时教育部也重点强调了科技教育的价值属性，它是帮助树立科学态度和精神，掌握基本科学技术方法的关键举措，不仅涉及学生教育性问题，也是关系到民族发展的基础性工程。

各地对科技教育总体要求的规定也加深了科技教育的要义，如辽宁省明确：青少年的科技教育是振兴辽宁重要构成，是为辽宁振兴提供人才资源和智力支撑关键举措[2]。广州市将科技教育作为"培养服务社会主义现代化强国建设、引领

---

[1] 科技部、教育部、中共中央宣传部、中国科学技术协会、共青团中央：《关于印发〈2001—2005年中国青少年科学技术普及活动指导纲要〉的通知》，《教育部政报》，2001年第C1期，第27页。

[2] 辽宁省教育厅、省科学技术厅、省科学技术协会：《关于进一步加强中小学科技教育工作的意见》，辽教发2003〔142〕号。

未来科技发展的创新型人才"①的重要举措。

教育部规定了青少年科技类活动的基本原则，遵循基本原则是保证科技活动规范开展的重要方面。基本原则有如下表述"面向全体青少年、以青少年为主体；基础性与实践性相结合；重视创新意识与能力素质的培养，全面提高科学素质；注意学习的选择性"②。青岛市还进一步丰富了科技教育的基本原则，如"坚持目标导向和问题导向，顶层设计和基层探索相结合，普及和提高相结合，课内与课外相结合，学习与实践相结合"③。

2. 有关科技教育的重点内容与形式

各地科技教育重点工作秉持多样化、全方位、深层次的原则，主要围绕以下几个方面展开：开展丰富的科学课程，引进先进科技教育教学方法，完善科技教育活动体系，加强科普教育基地建设，促进科普资源的开发和开放，鼓励中小学开展科技教育对外交流与合作，加强中小学科学教师人才队伍建设。

在开足、开好、开齐科学课程的工作中，青岛市教育局提倡优化整合实践课程、地方课程和校本课程，支持学生开展探究活动，促进中小学创客教育发展④。厦门市教育局提倡人才引进与自主研发相结合，探索形成适应学生需求、与中小学对接的科技活动课程体系⑤。

在引进先进科技教育教学方法的工作中，明确了科技教育的主体，如青岛市确定"科技教育要面向全体学生，以学生为主体，提倡独立自主、合作交流、探究学习方式"⑥。

在完善科技教育活动体系工作中，科技社团在组织科技活动中的领先地位。淄博市周村区规定各中小学充分利用双休日、寒暑假和课余时间广泛开展科普兴

---

① 广州市教育局：《关于统筹推进广州市青少年科技教育工作的实施意见》，广州市教育局 2020 年 12 月 28 日。

② 科技部、教育部、中共中央宣传部、中国科学技术协会、共青团中央：《关于印发〈2001—2005 年中国青少年科学技术普及活动指导纲要〉的通知》，《教育部政报》，2001 年第 C1 期，第 27 页。

③ 青岛市教育局、青岛市科学技术协会：《关于进一步加强中小学科技教育工作的指导意见》，《中国教育报》2018 年 3 月 28 日。

④ 青岛市教育局、青岛市科学技术协会：《关于进一步加强中小学科技教育工作的指导意见》，《中国教育报》2018 年 3 月 28 日。

⑤ 厦门市教育局：《关于进一步加强中小学科技教育工作的指导意见》，2018 年。

⑥ 青岛市教育局、青岛市科学技术协会：《关于进一步加强中小学科技教育工作的指导意见》，《中国教育报》2018 年 3 月 28 日。

趣小组及各种科技社团活动①。青岛市明确要依托共青团（少先队）组织、学生社团、兴趣小组等在学校内部和学校周边有计划、有步骤地组织开展科技教育的实践活动，建设一批科技教育项目孵化基地，加大科技项目孵化。厦门市鼓励以各类科技兴趣小组、科技创新社团为载体，广泛开展各种科技实践活动，包括开展线上线下结合科技实践活动，推动科普产品在学校落地，参与高校科学营、专题调查等校内外活动，并且规定每年安排1—2次校外科技实践活动②。福建省鼓励开展"小制作、小发明、小论文"活动，鼓励青少年参与各类科技竞赛活动，要求学校每年在工作规划中明确，至少要围绕重大科普活动（科技周、科普日等）主题举办一场科技节活动③。广州市鼓励有组织、有计划地举办校园科普活动，推进校园科技节活动常态化开展④。同时，青岛市和厦门市都鼓励社区和家庭共同参与科技活动，发挥科技教育的合力作用。

在强化科普教育基地建设工作中，青岛市要求，学校要在实际条件允许的情况下，建设科技活动场所、科技成果展览室、科技文化长廊等科普教育阵地⑤。淄博市周村区提倡充分利用学校广播站、网站、宣传栏等阵地积极营造校园科技创新教育良好氛围⑥。厦门市实施"实验室与功能室改造升级工程"，推进中小学在化学类实验室配齐护目镜、洗眼池和喷淋器等安全设施。支持建设学生科技创新实践活动的专用实验室⑦。

在推进科技资源开发开放工作中，要健全和完善中小学校科技教育与社会科普资源的衔接机制。宁波市鼓励加强校内外联合，利用高校、职业院校、科研院所、高新技术企业、社区等资源拓展学生科技创新行动载体⑧。

在鼓励中小学开展科技教育对外交流与合作的工作中，包含三种方式，一是校际相互学习观摩。如沈阳市设立开放周，规定全市中小学校应当定期开放科技

---

① 淄博市周村教育局：《关于进一步加强中小学科技创新教育工作的指导意见》，2010年。
② 厦门市教育局：《关于进一步加强中小学科技教育工作的指导意见》，2018年。
③ 福建省教育厅、福建省科技厅、福建省科学技术协会：《关于加强中小学科技教育工作的意见》，2009年。
④ 广州市教育局：《统筹推进广州市青少年科技教育工作的实施意见》，2020年。
⑤ 青岛市教育局、青岛市科学技术协会：《关于进一步加强中小学科技教育工作的指导意见》，《中国教育报》2018年3月28日。
⑥ 淄博市周村教育局：《关于进一步加强中小学科技创新教育工作的指导意见》，2010年。
⑦ 厦门市教育局：《关于进一步加强中小学科技教育工作的指导意见》，2018年。
⑧ 宁波市奉化区教育局：《关于进一步加强中小学科技教育工作的指导意见》，2021年。

教育特色学校，充分发挥特色学校在科技教育中的先进示范作用①。二是省际交流。福建省鼓励各中小学校与海峡对岸开展"手牵手，心连心"活动，积极开展科技教育的交流与合作，形成多渠道的交流格局，促进海峡两岸科技教育的资源共促与共享②。三是国际交流。青岛市鼓励相关部门和学校组织开展丰富的国际性的科技交流活动，学习先进科技教育理念，吸收借鉴国外科技教育的先进经验③。

在加强中小学科学教师人才队伍建设的工作中，具体包括科学老师的配置、培训，以及兼职教师和学生志愿者的招募工作。青岛市制定科学教师和科技辅导员专项培训方案，完善优秀科技教师和科技辅导员资源共享平台和机制，促进全市科技教育均衡发展。组织一批在职和离退休科技工作者到中小学担任兼职科技辅导员，依托现有的全市科技志愿服务队，组建各级各类科普志愿者社团组织④。福建省要求，全省各中小学校要建立一支专职和兼职相结合的科技辅导员队伍，每所中小学校至少配备一名科技辅导员⑤。广州市统筹建立高水平专家与学校对接工作机制，采取"团队＋学校"结对形式，指导提升科学教师专业水平⑥。厦门市组织开展科技教育教师实验技能、教具设计等岗位练兵比赛活动，强化教师专业发展⑦。

3. 有关科技教育的经费管理

当前各地对于科技教育的经费管理还没有形成规范的成文规定，有的省市规定各中小学设立科技教育的专项经费。以沈阳市为例，鼓励中小学校将科技教育专项经费纳入工作经费预算，专款专用，依据实际情况逐年增加；鼓励社会群体和个人捐资助学，支持中小学科技教育⑧。同样，兰州市人民政府作为主导部

---

① 沈阳市教育局：《关于进一步加强中小学科技教育工作的指导意见》，2011年。
② 福建省教育厅、福建省科技厅、福建省科学技术协会：《关于加强中小学科技教育工作的意见》，2009年。
③ 青岛市教育局、青岛市科学技术协会：《关于进一步加强中小学科技教育工作的指导意见》，《中国教育报》2018年3月28日。
④ 青岛市教育局、青岛市科学技术协会：《关于进一步加强中小学科技教育工作的指导意见》，《中国教育报》2018年3月28日。
⑤ 福建省教育厅、福建省科技厅、福建省科学技术协会：《关于加强中小学科技教育工作的意见》，2009年。
⑥ 广州市教育局：《统筹推进广州市青少年科技教育工作的实施意见》，2020年。
⑦ 厦门市教育局：《进一步加强中小学科技教育工作的指导意见》，2018年。
⑧ 沈阳市教育局：《进一步加强中小学科技教育工作的指导意见》，沈教发〔2007〕27号。

门,详细规划顶层设计,规定各级政府要逐步加大科技创新教育的投入力度。市政府每年设立 500 万元的"飞天计划"工作专项经费,主要用于资助学生做科研项目以及奖励在创新大赛中取得优异成绩的学生。鼓励教育行政部门根据实际情况,通过设立专项经费等方式,加大对科学教育的投入力度;县区政府也要根据情况,设立专项资金,支持本县区中小学实施"飞天计划";广大中小学校要在公共资金中安排实施科学教育经费,积极争取社会捐赠和资金支持,形成多渠道多元化投入格局,为"飞天计划"的实施创造有利的条件[①]。而有的省市则是提出资金筹措建议,如广州市建议"多渠道、多部门、多层级筹措科普经费,促进科技教育经费保障多元化。争取社会公益基金支持,为各领域表现突出的学生提供物质奖励和支持"。

4. 有关科技教育的领导与制度建设

确立小学科技教育工作领导机制,推动工作层层落实,推进工作合理发展。福建省规定"各设区市、县(区)教育局实行中小学科技教育管理机构和人员负责制,并指定一名负责人具体负责中小学校的科技教育工作。同时还要建立一套科学的管理办法:1. 设立专门机构,配备专职人员。2. 明确职责权限,加强协调配合。3. 制定计划并组织实施。4. 定期总结交流经验"[②]。兰州市规定:"实施副市长负责制。成立由市政府、市教育局、市科技局、市科协等相关部门组成的领导小组,在市教育局下设办公室,副市长任组长,负责统筹规划工作;其他部门各选派 1—2 名人员常驻市教育局,负责具体操作事项"[③]。

制度建设的目的是为了方便科教工作的日常管理,是管理工作的主要依据。辽宁省规定各级教育、教研部门应当根据本省特点,制定科技教师和辅导员的培训方案。建立中小学科技教育的保障体系和评价体系;各级教育行政部门要会同科技、科协等部门共同制定本地中小学科技教育发展规划,明确实施细则;教育行政部门要将中小学科技教育实施情况作为考核监督的重要内容,并逐步建立表

[①] 兰州市人民政府:《关于印发实施中小学科技创新教育"飞天计划"的指导意见的通知》,兰政办发〔2012〕326 号。
[②] 福建省教育厅、福建省科技厅、福建省科学技术协会:《关于加强中小学科技教育工作的意见》,闽教基〔2009〕1 号。
[③] 兰州市人民政府:《关于印发实施中小学科技创新教育"飞天计划"的指导意见的通知》,兰政办发〔2012〕326 号。

彰激励机制①。

5. 有关科技教育的保障措施

明确科技教育保障措施，既是科技教育规范发展的要求，也是科技教育优质可持续发展的保障。我国科技教育事业发展取得了很大成就，但仍存在许多问题，"全民科学素质行动纲要"指出，科技教育配套制度还不够健全，组织领导和管理能力有待加强②。地方政府也积极回应，明确科技教育保障措施。山东省出台《关于促进中小学生开展课外科研活动的实施意见》；江苏省制定《全省青少年校外科技活动指导纲要（试行）》；浙江省发布《浙江省中小学校科技教育发展规划》等一系列政策文件。青岛市提出，要保障经费投入，鼓励"拓宽社会力量投入中小学科技教育的渠道，积极引导企业参与到中小学科技教育中去，探索设立中小学科技教育基金专项资金，广泛吸纳国内外资金，支持中小学科技教育"③。广州市要求建立跨部门工作沟通联络和统筹协调机制，形成全市整体工作合力；探索运用新一代信息技术"完善广州市青少年科技教育网"信息化服务保障功能，构建融信息发布、在线组织、教学服务、数据统计、记录评价为一体的科技教育网络生态环境④。

（二）有关小学社团建设的相关政策梳理

1. 有关小学社团建设的总体要求与基本原则

把握小学社团建设的总体要求，有助于明确小学社团的性质定位，压实工作职责，坚持目标导向，是对社团进行规范管理的重要前提。小学生社团是学生在就某一特定领域，按照学校规定，自行组织的具有共同兴趣的学生组织，并在教师的指导下，开展思想性、知识、趣味性相结合的教育活动。学生社团是创新和深化未成年人思想道德建设的关键路径，是传承和涵养校园文化的崭新模式，是深化基础教育课程改革、创新教学理念的迫切需要。大部分地区的社团建设任务

---

① 辽宁省教育厅、省科学技术厅、省科学技术协会：《关于进一步加强中小学科技教育工作的意见》，辽教发 2003〔142〕号。
② 国务院：《关于印发全民科学素质行动规划纲要（2021—2035年）的通知》，国发〔2021〕9号。
③ 青岛市教育局、青岛市科学技术协会：《关于进一步加强中小学科技教育工作的指导意见》，《中国教育报》2018年3月28日。
④ 广州市教育局：《关于统筹推进广州市青少年科技教育工作的实施意见》，穗教科〔2020〕21号。

和要求都集中在建设精品社团和规范管理社团这两方面。如淄博市要求建立市级社团和完善校级社团,为全市中小学生社团交流合作与成果展示畅通渠道①。

学生社团建设基本原则是社团活动开展的基本遵循,是保证学生高质量参与社团活动的重要方面。各地在把握学生社团性质的基础上充实了学生社团建设的基本原则,进一步明确了学生社团的性质定位。如威海市确定了"坚持激发主体,因势利导推进原则;坚持发展学生特长,促进学校特色发展原则;坚持教学相长,促进师生共同发展原则"②。

各地对学生社团遵循原则的规定从社团参与主体来看,要求以学生为主体,贯彻现代化教育理念,激发学生兴趣,挖掘学生潜能;从社团内在要求来看,要求坚持育人优先,创新育人模式;从社团教学方式来看,开展社团活动要求与教师的特长结合,既提高了教师的专业水平和教育水平,又满足学生全面发展的需求。

2. 有关小学社团活动的内容和形式

活动是社团的生命。科技社团活动应以提高学生综合素质为宗旨,以促进学生个性发展和培养创新精神为核心,突出实践性,贴近社会生活实际,体现时代性。各级教育部门和学校要根据国家法律法规,支持和指导学生社团根据自身情况,自主开展适合学生年龄特点和兴趣特长的活动。

活动的内容主要包含活动设计、活动领域、活动组织、活动范围、活动效果五个方面。河南焦作市温县要求活动设计要遵循知行合一的原则,注重科学性、实践性与灵活性,积极开展社团比赛、社团交流、社团成果展示等活动③。威海市要求,社团活动的设计要顺应时代潮流、贴近生活、灵活多样。一是要突出实用性,增强吸引力。二是强调思想性与文化性相统一的原则。三是要注意科学性、知识性与教育性相结合。四是要注重灵活性,提高参与率。体现校园文化精神的先锋性、高雅性、智能化、趣味性,让学生亲自参与到活动的组织策划中,培养学生发现问题和解决问题的能力④。活动领域应包括多种类型,并反映广泛性、多样性和实践性原则。活动的组织需要注意发展学生的主体性、创造性,提

---

① 淄博市教育局:《关于加强全市中小学生社团建设的意见》,淄教团字〔2011〕9号。
② 威海市教育局:《关于推进中小学学生社团建设的指导意见》,2014年。
③ 温县教育局:《关于加强中小学学生社团建设的意见》,2017年。
④ 威海市教育局:《关于推进中小学学生社团建设的指导意见》,2014年。

高活动的参与率和互动性。在设计活动时必须坚持以下基本理念：1. 面向全体学生；2. 尊重差异，促进发展；3. 注重过程，重视体验。活动可采用多种多样的方式方法进行。活动范围应体现开放性和机动性，如威海市鼓励学校整合校内外教育资源，大力培育校外社团活动阵地，有计划有组织地开展节日学生社团活动①；活动效果是衡量社团活动质量的重要标准，焦作市规定各校要根据实际情况，适时举办优秀社团评比、社团活动成果展示等②活动。

各地积极探索和创新社团活动方式，淄博市倡导将开展社团活动与开展社会实践、社区服务、课题研究等有机结合起来，并通过优秀社团评比、社团文化节、社团活动展演等方式，进一步活跃社团活动气氛，扩大社团影响力，为学生社团发展注入新活力③。

3. 有关小学社团活动的经费管理

目前，小学社团活动属于课后服务的活动内容与形式的一部分，所以小学社团活动的经费来源可参考课后服务的经费管理规定。

全国各地积极响应国家发改委和教育部有关中小学收费管理的规定，出台了多项配套管理办法，包括经费如何使用、如何管理的规定和要求，并提出了经费筹集的建议。

课后服务经费的来源主要有两种模式，一种是由政府全额拨款补贴，由市、区财政部门根据生均比例统一筹措。如吉林市按每生每天 2 元计算④。北京市按城区和郊区的不同，分别补贴每生每年 400 元和 500 元⑤。另一种模式是财政支持和家长分担，即部分来自政府财政拨款，部分来自家长缴费。在实际工作中，这两种模式各有利弊，如何处理好两者关系值得探讨。主要是政府补贴与家长负担之间的矛盾问题。目前我国实行义务教育免费政策，但同时也存在着一些弊端。各省市对家长缴费部分都有具体规定，如浙江省规定，课后服务费用实行

---

① 威海市教育局：《关于推进中小学学生社团建设的指导意见》，2014 年。
② 焦作市教育局：《关于推进中小学学生社团建设的指导意见》，2018。
③ 淄博市教育局：《关于加强全市中小学生社团建设的意见》，淄教团字〔2011〕9 号。
④ 吉林市人民政府：《关于印发吉林市免除城市义务教育阶段学生学杂费工作实施方案的通知》，吉市政发〔2008〕19 号。见法邦网（https://code.fabao365.com/law_131056.html）。
⑤ 北京市教育委员：《关于在义务教育阶段推行中小学生课外活动计划的通知》，京教体艺〔2014〕2 号。见北京市人民政府官网（http://www.beijing.gov.cn/zhengce/gfxwj/201905/t20190522_57881.html）。

"半日制"和"全日制"两种不同方式，每生每月最高不超过 120 元，每生每年最高不超过 1030 元。具体标准还需征求家长意见①。另一方面，广州市规定，为避免乱收费的情况发生，家长承担的费用要根据物价部门的规定执行②。

地方财政全额补贴主要用于：对课后服务经费的投入，教职员工补偿、场地和活动等经常性费用。根据《义务教育财政保障办法（试行）》规定：中小学课后服务经费由各级政府财政拨款解决，并通过转移支付方式给予适当补助。目前，各地在制定政策时对其支出范围有不同界定。以吉林市为例，90%的课后服务费用于辅导员和管理人员的绩效工资，以及社会服务和校外人员的聘用，10%的费用用于学校的日常公用经费③。除其他外，北京市课后服务经费还用于"外聘教师、场地租用费、低值易耗品购置费、购买社会服务等"④。

在课后服务费用管理方面，实行专用专管的管理办法。比如，北京市出台专项财政制度，要求各县（区）、各学校严格按照规定计划课外活动的资金使用。浙江省还设立专门的教育核算中心专用账户，课后服务经费全部纳入专用账户，由中心专用账户统一管理安排。

4. 有关小学社团的管理组织结构与管理内容

明确小学社团的组织结构与管理办法是保证社团工作有序开展的前提，也是促进社团活动优质可持续发展的保证。

把握小学社团的管理组织结构可以明确各部门和负责人的权责分工，能更有针对性的安排和实施社团管理工作。如淄博市规定，各学校要成立以分管校长为负责人的工作领导小组，由团委或少先大队长负责日常管理工作⑤。教育局教育科、课改组（处）负责中小学生社团的建设与管理。市教育学会指导下的各级各类青少年社团组织为全市中小学校提供咨询和服务保障，并在此基础上开展活

---

① 浙江省教育厅：《关于在小学鼓励开展学生放学后"托管"服务的指导意见》，浙教基〔2013〕120 号。见浙江省教育厅网（http://jyt.zj.gov.cn/art/2013/11/18/art_1532973_27485101.html）。
② 广东省广州市教育局：《关于进一步做好中小学生校内课后服务工作的指导意见》，2018 年 5 月。
③ 吉林省长春市人民政府：《关于小学生课后免费托管服务"蓓蕾计划"的实施意见》，2017 年。
④ 北京市教育委员会：《关于政府购买公共教育服务的实施方案（试行）》，2016 年。
⑤ 淄博市教育局：《关于加强全市中小学生社团建设的意见》，淄教团字〔2011〕9 号。

动,促进中小学生全面发展。加强对青少年学生社团建设与管理工作的监督检查①。南昌市规定,各学校要成立以分管校领导为组长的学生社团工作管理体,负责团委的日常组织管理,相关部门、年级组、教研组、备课组积极参与②。

明确社团管理内容、目标和办法,确保学生社团活动规范有序开展。温县规定各学校要研究制订学生社团管理办法,主要包括社团成立、审批、活动开展、权利义务、评价办法、绩效考核、评优奖先、职称评定、监督管理、队伍建设、档案管理、仪器设备管理等重点环节③。苏州市也提出应尤其注重活动过程的管理,记录完整④。

5. 有关小学社团的保障措施

在建设社团时,必须要制定配套的保障措施,保障社团运行过程中各项资源有效利用,各项制度安全落实,各项活动有序开展。因此,明确小学社团的保障措施不仅是社团建设工作规范开展的前提,也是社团活动可持续开展的重要保证。邢台市规定学校在社团活动的师资、时间、场地、设施等方面提供必要的保障⑤。苏州市规定:"社团应当有固定的活动场所,合法、正常的经费来源,财务透明和充分的安全保障。"⑥ 上海市也要求要"加强组织领导,完善管理制度,落实保障和评价机制"⑦。

四、我国小学科技社团有关政策文本的评析

"教育政策的价值是教育政策的客体属性与教育政策的主体需要在实践基础

---

① 扬中市教育局:《关于推进中小学学生社团建设的指导意见》,2013年。
② 南昌市教育局:《关于加强全市中学生社团建设和管理的实施意见》,2015年。
③ 温县教育局:《关于加强中小学学生社团建设的意见》,2019年。
④ 苏州市教育局:《关于开展2017年苏州市中小学生优秀社团、优秀社长、优秀辅导员、社团建设先进学校评选活动的通知》,2017年。
⑤ 邢台市教育局:《关于加强中小学学生社团建设丰富校园文化生活的通知》,2015年。
⑥ 苏州市教育局:《关于开展2017年苏州市中小学生优秀社团、优秀社长、优秀辅导员、社团建设先进学校评选活动的通知》,2017年。
⑦ 上海市教育委员会:《关于组织开展市级学生科技创新社团申报与评定工作的通知》,2015年。

上统一起来的一种特定的效应关系"①。总而言之，小学科技社团相关政策主要包含三个部分：一是科技教育相关政策，二是小学社团活动建设相关政策，三是部分内容涉及课后服务费用管理的相关政策。上述政策全面部署了小学科技社团的工作要求，涉及小学科技社团组织建设的总体要求和基本原则、科技社团活动的内容与形式，科技社团活动费用管理和科技社团保障措施等，充分体现了小学科技社团的本体价值。

政策价值能否实现，取决于政策能否有效实施。科技社团的价值导向的功能在于，透过其可以反思教育政策的执行力度。然而，通过梳理全国相关政策文件，发现我国尚未针对小学科技社团制定专门的政策文件，也就没有可供参考和借鉴的有科技教育和小学社团建设相关的政策文件。小学科技社团本身的管理制度分散，缺乏系统性的管理体系，难以形成规范化管理流程。

考虑到小学科技社团涉及诸多群体的利益和多方面的问题，多部门应尽快协商合作制定针对小学科技社团的专项政策，健全政策体系之后，要尽快落实各方对政策的理解与实施。其次，要鼓励社会企业承担社会责任，重视家校共育要求，必须做好学校和家长之间、学校和社会之间的合作与衔接，实现家校互联；社会企业要帮助学校拓展资源，回馈社会。

最后，标准必须贯穿活动全过程。人们在追求活动最佳秩序和高效率时，要达到的目标是实现活动的标准化。在小学开展科技活动离不开标准化建设，而标准化则为科技活动提供了良好的平台和环境。目前，世界上很多国家都已经建立起适合本国国情的科学教育评估指标体系。我国缺乏完善的小学科学社团评价标准体系，部分发达地区会根据本省市实际情况制定社团评价标准，但对于科技社团没有针对性，在一定程度上影响小学科技社团的实际效果，限制科技社团功能的发挥。

---

① 孙绵涛等著：《教育政策分析：理论与实务》，重庆：重庆大学出版社 2011 年版，第 141 页。

五、协同治理理论

"协同治理"（Collaborative Governance）的学术讨论与实践兴起于20世纪90年代。该理论最早由美国学者约翰·奈斯比特（John Naisbitt，1929—2021）提出，并被认为是当代公共行政研究领域中最重要、最有影响的学术流派之一。在21世纪，新的公共管理带来的人类日益严峻和复杂的全球性问题以及公共服务制度的分散和碎片化，加快了关于以协作为特点的协作治理的讨论。"协同治理"理论是在协同理论和治理理论的基础上发展起来的新理论，目前还没有权威的概念定义和完善的理论体系，但可以从"协同"和"治理"的角度来探讨"协同治理"理论的内涵。

（一）协同

现代汉语将"协同"二字拆分解释为"协和、同步、和谐、协作"之意。德国著名物理学家赫尔曼·哈肯于1969年以科学的名义首次提出了"协同论"的概念，将协同学描述为"受普遍规律支配的有序、自组织的集体行为的科学"[1]。这一理论一经问世就引起科学界极大兴趣。许多学者对其进行深入研究并取得丰硕的成果。近年来，"协同论"被广泛用于社会经济领域。"协同论"者认为，"协同效应有助于整个系统的稳定和秩序，系统内各要素或子系统之间的有机合作，无论以哪种方式，都可以在质量和数量上扩大系统的效力，创造当地无法提供的新功能，并带来权力的增加"[2]。因此，协同论可以概括为"协同导致秩序"，即协调一个系统的各个要素，以便最大限度地发挥其效力。

（二）治理

"治理"一词来源于古典拉丁文"gubemare"和古希腊语"kybern"，意思是"驾驶的艺术"。它是指政府、市场与第三部门之间通过合作共同应对复杂环境所

---

[1] 范逢春：《农村公共服务多元主体协同治理机制研究》，北京：人民出版社2014年版，第62页。

[2] 陆世宏：《协同治理与和谐社会的构建》，《广西民族大学学报（哲学社会科学版）》，2006年第6期。

带来的挑战。随着时代变迁和全球化进程的推进,"治理"成为当代政治理论的核心概念之一。1989年世界银行在关于撒哈拉以南非洲发展的研究报告中首次提出了"治理危机"一词,将治理描述为"利用权力管理一国经济和社会资源的一种方式"①。自20世纪90年代以来,施政已从国际关系和公共行政的政治学领域扩大到社会和经济领域。目前,全球治理委员会(CGG)对治理的定义最具代表性和权威性——"治理是公共或私人机构以多种方式运作和管理同一事物的总和。这是一个协调冲突或分歧的利益,并采取共同行动的持续进程"②。它有四个规定性特征:治理是一个进程,而不仅仅是一个结果;治理的基础是调和,而不是指挥和规则;治理涉及多元主体;治理取决于各种行为体和要素之间持续的互动。

(三)协同治理

近年来,中国学者阐述了协同治理的概念和内涵。例如,何水认为"协同"指的是:"在公共管理活动的范围内,在网络技术和社会多元要素的其他要素,如政府、非政府组织、商业和公民个人的支持下,协调并合作管理公共事务,以期最大限度地提高管理效率,并最终尽可能地维护和促进公共利益"③。可以看出,"协同治理"包含了"协同"和"治理"的含义,在"协同"中增加了具体方式和行为的流程,使"治理"更加注重有序的结果。从这个角度看,"协同治理"是一种更为积极有效的治理模式,其核心在于实现利益相关者之间的相互尊重、信任以及互惠共赢。而这一目标的达成有赖于各参与主体间的合理互动。所以,"协同治理"方式不仅追求工具理性的效率,而且强调价值理性人文考量,有机整合了工具理性和价值理性。

"协同治理"理论作为一个分析框架和理论基础,在经济和政治领域得到了广泛的应用,如治学、社会学、管理学和许多其他研究领域。同样,协同治理理论也可以为小学科技社团管理提供重要的理论支持。首先,科技社团作为科技教

---

① World Bank, *Governance and Development*. Washington D. C.: World Bank, 1992, p. 3.
② [法]玛丽-克劳德·斯莫茨撰、肖孝毛译:《治理在国际关系中的正确运用》,《国际社会科学杂志(中文版)》,1999年第1期。
③ 何水:《协同治理及其在中国的实现——基于社会资本理论的分析》,《西南大学学报(社会科学版)》,2008年第3期,第102—106页。

育与社团教育的载体，与广泛的科教需求相比，高质量的科教活动相对有限，如何扩大科技社团的服务范围，提高科技社团活动的质量是当前政府和学校需要解决的难题；其次，虽然开展科技社团从本质上讲是一个教育问题，但小学科技社团的建设也会涉及政府、社会、学校、学生等多个利益相关者，其影响可以辐射到社会、经济和科技发展等关键领域。因此，协同治理理论所强调的治理主体多样性、各子系统的协调性、治理过程的有效性等内涵，可以用来思考小学科技社团的管理问题。

第三章　L 市 S 区小学科技社团管理现状调查

一、研究设计与编码系统的形成

（一）研究设计

1. 访谈与问卷的结构和内容

作为小学科将社团组织中重要的管理主体，校领导和科技辅导员们发挥着重要作用，同时他们对科技社团的管理方式有着不同的诉求。虽然本研究对校领导和教师们设计了同一份访问提纲，但是问题囊括了科技社团管理工作的方方面面，笔者采取半结构化的访谈方式，基于同一个问题，从不同角度得到答案，全面了解 L 市 S 区小学科技社区管理现状。

访谈提纲主要内容从以下几个方面展开，分别是科技社团管理制度、科技社团开展目标、科技社团管理主体与管理对象、科技社团活动内容与形式、科技社团活动经费与时间、科技社团活动质量等几个维度（详见"附录"专题八"附录"）。

为了更深入探究 L 市 S 区小学科技社团管理现状，弥补访谈调查的不足，本研究还以家长和学生为对象制定了调查问卷，包括基本信息和主体两个部分。

家长版问卷的基本信息包括年龄、家庭收入等。主体部分主要从小学科技社团管理主体与对象、小学科技社团管理制度及了解度、小学科技社团活动内容与形式、小学科技社团经费与时间、小学科技社团活动质量等五个维度编制具体问题（详见"附录"专题八"附录"）。学生版问卷的基本信息包括学生性别、年级、参加的科技社团数量和名称。第二部分主要从小学科技社团管理制度及了解度、科技社团活动内容和形式、活动时间、活动质量等四个维度编制具体问题（详见"附录"专题八"附录"）。

2. 研究工具

本研究采用NVivo12软件对访谈数据进行高效、准确的分析。

利用Nvivo12软件分析案例的流程分为四个阶段：准备阶段、编码阶段、执行阶段和整合阶段，具体应用Nvivo12分析的流程图如图8-2所示：

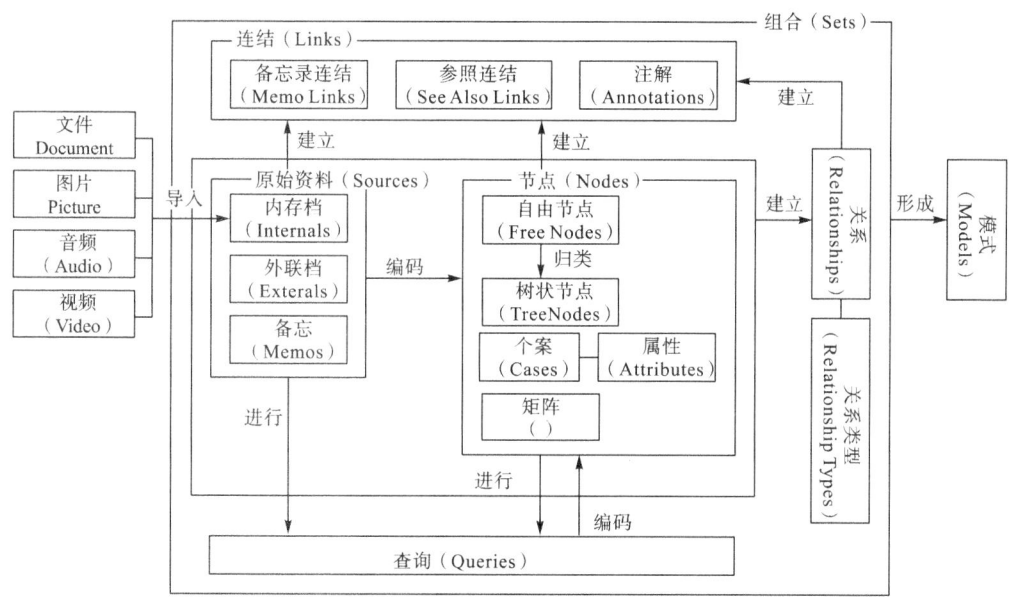

图8-2 Nvivo12分析流程图

（二）编码系统的形成

1. 原始资料的处理

NVivo12软件中常用的编码方式主要有两种，一种是根据研究课题确定编码节点，形成研究框架，另一种是直接对文本信息进行编码，形成多个子节点，然后进行集成（通常采用施特劳斯开放式编码、轴心式编码和选择式编码三轮编码）。其中，轴心式编码是最常见也是比较成熟的一种编码方式。但在实际操作中，由于缺乏统一规范，导致一些问题产生，影响了该技术应用效果。本研究采用两种编码方式相结合的方法，具体流程如下：

对每一份资料进行编码处理，以原始资料中的关键词为基础编码，初步产生开放式参考点628个，从原始资料的628个开放式参考点中提取编码，形成关联式节点20个，再根据形成的关联式节点以及相关的理论基础提出本研究的5个核心节点："建设主体与对象管理""活动开展情况""经费与时间管理""制度建设""质量管理"。其中，活动开展情况方面包括：活动内容与形式、活动课程、活动成果、活动环境；制度建设方面包括：师资队伍建设、招生办法、安全管理办法、监督管理、奖励办法、社团管理；建设主体与对象管理和经费与时间管理具体内容要参考三加编码。

表8-6　一级节点及其下属二级节点的编码参考点数

一级节点	二级节点	编码参考点	一级节点	二级节点	编码参考点
活动管理	活动内容与形式管理	71	制度建设	师资队伍建设	44
	活动课程管理	27		招生办法	43
	活动记录管理	32		安全管理	14
	活动环境管理	20		监督管理	31
主体管理	组织主体	19		奖励办法	24
	人员主体	38		社团管理	59
对象管理	家长管理	46	质量管理	满意度	11
	学生管理	40			
时间管理	校内活动时间	23	经费管理	经费来源	27
	校外活动时间	35		经费用途	24

表8－7 二级节点及其下属三级节点的编码参考点数

二级节点	三级节点	编码参考点	二级节点	三级节点	编码参考点
活动内容与形式管理	参观科普基地	8	校内活动时间	功能室上课	13
	课题调研	9		科技节	8
	对外交流	8		科普讲座	2
	功能室上课	12	校外活动时间	竞赛活动	10
	竞赛活动	17		科普基地	14
	科技节	12		课题调研	6
	科普讲座	2		研学活动	5
	科学研学活动	3			
活动课程管理	课程开发	23	招生办法	报名方法	28
	课程资源	7		社团宣传	15
活动记录管理	过程记录	17	安全管理	设备安全	4
	成果记录	15		人身安全	5
活动环境管理	活动场地	12	监督管理	课程内容审批	8
	活动氛围	11		仪器设备检查	15
组织主体	教育行政部门	2	社团管理	社团开展情况反馈	6
	青少年活动中心	7		社团成立、登记与注销	50
	学校	10		社团评价	9
人员主体	校长	10		\	\
	副校长	10		\	\
	教师	7		\	\
	教导处主任	6		\	\
	教务处主任	1		\	\
	后勤处主任	2		\	\
家长管理	情况反馈	5		\	\
	发布通知	17		\	\
	调动积极性	11	奖励办法	教师奖励	17

续表

二级节点	三级节点	编码参考点	二级节点	三级节点	编码参考点
学生管理	班级管理	8	奖励办法	学生奖励	7
	情感态度价值观	7			
	过程与方法	6	满意度	家长满意度	5
	知识与技能	10		学生满意度	2
教师队伍建设	教师队伍	26	\	\	\
	教师培训	32	\	\	\

2. 编码示例

编码过程是建立一个基于原始访谈材料的分析框架的过程，通过不断的挖掘和解读，总结出能提纲挈领的核心类属。本文选取了核心类属中的"活动开展情况"为例，将部分编码过程可视化，具体如表8-8所示。

表8-8 小学科技社团活动开展情况编码示例

原始材料	开放式编码	主轴式编码	选择式编码
T小学M老师：有些是按照用我们实验室的器材有些什么，然后主要教一些仪器的使用，还有一些可以到网上去找一些比较有趣的，然后生活当中比较常见的东西然后来做。还有一个现在有在练习他们做飞碟杯的竞技的比赛。	活动内容	活动内容与形式	活动开展情况
S小学Y老师：每年都搞，然后选个课题，每年都搞一轮，选一个课题。我就类似于你们这样的，我选一个课题组，我们一些是调研桥，或者说我们调研什么我们乐山的，比如说我们一个大佛一个什么的，我们就选一个两个课题。	活动形式		
	过程记录	活动记录	
T小学S校长：我们会拍成视频，然后作为流程的资料。	成果记录		

续表

原始材料	开放式编码	主轴式编码	选择式编码
L小学L老师：就是根据一些网上的优质资源，比如说我现在正常在做下节课要讲的桥梁，然后不是steam里面它就有关于桥梁的，就能根据他们的一些来做。	课程资源	活动课程	活动开展情况
B小学G校：我们学校还没有能力去开发这样的教材。	课程开发		
B小学G校：除了科学的实验室之外，就没有什么其他的功能室，我们的场地有限。	活动场地	活动环境	
L小学Z老师：我们学校这个氛围怎么说还可以，但是离我想要的结果还不是那么很好，原因是一个是学校里面还是没把它当成了一个日常式的性的事物，特别是班主任不是很重视啊。	活动氛围		

3. 编码释义

本研究在进行三级编码时，进行了总结。为了方便读者理解编码含义，笔者对其进行简单释义，具体如表8—9所示。

表8—9 小学科技社团管理编码释义

二级节点	三级节点	释义
活动内容与形式	参观科普基地	指为实现科技社团教育目标而开展的各类科技活动
	课题调研	
	对外交流	
	功能室上课	
	竞赛活动	
	科技节	
	科普讲座	
	科学研学活动	
活动课程	课程开发	指科技辅导员为了实现科技社团活动目标而自主准备的课程内容和相关的教学活动。
	课程资源	课程资源是指课程要素的来源，是科技辅导员在课程开发中实施课程的必要和直接条件。

续表

二级节点	三级节点	释义
活动记录	过程记录	指学生参与科技社团活动过程中的活动主题、心得以及实验数据的记录
	成果记录	指在科技社团活动进行过程中所获成果的保存或展示方式方式，如收集纸质文件存档、制作视频存档，在科技橱窗展览等。
活动环境	活动场地	指进行科技社团活动的场所。
	活动氛围	指学校开展科技社团活动所营造的氛围，对学生情感态度价值观的影响。
组织主体	教育行政部门	指对科技社团负主要责任的管理组织
	青少年活动中心	
	学校	
人员主体	校长	指参与科技社团管理的主要人员
	副校长	
	教师	
	教导处主任	
	教学部主任	
	后勤处主任	
家长管理	情况反馈	指将学生在参与科技社团活动过程中的表现情况反馈给家长
	发布通知	指向家长发布科技社团有关通知
	调动积极性	为了更好地开展科技社团活动，联合家长，形成管理合力。
学生管理	班级管理	指对科技社团的纪律管理等。
	情感态度价值观	为实现三维目标而采取的管理办法
	过程与方法	
	知识与技能	
校内活动时间	功能室上课	指不同校内活动方式的时间安排
	科技节	
	科普讲座	
校外活动时间	竞赛活动	指不同校外活动方式的时间安排
	科普基地	
	课题调研	
	研学活动	

续表

二级节点	三级节点	释义
经费来源	公用经费	指开展科技社团活动来经费来自公用经费的部分
	课后服务费用	指开展科技社团活动来经费来自课后服务费用的部分
	家长出资	指开展科技社团活动来经费来自家长承担的部分
	企业支持	指开展科技社团活动来经费来自企业资助的部分
经费用途	耗材用具	指开展科技社团活动中要使用到的低值易耗品
	教学设备	指开展科技社团活动中要使用到的费用高昂的教学设备
	教师补偿	指用于科技辅导员额外工作量的补贴
招生办法	报名方法	学生参加科技社团的方式，如线上报名、线下报名。
	社团宣传	学校向家长和学生介绍科技社团相关信息的方式，如发放家长告知书、班主任在班级群发布信息等。
安全管理	设备安全	进行科技社团活动过程中涉及到的设施设备的正确使用方法。
	人身安全	学生在参与科技社团活动过程中所涉及到的生命、健康、人格等的安全。
教师队伍建设	教师队伍	科技辅导员的专业、年龄、学历、编制构成。
	教师培训	指学校为提高科技辅导员业务能力水平、帮助其专业发展而提供的学习帮助。
监督管理	课程内容审批	管理主体对于科技社团活动课程内容的审查和批示。
	仪器设备检查	管理主体定期对开展科技社团活动所使用的仪器设备进行检查、整改、补充完善、记录等工作。
	社团开展情况反馈	管理主体定期了解科技社团开展情况，对其出现的问题及时整改完善。
社团管理	社团成立、登记与注销	科技社团应当经确认具有设立的价值和意义，制定明确的宗旨、章程和有关规定，报管理主体批准后，方可设立，并及时办理登记手续。社团因故不能继续存在，或收到管理主体正式撤销通知的，应当及时办理撤销手续。
	社团评价	对于总结经验，树立典型，更好地规范、引导、推动科技社团活动的发展，开展小学优秀科技社团评选活动，评选出一批高质量优秀科技社团。
奖励办法	教师奖励	对优秀的科技社团辅导教师、支持社团工作的班主任给予一定的物质奖励，同时制定关于科技辅导员工作的补偿办法。
	学生奖励	对参与科技社团活动表现好或者竞赛获奖的学生进行物质奖励。

续表

二级节点	三级节点	释义
满意度	家长满意度	家长对于科技社团的认可程度以及继续参与的意愿。
	学生满意度	学生对于科技社团的认可程度以及继续参与的意愿。

（三）编码结果的检验

1. 编码结果的理论饱和度检验

笔者依据扎根理论的编码方式，借助 Nvivo12 软件分析，对访谈资料进行三级编码。在编码过程中，产生了众多关键概念，为验证编码概念已经饱和穷尽，理论饱和度检验是必不可少的。对随机保留的五分之一的原始访谈资料进行编码处理，进行了理论饱和度检验。经过对结果编码框架的仔细比较和分析，确定没有产生新的编码概念，这表明本研究理论已进入饱和状态[1]。

2. 编码结果的信度检验

信度是指在重复测量同一对象时，所得到的结果的一致程度。信度的检验常用量化研究，然而本研究是以本人主体视角作为研究工作，主要强调个体对于研究问题独特且唯一的认识与见解，就像"一千个读者就有一千个哈姆雷特"，不同的研究者对于小学科技社团管理情况的研究和分类标准是不可能达到完全一致的，例如本研究中不同的群体"家长群体""学生群体""教师群体""学校管理层"因为利益诉求不同而关注的管理重点不同。因此，大量研究者认为"信度"概念在质性研究中并不适用。

3. 编码结果的效度检验

效度是指测量工具或工具能够准确测量所需内容的程度。效度问题一直受到教育研究者和实践者的重视，但由于对"效度"概念缺乏清晰界定，"效度"理论始终没有得到很好解决。因此，有必要从不同角度重新审视"效度"概念。质性研究将"效度"分为内在效度和外在效度，前者强调因果关系、自变量和因变量的真实性，后者强调结果的概括性[2]。本研究是直接通过与受访者面对面交流，获得的是第一手资料，其内容均为受访者的真实描述和想法，能够反映小学

---

[1] 王容：《基于 Nvivo 11 对成功应聘的大学生就业力分析》，黑龙江大学硕士学位论文，2019年，第27—28页。

[2] 陈向明：《如何在行动中做质的研究》，北京：教育科学出版社2002年版，第367页。

科技社团真是的管理情况，符合内在效度强调研究材料的真实性。同时，本研究借助 Nvivo12 软件对访谈材料进行编码分析，进一步保证了编码的全面性和真实性，从而避免了编码的主观性。为了进一步提升研究的内在效度，笔者还创立了副本与备注记录分析过程。关于外在效度，本研究强调生态效度。生态效度是外部效度的一个组成部分，它反映了实验结果在多大程度上被推广到正式的正式生活情境中[①]。本研究的材料直接取自科技社团管理的参与人员，能够真实反映科技社团的管理现状。因而，本研究的结论及建议可以推广到调查地区的各个学校中或人员群体。此外，笔者选取了6所小学，涵盖了公立和私立小学，也有区属和市属不同类型的学校，具备丰富的代表性，本研究对小学科技社团管理情况的分析能够推广，具备良好的研究效度。

（四）样本选择

为了保证本研究的适切性和科学性，本研究在市中区一共选取了6所学校进行访谈，以满足不同学校类型的研究需求。其中 L 小学和 S 小学属于市教育局直接管辖，X 小学、T 小学、B 小学则为区教育区管辖，另有一所 Y 小学则为私立学校，属于集团办学。

1. 访谈对象基本情况

访谈对象一共为13人，选取的对象都是与小学科技社团管理密切相关的各个负责人，其中包含校长、副校长、科学教师、教务处主任、教导处主任、德育处主任，满足从不同人员角度研究问题。受访人员如表8-10所示。

表8-10 受访者基本信息汇总表

单位	访谈对象	性别	职务	单位	访谈对象	性别	职务
X 小学	Z	女	副校长	T 小学	S	女	副校长 & 德育处
	Y	男	副校长 & 德育处		H	男	教师
	C	男	教师		M	女	教师

---

① 陈利君、谭千保：《论心理学研究的生态效度》，《湘潭师范学院学报（自然科学版）》，2002年第2期，第101—104期。

续表

单位	访谈对象	性别	职务	单位	访谈对象	性别	职务
L小学	P	女	教导处主任	B小学	G	男	副校长
	Z	男	教师&学科带头人	Y小学（私立）	G	男	校长
	Z	女	教师&教务处副主任		L	男	教师
S小学	Y	女	教师				

为保护受访者个人隐私，笔者在后续研究中会直接用字母来代替每位受访者。

2. 家长问卷对象基本情况

收回家长问卷91份，筛查后保留有效问卷89份，问卷有效率97.80%。在发放家长问卷过程中，效果不是很理想，主要原因是除了L小学，其他学校的科技社团并未针对社团成员的家长建立沟通群，导致发放问卷的时候需要与每个班主任去协商沟通，由于班主任平常工作量较大，在帮忙发放问卷过程中也存在不情愿或者遗忘等现象，因此回收到的家长问卷也主要集中在L小学，问卷结果存在一定的片面性，但也具有一定的参考性。具体家长基本信息如下：

（1）家长性别分布：被调查的男性家长21人，占比23.08%，女性家长70人，占比76.92%。男女家长比例的差距与当前男女家长的职能分工有关。

（2）家长的年龄分布：被调查的26—35岁的家长5人，占比5.49%；36—45岁的家长78人，占比85.71%；46岁以上的家长8人，占比8.79%。被调查家长的年龄主要集中在36—45岁之间，其余年龄段人数较少。

（3）学生就读年级段分布：被调查的低年级段学生9人，占比9.89%；中年级段49人，占比53.85%；高年级段31人，占比34.07%。低年级段较少，这也与L小学未开设一年级科技社团有一点关系。高年级段略低于中年级段，基本分布均匀。

（4）家庭月平均月收入分布：被调查家庭平均月收入3000元及以下、3001—5000元0人；月收入5001—7000元2人，占比2.22%；月收入7001—9000元7人，占比7.69%；月收入9000元以上82人，占比90.11%。月收入主要集中在9000元以上的范围，主要有以下两个原因，一是L小学所处地段的家庭经济收入较好，而是参与科技社团秉持自愿原则，在家长告知书中说明科技社团需要缴纳一定的材料费，一般家庭经济条件好的家长会更能接受。

3. 学生问卷对象基本情况

共发放学生问卷 334 份，经筛查，共收回 323 份，回收率 96.7%。被调查的学生的基本信息汇总整理如表 8-11 所示：

表 8-11　学生基本信息汇总表

题项	变量	频率（人）	百分比（%）
1. 性别	男	249	77.09%
	女	74	22.91%
	合计	323	100.00%
2. 年级	一年级	0	0
	二年级	0	0
	三年级	50	15.48%
	四年级	70	21.67%
	五年级	203	62.85%
	六年级	0	0
	合计	323	100.00%
3. 参加科技社团个数	1 个	314	97.21%
	2 个	6	1.86%
	3 个及以上	3	0.93%
	合计	323	100.00%

（1）学生性别分布：被调查的男性学生有 249 人，占比 77.09%；女性学生 74 人，占比 22.91%。参加科技社团的男女比例严重失衡，这与老师和家长的刻板印象有关，认为女孩子的逻辑思维和动手能力普遍比男生弱，造成女生参与科技社团的意愿远远低于男生。

（2）学生所在年级分布：由于一二年级学生年龄较小，对科技社团认知不足，以及六年级学生忙于小升初的学习，因此，在发放问卷过程中，教师倾向于三到五年级的学生。被调查的三年级学生 50 人，占比 15.48%，四年级学生 70 人，占比 21.67%，五年级学生 203 人，占比 62.85%。五年级学生占比最高，与教师在发放问卷过程中的随意性有一定关系，也从一定程度上反映出五年级学生科技社团开班个数较其他年级多一些。

(3) 学生参与科技社团个数分布：被调查参与 1 个科技社团的学生有 314 人，占比 97.21%，参加 2 个科技社团的学生有 6 人，占比 1.86%，参加 3 个及以上科技社团的学生有 3 人，占比 0.93%。参加一个科技社团的学生占绝大多数，符合市中区各学校招生情况，也基本符合教育规律。

二、调查结果

（一）小学科技社团主体与对象管理现状

小学科技社团主体是负责社团管理事物的主要责任人，总计 55 个参考点，包括组织主体和人员主体两个二级节点，分别为 19 和 36 个参考点。

1. 小学科技社团主体管理现状

组织主要包括青少年活动中心、学校、教育行政部门三个三级节点；人员主体具体包括校长、副校长、科技辅导员、教务处主任、教导处主任、后勤处主任等人员（图 8-3）。在组织主体中，学校占比最大，有 10 个参考点，发挥绝对性影响，其次是青少年活动中心，有 7 个参考点。据访谈资料，二者关系为总校和分校的关系，X 小学 Y 校长如是说："因为我们社团的管理原来是市中区的一个青少年活动中心，然后我们只是叫分校，那么分校里面对于这个事情，我们就专门成立了一个机构来管理这个事情"；青少年活动中心总管全区的课后服务工作，目前小学科技社团从属于课后服务的一个子项目，所以青少年活动中心同时需要负责定时巡查社团活动的总体开展情况，L 小学 P 主任如是说："课后服务都是属于青少年宫（即青少年活动中心）。所以每周都有巡查的，因为属于他们管。这是教育局当时开设课后服务的时候的一个模式，总校加分校的模式。"但涉及科技社团的具体事物，如科技社团建设、活动开展、制度建设、质量保障等工作，实质上是学校主要负责，但涉及收费管理、费用使用等问题时，存在权责不明、多头管理现象，X 小学 Y 校长对于上述问题理解也较为模糊："最开始是这样，因为涉及我们最后收费，然后这个费用又怎样安排，他是另外一条线，所以采用了另外一种管理方式，目前好像是又要回归为各校自己管理。"目前各部门也发现了此问题，也在整改中："现在好像还在走程序。"

也有校长认为社团管理应该由教育行政部门主导，学校主要负责实施，让社团可以规范化运作。总的来说，目前科技社团管理从属于课后服务管理之下，缺乏单独的专属于科技社团的管理结构，且管理的组织主体存在权责不明的问题，导致社团管理不规范，没有形成制度化、规范化的管理组织主体。

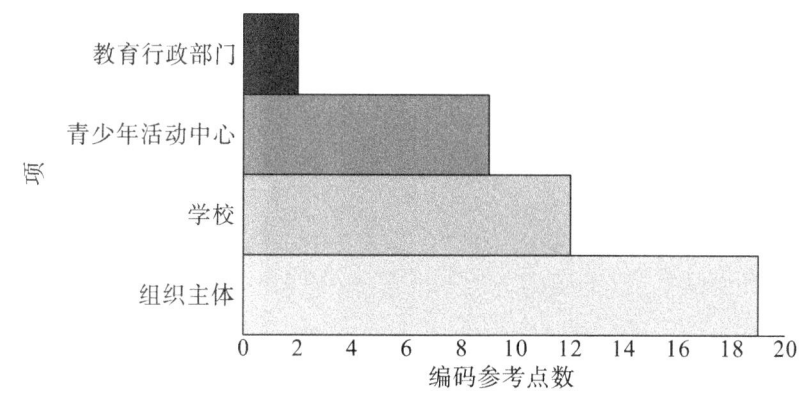

图8-3 组织主体-按项编码

如图8-4所示，家长认为，理想的小学科技社团组织主体依次为科技协会、学校、专业的社会机构、青少年活动中心、以上单位共同合作，均分分别为3.52、3.49、3.22、2.53和2.26。排在前三位的科技协会和专业机构都是在科技教育领域较为擅长的机构，说明家长在认可学校作为组织主体的基础上希望科技社团向更专业的方向发展。而青少年活动中心均分较小，也说明目前家长对于青少年活动中心在科技社团管理过程中扮演的角色认知较模糊。排在最后的共同合作选项均分最小，说明大部分家长更认可偏向集中统一的管理模式。

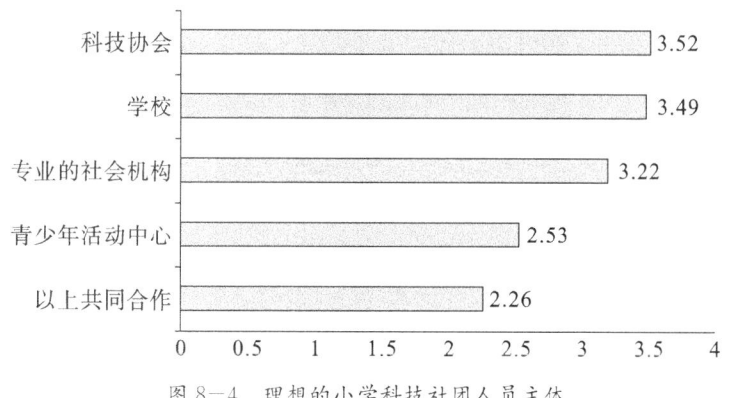

图8-4 理想的小学科技社团人员主体

在人员管理主体中，如图8-5，主要涉及校长、副校长、科技辅导员、教务处主任、教导处主任、后勤处主任等人员，排在前三位的分别是校长（10个参考点）、副校长（10个参考点）和教师（7个参考点），说明这三个角色的管理人员是每个学校科技社团管理结构的常规组成，而校长所占比例最大。因此，学校对于科技社团的管理实施校长责任制，T小学S副校长也证实了这一点"最上层的应该还是校长，校长建立这个制度，校长为组长，然后副校长作为副组长，接下来各层面的社团老师班主任来负责"。而具体规划由副校长负责，实施操作层面则由科技社团内部教师具体负责："每个社团总规划我来，但是分社团的他们就自己来，因为比如说像今年我们提出的大的一个变动，就是换成年级社团这个规划就是我们学校层面来，学校层面觉得怎么样合适，但不只是说我们说怎么样就怎样，还是要征求很多老师们的意见。"另外有些学校会设置其他管理人员，进一步将社团事物细分，例如教导处主任（4个参考点）会负责功能室协调、社团开展情况收集等工作，教学部主任（3个参考点）则负责把控社团活动的教学质量，后勤处主任（2个参考点）主要负责社团的安全管理。

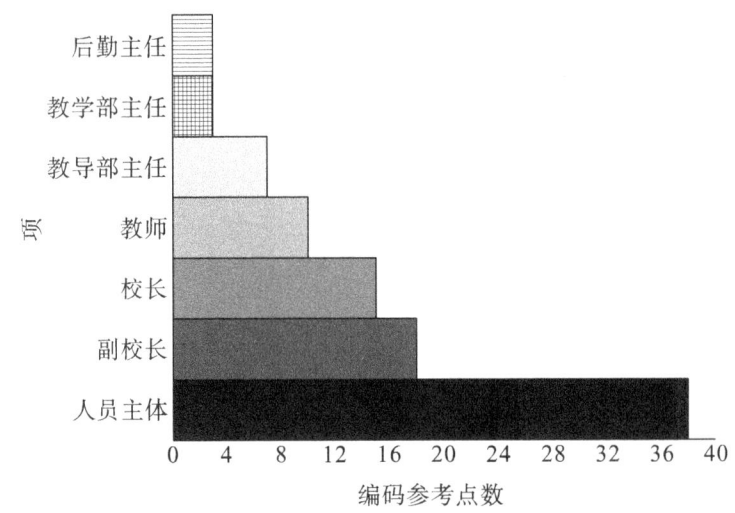

图8-5 人员主体-按项编码

可以看出，每个学校的管理层级和管理幅度不尽相同。有的学校采取扁平式管理，管理人员职权范围较大，管理事物繁杂，会产生因管理结构松散而难于控制的局面，难以进一步提升社团活动的质量。有的学校则采取垂直管理模式，这样管理使行政组织和管理人员能够有效地控制和协调较低级别的组织和人员的各项活动,但目前存在的问题依然是没有针对科技社团专门设置的管理人员,人员的专业性不强,没有系统学习过科技教育相关文件,L小学教导处主任也表达自己是学音乐教育出生的,也从来没有进行过社团管理和科技教育相关的学习,导致管理人员在科技社团管理工作中缺乏针对性和有效性。

2. 小学科技社团对象管理现状

对象管理是指小学科技社团的管理客体,分别为学生管理43个参考点和家长管理47个参考点,总计90个参考点。学生管理包括对于学生在科技社团里的一个班级管理(9个参考点),对于学生三维目标的管理,分别是知识与技能(10个参考点)、情感态度价值观(7个参考点)和过程与方法(6个参考点)的关注(如图8-6)。

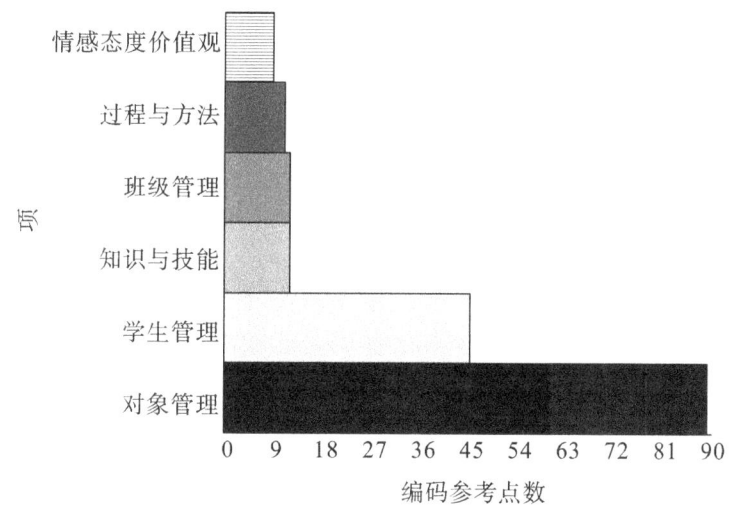

图8-6 对象管理-学生管理-按项编码

在班级管理中,主要是对于课堂纪律的控制,但大多数老师反映在科技社团活动开展过程中课堂纪律不好管,X小学C教师认为是因为学生知识层次不一致的问题:"上课的纪律不好管,真的不好管,因为你想叫他学学这个东西,他就学习很困难,你刚开始来,电脑都不会开就是很麻烦的事。"T小学M教师持相同看法:"还有一个问题就是有些学生他的程度不一样,因为不是我们自己选的,所以有时候有的学生比较调皮,就感觉控制不住课堂。"有老师则认为是因为科技辅导员数量不足，不足以在实操环节应付学生的提问，L 小学 Z 教师就有此类问题的困扰："一个人看不过来，我难免有时候有一些混乱，上周三我做竹蜻蜓，用到了热熔胶，要用到 220 伏的电池的电源，还用到了很锋利的剪刀，我是真的是担心，幸好后来也没什么事。"而 S 小学 Y 教师则表示这点他们做得很好："一个人上课，一个人当助手辅导孩子，类似于助教，两个人一起上一节课，老师在上面讲什么，需要制作什么，专门有一个人老师辅导。"可以看出目前对于科技社团的班级管理有如下三个问题：第一，科技辅导员对于社团活动这种新的上课方式还不具备专业的管理能力；第二，科技社团的班级分层过于粗糙，造成班级教学出现一定的困难；第三，科技辅导员数量不足，难以维持纪律。这个方面可借鉴 S 小学的做法。

在三维目标管理中，知识和技能所占比例最大，其次是情感态度价值观，过程与方法所占比例最小。说明目前学校以及教师对于学生的知识与技能的掌握尤其重视，主要是因为教师的学生观的转变，L 小学 L 教师认为："我觉得应该是对小学生科学态度的培养和他科学探究能力的培养。因为我觉得其他方面比如说科学知识，很多学生，特别是现在学生他们看的书很多，他根本不需要你去普及知识，但是现在最常见的一个问题就是学生的动手能力特别差。"说明教师不再是过去重知识轻技能，而是开始重视知识与技能的结合，让学生在理解知识的基础上亲自动手实操，真正将知识内化。而在"双减"政策的指导下，学校和教师也越来越开始展现人文关怀，秉承"还给孩子一个快乐童年"的原则，在科技社团活动中更强调儿童的兴趣和体验感。X 小学 C 教师深有体会："我们现在也理解了，双减下来之后，学生都需要快乐的童年，反正他也蛮喜欢，能学一点是一点。"S 小学 Y 教师认为兴趣是最好的老师，科学创新精神应该从小培养，对于学生今后升学和工作都有益处，"我觉得从小培养孩子这方面的能力，他的创新精神对我们乃至一个国家都非常重要，首先是一个兴趣的培养，第二个对孩子他会打下一个很好的基础，比如说初中高中的物理、数学、化学，他从小有了兴趣，有了基础以后，他的理科就特别的好。"但是其中也存在一些问题，因为孩子年龄还比较小，兴趣和各种想法都很不稳定，同时科技社团学习的知识难度较低，学生会出现"三分钟热度"的情况，有一些教师不会过多关注或及时给学生做思想工作，而是直接同意孩子转到其他社团。L 小学 L 教师就表示不刻意挽留学生:"因为我们人数也特别多,特别是像科学类的话,人数其实已经满了已经超了,你知道一个科学社团一个老师要负责 50 个人,他要做各种不同的东西是很难的,所以一般如果学生要走的话,其实对老师来说要更轻松一点。"可见,科技辅导员在开展社团活动过程中虽然关注到了学生的兴趣,但是忽视了立德树人的核心任务。

学校对于学生过程与方法的掌握也是参差不齐,有的学校只停留在表面的操作技能的掌握,但是对于具体的原理和方法并没有给学生解释清楚,X 小学 C 教师抱怨学生离开教师一刻的指导就不会操作了:"您觉得小孩他会做了,但是他理不理解里面的原理?""他可能原理理解不了,就是说调那些都离了你不行。"有的学校则是选择一个调研主题,带学生外出考察,通过收集数据、整理数据、总结归纳、得出结论这整个流程来让学生体验科学探究的过程和掌握科学调研的方法。但是存在的问题是这样的调研活动无法面向全体科技社团的学生,出于安全的考虑,每次只能选个别班级参与调研活动:"有拱桥,有吊桥,我们书上本来就要学桥的知识,我们就选了一个班带出去,实地考察乐山的每个桥,去研究去拍照,回来它画出来,还要画图纸研究,还要收集一些资料,还要在网上收集世界上各地的名桥,直到最后把出成一本书拿去参加活动,获得了 L 市创新比赛的一等奖,并且获得市长奖。"

因此,对于学生的管理,目前值得赞许的是教师观和学生观的转变。但还存在以下问题:第一,教师缺乏对于学生参与科技社团活动时思想动向的关注和引导。第二,学生参与科研过程的次数不足,学校的调研活动无法面向全体社团里的学生。

在家长管理中,主要涉及有:第一,对家长发布科学社团相关事物的通知(17 个参考点)(如图 8—7),主要发布一些购买科技社团所学的耗材用具的通知,还有关于外出参加竞赛活动的通知。第二,调动家长的积极性(12 个参考点),例如 L 小学动员家长和孩子一起参与科普基地的种植活动,"家长也很支持,每次家长都去的比较多,有时候一个班五十几个孩子就去了七八十个家长噢。"或是动员家长和孩子一起完成手工制作,"前段时间四川省还发了他们科技调查的一个奖状,这些活动并不是在学校里面完成,我们布置孩子们在家里完成,动员和家长合作,或者说在家庭里面这样一个东西来做。"学校在调动家长积极性的同时也充分实现了家校共育的目标。最后，是和家长进行的情况反馈（5个参考点），与家长反馈的内容一般就是孩子在科技社团里的学习情况还有表现，"我们是每一个学期都会建一个群，家长也希望建一个群，他可以第一时间了解孩子在学校的学习情况。"但从参考点来看，目前能跟家长进行有效反馈的学校很少，在访谈中，也只有1所小学建立了科技社团的家长交流群，其他学校都是通过学生所在班级的班主任进行沟通，对于科技社团的开展造成了一定的困难，T小学M老师如是说"如果涉及出钱的问题的话，那么我们社团的老师就要去给学生沟通，给班主任沟通，然后让班主任给家长沟通，这样就很会很麻烦，所以就暂时还没有让家长去出钱，还是学校这些出钱，我们只是用现有的一个器材来做。"有些学校因为没有建立有效的沟通渠道，也时常会造成家校之间的一些误会和冲突。S小学Y教师说到因为班主任没有及时通知家长科技社团报名的相关信息，导致家长不满，直接打电话到其办公室理论："他就打电话质问我们，直接打到我们的这里来，说你们为什么不在我们这个班招呢？"同时也说明了科技辅导员和班主任之间工作配合不到位，因为大多数学校都没有建立专门的科技社团的家长反馈群，在一定程度上也难以调动家长的积极性，也造成了笔者在收集家长问卷的时候非常艰难。

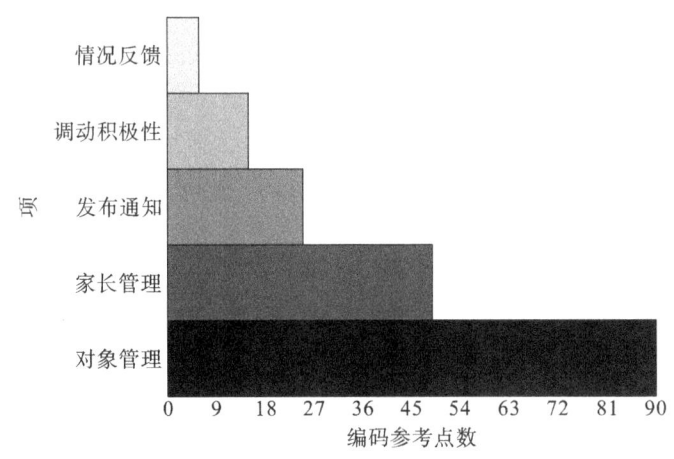

图8-7 对象管理-家长管理-按项编码

（二）小学科技社团活动管理现状

活动是社团的生命，活动的质量和丰富程度是衡量一个社团质量最重要的标准。根据访谈数据的整理，目前各校有关活动管理共计154个参考点（图8-

8)。活动管理主要包括：活动的内容与形式管理（72个参考点），活动课程管理（27个参考点），活动记录管理（32个参考点），活动环境管理（23个参考点），从参考点的数量来看，充分说明活动的内容与形式管理是社团活动管理的第一要务。

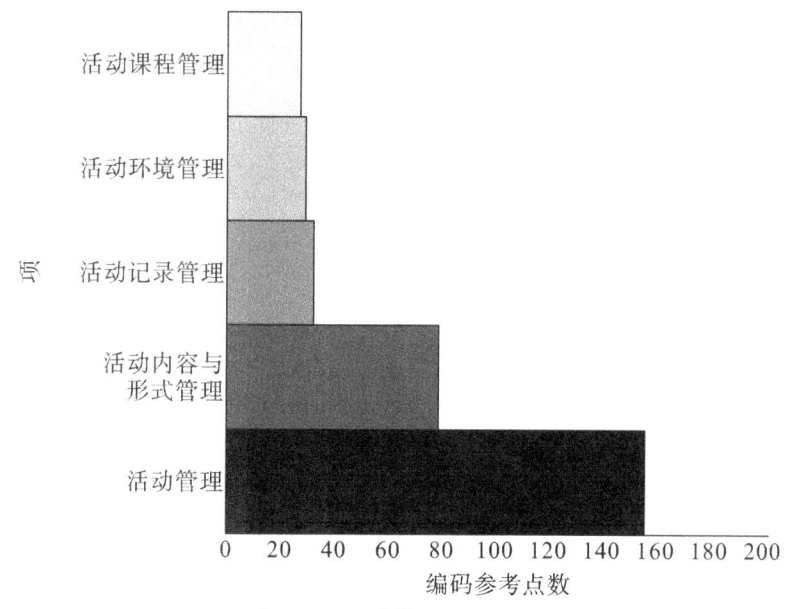

图8-8 活动管理-按项编码

1. 小学科技社团活动的内容与形式管理现状

第一，如图8-9所示，小学科技社团活动的内容与形式依次包含竞赛活动、科技节、功能室上课、课题调研、对外交流、参观科普基地和科普讲座。可以看出，竞赛活动、在功能室上课还有举办科技节是每个学校科技社团的主要活动内容与形式。而在功能室上课和举办科技节都是在校内进行，说明目前科技社团的活动范围主要集中在校园内。课程内容主要根据不同的科技社团类型而设置，例如化学社团主要有进行仪器的使用，还有一些趣味小实验、小制作等，"有些是按照用我们实验室的器材有些什么，然后主要教一些仪器的使用，还有一些比较可以到网上去找一些比较有趣的，然后生活当中比较常见的东西然后来做。"生物社团则主要是制作标本、认识植物属性等等。还有最受欢迎的机器人社团，主要学习编成和机器人巡线，"机器人学习，巡线这个任务是他在轨道内按照程序行进。"

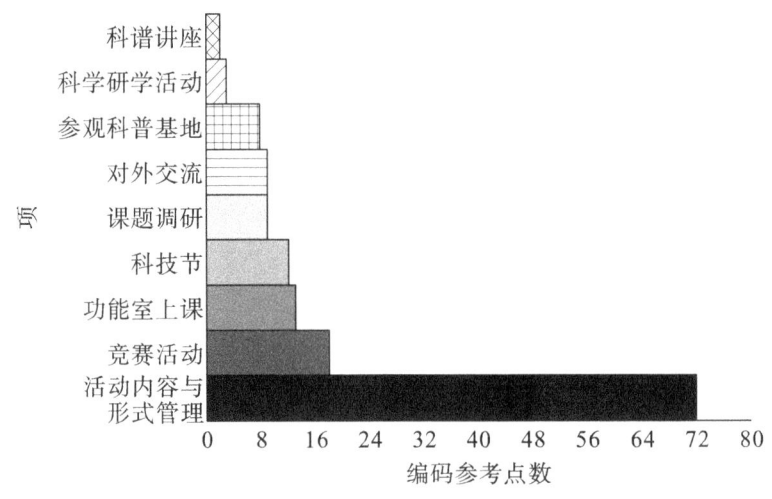

图 8—9 活动内容与形式管理-按项编码

其次，科技节也是每个学校每年定时举办的项目，一般科技节要持续一个月左右，策划方案主要是科学老师参与："我们每年有一个主题，科技老师自己来选，他想做一个什么活动，然后他就把方案交给我们，然后在这个月我们就协助他去完成这一个科技文化月的举办。"同时会将科技社团的项目融入到科技节当中，实现面向全体的一个目标，例如 L 小学的 Z 教师："我把科技活动去面向全体，咱们学校也有办科技节，科技节它也是一种全校性的学生都一起去参加的，然后我可以把一些平常我在社团里面布置的任务布置到科技节里面，让大家都有机会去动手去操作。"科技节的主要目的是为了营造校园的科技氛围，培养学生的科技创新精神，T 小学 S 副校长如是说："通过各种各样的这种科技的小游戏，或者说是一些小的活动，提高孩子对科技的训兴趣。"但是目前也存在一些问题，就是有些学校功利性较强，科技节的承办目的是为了迎合区里的科技比赛项目，X 小学的负责人也承认了这点："因为我们市级部门在举办相应的这种科技创新大赛，市里的 9 月份比赛，所以我们学校就定了 6 月份为科技节，主要针对 9 月份要去参加比赛。"而 L 小学也同样出现了这种情况："我们科技节是这样子，老师的实验操作竞赛都是在这一个过程当中进行的，我们在暑假的时候就布置学生就做，或者我们以文件的要求为准，然后就自己制作拿到市里面去比评，然后评了以后我们评了以后交上去，交了然后他们又拿到省上去参加比赛。"

因此，从竞赛活动的占比我们也可以看出学校非常重视竞赛活动，因为获奖情况是评判科技社团质量的一个重要指标。有些学校会针对竞赛专门挑选优秀的学生来训练，T小学M教师也证实了这一点："如果要去参加比赛的话，就要重新再去里面挑选更好一点的人来集中的训练。"而T小学S副校长认为竞赛应该自主参加，面向全体："对你不能剥夺别人，因为没有参加科技社团，你就剥夺他参加比赛的权利。"对于需要购买昂贵设备训练的竞赛活动，教师则是根据家庭条件来确定竞赛人选："如果市里面或者省里有这种无人机的比赛的话，这个时候怎么去训练？""我们一般都是提前跟家长在跟家长沟通，看看谁家里面有自己有买有这种无人机，然后我们就组织这个学生去参加比赛"。

然而目前有关竞赛活动还存在以下问题：第一，因为疫情等原因，出于安全的考虑，上级部门和学校在逐渐减少竞赛活动。第二，Y小学校长表示有些竞赛成本较高，限制了多数学生。"机器人大赛的话成本非常高，家长你一年不出个几千块钱的学习费用，孩子无法学习，所以我们学校到现在都没有开展机器人社团。"第三，学校或教师功利心较强，对于一些含金量不高的竞赛活动极性不强："因为现在比赛有的是官方的，有的不是官方的，不是教育厅发的比赛，其实我们也不想参加，一是学校很累不想去，二是担心出现安全问题"。还有一些教师对于没有把握拿奖的竞赛活动也没有什么兴趣。"要看情况，因为每次比赛通知下来的话，我们都会去了解他的规则是否适合我们的学生，以及我们的学生他现在的状态适不适合参赛，因为你带出去不得奖的话我觉得没必要带出去。"

其他的活动内容与形式有课题调研、对外交流、参观科普基地、科学研学活动、科普讲座等。分别为9、8、8、3、2个参考节点，占比较小，且大部分都是校外活动，也进一步说明目前学校开展校外的科技社团活动存在一定的困难，是今后各学校需要思考规划的方向。

如图8-10所示，就学生群体而言，对于科技社团开展活动的主要范围，89.47%的学生选择科技社团主要活动范围在校园内；0.31%的学生选择科技社团的活动范围在校园外；10.22%的学生选择科技社团的活动范围校园内外都有。可见，大部分科技社团的活动范围都在校园内，校园外的活动较少。

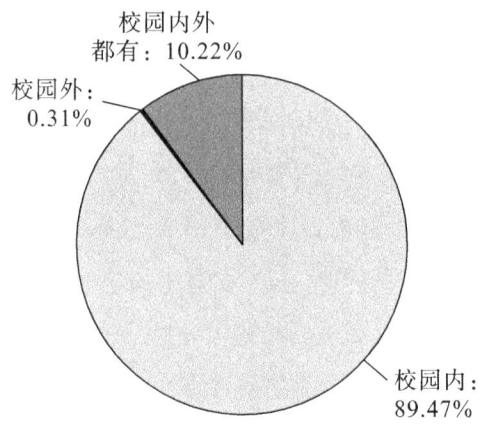

图 8-10 科技社团活动范围情况

2. 小学科技社团活动记录管理现状

活动记录管理主要指活动的过程记录成果记录方式的规定和办法，总计 32 个节点（如图 8-11）。活动记录的目的是为了总结科技社团开展过程中的经验和教训，及时整改和完善，进一步提高科技社团质量。同时，展示学生在活动过程中的风采和成果，树立榜样，培养正确的科学观。

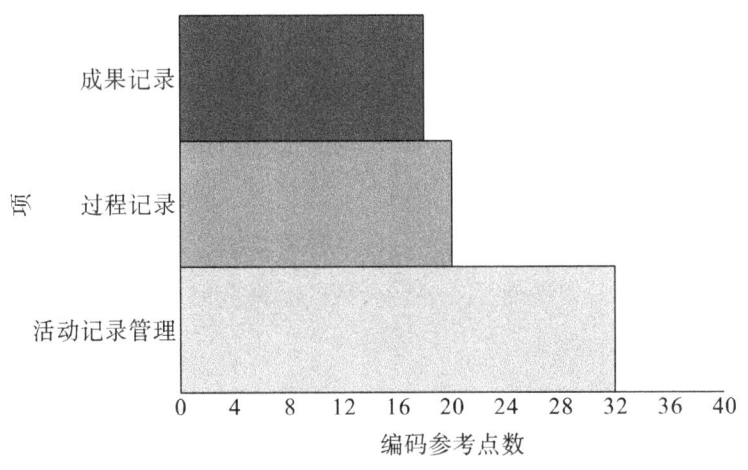

图 8-11 活动记录管理-按项编码

过程记录指学生参与科技社团活动过程中的活动主题、心得以及实验数据的记录，共计 17 个参考点。从访谈资料中可以看出，过程记录主要集中于参观科普基地以及课题调研这些校外活动。通过访问 B 小学 G 副校长，可以知道学校在带学生参观完科普基地之后布置一些任务，主要是分析调研获得的数据，成文后在学校科学报上发表:"像这些东西我们有一个实践活动,叫科学实践体验。有时候我们孩子们回家之后,他通过收集的数据,他就他家里面提供的调查报告,这是小朋友写的,对比数据很多。"S小学还会将学生外出调研的数据成果编制成册作为课程资源:"比如说上次我们就搞了一个造纸的活动,带孩子们去参观造纸场,过程中会形成一些视频一些资料,都会把它整理编成课程。我们最后把它编成了一本书,我们已经编了三本书了。"

从对活动内容与形式管理的现状分析中我们可以得出科技社团活动日常形式主要是在功能室授课,各个学校对于学生在课程中的上课表现、完成任务情况考勤签到之类的信息都积极记录,并且每个科技社团的记录还会因人而异,有的教师记录的资料和数据会丰富一些:"其实本身社团他就发了一个单子,就是关于每个学生的考勤记录,然后每个社团老师会根据自己的情况,有的老师是用像语文数学一样的红蓝点,有的老师用的是加分制度,然后有的用的是其他制度。"可见,教师对于社团活动的记录也会成为激励学生的一种方式,值得借鉴。

成果记录指在科技社团活动进行过程中所获成果的保存或展示方式,共计15个节点。成果的保存和展示有利于增强学校的科技氛围,目前各个学校还是比较重视科技成果的记录工作,记录的主要方式有形成纸质文档保存或是拍摄成视频,制成流程资料:"我们会拍成视频,然后作为流程的资料。"而科技成果展示的方式主要是集中在科技节,时间持续较短。有的学校会在网页或公众号上宣传,作为成果记录的一种方式:"我们之前推过,你在我们的公众号上应该可以找得到。"

总的看来,L市S区对于学生科技社团的活动记录和成果记录较为重视,记录的方式多样化,既可以起到保存资料的作用,又可以起到激励学生,营造科技氛围的作用。

3. 小学科技社团活动课程管理现状

活动课程管理包含挖掘课程资源和课程开发两项,共计27个参考点(图8—12)。活动课程是开展科技社团活动的主要凭借手段,课程的质量也决定了科技社团的质量。但是我们可以看到,活动课程的参考节点较少,说明目前各学校对于科技社团活动课程还不够重视,且课程质量参差不齐。

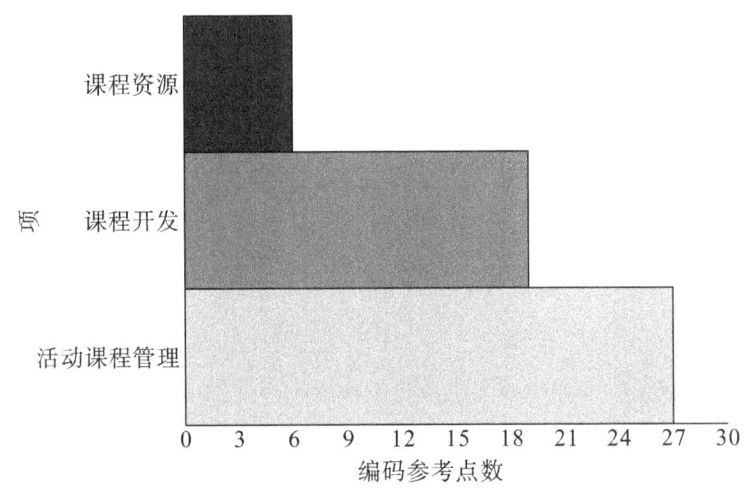

图 8-12 活动课程管理—按项编码

课程资源（7 个参考点）是指课程要素的来源，是科技辅导员在课程开发中实施课程的必要和直接条件。可以看出目前学校的课程资源较少，其中有的学校是直接沿用旧教材，例如 X 小学"因为原来老师教的时候有准备教材，现在也是用的之前的教材"。有的学校则是由上级部门统一配发，"我们的教材都是科协和少科委发的，我们上课的内容都是他们统一配备的器材和课程。还有一本书是省上发的"。还有的教师是直接从网上下载现成的资源给学生上课或者是用科学课本上后的拓展实践作为课程。

课程开发（23 个参考点）指科技辅导员为了实现科技社团活动目标而自主准备的课程内容和相关的教学活动。课程开发与教师的专业能力和教学态度息息相关，在这一方面 L 小学、Y 小和 S 小学做得比较好。L 小学的教师专业能力较强，具备自主进行课程开发的能力："我重点是放在工程技术和科学，因为本来 Steam 也是科学领域提出来的一个内容，然后因为我们小学科学课里面其实有很多课程是可以跟它融合的，再加上我本来也是科学专业的，所以我在设置的时候主要偏向于以一些小学生能够懂得知识来做工程项目。"同时 L 小学的教师和 S 小学的教师主动性也较强，经常主动去探索和时间，开发新的课程，例如 L 小学 Z 教师主动开发科普基地："这个基地到现在为止我们已经运行了三年，最初是我跟学校提议能有一块地，种上一些桑树，这个桑叶给四年级的孩子用来养蚕，我们就在 2018 年的下半年找了一个地方租了 20 亩地，然后就把种桑树栽上了，栽上了以后我们就把它拓展成一个劳动生活的实践及校外科普基地。"他们也会寻求校外专家和专业机构的指导，但由于课程开发具有很大的难度，要综合考虑诸多因素，要形成稳定的体系需要多年的摸索："最初的时候我们对课程的开发确实是非常的难，因为你要综合考虑学生、器材、费用，还要考虑难易程度。当然运行很多年以后，我们基本上就形成了一个比较固定和成熟的模式。"同样Y小学因为开设了不同难度的科技社团，所以会根据难易程度自主开发教材。

如图8-13所示，就学生群体而言，23.81%的学生认为小学科技社团活动课程容易；61.90%的学生认为小学科技社团活动课程一般难度；9.52%的学生认为小学科技社团的活动课程比较难，4.76%的学生认为小学科技社团的活动课程很难。可见，学校目前的科技社团课程难易程度相对较低，没有达到教育规律中最近发展区的教育要求。

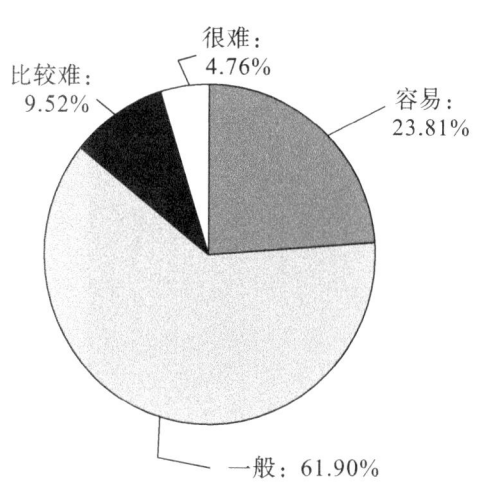

图8-13 小学科技社团活动课程难易程度

可以看出，L小学和S小学是市属小学，Y小学是私立学校，所以这三所学校相对来说能得到较多的支持和资源供给，也说明各个学校教育资源不平衡。其次，教师专业能力上有差异，教师的专业水平还不足以支撑其进行课程开发。

4. 小学科技社团活动环境管理现状

活动环境管理主要包括对活动场地的管理和营造活动氛围，总计 23 个参考点（图 8-14）。良好的活动环境能激发学生的学习兴趣，同时有利于维持科技社团活动正常的秩序。

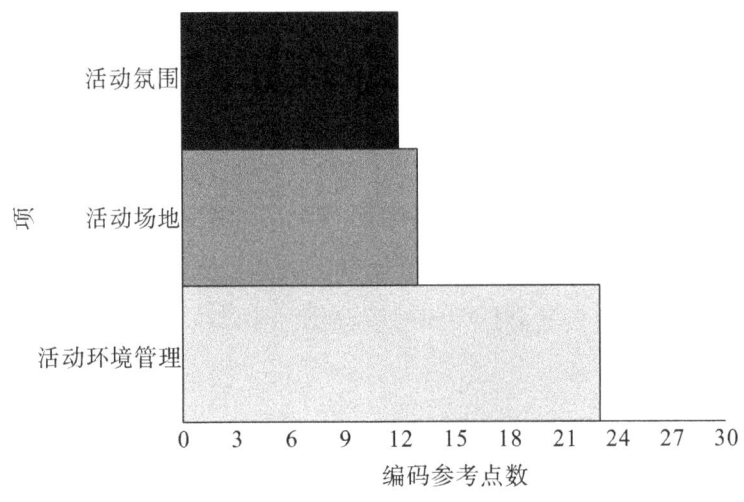

图 8-14 活动环境－按项编码

目前各学校的活动场地一般就是科学实验室，平均拥有 3 个功能室。所有学校都反映功能室紧张是限制开展科技社团活动最重要的因素。例如 B 小学 G 副校长说："除了科学的实验室之外，就没有什么其他的功能室，所以说我们的科技社团一共就开展了 4 个。"S 小学 Y 教师也有同样的感受："现在我们实验室比较少，就只有 3 个 4 个实验室，要满足二年级到六年级都开设科技社团，一个年级就 14 个班，那么你要扩招的话还是有点困难。"在分享科技社团管理经验的时候，L 小学 P 主任也说到目前最大的困难就是功能室紧张的问题："困难很多，尤其是场地问题，就是没教室上课，所有的社团都在校内进行，没有其他场地。"因此，L 小学的解决办法就是安排在班级和专门修建板房来上课："有两个社团，一个标本社团和一个变废为宝都在教室里，这学期就是师院修了个板房，在板房里稍微好一点。"虽然 P 主任也说到在教室上课随之而来会引发卫生等问题，但是目前这是比较好的解决办法，其他学校可以借鉴。

活动氛围指学校开展科技社团活动所营造的氛围,对学生情感态度价值观的影响。上文提到,目前学校营造科技活动氛围的方式有:通过开展科技节来实现,通过活动记录展示的方式来实现。"科技节"活动一般持续一个月,时间还是较长的,对于学校营造科技活动氛围有一定的促进作用。同时,多样化的活动记录方式也能更好地展示校园科技活动风采,在一定程度上增强了科技氛围。

(三)小学科技社团经费与时间管理现状

小学科技社团的经费和时间的有效管理都是保证科技社团整体教育目标按预定计划完成的重要手段。

1. 小学科技社团经费管理现状

经费管理总计51个参考点,主要包括经费来源和经费用途,分别为27个参考点和24个参考点。

如图8-15,经费来源具体指开展科技社团活动所需经费的来源渠道,主要有以下4种渠道,分别是公用经费(15个参考点)、课后服务费用(4个参考点)、企业支持(2个参考点)和家长出资(6个参考点)。

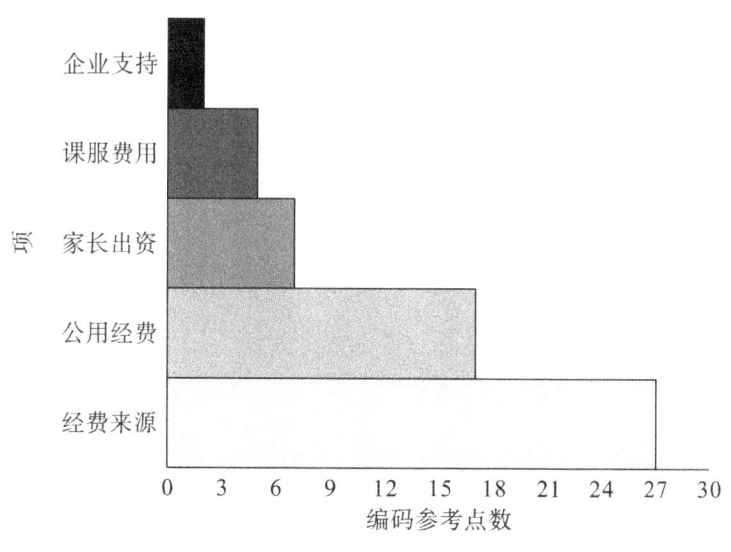

图8-15 经费来源-按项编码

可以看出，科技社团主要的经费来源于公用经费，而公用经费是由生均经费构成，据 L 小学 Z 教师描述："现在学校的经费管理模式是生均经费，根据你的学生人数，每一个学生一年 630 块钱，就根据你的学生数给你这个学校，是这样子的。"因此用于科技社团的公用经费相对不足："他的生均经费是包干给你的，那么你科技这一块用肯定要压缩。"另一方面，因为社团活动现属于课后服务中的一个子项目，所以课后服务的部分所收费用可以用于科技社团活动。但基于课后服务一个公共产品的属性，所收费用不高，所以能用于科技社团的费用比例较低。因此，对于开展科技社团活动中不可避免要用得到的耗材，由课后服务费用来承担，但是基于课程的需要，额外的由家长来承担，费用从 100 元至 500 元不等，且保证家长出资是基于自愿的原则："我们是他在报名的时候就讲得很清楚，他是需要收器材费的，那么是收了器材费以后，器材每次上完课以后会发给学生带回家，家长是知道的""他都有一个标准，大概四五百块钱，要看你上的内容，比如说需要用很多大型的器材的内容就要稍微贵一点点，也贵不了多少，反正就 500 块钱左右"。其中也出现了一些问题，就是部分家长觉得费用太高，不愿让孩子继续参加科技社团："有的家长说我不想参加，我还要出这个器材的费用，有的家长他都想的不一样，我的孩子就是喜欢，我要出钱买。"

像 Y 小学是私立学校，费用由集团拨款，所以相对充足。因此也有一些教师想到要寻求企业的支持，但是目前还没有找到这样的渠道。小学科技社团的费用支出主要有购买教学设备、耗材用具以及用于教师的补偿（图 8-16）。

可以看到虽然教师补偿的参考节点占比最大，但是并不是用于教师补偿的费用占比最多，而是在访谈过程中"教师补偿"是教师们最常讨论的话题。也表明了教师们的利益诉求。社团辅导属于教师们额外的工作量，而科技社团由于专业性较强，尤其需要教师投入更多的精力，因此科技辅导员希望能得到更多的费用补偿。但是目前给予教师的一个补偿方式主要是从课后服务的费用里支出，而只有辅导学生获奖之后才会与绩效挂钩，但是奖励非常少："我们学校这方面有一点奖励，但是非常少，几乎可以忽略不计。"或者会给教师加分，但不足以满足教师们的诉求："比赛都是参加绩效，每个奖加多少分多少钱都要进入绩效工资。"尤其是有时候教师对于科技社团日常教学需要用到的资料或者是器材还需要自掏腰包："我们科学组每个老师经常都自己掏钱，尤其是报不了账，有些是网上买的东西都报不了账的，有个老师每学期都要花几百块钱。包括上正课，因为没有发票，网上买东西就不好报，也报不了，就存在这样一个问题，所以很多老师都还不愿意。"这严重影响到了教师的积极性。

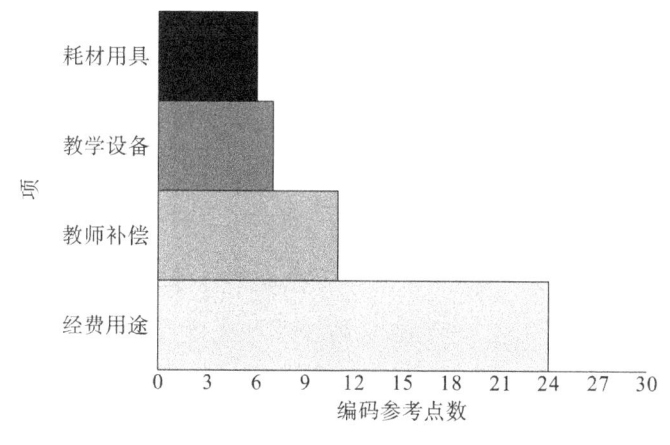

图 8—16 经费用途—按项编码

另外，教学设备主要是指大型的教学设备，例如机器人社团的设备一套下来好几万，还有天文社团的一个天文望远镜也需要几千块钱，如果想要开展这些高质量的科技社团，这些设备占据费用支出的绝大部分，并且这些设备的维护也需要费用支出。因此，有一些学校为了减少开支，不经常使用，久而久之就成了摆设。或者是因为费用高昂，限制了一些学校去开办这样的社团，Y 小学 G 校长如是说："机器人大赛的话成本非常高，家长你一年不出一个几千块钱的学习费用，孩子无法学习，所以我们学校到现在都没有开展机器人社团。真正学校开展机器人不多，都是'假机器人'学校，买一点机器人摆一点在那里，然后领导来的时候就展示一下，平时偶尔学习一下就满足好奇心了。"

最后经费是用于购买科技社团的耗材用具，上文也提到过主要由家长自行出资进行购买。但由于一些学校没有建立与家长沟通的渠道，只能利用功能室现有的耗材用具，例如烧杯这些化学器材。

2. 小学科技社团时间管理现状

时间管理指学校对于科技社团不同活动形式的时间安排，合理的时间安排是对科技社团时间消耗进行科学的预测、决策、计划、组织、控制等程序，以期达到科技社团教育目的的全过程。因科技社团活动形式不同，因此笔者将时间管理分为校内活动时间管理与校外活动实践管理,分别为 23 和 35 个参考点,共计 58 个参考点。

校内活动时间管理主要包括对于在功能室上课、科普讲座和科技节的时间安排(图 8-17)。不同的学校对于科技社团上课安排较为灵活,主要是源于学校的课后服务模式不同,大部分学校课后服务采取的是 3+2 的模式,即 3 天家作辅导和两天社团活动。有的学校将科技社团活动安排在周三和周五两个下午的 3:20—5:20,且依据不同年级段分为两个上课时间段,如 B 小学:"比如一二年级他们就是从 3:20 到 4:50,就到放学之前一个多小时,然后高年级的 4:15 到 5:20 轮流来做的。"有的学校则是将不同上课时间段分开,如 S 小学:"比如说一年级是周二周四,二年级是周一周三这样子的。"T 小学则选择 4+1 的课后服务模式,即 4 天家作辅导,1 天的整个下午时间让学生参加社团活动。而私立小学 Y 小学则是将科技社团活动安排在了周末:"周六早晨每一节课大概每个班大概是 90 分钟,两个课时 90 分钟,星期六 8:58 开始轮流来开班。"基本上每个学校的科技社团的活动时间都能保证有两个课时,但有些因为高年级段升学的原因,就减少了社团活动时间,甚至是取消了高年级的社团活动:"因为六年级要毕业了,六年级没有搞,五年级下学期都没搞了,就是二三四年级开社团,五年级上期第二期就没有搞,因为他们抓主科比较紧一点。"

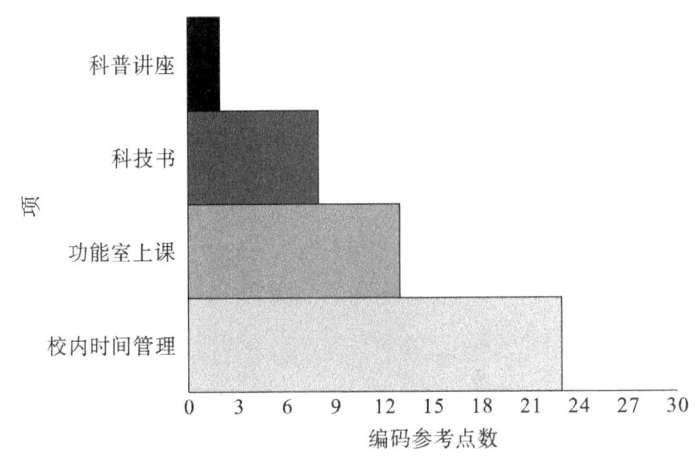

图 8-17 校内时间管理—按项编码

如图 8-18 所示,17.58% 的家长认为开展小学科技社团的理想时间是周末;

39.56%的家长认为开展小学科技社团的理想时间是寒暑假;5.49%的家长认为开展小学科技社团的理想时间在放学后;37.36%的家长认为小学科技社团的理想时间在课后服务期间。表示理想时间在周末和寒暑假的家长居多,说明家长希望科技社团的活动时间相对集中和延长。

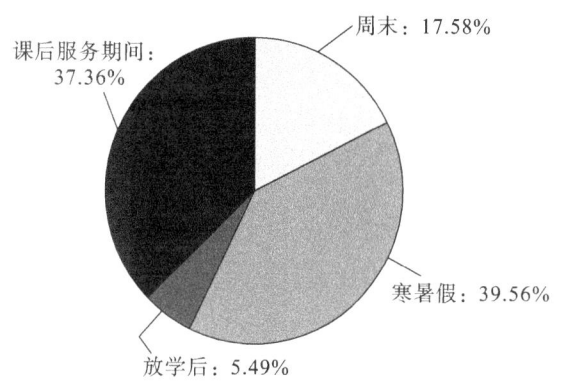

图 8-18　开展小学科技社团理想时间

科技节的时间安排,每个学校都比较固定安排在上半年的 5 至 6 月,主要是为了响应市里 9 月份承办的科技节。而科普讲座的次数较少,时间也较为不固定,主要由学校邀请关工委的老同志进校园给学生开展系列讲座,或者是科技局与学校联合举办的科普进校园活动,访谈中教师们提到的较少。

校外活动时间管理即对校外活动的时间安排,主要包括对竞赛活动、科普基地、课题调研、科学研学活动的时间安排(图 8-19)。

参观科普基地的时间相对固定,例如 B 小学每年 4 月中旬都会带领学生去参观安谷水电站:"要分年级带着这些孩子们参加环保方面的科技方面的企业,比如说我们安谷电站刚刚修好之后,我们就跟那边联系之后,我们就带着孩子的代表去看一看,现在因为大型的电站中,在我们周围就是安国电站比较近,它的设备也比较新,所以我们专门去参观这个水是怎么样输送起来、怎么样发电、怎么样保护这里面的生物,把这样一些过程了解一下。"像 L 小学也专门去校外租了一个种植基地,每学期每个班级轮流去两次进行蔬菜种植活动,充分将劳动教育和科技教育紧密结合在一起。因为参观科普基地主要就只有一天,时间较短,所以每个学校都比较积极组织,但是像研学活动这样时间比较长的活动,并且是科技相关的主题就非常少。

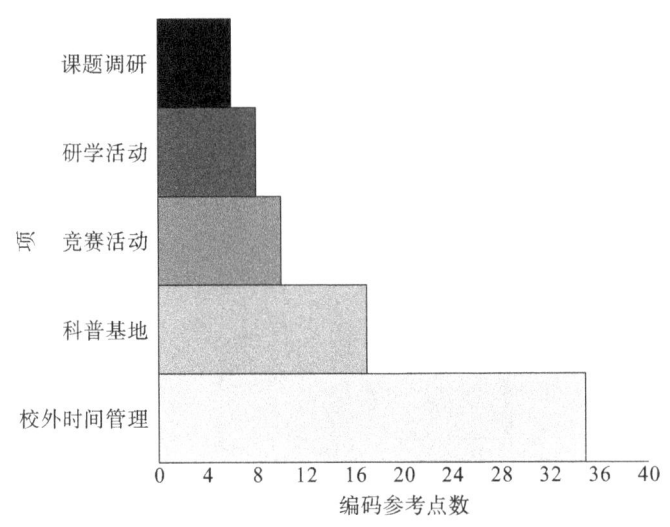

图 8—19 校外时间管理—按项编码

竞赛活动的时间不固定，主要是依据上级发布的竞赛通知而定："有比赛才去，教育主管部门组织的比赛我们就去参加，其他的那些我们肯定不能参加，我们必须要有文件才才参加，不是说什么都去参加。"

课题调研目前只有 S 小学在带着学生做，具体时间不固定，主要是依据课题组每个学期的课程安排。

（四）小学科技社团制度建设现状

小学科技社团制度建设主要涉及社团内部各个事物及流程的管理规范，是保证科技社团高质量运行的重要手段。如图 8—20 所示，制度建设共计 228 个参考点，主要讨论问题涵盖社团管理制度（60 个参考点）、师资队伍建设（44 个参考点）、招生办法（43 个参考点）、监督管理制度（31 个参考点）、奖励制度（24 个参考点）、安全管理（14 个参考点）。

各个小学表示，目前没有针对科技社团专门的管理规章制度，如 L 小学 L 教师表示："我们不是单独的科技社团，而是所有的社团，科技社团只是社团的一个板块，是归在整个社团下面的管理。"因此，科技社团内部的所有事务管理都比较分散，有各自的管理章程，没有形成一个整体的体系。

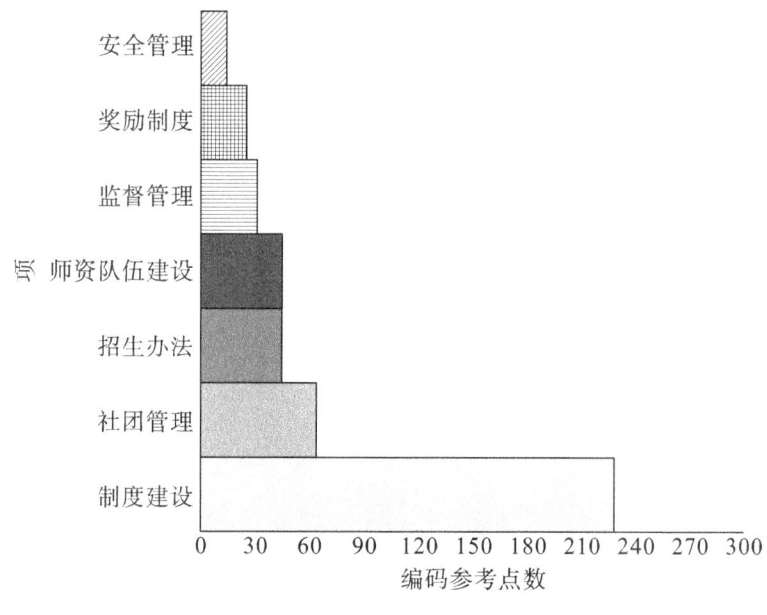

图 8-20　制度建设-按项编码

如图 8-21 所示，就家长方面而言，在被问及学校是否对小学科技社团有具体管理办法时，31.87%的家长表示有，17.59%的家长表示没有，50.55%家长表示不清楚。半数以上的家长表示不清楚科技社团是否有专门的管理办法，17.58%的家长表示没有专门的管理办法，说明大多数家长对小学科技社团管理了解不够，同时也说明目前学校对于小学科技社团的管理办法较模糊，没有形成明确的管理规范。

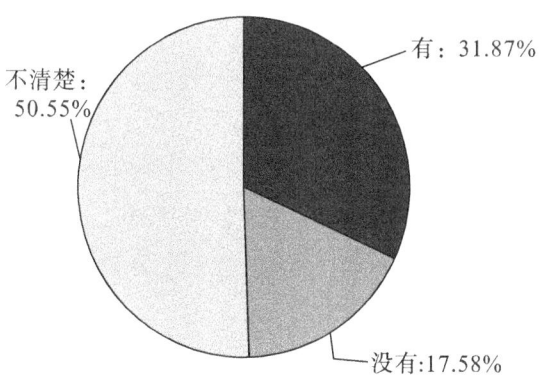

图 8-21　学校针对小学科技社团是否颁布专门的管理办法

如图 8-22 所示，家长群体中被问到对于政府或学校层面有关小学科技社团管理要求的了解程度时，没有家长选择"非常了解"；3.3%的家长选择"比较了解"；31.87 的家长选择"一般了解"；51.14%的家长选择"比较不了解"；7.96%的家长选择"非常不了解"。超过半数的家长对科技社团管理要求都不是很了解，部分家长对科技社团管理要求只停留在一般了解，非常不了解与比较不了解的人数超过了非常了解和比较了解的人数，因此还需加深家长对科技社团管理制度核心要义与具体要求的了解程度，进而实现家校共育的目标。

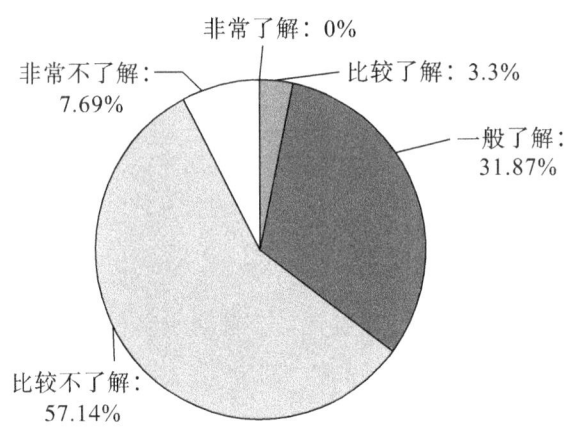

图 8-22　对于政府或学校层面有关小学科技社团管理要求的了解度

1. 小学科技社团管理制度建设现状

针对整个科技社团组织的管理包括社团的成立、登记与注销还有对于科技社团的评价方法。分别为 51 个参考点和 9 个参考点，针对社团成立、登记与注销的管理占主要比例。(图 8-23)。

各学校对于社团成立、登记与注销都会有一个简单的备案，具体实施灵活性较强，无须向上级部门报备，由学校自行决定，"办什么样的社团都是我们学校自己内部决定"。而对于科技社团的注销大部分是根据教师的情况，例如 T 小学 M 教师由于自身原因社团无法为继，"以前是有航模社团的，但是由于我中途请了产假，然后就把航模社团给停掉了"。说明目前学校对于社团的建设缺乏一个可持续的规划，师资数量不足。科技社团的设置主要是根据教师的专业能力、学生的兴趣爱好以及竞赛项目类型来确定。例如 L 小学就是根据教师因素和学生兴趣来开设，"对所有的科学老师就进行摸底，例如调查其擅长，办一个什么样的社团,要征求他的意见。每一个学年会调整一次"。"我们现在的科技社团一般就是根据学生的兴趣来设置的。我上的就是航模社团"。还有一些学校以竞赛为指挥棒,根据上级部门组织竞赛的类型来设置社团。访谈的学校成立的科技社团具体如下表 8-12 所示:

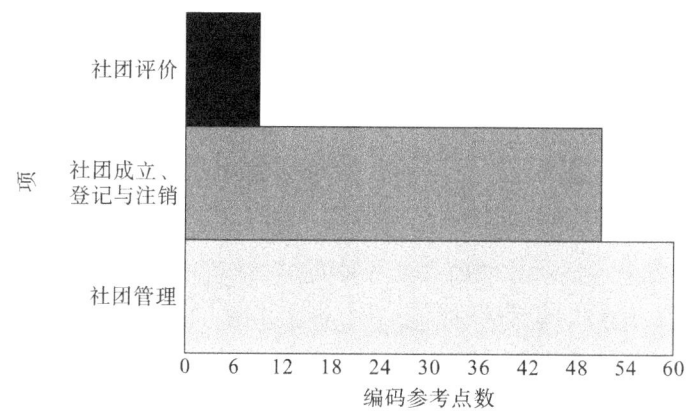

图 8-23 社团管理—按项编码

表 8-12 各学校开展科技社团类型

单位	社团类型	社团数量(个)	班级容量	单位	社团类型	社团数量	班级容量
B 小学	机器人社团	1	26-50 人	L 小学	航模社团	2	50-55 人
	积木拼装社团	1			化学社团	2	
	科技制作社团	1			标本社团	1	
					变废为宝社团	1	
X 小学	创客社团	2	26-55 人	T 小学	科学社团	2	26-50 人
	航模社团	2			机器人社团	1	
S 小学	航模社团	1	26-50 人		信息技术社团	1	
	机器人社团	1		Y 小学	编程社团	4	25 人
	物理社团	1			创客社团	6	
	生物社团	1					
	化学社团	1					

从表中我们可以看到各学校开展的社团类型较为丰富,有明确的社团名称和办团宗旨。但是从数量上看,大部分社团只开设了 1 个班,说明低中高三个年级能参加的社团类型是不一样的,缺乏连续性,社团学习也无法进一步的深入。

另外,是关于科技社团的评价方法,各学校表示目前没有针对科技社团的一个专门的评价办法,包括全区或者是市里也缺乏对于小学科技社团的评价办法。个别教师说,社团质量的优劣可以从每年学生报名的火爆程度体现,但是没有一个可视化的指标:"就体现在每年选社团的时候最早被抢完的,这就是好社团的。"或者是通过调查学生家长满意度体现:"一般我们学校反复摸索满意度,我们要达到 85% 以上,这个社团就算是不错的。"评价指标比较单一,这也是各学校没有将科技社团作为精品社团来建设的重要原因。

2. 小学科技社团教师队伍建设现状

科技社团教师即科技辅导员,在社团活动中占主导地位。教师队伍建设主要包括教师队伍组成和教师培训,分别为 26 和 32 个参考节点(如图 8－24)。

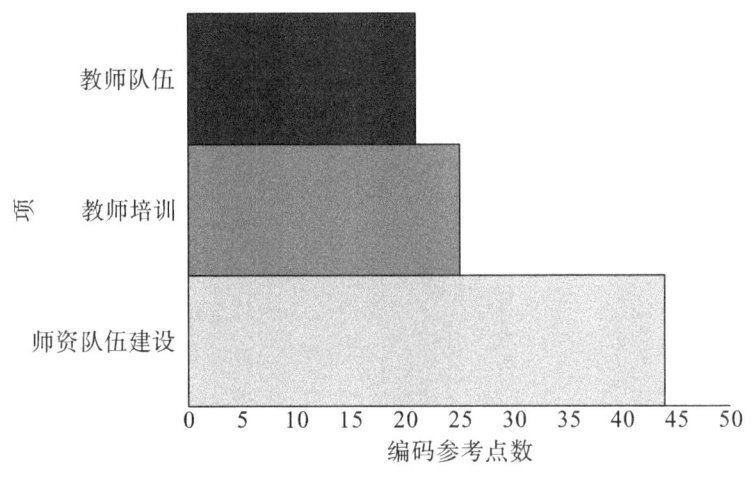

图 8－24 教师队伍建设—按项编码

教师队伍指科技辅导员的学历、专业、年龄、编制构成。具体情况如下:

表 8—13 教师队伍组成

单位	科技辅导员数量	学历情况	专业情况	年龄情况	编制情况
S 小学	11 人	硕士 2 人 本科 9 人	数学专业 1 人 科学专业 7 人 计算机专业 3 人	27—35 岁	全部在编
L 小学	6 人	中师 1 人 本科 5 人	普通师范不区分专业 化学专业 2 人 计算机专业 1 人 科学专业 2 人	26—42 岁	全部在编
X 小学	3 人	大专 1 人 本科 2 人	中文专业 1 人 科学专业 1 人 科学专业 1 人	26—38 岁	2 人在编， 1 人兼职
B 小学	6 人	中师 1 人 本科 2 人	普通师范 1 人 科学专业 1 人 计算机专业 1 人	27—35 岁	5 人在编， 1 人兼职
T 小学	5 人	本科 5 人	化学专业 1 人 科学专业 1 人 信息技术专业 2 人 计算机专业 1 人	30—44 岁	2 人在编， 2 人临聘， 1 人兼职
Y 小 （私立）	4 人	本科 4 人	艺术专业 1 人 英语专业 1 人 计算机专业 2 人	27—33 岁	集团编制

从上表可以看出，只有 S 小学科技辅导员数量充足，可以实现每个社团配备两名辅导员，其他学校教师数量较少。教师学历情况基本为本科学历，其中一些老教师是专科学历，但是教龄较长，教学经验丰富。专业构成大部分是理科类专业，但是像 Y 学校教师专业与科学类不相关，说明私立学校的教师设置还是不够规范。从年龄情况来看，科技辅导员年龄普遍在 26—40 岁区间，趋于年轻化。从编制情况来看，只有两所市属学校的教师全部在编，其他区属学校还会从校外的专业培训机构聘请兼职人员来校上课，说明目前师资还是比较紧缺。

其次，教师培训是指学校为提高科技辅导员业务能力水平，帮助其专业发展而提供的学习帮助。目前各学校科学教师外出参加的培训主要是由科协组织的全区的培训，持续时间在 1—2 天，有教师抱怨能学到的知识只是皮毛："科学相关的我们要培训的,比如说这个机器人要喊我们去培训,但是他培训时间很短,你就掌握不到很多知识。"并且目前全区或是全市组织的相关培训活动都较少,L小学Z教师表达:"目前为止没有,因为这方面的培训的比较少。"学校对于科学教师的培训主要是对新手教师的培训,其培训的内容涵盖较广,不只针对科技社团活动的开展,例如L小学L教师说:"我们不可能专门针对社团培训,肯定针对老师个人进行培训,比如说我们学校有新教师培训他每年都是有成长课堂的,一直到35岁之前,你都必须每年不停地参加各种培训。它的培训内容是比较广的,然后里面涵盖了这种科技社团需要的。"同时有些学校的科学课题组还会定期举行组内交流,通过经验丰富的教师指点从而提升教学水平:"互相听,大家一起听,然后上评课,平常一起交流,所以其实跟课内的课是一样的,不管是社团还是正课都一样的。"表明校内培训的氛围还是很浓厚的。但是学校也表明因为经费紧缺,不会额外送教师们出去参加更专业的培训,只能靠教师们平时自己多学习、多积累。

从家长的问卷调查中,我们也可以发现,如图8-25、8-26所示,家长理想的科技社团辅导员排在前四位的分别是学校在职教师、专业技术人员、在职或离退休的科技专家,均分分别为6.15、5.73、4.47、4.23,表明家长非常重视科技辅导员的专业能力和素养。而目前学校实际上的科技辅导员主要有以下几类:学校在职教师、社会机构兼职教师、在职或离退休的科技专家,以及符合条件的在校大学生,占比分别是:95.6%、31.87%、16.48%、6.59%。从数据可以看出其中教师在科技社团辅导过程中存在交叉现象,一些科技社团同时存在在职教师和兼职教师共同辅导情况,也存在大学生实习期间代课情况,在一定程度上缓解了科技辅导员紧缺的问题。而在职或离退休的科技专家主要承担科普讲座的工作。

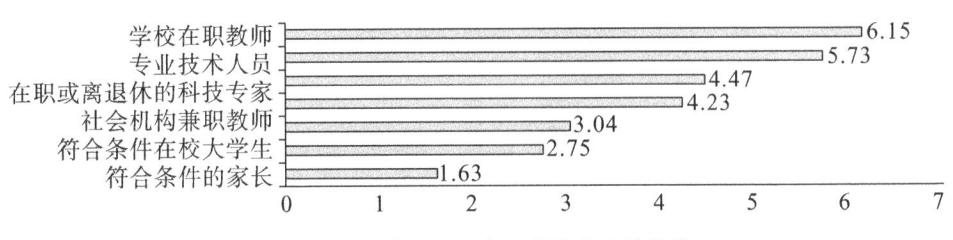

图8-25 家长认为理想的科技社团辅导员

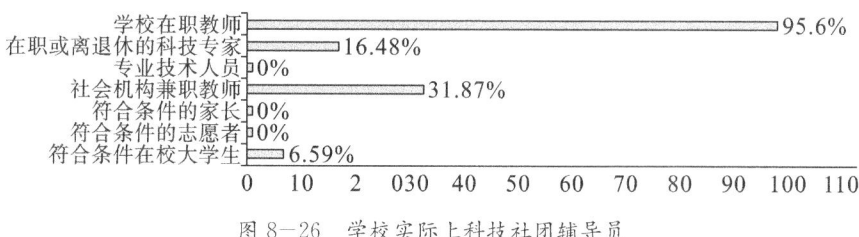

图 8-26 学校实际上科技社团辅导员

3. 小学科技社团招生办法建设现状

招生办法主要指科技社团前期的宣传方式以及学生参与科技社团的报名方法，共计 43 个参考点（图 8-27）。

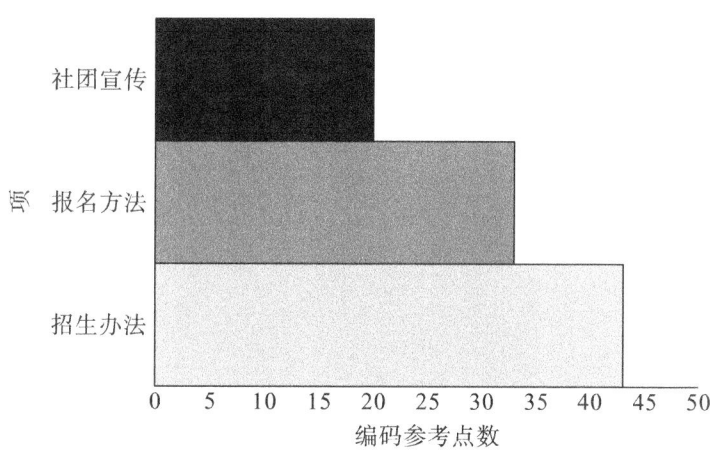

图 8-27 招生办法-按项编码

社团宣传有 15 个参考点。目前各学校没有一个成文的宣传办法，各学校对于科技社团的宣传办法也各不一样，有的学校通过社团教师走访各个班级宣传，例如 S 小学和 Y 小学："我们直接在班上说的这个事情，直接在班上说宣传""去每个班跑呀，低年级是我们主要的一个宣传对象，尤其是新进来的一年级，或者是二年级。我们会带着学生比较好的作品到班上去进行宣传，让他们传阅"。有些学校因为科技社团成立年限比较久，就不作前期宣传，直接让班主任在班级群里简单提一下社团要招生的事。说明学校对于科技社团招生的宣传工作没有一个规范的流程，起不到充分调动学生和家长的积极性作用。

在对家长的问卷调查中，如图 8-28 所示，我们也可以发现，有 65.93% 的家长是通过班主任告知，有 28.57% 的家长是通过小孩告知，而少部分是通过其他家长得知,从学校微信公众号的途径则为 0%。也印证了多数学校并没有建立社团的家长管理机制,都还是通过班主任在班群通知的方式,效率较低,也无形中加重了班主任的工作负担。其次,学校对于科技社团的线上宣传不到位,各校基本上没有建立专门的宣传渠道。

社团报名方法有 28 个参考点。同样,目前各个学校的报名方法也没有一个成文的规定,报名方法五花八门,且有些学校的方法欠缺公平性。例如 S 小学的报名方法是直接到班上选人,选人的标准主要是学习成绩好的、家庭条件富裕的,甚至在男女比例上也会有所倾向于男生。还有 X 小学的报名方法是自愿报名,但是由于人数限制所以会在报名人数里进行层层筛选,筛选出来的学生还是比较倾向于学习成绩好的学生或者是倾向于男生。也有做得比较好的学校,例如 L 小学是通过问卷星的方式进行报名,每个学生都有机会,且问卷星的方式较为灵活,可以根据每年社团的变化予以调整,值得各个学校借鉴。

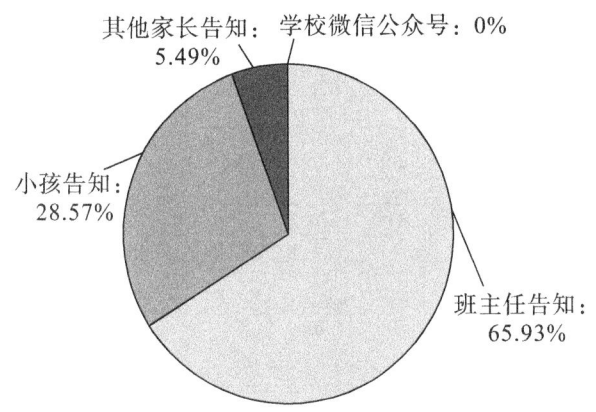

图 8—28　家长获取科技社团相关信息渠道情况

4. 小学科技社团监督管理制度建设现状

监督管理主要包括学校对于科技社团的课程内容审批、仪器设备的检查以及科技社团开展情况的反馈,共计 31 个参考点(图 8—29)。

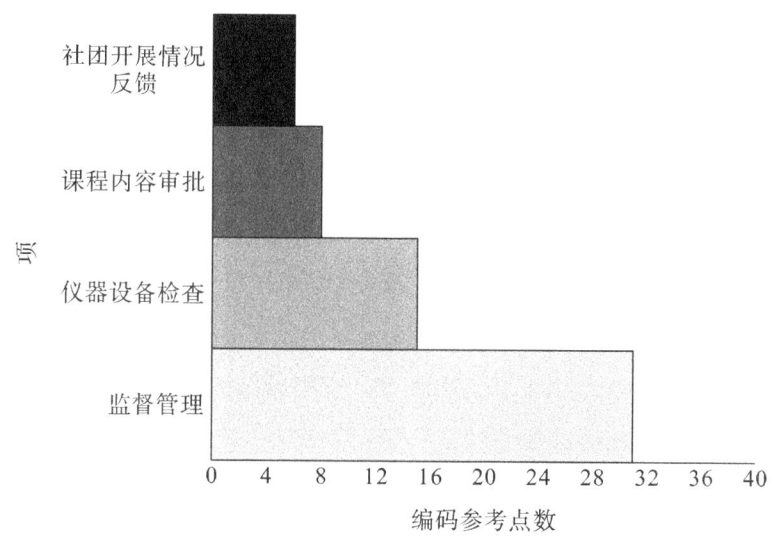

图 8-29 监督管理-按项编码

学校对于科技社团的监督管理是从属于对课后服务的整体监督管理，没有形成一个专门的监管制度。对于课后服务的监管全区是有成文的规章制度的，由青少年活动中心制定，学校每学期都要依据此规章制度上交反馈材料和工作报告。在学校上交的材料中，就有涉及对各个社团课程内容的审批（8个参考点）工作和社团开展情况的反馈（6个参考点）报告，但是目前各学校对于这两项工作执行力度不一，有些学校对于科技社团的课程内容审批较为重视，例如 T 小学："我们学校肯定要审批，学校不审批肯定过不去，因为我们现在就把它准备出书，目前就准备出书了。"有些学校甚至不审批："课程的内容我们不会看，因为太多了，四五十个，然后我们开学的时候还有学校的整体教育工作要做。"这也说明学校对于监督管理的制度贯彻落实不到位。

学校对于科技社团的总体情况的检查一般会通过会议的方式，例如 B 小学："一般来说我们开学的时候会把这些老师要集中起来讲一讲，一个学期1-2次把这些总结的情况、检查情况要及时地反馈到我们这边来。"但开会的次数也是不定期的，甚至有些学校缺少这样有效的反馈方式的，例如仅通过口头上的沟通这样不正式的反馈方式。

对科技社团里的仪器设备的检查制度，每个学校都有成文的规章制度，但不专属于科技社团，是属于科学实验室或功能室里的管理细则，同时也会安排专门的实验保管员进行管理。

5. 小学科技社团奖励制度建设现状

小学科技社团的奖励制度包括对学生的奖励和对教师的奖励，分别为 7 个参考点和 17 个参考点，总计 24 个参考点（图 8-30）。各学校对于科技社团的奖励方式有简单的规章制度，主要奖励对象为参赛获奖的学生还有辅导参赛获奖的教师。对于学生的奖励主要是颁发证书，对于教师的奖励除了少量的奖金以外还会与教师的晋升挂钩，例如 B 小学校长表达到："我们会在鉴定表记录学生的竞赛情况，然后我们会配合发一些奖品和证书。对于教师的话，也直接关系到他的这个晋职晋级的，这些都会有加分的。"还有就是对于社团里表现优秀的学员进行奖励，如 L 小学："有优秀学员的评定，优秀学员就是给他发奖状。"

总的来说，对于教师的奖励比较单薄，老教师会有一定的倦怠感。

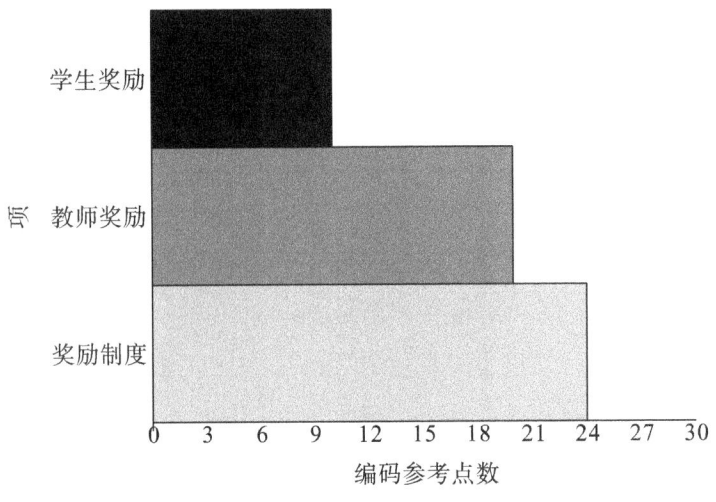

图 8-30　奖励制度-按项编码

6. 小学科技社团的安全管理制度建设现状

小学科技社团的安全管理制度主要包括人身安全和用具安全，分别为 11 个参考点和 5 个参考点，共计 16 个参考点（图 8-31）。

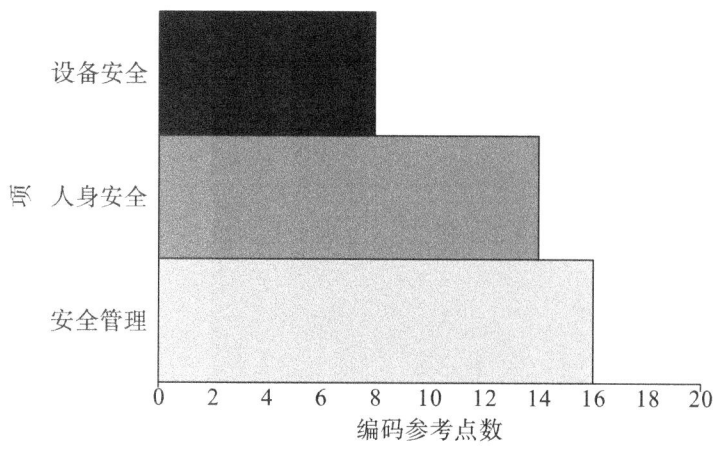

图 8-31 安全管理-按项编码

人身安全管理制度主要是按照学校制定的小学生守则和安全管理条例来执行,已经有非常成熟的执行流程:"每个社团里面都有一个这样的小学生守则、安全管理条例,然后全部都贴到后面的,不是针对科技社团,是科学实验室。"并且在每次上课的时候,科技辅导员都会特别强调要注意的事项:"每次做实验之前都要特别强调安全的问题,比如说用酒精灯你要怎么做,你必须要一步一步的操作,然后边操作边讲他的注意事项,当他们去做的时候,你还要看一下哪些同学他的操作不规范,你要及时地提醒。"

设备安全制度是依照学校的资产管理细则来执行:"他们都强调要怎样怎么样去爱护它,我们有资产管理的一些细则。"同样的,每次上课教师也都会跟学生强调仪器设备的使用规范。

安全管理的制度建立得比较成熟,但是缺少针对与科技社团相关的规章制度,由于科技社团当中涉及一些比较危险的实验操作,需要更详细和有针对性的安全管理制度。

(五)小学科技社团质量管理现状

小学科技社团的质量管理包括对学生学习情况的过程检测以及与科技社团的结果评价。即对于学生学习情况的反馈以及对学生和家长的满意度调查。

因此,对于小学科技社团质量管理的现状分析除了通过访谈资料分析得到,还需要针对学生和家长编制的调查问卷作为补充。

从访谈资料中我们可以知道,学校对于家长和学生的满意度调查比较少,只有 11 个参考点。目前只有 Y 小学会在学期末做一个问卷调查，以便对社团进行整改和完善。

如图 8—32 所示，在对学生的问卷调查中，关于学校是否有让学生对科技社团进行评价的选择中，有 225 人选择没有，占比 69.66%，有 98 人选择有，说明大部分的学校没有重视学生自身的学习感受，对于社团管理没有从学生的角度出发。

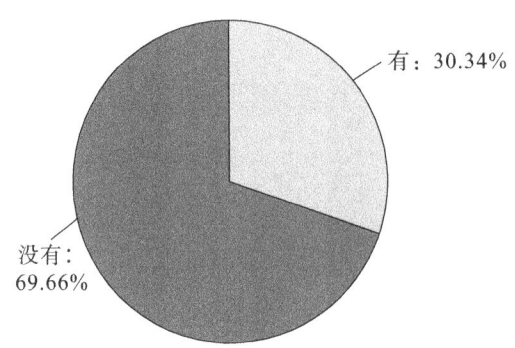

图 8—32　学生对科技社团的评价情况

从家长的角度来看，如图 8—33 所示，对于科技社团工作反馈，有 1 位家长表示定期有接到孩子参与科技社团情况的反馈，占比 1.11%；有 15 位家长表示不定期有接到孩子参与科技社团情况的反馈，占比 16.48%；有 33 位家长表示偶尔有接到孩子参与科技社团情况的反馈，占比 36.26%；42 位家长表示从来没有接到孩子参与科技社团情况的反馈，占比 46.15%。可见，即便是像 L 小学这样建立了社团家长沟通群，与家长反馈孩子参与社团情况的次数还是相对较少。

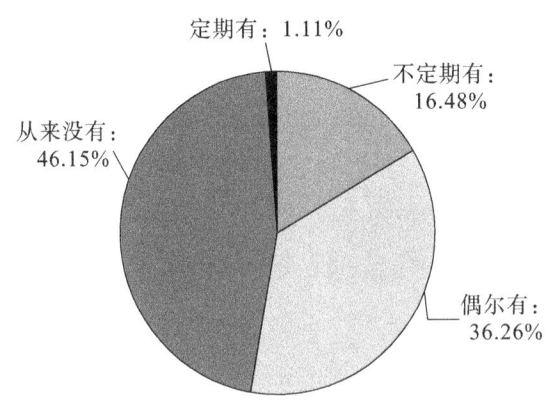

图 8—33　小学科技社团反馈情况

如图 8—34 所示，对于小学科技社团满意度，4.44% 家长对小学科技社团感到非常满意，71.43%家长对小学科技社团感到比较满意 23.08%的家长对小学科技社团感到一般满意，1.11%家长对小学科技社团感到比较不满意，没有感到非常不满意的家长。可见，绝大部分家长对小学科技社团感到满意，但也有少部分家长对科技社团表示不满意。

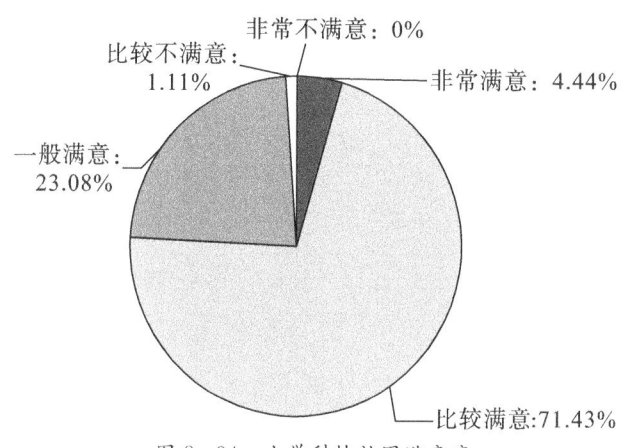

图 8-34 小学科技社团满意度

如图 8-35 所示，在小学科技社团具体满意的方面，30.39%的家长表示小学科技社团管理制度完善；46.08%的家长表示小学科技社团师资力量强大；62.75%的家长表示小学科技社团活动环境安全，设施齐全 19.61%的家长表示小学科技社团活动内容丰富，形式多样；39.22%的家长表示小学科技社团活动时间灵活；65.69%的家长表示小学科技社团费用便宜；54.89%的家长表示小学科技社团活动质量良好且反馈及时；22.55%的家长表示小学科技社团活动反馈及时。

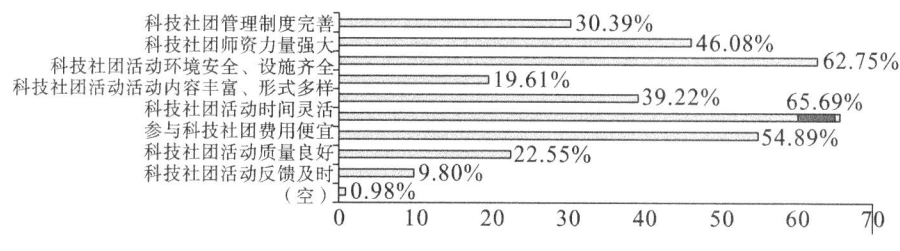

图 8-35 小学科技社团满意度情况

如图 8-36 对于小学科技社团的改进建议，有 26.47%的家长表示可以通过完善科技社团专项管理制度来改进；有 31.37%的家长表示需要扩充科技社团师资来源、提高服务人员素质与待遇；有 50.98% 的家长表示需要拓展科技社团经费的来源渠道；有 42.16% 的家长表示需要改善科技社团的活动环境与设施；有 71.57% 的家长表示需要丰富科技社团的内容与形式；有 43.14% 的家长表示需要灵活科技社团活动时间；有 48.04% 的家长表示需要保障科技社团的活动质量；有 74.49% 的家长表示需要扩大科技社团规模、增加科技社团种类。

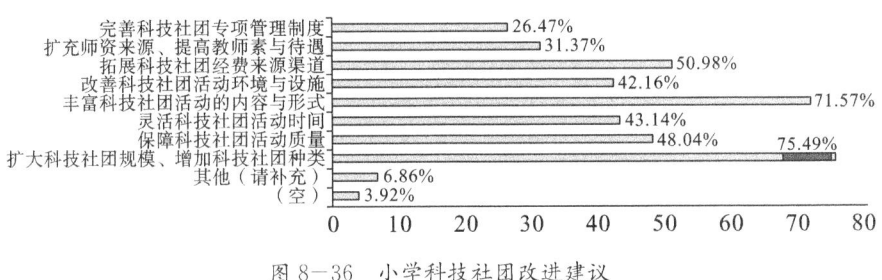

图 8—36　小学科技社团改进建议

总体而言，L 市 S 区小学科技社团的质量良好，但仍有进一步改进的余地。例如，大部分学校的小学科技社团是没有建立及时反馈机制的，还需进一步将反馈工作常态化、制度化。其次，家长对小学科技社团的满意度也较好，但还可通过进一步拓展科技社团经费来源、丰富科技社团活动的内容与形式、扩大科技社团规模、增加科技社团种类等措施来提升小学科技社团的质量。

第四章　小学科技社团管理经验、存在问题及原因分析

目前 L 市开展科技社团活动的学校较多，各小学也正积极探索高质量开展科技社团的途径和办法，积极响应教育部的号召，也迎合当下的科技潮流。通过实地调研 L 市 S 区小学科技社团管理现状，发现 L 市 S 区小学科技社团管理积

累了一些经验，同时也存在一些问题，具体如下：

一、L市S区小学科技社团管理经验

（一）社团活动基本涵盖所有年级，贯彻学生家长自愿原则

目前L市S区各小学科技社团招收的对象基本涵盖1—6年级，只有部分学校因为一年级学生认知不足或者六年级学生升学考试而停招，但绝大多数学校的招生对象都涵盖了1—6年级。对于由科技教师主导策划的多种科技活动也面向各个年级的学生开放，例如科技节、科普报告进校园等。

其次，坚决落实学生家长自愿原则。学校通过线上、线下两种方式开放报名通道，学生或家长依据自身兴趣自主选择参加社团活动。同时因为学校组织的科技社团费用低廉，社团辅导教师可靠，社团活动开展的场所固定安全等原因，家长也十分愿意让自己的孩子参加科技社团。大部分家长和学生都表示，是自愿选择参加科技社团。开展小学科技社团活动不仅满足了小学生课外拓展科学知识的需求，同时了丰富了学校教学活动内容与形式。

（二）积极探索各种科技活动形式，丰富科技社团活动种类

小学阶段的学生活泼好动，自我管理能力弱，难以做到长时间集中精力去听课，这就需要教师和学校开发更多适合小学生身心发展规律的活动形式，全方位地满足学生的求知欲望和培养他们对于科学知识的学习兴趣。因此开展科技活动时要以丰富多彩的内容，灵活多变的形式，让小学生多动手、多动脑，开展与时代信息相关，符合小学生认知特点，这样才能调动小学生的积极性，更好地开展科技活动。

虽然目前L市S区各小学开展的校外科技活动次数较少，但不可否认各学校的科技活动种类还是比较丰富的。具体包含在功能室上课、开展科技节活动、科普报告进校园、竞赛活动、参观科普基地、课题调研、科学研学活动、对外交流等多方面的活动形式，表明各小学对于发展科技社团的决心和积极的态度。

（三）校内社团活动时间设置灵活，实现主科与副科的平衡

目前各校基于学校的实际情况与不同年级的教学任务合理安排科技社团活动

的时间。其中 T 小学采取 4+1 的模式,4 天下午安排家庭作业的辅导,1 天下午的全部时间安排全校学生参与社团活动,既保证了学生日常学习的时间,也同时拓宽了单次社团活动的时间。其他四所公立学校则是采取 3+2 模式,3 天下午安排家庭作业的辅导,2 天下午的时间安排学生参与科技社团活动,且根据不同年级段安排的社团活动时间不同,主要照顾到高年级学习任务繁重,即将面临小升初考试的情况。而私立学校则是将科技社团活动的时间安排在了周末,完全不占用到日常学习的时间。总的来看,各个学校对于科技社团活动的时间设置灵活,很好地平衡了学生主科与副科之间的学习。

(四)活动记录方式和渠道多样化,充分展示科技社团风采

活动记录包括对活动过程的记录和活动成果的记录。六所学校的记录方式都不尽相同,这与学校展示活动的风格、平台有关,也与各科技社团内部教师的教学习惯有关。例如,有的学校会通过制作网页记录活动过程;有的学校会将活动过程编制成书籍、报刊,供学生观览和学习;也有的学校会通过公众号的形式推送到家长群,调动大家参与的积极性等,都充分展示了科技社团的风采,渲染了科技知识的学习氛围。其次是社团内部的活动记录,有的教师会录制视频记录下学生动手实践的过程,有的教师会对学生的表现情况和成果打分等,是对学生认真参与科技社团活动的评价与鼓励,也是展示科技社团风采的方式。

二、小学科技社团管理存在问题

从对小学科技社团管理情况的现状分析中可以发现还存在许多问题,因此,笔者将按照调查结果的整体框架对科技社团目前存在问题一一具体分析。

(一)管理主体权责不明,对象管理工作不规范

明确小学科技社团的管理主体及其权责关系即进一步回答小学科技社团由谁举办,举办者必须具备的资格和享有的权利以及必须承担的责任。目前 L 市 S 区各学校的社团管理采取总校+分校的模式,即青少年活动中心作为管理总校,而各学校作为管理分校的模式。该模式规定由青少年活动中心对各小学科技社团做总体规划,具体实施由各学校来执行,并且科技社团活动从属于课后服务的费

用要上交到青少年活动中心，再由中心具体分配费用。但实际情况是学校全权负责科技社团的规划和具体执行却没有使用和分配费用的权利。因此，在权责界限划分不清的情况下，学校难以有针对性地设置合理的组织结构，对于管理人员的教育培训缺乏指导意识和方向。各学校对于科技社团设置的管理结构不一，管理幅度和管理层次也有所差异，导致有些学校在科技社团的管理工作中过于粗糙，难以保证社团质量。并且大多数管理人员都不是科学类专业出身，学校也没有组织过管理人员学习科技教育和社团管理的相关文件和政策，导致管理人员在管理科技社团过程存在困难。

其次，科技社团管理的主要对象是学生，管理好学生是科技社团管理工作的关键。但在实际管理中，学校和教师对于学生分班随意且忽视了教学规律。缺乏科学有效的分班标准或分班措施。例如，对参与社团的学生进行能力测试、科学知识水平调查、分班意愿等，导致一个社团内的学生能力水平层次不齐，在实操环节，教师分身乏术，难以兼顾到每个学生。其次，在三维目标的管理中，教师忽视对过程和方法的培养，很多时候教师的教学只停留在表面的知识讲解和技能操作，并没有关注学生是否真正掌握了知识和技能中所蕴含的方法和原理。更为严重的是，科技辅导员仅仅停留在片面的兴趣培养的工作上，没有在开展活动中始终贯穿立德树人的核心工作任务。

最后，在开展科技社团活动的过程中大部分学校缺乏与家长的有效沟通，缺乏与家长互联的有效渠道。大多数家长反映没有定期接收到孩子参与社团活动的有关信息，最多也是通过班主任在班级群里通知的方式，收到关于要报名和缴费的通知。总体看来，目前L市S区小学科技社团没有形成合理的家校互联模式，不利于家长教育作用的发挥，也不利于科技社团活动效果与质量的提升。

（二）活动内容形式单一，社团育人功能难发挥

小学科技社团活动内容与形式丰富程度决定了社团育人功能是否能更好地发挥。小学科技社团活动分为校内活动和校外活动。校内活动以讲授的方式为主，以举办"科技节"活动为辅，相互促进，共同提升校园科技知识学习的氛围。目前小学科技社团的授课内容存在的问题主要有课程内容老旧、课程资源不均衡、匮乏、课程开发乏力。大部分学校将活动课程研发的权利下放给科技辅导员，虽然极大地拓宽了教师自主研发的空间，但由于教师个人能力不足，导致课程内容

缺乏一定的科学性和连贯性。就笔者调研的情况来看，科技社团活动内容五花八门，良莠不齐。有的科技辅导员长期使用同一本教材，内容缺乏创新性和时代性；有的教师则使用购买比赛器材而配发的相应教材，课程较为规范；有的教师则是直接在网上下载现成的课程，内容上不连贯，较为随意和散乱；也有较积极的教师通过实地调研，将调研的数据和结果编制成册，作为课堂教学的补充。总的来说，目前各学校的科技社团活动课程缺乏规范性、创新性、时代性和科学性，各学校获取课程资源的渠道单一且不均衡，因此活动质量也参差不齐。

校外科技活动是拓展学生科学知识的一个重要的途径，目前各学校校外活动主要有参观科普基地、对外交流、参加竞赛活动、参加课题调研以及科学研学活动等。学校对于校外科技活动的规划和安排次数较少且伴有一定的随意性，例如校外科普基地参观活动，学校一学期只安排一次，甚至是不安排。又如科普报告进校园，每个学期的报告时间不固定，随机安排，缺少可持续性开展机制。

其次，虽然学校会积极探索和丰富校外活动的种类，但是仅限于一些年级或者个别班级代表参加，大部分的学生都无法体验，学生参与度较低。例如T小学只安排四年级的同学参观水电站的运作过程；S小学的校外调研活动只选取其中一部分同学参加，还有一些同学因为成绩或是经济条件无法参与竞赛活动，这导致了大部分同学没有办法真正参与到活动中来，不利于科技社团活动质量提升，也不利于实现提升科学素养和培养动手能力的目标。无形中也会存在教育不公平的问题，科技社团的教育原则是要面向全体，而不是面向精英，是大众教育，而不是精英教育。因此，学校要合理规划校外科技社团活动的设置，保证学生参与度。

（三）科技社团经费不足，可持续发展机制缺失

小学科技社团有别于其它社团的一点的是，开展科技社团活动需要使用到许多仪器设备和易耗品，例如开办化学社团、物理社团、生物社团等要用到的实验品和器具，许多都是一次性用品，会产生一定的费用。再比如开展机器人社团、航模社团等需要购买机器模型，这部分费用相对较高。因此，开展科技社团需要保证一定的经费支持。科技社团的经费一部分来自学生家长缴费，一部分来自课后服务费用，还有一部分来自学校公用经费。但是相对学校在科技社团活动中的开支，家长缴费的部分受到物价部门的约束和家长态度的双重影响，而课后服务的费用大部分用来补贴教师，因此能用到科技社团的少之又少，导致科技社团的

经费严重不足。公用经费是教育局根据生均比例包干给学校的，虽然行政部门鼓励学校成立科技教育专项经费，但从实际情况来看，各学校尚未有能力针对科技教育成立专项经费，若公用经费用在开展科技社团活动中，其它部分开支相应的就要压缩，经费较为紧张，因此相对来说，科技社团能用到的公用经费也只是算在购买学校教学设备的部分里，没有过多的经费供科技社团使用。

小学科技社团的可持续、高质量发展有赖于充足的经费支撑，一方面是保证学生实操用具充足，一方面是开展多样化的科技活动，满足学生需求，迎合时代潮流。

（四）制度建设不成体系，教师培训机制不完善

各学校目前没有针对科技社团专门制定的管理制度，对于科技社团涉及的多项管理内容，都是依据小学生管理细则或者是安全管理条例等已成文制度制定的。对于社团的监督管理办法也是按照青少年活动中心办发下来的课后服务管理细则来执行，但是针对整个社团的开展情况来监督管理，缺乏针对性。像科技社团的成立、登记与注销，还有科技社团的招生办法这些没有现成的成文规定，学校通过开会决定，形成一个简单的临时方案，没有经过充分的论证，凭主观感受去管理实施，例如招生的时候会出现"重男轻女"的现象和重"优等生"轻"后进生"的现象。缺乏正确的价值观和可持续性发展机制，整个对于科技社团的管理制度不规范，也不成体系。也正因为没有专门的管理制度，管理人员对科技社团内部各项管理工作认知不清，执行力度较弱，且工作落实不到位，难以提升科技社团质量。

小学科技社团科学有效的管理和运营，离不开科技辅导员的专业指导与悉心带领。据调查，目前只有两个学校为每个科技社团活动配备了2名科技辅导员，其余学校全都只有一名辅导员。科技辅导员数量不足会影响社团活动的质量，基于科技社团活动的特殊性，需要培养学生动手能力，而一名教师无法完全兼顾指导学生和管理纪律两件事，从而影响活动完成的质量。因此，在教师数量不足的情况下，提升教师专业水平是非常有必要的。目前各学校对于科技辅导员的成长缺乏常规化的培训机制，一般都是科学组的教师自行组织交流评课，学校参与较少。其次，L市S区目前对于全区科学教师的培训流于表面，主要表现为培训时长较短，培训内容浅显，不利于科技辅导员的成长。总的来说，学校和上级行政部门对于科技辅导员的成长缺乏系统的规划和完善的培训机制。

（五）社团评估机制缺乏，社团质量管理不到位

小学科技社团的评估机制包括内部自评和外部评价。内部自评指学校针对科技社团教学质量、竞赛成果、学生家长喜爱程度等对社团进行评价，对评选出来的优秀科技社团、优秀科技辅导员颁发奖励，予以表扬。同时也对评选过程中发现的问题及时分析和整改，推动科技社团持续发展。外部评价指上级教育行政部门或者青少年活动中心或科技协会等，按照优秀社团评选标准，评选优秀学生社团。旨在通过评选优秀学生科技社团，树立先进典型，发挥科技社团的辐射功能，更好地规范、引导和促进小学科技社团活动，形成学生科技社团健康发展态势，激发科技社团活动的潜能，使科技社团效能最大化。

但是目前各校乃至上级部门都没有对科技社团制定成文的评估标准，评估社团的质量也只是简单地从学生的抢课程度来口头评价。在调查中的 6 所学校中，除了私立学校以外，大部分的公立学校都没有系统调研过学生和家长的满意度，说明各公立学校对于科技社团的质量管理缺位。

目前各小学的奖励包括对于学生和教师的奖励，对于学生主要是根据获奖情况已经在社团的综合表现给予一定的物质奖励和颁发证书，而对于教师的奖励也同样是根据其指导的获奖成果予以颁发证书，并给予一定的奖金，同时与职称晋升有一定挂钩。但教师们表示给予的奖金数额过低，且对于职称晋升的影响可以忽略不计，难以形成激励作用，也造成了部分教师产生职业倦怠感。

三、小学科技社团存在问题的原因分析

（一）学校对于小学科技社团活动的教育价值缺乏正确的认识

目前学校对于小学科技社团活动的教育价值缺乏正确的认识，换句话说，开展社团活动和社团管理工作的指导思想有所偏颇，这是导致科技社团质量不佳、管理工作不规范、社团育人功能难发挥的根本原因。具体表现在以下三个方面：

首先是对小学科技社团的战略定位庸俗化。科技部、教育部等部门已明确科

技教育是持续增强国家创新能力和竞争力的基础性工程[①]。明确了科技教育的基本属性。表明科技教育是中小学生的创新意识、学习能力和实践能力重要途径，同时也是促进学生形成科学世界观、价值观和科学道德，树立科学态度和精神，掌握基本科学技术方法的关键举措；不仅涉及到学生教育性问题，也是关系到民族发展的基础性工程。可见，小学科技社团所承载的科技教育已经上升到了民族发展的战略高度，科技教育从娃娃抓起是关键。但反观目前中小学对小学科技社团的认识还停留在过去，认为和过去的科学兴趣班没什么区别，只是为了培养兴趣、提升成绩而已，因此在教学的过程中忽略了对学生世界观、价值观和科学道德的培养，忽略了教学内容的科学性与教育性。甚至有的校级领导以竞赛为指挥棒，将科技社团视为竞赛活动的附庸，将科技社团的教育功能庸俗化，造成科技社团的举办极具功利性，失去了它应有的色彩和战略高度。

其次是对小学科技社团性质浅表化。在访谈过程中，有位领导显得很苦恼，她认为在小学教育中，有各项指标要考核，要兼顾方方面面，而科技社团只不过是很小的一个分支，学校疲于应对。小学科技社团作为校园里少数的甚至是唯一的培养学生创新意识和实践能力的平台，它的作用绝不仅仅是在教室里上课、出去比赛拿奖那么简单。小学科技社团是进行科技教育与社团教育的重要载体，承载着双重的教育价值。对于科技教育来说，科技社团是中小学生的创新意识、学习能力和实践能力重要途径，同时也是促进学生形成科学世界观、价值观和科学道德，树立科学态度和精神，掌握基本科学技术方法的关键举措。对于社团教育来说，科技社团是创新和深化未成年人思想道德建设的重要途径，是深化基础教育课程改革、培养学生综合素质的关键环节。

最后是对小学科技社团的教育范围狭隘化。小学科技社团教育是面向全体的教育，是大众教育。而目前各小学和教师对此存在一定的误区。一是认为科技社团是为了培养竞赛高手，于是专门挑选成绩好的学生来参加科技社团；二是认为社团活动囿于场地的空间大小，只能接受一定的学生参与活动。但其实这两种认知都是错误的。小学科技社团不是为了培养竞赛高手，而是为了培养学生的创新

---

① 科技部、教育部、中共中央宣传部、中国科学技术协会、共青团中央：《关于印发〈2001—2005年中国青少年科学技术普及活动指导纲要〉的通知》，《教育部政报》，2001年第C1期。

精神和实践能力,每个学生都有权利参加;科技社团活动方式不仅限于教室内,科技社团作为一个活动组织,可以组织丰富多彩的室外科技活动,以容纳更多的学生参与,由此扩大学生参与范围。

(二)社会科技创新氛围与校园脱节,参与社团建设主体单一

当前,科技创新已成为支撑国家发展、维护国家安全的关键力量和锐利武器,成为现代化建设和实现"两个一百年"奋斗目标的重要引擎。在世界范围内,"中国创造"正在引领全球科技进步新方向,推动着经济社会转型升级和人类社会进步。中国的科技成就举世瞩目,高新科学技术蓬勃兴起,中国已成为一个具有重要影响的科技大国。反观在 L 市 S 区调研的这几所小学,科技创新的学习氛围相对不足,究其根本原因在于社会科技创新氛围与校园科技学习脱节,社会相关主体难以参与到小学科技社团建设中来。

L 市 S 区小学科技社团属于小学生课后服务中的一项内容,由学校统一组织,参与人员主要是学校在职科学教师。目前科技社团所有需要的资源都由学校这个单一的主体去协调调配,略显无力。L 市 S 区学校办学场地普遍较小,可供学生活动的场所与设备有限。其次,学校要兼顾学生的全面发展,能提供给科技社团的资源也非常有限。对于教师来说,科技社团辅导工作属于额外工作量,挤占了了教师日常备课学习的时间,需要教师额外投入更多的时间和精力。

上述种种也导致小学科技社团所需各项资源严重不足,包括教师资源、经费来源、课程开发资源以及活动资源等。资源是科技社团持续运行的重要保证,缺少任何一项资源,科技社团随时都可能夭折。例如有些学校因为科技辅导员请产假就会停办其所辅导的科技社团。还有学校因为经费不足,长期没办法更新仪器设备,课程内容缺乏新意,学生逐渐失去了学习的兴趣。

(三)缺乏系统的专业管理理论和方法指导

小学科技社团是一个组织,管理科技社团即管理一个组织,需要科学有效的管理方法和专业的理论指导。科技社团管理方法是指实现科技社团管理职能,实现科技社团管理目标和任务,保证管理活动顺利开展的各种手段、方法和措施的总和。它不仅涉及到科技社团的内部关系与结构,而且还影响到整个社会系统中各要素之间的相互作用和相互联系。因此,对其进行深入系统的理论探索具有重要意义。要想有效研究小学科技社团的管理方法,首先要了解科技社团的原则、

管理方法和管理方式。相对于学校里其他的管理事物，科技社团有其特殊性，需要学校和教师不断学习和摸索适合小学科技社团的管理理论和方法。目前各学校领导层的管理人员大都是非科学类专业，学校也没有组织管理人员去学习过相关的文件和政策，也正因为缺乏系统的专业理论和指导，针对科技社团各项管理制度较为散乱，没有形成完整的体系，无法贯彻落实。

对于科技社团的管理还是采用笼统的学校管理办法，当科技社团的管理出现具体的问题时，管理方式就缺乏创造性和灵活性。对于科技社团的管理工作，除了有常规性的管理问题，还有许多不确定的、随机性的因素，对付这些因素要靠管理者的管理艺术来解决，因此要求管理者必须不断学习管理理论，用理论指导实践，总结出适合小学科技社团的管理方法。

（四）小学科技社团的条件保障存在差距

从外延式发展到内涵式发展是小学科技社团教育的发展趋势，也是提升小学科技社团质量的必由之路。小学科技社团建设需要诸多方面的条件保障，例如场地的保障、设施设备的保障、师资队伍保障、经费保障等。场地保障要求学校能为科技社团的开展提供数量充足、环境安全宜人的功能实验室和活动场地，保证学生都能参与到科技活动中来；设施设备保障要求学校提供充足且完好的实验器具和设备，保证社团中的每名学生都能进行实践操作；师资队伍保障要求科技社团辅导员的队伍构成、专业素质和能力素质要满足开展科技社团活动的需求；经费保障要求经费充足，保证科技社团的高质量可持续运作。

而目前各学校还只是停留在与知识教育同等条件的保障，即尽量保证满足科技社团课程教学的基本条件，距离科技社团的高质量发展要求显然存在很大差距。

（五）教育的外部环境风险增加

风险社会理论的创始人乌尔里希·贝克（Ulrich Beck，1944—2015）曾总结道："由于发生了巨大变化，现代中国社会正在进入一个风险社会，可能甚至是一个高风险社会。"[①] 当前我国面临着严峻的安全威胁和诸多挑战：人口急剧增长导致的资源短缺问题日益突出；环境污染严重制约了经济社会的可持续发展；

---

① 薛晓源、刘国良：《全球风险世界：现在与未来——德国著名社会学家、风险社会理论创始人乌尔里希·贝克教授访谈录》，《马克思主义与现实》，2005年第1期，第44—55页。

社会现代化进程的加快，导致经济发展不平衡、社会阶层分化、社会价值冲突和生态环境恶化。上述情况都不同程度地影响着教育的外部结构环境，造成一定的风险因素增加。

自2019年底新冠疫情暴发以来，上级部门对于中小学校外活动管控措施较为严格，外出审批手续也变得繁琐，各学校对于安排学生外出活动热情减退，另外，在疫情状况下，带领学生外出涉及的各项管理事务都要做好严密和周全的防控措施，各小学处于谨慎的态度和对学生安全的考虑，已经逐渐减少校外活动。

大多学校都采取封闭教学的管理模式，虽然封闭管理对于控制疫情是一项有效的措施，但随之而来的是学生体验式学习的减少，体验式学习对于提升学生的科学素养非常重要，科技活动需要走出去，需要更多的实践和观察，仅限于学校的围墙内是没有办法实现科技教育的目标的。

其次，各省市、各区存在经济发展不平衡的情况，进而导致各学校所获得的资源不平衡。例如，L市S区某小学领导曾表示，与一线大城市比起来，L市能接触到的科技资源少之甚少，能带学生参观的博物馆、科技馆都相当有限；由于经济发展不平衡，学生家长能承担的社团学习费用也非常有限，在一定程度上限制了学生学习的范围，也限制了小学科技社团的发展。

第五章　L市S区小学科技社团管理改进的建议

基于上文L市S区小学科技社团管理出现的问题以及原因，本研究认为可从主体与对象、内容与形式、经费与时间、制度建设、质量这五大维度来探讨如何改进L市S区小学科技社团管理工作。

一、提高主体认识，鼓励多主体参与，形成工作合力

（一）明确科技社团定位，完善领导工作机制

目前，学校普遍对于小学科技社团教育的定位存在一定的错位，普遍停留在培养兴趣、提高分数的简单认知上，正是这样的粗浅的认识，造成社团教育质量不理想，教育功能难发挥的状况。因此，必须要明确科技社团教育的定位，主要从以下三个方面提出对策建议。

首先，明确小学科技社团教育性质。首先定期组织全校领导和教师学习最新的国内外科技教育和社团建设相关政策文件，增强大家对科技社团教育性质的进一步认识。可以以课题组为单位、以年级组为单位进行学习。其次，定期组织相关人员进行考核，可以以演讲、知识竞答、考试等方式进行，保证学校领导和教师们能将科技社团教育性质内化于心，方能外化于行。第三，根据学校实际情况，可以邀请科技协会的专家来学校做科普报告和工作指导，进一步拓宽全体教师的认识。

第二，创新变革科技教育理念。抓住新课程改革的机遇，积极探索科技社团建立和发展的模式，树立长远的眼光，以学生的发展为出发点和落脚点，坚持以人为本的原则，以培养学生创新精神、科学素养和动手能力为宗旨，以立德树人为根本任务，加强科技社团活动体系建设，探讨促进科技社团发展的实施路径，不断创新科技社团管理方式。

完善领导机制措施如下：各级教育行政部门（青少年活动中心）要建立小学科技社团工作领导小组，定期召开领导小组会议，研究部署小学科技社团工作的重大事项，制定工作计划，督促工作落实。要落实小学科技社团工作的管理机构和人员，安排一名领导分管中小学科技社团工作，在教研部门安排相关学科教研员专门负责小学科技社团研究和指导工作，确定一个处（科）室并安排专人负责小学科技社团的行政管理和活动组织指导工作。各小学校要有一名校级领导分管科技社团工作，设立科技教研组负责学校科技社团教学、科技社团教育研究、科技社团教材开发、科技社团活动组织和科技社团竞赛辅导等工作。

(二）搭建社会与校园的桥梁，动员多方主体参与

一些开展科技社团较好的省市，例如浙江省宁波市，在对中小学科技教育工作的指导时，强调要加强校内外合作，利用高校、职业院校、科研院所、高新技术企业、社区等资源拓展学生科技创新行动载体①。既可以减轻学校与教师的工作负担，也可以提高科技社团活动质量。

因此，鼓励社会力量的积极参与，促进科技社团管理主体多元化才是科技社团发展的长久之道。以学校为组织主体，号召社区、社会机构、高新技术企业、离退休老干部、技术人员更多地参与进来，探索多元主体参与模式，形成工作合力。在积极整合社会资源的同时，也发挥了社会各界对小学科技社团活动的影响。具体做法如下：

坚持协同推进。各级政府增强组织领导，出台鼓励政策、加大投入保障，激发高校、科研院所、企业、基层组织、科学共同体、社会团体等多元主体活力，激发全民参与积极性，构建政府、社会、市场等协同推进、上下联动的社会化科普大格局。

扩大开放合作。开展更大范围、更高水平、更加紧密的科技社团活动交流，共筑活动平台，增进开放互信，深化创新合作，推动经验互鉴和资源共享，同时可以利用互联网等先进技术，共同应对疫情下资源短缺、资源不平衡问题。

二、拓展内容与形式，发挥科技社团的育人功能

（一）扩展小学科技社团活动形式，全面提升学生参与度

加强学校科普教育阵地建设，完善校内各类场馆功能。一是全方位打造科技成果阅览室，例如设置科技长廊、科普橱窗等；二是全方位开放科技活动室，虽然科技社团只能容纳一定的学生参与，但是课余时间也可以允许其它学生使用，提高学生参与度；三是依托校园网络，构建"网上课堂"，利用网络平台向广大

---

① 宁波市奉化区教育局：《进一步加强全区中小学科技教育工作的指导意见》，奉教〔2021〕104号。

师生普及科技知识，营造浓厚的科技教育氛围。

广泛开展丰富有趣的科普活动。新学期伊始，学校要制定本学年的科普活动计划，并积极组织学生参加各类科普活动。结合科技社团内容开展丰富多彩的科学探究活动，围绕国家和省（市、区）重大科普活动（科技周、科普日等）主题，引导学生广泛参与到科学调查体验、科技传播、社区服务等普及性科技活动。

积极开展"小制作、小发明、小作文"活动。以科技社团活动为基点，向外辐射，全面开展科技活动。指导学生进行科技小制作和科技小发明活动，撰写科技小作文，激发学生创新意识和实践能力。鼓励学生申请发明专利，将学生参加科技社团活动的情况作为学生综合素质评价的重要内容。

组织开展小学生创新大赛活动。学校可以自主设计竞赛活动，动员全校学生参与到社团的竞赛活动中来；积极组织学生参与全国、全省科技竞赛活动，不仅限于科技社团内部的学生，其它有能力的、有兴趣参赛的学生的也要充分给予鼓励和支持。

（二）充分发掘校内外资源，满足学生多方面发展的需要

小学科技社团活动不应该囿于校园围墙之内，学校应该充分挖掘校内外教育资源，满足学生多样化发展。近年来，随着我国基础教育课程改革和素质教育深入推进，校外教育成为社会关注的热点问题之一。党的十八大报告明确指出，要加快形成现代国民素质提高的生动局面。大力发展青少年校外教育。《关于公益性文化设施向未成年人免费开放的实施意见》中强调，要积极开展适合未成年人的教育、科技、文化艺术、体育等活动[1]。截至 2016 年，我国各类校外活动场所共 15337 所[2]，但使用率和使用效果并不理想，与基础设施的快速发展形成了强烈的反差。

鼓励充分发挥学校所在省市的科技优势，加强小学与科技系统的广泛联系与密切配合。科技行政部门和科协组织应继续发挥支持中小学科技社团教育的作

---

[1] 文化部、国家发展改革委、教育部等：《关于公益性文化设施向未成年人免费开放的实施意见》，《中华人民共和国教育部公报》，2004 年第 12 期。
[2] 教育部基础教育一司：《落实立德树人根本任务 努力开创中小学德育工作新局》，《课外语文》，2016 年第 15 期。

用,为中小学科技社团提供支持和帮助。积极争取与科研院所、高等院校、科技场馆等校外机构合作共通,邀请专家进行科普教育,支持学校开展理论与实践研究,不断为新时代的小学科技社团教育出谋划策。

在全省、市、区范围内创建一批示范性、先进性、高水平的小学科技社团,打造全域小学科技社团品牌,发挥社团品牌效应。开展校际、区际、市际科技社团交流活动,积极发挥示范作用,带动本地区其他学校开展科技社团活动,以点带面,以面促点,推动域内小学科技社团全面开展。

三、扩大科技社团经费来源,推动科技社团可持续发展

(一)设立专项经费,保证科技社团专款专用

科技社团活动时间属于非义务教育时间,因此,小学科技社团活动暂也不属于义务教育的范畴。目前科技社团活动属于开展课后服务的一种形式,课后服务本质上属于准公共产品,成本应由政府、学校和家长共同承担。

提倡成立三级专项经费制度。首先各级政府要逐步重视对小学科技社团教育的投入。各级政府每年可依据实际设立小学科技社团专项经费,主要用于发展科技社团。其次,可联合其他相关部门设立专项经费,补充小学科技社团的经费构成,适当为各学校拨款或者为小学科技社团提供教学设备,减轻学校经费负担;最后,学校自身也要在公用经费中安排落实好科学社团的教育经费,稳定科技社团的基本经费来源,保证科技社团专款专用,推动其可持续性开展。

(二)引进民间资本,扩大科技社团经费来源

在长期的实践中,美国小学生课后服务形成了多渠道经费来源的机制,政府的固定拨款,家长负担的学杂费、企业支持、社会各界和校友的捐赠等,形成了多渠道、多元化的经费投入格局,值得我国小学科技社团参考借鉴。具体建议如下:

第一,与企业合作筹措经费。政府可以组建全省或者全市范围内的科技教育实践基地,组织和协调学校和企业之间的合作,这里的企业主要有专门的科学知识和技能培训机构、高新技术企业等。同时建立以企业为依托的科技园,开发小

学科技教育项目，设立科普基金，基金可以用来补充小学科技社团活动经费，也可以用来奖励优秀的项目开发人员和学生；同时也可以以企业的名义组织科技创新大赛，吸引学校、学生参加。企业在承担社会责任的同时，也推广了自己的品牌，也拓宽小学科技社团参加活动的渠道，还帮助其获得一定的活动经费。

第二，在允许范围内适当提高家长承担比例，美国小学生课后教育经费中其中家长缴费是主要资金来源，占比高达76%。我国可以借鉴国外优秀的实践经验，结合自身实际情况，合理分摊科技社团活动成本，稳定科技社团经费来源，保证其可持续性开展。

第三，寻求基金会和私人捐助。第一种寻求基金会捐助，首先是要拟订完整的小学科技社团建设方案和管理方案，提交至教育基金会或者儿童基金会进行介绍，推广小学科技社团成立的意义和作用，以及科技社团创办的理念等等，中国这样的捐助方式较少，美国、日本、英国这样的举措较多，可供我国借鉴。第二种是寻求私人募捐，可寻求校友、家长、教职工的捐助，这也是参与校园发展的一种方式，作为其中的一分子，感受到校园发展的使命感和责任感。

四、健全科技社团管理制度，完善教师培训和激励机制

（一）健全科技社团管理制度，切实有效地贯彻执行

制度本身是工具而不是目的，运用制度来实现最终的目标才是目的。因此，要实现小学科技社团的育人目标，就必须要有健全的科技社团管理制度保驾护航，同时还要求"人"在其中切实有效地贯彻执行。

完备的科技社团管理制度体系需要包含开展科技社团活动过程中所涉及的所有管理服务，管理职能划分清晰，各项管理工作有效衔接，才能形成完备的体系。具体措施如下：

第一，小学科技社团管理制度制定要全面、完整、科学、实事求是、具有可操作性。首先，科技社团的规章制度是社团根据自身特点，在参与社团的主体与对象、社团建设、活动、安全、师资、招生、监督、激励等各个方面制定的一系列的管理规范，在制定时，必须要全面考虑，使规章制度具有完整性；其次，科

技社团的规章制度是行为准则，是科技社团的管理理念、管理思想和管理方式的体现。

第二，小学科技社团的管理制度要与时俱进，及时修订。当下是信息时代，而科学技术的更新速度极快，在保证教学质量的情况下，也要注意管理方式的变革，去除不能适应社团发展的管理方式，使之符合实际情况，与时俱进。

第三，小学科技社团管理制度的执行要公平、公正、公开。必须严格按制度办事，对于违规违纪的或落实不到位的，应给予相应的处罚。

第四，要建立完善的督促机制，确保科技社团规章制度正确实施。如果执行过程中缺乏监督机制，易导致社团管理流于形式，无法真正发挥约束和规范的作用。因此，在实际工作中，必须把落实规章制度作为一项重要内容来抓。只有这样才能有效地提高执行力。

第五，明确职责，细化分工。小学科技社团的各项规章制度都应该明确责任人和责任部门，细化分工，使各项规章制度得到很好的落实。

第六，领导干部必须起到示范带头作用。校长和分管副校长科技社团中的管理领导，主要负责统筹科技社团的价值定位、指导思想、资源配置等各方面工作。具备出色领导能力和管理机智，有效指导参与科技社团管理的人员并发挥带头作用。

（二）完善教师培训和激励机制，提升教师专业能力和积极性

首先，各级教育行政部门应当将小学科学教师的专业培训纳入师资队伍建设规划。要重视师资队伍建设，因为师资优劣是决定小学科技社团质量的关键。根据国家的要求加大对科技辅导员的培训力度，各级学校要帮助教师吸收新的科技知识和信息，提高教师的业务能力，培养一支高水准的科技辅导员队伍。

其次，要充分调动科技辅导员的学习和工作的积极性，充分发挥科技专家学者的指导作用，聘请兼职教师补充队伍建设。

第三，各级教研部门要积极开展小学科技教育的理论研究，为小学科技社团教育提供理论与实践依据，提出科技社团教育与学校教育有效衔接的指导思路、一般模式和具体做法，制定科技辅导员的配套培养方案，建立小学科技社团教育的保障体系和评价体系。各级教育行政部门、教研部门和各有关部门应积极支持和协助学校将科技社团教育纳入学校教育之中，提供必要的保障措施，切实解决

当前中小学科技社团教育中存在的问题，充分发挥理论对实践的指导作用，使小学科技社团教育活动健康持续稳定发展，进一步推动素质教育深入实施。

关于科技辅导员的激励措施。额外工作量在一定程度上增加了教师的负担，由此产生的职业倦怠不利于科技社团的发展。因此，也要关注教师的职业幸福感。首先，提倡将额外工作量纳入绩效考核，根据科技辅导员实际工作量设定绩效系数，并把这项系数纳入辅导员总工作量中，作为绩效考核标准；二是将科技辅导员工作表现作为优先评定职称的参考；三是提供多样化的精神奖励，对科技辅导员除了给予物质奖励之外，也需要提供精神支持和鼓励。使其感受到自我价值的意义所在。

五、细化管理标准，坚持动态评估，保证科技社团质量

（一）长远规划，细化科技社团管理各项标准

当前我国对于科技创新人才的需求愈加强烈，只有从制造大国向创造大国转变，我国才能稳步实现"第二个百年"目标。各小学对于科技社团的建设不会消失，反而将会呈增长趋势。因此，保障"长远规划、定期评估"，是推动小学科技社团高质量发展的必要条件之一。

规划是发展目标与发展结果之间的桥梁，L市各级政府应重视小学科技教育规划的制定，确保科技社团的开展在"规划之中"。

第一，确定小学科技社团的中长期发展目标。首先要自上而下，校长是主导，开好领导班子会、全体科技辅导员和班主任会议，学习最前沿的科技社团教育形式和发展理念，提出纲领性目标，形成统一思想；其次是自下而上，把整体规划分为几类问题，号召科技辅导员参与讨论与研究，形成文字，汇总意见建议后，再由学校参与科技社团管理的各处室分别制定各自的规划，最后形成统一的规划，经学校领导班子讨论，形成初稿；最后，还要广泛征集全体科技辅导员、班主任、家长代表、上级行政部门的意见，结合实际进行修改完善，形成完整的管理标准。

第二，确定小学科技社团的阶段性发展目标。阶段性发展目标也就是对小学

科技社团近期的规划，在规划之前，学校领导要根据当下学校所具备的资源、周边环境、地属关系等现状，从实际出发，因校制宜，确定阶段性任务和目标。

第三，确定小学科技社团的具体实施路径。分类设计，把握针对不同类型的科技社团的建设方案和管理标准；多维分析，识别科技社团发展所需的资源；注重提高科技辅导员专业素养；营造校园科技学习氛围等。

（二）定期有评价，形成自查与他查的评估模式

目前L市对于小学科技社团的评价主体应该是青少年活动中心和学校，评价方式分为形成性评价与总结性评价。但目前除了学校在学期末上交一个总体的课后服务开展情况，其中包含科技社团的开展情况的一个总体资料以外，其间没有任何的评估方式。评价工作的开展首先学校需要主动开展科技社团的自我检查，包括课程内容审核、教室上课情况、学生学习反馈等，但目前学校没有形成这种自我检查制度。因此，学校定期开展自我检查是发现科技社团问题，提高科技社团活动质量的重要关口。其次，青少年活动中心目前作为一个总校的角色，应该对小学科技社团全过程进行考核评估。在科技社团成立前，严格审核主体资格；在科技社团活动开展过程中，不定期摸排社团活动情况；在学期结束后，及时组织科技社团的质量评估，若发现存在偏离目标的科技社团应及时整改，建立灵活的动态评估机制，保证科技社团优质持续发展。

加强科技社团管理是一项系统性工程，管理主体和管理对象、管理制度、活动内容和形式、活动经费和时间、活动活动质量五个方面构成一个有机的整体，相互联系。其中提高主体认识，鼓励多主体参与，形成工作合力；拓展内容与形式，发挥科技社团育人功能；扩大科技社团经费来源，推动科技社团可持续发展；加强管理办法学习，健全科技社团管理制度；确定管理标准，坚持动态评估保证科技社团质量是科技社团管理价值的体现。可以说，把握好科技社团管理这五个方面的内容，必将有效解决当前科技社团存在的问题，实现科技社团的育人目标。

结　语

小学科技社团指在课后、周末或寒暑假，以培养学生的创新能力和提升其科技素养为目标，由政府提供补贴、学校酌情收费、以学校为主体、以小学生为对象开展多形式的科技活动，包括正式教育和非正式教育的非营利性组织。小学科技社团管理是有关管理主体为了保证小学科技社团活动的正常、顺利进行，通过制定相关制度，协调相关人员，充分调动学校和社会教育资源，以达到小学科技社体活动预期目标的活动。

在调研 L 市 S 区时，笔者从主体与对象管理、活动管理、经费与时间管理、制度建设、质量管理五个维度进行访谈和问卷调查。结果显示：（1）小学科技社团管理主体有学校和青少年活动中心两个主体，名义上是"总校＋分校"的管理模式，但其中存在工作重叠的部分；对象管理包括对学生的管理和对家长的管理，社团开设覆盖全年级，招生以自愿报名为主，也有的学校会留部分名额给成绩好的优等生。由于管理人员管理的知识水平和能力有限，在管理意识和规范性上多有欠缺。（2）小学科技社团活动内容以传授型为主，其他活动方式为辅，活动的种类很丰富，但是校外活动的次数较少；活动课程一般有老师自行决定，学校不过多参与，课程质量和丰富性都难以保证；活动的记录方式根据社团辅导员的工作习惯来定，形式多样；活动环境主要开展社团活动的功能室较少，科技社团没有发挥提升校园科技创新的学习氛围。（3）小学科技社团的经费来源主要有：学校公用经费的少部分，课后服务费用的少部分，家长承担一部分，私立学校主要是企业支持。经费的主要用途有：购买耗材用具和教学设备，一部分用来补偿教师。科技社团的活动时间主要是安排在周内下午，具体时间较灵活，由学校依据实际情况而定。（4）关于制度建设，学校并未针对小学科技社团制定专门的规章制度，暂时沿用学校其他使用制度，针对性和有效性不强。(5) 学校缺少对科技社团以及教师教学、学生学习情况的质量评估，也尚未开展满意度调查工作。

根据调研结果，得到如下结论：经过多年开展科技社团活动的实践，具有一定的经验，主要表现在社团活动基本涵盖所有年级，贯彻学生家长自愿原则；积极探索各种科技活动形式，丰富科技社团活动种类；校内社团活动时间设置灵活，实现主科与副科的平衡；活动记录方式和渠道多样化，充分展示科技社团风采。但同时也存在较多问题，主要包括：管理主体权责不明，对象管理工作不规范；活动内容形式单一，社团育人功能发挥不够充分；科技社团经费不足，可持续发展机制缺失；制度建设不成体系，教师培训机制不完善；社团评估机制缺乏，社团质量管理不到位。究其原因，学校对于小学科技社团活动的教育价值缺乏正确的认识是根本原因。同时也有社会科技创新氛围与校园脱节，参与社团建设主体单一；管理缺乏系统的专业的理论和方法指导；小学科技社团的条件保障存在差距；教育的外部环境风险增加等多方面的原因。因此，针对以上问题和归因分析，可从提高主体认识，鼓励多主体参与，形成工作合力；拓展内容与形式，发挥科技社团育人功能；扩大科技社团经费来源，推动科技社团可持续发展；加强管理办法学习，健全科技社团管理制度；细化管理标准，坚持动态评估，保证科技社团质量等举措来改进L市S区小学科技社团管理所存问题。

本研究所在地L市S区属于四线城市的中心城区，因此本研究所得结论与提出的对策建议在一定程度上适用于与之相似的经济发展的地区。

最后，通过访谈法、问卷调查等方式，虽然对S区小学科技社团管理的现状有了一定的了解和把握，但由于个人能力和精力有限，参加调研的学校和人员较少，样本收集和分析可能存在不够充分，管理经验和问题偏多，对小学科技社团管理的内容和要素考虑不够全面，改进科技社团管理的建议还受到自身理论储备和实践经验的限制。今后会通过不断学习和研究弥补自身理论的不足，拓宽研究范围，以便全面总结优秀的管理经验和存在问题，提出更有针对性的建议，丰富小学科技社团管理的研究内容。

附 录

附录 1

L 市 S 区小学科技社团管理访谈提纲（校长及教师提纲）

1. 请您描述一下本校科技社团的开展情况？
2. 本校有专门组织学习教育部颁发的《关于做好中小学生课后服务工作的指导意见》吗？
3. 本校有专门发布有关科技社团文件并组织学习吗？
4. 每学期科技社团开展前，本校有制定相关规划吗？
5. 您认为小学科技社团开展应达到什么目标？
6. 目前贵校对于小学科技社团的管理组织架构是怎样的？
7. 您认为学校（科技辅导员或班主任）在科技社团工作中主要承担什么责任？
8. 学校有必要与家长、专业技术人员或校外机构合作吗？应该采取何种合作形式？
9. 本校对科技辅导员有没有专门的培训机制？
10. 本校对科技社团辅导员采取何种激励方式？
11. 目前科技社团所需费用来源都有哪些途径？
12. 您认为科技社团活动的开展应采取怎样的内容和形式？
13. 本校的科技社团活动都有哪些内容和形式？

14. 本校是如何确定科技社团活动开展的时间的？

15. 本校科技社团是如何招生和宣传的？

16. 本校采取什么样的方式对科技社团工作进行考核和质量评估？

17. 您认为本校小学科技社团的开展达到预期目标了吗？还有哪些需要改进和完善的地方？

附录 2

L 市 S 区小学科技社团管理调查问卷（学生卷）

亲爱的同学：

你好！

为做好小学生科技社团管理现状的调查研究，完成本人硕士毕业论文，特开展问卷调查。本调查不用填写姓名，答案也没有正确与错误之分。问卷中的问题仅为研究所用，请你认真阅读每一道题，并作出回答，我也将根据有关规定，对你的个人信息进行保密。感谢你给予的支持与合作！以下题目，请在横线和括号内填写答案或选项。

一、个人基本状况

性别_____　　　　年级_____

你参加_____个科技社团，它们的名称是_____

二、活动开展情况（除标注为多项选择外均为单项选择）

1. 未参加科技社团之前你对社团期望如何？

　　A. 没什么想法　　B. 期望一般　　C. 要有收获　　D. 期望很高

2. 你是如何加入这个社团的？

　　A. 根据兴趣爱好自愿选择的　　　　B. 好朋友推荐一起加入的

　　C. 老师帮我们报名的　　　　　　　D. 爸爸妈妈选择后让我加入的

3. 你为什么选择参加这个科技社团？（多选）

　　A. 拓展学科知识，提高成绩　　　　B. 发展一种特长

C. 为了参加竞赛拿奖 　　　　　　D. 结交更多兴趣相同的朋友
E. 没能参加其他想参加的社团 　　F. 爸爸妈妈帮你决定的

4. 你的爸爸妈妈对你参加科技社团的态度是什么样的？（　　　）

A. 从不过问 　　　　　　　　　　B. 认为浪费学习时间反对
C. 与学习相关的社团才支持 　　　D. 参加什么社团都支持

5. 你所在的社团成员人数为（　　　）

A. 25人以下　　　B. 26－50人　　　C. 50人以上（不含50人）

6. 你所在的科技社团开展活动的主要范围是（　　　）

A. 校园内　　　　B. 校园外　　　　C. 校园内外都有

7. 你认为在科技社团里学习的内容难度如何（　　　）

A. 容易　　　　　B. 一般　　　　　C. 比较难　　　　D. 很难

8. 你参加的科技社团主要以什么形式开展活动（　　　）

A. 老师指导为主 　　　　　　　　B. 学生自己实践或自主发挥为主
C. 教师指导和自主发挥相结合 　　D. 其他

9. 你认为你所在社团的活动方式如何？

A. 比较死板　　　B. 一般　　　　　C. 比较丰富　　　D. 很丰富

10. 你所在的科技社团是否有固定的活动时间（　　　）

A. 有固定活动时间 　　　　　　　B. 没有固定活动时间

11. 你所在的科技社团活动时间通常为（　　　）

A. 下午放学后　　B. 活动课　　　　C. 周末　　　　　D. 假期

12. 你所在的科技社团是否定期开展活动（　　　）

A. 定期开展活动 　　　　　　　　B. 不定期的开展活动

13. 你所在的科技社团指导教师数量为（　　　）

A. 1个　　　　　　B. 2个　　　　　C. 3个及以上

14. 你认为你的社团指导老师如何？

A. 对你有较大帮助 　　　　　　　B. 有帮助但作用不大
C. 帮助很大 　　　　　　　　　　D. 完全没有帮助

15. 你所在的社团是否有固定的活动场地（　　　）

A. 有固定场地 　　　　　　　　　B. 没有固定场地

16. 你所在的社团硬件设施如何？例如是否有专门教室、设备、工具等（　　）

　　A. 硬件设施很齐全　　　　　　　　B. 硬件设施较齐全

　　C. 硬件设施相对不足　　　　　　　D. 根本没什么设备

17. 你所在的社团是否有规章管理制度（　　）

　　A. 有规章制度　　　B. 没有规章制度　　D. 不了解

18. 你认为参与社团活动收获了什么？（　　）（多选）

　　A. 提高了思想道德认识

　　B. 发展了个性，改善了人际关系，广交了朋友

　　C. 增进了团队意识、合作意识

　　D. 拓展了知识，丰富了知识储备

　　E. 培养了发散思维、创新能力、实践能力

　　F. 放松了身心，促进了身心健康

　　G. 其他　　　　　　H. 没什么收获

19. 如果学校要增加科技社团的类型，你希望增加什么类型的科技社团？

　　_____

20. 简要介绍一下你理想中的科技社团是怎样的。

　　_____

附录 3

L 市 S 区小学科技社团管理调查问卷（家长卷）

尊敬的家长：

　　您好！

　　为做好小学生科技社团管理现状的调查研究，完成本人硕士毕业论文，特开展问卷调查。本调查不用填写姓名，答案也没有正确与错误之分。问卷中的问题仅为研究所用，请您认真阅读每一道题，并作出回答，我也将根据有关规定，对您的个人信息进行保密。感谢您给予的支持与合作！以下题目，请在横线和括号

内填写答案或选项。

第一部分

1. 您的性别?〔单选题,请在对应的数字下打"√"(下同)〕

   (1) 男   (2) 女

2. 您的年龄?〔单选题〕

   (1) 25 岁及以下   (2) 26—35 岁

   (3) 36—45 岁   (4) 46 岁及以上

3. 您孩子的就读年级段?〔单选题〕

   (1) 低年级段(一年级或二年级)   (2) 中年级段(三年级或四年级)

   (3) 高年级段(五年级或六年级)

4. 您的家庭月平均收入?〔单选题〕

   (1) 3000 元及以下   (2) 3001—5000 元   (3) 5001—7000 元

   (4) 7001—9000 元   (5) 9000 元以上

第二部分

5. 您小孩就读的学校有颁布小学科技社团管理办法吗?〔单选题〕

   (1) 有   (2) 没有   (3) 不清楚

6. 您了解政府或学校颁布的有关科技教育、学生社团管理的相关文件吗?(包括科技教育目标、科技教育内容和形式、社团建设主体、参与对象、社团活动内容与形式、开展时间、活动经费、活动质量等)〔单选题〕

   (1) 非常了解   (2) 比较了解   (3) 一般了解

   (4) 比较不了解   (5) 非常不了解

7. 您是如何了解到就读学校的科技社团相关信息的?

   (1) 学校微信公众号   (2) 班主任告知

   (3) 小孩告知   (4) 其他家长告知

8. 您认为小学科技社团由谁来组织更合适(组织主体)?〔排序题,请在中括号内依次填入数字(下同)〕

   [ ] 学校   [ ] 青少年活动中心   [ ] 科技协会

   [ ] 专业的社会机构   [ ] 以上共同合作

9. 您认为理想的小学科技社团辅导员应该是(人员主体)?〔排序题〕

[　] 学校在职教师　　　　　　[　] 在职或离退休的科技专家

[　] 专业技术人员　　　　　　[　] 社会机构兼职教师

[　] 符合条件的家长　　　　　[　] 符合条件的志愿者

[　] 符合条件的在校大学生

10. 实际上，您的孩子参加的小学科技社团辅导员是？[多选题]

[　] 学校在职教师　　　　　　[　] 在职或离退休的科技专家

[　] 专业技术人员　　　　　　[　] 社会机构兼职教师

[　] 符合条件的家长　　　　　[　] 符合条件的志愿者

[　] 符合条件的在校大学生

11. 您理想中的学校组织的科技社团的内容和形式是？[多选]

（1）在校内的科学实验室学习　（2）参加科普讲座

（3）参与科技类竞赛活动　　　（4）外出参观科技馆、科普基地等

（5）科学类研学旅行　　　　　（6）学生参加专题调研活动

12. 实际上学校组织的科技社团的内容和形式是？[多选]

（1）在校内的科学实验室学习　（2）参加科普讲座

（3）参与科技类竞赛活动　　　（4）外出参观科技馆、科普基地等

（5）科学类研学旅行　　　　　（6）学生参加专题调研活动

13. 您孩子参加由学校组织的科技社团的原因是？[单选题]

（1）班主任推荐参加　　　　　（2）自愿报名参加

（3）跟随其他学生参加　　　　（4）没能参加到其他喜欢的社团

14. 下学期您还会选择让孩子继续参加由学校组织的科技社团吗？[单选题]

（1）会　　　　　（2）不会

15. 您愿意每学期为孩子参加科技社团支出多少？[单选题]

（1）0元　　　　　（2）1—300元　　　（3）301—500元

（4）501—1000元　（5）1001元及以上

16. 实际上，您每学期为孩子参加科技社团支出多少？[单选题]

（1）0元　　　　　（2）1—300元　　　（3）301—500元

（4）501—1000元　（5）1001元及以上

17. 您认为科技社团活动到什么时候开展比较合适？[单选题]

（1）周末　　　　　（2）寒暑假　　　　（3）放学后　　（4）课后服务期间

18. 实际上，您孩子参加的科技社团一般是什么时候？［单选题］

（1）周末　　　　　（2）寒暑假　　　　（3）放学后　　（4）课后服务期间

19. 您有接到孩子参加科技社团情况的反馈吗？［单选题］

（1）定期有　　　　（2）偶尔有　　　　（3）从来没有

20. 您认为小孩参加科技社团基本实现了？［多选题］

（1）科学精神和动手能力培养目标　　　（2）学业帮助目标

（3）科学探究兴趣培养目标　　　　　　（4）科技知识拓展目标

21. 您对目前科技社团管理满意吗？［单选题］

（1）非常满意　　　（2）比较满意　　　（3）一般满意

（4）比较不满意　　（5）非常不满意

22. 您具体对小学科技社团管理哪方面感到满意？［多选题］

（1）科技社团管理制度完善

（2）科技社团师资力量强大

（3）科技社团活动环境安全、设施齐全

（4）科技社团活动内容丰富、形式多样

（5）科技社团活动时间灵活

（6）科技社团活动质量良好且反馈及时

（7）其他（请补充）_____

23. 您认为可以从哪些方面改进小学科技社团管理？［多选题］

（1）完善科技社团专项管理制度

（2）扩充师资来源、提高教师素质与待遇

（3）拓展科技社团经费来源渠道

（4）改善科技社团活动环境与设施

（5）丰富科技社团活动的内容与形式

（6）灵活科技社团活动时间

（7）保障科技社团活动质量

（8）其他（请补充）_____

第三编 中小学生教育问题专题研究

专题九

教育社会学视角下农村小学生课堂问题行为研究[①]

第一章 导论

一、研究缘起

(一) 双减政策对小学教师的课堂管理能力提出了更高要求

为进一步减轻义务教育阶段学生的家庭作业和校外培训负担，2021年7月24日，中共中央办公厅、国务院办公厅印发了《关于进一步减轻义务教育阶段学生作业负担和校外培训负担的意见》（下文简称"双减"政策）。随后，从不同的层面，教育部先后出台了《关于加强义务教育阶段学科类校外培训收费监管的通知》《中小学生校外培训材料管理办法（试行）》《关于加强义务教育学校考试管理的通知》等一系列相关政策。政策明确了小学阶段一、二年级不布置书面家庭作业，三至六年级完成书面家庭作业时间不超过60分钟，作业量和做作业时

[①] 本专题完成于2022年4月，主编对其做过修改和删节。

间的减少极大地减轻了学生的作业负担。学生在校时间有限的情况下，如何在一定时间内，收获最佳的教育成效，就必须着力优化教学方法、强化教学组织和增强课堂管理来达到提升课堂教学质量的目的。课堂的主体是学生，因此提升学生课堂学习效率是关键，这也就对教师的课堂管理能力提出了更高要求。

另一方面，随着社会大众传媒多方位影响的渗透，教师作为社会价值观的体现者和正统法定文化传播者的地位正在被撼动，学生不仅接受着来自教师的影响，还接收着周围的信息。课堂教学是个人实现社会化的重要途径，当学生社会化内外条件发生剧烈变化时，无不在一定程度上加剧了课堂问题行为的滋生。小学阶段，是学生世界观、人生观和价值观形成以及品格构建的关键期，课堂当中的问题行为如不加以制止和处理，极易发展成严重的不良行为，甚至引发青少年犯罪。在"立德树人"教育目标指引下，教师不应仅扮演"传道、授业、解惑"的"教书匠"，更要成为将品德修养、行为养成与传授知识融为一体的"教育者"。较之教师严格控制下的旧课堂，"双减"背景下倡导的课堂应充满互动性，应保障师生互动性和生生互动性。课堂教学中的各种关系及参与者的心理特征纷繁复杂，不仅需要教师给予关注，且必须具备洞察课堂中发生各类状况的能力。教师作为课堂教学的组织与管理者，其管理能力的提升是促进学生全面发展的关键，也是落实"双减"政策的必然要求。

（二）教师对小学生课堂行为的管理是保障教学效率的基本要求

课堂是教育者、学习者、教育中介发挥作用的场所，教师在课堂上完成教学任务，实现教学目标；学生通过课堂教学获得知识，实现自身的发展。课堂教学是学校组织教育活动的主要形式，也是学生学习文化知识、实现社会化的基本场所。课堂教学系统性、组织性的特征使其成为了个体社会化的过程中非常重要的媒介。但在现实的课堂中，受小学生的生理发育水平制约，他们很难在课堂40分钟内保持注意力完全集中，常出现交头接耳、走神、看课外书、传纸条、摆弄东西等问题行为，教师在管理问题行为上花费了大量的时间和精力，最终导致教学效果不理想，无法按时完成教学任务、实现教学目标。在我国现行的教育评价体系中，考试升学是教育评价的常用手段，教学质量和效率是课堂教学的关键所在，为了完成教学任务，达到教学目标，有些教师挤占了非考试科目的时间，导致学生怨声载道，出现课堂问题行为，如此往复，便形成了一个恶性循环；有的教师对出现的课堂问题行为，抱着只要不影响其他同学、拖慢教学进度的态度，放任自流。久而久之，便会引起课堂问题行为指向性的转变，即由外显性行为转变为内隐性行为。因此，切实改善课堂问题行为现状成为保障教学效率的基本需求。

（三）教师对小学生课堂行为的有效约束是提高教学能力的现实需要

随着大众媒体信息化的不断发展，越来越多的有关教师处理课堂问题行为的不当信息见诸媒体，教师在面对学生课堂问题行为时该如何应对引发了教师和教育专家的思考。据相关报道：一男子在20年后拦路扇老师耳光，原因是男子学生时代经常被这位老师无故打骂，并让他蹲在讲台下面、踹他头部；重庆一培训机构男教师叼着香烟疯狂抽打辱骂学生，甚至逼其下跪，学生哀号求饶，仍未停手；江苏徐州初中一个班级有32名学生被班主任辱骂殴打过……这些教师不当的处理方法无疑给身心发展尚未成熟的学生造成了难以磨灭的阴影，不然也不会有20年后还要拦路报复当年打骂自己的老师的事件发生。由此可见，教师在应对学生课堂问题行为时仅采用极端和过激的行为，缺乏积极、正确的对策难以提升学生自我内在机制意识和力量。甚至有学生认为教师对自己贴上了"问题行为学生"的标签，使自己成为了问题行为偏多的学生，这样的"贴标签"在一定程度上会加剧课堂问题行为的产生。而大众媒体的报道也从舆论的角度无形增加了教师课堂管理的压力，大多数教师表示应对课堂中学生的问题行为成为了一堂课的"重头戏"，如此一来，似乎有种本末倒置之感。上述现象表明，提高教师有效应对课堂问题行为的能力迫在眉睫。

综上所述，笔者选择对"小学生课堂问题行为"进行研究，试图通过教育社会学的视角，挖掘小学生课堂问题行为产生背后的深层原因及如何面对此困境、突破这一难题，以确保教学活动有序开展，保障课堂教学效率。

二、研究的目的与意义

（一）研究目的

作为学生社会化必不可少的社会条件，课堂是传递知识的媒介，同时也被社会学家们视为微型社会。从内在的个体条件来看，传统课堂之中，无论是从社会地位而言，还是角色而言，学生都是接受教育的对象。但是，随着经济全球化浪潮的席卷，中外文化交流日益频繁，社会信息化越来越明显，学生的自主意识及个性发展呈现出了一些新的特征：首先，学生自主意识增强，表现在其对自己感兴趣的事情积极参与并有较强的求知欲，会自觉维护自身权益；其次，学生包容度增强，表现在对不同的文化和观点能包容兼并，且乐于接受新文化和新思想；最后，学生公平意识增强，表现在期望受到家长、教师公平的对待。对外在社会条件而言，新一轮课程改革后，课堂也发生了转变，新型课堂的出现使得课堂教学更加开放，教师更应该发掘学生的能动性和创造力，使之成为社会化的"主体"。

社会条件和个人条件的急剧变化，给课堂教学带来了一定的冲击，导致课堂问题行为增多，这些行为不仅扰乱了课堂秩序，延误了教学目标的实现，还危害了学生的身心健康，破坏了师生关系，降低了教师职业幸福感。如何洞察学生心理状态？如何切实有效地解决课堂中的问题行为？又如何提高教学效率？亟须引起教师和研究者的重视。

基于上述的考查，从教育社会学的视角出发，本研究的目的主要有三：

其一，正确理解和评价课堂问题行为。笔者整理文献资料发现，虽然国内外学者对课堂问题行为的定义和理解有不同的看法，但仔细研究可知，课堂问题行为存在三个共性：一是发生在课堂教学中，二是妨碍及干扰正常的教学活动或他人（教师、学生），三是影响教学效率。课堂问题行为在课堂教学中并不是固定不变的客观事实，它会随着每堂课的学科特点、每一位教师对课堂问题行为的理解和评价而改变。同时，学生个体意识强化，过去的界定已不适用，教师须重新审视课堂问题行为，如何框定课堂问题行为的边界，才能真正适应新课程改革背景下的新型课堂及不断发展中的学生，这是本研究的目的之一。

其二，揭示课堂教学所面临的问题。课堂教学是教师将人类几千年的精神文明系统全面地传承给学生的过程，是实现学生社会化，促进学生发展的最佳途径。与此同时，我国现行教育评价体制仍以考试为标准，所以课堂教学质量在一定程度上与学生的学业水平呈正相关。无论是从宏观视角看课堂教学对于社会的意义，还是从微观视角看课堂教学对于学生的意义，都可以看出课堂教学的重要性。如何从课堂规范、师生关系、师生互动等多层面揭示课堂教学所面临的问题，探寻在新课程改革背景下改进课堂教学质量、提升教师专业发展水平的手段和途径成为了本研究的目的之一。

其三，推进乡村教育均衡化发展。我国自古就是农业大国，但目前乡村教育与我国教育蓬勃发展的趋势呈鲜明对比。随着城镇化和工业化的发展，国家政策向城市倾斜，无论是资金还是劳动力都外流到了城市，导致农村外出务工人员增多、农村经济无力发展、留守儿童增多、寄宿学生低龄化等，许多乡村学校出现并校或没落现象，随之造成乡村教师流失现象。种种现状都表明乡村教育缺少推动其良性发展的保障机制，呈发展乏力态势。本研究的目的之一在于通过微观的课堂中学生问题行为这个"点"反映出乡村教育发展的"面"，以期推进乡村教育均衡化发展。

（二）研究意义

1. 理论意义

笔者在梳理研究文献时发现，学者们对课堂问题行为的研究较为丰富，且多从心理学、生理学、教育学、管理学视角进行研究，但站在教育社会学视角下的研究却很少。帕森斯指出，课堂教学是一个社会系统，是教师和学生在教学情境中通过交互作用来实现文化传递的一种特殊社会活动。本研究从教育社会学的视角出发，力求进一步揭示课堂教学这一社会过程中小学生问题行为现状及课堂教学所面临的问题，在一定程度上对教育社会学，甚至是课堂教学社会学理论起到丰富和补充的作用。

另一方面，本研究着力于农村小学不同学段的课堂问题行为的比较，这是对以往缺乏比较研究和纵向研究的一种补充，能够为小学生课堂问题行为的研究者们提供新的思路和方向。此外，本研究还运用了问卷调查的方法，对问卷的数据进行了分析，发现了行为发出者的性别、年级分布和其他因素与课堂问题行为的关系，尝试揭示出课堂问题行为背后所蕴含的教育观、学生观，以期从不同维度提出改进策略。最终为帮助反映课堂教学的客观规律提供必不可少的理论基础，丰富学生课堂问题行为相关理论。因此，本研究具有一定的理论意义。

2. 实践意义

学生是在课堂教学中接受法定知识传递并实现社会化的。小学生是未成熟的个体，是发展中的人，研究农村小学生的课堂问题行为须结合学生身心发展的特殊性、农村地区文化及社会背景的特殊性来思考。本研究通过向学生发放问卷、对学生访谈、随机进行课堂观察等研究方法对乐山市农村小学生课堂问题行为的现状进行实证研究，以取得第一手数据资料。随后运用统计软件 SPSS26.0 对相关数据进行分析，以期发现课堂教学中不同学段学生常出现的课堂问题行为类型，并运用教育社会学相关理论剖析不同学段学生发生课堂问题行为的深层原因。针对问卷调查第二部分"产生课堂问题行为的影响因素"中划分的三个维度（学生、教师、环境）提出改善课堂问题行为的对策，具体意义如下：

（1）有利于实现农村小学新型课堂转型，深入推进新课程改革

21 世纪初，在经济全球化、信息社会化的时代背景之下，我国的教育领域迫切需要改革。作为我国庞大教育系统中的核心，基础教育本身存在的弊端在新的发展趋势下日益凸显，因而，基础教育改革迫在眉睫。《基础教育课程改革纲要（试行）》明确提出，"要大力推进基础教育课程改革，对基础教育课程体系、课程结构、课程内容进行调整与改革，构建与素质教育相适应的新课程体系"①。在新课程改革提出并实施的这些年内，尽管"让学生成为课堂的主人""为学生创造言说与表现的机会"等新型教师观、学生观已深入人心，但在教学实践中，特别是农村小学与城市小学相距甚远的情况下，农村小学课堂能否实现双向性探究学习、学生能否依靠自己主动建构知识，在于教师是否能有效地规范和控制学生的课堂问题行为。本研究以学生的课堂问题行为为切入点、新课程改革的总要求为准绳，将新课程改革的理念持续融入农村小学的课堂来达到农村小学新型课堂的转型。

（2）有利于保障教学效率，提高农村小学生学业水平

课堂是学生接受知识、适应社会的重要场所，教师作为成人社会的代表在课堂教学过程中以教材为中介将人类精神文明全面且系统地传递给学生。较之城市小学生琳琅满目的教育培训机构选择和较多的课外辅导经验，农村小学生的课堂教学便显得弥足珍贵。课堂对学生三维目标（知识与技能、过程与方法、情感态度与价值观）有着明确的要求，这就意味着在有效的课堂教学中，更好地完成教学任务、保障教学效率、保证教学质量，提高学生的学习质量成为了提升农村小

---

① 中华人民共和国教育部：《基础教育课程改革纲要（试行）》2001 年版，第 6—8 页。

学生学业水平的关键。

但在具体的课堂教学情境中,学生的课堂问题行为会打断教师的教学计划和进度,使教师产生疲倦感;对学生而言,自我控制能力不佳、注意力不集中也极易对课堂产生排斥心理。因此,规范和消除课堂问题行为是非常必要的,本研究着力于剖析在课堂这一微型社会中,学生课堂问题行为对于课堂教学任务的完成、教学目标的实现、学生习惯的养成等方面的影响,力图探寻消除课堂问题行为的方法。

(3) 有利于实现师生关系和谐发展,增强农村小学教师职业幸福感

长期以来,行为主义强化学说强调学生对自身间接经验的学习,认为知识不受认识者个体的影响,这种思维主导了整个学校的教学活动,却忽略了学习者已有认知图示、内在学习动机及直接经验价值。因而,导致教师忽略学生在课堂教学中的内在需要,成为了学生课堂问题行为频发的深层原因。虽然新课程改革实施以来,"以学生为中心"的教学理念已渗透到每一位教学实践者的内心,教师们都意识到只有充分考量学生的身心发展水平,发挥学生的自主意识,帮助学生主动建构知识体系,才能创造性地展开思考和活动。但在具体课堂教学中,教师却未能以此为准则要求自身教学行为,学生课堂问题行为仿佛形成了一种师生之间的冲突和对抗,本研究旨在探讨如何突破课堂问题行为的影响,衍生出和谐共生的师生关系,将师生课堂中的地位调至平衡,实现在课堂互动中的双向互动,调动学生学习积极性和参与意识,提高乡村教师的职业幸福感,减少优质乡村教师向城市流动的可能性。

三、文献综述

文献综述是将相关文献综合分析、加工整理后,针对所研究的问题在突出重点的前提下,全面而又深入地系统论述。本研究将对以下两个方面进行文献梳理,即:教育社会学相关研究、课堂问题行为相关研究,最后对已有文献研究进行评价。

（一）国内外研究情况

1. 教育社会学相关研究

（1）国外有关教育社会学的研究

西方工业革命的发展成为了各资本主义国家社会变革和经济发展的主要推手。在工业革命前，资产阶级固有的"工人最好保持无知的状态，以免桀骜不驯"[①]思想导致培养一般工人仍沿用中世纪的学徒制模式。但随着社会工业化对科学的依赖日益显著，对工人的科学知识要求越来越高，西方国家逐渐意识到科学技术知识对于社会发展的重要性，渐渐地将科学技术、科技人才培养融入教育之中。19世纪末20世纪初，社会与教育的联系、渗透和交融愈显突出，教育数量的增加、质量的提高及教育功能的扩大，为教育与社会联手提供了可能性，也为教育社会学的诞生提供了社会基础。与此同时，由资本主义工业化引起的学科领域裂变、分化和融合，也为教育社会学的产生铺平了一条学术之路。

在此社会背景下，法国社会学家艾米尔·涂尔干（Émile Durkheim）率先考量教育与社会之关系，为社会学包括教育社会学规定了具体的研究范畴和专门的研究方法，并对其进行了系统的研究，被称为"教育社会学之父"。

美国社会学家苏则罗（Henry Suzallo）率先定义"社会教育学"为"它主要通过详细观察和分析来构建自己的原理和理论"[②]。

在20世纪20年代的美国，教育社会学已经形成较为完备的研究体系[③]。其间，对各个分支学科的探索不断丰富着教育社会学的理论，形成了不同的理论流派，根据流派产生的先后及影响大小，教育社会学将其理论体系划分为三大部分：结构功能主义、冲突论、解释论。众多流派的形成让教育社会学呈现出百家争鸣、欣欣向荣的景象。

渊源于社会学中功能论的结构功能主义初创于19世纪末，20世纪30年代起，便进入迅速发展时期。自结构功能主义创建以来，引领了教育社会学研究几十年，直至今日仍受到社会科学研究者的喜爱。其中以美国研究者为主力军，主

---

① 谢觉一、乔有华编著：《简明外国教育史》，济南：山东教育出版社1984年版，第199页。

② 张斌贤、石中英等译：《教育大百科全书》第2卷，重庆：西南师范大学出版社2006年版，第348页。

③ 钱民辉：《教育社会学百年进程》，《社会学研究》，1997年第5期。

要代表人物有帕森斯（Talcott Parsons）和默顿（Robert King Merton）。"结构功能论"从宏观的角度分析了教育社会学的明显特征：整体性、均衡性、静态性、宏观性、一致性，同时还归纳出了教育社会学的教育功能：社会化功能、经济功能、选择功能，以此来探讨教育制度与社会制度之间的关系及相互作用。这些理论奠定了结构功能学派在西方教育社会学中的优势地位，但其忽视社会不平衡因素、个体主观能动性的弊端也渐渐凸显，致使最终呈下滑之势。

20世纪60年代末，由于社会状况由祥和安定转为战乱频发，社会阶级矛盾凸显，民族斗争加剧。整个教育社会学领域的众多研究者们发觉，结构功能学派一味地追求和谐统一已无法解释社会现状、解决社会问题，此时，不得不发起理论变革，转向探索新的理论，这种变革使得西方教育社会学领域涌现出各种各样的理论和流派。其中，"冲突论"与"解释论"迅速崛起，并发展成为两大主流学派。"冲突论"学派认为社会财产和资源的不平等分配是各种冲突的根源，这种冲突充斥着社会的方方面面，但"冲突论"认为社会中全是冲突与矛盾，没有和谐与统一的观点是其弊端。

20世纪70年代，一股新兴力量在英格兰大陆迸发，他们批判和对抗以宏观研究为主的结构功能主义和"冲突论"为主流的"旧"教育社会学，提倡从社会走进课堂，从微观的视角构建新的理论体系，它就是"解释论"。与前述旧派相比，"解释论"旨在通过对课堂真实地、详尽地记录与观察，试图运用定性分析的方法阐明和揭示学校、人机互动及课堂教学等与社会控制机制及其与外部社会的联系。与前述旧派不同，"解释论"的目的是透过真实、详尽的课堂记录和观察，用定性分析的方法阐明并揭示学校、人机互动和课堂教学等与社会控制的关系，以及与外界的联系。

在此过程中，在加深研究深度形成了大量理论流派的同时，研究者们还拓宽了研究的广度。1932年，美国教育社会学家沃勒（W. W. Waller）在其著作《教学社会学》中，运用社会学相关理论对课堂教学进行了分析和论述，重点对课堂教学中的师生关系进行了探讨[①]。沃勒的此部著作被认为是课堂教学社会学研究的开篇之作，也标志着课堂教学社会学这一分支学科的诞生。其中，弗兰德

---

① W. W. Waller, *The Sociology of Teaching*, 1932.

斯（N. A. Flanders）、贝尔斯（R. F. Bales）主要通过运用社会学基本范畴和定量分析法来建构理论框架，以求探明课堂教学中的社会群体和社会过程的"结构"。

无论是结构功能主义的独占，"冲突论"的对峙，还是对"解释论"的冲击，都为丰富教育社会学的理论作出了贡献。时至今日，课堂教学社会学已与课堂教学心理学及课堂教学哲学形成了"三足鼎立"的态势，即成为了教育社会学这门学科的重要分支领域。

（2）国内有关教育社会学的研究

我国对于教育与社会的阐述最早体现在孔子、荀子、王充、韩愈等的思想之中，他们强调社会环境对于教育的影响作用，虽观点较为零散，不足以支撑构建一门学科体系，但无疑为教育社会学在我国的传播及发展积累了丰富素材，奠定了思想基础。

国内对教育社会学的系统研究较晚，广义来讲，学术界把1917年由朱元善学者所著的《学校之社会训练》列为早期教育社会学的一部作品。但从精准的角度来看，陶孟和1922年出版的《社会与教育》乃为我国教育社会学的起点。总体说来，1949年前，我国社会教育学尚未形成学科体系，多为引介外国著述，譬如，陶孟和学者在其编著的《教育与社会》中声明："此书所用的资料，大多是从英美作品中借鉴而来，其中以史密斯（W. R. Smith）和克劳（F. R. Clow）两位的著作较多"[①]。

但正是由于早期学者们对不同国家、不同流派及不同发展阶段的教育社会学代表性作品的译介，才得以拓宽国内学者的理论视野，也为教育社会学后期在我国顺利地发展奠定了理论基础。

由于国内社会环境的动荡与变革，导致我国刚起步的教育社会学研究一直处于停滞状态，直到改革开放后才得以重建。我国学者借鉴前人观点并结合我国本土情况从不同的层面对教育社会学做出了界定。鲁洁根据教育社会学的学科特征，提出了"教育社会学"是一门专门研究教育中特殊社会现象的学科[②]。吴康

[①] 陶孟和著：《社会与教育》，北京：商务印书馆1992年版，序言。
[②] 鲁洁主编：《教育社会学》，北京：人民教育出版社1990年版，第27页。

宁将"教育社会学"定义为：以社会学的基本原则与方法，从社会学的角度来研究教育对象（或教育问题）的学科[①]。同时，由吴康宁教授主持的全国哲学社会科学"八五"规划青年社科基金课题项目，在全国率先开展了"课堂教学社会学"的研究。学者刘慧珍从系统论的角度出发对教育社会学进行了界定，她认为教育社会学是研究教育活动的社会过程以及与其他社会过程影响关系的学说体系[②]。

及至今日，课堂教学社会学作为一个分支研究领域已存在了30多年，其间，众多学者不断地通过理论研究及实证研究对其进行较为全面与准确的揭示，在课堂教学的社会基础、社会角色、社会文化、社会模式等各个方面的研究都获得了一定的成果。

2. 课堂问题行为相关研究

(1) 国外有关课堂问题行为的研究

第一，关于课堂问题行为分类的研究。国外率先对课堂问题行为进行了研究，早期的学者们主要从行为表现的倾向性、心理因素及行为发出者为依据对课堂问题行为进行分类。

美国学者威克曼（E. K. Wickman）是第一个将课堂问题行为归类的学者，他把不道德、破坏课堂秩序和违反课堂纪律的行为称作扰乱性行为，把神经过敏、畏缩等称为心理问题行为[③]。受威克曼的影响，加拿大科克伯格（L. Kohlberg）[④]与肖欣（Hinshaw）[⑤]也从行为表现的角度将课堂问题行为分为外向型问题行为、内向型问题行为。随后，奎伊（Quay）、翟克斯（Dretks）等人在威克曼的基础上从心理学的角度对课堂问题行为分类。美国学者奎伊将课堂问题行为分为人格型问题行为、行为型问题行为和情绪型问题行为，人格型问题行为通常是影响我们的隐性课堂问题行为，常表现为在课堂上走神、发呆，害怕回答问题

[①] 吴康宁著：《教育社会学》，北京：人民教育出版社1998年版，第20页。
[②] 刘慧珍著：《教育社会学》，沈阳：辽宁教育出版社1988年版，第10页。
[③] 威克曼：《有效教学》，北京：中国轻工业出版社2009年版。
[④] L. Kohlberg, *Child Psychology and Childhood Education : a Cognitive-developmental View*, Longman, 1987.
[⑤] Stephen P. Hinshaw, "Externalizing Behavior Problems and Academic under Achievement in Childhood and Adolescence: Causal Relationships and under Lying Mechanisms", *Psychological Bulletin*, 1992, 111 (1), PP. 127-155.

错误受到教师批评而表现出来的沉默寡言；行为型问题行为一般表现为破坏课堂教学秩序，影响他人，常表现出大声喧哗、顶撞教师或随意离开座位等具有对抗性的行为；情绪型问题行为既会影响自身，又会影响他人，常表现为情绪复杂多变或过度焦虑而无法集中注意力①。

国外学术界在"课堂问题行为"方面还进行了实证研究和理论基础的开拓性研究，为深入研究课堂问题行为奠定了基础。但在课堂问题行为分类的研究上，国外的学者们仅从行为本身及心理理论层面对课堂问题行为进行分类，未免有失偏颇。

第二，关于课堂问题行为判定的研究。心理学家瑞格（E. Wragg）等人在一项实证研究中记录了1020个课堂的视频，并在分析中发现和总结了课堂上普遍存在的问题行为：大声讲话最为常见，占38%。其次是思想开小差、讲废话和不恰当地使用教材或设备（分别为24%、23%和20%）；由于教师的权威性，侮辱教师的行为是最不常见的，只有1%。

第三，库宁（Kounin）通过实证研究总结了发生课堂问题行为的比例：大声说话（55%）、上课迟到、随意走动等（26%）、做与课堂无关的事情（17%），而严重的课堂问题行为只占极少数。② 朱迪斯·沃瑞（Judith Woerll）和威廉·E·斯迪韦尔（Willian E·Stilwell）的研究为课堂问题行为的判定给出了思考：年龄、教育背景、生理问题、文化差异、学习潜力、当前学习水平、其他行为即同一行为是否发生在其他环境中③。

与上述学者在课堂中或课堂后采取措施不同的是，澳大利亚学者比尔·罗杰斯（Bill Rogers）更强调课堂之前采取对策，即在新学期之初或上课之前建立课堂规则，并提出将学生在课堂上的课堂问题行为分为普通课堂问题行为（窃窃私语、随意离开座位等）、攻击行为（攻击性行为、情绪或行为失常引起的行

---

① T. K. Daugherty, H. C. Quay, L. Ramos, "Response Perseveration, Inhibitory Control, and Central Dopaminergic Activity in Childhood Behavior Disorders", *Journal of Genetic Psychology*, 1993, 154 (2), PP. 177–188.
② 胡淑珍主编：《教学技能》，长沙：湖南师范大学出版社1996年版，第169—170页。
③ 郎晓叶：《高年级小学课堂问题行为及对应策略研究》，浙江师范大学硕士学位论文，2010年。

为)①。与此同时，他也提出了有针对性的对策：针对普通课堂问题行为，教师应重点抓住并解决"首要问题"，再解决"次要问题"；而对于挑衅行为，则应在深挖其家庭教育观念等背景的基础上，利用家校结合等手段拟定个体行为管理计划。

(2) 国内有关课堂问题行为的研究

第一，较之国外学者较单一的课堂问题行为的分类，国内学者的分类就显得更多元化。国内学者分别从行为发生的时间、行为表现、行为发生的频率及行为对象等几个视角阐明了自己的观点。

根据课堂问题行为持续时间，王都留将问题行为分为两类：暂时性课堂问题行为和长期性课堂问题行为，前者是指受情绪和环境的影响，能够迅速调整和纠正；后者是指受行为发出者个性和习惯的影响，难以在短期内改正。②根据行为的频率，杨心德将课堂问题行为分为三类：行为不足、行为过度和行为不适三种类型。③学生在课堂中极少或从不发言，表现出沉默寡言等行为即为行为不足；学生在课堂里大声喧哗、侵犯他人等一类行为即为行为过度；类似学生在语文课堂上唱歌等行为称为行为不适。孙煜明将课堂问题行为分为外向型，如冲动、顶撞老师等；内向型，如沉默寡言、发呆、害怕被老师提问等。④除此以外，在张彩云看来，课堂问题行为指向的对象也能作为分类依据，她将课堂问题行为分为指向他人的课堂问题行为和指向自身的课堂问题行为。指向他人的课堂问题行为即对课堂教学和他人学习产生干扰，如随意走动、大声喧哗、同桌窃窃私语等；指向自身的课堂问题行为不会干扰课堂纪律、老师的教学和同学的学习，但会对自己的学习和身心健康产生干扰和消极影响，因此，学者和教师都应该对这种行为给予关注⑤。

虽然孙煜明及张彩云对课堂问题行为的分类持有不同观点，但稍加分析不难发现二者都是根据学生行为表现的倾向性，从行为表现的视角出发对课堂问题行

---

① B. Rogers, "Teaching Positive Behavior to Behaviorally Disordered Students in Primary Schools", *Support for Learning*, 2010, 9 (4), PP. 166-170.
② 王都留：《初中学生课堂问题行为研究》，西北师范大学硕士学位论文，2002年。
③ 杨心德编著：《中学课堂教学管理心理》，杭州：杭州大学出版社1993年版，第114页。
④ 孙煜明：《试谈儿童的问题行为》，《南京师大学报（社会科学版）》，1982年第4期。
⑤ 张彩云著：《学生课堂问题行为管理》，北京：教育科学出版社2015年版，第50页。

为进行分类的。

第二，关于课堂问题行为判定的研究。什么样的行为属于课堂问题行为？如何判断课堂上出现问题行为的严重程度？这些都是课堂问题行为的研究领域。课堂问题行为是一种普遍存在于教育教学中的不良行为，它的出现与发展是有其特殊原因的。我国学者马慧将课堂问题行为表现进行了详细总结：1. 交头接耳、传纸条、擅自离座或擅自换座、上课插嘴、干扰教师课堂教学、迟到、早退、旷课等，这些都是课堂问题行为的典型表现形式；2. 故意高声谈话、制造怪声、敲击声、做鬼脸或怪异动作、对抗班干部、教师；3. 恶意指责、争吵和与同伴斗殴；4. 焦虑、做一些与课堂无关的事情、抄袭作业及上课睡觉等[1]。

目前学者们对于学生课堂问题行为的判定还没有一个统一的标准，但都包含以下几个特征：行为发出者是学生、发生在课堂教学之中、与课堂行为规范不相符、影响了自身、他人学习甚至影响课堂教学效率。与此同时，孙影娟认为，课堂上的问题行为应该从行为的频率、行为反应的强度、行为的持续时间、行为的数量、行为的意义五个方面来判断。频率指此问题行为在特定时限内所发生的次数；强弱指在特定时间内所表现的行为强度或大小；持续时间指在特定时间内，课堂问题行为持续了多久；行为的发生数目是指在特定时间内，课堂问题行为发生的种类数目；行为意义是指周围同伴对课堂问题行为的看法、是否影响课堂秩序[2]。在孙影娟研究的基础上，叶健红保留了发生频率、持续时间、行为的意义，将课堂行为的判定增加了三个方面：时间和空间、环境氛围及教师好恶。时间和空间，即同一行为在不同的时间、地点发生，若对自身或他人造成了消极影响则为问题行为；环境氛围，即同一行为若发生在不合时宜的环境则为问题行为；教师好恶，即不同的教师对于同一行为有不同的感受和判定标准[3]。廖全明则从另外的视角来判定课堂问题行为：学生的背景资料，与正常状态的同龄同伴

---

[1] 马慧：《课堂问题行为与课堂纪律管理》，《现代教育科学（普教研究）》，2004 年第 1 期，第 48—49 页。

[2] 孙影娟、李志楠：《课堂问题行为研究综述》，《世纪桥》，2010 年第 21 期，第 133—134 页。

[3] 叶健红：《新课程改革背景下的课堂问题行为管理策略研究》，华中师范大学硕士学位论文，2007 年。

相比，行为的持续性和稳定性，行为对家庭、学校、社会是否造成了不良影响[①]。

第三，关于课堂问题行为对策的研究。课堂是一个无时无刻不在发生变化的复杂的微型社会体系，同时，学生的生理、心理尚未发育成熟，属于不断发展中的人。因此，造成课堂问题行为的原因是复杂多样的，是多种因素共同作用的结果。

如何有效应对频发的课堂问题行为，许多学者给出了策略性的建议。其中，最具代表性的是学者陈时见提出的5种应对课堂问题行为的模式，即矫正模式、权威模式、关系模式、教导模式和全体过程模式[②]；2002年，他又在上述5种模式的基础上，进一步提出了先行控制、预防策略、行为控制、终止策略、行为矫正、转变策略。预防策略作用于课堂教学之前，旨在通过制定课堂行为规范，创建有利课堂教学的环境及学习氛围来预防学生课堂问题行为的发生[③]；终止策略作用于课堂教学之中，教师采用社会强化的方式，如有意忽视、暗示或提醒学生的课堂问题行为，用表扬榜样行为来处理；此外，转变策略贯穿于课堂教学的始末，甚至可以说是融于教育的方方面面。如，采用一致性与心理辅导相结合、奖励大于惩罚等原则来处理课堂问题行为。随后，学者杜萍则从管理学的角度提出了6种对策，即和谐沟通、团体动力、目标导向、需求满足、果断纪律和行为矫正[④]。

（二）对已有研究的评价

本研究通过查阅网上电子文献和深入阅读、研究有关教育社会学、课堂问题行为的相关专著、期刊等，在全面了解教育社会学及小学生课堂问题行为的研究历史和研究现状的基础上，形成了对农村小学生课堂问题行为的初步认识。在对搜集到的文献梳理中发现：关于课堂问题行为的分类，国内的研究者较国外的研究者从更多的维度对课堂问题行为进行分类，有的从行为表现的倾向性及行为的

[①] 廖全明、刘宗发：《我国中小学学生的问题行为及其干预——目前国内关于学生问题行为研究的文献综述》，《太原师范学院学报（社会科学版）》，2004年第4期，第120—123页。
[②] 陈时见：《课堂问题行为的管理策略》，《基础教育研究》，1998年第6期，第17—20页。
[③] 陈时见著：《课堂管理论》，桂林：广西师范大学出版社2002年版，第139页。
[④] 杜萍著：《有效课堂管理：方法与策略》，北京：教育科学出版社2008年版，第212—281页。

性质，有的从行为发生的频率，有的从行为指向的对象等对课堂问题行为进行了分类。同时，我国研究者将西方理论"本土化"，提出更符合我国教育现状的理论。根据研究领域及兴趣的不同，多数研究者选择研究某一学科领域，如今几乎涵盖了各门学科，少数学者针对特殊儿童或自闭症儿童进行研究。多数研究者直接分析问题原因，针对原因提出解决措施。总之，已有研究对本专题的研究具有一定的理论和实践指导意义。但不可否认的是这些研究也有其不足之处，首先，从研究对象的选择上看，在关于课堂问题行为的研究中涵盖了小学教育、中等教育、高等教育，但对小学教育课堂问题行为的研究不多，且一般以城市小学的某一学段为主，极少将研究对象定为农村小学全学段。其次，从研究的理论基础选择上看，绝大多数研究都以教育、管理、心理、生理等相关理论为基础分析课堂问题行为，少有以教育社会学为理论基础的研究。

如上所述，在以往研究的基础上，本研究决定将实证研究与对比研究相结合，对四川省乐山市农村多所小学低、中、高年级学生的课堂问题行为现状进行研究，对课堂问题行为内容和成因进行梳理，以《基础教育课程改革纲要（试行）》为参考准则，从教育社会学的视角出发，提出教师应对课堂问题行为的策略，以期能帮助一线小学教师提升课堂管理水平，落实新课改对新型课堂的要求，提高教学效率，提升农村小学教学质量，更好地实现学生社会化和全面发展。

四、核心概念的界定

（一）农村小学

《现代汉语词典》将"农村"定义为主要从事农业生产的人居住的地方[①]。而小学是给儿童、少年实施全面基础教育的学校。本研究将"农村小学"界定为除城市及城镇以外的小学。

（二）教育社会学

从19世纪末教育社会学诞生至今，经过五个时期：理论奠基期、学科形成

---

① 商务国际辞书编辑部编：《现代汉语词典》（第5版），北京：商务印书馆2009年版，第1004页。

期、范式转换期、学派争鸣期、取向修正期,从仅研究宏观层面到仅研究微观层面的对立时期,再到最终实现宏观和微观研究相结合的和谐时期。不同学者根据自己的理解对教育社会学的内涵作了界定,这些界定也反映了在不同历史背景下,社会的面貌与学者们的思考。

国外学者界定的教育社会学可以分为三种:第一种是以韦伯为代表的功能主义,第二种是以斯金纳为代表的结构主义,第三种是以米德为代表的行动主义。美国教育社会学之父佩恩(E. G. Payne)强调研究个人和社会关系(机构、社会群体、社会过程),指出教育社会学是一门描述和解释个人如何通过社会关系获得和组织经验的学科①。史密斯(W. R. Smith)出版了世界上第一本教育社会学教科书《教育社会学概论》,指出教育社会学主要运用社会学理论和方法来研究教育应用学科的一门社会学的分支学科②。多德森(Don W. Dodson)将研究视角重点放在文化环境对个人影响的过程方面,并认为教育社会学是研究学校及教育过程对促进个人人格健全发展的一门学科③。随后,布朗(F. Brown)提出了他的观点:教育社会学是研究个体与其他个体、社会群体、行为模式的文化环境的互动④。费里波夫认为教育社会学的研究对象是教育体系与社会体系,教育社会学是研究教育体系与整个社会体系相互作用关系的一门特殊的社会学科学⑤。

国内学者,特别台湾学者对教育社会学的界定也有自己独到的看法,台湾学者朱汇森认为教育社会学的研究在于探讨学校与社会共谋发展的有效途径,并强调重点了解个人社会化、社会结构及变迁、学校与社会的交互作用⑥。台湾学者陈奎熹也指出教育应以研究个体社会化为意义,教育制度、社会结构及变迁为对象以达到改进学校教育措施进而促进社会发展的目的,但同时,他还认为应将学

---

① E. G. Payne, *Principles of Educational Sociology—An Out-line*, New York: New York University Book Store, 1928, P. 20.
② 日本教育社会学会:《教育社会学词典》,东京:东洋馆出版社1967年版,第627页。
③ F. Brown, *Educational Sociology*, 2ed, New York: Greenwood Press, 1969, P. 40.
④ F. Brown, *Educational Sociology*, 2ed, New York: Greenwood Press, 1969, P. 37.
⑤ 李震雷、徐景陵译:《教育社会学》,上海:华东师范大学出版社1985年版,第26—27页。
⑥ 陈奎熹著:《教育社会学》,台北:三民书局1986年版,第15页。

校社会组织及班级社会体系纳入研究对象之中[①]。董泽芳强调结合我国实际，实现教育社会学本土化，应重点关注教育与社会体系中的矛盾关系，意在探寻教育与社会良性运行与发展的机制[②]。刘慧珍、鲁洁、杨昌勇、吴康宁倾向于研究教育社会学与学校教育层面的相互关系，运用教育学、社会学的基本原理与方法对教育活动与社会过程加以研究，旨在为教育促进社会进步与个体发展提供理论依据与实践经验[③]。

无论是从国外学者还是国内学者对教育社会学的界定都可以窥见教育社会学发展的轨迹，由最初的从社会机制、教育机制等宏观层面研究教育中社会层面的问题或社会中教育的问题，到后来的从学校教育、班级体系、个体社会化等微观层面的研究，直至今日的宏观、微观层面结合研究，无不体现了教育社会学这一学科的发展。综上所述，刘慧珍等学者的界定着眼于教育活动与社会过程相互影响的关系，有利于本专题在此理论基础上展开思考与研究，故本研究采用刘慧珍等学者对教育社会学的界定。

（三）课堂问题行为

"课堂问题行为"是本专题的核心概念，根据字面意思可以分为两部分，"课堂"和"问题行为"。广义的"课堂"是指任何能开展教育的场所，如博物馆、少年宫、图书馆等。狭义的"课堂"是指学校里专门用于教学活动的地方，包括教室、美术室、音乐室、实验室等。我国学者郑金洲对"课堂"的内涵进行过深入阐述，提出：课堂应成为师生交往及互动、引导学生发展、充分发挥教师智慧的地方。课堂不应是教师表演的地方，而是教师指导学生训练的地方，更应成为教师转变和操作教师教学行为模式的地方[①]。陈时见的观点是由外而言，课堂是承载师生的物理空间，但由内而言，课堂是一个充满生机与活力，复杂且多变的

---

① 陈奎憙著：《教育社会学》，台北：三民书局1986年版，第16页。
② 董泽芳编著：《教育社会学》，武汉：华中师范大学出版社1990年版，第19页。
③ 刘慧珍著：《教育社会学》，沈阳：辽宁教育出版社1988年版，第10页；鲁洁主编：《教育社会学》，北京：人民教育出版社1990年版，第27页；杨昌勇：《法国教育社会学概述》，《国外社会科学》，1993年第2期；吴康宁著：《教育社会学》，北京：人民教育出版社1998年版，第20页。
① 郑金洲主编：《基于新课程的课堂教学改革》，福州：福建教育出版社2003年版，第1—3页。

独特的社会组织①。由此可见,课堂是教师组织教学、学生积极互动的场所,具有复合性、整体性的特征。

"课堂问题行为",即发生在课堂之中的问题行为,它是一个广泛而模糊的概念,至今没有一个明确的界定。外国学者主要从课堂规则、课堂秩序的破坏以及对教师教学情绪的影响等方面来界定课堂问题行为。劳伦斯(Lawrence)从课堂规则、秩序的破坏入手,严重干扰教学、影响进度、扰乱课堂秩序的行为被认为是课堂上的问题行为②。霍顿(Houghton)等在前人研究的基础上,添加了对教师情绪的关注,他们将课堂问题行为等同于扰乱性行为,并将其定义为影响课堂纪律、需要教师不断提醒、给教师带来不良情绪的行为③。我国学者有的从心理学的角度定义"课堂问题行为",车文博认为学生课堂问题行为将影响其品格发展,致使身心朝向不健康的方向发展,他还强调品格教育及心理健康教育应重点关注学生的课堂问题行为④。左其沛指出,学生若出现心理或行为上的严重失调,应通过心理咨询的方式及时对其进行心理疏导⑤。张大均在其最早的界定中把干扰教学活动、阻碍学生身心健康发展,并影响家庭、学校及社会三个层面的行为视为课堂问题行为⑥。其后又对此进行了修订,修订后删除了"对社会层面的影响",加入了"阻碍教学效率",更多地从教育学的角度来考量课堂问题行为⑦。

上述定义中,多数研究者都从学生、教师或师生的角度提出概念界定。随着信息社会的影响渗透,小学生接收的信息及表达能力极大提升,所以在界定"课堂问题行为"时应充分考虑学生现有的认知水平,而不是"拿来主义"。在前人研究成果的基础上,本研究将"课堂问题行为"定义为:学生在课堂教学上严重违反课堂行为规范,干扰课堂活动正常进行,影响教学效率、自身或他人的行为。本界定强调:(1)课堂问题行为指向有显性有隐性,即是说,课堂问题行为

---

① 陈时见:《课堂管理:意义与变革》,《教育科学研究》,2003年第6期,第5—8页。
② S. A. Lawrence、R. M. Lawrence, "Curriculum Development: Philosophy, Objectives, and Conceptual Framework", *Nursing Outlook*, 1983, 31 (3), PP. 160–163.
③ S. Houghton, K. Wheldall, F. Merrett, "Classroom Behaviour Problems which Secondary School Teachers say they find most Troublesome", *British Educational Research Journal*, 1988, 14 (3), PP. 297–312.
④ 车文博主编:《心理咨询百科全书》,长春:吉林人民出版社1991年版,第827页。
⑤ 左其沛著:《中学德育心理学》,长春:吉林人民出版社1991年版,第24页。
⑥ 张大均主编:《教育心理学》,重庆:西南师范大学出版社1997年版,第543页。
⑦ 张大均主编:《教育心理学》,北京:人民教育出版社2005年版,第613页。

一方面是指向扰乱课堂秩序的显性行为，另一方面是指向学生自身的隐性行为，显性行为易发觉，隐性行为较隐蔽，但对课堂教学效率和学生身心健康发展都有着不良影响。（2）课堂问题行为不等于品德不良，课堂问题行为主要发生在课堂之中，有地域限制且具有不稳定性，而品德不良恰好相反。（3）课堂问题行为和学业成就高低无关，优秀学生也有课堂问题行为，只是频率不高且较隐蔽，不易发觉，教师往往会为了维护课堂秩序而忽视优生的低频率、小影响的问题行为。

五、研究的思路与方法

（一）研究的思路

本专题以农村小学生课堂问题行为为研究主题，基于教育社会学的视角从历史回溯、现实分析、理论探究三个维度展开研究。

首先，搜集国内外研究者有关教育社会学、课堂问题行为、教育社会学视角下的课堂问题行为相关研究成果，进行历史回溯和文献梳理，使本研究在深刻剖析前人研究的基础上，以前人研究为镜，明确研究薄弱点，确定研究视角。

其次，以小学生课堂问题行为为研究对象，对小学生课堂问题行为发生原因作实证性分析，建立本研究关于现实分析的基础。

再次，在对历史及现实把握的基础之上，运用教育社会学相关理论，对小学生课堂问题行为产生原因作理论分析。通过分析，揭示了四个主要的影响因素，即：学生因素、家庭因素、学校因素和社会因素，分别从生理因素、心理因素和学生角色混乱三个层面阐述了学生影响因素；从家庭结构多元、家长暴力教育和过度溺爱分析家庭因素；学校因素主要考虑校园文化、师生课堂互动和学生之间的课堂互动；社会因素主要考虑大众媒体误导、功利主义思想盛行和教育培训机构快速发展。

最后，在前述研究基础上，提出减少农村小学生课堂问题行为的对策。关于研究框架参见下图9-1：

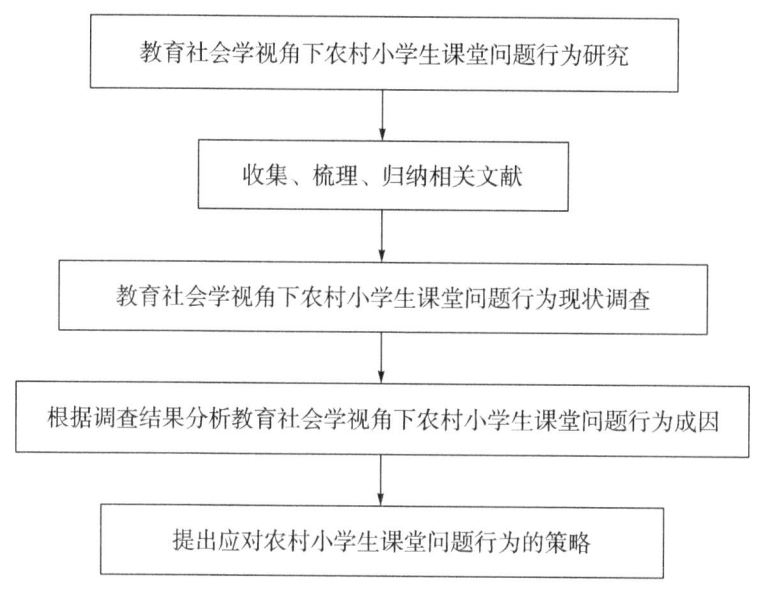

图 9-1 研究框架

(二) 研究的方法

为深入研究农村小学生课堂问题行为的现状,本专题主要运用以下研究方法,即:文献分析法、课堂观察法和调查法(包括问卷调查法、访谈法)。

1. 文献分析法

笔者通过学术性网站对课堂问题行为进行搜索、统计和分析,用"课堂问题行为"作为检索关键词在 CNKI(中国知网)中进行搜索,获得 631 篇文献,其中包括学术期刊 359 篇、硕士学位论文 271 篇、博士学位论文 1 篇。通过横向分析,依据我国现行教育体系,按照层次结构划分,可以分为:学前教育、初等教育、中等教育(普通高中、中等职业高中)、高等教育。631 篇文献中有 327 篇含有明确的教育层次,以此为统计样本进行分析,结果如表 9-1 所示:

表 9-1 课堂问题行为研究的教育层次分布

研究内容	文献量(篇)	比例(%)
初等教育	117	35.8
中等教育	176	53.8
高等教育	34	10.4

由表 9—1 可知，研究中等教育课堂问题行为的占比高达 53.8%，研究初等教育课堂问题行为的文献虽然占比 35.8%，但是针对农村学校的研究却屈指可数。可见，农村小学课堂问题行为的研究还有非常广阔的空间。

2. 课堂观察法

（1）自然观察法。本研究采用自然观察法，并填写课堂问题行为观察记录表（见附录三），即在明确了研究目的前提下，被观察者处于完全自然的情况下，在保持事物、过程及环境原有的状态下，观察者保持客观，尽量不对被观察者产生影响，使被观察者始终处于最自然和放松的状态，以确保观察的真实性。

（2）预观察与自然观察相结合的方法。在观察者正式进入课堂观察之前，将对课堂进行预观察，待到教师和学生对于观察者的"戒备心"完全消除之后再开始进行观察和记录，这样才能观察到真实的课堂和真实的师生行为，以确保记录能真实、准确的反应课堂问题行为。并在征得任课教师的同意后，用影像设备录制真实课堂，积累大量的真实课堂素材，以便后期做行为分析时能重现课堂，确保所填数据的准确性，为掌握一手资料奠定基础。

3. 调查法

（1）问卷调查法

问卷调查法的特点是能在较短时间内收集大量数据资料。本研究将学生课堂问题行为分为显性问题行为和隐性问题行为两个维度，借鉴了徐春兰研究者关于小学生课堂问题行为研究的调查问卷，采用李克特五级量表评分，分别为"经常这样""偶尔这样""很少这样""极少这样""从不这样"，赋值为 5—1 分，得分越高说明学生出现该课堂问题行为的频率越高。

本问卷第一部分主要调查学生课堂问题行为的表现，根据调查需求做了一定的修改，徐春兰的问卷中课堂问题行为表现里的第 2 项"抄袭作业，考试作弊"与课堂教学无关，故删除，并最终确定了 20 种课堂问题行为作为本次调查课堂问题行为表现的内容，同时，设计"其他问题"，让学生自行填写，是对以上 20 种问题行为的一种补充。

本问卷第二部分为调查影响课堂问题行为的因素，借鉴何秋菊研究者关于小学生课堂问题行为的调查问卷，将学生因素、教师因素、环境因素三个维度作为调查课堂问题行为的影响因素，确定了 25 道题目（见表 9—2、表 9—3）。此部分同样采用李克特五级量表评分,"完全同意"为 5 分,"比较同意"为 4 分,"一般"为 3 分,"比较不同意"为 2 分,"完全不同意"为 1 分,得分越高,说明此因素对学生课堂问题行为的影响就越大。

表 9—2　小学生课堂问题行为影响因素问卷调查维度分布

维度	题号
学生因素	1—7
教师因素	8—15
环境因素	16—25

表 9—3　小学生课堂问题行为问卷具体影响因素

因素	学生因素		教师因素		环境因素		
具体因素	认知水平	心理因素	管理措施	教学水平	课堂环境	社会环境	家庭环境
题号	1、2、3	4、5、6、7	8、9、10、11	12、13、14、15	16、17、18、19	20、21	22、23、24、25

(2) 访谈法

为弥补问卷调查的不足,保证调查结果的准确性、真实性,了解学生对课堂问题行为的真实看法,本研究采用访谈的方法,补充设计了学生、教师访谈提纲(见附录二、三)。访谈是以研究为基础的交流,研究人员通过语言交流的形式从被研究者那里收集第一手信息[①]。本研究主要采用半结构式访谈,对各个学段的个别学生、教师进行一对一访谈。为了给予被访谈者更多的思考和交流时间,笔者会提前联系被访谈者,选择被访谈者相对空闲的时间进行访谈。同时,为了确保访谈结果的有效性,在征求被访谈者同意的情况下进行录音,以便后期分析、整理成资料,为后续研究提供真实性的调查素材。受访者基本信息见表 9—4、9—5。

---

① 陈向明著:《质的研究方法与社会科学研究》,北京:科学教育出版社 2000 年版,第 165 页。

表 9—4 受访学生基本信息

编号	性别	年级
A	男	一年级
B	女	一年级
C	男	一年级
D	女	二年级
E	女	二年级
F	男	二年级
G	女	三年级
H	男	三年级
I	女	三年级
J	男	四年级
K	女	四年级
L	女	四年级
M	男	五年级
N	女	五年级
O	男	五年级
P	女	六年级
Q	男	六年级
R	女	六年级

表 9—5 受访教师基本信息

编号	性别	教龄	任教年级	任教科目	是否班主任
a	男	6	2	数学	否
b	女	5	6	信息技术	否
c	女	10	6	语文	是
d	女	9	1、2、3	音乐	否
e	女	9	3	数学	是
f	女	6	5	美术	否

第二章 农村小学生课堂问题行为研究的理论基础

课堂、个体、社会三者既有整体性又有独特性。堪纳斯（Canus）认为，"课堂问题行为"是一个复杂的、多学科交叉的研究领域，它不可能仅用心理学理论、教育学理论或社会学理论中的某一种理论就能解释课堂中所有的问题行为。本研究在教育社会学指导下，以结构功能主义理论、教育冲突理论、符号互动理论为理论基础对收集到的调查数据做一进步的分析。以下将对上述三个理论进行深入阐释。

一、结构功能主义理论

（一）结构功能主义理论的基本观点

结构功能主义是在社会学家斯宾塞"功能论"的基础上演变而来的，"功能论"以达尔文的生物学理论为基础，将有机体的营养、消化、循环、调节等系统来比拟人类社会的工人阶级、商人阶级、政府机构等，它们各自发挥自身的功能来维系个体或社会系统整体的发展。同时，斯宾塞还借用达尔文"优胜劣汰"的概念来说明社会的发展，认为社会的变迁如同生物界的自然选择一样，人类社会在自然的选择下，从简单的同一结构进化为复杂多变的系统。社会学中的"功能论"具有如下特征：第一整体性，功能论认为社会是一个有机的整体；第二协调性，即是说社会须与周围环境保持协调性；第三支撑性，社会若要保持健康、持续的发展,是离不开社会各个组织的支撑的。同时,斯宾塞借用自然环境"适者生存"的概念提出了社会进化论,并将社会分为了无机的社会、有机的社会、超有机的社会。

斯宾塞的"功能论"简单地将社会结构视为有机体的功能系统,忽视了社会变迁带来的社会影响,但其率先提出"结构""功能""系统"等概念,成为了教育社会学的先驱,也为日后结构功能主义的诞生奠定了思想基础和理论基础。

20世纪30年代,以美国社会学家塔尔科特·帕森斯(Talcott Parsons, 1902—1979)和罗伯特·金·莫顿(Robert King Merton, 1910—2003)为代表的结构功能主义迅速发展,并以哈佛大学为中心辐射至欧美各国,成为了西方社会学传播最广、影响最深的主流思潮,其具有的很强的活力以至于仍然适用于现在研究,其许多观点也被教育社会学吸收和借鉴。

首先,从宏观来看,结构功能主义将人类社会视为一个整体,认为在结构上既相互独立又相互联系,在功能上既相互区别又相互协调。其主要具有以下特征:第一整体性,这与功能论的主张相同,认为社会是一个统一的整体;第二均衡性,认为社会是一个自动平衡的系统,即使某一系统功能失调,社会内部会自行调整至和谐状态;第三静态性,社会的发展是以社会和谐为背景的,应保持原有文化模式的稳定性;第四宏观性,主要持宏观研究取向;第五一致性,无论是信念、价值观的和谐统一,还是文化传统、语言文字共识,都是社会系统整体、均衡、稳定发展的基本立足点。

与此同时,结构功能主义还从三个方面提出了教育的功能:社会化功能、经济功能和选择功能。其一,社会化功能由涂尔干提出并大力倡导,他指出:个体在与社会环境相互作用的过程中,知识技能的学习、行为规范的养成和价值观念的确立是个体成为合格社会人的标志。他认为,获取知识技能是学校教育的首要任务,同时,学校教育还能培养个体的政治意识和政治态度,以达成政治共识,促进社会体系和谐统一发展,并且还应承担个体道德教育的使命。其二,经济功能主要表现在教育是一种投资,是促进经济增长、国家发展的主要动力;教育在培养相应职业人才时能为其提供技术、工作态度及工作责任心等方面的指导,在一定程度上,为社会提供了高素质的劳动大军,是保障社会经济稳定增长的重要手段。其三,教育的选择功能就像一张筛选网,根据个体的不同特质,将其分化、合理分配，使其各尽所长，为社会系统的进步做出自己的贡献，社会成员的合理分工能更好地维护社会内部的稳定，促进社会进步。

（二）结构功能主义理论视角下的课堂规范

1. 课堂制度性规范

学生个体是构成课堂的结构，课堂是组成学校的结构，而学校是构成社会的结构，要促进社会的正向发展需保障各结构的正常运转。对小学而言，课堂效率是学校教育追求的最终目标，而制定相应的制度和规范，是实现和保障课堂教学顺利开展的前提条件。

帕森斯（T. Parsons）将人类关系的规范及形态结构视为制度，基于这种制度，个体才能依据社会规则约束自己的行为。制度的构建及维护是与角色期望及角色学习有关的，角色是个人地位和社会群体中地位的象征，不同的人在社会群体中有着不同的角色。譬如，教师是社会体系及教育体系中挑选出来的、接受过专业培训的、传递社会法定文化的代表；学生则是未社会化的未成熟的人。同时，一个社会群体或社会倾向给予个体文化、政治、道德和意识形态方面的期望，以便形成符合社会普遍精神、习俗或文化价值的准则。规范是指参照某一标准来对集体成员的行为控制，起着各成员行为调节器的作用。具体到课堂教学中，教师将社会体系中的主流文化及思想通过形成课堂制度性规范的形式，并通过一定的角色学习来完成课堂教学中规范的构建。首先，在师生交往或课堂教学中教师要逐渐让学生认识到需要遵守哪些规范。譬如，在课堂中不能做与课堂无关的事或作业，跟随教师教学内容积极思考、积极回答问题，课后完成教师布置的家庭作业等行为规范。随后，通过强化上述规范性的行为，让学生渐渐地认同课堂规范，对符合课堂规范的行为给予及时的表扬，如当学生能在课间十分钟做好下节课的课前准备再出去玩的行为，教师给予了及时的表扬，此行为经过多次强化之后，学生便会认同此规范；反之，若对与规范相反的行为给予批评，久而久之，学生也会否定这些行为。经过了认识、认同之后，最后，便是内化。学生将这些制度性的规范内化为本身的习惯，摒弃掉与制度性的规范相违背的行为，不仅是自身遵守这些规范，也会自觉维护，谴责违反规范的人和事。

2. 课堂非制度性规范

自夸美纽斯提出班级授课制度以来，班级授课就一直延续至今，班级授课制是指组织一定数量的年龄相近、知识程度相近的学生到固定的班级,并安排教师根据课表和进度,有目的、有步骤地对受教育者进行集体授课。由于班级中的学生来自不同的社会阶层,而不同阶层之间文化传统、社会结构等存在差异,所以极易在年龄、权利、价值观和地位相似的学生之间形成同辈群体亚文化,这种同辈群体之间的频繁互动、情感上的密切联系和核心人物的领导,都能引导出亚文化圈中行为和认知的趋同现象,非制度性规范就受制于学生同辈群体亚文化。

当同辈群体亚文化的价值与规范同社会对学生的角色期待一致时,便会和以教师为主导的制度性规范统一,成为强化课堂规范的助推器。例如在现代社会中,国家大力提倡素质教育、多元化发展,家长便会在此影响下,形成以报兴趣班提高孩子综合素质为核心的亚文化,此类亚文化与许多教师期望学生的在抓好文化学习基础上还要拓展爱好、提高综合素质的要求是一致的。因此,在此类亚文化作用下形成的非制度性规范便会与制度性规范相互强化,最终实现增强课堂教学正向功能的目的。与之相反的是当非制度性规范与制度性规范在价值取向上不和谐时,便会放大课堂教学的负向功能。譬如,学生在课堂中形成了违反课堂纪律、藐视课堂、无视师长的亚文化,就会形成与之相对应的非制度性规范,显然,这与教师主张的遵守纪律、尊师重道、积极思考发言等制度性规范相悖。

具体到课堂教学中,教师能否引导同辈群体亚文化与主导的规范性文化统一成了减少或消除学生课堂问题行为的关键。结构功能主义理论中的"结构""功能""系统"实则对应小学生的同辈群体亚文化、同辈群体文化和课堂。同辈群体亚文化不仅会助推课堂成为完成教学目标和实现教学任务的主要场所,提高课堂教学效率还将减少甚至消除课堂问题行为。

二、教育冲突理论

(一)教育冲突理论的基本观点

从社会学的角度来看,社会冲突论的出现打破了结构功能主义长期垄断社会学领域的局面,引领了新一轮的社会学理论发展。"冲突论"认为社会并不仅只有和谐统一,还有不断的冲突和对抗,在这些不可避免的冲突和对抗中,社会才得以发展。德国社会学家卡尔·马克思（Karl Marx，1818—1883）与马克斯·韦伯（Max Weber，1864—1920）对冲突学派的影响最为深远，被视为是冲突学派的鼻祖。马克思强调经济体系对社会体系的重要性，认为个人或社会阶层的经济基础确定了意识形态，经济基础越好，意识形态越高，反之，经济基础不好，则无法建立较高的意识形态。在他看来，一切的社会关系都可以被归纳为统治和被统治，统治阶级与被统治阶级的冲突、斗争充斥着社会的方方面面。韦伯同为冲突学派的先驱，但很多观点与马克思持相反态度，他认为应摒弃结构功能主义学派持单一主张的做法，将个人自我利益、经济结构、教育、政党及宗教作为决定社会结构考量的依据。科塞、齐美尔及其他"冲突理论"学派的学者从冲突带来的结果考察，认为冲突不是和谐的反义词，冲突能在一定条件下成为维护社会秩序，发展社会契机，甚至可以与和谐交替来推动社会变革，助推社会发展[①]。

从教育学的角度来看，社会冲突论应用至教育领域既能促进社会学理论的加深，又使教育学理论得以拓展。威拉德.W. 华勒（Willard Walter Waller，1899—1945）在《教育社会学》中以"冲突理论"研究学校内部社会关系，其中提到教师是制度化领导者，教师所代表的成人世界与学生的自然欲望和自发活动相对立，从而引发师生冲突。

（二）教育冲突理论视角下的师生关系

1. 课堂中的师生冲突

"冲突理论"对于我们正确认识课堂中师生冲突和以师生冲突促进师生关系发展、进而提升课堂教学效率、消除课堂问题行为具有重要借鉴意义。师生关系是学校环境中最基本的人际关系之一，是一切教学活动、实践活动开展的前提条件。对于学生而言，教师不仅是知识的载体和传播者、行为规范的代表，更是社会文化的权威代表。美国学者指出，冲突是由组织中人们的目标愿望不一致，对客观事物的解释存在分歧导致的，是一个过程[②]。从社会角色而言，教师和学生扮演着不同的角色，社会赋予了教师教书、育人的职责，学生是未发育完全的未成年人，师生在社会地位、权利分配等方面存在不均现象；从社会文化来看，教

---

① 孙立平译：《社会冲突的功能》，北京：华夏出版社1989年版，第23页。
② 郑晓明译：《组织行为学》，北京：中国人民大学出版社1997年版，第78—96页。

师的生活阅历、学历学识、价值观等与学生不同，教师与学生之间的冲突主要体现在课堂上，是以教师为代表的成人文化与以学生为代表的未成年人文化之间的冲突，且是不可避免的；从心理因素上看，师生在认知水平、道德水平和情感态度等方面都存在差异。总之，以上的这些差异和不均都是造成教师与学生产生冲突的原因。

2. 师生冲突的利与弊

师生冲突不仅有负向的功能，也有正向的功能，对于师生关系既有利，也有弊。对学校教育而言，师生冲突的正向功能在于能推动课堂教学发展，促进班集体团结，巩固教师权威，促进班集体整合。教师一直是成人社会的代表，具有成人社会赋予的制度权威和个人权威，而个人权威取决于教师的专业知识、教学方法和与学生的交往等。师生间发生冲突时，无论是认知方面、规范方面还是教学方面都是对教师严峻的考验，可以促使教师自我反思，改善和提升自身教学方法、师生互动、学生观等方面的行为和意识，从而实现师生冲突改进教师的个人专业水平。同时，师生冲突还能促进小学生的社会化发展。学生在课堂教学中不仅要学习系统的科学文化知识和技能，还应进行社会化学习。当学生在课堂活动中与教师发生矛盾或冲突时，能激发学生对人际关系处理与思考，加快其社会化进程。

师生冲突的负向功能体现在：如果师生之间的冲突是由双方价值观、根本利益和原则性的差异引起的，就极易致使师生关系恶化，对维护师生关系产生极大影响，甚至会导致教育教学的失败。这种高强度的矛盾冲突会严重影响师生身心健康，极易导致师生之间产生对立情绪，这种不利的情绪不仅会降低学生的学习兴趣，严重者会阻碍学生心理健康发展。同时，课堂中的师生冲突会直接影响教师的情绪和工作态度，极易引发教师的职业倦怠，降低教师的职业幸福感。一些严重的课堂师生冲突不仅扰乱正常的课堂秩序，还极易诱发小学生的课堂问题行为，如此只会加剧课堂混乱，阻碍课堂教学的顺利展开，影响教学效率。

三、符号互动理论

（一）符号互动理论的基本观点

符号互动理论是有别于宏观教育社会学流派的微观教育社会学，与结构功能主义理论和教育冲突理论呈对立状态，其主要以互动理论对教育现象及教育活动进行研究、解释。符号是指在同一文化群体下，被人们赋予了特定意义的事物，包括语言、动作、文字、表情、实物、场景等。个体的社会生活以种种符号为基础，通过不同的符号来传递不同的意义，以完成人际间复杂的交流，包括言语符号和非言语符号。

符号互动论发端于乔治·赫伯特·米德（George Herbert Mead，1863—1931）的传统互动论。1969年，米德的学生——美国社会学家赫伯特·布鲁默（Herbert Blumer，1900—1987）在充分整合、概括了米德的思想之后，出版了《符号互动论：观点与方法》一书，正式确立了符号互动论这一派别。受库利"镜中自我"理论影响，符号互动理论在研究社会中人际互动时，极其注重个人自我概念和主观行为对社会思想的作用。

在库利看来，个体常常将他人视为自己的镜子，想象在他人意识中自己是什么形象，通过这种方式来不断认识自己、调整自己。米德将"我"分为"主格的我"（I）和"宾格的我"（Me），前者是指行动者在对活动情境的一种直接知觉与反应，是活动者自身直接产生的一种认知；后者是指通过他人的意识，认识到某一事物或行为的性质，继而内化为自己对此事物或活动的认识[①]。"主格我"与"宾格我"相互协调发挥作用指导行动者的行为，行动者的外向行为一般表现为"宾格我"。"宾格我"不是一成不变的，而是会根据社会对个体的角色要求来调整。"主格我"一般受"宾格我"影响，但不完全由"宾格我"决定，因为"主格我"是自发性的，具有一定的发挥空间[②]。

[①] 黄育馥著：《人与社会——社会化问题在美国》，沈阳：辽宁人民出版社1986年版，第224页。

[②] 赵月瑟译：《心智、自我和社会》，上海：上海译文出版社1992年版，第209—214页。

英国学者哈格里夫斯（David Hargreaves）在1975年出版的《人际关系与教育》一书中，将"符号互动论"首次运用于教育问题研究，成为了用"符号互动论"研究学校教育微观教育问题的经典范例，这些问题包括学校教育、课程结构、课堂活动、师生互动等。哈格里夫斯在米德关于自我发展观念内涵的基础上，延伸出了对师生关系的分析，从而将师生自我概念确定为"符号互动论"的核心概念之一。

在哈格里夫斯看来，课堂中的师生都会根据"宾格的我"建构出符合社会文化规范的接近理想型的自我。在课堂这个特殊的微型社会中，教师是法制文化赋予的社会的代表、知识的化身，就此而论，教师便会形成符合此身份的角色形象，博学善教、循循善诱；而学生是接受社会化的未成熟的个体，无论其心理发展水平还是生理发展水平都未能达到社会化。由于师生角色的特殊性，学生"宾格的我"便会倾向于家长、教师、社会对其角色期待而展现出善良、好学、勤劳等品质。但"宾格的我"不是永恒的，个体的自我概念会在"宾格的我"与"主格的我"的对话中不断地改变。若两者能很好地平衡，则会修正自我概念，形成统一，若二者失衡，则会出现角色冲突。

（二）符号互动理论视角下的课堂互动

1. 课堂中的师生互动

帕森斯曾指出："自我与他人之间的互动是社会系统中最基本的模式。"[①] 课堂教学不仅要完成教师教与学生学的教育过程，还在一定程度上促进了学生形成价值目标和社会规范的发展过程，而这两个过程都依赖于教师与学生之间的交互作用。

课堂中有教师个体、学生个体和学生群体的互动。一般而言，有教师个体和学生群体的互动，也有教师个体和学生个体的互动，学生个体和学生群体的互动，还有个别学生群体和学生群体的互动。

李威特（H. J. Leavitt）等研究者通过实验验证了学生的沟通程度、沟通正确性、成就感及活动量与沟通的型式有直接关系。他们以五人为一个小群体，

---

① T. Parsons, E. Shills, *Toward a Theory of Action*, 1951, P. 55.

分别构成了全通道式、链式、Y字式、环式、轮式（图9-2）①。全通道式中学生非常活跃，每个学生个体之间都会产生互动，但因为缺乏群体首领对学生的领导，沟通的正确性往往不高；Y字式中有一位首领，但并不是每一位学生都与首领有沟通，有部分学生能与首领沟通，这种沟通模式就导致学生在沟通过程中活动量不足，也难以满足学生的心理；链式沟通形式中学生与学生之间无沟通，仅与群体首领有沟通，这种沟通模式能极大地提高沟通的正确率，但无法满足学生的心理需要。环式沟通速度慢，信息的正确性、对领导的预测度和集中的程度均低；轮式中学生非常活跃，信息传递快，信息的正确性、对领导的预测度和集中的程度均高，但学生的满意度低。

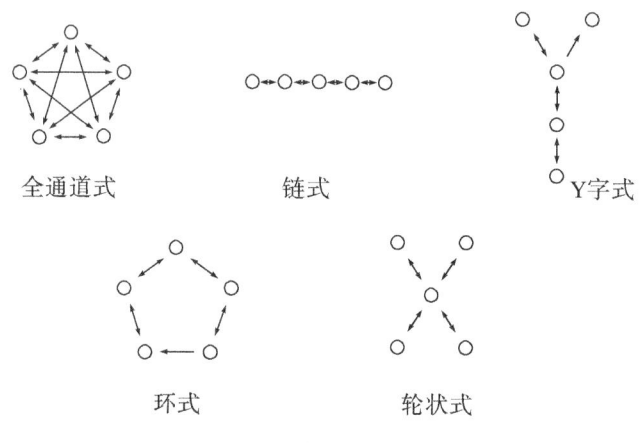

图9-2 小群体内的沟通模式

反观现阶段我国的课堂，由于社会传统文化及教师习惯固着等多种因素，大多数课堂的互动都是以教师为首领，与学生群体、极个别学生个体（优秀学生或走神的学生）发生交互作用，这就类似于上述的链式沟通模式。这种模式能极大程度减少沟通错误，利于教师控制课堂，但却无法满足学生沟通及生理的需要。

2. 课堂中的生生互动

课堂教学以学生为主体，除了师生互动外，还有学生之间的互动。学生之间互动是指学生之间相互交流，学生互动不仅有利于教师的教学工作，而且有利于

---

① H. J. Leavitt, "Some Effects of Certain Communication Paterns on Group Performance", in E. E. *Maccoby*, et al (eds.), *Readings in Social Psychology*, 3rd ed. 1958, PP. 546-563.

学生的发展。中国学者吴康宁在《课堂教学社会学》一书中指出：学生之间的互动，主要包括学生个体与学生个体之间的互动、学生个体与学生群体之间的互动，以及学生群体和学生群体的互动①。

学生个体与个体之间的互动一般存在于课堂教学中。譬如，教师让同桌之间讨论，或自习课中学生之间的交流等，此类互动是一对一的，由于互动对象呈单一性特点，互动的正确性和有效性会大大提高。但由于课堂的群体状况、教师的课堂控制风格不同，学生个体之间的交流应用在我国课堂教学中的频率也不尽相同，例如，公开课上学生个体间交流的次数远远多于平时的课堂授课。

学生个体与学生群体之间的互动指的是学生个体与全班同学或全组同学的交互作用，一般存在于课堂教学、练习和讨论之中。学生群体与学生群体间的互动又分为正式群体间的互动、非正式群体间的互动。正式群体间的互动指在课堂教学中，特别是小学低段的教师擅长使用组际间的竞争来调动学生思考问题、回答问题的积极性，以此来活跃气氛、培养学生的集体竞争意识和荣誉感。组际交流，即将各组讨论或学习的成果在全班进行交流，它既表现出竞争性也表现出合作性。在课堂教学中，非正式群体互动相对较少，也表现得较为隐蔽。譬如，在小组讨论中，某些成员会出现针对一些问题提出不同的意见。学生之间的交流互动在于促进其观点的产生、心智的发展以及自我概念的形成。

符号互动论对本专题研究师生互动具有重要启示：学校是一个微型的社会，作为学校一切活动的主体——教师和学生，他们之间的关系必须通过互动才能建构，没有互动，一切社会组织将不复存在。有效的课堂教学必须建立在良好的互动情境中，师生通过不断地互动完善对"客体我"的认知，从而改变他们的行为，然后逐渐内化为"主体我"，最终实现学生的社会化和教师的职业社会化，以此来保持互动过程的动态发展。故而，课堂中的师生互动是随着社会对教师和学生的角色期待而改变的具有创造性和可变性的动态过程。互动是独立于课堂教学之外的，它不是构成教学活动的基本要素，而是实现课堂教学、教育目标的途径。

---

① 吴康宁主编：《课堂教学社会学》，南京：南京师范大学出版社1999年版，第202—203页。

第三章 农村小学生课堂问题行为的现状调查及分析

一、调查设计

为调查小学生课堂问题行为的现状，本研究采用了问卷调查和访谈的方式，因本研究使用的调查问卷量表是直接引用前人研究的量表，经前人检测，具有良好的信度和效度，故本研究不再进行信效度检测。调查所得数据有效，能为后文的分析研究提供数据支撑。随后，运用SPSS26.0对收集到的调查数据进行分析，具体内容如下：

（一）调查目的

小学生课堂问题行为已成为影响课堂教学效率的重要因素，因此众多研究者从不同的视角对课堂问题行为进行了大量的研究，但随着素质教育的深入推进，我国农村小学生课堂问题行为的类型呈现了哪些新的变化？农村小学课堂教学中存在哪些频发的课堂问题行为，以及教师判定学生课堂问题行为有哪些新的标准，都亟须我们去探究。本研究以收集到的调查数据为依据，一方面是了解农村小学生课堂问题行为的现状，另一方面是考察现阶段农村小学生课堂问题行为的类型以及探讨挖掘小学生课堂问题行为的成因，并提出相应对策，补齐教育不均衡"短板"，推动农村教育可持续发展，并试图通过基础教育推进我国乡村振兴。

（二）调查对象

受制于地理位置、经济等因素的影响，我国城市及农村教育呈现出严重的发展失衡，相较于以往对城市学校的课堂问题行为研究而言，鲜有针对农村学校的研究。所以本研究聚焦农村教育，以四川省乐山市5所农村学校的小学生及教师作为调查对象，对3—6年级的部分学生发放有关课堂问题行为的调查问卷，并抽样访谈了12名学生。由于低段的1—2年级学生识字能力、理解能力和认知能力不足以完成问卷调查，所以对低段学生采用课堂观察、访谈的方法，抽样访谈了6名学生。

（三）调查工具

问卷调查法首次使用于法国勒·普累（Le Play，1806—1882）的家庭调查。本研究将学生课堂问题行为分为显性问题行为和隐性问题行为两个维度。调查问卷参考了徐春兰研究者关于小学生课堂问题行为研究的调查问卷，采用李克特五级量表评分，分别为"经常这样""较多这样""很少这样""极少这样""从不这样"，赋值为5—1分，得分越高说明学生出现该课堂问题行为的频率越高。问卷主要包括引导语、基本信息、学生课堂问题行为表现和影响课堂问题行为因素四部分。

问卷第一部分为调查学生课堂问题行为的表现。笔者将学生课堂问题行为分为2个维度，其中1—9题为显性课堂问题行为，10—20题为隐形课堂问题行为。21题"其他问题"，是对以上20种问题行为的补充，让学生自行填写调查表中未提及但却存在的课堂问题行为。

问卷第二部分为调查影响课堂问题行为的因素。将学生因素（认知水平、心理因素）、教师因素（管理措施、教学水平）、环境因素（课堂环境、社会环境、家庭环境）三个维度作为调查课堂问题行为的影响因素，确定了25道题目。此部分同样采用李克特五级量表评分，"完全同意"为5分，"比较同意"为4分，"一般"为3分，"比较不同意"为2分，"完全不同意"为1分，得分越高，说明此因素对学生产生课堂问题行为的影响就越大。（见表9—6、表9—7）

表9—6 三至六年级学生课堂问题行为影响因素调查维度分布

维度	题号
学生因素	1—7
教师因素	8—15
环境因素	16—25

表 9-7 三至六年级学生课堂问题行为具体影响因素

因素	学生因素		教师因素		环境因素		
具体因素	认知水平	心理因素	管理措施	教学水平	课堂环境	社会环境	家庭环境
题号	1、2、3	4、5、6、7	8、9、10、11	12、13、14、15	16、17、18、19	20、21	22、23、24、25

针对一、二年级农村小学生的课堂问题行为，笔者对五所农村学校的课堂进行了观察，总共观察课堂26节，涉及了语文、数学、英语、美术、科学、音乐、信息技术，其中既有班主任的课堂，也有非班主任的课堂。

二、调查实施

在整理回收到的调查问卷时，若调查问卷出现多题连续选择相同的答案，则可以判定该问卷无效；若调查问卷中故意有多于三处没有填写答案，也视为无效问卷。

本研究共发放问卷675份，回收675份，其中有效问卷634份，无效问卷41份，有效问卷占总问卷的93.9%。且接受问卷调查的男生有309人，占总人数的48.7%；女生325人，占总人数的51.3%，男女生比例基本一致（见表9-8）。三年级接受问卷调查的人数为168，占总人数26.5%；四年级为144，占总人数的22.7%；五年级为138人，占总人数的21.8%；六年级为184人，占总人数的29%（见表9-9）。各个年级所占比例基本一致，说明调查对象无偏移，调查结果能推广到小学三至六年级。

表 9-8 三至六年级学生课堂问题行为男女比例

	总数	男生	女生
人数	634	309	325
占比	100%	48.7%	51.3%

表 9-9　三至六年级学生课堂问题行为年级比例

	三年级	四年级	五年级	六年级
人数	168	144	138	184
占比	26.5%	22.7%	21.8%	29%

三、调查结果

通过上述调查发现农村小学生的课堂问题行为存在性别差异、年级差异，同时与行为者本身和环境有关。

（一）农村小学生的课堂问题行为存在性别差异

无论是显性课堂问题行为还是隐性课堂问题行为，男生都多于女生。将课堂问题行为各维度对应的题目整合得出显性课堂问题行为、隐性课堂问题行为得分，再将各维度整合为课堂问题行为得分。根据研究假设，以性别作为分组变量，不同课堂问题行为（显性课堂问题行为、隐性课堂问题行为）分别作为检验变量，采用 SPSS 26.0 统计软件使用独立样本 t 检验来分析不同性别之间课堂问题行为及其维度的差异，经分析得出下表 9-10。

表 9-10　三至六年级学生不同性别课堂问题行为及其维度差异性检验表

变量	性别	平均数±标准差	t	P
课堂问题行为	男	1.63±0.48	5.291	<0.001
	女	1.44±0.39		
显性课堂问题行为	男	1.64±0.58	5.919	<0.001
	女	1.4±0.44		
隐性课堂问题行为	男	1.61±0.51	3.330	0.001
	女	1.48±0.44		

由上表可得，性别在课堂问题行为上差异性检验结果 $t=5.291$，$P<0.001$，即课堂问题行为得分在不同性别上存在显著性差异，且男生课堂问题行为得分高于女生，也就说明，男生的课堂问题行为比女生的课堂问题行为更多；性别在显

性课堂问题行为上差异性检验结果 t＝5.919，P＜0.001，即显性课堂问题行为得分在不同性别上仍然存在显著性差异，且男生课堂问题行为得分高于女生，男生的显性课堂问题行为明显多于女生；性别在隐性课堂问题行为上差异性检验结果 t＝3.330，P＜0.05，即隐性课堂问题行为得分在不同性别上存在显著性差异，且男生课堂问题行为得分高于女生，男生的隐性课堂问题行为也是多于女生的。综上所述，不同性别之间课堂问题行为及其维度得分上存在显著性差异，且女生课堂问题行为少于男生。

表9-11 一、二年级学生性别因素占比例

行为	性别
显性课堂问题行为	男生：68.2%
	女生：31.8%
隐性课堂问题行为	男生：44.6%
	女生：55.4%

由表9-11可知，男生课堂问题行为多于女生，且男生多为显性课堂问题行为，女生多为隐性课堂问题行为。受教室空间限制，学生与学生之间距离很近，学生间常出现交头接耳、前后排讲话，更有甚者隔着走道与同学讲话等显性课堂问题行为，且男生的此类行为明显多于女生。而课堂中出现的摆弄学具或身边触手可及的物品、传递东西等动作幅度较小的隐性课堂问题行为多发生在女生身上。此类课堂问题行为在教师的提醒下，会得到一定程度的改善，但过不了多久便会重复出现上述行为。同时，不少低段学生在访谈中表示，自己知道课堂中这样的行为是不对的，却无法控制自己的行为，也无法持久地、完全地将注意力集中在课堂中，教师提醒后注意力会回归课堂，但无法专注地上完整堂课。

与此同时，教师和学生在访谈中也表示男生较之于女生会出现更多的课堂问题行为。

f教师："我教美术，教的班级比较多，在所教班级中我明显感觉男生的问题行为都比女生多，到了高年级他们感觉自己长大了，就喜欢在课堂中找自己的存在感，喜欢顶嘴、接话；女生呢，就喜欢在下面搞自己喜欢的小东西。"

a教师："总的来说，低年级比高年级好教，更遵守纪律些，而且更具有向

师性，在我的课堂上纪律比较好，但是还是有些男生控制不住自己的行为和其他同学讲话，下座位等。"

G同学："我们班的男生老是被老师点名，不是讲话就是下座位，特别是X，老师都对他无语了。"

N同学："上班主任的课还好点，上其他老师的课那些男生简直无法无天了，讲话、耍游戏、下座位，老师说了他们很多次都没用。"

综上所述，无论是低段、中段还是高段的小学生，男生的课堂问题行为，特别是显性课堂问题行为都比女生要多，而女生则最常表现为隐性课堂问题行为。

（二）农村小学生的课堂问题行为存在年级差异

二年级与一年级相比存在更多课堂问题行为。三至六年级中，无论是显性课堂问题行为还是隐性课堂问题行为，三年级存在的最少，六年级出现得最多。四、五年级课堂问题行为基本一致，不存在差异性。

本研究假设农村不同年级的小学生课堂问题行为之间有差异，根据此假设，以年级作为分组变量，不同课堂问题行为（显性课堂问题行为、隐性课堂问题行为）分别作为检验变量，采用SPSS 26.0统计软件使用单因素方差来分析不同年级之间课堂问题行为及其维度的差异，经分析得出下表9—12。通过表9—13事后检验可得，表9—12得出的数据是与实际结果近似的，具有较高的准确性和可靠性。

表9—12　不同年级课堂问题行为及其维度差异性检验表

变量	年级	平均数±标准差	F	P
课堂问题行为	三年级	4.53±0.35	16.940	<0.001
	四年级	4.38±0.39		
	五年级	4.40±0.49		
	六年级	4.20±0.54		
显性课堂问题行为	三年级	4.61±0.43	8.064	<0.001
	四年级	4.52±0.47		
	五年级	4.51±0.56		
	六年级	4.35±0.57		

续表

变量	年级	平均数±标准差	F	P
隐性课堂问题行为	三年级	4.45±0.39	20.718	<0.001
	四年级	4.25±0.45		
	五年级	4.30±0.52		
	六年级	4.06±0.63		

表9－13　年级事后检验表

变量	(I) 年级	(J) 年级	平均值差值（I－J）	标准错误	显著性	95%置信区间	
						下限	上限
课堂问题行为	三年级	四年级	－.14534*	0.04049	0.002	－0.2526	－0.0381
		五年级	－.12808*	0.04733	0.043	－0.2536	－0.0025
		六年级	－.32506*	0.04609	0	－0.4471	－0.203
	四年级	三年级	.14534*	0.04049	0.002	0.0381	0.2526
		五年级	0.01725	0.05038	1	－0.1163	0.1508
		六年级	－.17972*	0.04922	0.002	－0.31	－0.0494
	五年级	三年级	.12808*	0.04733	0.043	0.0025	0.2536
		四年级	－0.01725	0.05038	1	－0.1508	0.1163
		六年级	－.19697*	0.05499	0.002	－0.3426	－0.0514
	六年级	三年级	.32506*	0.04609	0	0.203	0.4471
		四年级	.17972*	0.04922	0.002	0.0494	0.31
		五年级	.19697*	0.05499	0.002	0.0514	0.3426
显性课堂问题行为	三年级	四年级	－0.08837	0.05286	0.453	－0.2284	0.0516
		五年级	－0.09369	0.05878	0.51	－0.2495	0.0621
		六年级	－.26531*	0.05486	0	－0.4105	－0.1201
	四年级	三年级	0.08837	0.05286	0.453	－0.0516	0.2284
		五年级	－0.00532	0.06213	1	－0.17	0.1594

续表

变量	(I) 年级	(J) 年级	平均值差值 (I−J)	标准错误	显著性	95%置信区间 下限	95%置信区间 上限
		六年级	−.17694*	0.05844	0.016	−0.3316	−0.0222
	五年级	三年级	0.09369	0.05878	0.51	−0.0621	0.2495
		四年级	0.00532	0.06213	1	−0.1594	0.17
		六年级	−.17161*	0.06384	0.045	−0.3407	−0.0025
	六年级	三年级	.26531*	0.05486	0	0.1201	0.4105
		四年级	.17694*	0.05844	0.016	0.0222	0.3316
		五年级	.17161*	0.06384	0.045	0.0025	0.3407
隐性课堂问题行为	三年级	四年级	−.20230*	0.04268	0	−0.3154	−0.0892
		五年级	−.16247*	0.0482	0.005	−0.2903	−0.0346
		六年级	−.38481*	0.05008	0	−0.5174	−0.2522
	四年级	三年级	.20230*	0.04268	0	0.0892	0.3154
		五年级	0.03983	0.05205	0.971	−0.0981	0.1778
		六年级	−.18251*	0.05379	0.005	−0.3249	−0.0401
	五年级	三年级	.16247*	0.0482	0.005	0.0346	0.2903
		四年级	−0.03983	0.05205	0.971	−0.1778	0.0981
		六年级	−.22234*	0.05826	0.001	−0.3766	−0.0681
	六年级	三年级	.38481*	0.05008	0	0.2522	0.5174
		四年级	.18251*	0.05379	0.005	0.0401	0.3249
		五年级	.22234*	0.05826	0.001	0.0681	0.3766

*平均值差值的显著性水平为0.05。

由表9—12可得，年级变量在课堂问题行为上差异性检验结果 $F=16.940$，$P<0.001$，即课堂问题行为得分在不同年级之间存在显著性差异；年级在显性课堂问题行为上差异性检验结果 $F=8.064$，$P<0.001$，即显性课堂问题行为得分在不同年级之间存在显著性差异；年级在隐性课堂问题行为上差异性检验结果

F=20.718，P<0.001，即隐性课堂问题行为得分在不同年级之间存在显著性差异。经事后检验（详见表9-13）可得，在课堂问题行为得分上，三、六年级与其余年级均存在显著性差异（P<0.05），其中三年级课堂问题行为得分显著低于其他年级，六年级课堂问题行为得分显著高于其他年级，即三年级学生的课堂问题行为明显低于其他年级，而六年级则明显高于其他年级。

在显性课堂问题行为上，六年级与其他年级均存在显著性差异（P<0.05）且六年级显性课堂问题行为得分显著高于其他年级，说明显性课堂问题行为多出现在六年级；在隐性课堂问题行为得分上，三、六年级与其余年级均存在显著性差异（P<0.05），且三年级隐性课堂问题行为得分显著低于其余年级，六年级隐性课堂问题行为显著高于其余年级，即三年级的隐性课堂问题行为最少，六年级的隐性课堂问题行为最多；四、五年级在课堂问题行为及其维度上均无显著性差异（P>0.05），即四、五年级课堂问题行为得分一致，没有表现出年级的差异性。

综上所述，不同年级课堂问题行为及其维度得分上存在显著性差异，在三、四、五、六年级中，无论是显性课堂问题行为还是隐性课堂问题行为，三年级存在的最少，六年级出现得最多；四、五年级课堂问题行为基本一致，不存在差异性。

表9-14 一、二年级学生年级因素比例

行为	年级
显性课堂问题行为	一年级：42.3%
	二年级：57.7%
隐性课堂问题行为	一年级：27.4%
	二年级：72.3%

由上表可知，在显性课堂问题行为上，一年级的显性课堂问题行为占总的课堂问题行为的42.3%，二年级占57.7%，二年级多于一年级，但两者之间差距不大；但在隐性课堂问题行为上，一年级的隐性课堂问题行为占总的课堂问题行为的27.4%，二年级占72.3%，二年级虽同样多于一年级，但所占比例却大大高于一年级。这就说明无论显性课堂问题行为还是隐性课堂问题行为，二年级较

一年级更易出现课堂问题行为。

在访谈中不少教师也表示低段的学生与高段的学生相比，课堂问题行为更少。

b教师："高段的学生上课真的恼火，特别是上我们这种杂课，上课根本不会听招呼，对于老师讲的内容听的人很少。"

d教师："我上了一、二、三年级的课，涉及了低段和中段，就会有比较，总的来说，一年级的学生表现出来的显性课堂问题行为会更多，因为他们刚刚从幼儿园升上来，课堂行为很散慢，很多时候根本无法控制自己的行为，二、三年级的话，行为控制要好些，相比而言，但是隐性的课堂问题行为增多了。"

（三）农村小学生的课堂问题行为与行为者本身、教师和环境有关

根据研究，将课堂问题行为和课堂问题行为因素作为变量，采用SPSS 26.0统计软件使用Pearson积矩相关系数来验证课堂问题行为和课堂问题行为因素之间的相关关系。经分析得出下表9-15。

表9-15 相关性检验表

项目	课堂问题行为	学生因素	教师因素	环境因素
学生因素	0.482**	1		
教师因素	0.369**	0.644**	1	
环境因素	0.469**	0.502**	0.549**	1

** 在0.01级别（双尾），相关性显著。

上表可得，课堂问题行为和学生因素、教师因素、环境因素呈现正相关，上述相关均在0.01级别上（双尾）呈现显著，说明课堂问题行为和学生因素、教师因素、环境因素呈非常显著性正相关。且数据检验结果可见，随着学生因素、教师因素、环境因素的加强，学生课堂问题行为出现频率显著上升。

笔者通过课堂观察得知，一、二年级学生产生课堂问题行为更易受自身因素、教师因素和环境因素的影响。小学低段学生在接受访谈时也表示，课堂学习中常受到周围同学影响，如因周围同学的某些言论或行为引发不满而出现向教师打小报告、争吵甚至大打出手等现象。

A 同学:"我的同桌老是在我上课听讲的时候影响我,找我讲话,害得我都没法认真听讲了。"

C 同学:"我同桌上课老是拿我东西,我都没同意就拿了。"

教室位于底楼靠近操场的学生表示,自己常被教室外的喧闹声和上体育课的声音吸引,而出现走神、注意力不集中等隐性课堂问题行为;一部分学生还表示教师的课堂教学没有吸引力是导致自己产生课堂问题行为的原因。

为进一步探究课堂问题行为与学生、教师和环境之间的关系,特将课堂问题行为作为因变量,学生因素、教师因素、环境因素作为自变量,采用 SPSS 26.0 统计软件使用线性回归来构建课堂问题行为因素与课堂问题行为之间的关系。经分析得出下列各表(表 9—16、9—17、9—18)。

表 9—16　模型摘要

模型	R	R 方	调整后 R 方	标准估算的错误
1	0.549a	0.301	0.298	0.38

由上表可得知,在该回归模型摘要中,R=0.549,R2=0.301,调整后的 R2=0.01,标准误为 0.38。综上可得本研究所构建多元线性回归模型初步成立,继续进行相关检验。

表 9—17　ANOVA

模型		平方和	自由度	均方	F	P
1	回归	38.211	3	12.737	90.503	<0.001
	残差	88.663	630	0.141		
	总计	126.873	633			

由上表可得:在该回归模型中,回归项平方和=38.211,自由度为 3,均方=12.737;残差项平方和=88.663,自由度为 630,均方=0.141;总计项平方和=126.873,自由度为 633。总体来说,回归模型 F=90.503,P<0.05,即该模型通过 ANOVA 检验,回归方程成立。

表9—18 回归系数表

模型		未标准化系数 B	标准错误	标准化系数 Beta	t	P
1	（常量）	0.761	0.05		15.328	<0.001
	学生因素	0.207	0.027	0.339	7.581	<0.001
	教师因素	−0.011	0.027	−0.019	−0.412	0.681
	环境因素	0.179	0.024	0.309	7.537	<0.001

将上述模型回归系数表中的数据并结合表格数据分析可得出，学生因素对课堂问题行为为正向影响，且 $t=7.581$，$P<0.05$，即该影响呈现统计学显著性水平；即随着学生因素的增加，课堂问题行为也会明显上升；环境因素对课堂问题行为为正向影响，且 $t=7.537$，$P<0.05$，即该影响呈现统计学显著性水平；即随着环境因素的增加，课堂问题行为也会明显上升。教师因素对课堂问题行为的影响不存在显著性（$p>0.05$），说明学生不会因为教师因素的影响而出现显著的问题行为。

由上述数据可知，学生会受自身认知水平、心理因素的影响而增加产生课堂问题行为的几率，且课堂环境、社会环境和家庭环境都会增加学生课堂问题行为发生的可能性。虽然上述结果表明，学生的课堂问题行为不受教师管理措施和教学水平的影响，但极有可能是由于学生顾及教师的权威，所以在填写调查问卷时有所保留。据笔者课堂观察所知，即使教师的管理措施和教学水平对学生的课堂问题行为无显著影响，师生关系、师生互动和教师控制课堂风格均会对学生的课堂问题行为产生影响。

第四章　农村小学生课堂问题行为产生的原因分析

上述调查结果更多地反映了课堂问题行为在社会层面的表征，只有敏锐且深入地思考其现象和本质的归因，才能更好地深入到课堂问题行为的内核，进而促进课堂行为的良性发展。课堂问题行为产生于教育者与受教育者相互形成的一种以人的发展和提升为旨归的教育场域。课堂问题行为产生面广、影响力大，不仅受学生主观因素的影响，也可能是家庭问题、社会性问题的延伸或多因素的综合反映。所以，研究课堂问题行为不应局限于单因素的狭隘视角，而应综合学生、家庭、学校、社会等因素分析。本章依托教育社会学，以课堂问题行为为出发点，对农村小学生课堂问题行为产生的原因进行分析，总体而言，农村小学生课堂问题行为的产生主要受以下几个方面的影响：

一、不良的自身因素是造成农村小学生课堂问题行为的主体因素

学生的生理因素、心理因素和个性差异是农村小学生课堂问题行为产生的主观条件。作为课堂教学活动的主体，小学生的生理和心理发展直接影响着课堂问题行为的产生，也会因个性差异和学力水平的差异而表现出不同的特征。

(一) 非常态生理容易导致小学生课堂问题行为

1. 生理缺陷容易导致学生课堂问题行为

首先，作为教育发展的潮流和趋势，融合教育为普通教育与特殊教育改革提供了新的方向和契机。随着我国融合教育的发展，越来越多有生理缺陷的学生在普通学校随班就读，呈现出融合教育发展的大好势头。随着随班就读办学形式的深入，其弊端逐渐凸显。随班就读虽然使特殊儿童获得了公平教育的机会，但生理方面的缺陷，如视觉障碍、听觉受损、表达不畅等，使生理缺陷的学生无法与正常学生一样顺利完成学习活动。长此以往，极易引发生理缺陷学生的退缩、烦躁、抑郁等偶发性、隐性课堂问题行为。

其次，基于劳伦斯·柯尔伯格（Lawrence Kohlberg）的道德认知发展理论，道德发展将会在个体成长过程中经历三个水平，即前习俗水平、习俗水平和后习俗水平。小学阶段的学生大多属于前习俗水平和习俗水平，前者常以自我为中心，以结果对自己是否有利来判断行为的好坏，后者常以获得他人对自己的赞同作为行为判断的标准。班级中有些非正式学生群体对生理缺陷学生进行讥讽、嘲笑，甚至实施攻击性逆反行为，不同程度地妨碍了生理缺陷学生的学习和人际关系的和谐发展。有些生理缺陷学生为了融入正常学生群体而失去行为判断意识，跟随或模仿非正式学生群体成员的行为，以此来取得群体成员的认同，获得群体归属感。

最后，在我国大班额教学的背景下，教师作为学习活动的组织者、引导者，肩负着引导学生学习、培养学生道德品质的重任。但在现实课堂教学情境中，教师面对的是大量的学生，由于教学和管理精力有限，常常未能及时针对每一位学生进行学习指导和教学评价，尤其是对有生理缺陷的学生。久而久之，除了引起生理缺陷学生的厌学情绪外，还会诱发烦躁不安、自行其是等问题行为。

2. 生理发育滞后或过快易导致小学生课堂问题行为

（1）生理发育滞后易导致小学生课堂问题行为

神经发育迟缓或神经功能障碍被称为轻微脑功能失调，又称"多动症"（MBD），因患儿有不同程度的注意功能障碍，故改名为注意缺损障碍。常存在于在校小学生中，主要表现为行为多动、注意涣散、冲动任性、学习困难、自控能力和协调动作差等，如不及时干预极易滋生不良行为，染上恶习，形成品行不端。患有注意缺损障碍的小学生分为伴有多动型和不伴有多动型，前者产生的课堂问题行为多属显性，易被教师察觉；后者产生的课堂问题行为则为隐性，不易被教师发觉。但无论是显性课堂问题行为还是隐性课堂问题行为都对学生产生了不同程度的影响，是极不利于学生成长和发展的。

（2）生理发育过快易导致小学生课堂问题行为

青春期是在性成熟过程中，个体的身心随之发展、变化的时期。小学中高段的部分学生正处于青春期的萌芽阶段，即青春前期，生理发育过快。此时期的特殊性易诱导学生产生青春期焦虑，出现课堂问题行为。具体表现在：

一、第二性征的出现，生理发展表现出失衡的状态，学生对自身生理的变化感到不安，或因自身与其他人不同而产生羞耻感。长此以往，极易引发小学生焦虑、敏感、退缩的心理。

二、随着学习内容的深入和学习目标的扩大，学生的学习压力逐渐增大。若在课堂教学中获得成功的学习体验，便会极大地降低焦虑和退缩心理，也能成功杜绝课堂问题行为的产生；若在课堂教学中受挫，学生则会表现出焦虑、胆小的退缩性问题行为，出现自行其事、发呆、不跟随课堂任务等课堂问题行为。一般而言，这类问题行为极具隐蔽性，很难被教师发现，虽然对课堂教学无影响，但对学生自身的学习和行为习惯的养成影响甚大。

三、不和谐的人际关系易引发焦虑。一方面，师生关系不和谐易导致学生不愿对教师吐露心声，进而缺乏有效沟通。小学生对学科的兴趣和喜爱很大程度上源于和谐的师生人际关系，若教师为维护自己的权威，不以爱心、耐心包容和指导学生，结果只能将师生关系引至对立面。碍于教师的权威，学生只能在课堂教学中以问题行为的方式提出"反抗"，如大声说话、随意走动、不跟随教学任务等。另一方面，青春期处于极度敏感时期，不和谐的同学关系也易引发焦虑，产生课堂问题行为。随着身心发展水平的提高，小学中高段学生的自我意识逐渐增强。学生之间常因琐碎小事而发生争执，甚至打斗，且平和的情绪容易被愤怒、焦虑的情绪所取代，表现出偏执、固执等不良的心理特征。此外，家庭关系、生理疲惫等因素也易对青春期的焦虑产生间接的影响，从而诱发小学生产生课堂问题行为。

（二）未成熟心理容易导致小学生课堂问题行为

1. 低段小学生存在游戏心理容易导致课堂问题行为

小学低段，尤其是一年级，是儿童进入小学的初始阶段，由以游戏为主的儿童转向有学习任务的"学生"身份的关键期，此阶段要求学生尽快适应小学生活，但其仍保留着学前儿童好动、爱游戏的特点。初入一年级的学生无法区分课堂问题行为与游戏的区别，将课堂中大声说话、引得同学哈哈大笑的行为视为一种获得成就感的游戏，进而争相模仿，希望能融入同辈群体，获得同辈群体认同感。同时，家庭是小学生的首属群体，初入学的低段小学生带着家庭互动中的"情感角色"，希望教师与自己的互动是带有情感的，认为自己是特别的，渴望教师偏爱自己。事实上，课堂中的教师不仅有育人的任务，还有教学的任务，在课堂之中，教师教学的任务明显比育人的任务更占主导地位。教师在课堂中的职责要求规定教师面对全班几十名学生，甚至几百名学生应采取一视同仁的"公正法则"。语言和智力水平发展占优势的学生在课堂中就希望通过积极回答问题获得教师的喜爱。相反，语言和智力水平暂时落后的学生则选择用课堂中的高声喊叫、说笑来引起教师的关注，但这样的关注是消极的。

2. 自我意识发展增强而认知发展水平不够高导致小学生课堂问题行为

自我意识又称自我概念，即人对自己身心状态和对自己与客观世界的关系的认识，是人类区别于动物心理所特有的反映形式[①]。在整个小学阶段，小学生都在认识自我、融入世界。低年级是学生养成良好学习惯和品质的关键期，此时期学生的成就感主要来源于与同龄人的比较，这种比较往往在课堂内外活动、学校、运动和社会中实现，多数小学生希望自己表现出色，以提升自我形象。具体表现为在课堂教学中举手回答问题时，因迫切希望得到教师的关注，大声呼喊"我""老师，我知道""老师，我来"等，甚至离开座位以吸引教师的眼球，这些行为虽然赢得了教师和同伴的关注，但无论是对自身还是他人都造成了不同程度的影响，不仅干扰了课堂纪律，还阻碍了自己形成良好的学习行为习惯。

---

① 高宁悦主编：《大学生心理健康教育》，长春：东北师范大学出版社 2019 年版，第 59 页。

随着小学生自我意识的发展,中高年级的学生渴望通过自己的表现突破禁锢,实现自主权最大化。虽然此阶段的小学生能逐渐通过个体的行为判断其品质,并掌握一定的行为准则,但道德思维的发展水平仍较低,他们在判断和行动中易呈现出片面性和主观情感占主导的现象,遇事易冲动,无法正确认识和评价事物。此时,小学生主张以平等观念代替服从于权威的观念,认为应该追求个性和自主权,对教师管束和课堂教学这类强制性的行为产生逆反心理,导致课堂中的消极对抗行为增多。

同时,小学生的认知发展水平还不太高,对事物缺乏科学理性的判断。认知是包括感觉、知觉、记忆、思维、想象、语言等在内的个体认识客观世界的信息加工活动[①]。小学生的认知是在与家庭环境、学校环境和社会环境相互作用的过程中,认知功能系统由低级到高级、由简单到复杂的不断完善和提高的过程。课堂教学中过多的抽象知识会减少学生的注意时间,不同的学生认知发展水平存在差异,有的学生认知水平超前发展,能在教师讲解知识点时迅速掌握,并将其纳入自己的认知结构之中。此时,因提前完成学习任务,极有可能出现注意力不集中、关注他人的课堂问题行为,表现为显性的、影响他人的行为;而认知发展较慢的学生,对于教师反复讲解的知识点理解困难,在多次课堂活动、作业中受挫之后,易产生隐性的课堂问题行为,一般为退缩的、不利于学生完成课堂任务的行为。

(三)身心发展不平衡导致小学生课堂问题行为

身心发展的差异性是指小学生个体与个体之间、身心的不同方面存在着发展程度和速度的差异,它取决于小学生的遗传素质、周围环境、接受教育程度和自身主观能动性等因素,进而影响着课堂问题行为的产生。

一方面,身心发展不平衡表现在不同个体呈现出不同的发展速度和发展水平。一般而言,小学阶段,无论是身心发展水平还是注意的品质,女生都领先于男生,且女生在语言能力方面均强于男生。女生在课堂中能积极跟随教学进度思考问题,注意力稳定让女生极少产生课堂问题行为。反之,男生天性活泼

---

① 王春阳、杨彬、张婕著:《教育心理学》,成都:电子科技大学出版社2017年版,第208页。

好动、注意力不稳定,即注意课堂学习的时间较短,无法根据教师布置的学习任务来分配注意,且注意极易发生转移,常常会因其他新奇的事物而中断自己的学习,转而注意其他事物,既浪费了宝贵的课堂时间,又扰乱了心绪。同时,教师也更倾向于选择语言能力更强且具有主动特征的女生来参与课堂活动。上述男女生之间身心发展的差异性使得女生成为积极参与课堂活动的主力军,男生因其课堂活动积极性不高,一般扮演着课堂"边缘人"的角色,对课堂活动的注意不够,参与度不够,所以极易诱发课堂问题行为,如发呆、看课外书和在桌下翻东西等。

另一方面,身心发展的差异还表现在不同个体的不同方面存在着差异。如有的学生语言表达能力较强,但数学的逻辑思维却很差;而有的学生数学逻辑思维较好,但对于色彩的感受和绘画能力却很差。在某一学科中表现出学习和思维优势能增强对这一科目的兴趣,带来良好的学习体验,将更多的时间和精力投入到这科的学习之中;相较于优势学科,劣势学科往往会带来消极的学习体验,导致学生在学习的过程中受挫,由此而产生焦虑和退缩,表现为产生隐性课堂问题行为。此外,学生的个性差异、学力水平的高低、渴望被关注和自尊需要等都是诱发农村小学生课堂问题行为的影响因素。

(四)小学生角色混乱导致课堂问题行为产生

1. 角色适应不良易导致课堂问题行为

人在社会中扮演着各种各样的角色,扮演的角色会随着年龄的增加而增多。角色适应是指个体在社会地位或身份发生改变时,在原有经验基础上做出的调整内在心理和外在行为的适应性反应。6—7岁的儿童面临着角色的转变,即由以游戏为主的幼儿转变为以学习为主的小学生。这是个体进入小学这一微型社会的第一步,也是社会化的关键一步,若能良好适应,顺利过渡为小学生的角色,则会渐渐符合小学生的角色要求,形成良好的学习行为习惯和学习品质;相反,若角色过渡不顺利,便会给个体的发展,以及适应校园生活形成障碍,出现角色适应不良,从而成为课堂问题行为产生的助推器。有的学生在出现角色适应不良时,自信心和学习动力受挫,因个体的个性不同而出现不同的课堂问题行为,既包括显性课堂问题行为,又包括隐性课堂问题行为。同时,家庭是小学生实现互动的首属群体,低段的学生刚从以情感互动为主的家庭互动转变到以育人互动为主的师生互动时会表现出角色混乱，期望教师能对自己格外偏爱，充满情感互动，但教师的职责除了"育人"还有"教书"，因而不能仅存在亲密的情感互动，还会存在"育人"视角下的公平互动。教师履行的职责常会互相切换，部分小学生会出现角色适应不良的现象，从而导致课堂问题行为的产生。

2. 过度强化小学生正式角色而忽视其非正式角色导致课堂问题行为

小学生的正式角色包括课程的学习者、课堂活动的参与者和课堂规范的遵守者。除此以外，小学生作为社会的个体还具有非正式的角色。现阶段我国的课堂教学中教师作为社会的代表者，在课堂教学中认为自己有责任和义务通过鼓励、矫正学生的课堂问题行为来提高其学习效率。于是，教师在课堂教学中制定了针对学生课堂行为的成文的或口头的强制性规定。但小学生不应仅在课堂中充当一个纯粹的学习者，他们是不断发展和成长的个体，是具有多种需求和独特个性特征的人。课堂教学中被教师认定的课堂问题行为往往被简单归咎为学生的正式角色没有扮演好，而忽视了学生的实际需求，导致学生认为教师的管理过于严苛，由此将显性课堂问题行为转为隐性课堂问题行为，以隐蔽的行为来躲避教师的责罚。

3. 学生角色个体化诱发隐形课堂问题行为

我国现阶段的人口基数决定了农村小学班级主要以秧田式排座位为主，它的优点在于能很好地控制课堂问题行为，但也存在将学生作为教学活动中的独立学习个体的弊端。课堂中教师为了方便管理，将班级分为不同的小组，但这样的小组仅仅是一种行政管理意义上的学习群体，不存在制约课堂行为的功能，也无法实现学生之间相互探讨问题。从某种意义上来说，这样的群体无法扭转学生角色个体化的趋势，属于无意义的学习群体。学生在课堂活动中仍然是孤独的个体，当教师在课堂教学中安排了讨论任务时，学生只会暂时与邻座或周围的同学组成学习群体，进行讨论。未找到讨论群体的学生则因被其他同伴排挤而易出现走神、发呆等隐性课堂问题行为。

二、不利的家庭环境是致使农村小学生课堂问题行为的潜在因素

（一）多元的家庭结构诱发小学生课堂的不良行为

家庭结构是指家庭的构成情况，它是由全体家庭成员相互作用和相互联系所组成的稳定的维系机制[①]。随着我国经济的高速发展，我国的人口结构发生改变，农村人口大量涌入城市，导致农村的家庭结构极不稳定。

1. 留守儿童家庭

留守儿童一直是学界备受关注的对象，小学阶段正是学生形成价值观和人生观的关键时期，由于父母长期不在身边，大部分是隔代亲属照看，他们之间年龄差距较大，缺乏必要的关心和关爱，导致学生很多内心困惑和不安的情绪得不到疏解，郁结于心，内心变得敏感、情绪不稳定。这样的学生很容易缺乏安全感，转而便寻求同辈群体的支持，以期获得认同感。但受制于认知发展水平，无法判定什么样的同辈群体有利于自己的身心发展。有的学生因缺少必要的管教，沉迷于网络游戏或交友不慎沾染了一些不良的社会习气而引发问题行为，更有甚者放弃学业，过早进入社会。在访谈中，e教师表示：他们班上有个学生在课堂中问题行为频发，新接手班级的语文老师在不了解其家庭结构的情况下，请该生家长到校协助教育。家长到校便对学生破口大骂，称其是累赘。此时教师方知学生的父母远在外地打工，平时随姑妈一起生活。姑妈对他长期的冷漠教育和暴力教育，是导致其出现课堂问题行为的原因所在。该教师也表示十分后悔自己在没有全面了解学生家庭结构背景的情况下便请家长的行为，对学生造成了二次伤害。

2. 离异家庭

随着市场经济的发展以及思想观念的开放，我国婚姻模式遭遇了前所未有的"寒潮"和变革。无数的儿童和青少年在父母离异后承受着家庭关系破裂的种种

[①] 张培、刘娅茜主编：《社会学新编》，昆明：云南大学出版社2018年版，第124页。

不适。小学阶段的学生身心发展尚未成熟，人生观、世界观和价值观亦未形成，亟需父母的关爱和正确的引导，单亲家庭中父母家庭角色的缺失为问题行为埋下了隐患。一般而言，离异之后的单身父亲或母亲由于家庭结构突变，心理压力剧增，常常会出现情绪不稳定、忽视孩子心理变化等行为。有的学生因受其父母情绪干扰而表现出烦躁、焦虑和不安，最终表现出退缩、消极的隐性课堂问题行为。同时，有的学生也可能因缺乏家庭关爱，渴望获得关注而表现出不同类型的问题行为，在课堂中表现为渴望获得教师的关注和同辈群体认同，由此产生显性课堂问题行为。

（二）暴力的家长教育引发小学生不良的课堂行为

俗话说："家长是孩子的第一任教师。"小学生道德水平有限，无论是父母好的行为，还是不好的行为，都将被孩子习得。目前，"不打不成器"的历史流弊仍然在影响着部分家长的思想观念，家长暴力教育往往忽视了学生情感需求和心理发展水平。采用冷暴力或暴力虐待的方式来教育孩子是主要途径，其中暴力虐待又包括躯体虐待和情感虐待。上述暴力教育的方式会成为小学生模仿的"范本"。小学生往往会因受情感虐待而求心理平衡表现出一系列课堂问题行为。

1. 小学生易模仿家长的暴力行为

基于皮亚杰的儿童思维发展阶段理论，小学阶段的学生思维正处于具体运算阶段，该阶段儿童的思维虽然出现了具体运算图式，发展了初步逻辑思维，但对于事物的认识仍然离不开具体事物的帮助[①]。模仿是学习的基础，是小学生的主要学习方式之一。小学生的显性课堂问题行为，尤其是具有攻击性的问题行为，很大程度上来源于对外界的模仿，包括对家长、同辈群体、大众媒体等对象的模仿，但以家长的暴力教育为主要来源。

C教师在访谈中说："我们班上的M同学令我非常头疼，学习习惯极差，并且常在课堂中与同学发生肢体冲突。经过多次教育，他的暴力行为还是没有改善。通过家访才知道，他的父母离婚了。他跟着爸爸生活。他爸爸酗酒，对他的学习、生活不管不顾，甚至长期打骂。所以，他模仿其爸爸的暴力行为，期望在同辈群体中通过暴力获得认同感。"

---

① 罗肇鸿、王怀宁主编：《资本主义大辞典》，北京：人民出版社1995年版，第842页。

由此可见，小学阶段是儿童行为习惯养成和"三观"形成的重要时期。在此阶段，若小学生接受的教育是暴力的，则极易导致小学生产生暴力的行为。

2. 家长暴力行为导致小学生心理失衡

家长的暴力教育极易催生出小学生的不健康心理，导致学生出现认知偏差，严重的甚至出现对学校教育适应不良，使许多小学生深陷心理失衡的漩涡。有的小学生出现模仿家长的暴力行为，通过报复、谩骂和攻击等外向投射的方式表现出来；而有的小学生则通过情绪低落、自我封闭和否定自我等内向投射的方式表现出来。上述的这些方式都是演变成课堂问题行为的途径，外向投射的心理易产生显性的课堂问题行为，内向投射的心理可能产生隐性的课堂问题行为。

（三）家长过度的溺爱诱发小学生不良的课堂行为

溺爱是指抚养者过度宠爱孩子，任由孩子任性，当孩子试图做出独立行动时抚养者发出阻止行为。随着生活水平、物质条件的提升和我国"4+2+1"家庭结构的增多，越来越多的家庭对待孩子过度溺爱。

1. 由于过度自尊导致小学生课堂不良行为

自尊是人在社会化过程中形成的至关重要的心理需求。当这种需求得到满足时，会使人获得一种自信和积极向上的动力，能获得更高的工作效率和更佳的创造力。但自尊要适度，过度自尊会导致变异心理，尤其是身心尚未发育成熟的小学生。农村家庭中多为隔代抚养，爷爷奶奶、外公外婆帮助抚养会因肩上责任重大而无限纵容儿童的不良行为以满足其自尊需求。过度自尊的小学生在面对教师的批评时，有的可能会因接受不了打击而由自信转为自卑，再面对这位教师的课堂时出现怯懦、退缩的隐性课堂问题行为，最终影响了自己的学习和行为习惯的养成。相反，有的小学生的过度自尊可能表现为盲目自信、骄傲自满甚至目中无人，常常不将教师和同辈群体放在眼里，具有严重的个人主义倾向，极易产生具有攻击性的显性课堂问题行为。

2. 由受挫能力较低引发的小学生课堂不良行为

受挫能力低对产生小学生的课堂问题行为有重要的影响。受挫能力是学生在面对挫折时的承受能力，现阶段学校对于智育的片面追求，导致家长过度关注学生成绩，而忽略了其作为一个自然人的社会化过程。随着社会中独生子女家庭的增多、家庭经济条件的改善，家长将所有的物质和爱毫无保留地给予孩子，过度溺爱、一手包办的现象层出不穷，使学生在遭遇学习、生活中的挫折时，或面对教师的批评时，出现各种不良的心理和行为反应，常表现为因受不了挫折而自暴自弃。在课堂中就以课堂问题行为的形式表现出来，根据学生的性格不同而产生不同类型的课堂问题行为，如出现对教师言语、行为上的对抗的显性课堂问题行为或出现出神、厌学等隐性课堂问题行为。

三、不良的学校氛围是导致农村小学生课堂问题行为的影响因素

（一）校园文化影响小学生良好课堂行为的养成

校园文化是一所学校内涵、精神和特色的体现，它于无声处浸润着学生的心灵，规范着学生的行为习惯，校园文化的优劣对学生行为习惯的养成有着潜在的影响。

1. 课堂环境欠佳

课堂是校园物质文化的主要载体，是学生接受学习的主要物理空间，整洁明亮的教室给人更温馨、更舒适的感觉，可以在一定程度上减少课堂问题行为的滋生，因此应营造良好的课堂教学活动氛围。课堂环境对问题行为的影响具体表现为座位编排的方式。由于我国教育资源有限，教学班的设置与学生的人数并不匹配。农村小学的教学班级中学生人数过多、教室拥挤现象十分普遍。鉴于此，大多数班级采用秧田制排座，即一般将学生分为3个大组，将教室分为A1、A2、A3、B1、B2、B3、C1、C2、C3九个部分（见图9-3）。据笔者观察所知，B2位置的学生无论是学生给予教学活动的反馈，还是教师对学生的关注都是最佳的。这个位置的学生的反馈和教师的积极关注极易形成学生参与教学活动的良性循环，也极少产生课堂问题行为，即使有课堂问题行为，持续时间也不会太久；其次是A2、C2、B3位置的学生，他们距离教师和讲台的距离较远，所以也较容易产生课堂问题行为；最后是A1、A3、B1、C1、C3位置的学生最易产生课堂问题行为，其中A1、A3、C1、C3因处于教室的边缘和角落，学生的动作具有

隐蔽性，极易被教师忽视，B1位置正好位于讲台的下方，处于教师的视角盲区，也是容易被教师忽略的位置。教师通常将成绩优异、课堂表现较好的学生安排在B2区域，而将成绩滞后、课堂表现不良的学生安排在边缘和后排区域，以实现更高效的管理课堂。

有学生在访谈中表示，他们的教室在底楼靠近操场的位置，自己常会被外面上体育课的情景所吸引，出现发呆、走神等隐性课堂问题行为，无法跟随教师课堂教学进度，自己虽明了这样的行为是不正确的，却无法控制自己的行为。所以教室外的噪音也会导致小学生产生隐性课堂问题行为，尤其是坐在门口和窗边的学生。

综上所述，教室中间位置产生的课堂问题行为最少，教室的角落位置产生的课堂问题行为最多。

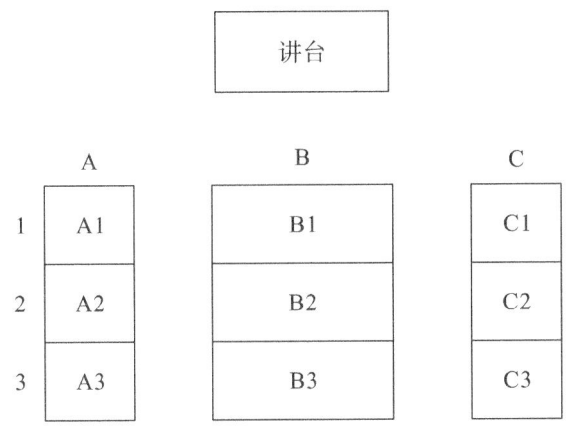

图 9-3 教室座位示意图

2. 校园行为文化缺失

校园行为文化直接反映了校园生活中所表现出来的稳定的且具有特点的行为方式。农村学校在校园行为文化上存在忽视和缺失，良好的校园行为文化能潜移默化地影响学生的行为，小学阶段正是学生学习行为习惯、生活行为习惯和品质行为习惯养成的至关重要的时期。在这一时期，学校层面对学生的行为提出的要求能为学生的行为发展树立标杆。在缺失行为文化的校园中，师生对自身言行的标准未能明确知悉，导致教师对学生的行为、学生对自身的行为规范未形成正确、客观的认识，所以学生在课堂之中不能据标准来判定和规范自己的行为，导致了课堂问题行为的出现。

3. 校园精神文化匮乏

精神文化是校园文化的深层文化,集中体现了学校的本质、个性和精神面貌。对学生的品德修养、个性心理的发展影响深远。校园精神文化一方面反映了学校的办学宗旨和办学理念,另一方面也是学校培养人才目标的外在体现。校园精神文化是引导师生课堂教学活动的内在指引力,为培养学生优秀的行为品质灌输正确内容,也提高了教师的教学情操。很多农村小学并没有意识到校园精神文化的重要性,有部分农村小学虽意识到了校园精神文化的重要性,但未深入挖掘校园文化的底蕴,导致校园内涵不清、特色不明,校园精神文化模糊不清,未能成为引导学生养成优秀行为品质的助推器。

(二)师生课堂互动异化影响小学生课堂良好行为的养成

美国社会学家乔治·赫伯特·米德(George Herbert Mead,1863—1931)首次提出互动概念。其后,结构功能主义代表人物塔尔科特·帕森斯(Talcott Parsons,1902—1979)认为个体之间的交互作用是社会系统中最基本的形态。课堂作为微型社会就好似一个有机体,"互动"既是使有机体焕发容光,并维持旺盛生命力的保障,也是实现课堂教学目标的基石。师生互动可分为制度化的互动和非制度化的互动,前者指为了完成教学任务、实现教学目标在课堂教学活动中所必需的互动;后者指根据自身喜好,对互动对象及方式进行选择,其中包括教师对象和同辈群体中的同伴,虽然非制度化互动常在课后进行,但对学生的身心健康与和谐人际关系的建立产生了深远影响,反过来,也保障了课堂之中制度化互动的良性发展。

本研究主要聚焦制度化的课堂师生互动。虽历经了基础教育课程改革对师生互动的倡导与实践,但师生互动仍存在以下困惑:从形式上来看,师生互动形式化,将师生互动等同于问答行为;从深度上来看,师生互动浅尝辄止;从互动机会上来看,师生互动机会分配不平等。

1. 师生互动即问答行为

促进学生发展是课堂教学的终极目标,课堂中的师生互动是知识探究的过程,师生通过沟通并获得反馈以此来实现知识与技能、过程与方法、情感态度与价值观三个层面的协同发展。学校一切活动开展的前提是师生互动,教师是被国家和社会所赋予的闻道在先的人,经过师范专业的训练和严格的考试、选拔才得以进入教师队伍。然而,部分教师作为教学活动的组织者、学习动机的激发者,仅仅将提问作为课堂互动中开展教学、控制课堂、检测教学结果的手段,而忽视了互动作为师生交际所具有的双向性特征。同时,受我国传统尊师重道和讲授法的影响,教师会不自觉地在面对学生时,处于师生互动中的主导地位,学生并无主体性和能动性可言,使师生互动中出现了以教师为中心、学生全盘接受的现状。

笔者在课堂观察中发现,部分教师尚未准确理解互动的实质,把互动等同于单一的"问答"行为,而非知识的探讨,将问答的过程简单理解为传递知识,在所提问题上带有明显的思维定式,且在学生未能顺利作答时,教师会指引学生的思维往自己所预设的答案一方靠拢。尤其是在上公开课时,部分教师往往是为了互动而互动,将互动变为课堂教学中必然组成部分,出现程序化和形式化现象。从长远发展来看,这样的互动不仅无效,更无法实现学生观点的创新、思维的碰撞和个性的独立,失去了促进学生思维发展、身心发展和情感成长的价值。这样"问答"式的互动,无法深入探究知识,更难以激起课堂中小学生的学习兴趣、求知欲和探究欲,从而易使学生的注意力分散,产生课堂问题行为。

2. 师生互动浅尝辄止

在我国的课堂教学中,师生的互动异化还表现在互动浅尝辄止,对于问题的探究和思考仅停留在"回答问题"这一表层,而未真正深入问题的本质。虽然师生互动并不是实现教学目标的唯一手段,但有效的师生互动能促进课堂教学中知识和经验的学习,实现学生问题行为的转化,给予产生课堂问题行为的学生以提醒,使其回归课堂教学。吴康宁将师生互动分为了教师与学生个体的互动、教师与学生群体的互动两种类型[①]。其中以教师与学生群体的互动最多,但教师与学生个体的互动对学生的影响更大。

由于我国教育资源分配不均,导致我国农村小学多数为大额班级,学生人数众多,加之教室物理空间狭小,导致教师极少走下讲台,走入学生群体之间。这不仅拉开了师生之间的物理距离,也拉开了师生之间的心理距离,不利于师生互

---

① 吴康宁主编:《课堂教学社会学》,南京:南京师范大学出版社1999年版,第195页。

动的深入，不利于师生间情感的交流，也为学生产生课堂问题行为创造了条件。

此外，部分教师认为，深入展开互动会影响课堂纪律、阻碍教学进度、导致课堂失控，所以在课堂中控制互动的探究深度、论述范围和时间，可以提高课堂教学效率，实现课堂最优化。但这样做，往往适得其反，浅尝辄止的互动仅仅是为了互动而互动，呈现出表面上的热闹，实则无益于课堂活动的构建，使师生互动趋于形式化和程序化，无法激起小学生的学习积极性和探索欲，千篇一律的互动问题与教师反馈反而容易诱发小学生的课堂问题行为。

3. 师生互动机会分配不平等

从互动对象的选择来看，师生互动存在机会分配不平等的现象。教师为了推动课堂教学活动的顺利进行，往往选择学习水平高的学生进行互动。教师总是对水平较高的学生产生较高的期望，此类学生一般在班级或学校中担任班干部等职务，与之相应地，教师与学生干部的互动就明显多于非学生干部。其次，班级中地位高的学生无论在课堂中还是课堂外与教师的交流都高于地位低的学生。如上述所言，师生之间这种互动对象的差异性和互动机会分配不平等会造成师生关系异化，以至于学生对教师的课堂失去学习和互动的兴趣，最终演变为课堂问题行为。

其次，从互动内容上看，教师在与学习水平高的学生互动时，一般会选取难度较大、内容较深和较易拓展的问题，并在互动中表现出更多的民主、肯定和充分考虑学生的个性；而对于学习成就水平滞后的学生，教师一般选取较易的内容，以考察其基本知识的掌握。有时为了提醒极个别产生课堂问题行为的学生，帮助其回归课堂教学，也会给予他们互动的机会，但问题的难度、深度和拓展程度都不及学习水平较高的学生。然而，班级中更多的是成绩中等、课堂表现不突出的学生，这类学生往往成为了课堂中的"边缘人"。一般而言，教师的精力有限，在关注课堂教学的同时，对此类学生的关注往往更低，就容易导致其产生课堂问题行为，尤其以隐性课堂问题行为为主。

（三）生生课堂互动不良，影响学生良好课堂行为的形成

课堂教学中除了师生互动以外，生生互动也十分重要。生生互动是学生个体与学生个体之间、学生个体与学生群体之间及学生群体与学生群体之间的互动，是课堂活动中必不可少的交往活动。但现代教学课堂中生生互动呈现出形式化。

1. 生生互动趋于表象

课堂活动中，教师为了培养学生的语言表达能力、团队合作能力和逻辑思维能力，常常会提出一个学习任务让相邻座位的学生或是小组之内的学生讨论完成。但很多时候，学生的参与度并没有达到100%。在课堂观察中，笔者发现部分学生会趁其他成员在讨论时插科打诨，出现与其他同学讨论学习任务以外的问题或发呆等课堂问题行为，让原本是促进学生进步的讨论和互动变成了制造课堂问题行为的沃土。

2. 恶性竞争愈发凸显

学生与学生之间，学生群体与学生群体之间在学习活动中存在竞争关系，积极、良性的竞争能促进学生之间的情感，增强学生的课堂参与意识及有效提高学习的效率。而消极的、恶性的竞争会阻碍学生形成正向的竞争意识、降低学习效率。随着我国家庭结构的变化，独生子女日益增多，小学生也呈现出骄纵、以自我为中心等心理特征。在访谈中，G同学说："我们班上课回答对了一道问题就加1颗星，累积了10颗星就可以兑换小礼物，我们班的同学为了礼物都拼了。"任课教师为了促进同学们思考问题、回答问题的积极性，实行回答问题加分制度，累计一定的分数可兑换礼物的这一做法能激发学生正向竞争的心理。但在课堂中，许多同学会对与自己竞争的同学嗤之以鼻，出现了负向竞争。又或者在课堂活动中，部分学生因为无法正确认识竞争，从而产生对其他竞争者或竞争群体的发言产生讽刺或排挤，导致学生之间恶性竞争愈发凸显，久而久之，整个班级体会形成恶性的竞争氛围。这些被讽刺和排挤的学生则极有可能因外界的言论而自责或破罐子破摔，由此产生课堂问题行为。

3. 生生互动缺失凝聚力

无论是在学生个体与学生个体的互动中，还是在学生群体和学生群体的互动中都存在学生发言权不均衡的现象，往往是成绩优异、班级地位高或担任班干部的学生拥有绝对的发言权。在生生互动时常常未对群体同伴的意见进行整合或未对表达困难的同伴给予帮助，就发言的情况，常出现"一言堂"现象，这也导致其他学生在生生互动中成为了优秀学生的背景，没有获得发言机会，出现发言机会不公的现象。这样不仅剥夺了其他学生表达观点的权利，进一步扩大了学生与学生之间的差距，使这部分学生在语言表达能力、团队协作意识和自我思考能力等方面未得到提升。如此一来，不甘愿充当其他学生背景的同学便会出现课堂"失语"，渐渐地失去参与互动的兴趣，最终互动成为了缺乏凝聚力的生生互动。这样的"失语"状态极易导致学生失去学习兴趣和互动的积极性，从而导致学生出现课堂问题行为。

四、不良的社会环境是引起农村小学生课堂问题行为的诱导因素

心理学家勒温（Lewin，1890—1947）关于人的行为方面的调查研究表明，"行为是人与环境的函数"①。这一结果揭示了人的行为离不开环境的影响，课堂问题行为亦然。

（一）媒体环境复杂加剧小学生课堂问题行为的滋生

随着无纸化时代的到来，各种媒体铺天盖地，小学生接收信息的来源多种多样，其中大众媒体成为了小学生获取知识的主要来源。但大众媒体传播的信息和知识并未进行严格的把关和筛选，所以导致部分低级趣味、暴力、色情等信息得以传播。小学生尚未形成正确的价值观和是非观，同时模仿能力极强，在纷繁复杂的信息社会中极易被大众媒体误导，出现模仿不文明行为、暴力行为等不良问题行为。

1. 虚拟与现实混淆

随着手机、网络的普及，手机短视频和游戏成为小学生的主要娱乐方式。笔者在观察五年级的美术课《中国龙》课堂时发现，当教师请学生说有"龙"的四字词语或成语时，部分男生说出的词语教师表示未曾听说，在学生的哄堂大笑和解释下才得知是一款手机游戏中角色的皮肤名称，此节课剩下的时间，不少同学都在下面小声讨论此款游戏，教师需要不断通过不同方式来提醒走神的学生，不仅影响了课堂教学进度，还破坏了师生之间的关系。由此可见，手机游戏对小学生的影响是无法估量的。由小学生身心发展的特性可知，小学生自控能力差、无

---

① 张大均主编：《教育心理学》，北京：人民教育出版社2015年版，第95页。

法正确识别虚拟游戏世界与现实世界,长久地沉浸于虚拟世界容易导致小学生脱离现实世界,对国家时事政治、学校、家庭漠不关心,从而出现重享受轻奋斗、社会责任感淡薄的现状,也诱发了许多学生在课堂中的问题行为。

2. 错误价值观引导

"互联网+"背景下催生了一个新兴的产业——网红,信息化的普及使越来越多的小学生成为了网红的庞大受众群体。小学阶段的学生正处于人生观、价值观和世界观塑造的关键时期,网红的价值观潜移默化地影响着小学生的价值观。然而,巨大的利益却催生了网红业的许多乱象,如通过炫富的方式来博取大众眼球,表现出极度的拜金主义和金钱至上;通过整容的方式推崇颜值胜于一切,却忽略了人的内涵修养;通过虚假炒作的方式获得点击量和流量,给予了小学生一种可以通过虚假手段获得自己想要的结果的错误示范等等。上述的这些现象都对小学生的人生观、审美志趣产生了极错误的引导。同时,网红光鲜亮丽的外表和巨大的收益使小学生产生了不需要脚踏实地、努力奋斗就能收获巨大财富的错误想法。最终小学生极易产生认知偏差,滋生读书无用的想法,产生好逸恶劳、虚度韶华的思想,继而在课堂中以问题行为的形式表现出来。

3. 愿望与制度目标不统一

教育部在2014年印发的《关于全面深化课程改革落实立德树人根本任务的意见》中提出将小学生培养为社会主义合格建设者和可靠接班人①。其中明确指出要培养学生的高尚情操、扎实的科学文化素质、健康的身心和良好的审美情趣。但小学生缺乏辨识良莠不齐的大众媒体信息的能力,社会也缺乏严格的监管机制,导致小学生在接收信息时毫无筛选的全盘接收,成为了不良信息的接受者。小学阶段的学生,特别是中高年级的学生对外界事物具有强烈的好奇心,也未形成正确的价值观,所以在某些不良媒体的信息渲染和助推下,极易产生认知偏差,出现对学习产生消极态度、学习愿望与制度目标不统一的现象,也间接导致了课堂问题行为的滋生。

(二)功利主义思想盛行导致小学生行为养成教育的偏差

我国的教育方针要求教育必须为社会主义现代化建设服务,必须培养德、

---

① 中华人民共和国教育部官网(http://www.moe.gov.cn/srcsite/A26/jcj_kcjcgh/201404/t20140408_167226.html.)。

智、体、美、劳全面发展的建设者和接班人。但社会中功利主义侵蚀了学校、教师和家长的思想，形成了重智育、轻德育、重结果、轻过程的错误观念。

1. 功利主义思想对学校教育的冲击

社会中"唯分数"为社会竞争力的功利主义思想渗透到学校教育之中，对学校教育形成了强烈的冲击。在功利主义思想影响下，不少农村学校将培养学生综合素质、引导学生全面发展的目标抛之脑后，重点关注学生的考试成绩和学校的升学率。这种"唯分数"论的思想是功利主义的外在表现，它忽视了学生学习态度、学习习惯和健全人格的培养，忽略了学生身心健康发展的重要性。这样的做法在一定程度上会将教师的关注点聚焦到成绩优秀的学生身上，而忽视成绩较差的学生，是教育不公的体现，成绩滞后的学生由于得不到学校和教师的关注，体会不到学习的乐趣，更无法激发其学习的内在动机，极易产生退缩、厌学的情绪，导致其成为课堂问题行为产生的高发群体。

2. 功利主义思想对家庭教育的冲击

功利主义思想不仅影响和制约着学校教育，同样影响和制约着家庭教育。自古以来，我国科举考试推崇成绩即功名、成绩即仕途的思想，影响了我国教育领域几千年。虽然在新课程改革中我国提出了要培养德、智、体、美、劳全面发展的社会主义的建设者和接班人，但长期在传统功利思想的影响下，家长的心中，分数仍然具有不可撼动的地位。在功利主义思想引导下，家长将学习与分数简单地画等号，认为分数是评价子女的唯一标准，甚至出现了与其他同辈个体盲目攀比的现象，导致学生逐渐失去学习兴趣。家长在家庭教育中忽视了子女作为社会个体的独特性，甚至忽视了子女是发展中的个体、是不断完善的个体，仅用分数高低和停滞的眼光来评价子女，是家庭教育功利化、短视化的具体表现。家长的功利主义思想无形中会影响学生的思想，使学生在自身发展的过程中也出现只关注成绩，而忽视自己其他方面能力的培养。譬如，较之语文、数学课，学生忽视音乐、美术，在课堂中出现课堂问题行为的频率大大增加，使我国提出的"培养德、智、体、美、劳全面发展的社会主义建设者和接班人"成为了一句空口号。

3. 功利主义思想对教师教育观的冲击

新课程改革认为教育应以学生为本，教师应成为教学活动的组织者、引导者和学习效果的评价者。但随着教师职称评定、晋升与教师的成就相挂钩，功利主义思想便悄然发生。部分教师为了追求在赛课中获得较高的成就，将公开课演化为一种表演，在无数次的演练、打磨之后，呈现在评委面前的可能是学生配合教师的一场华而无实的表演。教师为了更好地呈现课堂，将课堂中表现优异的学生安排在中间靠前的位置，表现次之的学生则安排在教室的后排。这样不仅忽视了学生的主体地位，牺牲了学生的利益，也违背了教育公平的原则。课堂表现次之的学生多次得不到教师的青睐，久而久之，便会对该教师产生不满情绪，教师的课也对其无吸引力，由此产生无聊、抵触的心理，最终便以隐性课堂问题行为的形式表现出来。

同时，功利主义思想对教师教育观的冲击还表现为过分关注学生的成绩而忽视学生的全面发展。在我国的各类升学考试中，"分数"的地位始终无法撼动，也是在这样的功利主义思想影响下，教师将学生的考试分数和应试能力作为了评判学生的唯一标准。基于皮亚杰的儿童思维发展阶段理论，小学生的思维发展具有不平衡性，部分思维发展滞后的学生在学习上表现为成绩暂时落后，便被教师贴上了"后进生"的标签，这极可能导致学生产生课堂问题行为，既不利于激发学生的学习积极性，也违背了教育公平的基本原则。同时，教师的非客观评价不利于培养学生正向的内在学习动机。

（三）教育培训机构快速发展加剧了小学生课堂不良行为

1. 家长依赖思想严重

随着生活节奏的加快，多数家长忙于工作，无暇顾及子女的学习；同时，学科知识难度不断加深，就算有时间、精力的家长在辅导子女的学习上也表现出了力不从心。此时，家长便将期望转移至教育培训机构，希望教育机构承担起辅导学生作业、提升学生成绩的重担。小学阶段正是学生形成人生观、价值观和世界观的重要时期，父母的陪伴和引导至关重要，但部分家长却全然忽视自身作为家长的责任和义务，不顾学生的身心发展需求和精神需求，让学生在学校教育以外的时间几乎被教育培训机构占据，形成严重依赖教育机构的一种认知偏差。

2. 超前教育现象普遍

我国小学教师备课和教学设计是适应大多数学生的学习基础和知识水平的，教育培训机构的超前教育泛滥使班级中的学生并未处于同一知识水平。提前学习的学生与教师预设的课堂教学活动产生冲突，让教师在实际授课与备课时陷入胶着之态。这类学生在课堂中因教师设计的教学活动或设置的提问于其无任何吸引力，便开始寻求新的关注点，如有的同学抢答教师的提问来赚取同辈群体的关注，不仅扰乱了教师的教学计划，也破坏了课堂的气氛；有的同学则轻易跳过了教师设置的辨识易错的知识点陷阱，导致其他同学失去了思考、回答问题的机会；也有同学因为对已学知识缺乏兴趣，出现走神、发呆的隐性课堂问题行为。

3. 家长过度期望

农村的家长文化水平普遍较低，他们深谙读书、升学的重要性，于是将自己青少年时期未实现的学业理想转移到子女身上，希望子女能抓住教育机会，通过自己的努力改变命运。但部分家长只顾预设过高的期望，并未结合子女的身心发展现况来设置目标。农村小学的家庭多属于留守儿童家庭，家长不在身边，由爷爷奶奶或外公外婆代为照顾，隔代照顾的弊端在于爷爷奶奶或外公外婆只能照顾学生的衣食住行，而无法辅导作业，面对越来越激烈的竞争，教育培训机构给予了这类家长缓解焦虑的突破口。同时，教育培训机构为了增加其收入，不惜虚假宣传，甚至提出一些带有暗示性的标语，在一定程度上增加了家长的焦虑。家长的过度期望无形中增加了学生的学业负担，出现了校内减负、校外增负的怪象。繁重的课外学习负担，不仅阻碍了小学生的身心健康发展，反而会增加小学生产生课堂问题行为的几率。

第五章　消除农村小学生课堂问题行为的教育社会学主张

一、确立小学生的主体地位

新课程改革提出，在课堂教学中要以学生为中心，充分发挥学生的主动性和积极性，确立小学生的主体地位。

（一）正视小学生的个体差异

学生个体差异也称个别差异、个性差异，正如上文论述所言，学生是发展中的个体，其认知发展水平、身心发展水平和自我意识等都处于不断地发展之中，其中以小学生的发展最为迅速。朱智贤在《心理学大词典》中将"学生个体差异"界定为个体在认知、情感、意志等心理活动过程中表现出来的区别于他人的、相对稳定的心理和生理特点，其主要表现为质和量的差异，质是指心理、生理的特点和行为方式，量是指发展水平的高低和发展速度的快慢[①]。正视学生的个体差异，找寻互补，在教学活动中实现分层教学，能提高学生的注意水平、激发其学习兴趣，由此减少课堂问题行为的产生。

首先，正确认识课堂问题行为，树立正确教育理念。基于结构功能主义的观点，学生既是支撑课堂这一微型社会健康、持续发展的重要基础，也是课堂问题行为的发出者。教师作为教学活动的组织者、引导者，应首先从观念上认识到课堂问题行为是每个学生都可能发出的行为，不仅是成绩滞后的学生会产生课堂问题行为，成绩优异的学生同样会产生此行为，故不能将课堂问题行为与差生画等号，更不能粗暴地定义为品行不良。

其次，尊重学生的起点差异，真正实现因材施教。学生的个体差异是客观存在，且受多因素影响，教师应辩证地看待无法在短时间内改变这一差异的事实。有的学生表现出早慧，而有的学生则表现出智慧的晚成，但他们都是具有独特个性的发展中的个体。教师应尊重学生的起点差异，深入了解每一位学生的个体差异，在教学活动设计中把握起点差异，在师生互动中做到心中有数，促进学生在原有水平的基础上得到发展。

最后，认识学生的个体差异，充分挖掘学生才能。不同的个体在不同的方面展现出不同的优势，有的学生逻辑思维强，擅长解数学题；有的学生语言天赋高，语言表达和文字写作展现出了异于他人的能力；有的学生对色彩的感知优于他人，在艺术方面颇有天赋。面对不同的学生，教师应找寻互补，挖掘和发展其才能，引领学生充分发展其独特的才能。

---

① 朱智贤主编：《心理学大词典》，北京：北京师范大学出版社1989年版，第837页。

总之，在教学活动中，教师应客观认识课堂问题行为，在深入、全面了解学生的基础上，明晰学生的起点差异，充分尊重学生，结合不同学生的不同个体差异选择适合的教学活动，做到因材施教。这样做不仅能减少课堂问题行为的产生，还能增进师生情感，营造和谐、积极的课堂氛围，激发学生对学习的积极性和兴趣。

（二）增强小学生的成功体验

成功体验又称成功感，是一种当个体成功完成某项任务时产生的一种自我满足和愉悦的情感体验，能促进学生个体的学习活动，提升学生学习的自我效能感。小学阶段的学生受其身心发展的影响，具有明显的向师性，更易从课堂活动中获得成功的体验。增强学生成功体验可以从以下几个方面着手：

其一，善用非言语评价。在课堂教学中，教师应尽可能多地为学生创造成功体验的机会，树立学生学习自信，以提升其学习的自我效能感，减少课堂问题行为产生。针对学生的个体差异，非言语评价比言语评价更能增强学生的成功体验，如一个充满期待的眼神、一个会心的微笑、一个轻拍肩膀的肯定，都能激起学生内心的波澜，尤其对性格较内向的学生更应该用非言语评价。同时，及时对学生优秀的行为和表现给予评价能强化学生这一行为，进而内化为行为习惯和行为品德。

其二，设计分层教学活动。学生是学习活动的主体，更是教学活动的主体，无论是学习优秀的学生还是学习滞后的学生都会因在课堂教学中与教师开展的教学活动不同步，而产生课堂问题行为。因而教师在备课时应充分考量学生的个体差异，根据不同学生的学科基础，设计分层教学活动，尽量让每一位学生都参与其中，并获得成功的学习体验。同时，在布置练习作业时，应根据学生实际掌握知识点情况分难度设置作业，只有课堂这一微型社会中的个体都获得了成功体验，才能保障课堂的良性运行。

其三，形成灵活评价机制。小学生学习内在驱动力弱，通常需要在课堂教学中使用外在的物质奖励手段来肯定其学习效果、强化其学习驱动力。在课堂教学中，教师应适当采取外在奖励刺激学生学习的内在驱动力，并结合学生的个性差异和认知差异形成灵活的评价机制，给予不同的学生成功体验，以实现促进其养成良好的课堂行为习惯。

综上，增强学生的成功体验，不仅能树立学生学习上的信心，还能促进学生养成良好的行为习惯，提升学生自我效能感，增强学生学习的内在驱动力，激发学生的向师性。使学生在潜移默化中审视自己的行为，调整自己的行为，养成良好的课堂行为习惯。

（三）给予小学生心理的疏导

教师作为社会的代表，不仅要向学生传递传统的文化知识，还肩负着育人的使命。小学阶段是学生身心发展的重要阶段，随着年龄的增长，小学生的心理发生着剧变。心理疏导是教育领域中最常见的一种疏导手段，它运用人本主义心理学和认知心理学理论，通过语言沟通对个体的自我认知、自我发展、行为发展等方面进行疏导。

第一，教师应及时给予学生心理辅导。消除学生的课堂问题行为不仅在课堂中，还应在课堂外给予学生心理疏导，以改善学生的认知和行为。一般来说，课堂问题行为产生最多的、非严重性的课堂问题行为，多数教师为了不延误课堂教学进度，处理此类课堂问题行为时，常采用眼神暗示、动作提醒、提高声调和抽问等方式以示警告，使其注意力回归课堂。相反，当学生在课堂中产生了严重的课堂问题行为时，如打架斗殴、言语攻击，教师则会严厉批评，甚至停课整顿。但这样的做法，极可能会损伤学生的自尊心，导致其对该教师产生仇视心理，甚至对该教师所任教的学科产生厌学情绪。所以教师在课后，应及时给予学生心理疏导，使其从心理上接受教师的教育，实现对自我行为的正确认知和修正。

第二，基于学生的个性特征给予心理辅导。由希波克拉底的气质理论可知，人的气质可以被分为胆汁质气质类型、多血质气质类型、粘液质气质类型和抑郁质气质类型，前两者个性具有明显的外向倾向，而后两者具有明显的内向倾向。教师在心理疏导之前，应充分了解学生的气质类型和个性特征，并对学生的基本家庭情况进行摸底，才能针对不同个性的学生采取相适应的心理疏导方法。

教师在课后对产生课堂问题行为的学生给予及时的、有针对性的心理疏导，能使学生对于课堂问题行为有清醒的认识，并逐渐转化学生的课堂问题行为，将严重的显性课堂问题行为转化为轻微的显性课堂问题行为，将轻微的课堂问题行为转变为良性行为，将隐性课堂问题行为转变为良性行为。

(四) 构建小学生的学习群体

我国现行的课堂学习环境中,学生呈现出个体化发展的趋势,学生在课堂学习中常处于孤立无援的状态。结构功能主义理论认为学生是课堂这一微型社会的健康、持续发展的支撑和保障,是保证课堂活动顺利开展的前提。构建学生群体环境,即让小学生在课堂学习中以学生群体为单位开展学习活动,对于促进学生社会性的发展具有重要意义。

一方面,教师应引导学生形成良性同辈群体影响。学生同辈群体是指处于同等社会地位的、具有相似兴趣爱好、价值观相同的同代人,是非正式的小群体[1]。随着学生年龄的增长,身心得到发展,教师将逐渐退出小学生的情感世界,同伴和同辈群体成为了小学生的重要他人。小学阶段的学生未形成评价事物、判断事物的标准,很容易受大众媒体和其他群体的影响,形成不良的同辈群体亚文化,也极易导致学生出现课堂问题行为。小学生为了获得群体归属感和群体中的地位,会主动与群体的价值观取向保持一致,而不良的同辈群体亚文化会引导学生形成消极性的,甚至与班级文化背道而驰的行为倾向。教师应及时了解、掌握班级的同辈群体信息,并引导班级中良性同辈群体文化的形成,以形成符合班级文化发展的同辈群体文化。

另一方面,教师应努力创建小学生学习群体。在课堂教学设计中,教师应将班级中的学生分为若干个学习小组,以座位为主要分组依据,方便成员之间能进行群体性的学习讨论。一般而言,学习小组不是随机分配的,而是将成绩优秀的学生与成绩滞后的学生放置在一组,以便前者在学习和行为习惯上帮助后者。教师在课堂教学中应努力创建小学生的学习群体,并针对学习群体布置分工明确、目标清晰的学习任务,将学习任务具体分配到个人,使学生能在具体的学习任务中获得成功的体验。学生学习群体自觉组织学习活动的方式不仅能促进学习活动的开展,以形成良好的学习群体氛围,还能有效制约学生的课堂问题行为,提高课堂教学效率,从而提高课堂教学质量。

总之,构建学习群体不仅可以保障课堂教学的顺利推进,还可以帮助学生群体间形成良好的同辈群体文化,以制约学生的课堂问题行为。

---

[1] 吴康宁主编:《教育社会学》,北京:人民教育出版社2014年版,第242页。

二、发展和谐的师生关系

课堂教学中的各项任务主要通过教师与学生的互动完成，课堂师生互动不佳时便会产生课堂问题行为，和谐的师生关系能促进师生的良性互动，反过来，良性的师生互动也能构建和谐的师生关系。因此，发展师生和谐关系能消除学生的课堂问题行为。

（一）师生共同制定课堂规范

和谐的师生关系创设出良好的课堂氛围，良好的课堂氛围有利于学生思维和智力发展。师生共同制定课堂规范既能保障教师顺利完成教学任务，又能维持课堂纪律，以提升课堂教学质量，实现小学生全面、健康发展。

首先，教师在制定课堂规范时，应尊重学生的意愿，给予学生参与课堂管理、自我评价的机会。在制定课堂规范时，教师要从教育者的角度出发，拟定出大致的规范，并传达出教师教学中哪些行为是不被允许的，哪些行为会干扰正常的教学等，再由学生商讨得出产生某课堂问题行为的处理措施。将最终商讨的结果用文字表述出来之后，形成班级的课堂规范，并由教师和全班同学签字确认遵守并执行。教师在执行课堂行为规范时应做到公平公正、一视同仁，不能偏颇。师生共同制定课堂规范是以相互尊重为基点的，它不仅能促进师生关系的和谐发展，还能通过有效的处理措施和手段制约课堂问题行为的滋生。

其次，制定课堂规范应分别制定强制性的规范和激励性的规范。强制性的课堂规范可以管制或约束学生的课堂问题行为，以确保课堂活动中，学生能自觉遵守课堂规范，约束自己的行为，以保障课堂教学任务的顺利完成和课堂秩序。激励性的规范是在保障课堂纪律的前提下，对学生良好的课堂行为、学习行为予以鼓励，通过外在形式的激励激发学生学习内驱力，将学生良好的课堂行为内化于身，并使之成为新的良好课堂行为的基点，不断产生越来越多的良好课堂行为。新课程改革相关文件指出：课堂应以学生为本，教师更应重激励性管理以激发学生的内在学习驱动力，促进学生养成良好的行为习惯，创设出宽松、愉悦的课堂氛围，以实现学生的全面发展。因此，小学教师应根据新课程改革的相关文件精神,通过外在的激励激发学生的课堂良好行为。

（二）实现师生课堂双向互动

我国小学课堂教学互动中表现出教师与学生单向互动的特点,大多数教师都是处于中心位置,分别与每位学生进行交流,或同时与全班学生发生交互作用。这样的互动模式有利于教师控制课堂,但却忽视了学生的心理需求,要实现将课堂交还给学生就必须使师生在课堂中的双向互动,具体做法如下：

首先,强调学生的主体地位。新课程标准指出,学生是学习活动的主体,在课堂教学中,无论是教学活动的设计,还是教学内容的拓展,教师都要确保学生的主体地位。同时,根据维果茨基的"最近发展区"理论可知,教师根据学生的具体学情设置合理的教学任务能极大地提高学生的自我效能感,激发学生的学习热情和内驱力。

其次,转变以教师为中心的旧课堂为以学生为中心的新课堂。打破传统教学模式中以教师为中心、依赖教师讲授的现状,强化学生的主体意识,构建和谐的课堂,使学生在此环境中,意识到自己与教师拥有平等的地位,可以发表与教师不同的见解,对于教师的观点可以提出质疑。在这样相互尊重、和谐、愉悦的课堂氛围中,师生之间才能更好地实现双向互动,保障课堂教学活动中学生参与的效果,以降低课堂问题行为产生的可能。

（三）提高师生课堂互动水平

师生课堂互动水平决定了课堂教学的质量,也间接影响了课堂问题行为,提高师生互动水平能最大限度地减少课堂问题行为的产生,增加学生参与课堂教学活动的概率。提高师生课堂互动水平主要通过两点来落实：

第一,移情性倾听。一般而言,在教学活动中,学生对于教师的讲授常表现出移情性倾听,即对教师的讲述提供情感支持的倾听。新课程改革强调小学课堂应以学生为中心,教师在与学生的互动中多使用移情性倾听,让教师在互动中感知学生的情感,让学生在互动中感受教师对自己的关注。教师的移情性倾听不仅能提高师生课堂互动水平,还能激发学生在课堂活动中的积极参与,减少课堂问题行为发生,使学生获取学习的成就感,提高自我效能感。

第二,给予学生真诚评价。教师给予学生评价常出现在学生回答问题这一环节,部分教师在评价时常出现单一性和局限性。教师的评价内容不应仅限于学生对问题的回答，而应表现出多元化；评价的方式不应拘泥于口头语言，而应结合微笑、眼神和肢体动作等给予学生激励性评价，如学生在不敢举手回答问题时，教师投去鼓励的微笑；在回答错误时，给予激励的眼神；在回答正确时，轻轻拍一下肩膀加以肯定等都是教师评价的一种表现。学生在与教师的交互作用中能从教师的语言和行为感知到教师对自己的关注、感受到教师对自己的关爱，教师对学生真诚的评价既促进了师生之间和谐关系的构建，又能提高师生课堂互动的水平，从而减少课堂问题行为的发生。

（四）平衡师生课堂互动机会

课堂教学中的师生互动是最主要的人际互动，是制约学生课堂问题行为的关键因素。据笔者课堂观察发现，农村小学课堂师生互动在选择对象和互动形式上表现出差异性，出现了分配机会不公的现象。平衡师生课堂互动机会可以从以下两个方面着手：

其一，从互动对象上，教师应营造全体学生参与、全面发展的开放式交往氛围，突破功利教育模式下课堂教学中师生交往差异性的现状。在我国应试教育的背景下，多数教师以顺利完成课堂教学任务、提高学生的考试成绩为主要目的，"唯分数论"大行其道，造成了课堂上师生互动机会存在差异。为平衡师生互动机会，教师应改变对学习成绩滞后学生的偏见，接纳更多学习成就水平不高的学生加入课堂互动。针对不同的学生，包括平时不爱举手回答问题的班级"边缘人"，通过扩大讨论范围，增设不同梯度的问题来增加互动机会。同时，教师在授课时应走下讲台，走入学生之中，多询问、关心和帮助平时默默无闻的学生，鼓励其积极参与课堂活动；对学习成就水平较高的学生，教师可以设置难度较大的问题，并通过引导帮助其解决问题，使其获得成就感；对学习成绩滞后的学生在他们不能及时作答或错误作答时给予足够的耐心和引导。

其二，从互动形式上，教师要改变传统课堂中矩阵型的座位排列方式，采取将桌椅拆散、围坐等方式拉近学习群体之间的距离，更好地促进师生互动、生生互动的进行，而且学生与学生之间的距离拉近了，教师与学生之间的距离拉近了都能激发课堂"边缘人"的互动积极性，促进其加入课堂讨论。空间场域的改变加上教师的适当引导能极大程度地促进学生迸发思想的火花，促进学生表达形成多样性、异质性的观点，这样不仅使每位学生获得相同的互动机会，还培养了学生积极思考、敢于表达的学习素养。

因此,在课堂教学中平衡师生互动的机会,消除互动中的差异性,既能满足小学生情感、个性和自尊的需求,还能减少课堂问题行为的产生,促进教学目标实现。

三、学校、家庭和社会协同共育

学校、家庭、社会构成了小学生学习、成长的重要环境,成为行为习惯教育的主要阵地,且发挥着重要的育人作用,贯穿于行为习惯教育过程的始终。积极推动双减政策落实、打造优质校园文化内涵、营造温馨和谐家庭氛围、构建健康和谐的社会环境对于助力农村小学生良好行为习惯的养成至关重要。

(一) 积极推动双减政策落实

如今优质教育资源向城市汇集,教育竞争日益激烈,农村小学生家长深知,城乡学生获得教育的差异越来越大,"千军万马过独木桥"的高考才是打破阶级固化的最佳途径。因此,不少农村小学的家长开始出现焦虑和过高的成就期望,不惜花重金将孩子送入知名培训机构、请家教一对一辅导等。但这样的做法,不仅增加了家庭资本投入和学生的学业负担,还使学生在课堂中因提前学习教师未讲的知识而产生课堂问题行为。因此,为了减轻学生校外负担,提升校内课堂教学质量,2021年中共中央办公厅、国务院办公厅发布了《关于进一步减轻义务教育阶段学生作业负担和校外培训负担的意见》(以下简称"双减"),针对学生的作业量、作业时间、培训机构办学等进行了严格规定。

首先,积极推动"双减"政策落实。学校应制定相关制度和激励机制,保障小学生获得高质量的教学效果,如实行推门听课制度,既是对教师教学的督促,也能及时把握教师的教学动态;采取集体备课,集思广益,保障课堂教学质量;对教学成就较高的教师可以考虑适当增加绩效作为激励。同时,提高课后服务质量,课后服务的普遍推开使学生在校学习时间增长,成为了减轻学生校外作业负担的又一途径。学生的课堂注意水平提高了,相应地,学习效率也提高了,就能很好地消除课堂问题行为。

其次，转变家长教育观念。家庭教育是学生接受教育的第一场所，对于学生的道德品质发展、惯习固着养成等起着至关重要的引导作用。但受传统教育思想和现实升学压力的影响，家长将学生的学习成绩与未来的工作成就简单地画等号，出现了盲目追求考试成绩和排名的功利主义思想，导致校外培训机构为谋取利益，抓住家长的功利主义心理，夸张宣传，制造焦虑，进而加重了学生学习负担。在学生身心发展的过程中，家长的教育思想会潜移默化地影响孩子，导致学生产生功利主义思想，所以家长应及时转变教育观念，从根源上改变重智育、轻德育的现状，促进学生德、智、体、美、劳全面发展。

（二）努力打造优质校园文化

校园文化包含学校教职工的基本信念、精神面貌和道德风尚，还包含学生的价值观和学习状态，校园文化存在于学习生活中，是学生道德品质培养、行为习惯养成和健康人格构筑的重要教育力量。提升优质校园文化内涵，于无声处浸润学生心灵、规范学生的行为。具体来说，可以从以下两点着手：

第一，不断强化校园精神文化。校园精神文化是反映师生精神面貌、展现师生共同思想和情感的重要内涵，只有不断强化师生良好行为习惯，校园精神文化才能从思想层面影响学生的行为、道德品质和理想信念，以形成良好行为习惯，让学生在良好行为习惯的氛围中受到潜移默化的影响。例如，可以把良好的课堂行为习惯、相关理论和管理方法通过校园广播、国旗下讲话、校报和展示橱窗等途径广泛宣传，这样做不仅培养了小学生的良好行为意识，构建了养成和谐健康行为习惯的环境，也使教师明确了良性课堂行为的规范，为课堂良性行为提供了基础保障。

第二，营造和谐校园文化氛围。和谐、健康的校园文化氛围可以激发教师更热情、更富活力地投入到工作之中，形成凝聚力和内聚力；与此同时，教师的积极、快乐投入又可以从另一个层面促进学生人格的提升和保持心理的健康发展，形成一个健康、积极的良性循环，更利于提升师生的幸福感。由此可见，营造和谐的校园文化氛围有助于丰富校园文化内涵，实现师生构建良好行为习惯的目标。

（三）营造温馨和谐家庭氛围

家庭是学生行为习惯养成的第一场所，父母是学生行为模仿的第一人。因此，家庭环境、氛围以及家长的教养方式对于学生行为习惯的养成起着至关重要的作用。而营造温馨和谐的家庭氛围，家长可以从以身示范、转变教养模式入手。

首先，家长以身示范，营造良好的家庭氛围。父母是孩子的重要他人，对孩子行为习惯的养成极具影响力。在学生成长的过程中，小学阶段是学生行为习惯养成的重要时期。此时，若家长在行为方面对孩子起到了负向示范作用，将会导致学生模仿家长不良行为，而逐渐演变为课堂中的问题行为。譬如，专制型的家长在处理与孩子的问题时，往往通过暴力使学生屈服于自己的权威，而小学生具有超强的模仿能力，家长的错误示范会使学生认为暴力能使同辈群体屈服，出现盲目模仿。同时，中高段的小学生，正处于青春萌芽期，生理的变化使其渴望突破成年人的桎梏，奔向自由，因而，也会出现暴力行为。若家长能给予积极向上的正向行为引导，便会成为学生行为习惯的风向标，给予学生行为榜样的力量，无论是在生活中，还是在学习上都能使学生形成良好的行为习惯。长此以往，这些习惯便会延伸到课堂问题行为的方方面面。

其次，家长转变教养模式。家庭是学生的首属群体，父母与孩子之间天然的情感纽带是塑造学生行为习惯的重要力量，他们之间的互动充溢着情感色彩。所以，家长的教养模式对学生的行为习惯有极大的影响力。家长应摒弃传统的"长辈为大"思想，采用民主型的教养模式，加强与孩子之间的平等沟通，实现平等对话，通过平等的心理沟通，成为孩子良好行为的引领者。充分发挥家庭教育的优势，与孩子建立亲密的情感联系，在孩子出现课堂问题行为时，做一名耐心的倾听者、观点成熟的分享者，给予孩子及时的沟通和精神的关怀，构建、发展好友型的家庭关系。

（四）构建健康成长社会环境

随着信息技术的高速发展、大众媒体时代的到来，信息的传播速度明显增快、传播范围也显著扩大，各种各样的信息从四面八方向小学生袭来，这也决定了小学生的课堂问题行为不能仅仅依靠学校教育和家庭教育，社会为小学生课堂行为良性发展筑起一道城墙。

一是社会应过滤不良网络信息，构建绿色健康网络环境。网络是小学生获取学习资源和其他信息的主要渠道。人人均可发声的时代使得网络世界纷繁复杂。

网络是一把双刃剑,对小学生既有正向影响又有负向影响,若对网络中的信息不加以分辨,只会扩大其对小学生的负向影响。因此,社会媒体应肩负起把握言论尺度、引领正确舆论导向的重任,通过技术手段过滤有害信息,实现传播网络正能量,发挥网络育人的作用,为培养学生的良性行为习惯提供沃土,以最终实现消除课堂问题行为目的。

二是社会应利用优势资源实现与学校、家庭协同合力培养学生优秀的行为习惯。全社会不应仅从思想层面意识到健康良好的社会文化是帮助学生养成良好行为习惯的基础,更应从实践的角度认识到整合各方资源,与学校、家庭协同合作的重要性。总之,社会、学校和家庭应共同携手为小学生的成长发展提供一个健康、优秀的环境。充分利用当地图书馆和博物馆资源,增强对学生师道尊严、课堂行为规范的认同感。与此同时,深挖社区资源对于学生行为教育的可行性,发挥社区的教育职能,以期构建出利于小学生行为习惯培养、健康成长的社会环境。

结束语

课堂是完成教学任务、实现教学目标的主要场所。减少甚至消除农村小学生的课堂问题行为不仅是保障课堂效率的基本要求,更是提高教师教学能力、实现"双减"政策落实的重要措施。将社会学的相关理论运用到教育学领域,结合结构功能主义理论、教育冲突理论和符号互动理论的观点来解释现阶段的农村小学生课堂问题行为,以求寻找消除农村小学生课堂问题行为的路径。

本研究运用问卷调查法、访谈法和课堂观察法对四川省乐山市5所农村小学生的课堂问题行为进行了调研,调查结果显示:农村小学男生的课堂问题行为明显多于女生;三年级的课堂问题行为明显少于四、五、六年级,其中六年级的课堂问题行为最多，四、五年级并无明显差异；同时，课堂问题行为的产生与行为者本身、教师、家庭和环境有着密不可分的关系。因此，影响农村小学生的课堂行为的因素不是单一的，而是受各方面因素的影响。本研究结合调查结果分析导致课堂问题行为的主要原因有：学生自身出现的非常态的心理、未成熟的心理、身心发展不均衡和角色混乱等；家庭结构多元和家长的暴力教育方式；学校校园文化不佳、师生课堂互动异化和生生互动不良等；大众媒体环境不良、功利主义思想盛行和教育培训机构快速发展等。

结合教育社会学的相关理论，围绕上述原因分析，本研究提出了消除农村小学生课堂问题行为的办法：确立小学生的主体地位；发展和谐的师生关系；学校、家庭和社会协同共育。本研究存在以下不足之处：第一，由于本人的研究能力和学术水平有限，对于农村小学生课堂问题行为的原因分析和消除策略不尽周全，实用性和可行性有待考证；第二，因受地域限制，本研究仅以乐山市的5所农村小学为调研对象，其结果对于乐山市本土一线教师有借鉴意义，却不能将结果简单推广到其他区县。

本研究仅通过问卷调查简单了解了农村小学生的家庭情况，较为片面，未来笔者希望在研究中能对家长的教育主张、亲子关系、家长的学历、是否独生子女和其家庭背景等方面展开调查，进行充分的调研挖掘，以期获得更翔实的资料，为继续深入研究农村小学生的课堂问题行为奠定基础，为一线教师提供更多高可行性、高实用性的策略，以提升课堂教学效率，实现在双减背景下的高质量课堂教学。

附 录

附录1

小学生课堂问题行为调查表

亲爱的同学：

　　你好！我们正在进行一项有关小学生课堂问题行为现状的研究。本调查项目的答案没有对错之分，请你在回答时不要有任何顾忌，根据自身的真实情况如实填写。为保证调查的科学性和有效性，请你按照真实想法作答。本调查采取无记名方式，调查结果仅做研究依据，对于调查信息绝对保密。感谢你对本研究的支持和配合！

　　你的性别　　A. 男　　B. 女

一、课堂问题行为表现

　　请回忆一下，下列哪些行为你在课堂上做过，请你根据实际情况，在最符合的选项下打"√"。

题号	题目	从不这样	较少这样	一般	较多这样	一直这样
1	上课以传纸条、扔纸团等形式传递、交流信息					

续表

题号	题目	从不这样	较少这样	一般	较多这样	一直这样
2	课堂上经常扮鬼脸、发出怪声或做恶作剧					
3	课堂上老师讲课或同学回答问题时，经常插嘴					
4	上课习惯性和同学交头接耳					
5	老师讲课时，在下面大声说笑					
6	课堂上与同学吵闹、打架					
7	无故旷课、迟到或早退					
8	未经老师同意，擅离座位走动					
9	不服从管理、顶撞老师					
10	走神（注意力不集中，不能跟随教学进度安排）					
11	课堂上偷偷摆弄物品，做小动作					
12	害怕回答老师提问					
13	上课时做其他科目作业					
14	上课看课外书					
15	上课睡觉					
16	上课吃东西					
17	讨厌学习，很少参与课堂活动					
18	课堂上表现出悲伤、烦躁、焦虑、愤怒、抑郁等情绪化行为					
19	上课无精打采，神情疲惫					
20	上课时常以上厕所等借口离开教室					

续表

题号	题目	从不这样	较少这样	一般	较多这样	一直这样
21	其他行为（请你用简短的话语表述）					

二、你认为是什么因素导致了你的以上行为？（请你在最符合自己实际情况的选项下面打"√"）

题号	题目	完全不同意	比较不同意	一般	比较同意	完全同意
1	我很难理解课本中文字的含义					
2	我做不到安静的坐在座位上听一节课					
3	我会因为不喜欢某个老师而选择不听课					
4	我很少在课堂中获得成功的体验					
5	我经常控制不住自己的行为					
6	我害怕老师提问，怕回答错误，老师责怪					
7	我喜欢引起同学或老师的注意					
8	我参与了班级课堂行为规范的制定					
9	课堂上老师很少强调课堂行为准则					
10	老师没有公平公正地执行课堂规范准则					
11	老师处理课堂问题行为的方法比较单一					
12	老师讲课枯燥无味					
13	老师很少在课堂上组织我感兴趣的活动					
14	老师的课堂教学活动形式非常单一					

续表

题号	题目	完全不同意	比较不同意	一般	比较同意	完全同意
15	老师讲课时留给我思考、讨论的时间较少					
16	教室环境脏乱差、不舒适					
17	上课时我经常受到教室外噪音干扰					
18	我的座位影响我听课					
19	周围同学的行为会影响我					
20	我经常玩网络游戏					
21	我上课时总是会想起电视或网络上看到的东西					
22	我父母很少会满足我的要求					
23	我父母很少会陪着我学习					
24	我父母对我期望较低					
25	我父母会因考试成绩差打骂我					

附录2

学生访谈提纲

性别： 　　　　学校： 　　　　班级：

1. 你们班的纪律状况如何？哪些课纪律较好，哪些课纪律较差？为什么？
2. 你在课堂上出现过问题行为吗？如果有，是哪些行为？
3. 你认为自己出现课堂问题行为的原因有哪些？
4. 你对你的父母有什么想法？

5. 你对学校的环境有什么想法?

教师访谈提纲

一、访谈对象

性别：　　　　教龄：　　　　任教年级：　　　　任教科目：

担任班主任否：

二、访谈时间

　　　　年　　　　月　　　　日

三、访谈地点

四、访谈问题

1. 您上课过程中，课堂纪律怎么样？

2. 在您的课堂上，学生会出现课堂问题行为吗？哪些行为出现的比较多？

3. 您认为哪些学生容易出现问题行为？成绩好的学生和成绩稍落后的学生表现出来的问题行为一样吗？

4. 您制订过课堂规则吗？

5. 同一个班级，不同的老师上课，课堂纪律一样吗？

6. 您认为学生出现这些问题行为的原因是什么？

7. 能否请您回忆一件令您印象深刻的学生"问题行为"的故事？（您当时的感受是什么？追问是什么原因导致学生这样的行为，您认为最恰当的处理方式是怎样的？为什么这样处理？）

附录 3

课堂问题行为观察记录表

学校：　　　　　班级：　　　　　日期：

科目：　　　　　教师：　　　　　开始上课时间：

课堂问题行为及表现	学生位置	出现人数
走神（注意力不集中，不能跟随教学进度学习）		
看课外书（不按照老师教学要求做，看与学习无关的书）		
小声说话（与其他同学窃窃私语）		
做小动作（如传递纸条、折纸、摆弄东西等）		
未经老师允许，擅自离开座位走动		
做其他学科作业		
睡觉		
接话茬、起哄		
与老师顶嘴		

专题十

初中校园欺凌行为及对策研究

——以四川省南充市为例[①]

第一章 导论

一、研究缘起

(一) 校园欺凌行为频发,引发社会各界广泛关注

校园应当是最阳光、最安全的地方,然而当前校园欺凌现象仍然较为严重。随着社会媒体曝光度的增加,以及校园欺凌本身造成的伤害影响极大,已经越来越引起社会各界的广泛关注。如何保障学生健康成长,这关系着亿万家庭的幸福和社会和谐稳定。为此,从 2016 年开始,国家相关部门出台了一系列治理文件。

2016 年 4 月 28 日,国务院教育督导委员会办公室印发了《关于开展校园欺凌专项治理的通知》,在全国开展了为期九个月的专项治理;同年 11 月 1 日,教育部联合中央综治办、最高人民法院、最高人民检察院、公安部、民政部、司法

[①] 本专题完成于 2018 年 4 月,主编对原文做过修改和删节。

部、共青团中央、全国妇联九部门印发了《关于防治中小学生欺凌和暴力的指导意见》，对积极预防处置学生欺凌和暴力事件提出了宏观性、原则性的指导意见；同年11月30日，国务院教育督导委员会办公室印发了《中小学（幼儿园）安全工作专项督导暂行办法》，将学生欺凌和暴力行为预防与应对纳入安全专项督导工作①。

2017年4月25日，国务院办公厅发布了《国务院办公厅关于加强中小学幼儿园安全风险防控体系建设的意见》，该意见第四点中指出：将安全教育与法治教育有机融合，全面纳入国民教育体系，把尊重生命、保障权利、尊重差异的意识和基本安全常识从小根植在学生心中。在教育中要适当增加反欺凌、反暴力、反恐怖行为、防范针对未成年人的犯罪行为等内容，引导学生明确法律底线、强化规则意识。第十四点中专门提出：构建防控学生欺凌和暴力行为的有效机制。纳入学生安全防控体系范围，提出对校园欺凌零容忍②。同年11月22日，教育部等十一部门印发了《加强中小学生欺凌综合治理方案》。方案中明确了中小学校园欺凌的界定，即中小学生校园欺凌是发生在校园（包括中小学校和中等职业技术学校）内外、学生之间，一方（个体或成群体）单次或多次蓄意或恶意通过肢体、语言及网络等手段实施欺负、侮辱，造成另一方（个体或群体）身体伤害、财产损失或精神损害等的事件③。从全球范围来看，有数据表示，在日本有超过八成的学生欺凌过别人或遭受过他人的欺凌；在德国，每5个学生中有1个曾遭到同学的殴打；在英国，儿童慈善团体所接到的求助电话中有1/4是关于校园欺凌的；在韩国，过去5年间所处理的校园暴力事件连续上涨④。在中国，从媒体的高频率曝光中我们也可以了解到目前我国校园欺凌现象严重，校园欺凌行为恶劣，校园欺凌影响严重等现状。

---

① 《教育部等十一部门联合印发加强中小学生欺凌综合治理方案》，《中国应急管理》，2017年第12期，第15—17页。
② 《国务院办公厅关于加强中小学幼儿园安全风险防控体系建设的意见》，《中华人民共和国国务院公报》2017年第13期，第23—28页。
③ 《教育部等十一部门联合印发加强中小学生欺凌综合治理方案》，《中国应急管理》，2017年第12期，第15页。
④ 贺岚：《看不见的角落——关于我国中学校园里的女孩欺凌现象的研究》，重庆师范大学硕士学位论文，2014年5月。

(二) 防范校园欺凌，对教育事业提出了新的要求

2016 年，国务院总理李克强对校园暴力作出重要批示：校园应是最阳光、最安全的地方①。但如何让"最阳光、最安全"落到实处，这是值得我们思考的问题。有人主张诉诸法律，毕竟我们国家是依法治国，但是法律是无情的，在校园暴力中，如若只是一味地去打压施暴者，其结果未必最为理想的，对于未成年人来说，尤其是对于那些一时失足的学生来说更是如此。校园暴力已经不仅仅是一个校园问题而简单地存在于校园中，它已经发展成为了一个社会问题，校园欺凌作为校园暴力中一种最常见的形式，备受社会关注。如何预防校园欺凌，干预校园暴力的发生，给我们教育者提出了新的要求。传统的认知观念中学生都是被动的，是弱者，那么为何会有校园欺凌的存在？如何做到"以德立身、以德立学、以德施教、以德育人"，这是值得深思的问题。教育是教书育人、立德树人的事业，如何做好当前的教育工作，这不仅是教育工作者应该思考的问题，更是我们这些热爱教育事业、一心想成为教育工作者的教育专业的学生所必须探求的问题。

(三) 遏制校园欺凌行为，是践行社会主义核心价值观的必然要求

社会主义核心价值观是当代中国精神的集中体现。社会主义核心价值观对公民的要求是爱国、敬业、诚信、友善。学生也是社会公民，学生在校园内遭受校园欺凌或实施校园欺凌，均不利于社会主义核心价值观的正确传播与践行。核心价值观，承载着一个民族、一个国家的精神追求，体现着一个社会评判是非曲直的价值标准。核心价值观，其实就是一种德，既是个人的德，也是一种大德，就是国家的德、社会的德。国无德不兴，人无德不立。如果一个民族、一个国家没有共同的核心价值观，莫衷一是，行无依归，那这个民族，这个国家就无法前进②。因此，从培养良好的公民角度出发，预防和制止校园暴力，是践行社会主义核心价值观的必然要求，有利于公民个人良好品质的形成，更有利于社会的和谐与稳定。

---

① 《李克强：校园应是最阳光、最安全的地方》，见中华人民共和国中央人民政府网（http://www.gov.cn/xinwen/2016-12/12/content_5146858.htm）。
② 习近平：《青年要自觉践行社会主义核心价值观——在北京大学师生座谈会上的讲话》，见新华网（http://news.xinhuanet.com/politics/2014-05/05/c_1110528066.htm）。

(四) 关注校园欺凌，践行生命教育

美国"生命伦理学"倡导者波特（V. R. Potter）提出尊重生命的双重意蕴。第一，敬畏生命，尊重生命。既要珍视自己的生命，也要善待他人的生命，这是一切社会价值得以保证的必要条件。第二，讲究生命的质量，既要保持较好的生理功能和形态，又追求健康愉快、有意义的生活。[①] 1968年，美国学者华特士（J. D. Walters）提出了生命教育思想，并在加州创办了第一所生命教育学校——阿南达智慧生活学校。华特士指出："教育并不只是训练学生能够谋得职业，或者从事知识上的追求，而是引导人们充分去体悟人生的意义。"[②]

践行生命教育对于遏制校园欺凌的发生是必要的，校园欺凌中青年学生多采用伤及他人人身的行为方式实施暴力，这是漠视生命的表现。这也代表着青少年出现了人格、心理危机，漠视生命的现象是不容小觑的，尤其在校园欺凌事件中，更应该积极在理论和实践中探索生命教育的意义。生命教育是一种为学生快乐和成功地生活作准备、以提升学生的精神生命为目的的教育活动。为此，华特士生命教育基金会提出，生命教育的目标是促使学生在身体、心灵以及精神各层面逐渐进步，成为比较平衡、成熟、有效率、快乐、和谐的人[③]。可见，生命教育的开展，对于加强青少年人格、心理、信仰教育有积极意义，从而对于遏制校园欺凌的发生及其产生的不良影响也意义非凡。

二、文献综述

（一）国内相关研究

1. 国内学者对本国校园暴力的研究综述

我国关于校园暴力问题的研究，主要可以从以下5个方面来分类阐述：

---

① 徐宗良等著：《生命伦理学：理论与实践探索》，上海：上海人民出版社2002年版，第16页。
② 华特士杰著、林莺译：《生命教育：与孩子一同迎向人生挑战》，成都：四川大学出版社2006年版，第1页。
③ 王定功、路日亮：《美国中小学生命教育探析及其启示》，《中国教育学刊》，2011年第1期。

(1) 关于校园暴力现状与成因的综述

第一，关于校园暴力的现状研究，不同的学者们主要从学校的不同类型来调查。譬如学者王培席、王绵珍、兰亚佳等在《大学校园暴力发生情况及危险因素分析》中论述了现如今大学生校园暴力的现状，即大学校园暴力的发生率很高，一些危险因素也不容忽视，应积极采取干预措施预防校园暴力的发生[1]。学者陈海珍在《广州市中学生校园暴力发生现状及危险因素分析》中论述了广州市中学生校园暴力发生普遍，应该加强防范[2]。第二，关于校园暴力的成因，主要有以下几个类型：①吸烟饮酒。如学者何源等写《广东省中学生吸烟饮酒与校园暴力关系》得出吸烟饮酒与中学生暴力关系明显；②家庭结构因素。如学者胡琨的《家庭对初中生校园暴力行为的影响分析》，这篇论文主要从家庭结构、父母职业类型和家庭教养方式来分析初中生暴力行为成因[3]。③学校监管不力。如学者简敏在《高校突发事件的管理缺失与机制构建》分析了校园暴力的成因是由于学校工作不到位，监管不力导致了校园暴力的发生[4]。④网络与媒体。网络中隐含有一些暴力犯罪，学生如若在行为上去实践，就会导致校园暴力。另外，还有新传媒下，媒体的语言风格对青少年校园暴力的影响。⑤人格特征与学校文化对学生的影响。如学者张崇峰和郑蓉的《自我同一性危机对青少年校园暴力的影响研究》，就主要讲述了青少年没有处理好心理危机，从而引发校园暴力行为[5]。学者苏静和檀传宝的《学会关怀与被关怀——论信息时代未成年人关怀品质的培养》，主要就讲了人格特征对于校园暴力行为预防的作用[6]。还有青年群体中存在的亚文化，也会导致校园暴力的产生。

---

[1] 王培席等：《大学校园暴力发生情况及危险因素分析》，《中华流行病学杂志》，2005年第12期。
[2] 陈海珍、池桂波、李文立：《广州市中学生校园暴力发生现状及危险因素分析》，《现代预防医学》，2008年第12期。
[3] 胡琨：《家庭对初中生校园暴力行为的影响分析》，华东师范大学硕士学位论文，2022年5月。
[4] 简敏：《高校突发事件的管理缺失与机制构建》，《甘肃社会科学》，2005年第6期。
[5] 张崇峰、郑蓉：《自我同一性危机对青少年校园暴力的影响研究》，《教育现代化》，2016年第32期。
[6] 苏静、檀传宝：《学会关怀与被关怀——论信息时代未成年人关怀品质的培养》，《中国教育学刊》，2006年第3期。

(2) 关于干预校园暴力的措施的综述

关于预防校园暴力对策的文献主要有从校园安全角度出发，针对性地提出具体的措施和对策，来保护校园安全，预防和治理校园暴力的发生。如学者刘振华的《构建新型校园安全防控体系的思考》，就主张通过立法建立多元化的校园安全保障[①]。学者方奕《关于我国校园安全问题的分析与思考》，将校园暴力放在校园安全这样一个大的背景下来进行分析[②]；此外，还有从学校工作方面分析的。

(3) 关于校园暴力不同研究视角的综述

校园暴力是一个全球公共问题而存在。不同学科领域的学者自然采取从不同的视角来研究它。比较多的是从法律角度，因为校园暴力涉及暴力犯罪，所以很多学者从政治立法上来进行研究这一行为。如学者谢晋写的《当代中国"校园暴力"的法律缺位与应对》[③]；郑布英《关于校园安全立法的几个问题》[④]；陶宏《青少年犯罪与青少年的法律教育思考》[⑤] 等，均主张从立法角度来预防和解决校园暴力。另外还有从群体效应视角来研究的，如学者陶莹的《群体效应视角下的女生校园暴力分析》[⑥]；也有从教育社会学视角来写的，如郭秋娟的《教育社会学视角下的中小学校园暴力成因探析》[⑦]。

(4) 关于校园暴力施暴者主体的综述

目前，关于校园施暴者主体的研究，除了我们传统认知里的男性主体外，还包含女性作为施暴者的主体。许多学者写了女性作为施暴者的校园暴力文献，揭露了中国目前校园暴力犯罪施暴者主体的悄然变化，女性在人们的印象中一向是柔弱的、被动的，好像和施暴者联系不起来。然而，文献中论及校园中女性作为施暴者的比例还在上升。

---

① 刘振华：《构建新型校园安全防控体系的思考》，《湖北警官学院学报》，2004年第5期。
② 方奕：《关于我国校园安全问题的分析与思考》，《青年探索》，2013年第1期。
③ 谢晋：《当代中国"校园暴力"的法律缺位与应对》，《法制与社会》，2017年第5期。
④ 郑布英：《关于校园安全立法的几个问题》，《武汉大学学报（哲学社会科学版）》，2005年第4期。
⑤ 陶宏：《青少年犯罪与青少年的法律教育思考》，《湘潭工学院学报（社会科学版）》，2003年第5期。
⑥ 陶莹：《群体效应视角下的女生校园暴力分析》，《消费导刊》，2007年第8期。
⑦ 郭秋娟：《教育社会学视角下的中小学校园暴力成因探析》，《牡丹江教育学院学报》，2019年第7期。

（5）关于校园暴力行为类型的综述

目前我们所熟知的校园暴力类型除了直接的打架斗殴还存在一种冷暴力，如学者王友强的《论教育行为冷暴力与防控》主要阐述了教师教育行为中的冷暴力，包括言语冷暴力、非肢体接触冷暴力等[①]。这不仅存在于师生之间，也存在于学生彼此之间。如学者秦雯的《农村小学教师语言暴力现象的研究》，这其实是教师实施的一种软暴力[②]。学者刘娜和陈炉丹的《学生之间的软暴力问题分析》主要表述了学生之间的一种软暴力，非直接身体接触的，但对心理危害极大的一种暴力形式[③]。

2. 国内学者对国外校园暴力的研究综述

目前，我国一些学者对国外的校园暴力也进行了相关研究，但主要集中在韩、日、美三国，因此重点介绍和梳理对这三国校园暴力的研究成果。

（1）对韩国校园暴力的研究

主要从韩国针对校园暴力出台的相关政策的角度进行的研究，比如吕君的《韩国〈"以学校现场为中心"校园暴力应对政策〉述评》一文，分析了韩国的《"以学校现场为中心"校园暴力应对政策》的出台背景、主要内容以及给我国校园暴力应对政策启示等[④]。同时，还在实证分析方法的基础上对韩国校园暴力的现状、类型和特点进行了归纳和总结，并从家庭、学校和社会三个维度进行了原因分析，最后介绍了韩国政府应对校园暴力的相关政策，包括1995年的《校园暴力根治对策》、1997年的《校园暴力预防·根治对策》、2004年的《校园暴力预防及对策法》、2012年的《杜绝校园暴力综合对策》以及《2014年度"以学校现场为中心"校园暴力应对政策的促进计划》[⑤]，等等。此外，陶建国和唐泽东也对韩国的校园暴力的立法和对策进行了研究[⑥]。

---

① 王友强：《论教育行为冷暴力与防控》，《教育与教学研究》，2017年第2期。
② 秦雯：《农村小学教师语言暴力现象的研究》，山东师范大学硕士学位论文，2016年6月。
③ 刘娜、陈炉丹：《学生之间的软暴力问题分析》，《当代青年研究》，2007年第1期。
④ 吕君：《韩国〈"以学校现场为中心"校园暴力应对政策〉述评》，《比较教育研究》，2016年第1期，第84—89页。
⑤ 吕君、韩大东：《韩国青少年校园暴力情况及相关政策》，《当代青年研究》，2016年第9期，第16—20页。
⑥ 陶建国、唐泽东：《韩国中小学校园暴力事件的校内调解及启示》，《少年儿童研究》，2020年第11期。

（2）对日本校园暴力的研究

主要集中于对日本校园暴力的现状、原因以及对策研究。师艳荣认为"日本校园暴力频发凸显日本学生道德价值观念的滑坡，而家庭、学校和社会在学生价值观的形成过程中发挥着重要作用"[1]。因此，她在论述日本校园暴力现状的基础上，从家庭、学校及社会三个层面分析并说明了日本校园暴力的原因。还有学者则从校园暴力的视角来探讨日本教育的矛盾与冲突。

（3）对美国校园暴力的研究

同样侧重于校园暴力的类型、现状、成因和预防措施及对策的研究，但有学者则从美国校园暴力的治理模式的角度进行了研究，即预防—早期干预—强化的三层治理模式，以及危机的预防—危机的准备—危机的应急—危机后恢复的危机管理的四阶段模式[2]。

（4）对中国与外国校园暴力的比较研究

中韩校园暴力的比较研究主要是在特征、成因及对策上的研究。在类型划分上中韩两国具有较高的相似度，但仍有不同之处，比如"韩国校园暴力类型更为丰富，特别是在集团暴力、校园欺凌等方面较中国更为严重"；在校园暴力的成因方面，中韩校园暴力的成因存在"因民族文化传统和社会发展不同带来了差异"；在校园暴力应对措施方面，"韩国校园暴力防控的立法实践、公共力量参与、专业化的救济与矫治等具体做法都可为国内的相关应对工作提供借鉴"[3]。中日校园暴力的研究主要是防治措施上的比较研究。宋雁慧在对5所日本和中国的薄弱学校进行调查的基础上，对两国学校所采取的防治暴力的措施进行了比较[4]。中美校园暴力的比较研究是现状、成因和措施的比较，但周松青则从法律规制的角度对两国的校园暴力进行了探究，认为两国在"对青少年的司法保护上存在共通性，但两国青少年司法系统和成年人司法系统的区分，以及打击青少年

---

[1] 师艳荣：《日本校园暴力的现状及原因探析》，《外国教育研究》，2010年第7期，第86—90页。

[2] 宋娴：《美国校园暴力及其治理模式》，《外国中小学教育》，2007年第3期，第14—18页。

[3] 段兴立、于惠：《中韩校园暴力特征、成因及对策比较》，《青少年犯罪问题》，2016年第3期，第83—88页。

[4] 宋雁慧：《中日校园暴力防治措施的比较研究》，《中小学管理》，2009年第8期，第46—50页。

犯罪的严厉程度上存在较大的差异"①。

3. 国内学者对于国内校园欺凌的研究综述

（1）关于校园欺凌成因的研究

我国学者李燕秋在她的文章《校园欺凌研究综述》里，将校园欺凌的成因分成3个大的因素，即个人因素、家庭因素、社会因素；在个人因素里，她指出了学生的人际交往以及不良生活习惯、个人法律意识淡薄等；在家庭因素里，她提到了家里的教养方式、家庭环境、家庭结构例如单亲家庭等可能是校园欺凌的主要成因；在社会因素里，她指出了媒体、社会价值观、亚文化、经济发展、居住环境、社会结构等的影响②。学者李爱在《青少年校园欺凌现象探析》中将校园欺凌的成因总结为学生个人的心理特征、家庭教育方式、同伴群体的影响、大众传媒的不良示范、学校道德教育的缺失等③。学者方芳在《造成校园欺凌有四大原因》中指出国家缺乏相应的惩戒机制、家庭教育存在缺失、学校教育缺乏实效性、社会不良文化影响是造成校园欺凌的四大原因④。学者杨卫敏在《中小学受欺负行为的影响因素研究》中认为同伴冲突解决、教师对待、校园沟通质量以及校园氛围是欺凌的主要因素⑤。学者宋雁慧在《校园暴力丛生现象研究》认为应试教育、升学主义的压力、学校德育的丧失以及教师对学生的歧视与体罚是造成校园欺凌的主要原因⑥。学者李汉学在《校园欺凌问题检视》认为特定的时代特征、不健康的网络环境、学校管理缺失、家庭环境的负面影响、青少年的身心成长特点以及政府相应法规的缺失是校园欺凌的原因所在⑦。学者胡春光在《校园欺凌行为：意涵、成因及其防治策略》论述中主要认为欺凌行为本身特点和人们对其的错误认知以及个体内部（如焦虑、身体表征、归因风格等）和社会环境（如家庭、同伴群体、学校、社区等）之间的互动机制所产生的偏差是校园欺凌

---

① 周松青：《中美校园暴力法律规制比较研究》，《中国青年研究》，2016年第1期，第16—22、30页。
② 李燕秋：《校园欺凌研究综述》，《教育科学论坛》，2016年第14期，第68—71页。
③ 李爱：《青少年校园欺凌现象探析》，《教学与管理》，2016年第3期，第66—68页。
④ 方芳：《造成校园欺凌有四大原因》，《中国德育》，2016年第6期，第29—31页。
⑤ 杨卫敏：《中小学受欺负行为的影响因素研究》，浙江师范大学硕士学位论文，2014年，第30—41页。
⑥ 宋雁慧：《校园暴力丛生现象研究》，《中国青年研究》，2012年第7期，第99—103页。
⑦ 李汉学：《校园欺凌问题检视》，《当代教育论坛》，2016年第5)期，第24—30页。

盛行的主要因素①。学者周佳桦在《校园欺凌产生的原因及应对策略研究》主要认为不良的家庭教养方式和同伴群体的消极影响以及学校教育的缺失是校园欺凌的主要原因②。学者王楚婧在《校园欺凌问题成因及对策分析》认为网络社会发达，导致青少年过早接触暴力色情，而我国校园安全法律法规建设又有一定的滞后性，有些学生学校教育欠缺，加上学生个人法律意识薄弱，家庭不和睦，学校和社会的管理缺位等是校园欺凌发生的主要原因③。

（2）关于校园欺凌类型的研究

根据行为的表现形式，欺凌通常区分为直接欺凌与间接欺凌（direct and indirect bullying）。直接欺凌包括肢体欺凌（如推搡踢打）和言语欺凌（如嘲笑谩骂、起恶意绰号等），间接欺凌一般是指社会关系型欺凌（relational bullying），通常表现为隔离和排斥等④。欺凌类型研究还有三分法、四分法及五分法等分类方法。根据行为表现方式的不同，传统的三分法欺凌行为分为：肢体型欺凌，如击打、推搡、朝对方吐痰、通过武力强占别人的东西等；言语型欺凌，如嘲笑、恶意讥讽、起外号、威胁等；心理型欺凌，如散播谣言、操纵同伴间关系、排斥同龄人、敲诈等⑤。有的三分法将欺凌区分为暴力型、语言型和忽视型⑥。四分法也有不同分类，有的是在三分法基础上再加上强索欺凌，即以威胁恐吓的方式强行索要他人财物或胁迫他人替自己服务⑦；有的将欺凌分为情感上的（又称相

---

① 胡春光：《校园欺凌行为：意涵、成因及其防治策略》，《教育研究与实验》，2017 年第 1 期，第 73—79 页。

② 周佳桦：《校园欺凌产生的原因及应对策略研究》，《亚太教育》，2016 年第 29 期，第 103 页。

③ 王楚婧：《校园欺凌问题成因及对策分析》，《理论导报》，2016 年第 2 期，第 50—52 页。

④ Jing Wang, Ronald J. Iannotti, Tonja R. Nansel, "School Bullying Among Adolescents in the United States: Physical, Verbal, Relational, and Cyber", *Journal of Adolescent Health*, 2009, Vol. 45, No. 4, PP. 368-375.

⑤ Dan Olweus, *Bullying at School What We Know and What We Can Do*, Cambridge, MA: Black-well, 1993, P. 9. Also see in Nels Ericson, U. S. Department of Justice, Office of Justice Programs, Office of Juvenile Jus-tice and Delinquency Prevention, "Fact Sheet: 'Addressing the Problem of Juvenile Bullying'". [OL] June. 2001. https://www.ojjdp.gov/publications/PubAbstract.asp?pubi = 5823.

⑥ 张杰：《浅谈日本的校园欺凌问题》，《中国电力教育》，2008 年第 23 期，第 233—234 页。

⑦ 黄成荣、袁志文：《穗港澳三地青少年欺凌行为比较与社群福祉观辅导应对》，《青年探索》，2010 年第 6 期，第 22—29 期。

关性欺凌或社会关系型欺凌①）、口头上的、肢体上的以及网络欺凌四种类型②。在澳大利亚，欺凌被认为有五种类型，即身体欺凌、言语欺凌、心理欺凌、社会性欺凌和网络欺凌③。

2017年5月20日，《中国校园欺凌调查报告》正式发布。《中国校园欺凌调查报告》是中国应急管理学会校园安全专业委员会在中南大学举办"社会风险与校园治理"高端论坛发布的调查报告。④ 中国应急管理学会校园安全专业委员会一直专注于校园治理领域的研究，旨在提高中国应急教育与校园安全管理理论研究水平与实践工作能力，为开展相关领域的交流合作提供案例素材。在这则报告中，主要指出在校园欺凌行为中，语言欺凌是主要形式。其行为发生率明显高于关系、身体及网络欺凌，占23.3%。在学校生活中学生之间的嬉戏玩闹在所难免，如果是同伴之间善意的开玩笑不应认为是欺凌，但是如果行为带有明显的贬抑和攻击性，并且给对方造成了压力和伤害，则毫无疑问应将其划归欺凌之列⑤。在地区分布上，校园欺凌呈现典型的中部地区＞西部地区＞东部地区＞东北地区的地理空间分布形态⑥。

(3) 关于校园欺凌不同视角的研究

我国学者苏春景、徐淑慧、杨虎民在《家庭教育视角下中小学校园欺凌成因及对策分析》中主要论述了在家庭教育视角下如何看待校园欺凌的发生，他们在文章中主要认为校园欺凌与家庭教养方式密切相关联，家长是孩子的第一任老师，家长的行事方式，严重影响着学生的个性形成。研究表明，欺凌者的家庭表

---

① Jing Wang, Ronald J. Iannotti, Tonja R. Nansel, "School Bullying Among Adolescents in the United States: Physical, Verbal, Relational, and Cyber", *Journal of Adolescent Health*, 2009, Vol. 45, No. 4, PP. 368-375. Also see in N. R. Crick, J. K. Grotpeter, "Relational Aggression, Gender and Social psychological Adjustment", *Child Dev.*, 1995, No. 66, PP. 710-22.
② Eve M. Brank, Lori A. Hoetger, Katherine P. Hazen, "Bullying", *Annual Review of Law and Social Science*, December 2012, Vol. 8, No. 1, PP. 213-230.
③ 澳大利亚使馆教育处：《澳大利亚："反欺凌"的责任主体下移》，《人民教育》，2016年第11期，第23-25页。
④ 乔东亮、易帅东编：《2019青年学与青年工作论坛文集实践应用篇·青年爱国》，北京：北京理工大学出版社2021年版，第126页。
⑤ Dan Olweus, Bully/Victim Problems in School: Facts and Intervention, University of Bergen, Norway: *European Journal of Psychology of Education*, 1991, No. 7, PP. 495-510.
⑥ 《〈中国校园欺凌调查报告〉发布语言欺凌是主要形式》，见中新网（http://www.chinanews.com/sh/2017/05-21/8229705.shtml）。

现为缺乏情感温暖、在儿童表现出攻击性时缺乏一致的教育方式或父母的教养方式多以粗暴惩罚为主，父母之间的交往也充斥着敌意与暴力。① 另外当遇到校园欺凌时，家长是主张自己的孩子以暴制暴，还是选择告诉老师处理方式也会对结果产生影响。他们主张国家对家庭教育立法，以此明确家庭教育的责任。学者申素平、贾楠在《法治视角下的校园欺凌概念探析》中主要讲了校园欺凌的法律概念认定边界、法律立法等，主要从国家制度层面立法来遏止校园欺凌行为的发生。法治视角下的校园欺凌治理体系，包括法律、政策、学校规章制度、专业团体建议等不同层次和类型的规范，它们彼此作用不同，不可互相取代。② 学者魏叶美、范国睿在《社会学理论视域下的校园欺凌现象分析》中，从社会视角来分析影响校园欺凌行为的因素，他们认为校园欺凌应该归因于复杂的社会因素，主张将校园欺凌放在一个大的社会背景下，运用社会学理论如社会环境、社会结构、社会制度和社会亚文化几个方面，来谈及对校园欺凌的影响。在社会视角中，他们主要将社会失范、家庭结构失能、反学校文化、社会规则缺失视为主要成因。学者张恩凯的《校园欺凌现象的心理学分析》从心理学的角度研究校园欺凌的发生，他在文章中主要分析了校园欺凌者的心理活动以及受欺凌者的心理活动，在校园欺凌的成因分析中，他主要归因于欺凌者缺乏同情心、欺凌者心理基本需求的匮乏、家庭监管与保护功能的缺失、不良环境中的社会观察学习③。

（二）国外相关研究

对于校园暴力的研究，国外开始比较早，目前，一些西方国家已经有了一套比较成熟的理论和有效的预防措施及应对方法，这些理论和方法对我国校园暴力的研究具有一定的借鉴意义。

---

① V. Stevens, I. De. Bourdeaudhuij, P. Van Oost, "Relationship of the Family Environment to Children's in-volvement in Bully / Victim Problems at School", Journal of Youth and Adolescence, 2002, Vol. 31, No. 6, PP. 419-428.
② 申素平、贾楠：《法治视角下的校园欺凌概念探析》，《中国人民大学教育学刊》，2017年第4期，第9页。
③ 张恩凯：《校园欺凌现象的心理学分析》，《濮阳职业技术学院学报》，2017年第3期，第146—147页。

1. 国外关于校园暴力定义的综述

国外关于校园暴力的研究起源于 20 世纪 70 年代,挪威心理学家 Olweus 率先对校园欺负行为做了系统的研究,自此,校园暴力问题逐渐受到了学术界的重视。

(1) 关于校园暴力的定义研究

Olweus 曾给校园暴力下定义:"一个学生如反复地或长期地成为一个或多个学生的负面行为的攻击对象,这个学生即是被欺负或成为暴力或迫害行为的受害者。"[①] 美国学者 Anderson M 认为,凡是在公立或私立学校的校园内、学生上学或放学途中、学校举办的活动过程中所发生的暴力行为都可归结为校园暴力[②]。美国预防校园暴力中心将校园暴力定义为:"任何破坏了教育的使命、教学的气氛以及危害到校方的预防人身、财产、毒品、枪械犯罪的努力,破坏学校治安秩序的行为。"[③]

(2) 关于校园暴力行为性质的研究

美国学者 Zeira 等人认为,校园暴力包含严重程度和发生频率不同的多种行为,比如,暗杀、性骚扰、校园殴斗、报复犯罪、欺负、言语威胁和胁迫、体罚、群体犯罪、故意破坏行为和约会暴力[④]。

(3) 关于校园暴力现状的研究

从近年来美国校园暴力发生的实际状况看,校园暴力呈现出以下新的特征:暴力事件的情节更加严重,涉枪案件增多,单次事件的死亡人数不断增加;暴力事件制造者和受害者的年龄越来越小;女性暴力事件逐渐增多[⑤]。

---

① 张旺:《美国校园暴力:现状、成因及对策》,《青年研究》,2002 年第 11 期,第 44—49 页。

② M. Anderson, J. Kaufman, T. R. Simon, etal, "School-Associated Violent Deaths in the United States, 1994-1999". *The Journal of American Medical Association*, 2001, Vol. 286, No. 21, PP. 2695—2702.

③ 戴宜生译:《美国未成年人司法制度的发展》,《青少年犯罪问题》,2005 年第 4 期,第 12—16 页。

④ Anat Zeira, RonAvi Astor, Rami Benbenishty, "School violence in Israel: Findings of a National Survey", Social Work, 2003, Vol. 48, No. 4, PP. 471—483.

⑤ 张旺:《美国校园暴力:现状、成因及对策》,《青年研究》,2002 年第 11 期,第 44—49 页。

(4) 关于校园暴力成因的研究综述

比利时学者 Flannery 认为在对校园暴力行为的性质进行分析时,"在一个发展的框架内根据行为的连续性"来考虑暴力行为是很重要的[①]。Flannery 和 Williams 研究表明,受过虐待或忽视的儿童在成人期以前要比没有受过虐待或忽视的儿童超出 38% 的可能性因为暴力犯罪行为而被捕[②]。P. Orpinas 等人在研究家庭因素与儿童攻击行为的关系时发现,家庭结构、与父母的关系、父母的管教、父母对打架的态度等四个因素解释了儿童攻击行为和携带武器的总变异的 1/3,尤其是父母对打架的态度[③]。美国学者认为社会大环境中导致暴力行为的因素也是引起校园暴力的因素,例如种族歧视、吸毒、使用武器、虐待和忽视儿童、单亲家庭、失业以及媒体对暴力行为的大量播放等[④]。

(5) 关于校园暴力干预的研究

美国 Smith 等开展 "GREAT(Guiding Responsibility andExpectations forAdolescents for Today and Tomorrow)家庭计划" 干预方案,就是以社区为基础,组织多个家庭一起进行课程和活动,旨在将家庭教育和学校教育联合起来,共同帮助青少年。[⑤]

2. 国外对于校园欺凌的研究综述

第一,德国关于校园欺凌的研究现状

德国,在 20 世纪 80 年代至 90 年代初时,很少对学生身上发生的暴力或欺凌产生关注,其关于校园暴力事件的研究主要停留在学生们对校园的破坏行为。这并不意味着德国的校园是一片净土,根本没有对学生身体和心理造成伤害的事件,只是因为当时人们不愿提及这些事情。直到 90 年代初时,柏林市成立了反

---

① C. Saufler, C. Gagne, *Maine Project Against Bullying*. Augusta: Maine State Department of Education, 2000, PP. 10-11.

② P. Orpinas, N. Murray, S. Kelder, "Parental Influenceson Students' Aggressive Behaviors and Weapon Carrying", *Health Education & Behavior*, 1999, Vol. 26, No. 6, PP. 774-787.

③ D. M. Daane, Child and Adolescent Violence. Ortho-paedic Nursing, 2003, Vol. 22, No. 1, PP. 23-32.

④ K. Mitchell, "How Safe is My Child's School?" *The Education Resources Information Center Review*, 2000, Vol. 7, No. 1, PP. 2-3.

⑤ E. P. Smith, D. Corman-Smith, W. H. Quinn, et al, "Community-Based Multiple Family Groups to PreventandReduce Violent and Aggressive Behavior: the GREAT Families Program", *The American Journal of Preventive Medicine*, 2004, No. 26 (1 Suppl), PP. 39-47.

暴力委员会，其主要任务是调查和研究校园暴力问题。经过研究调查，他们得出结论是校园暴力的原因主要就是家庭和社会的原因。其实德国当时的校园暴力就是狭义的校园暴力，即校园欺凌。关于校园欺凌的原因，他们认为媒体的影响，尤其是电视影响不容忽视。还有一些诸如学生自身的成绩压力、过高的要求、噪音等因素。

第二，美国对于校园欺凌的研究

20世纪60年代，美国经历二战之后经济繁荣，但潜在不安因素淤积。为推进民主化进程，反主流文化运动爆发，整个社会处于一种"混乱无序"的状态。暴力文化泛滥，加上枪支管理松懈，各种群众运动波澜壮阔，此起彼伏。与此同时，多元文化差异使美国社会充斥着偏见、歧视、不平等。在社会与文化的双重影响下，校园欺凌逐渐滋生，并恶化成为社会问题，并且，在20世纪中之前，美国家庭普遍将攻击性作为衡量学生体格强健的标尺。甚至当时许多专家认为，应该鼓励男孩通过打架来发展其攻击倾向。[1] 这一时期"欺凌"一词还尚未进入大众视野，学校与家庭教育的重心在于培养品学兼优的"模范生"。

20世纪60年代起，校园欺凌逐渐受到关注。1955年，芝加哥一所学校实施了"代管"项目——由高年级的学生在午餐和休息时间监管低年级学生。与之类似，1962年，林肯社区高中成立了学生服务机构，由学生代理教师行使监管职责。然而，令人始料未及的是，两项项目均发生恶性欺凌事件，并被当地媒体曝光。[2] 挪威学者丹·奥维斯（Dan Olweus）所出版的《学校中的侵略——欺凌和替罪羊》被认为是美国最早研究校园欺凌的著作。

美国在治理校园欺凌的措施主要以社会立法，即对校园暴力"零容忍"、多元主体支撑社会救助以及主张在家庭教育中以文化教育为主。

（三）研究述评

通过以上国内外的综述，我们可以了解到国内外学者对校园暴力和校园欺凌的研究，分别从现状、成因、性质、影响、暴力主体类型、暴力行为类型等方面

---

[1] Patrcia Bolton Allanson, Robin Rawlings Lester & CharlesE. Notar, "A History of Bullying", *International Journal of Education and Social Science*, 2015, Vol. 11, No. 2, PP. 31—36.

[2] Steven Arthur Provis, "Bullying (1950—2010): The Bully and the Bullied", Chicago: Loyola University, 2012, P. 50.

做了很多研究，为本研究提供了丰富的理论基础和文献参考资料。但在研究方法上多采用理论分析，实证调研的很少。本研究采用问卷调查和走访调查法，通过对所收集的资料进行分析和归纳整理，进一步丰富现有的一些研究成果。

三、核心概念界定

因谈及校园欺凌必然会涉及校园暴力这一概念，所以在综述中，首先就校园欺凌和校园暴力概念之间进行一个区分，阐明其相应内涵。

（一）校园欺凌

在 2017 年 11 月 22 日，教育部等十一部门印发《加强中小学生欺凌综合和治理方案》。方案中明确了中小学校园欺凌的界定，即中小学生校园欺凌是发生在校园（包括中小学校和中等职业技术学校）内外、学生之间，一方（个体或成群体）单次或多次蓄意或恶意通过肢体、语言及网络等手段实施欺负、侮辱，造成另一方（个体或群体）身体伤害、财产损失或精神损害等的事件[①]。其实在此文件之前，国务院办公厅还印发了一篇《关于加强中小学幼儿园安全风险防控体系建设的意见》。此意见中，在完善学校安全风险预防体系下的健全学校安全教育机制中指出要把安全教育与法治教育有机结合，全面纳入国民教育体系中，把尊重生命、保障权利、尊重差异的意识和基本安全常识从小根植在学生心中。要在教育中适当增加反欺凌、反暴力、反恐怖行为、防范针对未成年人的犯罪行为等内容，引导学生明确法律底线，强化规则意识。提出建立零容忍制度，做到及早发现、及时处理。由此可见，党中央对校园安全中有关学生校园欺凌的重视。

（二）校园暴力

校园暴力作为一个法律用语在我国各种法律和政策中并不多见，如 2006 年修订的《未成年人保护法》第 22 条在草案中曾使用"制止校园暴力"的表述，

---

① 教育部等十一部门印发：《加强中小学生欺凌综合和治理方案》，《云南教育（视界时政版）》，2018 年第 1 期，第 31—34 页。

而后在正式通过颁布时删除该用语①。在中国，研究校园暴力似乎是从国外的校园暴力开始的，见诸于学术期刊的最早的是 1989 年索威尔和郭宏的《美国校园中的新种族主义》后有，1990 年晓伟的《法国校园暴力多》，1990 年李晚生的《美国校园内外的恐怖行为》等。当时中国学术界可能还没有预料到，时至今日，我国的校园暴力问题会像国外一样成为一个严重影响社会安宁的重大问题。我国对本国校园暴力问题的研究是在 20 世纪 90 年代末期出现的，开始是作为中小学生间的"欺负"行为来进行研究的。1998 年，我国学者张文新借助与国外同行合作的契机，率先对中国背景下的中小学生的"欺负"问题展开了较为系统的研究，但这种研究只是停留于学生间的"欺负"现象中，没有做深入的分析和探讨②。司法部预防犯罪研究所在这一年立项课题《校园暴力研究》，这是国内对校园暴力问题的初始研究。2004 年，徐久生系统研究了校园暴力问题，包括校园暴力的界定、校园暴力在国外、校园暴力的调查方法与一般结果、对校园暴力的不同认知、校园暴力产生的原因及其危害、校园暴力的控制与预防等内容③。他的概念定义是指发生在中小学、幼儿园及其合理辐射地域，学生、教师或校外侵入人员故意攻击师生人身以及学校和师生财产，破坏学校教学管理秩序的行为④。另外有研究者归纳为主要包括"以校园为中心的界定模式"和"以师生为中心的界定模式"，并提及美国有研究者认为校园暴力不仅指身体暴力，亦包括由于强行控制导致的情绪和心理痛苦等。

（三）校园欺凌与暴力

根据校园欺凌和校园暴力的概念界定，我们可以大致得出这样的结论——校园欺凌外延小，其多指学生之间，尤其是强者对于弱者的欺负。其形式多为具体，在网络信息化时代，也多涉及以谩骂为主要形式的网络欺凌。校园暴力外延较为宽泛，其不仅涉及校园间同学之间以强凌弱的现象，也包含校外不法人员对

---

① 姚建龙：《校园暴力：一个概念的界定》，《中国青年政治学院学报》，2008 年第 4 期，第 28—31 页。
② 张文新：《关注中小学生的欺负问题》，《山东教育：中学刊》2000 年第 34 期，第 4—8 页。
③ 徐久生主编：《校园暴力研究》，北京：中国方正出版社 2004 年版。
④ 姚建龙：《校园暴力：一个概念的界定》，《中国青年政治学院学报》，2008 年第 4 期，第 28—31 页。

于学生的欺负，以及教师对于学生的不公正、违规、失德现象，当然其也包含以网络为传播媒介的网络暴力，其对于受害者的伤害多为心理方面且程度要远远地大于网络欺凌。在人大基础教育期刊社专门写了一个专题《校园欺凌与校园暴力的区别》，其中分别从施暴主体、受害人对象、发生的频率及其性质和手段、危害等几个方面来阐述。关于施暴者，校园暴力的施暴者不仅局限于学校内的老师和学生，还有可能是校外入侵人员；校园欺凌的受害对象往往是在校学生。因此，也决定了校园欺凌的受害人一般都选择隐忍，也使得校园欺凌不易被发现，而校园暴力一般是比较明显的，且会被人注意到并立即阻止的行为。校园暴力一般是偶发的，不持续，而校园欺凌具有长期性和反复性，也因此，它对于受害者身心的创伤，尤其是心理上的伤害较大且难修复。就手段上来讲，校园暴力一般都是拳脚相加的"硬暴力"，而校园欺凌一般都是羞辱、嘲笑、被孤立、起外号等为主要表现形式的"软暴力"。另外，校园欺凌的主要多发学校类型为中小学，受害者往往都是未成年的小学生或中学生，他们一般都缺乏一定的反抗能力，而校园暴力在各种类型的学校都有可能发生。

本研究以南充市的3所中学作为调查对象。南充市处在四川省东北部、嘉陵江中游，由于处在充国南部得名，面积1.25万平方公里。据统计，2015年年末，全市初中429所，招生5.44万人，在校生17.48万人。全市普通高中71所，招生4.52万人，在校生13.92万人。

四、研究目的与意义

（一）研究目的

校园本应是最阳光、最欢乐的地方，孩子们在这里成长，不仅学习知识、结交朋友，还学习如何做一个合格的公民，学习做人的道理。如果任凭校园欺凌行为的发生、肆虐，必将会对孩子的心理造成沉重的阴影。呵护孩子们的成长，是每一位教育者的责任。所以，本专题拟通过对初中校园欺凌行为现状的调查分析，揭示遏制校园欺凌行为机制存在的问题和困境，进而在实践层面提出切实可操作的对策，做到有效遏制校园欺凌行为的发生和发展，最大程度上地减少和降低校园欺凌对初中生身心造成的伤害。

希望能够对研究校园欺凌的相关学者有所裨益;能够指导一线教师遏制校园欺凌的实践;能够引起社会各界对校园欺凌行为重视,尤其是与孩子利益直接相关的学校和家长们的重视,增加对初中生的人际交往的关注度,不忽略任何一个异常的细节,呵护他们的身心健康。

(二)研究的意义

1. 理论意义

本文结合当今时代发展和我国传统文化背景,并借鉴国外的相关研究成果,力求探索出一些具体可行的多元的结构性策略,挖掘新的视角,进一步拓宽研究的宽度,希望不只是简单地把校园欺凌看成一个学生之间打架斗殴的现象,力求探寻多方面原因,突破遏制校园欺凌行为的困境,让教育者和受教育者都更加安心地生活在学校之中。

2. 实践意义

本研究对南充市三所中学校园欺凌的现状进行调查,分析现状,探索其因,揭示遏制校园欺凌行为机制存在的问题和困境,进而在实践层面提出切实可操作的对策,最大程度上地减免和降低对初中生身心造成的伤害。希望能为有效遏制校园欺凌贡献微薄之力。

五、研究方法与思路

(一)研究方法

1. 文献法

文献法是指对已有文献进行查阅、分析和整理并通过对文献的研究力图寻找事物本质属性的一种研究方法[①]。本文结合研究需要,通过搜集、分析、整理和比较关于国内外校园暴力、校园欺凌、生命教育等相关的研究资料,包括国内外的专著、期刊、硕博论文等,以全面了解前人的研究成果、存在的不足以及研究

---

① 袁振国主编:《教育研究方法》,北京:高等教育出版社2000年版,第149页。

的"盲区",并在此基础上确定自己的研究对象、分析视角和研究内容等。

2. 问卷调查法

为了解初中校园存在的校园欺凌的现状,本研究对南充市3所中学的部分学生进行了问卷调查,本研究在参考现有文献资料的基础上,编制《关于初中生校园欺凌现状的调查问卷》,对初一、初二、初三的学生进行分层整群、抽样调查。问卷内容设计主要从以下几个维度进行:学生基本信息;学生对于校园欺凌的大致了解情况;校园欺凌的类型;校园欺凌的原因;学校对于校园欺凌的处理等。最后对问卷回收数据进行统计处理,了解现状,分析成因,研究对策。

(二)研究思路

本文立足在现有文献资料成果的基础上,分析校园欺凌的危害性,通过问卷调查,多维度,多角度了解南充市初中校园欺凌的现存状况,进而对现状的归纳和分析,发现存在的问题,深入剖析问题存在的原因,并结合社会实际,提出切实可行的预防校园欺凌行为发生乃至恶化的对策,以期还校园一方净土,一个祥和的学习氛围。

第二章 校园欺凌的理论背景分析

欧维斯认为影响欺凌行为的可能因素,包括个人气质、主要养育人(特别是母亲)的教养态度、基因遗传(雄性激素的影响)、同辈群体影响(获得赞同与支持、经济利益、观察模仿)以及大众传媒[①]。

---

① D. Olweus, "Development of Stable Aggressive Reaction Pattern in Males", In R. J. Blanchard & D. C. Blanchard (Ed.), *Advances in the Study of Aggression*, Orlando, FL: Academic, 1984.

一、罗素的权力根源理论

罗素的权力观以其人性论为依据自有其逻辑,他认为权力就是人性欲望的结果,权力根本来源于人性的欲望,权力的价值在于满足权力主体和权力客体的欲望。① 罗素的权力论认为权力根源于人民,这不止用来解释政治选择,还应该用来解释校园欺凌的发生。因为欺凌行为发生的部分原因,在于欺凌行为给欺凌者带来的的控制感及权力感。欺凌的一个典型行为表现,就是对弱者的压迫和统治。欺凌行为满足了欺凌者支配、控制他人的欲望,通过欺凌确立权力地位以满足欺凌者自认为的在同辈面前受人崇拜或推崇的心理,这种"权力成就感"是校园欺凌的成因之一。

二、攻击行为理论

运用攻击行为来解释校园暴力,主要有两种理论,第一种是将攻击行为视为本能的理论,即本能理论。该理论认为,人类的攻击行为源于人的天生的追求生理上和心理上满足的本能。根据该理论,人的攻击行为或者暴力行为是与生俱来的和不可避免的。在弗洛伊德(Freud)的本能理论中,毁坏欲或者死亡欲是生物本能的性爱的对立面。人的攻击行为是外化了的毁坏欲,其目的是造成对他人的伤害。② 另外一种是"挫折—攻击"行为理论。该行为理论认为攻击行为的发生是因为个体遭遇了挫折后才产生的。"驱力"是该理论核心的出发点,其认为个体攻击行为的动机不是天生的,而是其内在驱力受到外界挫折的刺激所引起的。当一个人计划的行为受阻或没有成功地实现行为目的,就会产生挫折情绪,紧接着,个体为减轻其所产生的焦虑和愤怒,就会出现攻击的暴力行为。当然,

---

① 刘诗贵、肖凤仪:《罗素权力理论的现代启示》,《湖南行政学院学报》,2017年第6期,第107页。
② 徐久生主编:《校园暴力研究》,北京:中国方正出版社2004年版,第12页。

相关研究表明,并不是每一个受挫都会必然地导致产生攻击行为,而且,也并不是每一个攻击行为都是以遭受挫折为前提条件的。有学者对该理论进行了修正,提出了归因在"挫折－攻击"假设中所扮演的角色:即个体对挫折情境的归因及对结果的预期会影响挫折与攻击之间的关系;若是个体倾向于将挫折经验作为内归因,或预期采用攻击行为后要付出较大的社会代价,则他会修饰或抑制攻击行为的表现。波克威茨(L. Berkowitz)的"线索唤起理论"进一步修正了"挫折－攻击"假设,认为挫折所引起的只是一种未分化的唤起状态,如果在个体所处的环境内,没有给予引导的线索,则不会朝向特定的反应模式。换句话说,个体遭遇挫折经验后,进入一种准备行动激动状态,他将采取什么行动,视当时环境中最占优势的反应而定:若环境中有提示攻击的线索存在,那么个体就有可能采取攻击行为;若有线索提示攻击行为将不容于社会,则个体便会抑制公然的攻击行为[1]。"挫折－攻击"假说提供了欺凌行为可能发生的前提条件,但却未必充分条件;该理论启示我们,倘若能在环境中减弱欺凌者的挫折情绪,将或许有利于减少欺凌行为的发生。

三、社会认知理论

社会认知理论是美国心理学家班杜拉提出来的。理论的核心内容有3点,第一,三元交互理论(即社会、个人认知与行为交互作用)。在此框架下分析欺凌行为,可以从相互决定性方面来说,即个体的认知与所处环境会影响其攻击行为,同时环境的好坏也会影响个体的认知与行为,这种互动是持续的、相互的。第二,观察学习理论。在观察学习理论中,关于欺凌这种攻击性行为,班杜拉曾做过一个实验,研究人员让儿童观察一个成年人用橡胶榔头击打(虐待)真人大小的小丑玩具,这个成年人在折磨这个小丑玩具后,对于成年人的攻击行为,给予两种结果,即奖赏和惩罚。在孩子们观察成年人的攻击行为以及获得的两种不

---

[1] L. Berkowitz, "Frustration-aggression Hypothesis: Examination and Reformulation", *Psychological Bulletin*, 1989, Vol. 106, No. 1.

同的结果后,班杜拉让这帮孩子与那个小丑玩具呆在一起。结果表明,孩子们在有意模仿那个成年人的攻击行为;尤其是模仿成年人获得奖赏的攻击行为。这就可以解释,为什么有的孩子在偶然的几次攻击行为后,尝到了"甜头",其攻击行为的欲望就会增加,如果再受到同龄人的赞许,其攻击行为就会日益严重。通过社会学习,个体习得社会行为,其中就包括校园欺凌行为的习得。家庭影响(亲子互动关系、父母管教方式、父母情绪处理等)、学校因素(师生关系、学校/教师对欺凌的态度与应对技巧、同辈品质、校园文化、学业成就、班级大小等)、群体影响(非个体化、集体思维症候、从众压力)、大众传媒渲染等都对个体的欺凌行为学习有重要影响,个体从自己的行为后果学习,同时也观察他人的行为所带来的后果。第三,是个人的认知。认知机制在个体不道德行为正当化上扮演了重要角色。这些认知机制有:道德正当化,当个体涉入欺凌行为时,将其行为以宗教或道德理由正当化(如替天行道),以减轻对欺凌行为的自我谴责;委婉的标签,即使用正向或中性的语言指称不道德的行为或将不合适的行为进行重新解释,如欺凌者将其欺凌行为命名美化为"江湖传说"时,即成为他引以为傲的勇敢故事;置换责任,个体通过将责任置于权威者来正当化其不道德的行为,如欺凌者欺凌他人而将责任转嫁到服从帮派领导的命令;分散责任,个体通过团体决策或参与集体行为分散其个人责任,此时集体身份代替了个人身份,个体对自己行为的拥有感降低;极小化或选择性的遗忘结果,个体极小化行为后果带给当事人的痛苦或选择性的提示该行为的好处(如欺凌他人是帮助他进步)来掩饰其行为带给当事人的痛苦;被害人去人性化,这是欺凌者蓄意移除被害人人性品质的过程,以及欺凌者为了消除对自我认知不协调所做的努力,如我是好人但我做了不好的事情,被害人自己的品行差,所以我才欺负他;责怪归咎被害者,即被害者的人格特质或其行为导致自食其果(被欺凌)。当欺凌者责怪被害者时,通常将自己视为正义的一方,指出因为是被害者的个人因素而使自己被迫做出欺凌行为[①]。

---

① 胡春光:《校园欺凌行为:意涵、成因及其防治策略》,《教育研究与实验》,2017年第1期,第76页。

四、精神技能理论

该理论主要从个体所拥有的精神技巧来解释欺凌行为。过去通常将欺凌者视为强力且缺少社交技巧的个体,欺凌者似乎不容易了解他人,不能与他人产生良好互动。精神技能理论指出,欺凌者不是没有良好的社会认知与心智技巧,他们拥有比欺凌受害者更高的社会智能,能熟练运用言语或肢体攻击等心智手段去操纵受害人,以微妙无痕的破坏方式,达到欺凌受害者的目的,且不被贴上欺凌被害人的标签。相对而言,欺凌受害者通常不擅于处理人际冲突,多半以逃避策略,如大哭、走开或不予理睬等方式回应冲突,此种消极内向的心智助长了欺凌行为[1]。此外,人格特征与欺凌行为之间关系的研究也类似于精神技能理论。研究表明,对经验持开放态度、可亲随和和责任心三项性格特征得分低的儿童会不服从成人指令,不尊重他人权利,有攻击性行为和较差的人际关系,这些儿童有较多恐吓同学等欺凌行为[2]。另一个研究欺凌行为与人格之间关系的方向是研究神经质(neuroticism)/精神质(psychoticism)人格与欺凌/被欺凌的关系研究发现,欺凌者通常具有较高的精神质倾向,自我中心,感情冷漠,情绪冲动,缺乏同情心,对外界刺激反应强烈;而欺凌受害者则通常有神经质倾向,具有较低自尊,容易焦虑与抑郁,表现出较强的自卑感[3]。针对精神技能较差的儿童,可从其人际互动、社会智能方面进行辅导与改善,以减少被他人欺凌的几率。

从以上分析可知,权力根源理论强调产生欺凌是个体为了获得较高的社会地位及支配优势,展现自我力量及显示自我价值。"挫折-攻击"假说认为个体受挫不必然产生欺凌行为,挫折后引发欺凌行为,除了个体内在的准备度,个体对外界环境线索的解读也很重要。社会认知理论提出行为由学习而来,欺凌行为也

---

[1] X. Ma, L. L. Stewin & D. L. Mah, "Bullying in School: Nature, Effects and Remedies", *Policy & Practice*, 2001, Vol. 16, No. 3.

[2] D. J. Ehrler, J. G. Evans & R. L. McGhee, "Extending Big-five Theory into Childhood: A Preliminary Investigation into the Relationship between Big-five Personality Traits and Behavior Problems in Children", *Psychology in the Schools*, 1999, No. 36, PP. 451—458.

[3] 谷传华、张文新:《小学儿童欺负与人格倾向的关系》,《心理学报》,2003年第1期。

是从个体的社会化环境中模仿习得。精神技能理论则强调欺凌者利用娴熟的社会智能，蓄意欺凌控制他人，让我们看到欺凌者人格上的缺陷。校园欺凌事件中的角色及其分类众多，需要针对欺凌原因及欺凌启动者进行彻底了解，方能依其特性进行干预与治理，目前还没有一种理论学说能完全解释欺凌行为，各种理论均有其局限之处。因此，对欺凌行为成因的认识应采取多元综合观点，将欺凌行为理解为个体内部因素（如焦虑、身体表征、归因风格等）和社会环境（如家庭、同伴群体、学校、社区等）之间的互动机制所产生的偏差行为。

第三章 南充市初中校园欺凌现状、问题及原因分析

一、初中生校园欺凌的现状

笔者于2017年11月对南充市A、B、C3所中学的初中生进行调查，3所中学发放问卷分别为74、63、67份，全都收回，回收率达100%，其中无效问卷20分予以剔除，获有效问卷184份，有效率为90.20%。通过对调查问卷的统计数据分析整理，现将南充市初中生校园欺凌现状概括如下：

（一）关于校园欺凌中学生对于校园的认知现状

为了了解南充市初中生对于学校校园的一些认知现状，研究在调查问卷中设置了"你认为学校安全么？"一题，调查结果如表10－1所示。

表 10—1　南充市初中生对于校园安全认知现状

问题	选项	学生人数	所占百分比%
4. 你认为学校安全么？	A 非常安全	59	32.07
	B 不太安全	114	61.96
	C 很不安全	11	5.98

如上表所示，学生的校园安全感可以间接地反映校园安全的状况。校园安全感是指人们关于校园及其周边环境是否安全放心的总体感受水平。通常，校园安全感与校园暴力现象成反比。校园暴力严重，则校园安全感低；校园暴力不严重，则校园安全感高。可见，校园安全感在一定程度上反映出校园暴力现象的严重程度。有62%的学生认为校园不太安全，也就说明校园存在不安全的因素，学生可能对校园的信任感低，这种安全感的缺失极易使得学生在遇到一些问题时，不相信学校的做法。

紧接着，在问卷中又设置了"你认为学校不安全的因素有哪些？"一题。调查结果如表10—2所示。

表 10—2　南充市初中生对于学校不安全因素的认知现状

问题	选项	学生人数	所占百分比%
5. 你认为学校不安全的因素在于？	A 校园设施	14	7.61
	B 人际关系	43	23.37
	C 校园欺凌	98	53.26
	D 其它	29	15.76

根据表格数据显示，我们可以直接了解到认为校园欺凌成为校园中的不安全因素的人数已经超过了一半，可见校园欺凌的恶劣影响，也反映出校园欺凌已经成为校园安全建设中不容忽视的因素。在选项"其它"中，又有37.00%的学生标注到了以下几个他们认为的校园不安全的原因，有"学生心理有问题""学生跳楼很多""不知道，总感觉怪怪的""超社会的人太多，化妆的女生太多""有一些社会上的小混混，而且爆粗口，初二年级化妆多""混社会的太多""有一些抽烟的大哥哥和一些说脏话的人"这7种缘由，还有9.78%的人认为"校园设施""人际关系""校园欺凌"这3个都是校园不安全的原因。

（二）关于校园欺凌的发生频率

研究在问卷中设置了"在你的身边是否发生过校园欺凌"一题，调查结果如表格10－3所示。

表10－3　初中生校园欺凌的发生频率现状

问题	选项	人数	所占百分比%
6. 在你的身边是否发生过校园欺凌？	A 发生过	83	45.11
	B 多次发生	12	6.52
	C 经常发生	9	4.89
	D 从来没有	80	43.48

如由上表可见，56.52%的学生承认在自己的身边发生过校园欺凌事件。说明校园安全问题中的校园欺凌事件很严重，值得关注。

（三）初中生对于校园欺凌的认知

在初中生关于校园欺凌的认知中，我们主要从校园欺凌的主体特征、学生的关注度、学生的态度倾向等来了解。在问卷中设置了"你认为涉及校园欺凌的只是男生么？""你们同学间会经常谈论有关校园欺凌的问题么？""你认为涉及校园欺凌的同学学习成绩水平是？""你认为校园欺凌只是一个玩笑或闹剧属于正常行为么？"具体调查数据结果如表10－4所示：

表10－4　初中生对校园欺凌的认知

问题	选项	人数	所占百分比%
7. 你认为涉及校园欺凌的只是男生么？	A 只有男生	30	16.30
	B 男生居多	152	82.61
	C 只有女生	2	1.09
	D 女生居多	2	1.09
8. 你们同学之间会经常谈论有关校园欺凌的问题么？	A 一般不会	34	18.48
	B 偶尔会	60	32.61
	C 经常会	85	16.20
	D 从来不	5	2.72

续表

问题	选项	人数	所占百分比%
9. 你认为涉及校园欺凌的同学的学习成绩水平是?	A 成绩中下等居多	51	27.72
	B 成绩中上等居多	11	5.98
	C 都是成绩中下者	32	17.39
	D 跟成绩无关	90	48.91
10. 你认为校园欺凌只是一个玩笑或闹剧属于正常行为么?	A 是	37	20.11
	B 否	147	79.89
15. 你认为校园欺凌会造成什么后果?	A 被欺凌者产生自残、自杀的念头	78	42.39
	B 被欺凌者产生报复社会的行为	40	21.74
	C 欺凌者更嚣张	67	36.41
	D 校园风气日益恶化	59	32.07
	E 其它	3	1.63
24. 你认为采取何种措施可以有效防止校园欺凌的发生?	A 学校加强心理教育，教育同学友好相处	100	54.35
	B 学校对欺凌事件中违规学生进行严厉处分	8	4.35
	C 加强学校管理	12	6.52
	D 教育部门建立预防校园欺凌事件发生的体系	55	29.89
	E 其它	9	4.89

（四）初中生所经历的校园欺凌的主要类型

在调查问卷中，为了了解现今中学生之间校园欺凌的主要类型，笔者在调查问卷中设置了"你经历过什么类型的校园欺凌?"一题，具体的数据结果如表10—5所示。

表10－5　校园欺凌的主要类型

问题	选项	人数	所占百分比%
11. 你经历过什么类型的校园欺凌？	A 没有经历过	34	18.48
	B 被同学语言谩骂或散播流言	56	30.43
	C 受到暴力威胁或C恐吓	25	13.58
	D 东西被别人恶意损坏	47	25.54
	E 被人抢劫或勒索财物	15	8.15
	F 受到排挤或被孤立	56	30.43
	G 被人打	6	3.26
	H 其它	4	2.17
18. 你经历过网络欺凌么？	A 经历过	98	53.26
	B 没有经历过	86	46.74

（五）初中生对校园欺凌发生原因的分析

表10－6　初中生对校园欺凌发生原因的分析

问题	选项	人数	所占百分比%
12. 你认为遭受欺凌的原因有？	A 无缘无故，原因不明	40	21.74
	B 欺凌者看其不顺眼	76	41.30
	C 言语冲突	98	53.26
	D 同学关系不和	79	42.93
	E 价值观念不同	4	2.17
	F 被欺凌者成绩突出，遭受嫉妒	6	3.26
	G 被欺凌者性格软弱	87	47.28
	F 其它	5	2.72
16. 你认为生命很可贵，需要我们好好珍惜么？	A 是	87	47.28
	B 否	107	58.15
17. 你会在网上向陌生人泄露自己的个人信息么？	A 从来没有	38	20.65
	B 偶尔会	68	36.96
	C 经常会	78	42.39

(六) 初中生应对校园欺凌的措施

表 10-7 初中生应对校园欺凌的措施

问题	选项	人数	所占百分比（%）
13. 如果你遇见了校园欺凌事件，你会怎么办？	A 告诉老师	72	39.13
	B 围观	17	9.24
	C 上前制止	39	21.20
	D 其它	56	30.43
14. 如果你自己遭受校园欺凌，你会？	A 告诉老师家长	129	70.11
	B 忍气吞声	9	4.89
	C 报复	25	13.59
	D 报警	23	12.50
	E 其它	0	0.00

在"如果你遇见了校园欺凌事件，你会怎么办？"其它选项中，又有70.11%的人写到会转身默默离开，当作没看到。还有20.11%的人选择报警，9.78%的人选择回家告诉父母。

(七) 学生家长、教师对待校园欺凌的态度

为了了解学生家长和老师对待校园欺凌的态度，笔者在问卷中特设置了"你的家长对待校园欺凌的态度是""你身边的老师对待校园欺凌的态度是"两道题。具体数据结果如表10-8所示。

表 10-8 学生家长、教师对待校园欺凌的态度

问题	选项	人数	所占百分比%
20. 你的家长对于校园欺凌的态度是？	A. 经常关注	70	38.04
	B. 偶尔叮嘱	64	34.78
	C. 深恶痛绝	35	19.02
	D. 从不关注	15	8.15
21. 你身边的老师对校园欺凌的态度是？	A. 不在意，只要不影响正常秩序就行	8	4.35
	B. 比较关注	140	76.09
	C. 有人举报才注意	36	19.57

续表

问题	选项	人数	所占百分比%
22. 你们学校一般如何解决校园欺凌事件？	A. 合理解决	175	95.11
	B. 收钱办事	5	2.72
	C. 不闻不问	9	4.89
	D. 其它	4	2.17
23. 你们学校针对校园欺凌有开展过相关活动，如：安全讲座、主题班会么？	A. 有	154	83.70
	B. 没有	30	16.30

二、预防和处置初中生校园欺凌存在的问题

从上述分析，总体上看，目前南充市初中校园欺凌问题不容忽视，在校园安全中且并未重视到校园欺凌的预防必要性，缺乏相应的管理措施。在对校园欺凌的处理上，家校缺乏信息互通，缺乏合作，也就是缺乏家校合作意识，家长和教师更多的只是关注孩子的成绩，却忽视了学生的心理健康。另外，日常教学中，缺乏心理健康教育、生命教育、法律知识培训等，或者说该种类型的教育目前还缺乏系统性。因此，研究者将目前初中在校园欺凌中存在的主要问题归纳为以下几个方面：（一）家校没有形成合力，对学生身心健康缺乏关注；（二）学校重视程度不够，只关注学生的成绩；（三）学校缺乏心理健康教育，缺乏系统培训；（四）学校生命教育缺失；（五）学生法律意识薄弱，未能真正认清校园欺凌的危害。

三、初中生校园欺凌成因分析

（一）学生个人因素

第一，初中生正处于青春期，性格常常容易叛逆，若加上学生自己个性张扬

不羁、飞扬跋扈，则很容易触碰校园欺凌。再加上法律知识和道德教育的不完善，学生个人在缺乏同情心的情况下，很容易成为欺凌者。第二，学业压力太大，当自我效能感得不到满足时，在遭遇家长、老师方面的压力，会使得学生以校园欺凌这种极端的方式去发泄出来。第三，同伴的不良影响，同伴交往是学生学习生活的一个重要组成部分，也是对于初中生来说影响最大的一个群体，这是他们实现社会化的需要。初中生时期，他们的独立性增强，想要去摆脱父母，加强与同伴的交往，这也是他们确立自我形象的需要。他们渴望与同伴保持密切的联系，所以，同伴的品质好坏就直接影响了其本人的品格，初中生由于思想并未成熟，辨别是非能力也不强，对于友谊的理解难免会有偏差，如果交友不当，则很容易误入歧途。同龄人交往的不良表现主要表现在拉帮结派，他们自己认为这样很酷，其实反映了他们内心恐惧，需要一个安全防护，他们一群人在一起就喜欢追求刺激，在法治观念不强的情况下，稍有疏忽，就可能出现校园欺凌，走入无法挽回的境地。

（二）家庭环境因素

根据认知学习理论，初中生时期是学生人生观、价值观、世界观形成的关键时期，家长的教育方式，会直接影响到孩子的性格以及人生价值观，尤其是家长的暴力教育方式很容易被子女模仿。不良的家庭教育方式主要有以下几个方面：第一，部分溺爱型家长过于溺爱孩子，任其所作所为。现在的初中生多是独生子女。父母是典型的捧在手里怕掉了，含在嘴里怕化了，对于孩子的各种需求哪怕是不好的欲望，也会尽其力去满足，甚至对孩子的过错采取放纵的态度，把孩子的缺点当成优点来讲，使得孩子在正是是非观的养成时期，不能明辨是非。第二，部分权威型家长信奉"棍棒下出学业""棍棒底下出孝子"的教育观念他们将子女视为自己的"私人物品"，在"不打不成钢""不打不成器"的错误观念上，使用棍子作为他们与子女交流的有效方法，这样使得在这种环境下的初中生普遍容易学习，容易模仿。另外，也容易形成逆反、悲观、厌世的心理。这些孩子很容易自暴自弃，如果社会上的一些不良分子稍微给点温暖，则很容易被骗走，走上违法犯罪道路。第三，部分放任型父母完全放手不管，任其发展。现在的社会似乎都在追求快节奏，有的父母忙于自己的事情，根本无暇顾及孩子的管教。而在这种情况下，自制力差的学生，很容易放任自我，混迹社会，结交一些社会上的不良人士，沾染了一些不良习气，最后由犯小错铸成大错，犯下难以弥补的过错。

（三）学校管理不当与校园欺凌

学校管理是指学校在教学过程中为使教学机制正常运行所形成的有机的管理体系的总称。它一般包括某一学校的办学方针、师资配备、班级编制、后勤服务等，也包括为规范学生行为而制定的各种规章制度及对违规学生的处置教育等内容。① 当学校管理的各个方面出现问题的时候，就有可能会造成校园欺凌。其主要表现在以下几个方面：第一，学校过于追求升学率，忽视了学生个人品德建设。中学片面追求学生的成绩，撤掉学生的品德课、体育课等，这会直接影响到学生的品德修养。第二，对学生的标签化。学校人为地根据学生学业成绩划分普通班和实验班，在一个班级还对学生划分好学生与差学生。这种单纯依靠成绩好坏来评定学生的等级是极为可耻的。一旦对学生贴上了差生的标签，那么这些学生就有可能放任自我，或者故意报复学校，报复老师，寻衅挑事，使得学生间、师生间甚至学生与整个学校间产生对立情绪。造成一些扰乱学校秩序、学生群殴事件的发生。第三，校风校纪不足。当学校校风很差时，这个学校很难避免欺凌事件的发生。学校对学生管教不严，就会出现学生早恋、抽烟喝酒、社会闲杂人等随意出入校园的现象，这些会极大地影响初中生，会诱使他们沾染恶习，滋生校园欺凌事件的发生。第四，少数学校教师师德败坏，表现在随意体罚学生和说一些有辱学生人格的事情，这绝不容忽视，不能姑息。

（四）社会不良风气的影响

社会方面的原因，主要表现在：第一，"互联网＋"时代，部分不良网络文化诱导了暴力行为。现在初中生都是在互联网的影响下成长的，在飞速发展的网络社会中，使得中小学生过早接触到一些本不能接触的暴力视频或图片等。手机客户端各种不良新闻的推送，使得他们总是无意中就会看到一些不良信息。这些不良信息的形象生动鲜明，容易吸引中学生的注意力。初中生思想单纯、阅历浅薄，知识储备有限，鉴别能力差，加之，正处于人生观、世界观、价值观形成的

---

① 徐久生主编：《校园暴力研究》，北京：中国方正出版社 2004 年版，第 176 页。

一个非常重要的时期，接触到暴力这些亚文化，会促使他们在遇到问题时更倾向于以简单粗暴的方式解决，进而影响着他们的人生价值取向。另外，初中生在潜移默化中受到网络游戏的暴力信息渗透。初中生所处是一个刚刚独立的年纪，迫不及待地想要去证明自己的能力，幻想自己是一名英雄，讲究充满江湖气概的兄弟义气，在现实的生活中没法满足，就只能在"网络"中实现，在网络游戏中，他们持有枪支，可以进行枪战、打斗等，他们慢慢变得对暴力无感，混淆了网络与现实。于是迁移模拟在游戏中可以随便打打杀杀的行为方式，在处理现实问题时也容易一言不合，就动起手来。主要表现为：遇到不顺心的事，在控制力差的情况下，会不自觉地使用暴力；或者会在无意识的情况下，通过欺凌弱者来提高自己。更有甚者，有意识的无事生非、寻衅滋事、殴打无辜，来体验暴力带给自己的"成就"和快感。第二，社会上不正之风的腐蚀良善仁爱之心。初中生的成长是在社会这个大的环境下，社会环境的好坏会直接影响初中生的思想判断与行为表现。当前社会上存在一些腐朽的思想与不正之风亟待整治，如果不加以解决，会腐蚀初中生的思想，危害的祖国未来。这几年国家迅速发展，在经济快速发展的同时，一些资本主义的腐朽思想悄然渗透，传统道德观念中"己所不欲，勿施于人""舍己为人""忍一时风平浪静，让三分海阔天空"的人少了，而崇尚个人主义、及时行乐主义等歪风邪气的人在社交平台上却有大批粉丝。典型表现为拜金主义，"发大财、高消费、吃喝玩乐，一切标准向钱看"等，譬如在择偶观上选择"宁愿坐在宝马车里哭，也不愿坐在自行车上笑"。此外还有贪污受贿、权钱交易、权色交易等腐败现象蔓延，各种违法犯罪时有发生。在这样的环境中生存，未成年人的思想怎么能不被侵蚀呢？他们很容易善恶不分，意气用事，时间久了，反倒觉得违法犯罪刺激，以干坏事为荣，就很容易走上违法犯罪的路途。

第四章　预防初中生校园欺凌的对策

一、国家加强执法工作，保护未成年人的权益

近些年来，教育部颁布的《学生伤害事故处理办法》《关于开展校园欺凌专项治理的通知》《关于防治中小学生欺凌和暴力的指导意见》等一系列文件，说明了国家对校园安全的重视。但校园欺凌事件仍然时有发生。这就说明文件精神并未执行到位，这就要求学校既要继续严格按照教育部的文件精神，预防学生欺凌、依法依规处置学生欺凌事件，又要在学校实际工作中做好法制宣传，加大安全管理力度，营造良好氛围。司法部门应严厉打击、惩处侵害未成年人学生合法权益和教唆、引诱未成年学生违法犯罪的活动。可以给学生观看校园欺凌的危害等纪录片，使学生深刻地明白校园欺凌的危害是无限的。国家要倡导、鼓励未成年人依法维护自己的合法权益，推进未成年人的自我保护工作。确立有效的执法监督体系，使得相关法律得以有效落实。

二、净化社会风气与网络空间，遏制暴力文化传播

加强社会治安，净化社会风气，为未成年人的健康成长提供优良的社会环境。外界环境是客观的，且无时无刻不在影响着初中生的身心健康。学校或家庭的工作做得再好，也无法回避社会上的不良诱惑。因此，保持良好的社会治安局面，需要全社会的共同努力。公民要普遍提高法制观念，维护社会治安与稳定，关注未成年人的校园欺凌，要善于抵制各种不良行为，敢于同违法犯罪行为做斗

争。公安、文化、新闻出版等部门应该严格按照有关规定，严格管理网络环境，净化未成年人的网络社交空间。一段暴力视频、一款暴力游戏，都有可能对学生产生诱惑和刺激，影响学生的价值形成，从而滋生校园欺凌事件。网络要积极宣传社会主义先进文化、宣扬积极向上的精神文化、帮助未成年人树立正确的人生观、世界观、价值观。

三、加强学校管理，培育优良校风

在学校管理中，学校管理者要注意严格要求学生的行为规范，整顿校园及周边环境秩序，加强门卫管理制度，禁止校外人员随意进入学校。加强学校安全防护，严肃校风校纪，严禁设置快慢班，维护学生的自尊心。另外我国的《未成年人保护法》《教育法》等法律文件都严格禁止教师出现对学生身体或心理的暴力惩罚。要组织教师仔细学习相应的法律知识，提高法律素养。要加强师德教育，禁止以任何不正当的方式体罚学生，尤其禁止言语侮辱，不得对学生进行标签化，教师要以正确的方式去教导学生，以一种温和的方式去处理学生之间的矛盾。

四、家校合作，共同加强初中生品德教育

学校要坚持社会主义的办学方向，重视并加强对初中生的德育建设，培养德智体美劳全面发展的学生。改变学校重智育教育、轻德育教育、片面追求升学率的现象。加强学生文明规范的教育，帮助其树立正确的人生观、世界观、价值观。要多组织初中生参加社会义务实践活动，如：参观各类历史教育基地、历史博物馆、观看革命英雄电影、祭扫烈士陵园、到敬老院义务服务等，培养其乐观心态以及对他人的同情心等。另外，学校要加强与家庭的联系，做到家校合作，要定期地举行家长座谈会，与家长交流学生的日常表现，细致入微地观察学生的表现，关注其心理健康，及时发现校园欺凌问题，遏制不良行为发生，共同促进未成年人的健康成长。

结　语

不论从关心初中生心理健康成长的角度谈论校园欺凌问题，还是响应我国和谐教育主题，确保"五位一体"教育目标的最终实现。"百年大计，教育为本"，初中生是希望，不可忽视校园欺凌的危害，要时刻警惕这个恶魔，不可让它伤害到正在成长的孩子，要还给他们"最阳光、最纯净"的校园。

本研究通过分析大量校园欺凌的现有研究成果，在此基础上，还通过调查南充市几所中学校园欺凌的现状及存在问题，发现当前中学存在未将中央指示落实到实践，对校园欺凌缺乏重视，对校园欺凌类型认识不全，未能深入开展心理健康教育和生命教育，未能有针对性地解决校园欺凌等问题较为普遍，并通过分析问题成因，有针对性地提出解决问题的对策。在此，需要指出的是，根据研究者自身的有限资源，本研究只选取了南充市 3 所中学为例进行调查，样本容量不够大，研究者对研究结果不敢随意进行推广。由于时间紧迫，无法加以完善，这成为本研究的最大遗憾。但研究者是根据实际调查结果，希望通过自己的努力为遏制校园欺凌贡献自己的一份力量，希望能够起到一定的作用。

附 录

附录 1

关于初中生校园欺凌现状的调查问卷

亲爱的同学,你好!很抱歉占用你宝贵的时间来完成这份问卷,此次问卷调查仅供科学研究参考,所填信息将会为大家严格保密,不需署名,请放心填写!
注:(○是单选题,□是多选题)

1. 你的性别是(单选题*必答)
○男　　○女

2. 你现在所在的年级是(单选题*必答)
○初一　○初二　○初三

3. 你认为你的情绪特征是?(单选题*必答)
○较稳定　○不太稳定　○易激怒

4. 你认为学校安全么?(单选题*必答)
○非常安全　○不太安全　○很不安全

5. 你认为学校不安全的因素在于?(单选题*必答)
○校园设施　○人际关系　○校园欺凌　○其他(　　　　　　)

6. 在你的身边是否发生过校园欺凌(单选题*必答)
○偶尔发生过　○多次发生　○经常发生　○从来没有

7. 你认为涉及校园欺凌的只是男生吗(单选题*必答)

○只有男生　○男生居多　○只有女生　○女生居多

8. 你们同学之间会经常谈论有关校园欺凌的问题么？（单选题* 必答）

○一般不会　○偶尔会　○经常会　○从来不

9. 你认为涉及校园欺凌的同学学习成绩水平是（单选题* 必答）

○成绩中下等居多　○成绩中上等居多　○都是成绩中下者　○跟成绩无关

10. 你认为校园欺凌只是一个玩笑或闹剧，属于正常行为么？（单选题* 必答）

○是　　　　○否

11. （多选）你经历过什么类型的校园欺凌？（多选题* 必答）

□没有经历过

□被同学语言谩骂或散播流言

□受到暴力威胁或恐吓

□东西被别人恶意损坏

□被人抢劫或勒索财物

□受到排挤或被孤立

□被人打

□其他

12. （多选）你认为遭受欺凌的原因有（多选题* 必答）

□无缘无故，原因不明

□欺凌者看其不顺眼

□言语冲突

□同学关系不和

□价值观念不同

□被欺凌者成绩突出，遭受嫉妒

□被欺凌者性格软弱

□其他

13. （多选）如果你遇见了校园欺凌事件，你会（多选题* 必答）

□告诉老师　□围观　□上前制止　□其他（　　　　　　　）

14. 如果你自己遭受校园欺凌，你会（单选题* 必答）

○告诉老师家长　○忍气吞声　○报复　○报警　○其他

15. 你认为校园欺凌会造成什么后果？（多选题*必答）

○被欺凌者产生自残、自杀的念头

○被欺凌者产生报复社会的行为

○欺凌者会更加嚣张

○校园风气日益恶化

○其他

16. 你认为生命很可贵，需要我们好好珍惜么？（单选题*必答）

　　○是　　　　　　○否

17. 你会在网上向陌生人泄露自己的个人信息么？（单选题*必答）

　　○从来没有　　　○偶尔会　　　　○经常会

18. 你经历过网络欺凌么？（在网上遭到别人恶意言语攻击等）（单选题*必答）

　　○经历过　　　　○没有经历过

19. 你认为参与校园欺凌的同学是你们心中的？（单选题*必答）

○好学生

○坏学生

○平时不引人注意的学生

○既有好学生又有坏学生

20. 你的家长，对待校园欺凌的态度是（单选题*必答）

　　○经常关注　　○偶尔叮嘱　　○深恶痛绝　　○从不关注

21. 你身边的老师对校园欺凌的态度是（单选题*必答）

　　○不在意，只要不影响正常秩序就行　○比较关注　○有人举报才注意

22. 你们学校一般如何解决校园欺凌？（单选题*必答）

　　○合理解决校园欺凌事件　○收钱办事　○不闻不问、漠不关心　○其他（　　　　　）

23. 你们学校针对校园欺凌有开展过相关活动么？例如安全讲座，主题班会等（单选题*必答）

　　○有　　　　　　○没有

24. 你认为采取何种措施可以有效防止校园欺凌发生？（单选题 * 必答）

○学校加强心理教育，教育同学友好相处

○学校对欺凌事件中违规学生进行严厉处分

○加强学校管理

○按照相关法规，教育部门要建立预警、发现、报告、处理和惩戒校园欺凌的体系

○其他

您已完成本次问卷，感谢您的支持与配合！

专题十一

女子中学求学经历对女生后续发展的影响研究
——以 C 市女子中学 2001 级 A 班毕业生为例①

第一章 绪论

一、研究的缘起

(一) 我国女子学校的发展历程十分曲折

在中国教育史上,女子学校至今已经历了一个多世纪的兴衰。19 世纪 30 年代由美国公理会传教士裨治文妻以利沙(Elizah Bridgman)在广东设立的女塾②成为中国大陆女学之始。1898 年 5 月 31 日,中国人创办了自己的第一所女子学堂,将它命名为"中国女学堂"③,虽然因为封建顽固势力的绞杀,中国女学堂在历史上仅仅存在了两年,但此后由中国人自行创办的女子学堂越来越多。中华人民共和国成立后,国家为了提高女子受教育的程度,使女子拥有与男子相同的

---

① 本专题完成于 2014 年 3 月,主编对其做过修改和删节。
② 杜学元著:《中国女子教育通史》,贵州教育出版社 1995 年版,第 252 页。
③ 杜学元著:《中国女子教育通史》,贵州教育出版社 1995 年版,第 308 页。

受教育权利，实行了男女合校并且男女同班学习的政策，取消大多数单设的女子学校①。20世纪80年代由于教育学、心理学以及女性学科的研究深入，人们普遍了解到女子与男子在学习方式、认识风格上具有完全不同的特点，为了满足女子受优质教育的要求，恢复单设女校或女子班的教育模式②。1981年上海第三中学率先恢复女子中学建制。1985年，中华人民共和国第一所全日制女子普通高校——湖南女子职业大学在长沙诞生。此后，我国女子学校的数量逐渐增加。

2012年全国普通高校院校信息库中全国普通高校（不含军事院校和港澳台高校）有6所女子高等院校在招生，分别是中华女子学院、河北女子职业技术学院、福建华南女子职业学院、山东女子学院、湖南女子学院、广东女子职业技术学院。另据《全国女子中学毕业生追踪调查报告》课题组的不完全统计，截至2009年全国有16所女子中学（包括普通中学中开办女子实验班）。由以上各种类统计数据来看，女子学校虽不是主流，但已成为当前不容忽视的一种办学模式。

（二）女子学校的存在价值备受争议

女子学校的复现，在受到各方关注的同时，也引发了激烈的争论。其争论的焦点主要是集中在女校学生的学业成绩、个性发展、道德品质三个方面。

支持发展女子学校的学者认为，女子学校学生在学业成绩方面，相对于男女混合班，由于不用考虑异性对自己的看法，女生在课堂上回答问题更自信、更主动，得到了更多的话语权，同时课堂纪律问题也相对减少，并且女生能够在传统上由男生主导的学科没有压力地去竞争。另外，教师能够针对女生的性别特征进行因性施教，女生对于其擅长的学科会学得更好，对于较困难的内容，教师可以多花时间精力去帮助她们提高。在个性发展方面，女子学校学生较少受到异性的压力，会更自强、自立、自信、自尊。在道德品质方面，通过学习女子学校开设的特色课程，如与当前社会需要相适应的礼仪社交课、女性心理课、形体口才课以及符合中国传统的女红、刺绣、琴棋书画等，女性的自身修养会得到提高，能更好地融入社会，对女生的个人发展很有帮助。

---

① 杜学元著：《中国女子教育通史》，贵州教育出版社1995年版，第740页。
② 杜学元著：《中国女子教育通史》，贵州教育出版社1995年版，第793页。

相反，批评者认为男女生之间的性别差异，并不会导致他们在学业成绩上的绝对差异。单一性别教育环境中所采用的教学方法，对于一个细腻的男生或者是一个倔强的女生很可能就是无效的，甚至是有害的。另外，并非所有的研究都显示，男女分教会提高学生的学习成绩，而且在校教师中几乎没有人接受过针对性别特征进行因材施教的正规训练。相反，有经验的教师通常理解男女学生的性别差异，能够在男女混合的课堂上适应学生各不相同的学习风格，并不需要开办专门的女子学校才能对做到学生因性施教。在个性发展方面，男女分教阻碍了男女生之间社交技能的发展。接受男女分教的学生最终有一天会跟异性一起生活和工作。男女分教限制了他们跟异性成功合作和相处的机会。① 此外，女子学校的教育模式对于女学生的社会性别意识发展也会有影响，可能会出现过于女性或男性化的两种极端性别角色。道德品质的培养是批评者质疑最多的方面，他们认为某些女子学校开设的特色课程本质上只是迎合了社会某些人群的需要而不是真正的培养建设中国式现代化强国所需要的新女性的，对于一些传统课程的开设是将社会性别意识强加于女生的一种倒退，是一种以男性意识为中心的道德教育，这违背了教育公平的本质。另外，批评者还认为对于道德品质的教育不应该只强调提高女性的道德素质，男性同样应该接受道德教育，一味强调女性道德教育只是男权的阴谋。

（三）就读女子中学对女性个体发展的影响亟待探讨

目前，女子中学在各类女子学校中最受各方的关注，这不仅仅是因为女子中学相对女子高等院校来讲数量更多，还因为中学阶段对人的一生而言是一个特殊而又重要的时期，在此阶段人们会度过他们的青春期，面对自己生理和心理上的变化，形成自己人生观和价值观，逐步走向成熟。此外，中学教育在整个学校教育体系中处于小学教育与大学教育的中间阶段，是承上又启下的一段教育，有着十分重要的作用。也正因如此，女子中学在受到各方关注的同时也引起了学者们激烈的争论。争论的焦点主要集中于就读女子中学对女生个体发展的利弊之上，包括学业成绩、个性发展、道德品质等方面。然而，目前这种争论更多的只是局

---

① 《男生班，女生班在争议中激增的美国"男女分教"》，见凤凰教育周刊网（http://edu.ifeng.com/gundong/detail_2010_08/25/2325174_0.shtml）。

限在理论层面，少有实证依据作为某一观点的支撑。

为了更深入地研究就读女子中学对女生后续发展的影响，不能仅停留在理论层面上，必须进行实际调研。另外，教育归根结底是关注每一个人的发展，因此看待女子中学对女性个体发展不能只研究女性作为女子中学的学生时各方面的情况，更多的应关注其后续的发展。然而，目前的相关研究中少有对女子中学毕业生后续发展的研究，因此对女子中学毕业生进行追踪调查研究是非常必要且有价值的。

（四）构建和谐社会需提高我国女性整体素质

社会主义和谐社会，是民主法治、公平正义、诚信友爱、充满活力、安定有序、人与自然和谐相处的社会，更是两性平等和谐发展的社会。在当今社会当中，女性不但在社会经济发展过程中担任了重要的角色，而且是整个社会发展的宝贵资源，如果没有这种资源，社会的发展就可能滞后，甚至会受到限制。当前我国正处于经济转轨、社会转型、体制转换的关键时期，社会需要更多高素质、高水平的女性人才，这就要求我们不仅要保证女性受教育的权利，还要提高女性受教育的质量。同时，对于处于知识经济时代的女性来说，她们比以往更加强调自身价值在社会生活中的实现，因而她们更注重对自身素质的培养，更希望接受那些能促进女性自身发展的教育。而女子中学正是目前教育领域为提高女性教育的质量、提升女性自身素质做出的一种尝试，这种办学模式是否能够促进女性个体的发展，直接关系到今后我国女性教育的发展方向，也关系到女子学校的存在的价值和意义。

鉴于以上原因，本文以女子中学毕业生为研究对象，通过调查女子中学毕业生后续发展现状，了解女子中学求学经历对毕业生后续发展的影响，分析产生这些影响的原因，探讨女子中学在教育过程中的优势与不足并提出一些建议，从而使社会对女子中学的认识更为客观，同时也为当前女子中学的发展、中学教育模式改革提供参考。

二、文献综述

据《全国女子中学毕业生追踪调查报告》[①] 课题组的不完全统计，截至《报告》完成时，全国有 16 所女子中学（包括普通中学中开办女生班），占全国普通初、高中学校总数的万分之二。[②] 虽然女子中学在全国中学中所占的比例很少，并不是目前中学教育的主流，但是其曲折的发展史和独特的办学模式，仍然引起了学界的关注并进行了一些专门的研究。通过对相关文献进行整理，发现目前对于女子中学以及女子中学毕业生的研究并不多，这些研究内容主要集中于以下几个方面。

（一）我国女子中学发展史的研究

目前，关于女子中学发展史的研究都以中国教育史特别是中国近代教育史和中国女子教育史作为研究的基础。对我国女子中学发展的基本脉络，研究者们有共同的认识。

研究者们认为，我国女子中学的起源应追溯到我国女子学校最早出现的时间。对此学界主要有两种观点，一种认为 19 世纪 30 年代时，美国公理会传教士裨治文妻以利沙（Elizah Bridgman）在广东设立女塾，当为教会在中国大陆创办女学之始[③]。另一种则认为，1844 年"东方女子教育促进会"会员爱尔德赛女士在浙江宁波创办了大陆第一所女子学校。

从我国出现第一所女子学校到 1907 年清政府颁布法令承认女子学堂的合法地位，研究者们认为是我国女子中学的萌芽阶段。随着第一所女子学校的出现，我国各地纷纷兴办起了女子学堂，出现了"教会所至，女塾接轨"的局面[④]。在这种形势下，我国著名的思想家、政治家康有为、梁启超强调中国人应该创办自

[①] 女子中学毕业生追踪调查课题组：《全国女子中学毕业生追踪调查报告》，《当代女学生教育文选》，2007 年第 1 期。
[②] 中华人民共和国教育部 2005 年全国教育事业发展统计公报显示：全国共有普通初中校 61885 所，普通高中校 16092 所，见中华人民共和国教育部网站（http://www.moe.edu.cn）。
[③] 杜学元著：《中国女子教育通史》，贵州教育出版社 1995 年版，第 252 页。
[④] 舒新城著：《中国近代教育史资料下册》，北京：人民教育出版社 1961 年版，第 797 页。

己的女子学校,于是在他们的支持下,中国人兴办起了自己的第一所女学堂——经正女学堂。此后,清政府由于当时形势所迫,开始把女子教育问题提上议程,并于 1907 年由学部颁布了《女子小学堂章程》以及《女子师范学堂章程》,中国女子学校的合法地位得以确立。

研究者们认为,辛亥革命胜利以后女子中学得到了初步的发展。1912 年,中华民国教育部颁布《中学校令》,规定中学实行男女分校,分别设立男校女校,其中"专教女子之中学校称女子中学"①,修业年限为四年。随后,中华民国教育部又颁布了各种学校章程,并将这些在 1913 年 8 月前颁布的学校章程总称为"壬子癸丑学制",该学制中对女子学校的规定是"女子高小以上,可设女子中学、女子师范及女子高等师范"②。继女子学校之后,女子中学也得到了法律的承认。此后,中国女子中学迎来了发展的春天,在这一时期出现了一批非常具有社会影响力的女子中学,它们培养出了很多杰出女性,比如冰心、张爱玲、宋庆龄等。

中华人民共和国成立后,国家为了提高女子受教育的程度,使女子拥有与男子相同的受教育权利,实行了男女合校并且男女同班学习的政策,取消大多数单设的女子学校③。随后,曾经在中国风靡一时的女子学校消失在了大众的视野之中,直到 20 世纪 80 年代,几所女子中学的恢复重建才打破了男女混校的办学格局④。

通过对我国女子中学一个多世纪的发展史梳理,学者们对女子中学浮沉背后更深层的问题进行了分析。龙亚娌认为,近代女子中学的出现与新时期女子中学的重现都处于社会转型时期。而历史和现实都表明,每一次社会转型,女性问题就会凸显出来。教育作为女性获得解放和发展的重要途径和基本权利,便会成为社会革命的一个切入点或关注的焦点⑤。正如马克思所说:"没有妇女的酵素,

---

① 杜学元著:《中国女子教育通史》,贵阳:贵州教育出版社 1995 年版,第 435 页。
② 龙亚娌:《我国女子中学沉浮历程探析》,广西师范大学硕士学位论文,2004 年。
③ 杜学元著:《中国女子教育通史》,贵阳:贵州教育出版社 1995 年版,第 741 页。
④ 欧阳林舟:《女子院校研究文献综述》,《湖南师范大学教育科学学报》,2011 年第 2 期。
⑤ 龙亚娌:《我国女子中学沉浮历程探析》,广西师范大学硕士学位论文,2004 年。

就不可能有伟大的社会变革。社会的进步可以用女性的社会地位来精确衡量"[①]。还有学者认为，女子学校的曲折发展的过程，突出地反映了人们对"女子要不要受教育"以及"女子受怎样的教育"这两大焦点问题的探究与实践，是人们对女子学校教育的认识不断加深、完整的过程，也是妇女价值取向转变的过程[②]。

（二）我国女子中学现状的研究

1. 有关我国女子中学的数量、分布及类型的研究

从现有的文献资料来看，我国暂没有专门针对女子中学的正式调查及统计数据。目前，女子中学的统计数据是由女子教育研究所或有关研究课题的课题组提供的。如华夏女子教育研究所不完全统计，截至 2002 年 6 月，遍布十二省市。上海、广州、北京、浙江、湖北、四川、河北、山西、云南九省各一所，山东、广西和宁夏三省各两所。从办学体制看，公立女中七所、私立女中七所、民办公助女中一所。从办学层次看：完全中学七所、高中四所、初中四所。从办学规模看：2000 人以上两所，1000 人以上四所，400 人以上六所，400 人以下三所。从分布地区看，新时期女子中学大部分位于沿海沿江经济发达地区、中西部的省会城市或经济水平相对较高的地方[③]。另据《全国女子中学毕业生追踪调查报告》[④]，目前全国有上海市第三女子中学、北京市华夏女子中学、北京实验女子中学、武汉市女子高级中学、广州玛莎女子英语实验学校、昆明女子中学、成都市女子实验中学等 16 所女子中学，此外宁夏同心县还有两所民族女子学校。

研究表明，我国现有的女子中学主要有四种类型。一是恢复型公立女子中学，如前身是创立于 19 世纪末的中西女中和圣玛利亚女中的上海市第三女子中学。二是新建型公立女子中学，如于 2001 年 3 月 20 日经柳州市人民政府批准成立的柳州市女子实验高中，它也是广西壮族自治区第一所公立女子学校。三是民办公助型女子中学，如全国唯一的民办公助女子中学是北京市华夏女子中学。四

[①] 马克思、恩格斯、列宁、斯大林著作编译局编：《马克思恩格斯全集》第 32 卷，北京：人民出版社 1974 年第 1 版，第 571 页。

[②] 闫广芬：《中国女子学校教育的发展：认识、视野、使命》，《教育研究》，2006 年第 11 期。

[③] 李意如：《中国女校的昨天、今天和明天》，见当代女生教育网（http://www.cgedu.net/new/lwdx/ShowArticle.asp?ArticleID=157）。

[④] 女子中学毕业生追踪调查课题组：《全国女子中学毕业生追踪调查报告》，《当代女学生教育文选》，2007 年第 1 期。

是私立女子中学，如1994年由马莎女士创建的中国大陆第一所私立完全女子中学——玛莎女子英语实验中学。

2. 有关我国女子中学的办学特色的研究

办学特色是学校领导按照自己独特的办学理念进行办学实践，所形成的与同类学校不同的特色。办学特色体现一所学校的优势所在，由这一特色而展开的学校教育行为和辐射出去的社会效应，能大大增加学校的生命力。对于女子中学来说仅仅把女中学生集中在一起进行教育还不足以形成特色，更重要的是要发挥女中学生的性别优势，激发女中学生的潜能，只有这样才能彰显女子中学独特之处。

目前针对女子中学办学特色的研究以个案为主，通过这些研究我们不难发现女子中学虽都有各自不同的特色，但总的来说可以归纳为育人目标、因性施教、特色课程这三方面。

关于育人目标，无论是上海市第三女子中学的"独立、能干、关爱、优雅"，还是北京华夏女子学的"博学、博爱"，所有女子中学的育人目标归根结底都是在中国妇女大会提出的女性应具有的"自尊、自信、自立、自强"四自精神的基础上发展而来的。因此，培育具有"四自"精神的新时代女性是我国女子中学共同特色育人目标。

因性施教这一教育理念的提出可以说是现在女子中学复现和存在的一个重要原因，因为越来越多的人意识到现行男女同校教育的主流形式对性别差异的漠视，导致女生的发展受到很大阻碍，而女校的出现弥补了这一点。因此，因性施教是现在女子中学共同的教育理念和办学特色。

特色课程是体现和突出女子中学办学特色的最主要的途径。因为学校的办学指导思路、办学定向、人才培养目标等最终都要通过课程来实现（杜祥培，2006）[①]。目前，我国女子中学在开齐国家规定的课程基础上，视各自的办学条件增设了数量不等的女性特色课程，主要分为女子成才、礼仪形体、自卫防身、学法指导、艺术欣赏、心理教育、家政手工几大类。按照中华女子学院陈方教授

---

① 杜祥培：《论女子大学的课程设置》，《湖南社会科学》，2006年第2期。

(2004) 对女性学课程体系划分①，现在我国女子中学开设的特色课程，都属于女性学课程中实用性较强的外围课程，这类课程设置的主要目标是培养女学生生存和发展的能力。因此，特色课程的设置符合我国女子中学在保证女学生完成基本课程学习任务的同时，发挥女中学生的性别优势，激发女中学生的潜能的要求。

（三）有关我国女子中学毕业生的调查研究

由于个人能力有限，目前唯一收集到的关于女子中学毕业生的文献是2005年女子中学毕业生追踪调查课题组对中国内地女子中学进行追踪调查的报告。这项调查报告中，被调查的对象主要是参加该课题研究的女子中学的毕业生。就数据结果来看，有77%的被访者清楚地记得学校的校训或育人目标。有50%的被访者比较满意女校的教师授课方式、教育管理方式、校园环境。近60%的被访者认为女校教育积极的促进其人格的发展。有50%—66%的被访者认同女校的教学。当女子中学毕业生进入高一级男女混合学校学习时，有26.6%的被访者表示在与男性交往过程中有不适应的现象，在这26.6%的被访者中，有89.4%的被访者认为这种不适应现象与上女校读书有关系。②

综上所述，目前我国关于女子中学的研究，主要从其发展史和现状调查两个方面进行。因为有中国教育史，特别是中国女子教育史的研究作为基础，所以对女子中学的发展史梳理就较为清晰且比较全面，既有对中国女子中学历史全面论述的，如2004年广西师范大学龙亚娌的硕士论文《我国女子中学沉浮历程探析》，也有对特定时期女子中学发展进行研究的，如2010年西南大学陈玉玲的硕士论文《民国初期女子中学教育发展研究》。对我国女子中学现状的研究，作者多是女子中学的教师，以学校情况介绍为主，深度研究较少。另外，在对女子中学毕业生的追踪调查中，其调查内容主要是毕业生对女子中学的评价，并以调查结果来回应社会上对女子中学的一些质疑，对毕业生个人发展情况基本没有进行深入研究。在调查研究中少量涉及个人发展的部分也主要是依据被调查者的自评，没有客观的数据统计分析，得到的结论较为主观。因此，对于女子中学毕业

---

① 陈方：《关于女性学课程整合的思考》，《中华女子学院学报》，2004年第4期。
② 女子中学毕业生追踪调查课题组：《全国女子中学毕业生追踪调查报告》，《当代女学生教育文选》，2007年第1期。

生我们需要进行更为深入的研究，探讨女子中学对女性的发展究竟有什么影响，以让社会更好地了解女子中学对于女性发展的意义。

三、研究意义

（一）研究的理论意义

近十年来，我国女子中学不断复设、新建、停办，是改革开放以来，发展最快，变化最激烈的时期。由于女子中学数量少，关于女子中学的研究也很少，除了女子中学的校长与教师以外，关注和研究女子中学的学者并不多。相关的研究成果中，以梳理女子中学历史及介绍女子中学特色为主，其论述主要集中于讨论女子中学存在价值及其合理性上，研究对象大多是在女子中学本身。其实，无论是女子中学，还是普通中学，教育都需以人为本，任何形式的教育都应以促进人的发展为最终目的，一种办学模式的优劣很大程度上取决于它是否能促进学生的个人发展。同时，中学阶段正是女生从童年向成年过渡的青春期，她们既要面对自身生理上的变化也要经历心理上的成长，中学教育对帮助女生顺利平稳度过这一时期有着至关重要的作用。因此在研究女子中学的过程中，不能忽视女子中学学生的重要性。本研究将从女子中学毕业生后续发展情况的角度对女子中学进行解读，加深人们对女子中学的认识，为探讨女子中学的存在价值提供参考依据，丰富研究女子中学的视角。

（二）研究的实践意义

虽然女子中学的数量在全国中学总数中所占的比例很小，目前并不是中学教育的主流，但是近些年女子中学越来越受到学生及家长的关注与追捧，因此研究女子中学求学经历对女生后续发展的影响有着重要的现实意义，具体体现在以下几方面：

第一，研究女子中学求学经历对女生后续发展的影响，可以使女生及女生家长更客观地看待女子中学，在选择女子中学就读时更为理性，避免跟风或盲目攀比。

第二，通过对女子中学毕业生的调查可以反观女子中学的教育过程和教育结果，对我国女子中学的办学理念、课程设置、校园文化等方面提出意见和建议，促进女子中学发展。同时，为我国提高女性教育质量以及当今中学教育模式改革提供了参考。

第三，男女合校与分校的利弊之争一直存在，至今没有一个定论，实际上也很难得出一个准确的评判，本研究以分校毕业生即女子中学毕业生的角度为该争论提供一些思考方向。

四、核心概念界定

（一）女子中学

女子中学是指专门招收女性作为该校学生，并对女学生进行单一性别教育的中学。

《教育大百科全书》对单一性别教育的解释是"单一性别教育包括三种类型的学校……单一性别教育最纯粹的类型指学校的全部学生和教师的性别都相同。……第二种类型的单一性别教育指教师中既包括男教师，也包括女教师，但学生是单一性别的……第三种类型的单一性别教育是指学校里的建筑是男女合用的，但是所有的教学活动却是根据性别分开组织的"[①]。

本文所指的女子中学教师既包括男教师，也包括女教师，但在校学生均为女性的中学，不包括职业（技术、中专）中学。

（二）女子学校

女子学校指只招收女学生，并对女学生进行单一性别教育的学校。女子学校包括女子大学、女子中学、女子职业学校等。

（三）后续发展

本研究中的后续发展是指女生从女子中学毕业后的个体发展，分为求学状况、工作择业、婚恋家庭、社会交往四个维度。

---

① ［瑞典］胡森等著、张斌贤等译：《教育大百科全书（第 2 卷）》，海口：海南出版社 2006 年版，第 503—504 页。

后续发展按时间长度可分为短期（15年以内）、中期（30年以内）、长期（30年以后），限于个人精力和国内女校恢复较晚的原因，本研究主要探讨的是短期后续发展即毕业后15年以内的情况。

（四）女性主义经验论

女性主义经验论是"一种把经验论的方法与女性主义的政治目标结合起来的知识论，是传统经验主义知识论和自然主义知识论的继承与发展，它接受坚持价值中立和客观性的实证主义的研究原则"[①]。

五、研究的思路及方法

（一）研究思路

本研究首先对目前有关女子中学的研究、女子中学毕业生的追踪调查、相关女性学科的资料，以及我国各时期出台的《中国妇女发展纲要》等进行收集，并对其进行深入的研究，总结出目前社会对女性发展的评价维度以及各类女子中学共有的办学特色，参考现有的各类毕业生调查问卷制作适合本研究的问卷。然后，通过对研究对象的问卷调查以及对具有代表性女子中学毕业生的深度访谈来收集资料并对数据进行整理分析。最后，结合女性主义经验论对调查的结果进行分析，深入探讨女子中学对女生后续发展的影响，女子中学当前的教育情况、未来发展中所要注意的问题以及对学生和家长的启示，为当今中学教育模式改革提供参考。

（二）研究方法

1. 文献法

文献分析法主要指通过对相关文献资料的搜集、鉴别、整理、分析，形成关于研究对象的科学认识的一种研究方法。由于任何科学研究都是建立在他人的研究成果之上的，从而使得文献分析法是一种最为普遍的研究方法，特别是对于人

---

① 魏开琼、曹剑波：《知识与性别：女性主义经验论研究》，《湖南师范大学社会科学学报》，2009年第4期。

文社会科学的研究来说更加不可或缺。

本研究采用了文献法，通过查阅西华师范大学图书馆馆藏图书、四川大学图书馆馆藏图书、中国期刊网、超星数字图书馆、万方数据、读秀和自己购买相关书籍等方式对我国有关女子中学的研究进行收集，并进行了分类整理，对已有的研究成果进行分析与借鉴后，筛选出本研究的主题，另外，在制作本研究所需要的调查问卷过程中以及对研究结果进行分析探讨时都会用到文献法。

2. 调查法

（1）问卷调查法

问卷调查法也称"书面调查法"，或称"填表法"。用书面形式间接搜集研究材料的一种调查手段。通过向调查者发出简明扼要的征询单（表），请其填写对有关问题的意见和建议来间接获得材料和信息的一种方法。

本研究的调查问卷《女子中学毕业生现状及就读感受调查问卷》从女子中学毕业生后续求学状况、工作择业、婚恋家庭、社会交往四个维度的来调查他们的现状并且自评女子中学求学经历在这些维度上对他们的影响。其中基本的人口学类信息问题采用客观选项，涉及四个调查维度的问题采用五等级评价选项与情况分类选项相结合的方式。

（2）访谈法

深度访谈法又名深层访谈法。深层访谈法是一种无结构的、直接的、个人的访问，以揭示对某一问题的潜在动机、信念、态度和感情。深层访谈法适合于了解复杂、抽象的问题。这类问题往往不是三言两语可以说清楚的，只有通过自由交谈，对所关心的主题深入探讨，才能从中概括出所要了解的信息。

本研究通过对个别女子中学毕业生的深度访谈来收集通过《女子中学毕业生现状及就读感受调查问卷》方式无法得到的信息，能更全面更深入地了解其从女子中学毕业后的个体发展情况，从其自述当中去发现女子中学教育对她们的影响，进而了解女子中学教育过程中的优势与不足。

第二章　对女子中学毕业生进行调查的结果及分析

一、调查对象、内容和调查方法

（一）调查对象的选择

1. 选择调查对象的原则之一——典型性

典型性是选择个案时最常用的依据，被选择的案例与其他那些可能被选择的案例在一些重要方面是相似的。在个案研究中，对典型个案进行调查探讨不是为了将其结果推论到其它相似的事例中，而是为了展示和说明在此类现象中的一个典型个案究竟是什么样的。

2、选择调查对象的原则之二——便利性

在实际研究中，由于时间和资源的限制，个案的选取有必要考虑是否方便的问题。面对同等合适的选择，研究者有理由选择路程最少、花费最小以及最容易获得的那个。

根据上述的原则，本研究选取 C 市某女子中学初 2001 级 A 班毕业生为调查研究对象。其典型性在于该校历史悠久，是所在省份唯一一所公办女子中学，并且前身为著名的教会女子学校。A 班为该校在恢复女子中学办学后较早招收的班级之一，备受学校重视，该班学生全部是经过招考选拔的，班级师资配备是当时整个学校最好，所学女性特色课程以及参与各种活动相对其它班级更多。其便利性在于笔者本身就是该班级中的一员，日常就与班级的成员有联系，因此对调查对象进行问卷调查和访谈都相对便利。

（二）调查内容

本研究的调查问卷《女子中学毕业生现状及就读感受调查问卷》从女子中学毕业生后续求学状况、工作择业、婚恋家庭、社会交往四个维度的来调查他们的现状并且由女子中学毕业生自评女子中学求学经历在这些维度上对他们的影响。其中基本的人口学类信息问题采用客观选项，涉及四个调查维度的问题采用五等级评价选项与情况分类选项相结合的方式。

本研究的访谈内容则以深入了解女子中学毕业生对自己就读女子中学的看法以及受影响的情况为主，以进一步收集女子中学毕业生现状资料为辅。

（三）调查方法

因女子中学毕业生分散于各地，本研究的问卷调查无法集中发放和收取，所以笔者首先通过网络或电话方式获取调查对象的电子邮件地址，然后通过电子邮件向调查对象寄发电子文档问卷，访谈则采用面谈与网络通讯相结合的方式收集调查对象的相关资料。

问卷收回后，及时对问卷进行了统一编号和复查，以免出现重复录入数据和出现无效问卷的情况。另外，因为调查样本数量较小，所以只对数据进行了描述统计，未进行推断统计，也未与普通中学的同质女生做对比研究。

二、调查结果及分析

本次调查的电子文档问卷，由笔者于2013年11月3日通过电子邮件向C市女子中学2001级A班的毕业生发放，共计50份。截至11月10日22时，共收回问卷41份，其中有效问卷为36份，有效问卷回收率为72.00%，无效问卷产生的原因是调查对象漏填问卷中的调查题目。

（一）女子中学毕业生基本信息

接受调查的女子中学毕业生，目前年龄在26岁到28岁之间，其中29人仍在该女子中学所在地C市生活，5人移居其他省市，1人已定居外国。其它基本信息如下：

1. 选择女子中学就读的原因

表 11—1 选择女子中学就读的原因

选择原因	人数	百分比
听从家长的意见	12	33.33%
听同学的介绍	0	0.0%
听女子中学的宣传	7	19.44%
有安全感	0	0.0%
没有男生干扰	3	8.33%
避免早恋	3	8.33%
女子中学有我喜欢的课程或活动	2	5.56%
学校有名气	0	0.0%
考不上别的学校	4	11.11%
其它（请写明）	5	13.89%

由调查数据可以看出，调查对象当初选择到女子中学就读的主要原因还是因为听从家长的意见；其次则是听到女子中学自身的宣传后进行的选择。在调查访谈过程中得知，大部分调查对象在小升初选择学校过程中，小学教师或学校对女子中学有过专门的说明，提供了一种择校选择。也正是这种择校的选择比当时被动接受电脑随机分配就近入学的小升初方式更有可能接受到优质教育，所以在考不上更好的中学时就读女子中学成为了一种不错选择。另外，将有安全感、没有男生干扰、避免早恋、女子中学有我喜欢的课程或活动、在"其它"选项中调查对象说明的"特别""有趣"这些女子中学可能具有的优势特点作为选择原因的共有 11 人，占全部调查对象的 31%。除以上原因外，还有 1 名调查对象在填写选择原因中写道"无意中被招进去的"，由此可见，就读女子中学并非都是自主的选择。

2. 就读女子中学的时间

表 11-2 就读时间

就读时间	人数	百分比
初中	32	88.89%
初中及高中	4	11.11%

由调查数据可以看出，大部分调查对象是在初中阶段就读于女子中学，而在高中阶段继续就读于女子中学则较少。

分析产生此种情况的主要原因是中考之后出现的分流。经过中考，一部分学生进入普通高中继续学习，一部分学生无法进入普通高中学习，流向职业高中或中专学校等。对于能进入普通高中学习的学生，高中学习直接关系到高考，因此对于在C市中学中处于普通水平的女子中学就不再具有优势，而进入各方面更有优势的重点中学学习则成为了调查对象的选择；对于那些无法进入重点高中学习，但是又能考上普通高中的调查对象，则更倾向于换一个学校学习。因此，调查对象中选择高中继续在女子中学就读的就很少了，而继续就读的4人中，3人是学校的直升生，1人是参加中考后填报志愿再次进入到高中学习的。

在高考导向的教育模式中，一切教育方式以高考成绩为评价准绳，如果女子中学在高考中不具备与重点中学同样的优势就自然会被学生放弃，无论其特色是什么。

3. 受教育情况

根据调查结果显示，调查对象中拥有本科学历的共有18人，占总体调查对象的50.00%，大专学历的共有9人，占总体调查对象的25.00%，高中（中专）学历的5人，占总体调查对象的13.89%，硕士学历的4人，占总体调查对象的11.11%。如表11-3所示：

表 11-3 教育程度

教育程度	人数	百分比
高中（中专）以下毕业	0	0.00%
高中（含中师、中专）毕业	5	13.89%
大专毕业	9	25.00%

续表

教育程度	人数	百分比
本科毕业	18	50.00%
硕士毕业	4	11.11%
博士及以上毕业	0	0.00%

我国2010年进行的第六次人口普查"全国分年龄、性别、受教育程度的6岁及以上人口（城市）"中被调查对象年龄相适应25—29岁组中女性受教育程度为高中的占24.2%，大学专科的占19.6%，大学本科的占16.9%，研究生占2.9%。[1]

根据调查结果显示，调查的女子中学毕业生中受教育程度为高中占总体调查对象的13.9%，大学专科占总体调查对象的25%，本科占总体调查对象的50%，研究生占总体调查对象的11.1%。这一调查结果显示调查对象的受教育程度高于人口普查相应年龄组的受教育程度。

4. 目前就业情况

根据调查结果显示，目前调查对象中32人正在就业，2人处于待业状态，另外有2人目前在全职照顾家庭。如表11—4所示：

表11—4 就业情况

就业情况	人数
就业	32
待业	2
失业	0
全职照顾家庭	2

5. 目前婚恋情况

调查结果显示，毕业生中已婚的有12人，占总体调查对象的33.33%；恋爱中的有14人，占总体调查对象的38.89%；单身的有10人，占总体调查对象

---

[1] 国务院人口普查办公室、国家统计局人口和就业统计司：《中国2010年人口普查资料》，见中华人民共和国国家统计局普查数据网（http://www.stats.gov.cn/tjsj/pcsj/rkpc/6rp/indexch.htm）。

的 27.78%,如表 11-5 所示:

表 11-5 婚恋情况

婚恋状况	人数	百分比
已婚	12	33.33%
恋爱中	14	38.89%
单身	10	27.78%
离婚	0	0.00%
丧偶	0	0.00%
其它	0	0.00%

(二)女子中学毕业生后续求学情况

1. 理科类课程学习情况

与普通学校毕业的女生相比被调查的毕业生中认为自己理科类课程的"优势较大"的有 9 人,占总体调查对象的 25.00%;"差不多"的有 23 人,占总体调查对象的 63.89%;"差一些"的有 4 人,占总体调查对象的 11.1%,如表 11-6 所示:

表 11-6 理科类课程学习情况

比较情况	人数	百分比
优势非常大	0	0.00%
优势较大	9	25.00%
差不多	23	63.89%
差一些	4	11.11%
差很多	0	0.00%

从调查结果来看,毕业生在离开了女子中学后在理科方面的学习与普通学校毕业的女生几乎没有差别,这一点与女子中学可以采用更适合女生智力心理特点的方式进行教学,提高女生在薄弱科目的成绩这一种假设不符。可见,在后续理科学习中,女子中学毕业生并不具有明显的优势。

2. 文科类课程学习情况

与普通学校毕业的女生相比被调查的毕业生中认为自己文科类课程的"优势较大"的有12人，占总体调查对象的33.33%；"差不多"的有24人，占总体调查对象的66.67%，如表11-7所示：

表11-7 文科类课程学习情况

比较情况	人数	百分比
优势非常大	0	0.00%
优势较大	12	33.33%
差不多	24	66.67%
差一些	0	0.00%
差很多	0	0.00%

从调查结果来看，更多的毕业生认为自己在文科方面的学习与普通学校毕业的女生相比没有多大差别，当然也有近三分之一的毕业生认为自己在文科学习上还是有一定优势的。另外，值得注意的是36名被调查的毕业生中没有一人选择了在文科学习上比普通学校毕业的女生差，这一点可以反映出在女子中学的教育模式确实对保持和发展女性本来具体的优势起到了一些作用。

3. 中学毕业后所学专业

曾经有言论指出，单一性别的学校，可能会在发展学生性别优势的同时固化学生后续的发展方向，比如女性更容易倾向选择文科类专业，而男性则更倾向于选择理科类专业，这样选择倾向阻碍了那些本身具有理科天赋的女性或文科天赋的男性的发展。从调查结果可以看出，被调查的毕业生除了哲学和历史学类学科外，其它九类学科都有人在选择，而且没有出现过于集中于某个学科的情况出现，如表11-8所示：

表 11-8　所学专业

学科	人数	百分比
哲学	0	0.00%
经济学	3	8.33%
法学	4	11.11%
教育学	5	13.89%
文学	7	19.44%
历史学	0	0.00%
理学	5	13.89%
工学	3	8.33%
农学	1	2.78%
医学	3	8.33%
管理学	5	13.89%

（三）工作择业情况

根据调查结果显示，调查对象中 32 人正在就业，2 人处于待业状态，另外有 2 人目前在全职照顾家庭。

其中正在就业的 32 人所属行业分布如表 11-9 所示：

表 11-9　就业分布

选项	小计
农、林、牧、渔业	0
采矿业	0
制造业	2
电力、热力、燃气及水生产和供应业	1
建筑业	2
批发和零售业	2
交通运输、仓储和邮政业	1
住宿和餐饮业	0

续表

选项	小计
信息传输、软件和信息技术服务业	3
金融业	4
房地产业	4
租赁和商务服务业	2
科学研究和技术服务业	1
水利、环境和公共设施管理业	0
居民服务、修理和其他服务业	0
教育	3
卫生和社会工作	2
文化、体育和娱乐业	2
公共管理、社会保障和社会组织	1
国际组织	0

调查结果显示，调查对象所从事的行业分布范围较广，没有出现集中于某几类行业的情况。

女子中毕业生每月收入水平，如表11-10：

表11-10 收入水平

收入水平	人数	百分比
1000元以下	0	0.00%
1000—2000元	3	8.33%
2001—4000元	19	52.78%
4001—6000元	6	16.67%
6001元以上	4	11.11%

(四) 婚恋情况

根据调查结果显示，毕业生中已婚的有 12 人，占总体调查对象的 33.33%；恋爱中的有 14 人，占总体调查对象的 38.89%；单身的有 10 人，占总体调查对象的 27.78%。其中已婚的 12 人中，有 3 人在 22—25 岁时结婚，9 人在 25 岁以后结婚。未婚的 24 人中，认为如果找不到合适的配偶则"不婚不嫁"的有 12 人，4 人选择"降低标准"，8 人选择了"无论如何一定会结婚"。

在对"女子中学可以有效避免早恋"这一说法的调查中，毕业生中认为女子中学对避免早恋的比较有效的有 8 人，占总体调查对象的 22.22%；有些作用的有 10 人，占总体调查对象的 27.78%；"作用很小"的有 7 人，占总体调查对象的 19.44%；"无效或可能起反作用"的有 11 人，占总体调查对象的 30.56%，如表 11—11 所示：

表 11—11　避免早恋

作用	人数	百分比
非常有效	0	0.00%
比较有效	8	22.22%
有些作用	10	27.78%
作用很小	7	19.44%
无效或可能起反作用	11	30.56%

以上的调查结果与我们一些家长抱有的想法或者是作为一项女子中学所宣传内容，即就读女子中学可以避免女生早恋这一观点不符。认为"作用很小"和"无效或可能起反作用"的人数共有 18 人，这与认为"有些作用"和"比较有效"的人数一致，也就是说被调查的毕业生中支持与反对的各占一半，与社会中单一认为就读女子中学可以有效避免女生早恋不同。

另外，在调查中有 3 人表示在女子中学就读时就有了恋爱经历，而对毕业生初恋年龄分布情况，如表 11—12 所示：

表 11—12　初恋年龄

年龄段	人数
16 岁以下	3
16—18 岁	20
18—22 岁	7
22—25 岁	6
25 岁以后	0
从未恋爱过	0

从表 11—13 中可以看出，这些被调查的毕业生的初恋较为集中地发生在 16—18 岁这个年龄阶段。将此情况与之前对毕业生就读女子中学时间的调查结果（32 人初中就读于女子中学，4 人初中高中都就读于女子中学）相联系，在离开女子中学进入男女合校学校学习后超过一半的女生有了恋爱经历，此时她们正处于高中学习阶段，尚未成年，此时的恋爱同样被视为早恋。这一调查结果也印证了之前对"女子中学可以有效避免早恋"这一说法的调查中有 30.56% 的毕业生认为的就读女子中学对避免"无效或可能起反作用"的结果。由此，不难发现女子中学在婚恋方面对女生影响较大且这种影响呈两极化。

（五）女子中学毕业生的社会交往情况

根据调查结果显示，毕业生中认为自己在异性交往中能"正常交往，表现得体"的有 16 人，占总体调查对象的 44.44%；"正常交往，但缺乏技巧"的有 14 人占 38.89%；"消极被动，感觉有困难"有 6 人，占总体调查对象的 16.67%。如表 11—13 所见：

表 11—13　异性交往情况

交往情况	人数	百分比
积极主动，非常愉快	0	0.00%
正常交往，表现得体	16	44.44%
正常交往，但缺乏技巧	14	38.89%
消极被动，感觉有困难	6	16.67%
无法交往，感觉有障碍	0	0.00%

(六) 女子中学毕业生对女子中学特色课程的认识与评价

据调查,女子中学毕业生的在校时间除了学习国家规定的课程之外,还接受了一些符合女性特点的特色课程的教育,分为女子成才、形体礼仪、心理健康、家政手工、艺术赏析五大类别。为了更好地了解毕业生对特色课程的看法进行了以下调查:

1. 女子成才类课程

毕业生认为在校期间受到的女子成才类教育,"不多不少"的有 14 人,占总体调查对象的 38.89%;"比较多"的 6 人,占总体调查对象的 16.67%;"比较少"的 8 人,占总体调查对象的 22.22%;"非常少"的 8 人,也占总体调查对象的 22.22%。如表 11-14 所示:

表 11-14 女子成才课程

选项	人数	百分比
非常多	0	0.00%
比较多	6	16.67%
不多不少	14	38.89%
比较少	8	22.22%
非常少	8	22.22%

毕业生认为在校期间受到的女子成才类教育对自己现状"影响非常大"的有 2 人,占总体调查对象的 5.56%;"影响比较大"的有 6 人,占总体调查对象的 16.67%;"有点影响"的有 16 人,占总体调查对象的 44.44%;"可能有影响但是自己不能明确地察觉到"的有 7 人,占总体调查对象的 19.44%;"几乎没有影响"的有 5 人,占总体调查对象的 13.89%。如表 11-15 所示:

表 11-15 女子成才课程影响

影响程度	人数	百分比
影响非常大	2	5.56%
影响比较大	6	16.67%
有点影响	16	44.44%
可能有影响但是自己不能明确地察觉到	7	19.44%
几乎没有影响	5	13.89%

2. 形体礼仪类课程

毕业生认为在校期间受到的形体礼仪类教育,"比较多"的 17 人,占总体调查对象的 47.22%;"不多不少"的有 12 人,占总体调查对象的 33.33%;"比较少"的 5 人,占总体调查对象的 13.89%;"非常少"的 2 人,也占总体调查对象的 5.56%。如表 11-16 所示:

表 11-16　形体礼仪课

选项	人数	百分比
非常多	0	0.00%
比较多	17	47.22%
不多不少	12	33.33%
比较少	5	13.89%
非常少	2	5.56%

毕业生认为在校期间受到的形体礼仪教育对自己现状"影响比较大"的有 12 人,占总体调查对象的 33.33%;"有点影响"的有 11 人,占总体调查对象的 30.56%;"可能有影响但是自己不能明确地察觉到"的有 9 人,占总体调查对象的 25.00%;"几乎没有影响"的有 4 人,占总体调查对象的 11.11%。如表 11-17 所示:

表 11-17　形体礼仪课影响

影响程度	人数	百分比
影响非常大	0	0.00%
影响比较大	12	33.33%
有点影响	11	30.56%
可能有影响但是自己不能明确地察觉到	9	25.00%
几乎没有影响	4	11.11%

由上述两项调查结果可以看出,在形体礼仪类教育上毕业生认为受到的教育的多少与对自己产生的影响结果基本是一致的。

3. 心理健康类课程

毕业生认为在校期间受到的心理健康类教育"非常多"的 5 人,占总体调查对象的 13.89%;"比较多"的 16 人,占总体调查对象的 44.44%;"不多不少"的有 12 人,占总体调查对象的 22.22%;"比较少"的 5 人,占总体调查对象的 13.89%;"非常少"的 2 人,也占总体调查对象的 5.56%。如表 11-18 所示:

表 11-18 心理健康

选项	人数	百分比
非常多	5	13.89%
比较多	16	44.44%
不多不少	8	22.22%
比较少	5	13.89%
非常少	2	5.56%

毕业生认为在校期间受到的心理健康教育对自己现状"影响非常大"的有 4 人,占总体调查对象的 11.11%;"影响比较大"的有 10 人,占总体调查对象的 27.78%;"有点影响"的有 15 人,占总体调查对象的 41.67%;"可能有影响但是自己不能明确地察觉到"的有 4 人,占总体调查对象的 11.11%;"几乎没有影响"的有 3 人,占总体调查对象的 8.33%。如表 11-19 所示:

表 11-19 心理健康影响程度

影响程度	人数	百分比
影响非常大	4	11.11%
影响比较大	10	27.78%
有点影响	15	41.67%
可能有影响但是自己不能明确地察觉到	4	11.11%
几乎没有影响	3	8.33%

由上述两项调查结果可以看出,在心理健康类教育上毕业生认为受到的教育的多少与对自己产生的影响结果基本是一致的。

4. 家政手工类课程

毕业生认为在校期间受到的家政手工教育,"不多不少"的有 9 人,占总体调查对象的 25.00%;"比较少"的 17 人,占总体调查对象的 47.22%;"非常少"的 10 人,也占总体调查对象的 27.78%。如表 11-20 所示:

表 11-20　家政手工

选项	人数	百分比
非常多	0	0.00%
比较多	0	0.00%
不多不少	9	25.00%
比较少	17	47.22%
非常少	10	27.78%

毕业生认为在校期间受到的家政手工教育对自己现状"有点影响"的有 8 人,占总体调查对象的 22.22%;"可能有影响但是自己不能明确的察觉到"的有 13 人,占总体调查对象的 36.11%;"几乎没有影响"的有 15 人,占总体调查对象的 41.67%。如表 11-21 所示:

表 11-21　家政手工

影响程度	人数	百分比
影响非常大	0	0.00%
影响比较大	0	0.00%
有点影响	8	22.22%
可能有影响但是自己不能明确地察觉到	13	36.11%
几乎没有影响	15	41.67%

由上述两项调查结果可以看出,在家政手工类教育上毕业生认为受到的教育的多少与对自己产生的影响结果基本是一致的。

5. 艺术赏析类课程

毕业生认为在校期间受到的艺术赏析类教育,"比较多"的 8 人,占总体调查对象的 22.22%;"不多不少"的有 16 人,占总体调查对象的 44.44%;"比较少"的 9 人,占总体调查对象的 25.00%;"非常少"的 3 人,也占总体调查对象的 8.33%。如表 11—22 所示：

表 11—22　艺术赏析

选项	人数	百分比
非常多	0	0.00%
比较多	8	22.22%
不多不少	16	44.44%
比较少	9	25.00%
非常少	3	8.33%

毕业生认为在校期间受到的艺术赏析教育对自己现状"影响比较大"的有 12 人，占总体调查对象的 33.33%；"有点影响"的有 13 人，占总体调查对象的 36.11%；"可能有影响但是自己不能明确地察觉到"的有 7 人，占总体调查对象的 19.44%；"几乎没有影响"的有 4 人，占总体调查对象的 11.11%。如表 11—23 所示：

表 11—23　艺术赏析影响程度

影响程度	人数	百分比
影响非常大	0	0.00%
影响比较大	12	33.33%
有点影响	13	36.11%
可能有影响但是自己不能明确地察觉到	7	19.44%
几乎没有影响	4	11.11%

由上述两项调查结果可以看出，在艺术赏析类教育上毕业生认为受到的教育的多少与对自己产生的影响结果基本是一致的。

通过上述五大类特色课程情况的调查结果可以看出，除了女子成才类课程之外，毕业生认为受到的该类特色教育的多少与该类特色教育对自己产生影响的评估结果是基本一致的。究其原因，我们发现除了女子成才类课程，没有设立专门的课程外，其它四类特色课程都专门安排了正规课时进行学习，比如礼仪形体类课程就专门分设了礼仪课、形体训练课,有专门的老师任教,心理健康类课程就专门开设了心理课,由当地大学心理学教授每周到校上课,而女子成才类教育却没有专门的课程,而是通过邀请一些专家或成功女性到校讲学或是在日常的教育教学中进行的,因此会出现毕业生认为受到的这方面教育不多,所受到的影响却比较大的情况。

第三章 女子中学求学经历对女生后续发展影响的主客观分析

一、女子中学求学经历对女生后续发展影响的主观分析

(一) 毕业生自评女子中学求学经历对自己的影响

女子中学毕业生自己的主观感受对深入了解和分析女子中学求学经历对女生后续发展的影响有着重要的意义,因此在研究的调查问卷中要求女子中学毕业生自评女子中学求学经历在教育学习、工作择业、婚恋、社会交往四个方面对自己产生的影响。另外,为了了解女子中学求学经历在哪个方面对女生产生影响更大在调查问卷中也设置了专门的题目。女子中学毕业生自评女子中学求学经历对自己影响的结果如下:

1. 教育学习方面的自评结果

毕业生认为女子中学对自己后续教育学习方面"影响非常大"的有 6 人,占总体调查对象的 16.67%;"影响比较大"的有 4 人,占总体调查对象的 11.11%;"有点影响"的有 15 人,占总体调查对象的 41.67%;"可能有影响但是自己不能明确地察觉到"的有 9 人,占总体调查对象的 25.00%;"几乎没有

影响"的有 2 人，占总体调查对象的 5.56%。如表 11—24 所示：

表 11—24　教育学习影响

影响程度	人数	百分比
影响非常大	6	16.67%
影响比较大	4	11.11%
有点影响	15	41.67%
可能有影响但是自己不能明确地察觉到	9	25.00%
几乎没有影响	2	5.56%

2. 工作择业方面的自评结果

毕业生认为女子中学对自己工作择业方面"影响非常大"的有 2 人，占总体调查对象的 5.56%；"影响比较大"的有 5 人，占总体调查对象的 13.89%；"有点影响"的有 19 人，占总体调查对象的 52.78%；"可能有影响但是自己不能明确地察觉到"的有 7 人，占总体调查对象的 19.44%；"几乎没有影响"的有 3 人，占总体调查对象的 8.33%。如表 11—25 所示：

表 11—25　工作择业影响

影响程度	人数	百分比
影响非常大	2	5.56%
影响比较大	5	13.89%
有点影响	19	52.78%
可能有影响但是自己不能明确地察觉到	7	19.44%
几乎没有影响	3	8.33%

3. 婚恋方面的自评结果

毕业生认为女子中学对自己婚恋方面"有点影响"的有 9 人，占总体调查对象的 25.00%；"可能有影响但是自己不能明确地察觉到"的有 22 人，占总体调查对象的 61.11%；"几乎没有影响"的有 5 人，占总体调查对象的 13.89%。如表 11—26 所示：

表 11—26 婚恋影响

影响程度	人数	百分比
影响非常大	0	0.00%
影响比较大	0	0.00%
有点影响	9	25.00%
可能有影响但是自己不能明确地察觉到	22	61.11%
几乎没有影响	5	13.89%

4. 社会交往方面的自评结果

毕业生认为女子中学对自己社会交往方面"影响非常大"的有 4 人，占总体调查对象的 11.11%；"影响比较大"的有 7 人，占总体调查对象的 19.44%；"有点影响"的有 14 人，占总体调查对象的 38.89%；"可能有影响但是自己不能明确地察觉到"的有 9 人，占总体调查对象的 25.00%；"几乎没有影响"的有 2 人，占总体调查对象的 5.56%。如表 11—27 所示：

表 11—27 社会交往影响

影响程度	人数	百分比
影响非常大	4	11.11%
影响比较大	7	19.44%
有点影响	14	38.89%
可能有影响但是自己不能明确地察觉到	9	25.00%
几乎没有影响	2	5.56%

5. 女子中学毕业生自评对自己影响更大方面

毕业生认为女子中学对自己影响最大的方面的是"工作择业"有 3 人，占总体调查对象的 8.33%；"教育学习"的有 5 人，占总体调查对象的 13.89%；"心理"的有 26 人，占总体调查对象的 72.22%；"社会交往"的有 2 人，占总体调查对象的 5.56%。如表 11—28 所示：

表 11-28　女子中学毕业生自评求经历对自己影响的结果

选项	人数	百分比
婚恋观念	0	0.00%
工作择业	3	8.33%
教育学习	5	13.89%
心理	26	72.22%
社会交往	2	5.56%

(二) 女子中学求学经历对女生后续发展影响的主观分析

女子中学毕业生就女子中学求学经历对自己影响的自评结果，充分体现了主观感受的个体差异性。首先，女子中学毕业生在自评教育学习、工作择业、婚恋、社会交往四个方面对自己的影响时，选择具体的影响程度并没有集中于某一程度上。其次，女子中学毕业生在某一具体方面对自己影响的自评中，既有人选择了"影响非常大"，又有人选择了"几乎没有影响"，也就是说在同一方面对自己影响的自评中出现了两种截然不同的结果。再次，在"你认为女子中学求学经历在哪方面对你影响更大"的调查中，女子中学毕业生认为教育学习、工作择业、社会交往、婚恋四方面都不是对自己影响最大的方面，"心理"才是对自己影响更大的方面，而"心理"从一定程度上讲本身就是一种主观的感受。

综上所述，女子中学求学经历对女生后续发展的影响及影响程度是因人而异的，不能一概而论。

二、女子中学求学经历对女生后续发展影响的客观分析

女子中学毕业生问卷调查的数据以及访谈收集的资料，都说明女子中学求学经历的确对女生的后续发展产生了各种影响。这些影响的实质是女子中学求学经历对女生在女性意识上的影响，即女生对自己作为女性的自我认识和价值体验。女生在女子中学求学过程中形成的这种女性意识对女生的后续发展产生了影响，并且主要体现在学习、婚恋、工作择业、社会交往这四个方面。

(一) 女子中学求学经历对女生学习方面的影响

女子中学单一性别教育环境以及学校因性施教的理论可以使女生在就读女子中学时就能清楚地认识到自己作为女性在认识风格上的特点。因此，女生在校学习的时候，可以更客观地看待自己在不同学科上的表现。在离开女子中学进入高一级学校学习后，较之普通学校毕业生的女生更能根据女性的认知风格进行学习。然而，女生在女子中学求学时形成的对女性认识风格的认识，也固化女生对于学习的认识，对女性弱势学科产生畏惧，从而使得他们在女性擅长学科上的优势变得更为明显，而在女性较为弱势的学科上表现不佳。此外，女生在女子中学求学时，由于学习过程中没有异性的参与，使得他们无法了解异性的认识风格，进而无法从异性思维方式上得到启发，开拓自己的思路，导致女生在弱势学科上的学习无法提高甚至低于平均水平。因而，调查中发现女生在离开女子中学后进入高一级学校学习时，在优势学科上的表现更优异，在弱势学科上的表现与普通中学毕业生的女生有差距的情况。

另外，在女子中学求学时，由于没有异性的干扰，女生在课堂以及学校活动中的表现会更为主动，更容易建立起自信心。然而，在离开这样单一性别环境进入高一级学校后，这种缺乏异性作为参照而建立起来的自信心可能就会出现不同的情况进而对女生后续求学产生影响。一种情况是进入男女混合的学习环境后，女生因为在女子中学就读过程中建立的起的自信，让他能们更好地参与到课堂学习和学校活动之中，从女生群体中脱颖而出。另一种情况则可能是女生进入男女混合的学习环境后，由于学习环境较之单一性别的学习环境更为复杂，而出现适应不良，无法正确面对异性在学业上的优势和对自己的挑战，从而使得女生在女子中学就读过程当中建立起的自信，被逐渐瓦解。这种在学习表现上的自我体验，使得女生在学习过程中不再自信，在课堂上羞于发言与提问，在学校活动中无法真实展示自己。此外，在女子中学就读过程中形成的女性独立意识，也可能在学习上被女生误用，从而抗拒在学习上与男生进行交流，导致女生在学业发展上的一些问题。

(二) 女子中学求学经历对女生婚恋方面的影响

在婚恋上，女子中学毕业生认为在婚恋方面求学经历对自己几乎没有影响，如果有影响也是自己没有察觉到的，但是通过对初恋时间以及婚恋观念的调查分析，笔者认为女子中学求学经历对女生的婚恋不但产生了影响，而且影响的方式和程度都很值得我们深思。

正如上一章节中对女子中学毕业生初恋年龄分析，女子中学毕业生的初恋较多的发生在16到18岁之间，在这个年龄段正是他们离开女子中学进入高一级学校求学的时候，虽然这一现象与女子中学求学经历没有直接数据或理论上的联系，中间可能还夹杂了青春期两性心理、社会发展等因素，但是女子中学毕业生为何比较集中在这个年龄段发行恋爱行为，非常值得我们思考。笔者认为，在女子中学求学时，接触到的人多为同性，所以女生能对女性对自己有一个很好的了解。同时，由于与异性接触较少，女生对异性的认识、两性之间相互吸引的认识都非常有限，对异性充满了好奇。因此，女生在脱离了单一性别的学习环境，进入男女混合的高一级学校学习时，他们需要了解异性，需要得到异性的肯定，还要满足这一时期自己对异性吸引的需要，女生就很有可能通过与异性建立亲密关系来弥补之前的缺失并且尽快建立起对异性的认识体系。

另外，我国2010年第六次人口普查数据显示中国女性平均的结婚年龄为24.9岁，然而在对女子中学毕业生目前婚姻状况进行调查时，有效填写问卷的36人中，有24人未婚，填写问卷调查时他们的年龄是在26到28岁。虽然随着时代发展，婚姻观念也较之以往有所变化，但是本文调查的年龄处在26到28岁之间的女子中学毕业生中三分之二的未婚也是值得关注的。在对女子中学毕业生的访谈中，笔者发现女子中学毕业生过分强调女性的独立自主是他们至今未婚的一个重要原因，而女子中学的求学经历对他们形成女性应独立自主的观念起着重要作用。

（三）女子中学求学经历对女生工作择业方面的影响

在女子中学毕业生的调查结果中并没有显示出女子中学求学经历对女生工作择业方面的影响，但是在访谈中，通过他们各自工作情况的陈述，笔者发现在工作择业上，女子中学毕业生一方面因为女子中学的求学经历让自己变得更加独立、行动力更强，从而在工作中能独当一面，独立思考。另一方面，也因为女子中学求学经历让自己形成了性别优势的意识并且对自己的要求过高，事事追求完美，从而在与男性共事的过程中，较之其他女性，显得更为强势，基本不会向男性同事求助，什么事情都自己来，虽然独立自主，但是在整个工作过程中对个人对团队都有不利之处。

（四）女子中学求学经历对女生社会交往方面的影响

社会交往上，他们在离开女子中学后，与同性的交往十分顺利。同时，女生在单一性别教育环境中也疏离了与异性群体的交往，不知道怎么和异性相处。从女子中学时期开始，女生的社交对象在男女比例上就出现了差异。我们对于离校之后与异性交往情况的调查结果也显示出女子中学求学经历对女生后续的异性交往无法产生更为积极的影响，虽然大多数女子中学毕业生表示在离开女子中学后能与异性进行正常交往，但是同时他们也表示在与异性正常交往过程中缺乏技巧，甚至有少部分还表示出与异性交往过程被动消极，感觉交往困难。

综上所述，女子中学求学经历对女生后续发展的影响，实质上是女子中学求学经历对女生女性意识的影响，女生形成的女性意识中关于女性认识风格、自我评价、独立自主等方面内容的认识又渗透于女生后续发展的方方面面。

三、女子中学求学经历对女生后续发展影响的主客观分析的差异及其成因

女子中学毕业生就女子中学求学经历对自己后续发展影响的自评结果与我们的问卷调查和访谈得到的结果是有差异的。女子中学毕业生自评的结果显示出女子中学求学经历对女生后续发展的影响是因人而异的；而通过调查和访谈得出的结果则认为女子中学求学经历对女生的女性意识产生了影响，进而在后续发展的过程中产生了各种具体的影响。导致这种差异出现的主要原因是由于两种分析的角度不同，采用的分析方法也不同。

主客观分析差异产生的主要原因是女子中学毕业生是根据自己的个人经历以及个人的主观体验来对女子中学求学经历对自己后续发展的影响进行评定的。如果女子中学求学经历对女生后续发展产生的影响没有在某一具体的方面显现，女生没有将后续发展过程中遇到的事件和问题与自己在女子中学求学的经历相联系，那么女生就难以察觉到这些影响进而被忽略，无法通过调查和访谈反映出来。相反，如果在后续发展过程中出现了一些状况并且女生将这些状况与自己在

女子中学求学的经历相关联,那么女生就能察觉到这些影响,甚至被主观夸大。通过女子中学毕业生调查的结果以及访谈的资料来分析女子中学求学经历对女生后续发展的影响则较为理性,分析过程中以女性主义经验论为理论基础,以更为宏观的角度对问题进行分析研究。

综上所述,主客观分析的差异说明了女子中学求学经历对女生后续发展的影响不能单单从某一方面进行研究,不能简单地认为在某一方面对女生都产生了积极影响,在另一方面又都产生了消极的影响,而要综合分析女子中学毕业生的主观感受和客观事实。

第四章　女子中学求学经历对女生后续发展影响的反思与启示

女性主义经验论认为在知识建构和科学研究过程中,性别问题是被忽视的,女性的学术才能与科研天赋是被埋没的。同时,我们也可以通过运用科学的方法来克服这种知识建构和科学研究中的性别偏见,重新评价女性的行为及其价值。从理论上讲,女子中学无论是在办学模式,还是在教育理念上,对于彰显女性主义经验论的主张都有着自己得天独厚的优势。正是这样的原因使得人们对女子中学的期望过高,在看待女子中学时显得更为主观,从而导致了人们对女子中学的认识存在偏差。另外,通过上文对女子中学毕业生调查结果的呈现及分析,我们发现女子中学在实际教育过程也存在着一些问题,为此我们有必要进行反思。

一、应客观看待女子中学

20世纪二三十年代,女子学校十分盛行。新中国建立后,女校曾一度完全消失,然而在20世纪八九十年代女校又再次出现在我们视野当中,其中数量最多的最引人关注的则是女子中学。近些年来,女生就读女子中学成为了一种新风尚,除了公立的女子中学外,在广州等地还出现了一些民办的私立女子中学。女子中学在大众眼里一直充满着神秘色彩,无论是女子中学的招生广告,还是各种媒体的报道,都能引发人们对女子中学的无限遐想,同时也引发了各种争议。这些争议来源于社会各界,并且长久以来都没有一个最终的结果。透过女性主义经验论的视角以及来自女子中学毕业生自己的声音,也许可以为我们带来一种更为真实更为客观的角度来看待女子中学。

(一)应客观看待女子中学的办学特色

从女性主义经验论的角度来看女子中学复现的一个重要原因是越来越多的人提出现有的科学是忽略女性和社会性别的,现行主流的男女合校的教育形式是漠视两性之间差异的,导致在学校教育中女生的发展受到了很大的阻碍。因性施教强调教育者应根据男女学生的生理与心理差异,而采用不同的教育方法和措施,使受教育的两性都能获得充分、自由、平等、全面的发展,这种教育理念弥补了教育中对性别的忽视。正因如此,因性施教成为了所有的单一性别学校都会提到的教育理念,自然也成为了女性主义经验践行者即女子中学的一大办学特色,具体体现在帮助女生在学习过程中扬长补短、女性特色课程两方面。

1. 女子中学扬长补短的作用应被客观看待

从理论层面讲,女子中学的学生由于不用考虑异性对自己的看法,在课堂上回答问题更自信、更主动,得到了更多的话语权,同时课堂纪律问题也相对减少,并且女生能够在传统男生主导的学科中没有压力地进行竞争。另外,教师也能够针对女生的性别特征而因材施教,女生对于其擅长的学科会学得更好,对于较困难的内容,教师可以多花时间精力去帮助她们帮提高。然而,通过实际调查我们发现在离开女子中学后,毕业生认为自己在女性擅长的文科类学科中比起普通学校毕业的女生来说是有一定优势的,并且在理科类学科中与普通学校毕业的女生相比没有明显优势,甚至出现不如普通学校毕业的女生的情况。究其原因,我们可以从学习环境、学校教师、学生自身三个方面来思考。

首先,从女子中学的学习环境来说,固然在单一性别的学习环境中,无论是学业上还是人际交往上女生都不会受到来自异性的困扰,周围的同学都是女生,自己的老师大部分也是女老师,长期处于一个以女性为主导的学习环境中,使得女性本身具体的优势更加明显。然而,那些女性薄弱的方面,因为在这样一个女性为主导的环境中,强化了性别差异,限制了女生与异性交流合作的机会,没有不同的思维方式的冲击,整体的水平相近,缺少目标,而无法得到真正的提高。

其次,女子中学中因为性别单一,在理论层面来讲,教师可以更好地针对性别特点进行因性施教,但是显然因性施教不是通过简单的性别隔离就可以实现的,如何施教才是关键所在,而施教之前教师就必须先搞清楚两性各自的特点和差异。虽然,2011年国务院颁布的《中国妇女发展纲要(2011－2020年)》中明确指出要加强教师对社会性别意识的理解,但是实际上因为各种原因,社会性别意识并没有真正被纳入到教师培训的内容之中,而在女子中学中也极少有教师接受过针对女性性别特征而开展教育教学的正规训练,因而无法在教学中采用更适合女性的授课方式。在调查中笔者也发现在实际的女子中学教学中也存在这样的问题,在对Z同学的访谈中她回忆到"初二上学期的时候,因为初一时的数学老师要生小孩,所以换了一名比较优秀的男老师来教我们数学,开始还没有什么问题,后来这个男老师就非常不适应在我们女生班里面上课,问的问题我们常常不明白也就回答不上,他其实真的是兢兢业业的,也多有耐心地回答我们的问题,但是我们班的考试成绩就是不行,以前我们班数学在年级上至少也是前三,结果后来在年级上就落后了。学校了解到情况后,好像还专门对女生班的老师开了会,男老师自己也调整了,但还是不行,最后是初一那个女老师生完小孩回来了又再带我们,初三的时候我们的数学才又好了些,但是都不如以前了。"虽然Z同学遇到的情况是一个特例,但是也说明了有了单一性别教育环境,教师不一定能进行正确因性施教,也就无法真正的扬其所长、补其所短。

再次,女生并非都适合女子中学的教育方法。虽然女性与男性在个性和学习风格上存在着显著的差异，女性整体上更擅长形象思维，语言能力更强，但是我们不能忽略女性之间存在的个体差异，有的女性可能更倾向于用逻辑思维来看问题，学习风格更接近于男性，因而女子中学的教学方法可能对她们无效，甚至是有害的。

2. 女子中学的特色课程应被客观看待

纵览各所女子中学的招生简章，其中最大的亮点无疑是各种具有女性特点的特色课程。无论是与当前社会需要相适应的礼仪社交课、女性心理课、形体口才课，还是符合中国传统的女红、刺绣、琴棋书画等课程，都让人耳目一新，与普通中学完全以高考为导向的课程截然不同，这也是女子中学近些年来受到追捧的原因之一。然而，在对女子中学毕业生的调查访谈中，毕业生对这些特色课程除了肯定之外，更多的是质疑与担忧。

在对 L 同学的访谈中，她说到"当时选择女子中学就读，新奇的课程和不一样的环境吸引了我，现在回过头看，其实也没那么多的不一样，上的特色课确实不少，什么形体、礼仪、心理、插花、钢琴都有，还应该上过一些，我都记不清楚了，但是上课的时间真心没多少，最多的我觉得可能就是心理课吧，心理课还是很有用的当时我特别喜欢这个课，上了有一学期，像插花、礼仪就上了可能几次课吧，更像课外活动课。"Z 同学在回忆自己上的特色课程时候道："钢琴学了下来，对于我们这些以前没有学过的同学还是弹不好，以前学过考了级的人家都不想上这个课，后来没上好久就停了"，而 C 同学则表示"形体课上了一学期，一学期学下来原本走路有点斜肩的我是比以前好多了，可是后来就没有形体课了，又慢慢变回来了，现在走路都还是斜肩，不过我都不管它了。现在说起这些特色课程真的有种食之无味、弃之可惜的感觉"。除了授课时间的问题，这些特色课程所强调的学习内容大多是被女性主义经验论所批判的，即是把女性只看作是母亲、照顾者、家庭料理者、男性附属者等角色来培养，迎合男权社会的需要，进而剥夺女性在科学知识建构和学术上的才能。

在问卷调查中，我们也做了一项关于"从女子中学毕业后，别人会察觉到你是女子中学毕业的吗"的调查，调查结果如表 11—29 所示：

表 11—29　别人对女子中学就读经历的察觉情况

选项	人数	百分比
很容易察觉	0	0.00%
从未有人察觉	20	55.56%
一经提起别人会察觉	6	16.67%
自己提起后觉得会很好奇	10	27.78%

由表 11—29 可以看出，从女子中学毕业后，自己提起后别人会察觉到自己与普通学校毕业的女生不一样的，占了 16.67%，而 55.56% 的毕业生从来没有察觉过，27.78% 的毕业生自己提起后别人会觉得好奇。这说明从女子中学毕业生与普通中学毕业生的女生并没有明显的区别，身上没有与其它女生不同的特质。这样的结果，一方面是女子中学毕业生没有因为在女子中学就读就与其它女生格格不入，另一方面则说明女子中学的学习并没有使毕业生具有优于其它女生的特点，特色课程的教育外显效果并不明显。

尽管如此，在调查与访谈中笔者也发现这些特色教育对女子中学的毕业生的确是产生了影响的，特别是在观念和心理上起的作用是较大的。在访谈中 Z 同学就说到了"女子中学的教育潜移默化告诉你很多事情你需要自己独立完成和面对，这有助于成年后对工作和生活的把控，这种心态归根结底来自对依靠男性的不认可"。同时，在"你认为女子中学求学经历在哪方面对你影响更大？"的调查中，有 72.22% 的女子中学毕业生认为心理上的影响更大。

分析上述情况产生的原因需从女子中学本身说起。虽然女子中学是我国中学教育中的一种特殊的办学方式，但其本身还是在我国中学教育体系的框架之内。女子中学，一方面要按照教学大纲完成国家统一的教学任务；另一方面，还要根据学校的育人目标以及女子中学自身的社会价值追求，对女生进行特色教育。由于我国目前对中学的评价体系还比较单一，升学率还是评价学校教育水平的重要指标，而单一女性的环境及其针对女性的教育对女生的影响并不是短时间就能做出评估的，因而就限制了女子中学特色教育的发展，出现了特色课程课时少、难以成为体系，内容浅显难以深入的情况。如果特色课程的数量与质量无法保证，自然效果也不会令人满意。同时，我们也应看到特色教育对女生的影响并不是一时的，也很难有外显的评价标准，而其核心的理念却潜移默化地影响着女子中学的学生，因此对于女子中学的特色课程必须以辩证发展的眼光来看待。

（二）应客观看待女子中学对避免早恋的作用

在调查与访谈过程中，对于当初选择女子中学就读的原因，大部分的女子中学毕业生表示是听从了家长的意见，而家长选择让子女就读女子中学的原因更多是为了避免女生在青春期出现早恋的情况。从客观上讲，女子中学的学生性别单一，一定程度上确实减少了她们与异性的接触，降低了早恋的可能性，但是当前社会迅猛发展，除了在学校与异性的接触外，还有很多途径让处于青春期的女子中学学生接触到异性。另外，在这个信息技术高度发展的时代，人们的交流交往方式与以往早已不同，通过网络应用各种社交软件都可以与人进行及时的文字语言交谈，所以就读女子中学来避免早恋是不具有现实意义的。在我们的调查中也发现作为过来人，女子中学的毕业生们对"就读女子中学可以避免早恋"这一说法，认同度并不高。相反，她们更多的认为就读女子中学对避免早恋无效甚至会适得其反。同时，在调查中有3位毕业生表示了自己在女子中学就读期间就已经有了恋爱的经历，虽然人数不多，所占比例不大，但是这也说明了，通过就读女子中学防止早恋的想法是不可取的。

有一个现象非常值得注意，在对初恋年龄的调查中，有20人的初恋发生在16—18岁这个年龄阶段。将此情况与之前调查结果（32人初中就读于女子中学，4人初中高中都就读于女子中学）相联系，在离开女子中学进入其它学校学习后近三分之二的女生有了恋爱经历，此时她们正处于高中学习阶段，尚未成年，此时的恋爱同样被视为早恋。女子中学毕业生的初恋如此集中地出现在这一年龄阶段，这与青春期性心理的发育和成熟有着一定的关系，中学期间本应该是两性从"敌对""隔离"的状态下发展到渴望互相了解、接触的阶段，然而在女子中学中由于性别单一，女生与异性接触较少，对异性了解不多，难以得到异性的肯定，无法满足异性吸引的需要，对两性之间的互相吸引也认识不足，当她们离开女子中学后就很有可能通过与异性建立亲密关系来弥补之前的缺失，快速建立起对异性的认识体系。

二、女子中学影响女生性别认同的建立

调查对象 C 说"那个时候在学校,班里没有男生,搞活动,换教室,大扫除什么的啥子都是我们女生自己来,当时真的感觉就是班歌里面唱的'谁说女子不如男,我们是半边天的主人'一样,但是后面出去了才发现男生真的不一样,长得牛高马大的,劲又大,我们觉得多费力的一件事,人家(觉得)轻松得很"。调查对象 Z 说"后来(离开女子中学后)和男生交往,包括现在和男同事、男朋友的交流总的来说肯定是没有啥子问题的,但是其实一开始还是多羞涩的,毕竟以前和男的接触少,而且我发现我们班同学女汉子真的不少,平时我们经常联系的那几个,哪个不是电脑坏了自己修,屋头灯泡烂了自己换的,也不是说女汉子不好,但是有时候好像真的不太容易招男的喜欢,找到我们家胖子也是我的福气。"调查对象 L 说"对于女生班出来的女生,我总结了一下,有三大特点:缺少女性应有的柔弱,有时候还特别喜欢帮别的女生(女性)打抱不平,另外一点就是基本不会向男同胞求助"。

访谈对象的谈话内容虽然只代表了他们各自的观点,但是从中也揭示出在就读女子中学期间处于青春期的她们对于男性女性之间的差异了解得并不多,在离开女子中学后才对两性之间的智力、身体能力方面的差异有所了解,同时在性别认同方面也与普通学校毕业的女生有所不同。

青春期是一个人从童年到成年的过渡时期,也是人一生之中关键的成长阶段,在这个阶段中个体生理上发生着剧烈变化的同时,其心理上也经历着从幼稚到成熟的变化。埃里克森的人格发展的理论认为个体人格发展是一个不断解决各种冲突矛盾的过程,在不同的年龄阶段有不同的发展任务,发展任务的完成关乎个体人格发展和社会化是否健全完善。中学阶段,个体正处于 12—18 岁的青少年期,个体人格发展的关键和任务是获得自我同一性并解决角色同一与混乱的问题。在自我的当中性别是重要有机组成部分,性别又有"生理性别"(sex)和"社会性别"(gender)之分,前者指男女两性在生理特征上的差别,后者则是指男女两性在社会文化建构下形成的对两性差异的理解,以及在社会文化中形成的

属于男性或女性群体的特征和行为方式。同样，在自我认同过程中，性别认同也具有十分重要的意义，性别认同可具体分为性认同（sex identity）和性别认同（gender identity）。性认同是指个体对生理性别的认知和接受，而性别认同指个体获得真正的性别角色，即根据社会文化对男性、女性的不同要求而形成相应的动机、态度、价值观和行为，并发展为性格方面的男女特征。同时，由于青春期性心理的发育和成熟，两性之间的关系呈现出微妙的变化，从"敌对""隔离"发展到渴望相互了解、接触的阶段。在这种心理变化的促动下，与异性的互动对青春期女生性别认同的影响尤为重要[①]。然而，在女子中学中由于性别单一，女生只能在女性群体内部获得性别认同，无法通过与异性的互动中获得关于自身性别观念的认识或认同，也就不能做出调整，建立良好的性别认同。

当前青少年同性恋已经不是一个陌生稀奇的现象了，虽然目前没有任何的研究证实单一性别环境与同性恋有直接的联系，但是在关于"你对女子中学容易出现同性恋这一说法"认同度的调查中，对这一说法"非常支持"的有 2 人，占总体调查对象的 5.56%；"比较支持"的有 8 人，占总体调查对象的 22.22%；"中立"的有 20 人，占总体调查对象的 55.56%；"不太支持"的有 6 人，占总体调查对象的 16.67%。如表 11－30 所示：

表 11－30　女子中学易出现同性恋说法认同情况

选项	人数	百分比
非常支持	2	5.56%
比较支持	8	22.22%
中立	20	55.56%
不太支持	6	16.67%
非常不支持	0	0.00%

虽然调查结果并不能客观地论证女子中学是否是真的容易出现同性恋这一情况，但是通过上述调查结果可以发现持有否定观点的只有 6 人，大部分毕业生则选择了中立，然而有 10 人认可了这一说法，这说明女生在女子中学中如果无法

---

① 陈晓瑜：《青春期女生性别认同研究》，南京师范大学硕士学位论文，2012 年。

建立良好的性别认同，无法形成正确的性别角色，同性恋的发生是有潜在可能的。

三、因性施教在实行过程中存在误区

20世纪80年代后期，教育界和心理学的学者们开始展开男女性别差异与教育的研究，其内容包括了性别刻板印象、两性心理差异的客观表现及形成原因、学业成绩的性别差异、学校教育中的性别歧视等。通过大量的研究调查，学者们发现男女两性不仅存在生理方面的差异，而且心理发展的诸多方面也存在诸多客观上的差异，比如性格及行为模式方面的差异、认知风格及智能发展特点的差异、情感活动的差异等。性别差异形成的原因，不排除先天的遗传因素的影响，但是后天的习得也是十分重要的原因。而在两性心理发展过程中，教育则起着主导作用。由此，学者们指出必须关注性别差异，针对性别心理的发展特征，因性施教。因性施教的基本策略则包含两个方面：一是扬长的策略，一是补短的策略。其中，扬长的策略是指促进男女身心发展中的长处得以充分发扬的教学方法和措施，而补短的策略则是针对男女生身心发展中存在的不足或缺陷予以弥补。然而，在运用和实施因性施教的过程中却出现了将扬长补短的两大基本策略转变成了"让女生更像女生"的情况。

究其原因，笔者认为主要是教育者在因性施教的过程中对它本身内涵的理解不足。教育者不能简单地把因性施教视为根据男女性别的差异而进行不同的教育。因性施教的内涵还包括了两个方面，一方面，因性施教是对个体在充分的自然发展和选择过程中体现出来的多样化的兴趣、性格、天赋和特质进行有目标有方向的培养，其中最为重要的就是"自然发展和选择过程"。在个体成长过程中，身边的重要他人包括家人、老师常常有着对性别的刻板印象。例如：在传统的观念中，女生就应该玩洋娃娃、扮过家家，而男生则应该玩小手枪、小汽车；女生的兴趣爱好就应该是跳舞、唱歌，而男生就应该对武术、足球感兴趣。正是这样的原因使得女子中学在因性施教过程中更多的是在学生还没有形成自己的主观体验和认识的时候，就简单地根据她们的女性性别为她们选择了所要发展的方向并展开了培养，而不是让她们在不带有传统性别角色的"成见"之下，充分的感受和了解这个世界后自然发展。其次，尊重每个学生表现出来的兴趣、爱好，在因性施教中也尤为重要。比如遇到喜爱足球的女生，我们不应该认为足球是男生的专利，而阻碍其兴趣爱好的发展，教育其女生应该文静些，告诉其学习舞蹈更适合她。在因性施教过程中，教育者不应该给学生贴上标签，不应对其行为模式有所预设，而要在开明、宽松的环境下，让他们发展自己的兴趣，挖掘天赋，以学生的兴趣、天赋为本，结合他们各自性别上的特点帮助他们发挥自己的潜能。只有这样的因性施教，才能培养出人格健全、和谐发展、学有所长，业有专精的人才。另一方面，因性施教是通过教育的方式来帮助两性正确认识他们在成长过程中表现出来的问题，从而有效改善这些不足，使其成为一个更为"完整的人"。因性施教不应是人为地将人类的集体无意识灌输给学生，只强化他们身上因为性别而带来的各种优势。教育的意义在于使人各方面都得到和谐的发展，某一性别的优势并不是该性别的专利，而是人类生存、发展所共享的，凡是被证明了对于人类发展有益中就应该被继承和发展，相反则需要积极调整和改善。

此外，当因性施教成为了当前女子中学乃至所有单一性别学校的一张名片时，大众也形成了一种只有在这样单一性别的学校中才能更好地进行因性施教，甚至是在单一性别学校中才能进行因性施教的不合理概念。固然，女子中学中学生性别单一，客观上为因性施教的开展提供了便利，然而性别隔离并不是因性施教的必要条件，而在性别隔离的环境中也不一定就能够发挥因性施教的作用。在笔者的调查访谈中，不难看出女子中学还没有将因性施教这一教育理念很好地运用于实际的教育教学之中。因性施教本就不应受到办学模式的影响，如果学校能够有意识地将因性施教这一理念运用于日常的教育教学之中，而授课教师能够很好地理解男女学生的性别差异，能够在男女混合的课堂上适应学生各不相同的学习风格，同样也能做到对学生因性施教。

四、女子中学求学经历对女生后续发展的影响对女子中学办学的启示

政治、经济和科技的变革和发展，不断对教育提出新的要求。从社会角度看，商品经济的发展，社会用人需求发生了很大变化，导致人们的价值观念、人才观念、知识观念等日趋多元化、实用化、个性化。从家庭角度看，一方面，由于经济的发展，尤其是经济发达地区家庭收入大幅度提高；另一方面，计划生育政策使得独生子女家庭成为主要的家庭结构模式。这样一来，家庭对子女的教育投资和人力资源开发的支付能力大大提高，已不满足于社会所提供的千篇一律的教育形式和内容，家庭的教育需求开始由标准化、单一性向个性化、多元性转变。同时，2010年7月教育部发布《国家中长期教育改革和发展规划纲要》，关于中学教育的发展提出："推动普通中学多样化发展。促进办学体制多样化，扩大优质资源。……鼓励普通高中办出特色。"无论是社会需求还是政策导向，都说明在当今教育市场的激烈竞争中，如果办学没有特色，就根本无法生存，更谈不上发展与超越。因此女子中学只有办出当代女校的特色，才能当今多元化的教育模式中找到自己的位置。然而，对于女子中学来说，办出特色并不是随便设立几个办学目标，简单开设几门具体有女性特色的课程，宣传倡导"因性施教"的教育理念就可以实现了，要办出特色就必须把特色落到实处。

（一）女子中学的办学目标必须明确

近年来，女子中学数量越来越多，如何在当今这个各种教育模式并存的社会中生存和发展，如何获得在竞争激烈的教育市场中立足的机会，成为了目前女子中学面临的一个严峻问题。女子中学不能为迎合某些学生家长的需要就封闭办学，成为把女性从正常社会环境中分离出来的特殊环境；更不能把女子中学单一的性别环境当作噱头，吸引生源。然而，目前有部分女子中学就因为办学目标不明、教育理念不清，走入了"让女生更像女生"的传统女性角色定型的误区，比如强调女生就应该文静端庄，就应该入得厅堂下得厨房，甚至把防止学生早恋列

入了学校的宣传内容之中。要想实实在在的办好女子中学就首先应该明确自身的办学目标和教育理念。

（二）女子中学的办学目标应符合时代需要

传教士在中国设立女塾，其目的是传播教会思想，进行文化侵略；中国人自己办的女学堂开学，其目的是让女子与男子一样享有正规的教育，为社会培养更多的"贤妻良母"；五四运动以后，男女平等真正成为社会发展的大势所趋，创办女校的目的则是培养独立人格的新女性。而现在女子中学作为女中学生教育研究基地应该充分其发挥的作用，促进女学生教育整体水平的提高，唤起新女性意识的觉醒，使占人口一半的女性人才资源的潜力得到充分的开发，以适应时代变迁对女性多重社会角色的要求，为其终身的可持续发展打下基础，实现男女真正的平等，在未来知识经济的激烈竞争中真正发挥作用，提高中华民族的整体素质。因而当今的女子中办学的目标已经不是简单地让女性接受平等的教育或者培养女性的独立人格，而是在此基础上，给女性提供更优质的、更适合自身的教育，培养更符合现代社会发展要求的新女性。

（三）特色课程应专而精

目前特色课程已经成为了女子中学特色办学的一张名片，这些课程既新颖又种类繁多。笔者选取了两所女子中学的特色课程方案以图表形式在此呈现，见表11—31以及表11—32。

表11—31 特色课程方案一

类别	主要课程名称
人文素养类	成才女性、女性与审美、女性与法、女性与礼仪、国际理解教育、生活中的哲理
科学素养类	生活中的科学、趣味数学、科技制作、生物科学、创意空间、科普专题讲座
身心健康类	女生心理导向、少女课堂、健康专题教育、艺术体操、书法艺术、篆刻艺术、围棋天地、乒乓球、篮球、管乐队、打击乐、钢琴、合唱队
生活技能类	演讲与口才、工艺制作、英语剧社、汽车模拟驾驶、现代家政、缝纫创作、DIY设计秀、陶艺、茶艺

表 11—32　特色课程方案二

课型		课程名称
基础型课程群	学业水平课程	语文、数学、外语、物理等 10 门
	基本素养课程	运动与保健课程
		形体健美与塑造课程
		歌唱艺术欣赏与实践课程
		钢琴弹奏艺术欣赏与实践课程
		实用美术与设计课程
		心理健康与调适课程
		女性礼仪课程
拓展与综合实践课程群	综合素养课程	文化之旅
		艺术之旅—艺术地图
		科技之旅
	综合实践课程	TIE 体验课程（教育剧场）
	品质提升课程	成功女性特质探究
		品质教育系列专题
		主题班会
	兴趣延伸课程	自选拓展课程
		社团活动课程

以上两套特色课程方案，不但内容丰富，而且自成体系。在方案一中特色课程有 30 多门，方案二中除去"学业水平课程"外也有 16 门。不过笔者在此也有些疑问，如此繁多的特色课程，作为一个以学习国家规定课程为主要目标的学生来说，能有多少时间来学习这些课程？学习的深度以及学以致用的程度又能达到什么水平？而这一个个的疑问，也让笔者联想起了在就特色课程对女子中学毕业生进行访谈时，访谈对象所表达出的"特色课程学了不少，回头看来有用的不多"的看法。

如果说女子中学与普通中学最大的不同是它们的办学特色，那么对于女子中学来说它们各自之间的区别又在哪里呢？女子中学具有的相同办学模式，相近的办学目标，比较一致的办学理念，从这些方面来讲它们几乎没有差别。如果想要在女子中学之中体现自己的与众不同，排除所在地区、学校环境等客观因素，开设特色课程是一个重要的途径。然而，正如之前我们看到的情况，当前各女子中学的开设的特色课程虽自成体系，但是课程虽然多但同质化程度相当高。这也是近些年，在不断有中学恢复女校建制，新建的女子中学数量也越来越多的情况下，仍然还有不少女子中学转为男女混校，甚至有的女子中学被迫停办的原因所在。目前，人们讲起一所女子中学时，想到的都是女子中学所共同拥有的特征特点，而不是该所女子中学本身独有的特点，可见各女子中学没有通过开设特色课程而形成自己特有的特色。笔者认为只有将特色课程设置多而全的观念转变为专而精，才能够使女子中学形成各自的办学特色。

首先，现在的女子中学的特色课程从十几门课到三十几门课不等，无论是否有必修和选修之分，对于一个大学生都显得过于繁杂，何况中学生。其次，虽然女子中学的办学模式与普通中学不同，但是女子中学仍然是属于普通中学的，并没有因其特殊的办学模式获得与普通中学不一样的学制或课时设置，而女子中学也需要按照国家规定的完成教学大纲的内容，那么在此期间能够用于特色课程教学的时间其实并不多。再次，如果真的通过学校自身的调节，经学生及其家长的认可后能有更多的时间来开展特色课程教育，那么我们特色课程的老师能否做到专业，能否按照课程计划完成教学任务，同时众多特色课程的能否都有适合女生的配套教材都是需要认真考虑的。相反，如果女子中学将以往开设特色课程中的经验与学校师资情况相结合，精选出两三门特色课程让女生在校就读期间持续学习，那么不但可以消除特色课程与学业课程在课时上的冲突，还可以让学生对特色课程中的内容理解得更深入而且受益程度也会有所提升。当学生离开女子中学进入更高一级学校学习或是进入社会以后，能够因其女子中学就读的经历拥有与其它女性所不同的特质，让她们在未来的学习、生活、工作中有更好的发展。

（四）师资队伍要有女校特色

教师在教育教学过程中不但扮演了组织者的角色，而且还承担着传承学校文化的使命，因而一个学校教师队伍的水平高低、质量好坏直接影响着一所学校的生存与发展。女子中学要走好特色发展之路，除了要有明确的符合时代发展的办学目标、真正有特色的女子中学课程之外，还需要有一支了解女生学习特点，清楚中学阶段女生身心发展过程，具有社会性别意识的教师队伍。

虽然，2011年国务院颁布的《中国妇女发展纲要（2011—2020年）》中，明确指出"在教育内容和教育方式中充分体现社会性别理念"①以及"提高教育工作者的社会性别意识。加大对教育管理者社会性别理论的培训力度,在师资培训计划和师范类院校课程中增加性别平等内容,强化教育管理者的社会性别意识"②。但是,现行的教师培训并没有把社会性别意视为重要内容加以强调。因此,女子中学的大部分教师,对于社会性别意识的认识还很粗浅,女子中学在教师队伍建设过程中必须将此作为一个重点。这里需要说明的是教师应具有的社会性别意识与我们一般意义上的社会性别意识是有所区别的。具体来讲,教师除了要对社会性别有所了解,能够根据性别差异选择合适的教学方式对学生进行教育,更要将社会性别意识作为一种视角去审视教育过程中出现的现象和问题,真正将社会性别意识融入到日常教育教学工作中去。作为实施单一性别教育的女子中学,教师的社会性别意识就显得尤为重要。这里需要强调的是女子中学不能因为学生都是女性,就忽视教师对男性性别意识的把握,只有充分理解两性性别意识的差异,才能更好地在女生教育中体现社会性别意识的作用。

此外,女子中学特有的教育环境为研究女性教育提供得天独厚的条件,作为女子中学的教师应该充分发挥这一优势,研究女生在受教育过程中的共性和差异,将这些研究转化为学术成果,推进女性教育的发展。

五、女子中学求学经历对女生后续发展的影响对女生及其家长的启示

20世纪二三十年代,女子中学曾经风靡一时,在新中国建立初期,女子学校又曾经消失,但是随着教育理念的发展与革新,女子学校又出现在了大众的视野之中。1994年,我国第一所私立女子中学在广州成立了,之后一些大城市也

---

① 《国务院关于印发中国妇女发展纲要和中国儿童发展纲要的通知》,《中华人民共和国国务院公报》,2011年第23期,第26页。
② 《国务院关于印发中国妇女发展纲要和中国儿童发展纲要的通知》,《中华人民共和国国务院公报》,2011年第23期,第26页。

开办起了女子中学；2000年，北京的一所女子中学刚刚创办就门庭若市，为了满足学生和家长的需要，不得不进行扩招；2001年，成都某女子中学复建，招生情况也异常火爆，并得到了各大媒体的关注；2002年，浙江绍兴鲁迅女子中学创立，学校发出招生广告之后，在第一天就有上千人上门咨询报名。近些年，关于女子中学的报道越来越多，就读女子中学也渐渐成为了一种新风尚，女学生为能在女子中学就读而感到与众不同，一些家长则形成了女儿能到女子中学学习就一定会比其它女生更优秀的概念。

通过对女子中学毕业生的调查，笔者发现并不是每个女生都适合在女子中学就读，虽然他们都同为女性有着女性共同的特点，女子中学因为特殊的办学模式和教育理念能够在一定程度上促进这些特点的发展，但是在看到共性的同时，我们更应该看到她们各自身上的所具有的不同特质，如果只是简单地用性别对女学生来进行一个划分，只去扬女性之长，那么对于那些在女性占优势的方面并不突出，而在男性占优势的方面有着天赋的女学生来说，单一性别学校的教育就不能够很好地促进其发展。调查结果也显示出就读女子中学并没有像人们想象的那样能扬女生之长，补女生之短，虽然我们的调查对象大部分在女子中学就读的时候只是初中，但是进入到高一学校学习的时候，他们自评的结果是传统观念上女生有优势的文科，他们是比普通学校的女生要好一些，但是在理科类课程学习的情况就与普通学校毕业的女生没有什么差别的了，甚至说还要差一些。在总体上来讲就读女子中学对他们的学业影响并不大，影响较大的是在心理方面。然而，心理上的影响有积极的，也有消极的，消极的影响更为明显。

另外，女生家长为自己女儿选择女子中学往往是出于两方面的原因，第一，女子中学的性别环境单一，没有异性的侵扰，可以让孩子专注于学习，避免早恋；第二，女子中学的特色课程，通过特色课程把女儿培养成为一个温婉贤淑、举止优雅符合现在社会要求的女性。然而，女子中学也不一定能满足女生家长的期望。表面上看女子中学的学习环境是单一性别的，没有异性的干扰，早恋问题可以不用担心，但是实际上当代社会交往的方式不再像以往只能见面才能有交往，相反，女学生可能通过各种途径认识异性，通过现代通信方式与异性进行交流，早恋的可能性并没有因为就读女子中学而消除。与此同时，一个可能比早恋更让家长担忧的问题还有可能出现，那就是性别认同。有研究发现，青春期的女生兼具双性化发展的需要，他们希望具有并倾向于在人际交往中表现出帅气、坚强和大器等双性化外在形象、性格特征和双性化交往风格[①]。在女子中学单一性别环境中，没有异性作为参照，女子中学女生的性别认同参照体系与普通学校女生的女生是存在差异的，在建立性别认同时也可能出现偏差。如果没有建立良好的性别认同，形成正确的性别角色，性倾向就可能发生转变。

其实，无论是学生还是家长选择女子中学都希望拥有优质的教育资源，而优质的教育资源意味着能接受良好的教育，教育本身的目的在于促进人的全面和谐发展，也就是说拥有良好教育资源为的是能得到更好的发展。然而，拥有了良好的教育设施、教育理念、教育制度、教育经验、教育技能这样一些教育资源只是一个人得到全面和谐发展的基础，真正决定教育效果的是教育资源与个人特质是否匹配。女子中学作为一个特殊的办学模式本身就存在着它自己适宜的群体，并不是每一个女生都适合在这样的环境中就读的。另外，因为女子中学受到女生及家长的追捧，女子中学的数量逐渐增多，出现了办学质量良莠不齐的情况，有的学校本没有开展女性特色教育的基础，但是为了能吸引生源，获得利益，也改建为女校，提出一系列的符合女校特色的教育理念、开设女性特点课程，在实际的教育过程中根本不能实现其因性施教的教育理念，特色课程也形同虚设。因此，选择女子中学之前，作为女生，应该更多地了解自己的特质，自己擅长的方面以及自己兴趣所在，如果自己更适合在女子中学这样单一性别的学习环境中发展，那么就读女子中学就是一个不错的选择，如果不是则要谨慎。作为家长，将避免子女在正常身心发展中可能出现的问题，是否符合社会潮流作为择校标准是不可取，更多的应在了解孩子的条件下，考虑女子中学的教育资源是否与孩子的个性特点相适应。

当然，女子中学在因性施教、女生教育、特色课程方面可能具有优势，然而这种优势对学生的成长和发展的积极影响有多大并没有一个定论。同时，因性施教的教育理念在各类学校中都可以实现，特色课程中的内容在女生的日常生活学习中也都可以涉猎。因此，女子中学只是一种办学模式，它不代表优质的教育资源，就读女子中学与女生能否得到全面和谐的发展也没有必然联系。

---

① 马川：《青春期女生性别认同的探索比较》，《社会科学研究》，2012 年第 3 期。

结　语

我国女子中学经历了一百多年的浮沉，曾经风靡一时也曾销声匿迹，近十多年来又再出现于大众视野之中，由于其独特的办学模式，受到了女生及其家长的追捧。然而，女子中学在受到青睐的同时也引来了无数的争议。作为一名女子中学毕业生，女子中学的求学经历是我终生难忘的，不知不觉中这样的经历使我选择了女性教育的作为研究生阶段的研究方向。平日里，我在与女中的同学交流过程发现，有的同学对自己女子中学的求学经历记忆非常深刻，对在校时的一点一滴都充满了怀念，而有的同学只清楚自己是女子中学毕业的，但是对就读细节仿佛一无所知，可见在每一个毕业生的心中对女子中学求学经历有着不同的记忆，有着各自的看法。这也引发了我探索女子中学求学经历对女生后续发展的影响的兴趣。

诚然，女子中学有其独特的魅力，从女子中学也曾经走出过冰心、张爱玲、宋氏三姐妹这样的杰出女性。然而，女子中学并不是尽如人们想象中的那般美好，也不能承载人们对它过高的期望，特别是在当今高考为导向的教育制度中，升学率才是学校生存的命脉，如果没有良好的升学率，特色教育再出色也都是空谈。因此，女子中学求学经历究竟对女生有没有产生影响，具体是何种影响，影响程度又怎么样都是亟待探讨的。因此，我带着这样的疑问开始了自己对女子中学求学经历对女生后续发展的影响的研究。

本文问卷调查过程中主要从求学、婚恋、工作择业、社会交往方面入手来了解女子中学毕业的现状，同时调查了女子中学毕业生对就读女子中学的感受；访谈过程中没有固定的访谈提纲，更多的是让访谈对象自由的陈述，以求他们能更真实地表达出自己的想法，避免因为提问内容而促使他们生硬地把女子中学求学经历与自己现状相关联。

透过问卷调查结果和访谈资料，我发现正如前文中提到的不同的女子中学毕业生对女子中学求学经历一样，女子中学求学经历对他们后续发展产生的影响也是因人而异的，并且在同一方面上对不同的人可能造成两种截然不同的影响，不能简单地认为在某一方面对女生都产生了积极影响，在另一方面又都产生了消极的影响。因此，女子中学求学经历对女生后续发展的影响必须以主客观结合的方式进行分析，女子中学毕业生以自己主观体验为评价标准，得到的结果因个人经验、价值观念的不同而有所差异，客观分析则以更为宏观的角度从女性意识的层面来看待毕业生各方面现状中透出的求学经历的影响。通过这样的主客观分析以及这两种分析结果的差异，我发现社会对女子中学的认识存在着偏差，女子中学在办学目标、办学理念、教师队伍建设等方面存在的不足有待改善，为此提出了一些见解和建议，希望能为当前中学教育模式改革提供一些参考，同时也让女生及其家长对女子中学有一个较为客观的认识。

由于个人能力和精力有限、目前对女子中学毕业生后续发展的研究较少等原因，论文中论点和论据都不尽完善，以待后续研究。

附 录

女子中学毕业生现状及就读感受调查问卷

亲爱的同学:

你好!

非常感谢你在百忙之中抽出时间来回答这份问卷。我是西华师范大学四川省教育发展研究中心研究生,目前正在做一项有关女子中学求学经历对女生后续发展影响的研究。

此次问卷的调查对象是女子中学毕业生,您的回答对研究工作非常重要。本次调查采用无记名方式,您所填写的信息仅限于研究使用且严格保密,希望您真实、完整填写本问卷。

祝您生活愉快,谢谢!

1. 你现在的年龄是_____
2. 你目前受教育的程度是(　　)
A. 高中(中专)以下毕业　　　　B. 高中(含中师、中专)毕业
C. 大专毕业　　D. 本科毕业　　E. 硕士毕业　　F. 博士毕业
3. 从中学毕业后你选择继续学习的学科是(　)
A. 哲学　　　　B. 经济学　　　C. 法学　　　　D. 教育学
E. 文学　　　　F. 历史学　　　H. 理学　　　　I. 工学
J. 农学　　　　K. 医学　　　　L. 管理学
M. 其他(请写出)_____

4. 你认为在中学就受到的女子成才类教育（如女性成功学、女性成功人士到校讲座）（　　）

  A. 非常多　　　　B. 比较多　　　　C. 不多不少　　　　D. 比较少

  E. 非常少

5. 你认为中学的女子成才类课程（如女性成功学、女性成功人士到校讲座）对你的发展的影响程度是（　　）

  A. 影响非常大　　B. 影响比较大　　C. 有点影响

  D. 可能有影响但是自己不能明确地察觉到

  E. 几乎没有影响

6. 你认为在中学就读过程中受到的礼仪形体类教育（　　）

  A. 非常多　　　　B. 比较多　　　　C. 不多不少　　　　D. 比较少

  E. 非常少

7. 你认为中学的礼仪形体类课程对你的社会交往的影响程度是（　　）

  A. 影响非常大　　B. 影响比较大　　C. 有点影响

  D. 可能有影响但是自己不能明确地察觉到

  E. 几乎没有影响

8. 你认为在中学就读过程中受到的心理及健康类教育（　　）

  A. 非常多　　　　B. 比较多　　　　C. 不多不少　　　　D. 比较少

  E. 非常少

9. 你认为中学的心理健康类课程对你的心理健康的影响程度是（　　）

  A. 影响非常大　　B. 影响比较大　　C. 有点影响

  D. 可能有影响但是自己不能明确地察觉到

  E. 几乎没有影响

10. 你认为在中学就读过程中的家政手工类教育（　　）

  A. 非常多　　　　B. 比较多　　　　C. 不多不少　　　　D. 比较少

  E. 非常少

11. 你认为中学的家政手工类课程对你的家庭的影响程度是（　　）

  A. 影响非常大　　B. 影响比较大　　C. 有点影响

  D. 可能有影响但是自己不能明确地察觉到

E. 几乎没有影响

12. 你认为在中学就读过程中的艺术欣赏类教育（　　）

    A. 非常多　　　　B. 比较多　　　　C. 不多不少　　　　D. 比较少

    E. 非常少

13. 你认为中学的艺术欣赏类课程对你的修养品味的影响程度是（　　）

    A. 影响非常大　　B. 影响比较大　　C. 有点影响

    D. 可能有影响但是自己不能明确地察觉到

    E. 几乎没有影响

14. 从中学毕业后，你的理科类课程学习情况与其它女生相比（　　）

    A. 优势非常大　　B. 优势较大　　C. 差不多　　　　D. 差一些

    E. 差很多

15. 从女子中学毕业后，你的文科类课程学习情况与其它女生相比（　　）

    A. 优势非常大　　B. 优势较大　　C. 差不多　　　　D. 差一些

    E. 差很多

16. 你认为在教育学业方面中学就读经历对你的影响（　　）

    A. 影响非常大　　B. 影响比较大　　C. 有点影响

    D. 可能有影响但是自己不能明确地察觉到

    E. 几乎没有影响

    你认为主要是在哪些方面_____

17. 你目前的就业情况（　　）

    A. 就业　　　　　B. 待业　　　　　C. 失业

    D. 全职照顾家庭

18. 你目前所从事的行业是（　　）

    A. 农、林、牧、渔业

    B. 采矿业

    C. 制造业

    D. 电力、热力、燃气及水生产和供应业

    E. 建筑业

    F. 批发和零售业

G. 交通运输、仓储和邮政业

H. 住宿和餐饮业

I. 信息传输、软件和信息技术服务业

J. 金融业

K. 房地产业

L. 租赁和商务服务业

M. 科学研究和技术服务业

N. 水利、环境和公共设施管理业

O. 居民服务、修理和其他服务业

P. 教育

Q. 卫生和社会工作

R. 文化、体育和娱乐业

S. 公共管理、社会保障和社会组织

T. 国际组织

19. 你曾经从事过的行业有（多选）

A. 农、林、牧、渔业

B. 采矿业

C. 制造业

D. 电力、热力、燃气及水生产和供应业

E. 建筑业

F. 批发和零售业

G. 交通运输、仓储和邮政业

H. 住宿和餐饮业

I. 信息传输、软件和信息技术服务业

J. 金融业

K. 房地产业

L. 租赁和商务服务业

M. 科学研究和技术服务业

N. 水利、环境和公共设施管理业

O. 居民服务、修理和其他服务业

P. 教育

Q. 卫生和社会工作

R. 文化、体育和娱乐业

S. 公共管理、社会保障和社会组织

T. 国际组织

20. 你目前的月收入情况（　　　）

A. 1000 元以下　　　　　　　　B. 1000－2000 元

C. 2001－4000 元　　　　　　　D. 4001－6000 元

E. 6001 元以上

21. 你目前担任的职务是＿＿＿＿＿＿＿＿＿＿＿＿＿＿＿

22. 你认为在工作方面中学就读经历对你的影响（　　　）

A. 影响非常大　　B. 影响比较大　　C. 有影响

D. 可能有影响但是自己不能明确地察觉到

E. 几乎没有影响

你认为影响主要是在哪些方面＿＿＿＿＿＿＿＿＿＿＿＿＿＿＿

23. 你现在的婚恋情况（　　　）

A. 已婚　　　B. 恋爱中　　　C. 单身　　　D. 离婚　　　E. 丧偶

24. 你在中学阶段是否有过恋爱经历（　　　）

A. 是　　　　　　B. 否

25. 你的初恋年龄（　　　）

A. 16 岁以下　　B. 16－18 岁　　C. 18－22 岁　　D. 22－25 岁

E. 25 岁以后　　F. 从未恋爱过

26. 你的初婚年龄是（　　　）

A. 20－22 岁以下　B. 22－25 岁　　C. 25 岁以后　　D. 未婚

27. 如果找不到合适的配偶打算怎么办（　　　）

A. 不婚不嫁　　　B. 降低要求　　　C. 一定会结婚

28. 关于择偶标准你认为最重要的是（　　　）

A. 人品　　　　B. 忠贞　　　　C. 善良　　　　D. 性格

E. 健康　　　　　F. 进取心　　　　G. 体贴　　　　　H. 能力

I. 乐观　　　　　J. 家庭因素　　　K. 生理特征　　　L. 经济条件

29. 你对同性恋的态度（　　）

A. 非常支持　　　B. 比较支持　　　C. 中立　　　　　D. 不太支持

E. 非常不支持

30. 你认为在婚恋方面中学就读经历对你的影响（　　）

A. 影响非常大　　B. 影响比较大　　C. 有点影响

D. 可能有影响但是自己不能明确地察觉到

E. 几乎没有影响

你认为影响主要是在哪些方面_____

31. 从中学毕业后，你与异性交往（　　）

A. 积极主动，非常愉快　　　　　B. 正常交往，表现得体

C. 正常交往，但缺乏技巧　　　　D. 消极被动，感觉有困难

E. 无法交往，感觉有障碍

32. 你现在的朋友中，男女比例是（　　）

A. 女性朋友居多　　　　　　　　B. 女性朋友和男性朋友一样多

C. 男性朋友居多　　　　　　　　D. 几乎没有朋友

33. 你认为中学就读经历在哪方面对你影响更大？（　　）

A. 婚恋观念　　　B. 工作择业　　　C. 后续求学　　　D. 心理

E. 社会交往

第四编

特殊教育问题专题研究

专题十二

智力落后学生培养目标达成度研究[①]

第一章 导论

一、研究缘起

（一）对智力落后学生进行教育是保证教育公平、提升国民素养的必要举措

智力落后群体的存在是一种客观的社会现象，是不以人的意志而消失或转变的，是伴随着人类社会的产生而产生，并一直贯穿于社会发展的始终，这是在任何社会的发展阶段都存在的客观事实，无论社会发展如何，总会存在一些智力水平低于正常水平的人。社会存在决定着社会意识，而社会意识又可以反过来对社会存在起作用。同样的，对智力落后学生的认识和态度也是由社会的存在决定的，而这种认识和态度反过来可以影响智力落后学生教育的发展。智力落后群体经历了被遗弃→忽视→隔离的过程，一直到被逐渐接纳。在中国特殊教育发展的

[①] 本专题完成于2018年4月，主编对原稿做过修改和删节。

历史中不乏有这样的经验和教训：当把他们当作"残废人"的时候，便否认了他们受教育的可能性和必要性，扼杀了他们发展的可能性；当把他们当作是平等的公民，认识到他们发展的可能性和受教育的必要性时，特殊教育便有了发展。社会的发展需要加快特殊教育的发展，提升特殊教育水平，保障智力落后儿童、少年受教育权利，帮助他们全面发展和更好融入社会、实现幸福人生。

有人类社会就有残疾人产生，这是人类发展的普遍规律，中国也不例外[①]。根据第六次全国人口普查我国总人口数，及第二次全国残疾人抽样调查，我国残疾人占全国总人口的比例和各类残疾人占残疾人总人数的比例，"推算2010年末我国残疾人总人数8502万人，其中智力残疾568万人"[②]。我国残疾人口总数和比例呈上升趋势，智力落后群体的数量也在逐年增加。对智力落后儿童/少年进行教育已成为刻不容缓的事情，通过教育可以提高他们的综合素养并为他们进入社会和正常生活提供支持，特校为智力落后儿童/少年的发展提供了更多的可能和便利。学校教育的任务之一是发展学生的能力，对智力落后学生的教育也不例外，除此之外，学校还担负着开发潜能、补偿缺陷和培养适应社会和生活能力的任务。特殊教育学校在智力落后学生发展的道路上发挥着重要且不可取代的作用，它按照国家的教育方针，根据智力落后学生身心特点和需要实施教育，为智力落后学生参与社会生活、享受平等待遇、成为社会主义事业的建设者和接班人奠定基础，并帮助智力落后学生实现个人价值、成就社会地位、享受高质量的人生。

（二）智力落后学生培养目标的完成是提升特殊教育质量的重要保证

中国正式的智力落后学生的学校教育在相当漫长的时期中是空白的，只是零散的个别教育或家庭教育，直到1979年上海市第二聋哑学校设立了专门招收智力落后儿童的辅导班，这对中国智力落后学生教育的发展具有里程碑的意义[③]。中国的第一所特殊教育学校开办于1874年[①]，经历了一百多年的发展，已在教

---

① 朱宗顺著：《特殊教育史》，北京：北京大学出版社2011年版，第33页。
② 2010年末全国残疾人总数及各类、不同残疾等级人数，见中国残疾人联合会网（http://www.cdpf.org.cn/sjzx/cjrgk/201206/t20120626_387581.shtml）。
③ 上海市教委基础教育办公室、上海市教育学会特殊教育专业委员会编：《上海市弱智教育20年论文专集》，上海：上海出版社1999年版，第16—23页。
① 朴永馨著：《特殊教育学》，福州：福建教育出版社1995年版，第80页。

学的各方面步入正轨、日趋成熟。而智力落后学生教育只不过才二十多年的发展历史，办学质量的提高需做出很多努力，才能加快中国智力落后学生教育走向成熟和完善。

《第二期特殊教育提升计划（2017—2020年）》中将提升教育教学质量作为重点目标提出来[①]，智力落后学生教育教学质量的提高关系到整体特殊教育教学质量的提升。教育是一个复杂的系统，需要将它分解成细小的、根本的构成教育的简单要素，把握这些简单要素对教育发挥的作用，才能从根本上推动教育的发展，提升国民的素质。培养目标是教育目的的具体化，是国家对受教育对象培养规格和质量的具体要求，从受教育对象——智力落后学生这一简单要素入手，将具体化了的培养目标作为考量智力落后学生受教育质量的重要标准，以智力落后学生培养目标的达成情况为视角，试图探究在智力落后学生培养目标完成的过程中存在的问题并极力找寻解决对策，希冀有助于智力落后学生教育教学质量的提升，进而推动特殊教育教学质量的提升。

（三）培养目标的达成有利于智力落后学生实现全面发展

培养目标是不同学校依据教育目的的总要求，结合学校自身办学理念制定出来的，是自己学校的教育对学生施加影响后，对培养出来的人才结果的理想状态的表述。智力落后学生的培养目标，是学校在教育方针和教育目的的指导下，在了解学生发展空间和身心特点的基础上，为帮助智力落后学生能达到的全面发展的最高水平而制定的。智力落后这一缺陷已经是客观存在的，唯有通过外界影响使他们的人生走向越来越美好的方向。智力落后学生在智能、认知、思维、记忆等方面存在缺陷，但教育的作用可以弥补这些缺陷的不足，帮助学生补偿缺陷，在他们能接受教育的范围内对他们进行教育，使他们获得更好的发展。培养目标是针对人的培养制定的，是在能教育的范围内为帮助学生掌握终身受益的知识和技能，提升综合能力、陶冶情操、丰富精神世界、沿袭优良品德等。因此，在对完成智力落后学生培养目标的过程中，也就是教给他们文化知识、培养他们生活自理能力和社会适应能力，帮助他们能够适应社会，提供给他们终身受益的技能等。

---

① 教育部：《〈第二期特殊教育提升计划（2017—2020年）〉联合印发》，《动漫界·幼教365·管理》，2017年第9期。

二、文献综述

（一）国外相关研究综述

1. 对智力落后学生教育的研究

（1）关于智力落后定义的研究

美国从1908年至今，AAIDD（美国智力与发展性障碍协会）已经提出了11版智力障碍的定义和相应的诊断、分类系统。20世纪90年代以后的三版定义（1992年、2002年和2010年）与之前的定义最大的不同是不再把智力落后看作个体内在、固有的特质，转而把智力落后视为是个体的一种功能状态，是有功能与适应行为限制的个体与环境相互作用的结果。这三版定义既一脉相承，又在不断发展与完善。Reiss S 认为92版智力落后的定义是由"缺陷模式"转为"支持模式"的开端，认为个体功能方面的薄弱环节可以通过康复训练、改变环境、提供支持辅助等方法加以弥补[①]。SimpsonM 比较了2002版和1992版对智力落后的定义，提出该版本的定义与之前的，着重强调人与环境的互动，完成了定义从医学模式到支持模式的彻底转变[②]。较之2002版定义，2010版沿袭了内容表述和理论假设，只是以"智力障碍"取代了使用多年的"智力落后"，Schalock 和 Luckasson 等人对这一变化做出解释：①与 AAIDD 和 WHO 所提出的变化之后的"障碍"定义观点一致；②能够更好地与目前专业领域中关注功能性行为和环境因素的实践保持一致；③为在社会—生态框架内提供个别化支持服务提供了逻辑基础；④对有障碍的个体来说具有更低的攻击性；⑤更符合目前国际上广泛使用的术语[③]。2010版对智力落后的定义一直延续到今天：智力障碍是一种以智力

[①] S. Reiss, "A Mindful Approach to Mental Retardation", *Journal of Social Issues*, 2000, Vol. 56, No. 1, PP. 65-80.

[②] M. Simpson, "Developmental Concept of Idiocy", *Intellectual and Developmental Disabilities*, 2007, Vol. 45, No. 1, PP. 23-32.

[③] Robert L Schalock, Ruth A Luckasson, Karrie AShogren, etal, "The renaming of Mental Retardation: Understanding the Change to the Term Intellectual Disability", *Intellectual and Developmental Disabilities*, 2007, Vol. 45, No. 2, PP. 116-124.

功能和适应行为都存在显著限制为特征的障碍。适应行为表现为概念的（conceptual）、社会的（social）以及应用性的（practical）的适应性技能。障碍发生于18岁之前①。

（2）关于智力落后学生教育安置的研究

谈到对智力落后学生的安置问题，美国Giangreco教授认为：在教育中，不论学生的障碍如何，保障他们都能处于最适宜的教育安置方式，得到有效教育②。在为不同层次的智力落后学生选择教育安置时，圣地亚哥大学教授Donnellan认为"如果该选择是正确的，它带给学生的不利影响是最小的"③。建议为智力落后学生找出较为适宜的教育安置形式。国外最早对智力落后学生的安置形式是被隔离在家庭中的以个别教育形式开展的，经过不断的发展，教育安置的种类和形式在不断增多。在不断的革新中，Lloyd Dann提出用资源教室代替全日制特殊班。美国提出要让智力落后学生在"最少受限制的"的教育环境中接受教育的要求，继而为智力落后学生提供了一系列的安置形式，在1993年提交国会的法案中为包括智力落后儿童在内的特殊儿童提供了六种安置形式：普通班级、资源教室、隔离班级、隔离学校、看护机构、居家\医院④。Kniel认为，在选择教育安置形态的过程中，家长要考虑孩子本身的因素，包括儿童的障碍类别及程度、能力等，同时还要考虑家庭、社会网络地区性等因素，并要综合专家、亲友的建议及家长自身的经验，以选择合适的教育安置⑤。

英国安置形式有两种：普通学校和特殊学校。Peter MIttler通过研究发现：英国特殊学校的数量在减少（1996年的1191所减少到2010年的1054所），但各

---

① AAIDD, "Definition of Intellectual Disability", http:www.aaidd.orgPcontent100.cfm?navID=21, 2011-03-18.

② M. F. Giangreco, *Values, Logical Practices, and Research: The Three Musketeers of Effective Education. Including Studengs with Severe and Multiple Disabilities in Typical Classrooms* (2nd ed), 2002, PP. 9-13.

③ A. Donnellan, "The Criterion of the Least Dangerous Assumption", *Behavior Disorders*, 1984, No. 9, PP. 141-150.

④ U. S. Department of Education, *Twentieth Annual Report to Congress on the Implementation of the Individuals with Disabilities Education Act*, Washington, DC: U. S. Government Printing Office, 1993, P. 1.

⑤ L. Y. Mitchell, "Least Restrictive Environment, Inclusion, and Students with Disabilities: a Legal Analysis", *The Journal of Special Education*, 1995, Vol. 28, No. 4, PP. 389-404.

类特殊学生的数量仍然保持在 9 万到 10 万之间，而对智力落后学生的安置形式主要以特殊学校为主①。

日本对智力落后学生的安置形式有三种：特殊学校教育、特殊班级、普通班级②。在日本特殊教育需要再向前发展的时期，提出将包含智力落后学生的教育在内的特殊教育改为是特别支援教育，这被学者有松玲认为是："仅仅是名称的变化"，仍旧是融合教育之名分离教育之实③。有一些声音斥责源自欧洲的融合教育思想没有完全适应日本的本土文化，导致日本融合教育暧昧的表现方式和实施模式④。另有一些学者认为特别支援教育中反映了部分国际教育新思想，不能够完全否定其先进意义⑤。因此，通级指导这一安置形式应运而生，日本为智力落后学生提供了新的三种安置形式：特别支援学校、特别支援班级和通级指导。

(3) 关于智力落后学生教育师资的研究

美国特殊教育专家 Thomas E. Scruggs 等人通过综合程序来总结不同时间、地点和类型的被调查者对残疾学生的回应情况。结果显示，三分之二教师支持全纳教育理念，少部分人愿意自己的班上有残疾学生，但是面对不同的残疾状况以及老师能否满足学生的个性化的学习需求时，教师的回应就是多种多样了⑥。Michael W. Harvey 认为要使教师具备在全纳环境下进行教学的能力需要通过实践、项目的协调与合作、职前教育者的培训等⑦。传统的教育培训已不能满足发展全纳教育的要求，因此推出了 IRIS 的学习平台，其英文全称是 IDEA and Research for Inclusive Settings，翻译成中文为"全纳背景下《残疾个体教育法》研

---

① Peter MIttler, "Educating Pupils with Intellectual Disabilities in England: Thirty Years on", *International Journal of Disability, Development and Education*, 2002, Vol. 49, No. 2, PP. 145—160.

② 广濑信雄撰，梁威译：《介绍日本特殊教育的一种形式——在普通学校设立特殊班》，《中国特殊教育》，1998 年第 1 期，第 35—37 页。

③ [日] 有松玲：《ニーズ教育（特別支援教育）の限界とインクルーシブ教育の曖昧：障害児教育政策の現状と課題》，《立命館人間科学研究》，2013 年第 28 期，第 41—54 页。

④ [日] 韩昌完：《日本の特別支援教育におけるインクルーシブ教育の現状と今後の課題に関する文献の考察：現状分析と国際比較分析を通して》，《琉球大学教育学部紀要》，2013 年第 83 期，第 113—120 页。

⑤ [日] 中村満：《障害児教育における目的・本質論の歴史的変遷とその理論的・実践的意義：序説》，《障害科学研究》，2009 年第 33 期，第 113—126 页。

⑥ 黄志成：《试论全纳教育的价值取向》，《外国教育研究》，2001 年第 3 期，第 17—22 页。

⑦ 邓猛、潘剑芳：《关于全纳教育思想的几点理论回顾及其对我们的启示》，《中国特殊教育》，2003 年第 4 期，第 1—7 页。

究中心"。Smith D. 对平台核心资源进行理论剖析,认为平台资源是基于人类学习理论建构的网络学习环境,并认为该模式能够提升学习者学习效果①。此外,Zhang J. 提出美国智力落后学生教育教师培养的目标,除了规定内容外,还要注重对教师专业素养的培养,同时也非常重视教师道德品质的提升②。

中村满纪男等认为:智力落后儿童平等享受教育机会的问题、入学以及毕业就业的问题、对智力落后学生的社会支持问题、教育制度和教师培养制度等已成为亟待解决的问题③。突出了教师对智力落后学生教育的重要作用。日本为解决智力落后学生教育质量不高的问题,有研究者通过调查发现:持有特殊教育教师资格证的教师比例约占各类特殊学校教师的一半,特殊教育教师呈现出专业性不强的情况④。为提高教师的专业性,提高智力落后学生的教育质量,建议鼓励教师提升专业能力,提倡作业治疗师(简称OT)、物理治疗师(简称PT)、言语治疗师(简称ST)等专业人员参与教学指导,认为还应成立专家组对智力落后学生等进行巡回咨询。

2. 有关智力落后学生培养目标的研究

美国对智力落后学生的培养目标主要体现在三方面的要求:职业适应、社会适应、个人适应,带有浓厚的生活色彩和实用色彩。目标的重点不是只教会学生文化知识,重点是为学生创造与正常儿童平等的教育机会,为他们进入社会,参与正常的人类生活作准备。James R. Stone 和 Bharath Josiam 通过调查发现:工作场所的特性对学生的职业素养的培养会有一定的影响。为了更好地完成职业适应这一目标,他们主张以后培养的重点应更多地关注学生工作场所的特征,而不是工作时间的长短⑤。Grossman 认为:社会适应行为是指个体在成熟、学习、

---

① 黄志成:《全纳教育——国际教育新思潮》,《中国民族教育》,2004 年第 3 期,第 42—44 页。
② J. Zhang, "Marketable Features of The Adapted Physical Education Career in Higher Education", *Adapted Physical Activity Quaterly*, 1999, No. 16, PP. 178-186.
③ [日]中村满纪男、冈典子:《新しい日本障害児教育史像の再構築のための研究序説》,《障害科学研究》,2011 年第 35 期,第 49—63 页。
④ [日]文部科学省:《今後の特別支援教育の在り方について(最終報告)》,见日本法律翻译网(http://www.dinf.ne.jp/doc/japanese/law/kyouiku2/)。
⑤ James R. stone, Bharath Josiom, "The Impact of School Supervision of Work and Job Qualition Adolescent Work Attitudes and Job Behaviors", *Journal of vocational Education Research*, 2005, P10.

个人独立性或社会责任等方面达到该文化背景条件下的平均年龄水平①。Luckasson 等规定了 10 种基本的社会适应能力：沟通、自我照顾、家庭生活、社会技能、社区生活、自我决定、健康与安全、功能性的学业、娱乐、工作等②。这些培养目标的具体内容就突出了国外对智力落后学生发展的具体要求，重视他们综合能力的发展，不仅是为了完成目标而制定简单的内容，而是根据智力落后学生的特点，帮助他们发展成为尽可能完善的人，去适应生活，享受生活。O'Brien 等人总结了美国、英国、澳大利亚等西方国家关于智力落后学生教育的发展情况，发现这些国家都在大力发展以生活质量为导向、以社区为基础的教育和康复服务，来提高智力落后学生的社会适应能力③。

日本对智力落后学生的培养目标比较明确，学者大南英明阐述了智障学校小学部将锻炼健康的体魄，养成日常生活所需的基本习惯，培养进入社会所必需的语言理解及表达能力作为目标。初中部以使学生走上社会之后，能够进行必要的语言交流、理解人与人之间的关系和具有参加集体活动的能力作为目标重点，还要进行职业技术教育。高中部的目标是要求掌握家庭生活和职业生活所必需的知识与技能，同时养成尊重劳动的态度④。

3. 关于智力落后学生培养目标达成度的研究

1997 年美国重新修订了特殊教育法，新的教育法《能力缺陷者教育法》(*Individuals with Disabilities Education Act*，简称 IDEA—97) 提出美国特殊教育有三个目标：独立性、生产性和综合性⑤。这也意味着对智力落后学生培养目标的制定要突出这一总目标的要求。美国智力落后学生教育应做到：零拒绝、无歧视、适当教育、最少受限制环境、家长和学生共同参与，才能真实有效地促

---

① H. J. Grossman, *Classification in Mental Retardation*, Washington, DC: American Association on Mental Retardation, 1983, PP. 10—19.

② R. Luckasson, D. Letal Coulter, *Mental Retardation: Definition, Classification, and Systems of Supports* (9thed.), Washington, DC: American Association on Mental Retardation, 1992, PP. 5—17.

③ O'Brien, Petal, "Perceptions of Change, Advantage and Quality of Life for People with Intellectual Disability who Left a Long Stay Institution to Live in the Community", *Journal of Intellectual & Develop-mental Disability*, 2001, Vol. 26, No. 1, PP. 67—82.

④ [日] 大南英明著、文部省编、方德博译：《初等教育资料》，1989 年 3 月号。

⑤ 佟月华：《当代美国特殊教育的新发展》，《中国特殊教育》，2004 年第 4 期，第 25—28 页。

进智力落后学生培养目标的达成。在智力落后学生培养目标达成度的策略研究方面，不同的专家提出了不同的看法：Greenspan 和 Shoiuez 通过对已失业的智力落后者的调查，得出影响智力落后学生职业适应的是行为技能。这些行为技能主要包括：服从性、与人合作、勤劳性、守纪情况等。这一品质将直接影响到智力落后学生的职业适应这一目标的达成。美国学者 AMEROS P 认为：校长的态度和行为直接影响到学校的各个方面，包括特殊教育计划，以及这一计划怎样被接受并获得支持[1]。不管学校的特殊教育是否成功，校长的态度和行为确实是关键因素[2]。为达成培养目标，日本针对智力落后学生的特点，采用生活单元学习和合科综合学习的方式，教学方法主要采用行动教育法，也采用日常生活指导和游戏指导[3]。广濑信雄提出：提供多样化的办学形式，让特殊儿童自由选择[4]；要求教师具有从事特殊教育工作的资格[5]；中央集权式教育行政管理体制过渡到增加地方＋学校自主权，重视社会参与的三级层次管理体制，共同提升培养目标的达成度[6]。

（二）国内相关研究综述

1. 有关智力落后学生教育的研究

（1）关于"智力落后"定义的研究

我国在对"智力落后"下定义的过程中，许家成教授分析了从 1992 年到 2002 年这 10 年间美国对于智力落后定义的演变过程，认为：对智力落后的定义一直保留有"功能、支持和生活质量"这三者之间的内在联系。这三者的内在联系赋予了智力落后定义全新的内涵：通过支持性生活、支持性教育和支持性就业，将围绕着能力—适应技能、社区参与和满意度等基本方面全面提高智力残疾

---

[1] P. Ameros, "The Visionary Principal and Inclusion of Students with Disabilities", *NASSP Bulletin*, 1995, Vol. 79, No. 568, PP. 15—17.

[2] J. Patterson, C. Marshall, D. Bowling, "Are Principal Sprepared to Manage Special Education Dilemmas", *NASSP Bulletin*, 2000, Vol. 84, No. 613, PP. 9—20.

[3] 杨民等：《当代日本的特殊教育及其对我们的启示》，《中国特殊教育》，2004 年第 4 期，第 29—41 页。

[4] 广濑信雄：《介绍日本特殊教育的一种形式——在普通学校设立特殊班》，《中国特殊教育》，1998 年第 1 期，第 35—37 页。

[5] 昝飞、刘春玲：《中日特殊教育比较与思考》，《中国特殊教育》，2001 第 1 期，第 5—11 页。

[6] 高飞：《日本特殊教育行政管理及启示》，《教育理论与实践》，2016 年第 33 期，第 26—28 页。

人的生活质量。我们应取其精华,把智力落后学生转变为真正意义上的可教的人,在各方配合之下,重视其内在价值的发展[①]。冬雪认为在对智力落后学生进行界定时应由着眼于缺陷转为着眼于需求,并将支持需求纳入考量范围[②]。

(2) 关于智力落后学生教育安置的研究

我国特殊需要儿童的教育安置方式有三种:特殊教育学校、特殊班和随班就读。翟海珍认为现行的对智力落后学生教育安置的特点是:以特殊教育学校为骨干,以大量附设在普通学校的特殊班和随班就读为主体[③]。而肖非认为在智力落后学生随班就读过程中,资源教师可以提供帮助,协助处理普通班级教师遇到无法解决的问题[④]。但有调查结果显示:特殊班的安置形式在我国的办学规模较小,全国所安置的智力落后学生仅占在校智力落后学生总数的2%[⑤]。金野等人在对随班就读现状的调查中发现:现行的随班就读班额人数较大,教师经常顾此失彼,很难关注到智力落后学生,这就导致了智力落后学生的随班就读实际上成了随班就座、随班就混、随班混读[⑥]。我国当前的教育安置形式不能满足多类型智力落后学生的发展要求,朱媛媛提出应为中度智力落后学生提供更加融合的如特教班、社区学校等类型的安置形式,完善和修正相关的法规、条例,保障家长的参与与决定权[⑦]。因此李拉认为在全纳教育理念和实践下,特殊学校、特殊班等智力落后学生的传统安置形式在未来的教育发展中将日渐式微,融合教育背景下形成的多元的智力落后儿童教育安置形式将在全纳教育理念和实践下渐渐归于"一元",形成以全纳学校为主导的安置形式[⑧]。

[①] 许家成:《"智力障碍"定义的新演化——以"功能""支持"与"生活质量"为导向的新趋势》,《中国特殊教育》,2003年第4期,第19—23页。

[②] 冬雪:《美国智力障碍定义的演变及其启示》,《中国特殊教育》,2011年第5期,第34—39页。

[③] 翟海珍:《国内外特殊需要儿童安置方式的比较研究》,《克拉玛依学刊》,2011年第2期,第43—45页。

[④] 肖非:《中国随班就读:历史·现状·展望》,《中国特殊教育》,2005年第3期,第3—7页。

[⑤] 教育部:《2010年全国特殊教育基本情况》,2011年12月10日中华人民共和国教育部网(http://www.moe.edu.cn/publicfiles/business/htmlfiles/moe/s4964/2010/113459.html)。

[⑥] 金野、宋永宁:《"构建智障儿童普校良好教育安置模式"的研究报告》,《中国特殊教育》,2007年第4期,第22—27页。

[⑦] 朱媛媛:《智力障碍儿童教育安置方式研究》,华东师范大学硕士学位论文,2012年4月。

[⑧] 李拉:《世界范围内残疾儿童教育安置形式的变迁与趋向》,《现代教育管理》,2013年第9期,第121—124页。

(3) 关于智力落后学生教育师资的研究

关于智力落后学生教育师资的研究，一般都是以某个地区的教师为调查对象，针对师资现状进行调查研究，并提出对策或建议，只是不同的研究者调研的侧重点有所不同，并且研究较少。侯冬梅调查了大连市四所培智学校的教师，探讨了培智学校教师的专业发展现状及需求程度，认为培智学校教师专业发展存在的问题是：培智学校教师专业化程度不高；培智学校教师学历层次较低；部分培智学校教师没有特殊教育背景[①]。丁相平、崔艳萍等于 2012 年对山西省智力落后儿童教育师资队伍现状进行了调查研究，发现存在着教师男女比例失调、专业化程度偏低、社会地位不高、工作满意度低和压力大等问题，并从加强各部门协作，完善智障儿童教育经费保证制度；发挥社会在智障儿童教育师资队伍建设中的作用；建立智障儿童教育师资培养机制；推行特殊教育教师资格证书制度和准入制度；强化智障儿童教育教师职后培训工作；发挥培智学校在师资队伍建设中的作用，六个方面提出了应对策略[②]。对智力落后学生教育教师的发展提出了四条建议：首先完善学校教师管理制度，加强对教师专业成长的管理、鼓励和引导。其次，加强同行间的交流、学习。第三，扩充教师队伍，扩大服务面。第四，加强各平台间的合作力度，构建合作机制[③]。胡慧萍在对培智教师在职研修现状的研究中发现了存在的问题：①培智教师专业发展水平不高，第一学历多为非特殊教育专业并且学历普遍偏低。在年龄上，年轻教师不足；男女教师比例不协调。②参加在职研修缺乏动力，积极性不高，教师专业发展意识较薄弱。③非特殊教育专业的教师参加在职研修存在盲目性，盲目追求学历的提升而忽视了特殊教育专业知识与技能的提高与进修。④学校等有关教育部门对研修的设置不合理，重视程度不够。针对问题提出改进建议：提高教师的研修意识，恰当安排研修内容，调整研修形式，加强培训活动的趣味性[①]。

[①] 侯冬梅：《培智学校教师专业发展现状及需求研究》，辽宁师范大学硕士学位论文，2009年5月。

[②] 丁相平、崔艳萍、魏雪寒：《山西省智障儿童教育师资队伍现状的调查研究》，《教育理论与实践》，2012第8期，第23—25页。

[③] 唐仕元：《培智教育教师专业成长指标构建及成长现状研究——以某特殊儿童实验学校为例》，重庆师范大学硕士学位论文，2013年5月。

[④] 胡慧萍：《培智学校教师在职研修现状及专业发展需求研究——以大连市××学校为例》，辽宁师范大学硕士学位论文，2014年4月。

(4) 关于智力落后学生教学的研究

孙海军提出在对智力落后学生的教学中采用"代币制",代币作为一种鼓励的外化物,具有游戏性质,可以将传统的口头鼓励物质化、具体化,让学生更直观地感受到学习的重要性,使学生在轻松愉快的气氛中全身心地投入学习活动中,其学习效率就会大幅度提高①。智力落后学生作为一个特殊的群体,普遍存在语言的获得与发展障碍的问题,这些学生的语言表达和理解能力均较低。缪小春等研究表明,5—8岁正常儿童对复句的理解逐年提高,6岁和7岁之间的变化尤为明显,6岁儿童基本能理解因果和条件复句②。智力落后学生的学习能力在年龄上具有差异性,殷敏提出要针对不同年级智力障碍学生发展特点,开展有针对性的分类教育活动③。刘杰通过对毕业班的智力落后学生的阅读能力进行调查,发现:大部分智力障碍学生对日常生活中常见的阅读材料具有一定的阅读能力,但各阅读能力之间存在差异,为提高学生的阅读能力而提出的教学策略有:教学内容生活化(与生活密切相关的知识作为教学内容)、教学方式直观化(借助实物、图片、模型)、增加社会知识学习④。对辅读学校言语沟通课程教学的建议:①不同的语言训练内容应选择不同的教学组织形式,如词句理解与表达、语用和会话能力比较适合集体或小组教学。②合理选择和安排教学内容。③根据教学目标和教学内容选择教学方法⑤。张慧在对智力落后学生加减运算思维表现的研究中,发现智力落后学生在实物运算题方面,高年级学生、难度低的题目运算准确性高;在列式运算题方面,高年级学生、难度低的题目运算敏捷性高,较难题目需语言辅助,且灵活性差。提出4个方面的建议:①创设环境,促进智力障碍学生运算思维发展;②优化教学,丰富智力障碍学生多种感官体验;③设置情境,帮助智力障碍学生掌握运算规律;④加强练习,提高智力障碍学生加减运

---

① 孙海军:《为爱加一点鼓励——谈"代币"在培智体育课堂教学管理中的运用》,《教学实践》,2016年第1期,第89—91页。
② 缪小春、桑标:《5—8岁儿童对几种偏正复句的理解》,《心理科学》,1994年第1期,第10—15页。
③ 殷敏:《培智学校智力障碍学生分类活动研究》,辽宁师范大学硕士学位论文,2016年4月。
④ 刘杰:《辅读学校毕业班智力障碍学生阅读能力研究》,华东师范大学硕士学位论文,2011年5月。
⑤ 赵曼:《辅读学校学生语言能力特点研究》,华东师范大学硕士学位论文,2012年4月。

算水平①。牛雪梅等针对智力落后学生生活适应教育的教学策略有：全面、细致地了解学生，关注其潜能发展；制定IEP，因材施教；家校衔接，同步训育；提供多元化课程，促学生多方面发展；培养学生专业技能，为回归社会奠基②。朱友云在对重度智力落后儿童社会适应能力的提升方法研究中，提出可通过将课堂建立在学生的需要之上、家校合作共创训练环境、结合学生程度设置适宜目标等策略来提升重度智力落后学生的社会适应能力③。

2. 关于智力落后学生培养目标的研究

朴永馨认为不同程度的智力落后儿童有不同的培养目标和任务，对中度智力落后学生的教育主要以生活自理能力和在受保护的环境下参加生产劳动为目的。而对需要照顾和保护的重度和极重度的智力落后学生，培养目标主要在于训练他们对个人生活能做一些简单处理④。谢明认为培智学校的培养目标是：通过教育，使弱智儿童少年学会生存的基本技能，提高适应社会的能力。⑤陶德清将校本课程的培养目标设定为：通过学校教育，促进智力落后儿童的社会化发展水平，形成广泛的社会适应技能⑥。王艳杰建议培智学校应将智力落后学生的培养目标制定为：适应生活环境、充分与环境接触、运用生活环境⑦。个别培智学校通过实践、总结出经验：要建立以生活为核心的课程目标，根据中重度智障学生特点确定教育内容，同时也要重视个别化教育和康复训练，让每一个学生得到充分和谐的发展⑧。这些培养目标虽然在描述上不尽相同，但都强调无论是文化科学知识的教育还是技能的教育、身体的训练，最终目标都是为了让学生能够适应

---

① 张慧：《培智学校智力障碍学生加减运算思维表现研究》，辽宁师范大学硕士学位论文，2015年5月。
② 牛雪梅、杜学元：《论培智学校学生的生活适应教育》，《乐山师范学院学报》，2016年第9期，第134—139页。
③ 朱友云：《重度智力障碍儿童社会适应能力的提升方法研究》，四川师范大学硕士学位论文，2014年5月。
④ 朴永馨著：《特殊教育概论》，北京：华夏出版社1999年版，第147页。
⑤ 谢明：《关于培智学校培养目标和课程设置的构想》，《现代特殊教育》，2002年第9期，第7—8页。
⑥ 陶德清：《特殊教育启智学校课程目标体系的设计》，《中国特殊教育》，2006年第6期，第8—16页。
⑦ 王艳杰：《中重度智障儿童生活适应能力的生态化教育模式初探》，《教育研究》，2006年第2期，第7—8页。
⑧ 何金娣：《精心设计课程表，认真实施新方案》，《现代特殊教育》，2008年第3期，第12—13页。

生活，能够生存和发展。朴永馨建议将中度智力落后儿童的培养目标设置成：全面发展、补偿缺陷、准备进入社会①。这一建议被纳入到 1994 年的《中度智力残疾学生教育训练纲要》中，作为指导中度智力落后学生训练的文件下发各地。韦小满发现有些智力落后学生的家长希望他们的孩子能够看懂英语报刊和英语电影，能认识 5000 多个汉字等。受精英教育模式的影响，想要学校把智力落后学生培养成尖子生、高才生作为培养目标②。这样一个在轻度智力落后学生身上很难实现的愿望，也是很难通过学校教育达成的，这恰好反映了家长对学生智力落后情况的不了解。谢华镜在研究中将中度智力落后学生职业品质的培养目标拟定为学生服从性、坚持性、主动性、合作性、独立性的培养③。赵树铎认为智力落后儿童及青少年九年义务教育阶段的最终目标就业，应对其进行一般就业人格和能力的培养④。杨波认为劳动是人有意识的活动，智力落后学生要建立劳动意识，就必须将忍耐、服从、合作、责任感等的培养作为目标⑤。

3. 对智力落后学生培养目标达成度的研究

在搜集资料的过程中，我们发现国内学者对智力落后学生培养目标达成度的研究几乎是空白的。基于已有资料匮乏的情况，我们只能从零散的资料中总结出关于智力落后学生培养目标达成度研究的有关内容，以探寻智力落后学生培养目标的完成现状。

（1）智力落后学生培养目标达成度的研究

在体能、体质方面：学校将智力落后学生的功能缺陷补偿与康复作为体育教学目标的首位目标⑥，虽未强调加强体能训练，但也可以满足这项培养目标的完成要求。马莎莎通过研究表明：智力落后学生在学校生活适应能力发展最好，其

---

① 朴永馨著：《特殊教育辞典》，北京：华夏出版社 1996 年版，第 36 页。
② 韦小满等：《弱智学生最需要掌握什么适应技能》，《中国特殊教育》，2004 年第 6 期，第 35—38 页。
③ 谢华镜：《中度智障学生职业品质培养研究》，四川师范大学硕士学位论文，2014 年 5 月。
④ 赵树铎著：《特殊学校劳动技术与职业教育概论》，天津：天津人民出版社 2000 年版，第 40 页。
⑤ 杨波编：《润物无声，学而为人：培养劳动意识的若干方法》，广州：暨南大学出版社 2004 年版，第 114 页。
⑥ 王红妹：《江苏省培智学校体育教学现状调查与分析》，扬州大学硕士学位论文，2009 年 6 月。

次为家庭生活适应能力，发展相对比较差的是社区社会适应能力[①]。刘晓明等发现智力落后儿童词汇理解能力与其受教育时间（年级水平）有显著相关[②]，以及智力落后儿童对单句理解基本上采用语序策略和意义策略，难以对单句进行深入、复杂的理解，且主要是理解主动句，对被动句的理解很困难[③]。据山东、上海等地的教育实践，智力落后学生毕业后尚能适应一些职业的要求，如济南市大槐树辅读学校的 55 名毕业生，其中包括近 1/2 中度以上的学生全部就业，且他们劳动态度好，扎实肯干，受到好评[④]。

（2）影响智力落后学生培养目标达成度的研究

谢明认为特殊教育学校如何制定正确的培养目标，是当下提升特殊教育水平面临的重要挑战[⑤]。王辉认为我国大陆培智生的现行培养目标和课程问题，揭示出现行课程的设置与三层培养目标之间严重脱节的现象；建议改革现行的学科课程，以《纲要》为指导，以各种缺陷程度的智力落后儿童的身心发展特点和各自的培养目标为依据，设置以生活教育为中心的综合课程，使培智学校培养出的学生能生活自理、适应社会甚至自立[⑥]。

（3）提高智力落后学生培养目标的达成度的研究

为提高智力落后学生培养目标的达成度，学者们针对不同问题进行了教学方面的研究。林绪奖提出：根据智力落后学生认知特点，采取有效识字教学策略，提高智力落后学生培养目标中文化知识的达成度[⑦]。胡莹提出：培智教育教学应以生活适应为核心、以个别化教育为基线、以综合单元主题教学为主导、以多感

[①] 马莎莎：《智力障碍儿童的社会适应能力研究》，华东师范大学硕士学位论文，2013 年 4 月。

[②] 刘春玲、马红英、杨福义：《弱智儿童对词汇理解的研究》，《心理科学》，2000 年第 6 期，第 686—689 页。

[③] 刘晓明、张明：《弱智儿童单句理解过程的实验研究》，《心理科学》，1995 年第 5 期，第 315—316 页。

[④] 肖非、刘全礼著：《智力落后教育的理论与实践》，北京：华夏出版社 1992 年版，第 126 页。

[⑤] 谢明：《关于培智学校培养目标和课程设置的构想》，《21 世纪特教改革论坛》，2002 年第 9 期，第 7—8 页。

[⑥] 王辉：《培智学校现行培养目标和课程问题的探析》，《中国特殊教育》，2003 第 2 期，第 35—40 页。

[⑦] 林绪奖：《根据智力落后学生认知特点 采取有效识字教学策略》，《现代特殊教育》，2017 年第 2 期，第 50—51 页。

官训练为辅助，构建一个立体的教育与康复系统，从而真正实现学生生活适应能力[①]。万莉莉提出：现有的沟通训练相关课时难以满足全体重度智力落后学生的需求，所有教师与重度智力落后学生的沟通离不开语言信息、非语言信息，所以科任教师（非语训或语文教师）有必要在集体教学中对重度智力落后学生开展沟通训练[②]，以提高他们的沟通能力。黄英军提出：培智美术教学应立足于智力落后学生的生活基础，紧紧围绕培养智力落后学生适应实际生活这个中心，教学训练内容必须与智力落后学生的现实生活相联系，教学训练形式必须与智力落后学生的生活实践相结合，教学训练必须与智力落后学生的实际能力相吻合，使智力落后学生在生活化的美术情境中学习美术，感受到生活中的美[③]。

（三）已有研究的贡献和不足

综观国内外关于智力落后学生教育的发展研究，国外智力落后学生教育起步早，发展迅速，以欧洲为开端的各个国家率先发展智力落后学生教育带动了其他各国对智力落后学生教育的发展，也将先进的教育理念和成熟、有效的教育方法传入各国，这对世界智力落后学生教育的发展做出了巨大的贡献。文艺复兴打开了科学解释智力落后现象的大门，也为发展智力落后学生教育提供了科学依据，医学解释了智力落后现象不是恶魔附体，是个体技能的破坏，心理学证明了智力落后群体是可教的。这些成就极大地促进了智力落后学生教育的发展，随后回归主流运动的涌现，将智力落后学生教育的发展推向了另一层高度。对国外智力落后学生教育的发展成果我们要承认其先进和为其世界教育的发展所做的巨大贡献，但他们起初对智力落后群体的杀戮和抛弃是我们现在应认识到的错误和不足。

中国的智力落后学生教育有一个长的历史、短的发展。我国古代仁爱思想的流传，使得人们对智力落后群体的存在多了一份理解和宽容，这也为后来发展智力落后学生教育奠定了基础。中国古代对智力落后学生开展的教育是零碎的、没

[①] 胡莹、曹厚平：《构建培智学校教学模式的思考》，《现代特殊教育》，2016年第4期，第23—24页。

[②] 万莉莉：《集体教学中的重度智力落后学生沟通训练》，《绥化学院学报》，2017第1期，第67—69页。

[③] 黄英军：《培智美术教学生活化浅谈》，《延边教育学院学报》，2016第3期，第105—106页。

有系统的。新中国的成立将智力落后学生教育带入了正规发展的轨道，国家越来越重视智力落后学生教育的发展，但中国的智力落后学生教育还处于发展中，还没有形成成熟的教育体系。已有资料显示：对智力落后学生教育的研究从理论层面正在向实践层面发生转变，学者们也越来越重视从各自专业的角度去探讨促进智力落后学生的发展。从已有的资料来看，我国对智力落后学生培养目标的研究成果较少，但处于需要提升智力落后学生教育教学质量的现阶段，从分析培养目标的角度来促进智力落后学生教育教学质量是行之有效的手段。现有研究已阐明了对智力落后学生培养目标的定义、制定和要求，但对如何提高培养目标的达成度尚有不足。

在总结国内外已有资料的基础上，对智力落后学生教育及培养目标达成度的研究还存在以下需要完善的地方：

第一，在对智力落后学生教育中要推动教育立法、完善政策支持。建议研究者从政策和法律的视角为智力落后学生教育落实有效的措施。

第二，丰富办学模式，加强各方配合，突出家长参与。对智力落后学生的教育不只是学校的责任，应突出政府的作用，借助家庭、社会等各方力量，配合学校提升智力落后学生的教育质量。

第三，重视实证调查在完善智力落后学生教育及培养目标达成度的理论和实践方面的作用，实证研究对问题的描述和解释有着别的研究无法达到的真实性和准确性，从而能对教学实践活动的开展发挥积极的推动作用。

三、核心概念界定

（一）智力落后

目前，对智力落后群体的称谓还未取得统一的意见。学科不同，术语不同：在教育界多称之为"弱智""智力落后"，医学界则称之为"精神发育迟滞"[①]；

[①] 刘全礼著：《智力落后儿童的特点与教育纲要》，天津：天津教育出版社2008年版，第2页。

地域不同，术语也有差异：我国台湾地区称之为"智能不足"，苏俄、北欧、法国也如是称之，日本则用"低能"或"精神薄弱"来形容[①]；智力落后术语也带有历史差异：我国古代多用"白痴""下愚"，近代则用"呆子""傻子""低能儿"称呼，早期国外（主要见于西欧）称之为"白痴"，而目前欧美多用"发育障碍"来指代。虽然这些术语的含义并不完全相同，但大致上都是指"智力落后"这类人。因此，在本专题中认为这些术语等价，并采用"智力落后"这一术语。

时代不同，人们对事物的认识也不相同，不同时代的人对"智力落后"有不同的解读，其定义也不尽相同。

1. "智力落后"的早期定义

在 20 世纪上半叶以前，人们对智力落后的认识大都强调医学原因和身体的某些外部特征，充满了生物学和医学的色彩。对"智力落后"的科学研究起源于法国，由法国医生伊塔德于 1838 年提出[②]。英国医生特德高尔德于 1908 年正式提出"智力落后"的定义为："一种由于大脑的不完全发育在初生或出生早期产生的智力损伤状况。其后果是个体不能履行其作为社会一员的各种职责。"[③] 早期的定义都认为智力落后是不可治愈的，二战过后随着社会经济的发展，及人道主义、人权思想的提升，对智力落后的研究进入了更人性化的视角，研究者们也开始关注环境对智力落后的影响，不再局限于生物医学和心理学的角度。

2. 现行的对"智力落后"的定义

关于"智力落后"的定义，美国智力落后协会（AAMR）曾多次进行修改，其中有代表性的定义是 1983 年提出的：智力落后是指一般智力功能水平明显低于平均水平，同时存在适应行为方面的障碍，并发生在发育时期[①]。目前被大家普遍关注的是 2002 年美国"智力落后"协会所提出的第十次定义：智力落后也称智能障碍，是指"在智力功能和适应行为上存在显著限制而表现出来的一种障

---

① 陈云英著：《智力落后心理、教育、康复》，北京：高等教育出版社 2007 年版，第 21 页。
② 陈云英著：《智力落后心理、教育、康复》，北京：高等教育出版社 2007 年版，第 22 页。
③ A. F. Tredgold, *Mental Deficiency*, London: Bailliera, Tindall, and Fox, 1908, P. 2.
④ H. J. Grossman, *Classification in Mental Retardation*, Washington, DC: American Association on Mental Deficiency, 1983, P. 11.

碍，所谓适应性行为指的是概念（conceptual）、社会（social）和应用（practical）三方面的技能。智力落后发生于18岁以前。"①

苏联对"智力落后"的定义既指出智力落后的原因，又指出智力落后的后果。如鲁宾什坦提出："由于大脑器官的损伤而引起的认识活动的持续障碍的儿童叫作智力落后儿童。"②

日本文部省的特殊儿童鉴别标准中对"智力落后"的定义是："智能不足乃指由于种种原因而使心智发展产生长久性的迟滞，因而智能低下，对自己周围事物的处理，以及对社会生活的适应颇感困难而言。"③

我国对"智力落后"的定义经过两次修改，1987年第一次全国残疾人抽样调查中基本采用了美国1983年对"智力落后"的定义：智力残疾是指人的智力明显低于一般人的水平，并显示适应行为障碍。智力残疾包括：在智力发育期间（18岁以前），由于各种原因导致的智力低下；智力发育成熟以后，由于各种原因引起的智力损伤和老年期的智力明显衰退导致的痴呆④。我国把个体成熟以后由于疾病或其他因素所造成的智力衰退或损害也包括进智力落后的范围，在定义上比其他国家更广⑤。经过修订后的2006年的定义是：智力残疾是指智力显著低于一般人水平，并伴有适应行为的障碍。

角度不同，对"智力落后"的定义也不同，医学家们主要从生理和器官的角度，以神经和生理的损伤为"智力落后"下定义；心理学家多从心理和认知的角度看待智力落后问题；社会学家认为社会行为会影响智力落后问题的发展；教育工作者更倾向于从学习的角度看待智力落后问题。在本专题中，我们沿用中国对"智力落后"的定义但将其范围缩小，即智力落后是指在智力发育期间（18岁以前）由于各种原因导致智力显著低于一般人水平，并伴有适应行为的障碍。

---

① William L. Heward著、肖非等译：《特殊需要儿童教育导论》，北京：中国轻工业出版社2007年版，第125页。
② C. R. 鲁宾什坦著、朴永馨译：《智力落后学生心理学》，北京：人民教育出版社1996年版，第7—8页。
③ 三木安正等著、马佶为译：《痴呆儿童的教育及医疗》，银川：宁夏人民出版社1987年版，第4页。
④ 朴永馨编：《特殊教育词典》，北京：华夏出版社1996年版，第109页。
⑤ 全国残疾人抽样调查办公室编：《全国残疾人抽样调查工作手册》，1987年印本，第174—175页。

(二) 培养目标

培养目标,是"指根据一定的教育目的和约束条件,对教育活动的预期结果,即学生的预期发展状态所作的'规定'"①。特殊教育学校培养目标规定的是有特殊教育需要学生在一定阶段所应达到的质量标准和规格要求,是教育目标在特殊教育领域最直接的体现和表达,也是教育目标体系在特殊教育学校的具体化。它规定着各类特殊学校教育活动的总方向,也是特殊学校教育工作的出发点和归宿②。《教育基本理论之研究》一书中提到:"'教育目的'和'培养目标'单独出现的时候往往可以通用,同时出现的时候有所区别。前者指国家或者社会对教育所要造就的人的质量规格的总设想或总规定,后者是对各级各类教育所要培养的人提出的今天标准和要求。"所以,培养目标是指一个学校培养学生的总体目标③。

智力落后学生教育的培养目标首先决定于国家的教育目的,广义的教育目的是某个社会或社会的某个阶段所规定的培养人的总目标,狭义角度的教育目的是各级各类学校具体的培养目标④。由此看来,目标可以界定目的,而目的又规定目标,因此在本专题中我们将在各类政策法案中确定的关于智力落后教育的教育目标与培养目标等价。

(三) 培养目标达成度

对"度"的一种解释:事物所达到的境界,大多为计算、衡量之意。基于此,为了研究的需要,本专题把培养目标的达成度界定为学生在所规定的发展领域内需要实现的目标达成情况。对于智力落后学生培养目标的达成度的研究,在本专题中,我们将分层次来探讨,分别从轻度智力落后学生、中度智力落后学生、重度智力落后学生这三类来逐一进行调查、分析。根据不同学生的不同的培养目标,在对培养目标的调查中,我们将关于达成度问题的答案设置为:达成度良好、基本达成、达成度一般、基本不达成、达成度极差。通过对各个问题答案的分析可以得出智力落后学生培养目标的达成度情况。

---

① 文辅相著:《中国高等教育目标论》,武汉:华中理工大学出版1995年版,第109页。
② 盛永进编:《特殊教育的发展》,北京:教育科学出版社2011年版,第181页。
③ 张明、高长生、柯巍、段为民编:《特殊教育词典》,长春:吉林人民出版社1993年版,第30页。
④ 顾明远编:《教育学》,北京:人民教育出版社1987年版,第87页。

四、研究的意义和目的

（一）研究意义

1. 理论意义

（1）丰富了对智力落后学生培养目标的理论研究

培养目标的制定是为了使学校有更明确的指导方向，从而更好地促进教育目标的实现。对智力落后学生教学的评价可以通过培养目标的达成度来反映，本专题对智力落后学生培养目标达成度的研究涉及关于智力落后学生培养目标的制定、影响培养目标达成度的因素和提高培养目标达成度的对策。通过对智力落后学生培养目标的深层内涵的掌握，以及对培养目标实现的机制的探讨，进而提出促进培养目标达成的对策，这不但可以推动对智力落后学生培养目标的研究，也可以丰富对智力落后学生培养目标的理论研究。

（2）为缩小教育理想与现实之间的差异提供新的研究视角

培养目标的制定实质上是对希望学生经过教育影响后所能达到的最好状态的描述，而智力落后学生的培养目标实际上也是对智力落后学生通过教育作用后所能达到的理想状态的描述，而学校教育需要借助于教学来对学生施加影响、发挥作用。智力落后学生的培养目标是连接教育理想和教育现实的中间点，教学是将实然的培养目标向应然的培养目标接近的手段。本专题在得出了智力落后学生培养目标达成度的结论后，探讨了影响培养目标达成度的因素及解决对策，为缩小智力落后学生培养目标在理想和现实之间的距离、缩小教育理想与现实之间的差异提供新的研究视角。

2. 实践意义

（1）促进智力落后学生的全面发展

一个人的发展不等于德、智、体、美、劳等的相加，丰富人的内涵远比对德、智、体、美、劳的教育要复杂得多。全面的教育应考虑到人各个方面发展需要：体能、智力、品德、审美观、情感和精神世界等。智力落后学生作为一种特殊群体而存在，其培养目标的制定是基于他们自身生理和心理特殊性的基础上形成的，对他们的教育决不能因为他们的特殊性而在发展人的综合素养方面打折扣。作为一个社会人而言，他是客观的独立存在但又不能离开社会整体，智力落后学生的存在也是如此，对他们的教育要结合其自身的特殊需要有针对性的开展，但又不能脱离国家和社会赋予智力落后学生的特殊期待。本专题对智力落后学生培养目标达成度的研究，通过对培养目标的合理性和可行性的分析，以及分析影响培养目标达成度的因素，提出改进意见，提高智力落后学生培养目标的达成度，保证智力落后学生在各个方面的能力都能得到发展。培养目标的整体达成，有利于促进学生的全面发展，帮助智力落后学生实现多方位的发展，探寻知情意的和谐发展，使得个体日臻完善，日益丰满。

（2）对智力落后学生的教育实践活动提供参考

科学理论的目的就是指导实践，而有效的实践总是在科学理论的指导下展开的。在智力落后学生的教育发展中存在不少问题，有效解决这些问题的前提条件是要对问题本身有足够的了解和把握。针对智力落后学生培养目标达成度现状提出来的对策才能真正帮助问题得以解决。在厘清各类智力落后学生培养目标的基础上，通过对现状的分析提出提高智力落后学生培养目标的达成度的对策，清晰的阐明了"教什么""怎么教"的问题，进而对开展丰富、多样化的教育实践活动提供参考。

（二）研究目的

本专题的主要目标是基于科学的教育质量观和人的全面发展观的理论基础，并通过调查研究和总结分析，剖析在完成智力落后学生培养目标的过程中，现行的智力落后教育在办学、管理、师资、经费投入、设施等方面的情况是否能真正有效的保证智力落后学生培养目标的实现。通过实证调查与分析，试图找出影响智力落后学生培养目标达成度的因素，及在智力落后教育过程中存在的问题。针对这些影响因素和存在的问题，提出适当的建议，从而为相关部门提供决策参考和咨询意见，最终目的是确保智力落后学生培养目标的全面达成。

五、研究思路与方法

(一) 研究思路

在查阅当前对智力落后学生培养目标完成现状研究的有关文献和专家观点的基础上，总结已有研究的理论和观点，并结合1987年颁布的《全日制弱智学校（班）教学计划》（征求意见稿）中提出的有关轻度智力落后学生的培养目标：认真贯彻德、智、体、美、劳全面发展的方针，从弱智儿童身体和智力特点的实际情况出发，对他们进行相应的教育、教学和训练，有效地补偿其智力和适应行为的缺陷。为使他们成为有理想、有道德、有文化、有纪律的社会主义公民，及适应社会生活、自食其力的劳动者打下基础[①]。1994年国家教育部印发的《中度智力残疾学生教育训练纲要（试行）》对确定的中度智力落后儿童的培养目标：通过适合其身心发展特点的教育与训练，使他们在德、智、体诸方面得到全面发展，最大限度地补偿其缺陷，使其掌握生活中实用的知识，形成基本的实用能力和必要的良好习惯，为他们将来进入社会参加力所能及的劳动，成为社会平等的公民打下基础[②]。赵树铎在《特殊教育课程与教学法》中提出关于重度智力落后学生的培养目标：培养最简单的自理生活技能和交往能力，重点是培养习惯，培养最简单的劳动技能[③]。并编制问卷《智力落后学生培养目标达成度的调查问卷》，分为家长和教师两种问卷，在2017年6月—9月发放、回收问卷并做分析。用规定的三类智力落后学生的培养目标作为对照标准，将实证调查得来的结果与之比较，得出目前智力落后学生培养目标的达成度，进而剖析现象、寻找原因，总结经验与不足，分析造成达成度结果不理想的原因并寻找对策，期许为提高智力落后学生培养目标的达成度出谋划策，进而提升我国特殊教育教学的质量，推动国民教育的发展。

[①] 《全日制弱智学校（班）教学计划（征求意见稿）》，1987年12月30日正保法律教育网（http://www.chinalawedu.com/falvfagui/fg22598/21676.shtml）。
[②] 《中度智力残疾学生教育训练纲要（试行）》，1994年10月26日上海市松江区辅读学校网（http://www.fdxx.sjedu.cn/xxgl/kfzd/xxzl/201310/421351.shtml）。
[③] 赵树铎著：《特殊教育课程与教学法》，北京：华夏出版社1994年版，第139页。

（二）研究方法

1. 文献研究法

通过查阅与"特殊教育""智力落后""智力落后学生培养目标"有关的政策法规、论文、书籍、会议及报纸等资料，并进行筛选、归类和整理，吸收和借鉴国内外的相关研究成果，在全面了解研究领域成果和动向的基础上，为本专题的写作做好理论上的充分准备。在学习和吸收的过程中，形成对智力落后教育、智力落后学生培养目标等问题的认识和看法。

2. 问卷调查法

调查采用自编问卷，以 1987 年颁布的《全日制弱智学校（班）教学计划》（征求意见稿）中提出的有关轻度智力落后学生的培养目标、1994 年国家教育部印发的《中度智力残疾学生教育训练纲要（试行）》对确定的中度智力落后儿童的培养目标，以及赵树铎在《特殊教育课程与教学法》中提出的关于重度智力落后学生的培养目标为参考依据，将两种问卷都分为两大部分，第一部分是调查对象的基本信息，第二部分是问卷的主要内容。教师问卷的主要内容分为三个维度：智力落后学生培养目标的制定、完成状况和影响因素。家长问卷主要重点了解：家长对学生的期待和对培养问题的看法。问卷于 2017 年 6 月—9 月陆续发放并回收，分析问卷得出结果。总结智力落后学生教育的经验与不足，分析造成智力落后学生培养目标达成度不理想的原因并提出建议。

第二章　关于智力落后学生培养的理论

在大力发展特殊教育，全面提升特殊教育质量的时代背景下，对智力落后学生的培养问题已成为特殊教育界极为关注的问题。尽管智力落后学生有生理和心理上的发育缺陷，但他们依旧有着学习知识、独立生活、融入社会的渴望。人的全面发展学说、人本主义理论、全纳教育理论阐述了对智力落后学生进行教育的必要性和可能性，也为培养智力落后学生的发展能力奠定了理论基础。多元智能理论提示教师不仅要关注学生已有的能力，也要对其他弱项能力加以重点教育，促进学生的全面发展；教育质量观启迪我们在评价智力落后学生的教育时，要综合各方面因素，全面、客观地进行考量。

一、人的全面发展学说

我国关于人的全面发展的理论成果来源于教育实践，并在实践中不断充实。在《国家中长期教育改革和发展规划纲要（2010—2020年)》中，提出"促进德育、智育、体育、美育有机融合，提高学生综合素质，使学生成为德智体美劳全面发展的社会主义建设者和接班人"[①]。要求提升学生的综合素养，把学生培养成为知情意行和谐发展的人。马克思认为："每个人的自由发展是一切人的自由发展的条件。人的全面发展包括个人的全面发展和社会的全面发展两个方面，在推进社会全面发展的同时，促进人的全面发展，是马克思关于建设新社会的本质要求。"[②] "人的全面发展"主要指四个方面的全面发展，即：身与心的全面发展；人的需要的全面满足；人的能力的全面发展；人与自然的全面关系与和谐统一[③]。

"人的全面发展是指每个人都能得到平等的发展、完整的发展、和谐的发展和自由的发展，使人成为一个完善的人。人的全面发展概念的重点不是'人'或'全面'，而是'发展'。'人'和'全面'只是'发展'的修饰语"[①]。因而对智力落后学生的教育要重视他们的全面发展，使得对他们的教育不只是为完成培养

---

① 中共中央国务院编：《国家中长期人才发展规划纲要（2010—2020)》，《兵团日报》2010年6月7日第2版。
② 史国枫、黄书进：《论马克思主义人的全面发展理论的中国化》，《社科纵横》，2010年第3期，第15页。
③ 陈刚：《马克思人的自由发展观及其当代意义》，《江苏社会科学》，2014年第8期，第49—54页。
④ 陈晓辉：《人的全面发展问题研究综述》，《学术交流》，2004第11期，第126页。

目标而进行的，而是为了智力落后学生综合素养的提高，在落实培养目标的过程中，使之能学会生活、适应生活、享受生活。

二、人本主义理论

人本主义理论是由马斯洛创立的，以马斯洛和罗杰斯为代表。马斯洛提出的自我实现理论和需要层次理论丰富了人本主义理论的内涵。马斯洛的需要层次理论认为人的需要有七个层次：依次为生理需要、安全需要、归属和爱的需要、尊重需要、认识与理解的欲望（知的需要）、美的需要、自我实现需要。他认为只有在前基本需要得到满足的基础上，才会有后面需要的出现。社会价值、文化、时代背景、教育等因素都会影响不同需要的发展与实现。智力落后学生的发展潜能比正常人低很多，但这不意味着不能对他们进行教育，人本主义理论启迪我们要为智力落后学生的自我实现提供和谐、优质的环境和教育，帮助他们达到所能达到的最佳状态。尊重他们的发展需要，重视他们内在需求，根据不同学生的发展需要设定不同的培养目标，最终帮助每个智力落后学生都能满足自我实现的需要。

三、全纳教育理论

全纳教育，即指在普通学校的普通班级内教育所有学生，无论他们有何种残疾，无论他们的残疾程度如何，他们都必须在正常班级内接受所有的教育[①]。全纳教育使得整个社会重新认识和评定人的价值。它以一种全新的观念看待每一个人的能力和价值，着眼于人的长处，它认为每一个人都是可以学习的，而每个人在学习上都需要帮助，在教育上不应该把人一开始就按其缺陷区分开来。我们承认人与人之间是有差异的，但我们应该努力为所有不同的人提供学习的机会，以

---

① 张福娟、马红英、杜晓新著：《特殊教育史》，华东师范大学出版社2000年版，第310页。

满足不同层次人的学习和发展的需要，在学校中创造出一种多文化的发挥人类潜能的、人人彼此尊敬、互相学习的文化氛围。全纳教育理念指导我们不以智力落后学生的缺陷来定义他们，而是为了帮助他们得到发展而创立友善、容纳、平等的教育环境，为保障他们公平的接受教育、平等的参与教育，尊重他们、接纳他们，这也为智力落后学生制定全面的培养目标奠定了环境基础。

四、多元智能理论

多元智能理论是心理学家霍华德·加德纳提出的，他提倡以开放、多维的角度看待人的教育和发展问题。加德纳认为人的智力除了语言和数理逻辑智能以外，至少还有5种智能——空间智能、音乐智能、人际智能、内省智能、身体运动智能等[①]。多元智能理论主张："评价一个学生应从多元的角度，发现学生的智能所长，通过适当教育强化促进他的长处，促进各种智能协调发展达到提高整体素质的目的[②]。"他认为：每个孩子都是一个潜在的天才儿童，只是表现不同的形式而已[③]。每一位智力落后儿童，一定还具有其他智能。因此，在对智力落后学生进行教育的过程中，我们应以多元智能理论为指导，不断探索开发智力落后儿童潜能的方法，针对学生特点因材施教，同时以多维度、全面、发展的眼光来看待学生，帮助每位智力落后学生都能得到发展。

五、新时代我国社会主义教育质量观

教育质量观是人们依据教育产品的特殊性及一般意义上质量的内涵而提出的。通俗地说，教育质量观是人们对教育质量的看法，把握教育质量的内涵是明

---

① 肖菊梅：《以多元智能理论看特殊教育》，《外国教育研究》，2003第7期，第32—34页。
② 霍华德·加德纳著：《多元智能》，新华出版社1999年版，第24页。
③ 霍华德·加德纳著：《多元智能》，北京：新华社出版社1999年版，第7页。

晰教育质量观内涵前提与基础①。科学、合理的教育质量观是在综合考察影响教育结果的各类因素的基础上，分析问题，提出改进意见。当下对教育结果的考量存在着单一因素决定论的现象，即以成绩论英雄或以升学判成败的单项思维现象，对任何一种教育结果的解释常常将影响教育质量的单一因素与教育结果之间作为一对一的线性因果关系。这种狭窄的思维影响着对教学活动和教育结果的全面、客观、理性的判断。因而，我们应该树立全面的教育质量观。

学校教育质量的影响因素较为复杂，包括生源质量、学校领导层治理能力、教师专业素养、课程与教学管理、学校文化与风气、家庭与社区支持、物质资源条件等因素。② 在大力推行特殊教育、全面提高特殊教育质量的时代背景下，在考察智力落后学生培养目标达成度这一问题上，本专题从客观角度对培养目标自身、学校（教师、硬件设施、学校管理三个要素）、家长和政府这四个方面逐一做分析，合理地考量智力落后学生培养目标的达成度，进而分析问题、提出解决策略。

第三章　智力落后学生培养目标达成度的调查

一、研究工具

本研究采用自编问卷《智力障碍学生培养目标达成度调查问卷——教师》和《智力障碍学生培养目标达成度调查问卷——家长》。教师的问卷共分为两部分，第一部分为调查对象的基本信息，第二部分是问卷的调查内容，分为三个维度：智力落后学生培养目标的达成现状、培养目标的具体制定以及影响培养目标完成

---

① 魏宏聚：《教育质量观的内涵、演进与启示》，《教育导刊》，2010年第1期，第5—8页。
② 苏启敏：《中小学教育质量观：误区、反思与重构》，《中国教育学刊》，2017年第1期，第3—9页。

的因素。对家长的问卷分为基本信息和调查内容两部分，主要调查家长对智力落后学生培养的意愿和建议。在对智力落后学生培养目标达成情况的调查中，采用5级评分制，5＝达成度很好、4＝达成度较好、3＝达成度一般、2＝达成度较差、1＝达成度很差，分别调查轻、中、重度智力落后学生培养目标达成度的状况。在调查之前，我们让被试者明确了解本专题中设置的各类智力落后学生的具体培养目标，以这些培养目标为标准，针对自己学生/孩子的真实状况进行客观作答。

二、研究对象

我们在四川、山东、甘肃三个地区调查了15所特殊教育学校，共发放问卷113份，收回有效问卷96份，回收率为85%。由表12－1可得知：调查对象有女教师75人、男教师21人，教师队伍中男女比例呈以女教师居多的不平衡状态。年龄分布中，20—30岁之间教师共68名，31—40岁、41—50岁及50岁以上的教师人数呈下降趋势。这表明，智力落后教育的教师队伍正在吸纳年轻的专业教师。在学历上来看，特教教师大多是本科学历。20—30岁之间的68名教师中就有52名本科学历的教师以及一名硕士学历教师；甘肃、山东、四川三省的教师中本科学历的教师数量基本接近，但作为调查数量较多的四川省的本科学历教师在三者中排名在末，其大专学历教师就有15名，但唯一一名硕士学历教师也在四川省。专业化、高学历化的特教师资队伍有待进一步建设。

表12－1 被试分布情况——教师

		学历				合计
		大专	本科	硕士	小计	
年龄	20—30岁	15	52	1	68	96
	31—40岁	1	19	0	20	
	41—50岁	3	2	0	5	
	50岁以上	3	0	0	3	
性别	女	20	55	0	75	96
	男	2	18	1	21	

续表

		学历				合计
		大专	本科	硕士	小计	
地区	甘肃	5	25	0	30	96
	山东	2	28	0	30	
	四川	15	20	1	36	

随机抽取三个地区智力落后学生的家长，发放问卷57份，回收有效问卷51份，回收率为89.5%。从表12-2可以看出，学生家长的年龄大多分布在20—45岁之间，且文化水平不高，51名家长中大学以上文化水平的只有6人，由目前负责学生学习的主要是母亲，共有32人，占比62.7%。

表12-2 被试分布情况——家长

		文化程度				
		小学	初中	高中	大学及以上	小计
年龄	30—35岁	4	13	5	4	26
	36—40岁	4	12	1	1	18
	41—45岁	2	2	1	1	6
	46岁以上	0	0	1	0	1
性别	女	6	17	4	5	32
	男	4	10	4	1	19
关系	父亲	4	11	4	1	20
	母亲	6	15	4	5	30
	亲戚	0	1	0	0	1

三、调查分析

(一) 智力落后学生培养目标达成情况

1. 轻度智力落后学生培养目标达成情况

轻度智力落后学生培养目标主包括品德方面、家庭生活方面、基本的文化科学知识方面、谋生知识和技能方面、体质体能方面以及社会适应方面六项内容。鉴于轻、中重度智力落后学生培养目标的具体内容不一，我们采用得分率[①]的方式呈现各类学生培养目标的完成状况。

表 12—3　轻度智力落后学生培养目标的完成状况

	得分率	均值
品德	70.60%	3.53
家庭生活能力	75.00%	3.75
基本的文化科学知识	61.80%	3.09
谋生知识和技能	56.80%	2.84
体质、体能	68.60%	3.43
社会适应能力	66.40%	3.32

由表 12—3 可见，教师认为轻度智力落后学生的培养目标完成效果介于一般和较好之间，各子目标的达成度高低分别为：家庭生活＞品德＞体质、体能＞社会适应＞基本的文化科学知识＞谋生知识和技能。因此，家庭生活方面的目标完成较好，M 值 3.75 趋于较好效果，谋生知识和技能方面的培养目标完成效果较差，得分率为 56.8%，表示仅有一半学生能完成这项子目标。

2. 中度智力落后学生培养目标达成情况

我们将中度智力落后学生的培养目标以 1994 年 10 月 22 日原国家教育委员会颁布的《中度智力残疾学生教育训练纲要（试行）》中规定的培养目标：德、智、体诸方面得到全面发展；最大限度地补偿其缺陷；使其掌握生活中实用的知识；形成基本的生活能力和必要的良好习惯。

---

① 得分率＝X/Xmax×100%。X 为全体受测者在该题上得到的平均分，Xmax 为该题的满分。

表 12—4　中度智力落后学生培养目标完成状况

	得分率	均值
德智体全面发展	62.60%	3.13
补偿缺陷和潜能开发	59.60%	2.98
实用知识应用能力	64.40%	3.22
良好习惯的养成	66.20%	3.31

教师认为中度智力落后学生培养目标的完成效果一般，其中"良好习惯的养成"这一子目标的达成度最高，其 M＝3.31＞3，处于达成度一般阶段。"补偿缺陷和潜能开发"这一子目标的完成效果最差，M＝2.98＜3，未达到一般效果。其余三项子目标的 M 均大于 3 但距离表示完成效果较好的 4 还有一定差距。因此，认为中度智力落后学生培养目标的完成度一般。

3. 重度智力落后学生培养目标达成情况

我们主要考察针对重度智力落后儿童的身心发展特点制定的培养目标：培养最简单的自理生活技能和交往能力，重点是培养习惯，培养最简单的劳动技能的达成情况[①]。

表 12—5　重度智力落后学生培养目标完成状况

	得分率	均值
简单的劳动技能	52.80%	2.64
良好习惯的养成	54.80%	2.74
简单的人际交往能力	54.40%	2.72
简单生活自理技能	57.80%	2.89

表 12—5 显示各子目标的 M 值均小于 3，表明教师眼中重度智力落后学生培养目标的达成度较差，但其中"简单生活自理能力"这一子目标的 M 值为 2.89

---

① 王辉：《培智学校现行培养目标和课程问题的探析》，《中国特殊教育》，2003 年第 2 期，第 35—40 页。

接近于 3，表明这一子目标的完成效果最好，其达成度接近于一般状况。其次是"良好习惯的养成"和"简单人际交往能力"这两个子目标 M 值分别为 2.74、2.72，得分率相差 0.02%，其完成效果基本接近一般状况，"劳动技能"这一子目标的完成效果最差。

（二）智力落后学生培养目标达成度的地区比较

1. 轻度智力落后学生培养目标达成情况的地区差异

表 12-6　轻度智力落后学生培养目标完成状况在各地区上的差异

地区		品德	家庭生活	文化科学知识	谋生知识和技能	体质体能	社会适应
甘肃	均值	3.53	3.60	3.30	3.00	3.47	3.40
	得分率%	70.60%	72.00%	66.00%	60.00%	69.40%	68.00%
山东	均值	3.87	4.07	3.17	2.90	3.53	3.37
	得分率%	77.40%	81.40%	63.40%	58.00%	70.60%	67.40%
四川	均值	3.25	3.61	2.86	2.67	3.31	3.22
	得分率%	65.00%	72.20%	57.20%	53.40%	66.20%	64.40%

比较表 12-6 三个地区的轻度智力落后学生培养目标的各子目标的 M 值和得分率，可以看出山东培养目标的完成状况最好，其次是甘肃，最末是四川，但均未达到较好效果。山东地区的培养目标的各子目标中"家庭生活"这一子目标的 M 值为 4.07>4，其完成效果较好，但"谋生知识和技能"这一子目标的 M 值=2.9<3，完成效果较差，其余 4 项的 M 值均>3；甘肃地区的轻度智力落后学生培养目标的各子目标的 M 值都>3，完成效果位于一般和较好中间；四川地区中各子目标的 M 值中有四项>3，其中"家庭生活"这一子目标的完成效果最好，其 M 值=3.61；但"文化科学知识"和"谋生知识和技能"这两个子目标的 M 值分别为 2.86 和 2.67，均<3，未达到一般效果。

山东地区的培养目标达成度属于接近较好阶段，其中达成度最低的子目标为"谋生知识和技能"；甘肃地区的培养目标达成度为一般阶段，达成效果最差的子目标为"谋生知识和技能"；达成度最低的地区是四川，其达成度未达到一般阶段，"谋生知识和技能"为其完成的最差的子目标。由 M 值和得分率我们可以得知：轻度智力落后学生培养目标的子目标在这三个地区上完成效果最差的为"谋生知识和技能",达成度最高的子目标是"家庭生活"。

2. 中度智力落后学生培养目标达成情况的地区差异

表12-7 中度智力落后学生培养目标完成状况在各地区上的差异

地区		德智体全面发展	补偿缺陷和潜能开发	实用知识能力	良好习惯的养成
甘肃	均值	3.30	3.10	3.23	3.17
	得分率%	66.00%	62.00%	64.60%	63.40%
山东	均值	3.33	3.17	3.43	3.53
	得分率%	66.60%	63.40%	68.60%	70.60%
四川	均值	2.81	2.72	3.03	3.25
	得分率%	56.20%	54.40%	60.60%	65.00%

比较表12-7中三个地区中各子目标的M值和得分率情况，反映出中度智力落后学生培养目标的达成度山东地区最好，甘肃次之，四川最差。其中山东地区的培养目标的各子目标中"良好习惯的养成"的M值=3.53，这一子目标完成效果最好，"补偿缺陷和潜能开发"这一子目标完成效果最差；甘肃地区的培养目标的子目标中"全面发展"达成效果最佳，M值=3.30>3，处于一般效果阶段；"补偿缺陷和潜能开发"这一子目标的完成效果最差，其M值=3.17>3，也处于达成度一般阶段；四川地区的培养目标中"良好习惯的养成"这一子目标的完成效果最好，其M值为3.25，为一般效果阶段；"缺陷补偿和潜能开发"这一子目标的完成效果在此地区为最差，M值=2.72<3。

从表12-7可以看出：四川地区的中度智力落后学生培养目标的达成度处于未全部达到一般效果的阶段。山东和甘肃地区的达成度都达到一般阶段。三个地区中度智力落后学生培养目标的子目标中，"缺陷补偿和潜能开发"这一子目标均达成得最差。"良好习惯的养成"这一子目标在山东和四川地区各子目标中都是完成得最好的子目标。

3. 重度智力落后学生培养目标达成情况的地区差异

表12-8 重度智力落后学生培养目标完成状况在各地区上的差异

地区		简单生活自理技能	简单人际交往能力	良好习惯的养成	简单的劳动技能
甘肃	均值	3.13	2.90	2.90	2.93
	得分率%	62.60%	58.00%	58.00%	58.60%
山东	均值	3.10	2.83	2.63	2.63
	得分率%	62.00%	56.60%	52.60%	52.60%
四川	均值	2.50	2.47	2.69	2.39
	得分率%	50.00%	49.40%	53.80%	47.80%

表12-8中各地区关于重度智力落后学生培养目标的各子目标的M值和得分率，反映出总体的培养目标的达成度甘肃地区最高，山东地区次之，最差的是四川地区。其中甘肃地区重度智力落后学生培养目标的子目标中"简单生活自理技能"的达成度最高，其$M=3.13>3$，处于达成度一般阶段，"简单的人际交往能力"和"良好习惯的养成"这两个子目标的达成度最低，其M均为$2.90<3$，接近于一般阶段但并未达到。山东地区培养目标的子目标中，"简单生活自理技能"的完成效果最好，其$M=3.10>3$，处于达成度一般阶段。达成度最差的子目标为"良好习惯的养成"和"简单的劳动技能"，其M均为$2.63<3$，处于达成度较差阶段。四川地区培养目标的各子目标的M值都<3，总体达成度较差，其中完成效果最好的子目标是"良好习惯的养成"，达成度最低的是"简单的劳动技能"这一子目标。

甘肃、山东、四川三个地区的达成度均为较差，甘肃和山东地区的子目标中达成度最高的均为"简单生活自理技能"，这一子目标的达成度都处于一般阶段。达成度最差的子目标也相同，为"良好习惯的养成"这一子目标。

（三）不同学历和专业的教师认为智力落后学生培养目标的重点

培智教师不仅仅是智力落后学生知识的传递者，更担任着智力落后学生人生导师的重任。身为促进培养目标完成的责任主体之一，有着专业知识的培智教师对智力落后学生的心理和生理发展有更清晰的认识，并能根据学生的发展需要提出切实可行的建议。因此，对智力落后学生的发展应制定怎样的培养目标，教师的建议不可不作为参考。以下我们将教师认为的智力落后学生培养目标的重点以及教师的学历和专业做一多重响应的交叉分析表，分析不同专业和不同学历的培智教师所认为的智力落后学生培养目标重点的差异。在问卷中设置了关于教师认为智力落后学生应该制定哪些培养目标、应将哪些目标列为重点目标的问题。并将不同学历和不同专业的教师的看法做一比较，分析其有无差异。另外将教师认为的智力落后学生培养目标的重点与智力落后学生培养目标的达成度做一比较，分析有无差异。有差异的情况下，我们可以考虑是否是这种差异造成了智力落后学生培养目标达成度不高的原因。

1. 轻度智力落后学生培养目标的重点

对轻度智力落后学生培养目标的制定中，大专学历毕业的汉语言文学、教育学、音乐、英语及其他专业的教师基本上无差别地认为轻度智力落后学生的培养目标重点应以六方面为主：文化知识、体能康复、谋生技能、社会适应、品德和家庭生活。而特殊教育专业毕业的教师则认为轻度智力落后学生培养目标的重点应以"社会适应"和"谋生技能"为最主要的子目标，12 位教师中分别有 11、10 位教师做出了这样的选择。而"家庭生活"这一子目标只有 6 位特教专业毕业的教师选择，这一子目标选择人数最少，占总特殊教育专业毕业教师的 50%。

在本科学历的各培智教师中，毕业于汉语言文学、特殊教育、教育学、数学的教师对轻度智力落后学生培养目标重点的划分做了有区别的选择，而音乐、体育及其他专业毕业的教师做出的选择并无差异。本科学历的教师认为轻度智力落后学生培养目标的重点是"社会适应"和"谋生技能"以及"文化知识"三个子目标。而选择人数最少的子目标是"体能康复"，不及样本人数的一半。

最高学历为硕士的培智教师仅有一名，他认为轻度智力落后学生培养目标的重点应以选项中的六个方面为主，分别是文化知识、体能康复、谋生技能、社会适应、品德和家庭生活。

表 12-9　教师认为培养目标重点 * 专业 * 学历交叉表

学历				专业							总计
				汉语言	特殊教育	教育学	英语	音乐	其他	数学	体育	
大专	轻度	文化知识为主	计数	3	9	3	2	0	1			18
		体能康复为主	计数	3	6	2	2	1	1			15
		谋生技能为主	计数	3	10	3	2	1	1			20
		社会适应为主	计数	3	11	3	2	1	1			21
		品德为主	计数	3	9	2	2	0	1			17
		家庭生活为主	计数	3	9	2	2	1	0			17
	总计		计数	3	12	3	2	1	1			22
本科	轻度	文化知识为主	计数	10	40	2		2		4	0	58
		体能康复为主	计数	7	23	2		2		2	1	37
		谋生技能为主	计数	10	39	2		2		3	0	56
		社会适应为主	计数	14	41	3		2		4	1	65
		品德为主	计数	7	32	2		2		3	0	46
		家庭生活为主	计数	8	28	2		2		3	1	44
	总计		计数	14	48	4		2		4	1	73
硕士	轻度	文化知识为主	计数		1							1
		体能康复为主	计数		1							1
		谋生技能为主	计数		1							1
		社会适应为主	计数		1							1
		家庭生活为主	计数		1							1
	总计		计数		1							1

由表 12-9 中数据可推断：在调查总样中，最高学历为大专的培智教师占所调查总体教师的 22.9%，本科学历的培智教师占比 76%。从专业匹配度而言，大专学历毕业的特殊教育教师有 12 名，占总数的 12.5%；最高学历为本科的培智教师中专业匹配度高的、特殊教育专业毕业的教师有 48 名，占总数的 50%；硕士学历的培智教师仅有 1 名，且为特殊教育专业毕业。比较三种学历的教师对轻度智力落后学生培养目标的重点差异，我们可以得知：学历的提升也能增强对学生的了解、明确学生的教育需求。而教师对轻度智力落后学生制定的培养目标

中，"社会适应"和"谋生技能"被认为是最主要的子目标，"体能康复"这一子目标在重要性上排名最末。

2. 中度智力落后学生培养目标的重点

从表12—10可知，最高学历为大专的培智教师认为中度智力落后学生培养目标中最重要的子目标是"社会适应"，次之是"家庭生活"，重要性最弱的子目标是"文化知识"。特殊教育专业和教育学专业教师对中度智力落后学生培养目标的重点选择上做出了有区分的选择。毕业专业为英语的培智教师在对中度智力落后学生培养目标的重点上做出的选择并无分别，也未显示出各子目标在重要性上的差异。2名英语专业毕业的教师都认为中度智力落后学生的培养目标的重点是选项中的六个方面：文化知识、体能康复、谋生技能、社会适应、品德以及家庭生活。最高学历为本科的培智教师中，对中度智力落后学生培养目标重点的选择上未做出有区分选项的是音乐和体育专业毕业的教师。其他专业例如特殊教育专业、教育学专业、汉语言文学专业及数学专业的教师都做出了有区分的选择。在对中度智力落后学生培养目标的重点选择上和大专学历教师做出的选择并无差异，都将"社会适应"这一子目标作为重要性最高的选项，仅次于这一子目标是"家庭生活"，重要性上最弱的选项为"文化知识"。

最高学历为硕士的培智教师将"谋生技能""社会适应"和"家庭生活"作为中度智力落后学生培养目标的重点。

表12—10 教师认为培养目标的重点 * 专业 * 学历交叉表

学历				专业							总计
				汉语言文学	特殊教育	教育学	英语	音乐	其他	数学	体育	
大专	中度	文化知识为主	计数	1	4	1	2	0	0			8
		体能康复为主	计数	2	8	2	2	0	1			15
		谋生技能为主	计数	2	5	3	2	0	0			12
		社会适应为主	计数	3	11	3	2	1	1			21
		品德为主	计数	2	9	2	2	0	0			14
		家庭生活为主	计数	2	9	2	2	1	1			17
		总计	计数	3	12	3	2	1	1			22

续表

学历				专业								总计
				汉语言文学	特殊教育	教育学	英语	音乐	其他	数学	体育	
本科	中度	文化知识为主	计数	3	11	2		2		2	0	20
		体能康复为主	计数	10	26	1		2		4	1	44
		谋生技能为主	计数	6	26	2		0		1	0	35
		社会适应为主	计数	12	44	1		2		4	1	64
		品德为主	计数	7	21	1		2		2	0	33
		家庭生活为主	计数	6	28	2		2		3	1	42
		总计	计数	14	48	4		2		4	1	73
硕士	中度	谋生技能为主	计数		1							1
		社会适应为主	计数		1							1
		家庭生活为主	计数		1							1
		总计	计数		1							1

比较不同学历的教师对中度智力落后学生培养目标的重点选择，我们可以得出：无论学历为大专或是本科，培智教师对中度智力落后学生培养目标的重点选择基本上是相似的，都将"社会适应"作为最重要的子目标，其次是"家庭生活"这一子目标，再次是"文化知识"这一子目标选项。各子目标的重要性排序从高到低依次为：社会适应＞家庭生活＞体能康复＞谋生技能＞品德＞文化知识。不同专业毕业的培智教师对智力落后学生培养目标的重点选择的差异较大，学历的提高会不断提升对学生特殊要求的理解，而专业的不同却使教师在教育事业上形成了高低不同的起点。

3. 重度智力落后学生培养目标的重点

表 12-11 教师认为培养目标的重点 * 专业 * 学历交叉表

学历				专业							总计
				汉语言文学	特殊教育	教育学	英语	音乐	其他	数学	体育	
大专	重度	体能康复为主	计数	3	6	2	2	1	0			14
		谋生技能为主	计数	1	2	2	2	0	0			7
		社会适应为主	计数	2	9	3	2	0	0			16
		品德为主	计数	0	5	0	0	0	0			5
		家庭生活为主	计数	2	10	1	2	1	1			17
		总计	计数	3	12	3	2	1	1			22
本科	重度	文化知识为主	计数	0	7	0		0		0	0	7
		体能康复为主	计数	11	28	2		2		2	1	46
		谋生技能为主	计数	2	12	2		0		1	0	17
		社会适应为主	计数	5	31	2		2		4	1	45
		品德为主	计数	2	15	0		2		2	0	21
		家庭生活为主	计数	10	34	2		2		3	1	52
		总计	计数	14	48	4		2		4	1	73
硕士	重度	家庭生活为主	计数		1							1
		总计	计数		1							1

由 12-11 可知：不同学历的教师认为重度智力落后学生培养目标的各子目标的重要程度稍有不同。大专学历的教师认为各子目标的重要性从高到低为：家庭生活＞社会适应＞体能康复＞谋生技能＞品德，22 名大专学历的教师中没有一名教师将"文化知识"作为重度智力落后学生培养目标的重点。本科学历的教师认为培养目标中各子目标的重要性排序为：家庭生活＞体能康复＞社会适应＞谋生技能＞品德＞文化知识。而仅有的一名硕士学历教师将"家庭生活"这一子目标作为重度智力落后学生培养目标的唯一重点。三种学历的教师都认为重度智

力落后学生培养目标的重点应将"家庭生活"摆在首位，而最不重要的一项是"文化知识"，比文化知识稍重要的是"品德"的培养。唯一不同的是大专学历的教师认为"社会适应"是仅次于重要性最高的子目标，而本科学历的教师则认为"体能康复"是仅次于"家庭生活"位置的，其他子目标的排序并无差异。

专业的不同让培智教师在做出重度智力落后学生培养目标重点的选择时所依赖的能力不同，而依表中内容分析，特殊教育学专业和教育学专业的教师在做选择时会根据学生能力和需求的真实性来做出选择，更贴合重度智力落后学生的发展需要，汉语言文学和数学专业的教师稍差一些。而音乐、英语、体育等这些专业毕业的教师掌握的特殊教育知识并不如其他专业教师深厚，所以在做选择时未能做出有区分的选择。学历的高低影响教师对专业知识和技能的把握程度，高学历教师比低学历教师更能针对学生的需求并整合各方建议，做出更专业的选择。

四、调查分析所获结果

通过调查数据的分析，我们获得如下结果：

（一）智力落后学生培养目标达成度效果处于一般水平

根据调查结果，我们可以得出智力落后学生培养目标的达成度普遍不高的结论，其中达成度最高的是轻度智力落后学生，其培养目标达成度超过了一般水平但并未达到较好标准。中度智力落后学生培养目标的达成度处于一般阶段，而智力落后水平最严重的学生的培养目标达成度处于较差阶段。轻度智力落后学生各子目标的达成状况从高至低依次为：家庭生活、品德、体质体能、社会适应、文化知识、谋生知识和技能；中度智力落后学生培养目标的各子目标的达成度从高到低依次为：良好习惯的养成、实用知识和技能、德智体的全面发展、补偿缺陷和潜能发展；重度智力落后学生培养目标的各子目标的达成度高低依次为：简单生活自理技能、良好习惯的养成、简单的人际交往能力、简单的劳动技能。

（二）达成度在地区上的比较结果与总体分析结果并无差异

将智力落后学生培养目标达成度的总体分析情况与在各地区上的分析情况做一比较，在总体情况中，轻度智力落后学生培养目标的达成度超过了一般水平但未达到较高水平。在地区比较上，山东地区达到一般水平，有子目标达到了较好水平；甘肃地区培养目标的达成度超过了一般水平；四川地区轻度智力落后学生培养目标的各子目标中有两个子目标未达到一般水平，其余四项子目标都超过了一般水平。因此我们可以得出结论：无论从整体分析的角度来看，还是将三个地区的轻度智力落后学生培养目标的达成度分别做比较，轻度智力落后学生培养目标的达成度都达到了一般水平。

从总体分析的表中我们可以得知：轻度智力落后学生培养目标各子目标的达成度最高的是"家庭生活"，达成效果最差的是"谋生知识和技能"。在三个地区的比较中，三个地区子目标达成效果最好和达成效果最差的子目标都一样，达成度最高的子目标是"家庭生活"，达成效果最差的子目标是"谋生知识和技能"。总体分析中，中度智力落后学生培养目标中达成度最高的子目标是"良好习惯的养成"，达成效果最差的是"补偿缺陷和潜能开发"；在地区上的比较结果显示，中度智力落后学生培养目标的达成度最高和最低的子目标都相同，效果最好的是"良好习惯的养成"，最差的是"补偿缺陷和潜能开发"。重度智力落后学生培养目标的各子目标在总体分析和地区比较上的结果也是一样的，达成度最高的子目标是"简单的生活自理技能"，达成效果最差的子目标是"良好习惯的养成"。

（三）教师学历、专业的差异导致对培养目标的理解不同

我们总共调查了96名培智教师，其中大专学历的教师共22名，本科学历的教师共73名，硕士学历的培智教师只有一名。这些教师的毕业专业大致可以归为以下几个：特殊教育专业、教育学专业、汉语言文学专业、英语专业、数学专业、音乐专业、体育专业等。在分析中发现，学历的高低并没有在智力落后学生培养目标重点上产生较大差别，而不同专业毕业的教师因为掌握知识的不同认为智力落后学生培养目标的重点有所不同，像音乐专业、体育专业毕业的教师在对智力落后学生培养目标重点上的选择并不能有区别、有针对地做出判断。但不同学历、不同专业教师认为的智力落后学生培养目标的重点从整体上分析的结果是：轻度智力落后学生培养目标的重点是"社会适应"和"谋生技能"以及"文化知识"三个子目标。选择人数最少的子目标是"体能康复"。中度智力落后学生培养目标重点的选择上，"社会适应"作为最重要的子目标，其次是"家庭生活"这一子目标，"文化知识"是重要性最弱的选项。各子目标的重要性排序从

高到低依次为：社会适应＞家庭生活＞体能康复＞谋生技能＞品德＞文化知识。而在重度智力落后学生培养目标的重要性的选择上，各专业的教师无论是大专学历还是本科学历，或者是硕士学历都将"家庭生活"这一字目标摆在了首要位置，将"文化知识"摆在了末尾位置。

第四章 智力落后学生培养目标达成度不高的原因分析

通过调查结果显示，智力落后学生培养目标的达成度总体而言处于一般水平，我们应该在综合考虑智力落后学生发展需要的基础上，客观分析可能造成智力落后学生培养目标达成度不高的原因。教育实践使得培养目标的实现成为可能，理想落地生根变为现实的过程中，为了使两者之间能够尽可能的契合，我们必须探究其可能会对造成培养目标不能实现的每一可能性因素，以确保教育活动能"知其所以然"，进而达到教育的理想状态。

一、培养目标自身的合理性对达成度的影响

轻度智力落后学生的培养目标的达成度超过一般水平但并未达到较高水平，各子目标的达成状况也存在差异。中度智力落后学生培养目标达成度一般，重度智力落后学生培养目标达成度较差，并且各子目标的达成度未达到均衡发展状态。智力落后学生培养目标的达成度普遍不高，我们试图从以下几个方面分析造成智力落后学生培养目标达成度不高的原因。

（一）培养目标的制定依据不统一

根据图12-1结果显示，对智力落后学生培养目标的制定标准不一，96名教师中有61名教师，占调查对象的63.54%，反映出他们所在学校培养目标的制定是由参与教学的教师共同商定，有19.79%的制定依据是通过家庭和学校共同商议之后得出的培养目标，有12.50%的培养目标是政府条例中规定的，剩余4.17%的培养目标是由学校管理人员制定。培养目标是依据国家的教育目的和各级各类学校的性质、任务提出的具体培养要求，为满足各类层次受教育者的教育需求，才有了各类学校的建立。所以学校的实现培养目标的具体场所，但培养目标是制定教学计划和课程设置的最主要的依据，也是课程内容选择和实施的依据。教师对智力落后学生培养目标的理解程度影响着培养目标的实施效果，而学校管理人员对培养目标完成状况的态度直接决定了贯彻实施的力度，家长的诉求和意见是对智力落后学生发展的期待，政府条例中规定的内容是党和国家对智力落后学生寄予的希望。

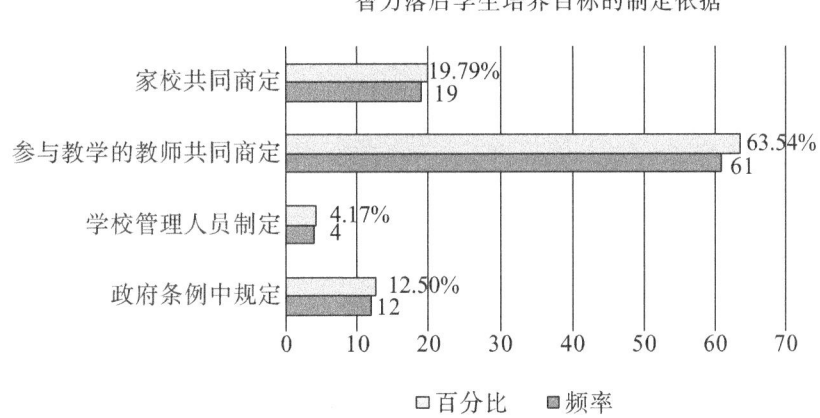

图12-1 智力落后学生培养目标制定依据

教师是具体教育活动的承担者，是连接办教育者和受教育者的中间点，他们既要执行国家有关智力落后学生培养目标的要求，又要接受教育对象和家长的诉求，因而，教师所理解的智力落后学生的培养目标和所要真正实现的智力落后学生的培养目标之间的差异决定着智力落后学生的培养目标能完成到哪一个阶段，下面我们就教师重要主体做单独分析。不同学历、不同专业，甚至不同学校毕业的培智教师掌握的教学知识和对智力落后学生的了解程度分别不一。培养目标是课程选择和实施的依据，而课程内容却受到教师水平、教学资源、学生水平以及教师的教育教学理念的影响，这两者互相影响、互相制约。水平不一的教师群体对智力落后学生培养目标的理解不尽相同，在教育活动开始之前，对培养目标的理解就已在教育者头脑中形成，这一头脑中的表象概念引发了不同教师讲授不同的课程内容，来使自己理解的培养目标得以实现。教师的教育理念、教学能力以及专业知识的不同造成了对智力落后学生培养目标的不同理解，因而导致了培养目标完成效果千差万别。

不同的智力落后学生的培养，需制定出不一样的培养目标。培养目标在教师头脑中经过加工，这一加工过程受教师自身专业知识、教学能力以及教育教学理念的影响。不同的教师就算是对同一培养目标的理解，也是有差别的。所以，在制定关于智力落后学生的培养目标时，首先要确定统一的培养目标。这对智力落后学生培养目标达成度的提高有至关重要的作用。

(二) 培养目标在具体化的实施过程中无统一执行标准

1. 教师认为的智力落后学生培养目标的重点

(1) 通过表12-12我们可以看出：教师认为轻度智力落后学生的培养目标重点应该突出"社会适应"能力的培养，排在次要位置的是"文化知识"的学习和"谋生技能"的获得。之后是"品德"的培养和"家庭生活"能力的培养，而"体能康复"这一子目标在教师看来是最不重要的一个子目标。从这两项中比较发现，在实际教学中，"家庭生活""品德"以及"体质、体能"这三个子目标较之于其他三个子目标，达成度是比较高的，而作为教学活动的主体的教师则认为应将"社会适应""文化知识"以及"谋生技能"作为智力落后学生培养目标的重点加以重视。通过比较这两项得出的"应然"（以某种条文形式加以规定的）的培养目标和"实然"（实际中经过个体加工和理解的）的培养目标之间存在着一定的差异。

表 12-12　教师认为轻度智力落后学生培养目标的重点

		响应		个案百分比
		N	百分比	
轻度	以文化知识为主	77	18.38%	80.21%
	以体能康复为主	53	12.65%	55.21%
	以谋生技能为主	77	18.38%	80.21%
	以社会适应为主	87	20.76%	90.63%
	以品德为主	63	15.04%	65.63%
	以家庭生活为主	62	14.79%	64.58%
	总计	419	100.0%	436.47%

（2）通过表 12-13 可以得知：教师认为中度智力落后学生的培养应以"社会适应"为最重要的目标，继而是学习能进行正常"家庭生活"所需要的知识和能力。教师认为对于中度智力落后学生而言"文化知识"的学习和获得是可以放在培养目标各子目标中的末尾位置的。

表 12-13　教师认为中度智力落后学生培养目标的重点

		响应		个案百分比
		N	百分比	
中度	以文化知识为主	28	8.54%	29.17%
	以体能康复为主	59	17.99%	61.46%
	以谋生技能为主	48	14.63%	50.00%
	以社会适应为主	86	26.22%	89.58%
	以品德为主	47	14.33%	48.96%
	以家庭生活为主	60	18.29%	62.50%
	总计	328	100.0%	341.67%

《中度智力残疾学生教育训练纲要（试行）》中规定了中度智力落后学生的培养目标，根据中度智力落后学生的身心特点，为其制定偏重生活处理、重社会适应的培养目标。但教师理解的实然的培养目标却与这一应然的培养目标存在着差异。教育是有目的的，但由于每一位参与教育活动的成员在实施教育活动时，受生活环境、社会机制、价值观念、人生态度等众多因素的影响，产生了各自不同

的理解，这一理解反映在学生培养的结果上当然也是有差异的。

（3）由表 12-14 可以得知：教师认为重度智力落后学生培养目标应将"家庭生活"这一子目标摆在首要位置，其次是"社会适应"这一子目标，排在末尾位置的子目标是"文化知识"的学习。

表 12-14 教师认为重度智力落后学生培养目标的重点

		响应		个案百分比
		N	百分比	
重度	以文化知识为主	7	2.83%	7.29%
	以体能康复为主	60	24.19%	62.50%
	以谋生技能为主	24	9.68%	25.00%
	以社会适应为主	61	24.60%	63.54%
	以品德为主	26	10.48%	27.08%
	以家庭生活为主	70	28.23%	72.92%
	总计	248	100.0%	258.33%

重度智力落后学生缺乏言语能力，动作发展缓慢，交往能力极差，感知觉运动有障碍，基本上没有意志活动，情绪反应极原始。[①] 因此根据重度智力落后学生的能力特点，将其培养目标都制定为简单能力的学习。部分重度智力落后儿童能学习说话和交往，也可以训练一些极有限的自我护理能力，如刷牙、洗脸等，但不能学习文化知识，而可以得益于习惯的训练。[②] 重度智力落后学生培养目标的各子目标的达成情况和教师认为的重度智力落后学生培养目标的重点相比较，比较结果相差不大。教师认为"家庭生活"和"社会适应"是重度智力落后学生培养的重要目标，实际教学中，我们可以将"生活自理技能"和"良好习惯的养成"认为是家庭生活和社会适应所需要的能力基础，而这两项子目标在对中度智力落后学生教学的过程中完成效果较之于其他两项子目标而言是较好的。

[①] 王辉：《培智学校现行培养目标和课程问题的探析》，《中国特殊教育》，2003 年第 2 期，第 35—40 页。
[②] 赵树铎著：《特殊教育课程与教学法》，华夏出版社 1994 年版，第 139 页。

2. 家长认为的智力落后学生培养的重点

表12-15 家长认为智力落后学生培养目标的重点

			培养目标重点						共计
			文化知识	体能康复	谋生技能	社会适应	品德	家庭生活	
障碍类型	轻度	计数	10	10	10	11	8	5	12
	中度	计数	22	19	17	25	17	15	26
	重度	计数	8	9	9	12	6	12	13
	计数		40	38	36	48	31	32	51

通过表12-15可以看出：无论是轻度、中度还是重度智力落后学生，其家长最希望他们能获得适应社会的能力。轻度智力落后学生的家长除了希望将社会适应作为培养的重点外，还希望学校重视对孩子文化知识、体能康复和谋生技能的传授，这类学生的家长将家庭生活能力的培养放到了最不受重视的末尾位置；中度智力落后学生的家长希望孩子能获得必要的文化知识，进而重视对孩子的体能康复，家庭生活同样被放在了最后的位置；重度智力落后学生的家长希望学校能重视对孩子社会适应和家庭生活能力的培养，但却忽略了品德的重要性。

通过将教师和家长为智力落后学生制定的培养目标的重点相比较，教师和家长都将"社会适应"放在最重要的地位。除此之外，教师认为对智力落后学生的培养目标还应重视"谋生知识与技能"以及"家庭生活"所需的知识和能力；但家长则认为应重视"文化知识"和"体能康复"的培养。培养目标确定后，影响目标达成度的就是所需要的各种条件，这些条件包括教学资源、教师自身、家长期待及学校理念等因素。在落实教育的每一个环节上都存在着原目标与培养目标之间的差异，然而关于培养目标的实施环节以及每个环节上可能发生的问题及解决方法却很少有指导建议。培养目标落实的过程就是一个理想模式被具体化的过程，在具体化的环节中，执行者的主观意愿各有不同，且越具体越细化，分歧就更严重，这就需要为培养目标的实施制定具体的执行标准，让每个层次的执行者有据可依、有理可循，尽可能地减少分歧的产生，避免出现因执行者经过自身过多的加工而造成各类培养子目标的达成情况不一，尽可能做到从全面发展的角度提升智力落后学生培养目标的达成度。

二、学校对培养目标达成度的影响

在探讨学校对智力落后学生培养目标达成度有何影响的过程中，我们将学校所能产生的影响分三类：学校软实力——教师；学校硬实力——环境设施；学校管理的合理性和有效性，来逐一分析这些因素是否会影响培养目标的达成度。

（一）教师作为执行者对培养目标达成度的影响

教师是教学活动的实施者，是具有主观能动性的人，往往会出现实然与应然的冲突，在教育活动中总是涉及一定的目的和培养目标，所谓培养目标的达成度不高实质上是应然的培养目标被实然的培养目标而取代。实然的培养目标实际上是一所学校中所有教师对培养目标的理解的综合体现。而培养目标越加具体，具体化阶段越向下，实然的培养目标与应然的培养目标的分歧就越大，最大的分歧是在教师这一具有主观能动性的人的上面，或因专业、学历的不同，或者因为教育理念的不同。总之，教师是智力落后学生培养目标能否实现的关键。

教师是实施具体教育活动的承担者，是办教育者和受教育者的连接点：教师既要执行国家对智力落后学生教育目标，又要考虑受教育者的学习能力和发展需要。教师心目中的培养目标和国家所规定的教育目标之间的差异程度决定着智力落后学生培养目标最终在多大程度上能实现。

表 12－16　教师的学历、专业、地区信息表

地区				专业								总计
				汉语言文学	数学	特殊教育	教育学	英语	音乐	体育	其他	
甘肃	学历	大专	计数	3	0	1	0	1	0			5
		本科	计数	5	3	14	2	0	1			25
	总计		计数	8	3	15	2	1	1			30
山东	学历	大专	计数	0		1	1			0		2
		本科	计数	4		22	1			1		28
	总计		计数	4		23	2			1		30

续表

地区				专业								总计
				汉语言文学	数学	特殊教育	教育学	英语	音乐	体育	其他	
四川	学历	大专	计数	0	0	10	2	1	1		1	15
		本科	计数	5	1	12	1	0	1		0	20
		硕士	计数	0	0	1	0	0	0		0	1
	总计		计数	5	1	23	3	1	2		1	36

表12—16为所调查的96名培智教师的学历、专业及地区的分析表,甘肃地区大专学历的教师共5名,本科学历的教师25名。从专业对口的角度来看,甘肃地区特殊教育专业毕业的教师一共15名,占甘肃地区被调查教师总数的50.00%。山东地区大专学历的教师共4名,本科学历的教师共28名,特殊教育专业毕业的教师有23名,在山东地区所调查的教师中占比例71.88%。四川地区的大专学历的教师共15名,本科学历的教师共20名,硕士学历的教师仅一名,特殊教育专业毕业的教师有23名,特殊教育专业毕业的教师占四川地区被调查教师总数的63.9%。

1. 教师学历对培养目标达成度的影响

从第三章的分析中我们得知,教师学历的高低会影响到教师对智力落后学生的专业判断,有高等教育经历的教师经过了系统的、专业的学习,在专业知识、专业理念和专业能力方面都显示出更高的水准。经历过师范院校中的学习,教师得到了教育理论知识、教学技能的学习培养,也树立了现代教育观念,所以在对智力落后学生培养目标的理解和把握上更能结合自己专业的思考,给予智力落后学生专业的发展建议和专业的内容传授。因此高学历教师通过贡献自己的专业能力,比学历低的教师在提升智力落后学生培养目标达成度上发挥着更大的作用。有研究的结论与此一致:高等教育经历在教师专业知识方面的发展具有较为显著的影响。接受过高等教育的教师和接受程度高的教师,相比于没有接受高等教育和接受程度较低的教师,在专业知识发展上面,有着显著的差异,接受较高程度高等教育的教师明显在这些方面占优势。①

2. 教师专业对培养目标达成度的影响

担任智力落后学生教学任务的教师的专业不同，会在对智力落后学生培养目标的制定以及实施过程中重点的区分程度不同。在对智力落后学生培养目的重点的选择中，教师专业不同做出的选择也不同，像音乐、英语、体育专业毕业的教师关于智力落后学生教育的知识几乎没有，所以在授课的过程中，很难有针对性的区分各类智力落后学生的特点。做到有针对、有差异的兼顾到每位学生的发展。这些专业的教师在选择培养目标的重点时基本上将列出的选项都作为重点，而特殊教育学专业毕业的教师会依据自己的专业知识和技能，结合智力落后学生的身心特点，更能有针对性、有区别地做出选择。

表 12-17 教师所具有的知识结构与专业的分析表

			专业								总计
			汉语言文学	数学	特殊教育	教育学	英语	音乐	体育	其他	
知识结构	教育学知识	计数	6	3	25	4	0	0	1	0	39
	心理学知识	计数	6	1	15	3	0	0	0	0	25
	特殊教育知识	计数	9	2	53	3	0	0	0	0	67
	所任科目知识	计数	8	3	16	4	2	3	1	1	36
总计		计数	17	4	61	7	2	3	1	1	96

表 12-17 是有关不同专业教师所具有的知识结构的分析结果，英语、音乐、体育和其他相关专业的教师中，没有一人的知识结构较好地掌握了心理学知识和特殊教育的知识，这几个专业的 7 名教师中只有一名体育专业的教师较好地掌握了教育学的知识，这些教师的知识结构中最丰富的是自己所任科目的知识。学生

---

① 丁宁：《乡村中小学教师的高等教育经历及其对专业发展的影响——以山东省部分地区的调查为例》，华东师范大学硕士学位论文，2012 年 4 月。

的成长需要遵循学生身心发展的特点与规律,根据学生的特点和需要开设课程、实施教学,满足学生发展的多样化要求,完成其培养目标。但教师缺少教育学、心理学等专业知识,就不能根据学生的需求和能力开设课程,其教学过程只是一味地不顾学生掌握情况的填鸭。特殊教育专业的教师和普通教育专业的教师掌握的教育学知识、心理学知识和特殊教育的知识都较为丰富,这就为促进智力落后学生的发展以及培养目标的达成起到提升作用。

担任教学任务的培智教师的学历和专业都会对培养目标的达成产生影响,学历低且不是特殊教育相关专业的教师对培养目标的完成效果并不能起到正向的推进作用,而具有高学历且经过特殊教育相关专业学习的教师才能运用自己所学,结合对智力落后学生身心特点的掌握,抵对应然的培养目标的理解偏差,更好地提升智力落后学生培养目标的达成度。

(二)学校硬件设施能否满足智力落后学生培养目标达成的条件

根据图12-2中显示的情况来看,有41.67%的教师认为学校的硬件难以达到实现智力落后学生培养目标的条件。这些硬件设施中包括专用教室、康复设备、图书资源、校舍资源等。而有研究发现:学校如若能建立比较完善的支持系统,特殊学生的发展就会得到很好的发展。① 因而,学校硬件设施的不完善也是造成智力落后学生培养目标达成度不高的原因。

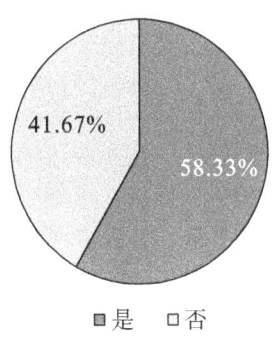

图12-2 学校支持系统能否满足培养目标实现

---

① 罗乐:《脑瘫学生学校适应与学校支持系统有效指标研究》,重庆师范大学硕士学位论文,2011年4月。

(三) 学校的管理对培养目标达成度的影响

图 12-3 可知，在所调查的教师中有 85.41%的人认为学校管理者的有效意见会对智力落后学生培养目标的完成起促进作用。在学校里，教师对管理者的行为是比较关注的，管理者的管理理念往往随时随地发生在教师身上，对教师的工作态度及行为影响较大。[①] 学校管理的不恰当，将对教师的工作态度造成不良的影响，这就让培养目标成为空谈。学校不恰当的管理可能有以下影响：①学校管理层不能合理的安排教师工作，使得工作任务与教师能力难以匹配，不仅使得任务难以完成，还可能增加教师的挫败感，导致工作积极性的减弱。②学校管理者不能公平对待所有教师，在用人时，以个人喜好为标准，不按正常的程序和标准对待所有教师。当教师遭遇不公平待遇时，极易降低教师对学校的认同和对组织的归属感。③如果学校管理层对学校的发展定位和学校发展理念与教师的教育理念相违背时，教师就会造成工作的困惑，难以保证对人才培养目标的达成。学校只有采取合理的管理方式，提高管理的有效性才能增强教师的满意度，调动教师的积极性，挖掘教师的潜能，最终才能在教师这一执行者层面上达到培养目标的贴合，满足学校发展定位的需要和学生发展的需要，切实有效的促进培养目标的达成。

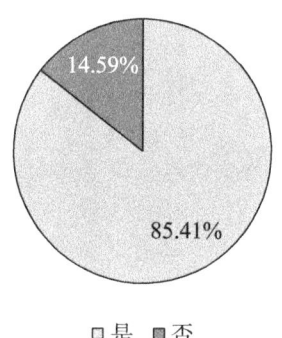

图 12-3 学校的有效管理是否对培养目标的完成起促进作用

[①] 赵成刚：《学校管理者管理行为有效性研究》，内蒙古师范大学硕士学位论文，2017 年 6 月。

三、家长对智力落后学生培养目标达成度的影响

（一）家长参与度对培养目标达成度的影响

表 12—18　家长参与度

		教师认为		家长认为	
		频率	百分比	频率	百分比
参与度	高	28	29.17%	18	35.29%
	低	37	38.54%	10	19.61%
	不高不低	31	32.29%	23	45.10%
	共计	96	100%	51	100%

家校合作是智力落后学生家庭教育与学校教育成为一体的过程，不仅表现为两者在培养目标上的一致，而且表现在家庭全方位的支持学校教育工作。[①] 根据表 12—18 显示，无论是家长直接反映出来的参与度，还是教师间接反映家长的参与度都不高。实际中家长在智力落后学生的教育过程中的参与度不高，仅 29.16% 的教师认为家长在智力落后学生的教育过程中的参与度较高，有 35.29% 的家长认为自己参与度高。部分家长持有正确的家校合作观念，不过在具体的实践层面，在智力落后学生培养目标的达成过程中，家长贡献的力量远远不够。家庭是学生成长的重要环境，它奠定了学校教育的基础。教育是一个系统工程，家庭则是这个系统的重要组成部分。

（二）家长自身能力对培养目标达成度的影响

为了在家庭中更好地对智力落后学生进行教育，配合教师提高孩子培养目标达成度，通过调查发现：家长在以下六个方面显示出需要帮助和指导，包括孩子的身心发展状况、专业人员的指导、处理问题和辅导学习的技巧、亲友的接纳以

---

① 王苗苗：《智力障碍儿童家校合作现状及影响因素研究》，西南大学硕士学位论文，2013年4月。

及资助孩子的费用。

表 12—19 家长所需的帮助

		响应		个案百分比
		N	百分比	
家长所需的帮助	子女目前的身心状况	33	16.02%	64.71%
	专业人员的指导	40	19.42%	78.43%
	处理孩子行为问题的技巧	43	20.87%	84.31%
	辅导学习的技巧	39	18.93%	76.47%
	亲友的接纳和鼓励	20	9.71%	39.22%
	资助孩子的费用	31	15.05%	60.78%

从表12—19可以看出：家长最期待得到的帮助按照需要程度从高到低依次为：处理孩子行为问题的技巧、专业人员的指导、辅导学习的技巧、子女目前的身心状况、资助孩子的费用、亲友的接纳和鼓励。从这些方面我们可以看出，大多数家长缺乏对专业知识的理解以及教育方法的掌握，这些能力的欠缺使得学生在回到家庭后，不能很好地将在学校中所学的知识进行练习、巩固，造成了学生学习效果不佳的结果。家庭是学生重要的学习场所，如若家长能掌握智力落后学生学习的特点，针对孩子自身的能力为其在家庭中设置恰当的练习项目，这就很好地锻炼了学生的家庭生活能力，也是对家庭生活这一培养目标的提高。而大多数家长都缺乏专业的知识和技能来对学生进行训练和辅导，导致学生在家庭中受教育和得到提升可能性较低。

四、政府对培养目标达成度的影响

学校作为实施教育活动的主要实体，是否具备能够独立的承担智力落后学生培养目标实现的能力，这有待我们去验证。图12—4是培养目标的制定和实现逻辑，从图中我们可以看到，国家教育目的的形成主要受国家意识形态、对社会发展的综合认识，以及对教育理论的认识等因素的影响。学校对学生的培养目标是在家长教育需求、社会需求和学校自身的教育理念的共同影响下形成的。教育作为一项特殊的社会活动，有其自身发展的规律，功能和价值与其他社会活动有着明显区别。教育活动离不开政治、经济、文化等，它的进行要受到这些方面的影响与制约，但遵循教育规律、按照教育宗旨开展教学活动是教育更深层次的逻辑和原则，培养目标的确立及实现也不能违背这一规律。① 在智力落后学生培养目的实现过程中，政府、社会群体、学校、家长、教师都应在智力落后学生培养目标的实现这一任务中发挥自己的作用。因此，仅学校是不足以完成智力落后学生培养目标实现这一任务的，只有这些实体之间互相配合才能切实、有效地提升智力落后学生培养目标达成度。

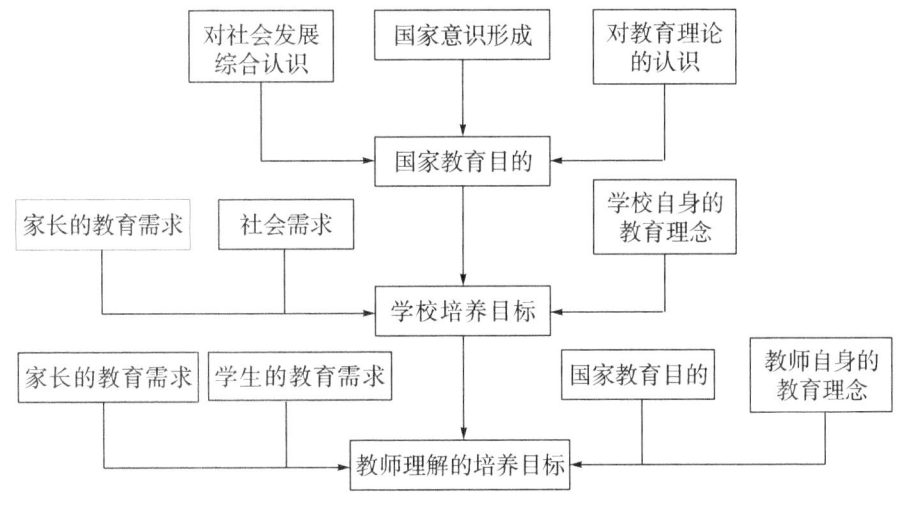

图 12—4 培养目标的制定和实现逻辑图

政府作为人民群众的管理者和带领者，有义务承担智力落后学生的培养任务，更有能力担任智力落后学生培养目标的教育任务，政府对智力落后学生培养发挥的作用虽不能像学校和教师一样产生直接的影响，但学校和教师在对智力落后学生进行教育的过程中却离不开政府的支持，独立教学。政府为学校教育的开展提供了政策保障，这是任何教育机构都无法取代的权利，因此政府在智力落后学生培养目标的达成过程中起着重要且不可取代的作用。政府对智力落后学生的教育问题的关注可直接提升学校和社会教育机构对智力落后学生的重视；政府的

---

① 钱兵：《困惑及思考：教育目的的实现逻辑》，《教育导刊》，2014年第12期，第6—9页。

宣传可以有效地呼吁社会群众对智力落后学生的关爱、支持和接纳；政府拨给培养智力落后学生的经费可以建设良好的受教育环境和优质师资队伍。从政府在智力落后学生教育中发挥的种种作用来看，政府对智力落后学生培养目标的达成有着极大的影响。

第五章　提高智力落后学生培养目标达成度的对策

通过对智力落后学生培养目标达成现状的分析，得出培养目标自身、教师、学校环境设施和管理、家长、政府这六个方面的不协调是造成智力落后学生培养目标达成度不高的原因所在，下面是为提高智力落后学生培养目标达成度的对策，希冀能为培养目标的达成有所作用。

一、为各类智力落后学生制定确实、可行的培养目标

各类智力落后学生培养目标本身的合理性是实施教学的基本前提，反思培养目标的合理性至关重要。教育理论本身的追求决定了培养目标必然超越现实。培养目标是教育目的的具体化，它存在的根本目的就是为了指导、改进教育实践。因此，它必然要求自身要保持较高的水平，超越日常的教育实践活动，针对实实在在的教育问题提出较高水平的培养目标构想。但是培养目标是为指导、改进教育实践而存在的，必然要密切联系教育实践，这一追求又决定了培养目标必须贴近现实。问题就在于，需要贴近实际的培养目标并没有真正地贴近教育实际，这

主要表现在培养目标的具体化方面。

我国没有将统一的教育目的具体化为不同层级不同类型学校培养目标的明确规定[①]。理论上对"培养目标"有过界定，认为教育培养目标是指不同性质的学校以及不同层次的学校在国家教育目的指引下，根据各自不同的需求和任务而制定的较为具体的培养目标[②]。但是，实际上我国对不同层次特殊教育学校的培养目标并无明文规定，仅是在1984年国家教委颁布《全日制弱智学校（班）教学计划》（征求意见稿）、1997国家教委制定的《中度智力残疾学生教育训练纲要》、2006年教育部颁发的《培智学校课程设置实验方案》中，将对智力落后学生培养目标的具体描述以方案或纲要的形式列了出来，但这抽象化的语言描述大多是在规定国家对智力落后学生培养要求的价值取向，在具体的要求和操作上未能起到指导性作用。这样就为学校和教师在执行这一任务的过程中增添了许多不确定因素。

培养目标的制定是一个不断具体化的过程，"必须要考虑到社会条件和个人经验，考虑到社会的努力和计划，并考虑到受教育者的目的、需要和抱负"[③]。在制定智力落后学生培养目标的过程中，既要考虑国家的要求、又要结合社会需求和学生个人发展的需要，制定出科学化、阶段化、具体化的培养目标。教育部门制定具体的培养目标，横向包含轻、中、重度智力落后学生具体的目标，纵向囊括从义务教育阶段到高中乃至高等教育阶段的培养目标，使得各类教育机构都有理可据，在结合学生情况和学校发展的基础上制定合理的教学计划，从而不盲目、有依据、有效果地开展教学。

要想让智力落后学生"实然"的培养目标达到"应然"的培养目标，首先就应该让"应然"的培养目标树立更明确的航标，才能在实践的过程中清晰、准确地沿着这一指引前进，以确保效果更好，效率最佳的做到实然与应然的无差异贴合，才能更好地保证智力落后学生培养目标的实施效果，提升智力落后学生培养目标的达成度。

---

① 冯海燕：《影响我国教育目的实现的原因分析》，《天中学刊》，2014第3期，第127—129页。
② 方建锋：《论影响我国教育目的实现的主要原因》，华东师范大学博士学位论文，2001年4月。
③ S. M. McMurrin, "Goals of Education: Overview", In L. C. Deighton, (Ed.), *The Encyclopedia of Education*, Vol. 4, 1971.

二、加强培智师资队伍建设

(一) 优化师资队伍结构

教师的专业和学历会对智力落后学生培养目标的达成度造成不同程度的影响,学历在教师专业知识方面的发展具有较为显著的影响。接受过高等教育的教师和接受教育程度高的教师,相比于没有接受高等教育和接受教育程度较低的教师,在专业知识发展上面,有着显著的差异,接受较高程度高等教育的教师明显在这些方面占优势。而专业之间的差异决定着教师是否能够结合智力落后学生的身心特点,有针对性、有区别地做出选择。

为了达到生涯教育的目标,我们应该优化培智教育的教师队伍,招纳更多的专业型人才担任智力落后学生的教育工作。鼓励教师主动提升学历,主动拓展专业知识和技能。在未来教师队伍的建设中,注重对专业教师的培养和对非专业教师的培训,专业的特殊教育教师经历过系统、专业的学校教育并取得从事特殊教育工作的相应资格,他们具备更多的特殊教育知识和技能,是推动学生发展的主要力量。而非专业的培智教师却能帮助智力落后学生实现全面发展,但应该提升非专业教师对特殊教育知识和教育方法的掌握,提升非专业教师对智力落后学生心理特点和生理发育特点的掌握。这样在优化师资结构的基础上,才能更好地让担任智力落后学生教学任务的教师能更准确地理解学校的培养目标,结合自身能力,提升智力落后学生培养目标的达成度。

(二) 加强培智教师的教育培训

培智教师自身素质的高低直接影响着智力落后学生课堂教学的效果。培智教师在智力落后学生成长的过程中扮演着多种角色:既是知识的传播者、生活技能的提供者,又是心理辅导者、职业规划者。特校应针对智力落后学生身心发展的特点,结合学生的需要和老师现有的能力,着重在专业意识、理论修养以及实践技能三方面对教师进行培训,逐步建成专门化、专业化、专家化的就业指导教师队伍,当然这一高质量师资队伍的建设离不开政府经费的支持。效率高、专业性强的工作不仅可以促进培智教师的专业发展,加强教师对专业知识和专业技能的掌握,也可以帮助教师获取有效的教学方法以提升智力落后学生培养目标的达成度。

(三) 教师要精选教学内容

在针对轻、中、重度智力落后学生设置适合的教学中，教师应根据不同学生的不同目标挑选优质内容。根据轻度智力落后儿童身心发展的特点和培养目标，对其采取围绕生活处理、适应社会进行综合性的生活单元教学内容，可增添职业技能训练，这些技能应是适合地方需要的简单技能，以最大限度地保证其今后的就业、自立需要。通过大综合的教学，将音、体、美、手工、游戏等融为一体，根据不同的年龄阶段进行适合其身心特点的不同形式、方法的训练，同时对其进行美的熏陶、教育，让同学们愉快地去活动、学习、训练，以得到最大程度的康复，身心得到全面的发展。中度智力落后儿童的教学内容，同样可分为三部分：一是生活单元设计；二是对中度智力落后儿童的身心缺陷的康复和潜能的开发，也可采用大综合的形式；三是职业技能内容，教给中度智力落后儿童一些最简单的、机械重复的、不涉及文化知识的又是当地比较需要的职业技能，为其以后可能的就业创造条件。对于重度智力落后儿童，在其培养目标中没有文化知识或读写训练的要求，只要求对其进行最简单的生活处理技能和交往能力的培养。因此，根据其身心发展特点和培养目标，可将对他们的教学从两方面入手：一方面是生活单元的综合教学，只安排生活处理和交往的内容供其训练；另一方面是身体缺陷的康复训练。

三、完善学校的硬件设施

在教学活动中，影响教师教和学生学的一切内外条件共同构成一定的教学环境，是学校一切教学活动所必需的各种条件的综合[1]。北京师范大学教授毛振明指出体育教学环境是在体育教学过程中影响"教"和"学"的条件的综合，主要包括制度、集体、氛围、物质等方面的条件[2]。良好的体育教学环境是有效开展

---

[1] 万群：《漳州城乡初级中学体育课程运动领域目标的达成度及影响因素研究》，漳州师范学院硕士学位论文，2012年6月。

[2] 毛振明著：《体育教学论》，北京：高等教育出版社2009年版，第312页。

体育教学的前提,是教学活动顺利进行的基本保证。国家和政府应注重特殊教育学校的硬件设施的完善,提供经费让特殊教育学校建立校舍、增添图书资料、购置康复及训练所需设备等,为智力落后学生的学习营造一个良好的环境,激发学生的学习兴趣,为教师教学工作、学生学习和生活提供帮助。

(一)基础设施和普通教室是必不可少的

对智力落后学生进行教育的目的是让智力落后学生在通过学校教育后身心各方面都能得到发展,所以对智力落后学生进行教育时,必定需要教学的各要素发挥作用。校园环境和教室设置是学生在学校中生活和学习的地方,教室、图书资源、运动场等基础建设的完善是为智力落后学生进行教育所要做的必不可少的工作。完善的设施和舒适的环境不仅可以带给智力落后学生受教育的便利性,也可以提高教师工作的愉悦度和学生学习、生活的舒适度。

(二)添设功能教室满足学生多元发展的需要

专业的诊断、评估教室可以在对学生进行教育之前有一个准确的判断,准确掌握学生能力和发展水平;康复训练教室对学生进行必要的训练,弥补其生理的缺陷;游戏治疗室可以在做游戏的过程中训练学生的肢体协调能力和反应能力;在多感官教室中可以借助设备让学生的各感官都能得到训练等。这些功能教室在智力落后学生的教育中发挥着重要的作用,在仪器的辅助下让学生各类能力都能得到发展。

四、学校实行有效、合理、公平的管理

(一)科学合理地确立智力落后学生的培养目标

学校在为智力落后学生制定培养目标的同时,应根据学校的办学层次和办学理念,结合其自身的办学特色,在满足学生教育需求的基础上,还要判断学校的硬件设施(如康复器材是否能满足智力落后学生体能康复这一目标的要求)、师资是否能胜任智力落后学生的教学任务,如若不能是否可以通过派教师接受培训,以获取这种能力等。学校在对智力落后学生培养目标制定的过程中,应结合多方面的思考合理地制定,不能千篇一律的参照教育部规定的人才培养目标。

（二）管理者应公平合理地进行工作安排

在了解教师专业和能力的基础上为其安排与能力相当的工作，避免因人情而对某些教师有所包容，使得工作安排得不合理。在教师的考核制度中，重科研、轻教学，会降低教师对教学的积极性。此外，由于教学的复杂性，对于教师的考核标准应该多元化，而不是硬性、唯一的指标。这就要求学校在革新教师考核制度时，让教师参与其中，减少行政的干预。总之，管理者合理、公平的安排不仅能激发教师工作的积极性，增强对学校组织的认同感和归属感，还能有效地提升教师的教学效率，提升智力落后学生培养目标的达成度。

五、给予家长专业指导，提高家长参与度

教育是一个系统工程，家庭则是这个系统的重要组成部分。通过家庭来影响人们参与体育活动，从而提高整个社会健康水平。[①] 生态学模式把特殊儿童的"特殊性"理解为儿童以极其复杂的方式与环境相互影响、相互作用的结果，注重儿童行为和社会环境的交互作用，从家庭、学校、社区、社会等多个维度去了解、分析儿童生活的环境。[②] 有研究在分析影响学生的意识与行为的因素中提到家庭的居住环境、经济收入情况、家长的文化程度及家长的参与态度都是影响学生学习意识与行为的因素。[③] 家长在智力落后学生的教育中担任着重要的角色，提升家长的专业技能和参与度意义重大。

（一）给予家长专业指导

教师给予家长专业指导，主要帮助家长以专业的目光去看待学生，以及在家庭中进行专业训练的技能。教师要与家长经常性保持联系，及时理解家长困惑、及时给予帮助。对于某些不配合的家长，要积极主动了解家长在家庭教育中的心态，帮助家长改善不正确的教养观念与方式。另外教师要树立服务观念，学习从

[①] 卢元镇主编：《社会体育导论》，北京：高等教育出版社2004年版，第103页。
[②] 王苗苗：《智力障碍儿童家校合作现状及影响因素研究》，西南大学硕士学位论文，2013年4月。
[③] 万群：《漳州城乡初级中学体育课程运动领域目标的达成度及影响因素研究》，漳州师范学院硕士学位论文，2012年6月。

一种服务者的角度考虑家长的希望和需求，为家长提供服务，及时解答家长在教育孩子中出现的问题，家长校访时给家长提供宽松的环境等。

（二）提升家长参与的积极性

家校合作教学的过程中，家长如若能积极地参与到对智力落后学生的教学中，也能促进孩子的发展。首先，家长应转变把孩子送到学校是混日子等错误观念，要相信智力落后学生是具有发展的可能性的，只要对孩子进行适合的教育训练可以提高他们适应社会的能力。其次，家长要正确认识孩子，根据孩子的障碍程度和特点有针对性的教育，不能以学习作为衡量孩子进步的标准。家长可以尝试性的校访，积极参加家长委员会等一些家校活动。在教师允许范围内，参与一些班级的教学活动，积极联系教师，当孩子出现问题时主动与教师沟通交流。最后，家长应与教师建立互相尊重的平等合作关系，双方互相信任、互相合作，在教师的教育下学生能收获成长，在家长的教导下，孩子也能取得进步，这是家校合作中对智力落后学生的教育发挥的最好的影响。教师应鼓励和指导家长参与到教学中来，家长也应主动地参与到教学中去，家校合作才能在智力落后学生的教育过程中各司其职、各尽其能，共同促进学生的发展。

六、政府发挥作用以促培养目标的达成

（一）政府和学校共担学生培养之责

我们经常所提及的教育是指学校教育，"即根据一定的社会要求和受教育者大发展的需要，有目的、有计划、有组织地对受教育者施加影响，以培养一定社会（或阶级）所需要的人的活动"。[①] 如果将学校教育作为一种活动，那么它所涉及的参与主体将涵盖国家/政府（以国家课程来体现）、学校/教师（以教学来体现）、受教育者（以自己的学习活动来体现）、家庭/家长（以对子女的影响来体现）以及社会因素（以对课程的影响来体现）等方面。[②] 这是实体大致可以分

[①] 厉以贤：《教育方针的内涵与表达》，《中国教育学刊》，1991第2期，第15—19页。
[②] 方建峰：《论影响我国教育目的实现的主要原因》，华东师范大学博士学位论文，2001年4月。

为办教育方、教育实施方和受教育方三类。国家和政府、学校和教师、家长和学生,以及社会群体参与教学活动的主体在完成智力落后学生培养目标的过程中各司其职,协调发展,共同承担智力落后学生培养目标完成这一教育任务。

(二)给予充足的财政支持

政府应加大对智力落后学生教育的资助,拨给学校经费建设校园环境、教育康复所需的设备和对教师专业化发展的投资。如此才能为智力落后学生培养目标的达成提供一个良好的条件,社会的接纳和包容能促进学生社会适应目标的达成,也能为其提供锻炼谋生知识和技能的机会。经费的投入使得学校能建设更专业的教育和康复环境,帮助学生知识和体能的发展,经费的投入也能促进对教师队伍优质化和专业化的建设,促进智力落后学生培养目标的全面发展。

(三)倡导社会营造"全纳"氛围

作为具有管理和号召效应的机构,政府首先应提高对智力落后学生教育的重视,这不仅是为了智力落后学生自身的发展和进步,也是为社会的文明进步做贡献。再者,政府应发挥自己的宣传优势,提倡社会群体参与到对智力落后学生的培养和教育中去,关爱智力落后学生的发展,最重要的是呼吁整个社会去接纳他们、包容他们,营造一个温暖、开放的环境,来帮助智力落后学生融入社会,适应社会。

结　语

通过调查分析,我们得出以下结论:智力落后学生培养目标的达成度总体情况为一般,各类智力落后学生培养目标的达成度处于不均衡状态,轻度智力落后学生培养目标的达成度超过了一般水平,中度智力落后学生培养目标的达成度达到了一般水平，而重度智力落后学生培养目标的达成度较差，并且各类智力落后学生培养目标各子目标的达成度不均衡。影响智力落后学生培养目标的达成因素，从学校层面来看，原因有三个：师资队伍是否专业、学校硬件设备是否完备、学校管理是否合理。教师的学历和专业会影响对智力落后学生培养目标的理解，专业性强、学历高的教师更能准确地理解智力落后学生的培养目标，且理解的差异较小，这就使得实践中的培养目标更能贴合国家和学校对智力落后学生培养目标的要求；学校硬件设施的不完善也对智力落后学生培养目标的完成造成了消极的影响；学校能否公平、合理地安排教师工作，关系到教师能否为智力落后学生设置促进其发展的课程、能否有效地促进智力落后学生培养目标的完成；家庭作为智力落后学生第一个和重要的生活和学习的场所，家长能参与对智力落后学生的教育，和教师向着共同的培养目标贡献自己的力量，也能很好地促进智力落后学生培养目标的达成度；而政府的宣传效应和重视程度，以及经费的支持也能很好地为智力落后学生的教育提供支持，也是可以促进培养目标的达成度。

就目前已有的研究成果来看，我国已有的对智力落后学生培养目标的研究几乎空白，因为智力落后学生自身的特殊性，其认知能力和语言表达能力不足以完成对抽象问题的精确回答，所以对智力落后学生培养目标的达成情况只能以第三者的感受来确定。本专题对教师和家长进行了调查，在调查之前让教师和家长明确三类智力落后学生各自的培养目标，以本专题中的具体内容为标准客观地填写问卷，以作为调查分析之用。尽管经过调查分析了解了当前智力落后学生培养目标的达成度现状，但仍有可以改进的地方：本专题仅以教师和家长平常的观察和感受来作为分析智力落后学生培养目标的依据，未能从多个视角进行比较。

因为对智力落后学生培养目标达成度的研究空白，导致可以借鉴的经验和成果较少，只能从细碎的相关文献中汲取思路、研究方法。本研究还有待改进的地方：（1）由于在编制问卷的时候，可借鉴的有关智力落后学生培养目标达成度领域的文献资料很有限，只能基于已有普通教育领域的相关研究及少量的关于智力落后学生培养目标的研究成果，研究对象主要集中于教师和家长，所以科学性有待进一步提高。并且，受客观条件的限制，无法对被试的答题情况进行有效的控制，这样可能会对问卷分析结果造成一定的消极影响。（2）本研究主要是对智力落后学生培养目标达成度的研究，在今后的研究中应细化研究对象及类型，进行更具体的调查，这样才能做出调查结果的创新。（3）由于各种条件的限制，本研究主要采用问卷调查法。研究者在今后的研究中可以结合观察、访谈、个案、案例分析等多种研究方法，为研究提供更全面和科学的依据，或探索新的测量方法与工具。

附 录

附录1

智力障碍学生培养目标达成度的调查问卷（教师卷）

尊敬的老师：

  您好！

  我是西华师范大学的研究生，本调查问卷的目的是为了了解关于智力障碍学生培养目标完成状况的一些基本情况，仅供调研参考，不记名，不作为对任何个人评价或奖惩的依据，请您根据实际情况和真实感受选择、填写！

  感谢您认真协助完成这份问卷！

一、基本信息

  1. 性别_____　　　　　　　年龄_____

  2. 最高学历_____　　　　　　专业_____

  3. 教龄_____　　　　　　　所教科目_____

二、问卷基本内容

  1. 对智力障碍学生培养目标的制定依据是（　　）

  A. 政策条例中规定　　　　　　B. 学校管理人员制定

  C. 参与教学的教师共同商定　　D. 家校共同商定

  2.（可多选）结合对学生发展需求的理解，您认为轻度智力障碍学生的培养目标以哪个方面为主（　　）

A. 文化知识　　　B. 体能康复　　　C. 谋生技能　　　D. 社会适应

E. 品德　　　　　F. 家庭生活

3.（可多选）结合对学生发展需求的理解，您认为中度智力障碍学生的培养目标以哪个方面为主（　　）

A. 文化知识　　　B. 体能康复　　　C. 谋生技能　　　D. 社会适应

E. 品德　　　　　F. 家庭生活

4.（可多选）结合对学生发展需求的理解，您认为重度智力障碍学生的培养目标以哪个方面为主（　　）

A. 文化知识　　　B. 体能康复　　　C. 谋生技能　　　D. 社会适应

E. 品德　　　　　F. 家庭生活

5. 您认为学校的支持系统（如：①专用教室、②康复设备、③图书资源、④校舍资源、⑤师资力量⑥学校管理等）是否能满足智障学生培养目标实现所需要的条件（　　）

A. 是

B. 否（若不能，上述哪个条件是最急需改善的_____。）

6.（可多选）您现有的知识结构中，有关（　　）的知识最丰富。

A. 教育学　　　B. 心理学　　　C. 特殊教育　　　D. 所任科目

7.（可多选）如要进行培训，您希望得到（　　）方面的学习以帮助智力障碍学生更好地完成培养目标。

A. 教学方法　　　　　　　　B. 智力障碍学生的身心特点

C. 掌控课堂的能力　　　　　D. 有关特殊教育的知识

8. 您认为良好的学校管理是否会对智力障碍学生培养目标的完成起促进作用？（　　）

A. 是　　　　　　　　　　　B. 否

9. 在对智力障碍学生进行教育的过程中，家长参与度（　　）

A. 高　　　　B. 低　　　　C. 不高不低

10. 家长参与度是否与智障学生培养目标的完成现状成正相关？（　　）

A. 是　　　　B. 否　　　　C. 没有关系

11. 在下列分目标中，请结合轻度智力障碍学生的完成状况在相应数字上打

"√"。其中 5＝达成度很好　4＝基本达成　3＝达成度一般　2＝基本不达成　1＝达成度极差。

（1）品德方面：养成社会主义劳动人民的良好品德，如诚实、与人团结友爱、遵纪守法、认真负责等。　　　　　　　　　　　　　　　1　2　3　4　5

（2）家庭生活方面：掌握衣、食、住、行必需的基本知识和技能。
　　　　　　　　　　　　　　　　　　　　　　　　　　　　1　2　3　4　5

（3）基本的文化科学知识方面：依据智力的基本情况学会我国普通小学阶段基础文化学科最基本的听、说、读、写、算等的知识和技能；同时，开发其智力潜能。　　　　　　　　　　　　　　　　　　　　　　　　1　2　3　4　5

（4）谋生知识和技能方面：学会一技之长，作为择业谋生的基础。
　　　　　　　　　　　　　　　　　　　　　　　　　　　　1　2　3　4　5

（5）体质、体能方面：增强体质，训练体能，同时要集合教育与训练进行必要的医疗康复。　　　　　　　　　　　　　　　　　　　　1　2　3　4　5

（6）社会适应方面：辨路、乘车、认识和使用钱币；学会掌握电器、煤气的使用；辨别交往中的善恶等。　　　　　　　　　　　　　　1　2　3　4　5

12. 在下列分目标中，请结合中度智力障碍学生的完成状况在相应数字上打"√"。其中 5＝达成度很好　4＝基本达成　3＝达成度一般　2＝基本不达成　1＝达成度极差。

（1）通过适合其身心发展特点的教育与训练，促进他们在德、智、体等方面全面发展。　　　　　　　　　　　　　　　　　　　　　1　2　3　4　5

（2）补偿缺陷与潜能开发。　　　　　　　　　　　　　1　2　3　4　5

（3）掌握生活中实用的知识，形成基本的实用能力。　　1　2　3　4　5

（4）良好习惯的养成。　　　　　　　　　　　　　　　1　2　3　4　5

13. 在下列分目标中，请结合重度智力障碍学生的完成状况在相应数字上打"√"。其中 5＝达成度很好　4＝基本达成　3＝达成度一般　2＝基本不达成　1＝达成度极差。

（1）简单的生活自理技能　　　　　　　　　　　　　　1　2　3　4　5

（2）简单的人际交往能力　　　　　　　　　　　　　　1　2　3　4　5

（3）良好习惯的养成　　　　　　　　　　　　　　　　1　2　3　4　5

（4）简单的劳动技能　　　　　　　　　　　　1　2　3　4　5

14. 对您目前学校智障学生培养目标的达成现状总体是否满意？请阐述原因。

15. 您认为影响智障学生培养目标完成的因素主要有哪些？

16. 就现行的关于轻、中、重度智力障碍学生的培养目标是否有助于其终身发展，如需要对培养目标重新进行制定，您会为他们制定哪些目标？

17. 您对提升智障学生培养目标达成度有哪些改进意见？

再次感谢您的支持与配合！祝您工作愉快！

附录 2

智力落后学生培养目标达成度的调查问卷（家长卷）

尊敬的家长：

您好！

我是西华师范大学的研究生，本调查问卷的目的是为了了解关于智力障碍学生培养目标完成状况的一些基本情况,仅供调研参考,不记名,不作为对任何个人评价或奖惩的依据,请您根据实际情况和真实感受选择、填写!

感谢您认真协助完成这份问卷!

一、基本信息

性别:_____ 年龄:_____

二、问卷基本内容

1. 学生的障碍类型(　　)

   A. 轻度智力落后学生　　　　B. 中度智力落后学生

   C. 重度智力落后学生

2. 您的文化程度(　　)

   A. 小学　　B. 初中　　C. 高中　　D. 大学及以上

3. 您是学生的(　　)

   A. 父亲　　B. 母亲　　C. 爷爷　　D. 奶奶

   E. 亲戚　　F. 家庭帮工

4. 您认为您的孩子培养目标的达成度是否满意(　　)

   A. 是　　B. 否

5. (可多选)作为家长,您希望您的孩子通过学校获得哪方面的素养(　　)

   A. 文化知识　　B. 体能康复　　C. 谋生技能　　D. 社会适应能力

   E. 品德　　F. 家庭生活能力

6. 您认为作为家长有必要配合教师的教学活动吗?(　　)

   A. 有　　B. 没有

7. 您是否会积极地配合老师布置的任务,如辅导家庭作业,在家进行训练等。(　　)

   A. 是　　B. 否

8. (可多选)如果能得到帮助,您希望是下面哪些方面(　　)

   A. 子女目前的身心状况　　B. 专业人员的指导

   C. 处理孩子行为问题的技巧　　D. 辅导学习的技巧

   E. 亲友的接纳和鼓励　　F. 资助孩子的费用

9. 您是否满意教师的教学工作?(　　)

A. 是 　　　 B. 否

10. 在对智力落后学生进行教育的过程中,您认为您的参与度(　　　)

A. 高 　　　 B. 低 　　　 C. 不高不低

11. 在下列分目标中,请结合您的孩子的情况在相应数字上打"√"。其中 5＝达成度很好　4＝基本达成　3＝达成度一般　2＝基本不达成　1＝达成度极差。

(1) 品德方面:养成社会主义劳动人民的良好品德,如诚实、与人团结友爱、遵纪守法、认真负责等。　　　　　　　　　　　　　　　1　2　3　4　5

(2) 家庭生活方面:掌握衣、食、住、行必需的基本知识和技能。

1　2　3　4　5

(3) 基本的文化科学知识方面:依据智力的基本情况学会我国普通小学阶段基础文化学科最基本的听、说、读、写、算等的知识和技能;同时,开发其智力潜能。　　　　　　　　　　　　　　　　　　　　　　　　1　2　3　4　5

(4) 谋生知识和技能方面:学会一技之长,作为择业谋生的基础。

1　2　3　4　5

(5) 体质、体能方面:增强体质,训练体能,同时要集合教育与训练进行必要的医疗康复。　　　　　　　　　　　　　　　　　　　　1　2　3　4　5

(6) 社会适应方面:辨路、乘车、认识和使用钱币;学会掌握电器、煤气的使用;辨别交往中的善恶等。　　　　　　　　　　　　　　1　2　3　4　5

12. 您认为影响智力落后学生培养目标完成的因素主要有哪些?

13. 您对学校的教育、教学有哪些改进意见?

再次感谢您的支持与配合!祝您工作愉快!

专题十三

特殊教育学校义务教育阶段聋生校本教材开发研究
——以成都市为例[①]

第一章 绪论

一、研究缘起

(一) 校本课程促进校本教材的开发

关于聋校的教育教学,在较长的时间内都是由国家统一进行管理的,在教学过程中主要采用普通学校教材和聋生统编教材,经过长期的教育教学实践,虽积累了成功经验,但因未能根据聋生缺陷进行因材施教,其中的局限性也逐渐显现。为弥补统一管理带来的教育局限,国家在2001年的基础教育课程改革中提出了"国家课程、地方课程和校本课程"三级课程体系,使聋生的课程建设更加灵活。

2007年教育部颁布的《聋校义务教育课程试验方案》要求基础教育课程改

---

① 本专题由杜学元教授与副导师吴吉惠教授共同指导完成于2019年3月,主编对原稿做过修改和删节。

革要充分体现聋生教育的特点,以人为本。2016 年国家颁布的《聋校义务教育课程标准》明确提出校本教材开发是建设校本课程的重要环节,特殊教育学校需结合聋生的现实生活,充分利用校内外资源,建设校本课程,开发校本教材。因此,在基础教育课程改革的过程中,校本课程的建设势必会促进校本教材的开发与编制。

(二) 聋生的全面发展需要地域文化的熏陶

聋校教学历经多个时期,几经演变,以促进聋生的德育、智育、体育和美育的全面发展为首要教学目标[①]。我国疆域广阔,环境各异,各地文化"千姿百态",地域文化的差异性和多样性使学生的成长环境极具差异性。聋生由于听力损失,这种地域文化的差异对聋生的身心发展有着更大的制约作用。人的成长极具地域属性,地域环境和地域文化在潜移默化中影响着每一个成长的人,在其人生道路上刻下深深的烙印,以地域文化为主要内容的校本教材能够让聋生感受到最直接的文化经验,促进聋生的全面发展。聋生的全面发展离不开文化的传承。从文化传承的角度而言,校本教材不仅是校本课程的主要实施媒介,也是地域文化传承的重要载体。在文化的传承过程中,需注意到文化的差异性,在传承主流文化的同时,也要积极传承地域文化,每一所聋校都应注意这种文化的差异性。若山东的学生不知齐鲁文化的缘起,福建的学生不懂闽南文化的兴衰,四川的学生不闻巴蜀文化的更迭,他们便不能称为完整的"社会人"。即使是聋生,也需要地域文化的熏陶,以便于更好地融入主流社会。

二、研究的理论意义和实践意义

(一) 理论意义

1. 聋生校本教材开发研究能够丰富特殊教育课程理论

聋生校本教材的开发充分考虑了聋生的身心发展特征,以聋生的实际需要为

[①] 黎梅娇:《我国三个时期聋校教学计划的比较研究》,《中国特殊教育》,2003 年第 3 期,第 40—45 页。

出发点，将聋生的生产生活技能、生活态度和价值观念等的培养作为教材开发的核心目标。这与新课程改革的基本理念在本质上是契合的，是其课程理论在特殊教育领域的具体应用。特殊教育课程理论在当前是有所缺失的，聋生校本教材的开发在一定程度上是对国家课程、地方课程和校本课程三级课程理论的丰富和充实，且是以实质性研究作为支撑，不再是机械移植普通教育的课程理论，能够为聋生校本课程的发展提供具体的理论指导。

2. 聋生校本教材开发研究可以提高聋生的基本能力和教师业务素质

聋生校本教材开发研究对聋生和教师都有积极的促进作用。聋生校本教材是特殊教育学校特有的知识载体，是一种传递教学内容的课程媒介，在教学过程中起着重要作用。达尼洛夫（Данилов）认为"教材担负着调动学生能动学习的任务，教材对于学生而言是教学中交际的对象，教材即是以学习者的认识进步为媒介的要素，亦是以潜在思维、概念和关系清晰化的手段"。[①]

聋生校本教材的开发研究可为学生提供优良的学习教材，可激发聋生的学习兴趣，拓展聋生的知识范围，促进聋生的思维发展，提升聋生的生产生活技能，提高聋生的社会适应能力，有利于聋生回归主流社会。

聋生校本教材的开发研究可提高聋校教师业务素质。首先，校本教材的开发研究可促使教师完善知识结构，丰富教师关于校本教材内容方面的专业知识。其次，校本教材的开发研究可优化教师的能力结构，能够强化教师的逻辑思维能力和教学组织能力。最后，校本教材的开发研究可以提高教师的心理素质，形成稳定的个性心理素质。

（二）实践意义

1. 聋生校本教材的开发研究有利于促进社会公平

教育的根本性功能是提高人口素质。聋生由于言语障碍，学习国家统编聋校教材和普通学校教材的部分内容存在困难。聋生校本教材的开发研究可以为聋生提供专业的学习教材，能够提高聋生的综合素质，增强聋生的社会适应能力，为聋生回归主流社会奠定坚实的基础；同时可以为聋生提供均等的发展机会，保障聋生平等地接受义务教育的权利，促进社会公平。校本教材开发研究作为校本课

---

① 曾天山著：《教材论》，江西教育出版社1997年版，第6页。

程的重要组成部分，其有效的使用可提高聋生群体素质，为社会输送更多的优秀聋生人才。

2. 聋生校本教材的开发研究可以丰富聋生的教材形式

聋生发展最突出的问题就是其语言问题，由于听力障碍造成的信息渠道不通畅严重制约了他们身心的健康发展①。纵观聋生教育发展的整个历史过程，由于受语言障碍的影响，特殊教育学校只使用国家统编聋校教材，难以满足不同地区具有差异性的聋生的个性化发展需求。为满足不同地区聋生的发展需要，各学校要根据本地区和本学校的实际情况开发校本教材，将校本教材和统编教材有机结合，使二者相互补充，最大程度地满足聋生的学习需求，为聋生提供多样化的教材②。本研究以《聋校义务教育课程标准》的基本理念为指导思想，为校本教材的开发提出科学的建议，以丰富聋生教材的形式。

三、国内外研究现状

利用CNKI中国知网学术资源总库，以"义务教育段聋校校本教材"并含"成都市"为检索词，以"主题"为检索项进行检索，得知对成都市义务教育段聋生校本教材的专门研究的文章暂时缺乏，以"聋生校本教材"为检索词，以"主题"为检索项进行检索，结果显示共有10条研究记录，其中硕士论文2篇；以"特殊教育学校校本教材"为检索词，以"主题"为检索项进行检索，结果显示有12篇研究记录，其中有10篇硕士论文；以"特殊教育校本课程"为检索词，以"主题"为检索项进行检索，结果显示有34条研究记录，其中部分涉及到了聋生校本教材的开发研究，但是研究比较零散；以"校本教材"为检索词，以"主题"为检索项进行检索，显示的研究结果较为丰富。此外，还利用"读秀学术搜索"和"超星发现系统"收集了聋生校本教材开发的相关研究文献，对已收集到的资料作进一步的补充。

---

① 孟繁玲编：《聋人与社会》，郑州：郑州大学出版社2010年版，第1—3页。
② 吉卫田、贾益芹：《对聋校教材改革的几点建议》，《中国特殊教育》，2004年第2期，第49—50页。

(一) 国内研究综述

目前,我国关于聋生校本教材开发的研究较少,本研究在一定程度上借鉴了普通学校校本教材的开发研究。

1. 有关校本教材开发研究概况的研究

为响应世界课程改革的潮流,教育部于 2001 年颁布了《基础教育课程改革纲要(试行)》,要求实行国家课程、地方课程和校本课程三级课程管理体系,加强课程与地方、学校和学生的联系程度。从此,校本课程正式登上历史舞台,校本教材也随之发展起来,校本教材开发建设成了校本课程发展的一个重要组成部分。

(1) 有关校本教材开发原则的研究

校本教材开发原则是贯彻校本教材开发过程中必须依据的准则,校本教材质量的高低与校本教材开发原则有着重要的关联,因此许多学者对校本教材开发的原则进行了相关研究。

许世华在《高教论坛》发表的《关于校本教材建设的几点思考》中提到:校本教材的开发要遵循价值定位的原则,定位准确才能有的放矢地突出校本教材的重点内容,展现校本教材开发的特色[①]。

蔡伟在《教育研究》上发表了《校本教材建设的思考》一文,提出校本教材建设需坚持统编教材与校本教材平衡发展的原则,注重校本教材建设的趣味性原则[②]。

袁春平在《教学与管理》上发表的《关于校本教材建设的思考》一文,提出校本教材的使用应遵循规范性原则,校本教材的编写和使用应经国家教材管理部门审核批准,依法编写[③]。

以上研究提出了校本教材开发应遵循的原则,为现阶段的校本教材的开发提供了借鉴。但这些原则的提出,都是基于教材服务于普通学生,与聋生的身心特征有一定差异,因此在借鉴这些原则时,还应考虑普通学生与聋生的差异性。

---

① 许世华、曹军、谭会恒:《关于校本教材建设的几点思考》,《高教论坛》,2012 年第 3 期,第 49—51 页。
② 蔡伟、高钗:《校本教材建设的思考》,《教育研究》,2006 年第 2 期,第 90—92 页。
③ 袁春平、范蔚:《关于校本教材建设的思考》,《教学与管理》,2007 年第 12 期,第 21—22 页。

(2) 有关校本教材开发方法的研究

关于校本教材开发方法的研究，主要以服务普通学生为出发点，但其研究可为聋生校本教材开发提供方法借鉴。

蔡伟在《中小学校本教材质量标准研究》中提出，校本教材的开发编制要具有科学的方法，要找准努力方向。他认为校本教材开发最为有效的方法是制定科学、规范和可操作的校本教材质量标准，将校本教材质量标准作为开发导向[①]。

安琳在《基础阶段英语教学改革中的校本教材开发实践探索》中，提出校本教材的开发需对教师、学生和现行教材进行分析，找准校本教材的特色，制定适合的开发流程，并对初步投入使用的校本教材进行开发效果和使用效果的评估[②]。

卜庆刚、宗文斌在《道德校本教材文本创编的实践与思考》中，指出校本教材需从整体把握课程目标，注重教材开发的指导理念，选择合适内容，通过课堂教学检验校本教材的开发效果、完善校本教材内容的方法来进行教材开发[③]。

上述研究从教材开发标准、开发需求、开发指导理念等方面论述了校本教材开发的方法，为聋生校本教材的开发提供了方法借鉴，但在具体开发过程中，应考虑到普通学生和聋生之间的差异。

(3) 有关校本教材开发目的的研究

普通学生与聋生的身心特征虽然存在一定的差异，但基本的发育规律是趋于一致的，在校本教材开发目的方面也有相似之处，可为聋生校本教材的开发起到借鉴作用。

刘贤凤在《基于学生参与的高职 ESP 校本教材的开发与应用》中，提出校本教材开发的目的是为学生提供适宜的单科教材，准备优秀的教学资源[①]。

邢祥存在《开发校本教材，弘扬儒家文化》一文中提出开发校本教材的目的

[①] 蔡伟：《中小学校本教材质量标准研究》，《课程·教材·教法》，2009年第11期，第24—29页。
[②] 安琳：《基础阶段英语教学改革中的校本教材开发实践探索》，《外语与外语教学》，2012年第5期，第10—14页。
[③] 卜庆刚、宗文斌：《道德校本教材文本创编的实践与思考》，《中国教育学刊》，2010年第9期，第83—85页。
[①] 刘贤凤：《基于学生参与的高职 ESP 校本教材的开发与应用》，《继续教育研究》，209年第3期，第96—98页。

是为地方文化搭建传承载体,让学生在潜移默化中感受地方优秀文化的熏陶,做文化的传承者[1]。

周盖新在《探索开发校本教材 培养学生地理素养》中提出校本教材的开发是为了提高学生的学科素养[2]。张欣、金玉梅在《校本教材编写热之审视》中提出校本教材开发的主要目的是为校本课程服务的,促进学生的身心健康发展[3]。

以上研究从教材内容、文化传承和学科素养等方面对校本教材开发的目的进行了阐释,这对如何准确定位声生校本教材的开发目的有重要帮助作用。

(4) 有关校本教材开发存在问题的研究

校本教材的开发取得了一定的成果,但也存在部分问题,值得我们进一步去探索研究。

邓凡茂在《问题与对策:中小学校本教材建设的沉思》中指出校本教材的开发建设存在部分问题:第一,开发过程失序,最突出的表现是教材开发缺乏专家的参与和引领;第二,评价失为,校本教材的使用前后缺少必要的科学评价;第三,校本教材的效能亏缺,多数学校存在"编而不用"和"用而不精"的情况[4]。

刘克朋在《历史教学》上发表的《历史校本教材开发与应用的实践性研究》一文中,指出:第一,校本教材在编写层面上存在内容编写凌乱、体系缺乏的问题;第二,在使用层面上存在教材选用机制混乱和素材选用重视度过低等不足[5]。

学者江长州在《校本教材应用存在的问题与对策》一文中指出:教材开发观念存在偏差,主要表现在教师的授课角色未及时转变以及家长对校本教材存在

---

[1] 邢祥存:《开发校本教材 弘扬儒家文化》,《中学政治教学参考》,2008年第9期,第31页。
[2] 周益新:《探索开发校本教材培养学生地理素养》,《中学地理教学参考》,2013年第3期,第26—27页。
[3] 张欣、金玉梅:《校本教材编写热之审视》,《教学与管理》,2014年第19期,第74—75页。
[4] 邓凡茂、徐文彬、齐永芹:《问题与对策:中小学校本教材建设的沉思》,《出版发行研究》,2014年第10期,第59—61页。
[5] 刘克明:《历史校本教材开发与应用的实践性研究》,《历史教学》,2013年第9期,第3—11页。

异议①。

校本教材于 20 世纪 90 年代开始在我国崭露头角，随后便在我国蓬勃发展起来。经过近 30 年的发展，校本教材的开发取得了不少成绩，但开发过程存在失序、评价失为、内容混乱和理念偏差等问题，为聋生校本教材的开发提供了经验和教训。

2. 有关特殊教育学校聋生校本教材开发的研究

就笔者目前所收集到的资料，关于聋生校本教材开发的研究主要集中于综合型特殊教育学校和聋人学校两种学校之中。

（1）有关特殊教育学校聋生校本教材开发研究的历史回顾

1859 年洪仁玕在《资政新篇》中提出"其邦之跛盲聋哑鳏寡孤独，各有书院教习各技……请长教鼓乐书数数技，不致为废人也"②；1947 年《全国盲聋哑教育计划草案》中提出"学校现有课程之种类及其内容多与相当程度之普通常人学校之课程相同，以常人所习之课程授予身体具有缺陷之盲哑人，不无方枘圆凿之处，应予删改，更为使其具有独立生活之技能……"③从中可以看出当时已经提倡聋哑学生所学内容应有针对性，不能与普通学生一概而论，从课程与教学这个角度来说，这里面蕴藏了我国校本课程和校本教材开发建设的萌芽或雏形。而早在此前，成都私立明声聋哑学校罗蜀芳校长已在该校预备班开始自编聋生教材，注重实物教学，培养学生的会话和读写能力，并取得显著成效。后在 1944 年，罗蜀芳发表了《成都市私立明声聋哑学校六年来之概况》一文，在其"将来计划"中明确提出要自行编订教材，指出"本校现用教材，除部分课程采用普通小学课本外，其余专门训练聋哑儿童之手令会话、发音拼音、识物各科之教材，均系沿用各已著成效之聋哑学校所用教材与教师自行编订，数年以来虽尚合用，惟仍苦于缺乏系统，未能成善，故拟于下年聘请专家及本校教师共同研讨将聋哑

---

① 江长州：《校本教材应用存在的问题与对策》，《西藏教育》，2015 年第 5 期，第 49—51 页。
② 顾定倩、朴永馨、刘艳虹编：《中国特殊教育史资料选（上）》，北京：北京师范大学出版社 2010 年版，第 47 页。
③ 顾定倩、朴永馨、刘艳虹编：《中国特殊教育史资料选（上）》，北京：北京师范大学出版社 2010 年版，第 71—72 页。

所需各项教材加以有系统之编订"①。从以上史料和法令中,我们明显地可以看出,聋生校本教材在近现代已有开发先例。

聋生校本教材最早的雏形可追溯到烟台启喑学校的《启哑初阶》,是今天仅能见到的一部中国早期聋校教科书,由烟台启喑学校校长梅耐德夫人编制,共有6册,1907年出版,1925年再版。《启喑初阶》供初入学的聋哑儿童使用,是一部口语教材,每一课分前后两页,前一页为图,后一页为字,图文并茂,这套教材共359课,不仅在烟台启喑学校使用,也为国内一些其他聋校所借鉴,如全部教完,可达小学文化水平②。从这套自编教材中,我们可以窥知早期聋生校本教材发展的一鳞半爪,虽中途遭遇"发展滑铁卢",但它的卓越贡献是不可磨灭的。

近代时期,我国聋生教育尚处于萌芽期,无论是教育资源还是基础设施与我国目前相比都有很大差距,但当时已有《启喑初阶》以及罗蜀芳校长带领教师编制的自编教材的出现和使用,并取得了良好的效果,让我们清楚地看到了聋生校本教材开发建设的历史轨迹。因此,以史为鉴,利用现阶段良好的基础设施、广泛的国家支持、积极的社会参与,系统、科学地开发聋生校本教材是非常必要的,这既符合国家的政策导向和聋生的现实需求,同时也是对历史的传承与延续。

(2) 有关特殊教育学校聋生校本教材开发现状的研究

关于特殊教育学校聋生校本教材开发状况的研究,罗娜等学者以成都市特殊教育学校及参与2014年四川省特殊教育国培班的一线教师、校长为调查对象进行研究,发现将近有70%的学校没有开发和实施校本课程,更是缺乏特殊教育学校聋生校本教材③。提出要加大校本教材开发比例,依据实际情况开发校本课程,并创造性开发校本教材。

针对聋生校本教材开发内容,学者张守海在《构建特殊教育课程体系促进残疾儿童健康成长》一文中指出当前部分学校教材老化,教材内容深度与学生平均

---

① 顾定倩、朴永馨、刘艳虹编:《中国特殊教育史资料选(中)》,北京:北京师范大学出版社2010年版,第1425—1427页。
② 顾定倩、朴永馨、刘艳虹编:《中国特殊教育史资料选(中)》,北京:北京师范大学出版社2010年版,第885—886页。
③ 罗娜、吴春艳、秦艳芳:《四川省特殊教育学校校本课程实施现状的调查研究》,《中国特殊教育》,2015年第8期,第71—74页。

水平脱节，不能适应社会发展的需要。他认为特殊教育学校校本教材的开发研究是对现行课程不足的弥补，是对国家课程和地方课程的有效补充，据此提出特殊教育学校校本教材应是一本动态教材，根据国家社会的变化而变化，做到与时俱进①。

在聋生校本教材编写方式方面，学者郁松华指出聋生校本教材的编写是校自为战，通常是以校为单位进行开发，他认为情况相似的学校应考虑相互协作，使校本教材更具系统性②。学者沈玉林则指出职教聋生校本教材的编写存在仅由任课教师和拥有实践操作技能较强的工作者合作编写的情况，提出校本教材的编制人员应由各方专家共同协作完成开发编制③。

(3) 有关特殊教育学校聋生校本教材开发方法的研究

关于聋生校本教材开发研究方法，部分学者认为应当以维果茨基（Лев Семёнович Выготский，1896—1934）的"最近发展区"为指导思想，针对我国特殊教育学校现存的聋生统编教材、校本教材和普通学校教材三种教材形式进行研究。胡银林④提出普通教材不利于聋生"最近发展区"的发展，为聋生将来能够良好地适应社会，学校应积极编制校本教材，校本教材的编制应全面收集、分析学生的学习行为问题，并考虑校本教材与学生水平的适应程度以及校本教材预先设定的特殊教育学校校本课程教学目标达成度等情况。

吴卫明在《特殊教育校本课程改革重新认识与定位》中更加具体地指出聋生校本教材应以维果茨基的"最近发展区"思想为指导，他认为校本教材的编制是学校对特殊儿童较为新型、全面认识的体现，校本教材的内容是特殊教育学校教育思想和观念的体现，组织编撰校本教材，要把知识学习和生活经验相结合，其次在校本教材的选编上要处理好地方特色与同一文化背景的关系，促进残障学生

---

① 张守海、刘学：《构建特殊教育课程体系促进残疾儿童健康成长》，《中国校外教育》，2012年第23期，第27—27页。
② 郁松华：《培智学校校本课程开发的类型分析》，《中国特殊教育》，2005年第10期，第47—49页。
③ 沈玉林：《为学生的明天奠基——江苏省宜兴市聋校积极研发职教校本课程的实践报告》，《现代特殊教育》，2003年第5期，第39—40页。
④ 胡银林：《校本课程开发与教师专业成长》，《新课程（综合版）》，2010年第8期，第4—5页。

的潜能发展①。

聋生校本教材开发研究的最终目的是为了使教材更加贴切聋生的心理和生理发展特点，因此要充分考虑特殊学校学生的发展特点和生长规律，此外还应注意学校和地区资源的选用。刘先强等人在《基于残障学生生存能力培养的校本课程资源开发——四川省苍溪县特殊教育学校校本课程研发概述》中指出，聋生校本教材的编制应根据当地资源情况，并充分考虑残障学生的生理和心理发展特点，组成教材开发小组，以主题形式呈现教材内容，重视校本教材中图片与文字的结合②。

胡伟斌、陈婷在《民族地区特殊教育校本课程开发的价值与对策》中提出民族地区聋生校本教材的开发应充分肯定特护儿童"人"的价值，尽可能地挖掘当地的校本课程资源，有组织地开发研究校本教材③。

上述专家学者所持观点相近，均倡导校本教材开发的研究应以聋生自身的发展特点和成长规律为出发点，选取恰当的当地资源或者学校资源作为校本教材开发内容，使校本教材更具科学性和系统性。

此外，还有部分学者在其研究中提到聋生校本教材开发中的一个重要参考标准——课程标准，这是在校本教材开发研究过程重要的官方参考标准。学者韩宝荣的研究表明特殊聋生校本教材开发应以新课程标准为指导，与普通学校教材有机整合，形成符合聋生心理和生理发展特点的教材④。郝明君则在《我国特殊教育课程研究的发展、现状与走向》中直截了当地提出：特殊教育学校课程标准是特殊教育学校校本教材编写和评估的依据⑤。

---

① 吴卫明：《特殊教育校本课程改革重新认识与定位》，《襄阳职业技术学院学报》，2005年第2期，第133—135页。
② 刘先强、蔡卓倪、赵春耀：《基于残障学生生存能力培养的校本课程资源开发——四川省苍溪县特殊教育学校校本课程研发概述》，《当代教育论坛（综合研究）》，2011年第5期，第98—100页。
③ 胡伟斌、陈婷：《民族地区特殊教育校本课程开发的价值与对策》，《现代特殊教育》，2017年第6期，第38—42页。
④ 韩宝荣：《特殊教育学校校本课程研发的尝试与实践》，《西部素质教育》，2016年第4期，第15页。
⑤ 郝明君：《我国特殊教育课程研究的发展、现状与走向》，《重庆师范大学学报（社会科学版）》，2008年第6期，第104—109页。

3. 义务教育阶段聋生校本教材开发研究综述

综合笔者目前收集到的资料,关于义务教育段聋校校本教材开发研究主要集中于义务教育阶段聋生校本教材开发的理念研究阶段、聋生校本教材开发研究存在的问题和对策研究以及聋生校本教材开发的必要性研究三个方面。

(1) 有关义务教育阶段聋生校本教材开发必要性的研究

学者们通过对义务教育阶段聋生校本教材的开发研究得出一个共同的结论——开发研究义务教育阶段聋生校本教材是新一轮课程教育改革的必然要求,是促进聋生各方面能力提高的现实要求。学者周志英、冯金宝从中观角度,提出义务教育阶段聋生校本教材的开发研究是解决聋校教材缺乏的有效途径,校本教材的编写是校本课程预设目标的一种有效实施途径,认为校本教材的开发研究应从相关课程资源中选择有一定学术价值和功能性的素材,良好的教材内容可以促进聋生的功能代偿和潜能开发[①]。

付晋蔚和潘梅英等学者也持有相同的观点,他们也认为义务教育阶段聋生校本教材在聋校发展、学生成长的过程中的地位举足轻重。如,学者付晋蔚的研究表明教材是制约聋生发展的瓶颈,突破这一瓶颈需要国家、地方政府和学校共同努力,积极地开发聋生校本教材,另外在自身条件受限的情况下,可选购情况类似学校的校本教材,根据自身实际情况选择性使用[②];潘梅英在《聋校一年级语文校本教材的编写与思考》中认为,无论是聋校统编教材还是普校教材都并非聋生学习材料的最佳选择,校本教材的定位明确,立足于聋生实际,增强了教材的操作性,有利于聋生语言能力的发展[③]。聋生校本教材开发研究的必要性不仅体现在促进聋生发展这一方面,还体现在聋校和普通学校教材的衔接方面。学者李岩等人的研究表明,聋生校本教材是解决聋校和普通学校教材衔接问题的一条有效途径,且校本教材的开发是一个教学相长的过程,在学生能力提高的同时,学

---

① 周志英、冯金宝:《聋校艺术与职业教育校本课程开发案例研究》,《中国特殊教育》,2007年第4期,第62—66页。
② 付晋蔚、光云:《聋校校本课程开发与建设研究述评》,《理论与实践》,2018年第2期,第39—41页。
③ 潘梅英:《聋校一年级语文校本教材的编写与思考》,《现代特殊教育》,2010年第11期,第24页。

校还拥有了一支专业素质较强的教师队伍①。

与前面学者不同的是，有部分研究者是在具体学科或具体教材的基础上论述了义务教育阶段聋生校本教材的开发研究。学者梅建青指出虽然新课程改革进行良久，但聋生教材存在繁、难、偏、旧的问题，至今有些学校仍然使用1996年聋校实验教材或采用普通学校教材，基于此种情况，认为通过实践、研究、讨论对现有教材进行选择整编，开发校本教材是非常有必要的，以此提高学生的语言学习能力和言语表达能力②。

学者姜艳萍指出义务教育段校本教材开发研究的目的是将校本教材中专业知识以科学的形式传递给每位聋生，如《小学生心理健康》校本教材就是将心理健康知识，以校本教材为载体，通过主题分享的形式，传递给每一位聋生，促进聋生心理健康发展③。

综合前人的研究，我们不难发现：义务教育阶段聋生校本教材的开发研究对学校、教师和学生的发展都有着重要影响，在新一轮教育改革中聋生校本教材的开发研究将会是一片大有可为的领域。

（2）有关义务教育阶段聋生校本教材开发理念的研究

学者们对于义务教育阶段聋生校本教材的开发研究理念的研究，主要聚焦于教师和聋生这两大构成教学活动的核心要素。学者何非指出校本教材应遵循"尊重和满足聋生的特殊需要，促进聋生的健康发展与回归主流"的教育理念，结合学校实际编写校本教材，提出应积极培养能够开发校本教材的师资队伍来建立学校校本教材评估机制④。

学者王丽娟在其研究中表明聋生校本教材的开发研究应注重聋生的功能代偿和潜能开发，科学地确定聋生校本教材的内容⑤。与其不同的是，学者周晔则提

---

① 李岩：《校本课程开发与管理的实践探索》，《现代特殊教育》，2012年第5期，第20—22页。
② 梅建青：《特殊学校校本课程开发的实践与思考》，《绥化学院学报》，2013年第33期，第140—14页。
③ 姜艳萍：《浅谈聋校心理健康校本课程的开发》，《小学教学参考》，2014年第12期，第91页。
④ 何非：《开发校本课程，促进聋生健康发展》，《现代特殊教育》，2009年第12期，第9—12页。
⑤ 王丽娟：《论聋校电视教材的制作》，《电化教育研究》，2001年第11期，第61—66页。

出每位特殊教育教师都应积极参与聋生校本教材的开发和研究，立足于学生自身和当地实际情况，在开发研究过程中展现出教师的独特价值①。学者史文军则在《对聋校校本课程开发的认识与实践思考》中提出义务教育阶段聋生校本教材的开发研究应该有聋人教师参与②。

综合前面几位研究者的观点，我们不难发现，他们都秉持"以人为本"的教育理念，在聋生校本教材的开发研究中，注重人的价值，充分考虑教师和学生在其中的重要性。

(3) 有关义务教育阶段聋生校本教材开发存在问题的研究

由于我国现行的国家课程、地方课程和校本课程三级课程开发体制，必然导致多类教材出现，校本教材作为校本课程的对应教材，在其开发研究中存在着一系列的问题。对此，有学者提出了部分解决聋生校本教材开发问题的对策。

学者韩宝荣在《特殊教育学校校本课程研发的尝试与实践》中，指出义务教育阶段聋生校本教材开发研究存在顶层设计欠缺的问题，导致校本课程和校本教材系统性不够强、多学科知识整合不够等问题，知识和行为教育系统的设计缺乏又使得聋生认识问题表面化和片面化③。

除了教材顶层设计缺乏，还存在校本教材开发研究人员队伍单薄的问题，学者史文军在研究中表明某校油画校本教材仅由残疾人油画专职教师和一名美术教师共同合作开发编制①。据此，他提出聋生校本教材的开发研究应积极吸纳优秀聋人参与的同时，还应扩大校本教材开发研究人员的范围，囊括相关领域的专家学者；在校本教材的使用过程中，教师应该保持敏锐的嗅觉，及时捕捉新的资源，完善补充校本教材的内容。与此同时，学者高磊等人也持有类似的观点，他提出义务教育阶段聋生校本教材的编制缺乏相关课程领域的专业人员，普通任课教师受制于自身水平的限制，导致校本教材的开发研究存在系统性和科学性欠缺

---

① 周晔：《让校本课程走进师生心灵》，《现代特殊教育》，2009 年第 12 期，第 1 页。
② 史文军：《对聋校校本课程开发的认识与实践思考》，《绥化学院学报》，2013 年第 33 期，第 102—104 页。
③ 韩宝荣：《特殊教育学校校本课程研发的尝试与实践》，《西部素质教育》，2016 年第 4 期，第 15 页。
① 史文军：《对聋校校本课程开发的认识与实践思考》，《绥化学院学报》，2013 年第 33 期，第 102—104 页。

的问题①。

在解决掉"教材顶层设计缺乏"和"开发研究人员单薄"的问题之后，王丽娟还指出聋生校本教材的开发研究是一个周期较长、耗时费力的长久工程，她倡导各学校间应积极加强交流合作，尽可能缩短编制周期②。吴娟凤、徐伟和王青松等也提出了相同的观点，他们的具体观点如下：吴娟凤提出校本教材的开发研究周期较长，需要组内教师和专家学者加强合作，不断总结经验，选编、改编材料，最终形成校本教材③。徐伟、王青松也在他们的研究中提出义务教育阶段聋生校本教材的开发研究要历经收集准备、归纳分析、整理形成以及完善补充多个阶段④。关于聋生校本教材编排和使用，陈晓君提出当下部分校本教材的编排过于单一，教材更新速度较慢，仍然存在教师讲授为主的灌输式教学，削弱了校本教材本身的趣味性⑤。

义务教育阶段聋生校本教材在设计、开发和使用三个方面存在一系列问题，亟须聋生教育工作者深入其中，在校本教材的开发过程中努力解决存在的问题，促进聋生教育的发展，提高聋生的适应社会能力。

3. 成都市义务教育阶段聋生校本教材研究综述

从笔者目前收集到的资料来看，成都市义务教育段聋校校本教材研究文献资料非常稀少，只有在极少数文章中有简略提及。学者杨建梅指出：校本教材的开发应利用地域优势，开发适宜聋生的校本教材；校本教材的出发点和落脚点都应是聋生自身的实际需要；校本教材要尽可能地发挥学校每一位教师的作用，共同开发符合聋生发展特点的校本教材⑥。

学者石彩霞在《校本研修促进特殊教育教师专业发展的实践与思考》一文中

---

① 高磊、兰继军、王疆娜：《聋校语文校本教材开发的探索》，《中国特殊教育》，2010年第8期，第32—36页。
② 付晋蔚、刘宇晟、范光云：《聋校校本课程开发与建设研究述评》，《教育理论与实践》，2018年第2期，第39—41页。
③ 吴娟凤：《依托校本课程建设，培养聋生生存能力》，《现代特殊教育》，2009年第12期，第12—15页。
④ 徐伟、王青松：《注重聋生潜能开发，走个性化发展之路——〈聋校艺体校本课程开发实验研究〉研究报告》，《小学科学（教师版）》，2010年第2期，第16页。
⑤ 陈晓君：《语文识字教学的教材选择及其教学策略》，广州大学硕士学位论文，2015年5月，第13—29页。
⑥ 杨剑梅、吴芳、袁文琴：《利用地域优势，开发适合聋生发展需要的校本课程》，《现代特殊教育》，2009年第12期，第15—18页。

提出，由于特殊教育学校一直沿用全日制聋校教材，陈旧的教材与新课改实验要求大相径庭，难以满足聋生的要求，为此成立了以校长为组长的校本教材开发小组，分学期编写不同学科的校本教材①。

目前关于成都市义务教育阶段聋生校本教材开发的相关研究较为零散，但两位研究者都主张校本教材的开发应切实符合聋生的实际需求，最终目的都是为了促进聋生自身能力素质的提高。成都市是四川省特殊教育发展的领头羊，而聋生校本教材开发又是校本课程建设的一个重要组成部分，因此对成都市聋生校本教材开发进行深入研究是非常有必要的。

（二）国外研究综述

国外对校本教材开发的研究早于我国，但多是与校本课程开发放到一起共同研究，对校本教材开发的单独研究是比较缺乏的。

20世纪50年代，美国等西方国家教材的编写由专家和学者主持完成，而教材的评价却由社会人士完成，教材的编写、实施和评价三个环节之间存在严重的脱节现象。在20世纪60年代末，许多西方国家开始进行校本课程改革，出现了规模较大的"校本课程运动"，英、美等国家率先开始反思校本课程建设的问题，提出教师、学者和家长以及学生等都应参与校本课程的决策。此后校本课程和校本教材的开发大致经历了兴盛时期（1970—1980年）、衰落时期（1980年后至1990年）、转型时期（1990年以来）三个发展阶段。

澳大利亚、英国和美国等国家，在课程开发过程中，国家和学校有着明确的职能分工。国家的主要职能是制定统一的课程计划，学校需依据国家的课程计划，自主进行课程开发。因此，澳大利亚、英国和美国等国家的学校课程大都可以称为校本课程。而泰国、俄罗斯和法国等国家，由国家制定统一的课程计划，地方和学校需遵循国家规定的课程计划，只有少部分课时可以自主安排学习内容。

国外众多专家学者也纷纷表达出自己关于校本课程的观点，学者凯瑟琳·克

---

① 石彩霞：《研修促进特殊教育教师专业发展的实践与思考》，《教育与教学研究》，2013年第27期，第32—34页。

拉克（Catherine Clark）指出应在校本课程中加入职业技能方面的内容[1]。菲吕马克（Furumark）认为校本课程的开发是由教师、学生和学校行政人员为提高教育综合水平所计划和指导的各种活动，这其中包括校本教材的开发等内容[2]。学者麦克来伦（McMullen）主张从校本课程开发主要依赖的场所的视角确认校本课程开发，认为与国家课程、地方课程不同，校本课程主要开发者是学校[3]。莎巴（Sabar）强调校本课程开发是一个调动全校员工并不断整合各种资源的动态过程[4]。沃尔顿（Walton）认为校本课程在开发过程中，必须开发出新的教材与之匹配，或改变学校原有的课程教材，或学校自行开发新的课程教材，注重校本课程开发的产品或结果，认为校本课程开发的结果包括教材的选择、改编、新编[5]。

（三）研究评价

从以往研究来看，聋生校本教材的开发研究取得了较为丰硕的成果。在职业教育阶段和义务教育阶段都有了成型的校本教材，并投入使用，在实践过程中也获得了可喜的成绩，并总结了相关经验，为后面聋生校本教材的开发奠定了坚实的基础。

第一，许多学者都对聋生校本教材的内涵和外延做出了详细的介绍，使后续研究者清晰地了解聋生校本教材的概念，明确聋生校本教材的几个重要特征：（1）由学校主持开发编制。（2）立足于学校或者地区资源。（3）最终目的是为了促进聋生的发展，为后续研究者提供了明确的方向指引。

第二，为了科学地推动聋生校本教材的开发，全国多地对不同教育阶段的聋生进行了校本教材开发实施的教学实验，通过一系列教学实验总结了聋生校本教材开发的一些成功经验，如重视聋人教师的参与、开发编制人员不能仅由学校教师担任等。

---

[1] C. Clark, "Connecting the Dots: A Successful Transition for Deaf Students from Vocational Education and Training to Employment", Intensive Care Medicine, 2007, No. 35, PP. 1575-1583.

[2] OECD, School-based Curriculum Development, Paris, OECD, 1979, P. 11.

[3] OECD, School-based Curriculum Development, Paris, OECD, 1979, P. 11

[4] N. Sabar, Curriculum Development at School Level, In T. Husen & T. N. Postlethwaite (Eds.), InternationalEncycopedia of Education: Rearch and Studies (2nd ed.), Oxford: Pergamon Press PLC., 1994.

[5] C. Marsh, et al, Reconceptualizing School-based Curriculum Development, London: The Falmer Press, 1990.

第三，聋生校本教材的开发提高了聋生的社会适应能力，如有的学校编制了校本缝纫教材、校本种植教材等与本地实际情况关联性较强的职业技能教材，帮助聋生获得了实用的职业技能，为聋生的就业和生存提供保障。

虽然取得了相应的成绩，但还存在一些不足之处。主要有：

第一，关于聋生校本教材的开发研究零散、不成体系。聋生校本教材开发多依附于校本课程研究之下，在校本课程的研究过程中简略提及。截至目前，仅有关于特殊教育学校校本课程开发的著作，如黄建行和雷江华主编的《特殊教育学校校本课程开发》。关于聋生校本教材开发的专门研究极少，无著作形成，仅有少数期刊论文，且多停留于理论层面。

第二，校本教材开发人员构成单一，理论基础薄弱。义务教育阶段聋生校本教材的开发主要由特殊学校一线教师完成，教育专家关于聋生校本教材的开发研究是比较少的。

第三，聋生校本教材的开发研究缺乏科学参考标准。因聋生自身的特殊性，对聋生校本教材的评价反思参照标准多为普通义务教育段课程标准和特殊教育学校总的课程标准，缺乏针对性。我国在2016年才专门印发了盲、聋、培智三类学生义务教育段课程标准，使聋生校本教材的开发研究有了专业的参照标准。

第四，义务教育阶段聋生校本教材的开发研究深度不够。现有对校本教材开发人员的构成、教材内容的建构以及聋生校本教材不同版本的比较等研究大都停留于表面，泛泛而谈。

综上所述，笔者希冀通过对聋生校本教材开发的进一步研究，系统地呈现出我国聋生校本教材开发的现状，判断聋生校本教材是否符合聋生的身心发展特点和社会发展的需求，并且拟解决校本教材开发中聋生个体需求与社会需求的不相宜性。

四、核心概念的界定

（一）聋生

人们通常把听觉障碍称为"耳聋"，这是"聋"的广义概念。从狭义上讲，"聋"专指听力损失严重的情况。在生理学领域，"聋"是指听力损失90分贝

(dB) 以上的情况，90 分贝（dB）以下称为重听。本专题涉及的"聋生""聋校"中的"聋"都是广义的概念。

对于听力障碍的具体内涵，学者们进行了专门的探讨和研究。盛永进提出在我国的法律法规中，最为常用的是"听力残疾"这种表达方式，我国《第二次全国残疾人抽样调查残疾标准》（2006 年）中规定，"听力残疾"是指人由于各种原因导致双耳不同程度的永久性听力障碍，听不到或听不清周围的声音，以至于影响正常的社会生活[①]。

学者史俐和崔吉平认为："耳聋是由于各种原因（包括听力传导路径的器质性或功能性病变）引起的听觉功能损害，程度较轻者也称为'重听'，显著影响正常语言交流者称为'耳聋'。'耳聋'也叫'听力障碍'，是人感受声音大小和辨别声音能力下降的一种表现。"[②]

我国参照 ISO（国际化组织）、WHO（世界卫生组织）制定的听力标准制定了中国听力残疾的标准。具体见下表。

表 13—1 听力残疾对照表

听力损失程度（dB）	中国标准		WHO、ISO 标准	
	类别	分级	分级	程度
>110	聋	一级聋	G	全聋
90—110		二级聋	F	极重度
71—90	重听	一级重听	E	重度
56—70		二级重听	D	中重度
41—55			C	中度
26—40			B	轻度
0—25			A	正常

（资料来源：《中国残疾人手册》，北京：地震出版社 1988 年版。）

（二）校本教材

目前对"校本教材"概念的界定还未明确，有关校本教材的概念大多是从校

---

① 盛永进编：《特殊儿童教育导论》，南京：南京师范大学出版社 2015 年版，第 154 页。
② 史俐、崔吉平编：《聋人百科词典》，合肥：安徽人民出版社 2011 年版，第 1 页。

本课程的概念中引申而来的。学者王秋菊认为"教师个体或群体按照校本课程的要求,基于学校现有或待开发的教育资源而编制的教学材料就是校本教材"[①]。许世华对"什么是校本教材"做了详尽的界定,他认为校本教材是学校参照国家和地方课程标准,为满足学生个性化发展的需要,参照教育学以及课程与教学论的知识,利用学校的教育资源而开发编制的自编教材[②]。

本专题中笔者认为:聋生校本教材是国家教材的一种补充形式,依附于校本课程之下,针对聋生自身存在的发展障碍,立足聋校或聋校所在地的教育资源,由聋校教师和相关领域专家参照国家课程标准开发编制的自编教材。

(三)校本教材开发

对"校教材开发"的界定,源于对"校本课程开发"的理解,而实际上"校本教材开发"也并没有一个统一的概念。

在我国,有关校本教材的开发,总的来说,有两种大的形式:一种是对国家和地方教材内容进行进一步的挖掘,是国家和地方教材的校本化;另一种则是依据聋生的个体需求和社会发展需要,立足学校资源,以教师为主体,自行编制校本教材,并对所开发的校本教材的价值进行客观评价,整个开发过程是动态循环的,"确立开发内容"—"组建开发队伍"—"呈现开发结果"—"评估开发结果(包括对教材内容的评估和教材使用效果的评估两个方面)"—"改进不足"这五个部分仅是校本教材整个开发过程的第一个周期,明确"改进内容"之后,便会重复之前的各个环节。故此,我们说校本教材的开发是一个动态的开发过程。

在本研究中,笔者提到的聋生校本教材的开发,是指后一种形式的第一个周期。笔者基于国家颁布的聋生义务教育课程标准和聋生语言障碍的特点,对聋生校本教材的开发过程进行深入研究,对最终的开发结果进行客观评价,并针对不足之处提出相应的对策和建议。

(四)义务教育

在《教育大辞典》中,"义务教育"也称"强迫教育",具体是指"根据国际

---

① 王秋菊:《语文校本教材开发的理论研究》,浙江师范大学硕士学位论文,2010年5月,第1—6页。
② 许世华、曹军、谭会恒:《关于校本教材建设的几点思考》,《高教论坛》,2012年第3期,第49—51页。

法律规定对适龄儿童实施一定年限的、普及的、强迫的、免费的学校教育。各国实施义务教育的年限基本上由各国的经济发展水平和文化教育程度所决定"。1985年我国通过了《中共中央关于改革教育体制的决定》,要求我们国家实行九年义务教育。①

本研究所提的"聋生义务教育"是指在特殊教育学校内,对适龄聋童实施一定年限的、普及的、强迫的和免费的学校教育,教育年限与普通儿童保持一致,都实行九年义务教育。

五、研究思路和研究方法

(一) 研究的思路

本研究将成都市聋生校本教材的开发作为研究对象,立足于文化和教育理念的双重背景,从中国特色新课程观的视角出发,对成都市聋生校本教材的开发情况进行深度地剖析,进而根据《聋校义务教育课程标准》的基本理念和要求以及聋生的身心发展规律,对成都市聋生校本教材开发中的不足进行原因分析,并针对相关问题提出解决对策,以试图解决聋生校本教材开发存在的问题。

(二) 研究方法

1. 文献法

文献法是指用查阅文献资料的形式,以搜集到的文献资料为主要的参考材料,对社会中存在的问题和现象进行研究的一种方法。本研究通过西华师范大学、乐山师范学院和武汉大学的图书馆网络数据库以及读秀、超星等搜索引擎和相关实体图书资料,对聋生校本教材开发的研究进行全面了解,对搜集到的材料进行整理、归纳和分析,尝试从整体上把握聋生校本教材开发的现有研究程度,充分汲取和借鉴前人的研究成果,形成了自己的研究思路和方法。

2. 访谈法

为了获取成都市聋生校本教材更翔实和更具体的资料,2018年10—12月,

---

① 顾明远主编:《教育大辞典》第1卷,上海:上海教育出版社1990年版,第69页。

笔者对成都市多所特殊教育学校进行调查,其中重点对成都市特殊教育学校和双流区特殊教育资源中心进行了实地调查,并对其中 11 名教师进行了深度访谈。

3. 问卷调查法

本研究的调查问卷采用自编的《聋生校本教材开发调查问卷》(见附录),分为"教师使用"和"学生使用"两个部分,并通过试测检验后,符合信度和效度的基本要求,以成都市特殊教育学校和双流区特殊教育资源中心的部分聋教育教师和聋生为调查对象。调查于 2018 年 10—2 月进行,共发放聋生问卷 119 份,收回 116 份,其中无效问卷 5 份,有效问卷为 111 份,问卷有效率为 93.28%;发放教师问卷 51 份,收回 50 份,其中无效问卷 4 份,有效问卷 46 份,问卷有效率为 90.19%。并使用统计软件 SPSS22.0 对问卷的数据进行了统计分析,保证调查结果的准确性和科学性。

第二章 聋生校本教材开发的理论阐释

一、聋生校本教材开发的必要性

(一)聋生校本教材在校本课程中地位的欠缺

聋生校本课程的本质是以聋校为本,以聋生身心发展为核心,结合当地特色,帮助聋生适应、融入社会,促进聋生发展。"校本课程"是一个"外来语",最早出现于英、美等国,校本课程的出现改变了课程由上面下的长周期开发模式,建立起以学校教师和学生为主导、为本位的课程开发机制,使课程层次更加丰满，能够满足社会的快速发展和学生的身心需求[①]。但在实际的开发过程中，校本课程并未到达如期效果，其中最主要的原因就是聋生校本教材在校本课程建设中的欠缺。教师缺乏科学的课程实施媒介，一些校领导和教师没有开发校本教材的意识，即使部分学校存在校本教材，其教材质量也较低，教材的开发与设计缺乏系统性、科学性和审美性，更无与教材配套的使用说明，甚至将部分当作整体，用简易的课程方案来充当校本教材，教材编写标准模糊、教材开发过程粗糙等现实问题影响了聋生校本课程发展，因此开发聋生校本教材是非常有必要的。

（二）聋生特殊的身心发展特征

听觉是人类适应环境和认识自然的重要途径。聋生听力的损失为聋生带来了严重的言语沟通问题，生理的缺陷对聋生的心理发展产生了阻碍。

言语是聋生回归主流社会、与健听人进行交流的最普遍的交流工具。由于听力的损失，聋生无法像普通学生一样通过听觉发展出良好的言语能力。聋生思维的发展需要借助语言、表象或动作实现对客观事物的认识，聋生的感知觉是进行思维的基础。因听力受到损失，聋生在进行思维活动时不能充分利用听觉渠道感知环境，而是通过视觉通道，依赖视觉表象。聋生的思维受到事物外在形象的影响，不能很好地认识事物的本质特征和事物间的内在联系，在长时间内形象性思维占主导地位。

聋生的成长是生理和心理的发展，也是逐渐适应社会的过程。社会适应是"个体相符于所处的社会环境的需要以及相适应的社会期望而产生的，它包括个体通过改变行为或态度以学会和环境保持一种协调的关系，从而在符合社会期望的同时也能够令自己感到满意。"[②] 聋生因听力残疾，存在言语沟通障碍，导致在了解社会生活与社会适应方面都存在落后正常儿童发展的现象。因此，遵循聋生身心发展特征来开发校本教材，以促进聋生发展是很有必要的。

[①] 吴刚平：《校本课程开发的特点与条件》，《教育研究与实验》，1999年第3期，第28—31页。

[②] 盛永进编：《特殊教育儿童导论》，南京：南京师范大学出版社2015年版，第155页。

二、校本教材开发的原则

特殊教育学校聋生校本教材的开发是特殊教育学校实现校本课程目标的渠道之一，它承载着为教师和学生搭建教学互动桥梁的作用，是校本课程实施的重要媒介。2001年我国提出三级课程体系，拉开了校本课程开发的序幕，也为校本教材的开发创造了条件；随后2007年提出《聋生课程设置实验方案》和2016年颁布《聋校义务教育课程标准》为聋生校本教材的开发提供了具体的方向和要求，聋生校本教材的开发开始走向规范化的道路，在规范化开发的过程必须遵循一定的开发原则。

（一）实用性原则

实用主义的英文单词是 Pragmatism，是从希腊词 πραγμα 派生出来的[①]，实用主义哲学的基础思想就是"实用性"，实用主义哲学产生于19世纪70年代，在20世纪成为美国的主流思想，是一种常见的现代哲学派别，其奠基人为威廉·詹姆士（William James，1842—1910）[②]。杜威在实用主义哲学的基础上提出了实用主义教育思想，杜威的实用主义教育思想批判传统教育忽视儿童的身心发展规律，教育内容远离儿童的社会生活，主张"教育即生活"，重视儿童已有的知识和经验，强调以儿童为中心的教学实践[③]，在开发聋生校本教材时遵循的实用性原则便是源于此处。

聋生因听力残疾，无法接收声音信息，从而导致聋生的语言理解能力（包括书面语理解能力）低下，远低于普通人的平均水平。实用性原则就是指特殊教育学校所开发的校本教材能够应充分考虑聋生理解能力，选取适合聋生发展的内容作为教材开发素材，让学生在生活经验或者贴近生活经验的情景下，学习能够使聋生有质量地生活的内容。

---

① 田良臣、胡冰洁：《中国语境下杜威教育思想的误读与澄清》，《教育科学研究》，2017年第11期，第91—94页。
② 弗兰克·梯利著：《西方哲学史》，北京：光明日报出版社2014年版，第557—559页。
③ 黄书光：《实用主义教育思想在中国》，《教师教育研究》，2000年第5期，第1—11页。

(二) 发展性原则

发展是一个哲学词汇，是旧事物经过量变和质变成为新事物的变化过程。在 20 世纪 60、70 年代，苏联教育学家赞可夫（Занков Леонид Владимирович, 1901—1977）提出了发展性教学理论，不仅强调学生认识能力的发展，更强调教学方法的习得，在学生发展的基础上掌握知识和技能。在校本教材开发过程中，遵循发展性原则是指校本教材的开发不仅要满足聋生未来的发展需求，也要在教材内容的选择过程中用发展的眼光看待各部分教材内容发展的可能性，充分考虑学习主体的潜在发展优势，不被当前的各种局限束缚。从整体出发，仔细研究学生的学习兴趣和动机等内部因素，科学论证校本教材内容的逻辑性和科学性，发挥聋生的潜在发展能力，为其提供合适的文化和技能知识，进行适宜的感情和思维引导，重视聋生自身内部可提供的潜在发展力，不仅可以促进聋生的智力发展，还可以丰富聋生的精神世界和情感世界，增强聋生的自信。

(三) 多元性原则

聋生社会化的过程是文化知识的普及过程，聋人作为社会边缘群体，在发展过程中，其习俗、禁忌、价值观等逐渐得以确认，并逐步发展成聋人文化[①]。聋生在接受聋人文化的过程中，受到多种文化的影响，如聋人文化、地方文化以及普通人形成的主流文化，它们共同作用于聋生的成长发展。这种多元文化教育要求在对聋生校本教材的开发过程中，应遵循多元性原则。

具体而言，首先，特殊教育学校在进行聋生校本教材的文化选择时，所选内容既要能突出学校文化和地方文化特色，又要体现出聋人群体独特的聋人文化，最后还要融入我们的社会主流文化，将不同类型的文化以科学的方式组合，系统地呈现于校本教材之中，为聋生"文化成人"提供多元文化需求。其次，在聋生校本教材开发的过程中，参与主体、开发目的、方法以及评价的多元性都应有所体现，以一种开放的态度容纳不同的主体参与开发实践，以多元化的评价体系对校本教材的开发进行反馈和改善。

我们在这提到的多元文化教育不同于国外的多元文化教育，中国的多元文化

---

① 张松柏、徐铁卫：《西方聋人文化影响下的中国聋人文化研究》，《中国特殊教育》，2010 年第 4 期，第 23—27 页。

教育有更多的"本土性",我们国家是一个多民族的统一国家,区域间的民族文化百花齐放,经历漫长的历史演变,各民族之间出现了文化交流和文化融合。因此,我们的教育文化也就更具有多元性。在特殊教育学校课程改革中,结合校本教材开发的形式进行多元文化教育是一个良好的发展方向,但仍需广大教材开发者不断努力,才能形成系统和完善的教材体系。

三、校本教材开发的理论基础

(一)"活教育"理论

受杜威和克伯屈的实验主义和进步主义教育思想影响,陈鹤琴面对中国旧教育脱离生活、死读书本的处境,提出了"教活书,活教书,教书活;读活书,活读书,读书活",并据此提出了"活教育"的理念[①],陈鹤琴经过七年的教学实践将活教育理念发展为一个较为系统和科学的教育理论体系。

陈鹤琴认为,传统教育的学习内容过于封闭陈旧,先生机械地教,学生呆滞地学,在封闭的教育环境中注定会培养出"书呆子"。他还认为传统教育固执地照搬当下现行教材的内容,即使教材与学生严重脱节,仍以落后、死板的书本知识为课程内容。鉴于传统教育存在的不足,他提倡在自然和社会中为学生开发出新的教材。陈鹤琴所提的新教材是指生于自然和社会,长于自然和社会的直接的书,为幼儿创造能够直接在社会和自然中获取知识、经验的教育环境。

"活教育"理论虽批判旧教育中的教材呆板,却并不完全扔掉书本,只是突出旧教育在一定程度上阻隔了儿童直接接触自然和社会的机会,儿童的教材应是源于自然和社会,与社会和自然保持紧密联系,尊重儿童的身心发展规律。陈鹤琴"活教育"课程论强调课程内容应根据学生的心理、生理和社会需求组织构建,重视儿童的社会生活经验,充分考虑学生的兴趣和能力水平。

---

① 李娜:《陈鹤琴:"活教育"的先驱》,《教育与职业》,2009年第31期,第104—106页。

"活教育理论"同样适用于聋生校本课程的开发,从自然和社会中为聋生寻找"活教材",聋生校本教材的开发就是在生活和自然中为聋生寻找"活教材",使聋生能够直接阅读"自然"和"社会",聋生校本教材的开发是陈鹤琴"活教育"课程论思想在聋生教学中的科学实践,将教育理论转为了直接的教育实践活动,与聋生教育新课程标准规定的教材方向和目标完全一致。

(二) 建构主义理论

建构主义兴起于 20 世纪 80 年代,最早植根于英国经验主义哲学,但最为人熟悉的来源还是认知心理学,其中最为杰出的代表人物就是皮亚杰(Jean Piaget,1896—1980)和维果茨基(Lev Vygotsky,1896—1934)[①],皮亚杰从认识产生的角度提出"认识是以儿童已有的知识和经验为基础主动建构的",是建构主义的核心观点。维果茨基吸收和借鉴了皮亚杰的认知发展理论,强调社会文化历史在儿童成长中的作用,提出"最近发展区"这一重要概念。罗伯特·斯滕伯格(Robert J. Sternberg)和卡茨(Katz)则强调学习者要主动建构起科学的认知结构,注重学习者在建构过程中的主动性,这些理论使现代建构主义进一步充实、丰盈,为我国教学实践提供了科学的理论指导。[②]

建构主义认为知识的获得是个体在一定社会文化环境中,凭借教师的帮助,利用贴切的教育材料,在原有的认知结构上主动进行意义建构的过程。如上所述,聋生在学习知识时,头脑并非完全空白,在学习之前,就已经对社会生活中的事物有了一定程度的理解和认识。在新知识的学习过程中,聋生需基于已有的知识经验,主动进行内部信息加工生产而形成新的认知结构,这一建构过程需在原有社会文化的背景下主动完成,若学习者原有知识背景与所需建构的新的知识和经验差异较大,则会严重影响聋生的主动建构过程,降低学习质量,甚至还会错过聋生的最佳发展期。

---

① 武晓燕:《试论建构主义理论对英语教学的启示》,《外语与外语教学》,2006 年第 2 期,第 33—35 页。
② 孔宪遂:《试论建构主义理论对教学的启示》,《清华大学教育研究》,2002 年第 1 期,第 128—133 页。

聋生因听力障碍导致语言能力的发展落后，继而影响了聋生对基本知识和他人经验的获取。我国地域辽阔，各地文化流光溢彩，多元文化的发展对各地区聋生的学习提出了不同的挑战。为克服地区文化背景差异，帮助聋生在学习过程中依靠原有知识背景主动建构新的文化知识、生产生活技能、生活态度和价值理念等，必须选用与聋生已有社会文化背景较为相符的学习材料，以聋生为中心，帮助聋生主动建构适应当前社会生活的新的认知结构。聋生校本教材的开发是基于建构主义理论，为聋生提供科学系统的学习材料，将学生引入熟悉的学习情景中，让聋生在充分熟悉已有知识的背景下进行学习，拓展兴趣，开辟新的学习路径。

（三）中国特色新课程观

课程是一种有规律的"生态系统"，由教师、学生、教材和环境四个因素动态交互而形成[①]，教材是课程的主要实施媒介，在与其他课程要素系统整合后，才能形成系统、科学的课程系统，发挥教材育人的功能。

新课程观强调对话式教学，教师与学生以一定的环境为中介，双方之间进行交流和分享，革除了传统教育的"独白式教学"（也称为"灌输式"教学），转为由"对话式教学"掌控整个教学过程中的逻辑与进程。教育也不再是巴西教育学家保罗·弗莱雷（（Paulo Freire，1921—1997）所说的"储蓄行为"，在新的教学模式下学生的情感、态度和价值观得到重视，教育本真异化的趋势得到了良好的改善。[②]

新的历史条件下，每个独立的个体都需要自由全面的发展，我国基础教育在新的时代发展中出现了新的课程观。新课程观注重人的生活经验，提倡在当下的生活世界中对教育内容进行理解、批判和实践，进而连接学生当前生活与未来生活。其主要包括以下几个方面：

第一，学生在课程中占有主要地位。儿童的社会生活、学习生活以及为了可能出现的生活构成了课程内容的主要方面，而不是笼统模糊地复制成人的陌生生活。聋生校本教材开发的主要依据就是聋生的现实生活和未来可能的生

---

① 朱晓红、文理中：《新课程背景下区域特色体育在教学中的发展路径研究》，《贵州体育科技》，2014年第2期，第21—23页。
② 周先进：《新课程改革的课程观是什么》，《天中学刊》，2008年第3期，第8—10页。

活,聋生在新课程理念下,与校本课程进行对话,使自己的才能和整体素质得到提高,在这种聋生主动与校本课程进行对话的教育环境中,聋生校本教材是最主要的对话媒介,聋生校本教材的有无、内容的优劣直接关乎聋生的成长发展。

第二,"生活世界"是课程内容的范围。"生活世界"指的是人生活过程中心物统一的世界,人生活在其中,对人有意义的世界将是"生活世界"作为课程的内容范围,体现了生命意识和动态成长过程。[①] 聋生的校本课程应将聋生的真实生活纳入课程体系内,将聋生的真实生活作为课程的组成部分,不再以单纯的间接经验的堆积为课程内容。以聋生"生活世界"作为背景和来源,开发聋生校本教材是对新课程观具体内涵的科学实践,只有开发系统的校本教材,聋生的校本课程才能真正成为沟通聋生现实生活和未来生活的桥梁,打破将儿童定格于"书本世界"的困局。

第三,儿童通过反思和创造构建了具有人生意义的课程活动。学生反思和创造的对象应是课程提供的。与传统课程观的内容相比,新课程观提倡学生在学习过程中要主动对学习内容进行理解、体验、反思、探究和创造,强调学生的主体作用。教师和学生成为了课程的建构者和创生者,不再是机械地学习课程内容。课程开发最主要的部分是构建科学、系统的知识内容,课程内容直接影响着学生和教师以何种角色存在于教育之中。聋生校本教材是校本课程内容的主要载体,开发聋生校本教材是教师和学生构建课程内容的主要手段,由教师主导开发的聋生校本教材对聋生的反思性和创造性活动有积极的促进作用,聋生通过学习科学和系统的校本教材从而构建起有意义的人生。[②]

---

① 郭元祥:《新课程背景下课程知识观的转向》,《全球教育展望》,2005 年第 4 期,第 15—20 页。
② 王利、张景生、赵厚福:《新课程观与网络课程设计》,《中国远程教育》,2011 年第 15 期,第 88—90 页。

第三章　成都市特殊教育学校义务教育阶段聋生校本教材开发概况

一、成都市聋生校本教材开发背景

（一）成都市教育法律政策的引导

教育政策对教育改革起着重要的导向作用。为贯彻《中共中央国务院关于深化教育改革全面推进素质教育的决定》和《国务院关于基础教育改革与发展的决定》的要求，2001年教育部印发了《基础教育课程改革纲要（试行）》，指出教材改革应有利于学生和教师双方的发展，学校要依托自身的教育资源，主动开发校本课程，倡导教材多样化，改革用行政手段指定使用教材的做法，为校本教材的开发提供了广阔的天地。

2014年教育部、发展改革委、民政部、财政部、人力资源社会保障部、卫生计生委、中国残联等七部门联合印发了《特殊教育提升计划（2014—2016年）》（以下简称《计划》），提出建设新型的课程教材体系，特殊教育学校应结合国家义务教育课程标准和聋生的发展规律，制定科学的课程标准，新编和完善特殊教育学校的课程教材，该《计划》使聋生校本教材的开发有了具体政策依据。

2016年教育部印发了聋校义务教育课程标准，指出特殊教育学校的教材要做到灵活、多样，要依据国家制定标准和聋生的成长规律主动开发新的聋生教材，以适应各学校、不同聋生间的差异和实际发展需要。

2017年，教育部等七部门出台了《特殊教育提升计划（2017—2020年）》明确提出特殊教育学校需根据义务教育课程标准，编制中小学教材。

2014年，四川省教育厅等七部门联合发布《关于特殊教育提升计划（2014—2016年）的实施意见》，指出要加强校本课程和校本教材的建设。同年成都市教育局等七部门发布了《成都市特殊教育提升计划（2014—2016年）实施方案》，指出要深化特殊教育教学改革，开发校本教材，提升残疾学生的职业技能，强化生活技能和社会适应能力。

2018年，四川省教育厅等部门联合印发《四川省第二期特殊教育提升计划（2017—2020年）》，提出落实国家新颁布的聋校义务教育课程标准，鼓励研发校本课程和教材，推进差异和个别化教学。

上述法律法规政策的颁布和实施为聋生校本教材的开发提供了政策上的导向以及法律上的切实依据，聋生校本教材的开发有了国家和地方政府的扶持和保障，在开发的路程中步子可以走得更稳，步伐可以迈得更大。

（二）聋生的学习能力落后，需要科学的校本教材

听觉是人类适应环境和自然的重要途径，聋生听力损失首先影响的是言语和语言的发展，继而带来的是思维发展和社会适应等问题。普通儿童在自然环境下习得有声语言，随着大脑的逐渐成熟，听觉器官通过大量的语言刺激，在一岁左右时可发出有意义的单词，一岁半到两岁左右习得简单句，随即掌握越来越复杂的句子，入学前已基本掌握社会主流语言的口语形式，为后续书面语的学习奠定了基础。聋生与普通儿童相比，在语言发展的关键期缺乏语言的物质外壳——语音，无法利用语言刺激发展口语能力，出现口语词汇量偏少、语法错误以及辨别同音异义词能力弱等情况，继而影响书面语能力的发展，导致聋生出现用词不当、句子成分出现错误等问题，语言理解和阅读能力远低于普通儿童。[1]

思维是以语言、表象或动作为媒介对客观事物的概括或间接的认识，是认识的高级形式[2]，听觉是思维进行的基础，聋生由于听力损失导致思维的发展也具有特殊性。聋生的思维主要依赖于事物的具体形象，不易掌握抽象的概念，如他们理解的"儿子"或者"女儿"仅是他们自身的形象，这种思维的具体性存在于每个年龄段，甚至在高年级（14岁左右）仍然存在。由于语言发展迟缓，聋生

---

[1] 盛永进主编：《特殊儿童教育导论》，南京：南京师范大学出版社2015年版，第157—160页。

[2] 彭聘龄著主编：《普通心理学》，北京：北京师范大学出版社2001年版，第242页。

的概念存在模糊、贫乏等问题，对概念理解不透，经常会出现"知苹果"而"不知水果"的情况，但在操作和直观分析方面聋生会变得得心应手，甚至比普通儿童分析得更加细致，同时也存在分析不深刻的问题①。

特殊教育学校聋生课程与教学的主要目的是促进聋生的全面发展，激发聋生潜能，使之适应社会生活、融入社会生活。聋生的听力残疾带来的不仅是语言发展问题，由于语言能力低下造成聋生的思维、注意以及社会适应和交往等能力发展不足，以至于近些年聋生的教学一直在低谷之中徘徊，没有明显的教学效果。在聋生身心发展明显异于普通儿童且教学效果长期低迷的背景下，开发校本教材是破除桎梏的有效方法。

（三）现行聋生教材难以满足聋生发展的需要

从第一所聋校创立至今，聋生的教材问题一直未得到有效的解决，因为没有专门的聋生教材，大多数特殊教育学校直接使用普通学校教材。即使发展至今，为聋生专门编制的部编语文教材，也只编制到小学二年级上册，其他学科教材开发编制更加缓慢。普通学校教材的使用对象是各方面发展正常的普通学生，其内容对聋生而言，必定会出现难、空、广等问题。虽然聋生教师在授课过程中会自主对内容进行删减，降低难度，但非常倚仗教师自身的能力水平，教师自身能力水平的不一致，也会导致教学效果的参差不齐。聋生教学效果的长期低迷，充分说明在没有科学、系统的教材时，仅靠聋生教师个体的努力，既不能有效提升教学效果，也不能促进聋生自身能力的发展。

普通学校教材自身也存在许多问题，人教版、北师大版和苏教版等不同版本的教材，都存在部分内容脱离学生实际生活，教材版本老旧等问题。许多版本的教材正处于更新换代的过渡期，如人教版语文教材更新到小学二年级、苏教版语文教材更新至三年级。内容陈旧的普通学校教材在聋生教学中必然会产生更大的不良反应，阻碍聋生的身心发展，使其难以适应社会，独立生活。在这种聋生统编教材匮乏、普校教材陈旧的背景之下，特殊教育学校依托学校优势资源，开发聋生校本教材是适应时代发展潮流的明智之举，是落实聋校义务教育课程标准的切实行动。

---

① 方俊明、雷江华主编：《特殊儿童心理学》，北京：北京大学出版社2011年版，第134—137页。

二、成都市聋生校本教材的开发现状

根据成都市统计局发布的最新年度统计报告显示：2017年度，成都市特殊教育学校共有22所，专任教师548人，新招收学生925人，在校人数6207人，其中聋生约510人左右[①]。经调查，成都市22所特殊教育学校中只有成都市特殊教育学校和双流区特殊教育资源中心对聋生校本教材进行了较为全面的开发和研究。部分学校的校本课程内容由教师自行决定，带有较大的随机性和盲目性，个别学校不仅没有系统的校本教材，甚至校本课程就是语文课，只有校本课程的躯壳，缺乏系统内容。从整体看成都市特殊教育学校义务教育阶段聋生校本教材的开发仍处于初级阶段，在后续发展中需在国家三级课程体系的背景下，以聋校新课标为导向，切实做好聋生校本教材的开发。

（一）成都市聋生校本教材的开发目的

经调查访谈，成都市特殊教育学校义务教育阶段聋生校本教材的开发目的主要分为两个方面：

第一，提高聋生身心发展与现行教材的契合度。聋生多为寄宿生，与社会接触较少，生活经验不足，而现行的义务教育阶段聋生的教材多为人教版和北师大版的普通学校教材，这两个版本的语文和数学等教材内容广、程度深，教材内容不适合聋生学习。还有个别学科教材在使用过程中出现两极分化的问题。在美术学科中，使用普通学校统编教材时，出现低年级学生"吃不进"，高年级学生"吃不饱"的两极情况。为改善聋生教材问题，提高聋生身心发展与教材的契合度，必须进行聋生校本教材的开发。

第二，增强聋生的社会适应能力。聋生社会适应能力的增强主要分为文化知识和实用技能两个方面。聋生与智力障碍、自闭症等特殊学生不同，聋生可以通过高考，升入高等院校，如天津理工大学、重庆师范大学、乐山师范学院、北京

[①] 《成都统计年鉴·2018》，见成都市统计局网（http://m.chdstats.gov.cn/htm/detail_123764.html），2018年12月19日发布。

联合大学和天津城市职业学院等，这些高等院校都招收聋生，对聋生进行高等教育。为进入高等院校，聋生必须通过英语等学科的高考测试，英语在众多应试科目中是最困难的，且没有专门的英语学习教材。无论是人教版还是外研社的英语教材，内容都过于深奥，不利于聋生学习。初中是聋生英语学习的起点，初中英语水平的高低直接影响着聋生的高考成绩，为提高聋生的英语水平，成都市特殊教育学校开发了适合聋生学习的英语校本教材。该教材投入使用后，有一百多名聋生进入国内外高等教育院校深造学习。据国外考察带队教师证实，聋生还能够使用英语的书面语形式与外国学生进行交流互动。

部分能力较好的聋生通过高考进入高等院校学习，其余能力一般的聋生，则需要学习生活的实用技能，增强社会适应能力，回归主流社会。聋生思维的直观性和以视觉为主要信息通道的特点，有利于聋生学习实践技能。因此，为聋生开发了蜀绣、剪纸和版画等校本教材，聋生通过学习，掌握了蜀绣、剪纸和版画等传统工艺。

（二）成都市聋生校本教材开发的人员与流程

校本教材的开发人员主要由校内教师、校内领导和相关专业人员构成。成都市聋生校本教材的开发流程分为"上位开发"和"下位开发"两种。聋生校本教材的"上位开发"是指由学校根据国家颁布的法律法规政策，依托学校的优势资源，针对聋生发展特点，确立校本教材的开发学科，根据学科特点组建校本教材开发小组，组内成员共同构建校本教材的内容，然后将已开发好的校本教材交由学校审核。"下位开发"指的是相关学科任课教师在日常教学中，通过授课经验的积累，自发或无意间形成校本教材的雏形，直接投入课堂使用，在取得一定成效后，被学校领导认可，给予经费支持，将其刊印成册，成为聋生的校本教材。第一种开发流程看似更加科学合理，但在实际开发过程中，教材开发小组只有本校教师，且缺乏合作，所谓的教材审核也只是交由学校领导审核。从本质来看与第二种开发流程没有什么区别，缺乏科学性和系统性。

（三）成都市聋生校本教材的建构

成都市聋生校本教材的建构往往与学科、地方文化等因素紧密相连。聋生校本教材作为聋生校本课程的主要实施媒介，在一定程度上是课程内容的直接呈现，校本教材的有无以及教材质量的高低是校本课程是否成熟的重要标志。成都市关于聋生的校本教材现有蜀绣、剪纸、版画（粘贴版画、综合版画、木刻版画）和英语阅读等学科，以下就其中最具代表性的四科校本教材进行具体分析。

1. 双流区特殊教育资源中心聋生《蜀绣》校本教材的建构

（1）《蜀绣》校本教材的文化背景

蜀绣又名川绣，产于四川成都、绵阳等地，是中国四大名绣之一，2006年5月20日入选为第一批国家级非物质文化遗产名录。2007年6月5日，经国家文化部批准，成都市的郝淑萍成为了该文化遗产项目代表性传承人。蜀绣被称为"蜀中之宝"，而闻名于世，有花鸟、山水、人物和虫鱼等多类题材。一千多年来，初步形成针法严谨、片线光亮、针脚平齐、色彩明快等特点。[①] 蜀绣文化是"川蜀文化"中极具代表性的一种，在成都市有一千多年的文化、技艺传承，蜀绣技艺的直观性也益于聋生的学习。

（2）《蜀绣》教材的章节内容

聋生《蜀绣》教材共分为5章节。第一章是蜀绣的背景与发展，介绍了蜀绣的历史渊源和发展。第二章是蜀绣的特点及针法，介绍了蜀绣所需的材料，如锦、缎、绢、纱、绉等，详细地描述了蜀绣的技法特点和十几种常用针法。第三章双面图牡丹针法，介绍了其中的主要针法、针法顺序以及双面图牡丹在我们国家的寓意。第四章是单面图荷花绣法，介绍了《单面图荷花》绣法的主要针法、刺绣顺序和荷花的代表寓意。第五章是蜀绣图代表作，主要展示了《美丽牡丹》《夏日荷塘》《荷花别样红》《蝶恋花》和《一枝独秀》五幅蜀绣作品。

（3）蜀绣教材的呈现形式

聋生校本教材的内容呈现方式是影响校本教材质量的一个关键因素。从整体上看，《蜀绣》教材按照蜀绣的知识体系的内在逻辑，以文字和图片结合的形式呈现出系统的、层级式的蜀绣知识体系，属于系统式呈现。从蜀绣的发展背景到蜀绣的主要针法，再到最后的"蜀绣作品赏析"，从整体来看，这种递进是比较有顺序性的，符合聋生的身心发展规律，有利于聋生形成关于蜀绣的整体图式[②]。

---

① 朱华：《蜀绣文化探讨》，《四川丝绸》，2008年第4期，第44—47页。
② 曹建召：《语文教材知识编排方式探讨》，《语文建设》，2009年第4期，第52—54页。

(4)《蜀绣》校本教材的价值分析

从价值维度对《蜀绣》教材进行价值定位，就是人们对《蜀绣》教材进行价值维度的评价。教材的价值分为工具性价值和实体性价值。工具性价值是指教材作为工具帮助学生达到理想状态的工具性作用。叶圣陶先生认为教材是各学科的重要工具①。《蜀绣》教材是聋生学习蜀绣课程的重要工具，其工具性价值主要表现为聋生通过《蜀绣》教材习得了传统的蜀绣技艺，获得了基本生活技能。《蜀绣》教材是蜀绣技术的文本载体，在聋生的学习过程中起到了关键的工具性作用，在教学过程中传承了蜀绣工艺技术。《蜀绣》教材的实体性价值主要指的是蜀绣传统工艺适合聋生的学习，是科学、适宜的聋生教材。

2. 双流区特殊教育资源中心聋生《剪纸》校本教材的建构

剪纸是一种镂空艺术，成型的剪纸作品能够给人一种美的享受，是最常用的民间装饰品之一。剪纸艺术的学习主要依靠人的视觉，符合聋生以视觉感知信息的特点，有利于聋生的学习。

(1)《剪纸》校本教材的文化背景

剪纸是我国重要的传统工艺之一，有着深厚的历史渊源，流行于多个地区，逐渐形成了风格各异的艺术派系。剪纸不仅体现着劳动人民的审美情趣，还蕴藏着各个民族的社会文化底蕴，也是中国最具特色的传统技术工艺之一，其样式和艺术风格尤其值得研究。传统剪纸作为中国本源哲学的体现，在艺术形式上有着吉祥、美观、大方的特征，同时传统剪纸用自己固有的表现形式，彰显出特有的民族文化的精神。按色彩来分，剪纸可分为单色剪纸和套色剪纸来两种。单色剪纸是用单颜色纸剪出来的作品，在剪纸作品中最为常见，有着朴素的文化底蕴；套色剪纸是用多种颜色的纸剪出的装饰作品，有鲜明的作品表现力，十分生动形象。

(2)《剪纸》校本教材的主要内容

《剪纸》校本教材共分为前言和主体内容两部分。主体内容共有两个章节，第一章主要介绍了蝴蝶、团花和牡丹的折叠和剪法。蝴蝶折叠和剪法主要包括对

---

① 夏海鹰：《叶圣陶教材价值思想对新课改教材建设的启示》，《课程·教材·教法》，2015年第1期，第43—48页。

称蝴蝶拆剪法、六等份蝴蝶折叠法和十二等份蝴蝶折叠法；团花折叠和剪法主要包括六等份花卉团花剪法、八等份对鸡团花拆剪法、六等份人物团花拆剪法、四等份团花折叠法、六等份人物团花二次拆剪法、对鸭团花二次拆剪法和花卉的画法和剪法。第二章主要介绍了花鸟的画和剪，介绍了对称花卉画和剪以及花鸟的画和剪两部分内容。

(3)《剪纸》校本教材的呈现形式

《剪纸》校本教材主要以图片的形式来呈现教材内容，在图片周围用简单的文字对剪法和折叠法加以描述。从整体看《剪纸》聋生校本教材采用了图文并茂的呈现方式，有助于聋生的学习，但也存在不足之处。《剪纸》校本教材只在封面上采用了彩色图片，教材的主体部分全部采用黑白图片，图片的印刷也较为模糊，严重影响了剪纸的艺术观赏效果，特别是在套色剪纸作品的表现效果方面，削弱了套色剪纸作品栩栩如生的表现力。《剪纸》校本教材介绍的几种剪纸方法在难易程度方面遵循了由简至繁的顺序，符合聋生的学习规律，而在剪法内容的具体呈现时，图片经常出现倾斜、印刷不完整和关键线条模糊等问题，严重影响了《剪纸》校本教材的使用效果。

(4)《剪纸》校本教材的价值分析

剪纸文化是中国民俗文化之一。从文化传承的角度来看，《剪纸》校本教材是传递剪纸文化的书面载体，将成都传统的民俗文化带入了特殊教育学校，也带入了聋生群体之中。从实用性角度来看，剪纸作品的载体可以是纸张、树皮、树叶、布、皮、革等片状材料，载体丰富多样，成本廉价，适合所有聋生学习，具有普适性价值[①]。从传统工艺角度来看，剪纸是中国传统技艺之一，聋生通过《剪纸》校本教材学会了中国传统剪纸技艺，并且通过剪纸技艺的传承，还能够培养聋生的匠心，响应国家倡导工匠精神的号召。

3. 成都市特殊教育学校聋生《英语阅读理解》校本教材的建构

(1)《英语阅读理解》校本教材的文化背景

英语作为一种语言，本身是枯燥的，它有无数个单词需要我们去记忆，同时

---

① 李万斌：《中国民间剪纸艺术魅力与美育价值研究》，《西华师范大学学报（哲学社会科学版）》，2000年第2期，第89—93页。

它又是灵活的，因为它有很多语境，鲜活有趣。随着时代的进步，英语的学习在我们的生活中变得越来越重要，对于聋生来说，英语的学习也是非常必要的。英语教学必然离不开文化教学，聋生通过英语的学习，可以了解西方国家的文化价值观、生活习惯和风土人情等。

（2）《英语阅读》校本教材的章节内容

《英语阅读理解》校本教材主要包括：聋生英语阅读精选五十篇、英文美文阅读与欣赏十篇和2013年至2015年国内主要特教大学及特教学院单招单考英语试卷汇总三部分内容。在每篇文章之前，有常用的英文单词、词组、简单句、长句和小短文等相关基础内容的呈现，之后是文章相关知识的介绍和部分作业练习。文章的体裁有短文、童话、寓言、诗歌、英文歌词、国家概况类文章和科普文章等，包含1800到2000个常用词和300个常用词组。

（3）《英语阅读理解》校本教材的呈现方式

《英语阅读理解》校本教材主要是随文式呈现方式，随文式呈现方式是指知识与知识之间没有独立的逻辑关系，不注重知识结构的严谨性和层次性[1]，知识随教材内容安排，注重知识与生活实践之间的关联，让学生在实践中学习和掌握新知识。在英语学习过程中聋生学习的单词以及语法是根据《英语阅读理解》校本教材中的文章所确定的，研究者陆俭明指出这种知识的呈现方式可以密切联系课文内容，对所学内容进行专门的知识教学，将语言知识和文章讲解融为一体[2]。聋生的英语校本教材的随文式呈现方式将英语语言知识教学跟文章讲解、英语写作练习等教学实践相互融合，不再将其分为"两张皮"。

（4）《英语阅读理解》校本教材的价值分析

校本教材除了一般的使用价值之外还有较为抽象的文化价值和思想价值等抽象价值[3]。它的一般使用价值在学生得到教材时已基本可以实现，它的文化价值则需要教学环境中，通过教师的讲解和学生的学习才会显现。聋生《英语阅读理解》校本教材可以帮助聋生了解西方的文化观念、风俗人情等，与中国的核心文

---

[1] 曹建召：《语文教材知识编排方式探讨》，《语文建设》，2009年第4期，第52—54页。
[2] 曹建召：《语文教材知识编排方式探讨》，《语文建设》，2009年第4期，第52—54页。
[3] 宋铁莎：《教材价值与价值转换的两点思考》，《出版发行研究》，2007年第8期，第31—33页。

化、成都市的地方文化共同作用于聋生的成长发展。校本教材的思想价值同样是在教材的使用过程中发挥作用，在教材开发过程中加入积极因素，如谚语、寓言故事会给聋生带来正确的思想教育。聋生的听力残疾还给他们的心理造成了较大影响，所以思想教育对聋生来说也是非常必要的。

4. 成都市特殊教育学校聋生《版画》校本教材的建构

美术学科在现代教学中的直观性和趣味性的特点，有利于聋生的学习，且对聋生的身心发展有着重要影响。近年来，全国高度重视聋生的美术教学，夯实聋生的美术基础，然而现有的聋生美术教材陈旧，实用性不强，版画类更是没有可借鉴的教材。版画校本教材的开发，可以充分开发聋生的视觉优势，学习版画技艺。

（1）《版画》校本教材的文化背景

版画是集绘画、雕刻木板、印刷为一体的艺术，是视觉艺术的一个重要门类。在外来文化浪潮的冲击下，版画艺术的文化选择需重视传统文化，重视地方特色文化和民间文化。中国的传统文化非单线发展的文化，因此版画教材文化选择面临着不同层次、不同种类的文化抉择、儒家的伦常礼教、道家的淡泊无为、佛教的兼收并蓄、民间文化的素朴敦实，以及少数民族原始文化的古老遗风互补杂糅、交叉渗透，形成了中华文化的大家庭。聋生的听力残疾，导致聋生出现严重的语言问题，继而又影响了他们思维、注意力等方面的发展，使得聋生的知识、经验较为狭窄。基于聋生知识经验的水平，版画教材选择了更加贴近现实生活的民间文化，在聋生现有知识经验的基础上，充分发挥聋生的视觉优势学习版画教材，以培养聋生良好的审美情趣。

（2）《版画》校本教材的主要内容

该版画校本教材共分为三册，分别为粘贴版画、综合版画和木刻版画。粘贴版画教材适用于小学一到三年级的聋学生使用，共分为三个单元，以花草、动物和生活情景为主题，学习布艺制作、纸艺粘贴画、蛋壳粘贴画和综合材料粘贴画等技艺。综合版画教材适用于四到六年级的聋学生使用，包括PVC版画、木刻版画和纸版画等内容，每节课的内容包括工具准备、制作方法讲课、学生优秀作品赏析和作业要求等内容，学习内容多采用生活化素材。木刻版画共有六个篇章，详细介绍了木刻版画的发展历史、分类和应用范围，系统呈现了各种材料工具及使用方法,讲解了木刻版画的制作过程和刀法的组织形式,并从姓名、名家作品临习、风景、人物、自画像等角度出发,巧妙地开发了一系列视角新颖、形式丰富的版画课例,最后还列举了名家版画作品,带领聋生走入版画艺术的神圣殿堂。

(3)《版画》校本教材的呈现形式

从宏观层面看,版画校本教材从第一册到第三册,内容由易到难,由简到繁,从粘贴版画到木刻版画内容层层推进,逐步深入,属于螺旋式呈现。从微观层面看,粘贴版画校本教材在不同的时期、不同的阶段分别呈现出蛋壳版画、纸版画等相对独立的技术内容,这实质上属于阶梯式呈现方式。但无论哪一本版画校本教材,在呈现教材内容时都用了大量的图片,甚至版画的制作流程也以图片的形式呈现在书本之上,供学生理解使用。此外教材的文字呈现也较为别致,主题文字用橙色大字体鲜明标出,制作流程的序号使用艺术字体,并用蓝色背景圈加以突出,"工具准备"使用不规则图形作为对话框,用以凸显准备内容,整体看来,生动的图片和别致的文字可以使聋生明确区分不同板块之间的内容。最引人注目的是每节课的名称都有配套的手语图示,聋生可以快速明确课程内容的主题。

(4)《版画》校本教材的价值分析

《版画》校本教材既是教科书,又是一本工具书。作为教科书,它系统地呈现了聋生学习的课程内容,以书籍的形式将教材中蕴含的朴素敦实的民间文化以及师生之间的生活文化展现于课堂之上,使聋生了解版画之中的传统文化,可以加强聋生的文化底蕴,也能够培养聋生的审美情趣。作为一本工具书,它较为细致地介绍了多种版画的制作工具、制作方法等技能性知识,帮助聋生获得实用的美术技能,甚至成为聋生未来的生活依靠,为聋生未来适应社会生活奠定了坚实的基础。总的来说,版画校本具有工具性价值、教育性价值等多种价值,是值得学习使用的校本教材。

(四)成都市聋生校本教材开发存在的问题

1. 聋生校本教材开发过程中存在的问题

聋生校本教材是在新课程改革后从外国引入而来的新生事物。目前,成都市乃至全国各地都在不同程度地开发聋生校本教材。在聋生校本教材的开发过程中，虽然取得了一定的成绩，但仍然存在不少问题。不正视并消除这些问题，会直接影响校本教材的正常发展，阻碍校本课程有序推进，妨碍聋生身心健康发展。成都市校本教材开发的问题具体表现如下：

（1）校本教材开发人员参与程度不高

当前成都市聋生校本教材开发的局面初成，略有成果，同时也暴露出开发人员存在的不少问题，从反思和批判的视角出发，以下现状值得深思和反省。

第一，教材开发团队缺乏教育专家。在校本教材开发的过程中，教师从课程实施者变为了教材的开发者。在此之前，人们普遍认为，教材主要由专家学者进行开发，然后由教师使用该教材进行课堂授课，教师只是教材内容的传输者[①]。聋生校本教材的开发使得教师拥有了参与教材开发的权利，甚至在其中占据主要地位，但这并不意味着校本教材的开发仅由学校教师就可以完成。根据访谈调查，成都市现有聋生校本教材的开发，大多是由学校教师承担完成，缺乏教育专家的引领和指导。开发编制校本教材是一项系统专业的实践活动，教材开发人员需具备大量的哲学、教育学、心理学等理论知识，虽然学校教师拥有丰富的教学实践经验，但绝大部分学校教师欠缺可以支撑校本教材开发的理论性知识，不具备独立开发校本教材的条件。[②] 在这种条件下开发出的聋生校本教材势必存在逻辑不清、内容混乱和教材表达口语化等问题。

第二，聋生校本教材开发团队中从属教师的参与积极性不高。聋生校本教材的"上位开发"和"下位开发"都需要组建一定规模的开发团队。在"上位开发"的形式中，首先需要组建起科学的教材开发团队，为各个角色分配好不同开发的任务。据访谈调查的结果显示，从属教师参与开发活动的积极性较低。即使聋生校本教材开发取得优异的效果，受到学校或者上级领导部门的奖励，其主要受益者仅是负责教材开发的"带头教师"，奖励分配比例失调，严重影响了从属教师的参与积极性，降低了校本教材的质量。在"下位开发"的形式中，在后期的教材成型过程中，也会组建一定规模的开发团队。在这类开发模式中，"带头

---

① 俞红珍：《教材"二次开发"的教师角色期待》，《中国教育学刊》，2010年第1期，第82—84页。
② 龙安邦：《中小学校本教材开发的困境与出路》，《内蒙古师范大学学报（教育科学版）》，2009年第6期，第39—42页。

教师"在前期早已完成大部分教材内容，奖励、荣誉分配严重倾斜于"带头教师"，严重打击了从属教师的参与积极性。

与众多前人学者结论不同的是，其构成人员中并不缺乏相关学科的专业技术人员。在深入调查研究的过程中，发现"带头教师"往往拥有特殊教育和校本教材相关学科专业双重背景，如《英语阅读理解》校本教材的"带头教师"是北京大学英语学士，又有近二十年的聋教育教学背景；《版画》校本教材的主要开发者也拥有专业美术背景，并且多年担任聋生的课堂教学。

（2）聋生校本教材部分开发环节欠缺

聋生校本教材开发是建设校本课程的一项重要活动，聋生校本教材弥补了国家统编教材因高度集中编制而缺少教育弹性的不足，彰显了学校和地方文化的特色。但在整个聋生校本教材的开发过程中，存在明显的环节缺失问题。

首先，教材开发人员未对校本教材的内涵和外延做出界定。在调查过程中，发现部分教师认为教材是教师在教学过程中用以达成课程目标的"信息材料"，有着多种表现形式，包含多种"信息材料"。由此而论，聋生教师自编的习题、个人或集体制作的教学材料都将称为聋生校本教材，校本教材的外延过于泛化，许多零散的"信息材料"都成为了校本教材，校本教材的开发也就成了一项非常简单、普通的教学活动。在这种概念模糊的状态下，导致校本教材的质量参差不齐，甚至出现由图片简单累加而成的聋生校本教材。

其次，教材开发人员没有准确定位校本教材的开发目的。聋生校本教材开发的根本目的是提高聋生的社会适应能力，促进聋生的身心发展，增强聋生的生活幸福感。根据访谈结果，发现在具体的开发过程中，聋生校本教材开发的整体规模扩大，在一定程度上得益于国家教育政策法规的保障。部分特殊教育学校开发校本教材仅是做给政府和社会看，其出发目的已偏离"育人"的目标，将聋生校本教材的开发变为一项机械的行政工作。正是在这种目的导向下，开发形成的校本教材就忽视了聋生实际需求，教材内容的教育价值丧失，造成校本教材开发混乱不堪的现状。

由表 13-2 可知，a_1 和 a_4 两项的均值分别为 3.43 和 3.57，都大于 3 且小于 4，这说明校本教材规定的学习目标与聋生心理发展水平的契合度及校本教材要求达到的目标与学科目标的一致程度均处于一般水平以上，但未达到较高水平，

a2、a3、a5 三项的均值分别为 2.72、2.61 和 2.80，均小于 3，处于一般水平以下。从表中数据我们可以清楚得知聋生教师认为成都市聋生校本教材的目标定位处于一般水平，具体表现为校本教材规定的学习目标与聋生分层教学的符合程度、校本教材规定的学习目标与社会需要的匹配程度以及校本教材规定的学习目标在教学实践中实施程度均在一般水平以下。

表 13—2　校本教材目标维度单一样本统计

	N	均值	标准偏差
a1	46	3.43	0.860
a2	46	2.72	0.834
a3	46	2.61	0.745
a4	46	3.57	0.779
a5	46	2.80	0.619

（注：a1 代表校本教材规定的学习目标与聋生心理发展水平的契合度；a2 代表校本教材规定的学习目标是否符合聋生分层教学；a3 代表校本教材规定的学习目标与社会需要的匹配程度；a4 代表校本教材要求达到的目标与学科目标的一致程度，a5 代表校本教材规定的学习目标在教学实践中实施程度）

为避免抽样误差造成的统计失真，对这五项内容进行了进一步的单一样本 T 检验，具体结果如表 13—3 所示。a1、a2、a3、a4 和 a5 五项的 p 值均小于 0.05，差异性显著，证明各项目标水平均未到达较好水平，需要进一步的改善发展。

表 13—3　校本教材目标维度的 T 检验

	T	df	显著性	平均差异	95%差异数的信度区间	
					下限	上限
a1	3.428	45	0.001	0.435	0.18	0.69
a2	−2.297	45	0.026	−0.283	−0.53	−0.03
a3	−3.564	45	0.001	−0.391	−0.61	−0.17
a4	4.921	45	0.00001	0.565	0.33	0.80
a5	−2.144	45	0.037	−0.196	−0.38	−0.01

最后，聋生校本教材的开发周期过短。据访谈调查的结果显示，聋生校本教材的开发周期过短，大部分聋生校本教材的开发周期为四到五个月，极个别校本教材的开发时间仅耗时半个月。过短的开发周期必然会压缩或减少教材开发环节，如教材审核、评价环节。《中小学教材编写审定管理暂行办法》规定：教材的编写需经教材管理部门审定，完成编写的教材须经教材审定机构审定后才能在中小学使用[①]。校本教材作为教材的一种也应参与审核，而校本教材的审核机构却是模糊不清，使得聋生校本教材无处审核，多数特殊教育学校便忽略了教材审核的关键环节。

校本教材在教材体系中处于"灰色地带"，缺乏明确的审核机构，使得校本教材的评价也处于无人问津的状态。部分校本教材的评价仅在学校内部进行，由学校教师和校领导进行简单的评估。在没有科学评价标准的前提下，教材编排方式的规范性、图文呈现比例等内容只能依据自身经验进行简单的评价，导致聋生校本教材评价缺乏科学性、系统性和规范性[②]。因此，聋生校本教材评价由谁完成，评价标准是否科学，评价过程是否规范，都是当下需要解决的问题。

2. 聋生校本教材的内容建构问题

（1）聋生校本教材内容脱离聋生的现实生活

聋生的现实生活是聋生进行主动建构学习的环境基础，也是聋生校本教材开发的一项重要基础。笔者在数据分析过程中，为更直观鉴别聋生生活与校本教材内容的关联程度，遂将问卷选项赋予分值，使用"得分率"[③]的表现方式来说明二者之间的关联程度。据表13-4可知，校本教材内容与聋生生活的联系程度较低，其 M 值为 2.21，小于 3，相关程度未达到一般水平，校本教材内容对聋生生活的帮助程度同样较低，M 值为 2.32，相关程度同样低于一般水平。两项相关程度的 M 值均低于 3，且距离 3（一般水平）还有较大的差

---

① 教育部：《中小学教材编写审定管理暂行办法》，《教育部政报》，2001年第C2期，第331页。
② 邓凡茂、徐文彬、齐永芹：《问题与对策：中小学校本教材建设的沉思》，《出版发行研究》，2014年第10期，第59页。
③ 得分率=X/Xmax×100%。X 为全体受测者在该题上得到的平均分，Xmax 为该题的满分。

距，因此我们可以发现聋生认为他们所用的校本教材，在一定程度上与他们的现实生活有所脱离。

表 13－4　校本教材内容与生活关联程度情况

	得分率	均值
教材内容与生活的联系	36.72	2.21
教材内容对生活的帮助	38.36	2.32

在对调查结果进行进一步深入分析时，我们不难发现，聋生居住地的不同会影响聋生关于校本教材内容是否对自己生活有帮助的判断，由表 13－5 可知，居住于城市的学生，90%以上聋生认为校本教材对他们以后的生活有所帮助；居住在农村的聋生，仅有 54.35%认为校本教材的内容对以后的生活有所帮助，另有 45.65%的聋生认为校本教材的内容对未来的生活几乎没有帮助。可见，城市与乡村的聋生对其校本教材内容的评价有着较大的差异。

表 13－5　学生居住地与校本教材对生活帮助程度交叉表

			有帮助	部分内容有帮助	没有帮助	总计
居住地	城市	计数	28	31	6	65
		百分比	43.08%	47.69%	9.23%	100%
	乡村	计数	10	15	21	46
		百分比	21.74%	32.61%	45.65%	100%
总计		计数	38	46	27	111

在校本教材内容与聋生生活的联系程度的因素分析中，我们同样发现居住地为城市的聋生明显更加倾向认为校本教材的内容与生活有较为密切的联系，如表 13－6 所示，有 86.15%的城市聋生认为校本教材的内容与生活有联系，仅有 10.87%的乡村的聋生认为二者之间有密切联系。

表 13-6 聋生校本教材内容与生活联系程度交叉表

			与聋生生活的联系程度			总计
			完全有联系	部分内容有联系	没有联系	
居住地	城市	计数	34	22	9	65
		百分比	52.31%	33.85%	13.84%	100%
	乡村	计数	5	28	13	46
		百分比	10.87%	60.87%	28.26%	100%
总计		计数	39	50	22	

任何一种调查统计都会存在误差，为进一步测验城市和乡村聋生的态度是否真的存在差异，对着两项内容分别做了进一步的皮尔森卡方检验，具体结果如表 13-7。

表 13-7 聋生校本教材与生活关联程度的卡方检验

	数值	df	渐进显著性
与生活联系程度	21.078^a	3	0.0001
对生活帮助程度	19.751^a	2	0.00005

如上表所示：两项检验内容的卡方值分别为 21.078 和 19.751，显著性分别为 0.0001 和 0.00005，都小于 0.05，差异性显著。可见，城市和乡村两类不同居住地的聋生对于校本教材的态度是有差异性的，城市的聋生生活与校本教材的内容联系更加密切。聋生态度出现差异性的原因大致有两个方面：第一，校本教材的主要开发教师大多生活于城市，其知识经验与城市生活关联密切；第二，乡村的基础设施水平低于城市，乡村聋生获取的知识经验少，知识背景远不如城市的聋生丰富。

（2）聋生校本教材部分内容编排不规范

聋生校本教材的呈现与表达方式可以分为表层和深层两个方面，表层呈现包括教材的版式设计、字体大小、插图设计等方面；从深层次讲，它包括校本教材的知识逻辑和学科逻辑等。校本教材编排方式是影响校本教材质量的重要因素，但经调查研究，发现成都市聋生校本教材普遍存在编排不严谨、不规范，甚至缺乏科学性。

如表 13-8 所示，a9、a10、a11、a12 的均值分别为 2.65、2.63、2.54 和 2.50，都小于 3，低于一般水平，再依据表 13-9 可知，四项统计内容的 P 值分别为 0.002、0.001、0.0001 和 0.00008，均小于 0.05，差异性显著。这说明，教师认为校本教材内容组织形式与聋生心理发展的符合程度、校本教材内容呈现方式与教育教学规律的符合程度、校本教材内容组织方式与知识内在逻辑规律的符合程度、校本教材中文字、图片呈现形式与科学性、严谨性的符合程度均处于中等水平以下，校本教材的内容组织形式存在不规范、不严谨、不科学的问题。

结合表 13-8 和表 13-9 可知，校本教材的内容表达方式与聋生心理特点的符合程度的均值为 3.37>3，P 值为 0.04<0.05，差异性显著。综合考量，我们可以发现教师认为校本教材的内容表达方式与聋生心理特点的符合程度处于一般水平以上，但未达到较好的水平，仍存在表达方式与聋生心理发展特点匹配失衡的情况。

表 13-8　聋生校本教材内容的组织与表述方式单一资料统计

	N	均值	标准偏差	标准错误均值
a9	46	2.65	0.706	0.104
a10	46	2.63	0.679	0.100
a11	46	2.54	0.751	0.111
a12	46	2.50	0.782	0.115
a13	46	3.37	0.826	0.122

注：a9 代表校本教材内容组织形式与聋生心理发展的符合程度，a10 代表校本教材内容组织形式与教育教学规律的符合程度；a11 校本教材内容组织形式与知识内在逻辑规律的符合程度；a12 代表校本教材中文字、图片呈现形式与科学性、严谨性的符合程度；a13 代表教材的表达方式与聋生心理发展的符合程度。

表 13-9　聋生校本教材内容的组织与表述方式单样本 T 检验

	T	df	显著性	平均差异	95% 差异数的信赖区间	
					下限	上限
a9	-3.341	45	0.002	-0.348	-0.56	-0.14
a10	-3.694	45	0.001	-0.370	-0.57	-0.17
a11	-4.120	45	0.00001	-0.457	-0.68	-0.23
a12	-4.338	45	0.000008	-0.500	-0.73	-0.27
a13	3.034	45	0.004	0.370	0.12	0.61

(3) 校本教材开发效能不佳

学生的使用效果是检验聋生校本教材开发效果的有效途径，也是唯一途径。目前，聋生校本教材的实施效果低下主要表现为：传递人类文化的功能弱化、促进聋生社会化的进程缓慢和提高聋生自身能力的作用减小。据表13—10和13—11中的数据，我们能够明显看出聋生校本教材对人类文化的传承程度的均值和聋生校本教材对学生社会化的促进程度的均值都是3.41，大于3，P值分别为0.002和0.003，都小于0.05，差异性显著。因此，我们可以看出聋生校本教材对人类文化的传承程度和聋生校本教材对学生社会化的促进程度处于中间水平以上、较好水平以下；同样从表中可知，聋生校本教材对学生能力的提高程度处于一般水平以下。综合以上三项调查内容，我们清楚地看到聋生校本教材的使用并未取得良好成效，预计的效能缺失。

表 13—10　聋生校本教材使用效果单一资料统计

	N	均值	标准偏差	标准偏差平均值
a14	46	3.41	0.832	0.123
a15	46	3.41	0.909	0.134
a16	46	2.57	0.935	0.138

（注：a14代表聋生校本教材对人类文化的传承程度；a15代表聋生校本教材对学生社会化的促进程度；a16代表聋生校本教材对学生能力的提高程度。）

表 13—11　聋生校本教材使用效果 T 检验

	T	df	差异性（双尾）	平均差异	95% 差异数的信赖区间	
					下限	上限
a14	3.367	45	0.002	0.413	0.17	0.66
a15	3.083	45	0.003	0.413	0.14	0.68
a16	−3.155	45	0.003	−0.435	−0.71	−0.16

校本教材的开发是一个与时俱进的具有动态性的过程，但在访谈过程中多位教师提到，校本教材实施效果不佳的一个主要原因是校本教材的更新重建滞后，校本教材成为了"死物件"，学校没有用发展的眼光看待校本教材的开发与应用。

表13-12 聋生教材目标达成情况统计表

		城市	乡村	小学	初中
教材目标达成情况	全部达到	14	9	6	17
	部分达到	38	17	31	24
	没有达到	13	20	20	13
总计		65	46	57	54

由表13-12可知，20.72%的学生能够全部达成目标，49.55%的学生能够完成部分目标，29.73%的学生不能顺利完成教材规定目标。从整体看，能够顺利完成目标的学生约为五分之一，其余聋生在达成教材目标时均存在一定的困难，尤以农村学生为主，有43.48%的农村学生在达到规定目标的过程中表现出十分困难，而城市学生只有20%的人表示在目标的达成过程中存在严重困难，城市聋生和农村聋生在学习效果上表现出明显差异，经卡方检验，如表13-13所示，皮尔森卡方检验的数值为7.559，P值为0.023<0.05，差异性显著，能够看出农村聋生的学习效果远不如城市聋生。

学段分级方面，从表13-12可知，仅有10.53%的小学聋生认为自己在完成教材规定目标时没有明显困难，初中阶段的聋生则有31.48%的学生认为自己能够达到教材规定的目标，二者之间的差异经卡方检验，如表13-13所示，测出P值为0.023<0.05，具有显著性差异。

表13-13 聋生目标达成情况卡方检验统计表

	数值	df	渐进显著性
聋生教材目标达成情况	7.559[a]	2	0.023
	7.561[a]	2	0.023

综合访谈调查和专业知识，可以得出结论：聋生校本教材使用效果不佳，除教材内容编制不科学、知识结构不严谨、呈现形式不规范之外，聋生自身经历的差异、身心发展的特殊性也是校本教材使用效果不佳的重要影响因素。城市聋生与农村聋生相比，他们拥有更丰富的生活经验，有丰富的图式同化以顺应新的知识，更容易建构起自己的知识结构，学习效果也就优于农村聋生。随着年龄的不断增长，初中阶段聋生的语言理解能力逐渐提高，知识背景也逐渐扩大，在校本教材的学习过程中，较之小学阶段聋生表现出较为明显的优异性。

第四章　成都市特殊教育学校义务教育阶段聋生校本教材开发所存问题的原因分析

从整体而言，成都市聋生校本教材开发处于一般偏下水平，在综合考虑各种影响因素的基础上，客观分析可能造成成都市聋生校本教材开发水平偏低的原因。聋生校本教材的开发是一项复杂的系统研究过程，涉及教育外部和教育内部，如文化、教育观念和政府等因素对聋生校本教材的开发都有一定的影响。

一、聋生校本教材开发受到文化的制约

（一）成都市聋生校本教材开发受到成都地域文化的影响

"文化的萌生、运行和发展是源于特定的地域时空的"[①]。成都文化诞生于四川盆地，独特的盆地环境孕育了独特的成都文化。原始时期的古蜀人类在这种特定地理环境中，经过一代代的传递、凝聚、固化和积淀形成了以"道"为内核和精魂的成都文化，追求完美人性和自由，"生而弗有，为而弗恃"也就成为了大多数成都人的价值观念，使得整个成都市的社会文化更倾向于休闲和乐观的状态[②]。文化可以影响不同人群的理解力和认识方式，形成着不同的文化特色，这

---

① 周鸿德：《什么是成都文化的精魂？》，《人民论坛》，2006年第12期，第60页。
② 周鸿德：《什么是成都文化的精魂？》，《人民论坛》，2006年第12期，第61页。

种影响是无意识的,它决定着人的知觉、思想过程、情感以及行为方式[①]。在这种文化的长期熏陶下,不仅成都市聋生教育工作者的价值观受到了影响,而且聋生教育工作者的知觉、思想过程、情感以及行为方式也潜移默化地受到了影响。因此,聋生校本教材开发的整体水平处于一般水平以下,仅有两所特殊教育学校聋生校本教材的开发是比较科学规范的。

(二)成都市聋生校本教材的开发受到西方聋文化影响

"聋人文化指的是聋人群体在其独特的社会生活中所形成的行为模式、文化心态、互动关系和活动方式"[②]。西方聋人文化倡导者认为"聋是人的一种特殊现象,而不是一种残疾"。"聋人文化观"倡导者认为把聋看成一种残疾,会使社会对聋人的看法产生分歧和偏差[③]。随着西方聋人文化的传入,部分聋生教师也逐渐认为聋只是一种特殊的社会现象,而不是身体残疾,认为聋人有着自己特殊的社会文化。在当前的教育环境下,大力倡导"聋人文化"会对我国的教育事业的发展产生诸多消极影响,使聋童处于社会的边缘地带,使聋人教育的发展背离当前教育的发展趋势。在访谈过程中,部分教师也提到学校校本教材的开发重心多在培智部,培智部校本教材的建设成绩远高于聋生校本教材的建设成绩。如果聋生在特殊教育学校的学习仍以聋人文化为主,就难以避免社会边缘化的危险,出现社会对聋生的关注度降低的现象,聋生校本教材的开发在西方聋人文化观念引导下自然也会被搁置,即使进行了聋生校本教材的开发,也会出现多种问题。

二、落后的教育观念对聋生校本教材开发的影响

(一)特殊教育学校落后的教育观念对聋生校本教材开发的影响

特殊教育学校不同于普通学校,它的教育对象是聋生、智力障碍、盲生等特殊学生。因教育对象的特殊性,特殊教育学校没有明确的教学任务,也没有相应

---

① 参见侯玉波、朱滢:《文化对中国人思维方式的影响》,《心理学报》,2002年第34期,第106—111页。
② 沈玉林:《论聋文化与聋教育》,《现代特殊教育》,2002年第1期,第19页。
③ 黄昭鸣:《"聋人文化"观之辨析》,《中国特殊教育》,2004年第10期,第41—45页。

的考核标准，使特殊教育的教学出现了多种问题，如：教育教学活动混乱无序、年级与年级之间连续性较差、相同的教学内容在多个年级重复出现、教学效果低下、教师职业倦怠明显。在访谈过程中，部分教师直接表示自己的教学积极性在逐渐降低，职业倦怠越来越深，自身角色正由"教师"逐渐变为"保姆"，每天的任务只是看护学生的人身安全。在这种学校氛围下，聋生校本教材的开发势必会受到消极的影响，导致聋生校本教材开发出现各种问题，校本教材的开发质量参差不齐，还有部分学科校本教材只是为应对教育监管部门的审查，随意编制。

（二）部分特殊教育学校领导消极的教育观念对聋生校本教材开发的影响

特殊教育学校领导在学校的发展过程中扮演着重要角色。校本教材的开发在一定程度上与校领导的开发积极性有着紧密的联系，校领导的支持是校本教材顺利开发的有力保障。然而一些特殊教育学校的校长教育观念固化，并没有聋生校本教材开发的意识。通过访谈，我们了解到聋生校本教材的开发主要是由学科教师主动发起的，甚至有些学校并未进行聋生校本教材的开发。特殊教育学校领导的支持与保障的另一方面表现为开发经费的支持，在访谈过程中了解到，现有的几类聋生校本教材中，只有《版画》教材获得了学校的资金支持，其他聋生校本教材由于开发经费的匮乏，教材质量远低于《版画》教材，造成印刷质量不佳等问题。

（三）部分特殊教育教师落后的教育观念对聋生校本教材的开发影响

特殊教育教师的教育观念是特殊教育教师基于对儿童发展和特殊教育的认识而形成的基本观点和看法，对教师的教学态度和教学方法有着直接的影响[①]。通过对教师的访谈，我们了解到部分特殊教育教师在教育观念上存在偏差，如有的教师认为聋生的听力残疾使聋生的基础教育受到了极大限制，出现教育质量低下的问题是正常的，聋生校本教材的开发与否，对聋生的教育教学无实质性帮助；还有教师对聋生校本教材的开发是持有不同意见的，认为聋生校本教材的开发与聋生校本课程的建设没必要联系，校本教材开发会造成学校资源的浪费；最为严重的是，个别教师对聋生的发展期望较低，认为大多数聋生的发展上限是较低的，同时也对自身的教师角色产生了质疑。消极的教育质量观、固化的教育方

---

① 庞丽娟、叶子：《论教师教育观念与教育行为的关系》，《教育研究》，2000年第7期，第47—50页。

法，偏离的教师角色观和错误的学生发展观使教师参与校本教材开发的积极性骤减，从而导致聋生校本教材开发出现主体缺失、内容脱离实际生活等问题。

三、政府对聋生校本教材开发的影响

政府教育部门作为特殊教育学校的直接领导机构，对聋生校本教材的开发有着重要影响。

（一）政府资金的投入不足影响聋生校本教材的开发

聋生校本教材的开发是一项复杂的实践活动，需要投入一定的人力和物力，政府的支持是聋生校本教材顺利开发的有力保障。通过对教师的访谈，我们了解到聋生校本教材的开发仅局限特殊教育学校之中，缺乏政府有力的支持，特别是缺乏政府资金方面的支持。在实际开发过程中，聋生校本教材的开发需要大量的资金支持和人员支持，只依靠特殊教育学校的支持是不够的，政府必须提供有力的资金支持，同时帮助特殊教育学校聘请教育专家参与到教材开发活动之中，组织辖区内的特殊教育学校共同对聋生校本教材进行开发和研究。政府的支持对聋生校本教材的开发有着重要作用，缺乏政府的有力支持是当前聋生校本教材出现问题的原因之一。

（二）教育部门培训不足影响聋生校本教材的开发

聋生校本教材开发涉及各个学科，是一项复杂的实践活动。在教材开发过程中，需要专业的教材开发知识来支撑。首先，聋生校本教材的开发要与聋生的实际需求相吻合；其次，要遵循学科知识的内在逻辑；再次，要重视聋生的心理发展规律；最后，注重校本教材的基本结构，搞清校本教材的各部分内容的建构规律。但目前特殊教育学校教师有关教材开发的专业知识是有所欠缺的，政府能否为特殊教育教师提供专业知识的支持，帮助特殊教育教师顺应教材构建的心理规律、知识逻辑结构和教材的编排出版方式等，对开发聋生校本教材有重要影响。政府缺乏对教师的专业培训，影响了聋生校本教材的开发，导致聋生校本教材出现编排混乱、知识逻辑结构不规范等相关问题。

（三）教材审核部门的缺失影响聋生校本教材的开发

《中小学教材编写审定管理暂行办法》规定，教材的开发编写需要经过教材管理部门的审核批准，已完成的教材须经教材审核机构评审后才能在中小学中使用。目前，中小学教材的评审机构有全国中小学教材审查委员会和省级教材审查委员会两类，而校本教材既不属于国家教材，也不属于地方教材，所以校本教材的评审不能在这两种审查机构中完成。校本教材审核机构的不确定造成了校本教材无处可审的局面，同时也缺乏科学的审核标准。缺乏有效的监管和审核必然会降低聋生校本教材的开发质量，出现开发环节不完善、使用效果不佳等问题。

第五章　对成都市特殊教育学校义务教育阶段聋生校本教材开发的对策

通过对成都市特殊教育学校义务教育阶段聋生校本教材开发状况的调查分析，得出：校本教材开发人员参与程度失衡、部分校本教材开发环节欠缺、校本教材开发内容脱离聋生的现实生活、聋生校本教材部分内容编排不规范、聋生校本教材使用效果低下五个方面的问题，根据出现的问题，现提出相应的解决对策，希冀为聋生校本教材开发贡献一份绵薄之力。

一、平衡聋生校本教材开发人员的参与程度

平衡校本教材开发人员参与程度是聋生校本教材开发走向成功的重要前提，在开发过程中要充分发挥所有参与者的优势，使每一位聋生教育相关人员都能够

真正参与校本教材的开发中。

（一）加强教育专家参与聋生校本教材开发的深度

聋生校本教材的开发是一项专业性极强的工作。特殊教育学校教师长期按照固有教学模式不断重复已有的教学活动，教学经验虽日益丰富，但教育学、心理学、哲学以及文化学等理论基础却并不深厚。在这种条件下，特殊教育学校教师不具备独立开发聋生校本教材的能力，如校本教材的理论高度、文字阐述形式和教材插图的使用等。为弥补其中的不足，特殊教育学校必须邀请教育专家切实参与到校本教材的开发之中，为校本教材的开发提供科学的理论指导，加强聋生校本教材开发的理论支撑，为聋生校本教材开发提供教材编辑经验，帮助特殊教育学校开发校本教材。

教育专家、学校教师和相关专业人员都是校本教材开发的核心人员，多个主体之间需要相互配合。首先，教育专家需要向在校的特殊教育教师了解该校聋生的身心发展特点，如语言理解能力、思维习惯、观察能力等；其次，向学科教师或者聋教专业人员了解学科的基本知识体系；最后，还要了解地方特色文化的特色和内涵等。在掌握聋生基本情况、学科的知识体系和地方文化内涵后，教育专家要与其他校本教材开发人员进行研讨交流，共同制定科学的开发计划。

（二）提高"专业助手"参与聋生校本教材开发的积极性

通过聋生校本教材的开发，教师从被动的课程实施者转变为课程与教材的开发者，不再是教材的机械传输者，拥有了自主开发和选择教材内容的权利。从课程实施者变为教材开发者，是所有参与校本教材开发的教师都要完成的角色转变，这种角色的转变，是所有参与教师的权利和义务。但在实际开发过程中，有的教师依然扮演着"知识传输机器"的角色，按部就班地传授着校本教材的内容，扮演着既定的角色。联合国教科文组织颁布的《学会生存——教育世界的今天和明天》明确提出，教师是教育事业的开发者和创造者，应主动对学校课程和学校教材进行适宜的改编。韩愈提倡的"师者传道授业解惑也"，已经不能完全满足时代的需求，"专业助手"也必须完成从"教书匠"到"教材开发者"的角色转变。

继承、传递、发展人类文化的优秀成果是所有教师必须承担的教育职责①。为更好地继承、传递和发展成都市的优秀文化成果,"专业助手"必须端正参与态度,主动、自觉地融入聋生校本教材的开发团队之中,成为一名合格的教材开发者,并敢于钻研,勇于表达内心的想法与建议,认真探索聋生校本教材的内容。同时为提高"专业助手"的参与积极性,特殊教育学校和政府教育部门应完善奖励分配制度,保证每一位参与教师的合法利益。教育专家和主导教师在教材开发过程中也应真正接纳"专业助手",认真听取"专业助手"的建议,形成合理的人员结构,融洽的团队氛围,最大程度地发挥教材开发人员的能力。

二、补足聋生校本教材开发的欠缺环节

完善的校本教材开发环节,对聋生校本教材的开发有着重要意义。开发环节的欠缺使得校本教材的开发质量下降。为提高聋生校本教材的开发质量,需对欠缺的开发环节进行补充完善。

(一)清晰界定聋生校本教材概念的内涵与外延

如果说聋生校本教材开发是以开发过程中的一系列问题为研究对象,那么"聋生校本教材是什么"便是其中一个前提性质的问题②。聋生校本教材的基础概念不仅是教育实践活动的出发点和赖以进行的基础,也是聋生校本教材开发过程的结晶。校本教材是指以学校教育者为主导,为了科学地达成学校课程目标,对学生起到教化作用,教育者要充分研究教学内容,主动开发编制的学校内部使用的自编教材。但聋生校本教材在实际开发过程中,却出现了概念解读偏差、过于侧重"校本"的限定条件而忽视了"教材"的本质要求、扩大聋生校本教材概念外延等问题,造成聋生校本教材内容混乱等问题。

在聋生校本教材的开发过程中,首先开发人员要搞懂"聋生校本教材是什么",明确聋生校本教材的内涵和外延。聋生校本教材开发人员必须清楚地认识

---

① 胡德海著:《教育学原理》,北京:人民教育出版社2013年版,第313页。
② 陈桂生:《教育学究竟是怎么一回事——略议教育学的基本概念》,《教育学报》,2018年第2期,第4页。

到几套简易的课程方案、零散的教学设计和教师自编试题并不等于聋生校本教材，这些只是校本教材的参考素材而已，不能盲目地扩大聋生校本教材的外延。其次，聋生校本教材开发人员必须明确聋生校本教材本质依然是教材，聋生校本教材较之统编教材有其特殊性，二者之间是特殊性与普遍性、个性与共性的关系，聋生校本教材的特殊性是寓于统编教材的普遍性之中的，聋生校本教材必须具备统编教材的普遍性特点。最后，教材开发人员要重视"聋生"和"校本"两个因素，在聋生校本教材开发的过程中，同时融入"校本"和"教材"两个因素，弄清聋生校本教材的内涵，清楚聋生校本教材概念的外延边界，开发符合聋生新课程标准要求的校本教材。

（二）明确聋生校本教材的开发目的

聋生校本教材的开发是一项系统、专业的工作。聋生校本教材开发的出发点指的是聋生校本教材在解决聋生自身发展和社会发展的矛盾过程中的着眼点和立足点。聋生校本教材的开发作为一项与教育密切相关的实践活动，应该立足于人的发展，即通过培养人，也就是培养聋生，将聋生的素质最大限度地提高到接近或达到社会发展所要求的水平，解决聋生发展和社会发展之间的矛盾。从这个方面来说，聋生校本教材开发的根本目的是促进聋生发展，聋生的发展是校本教材开发的最高价值。[①] 聋生校本教材的开发目的是聋生校本教育模式中最基本的价值取向，是聋生校本教材开发活动的价值引领，它体现着教材开发的理想，对全部教材开发活动起着导向作用。

加深校本教材开发人员对聋生校本教材开发的认识，明确聋生校本教材是一项与教育活动有着千丝万缕联系的实践活动，除要有发展聋生潜能的开发理念外，聋生校本教材开发人员还要树立起促进校本课程发展和传承地方文化的理念。

在开发聋生校本教材的过程中，还要将开发的目的细化分层，微观上将目的定位于聋生语言能力的提升、创造能力的培养、人格力量的发掘、地方特色文化的传承等各个细小方面，宏观上达到聋生顺利融入社会的目的。这样，才能为聋生校本教材的开发提供正确的导向，避免聋生的教育活动发生南辕北辙的状况。

---

① 扈中平著：《教育目的论》，武汉：湖北教育出版社1997年版，第29页。

(三) 合理规划开发周期，重视教材的评价工作

任何教材的开发编制都需要一定的时间，开发周期过长会影响学生正常的学习进程；但开发周期过短，也会导致聋生校本教材的质量降低。特殊教育学校为了快速获得聋生校本教材，必然会省略部分开发环节，其中最容易忽视的环节就是聋生校本教材的评价环节。从哲学意义上讲，聋生校本教材评价，是一种特殊的认识活动，是人们对教材的一种观念性掌握，反映的是聋生校本教材的属性。为更好地反映教材的各方面属性，在实施教材评价时，应从多个维度对聋生校本教材进行评价[1]，并且依据本学科的具体情况，将评价维度科学化、具体化和细致化，从不同的维度评估聋生校本教材的优缺点。

聋生校本教材作为教材的一种，需符合学生的认知发展规律，与成都市当前的教育教学环境相适应。为保障聋生校本教材的开发质量，聋生校本教材的评价需从知识维度、思想文化内涵维度、心理发展规律维度、编制水平维度、可行性维度和特色化、导向性维度六个方面进行评价。保持校本教材内容实用性，满足聋生的身心发展需求，启迪聋生的思维力和创造力，以系统、科学的方式组织教材内容，保证聋生校本教材的思想文化内涵。

三、加强聋生校本教材开发内容与现实生活的联系程度

聋生校本教材内容脱离聋生的实际生活是校本教材现存的一个重要问题，为从根本上提高聋生校本教材的质量，在聋生校本教材开发的过程中必须注意校本教材内容与聋生生活的联系程度，并保障聋生校本教材的时代性与本土性的统一。

(一) 加强聋生校本教材开发内容与聋生社会生活的联系程度

成都市位于四川盆地西部、成都平原腹地，是我国历史文化名城、蜀汉文化的发源地，被誉为中国十大古都之一。蜀绣、成都漆艺、成都银花丝技艺和四川竹琴等都是成都市极具代表性的非物质文化遗产。在聋生校本教材的开发过程

---

[1] 邝丽湛：《教材评价的本质及其价值分析》，《教育研究》，2002年第7期，第33—36页。

中，必须以聋生的现实生活为基础，以单元主题的形式，把聋生校本教材的内容与聋生的现实生活呈现出来，将生活常识与文化知识相结合。即使是新兴知识的学习，也必须以聋生现有的知识为基点，以聋生的现实生活为底板。在聋生校本教材的内容建构过程中，必须以聋生的身心发展特点、生活基础等为依托，加入与聋生社会生活联系密切的知识和技能。

（二）加强聋生校本教材开发内容与聋生学生生活的联系程度

在聋生校本教材中，加入与聋生学生生活联系密切的文化知识，是新课程观的内在要求，是应教育功能需求的必要选择，是帮助聋生迈向"可能生活"的桥梁。聋生是处在过去、现在和未来三种时空交汇点的发展个体，过往的物质文明是聋生的成长基石，当下和未来的文明发展则是聋生的导航灯塔。成都市在聋生校本教材的开发过程中，不仅要加入与聋生现实生活密切相关的文化知识，还必须加入能够与聋生未来生活有密切联系的知识和经验，能与学生缄默知识建立联系的时代性知识，深入挖掘现有知识的时代价值，赋予其时代发展的新内涵，以期对聋生的发展产生深远影响。

除在聋生校本教材的开发内容中加入时代性知识之外，还应以新时代的手段处理聋生的校本作品。对聋生的校本作品除了传统的公益售卖之外，还可以为聋生设立个人电商账户，利用天猫、淘宝等平台出售聋生的工艺作品，将其收益作为聋生的终身发展基金，为聋生的后续发展提供资金支持。

四、科学编排聋生校本教材的开发内容

聋生校本教材内容的组织编排是教材开发中的关键一步，对聋生校本教材的质量有直接影响。

（一）科学编排聋生校本教材的封面、目录和图文

封面是聋生校本教材的"脸面"，关系到聋生对校本教材的第一印象。聋生因听觉能力的损失，其视觉能力更强，对封面的捕捉深度和范围更深、更广。过去的教材在封面设计上存在结构程式化和样式僵化的问题，形式死板，色彩暗

淡，构图单一，缺乏吸引力，这样的教材封面难以给聋生带来强烈的视觉冲击①。为提升聋生校本教材封面对聋生的吸引力，校本教材开发人员必须采取相应的对策。首先，在聋生校本教材的封面设计上融入现代元素，使其具有现代感，并要符合聋生的审美情趣和审美理想。其次，封面设计应构思巧妙、立意独特，构思出聋生校本教材的灵魂。最后，需找准聋生校本教材的格调，体现出教材的"书卷气"，要与商业包装设计有所区别，体现出设计内容的文化蕴涵。

聋生校本教材目录是指教材中每一课的标题和相关知识内容的顺序排列组合，是教材内容的高度概括和总结，同时也是不可忽略的助学资源。我国著名的唐代目录学家毋煚曾提出"览录而知旨，观目而悉词"②，聋生校本教材中的目录也应有此作用。那么如何发挥聋生校本教材"目录"的导向与总结作用呢？第一，我们必须了解每个学科聋生校本教材的构成特点，第二，了解"教材目录"在聋生学习中的作用。在教材开发过程中，对聋生校本教材"目录"的编写要确保其导读功能，此外还要确保聋生能够利用"教材目录"快速检索或建构知识体系。

聋生教材中的图与文是聋生实现课堂目标的重要资源，也是教材开发过程中相辅相成的两个重要设计维度。③ 多数人认为教材中的图文关系是以图辅文，聋生校本教材在开发过程中必须跳出传统的"以图辅文"模式，以聋生发展规律和学科特点为基础，充分发挥插图在教材使用过程中的特殊价值。对聋教育而言，教育对象有其特殊性，教材插图对聋生核心素养的发展具有重要意义。教材插图是对文字的补充解释，也会影响聋生的学习兴趣和教材质量。聋生校本教材中的文字与图画，应朝着图文并茂的完美状态不断努力，插图要生动直观，文字须清晰简洁，将教材中的图画与文字作为两个重要的信息载体，科学编排，规范呈现，促进聋生的全面发展。

（二）采用科学的聋生校本教材的组织编排原理

教材的核心问题是"如何将科学的教材内容传递给学生"。要将特定的知识内容传递给学生，必须重视内容的学科逻辑和知识的内在语言逻辑。每门学科都

---

① 罗洪：《关于教材封面设计的浅见》，《编辑之友》，1992年第3期，第78—79页。
② 韩世姣：《教材文本目录：不应被忽略的助学资源》，《中学语文》，2014年第1期，第34—35页。
③ 郭震：《人教版初中化学教材图文科学性与教学问题例析》，《中小学教师培训》，2016年第3期，第71—74页。

有自己的学科逻辑，在聋生校本教材的设计开发过程中应密切注意教材的学科逻辑，在科学的学科逻辑下进行教材的文本组织。聋生校本教材编写的逻辑起点是指校本教材理论知识体系的初始对象，也就是黑格尔所说的"科学应该从何处开始"。依照学科逻辑，将聋生校本教材的知识系统完整地串联起来。由皮亚杰的图式学习理论可知，这样系统完整的知识是有利于聋生记忆和储存的。

凡物皆有两面，学科逻辑体系下的知识结构固然具有较好的系统性和完整性，但存在部分概念过于抽象不被聋生所理解的问题。聋生校本教材开发、编制的逻辑起点是学科知识系统、完整的建构，而聋生心理逻辑的起点则是聋生思维能力的发展，过于概念化和抽象化的东西是不符合聋生的思维发展特征的，心理逻辑虽然照顾了聋生的心理发展特征，但割裂了学科的知识结构，将知识零碎化、片面化。在后续的教材开发设计过程中，应兼顾二者，编写的聋生校本教材内容要具有可被理解性、可被表达性和可参考性，要能够被教师理解、被教师表达，且具有适当的弹性自由度。对于学生而言，设计开发的聋生校本教材要有可接受性，有利于学生的身心发展，促进聋生一般化和个性化的统一发展和实质性价值的实现。

五、充分分析教材使用状况，完善聋生校本教材的开发

纸质教材的印刷完成并不是聋生校本教材开发的终点，根据已完成的聋生校本教材的使用效果进行修改完善也是教材开发过程中的重要环节。

（一）提升校本教材的印刷质量

通过调查研究，了解到聋生校本教材的印刷质量对聋生的使用效果有重要影响。为科学开发聋生校本教材，必须认真分析教材的使用情况，找到使用效果不佳的原因，提出适宜的解决对策。从教材印刷角度而言，为增强聋生校本教材的学习效果，首先学校和相关教育部门需给予经费支持，采用高质量的纸张和油墨进行印刷出版，教材封面和版式设计应大方美观，出版印刷数量要适中，确保每一位适龄聋生都能拥有校本教材；另外，聋生校本教材的开发不是一劳永逸的，它是一个动态的循环过程，需要经过多个版本的修改完善，因此聋生校本教材的开发要与时俱进，适应社会生活的变迁和聋生的个体成长情况。

（二）提高聋生教师的专业素养

教师的专业素养对聋生校本教材的使用同样有着重要作用。在充分了解聋生校本教材的使用效果后，必须要对教师的专业素质提出新的要求，进而完善聋生校本教材的开发。从职业道德角度而言，聋生教师要具有高尚的人格，要热爱学生，要在教书育人过程中诲人不倦、循循善诱；从知识结构而言，要拓展聋生教师的科学文化知识，加强教师的教育学和心理学知识的学习，提高教育培养聋生的知识素养；从能力结构而言，要提升教师逻辑思维能力、口语表达能力和组织教学活动的能力；从个性心理素质而言，教师必须有良好的心理素质，耐心地教育聋生，并能帮助聋生塑造和健全其人格，促进学生非智力因素的发展。

结　语

中国，是世界上历史悠久、文化璀璨的东方文明古国，聋教育与其他教育一样源远流长，中国古代人很早就已经指出："耳聩不可使听"，"耳不辨五声之和曰聋"①，对聋有了初步的认识。发展到近代，特殊教育的起源便是聋教育的开始，在山东登州由传教士创办了中国第一所聋校——启喑学馆。经过几年的发展，启喑学馆培养出一批近代聋教育的先驱，分散于成都、天津和北京等地创办特殊教育学校，如成都市特殊教育学校、天津聋人学校和北京聋哑学校都是创立于彼时的百年老校，有着深厚的教育底蕴。

历经百年沧桑而不倒，聋教育在现代社会中想要再出佳绩，必须适应聋生的成长发展规律和社会的变迁，与时俱进。在国家三级课程体系下，开发聋生校本教材便是适应新时代聋教育变化发展的一项重要举措。从学校教育角度而言，聋

---

① （唐）房玄龄等撰：《晋书》，长春：吉林人民出版社2005年版，第966页。

生校本教材的开发和编撰是一项专业性极强的工作，涉及学生的认知发展，事关学校的课程建设，是特殊教育学校落实国家三级课程体系的必然选择。聋生校本教材成为了聋生与校本课程对话的"桥梁"，是国家新课程观理念在聋生教育中生根发芽的实践活动，同时也是聋校义务教育课程标准的延伸和发展。

依据我们的调查分析，成都市聋生校本教材的开发情况大致如下：成都市22所特殊教育学校仅有2所学校有聋生校本教材，现有校本教材开发主要有版画、蜀绣、剪纸和英语等教材，并获得了初步的开发效果，但仍存在部分问题，留有空白区域。从整体看成都市特殊教育学校义务教育阶段聋生校本教材的开发还处于初级阶段，其开发水平一般偏下，部分校本教材与聋生的身心发展规律不吻合。通过对成都市特殊教育学校义务教育阶段聋生校本教材开发情况的分析，得出校本教材开发人员参与程度失衡、部分校本教材开发环节欠缺、校本教材开发内容脱离聋生现实生活、聋生校本教材部分建构不规范及聋生校本教材使用效果低下五个方面的问题。

针对所出现的问题，围绕文化、教育观念和政府三个方面分析造成开发水平不高的原因，最后本着理论与实践相结合的原则提出了一系列解决办法：第一，平衡聋生校本教材开发人员参与程度；第二，补充聋生校本教材开发的欠缺环节；第三，聋生校本教材内容应密切贴合聋生的现实生活；第四，科学编排聋生校本教材的内容；第五，提高聋生校本教材的使用效果。希冀对成都市聋生教材的开发起到微末的促进作用，为新时期的特殊教育添砖加瓦。

由于人力、物力以及财力等各种条件的限制，本研究存在一些不足，如对聋生校本教材开发现状的调查不够全面，部分外聘教师和专业人员无法取得联系；同时，对聋生进行调查时，选取的调查对象大部分为理解能力较好的聋生（尤其是义务教育阶段低年级学生），可能会存在片面性。另外，本研究是从整体上对成都市义务教育阶段聋生校本教材的开发进行探究，较为宏观笼统。在今后的研究中，可以从更细致的微观角度进行探索研究。

附　录

附录 1

访谈提纲

1. 您学校开发校本教材是基于什么目的。
2. 您学校校本教材的开发人员有哪些?
3. 您学校想开发什么样的校本教材。
4. 您学校开发校本教材的原则和依据有哪些?
5. 您学校是如何开发校本教材的。
6. 您学校实际开发校本教材是什么样的。
7. 您学校现行校本教材是否存在问题，存在哪些问题呢?
8. 您是如何评价当前校本教材的?
9. 您学校在实施校本教材的过程中是如何完善校本教材的?

附录 2

调查问卷
聋生校本教材开发调查问卷（教师卷）

尊敬的教师：

您好！谢谢您能参与我们的调查活动。本问卷收集的数据信息仅用于本人的毕业论文，希望在调查的基础上，能开发出更科学的校本教材，迫切希望得到您的帮助。本问卷采用匿名方式填写，请您根据实际情况如实填写问卷。十分感谢您的参与和支持。

再次对您的配合表示感谢！

1. 您认为当前校本教材的目标是否符合学生当前的心理发展水平（　　）

　A. 非常不符合　B. 比较不符合　C. 一般　　　D. 比较符合

　E. 非常符合

2. 您认为当前校本教材的目标是否符合目标弹性需求，可为不同层次的学生提供发展空间（　　）

　A. 非常不符合　B. 比较不符合　C. 一般　　　D. 比较符合

　E. 非常符合

3. 您认为当前校本教材的目标是否符合社会需要，特别是未来社会发展的需要（　　）

　A. 非常不符合　B. 比较不符合　C. 一般　　　D. 比较符合

　E. 非常符合

4. 您认为当前校本教材的目标是否符合该学科特点，能够体现学科特色（　　）

　A. 非常不符合　B. 比较不符合　C. 一般　　　D. 比较符合

　E. 非常符合

5. 您认为当前校本教材的目标是否符合目标设置的可操作性和可检验性，便于教学实施（　　）

A. 非常不符合　B. 比较不符合　C. 一般　　　　D. 比较符合

E. 非常符合

6. 您认为当前校本教材的内容是否符合科学性，反映了科学研究的新特征（　　）

A. 非常不符合　B. 比较不符合　C. 一般　　　　D. 比较符合

E. 非常符合

7. 您认为当前校本教材内容的深度与广度是否符合聋生的发展特征，能否为他们理解（　　）

A. 非常不符合　B. 比较不符合　C. 一般　　　　D. 比较符合

E. 非常符合

8. 您认为当前校本教材的内容是否符合教材应联系社会生活和生产实际的原则（　　）

A. 非常不符合　B. 比较不符合　C. 一般　　　　D. 比较符合

E. 非常符合

9. 您认为当前校本教材的内容组织形式是否符合学生的心理规律，便于他们理解和掌握（　　）

A. 非常不符合　B. 比较不符合　C. 一般　　　　D. 比较符合

E. 非常符合

10. 您认为当前校本教材的内容组织形式是否符合教育教学规律，有利于最大限度发挥教材的功能（　　）

A. 非常不符合　B. 比较不符合　C. 一般　　　　D. 比较符合

E. 非常符合

11. 您认为当前校本教材的内容组织形式是否符合知识的内在逻辑规律（　　）

A. 非常不符合　B. 比较不符合　C. 一般　　　　D. 比较符合

E. 非常符合

12. 您认为当前校本教材的文字和图表是否符合科学、严谨和规范要求（　　）

A. 非常不符合　B. 比较不符合　C. 一般　　　　D. 比较符合

E. 非常符合

13. 您认为当前校本教材表达方式是否符合聋生的心理特点，易于为他们接

受和理解（　　）

  A. 非常不符合　　B. 比较不符合　　C. 一般　　　　D. 比较符合

  E. 非常符合

14. 您认为当前校本教材的实施是否符合教材传递人类文化的功能（　　）

  A. 非常不符合　　B. 比较不符合　　C. 一般　　　　D. 比较符合

  E. 非常符合

15. 您认为当前校本教材是否符合教材促进学生社会化的功能（　　）

  A. 非常不符合　　B. 比较不符合　　C. 一般　　　　D. 比较符合

  E. 非常符合

16. 您认为当前校本教材是否符合教材提高学生能力的功能（　　）

  A. 非常不符合　　B. 比较不符合　　C. 一般　　　　D. 比较符合

  E. 非常符合

17. 您对当前聋生校本教材开发的其他建议和意见。

_____

聋生校本教材开发调查问卷（学生使用）

亲爱的同学：

  你好！谢谢你能参与我们的调查活动。本问卷收集的数据信息仅用于本人的毕业论文，希望在调查的基础上，能开发出更科学的校本教材，迫切希望得到你的帮助。本问卷采用匿名方式填写，请你根据实际情况如实填写问卷。十分感谢你的参与和支持。

  个人基本信息：

  性别：男（　　）女（　　）

  居住地：城市（　　）农村（　　）

  学段：小学（　　）初中（　　）

1. 你认为校本教材所规定目标你是否可以达到（　　）

  A. 是　　　　　B. 部分达到　　　　C. 否

2. 教师在授课过程中是否对不同的学生有不同的目标（　　）

   A. 是　　　　　B. 部分内容有　　　C. 否

3. 你认为校本教材的内容对你以后的生活是否有帮助（　　）

   A. 是　　　　　B. 部分内容有帮助　C. 否

4. 你认为校本教材的内容是否与实际生活有联系（　　）

   A. 是　　　　　B. 部分内容有联系　C. 否

5. 你认为校本教材内容的难度是否超过了你的自身能力（　　）

   A. 是　　　　　B. 部分内容超过　　C. 否

6. 你认为校本教材中的文字与图片是否表述清晰（　　）

   A. 是　　　　　B. 部分内容不清晰　C. 否

7. 你能否自己学习校本教材的内容（　　）

   A. 是　　　　　B. 部分内容可以　　C. 否

8. 你是否喜欢校本教材的内容（　　）

   A. 是　　　　　B 部分内容喜欢　　C. 否

9. 你是否喜欢教授校本教材的教师（　　）

   A. 是　　　　　B. 有的时候不喜欢　C. 否

10. 你对校本教材还有哪些建议与意见？

_____

主要参考文献

一、中文参考文献

（一）著作

［1］白秀杰、杜剑华主编：《教育学》，北京：首都师范大学出版社 2017 年版。

［2］车文博主编：《心理咨询百科全书》，长春：吉林人民出版社 1991 年版。

［3］陈奎熹著：《教育社会学》（第 3 版），台北：三民书局 1986 年版。

［4］陈琦、刘儒德主编：《当代教育心理学》，北京：北京师范大学出版社 2007 年版。

［5］陈时见著：《课堂管理论》，桂林：广西师范大学出版社 2002 年版。

［6］陈寿撰：《三国志》，北京：中华书局 1975 版。

［7］陈向明主编：《如何在行动中做质的研究》，北京：教育科学出版社 2002 年版。

［8］陈向明著：《质的研究方法与社会科学研究》，北京：教育科学出版社 2000 年版。

［9］陈永明主编：《现代教师论》，上海：上海教育出版社 2003 年版。

［10］陈玉琨著：《教育评价学》，北京：人民教育出版社 1999 年版。

［11］陈云英著：《智力落后心理、教育、康复》，北京：高等教育出版社 2007 年版。

［12］池仁勇主编：《项目管理》，北京：清华大学出版社 2009 年版。

［13］辞海编辑委员会编：《辞海》中册，上海：上海辞书出版社 1979 年版。

[14] 戴耘、蔡金法主编：《英才教育在美国》，杭州：浙江教育出版社2013年版。

[15] 邓小平著：《邓小平文选》第2卷，北京：人民出版社1994年版。

[16] 丁荣贵、赵树宽主编：《项目管理》，上海：上海财经大学出版社2017年版。

[17] 董宝良主编：《陶行知教育论著选》，人民教育出版社1991版。

[18] 董泽芳编著：《教育社会学》，武汉：华中师范大学出版社1990年版。

[19] 杜萍著：《有效课堂管理：方法与策略》，北京：教育科学出版社2008年版。

[20] 杜学元主编、洪显利著：《教育心理学的经典理论及其运用》，北京：北京大学出版社2011版。

[21] 杜学元著：《中国女子教育通史》，贵阳：贵州教育出版社1995年版。

[22] 樊平军著：《高校协同创新的知识管理》，沈阳：东北大学出版社2006年版。

[23] 范逢春著：《农村公共服务多元主体协同治理机制研究》，北京：人民出版社2014年版。

[24] 方俊明、雷江华主编：《特殊儿童心理学》，北京：北京大学出版社2011年版。

[25] 房玄龄等撰：《晋书》，长春：吉林人民出版社2005年版。

[26] 费斯勒（Ralph Fessler）、克里斯坦森（Judith C. Christensen）著，董丽敏、高耀明等译：《教师职业生涯周期——教师专业发展指导》，北京：中国轻工业出版社2005年版。

[27] 费孝通著：《江村经济：中国农民的生活》，北京：商务印书馆2004年版。

[28] 弗兰克·梯利著：《西方哲学史》，光明日报出版社2014年版。

[29] 傅道春主编：《教师的成长与发展》，北京：教育科学出版社2001年版。

[30] 傅统先、张文郁著：《教育哲学》，济南：山东教育出版社1986年版。

[31] 高春梅著：《澄怀观教 形意英语探寻之路》，广州：广东高等上海教育

出版社 2018 年版。

[32] 高宁悦主编：《大学生心理健康教育》，长春：东北师范大学出版社 2019 年版。

[33] 高世葵主编：《项目人力资源管理》，北京：机械工业出版社 2011 年版。

[34] 勾训、黄胜主编：《心理学新编》，成都：西南交通大学出版社 2018 版。

[35] 顾定倩、朴永馨、刘艳虹编：《中国特殊教育史资料选》，北京师范大学出版社 2010 版。

[36] 顾明远主编：《教育大辞典》，上海：上海教育出版社 1990—1992 年版。

[37] 顾明远编：《教育学》，北京：人民教育出版社 1987 年版。

[38] 顾明远主编：《教育大辞典（增订合编本）》，上海：上海教育出版社 1998 年版。

[39] 郭秋萍主编：《信息管理学》，北京：化学工业出版社 2011 年版。

[40] 国家教师资格统一考试规划教材编写组编：《面试实战演练·小学》，北京：现代教育出版社 2015 年版。

[41] 韩品著：《教育价值通论》上册，沈阳：万卷出版社 2007 版。

[42] 何克抗、李文光著：《教育技术学》，北京：北京师范大学出版社 2009 年版。

[43] 何清华主编：《项目管理》，上海：同济大学出版社 2011 年版。

[44] 何盛明主编：《财经大辞典》，中国财政经济出版社 1990 年版。

[45] 胡碧霞著：《自然主义与幼儿教育》，合肥：安徽少年儿童出版社 2010 版。

[46] 胡德海著：《教育学原理》，北京：人民教育出版社 2013 年版。

[47] 胡惠闵著：《校本管理》，成都：四川教育出版社 2005 年版。

[48] 胡森等著、张斌贤等译：《教育大百科全书（第 2 卷）》，海口：海南出版社 2006 版。

[49] 胡淑珍主编：《教学技能》，长沙：湖南师范大学出版社 1996 年版。

[50] 扈中平著：《教育目的论》，武汉：湖北教育出版社 1997 年版。

[51] 华东师范大学教育系、浙江大学教育系编:《西方古代教育论著选》,北京:人民教育出版社 2001 版。

[52] 华特士杰著,林莺译:《生命教育:与孩子一同迎向人生挑战》,成都:四川大学出版社 2006 年版。

[53] 华中师范学院教育科学研究所编:《陶行知全集》第 2 卷,长沙:湖南教育出版社 1984 年版。

[54] 黄诚胤、李国泰著:《体育价值研究》,重庆大学出版社 2013 版。

[55] 黄崴等著:《校本管理理论、研究、实践》,广州:广东高等教育出版社 2007 年版。

[56] 黄育馥著:《人与社会——社会化问题在美国》,沈阳:辽宁人民出版社 1986 年版。

[57] 霍华德·加德纳（Howard Gardner）著、沈致隆译:《多元智能新视野（纪念版)》,杭州:浙江人民出版社 2017 年版。

[58] 霍华德·加德纳著:《多元智能》,北京:新华出版社 1999 年版。

[59] Jason Charvat 著,段永华译:《项目管理如何游刃有余:项目管理方法体系》,北京:清华大学出版社 2004 年版。

[60] 教育部基础教育司编:《普通中小学校长工作手册》,北京:教育科学出版社 2018 年版。

[61] 教育大辞典编纂委员会编:《教育大辞典 第 1 卷 教育学、课程和各科教学、中小学校》,上海:上海教育出版社 1990 版。

[62] 夸美纽斯著,傅任敢译:《大教学论》,北京:人民教育出版社 1984 年版。

[63] 乐国安主编:《社会心理学》,北京:中国人民大学出版社 2009 年版。

[64] 李秉德主编:《教育科学研究方法》,北京:人民教育出版社 1986 年版。

[65] 李鹤飞、李宏坤、袁素娟、刘晨光著:《高校图书情报与档案信息管理》,北京:经济日报出版社 2017 年版。

[66] 李华著:《地方高校青年教师专业发展研究》,成都:西南交通大学出版社 2014 年版。

[67] 李森、崔友兴主编：《社会变迁中的乡村教育》，福州：福建教育出版社2017年版。

[68] 李震雷、徐景陵译：《教育社会学》，上海：华东师范大学出版社1985年版。

[69] 李祖超著：《教育激励论》，北京：中国社会科学出版社2008年版。

[70] 林崇德、杨治良、黄希庭主编：《心理学大辞典》，上海教育出版社2003年版。

[71] 林美玲著：《教育改革、教师倦怠与报酬》，中国高雄：复文图书出版社2001年版。

[72] 刘朝忠编著：《教师队伍建设与专业发展》，北京：高等教育出版社2017年版。

[73] 刘慧珍著：《教育社会学》，沈阳：辽宁教育出版社1988年版。

[74] 刘军、李淑华主编：《公共关系学》，北京：机械工业出版社2006年版。

[75] 刘全礼著：《智力落后儿童的特点与教育纲要》，天津：天津教育出版社2008年版。

[76] 卢元镇主编：《社会体育导论》，北京：高等教育出版社2004年版。

[77] C. R. 鲁宾什坦著、朴永馨译：《智力落后学生心理学》，人民教育出版社1996年版。

[78] 鲁洁主编：《教育社会学》，北京：人民教育出版社1990年版。

[79] 栾传大、赵刚主编：《教育科研手册》，大连：大连出版社1991年版。

[80] 罗德尼·特纳（J. Rodney Turner）、斯蒂芬·西米斯特（Stephen J. Simister）等编著，李世其、樊葳葳等译：《项目管理手册》，北京：机械工业出版社2004年版。

[81] 罗肇鸿、王怀宁主编：《资本主义大辞典》，北京：人民出版社1995年版。

[82] 洛克著、傅任敢译：《教育漫话》，北京：人民教育出版社2006年版。

[83] 马克思、恩格斯、列宁、斯大林著作编译局编：《马克思恩格斯全集》，北京：人民出版社1974年版。

[84] 马克思、恩格斯、列宁、斯大林著作编译局编：《马克思恩格斯全集》，北京：人民出版社 1995 版，第 284 页。

[85] 马克思、恩格斯、列宁、斯大林著作编译局编：《马克思恩格斯全集》第 32 卷，北京：人民出版社 1974 年第 1 版。

[86] 马锡冠等撰：《现代科学技术基础知识（干部选读）》，北京：中共中央党校出版社 1999 年版。

[87] 马勇军编：《教师教育科研素养及其培养》，北京：教育科学出版社 2002 年版。

[88] 毛振明著：《体育教学论》，北京：高等教育出版社 2009 年版。

[89] 孟繁玲编：《聋人与社会》，郑州：郑州大学出版社 2010 年版。

[90] 潘玉峰、赵蕴华编著：《教师职业倦怠与应对》，合肥：安徽人民出版社 2012 年版。

[91] 彭聃龄主编：《普通心理学（第 2 版）》，北京：北京师范大学出版社 2001 年版。

[92] 彭华民、徐愫著：《人类行为与社会环境》，北京：高等教育出版社 2016 年版。

[93] 皮亚杰著、傅统先译：《教育科学与儿童心理学》，北京：北京文化教育出版社 1981 年版。

[94] 朴永馨编：《特殊教育词典》，北京：华夏出版社 1996 年版。

[95] 朴永馨著：《特殊教育学》，福州：福建教育出版社 1995 年版。

[96] 祁明、江鸿波著：《高校内涵建设背景下的学生思想政治教育发展》，上海：同济大学出版社 2019 年版。

[97] 乔纳森·特纳著、邱泽奇译：《社会学理论的结构》，北京：华夏出版社 2001 年版。

[98] 秦磊著：《农村特级教师成长规律研究》，北京：教育科学出版社 2016 年版。

[99] 瞿葆奎主编：《教育学文集》第 12 卷，北京：人民教育出版社 1991 年版。

[100] 全国残疾人抽样调查办公室编：《全国残疾人抽样调查工作手册》，

1987 年印本。

[101] 阮元校刻：《十三经注疏》，北京：中华书局 1980 版。

[102] 三木安正等著、马佶为译：《痴呆儿童的教育及医疗》，宁夏人民出版社 1987 年版。

[103] 桑新民主编：《步入信息时代的学习理论与实践》，北京：中央广播电视大学出版社 2000 年版。

[104] 商务国际辞书编辑部编：《现代汉语词典》，北京：商务印书馆 2009 年版。

[105] 上海市教委基础教育办公室、上海市教育学会特殊教育专业委员会编：《上海市弱智教育 20 年论文专集》，上海：上海出版社 1999 年版。

[106] 上海市青少年科普促进会编：《科学教育与科技创新后备人才培养》，上海市青少年科普促进会 2013 年印本。

[107] 邵宝祥、王金保主编：《中小学教师继续教育基本模式的理论与实践》，北京：北京教育出版社 1999 年版。

[108] 申健强、李雄、胡贵勇主编：《实用教育学》，成都：西南交通大学出版社 2017 年版。

[109] 盛永进编：《特殊教育的发展》，北京：教育科学出版社 2011 年版。

[110] 盛永进编：《特殊教育儿童导论》，南京：南京师范大学出版社 2015 年版。

[111] 石佩臣主编：《教育学基础理论》，长春：东北师范大学出版社 1996 年版。

[112] 石艳著：《教师知识共享的混合研究》，北京：中国社会科学出版社 2020 年版。

[113] 史俐、崔吉平编：《聋人百科词典》，合肥：安徽人民出版社 2011 年版。

[114] 舒新城著：《中国近代教育史资料下册》，北京：人民教育出版社 1961 年版。

[115] B. A. 苏霍姆林斯基著：《给教师的建议》，北京科学教育出版社 1982 年版。

[116] 孙红主编，孙红、李荐中、白杨等编：《职业倦怠》，北京：人民卫生出版社 2009 年版。

[117] 孙立平译：《社会冲突的功能》，北京：华夏出版社 1989 年版。

[118] 孙绵涛著：《教育政策分析：理论与实务》，重庆：重庆大学出版社 2011 年版。

[119] 陶孟和著：《社会与教育》，北京：商务印书馆 1992 年版。

[120] 陶西平主编：《教育评价辞典》，北京：北京师范大学出版社 1998 年版。

[121] 陶行知著：《陶行知全集》第 2 卷，长沙：湖南教育出版社 1985 版。

[122] 陶行知著、江苏省陶行知教育思想研究会、南京晓庄师范陶行知研究室编：《陶行知文集》，南京：江苏人民出版社 1981 版。

[123] 汪辉、李志永著：《日本教育战略研究》，杭州：浙江教育出版社 2013 年版。

[124] 王春阳、杨彬、张婕著：《教育心理学》，成都：电子科技大学出版社 2017 年版。

[125] 王吉庆编著：《信息素养论》，上海：上海教育出版社 1999 年版。

[126] 王坤庆著：《现代教育哲学》，武汉：华中师范大学出版社 1999 年版。

[127] 王莉主编：《教师教育综合素质教程》，西安：陕西师范大学出版 2018 年版。

[128] 王翔宇著：《插上翅膀 贴地飞行——中小学教育科研与教师成长》，济南：山东教育出版社 2016 年版。

[129] 王铚撰：《默记》，北京：北京中华书局 1981 版。

[130] 魏兵、郭玉玮、于俊美著：《化学教学策略与案例分析》，青岛：中国海洋大学出版社 2019 年版。

[131] 文辅相著：《中国高等教育目标论》，武汉：华中理工大学出版 1995 年版。

[132] William L. Heward 著、肖非等译：《特殊需要儿童教育导论》，北京：中国轻工业出版社 2007 年版。

[133] 吴钢著：《现代教育评价教程》，北京：北京大学出版社 2008 年版。

［134］吴康宁主编：《课堂教学社会学》，南京：南京师范大学出版社 1999 年版。

［135］吴康宁著：《教育社会学》，北京：人民教育出版社 1998 年版。

［136］吴康宁著：《教育社会学》，北京：人民教育出版社 2014 年版。

［137］吴尊民等著：《现代校外教育论》，上海：上海社会科学院出版社 2014 年版。

［138］席勒著、徐恒醇译：《美育书简》，北京：中国文联出版社 1984 版。

［139］萧浩辉主编：《决策科学辞典》，北京：人民出版社 1995 年版。

［140］肖非、刘全礼著：《智力落后教育的理论与实践》，北京：华夏出版社 1992 年版。

［141］谢觉一、乔有华编著：《简明外国教育史》，济南：山东教育出版社 1984 年版。

［142］徐弘祖撰：《徐霞客游记》，上海：上海古籍出版社 2010 年版。

［143］徐久生主编：《校园暴力研究》，北京：中国方正出版社 2004 年版。

［144］徐世贵等著：《教师在研究中成长 15 种秘法》，天津：天津教育出版社 2018 年版。

［145］徐宗良等著：《生命伦理学：理论与实践探索》，上海：上海人民出版社 2002 年版。

［146］亚里士多德著、吴寿彭译：《政治学》，北京：商务印书馆 1983 年版。

［147］严明著：《语言教育心理学理论研究》，长春：吉林出版集团有限责任公司 2009 年版。

［148］杨波编：《润物无声，学而为人：培养劳动意识的若干方法》，广州：暨南大学出版社 2004 年版。

［149］杨恩寰主编：《审美教育学》，沈阳：辽宁大学出版社 1987 版。

［150］杨汉麟、周采著：《外国幼儿教育史》，南宁：广西教育出版社 1993 年版。

［151］杨坤编著：《项目时间管理》，天津：南开大学出版社 2006 年版。

［152］杨心德编著：《中学课堂教学管理心理》，杭州：杭州大学出版社 1993 年版。

［153］杨忠等著：《激励与文化视角下的知识共享研究》，北京：商务印书馆2015年版。

［154］姚惜鸣编著：《劳动教育讲话》，郑州：河南人民出版社1956年版。

［155］叶继元等编著：《学术规范通论》，上海：华东师范大学出版社2005年版。

［156］叶澜等著：《教师角色与教师发展新探》，北京：教育科学出版社2001年版。

［157］英特尔软件学院教材编写组编：《项目管理》，上海：上海交通大学出版社2011年版。

［158］优才教育研究院编：《优秀教师必备的心理素质》，成都：电子科技大学出版社2013年版。

［159］袁振国主编：《教育研究方法》，北京：高等教育出版社2000年版。

［160］约翰·杜威著、吴志宏译：《学校与社会·明日之学校》，北京：人民教育出版社2005版。

［161］约翰·杜威著、伍中友译：《我们如何做思维》，北京：新华出版社2010年版。

［162］臧日宏编著：《经济学》，北京：中国农业大学出版社2003年版。

［163］曾天山等著：《新中国教育科研通论》，北京：人民教育出版社2015年版。

［164］曾天山著：《教材论》，太原：江西教育出版社1997年版。

［165］翟继光主编：《纪检监察依法依纪办案常用法律法规全书》，北京：中国民主法制出版社2020年版。

［166］张斌贤、石中英等译：《教育大百科全书》第2卷，重庆：西南师范大学出版社2006年版。

［167］张彩云著：《学生课堂问题行为管理》，北京：教育科学出版社2015年版。

［168］张大均主编：《教学心理学》，重庆：西南师范大学出版社1997年版。

［169］张大均主编：《教育心理学》，北京：人民教育出版社2004年版。

［170］张大均主编：《教育心理学》，北京：人民教育出版社2015年版。

[171] 张福娟、马红英、杜晓新著：《特殊教育史》，上海：华东师范大学出版社 2000 年版。

[172] 张慧超、郭俊伟主编：《普通心理学》，北京：航空工业出版社 2018 年版。

[173] 张立昌编：《课程设计与评价》，长春：东北师范大学出版社 2017 年版。

[174] 张明、高长生、柯巍、段为民编：《特殊教育词典》，长春：吉林人民出版社 1993 年版。

[175] 张培、刘娅茜主编：《社会学新编》，昆明：云南大学出版社 2018 年版。

[176] 张伟、孙哲著：《体育教学功能解析与实现途径研究》，北京：中国商业出版社 2018 年版。

[177] 张湘洛著：《教育科学研究方法》，北京：国家行政学院出版社 2013 年版。

[178] 张筱玮主编：《教育科研与教师专业发展》，上海：华东师范大学出版社 2005 年版。

[179] 张彦等著：《社会研究方法》，上海：上海财经大学出版社 2019 年版。

[180] 张艳臣著：《国际化翻译人才培养研究》，上海：上海交通大学出版社 2019 年版。

[181] 张义兵主编：《信息技术教师素养：结构与形成》，北京：高等教育出版社 2003 年版。

[182] 赵月瑟译：《心智、自我和社会》，上海：上海译文出版社 1992 年版。

[183] 赵伶俐著：《人生价值的弘扬——当代美育新论》，成都：四川教育出版社 1991 年版。

[184] 赵树铎著：《特殊教育课程与教学法》，北京：华夏出版社 1994 年版。

[185] 赵树铎著：《特殊学校劳动技术与职业教育概论》，天津：天津人民出版社 2000 年版。

[186] 郑杭生主编：《社会学概论新修》，北京：中国人民大学出版社 1994 年版。

［187］郑金洲主编：《基于新课程的课堂教学改革》，福州：福建教育出版社 2003 年版。

［188］郑金洲著：《教师如何做研究》，上海：华东师范大学出版社 2012 年版。

［189］郑晓明译：《组织行为学》，北京：中国人民大学出版社 1997 年版。

［190］中国旅游研究院编著：《中国研学旅行发展报告 2017》，北京：旅游教育出版社 2018 年版。

［191］中国人民大学马列主义发展史研究所编：《马克思恩格斯思想史》，上海：上海人民出版社 1982 年版。

［192］中国社会科学院语言研究所编：《现代汉语词典》，北京：商务印书馆 2012 年版。

［193］中国社会科学院语言研究所编：《现代汉语词典》，北京：商务印书馆 2016 年版。

［194］中国社会科学院语言研究所词典编辑室编：《现代汉语词典》，北京：商务印书馆 2006 年版。

［195］中华人民共和国教育部编：《义务教育小学科学课程标准》，北京师范大学出版社 2017 年版。

［196］周概容主编：《应用统计方法辞典》，北京：中国统计出版社 1993 年版。

［197］周琴主编：《教师职业道德与教育法律法规》，合肥：安徽大学出版社 2019 年版。

［198］周晓虹著：《现代社会心理学：多维视野中的社会行为研究》，上海：上海人民出版社 1997 年版。

［199］周中之主编：《伦理学》，北京：人民出版社 2004 年版。

［200］朱德全、宋乃庆主编：《教育统计与测评技术》，重庆：西南师范大学出版社 2013 年版。

［201］朱熹撰，朱杰人、严佐之、刘永翔主编：《朱子全书》第 6 册，上海：上海古籍出版社 2002 年版。

［202］朱智贤主编：《心理学大词典》，北京：北京师范大学出版社 1989

［203］朱宗顺著：《特殊教育史》，北京，北京大学出版社2011年版。

［204］祝智庭主编：《信息教育展望》，上海：华东师范大学出版社2002年版。

［205］邹春花、黄连杰著：《多元视角下我国高校青年教师发展研究》，北京：北京理工大学出版社2017年版。

［206］左其沛著：《中学德育心理学》，长春：吉林人民出版社1991年版。

［207］佐藤学著、钟启泉译：《课程与教师》，北京：教育科学出版社2003年版。

（二）论文

1. 学位论文

［1］陈静：《基于德尔菲法的全球著名体育城市指标体系的构建与实证研究》，上海体育学院学位论文，2020年。

［2］陈晓君：《语文识字教学的教材选择及其教学策略》，广州大学硕士论文，2015年5月。

［3］陈晓瑜：《青春期女生性别认同研究》，南京师范大学硕士论文，2012年。

［4］陈钰慧：《农村希望小学教育科研的研究——以会昌县希望小学为例》，湖南大学硕士学位论文，2018年5月。

［5］丁宁：《乡村中小学教师的高等教育经历及其对专业发展的影响——以山东省部分地区的调查为例》，华东师范大学硕士论文，2012年4月。

［6］方建峰：《论影响我国教育目的实现的主要原因》，华东师范大学博士论文，2001年4月。

［7］郭静：《乡村教师区域研修共同体的构建》，山东师范大学硕士学位论文，2019年。

［8］贺岚：《看不见的角落——关于我国中学校园里的女孩欺凌现象的研究》，重庆师范大学硕士学位论文，2014年5月。

［9］侯冬梅：《培智学校教师专业发展现状及需求研究》，辽宁师范大学硕士论文，2009年5月。

［10］胡航舟：《研学旅行课程设计研究》，华东师范大学硕士学位论文，2019 年 5 月。

［11］胡慧萍：《培智学校教师在职研修现状及专业发展需求研究——以大连市××学校为例》，辽宁师范大学硕士论文，2014 年 4 月。

［12］嵇艳：《医学院校临床教师角色冲突研究》，南京大学博士学位论文，2017 年 4 月。

［13］蒋娜：《基于扎根理论的皖北村庄规划实效评价研究》，安徽建筑大学硕士学位论文，2021 年。

［14］郎晓叶：《高年级小学课堂问题行为及对应策略研究》，浙江师范大学硕士学位论文，2010 年。

［15］李彩飞：《青海省海东地区中学教师教育科研素质的现状调查和提高策略》，陕西师范大学硕士毕业论文，2010 年 5 月。

［16］李芳涵：《中学教师信息素养评价指标体系研究》，天津师范大学硕士学位论文，2013 年 5 月。

［17］李虹：《日本中小学修学旅行的实践经验及其对中国的启示》，华中科技大学硕士学位论文，2019 年 5 月。

［18］李俊：《江苏省初中体育教师信息素养指标体系构建研究》，南京体育学院硕士学位论文，2021 年 6 月。

［19］李炎清：《基于项目管理的大学生活动管理研究》，华中科技大学博士学位论文，2011 年 5 月。

［20］李燕：《国难背景下的修学旅行——新安旅行团研究（1935—1945）》，江西师范大学硕士学位论文，2014 年 6 月。

［21］梁泽清：《小学电子版信息技术校本教材开发的实践探索》，延边大学硕士论文，2010 年 2 月。

［22］林春波：《中学教师知识共享的信任机制研究》，西南大学硕士学位论文，2010 年。

［23］刘慧：《乡村初中教师专业发展困境及提升路径研究》，江西师范大学硕士学位论文，2020 年。

［24］刘杰：《辅读学校毕业班智力障碍学生阅读能力研究》，华东师范大学

硕士论文，2011年5月。

[25] 刘永新：《中学教师知识共享的策略研究》，南京师范大学硕士学位论文，2008年。

[26] 龙亚娌：《我国女子中学沉浮历程探析》，广西师范大学硕士论文，2004年4月。

[27] 罗乐：《脑瘫学生学校适应与学校支持系统有效指标研究》，重庆师范大学硕士论文，2011年4月。

[28] 雒文华：《基于地理核心素养的高中研学旅行研究与设计》，西南大学硕士学位论文，2020年4月。

[29] 马莎莎：《智力障碍儿童的社会适应能力研究》，华东师范大学硕士论文，2013年4月。

[30] 马欣研：《中小学教师信息素养研究》，华东师范大学博士学位论文，2019年5月。

[31] 毛雁南：《激励理论在初中思想品德课教学中的应用研究》，扬州大学硕士学位论文，2014年5月。

[32] 梅士伟：《基于扎根理论的高校腐败治理机制研究》，吉林大学博士学位论文，2020年。

[33] 浦明磊：《中学政治教师科研素养及其提升策略》，扬州大学硕士学位论文，2017年5月。

[34] 邱明：《小学课外科技活动现状调查与对策研究》，辽宁师范大学硕士学位论文，2016年8月。

[35] 桑琳洁：《研学旅行导师胜任力模型建构与应用研究》，华南师范大学硕士学位论文，2020年6月。

[36] 石烨：《民族地区农村中小学数学教师专业成长现状及支持体系研究》，西北师范大学硕士学位论文，2020年。

[37] 苏琳：《农村初中教师关系网络与课程能力关系研究》，渤海大学硕士学位论文，2016年。

[38] 汤容：《语文名师成长与专业化发展》，陕西理工大学硕士学位论文，2019年6月。

[39] 陶卉:《中学教师知识共享途径有效实施的研究》,渤海大学硕士学位论文,2018年。

[40] 唐仕元:《培智教育教师专业成长指标构建及成长现状研究——以某特殊儿童实验学校为例》,重庆师范大学硕士论文,2013年5月。

[41] 田颖:《石家庄市4所小学教师教育科研素养现状调查与对策研究》,河北师范大学硕士学位论文,2015年7月。

[42] 万群:《漳州城乡初级中学体育课程运动领域目标的达成度及影响因素研究》,漳州师范学院硕士论文,2012年6月。

[43] 王德霞:《农村初中教师个人知识管理影响因素及策略研究》,陕西师范大学硕士学位论文,2011年。

[44] 王都留:《初中学生课堂问题行为研究》,西北师范大学硕士学位论文,2002年。

[45] 王红妹:《江苏省培智学校体育教学现状调查与分析》,扬州大学硕士论文,2009年6月。

[46] 王丽君:《农村初中教学团队建设研究》,山西师范大学硕士学位论文,2014年。

[47] 王苗苗:《智力障碍儿童家校合作现状及影响因素研究》,西南大学硕士学位论文,2013年4月。

[48] 王巧玲:《县域中学教师教育科研素质现状调查与对策研究》,河北师范大学硕士学位论文,2006年4月。

[49] 王秋菊:《语文校本教材开发的理论研究》,浙江师范大学硕士学位论文,2010年5月。

[50] 王蓉:《基于NVIVO 11对成功应聘的大学生就业力分析》,黑龙江大学硕士学位论文,2019年5月。

[51] 温仓金:《教育人类学视野下民族地区乡村学校变革的个案研究》,云南师范大学硕士学位论文,2021年。

[52] 谢华镜:《中度智障学生职业品质培养研究》,四川师范大学硕士论文,2014年5月。

[53] 谢淑海:《实习支教生教师专业身份建构过程的叙事研究》,东北师范

大学博士学位论文，2016年。

［54］薛丽慧：《本科英语专业师范生教育科研能力培养研究》，海南师范大学硕士学位论文，2014年5月。

［55］杨红倩：《改进中学政治教师科研状况的思考》，河南大学硕士学位论文，2015年5月。

［56］杨汇霖：《县域示范性高中教育科研现状及对策研究——以H市为例》，黄冈师范学院硕士学位论文，2016年5月。

［57］杨卫敏：《中小学受欺负行为的影响因素研究》，浙江师范大学硕士学位论文，2014年。

［58］姚希：《咸宁市W中学教师科研素养调查分析》，华中师范大学硕士学位论文，2013年4月。

［59］叶健红：《新课程改革背景下的课堂问题行为管理策略研究》，华中师范大学硕士学位论文，2007年。

［60］殷敏：《培智学校智力障碍学生分类活动研究》，辽宁师范大学硕士论文，2016年4月。

［61］于维涛：《县域教师发展体系建设研究》，上海：华东师范大学硕士学位论文，2009年4月。

［62］于小源：《县域中小学教师教育科研状况研究——以浙江省C县为例》，华东师范大学硕士学位论文，2013年。

［63］岳丹桂：《教师知识共享影响因素的研究》，东北师范大学硕士学位论文，2015年。

［64］张慧：《培智学校智力障碍学生加减运算思维表现研究》，辽宁师范大学硕士论文，2015年5月。

［65］张珏：《长株潭地区乡村初中教师信息素养发展困境及对策研究》，湖南科技大学硕士学位论文，2019年。

［66］张苑：《高校思想政治理论课教师的角色冲突研究》，西安科技大学硕士学位论文，2009年6月。

［67］赵成刚：《学校管理者管理行为有效性研究》，内蒙古师范大学硕士论文，2017年6月。

[68] 赵黎：《教师的知识共享研究》，华东师范大学硕士学位论文，2012 年。

[69] 赵曼：《辅读学校学生语言能力特点研究》，华东师范大学硕士论文，2012 年 4 月。

[70] 周慧：《高中英语教师教育科研素养的调查研究——以菏泽市牡丹区为例》，华中师范大学硕士学位论文，2018 年 5 月。

[71] 周小燕：《南京地理研学旅行课程方案设计研究》，南京师范大学硕士学位论文，2018 年 4 月。

[72] 朱胜基：《中学教师专业发展虚拟学习社区知识共享研究》，湖南科技大学硕士学位论文，2015 年。

[73] 朱友云：《重度智力障碍儿童社会适应能力的提升方法研究》，四川师范大学硕士论文，2014 年 5 月。

[74] 朱媛媛：《智力障碍儿童教育安置方式研究》，华东师范大学硕士论文，2012 年 4 月。

2. 期刊论文

[1] 安琳：《基础阶段英语教学改革中的校本教材开发实践探索》，《外语与外语教学》2012 年第 5 期。

[2] 澳大利亚使馆教育处：《澳大利亚："反欺凌"的责任主体下移》，《人民教育》，2016 年第 11 期。

[3] 白芸：《国外中小学社团研究及对我国的启示》，《福建教育：中学版》，2009 年第 10 期。

[4] 白长虹、王红玉：《以优势行动价值看待研学旅游》，《南开学报》，2017 年第 1 期。

[5] 班振、朱成科、刘晨：《农村学校开展研学旅行的困境与对策》，《教学与管理》，2017 年第 16 期。

[6] 卜庆刚、宗文斌：《道德校本教材文本创编的实践与思考》，《中国教育学刊》，2010 年第 9 期。

[7] 蔡宝来、王慧霞：《论教师教育研究的发展趋势》，《教师教育研究》，2006 年第 5 期。

［8］蔡伟、高钗：《校本教材建设的思考》，《教育研究》，2006 年第 2 期。

［9］蔡伟：《中小学校本教材质量标准研究》，《课程·教材·教法》，2009 年第 11 期。

［10］蔡笑岳：《试析教师角色的心理冲突与冲突》，《中国教育学刊》，1994 年第 5 期。

［11］蔡亚平、徐青：《从教师的角色转换看教学行为变化》，《杭州师范学院学报》，2002 年第 3 期。

［12］曹传东、向春艳：《中小学教师信息素养现状及提升策略》，《教学与管理》，2015 年第 33 期。

［13］曹建召：《语文教材知识编排方式探讨》，《语文建设》，2009 年第 4 期。

［14］曹品品：《日本修学旅游发展及其对中国的启示》，《经济研究导刊》，2011 年第 4 期。

［15］曹科岩：《不同动机因素对教师知识分享行为的影响机制—基于广东高校的实证研究》，《现代教育科学》，2012 年第 4 期。

［16］陈波涌、李婷：《如何稳定乡村教师队伍——基于对 H 省 39470 名乡村教师的调研》，《湖南师范大学教育科学学报》，2021 年第 4 期。

［17］陈传锋、陆品品：《小学生课外科技学习活动的实证调查与分析》，《教育探索》，2015 年第 11 期。

［18］陈方：《关于女性学课程整合的思考》，《中华女子学院学报》，2004 年第 4 期。

［19］陈刚：《马克思人的自由发展观及其当代意义》，《江苏社会科学》，2014 年第 8 期。

［20］陈光春：《论研学旅行》，《河北师范大学学报（教育科学版）》，2017 年第 3 期。

［21］陈桂生：《教育学究竟是怎么一回事——略议教育学的基本概念》，《教育学报》，2018 年第 2 期。

［22］陈浩然、杨静：《学生为本视角下的研学旅游方法论》，《地理教学》，2021 年第 6 期。

[23] 陈慧婷：《研学旅行解说系统构建研究》，《江苏商论》，2017 年第 1 期。

[24] 陈坤华、朱湘虹、余杰：《文化视角的大学知识共享》，《煤炭高等教育》，2003 年第 5 期。

[25] 陈利君、谭千保：《论心理学研究的生态效度》，《湘潭师范学院学报（自然科学版）》，2002 年第 2 期。

[26] 陈敏、周驰、吴砥：《中小学教师信息素养评估指标体系研究》，《中国电化教育》，2020 年第 8 期。

[27] 陈时见：《课堂管理：意义与变革》，《教育科学研究》，2003 年，第 6 期。

[28] 陈时见：《课堂问题行为的管理策略》，《基础教育研究》，1998 年第 6 期。

[29] 陈维维、李艺：《信息素养的内涵、层次及培养》，《电化教育研究》，2002 年第 11 期。

[30] 陈文娇、俞文：《教师科研素养的结构解析与实证检验——基于武汉市 2746 名中小学、幼儿园教师的调查》，《教育研究与实验》，2019 年第 4 期。

[31] 陈向明：《对教师实践性知识构成要素的探讨》，《教育研究》，2009 年第 30 期。

[32] 陈向明：《实践性知识：教师专业发展的知识基础》，《北京大学教育评论》，2003 年第 1 期。

[33] 陈晓辉：《人的全面发展问题研究综述》，《学术交流》2004 第 11 期。

[34] 陈晓康：《中国自然主义教育的历史渊源及其现代启示》，《内蒙古社会科学（汉文版）》，2006 年第 6 期。

[35] 初向伦：《以磨课助推教师专业成长》，《中国教育学刊》，2019 年第 7 期。

[36] 戴妍、徐佳虹：《民族地区教师信息素养提升的现实境遇与模式建构》，《北方民族大学学报（哲学社会科学版）》，2018 年第 3 期。

[37] 戴宜生译：《美国未成年人司法制度的发展》，《青少年犯罪问题》，2005 年第 4 期。

[38] 党峥峥、李学农、马君诚、杨春燕：《＜乡村教师支持计划＞支持下乡村教师职业幸福感建构》，《西北成人教育学院学报》，2021年第4期。

[39] 邓纯考、李子涵、孙芙蓉：《衔接学校课程的研学旅行课程开发策略》，《教育科学研究》，2020年第12期。

[40] 邓凡茂、徐文彬、齐永芹：《问题与对策：中小学校本教材建设的沉思》，《出版发行研究》，2014年第10期。

[41] 邓猛、潘剑芳：《关于全纳教育思想的几点理论回顾及其对我们的启示》，《中国特殊教育》，2003年第4期。

[42] 邓志伟：《知识分享与教师专业发展》，《教育科学》，2006年第4期。

[43] 翟海珍：《国内外特殊需要儿童安置方式的比较研究》，《克拉玛依学刊》，2011年第2期。

[44] 丁相平、崔艳萍、魏雪寒：《山西省智障儿童教育师资队伍现状的调查研究》，《教育理论与实践》，2012第8期。

[45] 丁新胜：《论研究型教师的素质及其培养途径》，《教学与管理》，2006年第6期。

[46] 丁媛媛：《利用本土资源有效创建留守儿童课外科学社团》，《新课程》，2020年第26期。

[47] 丁运超：《研学旅行：一门新的综合实践活动课程》，《中国德育》，2014年第9期。

[48] 冬雪：《美国智力障碍定义的演变及其启示》，《中国特殊教育》，2011年第5期。

[49] 董建春：《中小学教师的教育科研素养与培养》，《教育评论》，2008年第1期。

[50] 董艳、高雅茹、赵亮等：《情境感知视域下研学旅行课程设计探究——以"乔家大院民俗博物馆研学基地"为例》，《现代教育技术》，2021年第4期。

[51] 董泽芳：《社会转型期的教师角色冲突》，《华中师范大学学报（人文社会科学版）》，1996年第6期。

[52] 杜祥培：《论女子大学的课程设置》，《湖南社会科学》，2006年第2期。

［53］杜新秀：《教师专业发展阶段研究综述》，《中国科教创新导刊》，2009年第25期。

［54］段兴立、于惠：《中韩校园暴力特征、成因及对策比较》，《青少年犯罪问题》，2016年第3期。

［55］段玉山、袁书琪、郭锋涛等：《研学旅行课程标准（一）——前言、课程性质与定位、课程基本理念、课程目标》，《地理教学》，2019年第5期。

［56］樊洁：《科研素质——中学教师亟待提高的教育素养》，《现代教育科学（普教研究）》，2003年第5期。

［57］范先佐：《教育乱收费的类型及其治理——以基础教育为中心》，《华中师范大学学报（人文社会科学版）》，2007年第2期。

［58］方芳：《造成校园欺凌有四大原因》，《中国德育》，2016年第6期。

［59］冯海燕：《影响我国教育目的实现的原因分析》，《天中学刊》，2014第3期。

［60］冯柳清：《学生科技社团活动与学生科技创新能力培养研究》，《新作文（教育教学研究）》，2018年第6期。

［61］付晋蔚、刘宇晟、范光云：《聋校校本课程开发与建设研究述评》，《教育理论与实践》，2018年第2期。

［62］付卫东：《县域义务教育教师工资待遇不平衡不充分：难题及破解——基于中西部6省16个县（区）160余所中小学的调查》，《河北师范大学学报（教育科学版）》，2019年第4期。

［63］高飞：《日本特殊教育行政管理及启示》，《教育理论与实践》，2016年第33期。

［64］高磊、兰继军、王疆娜：《聋校语文校本教材开发的探索》，《中国特殊教育》，2010年第8期。

［65］高双梅：《教师职业倦怠研究综述》，《学园》，2013年第29期。

［66］高腾、魏鸿磊、李明颖等：《大学生科技社团对创新能力培养的探索和思考》，《文化创新比较研究》，2018年第31期。

［67］谷传华、张文新：《小学儿童欺负与人格倾向的关系》，《心理学报》，2003年第1期。

[68] 广濑信雄：《介绍日本特殊教育的一种形式——在普通学校设立特殊班》，《中国特殊教育》，1998 年第 1 期。

[69] 郭冬青：《关于县域教师专业成长的思考》，《教育理论与实践》，2019 年第 17 期。

[70] 郭锋涛、段玉山、周维国等：《研学旅行课程标准（二）——课程结构、课程内容》，《地理教学》，2019 年第 6 期。

[71] 郭马兵：《激励理论评述》，《首都经济大学学报》，2002 年第 6 期。

[72] 郭少华：《小学教师专业成长内涵的探究》，《科教导刊》，2021 年第 7 期。

[73] 郭雪翔：《研究性学习中教师的角色定位》，《教育实践与研究》，2002 年第 12 期。

[74] 郭元祥：《新课程背景下课程知识观的转向》，《全球教育展望》，2005 年第 4 期。

[75] 郭震：《人教版初中化学教材图文科学性与教学问题例析》，《中小学教师培训》，2016 年第 3 期。

[76] 国家教育部基础教育司：《全日制普通高级中学课程计划（实验修订稿）》，《基础教育外语教学研究》，2000 年第 1 期。

[77] 韩宝荣：《特殊教育学校校本课程研发的尝试与实践》，《西部素质教育》，2016 年第 4 期。

[78] 韩世姣：《教材文本目录：不应被忽略的助学资源》，《中学语文》，2014 年第 1 期。

[79] 韩淑萍：《我国教师专业发展影响因素研究述评》，《现代教育科学》，2009 年第 9 期。

[80] 郝明君：《我国特殊教育课程研究的发展、现状与走向》，《重庆师范大学学报（社会科学版）》，2008 年第 6 期。

[81] 何非：《开发校本课程，促进聋生健康发展》，《现代特殊教育》，2009 年第 12 期。

[82] 何金娣：《精心设计课程表，认真实施新方案》，《现代特殊教育》，2008 年第 3 期。

［83］何菊玲：《教师专业成长的现象学旨趣》，《教育研究》，2010 年第 11 期。

［84］何水：《协同治理及其在中国的实现——基于社会资本理论的分析》，《西南大学学报（社会科学版）》，2008 年第 3 期。

［85］侯玉波、朱滢：《文化对中国人思维方式的影响》，《心理学报》，2002 年第 34 期。

［86］侯志中：《乡村教师专业发展动力缺失与回归》，《教书育人》，2019 年第 8 期。

［87］胡春光：《校园欺凌行为：意涵、成因及其防治策略》，《教育研究与实验》，2017 年第 1 期。

［88］胡春梅、姜燕华：《近三十年来国内外关于教师职业倦怠的研究综述》，《天津市教科院学报》，2006 年第 3 期。

［89］胡劲松、吴会会：《义务教育学校托管的法律属性》，《教育发展研究》，2016 年第 2 期。

［90］胡伟斌、陈婷：《民族地区特殊教育校本课程开发的价值与对策》，《现代特殊教育》，2017 年第 6 期。

［91］胡亚琴：《广东省发展修学旅游的优势及策略》，《全国商情（经济理论研究）》，2009 年第 9 期。

［92］胡银林：《校本课程开发与教师专业成长》，《新课程（综合版）》，2010 年第 8 期。

［93］胡莹、曹厚平：《构建培智学校教学模式的思考》，《现代特殊教育》，2016 年第 4 期。

［94］胡振坤、姜海翔、曹治平等：《关于高校学术科技社团工作的几点思考》，《教育现代化》，2020 年第 22 期。

［95］黄成荣、袁志文：《穗港澳三地青少年欺凌行为比较与社群福祉观辅导应对》，《青年探索》，2010 年第 6 期。

［96］黄芳、李太平：《美国中小学课外教育质量保障机制与启示》，《比较教育研究》，2013 年第 4 期。

［97］黄杰、刘训：《乡村小学体育教育师资队伍困境及破解路径研究》，《就

业与保障》，2021年第15期。

[98] 黄立志：《论中国自然主义教育思想》，《长春工程学院学报（社会科学版）》，2001年第4期。

[99] 黄书光：《实用主义教育思想在中国》，《教师教育研究》，2000年第5期。

[100] 黄英军：《培智美术教学生活化浅谈》，《延边教育学院学报》，2016第3期。

[101] 黄昭鸣：《"聋人文化"观之辨析》，《中国特殊教育》，2004年第10期。

[102] 黄志成：《全纳教育——国际教育新思潮》，《中国民族教育》，2004年第3期。

[103] 黄志成：《试论全纳教育的价值取向》，《外国教育研究》，2001年第3期。

[104] 辉进宇、褚远辉：《中小学教师教育科研素质的结构及培养》，《教育理论与实践》，2014年第8期。

[105] 吉卫田、贾益芹：《对聋校教材改革的几点建议》，《中国特殊教育》，2004年第2期。

[106] 简党生、史建平：《Delphi法在住院医师规范化培训考核指标体系建立中的应用》，《新疆医科大学学报》，2006年第5期。

[107] 江长州：《校本教材应用存在的问题与对策》，《西藏教育》，2015年第5期。

[108] 姜建红、郝丽萍：《高校教师群体知识共享机制探讨》，《中国石油大学学报（社会科学版）》，2007年第4版。

[109] 姜同河：《校本课程开发的必要性及基本程序》，《教育探索》，2001年第3期。

[110] 姜艳萍：《浅谈聋校心理健康校本课程的开发》，《小学教学参考》，2014年第12期。

[111] 姜英敏、闫旭：《研学旅行制度建设的国际经验》，《人民教育》，2019年第24期。

[112] 金野、宋永宁：《"构建智障儿童普校良好教育安置模式"的研究报告》，《中国特殊教育》，2007年第4期。

[113] 靳玉乐、于泽元：《文化——个人视角下教师对新课程改革的适应性探讨》，《西南大学学报（社会科学版）》，2009年第2期。

[114] 康龙、郑敏：《如何在中小学组织开展科技社团活动》，《中国科技教育》，2021年第2期。

[115] 孔宪遂：《试论建构主义理论对教学的启示》，《清华大学教育研究》，2002年第1期。

[116] 邝丽湛：《教材评价的本质及其价值分析》，《教育研究》，2002年第7期。

[117] 郎贵芹：《区域性助推中小学教师专业化成长方式的研究》，《学周刊》，2019年第3期。

[118] 黎梅娇：《我国三个时期聋校教学计划的比较研究》，《中国特殊教育》，2003年第3期。

[119] 黎启龙：《研学旅行的德育特征、价值与实施》，《中学政治教学参考》，2021年第3期。

[120] 李爱：《青少年校园欺凌现象探析》，《教学与管理》，2016年第3期。

[121] 李臣之、纪海吉：《研学旅行的实施困境与出路选择》，《教育科学研究》，2018年第9期。

[122] 李春玲：《构建教师群体的知识共享机制》，《教师教育研究》，2006年第2期。

[123] 李东和、王丹丹、朱玲玲：《学生群体对研学旅行的认知、满意度及行为意向关系研究——以合肥市部分中学为例》，《皖西学院学报》，2016年第5期。

[124] 李法瑞：《基于跨学科协同实践的科学社团构建——以上海市延安中学"科学技术联盟"为例》，《现代中小学教育》，2020年第7期。

[125] 李汉学：《校园欺凌问题检视》，《当代教育论坛》，2016年第5期。

[126] 李佳宾，朱秀梅，汤淑琴：《知识共享研究述评与未来展望》，《情报科学》，2019年第5期。

［127］李建麟：《打造新时代教师培训品牌的实践探索——以闽南师范大学为例》,《闽南师范大学学报（哲学社会科学版）》, 2020 年第 2 期。

［128］李军：《近五年来国内研学旅行研究述评》,《北京教育学院学报》, 2017 年第 6 期。

［129］李拉：《世界范围内残疾儿童教育安置形式的变迁与趋向》,《现代教育管理》, 2013 年第 9 期。

［130］李娜：《陈鹤琴："活教育"的先驱》,《教育与职业》, 2009 年第 31 期。

［131］李茜：《小学社团现状调查》,《科技信息》, 2012 年第 15 期。

［132］李庆安、吴国宏：《聚焦思维结构的智力理论——林崇德的智力理论述评》,《心理科学》, 2006 年第 1 期。

［133］李琼、王松丽、张艳：《教师工作压力对职业倦怠的影响：一个路径分析》,《教育学报》, 2009 年第 5 期。

［134］李万斌：《中国民间剪纸艺术魅力与美育价值研究》,《西华师范大学学报（哲学社会科学版）》, 2000 年第 2 期。

［135］李伟：《教师共同体中的知识共享：困境与突破》,《教育发展研究》, 2017 年第 20 期。

［136］李晓飞、康淑敏：《中学教师信息素养现状与发展——以山东省为例》,《中国远程教育》, 2012 年第 3 期。

［137］李小红、郭琪琪、杨苏梦：《乡村教师专业发展的困境与纾解》,《当代教育科学》, 2022 年第 1 期。

［138］李晓文：《游心任性畅游天地——庄子〈逍遥游〉浅析》,《开封教育学院学报》, 2016 年第 5 期。

［139］李孝诚、綦春霞、李福华：《精准扶智背景下乡村教师 MIND 混合研修模式的构建与实现路径》,《教师教育研究》, 2021 年第 5 期。

［140］李亚轩：《完善乡村教育 推动乡村振兴》,《农村经济与科技》, 2021 年第 3 期。

［141］李岩：《校本课程开发与管理的实践探索》,《现代特殊教育》, 2012 年第 5 期。

[142] 李燕秋：《校园欺凌研究综述》，《教育科学论坛》，2016 年第 14 期。

[143] 李毅、邱兰欢、王钦：《教育信息化 2.0 时代师范生信息素养测评模型的构建与应用——以西部地区为例》，《中国电化教育》，2019 年第 7 期。

[144] 李映辉、罗淑梅：《城郊休闲旅游与乡村旅游的异同研究》，《长沙大学学报》，2008 年第 4 期。

[145] 李哲：《浅谈研学旅行的思想渊源与当代启示》，《教师教育论坛》，2017 年第 6 期。

[146] 李志超、吴惠青：《乡村建设的精神危机与乡村学校的文化救赎》，《中国教育学刊》，2016 年第 4 期。

[147] 李志勇：《基于 AHP 的数字图书馆绩效评价指标体系研究》，《图书馆工作与研究》，2012 年第 9 期。

[148] 李子涵、孙芙蓉、邓纯考：《新加坡中小学研学旅行：价值意蕴、实践路径及保障体系》，《外国教育研究》，2020 年第 11 期。

[149] 厉以贤：《教育方针的内涵与表达》，《中国教育学刊》，1991 第 2 期。

[150] 廖全明、刘宗发：《我国中小学学生的问题行为及其干预——目前国内关于学生问题行为研究的文献综述》，《太原师范学院学报（社会科学版）》，2004 年第 4 期。

[151] 林聪：《"互联网＋"背景下的高校教师信息素养及构成》，《黑龙江高教研究》，2016 年第 8 期。

[152] 林伟：《创新教师队伍建设，推动学校跨越式发展》，《教书育人》，2020 年第 20 期。

[153] 林绪奖：《根据智力落后学生认知特点 采取有效识字教学策略》，《现代特殊教育》，2017 年第 2 期。

[154] 刘春玲、马红英、杨福义：《弱智儿童对词汇理解的研究》，《心理科学》2000 年第 6 期。

[155] 刘芳：《研学旅行云平台建设》，《电脑知识与技术》，2015 年第 11 版。

[156] 刘健智、周婷：《探究式：教师专业成长的有效途径》，《当代教育论坛》，2017 年第 3 期。

[157] 刘景颖：《建构主义学习理论及其对教学的影响》，《福建师专学报（社会科学版）》，2001年第6期。

[158] 刘珂、张原诚：《我国中学生研学旅行学习满意度及学习成效探讨——以陕西省西安市为例》，《中国市场》，2017年第9期。

[159] 刘克明：《历史校本教材开发与应用的实践性研究》，《历史教学》，2013年第9期。

[160] 刘璐：《浅析影响教师专业成长的因素》，《教育理论与实践》，2009年第S1期。

[161] 刘璐、曾素林：《国外中小学研学旅行课程实施的模式、特点及启示》，《课程·教材·教法》，2018年第4期。

[162] 刘诗贵、肖凤仪：《罗素权力理论的现代启示》，《湖南行政学院学报》，2017年第6期。

[163] 刘天平、王林发：《创生知识：技术时代教师专业成长的内在要求》，《课程·教材·教法》，2019年第4期。

[164] 刘伟涛、顾鸿、李春洪：《基于德尔菲法的专家评估方法》，《计算机工程》，2011年增刊第1期。

[165] 刘先强、蔡卓倪、赵春耀：《基于残障学生生存能力培养的校本课程资源开发——四川省苍溪县特殊教育学校校本课程研发概述》，《当代教育论坛（综合研究）》，2011年第5期。

[166] 刘贤凤：《基于学生参与的高职ESP校本教材的开发与应用》，《继续教育研究》，2009年第3期。

[167] 刘小勇、傅渝亮、李晓晓等：《河湖长制工作综合评估指标与方法研究》，《人民长江》，2020年第10期。

[168] 刘晓明、张明：《弱智儿童单句理解过程的实验研究》，《心理科学》，1995年第5期。

[169] 刘晓明：《职业压力、教学效能感与中小学教师职业倦怠的关系》，《心理发展与教育》，2004年第2期。

[170] 刘兆玺、胡睿、张岳等：《基于第二课堂成绩单制度视野下大学生科技社团建设研究——以山东省优秀大学生科技社团为例》，《教育现代化》，2020

年第 70 期。

［171］龙安邦：《中小学校本教材开发的困境与出路》，《内蒙古师范大学学报（教育科学版）》，2009 年第 6 期。

［172］卢杰：《研究性学习中教师角色认识与转变的调查分析》，《学科教育》，2004 年第 9 期。

［173］陆庆祥、程迟：《研学旅行的理论基础与实施策略研究》，《湖北理工学院学报（人文社会科学版）》，2017 年第 2 期。

［174］陆世宏：《协同治理与和谐社会的构建》，《广西民族大学学报（哲学社会科学版）》，2006 年第 6 期。

［175］娄利：《社会资本视角下教师知识共享机制探析》，《湖北大学成人教育学院学报》，2009 年第 8 期。

［176］吕君、韩大东：《韩国青少年校园暴力情况及相关政策》，《当代青年研究》，2016 年第 9 期。

［177］吕君：《韩国〈"以学校现场为中心"校园暴力应对政策〉述评》，《比较教育研究》，2016 年第 1 期。

［178］吕晓莉：《我县学校科技创新社团活动开展现状分析》，《考试周刊》，2018 年第 39 期。

［179］吕邹沁、凌辉：《中小学教师工作压力——社会支持与职业倦怠的关系》，《中国健康心理学杂志》，2014 年第 9 期。

［180］罗洪：《关于教材封面设计的浅见》，《编辑之友》，1992 年第 3 期。

［181］罗娜、吴春艳、秦艳芳：《四川省特殊教育学校校本课程实施现状的调查研究》，《中国特殊教育》，2015 年第 8 期。

［182］马昌伟：《教师专业成长的教学模仿行为探索》，《教育理论与实践》，2020 年第 32 期。

［183］马川：《青春期女生性别认同的探索比较》，《社会科学研究》，2012 年第 3 期。

［184］马东贤：《走向学科融合的研学旅行课程开发策略》，《中小学管理》，2021 年第 2 期。

［185］马慧：《课堂问题行为与课堂纪律管理》，《现代教育科学（普教研

究）》，2004 年第 1 期。

[186] 马宁、余胜泉：《信息时代教师专业素养的新发展》，《中国电化教育》，2008 年第 5 期。

[187] 马世平：《农村中小学科技创新社团活动有效性策略研究》，《考试周刊》，2018 年第 39 期。

[188] 马希良：《研学旅行：社会道德与个人品德的对话》，《教育科学论坛》，2018 年第 1 期。

[189] 马云鹏、解书、赵冬臣：《教师专业知识发展与教师教育改革》，《教师教育学报》，2014 年第 1 期。

[190] 玛丽—克劳德·斯莫茨、肖孝毛：《治理在国际关系中的正确运用》，《国际社会科学杂志（中文版）》，1999 年第 1 期。

[191] 梅建青：《特殊学校校本课程开发的实践与思考》，《绥化学院学报》，2013 年第 33 期。

[192] 缪小春、桑标：《5—8 岁儿童对几种偏正复句的理解》，《心理科学》1994 年第 1 期。

[193] 牛雪梅、杜学元：《论培智学校学生的生活适应教育》，《乐山师范学院学报》2016 年第 9 期。

[194] 女子中学毕业生追踪调查课题组：《全国女子中学毕业生追踪调查报告》，《当代女学生教育文选》，2007 年第 1 期。

[195] 欧阳林舟：《女子院校研究文献综述》，《湖南师范大学教育科学学报》，2011 年第 2 期。

[196] 欧阳勇强、周伟、化夏：《国外中小学教育旅行安全预防制度建设与主体协同》，《教育科学》，2019 年第 4 期。

[197] 潘国青：《发达地区中小学学校教育科研持续发展研究》，《上海教育科研》，2007 年第 5 期。

[198] 潘慧春：《影响教师成长的内部因素分析》，《湖北第二师范学院学报》，2009 年第 11 期。

[199] 潘兰芳、徐标：《学生春季研学旅行的认知及组织策略》，《教学与管理》，2018 年第 11 期。

[200] 潘梅英：《聋校一年级语文校本教材的编写与思考》，《现代特殊教育》，2010 年第 11 期。

[201] 庞丽娟、杨小敏、金志峰、王红蕾：《构建综合待遇保障制度 提升乡村教师职业吸引力》，《中国教育学刊》，2021 年第 4 期。

[202] 庞丽娟、杨小敏、金志峰、王红蕾：《构建综合待遇保障制度 提升乡村教师职业吸引力》，《中国教育学刊》，2021 年第 4 期。

[203] 庞丽娟、叶子：《论教师教育观念与教育行为的关系》，《教育研究》2000 年第 7 期。

[204] 亓玉慧、段胜峰：《基于无缝学习的研学旅行模式探究》，《现代大学教育》，2020 年第 5 期。

[205] 齐炘、刘胡权：《我国青少年宫活动开展情况的调查与思考》，《教育科学研究》，2011 年第 12 期。

[206] 钱兵：《困惑及思考：教育目的的实现逻辑》，《教育导刊》，2014 年第 12 期。

[207] 钱民辉：《教育社会学百年进程》，《社会学研究》，1997 年第 5 期。

[208] 秦绍德：《新闻舆论工作核心概念刍论》，《新闻大学》，2021 年第 12 期。

[209] 邱均平、王碧云、汤建民：《教育评价学：理论·方法·实践》，北京：科学出版社，2016 年第 6 期。

[210] 曲小毅：《研学旅行课程方案评价体系的构建》，《教学与管理》，2021 年第 12 期。

[211] 冉源懋、孙庆松：《社团教育：义务教育学校课后服务的新途径》，《教育理论与实践》，2020 年第 17 期。

[212] 任唤麟、马小桐：《培根旅游观及其对研学旅游的启示》，《旅游学刊》，2018 年第 9 期。

[213] 荣雷：《论研学旅行推进过程中的路径依赖》，《教育科学研究》，2021 年第 4 期。

[214] 荣曼生：《关于教师信息素养量化评价方案的探索》，《湖南科技大学学报（社会科学版）》，2006 年第 6 期。

［215］桑国元、董艳：《论"互联网+"时代教师信息素养内涵演进及其提升策略》，《电化教育研究》，2016年第11期。

［216］桑新民：《多媒体和网络环境下大学生学习能力培养的理论与实践研究》，《中国远程教育》，2000年第11期。

［217］申素平、贾楠：《法治视角下的校园欺凌概念探析》，《中国人民大学教育学刊》，2017年第4期。

［218］申万里：《元代游学初探》，《中国史研究》，2006年第2期。

［219］沈和江、高海生、李志勇：《研学旅行：本质属性、构成要素与效果考评》，《旅游学刊》，2020年第9期。

［220］沈蕾、郑智颖、张悦：《Web 2.0产销行为：内涵及其价值形成原理》，《预测》，2019年第3期。

［221］沈玉林：《论聋文化与聋教育》，《现代特殊教育》，2002年第1期。

［222］沈玉林：《为学生的明天奠基——江苏省宜兴市聋校积极研发职教校本课程的实践报告》，《现代特殊教育》，2003年第5期。

［223］师艳荣：《日本校园暴力的现状及原因探析》，《外国教育研究》，2010年第7期。

［224］石彩霞：《研修促进特殊教育教师专业发展的实践与思考》，《教育与教学研究》，2013年第27期。

［225］石艳：《教师知识共享过程中的信任和社会互动》，《教育研究》，2016年第8期。

［226］石艳：《在知识共享网络中促进教师专业发展》，《教育发展研究》，2013年第20期。

［227］石中英：《当代知识的状况与教师角色的转换》，《高等师范教育研究》，1998年第6期。

［228］史国枫、黄书进：《论马克思主义人的全面发展理论的中国化》，《社科纵横》，2010年第3期。

［229］史文军：《对聋校校本课程开发的认识与实践思考》，《绥化学院学报》，2013年第33期。

［230］舒小平：《立足县域教研　引领教师成长》，《江西教育》，2011年第

6 期。

[231] 司图南：《劳动教育的定位及意义》，《教育科学研究》，2018 第 9 期。

[232] 宋铁莎：《教材价值与价值转换的两点思考》，《出版发行研究》，2007 年第 8 期。

[233] 宋娴：《美国校园暴力及其治理模式》，《外国中小学教育》，2007 年第 3 期。

[234] 宋晓焕、王晓静、张亚文：《陕西省民办高校大学英语青年教师专业发展现状调查研究——基于教师职业生涯发展理论的视角》，《教育教学论坛》，2017 年第 2 期。

[235] 宋雁慧：《校园暴力丛生现象研究》，《中国青年研究》，2012 年第 7 期。

[236] 宋雁慧：《中日校园暴力防治措施的比较研究》，《中小学管理》，2009 年第 8 期。

[237] 宋晔、刘清东：《研学旅行活动的教育学审视》，《教育发展研究》，2018 年第 10 期。

[238] 苏启敏：《中小学教育质量观：误区、反思与重构》，《中国教育学刊》，2017 年第 1 期。

[239] 孙海军：《为爱加一点鼓励——谈"代币"在培智体育课堂教学管理中的运用》，《教学实践》，2016 年第 1 期。

[240] 孙海涌：《试论教师的角色冲突与道德调节》，《镇江师专学报（社会科学版）》，2000 年第 2 期。

[241] 孙纪磊、何爱霞：《乡村青年教师专业情意的结构模型与提升路径——基于扎根理论的研究》，《终身教育研究》，2020 年第 5 期。

[242] 孙影娟、李志楠：《课堂问题行为研究综述》，《世纪桥》，2010 年第 21 期。

[243] 孙煜明：《试谈儿童的问题行为》，《南京师大学报（社会科学版）》，1982 年第 4 期。

[244] 唐前军、刘涛：《民族地区中学物理教师信息素养提升策略——以四川省为例》，《社会科学家》，2012 年第 1 期。

[245] 陶德清：《特殊教育启智学校课程目标体系的设计》，《中国特殊教育》，2006年第6期。

[246] 陶夏、段文静：《乡村教师缘何"留不住"——基于一位农村小学教师的叙事研究》，《教育学术月刊》，2021年第8期。

[247] 田慧生：《教师专业成长的核心内涵》，《中国民族教育》，2009年第3期。

[248] 田良臣、胡冰洁：《中国语境下杜威教育思想的误读与澄清》，《教育科学研究》2017年第11期。

[249] 田晓伟、张凌洋：《研学旅行服务发展中的公私合作治理探析》，《中国教育学刊》，2018年第5期。

[250] 佟月华：《当代美国特殊教育的新发展》，《中国特殊教育》，2004年第4期。

[251] 童富勇：《中小学名师专业成长的影响因素分析——基于浙江省221位名师的调查》，《教育发展研究》，2010年第2期。

[252] 童海云：《百花齐放夯基础？倚b融合创新促实效——中小学"优秀科技社团"建设的深圳实践》，《教育家》，2018年第40期。

[253] 涂春容、粟斌：《游学教育发展脉络探究》，《遵义师范学院学报》，2012年第2期。

[254] 涂端午：《高等教育政策的价值结构——基于政策文本的实证分析》，《清华大学教育研究》，2010年第5期。

[255] 万芳：《中小学生研学旅行政策的价值分析》，《乐山师范学院学报》，2019年第10期。

[256] 万莉莉：《集体教学中的重度智力落后学生沟通训练》，《绥化学院学报》，2017第1期。

[257] 汪长明、金凤宇：《教师职业倦怠现象论析》，《教学月刊（中学版下）》，2009年第1期。

[258] 王长丽：《主题式校本研修助推乡村教师专业成长》，《河南教育（教师教育）》，2021年第8期。

[259] 王楚婧：《校园欺凌问题成因及对策分析》，《理论导报》，2016年第

2 期。

［260］王春光、张贵新：《反思的价值取向与反思型教师的培养》，《比较教育研究》，2006 年第 5 期。

［261］王定功、路日亮：《美国中小学生命教育探析及其启示》，《中国教育学刊》，2011 年第 1 期。

［262］王国香、刘长江、伍新春：《教师职业倦怠量表的修编》，《心理发展与教育》，2003 年第 3 期。

［263］王宏鹏：《浅谈青少年高校科学营活动及活动效果——以天津为例》，《天津科技》，2017 年第 4 期。

［264］王辉：《培智学校现行培养目标和课程问题的探析》，《中国特殊教育》，2003 年第 2 期。

［265］王建：《促进教师个人知识共享的学校知识管理策略》，《教育理论与实践》，2005 年第 25 期。

［266］王立龙：《开展研学旅行 提升安徽青少年科学素养》，《安徽科技》，2017 年第 2 期。

［267］王丽娟：《教师科研素质的自我建构》，《中国成人教育》，2004 年第 9 期。

［268］王丽娟：《论聋校电视教材的制作》，《电化教育研究》，2001 年第 11 期。

［269］王丽娟、唐智松：《乡村教师缘何屡补屡缺——基于编制政策执行偏差的分析》，《中国教育学刊》，2021 年第 11 期。

［270］王利、张景生、赵厚福：《新课程观与网络课程设计》，《中国远程教育》，2011 年第 15 期。

［271］王牧华、付积：《论基于馆校合作的场馆课程资源开发策略》，《全球教育展望》，2018 年第 4 期。

［272］王润、张增田：《研学旅行：价值取向与问题透视》，《河北师范大学学报（教育科学版）》，2017 年第 6 期。

［273］王润、张增田：《研学旅行纳入学校教学的可为与难为》，《教育科学研究》，2018 年第 10 期。

[274] 王淑芬：《论教师专业情意及其培养》，《江苏教育研究》，2010年第46期。

[275] 王亚南：《高职院校"教练型"专业带头人能力模型构建——基于扎根理论的质性研究》，《职教通讯》，2018年第9期。

[276] 王颖、胡国华：《新时代河北省乡村初中教师培训模式现状与发展需求调查分析》，《教育理论与实践》，2021年第2期。

[277] 韦小满等：《弱智学生最需要掌握什么适应技能》，《中国特殊教育》，2004年第6期。

[278] 韦耀阳、罗四清：《教师角色冲突的社会学分析》，《牡丹江教育学院学报》，2008年第6期。

[279] 魏宏聚：《教育质量观的内涵、演进与启示》，《教育导刊》，2010年第1期。

[280] 魏建培：《教师专业成长途径：教育自传》，《教师教育研究》，2009年第3卷。

[281] 魏开琼、曹剑波：《知识与性别：女性主义经验论研究》，《湖南师范大学社会科学学报》，2009年第4期。

[282] 温恒福、杨道宇：《教师专业发展的三维实践模式》，《中国教育学刊》，2010年第10期。

[283] 文智强、唐雷、张华、袁爱清：《研学旅行的实践框架与实施范式——基于施瓦布实践课程思想的讨论》，《地理教学》，2020年第21期。

[284] 吴宝发：《乡村中小学教师成长的专业情意及培养途径——基于中西部地区县市中小学教师培训课堂创新的视角》，《教育理论与实践》，2016年第17期。

[285] 吴刚平：《校本课程开发的特点与条件》，《教育研究与实验》，1999年第3期。

[286] 吴捷：《教师专业成长过程及其影响因素研究》，《教育探索》，2004年第10期。

[287] 吴娟凤：《依托校本课程建设，培养聋生生存能力》，《现代特殊教育》，2009年第12期。

[288] 吴开俊、孟卫青：《治理视角下小学生课后托管的制度设计》，《教育研究》，2015年第6期。

[289] 吴明海、陈建波：《农村小学教师专业成长现状、影响因素与发展策略——基于重庆市黔江区的调查与讨论》，《湖北文理学院学报》，2014年第7期。

[290] 吴卫明：《特殊教育校本课程改革重新认识与定位》，《襄阳职业技术学院学报》，2005年第2期。

[291] 吴筱恬、钟业喜：《研学导师建设标准的调查研究》，《地理教学》，2021年第6期。

[292] 吴秀标：《初中教师知识共享策略探讨》，《辅导员》，2012年第15期。

[293] 吴颖惠、宋世云、刘晓宇：《中小学研学旅行课程设计与实施策略》，《上海教育科研》，2021年第3期。

[294] 吴支奎、杨洁：《研学旅行：培育学生核心素养的重要路径》，《课程·教材·教法》，2018年第4期。

[295] 吴紫娟、程雯、谢塑：《基于政策规约的研学旅行课程实施重建》，《河北师范大学学报（教育科学版）》，2019年第6期。

[296] 武华：《"尊师重教"：由外向内的主体转向及教师自我认同提升》，《教育发展研究》，2017年第12期。

[297] 武晓燕：《试论建构主义理论对英语教学的启示》，《外语与外语教学》，2006年第2期。

[298] 夏海鹰：《叶圣陶教材价值思想对新课改教材建设的启示》，《课程·教材·教法》，2015年第1期。

[299] 夏小刚：《融合劳动教育的初中综合实践活动课程设计与实践》，《中国信息技术教育》，2019年第19期。

[300] 夏新斌：《校本管理理论述评》，《外国教育研究》，2003年第7期。

[301] 夏正江：《不宜过分夸大实践性知识在教师专业发展中的作用》，《中国教育学刊》，2020年第2期。

[302] 相力：《卢梭自然主义道德教育思想简论》，《太原师范学院学报（社

会科学版)》，2011年第4期。

[303] 肖非：《中国随班就读：历史·现状·展望》，《中国特殊教育》，2005年第3期。

[304] 肖菊梅：《以多元智能理论看特殊教》，《外国教育研究》，2003第7期。

[305] 肖丽萍：《国内外教师专业发展研究述评》，《中国教育学刊》，2002年第5期。

[306] 肖正德、张素琪：《近年来国内教师学习研究：盘点与梳理》，《全球教育展望》，2011年第7期。

[307] 谢明：《关于培智学校培养目标和课程设置的构想》，《现代特殊教育》，2002年第9期。

[308] 邢祥存：《开发校本教材 弘扬儒家文化》，《中学政治教学参考》，2008年第9期。

[309] 熊少严：《教师如何在专业成长中实现职业幸福——基于对广州市教师的调查》，《上海教育科研》，2013年第11期。

[310] 徐纯赤：《项目管理在校外学生社团活动中的应用》，《上海教育科研》，2008年第8期。

[311] 徐富明、吉峰、钞秋玲：《中小学教师职业倦怠问卷的编制及信效度检验》，《中国临床心理学杂志》，2004年第1期。

[312] 徐盟：《小学科技社团活动中发展学生核心素养策略探究》，《爱情婚姻家庭》，2020年第32期。

[313] 徐伟、王青松：《注重聋生潜能开发，走个性化发展之路——〈聋校艺体校本课程开发实验研究〉研究报告》，《小学科学（教师版）》，2010年第2期。

[314] 许家成：《"智力障碍"定义的新演化——以"功能"、"支持"与"生活质量"为导向的新趋势》，《中国特殊教育》，2003年第4期。

[315] 许世华、曹军、谭会恒：《关于校本教材建设的几点思考》，《高教论坛》，2012年第3期。

[316] 许燕、余中华、王芳：《心理枯竭：当代中国教师的职业倦怠》，《中

国教师》，2003 年第 3 期。

[317] 许占权、邱俊杰：《基于三维视角的乡村教师培训需求调查分析》，《岭南师范学院学报》，2021 年第 2 期。

[318] 薛晓源、刘国良：《全球风险世界：现在与未来——德国著名社会学家、风险社会理论创始人乌尔里希·贝克教授访谈录》，《马克思主义与现实》，2005 年第 1 期。

[319] 闫广芬：《中国女子学校教育的发展：认识、视野、使命》，《教育研究》，2006 年第 11 期。

[320] 颜志明：《农村小学开展学生科学社团活动的实践研究报告》，《科学大众（科学教育）》，2017 年第 6 期。

[321] 杨昌勇：《法国教育社会学概述》，《国外社会科学》，1993 年第 2 期。

[322] 杨德军、王禹苏、余发碧：《满意与期待：北京中小学研学旅行课程实施状况调研》，《中小学管理》，2021 年第 2 期。

[323] 杨帆：《基于发展性教师评价理论的高职院校教师实践能力职后培养对策》，《中国成人教育》，2020 年第 18 期。

[324] 杨芳芳：《国外学生社团研究综述》，《新丝路（下旬）》，2020 年第 6 期。

[325] 杨改学、古丽娜·玉素甫：《少数民族基础教育信息化发展的新思路》，《电化教育研究》，2013 年第 9 期。

[326] 杨广祥：《磨主题·控过程·重评价：做好研学旅行活动的整体设计》，《中小学管理》，2018 年第 3 期。

[327] 杨剑梅、吴芳、袁文琴：《利用地域优势，开发适合聋生发展需要的校本课程》，《现代特殊教育》，2009 年第 12 期。

[328] 杨莉君、周玲：《农村幼儿教师生存状态的研究——以中部四省部分农村幼儿教师为例》，《教师教育研究》，2010 年第 5 期。

[329] 杨民等：《当代日本的特殊教育及其对我们的启示》，《中国特殊教育》，2004 年第 4 期。

[330] 杨琰、胡中锋：《"互联网＋"时代高校教师信息素养现状与提升策略》，《中国电化教育》，2019 年第 4 期。

[331] 杨艳利：《研学旅行：撬动素质教育的杠杆——访上海师范大学旅游学系系主任朱立新教授》，《中国德育》，2014年第17期。

[332] 杨永双、邵瑞静：《中小学生研学旅行的发展思路与运行机制研究——以重庆市为例》，《现代中小学教育》，2018年第3期。

[333] 叶映峰、蒋文远：《专业发展规划：教师专业成长的有效路径》，《江苏教育》，2021年Z2期。

[334] 杨玉圣：《学术期刊与学术规范》，《清华大学学报（哲学社会科学版）》，2006年第2期。

[335] 姚建龙：《校园暴力：一个概念的界定》，《中国青年政治学院学报》，2008年第4期。

[336] 殷世东、程静：《中小学研学旅行课程化的价值意蕴与实践路径》，《课程·教材·教法》，2018年第4期。

[337] 于龙：《语文世界的精神游历：从学界对话开始——读〈语文新课程名家访谈〉》，《语文建设》，2012年第5期。

[338] 于书娟、王媛、毋慧君：《我国研学旅行问题的成因及对策》，《教育与管理》，2017年第7期。

[339] 余维新、熊文明、黄卫东、顾新：《创新网络关系治理对知识流动的影响机理研究》，《科学学研究》，2020年第2期。

[340] 俞红珍：《教材"二次开发"的教师角色期待》，《中国教育学刊》，2010年第1期。

[341] 俞惊鸿：《中小学科技社团建设的现状与后续发展的思考——以宝山地区为例》，《海峡科学》，2012年第3期。

[342] 郁松华：《培智学校校本课程开发的类型分析》，《中国特殊教育》，2005年第10期。

[343] 袁春平、范蔚：《关于校本教材建设的思考》，《教学与管理》，2007年第12期。

[344] 袁长林：《研学旅行课程资源设计：原则、向度与路径》，《课程·教材·教法》，2021年第2期。

[345] 昝飞、刘春玲：《中日特殊教育比较与思考》，《中国特殊教育》，2001

第 1 期。

[346] 曾莉、古秀蓉、康丹：《专家型幼儿教师成长路径研究》，《中国教育学刊》，2017 年 12 期。

[347] 张爱琴、谢利民：《教师角色定位的本质透视》，《教育评论》，2002 年第 5 期。

[348] 张斌：《中小学教师科研素养提升研究——从教师核心素养谈起》，《教师教育论坛》，2017 年第 8 期。

[349] 张岱楠、罗瑞琦、马志鹏：《大学生研学旅行市场需求研究——以重庆市为例》，《经济研究导刊》，2017 年第 1 期。

[350] 张帝、陈怡、罗军：《最好的学习方式是去经历：研学旅行课程的校本设计与实施——以重庆市巴蜀小学为例》，《人民教育》，2017 年第 12 期。

[351] 张恩凯：《校园欺凌现象的心理学分析》，《濮阳职业技术学院学报》，2017 年第 3 期。

[352] 张飞、杨炎轩：《教研组教师间知识共享：基于意愿、能力和方式的视角》，《教育理论与实践》，2012 年 12 期。

[353] 张海军：《中学体育教学实践性教育知识共享研究》，《当代体育科技》，2016 年第 6 期。

[354] 张杰：《浅谈日本的校园欺凌问题》，《中国电力教育》，2008 年第 23 期。

[355] 张菁燕：《共享实践性知识：促进教师专业发展的有效路径》，《江苏高教》，2011 年第 3 期。

[356] 张娟瑾：《青少年高校科学营发展现状与未来展望》，《沈阳师范大学学报（社会科学版）》，2018 年第 5 期。

[357] 张守海、刘学：《构建特殊教育课程体系促进残疾儿童健康成长》，《中国校外教育》，2012 年第 23 期。

[358] 张松柏、徐铁卫：《西方聋人文化影响下的中国聋人文化研究》，《中国特殊教育》，2010 年第 4 期。

[359] 张旺：《美国校园暴力：现状、成因及对策》，《青年研究》，2002 年第 11 期。

［360］张西方：《论教师的职业理想》,《中国教育科学》,2015年第2期。

［361］张欣、金玉梅：《校本教材编写热之审视》,《教学与管理》,2014年第19期。

［362］张新平：《对学校科层制的批判与反思》,《教育探索》,2003年第8期。

［363］赵怡、陈亚平、张四方、闫元红：《农村初中教师培训需求与供给侧矛盾及其化解——以山西省农村教师培训为例》,《教学与管理》,2019年第21期。

［364］张子燕：《社会建构主义理论引领下微课独特价值的回归》,《江苏第二师范学院学报》,2017年第7期。

［365］赵品、胡荣：《研学旅行中教师的组织与管理——以"走进徽州"研学旅行活动为例》,《教育科学论坛》,2018年第3期。

［366］郑好：《试论老子的道法自然观》,《知与行》,2018年第3期。

［367］郑金洲、刘耀明：《在研究中成长——新课程背景下的教师研究与专业发展》,《教育发展研究》,2005年第14期。

［368］郑品品：《问卷调查法研究综述》,《新疆：理论观察》,2014年第10期。

［369］智春山：《教师信息素养与培训模式研究》,《中小学电教》,2007年第6期。

［370］钟慧笑、马志平、吴鸿丽等：《研学旅行难在哪里》,《中国民族教育》,2017年第3期。

［371］钟林凤、谭净：《研学旅行的价值与体系建构》,《教学与管理》,2017年第31期。

［372］钟林凤、谭净：《中小学研学旅行安全保障体系的构建》,《教育与管理》,2018年第6期。

［373］钟晓鹏：《研学旅行市场运行模式探析——以安徽省为例》,《湖北理工学院学报（人文社会科学版）》,2018年第7期。

［374］钟志平、刘天晴：《研学旅行示范基地政策评价与需求方强相关性因素研究》,《湖南社会科学》,2018年第6期。

[375] 钟志贤、王佑镁、黄琰等：《关于中小学教师信息素养状况的调查研究》，《电化教育研究》，2003 年第 1 期。

[376] 钟祖荣、张莉娜：《教师专业发展阶段的调查研究及其对职后教师教育的启示》，《教师教育研究》，2012 年第 6 期。

[377] 周成海、孙启林：《教师知识分享意愿低落的成因与应对》，《教育发展研究》，2006 年第 19 期。

[378] 周成海：《教师知识分享：困境与出路》，《中国教育学刊》，2006 年第 11 期。

[379] 周大众：《助力乡村教师职业自信生长的三重向度》，《继续教育研究》，2021 年第 8 期。

[380] 周红：《农村教师专业发展存在的问题与对策分析》，《开封教育学院学报》，2010 年第 3 期。

[381] 周洪宇、程光旭、宋乃庆等：《学习贯彻全国教育大会精神 加快推进教育现代化》，《陕西师范大学学报（哲学社会科学版）》，2018 年第 6 期。

[382] 周鸿德：《什么是成都文化的精魂？》，《人民论坛》，2006 年第 12 期。

[383] 周佳桦：《校园欺凌产生的原因及应对策略研究》，《亚太教育》，2016 年第 29 期。

[384] 周建东、王玉华：《研学旅行切莫忽视青少年的"动商"培养》，《中国教育学刊》，2020 年第 12 期。

[385] 周刘波：《乡村教师培训应突出"做中学"理念》，《中国教育学刊》，2016 年第 11 期。

[386] 周倩、张文平、李庆：《大学生科技类社团建设中的问题及对策研究》，《教育教学论坛》，2018 年第 25 期。

[387] 周松青：《中美校园暴力法律规制比较研究》，《中国青年研究》，2016 年第 1 期。

[388] 周维国、段玉山、郭锋涛等：《研学旅行课程标准（四）——课程实施、课程评价》，《地理教学》，2019 年第 8 期。

[389] 周维国、段玉山、郭锋涛等：《研学旅行课程标准（四）——课程实施、课程评价》，《地理教学》，2019 年第 8 期。

[390] 周先进:《新课程改革的课程观是什么》,《天中学刊》,2008 年第 3 期。

[391] 周延滨:《核心素养视角下开展小学创客社团实践探究》,《中国教育技术装备》,2019 年第 13 期。

[392] 周晔:《让校本课程走进师生心灵》,《现代特殊教育》,2009 年第 12 期。

[393] 周益新:《探索开发校本教材培养学生地理素养》,《中学地理教学参考》,2013 年第 3 期。

[394] 周志英、冯金宝:《聋校艺术与职业教育校本课程开发案例研究》,《中国特殊教育》,2007 年第 4 期。

[395] 朱洪秋:《"三阶段四环节"研学旅行课程模型》,《中国德育》,2017 年第 12 期。

[396] 朱华:《蜀绣文化探讨》,《四川丝绸》,2008 年第 4 期。

[397] 朱为鸿:《如何解读西方校本管理理论》,《辽宁教育研究》,2006 年第 10 期。

[398] 朱晓红、文理中:《新课程背景下区域特色体育在教学中的发展路径研究》,《贵州体育科技》,2014 年第 2 期。

[399] 庄雪丽:《"四位一体"小学研学旅行校本课程的开发》,《教学与管理》,2020 年第 29 期。

[400] 庄玉昆、褚远辉:《乡村教师专业发展的支持体系建设》,《教育科学》,2020 年第 1 期。

[401] 邹斌、陈向明:《教师知识概念的溯源》,《课程·教材·教法》,2005 年第 6 期。

3. 报纸论文

[1] 陈晓霞:《孔子游学思想对研学旅行的启示》《中国政协报》,2017 年 6 月 28 日第 10 版。

[2] 郭探微:《发展研学旅行教育、旅游一个都不能少》,《中国旅游报》,2014 年 6 月 23 日。

（三）网络文献

[1]《基础教育发展调查报告》，见教育在线网（https://www.eol.cn/e_html/zxx/report/wz.shtml）

[2] 乐山市教育局：《机构设置，区（县）教育局》，见乐山市教育局网（https://lssjyj.leshan.gov.cn/sjyj/ajyj/201807/6f0f71d3830a42aa89c5c4a09804cb12.shtml.）。

[3] 乐山市教育局：《乐山中小学生研学旅行实施意见出台》，见乐山市教育局网（https://lssjyj.leshan.gov.cn/sjyj/jyyw/201808/5e6ebf6f09c54ba38aad9b1d3771592d.shtml.）。

[4] 乐山市市中区人民政府：《嘉州印象，文化教育》，见乐山市市中区政府网（http://www.lsszq.gov.cn/szq/whjy/list_jzyx.shtml.）。

[5] 李意如：《中国女校的昨天、今天和明天》，见当代女生教育网（http://www.cgedu.net/new/lwdx/ShowArticle.asp?ArticleID=157）。

[6] 王定华：《我国基础教育新形势与蒲公英行动计划》，2014年4月25日教育部网（http://www.jyb.cn/china/gnxw/201404/t20140425_579535.html）。

[7] 习近平：《青年要自觉践行社会主义核心价值观——在北京大学师生座谈会上的讲话》，见新华网（http://news.xinhuanet.com/politics/2014-05/05/c_1110528066.htm）。

[8] 新浪新闻：《2004年中国"工作倦怠指数"调查结果》，见新浪教育网（http://edu.sina.com.cn/focus/gzjdbg/index.html）。

[9] 中国旅游研究院：《中国研学旅行发展报告2021》，见中国旅游研究院网（http://www.ctaweb.org.cn/cta/gzdt/202111/758e08f9b8264e73ae1cd9abb6300d1c.shtml.）。

（四）政策类文献

[1] 北京市教育委员：《关于在义务教育阶段推行中小学生课外活动计划的通知》，2014年。

[2] 北京市教育委员会：《关于政府购买公共教育服务的实施方案（试行）》，2016年。

[3] 福建省教育厅、福建省科技厅、福建省科学技术协会：《关于加强中小

学科技教育工作的意见》，2009年。

［4］广东省广州市教育局：《关于进一步做好中小学生校内课后服务工作的指导意见》，2018年。

［5］广州市教育局：《统筹推进广州市青少年科技教育工作的实施意见》，2020年。

［6］国务院：《关于印发全民科学素质行动规划纲要（2021—2035年）的通知》，《中华人民共和国国务院公报》，2021年第19期。

［7］吉林省长春市人民政府：《关于小学生课后免费托管服务"蓓蕾计划"的实施意见》，2017年。

［8］焦作市教育局：《关于推进中小学学生社团建设的指导意见》，2018年。

［9］教育部等十一部门联合印发：《加强中小学生欺凌综合治理方案》，《中国应急管理》，2017年第12期。

［10］科技部、教育部、中共中央宣传部、中国科学技术协会、共青团中央：《关于印发〈2001—2005年中国青少年科学技术普及活动指导纲要〉的通知》，2020年。

［11］兰州市人民政府：《关于印发实施中小学科技创新教育"飞天计划"的指导意见的通知》，2012年。

［12］辽宁省教育厅、省科学技术厅、省科学技术协会：《关于进一步加强中小学科技教育工作的意见》，2003年。

［13］南昌市教育局：《关于加强全市中学生社团建设和管理的实施意见》，2015年。

［14］宁波市奉化区教育局：《进一步加强中小学科技教育工作的指导意见》，2021年。

［15］青岛市教育局、青岛市科学技术协会：《进一步加强中小学科技教育工作的指导意见》，2018年。

［16］厦门市教育局：《进一步加强中小学科技教育工作的指导意见》，2018年。

［17］上海市教育委员会：《关于组织开展市级学生科技创新社团申报与评定工作的通知》，2015年。

[18] 上海市杨浦区人民政府：《推进青少年科技教育加强科技后备人才培养的实施意见》，2014年2月12日。

[19] 沈阳市教育局：《进一步加强中小学科技教育工作的指导意见》，2011年。

[20] 四川省教育厅等11部门：《关于推进中小学生研学旅行的实施意见》（川教〔2017〕114号），《课程教学研究》，2019年第3期。

[21] 苏州市教育局：《关于开展2017年苏州市中小学生优秀社团、优秀社长、优秀辅导员、社团建设先进学校评选活动的通知》，2017年。

[22] 威海市教育局：《关于推进中小学学生社团建设的指导意见》，2014年。

[23] 温县教育局：《关于加强中小学学生社团建设的意见》，2017年。

[24] 温县教育局：《关于加强中小学学生社团建设的意见》，2019年。

[25] 邢台市教育局：《关于加强中小学学生社团建设丰富校园文化生活的通知》，2015年。

[26] 扬中市教育局：《关于推进中小学学生社团建设的指导意见》，2013年。

[27] 浙江省教育厅：《关于在小学鼓励开展学生放学后"托管"服务的指导意见》，2013年。

[28] 中共中央 国务院：《关于深化教育教学改革全面提高义务教育质量的意见》，《人民教育》，2019年第15期

[29] 中共中央 国务院编：《国家中长期人才发展规划纲要（2010—2020）》，北京：人民出版社2010年版。

[30] 中共中央、国务院：《关于全面深化新时代教师队伍建设改革的意见》，《中华人民共和国国务院公报》，2018年第5期。

[31] 中共中央、国务院：《国家中长期教育改革和发展规划纲要》，《中国教育报》，2010年7月30日第2版。

[32] 中共中央关于教育体制改革的决定》，《中华人民共和国国务院公报》，1985年第15期

[33] 中共中央国务院：《关于深化教育改革，全面推进素质教育的决定》，

《中华人民共和国国务院公报》，1999年第21期。

[34] 中华人民共和国教育部：《关于加强和改进新时代基础教育教研工作的意见》，《中华人民共和国国务院公报》，2020年第8期。

[35] 中华人民共和国教育部：《中小学德育工作指南》，《师资建设（双月刊）》，2017年第5期。

[36]《中华人民共和国义务教育法（修订）》，《中华人民共和国最高人民检察院公报》，2006年第5期。

[37] 淄博市教育局：《关于加强全市中小学生社团建设的意见》，2011年。

[38] 淄博市周村教育局：《进一步加强中小学科技创新教育工作的指导意见》，2010年。

二、外文文献

（一）英文文献

[1] A. A. Samah, M. Ahmadian, "Educational tourism in Malaysia: Implications for community development practic", *Asian Social Science*, 2013 (11).

[2] A. Donnellan, "The Criterion of the Least Dangerous Assumption", *Behavior Disorders*, 1984, 9.

[3] A. F. Tredgold, *Mental Deficiency*, London: Bailliera, Tindall, and Fox, 1908.

[4] A. G. Blix, R. J. Cruise, M. B. McBeth, "Occupational Stress among University Teachers", *Educational Research*, 1994, 1 (36).

[5] A. Hargreaves, "Development and Desire: A Postmodern Perspective", *Activism*, 1994 (51).

[6] A. Lieberman, M. Mclaughlin, "Professional Development in the United States: Policies and Practices", *Prospects*, 2000 (2).

[7] A. Pines, E. Aronson, *Career Burnout: Causes and Cures*, New

York: Free Press, 1988.

[8] AAIDD. Definition of Intellectual Disability" [OB/OL]. http: www. aaidd. orgPcontent100. cfm? navID=21, 2011-03-18.

[9] Abubakar Mohammed Abubakar, Belal Hamed Taher Shneikat, Akile Oday, "Motivational Factors for Educational Tourism: A Case Study in Northern Cyprus", *Tourism Management Perspectives*, 2014.

[10] ACRL. "Information Literacy Standards for Teacher Education EBSS Instruction for Educators Committee2006 - 2007 - 2010 - 2011" [DB/OL]. [2016－07－08]. http://www. ala. org/acrl/sites/ala. org. acrl/files/content/standards/ilstandards _ te. pdf.

[11] AECT, "Association for Education Communication & Technology" [EB/OL]. [2016－07－12]. http: //aect. site－ym. com/? documents.

[12] Alan Wong, Simon Wong, "Useful Practices for Organizing a Field Trip that Enhances Learning", *Journal of Teaching in Travel & Tourism*, 2009.

[13] Alison Buckler, "QualityTeaching in Rural Sub－Saharan Africa: Different Perspectives, Values and Capabilities", *International Journal of Educational Development*, 2015 (40).

[14] Amélia Caldeira, Ana Moura, Christian Mercat, "Big Events in Mathematics Using Math Trail", *10th International Technology, Education and Development Conference*, 2016.

[15] American Library Association, "Presidential Committee on Information Literacy: Final Report" [EB/OL]. http://www. ala. org/acrl/publications/ whitepapers/presidential/, 1989－01－10.

[16] Anat Zeira, Ron Avi Astor, Rami Benbenishty, "School Violence in Israel: Findings of a National Survey", *Social Work*, 2003, 48 (4).

[17] B. A. Farber, *Tracing a Phenomenon: Teacher Burnout and the Teacher Critics of the* 1960, Annual Meeting of the American Educational Research Association, Chicago, I. L. 1991.

[18] B. Jwa, A. Deht, A. Wa, "Rural teachers' sharing of digital educational resources: From motivation to behavior", *Computers & Education*, 161.

[19] B. N. Burke, "The ITEEA 6E Learning by Design Model: Maximizing Informed Design and Inquiry in the Integrative STEM Classroom", *Technology and Engineering Teacher*, 2014, 73 (6).

[20] B. Rogers, "Teaching Positive Behavior to Behaviorally Disordered Students in Primary Schools", *Support for Learning*, 2010, 9 (4).

[21] Beverley Bell, John Gilbert, "Teacher Development as Professional, Personal, and Social Developmen", *Pergamon*, 1994, 10 (5).

[22] Beverly Showers, Bruce Joyce, "The Evolution of Peer Coaching", *Educational Leadership*, 1996 (6).

[23] Brent W. Ritchie, *Managing Educational Tourism*, Channel View Publications, 2003.

[24] C. Clark, "Connecting the Dots: A Successful Transition for Deaf Students from Vocational Education and Training to Employment", *Intensive Care Medicine*, 2007 (35).

[25] C. Day, J. Sachs, "Professionalism, Performativity and Empowerment: Discourses in the Politics, Policies and Purposes of Continuing Professional Development", In C. Day, & J. Sachs (Eds.), *International Handbook on the Continuing Professional Development of Teachers*. Maidenhead: Open University Press.

[26] C. E. Lambert, V. A. Lambert, "A Review and Synthesis of the Research on Role Conflict and its Impact on Nurses Involved in Faculty Practice Programs", *The Journal of Nursing Education*, 1988, 27 (2).

[27] Chris North, Andrew Brookes, "Case-Based Teaching of Fatal Incidents in Outdoor Education Teacher Preparation Courses", *Journal of Adventure Educational and Outdoor Learning*, 2017.

[28] C. Kluckhohn, *Value and Value Orientation in the Theory of Action: An Exploration in Defanition and Classification*, New York: Harper and Row

Publishers, 1951.

[29] C. Maslach, S. E. Jackson, "The Measurement of Experienced Burnout", *Journal of Organizational Behavior*, 1981, 2 (2).

[30] C. Maslach, S. E. Jackson, M. P. Leiter, etal., *Maslach Burnout Inventory Manual*, California: Consulting Psychologists Press, 1981.

[31] C. Maslach, S. E. Jackson, M. P. Leiter, etal., *Maslach Burnout Inventory Manual*, Palo Alto, CA: Consulting Psychologists Press, 1996.

[32] C. Merrill, J. Daugherty, "The Future of TE Masters Degrees: STEM", Meeting of the International Technology Education Association, 2009.

[33] C. Saufler, C. Gagne, *Maine Project Against Bullying*, Augusta: Maine State Department of Education, 2000.

[34] Christopher Day, "School Reform and Transitions in Teacher Professionalism and Identity", *International Journal of Educational Research*, 2002, 37 (8).

[35] Colin McCaig, Terence Hogarth, Lynn Gambin & Lucy Clague, "Research into the Need for and Capacity to Deliver STEM Related Apprenticeship Provision in England", *Department for Business Innovation and Skills*, 2014.

[36] Cornelia Petroman, Amelia Mirea, Ana Lozici, Elena Claudia Constantin, Diana Marin, Iuliana Merce, "The Rural Educational Tourism at the Farm", *Procedia Economics and Finance*, 2016, 39.

[37] D. Anderson, J. Kisiel, M. Storksdieck, "Understanding Teachers' Perspectives on Field Trips: Discovering Common Ground in Three Countries", *Curator the Museum Journal*, 2010, 49 (3).

[38] D. J. Ehrler, J. G. Evans & R. L. Mc Ghee, "Extending Big-five Theory into Childhood: A Preliminary Investigation into the Relationship between Big-five Personality Traits and Behavior Problems in Children", *Psychology in the Schools*, 1999 (36).

[39] D. Katz, R. L. Kahn, *The Social psychology of Organizatiorns*, John Wiley & Sons, 1978.

[40] D. Katz, R. L. Kahn, *The Social Psychology of Organizations*, John Wiley & Sons, 1978.

[41] D. M. Daane, "Child and adolescent Violence", *Orthopaedic Nursing*, 2003, 22 (1).

[42] D. Mahachi-Chatibura, A. Nare, "A Regional Analysis of Tourism Education Scholarships", *Tourism Management Perspectives*, 2017.

[43] D. Olweus, "Development of Stable Aggressive Reaction Pattern in Males", In R. J. Blanchard & D. C. Blanchard (Ed.), *Advances in the Study of Aggression*, Orlando. FL: Academic, 1984.

[44] Dan Olweus, "Bully/Victim Problems in School: Facts and Intervention", University of Bergen, Norway: *European Journal of Psychology of Education*, 1991 (7).

[45] Dan Olweus, *Bullying at School What We Know and What We Can Do*, Cambridge, MA: Black-well, 1993.

[46] Do Young Pyun, Chee Keng John Wang, Koon Teck Koh, "Testing a Proposed Model of Perceived Cognitive Learning Outcomes in Outdoor Education", *Journal of Adventure Education and Outdoor Learning*, 2019, 20 (3).

[47] E. Drizzle, "Evolution of Student Activities in the Secondary School", *Educational Outlook*, 1926 (1).

[48] E. P. Smith, D. Corman-Smith, W. H. Quinn, et al., "Community——Based Multiple Family Groups to Prevent and Reduce Violent and Aggressive Behavior: the GREAT Families Program", *The American Journal of Preventive Medicine*, 2004, 26 (1 Suppl).

[49] E. G. Payne, *Principles of Educational Sociology—An Out-line*, New York: New York University Book Store, 1928.

[50] Edwin Chew, "Views, Values and Perceptions in Geographical Fieldwork in Singapore Schools", *International Research in Geographical and Environmental Education*, 2008 (4).

[51] Emily Skop, "Creating Field Trip-Based Learning Communities",

Journal of Geography, 2009, 107 (6).

[52] Eric Hoyle & Jacquetta Megrry (Eds.), *World Yearbook of Education 1980: Professional Development of Teachers*, London: Kogan Page, 1980, 42.

[53] Eve M. Brank, Lori A. Hoetger, Katherine P. Hazen, "Bullying", *Annual Review of Law and Social Science*, December 2012, 8 (1).

[54] F. Bilge, "Examining the Burnout of Academics in Relation to Job Satisfaction and other Factors", *Social Behavior and Personality*, 2006 (34).

[55] F. Brown, *Educational Sociology*, 2ed, New York: Greenwood Press, 1969.

[56] F. F. Fuller, "Concerns of Teacher: A Developmental Conceptualization", *American Educational Research Journal*, 1969 (02).

[57] G. D. Kuh, "In their own words: What students learn outside the classroom?", *American Educational Research Journal*, 1993, 30 (2).

[58] G. Godbey, *Leisure in Your Life*, State College, PA: Venture, University of Pennsylvania State College, 1985.

[59] G. J. Leavitt, "Some Effects of Certain Communication Paterns on Group Performance", in E. E. Maccoby, et al (eds.), *Readings in Social Psychology*, 3rd ed., 1958.

[60] Gilley, Terence Michael, *Institutions of Higher Education and Cultural Heritage Tourism: A Case Study of the Crooked Road, Virginia's Heritage Music Trail*, Old Dominion University, 2015.

[61] Golob Nika, "Learning Science through Outdoor Learning", *New Educational Review*, 2011.

[62] Gunay Aliyeva, *Impacts of Educational Tourismon Local Community: The Case of Gazimagusa, North Cyprus*, North Cyprus: Eastern Mediterranean University, 2015.

[63] H. Boulder, "Professional Development and Teacher Leaning: Mapping the Terrain", *Educational Researcher*, 2004 (8).

[64] H. Gourgey, B. Asiabanpour, C. Fenimore, "Case Study Of Manor New Tech High School: Promising Practices In STEM Education For Comprehensive High Schools", *American Journal of Engineering Education*, 2010, 1 (1).

[65] H. Hue, "A knowledge flow model for peer-to-peer team knowledge sharing and management", *Expert Systems with Applications*, 2002, 23 (1).

[66] H. J. Grossman, *Classification in Mental Retardation*, Washington D. C: American Association on Mental Deficiency, 1983.

[67] H. Slay, I. Siebörger, C. Hodgkinson-Williams, "The Use of Interactive Whiteboards to Support the Creation, Capture and Sharing of Knowledge in South African Schools". In: Kendall M. , Samways B. (eds) *Learning to Live in the Knowledge Society*. IFIP WCC TC3, 2008.

[68] Heidi Jane M. Smith, Keith D. Revell, "Micro-Incentives and Municipal Behavior: Political Decentralization and Fiscal Federalism in Argentina and Mexico", *World Development*, 2016.

[69] Herbert J. Freudenberger, "Staff Burn-Out", *Journal of Social Issues*, 1974, 30 (1).

[70] Hsu, H. C. Cathy, "Tourism education on and beyond the horizon", *Tourism Management Perspectives*, 2018.

[71] Hylmee Matahir, Chor Foon Tang, "Educational Tourism and its Implications on Economic Growth in Malay", *Asia Pacific Journal of Tourism Research*, 2017, 22 (11).

[72] "ICT Competency Standards for Teachers the CST Project" [EB/OL]. http://www.unesco.org/new/en/communication-and-communication-material/publications/full-list/ict-competency-standards-for-teachers-policy-framework/. 2018-06-23.

[73] I. M. Carroll , M. B. Rosson, D. Dunlap, P. Isenhour, "Framewords for Sharing Teaching Practices", *Educational Technology & Society*, 2005, 8 (3).

[74] Iana Tashlai, Stanislav Ivanov, "Educational Tourism——the Case of Eastern European Students: Driving Forces, Consequences, and Effects on the Tourism Industry", *Social Science Electronic Publishing*, 2014.

[75] J. D. Foubert, L. U. Grainger, "Effects of Involvement in Clubs and Organizations on the Psychosocial Development of First-year and Senior College Students", *NASPA Journal*, 2006.

[76] J. Jung, H. Han, "Travelers' Switching Behavior in the Airline Industry from the Perspective of the Push-Pull-Mooring Framework", *Tourism Management*, 2017, 59.

[77] J. M. Breiner, S. S. Harkness , C. C. Johnson, et al. "What Is STEM? A Discussion about Conceptions of STEM and Partnerships", *School Science and Mathematics*, 2012, 112 (1).

[78] J. Morrison, & R. Bartlett, "STEM as a Curriculum: An Experiential Approach, 2009" [EB/OL]. http: //www. mheonline. com/assets/pdf/STEM/ articles/stem _ as _ curriculum, Pdf, 2009-03-04.

[79] J. Patterson, C. Marshall , D. Bowling, "Are Principal Sprepared to Manage Special Education Dilemmas", *NASSP Bulletin*, 2000, 84 (613).

[80] J. R. Rizzo, R. J. House , S. I. Lirtzman, "Role Conflict and Ambiguity in Complex Organizations", *Administrativescience Quarterly*, 1970, 15 (2).

[81] J. Watts, N. Robertson, "Burnout in University Teaching Staff: A Systematic Literature Review", *Educational Research*, 2011, 5 (7).

[82] J. Zhang, "Marketable Features of the Adapted Physical Education Career in Higher Education", *Adapted Physical Activity Quaterly*, 1999, (16).

[83] James R. Stone, Bharath Josiom, "The Impact of School Supervision of Work and Job Qualition Adolescent Work Attitudes and Job Behaviors", *Journal of Vocational Education Research*, 2005.

[84] Jeff De Cagna, "The Power of Knowledge Sharing Organization", *In-

formation Outlook, 2001 (5).

[85] Jenny Johnson, "Incursions and Excursions" [EB/OL]. https://www.brainstormproductions.com.

[86] Jing Wang, Ph. D., Ronald J. Iannotti, Ph. D., and Tonja R. Nansel, Ph. D., "School Bullying Among Adolescents in the United States: Physical, Verbal, Relational, and Cyber", *Journal of Adolescent Health*, 2009, 45 (4).

[87] Joel Evans, Mark F. Toncar, Jane S. Reid, "Student Perceptions of and Preferences for a Short Overseas Study Tour", *Contemporary Issues in Education Research*, 2011.

[88] K. A. Leithwood, T. Menzies, D. Jantzi, J. Leithwood, "Teacher Burnout: A Critical Challenge for Leaders of Restructuring School", In R. Vandenberghe et al. (Ed.), *Understanding and Preventing Teacher Burnout*, UK: Cambridge University Press, 1999.

[89] K. Chrisman, "The Nuts and Bolts of Discovery Centers", *Seience & Children*, 2005, 43.

[90] K. Howard, Makarand Gulawani, "Student Perceptions of Study Tour Learning: A Case Study", *Aweshkar Research Journal*, 2014.

[91] K. Mitchell, "How Safe is my Child's School?" *The Education Resources Information Center Review*, 2000, 7 (1).

[92] L. Berkowitz, "Frustration−aggression Hypothesis: Exami−nation and Reformulation", *Psychological Bulletin*, 1989, 106 (1).

[93] L. G. Katz, "Developmental Stages of Preschool Teachers", *Elementary School Journal*, 1972 (1).

[94] L. Haynes, "Studying STEM: What are the barriers", *A Instruction of Engineering*, 2008 (5).

[95] L. Kohlberg, *Child Psychology and Childhood Education : A Cognitive−developmental View*, Longman, 1987.

[96] L. L. C. Yale University: *Elihu Yale*, *Vinland Map*, *Skull and

Bones, *Residential Colleges of Yale University*, Pi Lambda Phi, General Books, 2011.

[97] L. S. Shulman, "Those Who Understand: Knowledge Growth in Teaching", *Educational Researcher*, 1986 (15).

[98] L. Y. Mitchell, "Least Restrictive Environment, Inclusion, and Students with Disabilities: a Legal Analysis", *The Journal of Special Education*, 1995, 28 (4).

[99] Lintje Sie, Ian Patterson, Shane Pegg, "Towards an Understanding of Older Adult Educational Tourism through the Development of a Three-phase Integrated Framework", *Current Issues in Tourism*, 2016, 19 (2).

[100] M. Anderson, J. Kaufman, T. R. Simon, etal. "School-associated Violent Deaths in the United States, 1994-1999", *The Journal of American Medical Association*, 2001, 286 (21).

[101] M. D. Nancy, *Common Knowledge: How Companies Thrive on Sharing What They Know*, Harvard University Press, 2000.

[102] M. F. Giangreco, *Values, Logical Practices, and Research: The Three Musketeers of Effective Education. Including Students with Severe and Multiple Disabilities in Typical Classrooms* (2nd ed), 2002.

[103] M. Huberman, "The Professional Life Cycle of Teachers", *Teachers College Record*, 1989 (1).

[104] M. Shulman, "Knowledge and Teaching: Foundation of the New Reform", *Harvard Education Review*, 1987 (1).

[105] M. Simpson, "Developmental Concept of Idiocy", *Intellectual and Developmental Disabilities*, 2007, 45 (1).

[106] M. Zuo, W. Wang, Y. Yang, "Promoting High-Quality Teachers Resource Sharing and Rural Small Schools Development in the Support of Informational Technology". In: S. Cheung, L. K. Lee, I. Simonova, T. Kozel, L. F. Kwok (eds), *Blended Learning: Educational Innovation for Personalized Learning*. ICBL 2019.

[107] Margaret J. Barr, Mary Deshler, and Associates, *The Handbook of Student Affairs Administration*, Jossey-Bass Publishers, 2006.

[108] Martin Peter, Ho Susanna, "Seeking Resilience and Sustainability: Outdoor Education in Singapore", *Journal of Adventure Education & Outdoor Learning*, 2009, 9 (1).

[109] Matthew Atencio, Yuen Sze Michelle Tan, Susanna Ho, Chew Ting Ching, "The Place and Approach of Outdoor Learning within a Holistic Curricular Agenda: Development of Singaporean outdoor education practice", *Journal of Adventure Education and Outdoor Learning*, 2015, 15 (3).

[110] Md. Anowar Hossain Bhuiyan, Rabiul Islam, Chamhuri Siwar, Shaharuddin Mohamad Ismaila, "Educational Tourism and Forest Conservation: Diversification for Child Education", *Procedia-Social and Behavioral Sciences*, 2010.

[111] Megan Chang, Alan Sielaff, Stuart Bradin, Kevin Walker, Michael Ambrose, Andrew, "Hashikawa Assessing Disaster Preparedness Among Select Children's Summer Camps in the United States and Canada", *Southern Medical Journal*, 2017.

[112] Merryn Dawborn Gundlach, "Enhancing Student Learning through Science Related Excursions", *Lab Talk*, 2017.

[113] Morll Hurst, "Dimensions of intervention for student", *Learning for Living*, 1980 (7).

[114] Morris S. Y. Jong, Eric T. H. Luk, *Adopting Eagle Eye in Outdoor Exploratory Learning from the Teacher Perspective*, 14th IEEE International Conference on Advanced Learning Technology, 2014.

[115] N. Storti, E. Mazzieri, L. Cesaretti, "A Web Community for Teacher Training and Sharing Resources in Educational Technologies", Lecture Notes in Networks and Systems, 2021 (240).

[116] N. R. Crick, J. K. Grotpeter, "Relational Aggression, Gender and Social Psychological Adjustment", *Child Dev.*, 1995, 66.

[117] O. V. Robinson, "Telling the Story of Role Conflict among Black Nurses and Black Nursing Students: A Literature Review", *The Journal of Nursing Education*, 2013, 52 (9).

[118] O'Brien, Petal, "Perceptions of Change, Advantage and Quality of Life for People with Intellectual Disability who Left a Long Stay Institution to Live in the Community", *Journal of Intellectual &Develop－mental Disability*, 2001, 26 (1).

[119] Olivier Bégin-Caouette, Glen A. Jones, "Student organizations in Canada and Quebec's 'Maple Spring'", *Studies in Higher Education*, 2014.

[120] Ourania Vrondou, Panagiotis Dimitropoulos, Yiannis Douvis, Vasiliki Avgerinou, "Sustainability in Sport Tourism Education——Theoretical Impact and the Tourism Sector Reality", *Innovative Approaches to Tourism and Leisure*, 2018.

[121] P. Hendriks, "Why Share Knowledge? The Influence of ICT on the Motivation for Knowledge Sharing", *Knowledge and Process Management*, 1999, 6 (2).

[122] P. Orpinas, N. Murray, S. Kelder, "Parental Influenceson Students'Aggressive Behaviors and Weapon Carrying", *Health Education& Behavior*, 1999, 26 (6).

[123] P. Zurkowski, *The Information Service Environment Relationships and Priorities*, Washington, DC: National Commission on Libraries and Information Science, 1974.

[124] P. Ameros, "The Visionary Principal and Inclusion of Students with Disabilities", *NASSP Bulletin*, 1995, 79 (568).

[125] Patrcia Bolton Allanson, RobinRawlings Lester &CharlesE. Notar, "AHistory of Bullying", *International Journal of Education and Social Science*, 2015, 11 (2).

[126] Peter MIttler, "Educating Pupils with Intellectual Disabilities in England: Thirty Years on International Journal of Disability ", *Development and*

Education, 2002, 7.

[127] Philip L. Pearce, *The Social Psychology of Tourist Behaviour*, Oxford, Pergamon Press, 1982.

[128] R. Luckasson, D. Letal Coulter, *Mental Retardation: Definition, Classification, and Systems of Supports* (9th ed.), Washington, D. C.: American Association on Mental Retardation, 1992.

[129] Radostina K. Purvanova, John P. Muros, "Gender Differences in Burnout: A Meta-analysis", *Journal of Vocational Behavior*, 2010, 77 (2).

[130] "Reduce Violent and Aggressive Behavior: the GREAT Families Program", *The American Journal of Preventive Medicine*, 2004, 26 (1 Suppl).

[131] Robert L. Schalock, Ruth A. Luckasson, Karrie A. Shogren, etal., "The Renaming of Mental Retardation: Understanding the Change to the Term Intellectual Disability", *Intellectual and Developmental Disabilities*, 2007, 45 (2).

[132] S. A. Lawrence, R. M. Lawrence, "Curriculum Development: Philosophy, Objectives, and Conceptual Framework", *Nursing Outlook*, 1983, 31 (3).

[133] S. Coverman, "Role Overload, Role Conflict, and Stress: Addressing Consequences of Multiple Role Demands", *Social Forces*, 1989, 67 (4).

[134] S. J. Porth, "Management Education Goes International: A Model for Designing and Teaching a Study Tour Course", *Journal of Management Education*, 1997, 21 (2).

[135] S. Kemmis, *Becoming Critical: Education, Knowledge and Action Research*, The Falmer Press, 1982.

[136] S. M. Lange, *Online Study Tour: China and United States. The Feasible Future for all Institutions*, Capella University, 2007.

[137] S. M. Mcmurrin, "Goals of Education: l. Overview", In Deighton, L. C. (Ed.), *The Encyclopedia of Education*, Vol. 4, 1971.

[138] S. Reiss, "A Mindful Approach to Mental Retardation", *Journal of*

Social Issues, 2000, 56 (1).

[139] Sahrakhiz Sarah, "Immediacy and Distance in Teacher Talk——A Comparative Case Study in German Elementaryand Outdoor School-Teaching", *Cognet Education*, 2017.

[140] Shehaamah Mohamed, A Critical Praxis in the Information Literacy Education Classroom Using the ACRL Framework for Information Literacy for Higher Education.

[141] Shin Yu Miao, "Exploring Learning during Study Tours: Participant Perspectives", *International Journal of Learning*, 2005/2006 (11).

[142] Song Ji Hoon, Kim Woocheol, Chai Dae Seok, Bae Sang Hoon, "The Impact of an Innovative School Climate on Teachers' Knowledge Creation Activities in Korean Schools: The Mediating Role of Teachers' Knowledge Sharing and Work Engagement", *KEDI Journal of Educational Policy*, 2014.

[143] Stephen P. Hinshaw, "Externalizing Behavior Problems and Academic under Achievement in Childhood and Adolescence: Causal Relationships and Underlying Mechanisms", *Psychological Bulletin*, 1992, 111 (1).

[144] Steven Arthur Provis, "Bullying (1950-2010): the Bully and the Bullied", Chicago: Loyola University, 2012.

[145] Sue Waite, "Teaching and Learning Outside the Classroom: Personal Values, Alternative Pedagogies and Standards", *Education*, 2011, 39 (1).

[146] Susan Orpett Long, Yemi Susan Akande, R. W. Purdy, Keiko Nakano, "Deepening Learning and Inspiring Rigor: Bridging Academic and Experiential Learning Using a Host Country Approach to a Study Tour", *Journal of Studies in International Education*, 2010.

[147] T. H. Davenport & L. Prusak, *Working Knowledge: How Organizations Manage What They Know*, Boston: Harvard Business School Press, 1998.

[148] T. Houghton, K. Wheldall, F. Merrett, "Classroom Behaviour Problems Which Secondary School Teachers Say They Find Most Troublesome",

British Educational Research Journal, 1988, 14 (3).

[149] T. J. Fogarty, J. Singh, G. K. Rhoads, R. K. Moore, "Antecedents and Consequences of Burnout in Accounting: Beyond the Role Stress Model", *Behavior Research in Accounting*, 2000, 12.

[150] T. K. Daugherty, H. C. Quay, L. Ramos, "Response Perseveration, Inhibitory Control, and Central Dopaminergic Activity in Childhood Behavior Disorders", *Journal of Genetic Psychology*, 1993, 154 (2).

[151] Tali Tal, Orly Morag, "Reflective Practice as a Means for Preparing to Teach Outdoors in an Ecological Garden", *Journal of Science Teacher Education*, 2009, 20 (3).

[152] TEA, "No Child Left Behind and Elementary and Secondary Education Act" [R/OL]. (2016-06-26) [2017-01-22]. http://tea.tex-as.gov/About-TEA/Laws_and_Rules/NCLB_and_ESEA/No_Child_Left_Behind_and_Elementary_a_Act/.

[153] The Use of ICT in Subject Teaching—Expected Outcomes for Teachers in England, Northern Ireland & Wales [DB/OL]. [2003-10-21]. http://www.englishschoolsfoundation.edu.hk/ITinset/TTA/Tout.htm.

[154] Tim Pitman, Susan Broomhall, Elzbieta Majocha, "Teaching Ethics beyond the Academy: Educational Tourism, Lifelong Learning and Phronesis", *Studies in the Education of Adults*, 2011, 43 (1).

[155] T. Parsons, E. Shills, *Toward a General Theory of Action*, 1951.

[156] U. Condamines, "A Problem-Centered Collaborative Tutoring System for Teachers Lifelong Learning: Knowledge Sharing to Solve Practical Professional Problems", In: F. Zavoral, J. Yaghob, P. Pichappan, E. El-Qawasmeh (eds), *Networked Digital Technologies*. NDT 2010.

[157] UNESCO ICT., "Competency Framework for Teachers" [EB/OL]. [2016-8-29]. http://www.unesco.org/new/en/communication-and-information/access-to-knowledge/unesco-ict-competency-framework-for-teachers/.

[158] UNESCO, "Media and Information Literacy: Policy and Strategy Guidelines" [DB/OL]. [2017-09-23]. http://www.unesco.org/new/en/communication-and-information/resources/publications-and-communication-materials/publications/full-list/media-and-information-literacy-policy-and-strategy-guidelines/.

[159] UNESCO, NCLIS, "The Prague Declaration 'towards an Information Literacy Society'", Information Literacy Meeting of Experts, Prague, The Czech Republic [EB/OL]. [2016-10-11]. http://portal.unesco.org/ci/en/ev.php-URL_ID=19636&URL_DO=DO_TOPIC&URL_SECTION=201.html.

[160] United Nations Educational, Scientific and Cultural Organization, "Towards Media and Information Literacy Indicators", UNESCO, 2008.

[161] U. S. Department of Education, *Twentieth Annual Report to Congress on the Implementation of the Individuals with Disabilities Education Act*. Washington, DC: U. S. Government Printing Office, 1993.

[162] U. S. Department of Education, "U. S. DE Strategic Plan 2002-2007" [EB/OL]. http://www.ed.gov/pubs/straplan2002-07index.html, 2002-05-14/2002-05-30.

[163] V. Stevens, et al., "Relationship of the Family Environment to Children's Involvement in Bully / Victim Problems at School", *Journal of Youth and Adolescence*, 2002, 31 (6).

[164] W. W. Waller, *The Sociology of Teaching*, John Wiley & Sons INC., 1932.

[165] Wayne K. Hoy, Cecil G. Miskel, *Educational Administration: Theory, Research, and Practice* (seventh edition), The McGraw-Hill Companies, Inc. 2005.

[166] William A. Kaplin, *The Law of Higher Education*, Wiley, 2007.

[167] Wineaster Anderson, John J. Sanga, "Academia - Industry Partnerships for Hospitality and Tourism Education in Tanzania", *Journal of Hospital-*

ity & Tourism Education*，2019.

［168］World Bank，*Governance and Development*，Washington D. C.：World Bank，1992.

［169］X. Ma，L. L. Stewin & D. L. Mah，"Bullying in School：Nature，Effects and Remedies"，Research Papers in Education：*Policy & Practice*，2001，16（3）.

［170］Y. Yaping，"Comparative Study on STEM Education of Primary and Secondary Schools in America，Germany and Japan"，*Primary & Secondary Schooling Abroad*，2015.

［171］Yanhui Tian，Shengjun Bai，keke Du，"The Influence of Paternalistic Leadership and Ethical Leadership on High School Teachers' Knowledge Sharing Behavior—An Empirical Study Based on Comparative Advantage Analysis"，2021 5th International Seminar on Education，Management and Social Sciences（ISEMSS 2021），2021.

（二）日本文献

［1］［日］韓昌完：《日本の特別支援教育におけるインクルーシブ教育の現状と今後の課題に関する文献的考察：現状分析と国際比較分析を通して》，《琉球大学教育学部紀要》，2013（83）.

［2］［日］文部科学省：《今後の特別支援教育の在り方について（最終報告）》，见 http：//www. dinf. ne. jp/doc/japanese/law/kyouiku2/.）。

［3］［日］有松玲：《ニーズ教育（特別支援教育）の限界とインクルーシブ教育の曖昧：障害児教育政策の現状と課題》，《立命館人間科学研究》，2013（28）.

［4］［日］中村満：《障害児教育における目的・本質論の歴史的変遷とその理論的・実践的意義：序説》，《障害科学研究》，2009（33）.

［5］［日］中村満紀男、岡典子：《新しい日本障害児教育史像の再構築のための研究序説》，《障害科学研究》，2011（35）.

［6］《高等教育のための情報リテラシー基準》，见 http：//www. jaspul. org/news/asse。

［7］日本文部科学省：《小学校、中学校、高等学校等の遠足・修学旅行について》，见 http://www.mext.go.jp/b_menu/hakusho/nc/t19681002001/t19681002001.html。

［8］文部科学省：《教育のICT活用指導力の基準》，见 http://www.mext.go.jp/a_menu/shotou/zyouhou/1296901.htm，2013－12－5.

后　记

　　编撰本书萌发于 2014 年，主编深感当代基础教育之重要，于是拟以专题形式对当前基础教育存在的问题进行探讨，并在本书顾问、乐山师范学院原党委书记谭辉旭教授的指导下对全书进行谋篇布局。确定专题后，便作为主编在西华师范大学教育学院和武汉大学教育科学研究院指导硕士研究生的学位论文选题，经过主编的指导，专题研究最早完成于 2014 年 3 月，最迟完成于 2022 年 5 月。这次结集，我们对原稿又作了一定的修改，并注明成稿时间。

　　本研究是集体智慧的结晶，本研究的分工如下：专题一，成都市工会干部学校马飞月；专题二，江西省南昌市教育局李颖；专题三，四川省成都市蒲江县寿安初级中学何春燕；专题四，宜宾职业技术学院邱宁；专题五，简阳市实验中学邱慧；专题六，三峡学院教师教育学院鞠小勤；专题七，武汉市黄陂区天河街道办事处张媛；专题八，广东省中山市黄圃镇培红小学肖长云；专题九，乐山市县街小学梅兰丹；专题十，焦作师范高等专科学校初等教育学院黄苗苗；专题十一，西华师范大学教育学 2014 年毕业研究生潘捷；专题十二，乐山师范学院教师、武汉大学教育科学研究院博士生牛雪梅；专题十三，天津市武清区特殊教育学校王鹏。

　　在指导上述文稿撰写过程中，我们参阅了大量纸本资料和部分网络资料，能注明的尽量注明，也可能有遗漏之处，在此向这些资料的作者、所有者和编辑出版者表示衷心的感谢！没有他们的艰辛付出，我们是难以完成该书的。在统稿过程中，四川师范大学郭明蓉研究馆员、吉利学院副教授胥继华、石家庄工程职业学院副教授焦润丽协助做了修改和统稿工作，四川师范大学研究生钱华莹、贾晨露协助做了校对工作，在此一并表示衷心的感谢！

在收集资料的过程中,西华师范大学图书馆、乐山师范学院图书馆提供了很多方便,在此一并表示衷心的感谢!

感谢乐山师范学院学科建设处、科研部、特殊教育学院和教育科学学院领导为本书出版所付出的努力!

感谢巴蜀书社童际鹏编辑为本书出版所付出的辛劳,从选题申报、到对书稿的通读审校以及相关问题质疑的联系与沟通,他都付出了不少心血,没有他的无私奉献,该书是难以面世的。

杜学元
2022 年 8 月于乐山师范学院淑勤斋